中国社会科学院马克思主义理论学科建设与理论研究工程资助项目

恩格斯思想年编

姜 辉 主编
辛向阳 苑秀丽 副主编

中国社会科学出版社

图书在版编目（CIP）数据

恩格斯思想年编/姜辉主编. —北京：中国社会科学出版社，2020.10
ISBN 978 - 7 - 5203 - 7414 - 9

Ⅰ.①恩… Ⅱ.①姜… Ⅲ.①恩格斯著作—汇编—1840 - 1895
Ⅳ.①A1

中国版本图书馆 CIP 数据核字（2020）第 204203 号

出 版 人	赵剑英	
责任编辑	田 文　刘 艳	
责任校对	张爱华	
责任印制	王 超	

出　　版	中国社会科学出版社	
社　　址	北京鼓楼西大街甲 158 号	
邮　　编	100720	
网　　址	http://www.csspw.cn	
发 行 部	010 - 84083685	
门 市 部	010 - 84029450	
经　　销	新华书店及其他书店	

印刷装订	北京君升印刷有限公司	
版　　次	2020 年 10 月第 1 版	
印　　次	2020 年 10 月第 1 次印刷	

开　　本	787×1092　1/16	
印　　张	57.5	
字　　数	1115 千字	
定　　价	318.00 元	

凡购买中国社会科学出版社图书，如有质量问题请与本社营销中心联系调换
电话：010 - 84083683
版权所有　侵权必究

出版说明

《恩格斯思想年编》从《马克思恩格斯全集》（第一版）中，摘录恩格斯的重要文献，选取重要思想理论观点编写而成。全书摘录了恩格斯自1839年至1895年期间的著作、文章、草稿、未完成的手稿、文件、书信、笔记等。在个别情况下，为了保持文献的有机联系，表达内容的完整性，做了变通处理。

《恩格斯思想年编》总共一百余万字。本年编努力贯彻科学、准确、简要、实用的原则，具有三个鲜明特色：

1. 内容全面，忠实原著

恩格斯的文献浩瀚博大，本年编通过丰富的内容客观反映恩格斯深邃的思想理论，展现恩格斯的思想形成与发展轨迹，为广大读者全面学习、科学理解恩格斯的思想提供导引。本年编摘录恩格斯的主要文献，选取最能代表恩格斯思想观点的段落，力求在有限的篇幅里做好经典呈现，力求做到科学可靠、准确权威，是科学呈现恩格斯思想原貌、研究创新成果于一体，全方位系统地介绍、解释、传播恩格斯思想及发展历程的工具书。

2. 形式新颖，特色鲜明

本年编主要包括摘录和评论两个部分，摘录部分是选取恩格斯的文献的主要论述、重要观点，忠实呈现恩格斯的思想观点；评论部分，对每一篇文献从写作背景、主要观点、时代影响、思想价值、实践指导等多个角度阐发对文献的解读、评述。摘录和评论两个部分体现了两方面的宗旨：一是通过摘录忠实反映恩格斯本人的思想理论；二是通过评论，阐发对恩格斯思想的解读，有益于读者系统学习、科学理解恩格斯的思想。这样的编撰目的与努力，也是一次尝试。

3. 篇幅适中，通俗呈现

本年编是马克思主义经典著作学习和研究的工具书的新成果。本年编注重发挥马克思主义理论的时代化、大众化、通俗化作用，注重精当明了、通俗易懂。本年编资料翔实、篇幅适中、内容丰富，是一部集研究性与阅读性于一体的资料性文献，贴近读者需要，贴近现实需求。本年编的出版为满足广大党员、干部学习、研究马克思主义经典著作、马克思主义基本原理、正确理解和把握恩格斯思想提供了参考。

《恩格斯思想年编》力求做到对恩格斯文献的原原本本的呈现，为广大读者深入、全面、系统地学习和研究恩格斯的著作和思想提供帮助。本年编的出版，对于进一步深入学习恩格斯的思想，更好地用马克思主义武装全党，具有重要意义。

中国社会科学院马克思主义研究院
二〇二〇年九月

学习恩格斯的马克思主义观，
发展21世纪马克思主义

姜　辉

今年是恩格斯诞辰200周年，我们纪念恩格斯诞辰200周年，就是为了重温恩格斯的丰富思想和历史功绩，缅怀恩格斯的伟大人格和崇高精神，宣示我们对马克思主义科学真理的执着信仰和坚守捍卫，宣示我们对与时俱进创新发展马克思主义的孜孜探索和不懈努力。

恩格斯是马克思主义的创始人之一，在马克思主义发展史上被誉为"马克思的第二个我"，是全世界无产阶级和劳动人民的革命导师，是马克思主义政党的缔造者和国际共产主义运动的开创者和引路人，是坚持和发展马克思主义的光辉典范。恩格斯对马克思主义深刻系统阐述和创新发展作出巨大贡献，推动马克思主义理论体系的构建和广泛传播。在马克思逝世后，恩格斯对马克思主义的坚持、捍卫和发展，对国际共产主义运动的指导和推动，在马克思主义发展史上占有非常重要的地位。他知识渊博，思想深邃，集思想家、革命家、实践家于一身。他的思想和行动是时代丰碑。今天我们重温学习和深刻领会恩格斯的马克思主义观，对于发展当代中国马克思主义、21世纪马克思主义，对于坚持和发展新时代中国特色社会主义，以及推动21世纪世界社会主义新发展，都具有非常重要的理论和实践意义。

下面，我就深刻领会和认真学习恩格斯的马克思主义观，谈几点粗浅认识。

一、学习恩格斯的马克思主义观，要深刻领会恩格斯对马克思主义科学体系的坚持捍卫，从而认真学习马克思主义经典著作，正确坚持马克思主义基本原理和立场观点方法。

马克思、恩格斯共同创立马克思主义，又各自作出独特贡献，他们终其一生捍卫发展这个科学理论。他们合著了《神圣家族》《德意志意识形态》《共产党宣言》等开创性、标志性成果，一起参加了第一国际的领导工作，与当时工人运动中的形形色色的非科学社会主义流派，如蒲鲁东派、巴枯宁派、工联主义展开针锋相对、毫不妥协的斗争，坚决反对改良主义、无政府主义、分裂主义、教条主义等,反对各种曲解割裂马克思主义的庸俗派别,确立了马克思主义在国际工人运动中的主导和指导地位。恩格斯在《反杜林论》这部被誉为"百科全书式"的马克思主义经典著作中,对杜林的小资产阶级社会主义作了彻底清算,深刻阐释了马克思主义哲学、政治经济学、科学社会主义三个组成部分以及它们之间的内在联系,第一次把马克思主义作为一个完整的体系呈现出来。马克思逝世后,恩格斯决心完成马克思的夙愿,在精心整理马克思手稿基础上,进行大量创造性工作,整理出版了《资本论》第二卷和第三卷,为马克思主义丰富发展作出独创性贡献。尽管恩格斯一直说"马克思是天才",而自己只是"第二小提琴手",但他的卓越成就、巨大贡献、伟大人格,使马克思的"第一个我"和"第二个我"不可分割。列宁就说过,恩格斯"替他的天才朋友建立了一座庄严宏伟的纪念碑,无意中也把自己的名字不可磨灭地铭刻在上面了"。

恩格斯非常注重维护马克思主义著作原貌和思想完整性。他批评一些人没有认真阅读和准确理解马克思的著作,就以"马克思主义者"自居,提出要做名副其实的马克思主义者。他说:"像马克思这样的人有权要求人们听到他的原话,让他的科学发现原原本本按照他自己的叙述传给后世。"他在谈到如何学习《资本论》时指出,"对于那些希望真正理解它的人来说,最重要的却正好是原著本身"。今天,我们要原原本本阅读一些经典著作,真正淬炼学习运用马克思主义的看家本领。按照习近平总书记的要求,"把读马克思主义经典、悟马克思主义原理当作一种生活习惯、当作一种精神追求,用经典涵养正气、淬炼思想、升华境界、指导实践"。

二、学习恩格斯的马克思主义观,要深刻领会恩格斯对待马克思主义的科学态度和创新精神,从而与时俱进地丰富发展马克思主义。

恩格斯是坚持真理、实事求是、与时俱进的表率,他既坚持真理,又从实际出发,倡导以科学的态度对待马克思主义。他有句名言:"社会主义自从成为科学以来,就要求人们把它当做科学来对待",他始终反对简单化、教条化和公式化地对待马克思主义。比如,他批评北美社会主义工人党的领导人对马克思主义采取学理主义和教条主义的态度时指出:他们以为只要把理论背得烂熟,"就足以满足一切需要。对他们来说,这是教条,而不是行动的指南"。恩格斯终其一生强调用科学的态度对待马克思主义,他讲了马克思主义发展史上的经典名言:"马克思的整个世界观不是教义,而是方法。它提供的不是现成的教条,而是进一步研究的出发点和供这种研究使用的方法。"

恩格斯既是坚持马克思主义的典范,也是创新发展马克思主义的典范。他在

《共产党宣言》中以及此后为《共产党宣言》各种文本所写的七篇序言中,体现了一个基本思想,即他们所"阐述的一般原理整个说来直到现在还是完全正确的",但这些原理的实际运用,"随时随地都要以当时的历史条件为转移"。他注重研究新情况,对马克思逝世后资本主义发展出现的新问题进行深入研究,敏锐地捕捉到资本主义发展中出现"竞争已经为垄断所代替"等新现象;他洞察国际工人运动的新发展、新要求,对暴力革命、合法斗争、资本主义民主制度等问题提出新认识。他撰写的诸多著作都是奠基性、开创性、系统性的,《反杜林论》《社会主义从空想到科学的发展》《自然辩证法》《路德维希·费尔巴哈和德国古典哲学的终结》,今天看来,哪本书不是人类思想史上划时代的经典呢?今天,我们学习恩格斯的马克思主义观,就要在坚持真理的基础上,不断解答新时代提出的新课题,在实践中不断创新理论。

三、学习恩格斯的马克思主义观,要深刻领会恩格斯对马克思主义创造性地实际运用,从而自觉运用科学理论指导新实践。

恩格斯非常注重科学理论发挥指导改造世界的作用,彻底践行了马克思指明的"问题在于改变世界"的宗旨。恩格斯说过:"我们决不想把新的科学成就写成厚厚的书,只向'学术'界吐露。正相反,我们两人已经深入到政治运动中。"他一贯强调理论和实践结合,积极投身批判和反抗旧制度。晚年的恩格斯将自己的全部精力和心血奉献给人类解放事业。他不仅从事繁重的理论研究工作,回答实践提出的新问题;还以极大热情指导各国的工人运动,指导各国马克思主义政党的创立发展,指导成立第二国际。正如毛泽东评价的,马克思主义经典作家"之所以能够作出他们的理论,除了他们的天才条件之外,主要地是他们亲自参加了当时的阶级斗争和科学实验的实践,没有这后一个条件,任何天才也是不能成功的"。

以上简要重温阐述了恩格斯的马克思主义观的基本特征和主要精神,即科学性、创新性与实践性的有机统一。我们今天纪念恩格斯,就要学习和践行恩格斯的马克思主义观,从中获得宝贵启示和思想滋养,更好发展当代中国马克思主义、21世纪马克思主义。

党的十八大以来,习近平总书记高度重视马克思主义的学习、研究和运用,先后就历史唯物主义、辩证唯物主义、马克思主义政治经济学、当代世界马克思主义思潮及其影响、《共产党宣言》及其时代意义等主题主持中央政治局集体学习。在纪念马克思诞辰200周年、庆祝改革开放40周年等重要会议上作出关于坚持和发展马克思主义、继续推进马克思主义中国化时代化大众化的一系列重要论述,在新时代丰富发展了马克思主义。

习近平新时代中国特色社会主义思想,既坚持了马克思主义基本原理和立场观点方法,又对马克思主义哲学、政治经济学、科学社会主义等主要原则观点作出了原创性、时代性、系统性的创新,以一系列独创性观点阐明马克思主义本质特征、精髓要义、科学体系、历史贡献、时代意义、现实价值、实践作用和发展途径等,形成了21世纪马克思主义的科学理论体系,实现了马克思主义中国化新飞跃。在当代中国,坚持习近平新时代中国特色社会主义思想,就是真正坚持马克思主义。我们要在这一伟大思想的指导下,不断推动实践基础上的理论创新,为发展当代中国马克思主义、21世纪马克思主义作出新贡献。

目　　录

第 1 卷 ……………………………………………………………………（1）
　1839 年 ………………………………………………………………（1）
　1842 年 ………………………………………………………………（2）
　1843 年 ………………………………………………………………（6）
　1844 年 ………………………………………………………………（8）

第 2 卷 …………………………………………………………………（12）
　1844 年 ………………………………………………………………（12）
　1845 年 ………………………………………………………………（14）

第 3 卷 …………………………………………………………………（21）
　1845 年 ………………………………………………………………（21）
　1847 年 ………………………………………………………………（23）

第 4 卷 …………………………………………………………………（25）
　1846 年 ………………………………………………………………（25）
　1847 年 ………………………………………………………………（27）
　1848 年 ………………………………………………………………（38）
　补　遗 ………………………………………………………………（45）
　1845 年 ………………………………………………………………（45）

第 5 卷 …………………………………………………………………（46）
　1848 年 ………………………………………………………………（46）
　遗　稿 ………………………………………………………………（84）
　1848 年 ………………………………………………………………（84）

第 6 卷 …………………………………………………………………（85）
　1848 年 ………………………………………………………………（85）

1849 年 …………………………………………………………… (87)
遗　稿 …………………………………………………………… (97)
　　1848 年 …………………………………………………………… (97)

第 7 卷 …………………………………………………………… (99)
　　1849 年 …………………………………………………………… (99)
　　1850 年 …………………………………………………………… (100)
　　1851 年 …………………………………………………………… (110)

第 8 卷 …………………………………………………………… (112)
　　1851 年 …………………………………………………………… (112)
　　1852 年 …………………………………………………………… (113)

第 9 卷 …………………………………………………………… (118)
　　1853 年 …………………………………………………………… (118)

第 10 卷 …………………………………………………………… (125)
　　1854 年 …………………………………………………………… (125)
　　1855 年 …………………………………………………………… (140)
遗　稿 …………………………………………………………… (141)
　　1854 年 …………………………………………………………… (141)

第 11 卷 …………………………………………………………… (142)
　　1855 年 …………………………………………………………… (142)
　　1856 年 …………………………………………………………… (165)

第 12 卷 …………………………………………………………… (167)
　　1857 年 …………………………………………………………… (167)
　　1858 年 …………………………………………………………… (170)

第 13 卷 …………………………………………………………… (179)
　　1859 年 …………………………………………………………… (179)
　　1860 年 …………………………………………………………… (192)

第 14 卷 …………………………………………………………… (195)
　　1857 年 …………………………………………………………… (195)

1858 年 …………………………………………………………………（198）
　　1859 年 …………………………………………………………………（200）
　　1860 年 …………………………………………………………………（201）

第 15 卷 ………………………………………………………………………（203）
　　1860 年 …………………………………………………………………（203）
　　1861 年 …………………………………………………………………（212）
　　1862 年 …………………………………………………………………（220）
　遗　稿 …………………………………………………………………（222）
　　1863 年 …………………………………………………………………（222）
　　1864 年 …………………………………………………………………（223）

第 16 卷 ………………………………………………………………………（225）
　　1865 年 …………………………………………………………………（225）
　　1866 年 …………………………………………………………………（227）
　　1868 年 …………………………………………………………………（232）
　　1869 年 …………………………………………………………………（237）
　　1870 年 …………………………………………………………………（239）
　遗　稿 …………………………………………………………………（240）
　　1870 年 …………………………………………………………………（240）

第 17 卷 ………………………………………………………………………（243）
　　1870 年 …………………………………………………………………（243）
　　1871 年 …………………………………………………………………（268）
　　1872 年 …………………………………………………………………（286）

第 18 卷 ………………………………………………………………………（289）
　　1872 年 …………………………………………………………………（289）
　　1873 年 …………………………………………………………………（304）
　　1874 年 …………………………………………………………………（311）
　　1875 年 …………………………………………………………………（314）

第 19 卷 ………………………………………………………………………（316）
　　1875 年 …………………………………………………………………（316）
　　1876 年 …………………………………………………………………（318）
　　1877 年 …………………………………………………………………（321）

1878 年 …………………………………………………………（324）
1879 年 …………………………………………………………（326）
1880 年 …………………………………………………………（328）
1881 年 …………………………………………………………（332）
1882 年 …………………………………………………………（343）
1883 年 …………………………………………………………（349）
遗　稿 ……………………………………………………………（353）
1877 年 …………………………………………………………（353）
1881 年 …………………………………………………………（354）

第 20 卷 ……………………………………………………………（357）
1876 年 …………………………………………………………（357）
1873 年 …………………………………………………………（361）
1876 年 …………………………………………………………（362）

第 21 卷 ……………………………………………………………（366）
1883 年 …………………………………………………………（366）
1884 年 …………………………………………………………（367）
1885 年 …………………………………………………………（371）
1886 年 …………………………………………………………（376）
1887 年 …………………………………………………………（380）
1888 年 …………………………………………………………（382）
1889 年 …………………………………………………………（384）
遗　稿 ……………………………………………………………（387）
1884 年 …………………………………………………………（387）
1887 年 …………………………………………………………（388）
1888 年 …………………………………………………………（390）

第 22 卷 ……………………………………………………………（392）
1890 年 …………………………………………………………（392）
1891 年 …………………………………………………………（401）
1892 年 …………………………………………………………（411）
1893 年 …………………………………………………………（421）
1894 年 …………………………………………………………（430）
1895 年 …………………………………………………………（442）

第 23 卷 ……………………………………………………………… (444)
 1883 年 ………………………………………………………… (444)
 1886 年 ………………………………………………………… (445)
 1890 年 ………………………………………………………… (446)

第 24 卷 ……………………………………………………………… (447)
 1885 年 ………………………………………………………… (447)
 1893 年 ………………………………………………………… (447)

第 25 卷 ……………………………………………………………… (449)
 1894 年 ………………………………………………………… (449)

第 27 卷 ……………………………………………………………… (451)
 恩格斯给马克思的信 …………………………………………… (451)
  1844 年 ……………………………………………………… (451)
  1845 年 ……………………………………………………… (452)
  1846 年 ……………………………………………………… (453)
  1847 年 ……………………………………………………… (456)
  1848 年 ……………………………………………………… (459)
  1849 年 ……………………………………………………… (462)
  1850 年 ……………………………………………………… (462)
  1851 年 ……………………………………………………… (463)

第 28 卷 ……………………………………………………………… (468)
 恩格斯给马克思的信 …………………………………………… (468)
  1852 年 ……………………………………………………… (468)
  1853 年 ……………………………………………………… (471)
  1854 年 ……………………………………………………… (473)
  1855 年 ……………………………………………………… (474)
 恩格斯给其他人的信 …………………………………………… (475)
  1853 年 ……………………………………………………… (475)

第 29 卷 ……………………………………………………………… (476)
 恩格斯给马克思的信 …………………………………………… (476)
  1856 年 ……………………………………………………… (476)
  1857 年 ……………………………………………………… (476)

  1858年 ……………………………………………………………（478）
 恩格斯给其他人的信 ………………………………………（479）
  1859年 ……………………………………………………………（479）

第30卷 ………………………………………………………………（481）
 恩格斯给马克思的信 ………………………………………（481）
  1860年 ……………………………………………………………（481）
  1861年 ……………………………………………………………（487）
  1862年 ……………………………………………………………（488）
  1863年 ……………………………………………………………（491）
  1864年 ……………………………………………………………（495）
 恩格斯给其他人的信 ………………………………………（497）
  1860年 ……………………………………………………………（497）
  1861年 ……………………………………………………………（498）
  1862年 ……………………………………………………………（499）

第31卷 ………………………………………………………………（500）
 恩格斯给马克思的信 ………………………………………（500）
  1864年 ……………………………………………………………（500）
  1865年 ……………………………………………………………（501）
  1866年 ……………………………………………………………（508）
  1867年 ……………………………………………………………（514）
 恩格斯给其他人的信 ………………………………………（525）
  1864年 ……………………………………………………………（525）
  1865年 ……………………………………………………………（526）
  1867年 ……………………………………………………………（527）

第32卷 ………………………………………………………………（530）
 恩格斯给马克思的信 ………………………………………（530）
  1868年 ……………………………………………………………（530）
  1869年 ……………………………………………………………（537）
  1870年 ……………………………………………………………（543）
 恩格斯给其他人的信 ………………………………………（545）
  1869年 ……………………………………………………………（545）
  1870年 ……………………………………………………………（546）

第33卷 ……………………………………………………………………（548）
恩格斯给马克思的信 ……………………………………………………（548）
1870年 ……………………………………………………………………（548）
1873年 ……………………………………………………………………（550）
1874年 ……………………………………………………………………（551）
恩格斯给其他人的信 ……………………………………………………（553）
1870年 ……………………………………………………………………（553）
1871年 ……………………………………………………………………（554）
1872年 ……………………………………………………………………（562）
1873年 ……………………………………………………………………（576）
1874年 ……………………………………………………………………（579）

第34卷 ……………………………………………………………………（581）
恩格斯给马克思的信 ……………………………………………………（581）
1876年 ……………………………………………………………………（581）
1877年 ……………………………………………………………………（582）
1879年 ……………………………………………………………………（583）
恩格斯给其他人的信 ……………………………………………………（584）
1875年 ……………………………………………………………………（584）
1876年 ……………………………………………………………………（586）
1878年 ……………………………………………………………………（586）
1879年 ……………………………………………………………………（588）
1880年 ……………………………………………………………………（593）

第35卷 ……………………………………………………………………（595）
恩格斯给其他人的信 ……………………………………………………（595）
1881年 ……………………………………………………………………（595）
1882年 ……………………………………………………………………（598）
1883年 ……………………………………………………………………（603）

第36卷 ……………………………………………………………………（606）
书　信 ……………………………………………………………………（606）
1883年 ……………………………………………………………………（606）
1884年 ……………………………………………………………………（613）
1885年 ……………………………………………………………………（628）
1886年 ……………………………………………………………………（637）

  1887 年 ………………………………………………………………（647）

第 37 卷 ……………………………………………………………………（655）
 书　信 ………………………………………………………………（655）
  1888 年 ………………………………………………………………（655）
  1889 年 ………………………………………………………………（667）
  1890 年 ………………………………………………………………（679）

第 38 卷 ……………………………………………………………………（691）
 书　信 ………………………………………………………………（691）
  1891 年 ………………………………………………………………（691）
  1892 年 ………………………………………………………………（705）

第 39 卷 ……………………………………………………………………（721）
 书　信 ………………………………………………………………（721）
  1893 年 ………………………………………………………………（721）
  1894 年 ………………………………………………………………（730）
  1895 年 ………………………………………………………………（738）

第 41 卷 ……………………………………………………………………（742）
 著　作 ………………………………………………………………（742）
  1839 年 ………………………………………………………………（742）
  1840 年 ………………………………………………………………（743）
  1841 年 ………………………………………………………………（744）
  1842 年 ………………………………………………………………（746）
  1844 年 ………………………………………………………………（751）
 书　信 ………………………………………………………………（752）
  1838 年 ………………………………………………………………（752）
  1839 年 ………………………………………………………………（752）

第 42 卷 ……………………………………………………………………（757）
  1844 年 ………………………………………………………………（757）
  1845 年 ………………………………………………………………（762）
  1847 年 ………………………………………………………………（767）
  1848 年 ………………………………………………………………（769）

第43卷 ……（772）
  1848年 ……（772）
  1849年 ……（789）
  遗　稿 ……（829）
  1849年 ……（829）

第44卷 ……（832）
  1849年 ……（832）
  1850年 ……（835）
  1851年 ……（837）
  1854年 ……（838）
  1857年 ……（841）
  1858年 ……（841）
  1859年 ……（842）
  1860年 ……（843）
  1863年 ……（843）
  1864年 ……（844）
  1871年 ……（844）
  1872年 ……（847）
  1873年 ……（848）

第45卷 ……（850）
  1867年 ……（850）
  1870年 ……（852）
  1873年 ……（853）
  1877年 ……（854）
  1883年 ……（857）
  1886年 ……（858）

第50卷 ……（860）
  著　作 ……（860）
  1840年 ……（860）
  1841年 ……（862）
  1849年 ……（862）
  1871年 ……（864）
  1872年 ……（864）

1881 年 ·· (865)
1883 年 ·· (865)
1884 年 ·· (866)
1887 年 ·· (866)
1888 年 ·· (867)
1890 年 ·· (868)
1891 年 ·· (868)
1892 年 ·· (869)
1893 年 ·· (869)
1894 年 ·· (870)
书　　信 ·· (871)
1842 年 ·· (871)
1872 年 ·· (871)
1879 年 ·· (872)
1892 年 ·· (873)
1893 年 ·· (873)
1895 年 ·· (874)

重要论述年编 ·· (875)

恩格斯生平事业年表 ·· (890)

后　　记 ·· (900)

第 1 卷

1839 年

3月 《乌培河谷来信》指出：全部虔诚主义和神秘主义的真正中心是爱北斐特的宗教改革协会。很早以前，它就严格拘守加尔文精神，但几年来，由于任用了一批最虚伪的传教士——现在那里一下子就有四个这样的人在传教——这种精神就变得肆无忌惮，甚至同天主教精神没有多大区别。在那里，在会上对异教徒进行正式审问；在那里，每个没有到会的人都要受到谴责；在那里，人们议论着某某人在看小说（虽然书皮上明明写着"基督教小说"，但克鲁马赫尔牧师曾宣布过小说是宣扬无神论的书籍），某某人似乎是敬神的，但前天有人在音乐会上看到过他；于是他们就为这种没头没脑的罪过吓得胆战心惊。如果有一个传教士是个有名的唯理论者（他们这样称呼每一个哪怕和他们有一点点意见分歧的人），那他就得不到安宁，他们就会死盯住他，看他穿的上衣是不是真黑色，他的裤子是不是真正正统的颜色。如果别人看到他穿一件泛一点蓝颜色的上衣或唯理论者的背心的话，那他就活该倒霉！如果发现谁不相信先定学说，那他们就会立刻对他实行宣判，说他比路德信徒好不了多少，而路德信徒和天主教徒相差无几，而天主教徒和偶像崇拜者是生来就该受到诅咒的。但说这种话的人都是些什么人呢？他们不学无术，连圣经是用哪种文字——中文、犹太文还是希腊文——写的，都未必知道，但他们又不管什么场合，总是拿某个永远被认为是正教传教士的话来胡乱判断一切。

评论：载于1839年3—4月《德意志电讯》第49、50、51、52、57和59期。《德意志电讯》在19世纪30年代末至40年代初，反映了"青年德意志"的观点。本文是恩格斯的第一篇政论性文章，从此，他开始为《德意志电讯》杂志撰稿。这篇文章反映了恩格斯对家乡乌培河谷的亲身经历和观察。文章揭露了那里的社会生活的各个阴暗面，批判了当时的政治、经济、文化、教育等制度，描写了工厂劳动中劳动者的非人处境，控诉了工厂主对工人的残酷剥削。恩格斯对劳动者深切同情，揭露了宗教神秘主义的愚昧和虔诚主义的反理性本质。文章表明了恩格斯向无神论的转变。

1842 年

6月15日左右 《评亚历山大·荣克的〈德国现代文学讲义〉》指出:"青年德意志"挣脱了动荡时期的混浊状态,但它本身还是这种混浊状态的俘虏。当时萦回在人们脑际的那些模糊的、不发达的、后来只是借助哲学才被认识的思想,竟被"青年德意志"用来进行幻想的把戏。这说明了在青年德意志分子中间占统治地位的概念的模糊和混乱。关于他们要求什么,谷兹科夫和文巴尔克要比别人知道得清楚一些,劳贝知道得最差。蒙特追求的是社会的幻境;奎纳那里还残存着黑格尔的一些东西,但他做的是制定公式和分类的工作。既然思想都是这样糊涂,那就不可能得到什么有用的东西。关于感性本原的全权的思想,像海涅一样,他们都了解得很粗浅,自由主义的政治原则,每个人也各不相同,连妇女的地位也竟引起了毫无结果和混乱不堪的争论。谁都不知道,应当从别人那里得到些什么。各邦政府采取的反对这些人的措施也是当时普遍混乱的现象之一。宣扬这些观点的奇异形式只能使混乱现象加剧。由于自己著作的外表富丽堂皇,风格别致、有趣和生动,由于几个主要口号染上奥妙的神秘主义色彩,以及批评得到恢复,文学刊物在自己影响下日益活跃,青年德意志派很快就吸引了一群年轻作家,经过很短一段时间,他们中间每个人(文巴尔克除外)就都有了自己的卫队。老的平庸的文学在新生力量的压力下不得不退却,于是"青年文学"占据和瓜分了夺得的地盘,——但它就在瓜分地盘的时候瓦解了。原则的毫无根据就这样暴露了出来。原来所有的人都彼此误解了。原则已经消失,全部问题都归结为个人的问题了。是谷兹科夫还是蒙特——问题就是这样。各种杂志都充满了各个集团的争吵、相互倾轧和空洞的辩论。

评论:载于1842年7月7、8和9日《德国科学和艺术年鉴》第160、161和162期。这篇文章是恩格斯对"青年德意志"派的代表人物之一荣克的作品《德国现代文学讲义》的评论。恩格斯早期曾参加过"青年德意志"运动,但是他的革命民主主义思想同"青年德意志"的自由主义思想相矛盾。在这篇文章中,恩格斯批评了荣克在"青年德意志"与黑格尔之间的折衷立场和态度,认为文学运动大踏步地前进了,"青年德意志"运动却远远地落在这个运动的后面,大部分"青年德意志"分子的空虚暴露无遗。这篇文章表明恩格斯已经离开"青年德意志"转向黑格尔。

10月左右 《普鲁士国王弗里德里希-威廉四世》指出:从去年起,即从出版似乎获得了更大的自由(目前它又处于最不自由的境地了)的那个时候起,普鲁士人民所显示的进步,是和当时所采取的那种微不足道的措施不能相比的。书报检查的压制在普鲁士竟束缚了这样巨大的力量,只要把这种压力稍微减轻些,就会产生无比强大的反作用。普鲁士的舆论愈来愈集中在两个问题上,即代议制和出版自由,特别是后者。不管国王怎样,首先要他给予出版自由,而出版自由一旦争得,再过一年必然会争得宪法。如果实行了代议制,普鲁士下一步将怎样发展,那就很难预料了。最先出现的结果之一将是解除同俄国的联盟,只要国王在这以前还没有被迫放弃自己原则的这个产物的话。而随后恐怕还有好多其他的事情,普鲁士的现状非常像过去法国面临着……但是,我避免过早地做出任何结论来。

评论:载于1843年海尔维格在苏黎世和温特图尔出版社的文集《来自瑞士的二十一张》。文章是恩格斯为激进派月刊《来自瑞士的德意志通报》撰写的。文章评论了普鲁士国王威廉四世,恩格斯对普鲁士国家的反动本质进行了分析,认为国王是这个国家反动本质的体现者,揭示了普鲁士国家制度与时代发展的矛盾,得出了革命的必然性。恩格斯暗示德国正处于法国资产阶级大革命前夜的相似状态。

11月29日 《英国对国内危机的看法》指出:假如宪章派要耐心地等到在下院争得多数,那他们就得在许多年内不断召集群众大会和要求实现人民宪章的六点;资产阶级永远也不会同意普选权,因为它要在这一点上让了步,就必然会由于无产者取得多数票而丧失自己在下院的优势地位。因此,宪章派在英国社会有教养的阶层中间,还不能甚至在很长一段时间内也还不能扎下根去。这里谈的宪章派和激进派,差不多总是指下层人民和无产者群众;的确,党的为数不多的几个有教养的领袖在这些群众中间已经完全看不到了。

即使不管政治利益如何,中间等级的代表者也只能是辉格党或托利党,无论如何也不可能是宪章派。中间等级的原则是保持现状;在英国目前的情况下,要实行"合法的进步"和普选权就必然会引起革命。因此,一个把政治看成简单的算术或者甚至是生意经之类东西的现实的英国人,根本没有注意到不声不响地增长着的宪章派的威力,这是十分自然的,因为这种力量不是数字所能表现的;即使能用数字表现,这个数字对政府和议会来说也不过是单位数字前面的零而已。但是有些东西是超乎数量关系之外的,一旦时机成熟,英国辉格党和托利党的超人智谋就会因此而完全破产。

评论:载于1842年12月8日《莱茵报》第342号。这是恩格斯为《莱茵报》撰写的一篇关于英国的通讯。1842年11月,恩格斯到达英国曼彻斯特,当时正值1842年8月纺织工人大罢工失败,宪章运动也遭受挫折。当时的统治阶级对自己的统治充满信心,但恩格斯认为,英国人没有看到政治的变化和本质,根本没有认识到宪章派的威力。英国辉格党和托利党必将受到挑战,革命也将必然发生。

11月30日 《国内危机》指出:在工人和宪章派心目中唯一的指导思想——而且这种思想原来就是宪章派的——就是合法革命的思想。这种思想本身就是矛盾,事实上不可能实现的,正因为他想要实现这种思想才遭到失败。就拿第一个普遍的活动方式——停工来说,这就是一种暴力的、非法的方式。整个运动的性质既然这样不稳定，那末只要行政当局——这种运动对于它是完全出乎意料之外的——不是那样犹豫不决，束手无策，运动一开始就会立刻被镇压下去。而且只用很少一些军警就可以制服人民。在曼彻斯特可以看到，只要四五个骑兵每人把住一个出口，就拦住了几千个集合在广场上的工人。"合法革命"把一切都搞糟了。整个事件就这样结束了；每个工人，当他一旦把自己的积蓄用光因而就要挨饿的时候，就又开始工作了。然而无产者从这些事件中间还是得到了好处，那就是他们意识到了用和平方式进行革命是不可能的，只有通过暴力消灭现有的反常关系，根本推翻门阀贵族和工业贵族，才能改善无产者的物质状况。英国人所特有的守法观念还在阻碍着他们从事这种暴力革命。但是，既然英国正处在我们上面所描写的那种情况，那就不可能指望工人中间在短时期内不会发生普遍贫困的现象，那时，怕饿死的心情一定会超过怕违法的心情。这个革命在英国是不可避免的，但是正像英国发生的一切事件一样，这个革命的开始和进行将是为了利益，而不是为了原则，只有利益能够发展成为原则，这就是说，革命将不是政治革命，而是社会革命。

评论：载于1842年12月9和10日《莱茵报》第343和344号。这是恩格斯为《莱茵报》撰写的有关英国的报道文章。文章分析了英国在政治、经济方面的社会矛盾，分析了英国政治制度的缺陷：纯粹形式的自由、相互矛盾的法律、践踏人民意志的议会，等等，指出随着工业的发展，无产阶级的人数也在不断增长并且已经成了英国最强大的一个阶级。恩格斯批评了宪章派将合法革命视为唯一的指导思想，认为仅仅依赖和平方式进行革命是不可能的，在反动统治者的压迫下，通过暴力消灭现有的反常关系才能改善无产者的物质状况。文章显示出恩格斯初到曼彻斯特不久发生的思想变化，开始认识到物质利益在社会生活中的作用，赤贫如洗、勉强度日的无产阶级为谋生存而进行的正义斗争与资产阶级贪婪成性的物欲是两种根本对立的物质利益。文章反映了恩格斯围绕物质利益与思想原则、政治革命与社会革命的相互关系的思考以及对无产阶级革命作用的认识，对现实的关注推动恩格斯迅速向唯物主义和共产主义转变。但是，文章也显示出处在思想转折中的恩格斯并没有完全摆脱唯心主义的影响，认为思想原则高于物质利益，唯心主义的世界观影响了恩格斯对英国社会所作的分析。

12月19日 《各个政党的立场》指出：[中庸]的英明见地对国家的危害比彻底反动派的冥顽不化还要厉害得多。"激进派"在这个问题上的确是激进的，他们要求谷物自由入口。可是《观察家》只是最近一个星期以来才表现了这种勇敢精神，而反谷物法同盟却从一开始就投入了反对现行谷物法和[调节制]的斗争，并且直到最近一个时期，还在不断支持辉格党人。可是谷物输入的绝对自由连同"自由贸易"都渐渐成了激进派的战斗口号，辉格党人则好心地附和他们，跟他们一起喊"自由贸易"，而这里的"自由贸易"指的是"适度的"关税率。显然，宪章派根本不管什么谷物税。但这会产生什么结果呢？结果就是，谷物一定会自由输入，这就像托利党人好死歹死总要死亡一样地肯定。问题只是在这种变化将要采取什么样的形式。或许最近的一次议会会议就会使皮尔放弃调节制，同时完全脱离托利党。只要不会引起地租率下跌，贵族在一切方面都可以让步，但在其他方面是不会让步的。不管怎样，议会的中心——皮尔—罗素联盟很有可能组成政府，通过他们不彻底的措施尽量推迟谷物问题的解决。可是能够推迟多久，这不决定于他们，而决定于人民。

评论：载于1842年12月25日《莱茵报》第359号。文章分析了英国各个政党的状况、他们的阶级基础和他们对于重大现实问题的主张，展现了恩格斯支持无产阶级的立场和他对人民力量的肯定。关于废除谷物法问题，恩格斯认为，统治阶级会通过他们不彻底的措施尽量推迟谷物问题的解决，但是，能够推迟多久，不取决于他们，而是取决于人民。

12月20日 《英国工人阶级状况》指出：工业发达的英国不但使人数众多的无产阶级成了自己的负担，而且使无产阶级中人数相当多的赤贫阶级也成了自己的负担，而英国要摆脱这个阶级是不可能的。这些人需待自己寻找出路；国家不管他们，甚至把他们一脚踢开。因此，男人进行抢劫或是偷盗，女人偷窃和卖淫，还有谁能怪罪他们呢？但饥饿是什么滋味，是苦是甜，对国家来说是无关痛痒的，它把这些挨饿的人抛进监狱，或是流放出去。当国家把他们释放出来的时候，它会满意地看到已经获得的成绩：它把这些已被剥夺了面包的人变成了也被剥夺了道德观念的人。在这整个历史上最可笑的是，聪明透顶的辉格党和"激进派"无论如何也不会懂得，既然国家的情况是这样，那为什么还会出现一个宪章运动，而且宪章派怎么能设想自己在英国有可能——即使是很小的可能——获得成功。

评论：载于1842年12月25日《莱茵报》第359号。恩格斯揭露资本主义制度尤其是产业革命造成的工人阶级状况的日益恶化，指出一些工人堕落、犯罪都是资本主义种下的恶果。同时指出，同资本主义一同发展的还有无产阶级的壮大。

12月22日 《谷物法》指出：谷物法和反谷物法同盟所取得的最重要的成果之一，就是使租佃人摆脱了他们高贵的土地占有者的精神影响。历来谁都没有像英国的租佃人即从事农业的这部分人这样不关心政治问题。不言而喻，大地主都是托利党人，他们把议会选举时投票反对托利党人的租佃人都赶走了。因此就出现了这样一种情况，联合王国农业区应当选出的252名议会议员几乎总是清一色的托利党人。但是现在，由于谷物法和反谷物法同盟所传播的几十万册书刊的影响，租佃人的头脑中也产生了政治思想。他们认识到自己的利益同大地主的利益是不一致的，直接对立的；谷物法对他们比对任何人都更不利。因此租佃人中间也产生了很大的变化。现在他们大部分人都成了辉格党，并且由于大地主现在已经很难对租佃人的选票起决定性的影响，托利党的252个席位也许很快就会全部落到辉格党的手里。即使落到辉格党手里的只有一半，下院的面貌也会因此而发生很大的变化，因为这样一来，就使辉格党人在下院经常占多数。这种情况是会发生的。谷物法废除以后，就会发生彻底的变化，因为那时，租佃人就根本不再依附大地主了，原因是谷物法废除之后，租佃契约必然要按完全不同的条件来签订。贵族以为他们推行的谷物法是个了不起的妙计，但用这种办法搞来的钱远远不能弥补这些法律给他们带来的损失。而这种损失就在于：从这时起，贵族就不再以农业代表的身分出现，而以自己私人利益的保护者的身分出现了。

评论：载于1842年12月27日《莱茵报》第360—361号。谷物法是1815年托利党政府为保护土地贵族和富裕农场主利益而颁布的粮食进口法案。该法案成为当时新兴工业资产阶级与土地贵族斗争的焦点。资产阶级与人民群众联合起来，为改革选举制度和取消谷物法进行斗争。1839年，工厂主组织反谷物法同盟，继续斗争，终于迫使政府在1846年宣布废除谷物法。恩格斯揭露了这个法律的本质，它既不符合资产阶级的利益，也不符合工人农民的利益。恩格斯指出，废除谷物法意味着宣布资本为英国的最高权力，剥夺土地贵族的一切财富和一切权力，这对英国的未来发展会产生很大的影响。但是，废除谷物法真正获益的只是资产阶级，而不是广大劳动人民。

1843年

5—6月 《伦敦来信》指出：民主政党在英国获得迅速的进展。当辉格党和托利党，金钱贵族和门阀贵族在"国民清谈馆"（照托利党人托马斯·卡莱尔的说法）或"自命为代表英国公众的议院"（如宪章派菲格斯·奥康瑙尔所说的）里争论一些无聊琐事的时候，当国教会动员了自己的全部势力，以便依靠虚伪的民族习惯尽量来支撑它那已在坍塌的大厦，而反谷物法同盟却抛出成千成万的英镑，妄想以这种代价使成百万的英镑流入棉纺织业巨头的口袋的时候，——就在这个时候，受人轻视和嘲笑的社会主义却沉着而满怀信心地向前迈进并逐渐深入社会舆论。就在这个时候，一个人数众多的新政党几年的工夫就在"人民宪章"的旗帜下形成了，它不遗余力地进行宣传鼓动，和它比起来，奥康奈尔和反谷物法同盟只是一群渺小的可怜虫。大家知道，在英国，各个政党都有与它相当的社会阶层和阶级；托利党同贵族和伪善的英国国教会的真正正统派是一丘之貉；辉格党由厂主、商人和非国教徒，总而言之，由资产阶级上层组成；资产阶级下层组成了所谓的"激进派"，而宪章派则从工人群众，从无产者当中汲取自己的力量。社会主义并不是一个关门的政治党派，但它一般是在资产阶级下层和无产者中间征集自己的拥护者。由此可见，在英国，一个阶级的社会地位愈低，愈"没有教养"（就一般的意义来说），它就愈进步，愈有远大的前途——这一情况是非常显著的。

评论：载于《瑞士共和主义者》1843年5月16和23日，6月9和27日第39、41、46和51期。这是一篇关于英国一些问题的报道。文章分析了英国各个政党的阶级基础以及它们在反谷物法斗争中的不同表现，称赞无产阶级的社会主义运动，看到了无产阶级的远大前途。文章中还详细列举并赞扬英国社会主义者在教育工人方面的工作，恩格斯寄希望于工人群众。文章显示了恩格斯从革命民主主义向社会主义的转变。

10月23日和11月初 《大陆上社会改革运动的进展》指出：共产主义并不是英国或其他什么国家的特殊情况造成的结果，而是以现代文明社会的一般情况为前提所必然得出的结论。因此，这三个国家最好能够取得相互了解，弄清楚它们在哪些问题上是一致的，在哪些问题上是有分歧的；而分歧的地方总会有的，因为共产主义学说在这三个国家的产生情况各不相同。英国人由于国内贫困和道德败坏的现象的迅速加剧，他们通过实践达到这个学说。法国人是通过政治达到的，他们起初只是要求政治自由和平等，但当他们意识到这还不够的时候，除政治要求而外，他们又提出了社会自由和社会平等的要求；德国人则是通过哲学，通过对基本原理的思考而成为共产主义者的。社会主义在这三个国家产生的情况既然这样，那末在次要的问题上就不可能没有分歧。可是我想证明，这些分歧都是无关紧要的，绝不妨碍各国社会改革派的亲密团结。这些国家迫切需要相互了解。如果做到了这一点，我相信，他们就会热望自己的外国共产主义弟兄获得成功。

评论：载于1843年11月4和18日《新道德世界》第19和21号。《新道德世界》是英国欧文派社会主义者办的周刊。本文是恩格斯早年撰写的对欧洲大陆社会主义思潮发展情况的评介。当时英国社会主义者对欧洲大陆社会改革运动并不了解，恩格斯详尽地介绍了法国、德国和瑞士流行的空想社会主义和共产主义学说，以及共产主义运动，并对这些学说和运动的成就和缺陷进行了分析和评论。文章批评平均派的共产主义对人类文化的否定态度，以及法国和德国一些空想共产主义者把基督教与共产主义联结起来的错误观点。恩格斯指出，共产主义并不是英国或其他什么国家的特殊情况造成的结果，而是现代文明社会即资本主义社会的必然产物。文章初步探讨了空想社会主义者与共产主义者的联系和区别，指出共产主义者需要通过政治斗争和暴力革命达到自己的目的。文章认为，消灭私有制，建立集体所有制即社会公有制是实现共产主义的条件，在集体所有制基础上改变社会结构的革命是不可避免的。文章也反映出恩格斯认识到仅仅实行政治变革是不够的，只有经过以集体所有制为基础的社会革命，才能打开一条通向共产主义的道路。文章显示出，恩格斯已经同资产阶级的共和主义者划清了界限，虽然还没有彻底摒弃空想主义的概念，但他已确信共产主义的必然性和社会革命的普遍性，他的科学共产主义思想已开始萌芽。文章为研究马克思主义与空想社会主义的关系提供了宝贵的资料。

1844 年

1月 《大陆上的运动》指出：不难了解，目前在德国开展更广泛的社会鼓动该是多么好的时机，创办一种主张彻底改造社会的定期刊物会得到怎样的反应。这样的定期刊物已经在巴黎创办，名为《德法年鉴》，它的编辑卢格博士和马克思博士以及其他一些撰稿人都是德国的"共产主义学者"；支持他们的还有法国最杰出的社会主义作家。要选择一个比目前更有利的时机来出版这样一种每月一期、既登法文文章又登德文文章的刊物，无疑是很困难的；就在创刊号出版以前，它的成就就已经是肯定的了。

评论：载于1844年2月3日《新道德世界》第32号。文章报道了欧洲大陆上的社会主义运动，恩格斯关注到人们对社会认识的深刻变化，认为当时是在德国开展广泛的社会鼓动的好时机。文章还肯定了马克思和卢格创办的《德法年鉴》在宣传社会主义方面的成就。

1843年底—1844年1月 《政治经济学批判大纲》指出：劳动是生产的主要因素，是"财富的泉源"，是人的自由活动，但在经济学家看来它是无足轻重的。正如资本和劳动分离开来一样，现在劳动也跟着分裂了，劳动的产物以工资的形式和劳动对立起来了，它和劳动分离开来，并且通常也是由竞争来决定，因为，如我们所知道的，我们没有一个固定的尺度来确定劳动在生产中所占的比重。只要我们消灭了私有制，这种反常的分裂状态就会消失；劳动就会成为它自己的报酬，而以前转让出去的工资的真正意义，即劳动对于确定物品的生产费用的意义也就会清清楚楚地显示出来。

我们知道，只要私有制存在一天，一切终究都会归结为竞争。竞争是经济学家的主要范畴，是他最宠爱的女儿，他始终爱抚着她，但是请看，在这里出现的是一张什么样的美杜莎的怪脸。私有制最初的结果就是生产分为两个对立面（自然的方面和人的方面），即分为土地和人的活动。土地没有人耕作仅仅是不毛之地，而人的活动的首要条件恰恰就是土地。其次，我们还看到，人的活动又怎样分成了劳动和资本，两方面怎样彼此敌对着。这样，我们已经看到的就是这三种要素的彼此斗争，而不是它们的相互支持；现在，我们还看到了私有制还使这三种要素中的每一种都分裂开来。一块土地和另一块土地对立着，一个资本和另一个资本对立着，一个劳动力和另一个劳动力对立着。换句话说，由于私有制把每一个人孤立在他自己的粗鄙的独特状态中，又由于每个人和他周围的人有同样的利害关系，所以地主敌视地主，资本家敌视资本家，工人敌视工人。正是由于利害关系的共同性，所以在这种共同的利害关系的敌对状态中，人类目前状况的不道德达到了登峰造极的地步，而竞争就是顶点。

评论：载于1844年《德法年鉴》。恩格斯分析了资产阶级经济学的产生和发展，批判了资产阶级经济学的一些基本范畴和观点，尖锐地抨击了资产阶级的虚伪性，揭示了资产阶级经济学的实质，揭露了资本主义经济制度的深刻矛盾性，指出现代资产阶级政治经济学的内在的不可克服的矛盾，为马克思主义政治经济学的产生作出了重要贡献。恩格斯批判了马尔萨斯的"人口论"，指出在资本主义制度下，人口过剩或劳动力过剩始终同财富过剩、资本过剩和地产过剩相联系，只要战胜了这种经济制度，就能保证永远不再因人口过剩而恐惧不安。文章还揭示了资本主义私有制下竞争的规律性和资本主义经济危机的必然性，资本主义私有制下的竞争是贫困、穷苦、罪恶的原因，只有经过社会革命，消灭私有制，才能消除资本与劳动的分裂、工人阶级的贫困、竞争和无政府状态、周期性经济危机等，才能解决资本主义的深刻矛盾。文章虽然还存在缺陷或不成熟的地方，但已经表明恩格斯实现了从唯心主义和革命民主主义转向唯物主义和共产主义。马克思称本文是"批判经济学范畴的天才大纲"，"已经表述了科学社会主义的某些一般原则"。

1月 《英国状况——评托马斯·卡莱尔的〈过去和现在〉》指出：卡莱尔在他的全部狂想曲中，对社会主义者却只字未提。只要他还停留在目前的观点上，——虽然这种观点远远超出了有教养的英国群众的水平，但还是抽象的理论性的观点，——他就永远不会特别接近社会主义者的要求。英国的社会主义者是纯实践家，因此，他们提出了建立国内移民区等类似莫里逊氏丸的办法；他们的哲学是纯英国的怀疑论哲学，就是说，他们不相信理论，而在实践中遵循唯物主义，他们的整个社会纲领就以唯物主义为基础。这一切卡莱尔是不感兴趣的；他和这些社会主义者一样，也是片面的。社会主义者和卡莱尔都只是在矛盾的范围内——社会主义者在实践的范围内，卡莱尔在理论的范围内——克服了矛盾，但就在这范围内，卡莱尔也只是直接地克服了矛盾，而社会主义者则判决了实际矛盾，通过思维摆脱了这种矛盾。社会主义者正是在他们只应该是人的地方还是英国人；大陆上的哲学学说，他们只了解唯物主义，连德国哲学都不了解；这也正是他们的缺点；为了有助于消除国家差别，他们正在努力克服这个缺点。我们根本没有必要强迫他们马上接受德国哲学，他们会自己认识它，目前德国哲学还不会对他们有多大好处。总之，尽管社会主义者现在还很薄弱，但他们是英国唯一有前途的党。民主主义、宪章运动很快就会占优势，那时英国工人群众就只有在饿死和社会主义二者之间，进行选择。

评论：载于1844年《德法年鉴》。文章批判了托马斯·卡莱尔宣扬的英雄崇拜的历史哲学和泛神论观点，卡莱尔被认为是英国封建的假社会主义者。恩格斯指出了消灭私有制和旧的关系的历史必然性，提出了社会的共产主义改造问题，并阐明了无产阶级的伟大历史使命，认为虽然社会主义者还很薄弱，但他们是英国唯一有前途的党。民主主义、宪章运动很快就会占优势。

2月 《英国状况（十八世纪）》指出：18世纪在英国所引起的最重要的结果就是：由于产业革命而形成了无产阶级。新的工业总是需要大批常备的工人来供给无数新的劳动部门，而且需要的是以前从未有过的工人。1780年以前，英国的无产者很少，这是上面所描述的英国社会状况所必然产生的结果。工业把劳动集中到工厂和城市里；工业活动和农业活动不可能结合在一起了，新的工人阶级只能指靠自己的劳动。过去的例外现在变成了通例，而且逐渐扩展到城市以外的劳动居民身上。小块土地的耕作被大租佃者所排挤，这样就产生了新的雇农阶级。城市人口增加了两三倍，这些增加的人口几乎全是工人。采矿业的扩展同样需要大批的新工人，这些工人也是专靠每天的工资生活的。另一方面，资产阶级上升到了真正贵族的地位。在工业发展的过程中，厂主以惊人的速度增殖了自己的资本，商人也得到了自己应得的一份，而这次革命所创造出来的资本就成为英国贵族用来反对法国革命的工具。整个发展的结果是：英国人现在分成了三派，即土地贵族、金钱贵族和工人民主派。这是英国仅有的三派，是这里唯一起作用的动力；至于它们怎样在起作用，我们也许将在另一篇文章中加以说明。

评论：载于1844年8月31日、9月4、7和11日《前进报》（巴黎）第70、71、72和73号。恩格斯以唯物主义为指导对社会经济发展、历史前进趋势进行了考察和分析，阐述了产业革命发生的外部原因和内部原因，论述了科学进步对推动社会发展的作用，指出产业革命使传统的阶级关系的主要方面发生了根本变革，以往存在的阶级和阶层解体，作为它生存基础的条件和关系破坏了，于是就产生了崭新的阶级：无产阶级和资产阶级。文章还阐明了无产阶级诞生的世界历史意义。

3月 《英国状况（英国宪法）》指出：英国的最近将来是民主制。然而是哪一种民主制呢？不是过去那种同君主制和封建制度对立的法国大革命的民主制，而是现在这种同资产阶级和财产对立的民主制。以往的全部发展证明着这一点。资产阶级和财产统治着一切；穷人是无权的，他们备受压迫和凌辱，宪法不承认他们，法律压制他们；在英国，民主制反对贵族制的斗争就是穷人反对富人的斗争。英国所趋向的民主制是社会的民主制。单纯的民主制并不能治愈社会的痼疾。民主制的平等是空中楼阁，穷人反对富人的斗争不能在民主制或单是政治的基础上完成。因此这个阶段只是一个过渡，只是最后一种纯粹政治的手段，这一手段还需要加以试验，但从其中马上就会发展出一种新的因素，一种超出现行政治范围的原则。这个原则就是社会主义的原则。

评论：载于1844年9月18、21、25和28日，10月5、16和19日《前进报》（巴黎）第75、76、77、78、80、83和84号。这是恩格斯的一篇重要法学著作。文章探讨了英国宪法及其政治制度，指出英国宪法的首要的权利均等原则，即国王、上院和下院三位一体的立法权已名不符实,实际权力掌握在资产阶级和新贵族代表的下院手中。宪法规定公民享有的出版自由、集会自由、结社自由、人身保护权等只属于富人。这些已经动摇了英国宪法的基础。文章揭露了英国宪法的虚伪性,资产阶级法律和民主制的阶级本质和局限性。

第 2 卷

1844 年

9—11月 《神圣家族》指出：如果社会主义的著作家们把这种具有世界历史意义的作用归之于无产阶级，那末这决不像批判的批判硬要我们相信的那样是由于他们把无产者看做神的缘故。倒是相反。由于在已经形成的无产阶级身上实际上已完全丧失了一切合乎人性的东西，甚至完全丧失了合乎人性的外观，由于在无产阶级的生活条件中现代社会的一切生活条件达到了违反人性的顶点，由于在无产阶级身上人失去了自己，同时他不仅在理论上意识到了这种损失，而且还直接由于不可避免的、无法掩饰的、绝对不可抗拒的贫困——必然性的这种实际表现——的逼迫，不得不愤怒地反对这种违反人性的现象，由于这一切，所以无产阶级能够而且必须自己解放自己。但是，如果它不消灭它本身的生活条件，它就不能解放自己。如果它不消灭集中表现在它本身处境中的现代社会的一切违反人性的生活条件，它就不能消灭它本身的生活条件。它不是白白地经受了劳动那种严酷的但是能把人锻炼成钢铁的教育的。问题不在于目前某个无产者或者甚至整个无产阶级把什么看做自己的目的，问题在于究竟什么是无产阶级，无产阶级由于其本身的存在必然在历史上有些什么作为。它的目的和它的历史任务已由它自己的生活状况以及现代资产阶级社会的整个结构最明显地无可辩驳地预示出来了。英法两国的无产阶级中有很大一部分人已经意识到自己的历史任务，并且不断地努力使这种意识达到完全明显的地步。

照批判的批判的意见，一切祸害都只在工人们的"思维"中。的确，英国和法国的工人组织了各种团体，在这些团体中，工人们所议论的话题不仅有他们作为工人所应有的直接需要，而且也有他们作为人所应有的各种需要。工人们组织这些团体，就表明他们非常彻底而广泛地理解从他们的合作中所产生的那种"巨大的"、"不可比拟的"力量。但是这些群众的共产主义的工人，例如在曼彻斯特和里昂的工场中做工的人，并不认为用"纯粹的思维"即单靠一些议论就可以摆脱自己的主人和自己实际上所处的屈辱地位。他们非常痛苦地感觉到存在和思维、意识和生活之间的差别。他们知道，财产、资本、金钱、雇佣劳动以及诸如此类的东西远不是想像中的幻影，而是工人自我异化的十分实际、十分具体的产物，因此也必须用实际的和具体的方式来消灭它们，以便使人不仅能在思维中、意识中，而且也能在群众的存在中、生活中真正成其为人。而批判的批判却相反，它教导工人们说，只要他们在思想中消除了雇佣劳动的想法，只要他们在思想上不再认为自己是雇佣工人，并且按照这种过于丰富的想像，不再设想自己是作为单个的人来支取工钱的，那末他们就会真的不再是雇佣工人了。从这以后，作为绝对的唯心主义者，作为以太的生物，他们自然就可以靠纯思维的以太来生活了。批判的批判教导工人们说，只要他们在思想上铲除了资本这个范畴，他们也就消除了真正的资本；只要他们在自己的意识中改变自己这个"抽象的我"，并把真正改变自己的现实的生存、改变自己生存的现实条件、即改变自己这个现实的"我"的任何行动当做非批判的行为加以鄙弃，他们就会真正发生变化并转化为现实的人。把实在的现实只看做一些范畴的"精神"，当然要把人的一切活动和实践统统归结为批判的批判的辩证思维过程。它的社会主义同群众的社会主义和共产主义的区别也就在这里。

历史活动是群众的事业，随着历史活动的深入，必将是群众队伍的扩大。在批判的历史中，一切事情自然都完全不是这样报道的，批判的历史认为，在历史活动中重要的不是行动着的群众，不是经验的活动，也不是这一活动的经验的利益，而仅仅是寓于"这些东西里面"的"观念"。

要想站起来，仅仅在思想中站起来，而现实的、感性的、用任何观念都不能解脱的那种枷锁依然套在现实的、感性的头上，那是不行的。可是绝对的批判从黑格尔的"现象学"中至少学会了一种技艺，这就是把现实的、客观的、在我身外存在着的链条变成只是观念的、只是主观的、只是在我身内存在着的链条，因而也就把一切外部的感性的斗争都变成了纯粹观念的斗争。

评论：1845年在美茵河畔法兰克福以单行本出版。这是马克思和恩格斯在1844年合写的第一部重要哲学著作，是马克思在世时定稿、出版的为数不多的著作之一。在本书的序言中指出，《神圣家族》主要涉及布鲁诺·鲍威尔的《文学总汇报》。在该报中鲍威尔的批判使整个德国思辨的胡说达到了顶点。现实人道主义在德国没有比唯灵论或者说思辨唯心主义更危险的敌人了。《神圣家族》是一部论战性的著作。马克思和恩格斯以战斗的唯物主义者的姿态对青年黑格尔派和黑格尔本人的唯心主义哲学观点进行了致命的批判，肯定了黑格尔辩证法中的合理部分，批判了它的神秘部分。本书初步阐述了历史唯物主义的一些重要思想，指出在历史发展进程中起决定作用的是社会的物质生产而不是自我意识。本书提出人民群众是人类历史的真正创造者的原理，论证了人民群众在历史发展中的伟大作用，提出无产阶级由于自己在资本主义制度下所处的地位，它能够而且必须自己解放自己。书中阐述了资本主义私有制必然瓦解的历史趋势，提出要消灭资产阶级社会的一切惨无人道的生活条件。书中根据私有制在其经济运动中必将自行灭亡这一点论证了共产主义胜利的客观必然性。马克思和恩格斯还论述了18世纪法国唯物主义的历史地位和进步意义，阐明了唯物主义思想同社会主义、共产主义的联系。《神圣家族》一书虽然很大程度上受到费尔巴哈唯物主义观点的影响，但这部著作为全面阐述唯物史观奠定了基础。

1845 年

2月 《在爱北斐特的演说》指出：在共产主义社会里，人和人的利益并不是彼此对立的，而是一致的，因而竞争就消失了。如果这些结论是正确的，如果社会革命和共产主义的实现是我们的现存关系的必然结果，那末我们首先就得采取措施，使我们能够在实现社会关系的变革的时候避免使用暴力和流血。要达到这个目的只有一种办法，就是和平实现共产主义，或者至少是和平准备共产主义。所以，如果我们不愿意用流血的办法解决社会问题，如果我们不愿意使我们的无产者的智力水平和生活状况之间的日益加深的矛盾尖锐到像我们对人性的理解所启示的那样，必须要用暴力来解决，要在绝望和强烈的复仇心中来解决，那末，诸位先生，我们就应当认真地和公正地处理社会问题，就应当尽一切努力使现代的奴隶得到与人相称的地位。或许你们当中有人觉得，要提高以前被轻视的阶级的地位，就不能不降低自己的生活水平，如果是这样的话，那末就应当记住，我们谈的是为所有的人创造生活条件，以便每个人都能自由地发展他的人的本性，按照人的关系和他的邻居相处，不必担心别人会用暴力来破坏他的幸福；而且也应当记住，个人不得不牺牲的东西并不是真正的人生乐趣，而仅仅是我们的丑恶的制度所引起的表面上的享乐，它是和目前享受这些虚伪的特权的人们的理智和良心相矛盾的。我们决不想破坏那种能满足一切生活条件和生活需要的真正的人的生活；相反地，我们尽一切力量创造这种生活。即使把这点撇开不谈，如果你们认真地考虑一下，我们现代的制度一定会引起什么样的后果，这种制度会把我们引入什么样的矛盾的迷宫，什么样的混乱状态，那末，诸位先生，你们也肯定地会得出结论说，社会问题是值得认真而彻底地加以研究的。如果我能促使你们这样做，那末我的演说的目的也就完全达到了。

评论：1845年2月8日的演说和1845年2月15日的演说，两次演说全文第一次刊载于1845年《莱茵社会改革年鉴》第1卷。当时德国的社会主义运动迅速发展，出现很多宣传社会主义的报刊和集会。在莱茵的工业中心爱北斐特定期举行共产主义的集会。恩格斯的这篇演说就是在这种集会上发表的。在第一篇演说中，恩格斯首先分析了资本主义社会的自由竞争和它所造成的社会秩序。其次，恩格斯描绘了共产主义的愿景和共产主义组织所具有的优点。他指出，在共产主义制度下，人们利益高度一致，没有竞争，因此没有个别阶级破产，没有富人与穷人的对立，由公社及其管理机构组织商品生产与供应，可以按照需求调节生产，避免生产与消费脱节。此外，由于人们利益一致，犯罪少，可以精简行政机关、警察和司法机关，可以取消常备军，使大量公职人员和军人回归劳动大军。最后，恩格斯提出促使共产主义实现的三项措施：第一项措施是由国家出资对一切儿童毫无例外地实行普遍教育。第二项措施是全面改造济贫所。第三项措施是采取普遍的资本累进税。纳税原则本质上是纯共产主义的原则。第二篇演说中，恩格斯分析了德国的经济状况、社会状况及发展前景，指出在德国必然要发生一场社会革命，认为社会革命将是现存的社会关系在任何条件和任何情况下必然引起的后果。文章认为，还可以有把握地从现存的经济关系和政治经济学的原理中得出社会革命即将到来的结论，而且即将到来的社会革命将以共产主义原则的实现而告终。文中还阐述了共产主义在德国的必然性和优越性。

1844年9月—1845年3月　《英国工人阶级状况》指出：英国工人阶级的历史是从18世纪后半期，从蒸汽机和棉花加工机的发明开始的。大家知道，这些发明推动了产业革命，产业革命同时又引起了市民社会中的全面变革，而它的世界历史意义只是在现在才开始被认识清楚。英国是发生这样一种变革（这种变革愈是无声无息地进行，就愈是强有力）的典型国家，因此，英国也是这种变革的主要结果（无产阶级）发展的典型国家。只有在英国，才能就无产阶级的一切相互关系来全面地研究这个阶级。由于这些发明（这些发明后来年年都有改进），机器劳动在英国工业的各主要部门中战胜了手工劳动，而英国工业后来的全部历史所叙述的，只是手工劳动如何把自己的阵地一个跟一个地让给了机器。结果，一方面是一切纺织品迅速跌价，商业和工业日益繁荣，差不多夺得了一切没有实行保护关税的国外市场，资本和国民财富迅速增长，而另一方面是无产阶级的人数更加迅速地增长，工人阶级失去一切财产，失去获得工作的任何信心，道德败坏，政治骚动以及我们将在这里加以研究的对英国有产阶级十分不愉快的一切事实。产业革命对英国的意义，就像政治革命对于法国，哲学革命对于德国一样。而且1760年的英国和1844年的英国之间的差别，至少像旧制度下的法国和七月革命的法国之间的差别一样大。但这个产业革命的最重要的产物是英国无产阶级。在这个国家里，社会战争正在炽烈地进行着。敌对的各方面已渐渐分成互相斗争的两大阵营：一方面是资产阶级，另一方面是无产阶级。这个一切人反对一切人的、无产阶级反对资产阶级的战争并不使我们感到惊讶，因为它不过是自由竞争所包含的原则的彻底实现而已。

我们看到工人运动分裂为两个派别，一派是宪章主义者，一派是社会主义者。宪章主义者比较落后，比较不开展，但他们是真正的道地的无产者，是无产阶级的代表。社会主义者看得远得多，提出消灭穷困的实际办法，但他们来自资产阶级，因此不能和工人阶级融合在一起。社会主义和宪章主义的合流，法国共产主义在英国条件下的重现，——这必然是最近的将来就要发生的，而且已经部分地发生了。只有在实现了这一点以后，工人阶级才会真正成为英国的统治者；那时，政治和社会的发展也将向前推进，这种发展将有利于这个新生的政党，促使宪章主义的继续发展。

  无产阶级所接受的社会主义思想和共产主义思想愈多，革命中的流血、报复和残酷性将愈少。在原则上，共产主义是超乎资产阶级和无产阶级之间的敌对的；共产主义只承认这种敌对在目前的历史意义，但是否认它在将来还有存在的必要；共产主义正是以消除这种敌对为目的的。所以，只要这种敌对还存在，共产主义就认为，无产阶级对他们的奴役者的愤怒是必然的，是正在开始的工人运动的最重要的杠杆；但是共产主义比这种愤怒更进了一步，因为它并不仅仅是工人的事业，而是全人类的事业。

  评论：1845年5月在莱比锡出版。从1843年开始，恩格斯在英国进行了广泛而深入的调查，访问矿山和工人家庭，查阅议会报告以及工厂视察员、医生和教师们的证词，并去伦敦、利物浦等工业中心实地考察，搜集了大量关于英国工人生活条件、政治态度和斗争情况的第一手材料。恩格斯根据官方和非官方的材料，描述了英国工人阶级难以忍受的生活状况和劳动条件。对资本主义和资产阶级进行了严厉的控诉。这部著作运用历史唯物主义基本观点分析了资本主义生产方式必然导致的后果，资产阶级日益加强对无产阶级和劳动群众的剥削等，从而揭示了资本主义的本质及其必然灭亡的客观规律。这部著作全面论述了无产阶级在现代社会中的地位和作用，指明了无产阶级解放的根本道路。无产阶级不仅是一个遭受苦难的阶级，而且是能够自己解放自己的伟大阶级，号召工人阶级为自己的最终解放而斗争。书中总结了英国工人运动的经验教训，高度评价了英国宪章运动，称它是无产阶级第一次独立的政治运动，但也批评了宪章主义者，认为工人运动必须与社会主义结合起来，强调暴力革命是无产阶级唯一可能的出路。这部著作是启发工人阶级的觉悟和促进社会主义理论与工人运动结合的重要著作，是最重要的社会主义文献之一。同时，正如作者在本书的1892年德文第二版序言中所指出的，本书还不是一部成熟的马克思主义著作，无论在优点还是缺点方面都带有作者青年时代的痕迹。

  1844年11月—1845年4月 《共产主义在德国的迅速进展》指出：共产主义的事业仍然在迅速进展，就像在1844年最后的几个月里一样。我所知道的最重要的事情是德国当代最杰出的天才的哲学家费尔巴哈博士宣布他自己是共产主义者。如果我们有哲学家和我们一起思考，有工人和我们一起为我们的事业奋斗，那末世界上还有什么力量能阻挡我们前进呢？德国的现状不能不在短时间内引起一次社会革命；这种无法避免的革命用任何发展工商业的办法都防止不了，防止这种革命（它比历史上的任何一次振荡都更加猛烈）的唯一办法是实现共产主义的制度并为这种制度的实现做准备。这样的措施只会有助于我们的事业,因为政府那样的重视,使那些从来没有听说过这个问题的人都对这个问题发生了兴趣。那些参加了辩论会但是根本不了解我们的观点或者甚至对它抱嘲讽态度的人,大多数都对共产主义怀着尊敬的心情回家。这几次集会对整个工业区的舆论所起的影响确实是惊人的;几天以后就有人向那些发言赞成我们的事业的人索取书报,以便从中了解整个共产主义的制度。德国有一些哲学家不愿从他们的纯粹理论中做出实际的结论,硬说人只应该玄想形而上学的问题,现在我们向这些人宣战了。

评论:《共产主义在德国的迅速进展》由恩格斯为《新道德世界》撰写的三篇文章组成。三篇文章分别写于1844年11月9日左右,载于1844年12月13日《新道德世界》第25号;写于1845年2月2日,载于1845年3月8日《新道德世界》第37号;写于1845年4月5日左右,载于1845年5月10日《新道德世界》第46号。《新道德世界》是空想社会主义者的周报,1834年由欧文创办。1843年11月至1845年5月恩格斯曾为该报撰稿。本文主要介绍了共产主义在德国的发展情况。当时社会主义在德国传播很快,社会主义的报刊兴起,积极颂扬社会主义和社会主义者,一大批社会主义者成长起来。德国也出现了一些改善劳动者处境以及帮助他们进行自我教育的协会。种种现象表明,社会主义在德国已经提上日程,工人阶级开始觉醒。在这三篇文章中,恩格斯批评了一些德国哲学家只热衷于抽象哲学和理论幻想,而不愿从纯粹理论走向现实。这些哲学家以鲍威尔和施蒂纳为代表,他们是德国抽象哲学的代表人物,因而也是在哲学上反对社会主义、反对共产主义的重要人物。

9月8—11日《最近发生的莱比锡大屠杀。——德国工人运动》指出:无产阶级运动以惊人的速度展开了,一两年后,我们就可以检阅光荣的工人队伍,即民主主义者和共产主义者的队伍,因为在我国对工人阶级来说,民主主义和共产主义是一个东西。1844年西里西亚的织工发出了信号,波希米亚和萨克森的印花工人和铁路建筑工人、柏林的印花工人以及几乎整个德国的产业工人都纷纷举行罢工和局部的起义来响应;这些起义几乎都是由于法律禁止结社而引起的。现在运动差不多扩展到了全国,并且还在继续平稳地发展,可是资产阶级却只是在鼓吹"宪法"、"出版自由"、"保护关税"、"德国天主教"和"新教改革"。虽然所有这些资产阶级运动都有它们的作用,但是根本不能影响工人阶级,因为工人阶级有自己的运动,即饭碗问题的运动。

评论:载于1845年9月13日《北极星报》第409号。1845年4月,恩格斯迁居布鲁塞尔以后,马克思和恩格斯继续共同探讨他们的新观点,设法在报刊上宣传他们自己的观点,并开始同国际无产阶级运动和民主运动的代表建立联系。恩格斯从这篇文章起开始系统地为英国宪章派的机关报《北极星报》撰稿。在这篇文章中,恩格斯强烈谴责了萨克森亲王约翰对游行示威群众的大屠杀。1845年8月,莱比锡的群众举行游行示威反对萨克森政府镇压"德国天主教徒"的运动和迫害其领袖约·隆格牧师，8月12日，示威群众遭到萨克森军队的枪杀，该文即为此而写。恩格斯愤怒地谴责了萨克森亲王约翰向手无寸铁的群众发起的进攻和屠杀。恩格斯提醒《北极星报》编辑注意德国工人阶级的运动，提出实现德国社会变革要依靠工人阶级中的青年，他们是革命最可靠的力量。

1845年10月—1846年2月 《德国状况》指出：德国的资产者，是一些目光短浅的人，他们只是"出版自由"、"陪审制"、"宪法对人民的保障"、"人民的权利"、"人民代议制"等等的热烈崇拜者，而且他们不是把这一切当做手段，而是当做目的。他们把影子当本质，因而一无所得。但是，资产阶级的这个运动已足以掀起几十次革命（其中有两三次已获得了某些成就），引起无数次的群众集会，造成众口纷纭和报纸大吹大擂的情况，使民主运动在大学生、工人和农民中间有了一点萌芽。从1834年到1840年，德国的一切社会运动都沉寂下去了。1830年和1834年的活动家不是在狱中，就是亡命国外。在运动高涨时期保持了资产阶级所固有的谨慎态度的人，继续和愈来愈严的书报检查制度、和资产阶级日益增长的冷漠进行斗争。虽然议会反对派的首领还继续在议会里发表演说，但是政府却有办法保证自己获得多数票。看来，要在德国掀起一个社会运动的新高潮是绝不可能的；政府可以做它认为应该做的一切事情。

评论：《德国状况》由恩格斯写给《北极星报》编辑的三封信组成。第一封信写于1845年10月15日，载于1845年10月25日《北极星报》第415号。第二封信写于1845年10月底，载于1845年11月8日《北极星报》第417号。第三封信写于1846年2月20日，载于1846年4月4日《北极星报》第438号。信中介绍了法国大革命失败以来德国社会各阶级的状况，分析了18世纪末法国资产阶级革命对德国发展的影响。1792年至1813年德国的陈腐的旧制度被法国军队摧毁，拿破仑被欧洲的贵族和工商业中等阶级的同盟打倒。文章中讲述了德国联邦条例的确立、政治制度的确立，在这个过程中，德意志各邦诸侯在和平谈判中被自己的盟邦欺骗，甚至被战败的法国所欺骗；普鲁士和奥地利用促使各小邦立宪的办法使自己成了德国的主宰。在这三封信中，恩格斯展现了为争取统一民主的德国而奋斗的革命战士的立场，他抨击德意志各邦的、普鲁士的反动制度，同时揭露了资产阶级自由主义的阶级本质，批判了资产阶级民主的局限性。

1845年底 《〈傅立叶论商业的片断〉的前言和结束语》指出：要是我们德国的那些半边的和十足的共产主义教授们花些力量去看一下傅立叶的主要著作（这些著作对他们来说并不比任何一本德国书难懂），他们将会在这里找到多么丰富的材料来进行推断和达到其他的目的！他们将会在这里找到多少新的（对德国来说目前还是新的）思想！但是到现在为止，这些好好先生除了对无产阶级的处境外，还未能对现代社会提出任何责难，而且即使在无产阶级的处境这方面，他们能够说的也不太多。当然，无产阶级的处境是一个主要问题，但是对现代社会的批评难道就仅限于此吗？傅立叶（除了他后期的著作外，他几乎没有接触到这一问题）就证明了，一个人即使不接触这个问题，也可以承认当前的社会完全不中用，而且仅仅根据对资产阶级的批评，也就是对资产阶级内部的相互关系的批评而不涉及它和无产阶级之间的关系，就可以得出必须改造社会的结论。到目前为止，能够进行这种批评的只有傅立叶一人。现在对德国人来说，最好是首先了解一下国外所获得的成就。

评论：第一次刊载于1846年的《德国公民手册》年鉴上。这是恩格斯批判"真正的社会主义"、空想社会主义，创立科学社会主义的一篇重要文献。恩格斯批判了德国"真正的社会主义"崇尚空谈哲理、热衷于用黑格尔逻辑的语言"翻译"英法两国已经陈腐的论点的做法，批评他们以思辨方式建立的社会主义理论内容的空洞、干瘪；文章将德国的社会主义理论同法国空想社会主义者傅立叶进行了对比。恩格斯高度肯定傅立叶在社会主义思想史上的地位和价值，也指出了其思想的局限性。

1845年底 《在伦敦举行的各族人民庆祝大会》指出：各民族的兄弟友爱现在比过去任何时候都更具有纯粹的社会意义。幻想成立欧洲共和国和利用适当的政治组织来保障永久和平，就像空谈靠普遍的贸易自由来保护各族人民的团结一样荒唐可笑；当所有这类多情善感的幻想完全不中用的时候，各国的无产者就开始不声不响地在共产主义民主的旗帜下真正地结成兄弟。也只有无产者才能够真正做到这点，因为每个国家的资产阶级都有他们自己的特殊利益，而且由于他们认为这些利益高于一切，他们无法越出民族的范围。他们的少数几个理论家即使把他们所有那些美妙的"原则"都搬出来也顶不了什么事，因为他们根本不触犯这些互相矛盾的利益和整个现存制度，他们只会说空话。可是全世界的无产者却有共同的利益，有共同的敌人，面临着同样的斗争；所有的无产者生来就没有民族的偏见，所有他们的修养和举动实质上都是人道主义的和反民族主义的。只有无产者才能够消灭各民族的隔离状态，只有觉醒的无产阶级才能够建立各民族的兄弟友爱。

评论：载于1846年《莱茵社会改革年鉴》第2卷。文章是恩格斯根据1845年9月27日《北极星报》第411号的报道，描写了1845年9月22日在伦敦举行大会的经过情况并转述了会上的发言。马克思和恩格斯非常重视这个大会，并特地为它写了这篇文章。这个大会实际上奠定了国际民主主义协会——"民主派兄弟协会"的基础。参加该协会的有宪章派左翼、德国的工人——正义者同盟盟员和侨居在伦敦的其他各国的革命流亡者。文章中，恩格斯以讽刺的口吻重述了格律恩、吕宁等"真正的社会主义者"的典型的论调。这些人一方面对其他民族抱虚无主义的态度，另一方面却以民族主义的态度吹嘘德国民族的优越性。恩格斯批判了这些观点，提出各国无产者利害一致的思想来和它们相对抗。恩格斯宣布各国无产者的利益是一致的，并揭穿了资产阶级的世界主义。恩格斯揭露"真正的社会主义者"的庸俗的冒牌社会主义观点是德国革命无产阶级民主运动发展的严重障碍。文中还提出，全世界的无产者有共同的利益，有共同的敌人，面临着同样的斗争，所有的无产者生来就没有民族的偏见，只有无产者才能够消灭各民族的隔离状态，只有觉醒的无产阶级才能够建立各民族的兄弟友爱。

第 3 卷

1845 年

1845—1846 年 《德意志意识形态》指出：这种历史观就在于：从直接生活的物质生产出发来考察现实的生产过程，并把与该生产方式相联系的、它所产生的交往形式，即各个不同阶段上的市民社会，理解为整个历史的基础；然后必须在国家生活的范围内描述市民社会的活动，同时从市民社会出发来阐明各种不同的理论产物和意识形式，如宗教、哲学、道德等等，并在这个基础上追溯它们产生的过程。这样做当然就能够完整地描述全部过程（因而也就能够描述这个过程的各个不同方面之间的相互作用）了。这种历史观和唯心主义历史观不同，它不是在每个时代中寻找某种范畴，而是始终站在现实历史的基础上，不是从观念出发来解释实践，而是从物质实践出发来解释观念的东西，由此还可得出下述结论：意识的一切形式和产物不是可以用精神的批判来消灭的，也不是可以通过把它们消融在"自我意识"中或化为"幽灵"、"怪影"、"怪想"等等来消灭的，而只有实际地推翻这一切唯心主义谬论所由产生的现实的社会关系，才能把它们消灭；历史的动力以及宗教、哲学和任何其他理论的动力是革命，而不是批判。这种观点表明：历史并不是作为"产生于精神的精神"消融在"自我意识"中，历史的每一阶段都遇到有一定的物质结果、一定数量的生产力总和，人和自然以及人与人之间在历史上形成的关系，都遇到有前一代传给后一代的大量生产力、资金和环境，尽管一方面这些生产力、资金和环境为新的一代所改变，但另一方面，它们也预先规定新的一代的生活条件，使它得到一定的发展和具有特殊的性质。由此可见，这种观点表明：人创造环境，同样环境也创造人。每个个人和每一代当作现成的东西承受下来的生产力、资金和社会交往形式的总和，是哲学家们想像为"实体"和"人的本质"的东西的现实基础，是他们神化了的并与之作斗争的东西的现实基础，这种基础尽管遭到以"自我意识"和"唯一者"的身分出现的哲学家们的反抗，但它对人们的发展所起的作用和影响却丝毫也不因此而有所削弱。各代所面临的生活条件还决定着这样一些情况：历史上周期性地重演着的革命震荡是否强大到足以摧毁现存一切的基础；如果还没有具备这些实行全面变革的物质因素，就是说，一方面还没有一定的生产力，另一方面还没有形成不仅反抗旧社会的某种个别方面，而且反抗旧的"生活生产"本身、反抗旧社会所依据的"综合活动"的革命群众，那末，正如共产主义的历史所证明的，尽管这种变革的思想已经表述过千百次，但这一点对于实际发展没有任何意义。

　　历史不外是各个世代的依次交替。每一代都利用以前各代遗留下来的材料、资金和生产力；由于这个缘故，每一代一方面在完全改变了的条件下继续从事先辈的活动，另一方面又通过完全改变了的活动来改变旧的条件。各个相互影响的活动范围在这个发展进程中愈来愈扩大，各民族的原始闭关自守状态则由于日益完善的生产方式、交往以及因此自发地发展起来的各民族之间的分工而消灭得愈来愈彻底，历史就在愈来愈大的程度上成为全世界的历史。由此可见，历史向世界历史的转变，不是"自我意识"、宇宙精神或者某个形而上学怪影的某种抽象行为，而是纯粹物质的、可以通过经验确定的事实，每一个过着实际生活的、需要吃、喝、穿的个人都可以证明这一事实。

　　统治阶级的思想在每一时代都是占统治地位的思想。这就是说，一个阶级是社会上占统治地位的物质力量，同时也是社会上占统治地位的精神力量。支配着物质生产资料的阶级，同时也支配着精神生产的资料，因此，那些没有精神生产资料的人的思想，一般地是受统治阶级支配的。占统治地位的思想不过是占统治地位的物质关系在观念上的表现，不过是表现为思想的占统治地位的物质关系；因而，这就是那些使某一个阶级成为统治阶级的各种关系的表现，因而这也就是这个阶级的统治的思想。

　　评论：全名《德意志意识形态。对费尔巴哈、布·鲍威尔和施蒂纳所代表的现代德国哲学以及各式各样先知所代表的德国社会主义的批判》，是马克思和恩格斯合作的一部著作。这部著作共两卷。第一卷的内容主要是研究历史唯物主义的一些基本原理和批判费尔巴哈、鲍威尔、施蒂纳的哲学观点。第二卷的内容是批判各种"真正的社会主义"的代表。1846年5月，第一卷手稿的主要部分曾由约·魏德迈从布鲁塞尔带到威斯特伐里亚，准备请当地的"真正的社会主义者"尤·迈耶尔和鲁·雷姆费尔出版。1846年7月，第二卷手稿的大部分寄到威斯特伐里亚，但是，这些出版商拒绝刊印。最终，在马克思和恩格斯生前，只发表了第二卷的第四章，发表在《威斯特伐里亚汽船》杂志1847年8月号和9月号上。

　　书中通过对费尔巴哈唯物主义的批判，对鲍威尔、施蒂纳为代表的青年黑格尔派唯心主义历史观的批判，全面系统地阐述了唯物主义历史观。书中提出并论证了社会存在决定社会意识的原理，指出生产方式在整个社会生活中的决定作用，阐述了生产力和生产关系发展的客观规律。他们以此分析资本主义社会，认为资本主义社会也是历史上暂时的"交往形式"。在资本主义社会，生产力发展到一定程度时，生产资料的私有制就会成为束缚生产力发展的桎梏,而共产主义必将摧毁这一桎梏。书中描绘了未来共产主义社会的基本轮廓。在共产主义制度下,人们将自觉地利用客观经济规律,从而有能力支配生产、支配交换、支配自己的社会关系。只有在共产主义制度下,每一个人的才能和天资才会得到充分的和全面的发展。书中对历史上相继更替的各个经济形态的基本特点作了分析。马克思和恩格斯还指出,政治和思想的上层建筑,归根结底是由历史发展的每一阶段上所存在的经济关系决定的。国家是经济上占统治地位的阶级的工具。阶级斗争是历史发展的动力。书中指出了无产阶级革命和以前的一切革命的根本区别。这种区别首先在于:以前的一切革命都是用一种剥削形式来代替另一种剥削形式,与此相反,无产阶级革命是要消灭一切剥削;无产阶级革命归根到底是要消灭任何阶级的统治以及消灭这些阶级本身。书中第一次提出了无产阶级夺取政权的任务。

1847 年

1—4月 《"真正的社会主义者"》指出:"真正的社会主义者"的一个习惯,就是通过死背单个的词句和口号把各种不理解的论断据为己有。复杂形式跟简单形式的不同之处仅仅在于它匆匆忙忙地囫囵吞下更多的东西,从而引起了胃中剧烈的疼痛。我们看到了:威斯特伐里亚人开口"现实关系",闭口"政治经济问题";无畏的英仙运用"物质关系"、"正确理解的利益"、"无产阶级反对派"。此外,这最后一个明镜骑士还采用了"金钱封建主义"一词,然而最好把这个词留给它的创造者傅立叶去用吧。现在我们以这位诗人对未来的展望结束我们对"真正的社会主义"各星座的观察。在我们的望远镜前面,的确有一系列闪烁的星座掠过。"真正的社会主义"大军所占领的正是天空中最光亮的那一部分!《特利尔日报》这家全心全意拥护"真正的社会主义"的报纸,以银河的形状,环绕着所有这些明亮的星座伸展开来,放射着市民慈善的柔和光芒。只要任何一件哪怕是稍微牵涉到"真正的社会主义"的事件发生了,《特利尔日报》总是慷慨激昂地出来应战。从安内克少尉一直到哈茨费尔特伯爵夫人,从比雷菲尔德博物馆一直到阿斯通夫人,《特利尔日报》都大卖气力,为"真正的社会主义"的利益而斗争,弄得满头都是高贵的汗珠。

评论:苏共中央马克思列宁主义研究院于1932年第一次用原文出版,1933年用俄文出版。《"真正的社会主义者"》是一部未写完的著作。"真正的社会主义"是19世纪40年代流行于德国的小资产阶级社会思潮,1847年初,"真正的社会主义"已经蔓延开来。在《德意志意识形态》第二卷中揭露了这种思潮的实质,本书进行了修改、增订。恩格斯指出,它在德国的每一个角落里都有自己的代表,甚至成为文坛上有一定影响的流派。马克思、恩格斯与这种思潮进行了坚决的斗争。在本文中,恩格斯对"真正的社会主义"三个有代表性的流派分别作了考查:威斯特伐里亚派、萨克森派和柏林派。威斯特伐里亚派是最早独立发展的一个派别,这一派别由于和普鲁士王国的警察斗争,其代表捍卫发表言论的权利,而获得了一定的影响力。他们的理论刊物是《威斯特伐里亚汽船》。这个派别带有浓厚的温情色彩,但从1846年夏天开始采取比以前尖锐得多的批评方式。书中对萨克森派及其代表人物分别作了详细的考查,揭露了他们的反动面目。他们虽然攻击资产者,发表抨击性的激烈言论,但仅仅是平庸的改造而已。这个流派实际上扮演了现存反动政府走狗的角色。书中分析了柏林派的代表人物之一恩斯特·德朗克的文艺创作和他对柏林市的评论,指出他宣传的根本不是社会主义,而是自由主义。恩格斯通过对各个派别及其代表人物的考查,揭示出这些派别的历史和各自的特征。这篇著作洋溢着马克思主义的战斗精神,反映了马克思主义与错误思潮斗争的立场和特点。

第 4 卷

1846 年

5月11日 《反克利盖的通告》指出：大家（除魏特林一人"投反对票"外）一致通过了如下的决议，并附论据。（1）《人民论坛报》主笔海尔曼·克利盖在该报上所宣传的倾向不是共产主义的。（2）克利盖用以宣传这种倾向的幼稚而夸大的方式，大大地损害了共产主义政党在欧洲以及在美洲的声誉，因为克利盖算是德国共产主义在纽约的著作界代表。（3）克利盖在纽约以"共产主义"的名义所鼓吹的那些荒诞的伤感主义的梦呓，如果被工人接受，就会使他们的意志颓废。（4）本决议连同论据将分发给在德国、法国及英国的共产主义者。（5）本决议送交《人民论坛报》编辑部一份，要求该报在最近几号上将此决议连同论据一并发表。

评论：1846年5月以石印单行本发表。本文是马克思、恩格斯等人为布鲁塞尔共产主义通讯委员会撰写的通告，通告批判了"真正的社会主义者"克利盖宣扬的小资产阶级社会主义思想。他把共产主义描绘成爱的呓语，把有世界历史意义的革命运动归结为几个字：爱和恨，共产主义和利己主义；克利盖用一些流行的共产主义术语和华丽的词句分析美国的土地改革运动，而不去深入考察运动本身的内容；克利盖在共产主义的幌子下宣传陈旧的德国宗教哲学的幻想，关于爱的高谈阔论的幻想是和共产主义截然相反的；他歪曲共产主义在欧洲各国的真正的历史发展。文章认为，克利盖用以宣传这种倾向的幼稚而夸大的方式，大大地损害了共产主义政党在欧洲以及在美洲的声誉，如果他宣扬的思想被工人接受，就会使工人们的意志颓废。

5月 《普鲁士宪法的破坏》指出：普鲁士有一条于1820年1月17日颁布的法律，那就是国王未得三级会议批准，不得借任何国债。这一法律就是担保普鲁士人总有一天会获得1815年就答应给他们的宪法的唯一保证。由于并不是普鲁士国外所有的人都知道有这一法律，所以1823年政府很顺利地在英国借到了300万英镑，这是第一次破坏宪法。1830年法国革命以后，普鲁士政府既要被迫地加紧准备当时看来即将爆发的战争，可是又没有钱，于是勒令官办企业"海外贸易协会"借款1200

万塔勒；这笔款当然是由政府担保，供政府使用的，这是第二次破坏宪法。小的破坏，象通过该企业借款几十万镑，就不必提了，如今是普鲁士国王第三次严重地破坏宪法。由于这一企业看来已经信用扫地，国王就授权同样是完全由政府专营的机关普鲁士银行发行纸币1000万塔勒，除去三百三十多万作为保证金，六十多万弥补日益增长的银行开支外，实际上等于"间接借款"600万塔勒，约合100万英镑。政府将对这笔债款负责，因为直到现在为止，还没有一个私人资本家是普鲁士银行的股东。普鲁士人，尤其是资产阶级，是最关心宪法的，看来他们决不会任其发展而不提出坚决的抗议。

评论：载于1846年5月30日《北极星报》第446号。本文是恩格斯以《北极星报》通讯员的身份为《北极星报》撰写的通讯。恩格斯回顾了普鲁士政府三次未经三级会议批准而大举外债、破坏宪法的事实，指出最关心宪法的资产阶级决不会任由宪法遭到破坏而不提出坚决的抗议。

6月15日　《布鲁塞尔共产主义通讯委员会给古·阿·克特根的信》指出：我们完全同意你们的意见，德国共产主义者必须结束他们中间一直存在到现在的隔离状态，建立经常的联系；我们也同意，必须建立一些举办讲演和辩论的机构，因为共产主义者必须首先对自己所处的环境有个清楚的认识，如果不经常举行一些讨论共产主义问题的会议，便无法完全达到这点。我们认为，会费只能用来印刷宣传共产主义的便宜的传单和小册子以及支付通讯（包括向国外发出的通讯）用费。我们认为，目前就召集共产主义者代表大会还不是时候。只有当全国各地都成立了共产主义的团体，所有斗争办法都集中起来以后，召集各团体的代表举行大会，才有成功的希望。因此，明年以前这一点是办不到的。在这以前，共同活动的唯一办法，就是书面讨论问题和定期的通讯联系。

评论：载于1933年2月《布尔什维克》杂志第3期。这是马克思和恩格斯答复爱北斐特的社会主义者古·阿·克特根的信，信中回答了克特根关于德国共产主义者之间建立经常的联系、广泛发行一些宣传共产主义的小册子的问题，并就定期交纳会费的制度提出了建议，反映了马克思和恩格斯希望同各国的共产主义者建立联系，以便为召集共产主义者代表大会、建立国际无产阶级政党打下基础的想法。

6月末　《普鲁士银行问题》指出：大概你们已经知道，普鲁士国王想印钞票的意图肯定是不能实现了。两个掌管国债的官吏拒绝在新钞票上签字，因为他们认为，发行新钞就是再次增加国债，因而这件事应由三级会议负责。这真是一个随心所欲弄钱的好办法！连1000万也搞不到手，还想追求3000万！

评论：载于1846年7月4日《北极星报》第451号。本短文讽刺了普鲁士国王企图发行新钞的愚蠢做法。

7月17日　《布鲁塞尔的德国民主主义者—共产主义者给菲格斯·奥康瑙尔先生的信》指出：我们认为，这件事说明了英国工人阶级十分清楚，在自由贸易原则取得胜利后他们应该采取什么立场。这个事实告诉我们，工人阶级已经充分了解，现在，当资产阶级实行了他们的主要措施，当他们只需用果断的真正的资产阶级内阁来代替目前软弱的妥协的内阁就能成为贵国公认的统治阶级时，资本和劳动即资产者和无产者之间的伟大斗争就要进入决定性的阶段。今后战场将由于土地贵族退出斗争而廓清。而斗争也只能在资产阶级和工人阶级这两个阶级之间来进行了。敌对双方各有自己的由本身的利益和地位所决定的战斗口号。资产阶级的战斗口号是："用一切办法扩展贸易并由郎卡郡的棉纺织业巨头组织内阁来实行这种措施"；工人阶级的战斗口号是："根据人民宪章对宪法实行民主修改"，如果这一点实现了，工人阶级就会成为英国的统治阶级。我们可以毫不犹豫地声明，唯有《北极星报》这一英国报纸了解英国各党派的真正状况，只有它在实质上是真正民主的，只有它没有民族的和宗教的偏见，只有它同情全世界的民主主义者和工人；《北极星报》在所有这些问题上表达了英国工人阶级的意见，所以它是真正值得大陆上的民主主义者阅读的唯一的英国报纸。

评论：载于1846年7月25日《北极星报》第454号。这是马克思和恩格斯以德国民主主义者—共产主义者的身份写给菲格斯·奥康瑙尔先生的信。马克思和恩格斯高度赞扬了工人阶级在宪章运动中的积极表现和英国工人充分了解到力量对比的这种变化。他们还肯定英国的《北极星报》是唯一一个真正值得大陆上的民主主义者阅读的报纸。

9月1日 《法国的政府和反对派》指出：至少有3/5的议员是内阁的亲朋密友；换句话说，这些人不是大资本家、商人、巴黎交易所的铁路股票投机家、银行家和大工业家之流，就是他们的恭顺奴仆。这是大金融贵族和资产阶级巨头统治法国的最显著的证明。决定法国命运的不是土伊勒里宫，也不是贵族院，甚至也不是众议院，而是巴黎交易所。真正的大臣并不是基佐和杜沙特尔这些先生，而是路特希尔德先生、富尔德先生和巴黎其他的大银行家，这些人的巨大财富使他们成为本阶级最有权势的代表人物。他们操纵着内阁，而内阁在选举的时候也关心仅使那些效忠于现存制度和受这个制度的恩惠的人当选。他们在这次选举中获得了很大成绩。

评论：载于1846年9月5日《北极星报》第460号。恩格斯严厉批判了资产阶级民主的虚伪本质，还赞扬了法国工人若·玛·德恩威尔发行小册子批判"高利贷大王路特希尔德第一"的行为。

1847 年

2月末 《普鲁士宪法》指出：《北极星报》已经充分令人信服地证明，这个所谓宪法不过是给普鲁士人民设下的一个陷井而已，其目的是要剥夺已故的国王在需要人民的支持时所许给人民的那些权利。普鲁士现存的统治方式，是由普鲁士贵族和普鲁士资产阶级之间的力量对比关系所决定的。尽管普鲁士宪法本身是不足道的，但是，它给普鲁士以及整个德国开辟了新的时代。它标志着专制制度与贵族的垮台和资产阶级获得政权；它给运动打下了基础，这个运动很快就会导致资产阶级代议制的建立，出版自由的实现，法官独立审判制和陪审制的实行，甚至很难预料这个运动将如何结束。它是1789年在普鲁士的重演。但是，从资产阶级建立了自己的统治并成为新专制制度和新贵族的体现者而和人民相对抗的时候起，民主主义政党将作为一个唯一的进步政党而出现；从这时起，斗争就简单化了，成为两种力量的斗争，并因此而变为"生死的决战"。法国和英国各民主主义政党的情况完全证实了这点。

评论：载于1847年3月6日《北极星报》第489号。恩格斯指出，这部普鲁士宪法的颁布是给普鲁士人民设下的一个陷阱，其目的是要剥夺已故的国王在需要人民的支持时所许给人民的那些权利，这部宪法本身具有局限性。同时，恩格斯也指出了它具有的历史进步意义。

3—4月 《德国的制宪问题》指出：德国的社会主义著作界日益局限于那些"真正的社会主义者"的高谈阔论。"真正的社会主义者"的全部本领不过是把德国哲学、德国式的庸人伤感情绪和一些被歪曲了的共产主义口号掺混在一起。在德国有没有这样一个能够摧毁现状的阶级呢？有的，有这样一个阶级，尽管和英国、法国的相应的阶级比较起来，它还是个小资产阶级气息非常浓厚的阶级，可是到底它是存在着的，具体说来就是资产阶级。资产阶级是这样一个阶级，在各个国家里，贵族和小资产阶级在官僚君主制度下所建立起来的妥协，都被它摧毁，并通过这种办法首先把政权抓到自己手里。在德国，资产阶级是唯一能够把大部分地主—企业主、小资产者、农民、工人、甚至某些贵族的利益同自己的利益结合起来，并把他们团结在自己的旗帜下面的阶级。在德国，资产阶级政党是唯一明确意识到自己应该用什么来代替现状的党，只有这个党不局限于抽象原则和历史演绎，而要求实行非常明确肯定、具体易行的措施；只有它具有一定的组织性，只有它多少算有个行动计划。一句话，这个党是带头和现状做斗争并直接参加消灭它的活动的党。

评论：苏共中央马克思列宁主义研究院1929年第一次发表。文章是针对德国的"真正的社会主义者"而写的，他们为德国现存秩序辩护。恩格斯分析了德国不同于英国和法国的政治现状，并详细对比了德国贵族、小资产阶级、农民、工人阶级的特点和处境，指出贵族已经衰败不堪，小资产者和农民的整个生活状况使得他们太软弱无力，工人还远远不够成熟，所以他们都不可能在德国成为统治阶级，在德国能够摧毁现状的阶级只能是资产阶级。德国资产阶级需要取得政治上的统治地位才能免于溃灭。

6月初 《保护关税制度还是自由贸易制度》指出：只有到仅有一个剥削和压迫

阶级——资产阶级的时候，只有到贫困不会时而归咎于这个等级时而又归咎于那个等级，或者只归咎于君主专制制度及其官吏的时候，只有到那个时候才会开始最后一次决定性的战斗，即有产者和无产者、资产阶级和无产阶级之间的战斗。资产阶级的统治建立以后，由于自己的处境而觉醒起来的工人，也会取得具有极端重要意义的进步；从这时起，起来反对现存制度的就不是单个工人，或者顶多几百几千个工人，而是他们全体、一个有着自己特殊利益和原则的统一的阶级，他们团结一致地按照总的计划行动，同自己最后一个最凶恶的敌人——资产阶级进行战斗。这次战斗的结局是十分清楚的。象贵族阶级和君主专制制度受到了中等阶级的致命打击一样，资产阶级一定要被无产阶级打倒。私有制也要和资产阶级一道被消灭，工人阶级的胜利将使一切阶级统治和等级统治一去不复返。

评论：载于1847年6月10日《德意志—布鲁塞尔报》第46号。恩格斯批判资产者和自由贸易派，他们为保护关税制度进行辩护，但从来没有把工人阶级的福利摆在首位。恩格斯认为，资产阶级的统治建立以后，由于自己的处境而觉醒起来的工人，也会取得具有极端重要意义的进步，最终私有制也要和资产阶级一道被消灭，工人阶级的胜利将使一切阶级统治和等级统治一去不复返。

6月26日 《基佐的穷途末日。法国资产阶级的现状》指出：英国资产阶级到现在为止还是在前进的道路上；他们还必须推翻贵族和享有特权的僧侣；他们将不得不实行一系列只有他们才能胜任的进步措施。但是法国资产阶级的情况就不同了。法国既没有世袭贵族也没有土地贵族。革命已经把他们一扫而光。这里也没有享有特权的教会或是国教会；相反地，新教的僧侣们和天主教僧侣们全都从政府那里领取薪俸，二者处于完全平等的地位。在法国，工业家不可能和国家债权人、银行家以及船主进行什么重大的斗争，因为在资产阶级的各个集团中，国家债权人和银行家（他们同时还是铁路、矿业以及其他公司的主要股东）无疑是最强有力的，而且自1830年以来，政权就在他们的控制之下，其中只有很短的几次间隔。在法国，统治的资产阶级已经彻底地老朽"无用"了。

评论：载于1847年7月3日《北极星报》第506号。本文是恩格斯以《北极星报》驻法国首都通讯员的身份写给《北极星报》的一篇通讯。恩格斯对比分析英国资产阶级和法国资产阶级的现状，认为法国资产阶级已经彻底地老朽"无用"了。

1846年底—1847年初 《诗歌和散文中的德国社会主义》指出：倍克无疑地比德国文坛上的大多数小卒具有更大的才能和更多的天赋的精力。他的唯一的不幸就是德国人的鄙俗气，他那装模做样的哭哭泣泣的社会主义和青年德意志派的影响，是这种鄙俗气在理论上的表现。在社会矛盾还没有因为阶级的明确分化和资产阶级迅速夺取政权而在德国采取较尖锐的形式以前，德国诗人在德国本部是根本没有出路的。一方面，他在德国社会中不可能以革命的姿态出现，因为革命分子本身还太微弱；另一方面，由四面八方包围着他的长期存在的鄙俗气起着使他衰弱无力的作用，他即使能够暂时超越它，摆脱它和嘲笑它，可是过一会却又重新跌进它的陷阱里面去了。对于一切多少有些才能的德国诗人暂时还只能有一个劝告，即搬到文明的国家去住。

评论：载于1847年9月12和16日，11月21、25和28日，12月2、5和9日《德意志—布鲁塞尔报》第73、74、93、94、95、96、97和98各号。这篇文章是恩格斯为了批判"真正的社会主义者"的观点而写的文章。在文中恩格斯批判了"真正的社会主义"的诗篇的特征，揭示出由于他们的整个世界观模糊不定，他们所有的人，无论是散文家或者是诗人，都对现实完全无能为力。恩格斯在文章中展现了他以历史的、阶级的和美学的观点对作家和作品进行分析的思想。

9月19和22日之间 《经济学家会议》指出：从前我们对这些科学大师也没有特殊敬仰过，他们的学识主要表现在他们之间总是心安理得地相互矛盾和自相矛盾。有些人的高论我们并不很熟悉，因而对他们还可能有一定的敬意，但应该承认，在这次会议以后，我们连一点敬意都没有了。老实说，我们惊奇的是，这次我们竟不得不听这么多庸俗荒唐的言论，这么多举世皆知的陈词滥调。老实说，我们没有想到，除了政治经济学的初步道理而外，科学大师竟没有提出一点新东西；这些初步道理，七八岁的孩子也许会感到新鲜，但对成年人特别是保卫自由贸易协会的成员来说，无论如何都应该是熟知的了。但这些先生是比我们更加了解自己的听众的。

评论：载于1847年9月23日《德意志—布鲁塞尔报》第76号。本文是恩格斯写的一篇报道。恩格斯介绍了1847年9月16—18日布鲁塞尔会议第一天讨论自由贸易问题的情况，批评了与会各国经济学家的陈词滥调，认为他们除了政治经济学的初步道理而外，没有提出一点新东西。

9月底 《讨论自由贸易问题的布鲁塞尔会议》指出：社会改革从来不是靠强者的软弱，而永远是靠弱者的强大来实现的。如果我们注意到，商业在一定的、永远周而复始地循环着的时间内，经历着包括有繁荣、生产过剩、停滞、危机等阶段的周期，我们把工人超过最低工资的收入和低于最低工资的收入拿来平均一下，那我们就会发现，总起来看，他所得到的不多也不少，正好是最低工资。换句话说，工人阶级仍然会作为一个阶级保存下来，尽管他们经历了许多灾难，受尽了许多折磨，在工业的战场上抛下了多少尸体。可是这又有什么关系呢？工人阶级还是继续存在下去，不但继续存在下去而且人数还在增加。最低工资是"劳动"这种商品的自然价格，这条规律将随着李嘉图的自由贸易这个前提的实现而发生作用。我们同意所有那些阐述自由贸易的优越性的发言。生产力是要发展的，全国由于保护关税而担负的赋税是要消灭的，一切商品的售价都将降低。这是不是说我们反对自由贸易呢？不是的，我们赞成自由贸易，因为在实行自由贸易以后，政治经济学的全部规律及其最惊人的矛盾将在更大的范围内，在更广的区域里，在全世界的土地上发生作用；因为所有这些矛盾一旦拧在一起，互相冲突起来，就会引起一场斗争，而这场斗争的结局则将是无产阶级的解放。

评论：载于1847年10月9日《北极星报》第520号。本文是恩格斯以《北极星报》通讯员的身份写的一篇报道。恩格斯介绍了布鲁塞尔会议关于自由贸易是否将造福于全人类、实行普遍的自由贸易是否对工人阶级有利等问题的讨论情况。恩格斯着重介绍了莱茵普鲁士的维尔特先生维护工人阶级利益的发言，并且附上了马克思未在会议上发表的演说的摘录。

9月26日和10月3日 《共产主义者和卡尔·海因岑》指出：党刊的任务是什么呢？首先是组织讨论，论证、阐发和捍卫党的要求，驳斥和推翻敌对党的妄想和论断。德国民主派刊物的任务是什么呢？就是从以下各个方面证明民主制的必要性：目前这种在某种程度上代表贵族利益的管理方式是不中用的，将使政权转到资产阶级手里的立宪制度是不完备的，人民只要不掌握政权就不可能改善自己的处境。因此，这种刊物应当说明，无产者、小农和城市小资产者（因为在德国，构成"人民"的正是这些人）为什么受官吏、贵族和资产阶级的压迫；应该说明，为什么会产生不仅是政治压迫而且首先是社会压迫，以及采取哪些手段可以消除这种压迫；它应该证明，无产者、小农和城市小资产者取得政权是采取这些手段的首要条件。其次，它应该探讨，立即实现民主制的可能性究竟有多大，党有哪些手段可以采取，当它还很软弱不能独立活动的时候，它应当联合哪些党派。

共产主义不是学说，而是运动。它不是从原则出发，而是从事实出发。被共产主义者做为自己前提的不是某种哲学，而是过去历史的整个过程，特别是这个过程目前在文明各国的实际结果。共产主义的产生是由于大工业以及和大工业相伴而生的一些现象：世界市场的形成和随之而来的无法控制的竞争；具有日趋严重的破坏性和普遍性的商业危机，这种危机现在已经完全成了世界市场的危机；无产阶级的形成和资本的积聚以及由此产生的无产阶级和资产阶级之间的阶级斗争。在共产主义作为理论的时候，那么它就是无产阶级立场在这个斗争中的理论表现，是无产阶级解放的条件的理论概括。

评论：载于1847年10月3、7日《德意志—布鲁塞尔报》第79、80号。本文是恩格斯回击德国小资产阶级政论家卡尔·海因岑非难共产主义的一篇政论文章。恩格斯指出党刊的任务首先是组织讨论，论证、阐发和捍卫党的要求，驳斥和推翻敌对党的妄想和论断，仅仅具备诚实、勇敢、坚定的品格对于党的政论家来说是不够的，还需要更多的智慧，思想要更加明确，风格要更好一些，知识也要更丰富些。恩格斯还揭露了海因岑把共产主义看作是一种从一定的理论原则即自己的核心出发，并从此进一步作出结论的学说的唯心主义态度，进一步阐发了唯物史观，指出共产主义的产生是由于大工业以及和大工业相伴而生的一些现象。

10月23日 《英国的商业危机。宪章运动。爱尔兰》指出：目前笼罩着英国的商业危机，其尖锐程度确实超过以前一切危机。无论1837年的萧条或1842年的萧条都没有目前这样普遍的性质。英国所有的工业部门在发展的鼎盛时期，突然瘫痪下来了。到处呈现着萧条，到处都是被抛弃在街头的工人。这种情况当然使工人非常激动，他们在商业繁荣的时候受尽厂主们的残酷剥削，而现在又被大批解雇，落到听任命运摆布的地步。这就是怀有不满情绪的工人所组织的集会迅速增加的原因。从爱尔兰进入英国的移民每天都以惊人的速度增加着。工人之间的竞争就日趋激烈，如果这次危机所引起的激动强烈到使政府必须同意实行极重要的改革，那是毫不足怪的。

评论：载于1847年10月26日《改革报》。本文是恩格斯就英国商业危机为《改革报》写的一篇时事分析。文中描述了英国商业危机引发的经济瘫痪和不断增多的工人集会，赞扬了宪章派展开的异常有力的活动，认为这次危机引起的强烈影响可能会使政府必须同意实行极重要的改革。

10月26日左右 《英国的雇主和工人。致〈工场〉杂志的工人编辑》指出：比郎卡郡的这些棉纺织业工人更忠于民主原则的人，比他们更有决心打碎折磨着他们的剥削者资本家的枷锁的人，在全世界的任何一个国家里，都是无法找到的。我亲眼看到过工人们在开会的时候把几十个厂主从会议厅的台上哄下来，他们的炯炯有神的眼睛和高高举起的拳头使聚集在台上的资本家们吓得发抖。请问，难道现在这些工人会因雇主们俯允采取缩短劳动时间的办法，而不采取降低工资的办法，就对雇主们感恩不已吗？难道缩短劳动时间对工人来说不是等于降低工资吗？显然是等于降低工资；无论采取那一种方法，工人的境况同样是越来越坏。因此工人对雇主采取第一种办法而不采取第二种办法来减少工人的收入，并没有任何理由要加以感谢。

评论：载于1847年11月《工场》杂志第2期。本文是恩格斯致《工场》杂志的工人编辑的一封信。恩格斯介绍了曼彻斯特举行的所谓郎卡郡棉纺织业工人代表大会，指出大会不是工人的大会，而是工头的大会，缩短劳动时间和降低工资对工人来说，境况同样是越来越坏。

10月底—11月 《共产主义原理》指出：共产主义是关于无产阶级解放的条件的学说。无产阶级是专靠出卖自己的劳动而不是靠某一种资本的利润来获得生活资料的社会阶级。一句话，无产阶级或无产者阶级就是19世纪的劳动阶级。无产阶级是由于产业革命而产生的，这一革命在18世纪后半期发生于英国，后来，相继发生于世界各文明国家。从前的中层等级，特别是小手工业者，日益破产，劳动者的状况也发生了根本的变化，产生了两个渐渐并吞所有其他阶级的新的阶级。这两个阶级就是：大资本家阶级，现在他们在所有文明国家里几乎是一切生活资料以及生产这些生活资料所必需的原料和工具（机器、工厂）的独占者。这就是资产者阶级或资产阶级。完全没有财产的阶级，他们为了换得维持生存所必需的生活资料，只得把自己的劳动出卖给资产者。这一阶级叫做无产者阶级或无产阶级。

大工业便把世界各国人民互相联系起来，把所有地方性的小市场联合成为一个世界市场，到处为文明和进步准备好地盘，使各文明国家里发生的一切必然影响到其余各国；因此，如果现在英国或法国的工人在解放自己，这必然会引起其他一切国家的革命，并迟早会使这些国家的工人也获得解放。由社会全体成员组成的共同联合体来共同而有计划地尽量利用生产力；把生产发展到能够满足全体成员需要的规模；消灭牺牲一些人的利益来满足另一些人的需要的情况；彻底消灭阶级和阶级对立；通过消除旧的分工，进行生产教育、变换工种、共同享受大家创造出来的福利，以及城乡的融合，使社会全体成员的才能能得到全面的发展；——这一切都将是废除私有制的最主要的结果。

评论：1914年第一次以单行本发行。《共产主义原理》是共产主义者同盟的纲领草案，全文以问答的方式，论述了无产阶级政党的理论原理和策略原理，阐释了从资本主义过渡到社会主义的一系列问题。全文一共有25个问答，第1个问题回答了什么是共产主义的问题，指出共产主义是关于无产阶级解放的条件的学说。第2—10个问题阐释了无产阶级的产生以及无产阶级与奴隶、农奴、手工工场工人等历史上其他劳动阶级的区别。第11—13个问题说明了产业革命的结果和商业危机的影响。第14—20个问题，阐述了新的社会制度的产生，私有制的废除等问题。最后5个问题探讨了共产主义制度处理、对待家庭、民族、宗教、政党等问题的原则，详细区分了共产主义者和社会主义者的区别，批判了当时流行的各种社会主义思潮。《共产主义原理》为《共产党宣言》的诞生奠定了理论基础。

10月30日 《宪章派土地纲领》指出：宪章派工人建立了一个协会，目的是要获得土地，并把这些土地划为小型农场分配给该会会员。他们想用这种方法消除劳动市场上一部分产业工人，并成立一个全新的本质上民主的小耕作者阶级，来缓和产业工人间过度的竞争。这个方案的作者就是菲格斯·奥康瑙尔。这个方案极为成功。这个协会的发展已引起土地贵族的惶恐不安；显然，这一运动要是照目前的规模发展下去，最后终将演变为要求全部土地归人民的全民运动。资产阶级对该协会也不会有好感；资产阶级看到协会使人民掌握了杠杆，人民有了这个杠杆不必求助于中等阶级就能解放自己。或多或少具有自由主义思想的小资产阶级尤其反感，他们对土地共用社完全抱着恶意的态度，因为这个阶级现在发觉宪章派已远不如协会成立以前那样需要它的帮助了。

评论：载于1847年11月1日《改革报》。本文是恩格斯为《改革报》写的一篇通讯，同时也刊载于1847年11月6日《北极星报》第524号。恩格斯高度评价了宪章派的土地纲领，赞扬了奥康瑙尔的方案，批驳了资产阶级报纸对他的恶意中伤，并指出英国人民对他的一致信任，就是他的勇敢、坚毅和廉洁公正的最好的证明。

11月1日 《宪章派为1847年选举而举行的宴会》指出：宪章派协会执行委员会委员麦克格雷斯先生提醒大家：人民不应该相信资产阶级，人民应该用自己的力量争取自己的权利。如果人民恳求别人把本来属于他们的东西再施舍给他们，那是有损他们的尊严的。奥康瑙尔先生更直截了当地驳斥埃普斯先生，向他提出问题：使国家担负了无力担负的巨额债务的不是资产阶级又是谁？剥夺了工人的政治权利和社会权利的不是资产阶级又是谁？今晚拒绝了人民邀请的不是那十七位可敬的资产者又是谁？不，不，资本永远都不会成为劳动的代表！要在资本家和工人之间建立一致的感情和利益，那比猛虎和羔羊媾和还难！

评论：载于1847年11月6日《改革报》。本文是恩格斯为庆祝宪章派领袖奥康瑙尔当选议会议员而在伦敦举行的宴会所写的文章。恩格斯介绍了宴会上的发言情况，赞扬了宪章派的革命精神，驳斥了激进派博士的奇谈怪论，指出在整个主权尚未完全归于民族的时候，不可能有真正的改革；在1793年宪法的原则还没有实现的时候，不可能有民族的主权。

11月初　《拉马丁先生的宣言》指出：《改革报》的态度完全正确，它肯定了他的良好愿望，同时又指出他这些措施本身以及他所选择的实施办法都是行不通的。《改革报》写道："我们所需要的不是英国资产阶级那套权宜的办法，而是一个能伸张正义，满足一切人的需求的全新的社会经济制度。""我们争取解放的合法的、唯一的手段——为原则而进行神圣的战争——被拉马丁先生拿来做了和平理论的牺牲品，而这种和平理论，在各国之间的关系还是以外交家的政治手腕和各国政府的钩心斗角为基础的时候，就只能是软弱的表现，是撒谎，甚至是卖国行为。同这些高利贷者、五毒俱全的家伙讲和平，对一个革命的国家说来，就是怯懦、耻辱、犯罪、道德堕落，不仅是利益的破产，而且也是正义和荣誉的破产。"

评论：载于1847年11月13日《北极星报》第525号。本文是恩格斯以《北极星报》巴黎通讯员的身份写给《北极星报》的一篇通讯。在文中恩格斯引用了《改革报》的评论，驳斥了拉马丁宣言的政治措施和社会措施以及法国的对外政策，指出巴黎的其他各报也从各个不同的方面表示不同意拉马丁的纲领。

11月10日左右　《瑞士的内战》指出：一切文明国家中民主运动的最终目的都是取得无产阶级的政治统治。因此，只有存在着无产阶级，存在着占统治地位的资产阶级，存在着产生无产阶级并使资产阶级走上统治地位的工业，才可能有这一运动。资产阶级已经有了相当的中央集权。无产阶级根本不认为自己因此而受到了损害；恰恰相反，正是这种中央集权才使无产阶级有可能联合起来，感到自己是一个阶级，发现民主是适当的政治世界观并且最后战胜资产阶级。民主主义的无产阶级不仅需要资产阶级最初实现的那种中央集权，而且还应当使这种中央集权在更大的范围内得到实行。

评论：载于1847年11月14日《德意志—布鲁塞尔报》第91号。本文是恩格斯因瑞士爆发七个天主教州发动的内战而写的。恩格斯批判了分离派同盟的愚昧顽固和狭隘保守，谴责了分离派同盟反对革命的行为。恩格斯肯定了无产阶级在民主运动中的地位和作用，提出一切文明国家中民主运动的最终目的都是取得无产阶级的政治统治。因此，只有存在着无产阶级，存在着占统治地位的资产阶级，存在着产生无产阶级并使资产阶级走上统治地位的工业，才可能有这一运动。

11月初 《法国的改革运动》指出：这里的工人比过去任何时候都更加深深地感到必须进行革命，而且是远比第一次更为彻底、更为激烈的革命。然而他们从1830年的经验中懂得，单靠武装斗争是不够的；在击溃敌人以后还必须采取措施来巩固自己的胜利，这些措施不仅要摧毁资本的政治力量而且还要摧毁它的社会力量，不仅要保证工人的政治力量而且还要保证他们的社会福利。因此，他们非常沉着地等待时机，但同时又认真地从事于一些社会经济问题的研究，这些问题的解决会使他们知道只有采取哪些措施才能为一切人的幸福生活打下巩固的基础。关于革命，他们却谈得不多，因为这是毫无疑问的事情，是一个大家一致同意的问题；一旦人民和政府之间的冲突成为不可避免，恐怕出席改革宴会的那些大人先生们大部分都要躲在自己家中最黑暗的角落里，或者象枯树叶一样在人民的狂风暴雨中四散飘落。

评论：载于1847年11月20日《北极星报》第526号。本文是恩格斯以《北极星报》巴黎通讯员的身份写给《北极星报》的一篇通讯。1847年3月26日，法国的立法议会否决了资产阶级的民主改革法案，资产阶级便掀起了以"宴会"为名的改革运动。恩格斯介绍了这一运动的有关情况，对自由派和民主派的小资产阶级弱点进行了批判，并指明了工人阶级在法国的民主改革运动中的伟大作用。

11月21日 《宪章运动》指出：宪章派的地方协会在普遍改组；群众性的集会多起来了；会上提出并讨论了关于行动方法的各种建议。宪章派协会执行委员会负责领导了这一运动，在告不列颠民主派书中拟定了宪章派在本届议会任期之内将遵循的行动计划。几乎包括欧洲各国民主派的"民主派兄弟协会"也决定无条件地公开参加宪章派的鼓动工作。这个兄弟协会，由于把居住在伦敦的无论英国或外国的最著名的民主主义者都团结在自己的队伍里，也就日益具有更大的意义。协会已经发展到这种程度，使伦敦的自由派都认为把它同自由贸易派有名的议员主持下的资产阶级万国联盟相对比是不无裨益的。

评论：载于1847年11月22日《改革报》。本文是恩格斯为《改革报》写的一篇分析当时欧洲局势的通讯，文章标题是苏共中央马克思列宁主义研究院加的。恩格斯分析了当时英国宪章运动的发展形势，肯定了"民主派兄弟协会"在宪章运动中的作用。"民主派兄弟协会"是宪章运动中左翼代表人物和革命流亡者、正义者同盟的盟员等为了在各国民主运动之间建立密切的联系而于1845年在伦敦成立的国际性民主团体。马克思和恩格斯同该协会保持着经常的联系，并通过协会从思想上影响宪章运动。

11月底 《改革派阵营的分裂。〈改革报〉和〈国民报〉。民主主义的胜利》指出：在利尔、阿温和瓦朗西恩都举行了宴会。阿温的宴会具有纯立宪主义的性质，瓦朗西恩的宴会具有妥协的性质，而在利尔，民主主义对资产阶级的阴谋取得了决定性的胜利。利尔的宴会在报界引起了一场非常热烈的论战。法国大多数激进派报纸，甚至自由派报纸，都以最断然的措词表示赞成《改革报》。《国民报》应该受到最严厉的谴责。这家报纸愈来愈听命于资产阶级了。在最近一个时期内，它总是在紧要关头背叛民主事业，它不断宣传同资产阶级缔结联盟，而且屡次都是专为梯也尔和奥迪隆·巴罗服务。要是《国民报》不立即改变自己的做法，那末，人们将不再认为它是民主派报纸。在这次利尔事件中，《国民报》仅仅由于对那些比它自己更有激进倾向的人的个人敌意，就毫不犹豫地牺牲了自己为组织宴会而和自由派所缔结的同盟的基本原则。

评论：载于1847年12月4日《北极星报》第528号。本文是恩格斯为《北极星报》写的通讯。文章中报道了利尔宴会的情况，对当时法国保皇派左翼领袖奥迪隆·巴罗从法国资产阶级民主改革的阵营中分裂出去的情况进行了介绍。对此次民主改革运动，《国民报》和《改革报》持不同的态度，恩格斯对《国民报》听命于资产阶级进行了批判。

11月29日　《论波兰。1847年11月29日在伦敦举行的纪念1830年波兰起义十七周年的国际大会上的演说》指出：任何民族当它还在压迫别的民族时，不能成为自由的民族。因此，不把波兰从德国人的压迫下解放出来，德国就不可能获得解放。波兰和德国之所以有着共同的利益，波兰的和德国的民主主义者之所以能够为解放两个民族而共同努力，原因就在于此。机器生产使一切工人的状况平均化了，并且越来越使这一状况均等起来；所有这些国家里的工人目前都关心着同一件事情，那就是推翻压迫他们的阶级——资产阶级。生活水平的均衡，各民族工人党派利益的一致，这些都是机器生产的结果，因此机器生产将继续成为历史上的一大进步。从这里我们应当得出什么结论呢？既然各国工人的状况是相同的，既然他们的利益是相同的，他们又有同样的敌人，那末他们就应当共同战斗，就应当以各民族的工人兄弟联盟来对抗各民族的资产阶级兄弟联盟。

评论：载于1847年12月9日《德意志—布鲁塞尔报》第98号，文章标题是苏共中央马克思列宁主义研究院加的。这是恩格斯在纪念1830年波兰起义十七周年的国际大会上发表的演说。恩格斯揭示了阶级矛盾是民族矛盾的根源，并强调了各国无产阶级联合起来进行斗争的重要意义，提出任何民族当它还在压迫别的民族时，不能成为自由的民族。恩格斯还指出，机器生产使一切工人的状况平均化了，各国工人的状况和利益都是相同的，而且有同样的敌人——资产阶级，因此，各民族无产者必须联合起来争取共同的胜利。

11月30日　《纪念1830年波兰革命》指出：只有当西欧的文明国家在争取民主制度的时候，波兰才会自由。而在这些欧洲国家中，英国的民主运动是力量最强，为数最多，最具有全国性组织规模的民主运动。正是在英国，无产阶级和资产阶级的对立发展到了极点,所以这两个社会阶级间的决战,愈来愈成为不可避免的了。因而,正是在英国最有可能开始这场战斗,它将以民主主义的普遍胜利而告终,同时波兰的桎梏也将在这场战斗中被粉碎。欧洲其他民主派的成功将取决于英国宪章派的胜利,所以,波兰也将赖英国而得救。

评论:载于1847年12月5日《改革报》。本文是恩格斯以书信形式写给《改革报》的一篇通讯。恩格斯介绍了在法国召开的纪念1830年波兰革命的群众大会的情况,分析了波兰解放与西欧各国民主运动的关系,指出只有当西欧的文明国家在争取民主制度的时候,波兰才会自由。文中还阐明了英国宪章派运动对于欧洲其他民主运动的重大意义,指出了无产阶级和资产阶级两大阶级间决战的不可避免性。

12月底 《〈改革报〉和〈国民报〉》指出:在为改革而举行的宴会运动开始以后,《国民报》就比以往更为露骨地倒向王朝反对派。不久,《国民报》在各个方面都遭到了失败,于是它除了责备《改革报》宣传共产主义以外,再也找不到其他出路了。我们感谢《改革报》,因为它如此刚毅地反对《国民报》,捍卫了真正的民主。我们感谢它,因为它在同这家报纸的斗争中保卫了共产主义。我们很满意地指出,当政府迫害共产主义者的时候,它总是为他们辩护。使我们高兴的是,共产主义目前虽然还不十分发展,《改革报》却已看到其中包含着比资产阶级政治经济学家的观点对自己更相近的东西。

评论:载于1847年12月30日《德意志—布鲁塞尔报》第104号。文中介绍了《国民报》和《改革报》的争议,批判了《国民报》的立场及其对共产主义的荒谬论调,指出并肯定了《改革报》对《国民报》所做的批判。《改革报》是当时欧洲三大民主主义报纸之一,恩格斯对其在捍卫民主和宣传共产主义方面所做的努力给予了肯定。

12月 《路易·勃朗在第戎宴会上的演说》指出:勃朗先生在第戎宴会上说道:"我们必须在民主的范围内团结一致。希望大家不要在这一点上迷失方向。我们思想,我们工作,这不仅是为了法国,而且是为了全世界,因为法国的将来就是全人类的将来。其实,我们所处的地位是非常优越的,我们一方面仍然是属于本民族的,一方面却又必然是世界主义者,而且我们身上世界主义的成分要比民族的成分强。任何人如果自称为民主主义者,而同时又想做一个英国人,那就是否定他本国的历史,因为英国在历史上的作用一向就是为了利己主义而反对'友爱'。同样,法国人如果不想同时做一个世界主义者,那也就是否定他本国的历史,因为法国除了让有利于全世界的思想获得胜利之外,永远不会让别的思想占上风。"关于这一点,《北极星报》说道:我们完全不想抹煞法国革命所进行的英勇斗争的意义,也不想减少全世界对共和国伟大活动家应有的谢意。但是我们仍然认为,上述引文以世界主义的观点来比较法国和英国的地位,那是完全错误的。我们根本否认强加在革命前的法国身上的世界主义的性质。我们认为真正的民主主义的最显著的特征,就是应当否定本国的历史,应当拒绝对充满贫困、暴政、阶级压迫和迷信的过去负任何责任。

评论:载于1847年12月30日《德意志—布鲁塞尔报》第104号。路易·勃朗是法国社会民主政团的领袖。法国社会民主政团是一个小资产阶级社会主义者和民族主义者的组织,在国际民主主义运动问题上持民族主义偏见和以老大自居的态度。路易·勃朗在一次宴会的演说中露骨地表达了这一立场,为此,恩格斯撰文予以批判。恩格斯批驳了"法国的世界主义"的民族主义提法,指出,民主主义运动必须抛弃狭隘的民族主义。法国的民主主义者应该从狭隘民族主义的圈子中跳出来,抛弃本民族的粗鲁的一面。恩格斯还提出了国际民主主义运动的另一条重要原则:各国民主主义者的团结并不排斥相互间的批评。没有这种批评就不可能达到团结。没有批评就不能互相了解,因而也就谈不到团结。

12月底 《宪章派的鼓动》指出:议会开幕以后,宪章派就进行了大规模的鼓动。他们准备请愿书,召开群众大会,派专人到全国各地。除了有大批人签名的要求实现人民宪章的全民请愿书(这次可望征集到400万人签名)之外,另有两个关于宪章派的土地共用社的请愿书刚刚才提交人民裁夺。其中第一个请愿书由奥康瑙尔草拟并发表于本周《北极星报》。我们在这一请愿书中吁请你们诸位先生,颁布一条免除土地共用社印花税以及砖瓦、建筑木材和其他材料税的法律,并批准即将提出的有关法案。第二个请愿书要求把属于教区的荒地还给人民。三十年来大块大块地卖给大所有者的这些土地,应根据请愿书提出的要求分成小块出租或以优惠条件卖给当地工人。全民请愿书不久前便在伦敦的一个人数众多的群众大会上通过了。

评论:载于1847年12月30日《改革报》。这篇文章是恩格斯为英国宪章派掀起的大规模签名运动而写的。文中介绍了宪章派两个全民请愿书的内容和伦敦群众大会的有关情况。在大会上,哈尼等人对英国的政治制度进行了批判,揭露了其虚伪性和欺骗性。恩格斯介绍了相关情况,指出,英国政治制度代表的是贵族和资产阶级的利益,人民群众的政治权利被剥夺了。

1848年

1月初 《"满意的"多数派议员。基佐的"改革"方案。加尔涅-帕热斯先生的古怪见解。民主派在沙隆举行的宴会。赖德律-洛兰先生的演说。民主派大会。弗洛孔先生的演说。〈改革报〉和〈国民报〉》指出:现代社会已无可挽回地分裂为两个阶级——占有全部生产资料和全部产品的资产阶级和除去唯一的生活手段即劳动而外一无所有的无产阶级;后一个阶级受到前一个阶级的社会压迫和政治压迫;世界各国现今的民主派的众所公认的意图是要使政权从资产阶级手里转到无产阶级手里，因为后者在人民之中是占压倒多数的。

评论：载于1848年1月8日《北极星报》第533号并在标题下附有编者注："本报巴黎通讯员来稿"。恩格斯介绍了当时法国民主主义运动的有关情况，揭示了现代社会两大阶级间的尖锐矛盾。

1月4日 《爱尔兰特别法和宪章派》指出：爱尔兰特别法于上星期三生效了。从奥康奈尔去世以来，关于爱尔兰问题这是第一次重要的争论。这次争论一定会弄清楚，谁配做一个伟大鼓动家来领导爱尔兰。在议会开幕以前，约翰·奥康奈尔先生在爱尔兰已被默认为他父亲的继承者。但是在这些辩论开始以后不久，大家就看得很清楚，他是不能成为党派的领导者的；另一方面，约翰·奥康奈尔所遇到的又是菲格斯·奥康瑙尔这样一个厉害的敌手。后者是民主派的领袖，正是这个人马上就成为爱尔兰派的领袖。如果这两个岛国民族不久结成联盟，那是多么重要。不列颠民主派如能吸收200万勇敢而热情的爱尔兰人加入自己的队伍，就一定会更快地前进，而不幸的爱尔兰最后也必然会向自己的解放迈进一大步。

评论：载于1848年1月8日《改革报》，文章标题是苏共中央马克思列宁主义研究院加的。本文是恩格斯就《爱尔兰特别法》生效写的一篇短评。恩格斯分析了该法生效后英国和爱尔兰各派的反应，并对宪章派的领袖人选问题提出了自己的看法。恩格斯认为，英国人民和爱尔兰人民如果结成联盟对两国的民主事业都将产生促进作用。

1月初 《菲格斯·奥康瑙尔和爱尔兰人民》指出：他（菲格斯·奥康瑙尔）用最朴质的人也能理解的明白的语言向爱尔兰人民证明必须竭尽全力同英国工人阶级，同宪章派紧密团结起来为实现"人民宪章"的六点（每年改选议会、实行普选权、进行无记名投票、取消任何财产资格限制、人民代表支薪和按居民人数划分选举区）而斗争。只有这六点获得之后，实现"取消合并"才能给爱尔兰带来实际利益。接着，奥康瑙尔指出：正是英国工人早就征集了350万人签名上书请愿，要求以公正的态度对待爱尔兰，而现在仍然是英国宪章派在无数请愿书上提出抗议，反对《爱尔兰特别法》，最后，英国和爱尔兰的被压迫阶级或者将来一起斗争，一起获得胜利，或者今后就一起遭受同样的压迫和贫困、同样依赖于资本家特权统治阶级。毫无疑义，今后爱尔兰人民群众将会愈来愈紧密地同英国宪章派团结一致并按照共同计划行动。这样，英国民主主义者的胜利以及爱尔兰的解放就一定会提早很多年。奥康瑙尔告爱尔兰人民书的意义就在于此。

评论：载于1848年1月9日《德意志—布鲁塞尔报》第3号。这是恩格斯就英国宪章派著名的领袖奥康瑙尔发表的《告爱尔兰人民书》写的短评。恩格斯充分肯定了奥康瑙尔为"取消合并"，即要求爱尔兰议会独立而做的努力，阐明了奥康瑙尔《告爱尔兰人民书》的重大意义。同时，恩格斯在文中再次强调了英国和爱尔兰被压迫阶级团结一致、共同行动对于英国民主主义者的胜利和爱尔兰解放事业都具有重要意义。

2月 《共产党宣言》指出：至今所有一切社会的历史都是阶级斗争的历史。在过去的各个历史时代，我们几乎到处都可以看到社会完全划分为各个不同的等级，可以看到由各种不同的社会地位构成的整个阶梯。从灭亡了的封建社会里产生出来的现代资产阶级社会，并没有消灭阶级矛盾。它不过用新的阶级、新的压迫条件、新的斗争形式代替了旧的罢了。但是，现今的这个时代，即资产阶级时代，却有一个特点，就是它使阶级矛盾简单化了：社会日益分裂为两大敌对的阵营，即分裂为两大相互直接对立的阶级：资产阶级和无产阶级。现代的资产阶级本身是一个长期发展过程的产物，是生产和交换方式多次变革的产物。

资产阶级既然把一切生产工具迅速改进，并且使交通工具极其便利，于是就把一切民族甚至最野蛮的都卷入文明的漩涡里了。它迫使一切民族都在惟恐灭亡的忧惧之下采用资产阶级的生产方式，在自己那里推行所谓文明制度，就是说，变成资产者。简短些说，它按照自己的形象，为自己创造出一个世界。资产阶级争得自己的阶级统治地位还不到一百年，它所造成的生产力却比过去世世代代总共造成的生产力还要大，还要多。

现代的资产阶级社会，连同它的资产阶级的生产和交换关系，连同它的资产阶级的所有制关系，曾经象魔术一样造成了极其庞大的生产和交换资料，现在它却象一个魔术士那样不能再对付他自己用符咒呼唤出来的魔鬼了。所以，几十年来的工商业历史，只不过是现代生产力反抗现代生产关系的历史，即反抗那作为资产阶级及其统治的存在条件的所有制关系的历史。要证明这一点，只要指出周期性的而且愈来愈凶猛地危及整个资产阶级社会生存的商业危机就够了。在商业危机期间，每次不仅有很大一部分制成的产品被毁灭掉，而且有很大一部分已经造成的生产力也被毁灭掉了。社会所拥有的生产力已经不能再促进资产阶级的所有制关系的发展；相反，生产力已经增长到这种关系所不能容纳的地步，资产阶级的关系已经阻碍生产力的发展；而当生产力一开始突破这种障碍的时候，就使整个资产阶级社会陷入混乱状态，就使资产阶级的所有制的存在受到威胁。资产阶级的关系已经太狭窄了，再容纳不了它们本身所造成的财富了。——资产阶级是用什么办法来克服这种危机的呢？一方面是破坏大量生产力，另一方面是夺取新的市场，更加彻底地榨取旧的市场。这究竟是怎样的一种办法呢？这不过是资产阶级在准备更全面更猛烈的危机的一种办法，不过是使防止危机的手段愈来愈少的一种办法。

资产阶级不仅锻造了置自身于死地的武器；同时它还造就了将运用这武器来反对它自己的人——现代的工人，即无产者。在当前同资产阶级对立的一切阶级中，只有无产阶级才是真正革命的阶级。其余的一切阶级都随着大工业的发展而日趋衰落和灭亡，无产阶级却是大工业本身的产物。

至今发生过的一切运动都是少数人的运动，或者都是为少数人谋利益的运动。

无产阶级的运动是绝大多数人为绝大多数人谋利益的独立自主的运动。无产阶级是现代社会的最下层，它如果不摧毁压在自己头上的、由那些组成官方社会的阶层所构成的全部上层建筑，就不能抬起头来，挺起腰来。随着大工业的发展，资产阶级借以生产和占有产品的基础本身，也就从它的脚底下抽掉了。它首先生产的是它自身的掘墓人。资产阶级的灭亡和无产阶级的胜利同样是不可避免的。

共产党人并不是同其他工人政党相对立的一个特殊政党。他们并没有任何同整个无产阶级的利益不同的利益。共产党人的最近目的是和其余一切无产阶级政党的最近目的一样的：使无产阶级形成为阶级，推翻资产阶级的统治，由无产阶级夺取政权。代替那存在着各种阶级以及阶级对立的资产阶级旧社会的，将是一个以各个人自由发展为一切人自由发展的条件的联合体。共产党人认为隐瞒自己的观点和意图是可鄙的事情。他们公开宣布：他们的目的，只有用暴力推翻全部现存的社会制度才能达到。让那些统治阶级在共产主义革命面前颤抖吧。无产者在这个革命中失去的只是自己颈上的锁链。而他们所能获得的却是整个世界。

全世界无产者，联合起来！

评论：本文是马克思和恩格斯于1847年12月至1848年1月写作，1848年2月第一次以单行本在伦敦出版。《共产党宣言》是马克思和恩格斯为共产主义者同盟起草的纲领，全文贯穿马克思主义的历史观，第一次全面系统地阐释了科学社会主义理论，揭示资本主义必然灭亡、社会主义必然胜利的趋势，被认为是科学社会主义正式产生的标志。文中指出到目前为止的一切社会的历史都是阶级斗争的历史；着重说明了私有制和阶级产生及其发展的历史过程，说明了作为资本主义掘墓人的无产阶级的性质、地位和历史使命；分析了资产阶级产生、发展的过程，揭示了资本主义社会的内部矛盾与资本主义必然灭亡和社会主义必然胜利的客观规律；论述了共产党的性质和特点，说明共产党在同资产阶级的斗争中始终代表着无产阶级和整个运动的利益。《共产党宣言》指出了无产阶级革命的正确方向，开辟了国际工人运动和社会主义运动的新局面，为全人类解放指明了路径，成为世界无产阶级的思想武器。

1月20日左右 《1847年的运动》指出：资产阶级到处都只是为我们民主主义者和共产主义者开辟道路，他们充其量只能提心吊胆地享几年福，然后，很快也会被打倒。资产者的背后到处都有无产阶级，他们有时同意资产者的愿望及资产者的部分幻想，象在意大利和瑞士那样；有时保持沉默、行动谨慎，却逐步地准备推翻资产者，象在法国和德国那样，有时他们公开起义反对占统治地位的资产阶级，象在英国和美国那样。

评论：载于1848年1月23日《德意志—布鲁塞尔报》第7号。恩格斯对1847年欧洲和美洲的政治形势和政治运动取得的成果进行了总结，指出了资产阶级和进步党派取得的成绩和胜利。同时还指出，在资产阶级发展的同时，无产阶级也在发展,资产阶级目前所取得的胜利是在为民主主义者和共产主义者开辟道路。

1月25日左右 《奥地利末日的开端》指出:机器发明了,而机器又引起了手工劳动的衰落。工场手工业的工人断绝了生路。工场手工业地区的居民全被迫放弃他们熟悉的生活方式。从过去的小市民中产生了大资产者,他们支配着千百个工人,就象他们的邻居公爵和伯爵们支配着千百个徭役农民一样。农民和地主间的封建关系已不可能继续存在。城市相继兴起来了。行会已使消费者受到限制,对行会会员不利并使工业家无法忍受。必须逐步准许竞争了。社会各阶级的状况起了根本的变化。那些旧阶级已越来越让位于新的阶级——资产阶级和无产阶级;同工业比较起来农业的比重已经降低,农村已让位给城市。这就是奥地利个别地区——波希米亚和伦巴第使用机器的后果。它们又或多或少地反过来影响了整个君主国;它们到处摧毁了旧的野蛮状态的基础,因而也就摧毁了奥地利王朝的基础。

评论:载于1848年1月27日《德意志—布鲁塞尔报》第8号。恩格斯分析了奥地利帝国赖以存在的基础,指出工业文明的发展对奥地利帝国解体的重大作用。文中通过对奥地利机器工业对工厂手工业的取代过程的描述,阐明了资本主义工业的发展以及资本主义文明如何征服封建的野蛮状态,确立资本主义工业制度,社会关系亦随之发生变化,形成资产阶级和无产阶级。

2月中旬 《三个新宪法》指出:在不到两个星期的时间内,三个君主专制国家(丹麦、那不勒斯和撒丁)都变成了立宪国家。而德国却落在后面。德国的资产者和小市民非常清楚,在他们的背后站着日益壮大的无产者,无产者在革命后的第二天就会提出完全不是这些资产者和小市民所希望的要求。因此,德国的资产者和小市民才表现出胆怯、犹豫和动摇;他们害怕冲突的程度并不亚于政府。德国人首先必定会在其他一切民族的面前把自己的名声弄得一败涂地,他们必定会比今天更加成为全欧洲的笑柄,必须迫使他们起来革命。到那时候他们就会真正站起来,不过那不是胆怯的德国庸人们,而是德国的工人;他们将起来彻底结束肮脏的和摇摇欲坠的德国当局的统治,而通过激进的革命来恢复德国的荣誉。

评论:载于1848年2月20日《德意志—布鲁塞尔报》第15号。本文是恩格斯就丹麦、那不勒斯和撒丁由君主专制国家变成立宪国家而写的一篇时事短评。文中肯定了资产阶级在民主革命中取得的成绩,分析了当时欧洲大陆的政治形势。恩格斯通过对欧洲三个君主专制国家——丹麦、那不勒斯和撒丁变成立宪国家的过程及其所产生的影响的分析,阐明了马克思主义法学的一个观点,即资产阶级革命胜利的主要标志就是宪法的颁布。恩格斯还预言,德国的工人将起来彻底结束肮脏的和摇摇欲坠的德国当局的统治,而通过激进的革命来恢复德国的荣誉。

2月22日 《论波兰问题。1848年2月22日在布鲁塞尔举行的1846年克拉科夫起义两周年纪念大会上的演说》指出:克拉科夫起义的纪念日不仅是悲痛的日子;对我们民主主义者来说,这也是一个庆祝的日子,因为失败本身中就包含着胜利，而且这一胜利的果实我们已经巩固地取得，失败只是暂时的。从今以后，德国人民和波兰人民便紧密地联结在一起。我们有着共同的敌人，共同的压迫者，因为俄罗斯政府也象压迫波兰人一样地压迫着我们。无论是解放德国，无论是解放波兰，其首要条件是根本改变德国目前的政治状况，推翻普鲁士和奥地利，把俄罗斯逐出德涅斯特尔河和德维纳河之外。

评论：载于1848年3月布鲁塞尔出版的《布鲁塞尔庆祝1846年2月22日波兰革命两周年纪念文集》，文章标题是苏共中央马克思列宁主义研究院加的。本文是恩格斯在克拉科夫起义两周年纪念大会上发表的演说。克拉科夫起义发生在克拉科夫及其附近的狭小地区，只坚持了九天，虽然起义的范围小，延续的时间也短，但却具有非常重要的意义。在演说中，恩格斯对克拉科夫革命进行了高度评价，认为1846年克拉科夫革命与1830年波兰革命不同，它是消灭旧波兰、建立民主的新波兰的民主革命。而且，在这一革命中还出现了阶级斗争。克拉科夫起义还展示出民族利益和无产阶级的共同利益的联系。恩格斯号召，在即将来临的革命风暴中，德国人民应当和波兰人民紧密地结成同盟，战胜共同的压迫者。

2月22日左右 《致〈改良报〉》指出：《改良报》把1848年的意大利运动和1813年及1815年的德国解放战争相提并论，对德国人发出号召。显然，《改良报》想借此对德国人恭维一番，否则，它决不会作出违心之事，竟把现代进步的意大利运动和这些反动的战争相提并论。正是由于这些反动的战争，意大利才受到奥地利的奴役，德国又回复了过去的极度混乱、分裂和暴政的统治，而整个欧洲则订下了1815年可耻的条约。《改良报》和从事意大利运动的所有活动家可以深信，德国的舆论坚决支持意大利人。德意志人民也和意大利人民一样，迫切希望奥地利垮台。德国人民对意大利人的每一个成就都感到欢欣鼓舞，同时，我们希望在适当时机，德意志人民将为永远结束整个奥地利的统治而投入战斗。

评论：载于1848年2月24日《德意志—布鲁塞尔报》第16号。恩格斯对当时意大利的革命运动进行了分析。《改良报》是意大利资产阶级民主派的报纸，1847年11月至1850年初发行。在本文中，恩格斯对《改良报》将1848年的意大利运动和1813年及1815年的德国解放战争相提并论的立场进行了批判，肯定了意大利运动的进步性，指出德国人民支持意大利运动，而且在适当时机将投入这一运动。

2月25—26日 《巴黎的革命》指出：资产阶级完成了自己的革命：他们推翻了基佐，并结束了大交易所经纪人的独占统治。但在目前的第二场斗争中，已经不是一部分资产阶级同另一部分资产阶级相对峙：目前是无产阶级同资产阶级相对峙了。刚刚传来的消息说，人民已经获得胜利，宣布了共和国的成立。临时政府中有三个委员是属于激进民主派的，激进民主派的机关报是《改革报》。有一个委员是工人，这在世界任何一个国家里是从来不曾有过的。由于这次革命获得胜利，法国的无产阶级又成了欧洲运动的领袖。荣誉和光荣属于巴黎的工人们！他们推动了整个世界，所有国家都将一一感到这一点，因为法兰西共和国的胜利就是全欧洲民主派的胜利。我们的时代，民主派的时代来到了。在土伊勒里宫和皇家之宫燃起的火焰，是无产阶级的朝霞。现在，资产阶级的统治到处都要崩溃，被推翻。

评论：载于1848年2月27日《德意志—布鲁塞尔报》第17号。恩格斯介绍了巴黎二月革命的情况。二月革命是法国资产阶级革命的继续，为资本主义在法国的进一步发展扫清了道路，是资本主义发展史上的一个重要阶段。恩格斯指出了无产阶级在革命中的作用，同时指出，无产阶级和资产阶级之间的对立已成为当前社会的主要阶级矛盾。

3月5日 《给〈北极星报〉编辑的信》指出：星期五晚上，马克思博士（还有其他一些人）接到了国王的一道命令，限他在二十四小时内离开国境。夜里一点钟，当他收拾行李准备启程的时候，一个警官带着十个武装警察，违反在日落到日出这段时间公民住宅不可侵犯的法律，闯入马克思的住宅，逮捕了他，把他押解到市政厅监狱。除了说他的身份证不妥贴（虽然他至少给他们拿出了三个身份证，并且他在布鲁塞尔已经住了三年）外，没有说明逮捕他的任何理由！马克思就这样被带走了。马克思夫人和日果先生就被关进监狱。他们到底犯了什么罪呢？游荡罪，因为他们两个人没有随身带着身份证！马克思先生也被释放了，但是命令他在当天晚上离开国境。我时刻都在等待着驱逐出境的命令，如果没有更坏的遭遇的话，因为谁也不能预料这个俄国式的比利时政府还会采取什么手段。我已作好准备，驱逐令什么时候下来都行。这就是德国民主主义者在这个"自由的"、如报纸所说，比法兰西共和国毫不逊色的国家里的处境。

评论：载于1848年3月25日《北极星报》第544号。恩格斯介绍了比利时当局迫害马克思及其他政治流亡者的情况，揭露了比利时政府的阴谋。在这个所谓的"自由的"国家，工人、民主主义者等并没有任何的自由，反而处于被迫害的境地。从恩格斯的描述中我们可以看到资产阶级民主自由的虚伪性。

3月18日 《比利时的状况》指出：不久前竭力反对一切模仿法兰西共和国的企图的可敬的布鲁塞尔资产者，已经尝到了巴黎财政危机的恶果。我们的可敬的资产者不能不相信，由于他们拜倒在君主政体面前，虽然他们并没有因此而得到任何一点在法国已经获得的好处，但是却必须完全分担由法国的情况所引起的一切忧虑。这就是共和主义精神在他们中间活跃起来的真正原因。可是，工人们决不甘沉寂。几天来根特发生了骚动；前天在布鲁塞尔工人们纷纷集会，向国王递出请愿书。列奥波特只得屈尊往迎，亲自从长满老茧的手中把请愿书接过去。接着就发生了气势更加浩大的示威游行。每天都有大批工人失业。只要工业危机再延长一些时候，只要工人阶级的情绪更为炽烈一些，比利时资产阶级，就会象巴黎资产阶级一样，同共和国结成"利害婚姻"。

评论：原文由苏共中央马克思列宁主义研究院于1932年第一次发表。恩格斯在文中分析了比利时当时的政治形势，对资产阶级在民主革命中的不彻底性和妥协性进行了批判，对工人的活动情况进行了描述，并对工人阶级的觉醒寄予了很大希望。

补 遗

1845 年

1845 年秋 《英国谷物法史》指出：1838 年底，曼彻斯特的几个大厂主创立了一个反谷物法协会，后来称为反谷物法同盟。当 1842 年初萧条变为真正的商业危机而使全国工人阶级陷于可怕的贫困时，它的机关刊物明确地号召人民去造反。人民所要求的是 1840 年水平的工资和实现人民宪章。同盟发觉这一点以后，就立即掉转武器来反对自己的同盟者。人民的起义很快就遭到了失败；谷物法依旧保存了下来，于是无论资产阶级或人民又都受了一次教训。反谷物法同盟为了用事实证明它并没有因起义失败而被彻底打垮，于 1843 年又掀起一个巨大运动。这一巨大的运动从曼彻斯特扩展到整个英国，吸引了英国极大多数资产阶级，但是丝毫也没有引起工人阶级的同情。这个运动的动因是什么，那我们就应该承认，首先是大不列颠工商业资产阶级的私利。在这里因废除谷物法而获益的只是资产阶级，而不是人民。废除谷物法意味着宣布资本为英国的最高权力；而英国宪法就会根本动摇；立法集团的主要组成部分，即土地贵族的一切财富和一切权力就会被剥夺，因此，废除谷物法对英国前途的影响远远大于任何其他政治措施。但是我们仍然认为，废除谷物法在这一方面也并不会给人民带来任何利益。

评论：载于 1845 年 12 月《德意志电讯》杂志第 193 和 194 期。在这篇文章中，恩格斯回顾了英国谷物法的历史，指出了废除谷物法对英国的重大影响以及这一事件所蕴涵的重大意义。英国谷物法是 1815 年由掌握绝对权力的贵族阶级制定的。这个法律既不符合资产阶级的利益，也不符合工人农民的利益。1822 年，虽然这部法律作了一些修改，但并未产生实际意义，反而激起资产阶级的坚决反对，并于 1838 年组织反谷物法协会，即后来的反谷物法同盟。当 1842 年初发生商业危机而使全国工人阶级陷于可怕的贫困时，该同盟鼓动人民为废除谷物法而斗争。1842 年 8 月终于爆发工人起义。起义者不仅要求废除谷物法，而且要求提高工资和实现人民宪章，这远远地超出资产阶级所能容许的范围。于是，资产阶级转而帮助政府镇压工人起义。1843 年，反谷物法同盟又一次掀起废除谷物法的运动，但再也引不起曾经被出卖过的人民的同情。恩格斯指出，废除谷物法意味着宣布资本为英国的最高权力，剥夺土地贵族的一切财富和一切权力，这对英国的前途会产生很大的影响。但是，废除谷物法真正获益的只是资产阶级，而不是广大劳动人民。

第 5 卷

1848 年

3月21—29日之间 《共产党在德国的要求》指出："全世界无产者,联合起来!" 1. 全德国宣布为一个统一的、不可分割的共和国。2. 凡年满21岁的德国人,只要未受过刑事处分,都有选举权和被选举权。3. 发给人民代表薪金,使德国工人也有可能出席德国人民的国会。4. 武装全体人民。5. 诉讼免费。6. 无偿地废除一切至今还压在农民头上的封建义务,如徭役租、代役租和什一税等等。7. 各邦君主的领地和其他封建地产,一切矿山、矿井等等,全部归国家所有。8. 农民的抵押地宣布为国家所有。这些抵押地的利息由农民缴纳给国家。9. 在租佃制流行的地区,地租或租金作为赋税缴纳给国家。10. 成立国家银行来代替所有的私人银行,国家银行发行的纸币具有法定的比价。11. 国家掌握一切运输工具:铁路、运河、轮船、道路、邮局等等。它们全部归国家所有,并且无偿地由无产阶级支配。12. 所有官员的薪金没有任何差别,只有有家眷的官员,即需求较大的人的薪金可以比别人高一些。13. 彻底实行政教分离。各教派牧师的薪金一律由各个自愿组织起来的宗教团体支付。14. 限制继承权。15. 实行高额累进税,取消消费品税。16. 建立国家工厂。国家保证所有的工人都有生活资料,并且负责照管丧失劳动力的人。17. 实行普遍的免费的国民教育。

评论:1848年3月30日左右在巴黎印成了传单,并载于下列各报:4月初发表在《柏林阅报室》《曼海姆晚报》《特利尔日报》和《德意志总汇报》等民主报纸上。这是无产阶级在德国革命中的具体纲领。该纲领提出要建立一个统一的、不可分割的德意志共和国,为德国今后的发展创造条件。纲领指出德国革命还有另一个重要任务:消灭封建压迫、废除农民所担负的一切封建义务,消灭反动贵族统治的经济基础。马克思、恩格斯把资产阶级民主革命的胜利看作是无产阶级革命的序幕,在这一要求中还拟定了一系列过渡措施。

3月底 《给埃蒂耶纳·卡贝的信——反对巴黎德意志民主协会的声明》指出:德国工人联合会,即欧洲各国各种工人协会的联合会(英国宪章派的领袖哈尼和琼斯两位先生也是这个联合会的成员）是完全由共产主义者组成的，并公开宣布自己是共产主义的组织；所谓巴黎德意志民主协会实质上是反共产主义的，因为它声明自己不承认无产阶级和资产阶级之间的对抗和斗争。

评论： 根据芒特辽（法国塞纳河省）历史博物馆送给苏共中央马克思列宁主义研究院的原稿的照相副本发表的。根据声明和信都出自恩格斯的手笔这一点来判断，这两个文件是在1848年3月底，即在恩格斯到达巴黎以后写的。在这个时期，马克思、恩格斯和共产主义者同盟中央委员会的其他委员正进行反对德意志民主协会的斗争。因为该协会的领导人海尔维格和伯恩施太德企图利用在法国组织的军团把共和政体输入德国。由于这种计谋，《德意志—布鲁塞尔报》的前任编辑伯恩施太德于3月16日被开除出共产主义者同盟。根据共产主义者同盟领导人的倡议，1848年3月初在巴黎建立了德国工人俱乐部，它的章程是由马克思起草的。马克思和恩格斯利用俱乐部来团结巴黎的德国流亡工人，阐明无产阶级在资产阶级民主革命中的策略。

5月31日 《〈新莱茵报〉编辑部的声明》指出：《新莱茵报》原定于7月1日出版。和通讯员们商定的也正是这个日期。但是，鉴于反动派实行新的无耻发动，可以预料德国的九月法令很快就要颁布，因此，我们决定利用自由环境中的每一天，从6月1日起就开始出报。我们和各界有广泛的联系，本来可以使报道和各种通讯内容丰富，但是由于提前出报，如果在初期还无法做到，尚请读者鉴谅。我们在最近一定能满足读者在这方面的一切要求。

评论： 载于1848年6月1日《新莱茵报》第1号。《新莱茵报》从1848年6月1日至1849年5月19日每天在科伦出版，总编辑是马克思。为了继承革命传统、强调这一报纸与1842年至1843年由马克思主编的《莱茵报》之间的联系，马克思和恩格斯决定把新的机关报称为《新莱茵报》。他们在创办这个机关报的时候曾遭到毕尔格尔斯和赫斯等人的反对，这些人打算以类似的名称出版一种地方性的报纸。马克思和恩格斯则着手创办一种大型的政治性报纸，这种报纸不仅会影响莱茵省，而且会影响全德国。

《新莱茵报》的坚决而不妥协的立场，战斗的国际主义精神，它对普鲁士政府以及科伦地方当局的政治上的揭发，使得报纸在创刊后的最初几个月里就受到封建保皇派和自由资产阶级报刊的攻击，并且受到政府的迫害。当局以不承认马克思的普鲁士公民权来刁难他，不让他在莱茵省居住，并且还对马克思和恩格斯及其他编辑提出了一连串的诉讼。在科伦九月事件之后，军事当局于1848年9月26日宣布科伦戒严，并且封闭了许多民主报纸，其中有《新莱茵报》。虽然遭到警察局百般迫害和阻挠，但《新莱茵报》坚持捍卫革命民主主义的利益，捍卫无产阶级的利益。马克思被驱逐和《新莱茵报》其他编辑被迫害，最终造成报纸停刊。1849年5月19日的最后一号，即第301号，用红色油墨刊印。

5月31日 《法兰克福议会》指出：由全体德国人民选举的制宪国民议会在德国已经存在两个星期了。国民议会的第一个行动必须是，大声而公开地宣布德国人民的这个主权。它的第二个行动必须是，在人民主权的基础上制定德国的宪法，消除德国现存制度中一切和人民主权的原则相抵触的东西。国民议会在开会期间必须采取必要的措施，以便粉碎反动派的一切偷袭，巩固议会的革命基础，保护革命所夺得的人民主权不受任何侵犯。德国国民议会现在已经开过12次会了，然而却一事无成。

评论：载于1848年6月1日《新莱茵报》第1号。文章指出，由全体德国人民选举的制宪国民议会在德国已经存在两个星期了。德国人民几乎已经夺得了自己的主权，国民议会应该公开宣布德国人民的这个主权，应该在人民主权的基础上制定德国的宪法，消除德国现存制度中一切和人民主权的原则相抵触的东西，也应该采取必要的措施巩固议会的革命基础，保护人民主权不受侵犯。然而，事实上，德国国民议会却一事无成。

5月31日 《许泽尔》指出：不管是许泽尔，或者是罗特·冯·施莱根施坦之流的封建人物，都可以做出国王或皇帝所不敢做的事情：他可以取消出版自由，可以禁止非普鲁士人的美因兹居民对普鲁士国王和普鲁士国家制度表示反感。许泽尔先生的计谋只不过是柏林反动派的巨大计划的一部分。柏林反动派企图尽速解除全部市民自卫军的武装，特别是莱茵省市民自卫军的武装，逐渐地彻底地消灭刚刚开始形成的人民武装，并把我们赤手空拳地交给多半由德国其他部分的居民组成的军队去摆布，这些居民很容易受人唆使或者已经受人唆使来反对我们。在亚琛、特利尔、曼海姆和美因兹都发生了这种事情，在其他地方也可能发生这种事情。

评论：载于1848年6月1日《新莱茵报》第1号。许泽尔是普鲁士将军、反动军阀的代表之一，1844—1849年担任美因兹的卫戍司令。为了镇压革命，许泽尔发明了一种向工人挑衅，促使工人向反动派进攻，然后反动派乘机宣布戒严，没收工人全部武器的方法。恩格斯在文中揭露了反动派妄图镇压革命的阴谋，指出许泽尔的计策只不过是柏林反动派的巨大计划的一部分。他们企图尽快解除全部市民自卫军的武装，逐步地消灭刚刚开始形成的人民武装，最终消灭革命。

5月31日 《波旁王朝的新的英勇事迹》指出：专制制度的阴谋和国家政变是阻止不了猛烈冲击旧欧洲的革命怒潮的。斐迪南·波旁用5月15日的反革命政变为意大利共和国奠定了第一块基石。卡拉布里亚已被炮火所笼罩，巴勒摩已成立了临时政府；亚普露茨很快也会奋起，所有遭到经济破坏的省份的居民将进攻那不勒斯，并和这个城市的人民一起去向叛徒国王和他的残酷的雇佣兵报仇。而当斐迪南死的时候，起码有一点会使他心满意足，那就是他的生和死都象一个名符其实的波旁。

评论：载于1848年6月1日《新莱茵报》第1号。在1848年的欧洲革命中，意大利人民英勇地掀起了反对奥地利统治、争取民族独立和民主自由的斗争，但遭到了奥地利波旁王朝和法国波旁王朝的血腥镇压。恩格斯揭露了奥地利波旁王朝的反动性，也揭露了法国波旁王朝和奥地利波旁王朝相勾结共同镇压那不勒斯革命的罪行。在欧洲，波旁王朝已经成了君主制度的代名词，但是，专制制度的阴谋和国家政变阻止不了猛烈冲击旧欧洲的革命的怒潮。

6月3日 《生死问题》指出：康普豪森先生和汉泽曼先生当了大臣，他们非常高兴地意识到自己作为一个"必要人物"是多么伟大。议会召开了。宣布实行间接选举。反对这样做的奏折、请愿书、代表团象暴风雨般涌来。大臣先生们回答说，内阁的存在和间接选举息息相关。此后，所有的人又都鸦雀无声，双方都可以高枕无忧地睡大觉了。妥协议会在开会。康普豪森先生想强迫议会通过一个奏折来作为对御前演说的回答。建议由敦克尔议员提出。展开了讨论。对奏折提出了相当尖锐的反对意见。最后康普豪森先生只得亲自出马，他上台向大家说明，奏折问题是内阁的生命问题。当这也无济于事的时候，奥尔斯瓦特先生也起来发言，他郑重地声明（第三次），内阁的命运和奏折的命运息息相关。在这之后，议会才完全被说服，自然也就通过了奏折。

评论：与马克思合写。载于1848年6月4日《新莱茵报》第4号。当时，康普豪森内阁主张召开普鲁士国民制宪会议，认为这是内阁的生死问题，号召人们支持这一决定。马克思、恩格斯在该文中尖锐地批评康普豪森内阁，又像普鲁士旧的封建贵族一样来压制人民，指出他们把召集议会、间接选举、奏折问题都看成与内阁生死攸关的问题，以此逼迫人民支持内阁。

6月4日 《战争的喜剧》指出：什列斯维希—霍尔施坦。我们德国目前正在对丹麦这个小国进行全民的战争，象这样的战争，这样的以武力和外交双管齐下的惊人手法，实在是史无前例的！拥有600个司令官、总参谋部和军事委员会的旧帝国军队的伟大行动，1792年联盟的司令官之间的互相倾轧，已经仙逝的帝国内廷军事顾问的出尔反尔的命令，——这一切和德意志联邦的新军队目前在什列斯维希—霍尔施坦演出的、成为全欧洲的笑柄的战争喜剧比较起来，似乎反而是意义重大、激动人心和带有悲剧性的了。康普豪森内阁用这个事件证明了他在国际舞台上负有代表德国的崇高使命。由于康普豪森内阁的过失而两次被弃置不理和遭受丹麦人侵略的什列斯维希，将怀着感激的心情来纪念我们"负责任的"大臣们的这个初次的外交实验。我们可以信赖康普豪森内阁的英明和毅力！

评论：载于1848年6月5日《新莱茵报》第5号。这是恩格斯对在什列斯维希—霍尔施坦进行的丹麦和德国的战争所作的评论。当时执政的普鲁士首相康普豪森为了证明他在国际舞台上负有代表德国的崇高使命，操纵德意志联邦发动了对丹麦的战争。面对英国的调停建议和俄国的威胁照会，康普豪森屈服了。恩格斯嘲讽了普鲁士人在这场战争中的出尔反尔的行为，指出这是由康普豪森内阁所代表的资产阶级政府的软弱性和对封建专制制度的妥协性造成的。

6月5日 《反动派》指出：愿死者安然升入天堂。康普豪森先生背弃了革命，反动派竟敢建议妥协议会辱骂革命是暴乱。在6月3日的会议上有一个议员提议给3月18日死亡的士兵建立纪念碑。

评论：载于1848年6月6日《新莱茵报》第6号。"愿死者安然升入天堂"，这是德国诗人比尔格尔的叙事诗《列诺尔》中的一句，但用在这里，却充满了讽刺意味。1848年3月18日，普鲁士首都柏林爆发了起义，群众与国王的军队展开了巷战，最后以国王军队的失败而告终。但是，革命的果实却被资产阶级所窃取，资产阶级和贵族代表占据了普鲁士国民议会的几乎全部席位，同时成立了以莱茵省资产阶级的头面人物、银行家康普豪森为首相，代表有产者和贵族利益的内阁。正是由于资产阶级与反动的封建势力的妥协，使得反动派敢于在革命后还不到三个月的时间里就开始了向革命反扑，公开从政治上肯定反革命而否定革命。

6月5日 《柏林社会安全委员会》指出：巴黎的委员会是革命的，而柏林的委员会却是反动的。一个反对柏林革命人民的反革命活动的中心已经在这里形成了。这个委员会的成员就证实了这一点。我们希望柏林人民无论如何不要让这个冒牌的、反动的委员会来保护自己。这个委员会已经开始进行反动活动，要求取消原定昨天举行的到三月牺牲者的陵墓去的群众游行，因为这是示威游行，而示威游行总是有害的。

评论：与马克思合写。载于1848年6月6日《新莱茵报》第6号。马克思、恩格斯一针见血地指出了柏林安全委员会的反动本性。

6月6日 《法兰克福激进民主党和法兰克福左派的纲领》指出：德国的统一以及德国的宪法只能通过这样一种运动来实现，这种运动的决定因素将是国内的冲突或对东方的战争。国家制度的最终确立不能依靠颁布命令的办法，而要在我们即将进行的运动中实现。因此，问题不在于实现这个或那个意见，这种或那种政治思想；问题在于理解发展的进程。国民议会只应该采取一些在最近期间切实可行的步骤。即使俄罗斯不来敲德国的大门，经济关系本身也会迫使德国采取严格的中央集权制。即使从纯资产阶级的观点看来，德国牢不可破的统一也是摆脱它目前的贫困和创造国家财富的首要条件。

评论：载于1848年6月7日《新莱茵报》第7号。当时，在法兰克福召开的德国制宪国民议会上，法兰克福激进民主党和法兰克福左派都发表了关于德国宪法制定的纲领，主张德国成为一个联盟国家或联邦国家。马克思、恩格斯批判了法兰克福激进民主党和法兰克福左派缺乏革命性的纲领，主张通过革命建立一个统一的、不可分割的德意志共和国，并认为德国的统一是德国摆脱目前困境的首要条件。

6月6日 《柏林的妥协辩论》指出：关于妥协等等的辩论正在最愉快的气氛中在柏林进行。雷费德先生就〔海外贸易公司〕恢复收购羊毛并在票据贴现上优待英国买主而薄待德国买主一事向汉泽曼先生提出了质问。〔海外贸易公司〕是君主专制政体的遗物，曾被君主专制政体用来达到种种目的。羊毛生产者几乎全是大地主，勃兰登堡、普鲁士、西里西亚和波兹南的封建主。羊毛加工者大部分是大资本家，大资产阶级的代表。所以，羊毛价格问题不是一般利益的问题，而是阶级利益的问题，是谁剪谁的问题，是土地贵族剪大资产阶级呢，还是大资产阶级剪土地贵族。作为现在的执政党即大资产阶级的代表派到柏林去的汉泽曼先生，却把大资产阶级出卖给了战败的贵族地主。对我们民主派来说，有意义的只是汉泽曼先生现在站到了战败者的一面，他支持的不是单纯保守的阶级，而是反动的阶级。

评论：载于1848年6月7日《新莱茵报》第7号。1848年5月在柏林召开的普鲁士国民议会的辩论为"妥协辩论"。普鲁士国民议会是为了"同国王协商"制定宪法而召开的。所以马克思和恩格斯称柏林议会为"妥协议会"，而把拥护这种妥协做法的议员叫做"妥协派"。由于它否认了人民主权原则，因而并没有通过有利于人民的法令，国民议会已经成为容克地主和资产阶级谋取利益的机构。

6月6日 《妥协辩论》指出：在6月2日的柏林妥协会议上，罗伊特先生提议任命一个委员会来调查波兹南内战的原因。帕里鸠斯先生要求立即讨论这个提案。法国和英国的议会早已成立了这类议会调查委员会，而且那些循规蹈矩的大臣们从来不反对这样做。没有这些委员会，大臣们的责任就会变成一句空话。可是康普豪森先生却否认妥协派有这种权利！够了。说话容易表决难。辩论快要结束，表决就要进行，而无穷的困难、犹豫不决、卖弄聪明和良心谴责都产生了。但是我们不想使我们的读者陷到这里面去。在连续不断的高谈阔论之后，帕里鸠斯的提案被否决，罗伊特的提案被提交给各部门。愿它安然瞑目！

评论：载于1848年6月8日《新莱茵报》第8号。在1848年6月2日的柏林妥协会议上，围绕是否应该任命一个委员会来调查波兹南内战的原因这一问题，左、右两派展开了激烈的争论。恩格斯对会议的辩论情况进行了简要叙述，批判了议员们的高谈阔论，认为妥协会议是容克地主阶级和资产阶级进行利益角逐的场所，并不代表人民的利益。

6月7日 《奏折问题》指出：柏林议会为了使内阁有机会阐述自己的观点和证明它过去的活动是正当的，决定向国王呈递奏折。现在要问，人民代表是不是存心使自己处于这种恭顺的从属地位？制宪议会已大大地败坏了自己的声誉，因为它甘愿放弃自己的首要职责，不去要求各部大臣报告他们在临时执政期间的一切活动。据说议会之所以提前召开，是为了要用人民的间接意志来支持政府的措施。实际上，现在在议会召开之后，给人的印象是：似乎它的召开仅仅是为了"同国王协商制定可以指望长期存在的宪法"。议会不仅没有用适当的行动一开始就宣布它的真正任务，反而辱没了自己，在各部大臣的压力之下答应同意总结报告。令人惊奇的是没有一个议员反对成立奏折起草委员会的提案，而要求内阁除了只对它过去的活动负责以外，没有任何特殊的"理由"出席议院。而这却是反对奏折的唯一能令人信服的论据；任何其他的论据都是对各部大臣有利的。

评论：载于1848年6月8日《新莱茵报》第8号。当时柏林议会为了使内阁有机会阐述自己的观点和证明它过去的活动是正当的，决定向国王呈递奏折。关于奏折的内容、写作形式等，议会展开了辩论。马克思、恩格斯批判了议员们对待国王恭顺、谦卑的态度，国民议会提出只应当限于"在合法的基础上"，通过和国王协商的办法来确立立宪制度。其实，立宪议会已大大败坏了自己的声誉，违反了其作为人民意志代表的立场。因为它甘愿放弃自己的首要职责，不去要求各部大臣报告他们在临时执政期间的一切活动。

6月8日 《对波兰的重新瓜分》指出：冯·普富尔先生在波兹南划定的新界线是对波兰的新的掠夺。这个新界线把波兹南的"应当改组的"部分缩小到不及整个大公国的1/3，而把大波兰的大部分并入了德意志联邦。旧分界线至少还以瓦尔塔河作为波兰人的边界。新分界线却把应当改组的部分又缩小1/4。其理由是：一方面陆军大臣"希望"波兹南要塞周围方圆3—4英里的地区不包括在改组范围以内；另方面各城市，例如奥斯特洛夫等等要求并入德国。冯·普富尔先生声言，新界线一经内阁批准，就是最终的界线。他丝毫没有提到妥协议会和德国国民议会，既然是关于确定德国边界的问题，这两个议会也应当表示自己的意见。不过，即使内阁、妥协派、法兰克福议会批准了普富尔先生的决定，只要这条分界线没有得到另外两种力量即德国人民和波兰人民的批准，它还是不可能成为"最终的"界线的。

评论：载于1848年6月9日《新莱茵报》第9号。在普鲁士血腥镇压波兰反对普鲁士压迫的民族解放运动之后，普鲁士反动政府在波兹南划定新界线以实现对波兰的重新掠夺，并几乎吞并了波兹南大公国的全部领土。恩格斯对这一侵略行径予以抨击，坚决支持波兰人民的民族解放运动。他在文中最后明确指出，即使内阁、妥协派、法兰克福议会批准了在波兹南划定的德波新界线，只要这条分界线没有得到另外两种力量即德国人民和波兰人民的批准，它就不可能成为"最终的"界线。

6月9日 《王朝之盾》指出：正如德国报纸所报道的那样，康普豪森先生在6月6日向他的妥协派倾吐了心怀。他发表了"一篇与其说是出色的，不如说是出自肺腑的演说，这篇演说令人想起了保罗的话：'如果我用人类和天使的语言说话而没有爱，那我就象是一块发出响声的金属！'他的演说充满了我们称为爱的那种神圣的激动情绪……他向被鼓舞者发表了有鼓舞力的演说，掌声经久不息……要经过长久的歇息，才能吸收和领会这篇演说的全部印象。"不过，这整首史诗只是康普豪森先生用来赞美他自己和他的内阁的借口罢了。

评论：与马克思合写。载于1848年6月10日《新莱茵报》第10号。1848年6月6日，康普豪森作了一篇充满漂亮言辞的演讲，称他们要像盾牌一样护卫王朝，不怕承受一切危险和攻击。马克思、恩格斯批判了康普豪森的空洞的演讲，揭露了德国资产阶级向封建势力的妥协。

6月10日 《科伦在危急中》指出：反动势力正在准备发动一次普遍的强大的进攻。我们郑重地警告科伦的工人们不要上反动势力的当。我们坚决请求他们不要给拥护旧普鲁士的政党提供任何足以被用来使科伦受到横暴的军法制裁的借口。我们请求他们要特别安静地度过两天降灵节日，以便粉碎反动派的全盘计划。如果我们给反动势力提供了攻击我们的借口，我们就会遭到毁灭，遭到同美因兹的居民一样的命运。如果反动势力由于寻衅不成而被迫首先开始向我们进攻，如果它真的敢这样做，那末科伦人就会证明，他们将毫不动摇地决心为3月18日的胜利果实战斗到最后一滴血。

评论：载于1848年6月11日《新莱茵报》第11号。1848年欧洲革命后，反动势力日益猖獗，资产阶级对无产阶级疯狂反扑，普鲁士的反动派也镇压人民。恩格斯揭露了反动派准备向人民发动一次强大进攻的计划，告诫工人们要警惕各种阴谋诡计，不要给拥护旧普鲁士的政党提供任何被用来使科伦受到横暴的军法制裁的借口。

6月11日 《法兰克福议会和柏林议会承认自己有名无实》指出：法兰克福议会和柏林议会都承认了自己有名无实，并把这一点郑重地记入记录。法兰克福议会通过对什列斯维希—霍尔施坦问题的表决承认了联邦议会为上级机关。柏林议会否决了贝伦兹议员的提案，而通过了说明理由的转入议程的决定，这不只是背弃了革命，而且是公开声明，它的召开不过是为了协商制定宪法而已，这样也就承认康普豪森内阁提出的宪法草案的基本原则。两个议会都给自己做了正确的评价。它们俩都是有名无实的。

评论：与马克思合写。载于1848年6月13日《新莱茵报》第12—13号。法兰克福议会表决承认联邦议会为上级机关。柏林议会公开声明，它的召开不过是为了协商制定宪法而已。法兰克福议会和柏林议会都承认自己有名无实。马克思、恩格斯进一步指出，这标志着三月革命的失败，标志着两个议会已经完全背弃了革命。

6月13—14日 《柏林关于革命的辩论》指出：内阁发明了妥协论，从而再度背弃了革命，同时也背弃了人民的主权。这样，革命就真的成了问题。它本来就可能成问题，因为它只是一个不彻底的革命，只是长期的革命运动的开端。妥协议会现在必须表示态度：它是否承认革命。但是在目前的情况下，承认革命就是承认革命的民主的一面，这是和大资产阶级背道而驰的，因为大资产阶级力图把革命的这一面化为乌有。承认革命在目前恰恰就是承认革命的不彻底性，从而承认为了反对革命的某些结果而掀起的民主运动。这就意味着承认德国正在发生革命，在革命的过程中，康普豪森内阁、妥协论、间接选举、大资本家的统治和妥协议会本身的活动所产生的各种结果，即使可能成为不可避免的过渡阶段，也决不能成为最后的结果。

评论：载于1848年6月14—17日《新莱茵报》第14—71号。恩格斯通过对各派代表人物观点的分析，揭露了大资产阶级畏惧革命、反对革命的动机。1848年的德国革命，一方面人民有了武装，获得了结社的权利，实际上争得了主权；另一方面保存了君主政体，政权落到大资产阶级手中。总之，革命没有进行到底。这种情况反映到妥协议会里，便引起了是否承认革命的争论。在这篇长文中，恩格斯对柏林议会关于是否承认革命的辩论作了系统的分析，他抨击了右派的反动与嚣张气焰，批评了左派的软弱和退让，指出法兰克福议会背弃了革命。

6月16日 《科伦各党派的状况》指出：几天以前，这里曾举行补选。这种补选最令人信服地说明：从普选以来各党派的状况起了怎样的变化。法兰克福议会的后补议员、警察厅长弥勒先生被古梅尔斯巴赫市选为柏林议会的议员。选举时提出了3名候选人。这就是说，市民联合会的先生们因畏惧什托尔维尔卡协会会员而把自己的票投给了天主教派的候选人。这几次投票的结果说明，这里的社会情绪已发生很大的变化。初选时，民主派处处占少数。补选时民主派成了3个相互斗争的党派中最强大的一个，它只是在其他两个党派反常地结成联盟的情况下才被击败。我们不去责备天主教派同意结成这个联盟。我们只着重指出一件事实：立宪派已经消声匿迹了。

评论：与马克思合写。载于1848年6月18日《新莱茵报》第18号。当时，法兰克福国民议会进行议员补选选举，立宪派、天主教派和民主派展开争逐。民主派遥遥领先，但由于另外两个党派结成联盟，最后天主教派获胜。文中指出，从普选以来各党派状况的变化情况可以看出，民主派在补选时成了三个相互斗争的党派中最强大的一个，它只是在其他两个党派（天主教派和立宪派）结成联盟的情况下才被击败，资产阶级的立宪派将无所作为。

6月17日 《6月15日的妥协会议》指出：议会把制订宪法的工作从内阁手中夺了过来，企图使宪法取得人民的"同意"，因而任命了一个委员会来审查一切有关宪法的请愿书和奏折。这是在事后撤销了它的关于自己有名无实的声明。议会答应通过实际行动，即通过消灭旧建筑的基础，消灭束缚农村的封建关系来着手制订宪法。可是巴士底狱还没有攻下来。而革命的使徒却不可遏止地、不停地从东方逼近。它已经来到托恩的门前。这就是沙皇。沙皇会拯救德国革命，因为他促使德国革命力量集中起来。

评论：与马克思合写。载于1848年6月18日《新莱茵报》第18号。1848年6月14日，因普鲁士国民议会背弃三月革命，愤怒的柏林工人和手工业者攻占了军械库，以便武装人民捍卫革命的成果，并把革命推向前进。但是柏林工人自发的革命活动缺少有力的组织，结果被及时赶到的援军和资产阶级的市民自卫团迅速击退，并解除了人民的武装。马克思、恩格斯赞扬了柏林工人的英勇战斗精神。

6月17日 《布拉格起义》指出：革命的德国本来应该抛弃自己过去的一切，特别是对于邻国的人民。它本来应该在自己获得自由的同时，也让一向受它压迫的人民获得自由。然而革命的德国是怎样做的呢？它完全同意德国军阀过去对意大利和波兰的压迫，以及现在对波希米亚的压迫。考尼茨和梅特涅的话完全被证实了。然而德国人却要求捷克人信任他们！然而德国人却责备捷克人，说他们不愿意同一个一方面在解放自己、另一面却在压迫和侮辱其他民族的民族联合起来！德国人责备他们，说他们拒绝派代表参加我们那个可怜的、怯懦的、害怕自己权限的法兰克福"国民议会"！

德国人4个世纪的压迫（这种压迫现在仍以巷战的形式在布拉格继续进行）迫使捷克人投入了俄国人的怀抱。在最近就要爆发的西欧和东欧之间的伟大斗争中，不幸的命运将把捷克人推到俄国人方面去，推到反对革命的专制制度方面去。一旦革命取得胜利，捷克人将首先被革命摧毁。使捷克人招致这种灭亡的结局，仍然应该归罪于德国人，因为德国人把他们出卖给俄国人了。

评论：载于1848年6月18日《新莱茵报》第18号。1848年欧洲革命期间，捷克爆发了反对奥地利的民族大起义，但是遭到了革命后的德国的镇压。在这篇文章中，马克思、恩格斯支持各民族的解放斗争，斥责了德国资产阶级实行压迫其他民族的反动政策。他们告诫德国资产阶级，德国人4个世纪的压迫会迫使捷克人投入俄国人的怀抱，投向反对革命的专制制度方面。

6月18日 《瓦德涅尔的被捕。——泽巴尔特》指出：大家知道，柏林妥协议会已经延期讨论温采利乌斯就逮捕特利尔区的议员维克多·瓦德涅尔一事所提出的质问。这有什么根据啊！革命所提出的明显的要求、需要和权利，当然不可能获得立法的批准，因为立法的基础正是被革命本身所摧毁的。普鲁士人民代表的不可侵犯性，从普鲁士人民代表存在的时候起就存在了。或许，整个妥协议会的存在是由某一个警察总监或某一个高等审判厅的怪脾气来决定的吧？自然，茨魏费尔、赖辛施佩格以及其他那些把每一个政治问题变为程序问题的争论并且没有忘记利用瓦德涅尔事件来表现细小的吹毛求疵和巨大的奴才根性的莱茵的律师们，是完全可以不受这种偶然性的影响的。

评论：与马克思合写。载于1848年6月19日《新莱茵报》第19号。瓦德涅尔是普鲁士民主主义者、法兰克福议员。他去美尔茨参加法兰克福议会议员选举时被捕了。泽巴尔特是特利尔市市长，他发布警告对严重破坏秩序的人将采取严厉措施。马克思、恩格斯就瓦德涅尔被逮捕一事发表评论，揭露了反动派的代表——泽巴尔特以维持街道交通和社会稳定为幌子对革命进行绞杀，指出三月革命的胜利果实正在一点一点地消失。

6月19日 《6月17日的妥协会议》指出："什么也没有学到，什么也没有忘掉"，——这一句话既适用于康普豪森内阁，也适用于波旁王朝。6月14日，因妥协派背弃革命而愤怒的人民冲进了军械库。他们想获得某种保障来反对妥协议会，他们知道，最好的保障就是武器。军械库被攻占了，人民武装起来了。正当人民自我武装的后果这样明显地表现出来的时候，政府却胆敢指责人民的这种行动！正当议会和内阁承认起义的时候，对参加起义的人却进行法庭审讯，用旧普鲁士法律来对付他们，在议会的会议上侮辱他们，把他们说成是普通的小偷！

　　评论：载于1848年6月20日《新莱茵报》第20号。恩格斯在这篇文章中积极赞扬了工人阶级攻占军械库的革命斗争精神，抨击了资产阶级的反动行为。1848年6月14日柏林工人的起义，迫使柏林议会不得不承认三月革命，但随后他们又对参加起义的人进行法庭审讯，用旧普鲁士法律来对付他们，在议会的会议上侮辱他们，把他们说成是小偷、暴徒和强盗。恩格斯在文中高度赞扬了柏林工人武装起义的革命行动。与此同时，他也对6月17日妥协议会进行了抨击，批评柏林左派的优柔寡断，他们不敢保护人民不受政府的诽谤和侮辱。

　　6月20日　《施图普的修正案》指出：难道议会可以有削弱"法庭的决定的力量"或者甚至把那种因欠债而被"监禁"的人拉到自己中间去的犯罪意图吗？施图普先生浑身发抖，他简直不能容忍民事诉讼和法庭的决定受到这样的侵害。关于人民主权的一切问题现在也都得到了解决。施图普先生宣布了民事诉讼和民法的主权。不要这样的人司掌民法，而把他抛到立法权的从属范围中去，这是多么残酷无情呵！有主权的人民干出了这种"危险的"干涉"私法"的事情。因此，施图普先生对人民主权和公法提出民事诉讼。而尼古拉皇帝却能够安静地退却。在第一次企图越过普鲁士边境的时候，施图普议员就一手拿着"民事诉讼"，一手拿着"法庭的决定"出来欢迎尼古拉。因为，——他郑重其事地宣布，——战争，什么叫做战争？是对私法的危险的干涉！是对私法的危险的干涉！

　　评论：与马克思合写。载于1848年6月21日《新莱茵报》第21号。当时柏林议会的右派分子施图普提议对法律加以修正，这一提案没有获得通过。文中对施图普的这一提案进行了深入的分析，指出这是右派压制工人阶级、压制人民言论的阴谋，也是国民议会里资产阶级和封建势力相勾结、排斥无产者的反映。

　　6月20日　《在波兹南的新政策》指出：康普豪森内阁恍然大悟了。俄国人侵犯的危险现在向它指出，它使波兰人遭到官僚和波美拉尼亚后备军的蹂躏，是犯了多么严重的错误。现在它想不惜任何代价重新博得波兰人的同情，但是现在已经太迟了！用各种残酷手段和野蛮行为（这使德国人蒙受永久的耻辱）对波兰人进行整个毁灭性的流血战争，波兰人对我们抱着正义的不共戴天的仇恨，现在俄波两国必然要结成反德同盟（由于这个同盟，革命敌人的力量增加了2000万勇敢的人民），——所以发生了和干出了这一切事情，难道只是为了让康普豪森先生最后有机会来嘟哝他的〔父亲，我犯了罪〕吗？

　　评论：载于1848年6月21日《新莱茵报》第21号。1848年普鲁士反动派用血腥的暴力镇压了波兰人民争取民族独立的运动。由于面临俄国的威胁，普鲁士反动派又不得不从波兰撤军。恩格斯在文中抨击了普鲁士政府对波兰的残酷手段和野蛮行径，指出这必然会把波兰推到俄国一边，形成反德同盟，由于这个同盟，革命敌人的力量增加了2000万勇敢的人民。这也反映了康普豪森内阁的软弱无力、妥协让步，也预示了康普豪森内阁的倒台是迟早的事情。

6月22日 《康普豪森内阁的垮台》指出：康普豪森内阁曾经给反革命穿上他那资产阶级自由主义的服装。现在反革命感到自己有足够的力量扔掉这副累赘的假面具。康普豪森内阁还企图乞求一点声望，它断言内阁离开国家活动的舞台是由于受骗，想以此来博得社会的同情。果然，站在我们面前的是一个受了骗的骗子手。为了给大资产阶级效劳，康普豪森内阁必须竭力用欺骗的手段来消灭革命的民主成果；在同民主派的斗争中，它必须同贵族政党结成联盟，并成为这个政党的反革命野心的工具。贵族政党充分壮大了，于是就抛弃了自己的保护者。康普豪森先生根据大资产阶级的精神播种了反动的种子，而根据封建政党的精神收获了反动的果实。这就是这个人的善意，这也就是他的厄运。

评论：载于1848年6月23日《新莱茵报》第23号。德国三月革命后产生的康普豪森内阁，一方面竭力为大资产阶级效劳而不惜用欺骗的手段来消灭革命的民主成果；另一方面同贵族政党结盟，并成为这个政党实行反革命的工具。马克思、恩格斯分析了康普豪森内阁垮台的原因，严正指出，"康普豪森先生根据大资产阶级的精神播种了反动的种子，而根据封建政党的精神收获了反动的果实"。

6月22日 《法兰克福德国国民议会的第一件事迹》指出：德国国民议会终于稍微动起来了。它终于通过了具有直接的实际意义的决议：它干预奥意战争。它声明说，它将把对的里雅斯特的任何攻击看成是宣战的理由。这就是说，德国国民议会，在联邦议会的欣然同意下，允许奥地利人在意大利横行霸道，掠夺屠杀，允许他们把大量燃烧弹扔向每一个城市，扔向每一个村庄，然后安全地退到德意志联邦的中立地区！它允许奥地利人随时从德国的土地上派克罗地亚人和潘都尔兵去蹂躏伦巴第，但是却要禁止意大利人追击躲避在隐蔽所中的被击溃的奥地利人！它允许奥地利人从的里雅斯特封锁威尼斯，封锁皮阿咪、布林塔、塔腊门托各个河口，可是却严禁意大利人对的里雅斯特进行任何敌对行动！德国国民议会通过这样的决议，说明它的胆怯行为已经是无以复加了。它没有足够的勇气公开批准对意大利作战，它更没有勇气禁止奥地利政府进行这种战争。

评论：载于1848年6月23日《新莱茵报》第23号。1848年意大利爆发了反抗奥地利民族压迫的人民战争，革命后的德国国民议会决定干预奥意战争。恩格斯在文中分析了德国国民议会决定干预奥意战争的原因及实质，指出它通过的里雅斯特决议，从形式上看这个决议既不赞成也不谴责反对意大利革命的战争，但实质上却是赞成这个战争的。这个决议是对意大利的间接宣战，这是4000万德国人民的耻辱。

6月23日 《汉泽曼内阁》指出：科伦6月23日。柏林的内阁危机有了新的转变！我们的汉泽曼受命组阁；他同旧内阁的残骸，同帕托夫、博奈曼、施来尼茨和施莱根施坦一起不胜感激地投入了中间派左翼的怀抱。洛贝尔图斯先生应当加入这个新的联合，以中间人的身分来为康普豪森内阁的悔悟的残余分子谋取中间派左翼的恩典和宽恕。然而，当我们想到汉泽曼先生很快就会从他那令人头晕目眩的高位上摔下来的时候，我们感到十分悲伤。因为汉泽曼内阁还在未组成之前，还在连片刻的生存乐趣都未能享受的时候，就已经注定要灭亡。

评论：与马克思合写。载于1848年6月24日《新莱茵报》第24号。德国三月革命产生的康普豪森内阁垮台后，中间派左翼的代表汉泽曼受命组阁。文中指出这是中间派左翼的内阁，由于有反动派和俄国人的反对，这个内阁注定要灭亡。

6月23日　《〈新柏林报〉论宪章派》指出：《新柏林报》在它的第1号中向我们报道了英国的各种稀奇古怪的事情。物以稀为贵。《新柏林报》至少有这样一个功绩：它完全按新的方式来描述英国的状况。我们建议我们的读者特别注意充满智慧和骨气的《新柏林报》。

评论：与马克思合写。载于1848年6月24日《新莱茵报》第24号。《新柏林报》是德国的反动日报，1848年6月至10月在柏林出版。这份报纸在它的第1号中，对英国宪章派有大量歪曲和诬蔑的描写。马克思、恩格斯在文中驳斥了《新柏林报》的资产阶级评论家对宪章派的造谣和诬蔑。

6月24日　《〈盖尔温努斯报〉的威胁》指出：教授报的驻柏林记者说得多么巧妙！普鲁士将从"它的东方各省"恢复它的威信。因为它在恢复这种威信时指望"暂时失去莱茵省"，也就是说，暂时失去它在莱茵省的"威信"。这样看来，它将要在柏林和布勒斯劳恢复它的威信。我们希望德国统一，但是这种统一的因素只有从德意志大君主国瓦解中才能分离出来。这些因素只有在战争和革命的风暴中才能结合在一起。只要事变一提出专制制度还是共和制度的口号，立宪主义就会自行消失。主张立宪的资产者会愤怒地向我们叫喊：可是，谁使德国人遭到俄国人的威胁呢？除了民主派还有谁呢？打倒民主派！他们说得对！如果我们自己在本国实行了俄国的制度，我们就既可以使俄国人不必费力气来实行这种制度，也可以给自己节省军费。

评论：与马克思合写。载于1848年6月25日《新莱茵报》第25号。人们用《德意志报》编辑盖尔温努斯的名字来称呼该报。当时，《盖尔温努斯报》发表评论，说如果法兰克福议会及其宪法能够钳制法国，普鲁士将从它的东方各省恢复它的威信。马克思、恩格斯在文中抨击了该报记者用华丽的辞藻掩盖了议会的反动本质，深刻揭露了普鲁士的资产阶级政府和俄国反动派相勾结镇压德国革命，然后通过王朝战争统一德国的阴谋。

6月24日　《帕托夫赎买法案建议书》指出：柏林革命已经永远结束了所有这一切封建关系。不言而喻，农民已经立即在实际上废除了这些关系。政府只应当把实际上已经由人民的意志实现的废除一切封建义务的事情用法律形式固定下来。帕托夫先生希望农民为废除所有一切封建义务（甚至包括租金在内）而缴纳赎金！只有那些由世袭的农奴依存地位、旧的捐税制度和领主裁判权产生的义务，或者那些不给封建主提供任何价值的义务（多么仁慈呵！），换句话说，只有在所有封建重负中占微不足道的一部分的那些义务，在废除时才不需要缴纳赎金。反之，一切已由契约或判决调整过的封建义务的赎金仍然有效。帕托夫先生的计划的真正标题是："关于用赎金永久保持封建义务的建议书"。政府在挑起农民战争。也许普鲁士甚至不会因"暂时失去"西里西亚而"畏缩不前"。

评论：与马克思合写。载于1848年6月25日《新莱茵报》第25号。康普豪森内阁垮台后，普鲁士资产阶级的另一位国务活动家帕托夫提出在消灭乡村中的封建关系方面有所控制的建议书。马克思、恩格斯尖锐地批判了旧普鲁士的残酷的封建剥削制度，指出正是柏林革命才永远结束了这一切封建关系。但是由于资产阶级的软弱无力，封建贵族逐步地剥夺了革命的胜利果实。

6月24日 《起义的民主性质》指出：每天都有新的消息证明我们对布拉格起义的性质的看法是正确的；现在已经非常清楚，德国各家报纸怀疑捷克党为反动派、贵族和俄国等效劳是完全错误的。所有这一类带有诬蔑性的言论，最终都为捷克人的第一次坚决的发动所驳倒了。起义的民主性质是那样明显，以致图恩伯爵们不仅没有起来领导运动，而且立即离开了运动，并被人民当作奥地利的人质扣留起来。起义的民主性质是那样明显，以致所有拥护贵族的捷克人都离开了它。起义的目的不仅是反对奥国的暴兵，而且也反对捷克的封建主。奥地利人攻击人民，并不是因为他们是捷克的人民，而是因为他们是革命的人民。对于军阀来说，袭击布拉格只不过是一个序幕，接着必然要焚毁和袭击维也纳。

评论：载于1848年6月25日《新莱茵报》第25号。1848年布拉格人民爆发民族大起义后，德国的资产阶级报纸纷纷报道。恩格斯在文中论述了布拉格起义的民主性质，布拉格起义的目的不仅是反对奥地利的暴兵，而且也反对捷克的封建主。

6月24日 《巴黎消息》指出：23日的巴黎邮件没有收到。据到达这里的信差说，当他离开巴黎的时候，群众跟国民自卫军的厮杀已经开始了，在离城不远的地方他曾听到猛烈的炮声。

评论：与马克思合写。载于1848年6月25日《新莱茵报》第25号的号外。在法国六月革命爆发的时候，马克思、恩格斯关注着革命进程的每一个阶段。

6月25日 《巴黎消息》指出：巴黎的邮件又没有收到。今天来的巴黎报纸还是23日的，要是邮局工作正常，报纸早在昨天晚上就该送到。在这种情况下，我们所拥有的唯一资料就是比利时报纸上的那些含混不清、矛盾百出的报道，以及我们自己关于巴黎的知识。据此，我们力求尽量忠实地向读者描述一下6月23日起义的情况。

评论：与马克思合写。载于1848年6月26日《新莱茵报》第26号的号外。马克思、恩格斯热切关注着六月革命的进展，他们试图客观清晰地向读者说明起义的情况，但是目前他们尚未获得有关六月革命的可靠材料，只有一些比利时报纸上那些混含不清、破绽百出的报道。

6月25日 《6月23日事件的详情》指出：起义带有真正工人起义的性质。工人的怒火喷向政府和议会，因为它们辜负了工人的期望，天天采取有利于资产阶级而不利于工人的新措施，解散了卢森堡宫工人委员会，限制国家工厂的活动，颁布了禁止集会法。事件的一切详情都说明起义是具有明确的无产阶级性质的。

评论：载于1848年6月26日《新莱茵报》第26号的号外。1848年6月23日，巴黎爆发了工人阶级反对资产阶级的武装起义。恩格斯在文中详细报道了巴黎6月23日事件的情况，揭露了巴黎资产阶级和封建势力相勾结、残酷镇压工人运动的罪行，颂扬了巴黎工人阶级的勇敢战斗精神，指出六月起义带有真正工人起义的性质。

6月26日 《巴黎消息》指出：鉴于刚从巴黎得到的消息所占的篇幅太多，我们不得不把所有评论性的文章抽掉。因此现在只向我们的读者说几句话。赖德律－洛兰和拉马丁，以及他们的部长们下台了；卡芬雅克的军事独裁从阿尔及利亚搬到了巴黎；马拉斯特是内政独裁者；巴黎淹没在血泊中；起义发展成为比以往任何一次革命都要伟大的革命，发展成为无产阶级反对资产阶级的革命，——这就是我们从巴黎得到的最后消息。这次规模巨大的六月革命不象七月革命和二月革命，三天是不够的，但是人民的胜利比任何时候都更有把握。法国资产阶级决心去做法国历代国王从来不敢做的事情：它自己下了赌注。法国革命的这个第二幕仅仅是欧洲悲剧的开始。

评论：与马克思合写。载于1848年6月27日《新莱茵报》第27号。由于敌我力量对比悬殊，以及资产阶级的疯狂反扑，巴黎起义失败了。马克思、恩格斯在文中揭露了大资产阶级对革命的残酷镇压。马克思、恩格斯明确指出法国六月起义所具有的革命性质，这是无产阶级反对资产阶级的革命，他们高度评价法国六月起义，认为它是"比以往任何一次革命都要伟大的革命"，人民的胜利比以往任何时候都有把握，法国六月起义将影响整个欧洲。法国革命的第二幕仅仅是欧洲悲剧的开始。

6月26日 《〈北极星报〉论〈新莱茵报〉》指出：由菲格斯·奥康瑙尔、乔·朱利安·哈尼和厄内斯特·琼斯编辑的英国宪章派机关报《北极星报》，在最近一号中对于《新莱茵报》对英国群众运动所抱的态度和《新莱茵报》向来维护民主派利益这两点表示赞许。我们谨向《北极星报》各位编辑表示谢意，感谢他们对本报所作的真正民主的友好的评语。同时请他们相信，在英国报纸中，唯有革命的《北极星报》的赞许才是我们所珍视的。

评论：与马克思合写。载于1848年6月27日《新莱茵报》第27号。《北极星报》在1848年6月24日的简讯中写道："宣布自己为'民主派机关报'的'新莱茵报'，在编排的技巧方面是少见的，并且以胆识过人著称；我们向它致敬，它是我们在反对各种暴政和非正义行为的坚决斗争中的敬爱的、有才干的和英勇的同志。"

6月27日 《6月23日》指出：六月革命和过去一切革命不同的地方，就是根本没有幻想，没有冲动。如果说在二月里，人民站在街垒上高唱（"为祖国而死"），那末在6月23日，工人为自己的生存而斗争，祖国对他们已失去了任何意义。"马赛曲"连同对于法国大革命的其他一切回忆一起消逝了。人民和资产阶级都感觉到，他们现在所参加的革命比1789年和1793年的革命更为伟大。六月革命是拼死活的革命，它是在沉默的愤怒中，在阴森而绝望的冷静中进行的。工人们知道，他们在进行你死我活的斗争，在这场残酷可怕的斗争面前，连法国人的愉快爽朗的性格都消失了。这是六月革命的第一天，这是巴黎革命史上无与伦比的一个日子。巴黎工人孤军同武装的资产阶级、同别动队、同新组织起来的共和国近卫军、同常备军各兵种作战。

评论：《新莱茵报》编辑部非常关注巴黎工人六月起义的英雄壮举，陆续得到了关于6月23日战斗的许多新的详细情况，但是由于时间关系，恩格斯在该文中仅仅报道了关于巴黎六月起义中最重要的和最突出的事件。他深刻指出，六月革命是一场空前残酷的斗争，六月革命和过去一切革命不同的地方，就是根本没有幻想，没有冲动，工人为自己的生存而进行坚决的斗争。它是第一个把整个社会真正分成以巴黎东区和西区为代表的两大敌对阵营的革命。恩格斯向人们记述了法国六月革命的战斗经过，指出这场革命表现出了工人阶级的坚定、清醒和成熟。

6月27日 《6月24日》指出：巴黎整夜充满了军队。在各个广场和林荫路上都配置有强大的前哨。在这场决战中特别引人注意的就是"秩序的维护者"在作战时所表现的那种狂暴性。这些人过去对于"市民"流的每滴"血"是那样痛心，对于2月24日市近卫军士兵的死甚至伤感万分，而这些资产者现在却象杀戮野兽一样地杀戮工人。在国民自卫军队伍里，在国民议会里，对起义的工人没有一句同情的话，没有一句和睦的话，没有丝毫的伤感，相反地，只有狂暴的憎恨，冷酷的敌意。资产阶级是完全有意识地向工人进行斩尽杀绝的战争的。不管资产阶级现在会取得短时期的胜利，还是会被击溃，工人是决心要向他们报仇的。经过六月里的这3天中所发生的战斗以后，必然会采取恐怖手段，不是这一方采取，就是那一方采取。

评论：载于1848年6月28日《新莱茵报》第28号。巴黎六月起义是巴黎工人阶级反对资产阶级的英勇斗争。恩格斯在文中详尽地描述了6月24日双方激烈的战斗情况，揭露了资产阶级镇压工人的残暴和血腥，颂扬了工人阶级英勇不屈的战斗精神。同时他也指出巴黎无产阶级的仁慈和宽宏大量使之丧失了取得革命胜利的机会，资产阶级用了联合的兵力和空前的残酷手段，最终镇压了工人阶级的起义。巴黎工人阶级应该以革命的恐怖来反抗反革命的恐怖。

6月28日 《6月25日》指出：从起义的一切详细报道中可以看出，资产阶级在这次斗争中表现得多么野蛮。霰弹、榴弹和燃烧弹就不必说了；据证实，在大多数被攻占的街垒上，对战败者毫不留情。资产者把落到他们手里的人统统杀掉了。相反地，工人却无比英勇地作战。虽然他们的损失愈来愈难以补偿，他们被敌人的优势力量逼得节节败退，但是他们丝毫也不感到疲倦。工人在战斗中表现出来的那种英勇精神真是令人惊叹。三四万工人整整坚持了3天，来对付8万多士兵和10万国民自卫军，对付霰弹、榴弹和燃烧弹，对付那些不惜采用阿尔及利亚作战方法的将军们的"宝贵的"军事经验！工人被击溃了，并且大部分被残酷地消灭了。这次阵亡的战士不会受到象七月革命和二月革命的牺牲者所受到的那种尊敬；但是历史将给他们以特殊的地位，把他们看作是无产阶级第一次决战的牺牲者。

评论：载于1848年6月29日《新莱茵报》第29号。恩格斯在该文中描述了6月25日巴黎工人阶级和资产阶级的战斗情况，指出工人阶级在明知胜利无望的情况下，仍然能够无比英勇地作战。恩格斯给予在战斗中阵亡的工人战士高度的评价，这次阵亡的工人战士虽然不会受到像七月革命和二月革命的牺牲者所受到的那种尊敬，但是历史将给他们以特殊的地位，把他们看作是无产阶级第一次决战的牺牲者。

6月30日 《〈科伦日报〉论六月革命》指出：现在请你们把所引的几段话和第181号《科伦日报》上的说法对照一下。这家绝妙的报纸把两个阶级的斗争歪曲成"正直的人"和盗贼的斗争！值得尊敬的报纸！好象这两个称号不是这两个阶级彼此赠送的。正是这家报纸，在最初听到关于六月起义的传说时承认自己对于起义的性质一无所知；以后巴黎的消息迫使它承认那里正在进行严重的社会革命，这个革命不会因为遭到一次失败而告终；最后，这家报纸看到工人遭到了一次失败就欢欣鼓舞，认为这次起义不外是"绝大多数人"反对"一群野蛮的食人生番、强盗和杀人犯"的斗争。据说居住着"食人生番"、"强盗"、"暴徒"和"恶棍"。沃尔弗斯就是这样断言的！他们向资产阶级警察告发我们。而我们却相反，利用不朽的三头政治的政治家杜蒙-勃律盖曼-沃尔弗斯效劳的机会，奉劝工人，奉劝这些"不幸的人""认清自己真正的权利和义务，了解维护秩序和培养真正公民的科学"。

评论：载于1848年7月1日《新莱茵报》第31号。恩格斯在文中驳斥了《科伦日报》对六月革命的歪曲不实的报道，指出它在评判伟大事件的时候还不如英国资产阶级。英国资产阶级还承认六月革命只是二月革命的继续，是争取较合理地分配每年劳动产品的斗争的继续。而德国资产阶级的报纸却在斗争一开始就声明不了解斗争的性质，在斗争过程中承认这是严重的社会革命，而在斗争结束后又说这是宪兵和盗贼打架。

6月30日—7月1日 《六月革命（巴黎起义的经过）》指出：六月革命事件的全貌渐渐地在我们面前展示出来了。得到的消息比较全面了，这就有可能分清事实与谣传和谎言。起义的性质愈来愈明显了。愈能抓住六月中这4天所发生的事件的内在联系，就愈感到起义规模的巨大以及起义者的英雄气概、组织迅速和同心同德是令人惊异的。这些纵队由许多游击队支援，这些游击队在纵队的翼侧和纵队之间独立行动，构筑街垒，占领小街并保持纵队间的联系。惊慌失措的国民议会任命卡芬雅克为独裁者。卡芬雅克自从在阿尔及利亚作战以来就惯于实行"坚决的"镇压。六月的街垒战就此结束了。虽然在城外还有步枪声，但已没有任何意义了。逃出的起义者向四郊溃散，一一被骑兵俘获。我们所以要对这一斗争作纯军事的叙述，是为了告诉我们的读者：巴黎工人作战多么英勇，多么齐心，多么有纪律，多么有军事素养。4万工人同4倍于自己的敌人鏖战了4天，而且差一点就要获得胜利。

评论：载于1848年7月1日和2日《新莱茵报》第31号和32号。随着巴黎六月起义的全貌逐渐呈现，恩格斯有更可靠的资料阐述六月起义的真实过程，认清其性质和意义。全文分为两部分，第一部分评述六月起义者的军事行动计划，指出它的优点和不足。第二部分详述战斗的情况，并分析了卡芬雅克将革命镇压下去的原因。恩格斯赞颂工人阶级的英勇气概、组织迅速、同心同德和较强的军事素养。

7月2日《德国的对外政策》指出：自古以来，一切统治者及其外交家玩弄手腕和进行活动的目的可以归结为一点：为了延长专制政权的寿命，唆使各民族互相残杀，利用一个民族压迫另一个民族。在德国这一点表现得特别明显。这些卑鄙行为都是在德国的帮助下在其他国家中干出来的，这不仅是德国政府的罪过，而且在很大程度上也是德国人民的罪过。现在，当德国人在抛弃自己身上的羁绊的时候，也应当改变一下他们对其他民族的全部政策。为了使德国人不再违反德国本身的利益，为压迫其他民族而流血牺牲和浪费金钱，我们就应当争取建立真正的人民政府，彻底摧毁旧的建筑。但是，阿尔卑斯山的这面和那面都应当竭尽全力，采取一切措施来准备实现民主制度。

评论：载于1848年7月3日《新莱茵报》第33号。文中指出一切统治者的对外政策都是为了延长专制政权的寿命。德国对其他国家的民族压迫和镇压，违背了各民族国家间相互平等的原则。要改变这种对外政策，应当建立真正的人民政府，彻底摧毁旧的专制制度。只有国内实行民主政策，国外才能实行民主政策，对国内民主同对外实行民族统一是一致的。民主制度是世界各国人民的共同追求。

7月2日《马拉斯特和梯也尔》指出：我们已经不止一次地提醒《新莱茵报》的读者注意《国民报》派的阴谋，这种阴谋的体现者是马拉斯特。我们已经揭露了这个派企图实行专政的诡计。同时我们也指出了：马拉斯特的专政会导致梯也尔的专政。从一些事实可以明显地看出，《国民报》派由于自己的胜利而受到目前和王朝反对派紧密团结的梯也尔派怎样的排挤。不久国民议会的所有议员就会争吵起来。反动派将继续进攻，直到《国民报》派放弃一切权力为止。"共和派"和"王朝反对派"又将针锋相对。但是，如果还是象二月里那样，共和派就不会取得胜利。人民再也不会沉溺于幻想了。他们不会把复仇的事情束诸"高阁"。正如科西迪耶尔所说的,他们再也不允许"斯底克斯河的水冲走他们的愤怒"。

评论:与马克思合写。载于1848年7月3日《新莱茵报》第33号。马克思、恩格斯揭露了以马拉斯特为代表的《国民报》派企图实行专政的诡计,同时也指出马拉斯特的专政会导致梯也尔的专政。此外,还指出了资产阶级内部各派别的斗争,《国民报》派的胜利只是暂时的,王朝反对派起草的法律中有一项关于市政委员会的法律,这项法律是直接反对巴黎市长马拉斯特,反对他的独裁和权威的。马拉斯特定会垮台,代之而起的将是"共和派"和"王朝反对派"的斗争。

7月2日 《妥协辩论》指出:目前,汉泽曼先生不可能进行任何工作,因为他没有钱。只有当信任恢复以后,他才能够得到钱。但是,等到信任恢复时,工人,用他自己的话来说,就会找到工作,那时政府就用不着给失业者以工作了。汉泽曼先生的消灭贫困的措施就在这个绝无恶意而具有市民阶级的善心的圈子里回旋。现在汉泽曼先生除了九月法令和小卡芬雅克以外,不可能向工人提出什么别的东西。是的,这就是办事内阁!政纲中关于承认革命的问题,我们就不打算谈了。汉泽曼先生只把那种实质上绝非革命的东西当做了革命。

评论:载于1848年7月4日《新莱茵报》第34号。康普豪森内阁垮台后,继任者汉泽曼内阁继续执行投降容克地主、镇压人民的政策。恩格斯在该文中对最近时期柏林议会的辩论作了系统的分析,他斥责汉泽曼内阁是压榨人民、维护旧的法律秩序的内阁。

7月3日 《逮捕》指出:办事内阁目前的表现说明它只不过是一个警察内阁。它的第一个行动是在柏林逮捕莫内克先生和弗恩巴赫先生,第二个行动是在萨尔鲁伊逮捕炮兵下士丰克。现在,这些"事情"也在科伦这儿开始了。今天早晨逮捕了医师哥特沙克先生和退伍中尉安内克先生。无论是逮捕的原因或逮捕时的情况,我们都还没有得到确切的消息,因此暂时不发表意见。工人们是十分理智的,他们不会因挑衅而贸然行动。

评论:与马克思合写。载于1848年7月4日《新莱茵报》第34号。继康普豪森内阁之后,其继任者汉泽曼内阁上台,恩格斯揭露它只不过是一个警察内阁。内阁逮捕了革命中的许多进步分子,暴露了他的反革命性质,同时,工人阶级此时非常理智地对待这一事件,不会因汉泽曼内阁的挑衅而贸然行动。

7月4日 《逮捕》指出:昨天我们就答应我们的读者回头谈谈哥特沙克医师和安内克先生被捕的事情。到目前为止,在我们所得到的消息中,只有安内克被捕的消息比较详细。总之,办事内阁所办的事,中间派左翼内阁所办的事就是如此,它是一个向旧贵族、旧官僚、旧普鲁士的内阁过渡的内阁。只要汉泽曼先生一扮演完过渡的角色,他就会被解职。而柏林的左派应该懂得,只要旧政权能占据一切真正有决定意义的阵地,它是能够放心地让左派在议会里获得小小的胜利和拟定大大的宪法草案的。只要在议会外解除了3月19日革命的武装,它是会在议会里大胆地承认这一革命的。左派总有一天会相信,当它在议会里获得胜利的时候,它在实际上却遭到了失败。德国的发展或许也需要这种对比吧。办事内阁在原则上承认革命,是为了在实际上达到反革命的目的。

评论:与马克思合写。载于1848年7月5日《新莱茵报》第35号。文章分析了汉泽曼内阁逮捕安内克的详细经过,指出其被捕的原因是他在集会上发表了煽动性演说。这一事件表明办事内阁在原则上承认革命是为了在实际上达到反革命的目的。

7月4日 《妥协辩论》指出:我们来谈谈6月28日的妥协会议。议会讨论的是新任主席、新的会议规则和新任各部大臣的问题。因而可以想象,那里的情况是多么混乱。在对会议规则问题以及其他问题进行了长时间的事先酝酿之后,最后由议员格拉德巴赫发言。几天以前普鲁士军阀以强制手段解除了因信仰共和主义而被解散的、由什列斯维希—霍尔施坦返回斯潘道的志愿军兵团第六连士兵的武装;其中有些人甚至还被逮捕了起来。普鲁士军阀在法律上是绝对没有任何根据和任何权力这样做的。依照法律,军事当局根本没有擅自采取这种措施的权利。但是,这些志愿军中大多数人都曾参加过柏林街垒战,因此,近卫军先生们一定要向他们报仇。格拉德巴赫先生就军阀的这种专横行为向内阁提出了质问。原来新内阁组织得如此仓促,对基本的原则问题还十分不清楚,以致象武装人民这样紧要的问题还根本没有提出来讨论!格拉德巴赫议员质问的第二件事情是关于有关机关最后确定市长和其他官员的问题。

评论:载于1848年7月5日《新莱茵报》第35号。由于汉泽曼内阁执行投降反动派、镇压人民的政策,革命危机仍然存在,反革命势力非常猖狂,表现在柏林议会里,便是左右两派的争论非常激烈。恩格斯在文中就6月28日的妥协会议进行了分析。会议讨论的是新任主席、新的会议规则和新任各部大臣的问题,资产阶级内部展开了激烈的斗争。当有议员抗议普鲁士军阀在法律上没有任何根据和权力以强制手段解除志愿军的武装,并对其实施逮捕行为的时候,内阁大臣们并不能给出合理的解释,而是找理由敷衍。妥协辩论毫无成果,无所作为,在相互妥协、敷衍中辩论结束了。

7月6日 《柏林的妥协辩论》指出:格拉德巴赫并没有被吓倒。他在保守分子的喧嚷声中走上讲台,再次问道:施莱根施坦先生还在斯潘道事件以前本来就是大臣,他怎么能够对这件事一无所知呢?持有充分证明的4个志愿军人员怎么能够威胁到国家的安全呢?问题决不能认为已经解决了。怎么能够把这些人当作什么流浪者强迫遣送回乡呢?关于通行证的问题我还没有得到回答。简直是侮辱这些人。为什么人们在这种情况下能够容忍一伙好战的黑帮分子手持武器从乌培河谷来侮辱首都呢?我们很高兴,因为最后竟有一个左派议员能够提出很有根据的质问,发表有决定意义的演说,使得大臣先生们受到很多人的抨击,并且引起了一场像法国和英国的议会辩论那样的争吵。

评论：载于1848年7月7日《新莱茵报》第37号。恩格斯在文中对6月30日的柏林议会会议进行了系统的评论，抨击了容克地主的残暴与反动，指出了资产阶级的软弱。但恩格斯在文中也赞扬左派议员格拉德巴赫作了很有根据的质问，发表了有决定意义的演说，使容克地主的代表受到许多人的攻击，并且引起了一场像法国和英国的议会辩论那样的争吵，他认为这是这次会议值得注意的一点。

7月8日　《妥协辩论》指出：我们在得到汉泽曼内阁瓦解的消息的同时，也得到了7月4日妥协会议的速记记录。在这次会议上宣布了洛贝尔图斯先生退出内阁的消息，这是内阁瓦解的第一个征兆；此外，关于波兹南委员会的两种针锋相对的表决以及左派的退出都大大加速了内阁的瓦解。拥护委员会的人一般发言都很冗长，而且不够明确。他们和反对委员会的人一样总是喋喋不休地重复着老一套。他们的论据多半带有好辩的迂腐的性质，因而远不如波兰的德国人的偏颇誓言那样引人注意。关于各部大臣和官员对这个问题的态度以及有名的资格问题，我们明天再谈。

评论：载于1848年7月9日《新莱茵报》第39号。恩格斯从对7月4日妥协会议的速记记录的两个事件中，得出汉泽曼内阁将要瓦解。一件是会议宣布洛贝尔图斯退出内阁，这是汉泽曼内阁垮台的第一个征兆。另一件是关于波兹南问题的两种针锋相对的意见以及左派的退出。此外，恩格斯对这次妥协辩论进行了详尽的分析，他批评左派的发言冗长无力，辩论仍然是空洞乏味、毫无意义。

7月9日　《7月4日的妥协会议（第二篇论文）》指出：任命一个全权调查委员会是公正地对待波兰人的一种十分必要而又刻不容缓的行动，这一点从3天以前我们便已登载的那些根据正式文件写出的报道中可以看得出来。康普豪森内阁不仅是一个软弱无能、耳目闭塞的内阁，而且是一个存心毫无作为的内阁，它对于任何事情都听之任之。闻所未闻的野蛮行为不断发生，但康普豪森先生却不闻不问。明目张胆地敌视波兰人的旧普鲁士官员们，把允许改组看成是对他们的生存的威胁。只要对波兰人稍微公正一点，他们就认为是一种危险。因此，他们就产生了一种莫名其妙的狂怒。他们在横行霸道的士兵的支持下，疯狂地攻击波兰人，撕毁条约，凌辱安分守己的公民，怂恿或认可最卑鄙的行动；这样做只会引起波兰人的发动，而由于力量太悬殊，这种发动无疑会遭到镇压。

评论：载于1848年7月11日《新莱茵报》第41号。恩格斯指出，任命一个全权调查委员会是公正地对待波兰人的一种十分必要而又刻不容缓的行动。但是，这却遭到了敌视波兰人的旧普鲁士官员们的反对，把改组看成是对他们的威胁。于是就采取野蛮残暴的行为攻击波兰，这遭到波兰人民的反抗。康普豪森内阁对此却听之任之、毫无作为，这反映了内阁的软弱无力。在旧官僚制度和新的秩序之间，内阁以"调停人"的身份出现，他们的软弱妥协并没有对旧的官僚制度带来冲击，实则是维护了贵族的利益。

7月11日 《德国的对外政策和布拉格最近发生的事件》指出：正当德国人为了争取国内的自由而同本国的各邦政府展开斗争的时候，却迫使他们就在这些政府的统率下从事十字军讨伐，去反对波兰、波希米亚和意大利的自由。多么阴险狡猾的勾当！多么荒诞的历史奇闻！被革命风潮所席卷的德国想在外面寻找出路，即在为复辟而进行的战争中、在为巩固旧政权（而德国的革命恰好是反对这个旧政权的）的进军中寻找出路。只有反对俄国的战争才是革命的德国的战争，只有在这个战争中它才能消除以往的罪过，才能巩固起来并战胜自己的专制君主，只有在这个战争中它才能象那些要摆脱长期的奴隶枷锁的人民所应该做的那样，用自己子弟的鲜血来换取宣传文明的权利，并且在解放国外各民族的同时使自己在国内获得解放。关于最近发生的事件的材料公布得愈多，事实就愈加有力地证实我们对于德国用以污辱自己新纪元的各民族之间的战争的观点是正确的。

评论：与马克思合写。载于1848年7月12日《新莱茵报》第42号。德国三月革命后的资产阶级政府由于认识到它在国内的基础已经动摇，就力图麻痹民主力量，转移人们的视线，把革命引向国外，挑起了对波兰、波希米亚、意大利等其他民族的仇恨。马克思、恩格斯在文中批评了德国资产阶级的对外政策，指出这是被革命风潮所席卷的德国想在外面寻找出路，即在为复辟寻找出路。马克思、恩格斯认为只有反对俄国的战争才是德国的革命战争。

7月12日 《7月7日的妥协辩论》指出：我们还是来谈谈7月7日的会议，在这次会上汉泽曼内阁受到不少恶意的讥讽。我们且不谈会议一开始就提出来的许多抗议，且不谈德斯特尔关于取消7月4日会议快结束时所通过的决议的提案，也不谈列入议程的其他许多提案。我们只想谈谈今天猛烈地攻击内阁的一些质问和令人不快的提案。国家处在这种情况下，汉泽曼先生不公开宣布财政状况，不用事实来消除怀疑和谣言，反而不负责任地发表这种含糊其词的声明。在英国国会里，如果发表这种不妥当的声明，立即就会提出不信任案。汉泽曼先生只是因为没有表示任何反抗，只是因为对帕里鸠斯的侮辱采取了克己的态度，才避免了彻底的失败。他犹如一株片叶不存的光秃秃的树，坐在自己的席位上受人凌辱和摧残，连嘲弄成性的人看了也会产生怜悯之心。

评论：载于1848年7月14日《新莱茵报》第44号。在1848年7月7日的柏林妥协会议上，岌岌可危的汉泽曼内阁受到左右两派议员的进一步围攻，受到不少恶意的讥刺。恩格斯在文中就辩论的前一半情况作了详细的分析，指出在这次会议上，汉泽曼内阁在两个问题上受到抨击，一是内阁采取了什么措施来保卫德国边境以防御俄国的侵略；二是要求任命一个委员会来审查1840年以来财政和国库管理方面的全部账簿和文件。汉泽曼内阁无法对此给予明确的回复，只能妥协避让，最后只是因为汉泽曼没有表示任何反抗，并采取了比较克制的态度，才避免了彻底失败。

7月13日 《福斯特曼先生论国家信用》指出：福斯特曼先生在本月7日的妥

协会议上发表演说，他用以下铁一般的论据来消除放肆的左派对稳固的普鲁士国家信用的怀疑："请你们自己判断，如果在昨天的交易所里，在贴现率为5.5%的条件下，利率为3.5%的国家证券是按票面额72%开的盘，那末对普鲁士财政的信任是不是会降低到零！"由此可见，福斯特曼先生对交易所的投机事业和政治经济学一样无知。在法国、英国、西班牙以及其他一切国家，它们的国家证券是在世界市场上流通的，因此国家信用就具有决定性的作用。但是在普鲁士和更小的德意志各邦，它们的证券只是在小规模的地方交易所里流通，所以国家信用只起次要的作用。

评论：载于1848年7月14日《新莱茵报》第44号。在7月7日的妥协会议上，商人出身的议员福斯特曼发表了旨在消除"放肆的左派对稳固的普鲁士国家信用的怀疑"的演说。马克思、恩格斯在文中驳斥了福斯特曼的谬论。他们认为，在法国、英国、西班牙等其他国家，它们的国家证券是在世界市场上流通的，因此国家信用就具有决定性的作用。但是在普鲁士和更小的德意志各邦，它们的证券只是在小规模的地方交易所流通，所以国家信用只起次要的作用。福斯特曼的谬论只能说明他的无知。

7月14日《妥协辩论》指出：今天我们来谈谈7月7日的妥协会议的后一半的情况。在使汉泽曼先生十分不快的关于财政委员会的辩论之后，大臣先生们还得忍受一连串不大的苦楚。这一天是提出紧急提案和质问的一天，是内阁遭受抨击和陷于窘境的一天。

评论：载于1848年7月15日《新莱茵报》第45号。恩格斯就7月7日的妥协会议的后一半情况作进一步的阐述，他指出这一天是提出紧急提案和质问的一天，是内阁遭受抨击和陷于窘境的一天，只是由于右派的喧嚷，左派的质问被吞没了，致使7月7日的辩论毫无结果。

7月17日《关于雅科比提案的辩论》指出：人民派代表去参加法兰克福议会，并授以全权宣布议会是凌驾于全德国及其各邦政府之上的最高权力机关；议会由于有了人民交给的自主权，就应该通过关于德国宪法的决议。但是议会没有立即宣布它的凌驾于德国各邦和联邦议会之上的自主权，反而胆怯地回避一切与此有关的问题，而且态度始终是犹豫不决、动摇不定的。最后，它接触到了决定性的问题，即任命临时中央政权的问题。表面上它是独立的，而事实上是听命于各邦政府的（各邦政府通过加格恩来影响它），它亲自选举了各邦政府早已给它指定的帝国摄政王。

联邦议会承认已举行过的选举，并在一定程度上强调这次选举只是得到它的批准才具有法律效力。但是汉诺威甚至普鲁士以保留条件的形式提出了反对意见，而普鲁士的保留条件正是11日和12日讨论的基础。因此，这次模糊不清的讨论很难怪罪柏林议会。罪过在于动摇不定的、软弱无力的、毫无魄力的法兰克福国民议会本身，如果它的决议只能称作废话连篇的话。

评论：载于1848年7月18日《新莱茵报》第48号。辩论围绕两方面的问题展开：一是政府提出立即实施国民议会决议的保留条件；二是雅科比的提案：承认国民议会有权不等任何人批准，立即通过具有法律效力的决议，但不同意国民议会关于中央政权问题的决议。为此，议会进行了整整两天的辩论。恩格斯对雅科比提案引起的辩论进行了分析，同时，恩格斯对右派否认共和制，认为共和制只会给德国带来灾祸、带来无政府主义的观点进行了严厉的批判。

7月18日《关于雅科比提案的辩论（续）》指出：赖辛施佩格第二声明说，雅科比提案的拥护者是共和主义者，他希望他们和法兰克福共和主义者一样公开地表示自己的意图。后来他断言，德国还不具备"充分的公民美德和政治美德，而一位大政治思想家曾认为这一点是共和制的最重要的前提"。既然爱国主义者赖辛施佩格都这样说，那末德国的情况的确不妙！

象德国这样的国家，不得不给自己开辟一条从空前的分裂状态走向统一的道路，它在灭亡的威胁下需要有比它过去的四分五裂状态严密的革命的集中；它是一个在国内藏着20个万第的国家，侧身于两个最强盛集中的大陆强国之间，周围是无数的小国，并且与各国的关系都很紧张甚至处于战争状态。在现代普遍发生革命的时候，无论是内战还是对外战争，这样的国家都是无法避免的。

评论：载于1848年7月19日《新莱茵报》第49号。当时普鲁士国民议会左派议员雅科比提出不同意国民议会关于全德中央政权问题的决议，为此国民议会展开了大辩论。恩格斯在文中继续对雅科比提案的辩论进行阐述。他提到的两个发言人中，拥护雅科比提案的瓦尔德克是一个资产阶级激进主义者，他梦想着普鲁士仍然要担负起领导德国的使命。反对雅科比提案的赖辛施佩格是共和制的坚决反对者，他认为德国人缺乏充分的公民道德和政治道德，不适合施行共和制。恩格斯认为，在现代普遍发生革命的情况下，像德国这样一个封建势力强大，处于两个最强盛的大陆强国之间，并且与各国的关系都很紧张的国家，无论是内战还是对外战争，要避免是不可能的。

7月19日《斯图加特和海得尔堡俱乐部被封》指出：俱乐部和"秩序"是不能共存的。为了"恢复信任"，绝对需要取缔俱乐部的暴乱活动。巴登的情况也同样糟糕。我们今天报道了海得尔堡民主大学生联盟被查封的消息。在这里，一般说来结社权并没有怎样公开被否认，这里只是有人根据联邦议会的旧的早已被废除的特别法否认大学生的结社权。大学生都受到这些已失效的法律所规定的各种惩罚的威胁。现在可以预料，在最近的将来也许连我们的俱乐部也要被封闭。我们法兰克福国民议会的存在，也正是为了使政府能够毫无顾虑地采取这些措施而不引起舆论的愤慨。当然，这个议会会象它过去轻轻地越过了美因兹革命一样，将轻轻地越过种种警察迫害而转到当前的问题上去。

评论：载于1848年7月20日《新莱茵报》第50号。随着反动势力的猖獗，在革命后的德国竟发生了斯图加特和海得尔堡俱乐部被封的事件。恩格斯在文中抨击了德国反动派日益猖狂，向人民反攻的行径，批评法兰克福国民议会的软弱无力。他指出，三月革命的胜利果实诸如自由结社的权利、出版自由、武装全民等已逐渐失去。

7月20—23日 《市民自卫团法案》指出：我们在上面已经看到，市民自卫团法案的"总则"可以归结为这样一句话：市民自卫团已不再存在。所有无力自费购买全部军备的人（包括绝大多数普鲁士居民、全体工人和大部分中间等级），"当他们不被用来执行职务的时候"，就要根据法律被解除武装，而市民自卫团中的资产者手里则始终握有武器和服装。因为正是这个资产阶级能以"村镇"的名义把村镇"购置的"所有"装备品""保存在特定的地点"，结果是它不仅掌握着自己的武器，而且甚至还支配着无产阶级自卫团员的武器，并且在对资产阶级不利的政治冲突中，它"能够"并且"一定会"拒绝发给武器，即使这些武器是被"用来执行职务"的。这样一来，资本的政治特权便利用一种最难觉察同时也是最有效和最具有决定意义的形式恢复起来了。资本对穷人享有掌握武器的特权，就象中世纪的封建贵族对农奴享有掌握武器的特权一样。

评论：载于1848年7月21日、22日和24日《新莱茵报》第51、52和54号。为了镇压革命，普鲁士制定了市民自卫团法案，规定市民自卫团归内政大臣管辖，严格服从当局命令。文中分析了市民自卫团法案的本质，揭露了它的反人民性，这一法案不仅是对民主派和人民权利的限制，而且最终也将颠覆资产阶级的统治。办事内阁想建立资产阶级的统治，但同时又与旧的封建的国家相妥协。在解决两重矛盾的过程中，如果事先没有争取人民作为自己的同盟者，没有为争取全体人民而表现出一些民主精神，资产阶级是不可能取得统治的。

7月20日 《〈祖国报〉论和丹麦的休战》指出：为了使祖国能够确信它对国民议会、帝国摄政王等进行的所谓革命，除了完全恢复德意志民族的光荣的神圣罗马帝国以外一无所得，我们援引丹麦《祖国报》如下一篇文章。我们希望这篇文章足以使那些甚至是制度的最轻信的维护者也能相信：4000万德国人被2000万丹麦人利用英国的调停和俄国的威胁欺骗了，正如他们在"至高无上的帝王"时代经常受骗一样。什列斯维希莫名其妙地想做德国人。因此它自讨苦吃，受到德国的任意摆布，这是很自然的事情。休战协定的本文我们明天发表。

评论：载于1848年7月21日《新莱茵报》第51号。当时丹麦的《祖国报》发表文章，指出透过丹麦和德国的停战协定可以看出德国的损失远比丹麦要大得多，在同丹麦的战争中，德国资产阶级进行的革命，除了完全恢复德意志民族的光荣的神圣罗马帝国外一无所得。4000万德国人被2000万丹麦人利用英国的调停和俄国的威胁所欺骗。

7月21日 《和丹麦的休战》指出：我们的读者都知道，我们对丹麦战争始终采取很冷静的态度。我们既不赞同民族主义者那种大吹大擂的豪言壮语，也不赞同歌唱受海洋冲洗的什列斯维希—霍尔施坦的那种令人厌烦和充满廉价热情的歌曲。我们非常了解我们的祖国，我们了解对德国的信赖究竟意味着什么。这些事件充分证实了我们的观点。丹麦人毫无阻碍地占领什列斯维希；德国人重行占领这个国家，向日德兰远征，向什莱退却，再一次占领这个公国，——所有这些始终令人不解的战争向什列斯维希人清楚地表明，从实现了革命的强大而团结的德国，即从似乎是有主权的4500万人民那里能得到怎样的保护。但是为了彻底打消他们成为德国人的热望，为了使他感到"丹麦的锁链"远比"德国的自由"来得仁慈，普鲁士代表德意志联邦进行休战谈判，我们今天把休战协定直译出来发表。

评论：载于1848年7月22日《新莱茵报》第52号。1848年7月21日，丹麦和德国的休战协定公布，恩格斯嘲讽了民族主义者那种大吹大擂的豪言壮语，详细剖析了德国资产阶级在什列斯维希—霍尔施坦战争中失败的原因，批判普鲁士代表德意志联邦和丹麦签订的休战协定，认为这是对革命的德国的背叛，是对德国人民的背叛。

7月22日 《关于雅科比提案的辩论（续）》指出：事变、法案、休战计划等等终于使我们又回到我们所喜爱的妥协辩论上来。上台发言的是幽里希的议员冯·贝尔格先生。贝尔格先生提出各种理由来反对雅科比的提案。在关于内战的论证之后的另一个论证，是关于没有权力的论证。可见正是贝尔格先生的观点、他的演讲和奥尔斯瓦特先生的发言作出了这样的结论：议会无疑完全有权来研究法兰克福的决议！这就是古老的普鲁士的高傲，这就是闪耀着昔日极盛的光辉、带着老弗里茨的发辫和拐杖的柏林民族爱国主义！我们固然是少数，我们只占2/5（甚至更少），但我们已经向多数表明，我们是德国的主人，我们是普鲁士人！

评论：载于1848年7月23日《新莱茵报》第53号。1848年7月中旬，柏林议会围绕左派议员雅科比提出的不同意国民议会关于全德中央政权问题决议的提案进行了辩论。恩格斯着重评述了右派的言论。当时右派人士反对雅科比提案的最重要的一条理由是这个提案会使在立法机关中遭到失败的一部分人可能在外寻找支持，其后果必然导致内战。恩格斯指出，这是为镇压民主派寻找借口，旨在取消一切政治宣传鼓动，实行书报检查制度。

7月23日 《都灵的〈协和报〉》指出：不久以前我们曾经提到，在佛罗伦萨出版的《黎明报》越过阿尔卑斯山向我们伸出友谊的手。可以预料，另外一家报纸，即具有相反倾向的都灵《协和报》也会发表相反而并不含敌意的意见。有一号旧《协和报》曾经说过，《新莱茵报》每次都站在"失败者"那一边。《协和报》根据我们对布拉格事件的评价以及我们对反对反动的文迪施格雷茨之流的民主派所采取的同情态度，做出了这个含糊不清的结论。不过，从那时起，都灵的这家报纸对于所谓捷克运动的性质也许有了较好的了解。可是，不久以前，《协和报》却针对《新莱茵报》写了一篇多少带学究气的文章。《协和报》读了我们报上登载的关于在柏林召开的工人代表大会的纲领,对于其中应由工人讨论的 8 条大为不安。对我们来说,我们要坚决反对《协和报》的"错误",这种错误就是:《协和报》把工人代表大会筹备委员会所起草而仅由我们转载的纲领当做我们自己的纲领。虽然如此,只要《协和报》纲领比那一大堆人所共知的博爱词句和关于自由贸易的流行教条更充实的话,我们准备同《协和报》就政治经济问题进行辩论。

评论:与马克思合写。载于 1848 年 7 月 25 日《新莱茵报》第 55 号。《协和报》是意大利的一家自由资产阶级的报纸,多次发表和《新莱茵报》相反的意见。马克思、恩格斯指出,要坚决反对《协和报》的"错误",并愿意就政治经济问题同它进行"辩论"。

7 月 24 日 《关于雅科比提案的辩论(续完)》指出:我们应该尽快地结束我们的报道,但我们也不能放弃机会从右派所发表的"许多"卓越的思想和精辟的见解中挑几个例子看看,以资消遣。经过十分冗长的议论以后,鲍姆施塔克先生终于得出结论说,在实质上各部大臣并没有提出"任何实在的保留条件",而只是拟定了"关于未来的无关紧要的保留条件",最后鲍姆施塔克自己也谈到最广泛的基础,他声明说,挽救德国的唯一方法就是采取民主立宪制度。这时"关于未来德国的思想占据了他",以致他高呼"人民立宪的世袭的德国王权万岁,万万岁!"不过还要指出一点:瓦克斯穆特议员声明,他的信念是基于高贵的施泰因的论点:自由人们的意志是每个王位的不可动摇的支柱。的确,在这次辩论中,大多数讲演者发挥了"许多卓越的思想和精辟的见解"以及"对真正自由的合理的理解",但这些仍然不能同毗邻的评论家的深刻而又丰富的思想相提并论!

评论:载于 1848 年 7 月 25 日《新莱茵报》第 55 号。恩格斯揭露了右派议员旨在维护君主立宪制度、恢复旧普鲁士等级制度的阴谋,根据右派议员的意见,德国的统一只是满足于"纯粹形式上的服从"。

7 月 25—29 日 《强制公债法案及其说明》指出:圣詹尔士区的经济学家现在在凡迪门地方,他有可能深思一下自己同胞的那种盲目的忘恩负义行为。但是他并没有虚度年华。他的原则成了汉泽曼的强制公债的基础。但是汉泽曼在说明"强制公债法"的"理由"时碰到了严重的困难。不管汉泽曼先生对这种"情况"抱着怎样的"希望",可是他的宾夕法尼亚人的多疑癖也已传染了他,他觉得不得不采用更加强烈的刺激剂来促进信任。信任诚然存在,但无论如何不愿表现出来。必须用刺激剂来使它摆脱这种隐蔽状态。让我们再从末尾回到开头,即从申诉回到自报吧!由此可见,如果有人不是无条件地同意接受由财政大臣任命的官吏所做的"公议",那他就应当让 2 个官吏和 15 个竞争者去了解他的全部财产状况,作为对他的一种惩罚。这就是荆棘丛生的申诉的道路!但是,在目前,当普鲁士为自己的特殊利益而准备背叛德国和力图起来反对中央政权的时候,每一个爱国者的职责就是不要自愿为强制公债付出一个分尼的钱。只有彻底剥夺普鲁士的生活资料,才能迫使它向德国屈服。

评论：与马克思合写。载于1848年7月26和30日《新莱茵报》第56和60号。三月革命后的普鲁士多次发生内阁危机和商业危机，为了摆脱困境，汉泽曼内阁制定了"强行公债法"。文中分析了汉泽曼内阁强制公债实行的原因及性质。内阁危机和商业危机使资本无利可图，国家为了帮助这个社会摆脱困境，也要剥夺资本本身。由于自愿公债满足不了普鲁士国家的需要，于是就发展成强制公债。马克思、恩格斯指出，强制公债是对广大劳动人民的一次掠夺，它只能使劳动人民更加贫困。他们认为，当普鲁士为自己的特殊利益而准备背叛德国并力图起来反抗中央政权的时候，每一个爱国者的职责就是不要自愿为强制公债付出一个分尼的钱。只有彻底剥夺普鲁士的生活资料，才能迫使它向德国屈服。

7月25日 《关于区等级会议的妥协辩论》指出：讨论了委员会关于94位议员提议取消区等级会议课税权的报告。这些区等级会议还能完全独立地支配一区的财政，但是在解决课税问题时，必须取得总督或国王的同意。此外，如果不能取得一致的意见和某个等级有特殊的意见，就由内政大臣来作最后的决定。由此可见，旧普鲁士国家制度是多么善于巧妙地保护大土地占有者的"合法取得的权利"和官僚制度的最高监督权。但是，正如在中央委员会的报告中极其明确地承认的那样，官僚制度的这个最高监督权只是为了保护地方官吏的权力，使他们不受区等级会议的任何干涉，而决不是为了保护区里的居民，特别是那些没有代表权的居民，使他们不受区等级会议代表先生们的侵犯。报告在结束时建议废除赋予区等级会议以课税权的法律。

评论：载于1848年7月26日《新莱茵报》第56号。7月18日的妥协会议讨论了94位议员提议取消区等级会议课税权的报告。恩格斯认为，区等级会议是旧普鲁士"代议制"的典型，当建立了中央人民代议制时，等级代议制必然要废除。但议会最后的表决结果却是虽然废除了授予区等级会议以课税权和支配区财政权的法律，却附带这样声明："根据这些法律通过的区等级会议的决议仍然有效。"

7月27日 《巴登各民主团体的解散》指出：反对结社权的反动警察措施接踵而来。首先封闭的是斯图加特民主联合会，接着就是海得尔堡民主联盟。胜利使反动派先生们增加了勇气。巴登政府目前正在解散巴登所有的民主团体。这正是在〔所谓的〕法兰克福国民议会讨论永久保障"德国人民的基本权利"之一——结社权问题时发生的。结社自由权的基本条件是：警察机关不能解散或封闭任何一个社团，任何一个协会。这些措施只有在法庭判决某一社团或它的活动和宗旨是非法的，从而要惩处有关过失人员的时候，才能采用。

评论：载于1848年7月28日《新莱茵报》第58号。当法兰克福国民议会讨论永久保障德国人民的基本权利之一——结社权问题时，发生了巴登政府强制解散巴登所有的民主团体的事件。恩格斯在文中批判了巴登政府妄图解散巴登所有民主团体的行径。他揭露反动派镇压民主人士、维护专制统治的罪行，呼吁国民议会应将反动派的代表马提提交法庭审判。

7月31日 《〈科伦日报〉论英国秩序》指出：在世界上任何一个具有广大无产阶级的国家中，无产阶级和资产阶级之间的对立都没有达到象英国那种程度；世界上任何一个国家都没有极端贫困和巨大财富之间的这种显著的对比。可是六月的日子把一切都颠倒过来了。《科伦日报》被六月的战斗吓糊涂了，于是伦敦、曼彻斯特和格拉斯哥的几百万宪章主义者同巴黎的4万叛乱者比较起来，反而变成微不足道的了。皮尔消灭了贵族的垄断，从而使资产阶级不致遭到无产阶级的带有威胁性的憎恨——，这就是《科伦日报》的奇怪的逻辑！资本的垄断，即不依靠立法和时常不顾立法而存在的垄断，对《科伦日报》的老爷们来说是不存在的。但实际上直接而无情地压迫工人，并且引起无产阶级和资产阶级之间的斗争的正是这种垄断！这种垄断正是产生现代阶级矛盾的特殊的现代的垄断，而解决这些矛盾是19世纪的特殊任务！这些学识渊博的思想家们认为自由贸易是使法国避免工人和资产者之间的毁灭性战争的唯一手段。实际上把本国的资产阶级也降低到无产阶级的水平，——这就是只有《科伦日报》才配采取的调和阶级矛盾的手段！

评论：载于1848年8月1日《新莱茵报》第62号。7月底，《科伦日报》发表了新闻记者沃尔弗斯论英国秩序的文章，他认为在英国不存在被法国称为资产阶级的那个阶级的憎恨，对于资产阶级的憎恨，只存在对于利用谷物垄断法向工业谋取繁重捐税的贵族的憎恨。在英国，资产者不享有任何特权。恩格斯用事实驳斥了英国不存在资产阶级和无产阶级对立的谬论，恩格斯指出，英国从来没有停止过无产阶级反抗资产阶级的斗争。恩格斯批判了沃尔弗斯对英国历史的歪曲，嘲笑了德国资产阶级的短视和无知。

8月1日 《关于瓦德涅尔案件的妥协辩论》指出：在7月18日的会议上，讨论了关于召请瓦德涅尔议员的问题。中央委员会表示同意接受这个提案。莱茵省的3个律师反对这个提案。瓦德涅尔先生跟议会开了一个恶毒的玩笑，他没有接受这次召请。博尔夏特先生建议：议会尚未对利济斯基先生的关于废除死刑的建议发表意见，为了防止即将执行死刑起见，一星期后必须对这个提议作出决定。里茨先生认为这种轻率的作风不是议会的作风。布里尔先生：既然我们（如我所希望的那样）很快就要作出关于废除死刑的决议，而如果在作出决议以前有人被杀头，那自然无疑地完全是非议会的作风。看来，鲍姆施塔克先生希望关于废除死刑的争论再继续200—300年，而在这期间可以平静地看着人们被杀头，的确，还能想出比这更轻率的举动吗？"在这一点上多等一星期的确没有任何意义"，——正如在这个时期中一些人被杀头一样！可是首相宣称，暂时不打算执行死刑。在德里奇的舒尔采先生对议程发表了一些深思熟虑的意见后，大会否决了博尔夏特的提议，采纳了奈特先生的修正案，他建议中央委员会加速对问题进行审查。

评论：载于 1848 年 8 月 2 日《新莱茵报》第 63 号。瓦德涅尔是法兰克福议会左派议员，在 6 月份准备去美尔兹参加法兰克福议会选举的时候被捕。妥协议会讨论了是否召请瓦德涅尔及其他诸如废除死刑的问题。文中抨击了右派维护旧普鲁士封建制度的罪恶行径，也批评了小资产阶级的左派议员向右派的妥协。

8 月 1 日 《俄国的照会》指出：俄国的外交当局暂时以通告的形式给俄国驻德国的各个使馆送来了一个照会，而没有送来军队。这个照会首先在法兰克福德意志帝国摄政王的官方报纸上找到了藏身的地方，不久又受到别的官方和非官方报刊的友好欢迎。俄国外交大臣涅谢尔罗迭先生所受到的这种借以进行正式外交活动的欢迎越是异乎寻常，这种活动也就越值得仔细研究。俄国政府是愿意允许德国在精神上统一的，只是不允许在物质上统一，只是不让迄今存在的联邦议会被建立在人民主权上的政权所代替，这个政权不是表面上的政权，而是实际的坚强的中央政权！多么宽宏大量呵！现在德国人知道得很清楚，他们能期待于俄国的是什么。既然旧制度将继续保留下来（虽然它涂了一层现代的色彩），既然由于"一时的陶醉和兴奋"而脱离了俄国和"历史的"轨道的德国又将驯顺地进入这个轨道，那末俄国将是"真诚爱好和平的"。

评论：与马克思合写。载于 1848 年 8 月 3 日《新莱茵报》第 64 号。当时俄国外交当局以通告的形式给俄国驻德国的各个使馆送来了一个照会，指责德国报刊煽动反俄狂热、对俄国怀有敌对情绪等。马克思和恩格斯在文中驳斥了俄国外交大臣涅谢尔罗迭的外交照会，指出沙皇俄国在扑灭欧洲各国革命的过程中，为欧洲反动势力提供支持。而普鲁士是德国反动势力的主要支柱，也是沙皇外交政策的最强大支持者，二者共同镇压德国的民主革命。

8 月 3 日 《汉泽曼内阁和旧普鲁士刑法草案》指出：我们已经不止一次地说过：汉泽曼内阁在竭力歌颂博德尔施文克内阁。既承认了革命，又承认旧普鲁士的制度，"这是世间的常轨"！因此，歌颂 1847 年普鲁士王国的刑法草案的仁慈、优越和伟大吧！莱茵省在 18 年内也许会整整少杀一个人！多么优越啊！有一点很明显：汉泽曼先生想通过他在审判机关的代理人，即梅尔克尔先生来实行博德尔施文克没有实行成功的东西；他想使令人深恶痛绝的普鲁士刑法草案现在能真正生效。同时我们知道，陪审法庭将仅仅在柏林实行，而且在这里也只是试验而已。因此，不是在旧普鲁士各省实行莱茵省的法律，而是在莱茵省实行旧普鲁士的法律——，这就是三月革命的伟大的成果和巨大的"成就"。

评论：与马克思合写。载于 1848 年 8 月 4 日《新莱茵报》第 65 号。当时的《普鲁士国家通报》刊载一篇关于司法审判方面的文章，赞扬 1847 年旧普鲁士刑法草案的仁慈、优越和伟大。恩格斯和马克思在文中抨击了旧普鲁士刑法草案的反动性与虚伪性，揭露了自由资产阶级背叛人民、向封建势力妥协的行为。文中指出汉泽曼内阁的原则是：既承认革命，又承认旧普鲁士的制度。

8月3日 《〈科伦日报〉论强制公债》指出：爱国主义坚决主张采取一切手段来阻碍普鲁士政府选择的道路——但是不主张用塔勒，而主张用抗议。此外，普鲁士幸亏已经拥有为了在波兹南进行野蛮的侵略战争而借的1000万塔勒的特别债。因而，1500万塔勒自愿公债就仅仅成了波茨坦秘密内阁阴谋活动的报酬，这个秘密内阁不愿软弱无力的柏林内阁的命令而为俄国和反动派的利益进行战争。容克反革命竟卑躬屈膝地向市民和农民的腰包求助，他们事后要酬谢容克反革命的这种英勇的功绩。而心如铁石的"乡下人"是否会接受这种荣誉呢？"办事内阁"还要求维持警察所必需的经费，而你们为什么对于按照英国方式建立的普鲁士警察制度的善行缺乏"正确理解"呢？"办事内阁"想捆住你们的手脚，而你们为什么不付给它买绳子的钱呢？简直令人不能理解！

评论：与马克思合写。载于1848年8月4日《新莱茵报》第65号。当时《科伦日报》发表了一个呼吁莱茵市民爱国的倡议书，希望那些应当认购公债而没有认购公债的乡下人不要错过期限，否则将受到爱国主义铁锤的打击。马克思、恩格斯在文中揭露了强制公债背后隐藏着的反动实质，指出这等于变相剥夺农民和其他下层人民，以便用来维护旧普鲁士的国家制度，用来维护俄国和反动派的利益，用来抗拒德国的统一而保卫守旧的普鲁士容克地主的利益。

8月3日 《蒲鲁东反对梯也尔的演说》指出：《科伦日报》的读者老早就知道蒲鲁东先生了。蒲鲁东先生（正如在转入议程的决议的说明中所指出的，他在发言中攻击了道德、宗教、家庭和私有制）不久前成了《科伦日报》的著名的英雄。蒲鲁东的"所谓社会经济制度"受到了巴黎通讯、小品文和长篇论文的极力推崇。蒲鲁东关于价值的定义被宣布为一切社会改革的起点。这里姑且不谈这个对《科伦日报》有害的结识是怎么发生的。不过，这却是令人惊奇的事情！从前把蒲鲁东看作救星的报纸，现在却对他和他的"虚伪的同党"破坏社会的行为竭尽痛骂之能事，而犹嫌不足。难道蒲鲁东先生已经不是蒲鲁东先生了吗？我们所批判的蒲鲁东先生的观点，是他的"空想的科学"，他企图用这种科学来缓和资本和劳动的矛盾，无产阶级和资产阶级的矛盾。我们还要回头来谈这个问题。他的整个银行制度，他的整个产品交换制度无非是小资产阶级的幻想。现在，当他为了实现自己模糊的幻想而不得不以民主的精神来反对整个资产阶级议院，尖锐地指出这个矛盾的时候，议院就大叫道德和私有制受到了侵犯。

评论：与马克思合写。载于1848年8月5日《新莱茵报》第66号。1848年7月31日蒲鲁东在法国国民议会发表了反对梯也尔的财政学的演说，宣称二月革命是社会主义的运动。马克思、恩格斯在文中肯定了蒲鲁东在维护工人阶级利益、反对资本主义私有制方面的勇气和贡献；同时又指出他的思想的空想性。蒲鲁东企图用这种科学来缓和资本与劳动的矛盾、无产阶级和资产阶级的矛盾。马克思、恩格斯认为他的整个产品交换制度、银行制度是小资产阶级的幻想。马克思、恩格斯也指出,当蒲鲁东为了实现这种幻想而以民主精神来反对整个资产阶级议院,却遭到议院的坚决反对。这暴露了资产阶级议会的阶级本质,是维护资产阶级利益的议院。

8月4日 《关于现行赎买法案的辩论》指出:赎买也可以用出让土地的方法来进行,但所让出的土地的价值应和赎金相等。赎买论就是如此。不自由的农民每一次都要赎买自己的自由,而且要用很高的代价去赎买。资本主义国家总是按照有钱活命无钱上吊的原则办事的。但是,赎买论所证明的还不止这些。普鲁士的赎买论使那些旧省份的小农在还没有获得自由以前就尝到了高利贷盘剥的甜头。总之,普鲁士政府一向善于使被压迫的阶级遭受封建关系和现代资本主义关系的双重压迫,这样就使得羁绊加倍沉重。

评论:载于1848年8月6日《新莱茵报》第67号。在7月21日的妥协会议上,再次讨论了取消封建义务的问题。左派和右派议员围绕农民用赎金买得自由的办法即现行赎买法案展开了辩论。恩格斯在文中揭露了现行赎买法案的欺骗性及对农民的掠夺,指出按照这一法律草案,农民将不得不通过交付高额补偿金才能买到免服徭役,免缴各种捐税以及解除其他封建负担的自由。

8月7日—9月6日 《法兰克福关于波兰问题的辩论》指出:波兰民族无疑是在19世纪这些不可缺少的民族之列的。然而正是对我们德国人来说,波兰的民族生存比对任何人都更有必要。从1815年开始,某些方面甚至从法国第一次革命时期开始的欧洲反动势力,建立在俄罗斯—普鲁士—奥地利神圣同盟的基础上。靠瓜分波兰,这3个同盟者从瓜分波兰中取得了利益。这3个强国对波兰进行的瓜分的路线,乃是一根把它们互相连结起来的链条;共同的掠夺用团结的纽带把它们联系起来了。瓜分波兰之所以能够实现,是由于波兰大封建贵族和参加瓜分波兰的3个强国结成联盟。它是大贵族摆脱革命的最后一个手段,它彻头彻尾是反动的。波兰人从被奴役的那一天起,就起来革命,从而使自己的奴役者更牢固地站在反革命的立场上。由此可见,只要我们还在帮助压迫波兰,只要我们还把波兰的一部分拴在德国身上,我们自己就仍然要受俄国和俄国政策的束缚,我们在国内就不能彻底摆脱宗法封建的专制政体。建立民主的波兰是建立民主德国的首要条件。

评论:载于1848年8月9日、12日、20日、22日、26日、31日,9月1日、3日、7日《新莱茵报》第70号、73号、81号、82号、86号、90号、91号、93号、96号。这是恩格斯发表在《新莱茵报》上的9组小文章。在1848年欧洲革命的日子里,波兰的民族解放运动遭到德国的坚决反对,德国的法兰克福议会为了德国的荣誉,仍然实行旧的民族压迫政策。恩格斯对波兰争取独立自由的运动给予高度评价,认为波兰争取自由的运动在1848年欧洲革命与反革命的激烈斗争中具有头等的重要意义。为此,他把解放波兰看作是整个欧洲革命运动的中心任务。他说,俄国、普鲁士和奥地利这三个反动强国把波兰瓜分了;为使波兰复国,就必须粉碎普鲁士、奥地利同沙皇俄国的联盟。

8月11日 《德国公民权和普鲁士警察》指出：沙佩尔先生今天早晨曾经被所在区的警察署长传去。警察署长先生通知他，遵照盖格尔先生的命令，他这个外国人应在明天一早离开科伦和普鲁士国境。署长先生又补充说，他由于好意，把出境期限延长了8天。沙佩尔先生不仅是德国人，而且还是拿骚人，他有完备的拿骚身分证。沙佩尔先生和他的妻子以及3个孩子都住在科伦。他是民主协会和工人联合会的会员，又是《新莱茵报》的校对，因此他是身犯三重罪过。业已通过的德国公民的基本权利第一条称："凡是德国人皆享有全德公民权"。按照盖格尔先生的解释，这大概是说：凡是德国人皆享有被驱逐出37个德意志邦的权利。除了国民议会的立法还有盖格尔的立法！但是，我们要奉告办事大臣汉泽曼先生：他可以用警察手段随意迫害议员，但是对报刊可得小心谨慎点。

评论：载于1848年8月12日《新莱茵报》第73号。由于德国三月革命的不彻底性，普鲁士反动当局任意摧残革命果实，决定把住在科伦的德籍外邦人清除出去。马克思、恩格斯揭露了普鲁士反动当局摧残革命势力的罪恶阴谋。恩格斯在文中也警告汉泽曼内阁，他可以用警察手段随意迫害议员，但是要小心谨慎地对待报刊。

8月11日 《意大利的解放斗争及其目前失败的原因》指出：3月间，奥地利人很快便被赶出伦巴第，现在，他们以同样的速度凯旋归来了，而且已经进入米兰。意大利人民不惜任何牺牲。他们为了完成已开始的事业和争取民族独立，曾准备以殊死的精神进行战斗。但是这种勇气、这种热情、这种自我牺牲的精神无论如何也不符合当权者的心愿。他们公开或秘密地进行种种勾当，利用他们权限范围内的一切手段来麻痹人民的力量，尽快地恢复实质上的旧秩序，而不是使国家从奥地利的残酷压迫下解放出来。反动派和复辟在庆祝胜利。但是这种胜利只是暂时的。人民充满了革命精神，要长期压制它已不可能了。米兰、布里西亚及其他城市已在3月间证明，这种革命精神能干出怎样的事情来。当苦难已忍无可忍的时候，就会再次发生起义。最近几个月的惨痛教训会预告意大利人不要堕入新的幻想，会帮助他们在统一的民主旗帜下为自己的独立而斗争。

评论：载于1848年8月12日《新莱茵报》第73号。由于内外反动派的勾结，1848年的意大利民族解放斗争失败了。恩格斯对意大利人民为把国家从奥地利的残酷压迫下解放出来的斗争精神给予高度评价。他指出以撒丁王国查理-阿尔门特为代表的意大利贵族是葬送意大利解放运动的罪魁。他告诫人们决不要把解放事业托付给任何一位君主。他预言反动派的胜利是暂时的，革命将再次发生。

8月26日 《〈科伦日报〉论意大利》指出：当手无寸铁的人民经过5天的激战把拉德茨基的克罗地亚人和匈牙利步兵从米兰赶跑的时候，当"十分惊人的军队"在戈伊托城下被击溃而向维罗那败退的时候，"我的这位有双幽灵的眼睛的朋友列文"的政治竖琴竟默不作声！但是，自从得到增援的奥地利军队由于查理-阿尔伯特胆小而不光彩的叛卖行为取得了不应有的胜利以后，我们相邻的政论家又登上了舞台,他们鼓吹"被洗去了的耻辱",他们冒昧地把弗里德里希·巴巴罗萨和拉德茨基·巴巴比安相提并论;从这时起,在1848年革命中完成了最光荣的革命的英雄城市米兰,便成了一个"暴动的城市";我们这些自古以来什么也没有享有过的德国人,却享有了"对意大利的统治权"!

评论:载于1848年8月27日《新莱茵报》第87号。当意大利人民的民族解放斗争遭到残酷镇压的时候,《科伦日报》撰文赞颂奥地利对意大利的重新占领,认为这是德意志的骄傲。恩格斯在文中批判了德国反动派奉行大国沙文主义、压迫弱小民族的政策,揭露了他们以引导意大利人民走向自由为名,残酷镇压意大利革命,他们是意大利民族解放事业的最凶恶的敌人。

8月26日 《〈阅报室〉报论莱茵省》指出:《柏林阅报室》发表了一篇论文,更值得注意的一种情况是:柏林的人们也开始得出在莱茵早已成为公认的结论,即只有德国各个所谓的列强的崩溃,才能产生德国的统一。我们从未掩饰过我们对这个问题的看法。无论是德国过去的光荣还是现在的光荣,无论是各次解放战争还是在伦巴第和什列斯维希"德国武装的光荣胜利",我们都不赞赏。但是为了有一天能够从德国得到某些有用的东西,德国的集中是必要的;不仅在口头上,而且在行动上德国应当成为一个统一的国家。为此,首先必须使"无论是奥地利或普鲁士"都不再继续存在。《阅报室》认为,借助于自由化的机关就能使瓦解中的普鲁士国家重新巩固起来。恰恰相反!这些机关愈自由化,各种不同的因素就愈容易彼此分离;分离的必要性就愈明显,柏林各党派政客的昏庸无能也就愈加暴露无遗。

评论:载于1848年8月27日《新莱茵报》第87号。当时《柏林阅报室》报发表一篇论德统一的文章,呼吁消灭军国主义,发展自由主义的国家机构。恩格斯抨击了普鲁士的军国主义,指出把腐朽的普鲁士"长期以来联结在一起的那种精神是1.5万把刺刀和一批大炮的野蛮的精神"。他也批判了那种借助于自由化的机关促进德国统一的观点,认为这些机关愈自由化,各种不同的因素就愈容易彼此分离。

8月31日 《调停和干涉。拉德茨基和卡芬雅克》指出:目前意大利人的错误就在于他们等待当前的法国政府来拯救。实际上只有这个政府垮台以后他们才能得救。其次,意大利人认为,在法德等国的民主势力日益丧失立足之地的时候,他们也能解放自己的国家,这也是错误的。现在打击意大利的反动势力并不是来自意大利本国,而是来自欧洲。意大利单独不能逃出这一反动势力的魔掌,要想在法国资产阶级的援助下做到这一点更加不可能,因为法国资产阶级正好是全欧洲反动势力的真正支柱。首先必须在法国打垮反动派,只有这样才可能在意大利和德国消灭它。因此,法国应该首先宣布成立社会民主共和国,法国的无产阶级应该首先钳制住本国的资产阶级,只有这样,意大利、德国、波兰、匈牙利等国的民主派才能获得巩固的胜利。

评论:载于1848年9月1日《新莱茵报》第91号。恩格斯在文中指出意大利人的错误，一是在于他们等待6月起义后的法国政府来拯救，实际上只有这个政府垮台后他们才能得救；二是在于他们认为在法德两国的民主势力日益丧失立足之地的时候，他们也能解放自己的国家，实际上现在打击他们的恰恰来自欧洲，而法国资产阶级是全欧洲反动势力的真正支柱。

9月2日 《在安特卫普的死刑判决》指出：模范的立宪国家比利时又一次出色地证明了它的制度的优越性。由于里斯康土的滑稽可笑的事件，竟有17个人被判处死刑！一些冒失的莽汉企图撩起道德高尚的比利时民族的立宪外衣的衣角，这对她是一种莫大的侮辱，为了洗雪这种侮辱，17个人被判处死刑！17个人被判处死刑，这是多么野蛮！这些"阴谋家"之所以被判处死刑，仅仅因为他们是民主主义者；我们引以自豪的是，我们有权称自己是他们中间很多人的朋友。如果卖淫式的比利时报纸诬蔑他们，我们就要在德国民主派的面前至少替他们的声誉辩护。如果他们的祖国抛弃他们，我们就承认他们是自己人！当审判长宣布对他们的死刑判决时，他们热烈地高呼："共和国万岁！"在整个审判过程中，以及在宣判的时候，他们都表现出真正革命者的不屈不挠的精神。

评论：载于1848年9月3日《新莱茵报》第93号。1848年8月9—30日比利时国王在安特卫普审判里斯康土案件，并判处17人死刑。里斯康土案件是指由法国回国的比利时共和军团于1848年3月29日同守卫在距法国国境不远的里斯康土村附近的部队发生冲突的事件。恩格斯指出里斯康土案件是比利时资产阶级为镇压民主主义而制造的。他赞扬17名被判处死刑的比利时民主主义者在整个审判过程中表现出来的不屈不挠精神。恩格斯还对法国小资产阶级共和主义者的叛卖行为进行了抨击。

9月7日 《和丹麦的休战》指出：普鲁士果然领导了德国，普鲁士果然在什列斯维希—霍尔施坦保卫了德国的荣誉。而结果怎样呢？对软弱的敌人取得了一些微不足道的和不光采的胜利，在怯懦无比的外交影响下中途停战，在溃败的军队面前可耻地撤退，最后实行休战，这种休战对德国来说是这样的奇耻大辱，甚至连普鲁士的将军都不愿意在休战协定上面签字。法兰克福的资产阶级代表宁愿含羞忍辱，宁愿做普鲁士的奴隶，也不愿意在欧洲进行革命战争，使自己在德国的阶级统治遭受新风暴的威胁，难道不是这样吗？我们认为事情一定会是这样。资产阶级的本性太怯懦了。我们不相信，法兰克福议会在什列斯维希—霍尔施坦能够挽救已经在波兰遭到侮辱的德国的荣誉。

评论：载于1848年9月8日《新莱茵报》第97号。当时普鲁士代表德国与丹麦达成协议，放弃德意志的什列斯维希—霍尔施坦公国，引起了全体德国人民的强烈愤慨。恩格斯揭露了普鲁士政府擅自与丹麦签订协定这样一种反民主、反民族、企图扼杀德国革命的罪行，指出休战协定是德国的耻辱。他也批评法兰克福的资产阶级代表宁愿含羞忍辱，宁愿做普鲁士的奴隶，也不愿意在欧洲进行革命战争的软弱性。

9月8日 《办事内阁的垮台》指出：晚上10点钟，办事内阁被推翻。在这以前它曾经不止一次地"摇摇欲坠"，只是由于它厚颜无耻才又支持下来。投票罢免内阁的有：左派，中间派左翼（洛贝尔图斯－贝尔格派）和中间派（翁鲁、敦克尔、科施）。在三次投票时主席都支持内阁。在这之后，瓦尔德克－洛贝尔图斯内阁可以指望得到绝对的多数。因此，过些日子我们将会满意地看到：强制公债的倡议人办事大臣汉泽曼先生"阁下"将怎样在这里闲游，将怎样重过他那"市民的生活"并细心思考杜沙特尔和品托的言行。康普豪森的垮台还算很体面。被自己的种种阴谋诡计拖下台的汉泽曼先生的结局却非常可悲！可怜的汉泽曼－品托！

评论：载于1848年9月10日《新莱茵报》第99号。1848年8月9日，普鲁士国民议会通过了施泰因议员的提案——要求陆军大臣发布一道命令，让反对立宪制度的军官辞职。陆军大臣施莱根施坦违反议会的决议，没有发布这项命令。为此，施泰因在国民议会9月7日的会议上再次提出他的提案，提案表决结果，奥尔斯瓦特—汉泽曼内阁被迫辞职。

9月9日 《丹麦和普鲁士的休战》指出：谁一开始就站在丹麦一边呢？欧洲3个最反动的强国：俄国、英国和普鲁士政府。目前由于法兰克福的决定而可能引起的战争也许会成为德国反对普鲁士、英国和俄国的战争。这将是反对3个反动强国的战争，无精打采的德国运动正需要这种战争，这场战争将真正使普鲁士和德国溶为一体，将使德国绝对需要和波兰结成联盟，将立刻使意大利获得解放，这场战争将要反对的恰恰是德国在1792—1815年的旧的反革命同盟者，它将使"祖国遭到危险"并从而拯救祖国，因为德国在这场战争中的胜利将以民主制的胜利为转移。让法兰克福的资产者和容克地主对此不要抱任何幻想：如果他们决定反对休战协定，他们就注定要垮台，就象在第一次革命时期吉伦特派参加了8月10日事件并赞成把以前的国王处以死刑从而使自己在5月31日垮台一模一样。相反地，如果他们同意所提出的休战协定，他们也注定要垮台，因为他们将受普鲁士的控制，他们的下场将是如此。何去何从，让他们自己选择吧。

评论：载于1848年9月10日《新莱茵报》第99号。这是恩格斯对丹麦和普鲁士达成的停战协定所作的评论，批评了国民议会的优柔寡断。恩格斯指出，和丹麦的战争是德国进行的一次真正革命的战争，站在德国一边的是经历过革命的德国人民，站在丹麦一边的是俄、英和普鲁士这三个欧洲最反动的强国。他认为这场战争也许会成为德国反对普鲁士、英国和俄国的战争，必将对欧洲革命产生重大影响。

9月16日 《柏林的辩论自由》指出：民主的人民群众的这种权利——出席制宪议会，从而在精神上影响制宪议会的立场——是人民旧时的革命权利，这种权利自从英法革命以来，就被运用于一切暴风雨的时代。历史几乎把这些议会的所有坚决的措施都归功于这个权利。如果死抓住"法律根据"的人们，如果怯懦的、具有庸俗情绪的"辩论自由"的朋友们发出号叫来反对这个权利,那只是因为他们本来就不想要任何坚决的决议。"辩论自由"!没有比这更空洞的口号了。从一方面说,"辩论自由"不过是出版自由、集会自由和言论自由,是人民武装的权利。从另一方面说,它不过是掌握在国王及其大臣们手中的现存的国家权力:军队、警察和所谓独立的、但是事实上要依职务的升降和政治的变革为转移的法官。辩论自由这句话向来只有一个意思:不依法律所不承认的一切影响为转移,而公认的影响——贿赂,职务的升降,私人的利益,解散议会的恐惧等——却使讨论成为真正"自由的"讨论。但是在革命时期,这句话就完全没有意义了。在两种力量、两个党派陈兵对峙的地方,在随时都可能爆发斗争的地方,议员们只能作这样的抉择:或者他们接受人民的保护,那末,他们就得同意随时接受有益的教训;或者他们接受国王的保护,把议会迁到某个小城市去,在刺刀和大炮的保护下,或者甚至在戒严的保护下开会。

评论:与马克思合写。载于1848年9月17日《新莱茵报》第105号。柏林冲突爆发后,反革命报刊指责柏林议会没有讨论的自由,中间派报纸企图驳斥这种责难,力证议会前后行动的一致。马克思、恩格斯指出正是人民群众的压力迫使制宪会议改变了立场。人民群众的这种民主的权利——出席制宪议会,从而在精神上影响制宪议会的立场,是人民的革命权利。在革命时期,议会必须在人民和国王之间作出选择。

9月19日 《休战协定的批准》指出:德国国民议会批准了休战协定。我们没有弄错:"德国的荣誉操在坏人的手中"。投票在混乱和黑暗中进行,而且闲人、外交官等都挤进了议员席。仅仅多占两票的多数派迫使议会对两个完全不同的问题同时进行表决。休战协定以21票的多数获得通过,什列斯维希—霍尔施坦做了牺牲品,"德国的荣誉"遭到了践踏,而且还决定把德国溶化到普鲁士里面去。如果德国再优柔寡断,那末法国革命的这个新阶段将同时成为在德国爆发新的公开斗争的信号,可以预期,这个斗争将把我们稍微向前推进一些,至少能使德国摆脱过去传统的桎梏。

评论:载于1848年9月20日《新莱茵报》第107号。普鲁士代表德国和丹麦达成的停战协定,虽遭到全体德国人民的反对,却仍然被德国国民议会通过。恩格斯在该文中抨击了法兰克福资产阶级议会代表背叛人民、批准和丹麦休战的行为,指出这是"给自己和由它所建立的所谓中央政权宣判了死刑"。

9月19—20日 《法兰克福起义》指出:高卢雄鸡的叫声会宣布解放的时刻,会宣布报仇的时刻。因此,我们不应当因为霰弹在最近4个月中到处战胜了街垒而灰心失望。相反地,我们的敌人的每一个胜利,同时也就是他们的失败。胜利使得他们分裂,胜利所巩固的不是胜利了的、从2月和3月起就变得保守的那个党派的统治,而是在2月和3月中被推翻的那个党派的统治。巴黎的六月胜利只是在最初建立了小资产阶级的、纯粹的共和党人的统治。不到 3 个月功夫，大资产阶级、立宪派就威胁要推翻卡芬雅克，威胁要把"纯粹的共和党人"投入"红色共和党人"的怀抱里去。在法兰克福也会发生同样的事情：胜利将不是有利于中间派两翼的那些正直的人，而是有利于右派；资产阶级一定会战胜那些代表军阀、官僚和容克地主的国家的先生们，可是不久以后它就会尝到自己这种胜利的苦果的滋味。随你的便吧！我们那时将等待巴黎吹起欧洲解放的号角。

评论：载于 1848 年 9 月 20 和 21 日《新莱茵报》第 107 号的附页和第 108 号。德国和丹麦的休战引起了民众的强烈抗议，1848 年 9 月 19 日，法兰克福爆发起义，抗议德国国民议会批准和丹麦的停战协定。恩格斯赞颂了法兰克福人民的英勇战斗精神，指出这种斗争的目的是为了推翻资产阶级的政治统治，同时也指出由于遭受由资产阶级所掌握的有组织的官僚军事国家力量的反抗，勇敢的法兰克福起义者正在遭受失败。但是反动统治是不会长久的，无产阶级解放的时刻必将到来。

9 月 22 日 《反革命内阁》指出：大局已定！普鲁士亲王内阁已经组成，反革命想冒险来一次最后的坚决的打击。总之，大局已定！国王要求乌刻马克贵族保护，乌刻马克贵族就倾全力反抗 1848 年的革命运动。东波美拉尼亚的唐·吉诃德们、昔日的武士、负债累累的地主，最后都有可能用煽动者的鲜血来洗涤自己生锈的宝剑。在什列斯维希获得了廉价荣誉的自卫军必然会给革命以坚决的打击；因为革命侵犯国王的权利，它想禁止军官制造阴谋，想用汉泽曼财政措施的无情手段来完成极其"勇敢的行动"——钻入本来就变空了的勃兰登堡容克地主的钱袋里去。

评论：与马克思合写。载于 1848 年 9 月 23 日《新莱茵报》第 110 号。英雄的法兰克福人民的起义被德国反动派镇压下去后，反革命的普鲁士亲王组成内阁。马克思和恩格斯指出，踏着法兰克福起义者的鲜血建立起来的普鲁士亲王内阁，必将会全力反抗 1848 年的革命运动。他们要迫害民主人士，要解散议会、内阁，要恢复被推翻的一切旧的等级制度。

9 月 26 日 《科伦的戒严》指出：今天我们又出版了一号没有标题的报纸，这是因为我们急于出报的缘故。我们从可靠的消息得知：在几点钟内，城市就要宣布戒严，市民自卫团将被解散和解除武装，《新莱茵报》、《新科伦报》、《工人报》和《莱茵守卫者》将被禁止出版，同时将要建立军事法庭并取消在 3 月里争得的一切权利。风闻：市民自卫团将不容许解除它的武装。

评论：与马克思合写。载于 1848 年 9 月 27 日《新莱茵报》第 113 号。被科伦革命民主运动的高涨吓得魂不附体的当局，于 1848 年 9 月 26 日宣布戒严。卫戍司令部发布命令，禁止一切旨在追求"政治和社会目的"的结社活动，禁止集会，解散市民自卫团并令其交出武器，建立军事法庭，《新莱茵报》以及其他许多民主报纸被禁止出版。

遗 稿

1848 年

10月底—11月 《从巴黎到伯尔尼》指出：尽管法国农民具有个人美德，尽管他们的生活条件比莱茵河东部的农民好些，但是他们还是和德国农民一样，他们在文明世界中还是野蛮人。只是因为在两星期中几乎同清一色的农民，同各个地方的农民打交道；只是因为有机会在各处碰到了同样的情形：感觉迟钝，目光短浅，对城市、工业和商业的种种关系毫不了解，对政治盲目无知，对本村以外的一切东西妄下判断，用农民关系的尺度去衡量复杂的历史关系，——总之，只是因为恰好在1848年认识了法国农民，我才感觉到这种根深蒂固的迟钝所产生的影响是多么令人抑郁不安。

评论：这是恩格斯的遗稿，也是恩格斯的旅途随笔，是按照手稿译出的，手稿没有写完。最初发表于《新时代》杂志1898年第1卷第1期和第2期。在恩格斯写这篇随笔以前，曾经发生了下列事件：1848年9月26日，反动派在科伦宣布戒严，并下令逮捕《新莱茵报》的几名编辑，其中就有恩格斯。恩格斯先逃到比利时，后被比利时警察当局逮捕并遭驱逐。10月5日，恩格斯到达巴黎，在那里逗留了几天，后步行到瑞士，经日内瓦和洛桑，大约于11月9日到达伯尔尼。在那里暂时住了下来。恩格斯从日内瓦开始写作旅途随笔，标题最初是《从巴黎到日内瓦》。恩格斯在这篇随笔中，以鲜明和生动的语调叙述了他游历法国的印象。文中还有相当部分是描写法国的农民和他们在革命中所起的作用。恩格斯认为，法国农民被束缚在一小块土地上，从事单调而紧张的劳动，过着与世隔绝的生活，因而对正在发生的伟大历史运动的性质和目的一无所知。资产阶级正是利用农民的弱点，煽动农民和工人的关系，说工人想瓜分他们的全部财产和土地。在农民的心目中，路易-波拿巴是他们的偶像，恩格斯认为农民问题将对无产阶级革命产生重大影响。

第 6 卷

1848 年

11月7日 《昔日的公国》指出：德国工人在纽沙特尔的革命中也像在1848年的各次革命中一样，起了决定性的、非常光荣的作用。因此贵族才那样切齿痛恨他们。

评论：载于1848年11月11日《新莱茵报》第140号。昔日的公国是指诺恩堡－瓦连迪斯公国，它于1848年2月结束了普鲁士的统治，成立了资产阶级共和国（即纽沙特尔共和国）。恩格斯称赞了德国工人在纽沙特尔革命中所起的重要作用。

11月9日 《新的代表机构。——瑞士运动的成绩》指出：在资产阶级中间，特别是在古老的贵族家庭中，几乎仍然完全笼罩着旧的狭隘的地方精神，最多只是采取了比较现代的形式，而瑞士的工人却有了巨大的进步。瑞士工人愈来愈多地参加了政治运动和社会主义运动；他们开始把外国工人，特别是德国工人看作自己的弟兄，再不以自己的"自由瑞士精神"而妄自尊大了。

评论：载于1848年11月15日《新莱茵报》第143号。恩格斯详细介绍了1848年11月9日瑞士的国民院和联邦院召开的情况，指出瑞士资产阶级革命中存在革命不平衡、地方分散主义和狭隘性、缺乏组织性和团结精神等弊病。恩格斯还充分肯定了瑞士的进步，特别称赞瑞士工人阶级开始把其他国家革命的命运同本国革命的命运联结起来。

11月18日 《联邦法院的选举》指出：关于瑞士两院投票结果的任何预测都是徒劳无益的。无穷的分散性（这是联邦共和国的必然的历史产物）、难以描述的利益的互相交错，以及在这种情况下人们所奉为指南的各种动机的不可思议的混乱，——所有这一切使得有关可能性的任何猜测都变得毫无意义。

评论：载于1848年11月23日《新莱茵报》第150号。恩格斯深刻分析了瑞士联邦法院各个资产阶级派别的政治活动，认为其中的政治利益互相交错争斗，各派别实际上都在为自己打算。

11月24日 《德意志中央政权和瑞士》指出:"帝国摄政王政府"对瑞士的郑重其事的控告,如果瑞士竟恬不知耻地认为自己并没有被这些控告所吓倒,那末帝国摄政王政府的"决定"和"措施"就会立即产生毁灭性的效果。全世界的人都希望知道,这些决定和措施将具有什么性质。根据各种消息看来,瑞士人正以最大的沉着态度等待着帝国摄政王政府的"措施和决定"。只有一点是无可置疑的:所有这一切必将像对丹麦的战争那样,以新的耻辱而结束,不过这一次耻辱将只能由官方德意志来承受。

评论:载于1848年11月26日《新莱茵报》第153号。1848年4月,德国小资产阶级民主主义者弗·黑克尔和古·司徒卢威领导共和派从瑞士边境进攻巴登,德意志中央政府向瑞士递交了强硬的照会,瑞士政府的态度同样强硬。德国又向瑞士递交了照会,强烈要求引渡黑克尔,可是当时黑克尔已经逃往美国。恩格斯指出,德国政府采取的压制措施将使它自身受到损害。

11月24日 《联邦委员会委员剪影》指出:让《新莱茵报》的读者了解一些关于现在已经确定在两院监督下管理瑞士并且刚刚开始其活动的人物的详情细节。从联邦委员会的这些成员无疑可以看出,瑞士在今后一个时期内将执行怎样的政策。

评论:载于1848年11月29日《新莱茵报》第155号。恩格斯详细介绍了瑞士联邦委员会委员的政治观点及其政绩,指出了瑞士资产阶级活动家的一些缺点。对于瑞士资产阶级政党及其代表人物,恩格斯认为一些资产阶级政治活动家难以在较大的国家里起杰出作用,有的人甚至不能在较大的国家里担任二流角色。

12月6日 《国民院》指出:德国人无论如何要关心瑞士。瑞士人现在所想、所说、所做的一切,最近就有可能拿来作为效法的典范。瑞士国民院集所有这些民族和各个文明发展阶段的精华于一身,所以完全不像是一个国家的议院。这个议院的基本群众推出的发言人都多少善于思考,小心谨慎,能仔细地权衡所有论据的利弊,而归根到底总是维护本州的利益;他们差不多个个发言都很不连贯,常常用他们自己的语法规则造句。一般说来辩论是贫乏、沉静、平庸无奇的。在国民院中,有才干的、在更大的会议上也能受到欢迎的演说家寥寥无几。使瑞士国家精华聚于一堂的瑞士国民院,与其他立法者不同的地方,仅仅在于他们具有一种美德:更大的耐心。

评论:载于1848年12月10日《新莱茵报》第165号和第165号增刊。恩格斯介绍了瑞士国民院中的各派活动,指出德国人要关注瑞士,但不应照搬瑞士的政治制度;德国人应该建立政治上统一的国家,而不应建立瑞士式的各自为政的联邦共和国。

1849 年

1月8日左右 《匈牙利的斗争》指出：在欧洲，任何一个国家都能在某个角落找到一个或几个残存的民族，即被那个后来成了历史发展的代表者的民族所排挤和征服了的以前的居民的残余。这些按黑格尔的说法是被历史进程无情地蹂躏了的民族的残余，这些残存的民族，每次都成为反革命的狂热的代表者，并且以后还会是这样，直到它们被完全消灭或者完全丧失其民族特性为止；其实它们的存在本身就已经是对伟大历史革命的抗议。一千年来一直被德国人和马扎尔人牵着走的南方斯拉夫人在1848年所以要起来为恢复自己的民族独立而斗争，是为了与此同时把德国和匈牙利的革命镇压下去。他们是反革命的代表者。马扎尔人他们还没有被打败。即使他们倒下去，那也是像1848年革命的最后一批英雄一样光荣地倒下去，而这种失败只是暂时的失败。在即将来临的世界大战中，不仅那些反动阶级和王朝，而且那许多反动民族也要完全从地球上消失。这也将是一种进步。

评论：载于1849年1月13日《新莱茵报》第194号。1848—1849年，匈牙利反对奥地利君主的民族革命战争爆发，恩格斯对此作了连续的报道和评论。恩格斯分析了匈牙利的军事行动的进程。他还强调匈牙利战争的人民性质和游击性质，并高度评价科苏特政府所采取的对敌斗争方法。

1月11日 《瑞士报刊》指出：瑞士的政治报刊一年比一年更积极。现在，除了二十来种文学性的杂志以外，瑞士二十二州还有九十八种政治性报纸。瑞士报刊最大的特点就是粗暴无礼。这里的报纸相互之间进行诋毁谩骂，肆无忌惮地进行人身攻击。在瑞士这种故步自封的条件下，各党派本身的特点就是故步自封，报纸也像各党派一样故步自封。因此，这里到处都表现出目光短浅，缺乏远见；因此，没有任何一家报刊代表那种先进的，但是甚至在德国也早已是尽人皆知的派别；因此，连最激进的报纸也不敢稍稍离开自己党派所规定的仅仅在最近的将来要实现的那种故步自封的纲领，不敢批评瑞士民族故步自封方面最故步自封的东西。

评论：载于1849年1月17日《新莱茵报》第197号。恩格斯指出瑞士报刊最大的特点就是粗暴无礼。恩格斯认为，瑞士最激进的报纸也不敢公开批评瑞士民族的弱点，只有《进化报》提出实现新的欧洲革命的口号，引起了资产阶级的仇恨，但是这家报纸影响比较小。

1月21日 《普鲁士逮捕科苏特的命令》指出：匈牙利是一个独立的国家。如果普鲁士引渡那些仅仅因在匈牙利境内进行的活动而被控的匈牙利流亡者，那这种行为的卑鄙无耻并不亚于把俄国或波兰的流亡者引渡给俄国。况且，如果科苏特进入普鲁士领土，那他并不是政治流亡者，他是进入中立区的交战一方。我们请社会舆论注意普鲁士政府对科苏特的意图。我们深信，这足以掀起一个声援这位1848年最伟大的活动家的浪潮，足以造成一个对政府表示愤慨的风暴。

评论：载于1849年1月28日《新莱茵报》第207号。恩格斯指出，普鲁士逮捕匈牙利革命领导人科苏特的命令是最卑鄙的负义行为，最可耻的破坏国际法的行为。德国不应该把进入普鲁士境内的匈牙利流亡者引渡给奥地利，否则将掀起一个声援科苏特的浪潮。

2月14—15日 《民主的泛斯拉夫主义》指出：如果斯拉夫人在他们受压迫的某一个时期开始新的革命历史，那末他们仅用这一点就足以证明自己是有生命力的。从这个时候起，革命就会要求他们求得解放，而德国人和马扎尔人的局部利益就会在欧洲革命的更重要的利益面前消失。可是这种情形过去恰好一次也没有发生。泛斯拉夫主义者同意参加革命，可是有一个条件，就是允许他们不顾最迫切的物质需要，把一切斯拉夫人毫无例外地联合成为一些独立的斯拉夫国家。我们现在知道，革命的敌人集中在什么地方：他们集中在俄国和奥地利的斯拉夫地区；无论什么花言巧语或关于这些国家的渺茫的民主未来的指示，都不能阻止于我们把我们的敌人当作敌人来对待。如果革命的泛斯拉夫主义在凡是涉及虚构的斯拉夫民族特性的地方都放弃革命，那时候就要斗争，对出卖革命的斯拉夫民族"无情地进行殊死的斗争"，进行歼灭战，实行无情的恐怖主义——而这样做不是为了德国的利益，而是为了革命的利益！

评论：载于1849年2月15和16日《新莱茵报》第222和223号。恩格斯阐述了关于奥地利境内各个斯拉夫民族命运的观点，对于奥地利境内的许多斯拉夫民族的运动给予了正确的评价。恩格斯指出，要实现"欧洲各族人民的兄弟同盟"，不能依靠空洞的言词和美好的意愿，而必须通过彻底的革命和流血的斗争，各族人民应该结成反对反革命民族的同盟。恩格斯热情地称赞波兰的革命，认为波兰人是没有任何斯拉夫主义欲望的唯一斯拉夫民族。恩格斯提出，要反对泛日耳曼主义这种极端民族主义的思想。由于当时恩格斯对于民族问题的研究刚刚开始，因此他没有充分估计到各斯拉夫民族争取自身独立的要求，认为这些民族是没有生命力的，永远不能获得独立，今天看来这种观点是不对的。当然，恩格斯也指出，这些民族若开始了新的革命历史，那么就证明他们是有生命力的，就能够获得民族的独立。

2月17日 《〈科伦日报〉驻维也纳记者》指出：在同一家《科伦日报》上发表维也纳通讯的施万贝克先生，《科伦日报》的读者们不得不读了两个月标着记号的关于匈牙利战争的虚构的维也纳通讯。

评论：载于1849年2月18日《新莱茵报》第225号。《科伦日报》编委，德国资产阶级新闻记者施万贝克在《科伦日报》上发表了维也纳通讯。他的文章虚构关于匈牙利民族解放斗争的言论，并竭力侮辱匈牙利人民以讨好奥地利。恩格斯认为此人恶毒而又庸俗无能。

2月17日 《〈科伦日报〉论马扎尔人的斗争》指出：施万贝克公民承认，奥地利的公报以及后来的《科伦日报》曾厚颜无耻地谎报奥地利人的战绩；而当谎言已经十分明显，绝对无法否认的时候，热爱真理的施万贝克就把这称为"官方的公报和事变之间的一个不大的矛盾"。施万贝克在这篇文章中显得对地理和战略一无所知，而且常常要依赖《新莱茵报》。

评论：载于1849年2月18日《新莱茵报》第225号。1849年5月13日《科伦日报》上发表的社论和通讯对于莱茵省人民的起义失败表示高兴。恩格斯认为这是他们对普鲁士政府的卖身求荣。

3月16日 《第二议院的奏折草案》指出：第二议院的奏折草案，这是御前演说的枯燥无味、奴性十足的翻版。倘若某个冯·芬克靠着这点可怜的烹饪技术，就胆敢以委员会的名义、议会的名义、人民本身的名义，把这个人民代议机关和人民变为欧洲戏院最贱楼座观众的笑柄，那末白痴也应该在这种人民代议机关和这种人民中享有公民权了。

评论：载于1849年3月16日《新莱茵报》第247号特别附刊。恩格斯在文中批评了普鲁士议会第二议院的奏折，认为冯·芬克起草的第二议院的奏折草案，是国王御前演说的翻版。恩格斯还批评了普鲁士资产阶级对于专制君主奴颜婢膝，并无情嘲讽了芬克之流把普鲁士军队的种种暴行看成是军队的勇敢与忠诚的观点。

3月25日 《柏林关于奏折问题的辩论》指出：关于奏折的辩论，是我们所看到过的一切辩论中最枯燥无聊的了。在全部辩论中唯一值得注意的，就是右派的稚气自负和左派的怯懦软弱。保皇派诸公真是本性能难移。当他们的事情刚刚靠唯命是从的军阀的帮助而又暂时好转的时候，他们就以为又回到了旧时的乐土，于是开始用蛮横无礼的腔调说话，其蛮横程度为警察国家以往任何时候所不及。相反，左派诸公却降低自己的要求，右派提高多少，他们就降低多少。在左派的所有发言中，都可以感觉到由于大失所望而产生的沮丧情绪，都可以感觉到过去国民议会的议员们的那种消沉情绪，正是这个议会始则把革命引入泥潭，继而自己也沉没在这个泥潭之中，在行将灭顶之际又痛苦地哀号：人民还没有成熟！

评论：载于1849年3月30日《新莱茵报》第259号。柏林关于奏折问题的辩论，围绕的中心问题是承认或者不承认钦定宪法问题，议员们在议会中争吵不休。恩格斯引用了议会中各派代表的发言，最后议院中的右派占了上风。恩格斯认为，资产阶级左派议员应该把议会内的斗争同议会外的斗争结合起来，团结人民群众一道斗争。

3月27日 《在意大利和匈牙利的战争》指出：意大利战争开始了。这场战争使哈布斯堡王朝背上了重担，这付重担大概会把它压垮。对于马扎尔人和意大利人重要的只是赢得时间——购买和制造武器所需要的时间，把民团和国民自卫军变成善战的兵士所需要的时间，使国家革命化所需要的时间，而奥地利同自己的敌人比起来，将一天天弱下去。对付政府的叛变和怯懦，只有一种手段：革命。也许正是需要查理－阿尔伯特的再次叛变，伦巴第贵族和资产阶级的再次背信弃义，才能使意大利的革命进行到底，同时使意大利争取独立的战争进行到底。但那时卖国贼可就要遭殃了！

评论：载于1849年3月28日《新莱茵报》第257号。1849年3月，意大利人民再次掀起反对奥地利的战争。在这场战争中奥地利处于优势。恩格斯认为，对于匈牙利和意大利重要的是要赢得时间，尽快地购买、制造武器，把民团和国民自卫军变成英勇善战的士兵，波兰人民将会全力支持匈牙利人民。恩格斯严厉谴责了意大利的王宫贵族、资产阶级背弃革命的行为，并希望意大利的独立和革命能够进行到底。

3月30日—4月3日 《皮蒙特军队的失败》指出：皮蒙特军队在诺瓦拉城附近被完全击溃，并向博尔哥马涅罗，向阿尔卑斯山麓败退。奥军占领了诺瓦拉、韦尔切利和特里诺，打开了通向都灵的道路。皮蒙特军队的失败比德国皇帝的所有各种丑剧都具有更大的意义。这是整个意大利革命的失败。在战胜了皮蒙特之后，就该轮到罗马和佛罗伦萨了。意大利人的失败使人们感到悲痛。除波兰人外，任何一个民族都不曾遭受自己强邻这样的凌辱和压迫，任何一个民族都不曾作过这么多果敢的努力来摆脱他们身上的枷锁。但是，每一次这个不幸的民族都被迫屈服于自己的压迫者。一切努力、全部斗争的唯一结果，就是新的失败！但是，如果现在的失败将导致巴黎的革命并引起到处已露端倪的欧洲战争，如果这次失败成为整个大陆上的新运动——将具有与去年的运动完全不同的性质的运动——的推动力，那末甚至意大利人也会有理由来庆贺自己的这种结局。

评论：载于1849年3月31日、4月1日和4日《新莱茵报》第260号、第261号增刊和第263号。1849年3月23日，在意大利北部的诺瓦拉战役中，奥地利军队打败了意大利的皮蒙特军队。恩格斯希望意大利革命的失败成为欧洲革命爆发的信号。在本文中，恩格斯总结了意大利民族解放斗争的经验，他认为群众起义、革命战争、组织游击队，这是小民族战胜大民族，不够强大的军队抵抗比较强大的军队和组织良好的军队的唯一方法。同时，恩格斯还具体制定出意大利人民武装斗争的原则和策略。

4月3日 《皇冠喜剧》指出：普鲁士国王一定会接受所进献的皇冠，因此，最近我们也许能够亲眼看到基督教德意志帝王陛下隆重地进入"帝国政府"的官邸。但是，法兰克福议会所进献的皇冠不知沾染了多少平民的血污，不知记录了多少关于有主权的人民受统治的悲惨岁月的沉痛回忆，以致这位天赋的而且又恢复了自己权力的国王能够不再费任何周折就把皇冠戴到自己的头上。由于皇冠所引起的这一场喜剧，特别是由于各邦政府对这一切承认或不承认的结果，德意志帝国的混乱局面将进入一个新阶段。

评论：载于1849年4月4日《新莱茵报》第263号特别附刊。1849年3月28日，法兰克福议会通过了帝国宪法，普鲁士国王弗里德里希-威廉四世当选为皇帝，但是他拒绝从议会手中接受王冠。恩格斯认为，普鲁士国王拒绝接受王冠打击了议会和议会独立自主的幻想。

4月12日 《政治流亡者的引渡》指出：普鲁士政府发布了逮捕奥、德和非德籍的所谓政治犯，这就表明了普鲁士的宪法自由和血腥的帝王战地司法有着多么紧密的联系。在宣布戒严的各国中的执行战地司法的英雄们所给予我们的教训，我们应该牢牢记住。当报复的日子到来的时候，各国民主派必将表现出这些老爷们现在所表现的这种团结精神。半个欧洲的渣滓——国王们和大臣们——去年春天在英国找到了安全的避难所。在下一次革命来临的时候，一定会很顺利地做到使英国把他们引渡给复仇心炽热的胜利的德国人民。

评论：载于1849年4月13日《新莱茵报》第271号增刊。1849年4月4日，普鲁士政府发布了逮捕匈牙利革命领袖科苏特等人的命令，普鲁士政府曾把奥地利民主主义者赫克引渡给奥地利。恩格斯号召各国民主主义者应该团结起来，在下一次革命来临的时候，要求反革命的避难所英国把德国反动政府的首脑引渡给德国接受人民的制裁。

4月19日 《柏林第二议院四月十三日会议》指出：柏林第二议院。它审查了议员资格，通过了奏折，制定了会议规则，并以空前未有的特别兴致讨论了德国皇帝问题。但是现在，探究一下我们的议员先生怎样竭尽全力来补充钦定宪法，也就更加有趣。就是想使能够拿起武器和受过军事训练的居民，离开那些尚未完全跟"普鲁士祖国"融为一体的地区。就是想惩罚那些不以普鲁士精神来投票的不称心的选民。就是想使这些选民对公民的义务有比较正确的认识，并为此目的而强使他们到"我的英勇军队"中去补课。用自己的普鲁士主义态度激起某些可恨的选民的反抗，然后就好极其冷酷无情地判他们十五年苦役，或者甚至可以借助于战地法庭对他们饷以铅弹和火药。

评论：载于1849年4月20日《新莱茵报》第277号。普鲁士政府违背后备军法，调动主要是由波兰人组成的后备军对丹麦作战，将波兹南并入德意志联邦。议会包庇和纵容了普鲁士政府的野蛮行径。在文章中，恩格斯批判了柏林第二议院的议员们对于普鲁士政府的妥协与迁就。

4月21日 《俄国人》指出：当《新莱茵报》开始出版的时候，它曾是提醒人们注意俄国军队在我国东部边境集结的第一家报纸。最初只是保卫自己边境的俄国人，随着反革命势力的加强，开始转入了进攻。尼古拉皇帝已经下令在帝国西部募集新兵，每千人募集八名。命令附有必须募集新兵的二十一个省的名单。国境那边的情况就是这样。五十万武装起来和组织起来的野蛮人，只等待适当的时机一到，就将进攻德国并把我们变为信奉正教的沙皇的农奴。我们还会看到，政府和资产阶级将把俄国人召进我们的国家,就像不久前在特兰西瓦尼亚所发生的情形那样。事情也正是这样发展的。反革命在维也纳和柏林的胜利,对我们的影响还不算大。可是,当德国尝到了俄国的鞭子,那时它的举动就会有所不同了。俄国人是德国的真正的解放者,——我们现在还重复这句话,但现在已经不单单是我们这样说了!

评论:载于1849年4月22日《新莱茵报》第279号。在1848年革命中,沙皇俄国十分害怕德国的统一,尼古拉一世在边境线上集中俄国军队,准备进攻普鲁士。尼古拉一世还下令在俄国西部招募大量的新兵。恩格斯认为,时机一到,德国政府和资产阶级将把俄军引入德国,镇压德国的革命。

4月21和23日 《关于招贴法的辩论》指出:我们感到奇怪的是,现在执掌政权和拥有正式多数的先生们却不像我们这样开诚布公地发表意见。如果出版是自由的话,那末现有的政府和君主立宪目前就根本不能在文明国家中保持政权。出版自由,不同意见的自由斗争就意味着允许在出版方面进行阶级斗争。但梦寐以求的秩序却正好要压制阶级斗争,要堵塞被压迫阶级的言路。因此,那班要求安宁和秩序的人就必须消灭出版物中的不同意见的自由斗争,必须通过出版法、禁令等等来最大限度地保证自己对市场的垄断,尤其是必须直接禁止像招贴和传单这样的免费文学。这些先生们对于这一切都是很清楚的;可是他们又为什么不公开地这样说呢?讨论的结果是人所共知的,就是对书贩建立了警察监督。

评论:载于1849年4月22和27日《新莱茵报》第279号增刊和第283号。1849年4月13日,柏林第二议院展开了关于招贴法的辩论。恩格斯批判了议员们对待普鲁士政府的软弱、怯懦,指出招贴有助于使工人保持革命的毅力,具有报纸和俱乐部的作用,所以才被反动政府取缔。

4月26日 《拉萨尔》指出:杜塞尔多夫的副检察长冯·阿蒙第一在对拉萨尔进行刑事审讯期间,把拉萨尔写给一个雪恩施坦的农民吁请他在斗争爆发时给杜塞尔多夫增援一百人左右的一封信,放在自己的办公桌里压了三个星期,不交给法院侦查员;只是当法院侦查员通知他侦查已告结束的时候,冯·阿蒙先生才把这封信交给法院侦查员。有鉴于此,拉萨尔当时向总检察官对冯·阿蒙第一先生故意拖延案件提出了抗议。根据迄今存在的违警法庭的诉讼程序,向来都规定,把含有侮辱内容的文件送给被侮辱者本人或把它公开传播才能构成罪行。因为拉萨尔的信是呈交冯·阿蒙先生的上级机关的,所以这就是申诉书、抗议书,这样就使案情起了更加令人难以想像的变化。

评论:载于1849年4月27日《新莱茵报》第283号。拉萨尔因从事民主运动被捕。莱茵省司法机关拖延对他的审讯,拉萨尔对副检察长冯·阿蒙提出了抗议,总检察长也没有给拉萨尔答复,反而对他进行侦查。在文章中,恩格斯批评了司法机关滥用职权的行为。

4月28日 《第二议院的解散》指出:国王和他的军法内阁解散了第二议院。

国王和他的军法内阁大臣们采取了这种行动,就是又一次的食言背约。

评论:载于1849年4月29日《新莱茵报》第285号增刊。1849年4月27日,普鲁士政府解散了第二议院。在文章中,恩格斯谴责了普鲁士政府的食言背约,并批判了第二议院解散之后政府的恐怖统治。

4月28日 《波兹南》指出:纵使有少数德国小土地占有者居住在波兹南的个别行政区,那也只是由于普鲁士背信弃义地利用波兰贫困的结果。普鲁士霍亨索伦王朝对抢劫来的波兰的慈父般的关怀,首先表现在没收波兰王室和教会的领地上。流浪骑士,王妃的宠臣,大臣们的亲信,他们想要笼络住的同谋们,大多数都获得了抢劫来的边区的大片富饶领地作为赏赐,这样,在波兰人中间就到处都是"德国的利益"和"主要是德国土地"了。

评论:载于1849年4月29日《新莱茵报》第285号增刊。恩格斯揭露了普鲁士政府虚报在波兹南的德国人口,并背信弃义派军队进入波兰制造了种种暴行。1793年,波兰被俄国、奥地利、普鲁士三国瓜分后,霍亨索伦王朝没收了波兰王室的土地和教会土地,以奖给流浪骑士、王妃的宠臣等;它还侵吞大量波兰钱财,赠送给容克地主。对此,恩格斯也进行了无情揭露。

4月30日 《柏林的反革命策划》指出:反革命政府的阴谋策划逐渐地越来越明显了。尽管反革命先生们用尽一切挑衅手法,可是人民行动平静,终于粉碎了他们的全部计划。

评论:载于1849年5月1日《新莱茵报》第286号。普鲁士政府曾想在1847年4月27日把普鲁士的反革命推向新的高潮,想把人民群众逼上街头,然后用武力进行镇压,但是人民没有上当。恩格斯认为,普鲁士政府准备恢复专制制度,有助于匈牙利、波兰和德国革命的进一步发展。

5月1日 《拉萨尔》指出:杜塞尔多夫陪审法庭将审理拉萨尔案件,拉萨尔被控直接号召武装反对王室。拉萨尔的处境将会是这样:陪审法庭无疑将宣判他无罪,但是那时他又要受到违警法庭的审讯。那时将再设法制造要他继续坐牢的口实,而违警法庭是不会落到陪审法庭那种困难处境的!

评论:载于1849年5月2日《新莱茵报》第287号。恩格斯批判普鲁士政府对于拉萨尔案件的审理一拖再拖,拉萨尔在狱中受到了种种虐待。恩格斯认为,高等法院对拉萨尔提出的罪状都不成立,陪审法庭应当宣判拉萨尔无罪。

5月1日 《普鲁士给法兰克福诸君的耳光》指出:普鲁士反革命的历史上又增添了一段新的插曲。国王狠狠地打了法兰克福国民议会一记耳光,并把奉献给他的那顶幻想帝国的虚假皇冠轻蔑地当面掷还给它。

评论:载于1849年5月2日《新莱茵报》第287号。恩格斯希望法兰克福和南德意志地区能够成为一次新的革命的临时中心,等待时机成熟建立统一的德意志共和国。恩格斯预料人民将会起来革命。

5月1日　《解散》指出：德勒斯顿的议院也被解散了。去年，当法兰克福议会召开的时候，普鲁士命令所有小邦都各自成立议院。现在，刚好一年以后，普鲁士又命令解散所有的议院。在德国，仍然有保护君主的人！

评论：载于1849年5月2日《新莱茵报》第287号。恩格斯指出，1849年4月底普鲁士政府解散或推迟各地的议院的会期，后又命令各地成立议院，一年后再宣布解散各地议院，这都是为了维护君主专制制度。

5月2日　《拉萨尔》指出：为了摆脱拉萨尔这个难题，检察机关发明了一条莫须有的罪状，把法律上的两处地方凑在一起，而这样凑在一起除了纯粹胡闹而外毫无任何意义。对拉萨尔的审判从头到尾都是对一个被仇视的宣传鼓动家的蓄意陷害。

评论：载于1849年5月3日《新莱茵报》第288号。本文是5月1日恩格斯的《拉萨尔》一文的续写。恩格斯指出，对拉萨尔的起诉意见书指控拉萨尔犯有触犯两个法条的罪行是荒谬的、莫须有的，是对拉萨尔的蓄意陷害。

5月2日　《莱茵省市政委员会代表大会被禁》指出：民主派的集会自由在1848年9月被取消，至少是由于公开使用暴力的法令，即戒严令，而科伦市政委员会的集会自由却是在法制基础最时行的情况下被一脚踢掉的。

评论：载于1849年5月3日《新莱茵报》第288号。1848年5月初，莱茵省各城市市政委员会代表大会被当局禁止。这反映了普鲁士政府专制主义统治的加强。

5月3日　《莱茵各城市代表大会》指出：莱茵省市政委员会代表大会仍然要举行，不过将采取不很正式的方式，时间订于下星期二。我们对这个资产者的会议不能寄予任何期望。政府不惜任何代价力图挑起人民和军阀之间的冲突，以便像迫害柏林人那样来迫害我们莱茵省居民。科伦工人的任务就是粉碎普鲁士的这一诡计。行动要沉着冷静，决不能为军阀们的任何挑衅所动，这样科伦工人就能使政府无法找到采取暴力行动的任何借口。科伦工人要记住，特别是在下星期日要记住，政府的一切挑衅行为的目的在于：使暴动在不利于我们而有利于政府的时机发生。

评论：载于1849年5月4日《新莱茵报》第289号。莱茵省各城市市政委员会代表大会被当局禁止之后，决定延期举行。恩格斯认为，对于这个资产者的议会不能寄予任何希望，政府将不惜任何代价挑起人民和军阀之间的冲突，向工人挑衅。恩格斯提醒工人不要上政府的当，过早发动革命。

5月3日　《同盟中的第三者》指出：迫使我们屈从于俄国和普鲁士的专制制度，是为了把我们的儿子和兄弟，像我们一样的莱茵省居民，送到波希米亚去，可能还送到匈牙利去，叫他们为俄国沙皇效忠，帮助镇压那个最后拿起武器来保卫1848年革命的民族！我们只是被武力强迫才成为普鲁士的臣民和继续做臣民的。我们从来不是普鲁士人。但是现在，当我们被指使去反对匈牙利的时候，当俄国匪帮蹂躏普鲁士土地的时候，我们感到我们做普鲁士人是多么可耻！

评论：载于1849年5月4日《新莱茵报》第289号附刊。同盟中的第三者是指普鲁士。恩格斯指出，解散议会是弗里德里希-威廉四世同沙皇尼古拉一世、奥皇弗兰茨-约瑟夫一世秘密协商的结果。恩格斯还愤怒谴责了普鲁士政府作为新神圣同盟中的第三者的罪恶行径。

5月5日 《他们要戒严》指出：从军事当局所进行的种种细致的准备工作可以看出，它的确在准备应付可能发生的各种情况。不仅如此，还采取了显然是要挑起混乱的措施。如果工人们明天让人挑起混乱，那末他们就只是为资产阶级、同时也就是为政府去火中取栗。

评论：载于1849年5月6日《新莱茵报》第291号。1849年5月初，各党派召开区代表大会之前，传闻说政府要在科伦实行戒严，当局已做好了各种准备工作，采取挑起混乱的措施。恩格斯再次提醒科伦工人不要给当局以任何施行暴政的借口，不要被人利用。

5月7日 《普鲁士军队和人民革命起义》指出：在德国，心怀不满的人与日俱增；情况越来越明显了。无论在德国北部和西南部，到处都有普鲁士的队伍，准备用武器实现反革命。在一个地方是奥地利军队成为反革命的中心，而在另一个地方又是普鲁士军队成为反革命中心。起来反对反革命的新的革命一天比一天更加剧烈，更加广泛。再过几天，匈牙利人就要到维也纳，匈牙利的革命将要完成，而第二次德国革命就要庄严地揭幕了。

评论：载于1849年5月8日《新莱茵报》第292号特别附刊。当奥地利忙于镇压匈牙利革命时，普鲁士军队也四处镇压人民革命起义。普鲁士政府还在召募后备军。恩格斯认为反对反革命的新的革命也日趋广泛、激烈，并预言匈牙利革命将很快胜利，第二次德国革命也即将到来。

5月7日 《问工人》指出：普鲁士的先生们看来是想要用一切力量来挑起骚乱。我们再一次问一问工人们，他们是否打算听任普鲁士的那些大人先生们给他们指定发动起义的日期？

评论：载于1849年5月8日《新莱茵报》第292号特别附刊。恩格斯认为，普鲁士政府想利用一切力量挑起骚乱，给炮兵和步兵加赏。恩格斯特别提醒工人不要听从资产阶级的指挥，不要上政府的当。

5月8日 《沙皇和他的藩臣们》指出：普鲁士后备军的士兵们，你们现在所享有的一切自由都是那个民族在1789—1794，1830和1848等年代举行的英勇起义给你们提供的。街垒战士们，威严的人民大众！你们在去年争得了一点自由，难道就是为了要在现在以后备军士兵的身分亲手把它断送，然后再为你们至高无上的主子俄国沙皇去摧毁匈牙利和法国这两个自由堡垒吗？

评论：载于1849年5月9日《新莱茵报》第293号。沙皇的藩臣是指奥皇和普鲁士国王。恩格斯指出，新神圣同盟的最终目的是要征服法国，废除共和国。恩格斯号召普鲁士士兵尽快停止镇压革命的行动，号召士兵及人民群众不要断送1848年革命后他们所争得的一点自由。

5月9日 《反革命的进攻和革命的发展》指出：反革命正以迅速的步伐迫近，但是革命发展得更快。1849年的法国革命将不是用拉马丁的词句，而是用大炮的语言同欧洲的君主们谈话。

评论：载于1849年5月10日《新莱茵报》第294号特别附刊。1849年春天，欧洲反革命进攻的步伐加快，而革命的发展速度更快。反革命在德国的几个城市得手，而革命形势的发展也很好。据此，恩格斯预言，人民将重新出现在历史舞台上，法国人民将很快推动欧洲革命运动。

5月16日 《爱北斐特》指出：现在这个运动只是另一个更重要千百倍的运动的序幕，在那个运动中涉及到的将是他们工人切身的利益。这一新的革命运动将是现在这个运动的结果，而只要这个新的运动一开始，恩格斯便会像《新莱茵报》的所有其他编辑一样，立刻出现在战斗岗位上，那时世界上再也没有任何力量能使他离开这个岗位了。

评论：载于1849年5月17日《新莱茵报》第300号增刊。在1849年5月莱茵起义的战斗中，恩格斯从科伦前往爱北斐特。恩格斯在爱北斐特得到了工人们的信任。但是，在资产阶级的压力下，安全委员会请求恩格斯离开爱北斐特。恩格斯担心起义队伍发生分裂而离开了爱北斐特。恩格斯表示，爱北斐特的起义是另一个更加重要千百倍运动的序幕。而新的运动一开始，他就会立刻出现在战斗岗位上。

5月18日 《匈牙利》指出：匈牙利独立以后，匈牙利革命就立刻迅速地发展起来了。匈牙利独立、波兰复兴、德意志奥地利成为德国的革命中心、伦巴第和意大利取得独立，——如果这些计划得以实现，那末整个东欧国家的体系就会完全瓦解：奥地利会消失，普鲁士会被融化，而俄国会被排挤到亚洲边界。所以神圣同盟一定要竭尽全力来堵塞具有威胁性的东欧革命的道路。正是由于匈牙利战争成了欧洲战争，它就同欧洲运动的其余一切因素相互作用。它的进程不仅影响着德国，而且也影响着法国和英国。战争就要爆发。巴黎革命行将到来。在未来的德国革命军队的核心正在南德意志形成，因而妨碍普鲁士积极参加匈牙利战争的时候，法国正在准备积极参与斗争。问题将在几个星期之内，也许将在几天之内决定。不久之后，法国的、匈牙利—波兰的和德国的革命军队就要在柏林城下的战场上庆祝自己的友好节日了！

评论：载于1849年5月19日《新莱茵报》第301号。恩格斯非常关注匈牙利革命的发展，并根据最新的匈牙利军事行动的报道，详细地分析了匈牙利革命的进程，高度评价和赞扬匈牙利革命领导人科苏特等人非凡的军事组织才能和机动灵活的战略战术，以及匈牙利革命过程中通过的一系列决议。恩格斯也揭露了俄、奥两国联合绞杀匈牙利革命，以及奥地利利用匈牙利与南方斯拉夫人之间的矛盾，从中挑拨的真相。恩格斯对于匈牙利革命的前景十分乐观，认为匈牙利革命的胜利将对西欧国家的革命进程具有很大的推动作用。后来,恩格斯在总结1848年欧洲革命的经验时也多次强调匈牙利革命虽然最终失败,但它对德国革命和欧洲革命具有积极作用,并预言欧洲革命将会取得成功。

6月2日 《普法尔茨和巴登的革命起义》指出:德国的反革命报纸千方百计地诽谤普法尔茨和巴登的革命。当问题关系到整个欧洲的自由或奴役,幸福或灾难的时候,就根本谈不到德国的利益、德国的自由、德国的统一、德国的福利。所有一切本民族的问题都在这里告终,这里只有一个问题!你是想做自由人,还是愿意忍受俄国的蹂躏?现在的情况是这样:欧洲的解放战争对德国来说同时又将是国内战争,德国人将在这次战争中自相残杀。在正弥漫全欧的伟大解放战争中,普法尔茨和巴登将站在自由一边反对奴役,站在革命一边反对反革命,站在人民一边反对君主,站在革命的法国、匈牙利和德国一边反对专制的俄国、奥地利、普鲁士和巴伐利亚。

评论:载于1849年6月3日《城乡信使》报第110号。本文是在《新莱茵报》被迫停刊后,恩格斯在德国南部写的。当时德国的反革命报纸诽谤普法尔茨和巴登地区的革命运动,硬说起义者要把这两个地区甚至将德国出卖给法国人,试图挑起对法国的仇恨。恩格斯驳斥了这些观点,认为普法尔茨和巴登人民的起义是站在自由一边反对奴役,站在革命一边反对反革命,站在人民一边反对君主、反对新的神圣同盟。

遗 稿

1848 年

12月初 《法国工人阶级和总统选举》指出:社会主义民主党早在二月以前就是由两个不同的派别构成的:第一个派别包括演说家、议员、作家、律师等等以及相当数量的追随他们的小资产阶级群众,其实《改革报》派正是由他们组成的;第二个派别是由巴黎的工人群众构成的,他们决不是前者的无条件的追随者,相反,他们是对前者疑心极重的同盟者。激进小资产者之所以带有社会主义情绪,只是因为他们清楚地看到自己即将灭亡,看到自己即将加入无产阶级的行列。他们不是作为小资产者、小量资本的所有者,而是作为未来的无产者在幻想劳动组织,幻想资本和劳动之间关系的变革。只要他们获得政权,他们很快就会忘掉劳动组织。因为政权,至少是在最初一些日子的陶醉中,会使他们看到有获得资本和从威胁他们的灭亡中得救的前景。只有当武装的无产者端着刺刀为他们作后盾的时候,他们才会想起自己昨天的同盟者。

评论：原文第一次载于《马克思恩格斯全集》1935年国际版第1部分第7卷，俄文译自手稿，俄译文第一次发表于1940年《无产阶级革命》杂志第3期。1848年12月10日法国举行总统选举，工人提出社会主义者拉斯拜尔为候选人，而小资产阶级民主派提出赖德律－洛兰为候选人。恩格斯指出，赖德律－洛兰醉心于权力，从而分裂和削弱了革命政党。

12月初 《蒲鲁东》指出：蒲鲁东是勃艮第的农民，他曾经改换过许多种职业，研究过各种各样的科学。他第一次受到公众的注意，是由于在1840年出版的一本小册子：《什么是财产？》。1846年出版了他那包括两大卷的《贫困的哲学》。这部冗长的、臃肿的伪科学著作，不仅对以往一切经济学家，而且对以往一切社会主义者进行了极其粗暴的指责，它没有给轻率的法国人留下任何印象。马克思当时发表了一部既机智而又严正的著作来驳斥蒲鲁东。由于有了共和国，蒲鲁东起初成了一个"公民"；后来由于相信他的社会主义者清白名字的巴黎工人的选举，他才成了人民代表。蒲鲁东尽管取得了这一些胜利，但仍然是一个非常拙劣的经济学家。他的弱点恰好是在多数法国社会主义者所不熟悉的方面。

评论：原文第一次发表于《马克思恩格斯全集》1935年国际版第1部分第7卷，俄文译自手稿，俄译文第一次发表于1940年《布尔什维克》杂志第14期。恩格斯对蒲鲁东的《什么是财产？》《贫困的哲学》等书进行了批判，指出蒲鲁东否定历史，自誉为救世主，其实是一个拙劣的经济学家。

第 7 卷

1849 年

12月15日 《〈新莱茵报。政治经济评论〉出版启事》指出：本杂志的任务之一，就是发表一些探讨过去事件的评论来阐述《新莱茵报》被迫停刊以来的一段时期。报纸最大的好处，就是它每日都能干预运动，能够成为运动的喉舌，能够反映出当前的整个局势，能够使人民和人民的日刊发生不断的、生动活泼的联系。目前这个表面平静的时期，正应当利用来剖析前一革命时期，说明正在进行斗争的各政党的性质，以及决定这些政党生存和斗争的社会关系。

评论：与马克思合写。载于1850年1月8日《西德意志报》第6号。1849年5月19日《新莱茵报》被勒令停刊以后，马克思虽然流亡到英国，但是他一直想重新出版报纸，最后，《新莱茵报》以《新莱茵报。政治经济评论》为名称于1850年1月出版。马克思仍然担任主编，施拉姆为出版负责人。这份杂志是《新莱茵报》的继续。出版启事中表示：这份杂志将更广泛地研究各种事件，只谈最主要的问题，并详细地、科学地研究作为整个政治运动的基础的经济关系，分析和总结1848年欧洲革命。

11月28日 《德国社会民主党人和〈泰晤士报〉——给〈北极星报〉编辑的信》指出：《泰晤士报》登了一封署名为"反社会主义者"的信，信中向英国公众和内政大臣揭露一位卡尔·海因岑先生在《德意志伦敦报》上所陈述的某些"恶毒学说"。《泰晤士报》的编辑把自己报纸的篇幅变成了登载公开的警察情报及政治性告密的地方。《泰晤士报》应该已经知道，海因岑先生在德国最近18个月的革命动荡时期不仅没有想在实践中实现这些学说，而且连脚也没有踏上过德国的土地，没有在德国发生的任何一次革命中起过什么作用。

评论：载于1849年12月1日《北极星报》第632号。这是恩格斯写给英国宪章派机关报《北极星报》的信。恩格斯指出，被《泰晤士报》当作德国社会民主党的"光辉的火炬"的海因岑，恰恰是反对社会主义和共产主义的，他甚至不反皇帝。恩格斯谴责了《泰晤士报》的反革命宣传，指出《泰晤士报》把自己的报纸变成了刊登公开的警察情报及政治告密的地方。

1849年8月底—1850年2月 《德国维护帝国宪法的运动》指出：二月革命及其进一步的发展在德国所引起的一切运动和动荡之中，维护帝国宪法的运动最为突出地表现了典型的德意志的特点。它的起因、它的发生、它的方向、它的整个进程都是纯粹德国式的。整个运动的灵魂是小资产阶级，主要是所谓的市民阶层。1848年2月以后的革命事件清楚地表明了莱茵省的特殊状况。大家都知道，工人们讨厌了小资产阶级的一贯拖拉、三心二意、胆小怕事以及消极怠惰的背叛行为，最后离开了爱北斐特，投奔帝国宪法能够给他们以某种保障的其他德国地方去了。维护帝国宪法的运动之所以失败，是由于本身的不彻底性和内部的缺陷。从1848年六月革命失败的时候起，对于欧洲大陆上的文明国家说来，问题已经是要末由革命的无产阶级来统治，要末由二月革命以前的统治阶级来统治。中间的出路已经是不可能的了。

评论：载于1850年《新莱茵报。政治经济评论》第1、2、3期。这是一本论述1849年巴登－普法尔茨起义史的著作。它深刻地分析了运动发生的原因，各阶级各政党的立场，描绘了运动的各个情节，评介了参加运动的各个活动家。恩格斯严厉地批评了德国小资产阶级民主派用漂亮的空话代替革命行动的做法，批评他们一直优柔寡断，在斗争的紧要关头摇摆不定，以致出卖了革命运动。这本著作总结了人民群众在1848—1849年德国革命最后阶段中的斗争经验，包含了关于革命党在武装起义和国内战争中的策略等许多重要思想。

1850年

1—2月 《〈新莱茵报。政治经济评论〉第2期上发表的书评》，1.《评格·弗·道梅尔〈新时代的宗教。创立综合格言的尝试〉共两卷1850年汉堡版》指出：随着每一次社会制度的巨大历史变革，人们的观点和观念也会发生变革，这就是说，人们的宗教观念也要发生变革。但是，现在的变革和过去一切变革不同的地方恰恰在于人们最终识破了这种历史变革过程的秘密，因而他们不再以崇尚词藻的超验形式的新宗教来崇拜这种实际的"外在的"过程，而是抛弃一切宗教。

2.《评特利尔的路德维希·西蒙〈请求德国陪审官保护全体维护帝国宪法的战士的正义呼声〉1849年美因河畔法兰克福版》指出：如果说帝国宪法虽然有"原则矛盾"也要"在实际上"存在，那末它至少应当"在原则上"反映出"实际上"存在的矛盾。"实际上"站在一边的是普鲁士和奥地利，即军事专制主义，站在另一边的是德国的人民；而德国人民三月起义的果实被骗走了，他们在很大程度上是由于盲目地相信可怜的法兰克福议会而受骗的，他们正是在这个时候最后决定重新投入反对军事专制主义的斗争。这个实际的矛盾只有通过实际的斗争才能解决。其次，它只反映了圣保罗教堂的先生们的天真幻想，他们以为在1849年3月还能授意普鲁士和奥地利的政府颁布法律，使自己始终保住永远有利而又永远安全的德意志帝国的巴罗的地位。如果西蒙先生认为他是在为维护帝国宪法的战士大声疾呼，那末这完全是一种虔诚的谎言。

3.《评基佐〈英国革命为什么会成功？英国革命史讨论〉1850年巴黎版》指出：正是随着君主立宪制的确立，在英国才开始了资产阶级社会的巨大发展和改造。凡是基佐先生认为充满平静安宁、田园诗意的地方，实际上正在展开极为尖锐的冲突和极为深刻的变革。当英国历史发展的线索打成一个结，而基佐先生自己已不能用纯粹政治上的空谈甚至在表面上解开这个结的时候，他就乞灵于宗教的空谈，乞灵于上帝的武装干涉。于是，就有例如圣灵突然降临于军队并阻止克伦威尔自封为国王等等的说法。基佐求助于神灵来逃避自己良心的谴责，借助于文体来逃避世俗公众的指摘。

评论：与马克思合写。载于1850年《新莱茵报。政治经济评论》第2期。文中认为道梅尔的著作是一本由德国庸人们惯用的庸俗箴言拼凑起来的可怜著作。书中充斥着摘录来的引文，充满了对下层人民的蔑视和对革命的恐惧，马克思和恩格斯认为这本书是被革命吓破胆的德国小市民和德国唯心主义哲学在思想上已经破产的显著证明。对基佐的小册子的书评指出，从前经历过激烈的阶级斗争和革命的进步资产阶级历史学家，也由于在这种斗争和革命面前心惊胆战而完全丧失了理解历史的能力，他们作为学者已经破产了。恩格斯精辟地分析了17世纪英国资产阶级革命及其社会前提，指出了这次革命在欧洲的意义及其与18世纪末法国资产阶级革命的区别。

1月31日—2月　《国际述评（一）》指出：1848年和1849年的运动，使俄国深深卷入了欧洲的政局。西欧反革命的胜利，西欧革命政党的力量的日益增长，俄国本国的形势和它的财政状况的恶化，迫使它尽快地采取行动。对土耳其的战争必然会演成一场欧洲战争。英国在这场欧洲战争中不会是中立的。它必定要出面反对俄国。当然，反动势力加强的同时，革命政党的力量亦在日益壮大。在最近两年中，大陆一直充满了革命、反革命和与此有关的无休止的舌战，而工业发达的英国却在完全不同的方面取得了成绩：英国的工业日益繁荣。美国最大的事件是加利福尼亚金矿的发现，其意义超过了二月革命。欧洲的文明国家要不陷入象意大利、西班牙和葡萄牙目前那样在工商业上和政治上的依附地位，唯一的条件就是进行社会革命。虽然中国的社会主义跟欧洲的社会主义象中国哲学跟黑格尔哲学一样具有共同之点，但是，有一点仍然是令人欣慰的，即世界上最古老最巩固的帝国8年来在英国资产者的大批印花布的影响之下已经处于社会变革的前夕，而这次变革必将给这个国家的文明带来极其重要的结果。如果我们欧洲的反动分子不久的将来会逃奔亚洲，最后到达万里长城，到达最反动最保守的堡垒的大门，那末他们说不定就会看见这样的字样：中华共和国｛自由，平等，博爱｝。

评论：与马克思合写。载于1850年《新莱茵报。政治经济评论》第2期。马克思和恩格斯合写的国际述评有很大的理论意义。这些述评对许多国家当时经济和政治生活中的重大事件的分析，在历史的进一步发展进程中得到了证实。比如，述评预言俄国和土耳其将发生新战争，并必然会转变为欧洲大战；第一次指出了加利福尼亚金矿的发现对于美国经济发展、世界贸易和大工业生产在欧洲大陆上胜利的重要意义。马克思和恩格斯预测，随着美国经济实力的发展，英国和法国这些欧洲老牌资本主义国家将会日益依赖美国，这也被证实了。在文章中，马克思和恩格斯表达了对中国革命将会获得胜利的信心。

2月中旬 《10小时工作制问题》指出：10小时工作制法案经过在议会里，各次选举运动里，报刊上，工业区的每一个工厂和作坊中历时40年的残酷的长期斗争，已经通过了。可见10小时工作制法案，从它本身和它的最终目的来看，毫无疑问是个骗人的步骤，是不适用的，甚至是反动的措施，它本身包含着自己毁灭的根苗。我们还认为，工人阶级在取得政权的第一天，为了保护妇女和儿童劳动，将采取远比10小时工作制法案，甚至比8小时工作制法案更彻底得多的措施。英国工人们应当勇敢地立即开始斗争，争取无产阶级的政治和社会的统治地位。

评论：载于1850年3月《民主评论》。恩格斯认为不应当把在立法上对工作日的限制看作是工人运动的最终目的，采取同反动的敌人资产阶级结成联盟的办法，工人的状况不可能得到根本的改善，工人阶级应当亲自争取，首先就是去夺取政权。

3月 《英国的10小时工作制法案》指出：10小时工作制法案给这些反动的阶级和派别提供了一个很好的条件来联合无产阶级反对工业资产阶级。它虽然大大阻碍了厂主的财富、势力以及社会和政治力量的迅速增长，但是，使工人得到的，仅仅是物质上的利益，甚至单纯是身体上的利益。10小时工作制法案最初由厂主擅自作主而后通过财务法庭事实上加以废除，这首先就促使繁荣时期缩短，危机加速到来。但是，加速危机的到来，同时也就是加速英国社会的发展过程和实现这种发展的最近目标——工业无产阶级推翻工业资产阶级。解决10小时工作制的问题，也象解决以资本与雇佣劳动的矛盾为基础的一切问题一样，唯一的办法就是依靠无产阶级革命。

评论：载于1850年《新莱茵报。政治经济评论》第4期。这篇文章是恩格斯继《10小时工作制问题》一文发表后不久写的。恩格斯认为10小时工作制法案给反动的阶级和派别提供了一个很好的条件来联合无产阶级反对工业资产阶级，使工人得到的仅仅是物质上的利益甚至单纯是身体上的利益，没有给工人带来政治权利也没有改变他们作为雇佣工人的社会地位。恩格斯认为，英国10小时工作制法案的废除，加速了英国经济危机的到来，加速了英国社会的发展过程，加速了无产阶级推翻资产阶级的斗争。他还强调,解决 10 小时工作制问题唯一的办法就是依靠无产阶级的革命。

3 月 《中央委员会告共产主义者同盟书》指出:在 1849 年 7 月德法两国革命政党遭到失败之后,差不多全体中央委员会委员都在伦敦重新聚集起来,他们用新的革命力量补充了自己的队伍,又大力开始进行同盟改组的工作。在即将来临的运动中,民主派将会取得统治,他们将不得不提出一些多少带点社会主义性质的措施。但是,为了要达到自己的最后胜利,首先还是要靠他们自己努力:他们应该认清自己的阶级利益,尽快地采取自己独立政党的立场,一时一刻也不要由于受到民主主义的小资产者花言巧语的诱惑而离开无产阶级政党保持独立组织的道路。他们的战斗口号应该是:"不断革命"。

评论:与马克思合写。1850 年印成传单,1885 年由恩格斯发表在哥丁根和苏黎世出版的马克思的《科伦共产党人审判案的真相》一书的附录中。1849 年 8 月底,马克思来到伦敦,共产主义者同盟前中央委员会的大部分委员很快也集中在这里,马克思和他们一起着手改组同盟及其中央委员会的工作。1849 年 11 月,恩格斯抵达伦敦,他也参加了中央委员会。马克思和恩格斯同其他国家无产阶级运动的革命活动家建立了紧密的联系,于 1850 年秋一起创立了"世界革命共产主义者协会"。

3—4 月 《〈新莱茵报。政治经济评论〉第 4 期上发表的书评》,1.《评托马斯·卡莱尔〈当代评论。(一)当前的时代。(二)模范监狱〉1850 年伦敦版》指出:托马斯·卡莱尔是唯一直接受了德国文学极大影响的英国作家。在我们手边的两本卡莱尔的小册子里我们看到和历史斗争的尖锐化相抵触的文学天才没落了,因为他企图违抗历史斗争,坚持自己不为人所承认的、凭直觉产生的预见。

2.《评科西迪耶尔公民从前的警备队长阿·谢努的〈密谋家,秘密组织;科西迪耶尔主持下的警察局;义勇军〉1850 年巴黎版。评律西安·德拉奥德的〈1848 年 2 月共和国的诞生〉1850 年巴黎版》指出:在二月革命的所有的领袖当中,科西迪耶尔是唯一具有乐天性格的人。科西迪耶尔当时是个真正的平民,他本能地仇恨资产阶级,极为富有一切平民的热情。科西迪耶尔本人在他的警察局长和人民代表的官场地位上越来越资产阶级化。

3.《评艾米尔·德·日拉丹〈社会主义和捐税〉1850 年巴黎版》指出:社会主义有两种:一种是"好的"社会主义,一种是"坏的"社会主义。坏的社会主义是"劳动反对资本"。它是平均地权、消灭家庭关系、进行有组织的掠夺等罪恶的根源。好的社会主义是"劳动和资本的融洽"。它会消灭愚昧,根除贫困,组织信贷,增加财产,改革税制,一言以蔽之,就是产生"酷似人们所想象的人间天堂那样的制度"。必须利用好的社会主义来消灭坏的社会主义。读者在日拉丹的整本书里唯一没有读到的就是工人。资产阶级的社会主义本来就一直把事情描写成这样:似乎社会只是资本家构成的,这种描写是为了以后能够从这一点出发来解决资本和雇佣劳动间的纠纷。

　　评论：载于1850年《新莱茵报。政治经济评论》第4期。马克思、恩格斯认为，卡莱尔曾经为捍卫1789年的法国资产阶级革命和宪章运动起了一定的好作用，但是在1848年革命时期以及革命以后成了革命和民主的凶恶敌人。他为了维护对人民群众的压迫和奴役，否认人民群众在历史上的作用。马克思、恩格斯捍卫唯物史观，强调了人民群众在历史发展中的伟大创造作用。在评论中，针对法国两个警探阿·谢努和律西安·德拉奥德的诬蔑性抨击文章，马克思、恩格斯批评了阴谋活动和宗派主义，指出阴谋家的目的不是把革命无产阶级组织起来，而是人为地加速革命的发展，虚无主义地对待革命理论，轻视培养无产阶级的阶级觉悟的任务。针对艾米尔·德·日拉丹写的《社会主义和捐税》一书，表达了对于资产阶级税收制度的本质，对于在资本主义农业中地产从集中到分散和从分散到集中的循环运动的见解。文中对法国、德国当时较为流行的资产阶级无政府主义的思想也进行了尖锐的批评。

　　3月中旬—4月18日　《国际述评（二）》指出：目前即将爆发的商业危机就其影响来说，比以往的任何一次都严重得多。美国卷入生产过剩所引起的倒退运动以后，可以预料，在最近一个月当中，危机将开始发展得比以前更快。大陆上的政治事件也日益不可遏止地要爆发，本刊不止一次指出的那种商业危机和革命一并产生的现象也愈来愈不可避免。

　　评论：与马克思合写。载于1850年《新莱茵报。政治经济评论》第4期。文章指出，1850年春经济危机前夕的英国经济出现了暂时的好转，但是危机仍不可避免。马克思、恩格斯还预言美国也将开始经济危机，欧洲大陆上的革命也不可避免要爆发，并强调商业危机和革命将不可避免地一起爆发。

　　4月中旬　《哥特弗利德·金克尔》指出：正当他的26位同志被同样的军事法庭判处死刑和被枪决的时候，金克尔先生发表了这个辩护词。他留在自己党的队伍里完全是出于误会；如果普鲁士政府继续把他关在监狱里，那完全是毫无意义的残酷行为。

　　评论：与马克思合写。载于1850年《新莱茵报。政治经济评论》第4期。马克思和恩格斯批评了德国小资产阶级民主主义者哥特弗利德·金克尔的辩护词，他们认为，应该坚决地把金克尔清除出党，并对金克尔之流进行无情的批判。当革命和反革命发生决定性战斗的时刻，人民应该无条件地站在革命一边。

　　4月20日　《流亡者委员会的声明》指出：在伦敦实际上只有一个流亡者委员会，即后面署名的委员会。后面署名的委员会到目前为止对需要救济的所有流亡者，（除了四五个没有向我们申请的以外）都给予了帮助（虽然救济数量只能使他们不致挨饿）。

　　评论：载于1850年4月28日《新德意志报》第102号。社会民主主义流亡者委员会是马克思等人于1849年9月在伦敦成立的。1850年春从瑞士被驱逐的大批德国流亡者来到了伦敦，使流亡者委员会在经济上发生了困难，但它不分党派，把所剩无几的款项发放给了政治流亡者，因此产生了谣言，说伦敦流亡者委员会存了许多钱。为此，流亡者委员会向流亡者发表了一个声明，揭穿了敌人的谣言。

5月24日 《给〈泰晤士报〉编辑的信》指出：警察通讯栏里，我们看到福泽吉尔先生、司徒卢威先生和伦敦市政府的委员吉卜斯先生在伦敦市长官邸会谈关于德国流亡者问题的报道。我们声明：下面署名的委员会的委员和从本委员会获得补助金的德国流亡者当中，任何人和这件事情都没有丝毫关系。我们请求您在贵报最近一期上刊登这篇声明：为了我们民族的利益我们提出抗议，决不让居住在伦敦的许多德国流亡者替他们中间某些人擅自采取的步骤担负责任。

评论：俄译文由苏共中央马克思列宁主义研究院于1934年第一次发表。古·司徒卢威和托·福泽吉尔自称是伦敦德国政治流亡者的代表，向临时代理伦敦市市长职务的吉卜斯请求保证在伦敦不能维持生活的100个德国流亡者得到工作。吉卜斯以许多英国工人也处于相同的境遇为理由，拒绝了这个请求。马克思、恩格斯在信中明确表达了他们对此事的态度。

6月 《中央委员会告共产主义者同盟书》指出：工人阶级政党在一定的条件下完全可以利用其他政党和党派来达到自己的目的，但是它不应当隶属任何其他政党。中央委员会建议各总区部尽快地在自己的盟员中散发本告同盟书并迅速向中央委员会报告工作情况。中央委员会号召全体盟员抓紧目前各种关系极为紧张、新的革命一触即发的时机加紧活动。

评论：与马克思合写。1885年由恩格斯发表在哥丁根和苏黎世出版的马克思的《科伦共产党人审判案的真相》一书的附录中。马克思、恩格斯分析了德国资产阶级民主派的构成及其主张，指出它在受到资产阶级压迫的时候依靠无产阶级，企图把无产阶级变成资产阶级民主派的附庸。他们指出，工人阶级应该逐步使资产阶级民主革命转变为无产阶级社会主义革命，要不间断地进行革命，无产阶级应当夺得国家政权，消灭私有制、消灭阶级，建立起新社会。文章还提出了在即将来临的革命运动中工人政党的策略及其要求。

6月14日 《〈伦敦的普鲁士密探〉一文的附函——给〈旁观者〉编辑的信》指出：请您把这封附函刊载在您的最近一期报纸上。我们认为，为了保持英国民族的荣誉必须不让这种计划实现；同时我们还认为，我们能够用来对付不列颠政府这种步骤的最好办法莫过于公开地诉诸于社会舆论。因此我们希望您不要拒绝公布我们的信件。

评论：与马克思合写。俄译文由苏共中央马克思列宁主义研究院于1934年第一次发表。这是马克思和恩格斯写给英国《旁观者》编辑的，请求他把这封信刊登在最近的一期报纸上。马克思和恩格斯认为英国政府想要采用外侨管理法，德国政治流亡者将首先被驱逐出英国。因此，他们想用社会舆论来谴责英国政府的这种做法。

6月14日 《伦敦的普鲁士密探》指出：到目前为止，英国一直是在俄国庇护下现在得以恢复的神圣同盟的道路上的唯一障碍。普鲁士政府硬说，枪击普鲁士国王是各地广泛革命阴谋活动的结果，这一阴谋活动的中心应当在伦敦寻找。因此，它第一是取消本国的出版自由，第二是要求英国政府把虚构的阴谋活动的虚构的魁首从英国驱逐出去。我们认为，一切对于作为各党和各国流亡者最可靠的避难所的英国的昔日声誉有丝毫损害的事情，英国人该是很关心的。

评论：与马克思等人合写。载于1850年6月15日《旁观者》。本文是马克思等人写给英国《旁观者》编辑的。他们认为普鲁士政府企图把刺杀普鲁士国王事件嫁祸给政治流亡者，迫使英国政府对他们采用外侨管理法，并派密探跟踪他们。马克思等人声明：枪击国王的泽费洛盖绅士不是革命党人，而是极端的保皇主义者，而极端保皇主义的《新普鲁士报》却诬告伦敦的政治流亡者，甚至诬告马克思。马克思等人希望《旁观者》的编辑公布事实的真相。

6月15日 《普鲁士流亡者》指出：我们相信，神圣同盟的各国政府是欺骗不了不列颠政府的，是不会使内政部采取措施的，采取措施就会使得作为各党和各国流亡者最可靠的避难所的英国的昔日声誉大受损害。

评论：与马克思等人合写。载于1850年6月15日《太阳报》和1850年6月15日《北极星报》第660号。本文是马克思、恩格斯等侨居伦敦的德国政治流亡者给英国《太阳报》编辑的信。当时普鲁士公使要求把最危险的流亡者驱逐出英国。流亡者还受到了英国警探的严密监视。马克思和恩格斯认为普鲁士政府在力争使用外侨管理法来对付政治流亡者，制造谣言，说革命党同谋杀普鲁士国王事件有瓜葛。信中希望英国政府不要在神圣同盟的压力下实行反动的对内政策。

6月25日 《致〈新德意志报〉编辑的声明》指出：您就指出《新德意志报》在什么地方，什么时候和什么方式代表了德国的无产阶级或它的阶级利益，这样，您无疑会使工人非常感激。

评论：载于1850年7月4日《新德意志报》第158号。本文是针对《新德意志报》反对恩格斯关于《新莱茵报》是唯一真正代表无产阶级利益的报纸的看法而写的。恩格斯坚持自己的看法，并指出《新德意志报》从来没有代表过无产阶级和无产阶级的阶级利益。

7月2日 《给〈威塞尔报〉编辑部的信》指出：硬说登载在《旁观者》上的那个"评论"，全篇都是记者的无耻捏造。

评论：与马克思合写。载于1850年7月1日《不来梅每日纪事》报第314号。针对1850年6月22日德国资产阶级报纸《威塞尔报》援引英国《观察者》报诽谤马克思、恩格斯和维利希的文章，马克思、恩格斯写了这篇文章。他们指出，这篇文章是记者的捏造，《旁观者》报根本没有这样的文章，而只是在刊登声明之前作了一个简短的说明。马克思和恩格斯要求《威塞尔报》编辑刊登他们的声明，以澄清事实真相。

1850年夏 《德国农民战争》指出：德意志民族也有自己的革命传统。反封建的革命反对派活跃于整个中世纪。路德放出的闪电引起了燎原之火。整个德意志民族都投入运动了。爆发之后，路德却来采取调解的态度。在革命的面前，一切旧仇都抛到九霄云外了，路德和教皇都团结起来"反对杀人越货的农民暴徒"。路德动摇不定，当运动日益严重时反而害怕，终至投效诸侯。这一切和市民阶级两面摇摆的政治态度完全符合；而闵采尔革命的气魄与果断则在平民和农民的最先进的一派中完全再现出来。闵采尔此时已完全成为革命的预言者；他不断煽动群众对统治阶级的仇恨，他激发最狂野的热情，并且只用旧约预言者吐露宗教狂热和民族狂热的那种猛烈的语调来说话了。闵采尔在诸侯面前被严刑拷问，然后斩首。他以生平的大无畏精神从容就义。遭受农民战争的打击最大的是僧侣。贵族也大受打击。整个看来，城市也没有从农民战争得到什么好处。在这些情形之下，归根结底从农民战争取得好处的只有诸侯。德国的分裂割据状态之加甚与加强是农民战争的主要结果，同时也是农民战争失败的原因。1525年的革命是一次德国地方事件。1848年的革命不是德国地方事件，它是伟大的欧洲事件的一个部分。这一次运动在我们的现存社会制度之下看起来当然只能是一种外来的力量，但它结果正是我们自己的运动。因此从1848到1850年的革命就不能象1525年的革命那样结束。

评论：载于1850年《新莱茵报。政治经济评论》第5—6期，俄文译自1875年版，该版原文根据《新莱茵报。政治经济评论》的原文和1870年版校对过。德国农民战争，是一场1524年爆发的、一开始是局部的，后来扩展到德国南部、奥地利和瑞士的大部分地区的一次大规模农民起义。恩格斯主要分析德国16世纪农民战争和1848年德国革命发生和失败的原因，以及两次革命战争的相同点和区别点。恩格斯坚持唯物主义历史观，认为15—16世纪德国总的经济状况和政治状况构成的历史条件，是德国农民起义发生的条件，同时也决定它必然失败。恩格斯运用阶级分析的方法，考察了当时各阶级的状况和政治态度，分析建立革命联盟的重要性和可能性，斥责市民等级对革命的叛变，农民的特点使他们不能独立地把斗争进行到底。在这部著作中，恩格斯还描绘了16世纪革命的农民和平民的战斗领袖，肯定了农民群众中蕴藏的强大的革命精力，希望德国人民在国家到处精疲力竭和悲观失望的情况下，仍然牢记他们追求革命解放的传统。

9月17日 《退出伦敦德意志工人教育协会的声明》指出：兹向星期二在大磨坊街召开的协会例会主席声明，我等退出协会。

评论：与马克思等人共同发表的声明。1850年9月共产主义者同盟发生分裂，伦敦德意志工人教育协会中的多数人站在维利希、沙佩尔分裂派一边，为此，马克思、恩格斯等12人发表声明，宣布退出伦敦德意志工人教育协会。

10月9日 《给亚当、巴特尔米和维迪尔先生的信》指出：我们荣幸地通知各位，我们早已认为各位所说的协会实际上已经瓦解。

评论：与马克思合写。这是写给法国布朗基主义者的信。1850年9月，共产主义者同盟分裂以后，亚当、巴特尔米和维迪尔等法国布朗基派站在维利希和沙佩尔分裂派一边。马克思、恩格斯认为，1850年4月成立的由共产主义者同盟与法国的布朗基派以及宪章主义者革命派组成的世界革命共产主义者协会实际上已经瓦解，应当取消同布朗基派签订的原则协定。希望亚当等人到恩格斯的住所来当面烧毁这个文件。他们的做法，保持了共产主义者同盟的纯洁性。

10月 《约·格·埃卡留斯的〈伦敦的缝纫业，或大小资本的斗争〉一文的编者按语》指出：无产阶级还在街垒里和战场上赢得胜利之前，就以一系列的精神的胜利宣告自己统治的来临。读者会看到，在这里用以反对资产阶级社会和它的运动的，是纯唯物主义的、更自由的、不会由于任何情绪变化使自己走入歧途的见解，而不是魏特林和其他从事写作的工人企图用来反对现存制度的那种温情说教的心理上的批判。手工业者力图抵抗其半中世纪的手工业的衰败，渴望作为手工业者联合起来，这主要是德国的情况，法国在很大程度上也是如此，而在英国，手工业者在与大工业的斗争中遭到失败被看成是一种进步而受到欢迎，同时在手工业的失败和大工业的产生中人们开始意识到并且发现了历史本身所产生的、它每天所创造的无产阶级革命的现实条件。

评论：与马克思合写。载于1850年《新莱茵报。政治经济评论》第5—6期。这是为工人埃卡留斯的《伦敦的缝纫业，或大小资本的斗争》一文所写的编者按，马克思、恩格斯认为这篇文章抓住了现实运动的本质，以唯物主义的观点来反对资产阶级社会和它的运动，手工业者渴望联合起来，这是德国和法国的情况。而在英国，手工业的失败被看成是一种进步，在手工业的失败和大工业的产生中使人们开始意识到了历史所产生的无产阶级革命的现实条件。

10月 《废除国家的口号和德国"无政府之友"》指出：消灭国家，实行无政府主义在德国已成为时髦的口头语。但是它们要保护资产阶级社会，也就必然要保护资产阶级的统治。在这种乱七八糟的情况下，哲学上的假战斗被当做了真战斗的反映。混乱的形式和内容，无谓的妄自尊大和浮夸的胡言乱语，极端的庸俗和贫乏的辩证法，这就是这种德国哲学在它最后阶段上的特征，所有这些都超过了过去任何时候在这方面出现的一切。

评论：俄译文第一次发表于1927年《在马克思主义旗帜下》第6期。这是恩格斯针对梅因等人的资产阶级个人主义的、无政府主义的言论而写的。文章没有写完。恩格斯指出，共产党人认为废除国家的意思只能是废除阶级的必然结果，而在资产阶级国家里废除国家就是要把国家的权力降低到北美的国家权力的水平，在封建国家里废除国家就是要废除封建制度，建立资产阶级的国家。消灭国家，实行无政府主义在德国成为一股强大的思潮，无政府主义的各个派别都一致要求保存资本主义社会，也就是要维护资产阶级的统治。他们反对社会主义，反对人民使用革命的暴力，他们一遇到革命危机中的真正的无政府状态，就要千方百计地来维护资本主义社会的"秩序"。因此，德国的"无政府之友"实际上与法国的"秩序之友"是完全一致的。恩格斯还分析和批判了德国无政府主义思想家施蒂纳的无国家论思想，也批判了这一时期德国哲学的一些弊端。

11月1日 《国际述评（三）》指出：最近6个月的政治运动跟6个月以前的政治运动有本质的不同。革命政党到处被挤出政治舞台，胜利者们互相争夺胜利果实：在法国，是各派资产阶级在争夺，在德国，是各邦君主在争夺。争吵得非常激烈，表面看来，公开的决裂和以武力解决争端是不可避免的了。但是，不动干戈，并且为了以后重新开始准备虚张声势的战争而一再用和平协议来掩饰犹豫不决，这也是不可避免的。在资产阶级社会的生产力正以在资产阶级关系范围内一般可能的速度蓬勃发展的时候，还谈不到什么真正的革命。只有在现代生产力和资本主义生产方式这两个要素互相发生矛盾的时候，这种革命才有可能。大陆的秩序党各派的代表目前所进行的无休止的争吵是彼此为了使对方丢丑，而决不能导致新的革命。一切想阻止资本主义发展的反动企图都会象民主主义者们的一切道义上的愤懑和热情的宣言一样，必然会被这个基础碰得粉碎。新的革命只有在新的危机之后才有可能。但是新的革命的来临象新的危机的来临一样是不可避免的。

评论：与马克思合写。载于1850年《新莱茵报。政治经济评论》第5—6期。本文是马克思和恩格斯对1850年5—10月欧洲主要资本主义国家政治状况的评论。他们首先谈到这6个月来的政治运动情况，指出欧洲革命使得大量资本从欧洲大陆流向英国，缓解了英国的经济危机，使英国经济开始了一个新的繁荣时期。马克思和恩格斯也指出美国的经济实力得到了很大的增长，认为英美经济的繁荣又反过来影响欧洲大陆的经济发展。他们认为，1848年欧洲革命之后资本主义经济进入了高涨时期，出现了资本主义经济的繁荣，在这个时候根本谈不上真正的革命，而新的革命只有在新的危机之后才有可能，并强调新的革命的来临像新的危机来临一样是不可避免的，号召共产主义者为以后要进行的社会主义革命积蓄革命力量。马克思、恩格斯还对1850年6月以来发生的政治事件进行评论，指出在英国只有实行宪章，才能开始真正的革命运动。另外，详细地介绍了路易-波拿巴与秩序党的斗争情况，还对半年来德国的政治事件进行了评论，描述了普鲁士与奥地利之间的争斗。最后，批评了欧洲民主主义中央委员会的空谈与幻想。

1851 年

1月27日 《为驳斥阿·卢格而发表的声明》指出：恩格斯和马克思无论在退出协会以前和以后，从来没有管理过协会的出纳处。

评论：与马克思合写。俄译文由苏共中央马克思列宁主义研究院于1930年第一次发表。1851年1月17日《不来梅每日纪事》报上，登载了德国青年黑格尔分子阿·卢格写的一篇通讯，通讯中对伦敦德意志工人教育协会进行诽谤，说马克思和恩格斯退出这个协会，是为了免交每月9个便士的会费。为此，马克思和恩格斯写了这篇声明。

3月5日 《给〈泰晤士报〉编辑的信》指出：在今天的贵报上，我发现有路易·勃朗先生的一封信，谈到2月24日在伦敦举行的"平等者宴会"，谈到布朗基先生从贝尔－伊尔－安－麦尔监狱寄给这次宴会的著名的献词。勃朗先生硬说献词并不是关在贝尔－伊尔监狱中的许多人寄来的，而完全是布朗基先生一个人的事情。当然，布朗基先生也许是由他所签署的献词和文件的起草人。但是，这里所谈的献词全文是由平等之友协会同意和发表的，这在法国是人人皆知的事情。

评论：俄译文第一次由苏共中央马克思列宁主义研究院在1934年发表。1851年2月10日，法国革命民主主义者布朗基在监狱中为1851年2月24日将在伦敦举行的"平等者宴会"写了一篇献词，而宴会的组织者路易·勃朗没有宣读这篇献词。为此，恩格斯发表了本文，指出路易·勃朗压下这篇献词是因为在这篇献词里布朗基揭露了路易·勃朗。而这篇献词曾发表在许多法国的报纸上。

4月 《1852年神圣同盟对法战争的可能性与展望》指出：1852年巴黎任何革命取得胜利，都必然会立即引起神圣同盟对法国的战争。这个战争将完全不同于1792—1794年的战争，那个时代的事件决不能与之相比。现代的作战体系是法国革命的必然产物。它的前提是资产阶级和小农的社会和政治的解放。资产阶级出钱，农民当兵；两个阶级解除封建的与行会的枷锁，是产生现今的庞大的军队所必需的条件；而与社会发展的这个阶段相联系的财富和文化的水平，同样是保证现代军队有必要数量的武器、弹药、粮食等，培养必要数量的有素养的军官，以及士兵本身智力发展所必需的条件。因此，现代的作战方法是以资产阶级和农民的解放为前提的，它是这个解放的军事上的表现。无产阶级的解放在军事上同样也将有它自己的表现，并将创造出自己特殊的、新的作战方法。

评论：第一次载于1914年12月4、11日《新时代》第9、10期。恩格斯说这篇文章是"一种自己进行练习的作品"。这篇手稿对18世纪末期以来欧洲各国的军事发展作了唯物主义的分析，对这些国家在19世纪中叶军事经济的潜力作了阐述。恩格斯指出，无产阶级革命军队将拥有空前的实力，因为它们的群众性、机动性和突击力量不断增强的基础，将是新社会的生产力的大提高，技术和文化的大发展。

第 8 卷

1851 年

1851 年 8 月—1852 年 9 月　《德国的革命和反革命》指出：过去几年的震动的主要成果之一，就是在所有工人阶级相当集中的地方，工人们都完全摆脱了民主派的影响。当 1848 年 6 月 23 日巴黎的流血斗争开始的时候，接二连三的电报和信件使欧洲愈来愈清楚地看到这样一件事实：这次斗争是在工人群众和得到军队援助的巴黎居民的其它阶级之间进行的。如果起义胜利，整个欧洲大陆就要掀起新的革命浪潮；如果起义失败，反革命统治就会至少暂时恢复。巴黎的无产者被击败了，他们被屠戮，被摧毁，而且打击十分沉重，直到现在他们还没有复元。在整个欧洲，新旧保守分子和反革命分子都立即肆无忌惮地抬起头来。

工人阶级都是代表整个民族的真正的和被正确理解的利益的，因为它尽量加速革命的进程，而这个革命对于文明欧洲的任何一个旧社会都已成为历史的必然，没有这个革命，文明欧洲的任何一个旧社会都休想较安稳较正常地继续发展它的力量。议会的召开是对德国的确曾有过革命这一事实的第一次法律确认；这个议会一直存在到这第一次现代的德国革命完结的日子。德国西南部起义的失败和德国议会的解散，结束了第一次德国革命的历史。

评论：载于 1851 年 10 月 25 日和 28 日，11 月 6、7、12 日和 28 日，1852 年 2 月 27 日，3 月 5、15、18 日和 19 日，4 月 9、17 日和 24 日，7 月 27 日，8 月 19 日，9 月 18 日，10 月 2 日和 23 日《纽约每日论坛报》。恩格斯从历史唯物主义的观点阐明了 1848—1849 年德国革命的前提、性质和动力，指出了社会的经济基础在历史上的决定性作用，分析社会的经济基础对于了解政治历史和社会思想历史的必要性，阶级斗争在对抗性社会的发展中的作用，以及革命的一个规律性：革命反映人民的迫切需要和要求，而衰朽的社会制度和政治制度则不让这些需要和要求得到满足。恩格斯还非常注意德国革命中的民族问题，抨击了奥地利和普鲁士统治阶级所执行的民族压迫和挑拨各民族关系的政策。恩格斯总结了无产阶级革命斗争的策略，要求革命的阶级和它的政党要坚决、勇敢，有自我牺牲精神，要善于实行果断的进攻，奠定了马克思主义关于武装起义学说的基础，为无产阶级革命指明了方向。

1852 年

1月23日和30日　《英国》指出：整个欧洲的无产阶级政党所最关切的问题就是：英国的这种将导致两个工业阶级的矛盾走向极端尖锐化和导致被压迫阶级最终战胜统治阶级的发展方向，不要因受到外国的压迫而改变；这种发展的动力不要受到削弱；决战的时刻不要无限期地拖延下去。现在，工业资产阶级已经在实际上统治着英国，为了使它的最高统治权在政治上也得到承认，它正在朝这个方向飞速前进。无产阶级为争取自身利益而对工业资产阶级进行的独立斗争只有在后者的政治统治权确立之后才能开始，但是无论如何它也会从这次选举改革中得到一些利益。这个利益到底会有多大，完全取决于选举改革的辩论和最后通过是在商业危机爆发之前进行，还是一直拖延到商业危机的到来；因为无产阶级暂且只能在伟大的决定性时刻才作为一支积极力量走上前台，正如古代悲剧中的命运之神一样。

　　评论：载于1927年《马克思主义年鉴》第4卷。文章分两部分。第一部分介绍了路易－波拿巴政变之后，英国政府和公众对于法国入侵可能性的猜测，以及英国本土军事装备的低劣和数量的不足。恩格斯指出这种对法国入侵的恐慌会改变英国社会的某些弊病，并批评了英国政府的殖民政策。文章也指出英国形势的发展独立于欧洲大陆之外，英国的无产阶级掌握最先进的生产力，最有力量和可能进行无产阶级革命。第二部分分析了旧的选举制度的各种弊病，指出工业资产阶级要求改革的目的是在政治上确立其最高统治权，最终从政治上战胜土地贵族。同时，恩格斯也肯定了新的改革方案会使无产阶级获得一定的利益。

1月29日　《给〈泰晤士报〉编辑的信》指出：大陆上最后残留的一些独立报刊也都被查封了，因此揭露在欧洲的这个地区所发生的一切违法和迫害行为这样一个光荣的义务，就落到英国报刊身上了。政府现在正在准备成立一个由最忠顺的分子组成的最高法庭。政府在陪审法庭上必然会遭到失败，所以它必须拖延对这个案件的最后审理，直到能够把它移交给新的法庭，而这个新的法庭当然是会对国王百依百顺，而使被告毫无保障的。

　　评论：署名"普鲁士人"是马克思，信的正文则是恩格斯写的。第一次用德文发表于《马克思恩格斯通信集》1913年斯图加特版第1卷。1848年欧洲革命失败后，革命力量受到疯狂的镇压。1851年5月，普鲁士当局以"图谋叛国"罪逮捕了11名共产主义者同盟的成员。当时欧洲大陆为反动势力所控制，事件的真相得不到披露。马克思和恩格斯为了营救同志、揭露普鲁士当局的暴行，投书英国的《泰晤士报》，指出逮捕是毫无事实根据的，是普鲁士当局对共产主义者同盟的无耻污蔑和残酷迫害，深刻揭露了普鲁士法律的黑暗，指出它听命于反动当局，毫无公正可言。

2—4月初 《去年十二月法国无产者相对消极的真正原因》指出：1848年六月的失败使法国并且通过法国使整个大陆具有这样一个反革命的方向。现在建立起来的拿破仑帝国不过是近三年来反革命势力的一连串胜利的顶峰。可以预料，一旦法国站到斜坡上，它就会往下滚，一直滚到底为止。它离底究竟还有多远，这还很难说，但是，它是在非常迅速地向它接近，这是每个人都看得清的。路易－拿破仑所以能取得政权，是因为最近四年来法国社会各个阶级之间进行的公开的战争，使这些阶级精疲力竭，削弱了每个阶级的战斗力；而他所以能取得政权的另一个原因是，在上述这种情况下，这些阶级之间的斗争只能通过和平的和合法的方式进行，即通过竞争、工会组织以及其他各种和平斗争的手段进行，——在英国，一百年来各个阶级就是利用这些手段互相对抗的。在这种情况下，一切互相斗争的阶级都希望（如果可以这样说的话）有一个所谓强有力的政府，它能够镇压和制止一切小规模的、地方性的、零散爆发起来的公开战争，这些战争得不到任何结果，而只会破坏新形式的斗争的发展，延迟为新的决战积蓄力量的过程。1846年和1847年工商业的不景气和农业的歉收引起了1848年的革命。十之八九，1853年全世界的工业和商业将经受比以往任何时期都更加深刻的震动，将比以往任何时期都更加长久地处于混乱状态。

评论：载于1852年2月21日、3月27日和4月10日《寄语人民》第43、48和50号。1851年路易－波拿巴发动政变，在法国建立了军事独裁统治，引起欧洲各国的震惊和谴责。文章揭露了小波拿巴政权的本质及其固有矛盾，指出此政权没有解决任何社会矛盾，阶级斗争将继续并加剧发展，这个政权将不可避免地崩溃。文章还指出当资产阶级内部斗争激烈时，无产阶级应抓住时机表明自己将作为第三种力量参加战斗，同时反驳了对工人阶级在政变过程中的行为的诬蔑。

5—6月 《流亡中的大人物》指出：1848年德国的大人物们已经站在可耻的结局的边缘，而"暴君"的胜利却挽救了他们，把他们扔到了国外，使他们变成了受难者和圣徒。反革命救了他们。在伦敦，卢格先是企图宣布自己是巴登临时政府的大使。后来他又企图以伟大的德国作家和思想家的资格钻进英国新闻界，可是到处碰壁，原因是英国人过于唯物，无法理解德国的哲学。古斯达夫和海因岑老早就是互相敬仰的。海因岑把古斯达夫说成圣贤，而古斯达夫则把海因岑说成斗士。海因岑几乎等不到欧洲革命结束，就来结束"民主派德国流亡者之间的致命的纠纷"。不知疲倦的古斯达夫在他再一次打算和弗里德里希·博布钦、哈贝克、奥斯渥特、罗森勃鲁姆、康海姆、格隆尼希和其他"杰出的"人物共同成立流亡者中央委员会的企图遭到失败以后，就到约克郡去了。

流亡者又得到了以新来者梅因、孚赫、济格尔、戈克、菲克勒尔等等先生为代表的增援部队。于是,流亡者俱乐部和鼓动者协会之间发生了可怕的分裂,在整个现代世界历史上形成了一道裂口。最有趣的是,这两个流亡者的产物实际上只存在到它们之间发生分裂时为止,而现在它们好像只存在于考尔巴赫的异教徒灵魂之战中,而这场战斗到今天还在美国的德文报刊上以及在各种会议上继续进行着,并且看样子将继续进行到世纪末。

评论:与马克思合写。由苏共中央马克思列宁主义研究院第一次载于《马克思恩格斯文库》1930 年版第 5 卷。文章抨击了 1848—1849 年的革命中的小资产阶级活动家,这一派的德国代表金克尔、卢格、海因岑、司徒卢威,这些小资产阶级活动家在革命失败后便攻击无产阶级革命家。马克思和恩格斯的目的是给这种进攻以应有的反击,并揭露小资产阶级流亡者玩弄革命阴谋的有害活动。在这部著作中,马克思和恩格斯深刻揭露各种小资产阶级流派的思想和策略,揭发了德国小市民阶层和他们的政治代表、著作方面的代表人物的恶行,指出这些人的庸俗的精神世界的空虚,哲学和政治观点的平庸和狭隘,他们所固有的在政治上的极端不稳定性,小资产者反复无常爱走极端的本性,以及在原则性争论的幌子下所进行的无谓争吵,用革命的词句蛊惑人心、把政治活动变成争权夺利等丑恶现象。小资产阶级的领导们把伟大的革命事业贬低和庸俗化,这正合反革命势力的心意。

10 月 28 日 《致英国各报编辑部的声明》指出:正在审判的科伦共产党人案件所持的立场,以及在目前,当法庭还没有来得及把三分之一的证词审查完毕,对所提出的任何一个文件的可靠性都还没有加以证实,辩护人还一言未发的时候,这些报纸所表现出的那种值得赞扬的审慎态度。这些报纸最坏也不过是配合着国家起诉人的说法把科伦的被告和我们这些在伦敦的朋友描写成"对近四年来欧洲的整个历史以及 1848 年和 1849 年所有革命震荡要负完全责任的危险的阴谋家",而在伦敦却有两家公开的机关报《泰晤士报》和《每日新闻》,竟出言不逊地把科伦的被告和我们几个人描写成"一帮游手好闲的无赖"、骗子手等等。我们也向英国公众提出被告辩护人曾向德国公众所提出的同样请求——在案件审理完毕以前,不要忙于作出自己的判断。如果他们现在就作进一步的说明,就会使普鲁士政府有可能阻碍揭发警察局所干的违反誓约、伪造文件、篡改日期、窃盗等等一切骗人勾当,这些勾当甚至在普鲁士政治司法史册上都是没有先例的。当所有这一切在当前的审理过程中被揭露出来时,英国的社会舆论,对于扮演最下流最卑鄙的政府密探的辩护人和喉舌的《泰晤士报》和《每日新闻》的匿名作者,将作出公正的评价。

评论:与马克思合写。载于 1852 年 10 月 28 日《旁观者》第 1270 号、1852 年 10 月 30 日《人民报》第 26 号、1852 年 10 月 30 日《晨报》、1852 年 10 月 30 日《先驱》和 1852 年 10 月 30 日《观察家》第 2335 号。1851 年普鲁士当局无理逮捕了共产主义者同盟的 11 名成员,制造了臭名昭著的科伦案件。而英国各反动报刊随之对共产主义者同盟和马克思进行攻击。马克思和恩格斯在这篇声明中驳斥了英国报纸的证蔑，揭示了《泰晤士报》和《每日新闻》的反革命本性，揭露了普鲁士反动当局在科伦案件中的卑鄙行径，指出普鲁士当局和英国的反动报纸将在事实真相公之于世中受到公正评判。

11月20日 《关于最近的科伦案件的最后声明——致〈晨报〉编辑》指出：为了对自己和对现已在科伦被判罪的朋友们负责，我们认为有必要向英国公众介绍一下同最近的一个巨大案件有关的如下一些事实。仅仅为了弄到这一案件所需要的证据，就花了十八个月的时间。这样一再拖延的真实原因，是普鲁士政府当局心虚，它害怕它所大肆渲染的"闻所未闻的揭发"在如此贫乏的事实面前经不起考验。

评论：与马克思合写。载于1852年11月29日《晨报》第19168号。1848年德国革命失败后，普鲁士恢复了封建专制统治。反动当局对革命者进行迫害，它同法国警察当局合作，制造了所谓的"德法密谋事件"，又在1851年5月，借口查获了共产主义者同盟在科伦新成立的中央委员会，无理逮捕了11名共产主义者同盟的成员。1852年10—11月在科伦法庭进行了审判。马克思和恩格斯一直进行营救受难者的活动，他们写了一系列说明事件真相、揭露普鲁士反动当局的文章和声明。本篇声明首先揭露了普鲁士对被捕者的非人道主义的待遇，指出禁止为犯人治病、禁止犯人同辩护人交谈是违反法律的行为。文章分析了逮捕这11人的所谓证据，指出这些证据只不过是一小撮不学无术的阴谋家和幻想家胡乱编造的一些宣言和信件，而普鲁士警察就是凭这些"证据"进行了逮捕活动。文章介绍了审判的部分内容和结果，指出虽然这些证据在审判时漏洞百出，但是普鲁士当局为了扼杀革命力量、维护当局和陪审法庭制度的威信竟然宣判被告有罪。文章有力揭露了普鲁士反动当局的各种造谣、诬陷的卑鄙伎俩，抨击了德国司法制度的反动与黑暗。

11月29日 《最近的科伦案件》指出：政府当局为这个案件物色的陪审员都是过去没有在莱茵省露过面的人物：六个贵族——十足的反动分子、四个金融巨头、两个政府官员。这帮人毕竟不很愿意去细心地分析一大堆杂乱无章的证据；这些证据竟在他们的面前堆了六个星期之久，而这时经常在他们的耳边发出这样的叫喊声：被告们是可怕的共产主义密谋的头子，这个密谋的目的是要消灭一切神圣的东西：财产、家庭、宗教、秩序、政府和法律！可是，如果政府当局在当时不向特权阶级暗示：在这个案件中宣判被告无罪，这将成为废除陪审法庭的信号，并将被人理解为直接的政治示威，理解为自由资产阶级反对派准备甚至同极端革命派结成同盟的证据，那末终归是会宣判无罪的。不管怎样，政府当局最终还是把普鲁士的新刑法典当做似乎具有追究既往的力量的法律，给七名被捕者判了罪，而只有四人被宣判无罪。被判罪者分别被判处三年到六年的监禁。毫无疑问，当你们得到这个消息时，你们一定会及时地把它报道出去的。

评论：载于1852年12月22日《纽约每日论坛报》第3645号。恩格斯指出，由于欧洲大陆政治上的反动，集会结社权利的取消，无产阶级不得不建立秘密的组织以维护自己的利益。文章揭露了普鲁士反动当局采用极其卑劣的手段迫害革命者的无耻罪行,还阐述了马克思主义关于无产阶级革命的理论,指出无产阶级必须首先协助资产阶级建立全面的统治,才能使自己有真正的同资产阶级决战的战场,同时坚决批判了各种急于求成的密谋、冒险主义行为。

第 9 卷

1853 年

3月12日和22日之间 《不列颠政局。——迪斯累里。——流亡者。——马志尼在伦敦。——土耳其》指出：每当革命风暴暂时平息的时候，一定要出现同一个问题——这就是一直存在着的"东方问题"。土耳其是欧洲正统主义的一个痛处。从第一次法国革命时期起，正统主义君主体系的无力就表现在这样一个原则上：维持status quo〔现状〕。这个共同的协议（顽固地维持自发或偶然形成的状况）是一个testimonium paupertatis〔贫穷证明书〕，是主要的强国承认自己毫无能力为进步或文明作出什么事情。土耳其由以下三个完全不同的部分组成：非洲的藩属王国（埃及和突尼斯）、亚洲土耳其和欧洲土耳其。真正经常引起纠纷的，是沙瓦河和多瑙河以南的一个大的半岛，即欧洲土耳其。土耳其境内的希腊人大部分是斯拉夫族，虽然他们接受了新希腊语。如果希腊—斯拉夫居民一旦成为自己居住的并占总人口四分之三（700万人）的那个国家的主人，那末毫无疑问，上述的需要逐渐会使他们中间出现反俄的进步党派；这样的党派的出现，一直都是这些居民的每一部分获得对土耳其的半独立地位之后不可避免的事情。

评论：与马克思合写。载于1853年4月7日《纽约每日论坛报》第3736号。1853年正是欧洲各国极端反动势力占据上风的时期，文章指出了这种严峻的情势，从国际关系角度分析欧洲为什么总是在革命暂时平息后把目光转向"东方问题"，具体就是土耳其问题。欧洲各国政府试图维持维也纳会议所确定的现状，以掩盖他们在这一地区试图反对民族解放的态度，维护其门户的稳定。文章从土耳其社会的民族构成分析各个民族的宗教信仰、语言、社会政治地位等，土耳其已经有革命精神渗入，预测如果占主要部分的斯拉夫族成为国家的主人，将会不可避免地出现反对统治阶级的党派。

3月23日和28日之间 《在土耳其的真正争论点》指出：在目前东方问题的争论中，英国报纸没有更坚决地强调英国的切身利益，而正是这些利益使它成为反对俄国兼并和扩张领土计划的死敌。英国是不能同意俄国占领达达尼尔海峡和博斯普鲁斯海峡的。俄国如果占领这两个海峡，无论在贸易方面和政治方面，对英国实力都是一个沉重的打击，甚至是致命的打击。这一点，只要看看英国和土耳其之间的贸易关系就清楚了。整个不断迅速增长的贸易，都决定于控制着博斯普鲁斯海峡和达达尼尔海峡这两个黑海咽喉的国家是否可靠。谁掌握着这两个海峡，谁就可以随意开放和封锁通向地中海的这个遥远角落的道路。如果俄国占领了君士坦丁堡，能否指望它会敞开这些大门，让英国像过去一样，闯入俄国的贸易范围呢？一次征服必然继之以又一次征服，一次吞并必然继之以又一次吞并，所以俄国征服土耳其只不过是吞并匈牙利、普鲁士、加里西亚和最终建立一个某些狂热的泛斯拉夫主义哲学家所梦寐以求的斯拉夫帝国的序幕而已。

评论：作为社论载于1853年4月12日《纽约每日论坛报》第3740号。文章从资本主义经济贸易的扩张的角度论述土耳其的重要军事战略地位，物质利益才是第一位的，无论历史上还是现在或未来，这恰当地切中了"东方问题"的实质。无论英国向亚洲扩大贸易，或者俄国保持自己在亚洲的贸易地位并向欧洲扩张，都需要控制土耳其，掌握博斯普鲁斯海峡和达达尼尔海峡这两个通道。因此，欧洲的革命民主派和英国都会坚决抵抗沙皇。

3月底 《土耳其问题》指出：俄国的这些一贯的和顺利的侵略行动，不管外交传统怎样，终于使西欧各国的内阁模模糊糊地预感到危险的迫近。这种预感就使它们提出了一项原则，作为一种伟大的外交上的专利药。根据这项原则，维持土耳其的现状是维护世界和平的必不可少的条件。在欧洲外交界看来，甚至在欧洲的报刊看来，整个东方问题归根到底只能是：要么俄国人坐镇君士坦丁堡，要么维持 status quo。二者必择其一，他们脑子里再也没有任何别的东西。我们看到，《泰晤士报》主张瓜分土耳其，并且宣布土耳其种族已无力继续统治欧洲这一块好地方了。自由派的机关报《每日新闻》则代表完全相反的观点。这家报纸知道得很清楚，在现在的情况下瓜分土耳其会使俄国人进入君士坦丁堡，这将是英国莫大的不幸，世界和平将受到威胁，黑海上的贸易将被破坏，地中海的英国基地和英国舰队势必进一步武装和加强起来。由于这个原因，《每日新闻》极力挑起英国公众的愤慨和恐惧。事实总是事实——应当从土耳其人的压迫下解放出来。但是，如果断言只有让俄国人或奥地利人取代土耳其人才能做到这一点，那仍然等于断言欧洲现在的政治状况将永恒地保持下去。可是谁敢坚持这种断言呢？

评论：作为社论载于1853年4月19日《纽约每日论坛报》第3746号。恩格斯指出西欧各国并不真正了解土耳其，真正对土耳其有影响力的是俄国。基于对土耳其民族历史的深入分析，剖析或者让俄国人坐镇君士坦丁堡，或者维持现状都是不可取的，并不能真正解决东方问题。恩格斯从革命利益出发分析东方问题，提出解决问题的关键，是真正解放受压迫受剥削的最大多数人民。

4月初 《欧洲土耳其前途如何？》指出：推动俄国去占领君士坦丁堡的强大动

力，不是别的，正是原来想借以阻止它这样做的那个办法，即空幻的、从来没有实现过的维持现状的理论。只要西方外交的指导原则仍然是传统的政策，即无论如何都要维持 status quo，维持土耳其目前这种状态的独立，欧洲土耳其十分之九的居民就要把俄国看做自己唯一的靠山，自己的解放者，自己的救世主。从1789年起，革命的边界就一直在向远处扩展。它的边界已经达到了华沙、德布勒森、布加勒斯特；下一次革命的前哨应当是彼得堡和君士坦丁堡。俄国反革命的庞然大物应当在这两个最薄弱之点受到打击。历史和现代的事实同样指明，必须在欧洲伊斯兰教帝国的废墟上建立一个自由的、独立的基督教国家。即将到来的革命就极有可能使这样的事不可避免，因为在这种情况下，俄国的专制和欧洲的民主之间久已成熟的冲突恐怕非爆发不可。英国势必参加这个冲突，不管到那时是什么政府执政。这个国家永远不会同意俄国占领君士坦丁堡。它势必站在沙皇的敌人一方，在衰败虚弱的土耳其政府的原地上促成一个独立的斯拉夫人的政府。

评论：作为社论载于1853年4月21日《纽约每日论坛报》第3748号。文章指出，俄国之所以无所顾忌割裂土耳其，正是由于欧洲的维持现状政策；变化和革命是历史的普遍规律，土耳其问题的解决也将符合这个规律。欧洲革命才能真正解决土耳其问题，彼得堡和君士坦丁堡作为最薄弱点应当是革命的前哨。文章分析土耳其内部的民族构成，指出南方斯拉夫种族同西欧比与俄国有更多共同利益，他们深受压迫，不会接纳俄国的专制政治制度，因此必须在土耳其建立一个自由、独立的斯拉夫人的政府。

4月26—29日 《火箭案件。——瑞士的暴动》指出：星期六（本月23日）审讯开始：弯街的治安法官亨利先生出庭审讯黑耳先生，即被政府查封的罗瑟海特火箭工厂的厂主。在这一天，法庭辩论只围绕着一个问题：被没收的爆炸物是不是火药。拖到昨天才作出决定的亨利先生不顾著名化学家尤尔先生的意见，当时宣布：这些东西正是火药。

至于乌茨奈尔先生这样一个飘流异国的有才干的我国同胞、这样一个渴望劳动的人（他愿意每周拿18先令的工资当个普通雇工就证明了这一点），竟落到迫于极度贫困而偷窃的地步，而一些游手好闲、无所事事的德国流亡者却胡乱挥霍贴补革命者的为数不多的金钱，作种种假借名义的传教旅行，进行种种可笑的密谋，举行各种酒馆聚会，相形之下，难道不是很可耻吗？

星期五（本月22日）在弗里布尔州（瑞士）又发生了暴动，这是自不久以前同宗得崩德作战以来第五次暴动了。

评论：与马克思合写，载于1853年5月14日《纽约每日论坛报》第3768号。文章揭露了普鲁士警察当局与这一案件的关系，并提醒人们，那些制造科伦共产党人案件的人又开始活动了。文章批评一些小资产阶级假革命者挥霍革命者经费的可耻做法。瑞士暴动介绍的是1853年4月22日在瑞士弗里布尔州发生的骚乱，目的是抗拒资产阶级的自由主义改革政策，由天主教僧侣和城市贵族在部分落后保守的农民中煽动起来的。

4月26日左右 《瑞士共和国的政治地位》指出：欧洲现今的政治体系在某种程度上继承了这一传统，它建立了一批小小的缓冲国，这些小国在发生任何细小纠纷，足以破坏和谐的"均势"的时候，都扮演着替罪羊的角色。为了使它们能够相当体面地担任这种不平常的角色，在"集聚一堂开会的"欧洲的一致同意下，并通过十分隆重的仪式，宣布了这些小国为"中立"国家。希腊就是这样的替罪羊或替挨打的孩子；比利时和瑞士也扮演着同样的角色。这些现代的政治替罪羊的特殊地方，仅仅是它们由于生存条件不正常而很少受到完全不应该的鞭打罢了。在这一类国家中，现在最典型的要数瑞士。有一点是没有疑问的：任何一个蛮横和强硬的政府都能从瑞士人那里得到它想得到的东西。大多数瑞士人生活的孤立性，使他们根本感不到共同的民族利益。到欧洲各民族能够自由而正常生活的时候，它们就要提出这样一个问题：怎样处置这几个在反革命得胜时期对反革命曲意逢迎，对任何革命运动都采取中立的甚至敌对的立场，同时还冒充为自由独立民族的小小的"中立"国家。不过恐怕不到那个时候，病体上的这些赘瘤就连影子都没有了。

评论：与马克思合写，载于5月17日《纽约每日论坛报》第3770号。文章用社会存在决定社会意识的观点分析瑞士之所以成为欧洲政治体系中落后的替罪羊角色的根本原因。瑞士人的思想是与其落后的生产方式相匹配的，他们不会产生超出其生产水平之外的思想，瑞士人没有独立的民族性，甚至内部各个州之间也相互出卖。文章揭露瑞士政府对反革命曲意逢迎，对任何革命都采取中立或敌对的立场，以后一定会被清算。瑞士作为共和主义国家，但实质上却是反动的。文章也批判了列强干涉小国内政的粗暴行为。

9月29日 《俄军在土耳其》指出：因为战争不可避免，而且来自欧洲的每艘轮船都能带来一些有关军队调动和交战结果的消息，所以现在比任何时候都更需要仔细地了解敌对双方的态势、兵力对比以及决定战争进程的其他各种情况。但是在现在的情况下，俄军在阿德里安堡的胜利不可能具有任何决定的意义。俄军即使获胜，也不可能达到其战争的主要目的。如果奥地利给予支持，如果土耳其的斯拉夫人能与此同时开展民族独立运动，那末在多瑙河下游扼守防御阵地，配合渡过多瑙河上游向索非亚进攻，就是完全有把握的事；而俄军向土耳其斯拉夫地区的中心进军，是必然会引起土耳其的斯拉夫人的民族独立运动的。沙皇采取这种方法，就可以轻而易举地、比较温和地实现他在整个冲突中所企求的目的——把土耳其所有的斯拉夫人都组成如现在莫尔达维亚、瓦拉几亚和塞尔维亚那样的单独的公国。根据这一切情况来看，俄国就是企图取得这种结果。土耳其的斯拉夫人可能都起来反对土耳其，这没有什么可以奇怪的，但是俄国把希望寄托在他们身上是否犯错误，就很难说了。

评论：作为社论载于1853年10月17日《纽约每日论坛报》第3900号。恩格斯关注着整个欧洲的军事变动，这对于革命行动来说至关重要。本文介绍了在俄国和土耳其的战争爆发后，交战双方的战争态势、兵力对比、指挥能力等情况，指出俄军处于优势地位，分析了双方的攻防能力以及可能采用的战术等。

10月21日左右 《双方军队在土耳其的调动》指出：近来在土耳其战场上有几次重要的军队调动，因而有可能更清楚地判断双方的阵地和计划。俄军，因为他们是进攻的一方，所以必须认为主动权是属于他们的，——继续向西延伸作战线。土军修筑了三道防线。我们不能断定，奥美尔－帕沙究竟想怎样利用这些工事。毫无疑问，他很明白他在这次战争中所担任的角色基本上是取守势的一方，所以他用尽筑城学中所能采用的一切方法来加强防线，这是完全正确的。我们不知道，他是企图用这些工事使俄军望而生畏，从而迫使他们不敢在最能直接威胁君士坦丁堡的地点渡过多瑙河呢，还是打算就在这里进行决战。但是，老实说，在这三道防线的任何一道防线上进行大规模的防御战都是错误的，因为当俄军集中全部兵力进攻时，奥美尔－帕沙就很少有机会获得胜利，俄军如果分兵数路进攻，他将不得不离开自己的防线以攻击其中的一路。对他来说，利用这些工事的最好方法——符合现代战术的唯一方法，就是趁俄军横渡多瑙河的时候利用这些工事作为攻其一路的临时基地，利用每道防线的比较顽强的防御阻滞俄军前进，以及凭借第三道防线尽一切可能扼守巴尔干山脉最主要的山口，而不进行决战。同时也不能否认，任何军队，尤其是土耳其军队，如果不战而放弃这些工事，必然会士气沮丧。我们不得不承认，俄军在各方面都比土军占优势。

评论：作为社论载于1853年11月8日《纽约每日论坛报》第3919号。本篇和其他几篇有关战争的军事评论都是恩格斯关于俄国和土耳其战争的详细分析，显示出他渊博的军事知识和对于战争的关切。文章根据对俄土双方的兵力多少的推测，分析双方的军事意图、防线，比较了双方在地形上的优劣。

10月27日左右 《神圣的战争》指出：战争终于在多瑙河上开始了，对于双方来说，这是宗教狂信的战争，对于俄国人来说，这是实现传统的野心的战争，对于土耳其人来说，这是生死存亡的战争。在欧洲，战争是在对土耳其不利的情况下开始的，在亚洲情况就不同了。土军在亚洲成功的希望的确要比在欧洲大。

评论：作为社论载于1853年11月15日《纽约每日论坛报》第3925号。恩格斯在克里木战争正在激烈进行时，分析俄国和土耳其在欧洲和亚洲战场上的优劣，以及战争的结果对于双方的影响。战争对于俄国和土耳其的性质并不相同，对前者而言是侵略战争，对后者而言则是关系国家生死存亡的战争。文章主要分析了亚洲战场的情况，以及巴土姆对于土军的重要性。

11月8日左右 《土耳其战争的进程》指出：多瑙河上业已开始军事行动，这一点现在已经没有丝毫疑问了。根据下面我们分析的原因，奥美尔－帕沙放弃了原来我们认为土耳其在这一边境上理当采取的战术即防御战术。他采取了进攻行动，并且趁俄军自小瓦拉几亚退却的时机，于10月28日在自己防线最左翼的维丁附近渡过了多瑙河，但是兵力有多少，我们完全不能断定。在这次战争中，俄军只要稍能遵循军事原则，奥美尔－帕沙就输定了。然而，如果战争不是按照军事原则进行，而是按照外交原则进行，结局就可能两样。现在已开始明显地看出，双方在亚洲的兵力比原来推断的少得多。

评论：作为社论载于1853年11月25日《纽约每日论坛报》第3934号。恩格斯根据各方报道，分析俄土战争双方的战术、意图及可能的外交影响，推测土耳其战争未来的走向。

11月11日左右 《俄军的失败》指出：尽管土军条件不利，俄军在数量上又大占优势，土军还是打败了俄军。可以认为，这只是土军获得更有决定性的胜利的预兆和开端。考虑到俄军报告中的数字材料往往有些虚假和夸大，考虑到奥美尔－帕沙的军队的实力和战斗力比原来想像的要强得多和善战得多，应该承认，双方的作战条件比原来想像的就更加相近了。当然，如果土军总司令能集中受到胜利的鼓舞的5—6万人来进行决战（我们看不出有什么会妨碍他这样做），那末他成功的机会无疑很大。我们在评论中肯定这一点时力求慎重，因为虽然我们同情土耳其人，但是也没有理由把土耳其的处境说得比实际情况更好。

评论：作为社论载于1853年11月28日《纽约每日论坛报》第3936号。从土耳其和俄国的几次会战来看，土耳其军队取得了一些胜利，俄军的实力实际上并没有那么强。恩格斯坚持以客观的而非以同情土耳其人的立场描述双方的处境。

11月18日左右 《土耳其战争的进程》指出：土军得以在维丁和土尔图凯两地渡河，而且未遇到严重抵抗。这毫不足怪，因为战争经验证明：要阻止积极行动的敌人过河，甚至很宽的河，是不可能的；此外，趁敌军部分兵力已经过河时对它攻击，即当敌军只有一条拥挤不堪的退却道路时以优势兵力对它袭击，总是比较有利的。但是土军在多瑙河北岸巩固下来了，他们在各次小规模战斗中都占上风，他们守住了离布加勒斯特不到40英里的沃耳特尼察达10天之久，而俄军不能把他们逐出这一重要阵地，最后土军毫无阻碍地主动放弃了这一阵地，——所有这些情况表明，对俄土两军在该地区对峙的兵力对比的判断有重大的差误。对俄军的轻率冒险行为，的确不可能找到合理的解释。我们只能解释，这是由于俄国人绝对相信他们在英国政府内的朋友们的外交阴谋得逞，由于他们毫无根据地轻视自己的敌人，由于他们企图在距离帝国中心这样远的地区集中重兵和储备大量物资时显然遇到了种种困难。至于土耳其兵士，他们在到目前为止所参加的几次小规模战斗中都表现得很好。根据最近的报道来看，亚洲的情况对土耳其人来说比在欧洲更见好转。

评论：作为社论载于1853年12月7日《纽约每日论坛报》第3944号。恩格斯从战争的态势发展看到，土耳其在战争中暂时占了上风，总的战争形势对土军有利。俄国内部又发生民族起义，恩格斯希望这种情势继续下去，让俄国人得到教训。

12月2日左右　《多瑙河战争》指出：如果研究一下双方在这次战斗中的战术，我们可以看出，令人惊讶的是俄军犯了严重的错误，他们不得不罪有应得地付出惨败的代价。他们轻敌的程度是罕见的。欧洲外交的干涉，土耳其御前会议的犹豫不决，土耳其对塞尔维亚政策的摇摆不定，以及其他类似的各种情况，看来使土耳其采取了一系列不彻底的措施，把奥美尔－帕沙在军事行动开始前置于一种极为特殊的境地。沃耳特尼察会战对士气的鼓舞作用，自然是一个大收获，但是土军获胜后9天之久毫无行动，又因雨季开始而主动退过多瑙河，这就起了另一种作用。这种毫无行动的表现和这一退却，虽然可能不会削弱胜利对土军士气的鼓舞作用，但是会损害土耳其统帅的威望，而且可能远远超过其应受损害的程度。不过，即令造成这种情况的祸首是土耳其御前会议，奥美尔－帕沙也仍然不能辞其咎。

评论：作为社论载于1853年12月16日《纽约每日论坛报》第3952号。恩格斯从战略和战术上分析多瑙河战役中交战双方，即土耳其和俄国的优点和错误，从战略上看，土军并没有做好准备夺取全部战果从而取得整个战局的决定性胜利，分析了土耳其御前会议的犹豫不决对土军军事行动的影响，强调统帅在军事行动中的作用，认为即使有内政的牵制，作为统帅的奥美尔－帕沙也仍然难辞其咎。

12月22日左右　《土耳其战争的进程》指出：西诺普会战是土耳其犯了一系列令人难以置信的错误的结果，所以会这样，只能说完全是由西方外交的恶意干涉或君士坦丁堡某些同法英大使馆有联系的集团暗中勾结俄国而造成的。西诺普的胜利没有使俄军得到荣誉。而土军作战则空前骁勇，在整个战斗过程中没有一艘军舰投降。土耳其海军损失很大，俄军暂时控制了黑海，这种事件使土耳其人民和陆海军在精神上受到打击，——这一切，土耳其应当完全归功于西方外交的"善意帮助"，因为西方外交阻止了土耳其舰队出海保卫或护送西诺普分舰队返航。而俄国的攻击之所以能够这样准和这样稳，应当完全归功于秘密的情报。

评论：作为社论载于1854年1月9日《纽约每日论坛报》第3971号。恩格斯批评了西方的外交干涉，从国际外交的角度指出，土耳其的两次战斗失败，西诺普海战和阿哈尔齐赫会战，西方是有责任的。在西方的恶意干涉下，俄国舰队才取得胜利。同时指出土军也有战术上的错误，战线太长，西方没有派遣高级将领帮助土军也是重要的原因。

第10卷

1854年

1月8日 《欧洲战争》指出：不要忘记，在欧洲还有一个第六强国，它在一定的时刻将宣布它对全部五个所谓"大"强国的统治并使它们个个战栗。这个强国就是革命。它已经长久地沉默和退却，但是现在商业危机和饥馑又把它召上战场。从曼彻斯特到罗马，从巴黎到华沙和佩斯——到处都感到有它，到处它都在抬头，从假寐中醒来。它复苏的象征是多种多样的；这些象征在各地无产阶级的骚动和不安中都可以看到。只要一个信号，这个欧洲最大的第六强国就会披戴灿烂的盔甲、手持宝剑昂然地走出来，好像密纳发女神从奥林帕斯神的头脑中出现一样。这个信号将由快要到来的欧洲战争发出，那时，对于列强均势的一切预计都要因新因素的出现而被推翻，这个新的因素将以其创造万物、永葆青春的活力粉碎旧的欧洲强国及其将军们的一切计划，正如同1792—1800年时的情形一样。

评论：作为社论载于1854年2月2日《纽约每日论坛报》第3992号。土耳其和俄国的战争在1854年由英法舰队陈兵黑海演变为欧洲战争。恩格斯以唯物主义历史观为基础，针对欧洲各国的历史和现实以及国内国际情境，分析了这些国家可能作出的选择，推演了这些国家可能发生的变化，并明确地提出了欧洲革命的口号。恩格斯深信，不管欧洲各国的意愿如何，已经开始的欧洲战争很可能成为欧洲革命的推动力。

1月19日 《欧洲战区最近的一次会战》指出：俄军在沃耳特尼察攻击了土军的筑垒阵地，而土军在切塔特攻击了俄军的筑垒阵地。这两次土军都是胜利者，但是没有获得胜利的果实。沃耳特尼察会战发生时，恰好停战的消息正从君士坦丁堡传到多瑙河，而切塔特会战又奇怪地同御前会议接受西方盟国强加于土耳其的最后媾和建议的消息凑上了。在前一场合，外交上的阴谋诡计被武装冲突化为乌有，在后一场合，浴血奋战却由于某些秘密的外交活动而毫无成果。

评论：作为社论载于1854年2月8日《纽约每日论坛报》第3997号。恩格斯指出，土耳其军队在前方浴血奋战，而后方的外交阴谋却把前方的努力化为乌有。

土耳其军队虽然取得了会战的胜利，但并没有获得胜利的果实。

1月26—27日 《君士坦丁堡的设防。——丹麦的中立。——英国议会的成分。——欧洲的歉收》指出：《英国人》周刊说业已举行的"曼彻斯特改革拥护者大会"是一个再好不过的谬论典范，这个说法很中肯。颂扬阿伯丁的政策，侮辱土耳其，赞美俄国，反对一切对他国事务的干预——这几个话题（因为谈的是对外政策）就成为曼彻斯特学派的主要资本；科布顿先生、布莱特先生和其他一些"质朴而谦逊的人"一再地搬弄这些，希望在英国军队的总司令部找到"和平的拥护者"，并且想向上院宣告同盟歇业，以期出卖英国人民，并且以更低廉的价格拍卖他国人民。

评论：与马克思合写。载于1854年2月16日《纽约每日论坛报》第4004号。马克思、恩格斯关心欧洲战事，也密切关注欧洲外交与英国的内政。他们揭露了俄国对于丹麦的中立的真实目的。英国的资产阶级并不真的希望土耳其获胜，他们赞美并力图保存沙皇制度，只是希望削弱它而不打算消灭它。英国议员当中贵族及其权势的代理人资产阶级占了绝大多数，他们代表的是资产阶级而非无产阶级的利益。

2月13日 《欧洲战争问题》指出：现在，在俄国大使已经离开巴黎和伦敦、英法大使已经从圣彼得堡召回、法英两国的海陆军已经集中待命立即行动的最后时刻，——就在这最后的时刻，两个西方国家政府又建议俄国举行谈判，而且建议本身中就已包含了对俄国的几乎一切要求的让步。值得提醒的是，俄国的主要要求是承认它有直接同土耳其政府解决它所谓的仅仅涉及它同土耳其的争端而不受其他强国干涉的权利。现在俄国已被承认有这个权利。建议写在拿破仑的信中，归纳起来就是：俄国可以直接同土耳其谈判，但是它们之间签订的条约必须由四强国保证。这种保证缩小了让步的意义，因为它给西方强国留下了在将来任何类似冲突中进行干涉的现成的借口。但是俄国的处境并不会因此而比现在更坏，现在沙皇尼古拉不能不看到他想瓜分土耳其的任何企图都要冒同英法交战的危险。可是，俄国能否得到真正的好处将决定于还没有签订的条约的性质；俄国现在已经看出西方强国如何胆怯地力求避免战争，所以只要将自己的军队保持集中状态，照过去那样使用恐吓的手段，就足以在谈判时在所有条款上达到自己的目的。何况俄国外交可以不怕同那些提出以失策见称的第一次维也纳照会的声名狼藉的大使们进行争辩。

评论：作为社论载于1854年3月6日《纽约每日论坛报》第4019号。文章指出，欧洲战争的问题在于西方强国之间的外交协定，而不取决于将帅。西方国家不希望俄国专制政府倒台，因此并没有打算彻底歼灭俄军，甚至愿意作出一些牺牲来满足俄国的军事虚荣心以换得某种妥协。

3月13日 《俄军从卡拉法特撤退》指出：现在有人告诉我们，俄军试图像1828—1829年那样在布来洛夫和加拉兹之间的地区渡到多瑙河对岸，直扑阿德里安堡。如果俄军同英法分舰队之间没有互相充分的谅解，这种进军在战略上是不可能的。我们还听说俄军撤退的另一个原因。据说命令切奥达也夫停止进军，是为了在敖德萨以北建立一个3—4万人的兵营。如果这是事实，那末他就既不能替换普鲁特河和塞勒特河地区的任何部队，也不能增援卡拉法特的哥尔查科夫。因此，哥尔查科夫公爵就只得像他来时那样秩序井然地撤退了。俄军向卡拉法特进军的一出伟大的悲喜剧就是这样结束了。

评论：载于1854年3月18日《人民报》第98号，并作为社论载于1854年3月30日《纽约每日论坛报》第4040号。恩格斯作为一个军事家、战略家详细地分析了卡拉法特之战的军力、统帅、双方的目的以及作战方法，认为俄军从卡拉法特撤军的实质是由于英国对土耳其的外交干预。土耳其防守卡拉法特的司令官英勇善战，以集中攻击歼灭敌人的防御方法非常正确，相反，奥美尔-帕沙则不断犯错误，消极防御，以至于俄军在出现非常明显的防御漏洞的时候还能全身而退。这些从单纯作战的角度无法理解，只能说是外交干预的结果。

4月13日《双方军队在土耳其的态势》指出：土军的行动是非常明智的。撤离多布鲁甲这件事，第一次清楚而无可辩驳地证明了奥美尔-帕沙具有高度的军事学术水平。死守这一地区及其要塞是没有价值的。这位土耳其将军不是让人员和武器遭到损失，而是立即命令他的部队在不使总退却的安全受到打击的情况下，只要一有可能就放弃各个据点，退向图拉真垒墙。因此，虽然俄军轻而易举地获得了表面上的胜利，但土军却给他们以重创，占领了自己的真正的防御阵地，而没有给敌人反击的时间。土军只在重要据点以及主力或黑海上的舰队可以支援的地点才留有守军。因此在必要时，土军在瓦尔那和苏姆拉之间至少可以集中8—9万人，而且如果将派往卡拉法特的一部分兵力迅速调回原阵地（本来派遣这些部队就没有什么充分的理由，只不过是由于政治上的惊慌失措），还可以加强这支军队。但是俄军要以两倍于这一数目或者更多的兵力渡过多瑙河是不可能的，至少在这次战局中如此。我们肯定这样说，是因为我们假定俄军是企图坚决进攻的，而且我们没有把英法辅助军队可能开到的情况估计在内，如果他们开到，那末俄军越过巴尔干的任何尝试都是不理智的。我们正是从这个角度来研究这个问题的，因为对我们来说，重要的是说明目前交战双方的真实情况。可以有把握地说，如果战争只在俄土两国之间进行，那末即使土耳其因外交上的拖延而失去了进攻所必需的优势，至少在今年，君士坦丁堡不会遭到俄军侵入的威胁。

评论：作为社论载于1854年4月28日《纽约每日论坛报》第4065号。恩格斯针对俄军与土军的机动，基于地形、兵力分布等要素分析了交战双方的真实情况，形势对土军是有利的，而土耳其也暂时是安全的。恩格斯认为，奥美尔-帕沙在此次的军事行动中显示出了高度的军事学水平。

5月15日《辉煌的胜利》指出：英国报纸对于沙皇奖励奥斯坦-萨肯将军参加最近一次联军舰队同保卫敖德萨港的岸防工事之间的战斗一事，不惜发表了大量尖酸刻薄的评论。它们认为，在这次战斗中联军获得了全胜，而敌人的狂欢是俄国人吹嘘和沙皇撒谎的又一个例子。我们对沙皇或奥斯坦－萨肯根本谈不上有什么特别的好感，尽管后者无疑是一个聪明而果断的人（他是指挥多瑙河各公国的一个军的另一位奥斯坦－萨肯将军的兄弟），但是我们还是认为敖德萨的这一次"胜利"是比较值得重视的，而且弄清到底是哪一方自吹自擂和造谣诽谤也是有好处的；何况到目前为止，这是联军和俄军之间第一次、也是唯一的我们了解一些情况的战斗。

我们的英国同行们对这次战斗（他们的进攻完全被击退，而预定目的又没有达到）的大吹大擂，同他们过去对战争进程所作的评论和推断的总的腔调很少有什么区别。不管战争的结局如何，我们认为，公正的历史家一定会指出，英国在使用斗争最初阶段所特有的诽谤、诡辩、欺骗、外交手腕、军事吹嘘、谎言等手段方面同俄国是一模一样的。

评论：作为社论载于1854年6月6日《纽约每日论坛报》第4098号。对于同一场战争，交战双方都在庆祝胜利，恩格斯从战争角度分析了敖德萨的战略地位，双方的军力，交战的目的、过程和结果，指出英国和俄国的专制政府一样，都是虚伪的，其本质都是剥削阶级主导的国家。

5月22日 《战争》指出：简单地说，目前的战争形势如下。英国，特别是法国，"虽然并非出自本意，但一定"要把大部分兵力驻在东方和波罗的海，也就是驻在整个军事部署的两个突出的翼侧上，这一部署的最近的中心是法国。俄国则打算牺牲它的沿海地区、舰队和一部分军队，以便把西方强国完全吸引到这个同一切战略相矛盾的运动里来。一旦这种情况发生了，一旦必要数量的法军从本国派到遥远的地方，奥地利和普鲁士就会立刻声明它们站在俄国一边并以优势兵力直取巴黎。如果这个计划实现，路易－拿破仑将没有任何军队来抵御这个突击。但是还有一支力量，它在任何意外的事件中都可以"动员起来"，同时它还能"动员"路易－波拿巴和他那些卖身投靠的侍臣，就像它以前曾经动员了许多统治者那样。这支力量可以抵抗所有这一类入侵；它已经一度向联合的欧洲表明了这一点。这支力量就是革命，它是不会在需要它行动的时候迟疑等待的，这请放心。

评论：载于1854年5月27日《人民报》第108号，并作为社论载于1854年6月9日《纽约每日论坛报》第4101号。恩格斯分析了英法联军对土耳其的胜利，指出了俄国士兵的勇敢顽强。如何处理俘虏是战争中胜利的一方要面临的一个重要问题，此外，联军仍然存在一系列问题，海军和陆军的配合不够，指挥官不够优秀，目标不明确，行动不统一，战术上也犯了错误，这样优柔寡断的联军无疑将最终造成更大的损失。恩格斯也明确指出，革命的力量在需要的时候会毫不迟疑地行动，这一点确定无疑。

5月24日 《英国军队的现状及其战术、服装置备、军需部等等》指出：英国的军事领导权不像其他国家那样集中在某一个部门里。有四个各自为政而又互相妨碍的部门。有一个军务大臣,他不过是一个出纳员或记账员而已。在英军总司令部里有一个总司令,属他管辖的是步兵和骑兵。有一个军械总长,他指挥负责军械事务的军官们,也就是说他管理的是军队的兵器。还有一个殖民大臣,他负责派遣军队到海外各属地并且调度这些军队的装具供应。同时还有军需部,最后,为了统管驻印度的部队还委派一个该地驻军总司令。只是在威灵顿死后这些怪诞的制度才成为公众议论的对象,因为1837年议会委员会有关这问题的报告,遵照他的命令被束之高阁了。现在战争爆发了,这种制度到处都显得无能为力,但人们又反对改变它,因为担心完全破坏了办事的秩序和连贯性。

评论:载于1854年6月10日《纽约每日论坛报》第4102号。文章批判了英国军事制度的保守性与落后性,指出在威灵顿"铁公爵"对英国军队四十年绝对权威的保守统治下,军队存在许多问题,与英国的经济发展水平不匹配,已远远落后于欧洲其他国家的军队,问题的产生一方面是由于英国军队坚持传统与守旧的制度,另一方面也与英国政体的寡头性质相关。

6月10日 《对锡利斯特里亚的围攻》指出:对阿拉伯堡的正规围攻无疑地会在几天内结束,因为这个堡垒差不多已经完成了它的使命,而且长期的防御会过多削弱守军。但是,这意味着至少要对两个堡垒采取正规围攻,然后再对城市本身进行正规围攻。5个星期无疑是俄军在草率围攻的情形下能够完成上述行动的最短时间。要是土军的粮食和弹药充足,又不遇到任何意外的情况,在7月初以前,要塞可以说是安全的。当然,我们假定堡垒的坚固程度是中等的,而围墙也不过分陈旧。不过,既然1829年锡利斯特里亚在敌人掘壕后还支持了35天之久,那末在它有了新的改进,而且有智勇双全的指挥官、经验丰富的炮兵司令和头等的守军的情况下,在1854年至少也可以支持同样的时间。假使能够得到联军援助,我们就可以放心地说:这个战局必定使俄军完全失败,也可能更糟。

评论:作为社论载于1854年6月26日《纽约每日论坛报》第4115号。恩格斯对俄军围攻锡利斯特里亚战役作出分析。俄军的这次进攻具有重要的战略意义,若攻下锡利斯特里亚,它将是俄军进行军事防御的重要据点,进可攻,退可守,也将决定之后战争的走向。文章结合俄军历史上对锡利斯特里亚要塞的两次成功占领,分析介绍土军的防御现状。土军攻防结合的牢固防御、俄军的将领指挥上的失误是这次俄军三次猛攻失败的重要原因。

6月14—16日 《俄土战场的形势》指出:俄军如果不算在锡利斯特里亚出乎意外的失败,那末他们遭受重大损失和充满危险的唯一地点便是高加索,虽然关于这点还没有十分可靠的消息。他们放弃了黑海东岸的几乎所有的要塞,但这不是由于害怕联军舰队,而是为了加强他们在格鲁吉亚的兵力。据说,俄军通过达尔雅尔峡谷撤退时,前卫和后卫突然遭到大批山地居民的攻击,而且前卫被消灭了,本队和后卫受到很大的损失而被迫退却。同时,塞里姆-帕沙的军队也由圣尼古拉堡垒推进到奥苏尔盖特，并迫使俄军撤出该要塞，在这以前，俄军是常常从那里扰乱并威胁土军的；这个胜利保障了塞里姆-帕沙同在卡尔斯的土军主力之间的交通线。如果回忆一下甚至这支部队在冬春两季都非常可怜地毫无作为，那末俄军的机动至少证明，他们感到自己在格鲁吉亚的地位已不稳固，迫切需要从沿海地区调兵增援。如果在达尔雅尔战败的消息全部地，或者哪怕是部分地得到证实，那末就应该得出结论：沃龙佐夫军队的退路已被切断，他们必须设法在梯弗里斯建立巩固的基地以便坚守到今年冬季（而这不是一个容易的任务），不然就得考虑不惜任何代价冲过这个峡谷。无论如何，采取这一行动也比向里海退却好，因为通往里海的峡谷比达尔雅尔峡谷不知要危险多少倍。但是关于这类问题，只有从这些地方得到更全面和更可靠的消息以后，我们才能够比较确切地加以评述。暂时我们只能够说：俄国由于最近的几次行动，不可否认地得到了两次胜利，一次是霍普公司的贷款，另外一次是奥地利同土耳其的条约；同时它也遭到了一次失败，即在锡利斯特里亚的失败。至于这些胜利能否造成永久的优势以补偿失败的耻辱，那要在将来才能见分晓。

评论：与马克思合写。作为社论载于1854年7月8日《纽约每日论坛报》第4125号。文章分析指出，俄军撤退、奥军进驻，使得奥地利人成为居间调停人原因，只可能是俄国和奥地利事先达成了协议。俄国还得到了荷兰霍普公司的贷款。通过对俄军和联军双方军力的对比，以及英法联军在调兵增援上的急惰可以看出，盟国担心的是不破坏俄奥协议。俄国的退兵也是为了加强在格鲁吉亚的兵力。俄国虽然攻占锡利斯特里亚失败，但却得到两个胜利，即贷款和条约。这些将会对战局的发展产生影响。

6月19—23日 《俄军的撤退》指出：看来，战争进一步的发展不在英国首相阿伯丁勋爵的计划之内，他极力主张按照奥地利的愿望，在恢复〔状态〕，可能还把多瑙河各公国的保护权由俄国移交给哈布斯堡王朝的基础上来解决冲突。然而现在可以认为，由于阿伯丁勋爵在他那次臭名远扬的发言中所作的自我揭露以及接着的议会辩论（辩论详情我们在今天本报上另有报道），这些计划已经破产了。被这些揭露出来的事实所激动的不列颠人民，在没有得到比简单地恢复原状更重要的某种赔偿来抵补他们因战争而支出的巨额费用以前，是不会同意缔结和约的，至少在目前是不会同意的。他们认为必须粉碎俄国，使它不能很快地重新破坏全世界的安宁；他们焦急地等待着建立某种例如攻占喀琅施塔得或塞瓦斯托波尔那样的赫赫战功。不得到这种因参战而荣获的重大奖赏，他们是不会同意缔结和约的。英国人民的这种情绪大概会引起内阁的立刻更换，并使战争继续下去。可是决不能由此得出结论说，如果战争继续进行，俄国将不断受到比它过去所受的更加沉重的打击，——除非土耳其人和切尔克斯人在没有西方任何援助的情况下能夺取俄国的外高加索各省。从那些在阿伯丁勋爵辞职后可能在伦敦掌权的人物来看，从他们在战争爆发后直到今天的作为来看，完全可以预料，他们有朝一日将在阿伯丁勋爵现在所主张的、也因此失掉职位的同一基础上缔结和约。到目前为止，奥地利的外交是成功的；很可能最后的胜利也属于它。

评论：与马克思合写。作为社论载于1854年7月10日《纽约每日论坛报》第4126号。文章分析外交政策对战争进程的影响。俄国之所以撤出土耳其，并不是由于军事上的需要，而是出于外交上的考虑。俄国同奥地利作出了某种约定，由奥地利占领俄国撤出的地区，并调停交战的双方。奥地利加入调停完全是为了自己的利益。奥、俄两国在利益上有矛盾，但在反革命问题上有一致性。英国公众对当前政府的不满情绪有可能引起内阁更换，但下届内阁仍将如此。但是，历史显示，文章对奥地利未来立场的预测不准确，事实上它最后站到英国和法国一方。

7月6日　《多瑙河战争》指出：如果我们暂时撇开政治上的原因不谈而假定奥地利准备同联军一起进攻俄国，那末情况就会是这样：奥地利可能出动20—25万兵力同联军一起行动，而联军则拥有大约10—12万土军和6万英法军队。为了对抗这些兵力，俄国可以出动多瑙河军团的4个军和它们的预备队，除去一定的伤亡，约有20万人。帕纽亭指挥的第二军、3个骑兵后备军和一些步兵预备队以及由新兵组成的增援部队，总共可能有18万人左右。因此，俄国的全部兵力可达35万人，其中还须除去克里木和南俄某些地区的守军。此外，为了防守波兰和波罗的海沿岸各省，还须留下近卫军、掷弹兵和第一军，15000左右的芬兰军还不计算在内。把这一切都考虑进去，那末交战双方兵力的相差就不是大得连俄军进行狭义的防御也没有取得某些胜利的希望。

如果像我们从最近外交报道以及奥地利在莫尔达维亚边境毫无举动的情形作出的结论那样，奥地利除了在交战双方之间充当调停人外别无其他意图，那末我们可以肯定地说，无论在莫尔达维亚或者在贝萨拉比亚，今年内都不会发生什么重大的事件。

评论：作为社论载于1854年7月25日《纽约每日论坛报》第4139号。文章在之前介绍锡利斯特里亚战役的基础上，根据更为详细的资料回顾这场战役的具体情况，除了细节上的补充，基本与之前的看法和结论没有出入。文中按照时间顺序详细梳理了战役双方的战术和表现。俄军的行动显得轻率而不准确，在战术上犯了不少错误。土军构筑的三道防线牢固、士兵英勇，面对炮击、爆破和强攻，顽强地把俄军阻止在第二道防线。战争异常激烈艰苦，以俄军的失败告终。恩格斯成功地预测了奥地利可能会同联军联合进攻俄国。

7月29日—8月1日　《无聊的战争》指出：当整个欧洲的当权派表现出无能的时候，在这个大陆的西南部却兴起了一种立即表明毕竟还存在另外的更有积极作用的力量的运动。无论西班牙起义的性质和结果如何，我们都可以肯定地说：它与未来的革命的关系将同1847年瑞士和意大利的运动与1848年革命的关系一样。在这次起义里出现了两个重要的因素：第一，自1849年起实际上统治着大陆的军队从内部分裂了，它为了对抗政府，实现自己的主张，而拒绝执行维持秩序的使命。纪律教会军队认识自己的权力，而这个权力反过来又削弱纪律。第二，我们已经亲眼看到了成功的街垒战。自1848年6月起，无论哪里筑起的街垒都没有发生过作用。街垒战作为大城市居民抵抗军队的形式，似乎根本达不到目的。这种偏见现在已被驳倒了。我们再次看到了获得胜利的、不可攻破的街垒。咒语已被破除。新的革命时代已经有可能到来；而且值得注意的是，正当欧洲各国政府的军队在目前的战争中表现出无能为力的时候，他们又被起义的城市居民击败了。

评论：与马克思合写。作为社论载于1854年8月17日《纽约每日论坛报》第4159号。文章继续分析锡利斯特里亚战役中俄军失败的原因。在了解了更全面的情况后，马克思和恩格斯对奥美尔将军作出了更为公正的评价，之前曾批评他没有援助锡利斯特里亚，但实际上是由于他的军队给养太少，无法进行远距离移动，以及向联军求援没有得到支持。文章揭示出外交上的需要的重要作用。战争的双方之所以表现都不佳，真实的原因是保守的欧洲的虚弱无力。西班牙起义出现了新的因素，这次起义有重要的意义，预示着新的革命时代已经有可能到来。

8月7日　《对俄国要塞的攻击》指出：看来，联军（法军和英军）终于准备真正进攻俄国了。帝国的前哨据点（阿兰群岛上的和黑海岸塞瓦斯托波尔的据点）必定先后甚至同时遭到攻击。在西欧甚至传说，其中一个据点已经在短时间的炮击后被占领了。不过这些消息还需要证实，而且很可能是过早的估计。关于预料中的对塞瓦斯托波尔的攻击，还没有官方消息，但是伦敦《泰晤士报》肯定地说，这个攻击将要开始，首都的人们也都相信这一点。到目前为止，在瓦尔那上船的只有法军和英军的两、三个师，虽然估计他们将编入克里木远征军，但是他们也完全可能被用来围攻亚洲的俄国要塞阿纳帕。随着最近一班轮船到达，这方面的疑团就可能消失。

虽然我们不了解俄国直接和间接用于防守黑海要塞的兵力有多少，但是上述的一些细节仍然表明，要夺取这样一座要塞，将需要不少的部队。此外，克里木草原的致命的气候也将成为联军危险的敌人。在当前的行动中，岸防炮台对俄军未必有很大好处，这就大大缩小了整个这次行动的军事意义，它将是一次很大规模但决不是空前规模的围攻。直到目前为止，在确定远征军的数量时所提出的最大的数字是10万人，其中包括土耳其部队。如果考虑到上述全部情况，这样一支军队在我们看来是不足以达到预定目的的。

评论：作为社论载于1854年8月21日《纽约每日论坛报》第4162号。联军即将进攻俄国，博马尔松德的攻击更值得注意，因为这个要塞是严格遵照蒙塔郎贝尔的原则构筑的。蒙塔郎贝尔是法国的将领和军事工程师，他设计提出的防守要塞的垂直防御工事为欧洲各国采纳。文章认为塞瓦斯托波尔攻击战的军事意义不大。

8月21日　《博马尔松德的夺取（第一篇论文）》指出：在这次战争一开始，

土军就以强攻夺取了俄军的永备工事——圣尼古拉堡垒，而现在著名的博马尔松德要塞也被攻占了，它这一次发挥的作用只勉强抵得上一道暴露的堑壕。还必须指出，根据一切情况来看，英法舰队在这次胜利中没有发挥任何重大的作用。看来，舰队照例力求离穹窖炮台远些。

但是，联军这次胜利的性质却是这样：他们在即将到来的秋季里大概不会再采取什么行动。无论如何，向塞瓦斯托波尔进行大规模远征的部队还没有乘船出发，并且已经宣布将再推迟几个星期。而那样就会为时过晚，因此，联军威武的兵士们在瓦尔那兵营历尽艰难以后所迫切需要的冬季休整和喘息机会便有了保证。

评论：作为社论载于1854年9月4日《纽约每日论坛报》第4171号。英法联军在博马尔松德战役中迅速地取得了胜利，文章在尚未接到有关围攻的详细报告的情况下分析了联军胜利的原因。

8月28日《博马尔松德的夺取（第二篇论文）》指出：报刊上报道的关于夺取博马尔松德的详情仍然模糊不清和不够实事求是。这样，我们实际上就无法知道破城炮队的配置地点距堡垒有多远，舰只在海上攻击时停泊在何处。出乎意料之外，甚至在联军攻占堡垒之后，我们也没有得到有关堡垒构造的任何新的材料。对于几乎所有的重要问题都避而不谈，供读者欣赏的与其说是些技术上的细节，不如说是些绘声绘色的描述。甚至公报也是如此草率，以致不可能研究清楚，法军在夺取一个除了指挥官以外大概谁也没有抵抗的伊捷耶（当地写法）堡垒时是否进行了强攻。

博马尔松德被攻下了，但现在产生了一个问题：怎样处理它？根据来自汉堡的最后消息来看，在海军将领们召开的军事会议上，远征军的司令官们和高级军官们已经决定，如果瑞典不愿以向俄国宣战为代价占领博马尔松德，联军就将破坏一切工事而撤离该岛。如果这个消息属实，那末阿兰群岛的远征就决非"通报"所断言的那样，是战略性的步骤，而是纯外交性的措施，目的是把瑞典拖进来同这样一些强国结成危险的同盟，这些强国的友谊，按布莱特先生说，"在一年内带给土耳其的灾难，是俄国即使在野心最大的时候也未曾梦见过的"。瑞典的宫廷正犹豫不决，瑞典的报界在号召人民谨防那些〔"即使是带来礼物的希腊人"〕，但是瑞典的农民已经通过了请愿书，内容是议院应当请求国王永不再使阿兰群岛重新落入俄国手中。农民的请愿书未必会引起注意，很可能我们不久就会得到要塞被炸毁的消息。

评论：作为社论载于1854年9月13日《纽约每日论坛报》第4182号。文章是关于英法联军攻打博马尔松德的第二篇，虽然联军取得胜利，但关于战役的资料仍不详细。文章根据有限的资料证实了第一篇中关于博马尔松德要塞的一些推测，也有一些出乎意料的秘密。文章具体分析了俄军失败的原因一方面在于要塞构筑缺陷、军队的腐败、士兵的情绪等，另一方面在于联军的坚决攻击，还指出这场战役并非战略性的步骤，而是外交性的措施。

9月18日《对塞瓦斯托波尔的进攻》指出：看来，法军和英军终于有了给俄国的实力和威望以严重打击的机会,因而我们怀着新的兴趣来注视联军向塞瓦斯托波尔推进(今天本报刊载了有关的最近消息)。当然,法国和英国报纸正大肆吹嘘这次行动,如果相信这些报纸的话,那末这次行动就是军事学术史上空前的壮举了;但是这是欺骗不了那些了解事实、记得这次远征开始时莫名其妙的拖延和毫无意义的遁辞以及远征前和远征中所发生的一切情况的人们的。即使这次行动的结局是光荣的,它的开端也是非常可耻的。

博马尔松德的经验告诉我们,在俄国要塞真正经受考验之前,对它们是无法作任何肯定的评述的。因此目前还完全不能推测克里木远征的胜利把握究竟多大。但是有一点是非常肯定的:如果战事形成持久局面,如果冬季的到来又引起疾病流行,如果联军也像俄军过去在锡利斯特里亚那样,把兵力消耗在轻率的、未加准备的攻击上,那末法军,很可能还有土军,都将瓦解,就像法军在瓦尔那曾经经历的和土军在亚洲屡次经历的那样。英军可能维持得久些,但是,就是训练最好的军队也不能坚持的时刻正在到来。这是联军的真正危险,并且如果由于俄军的抵抗,情况的确发展到这一地步,那末在胜利的敌人面前撤退上船,将是十分危险的事。远征很可能是成功的,但另一方面,也可能成为第二次伐耳赫伦。

评论:作为社论载于1854年10月14日《纽约每日论坛报》第4209号。文章介绍英法联军向塞瓦斯托波尔推进,开始了克里木远征。文中揭露了联军内部的不协作与混乱,以及指挥失当、疫病流行、军队内部的骚动等,说明克里木远征并非深思熟虑的战略行动,如果战事持久将对联军不利。

10月2日 《克里木的消息》指出:从利物浦开出的班轮"阿非利加号"没有绕道哈里法克斯而直接驶往纽约。它在星期五以前未必能够到达,因此在这以前,我们没有希望得到任何有关这个非常有趣的问题的确实消息。也许,暂时相信土耳其信使所说的全部情况是最适当的,不过我们希望,这样做的人们不要陷入我们的朋友路易-波拿巴因此在布伦陷入的那种有失体面的处境。读者们可以在本报另一栏里看到,这位皇帝在最近举行的一次阅兵时,非常富于戏剧性地用明确而肯定的语言宣布了这一事件:〔塞瓦斯托波尔被攻占了〕。当时他可能把自己当作真拿破仑在向自己的部队宣布一次巨大的胜利。但是使这位侄儿遗憾的是,他的伯父从来不需要宣布自己的胜利,因为他亲自率领部队作战,而且他的兵士们亲眼看到敌人怎样逃跑,因而并不需要任何证实。更加遗憾的是,路易-波拿巴不肯不公布的这个消息,当晚就被布伦兵营的司令官作了另一种估价,后者在墙上张贴通告说,收到了关于塞瓦斯托波尔被攻占的报告,但是否确实,不能保证。这样一来,法国皇帝陛下的布伦司令官竟纠正了皇帝本人的话!还有一点值得特别注意,我们最近收到的10月3日法国政府的官方报纸对这一重大事件的报道并没有证实。可是,这可能是真实的,因而我们以极大的兴趣等待着确实的消息。

评论:作为社论载于1854年10月17日《纽约每日论坛报》第4211号。文章针对报纸上两则联军取得重大胜利的消息作出了自己的判断。与报上大肆吹嘘的胜利不同,文章客观地分析了阿尔马河会战,认为俄军的损失并不大,澄清了一些事实真相。根据种种迹象对联军攻占塞瓦斯托波尔的消息提出了质疑。

10月5—6日 《塞瓦斯托波尔的骗局》指出:奥美尔-帕沙的军队从布加勒斯特和瓦拉几亚经过鲁舒克、锡利斯特里亚和沃尔特尼察向黑海沿岸地区移动,显而易见,这证实了克里木的联军统帅部要求增援的传说。但是土军这次撤离瓦拉几亚,也可以说是因为奥地利想让他们远离通往贝萨拉比亚的各条大道,只给他们留下经过多布鲁甲的那条不能通行的道路。

虽然英国公众确实表现了空前的轻信态度,但是应该指出,这种普遍的热情很少触及伦敦的交易所,股票上涨没有一次超过0.625%。当时巴黎的国家证券一下子上升了1.5%,即使是这样的上升,同滑铁卢失败后出现的10%的上升比较起来,还是微不足道的。由此可见,如果这场骗局是有人为了进行投机而制造的,——这是完全可能的事情,——那末这场骗局丝毫没有满足它的制造者们所抱的美好希望。

评论:与马克思合写。作为社论载于1854年10月21日《纽约每日论坛报》第4215号。文章通过分析指出,塞瓦斯托波尔被占领的消息并不可靠,但是英国的大小资产阶级都盲目地信以为真。文章揭露了报纸虚假报道为小资产阶级服务的本质,分析了伦敦"官报"的疑点并指明其错误,揭示出这场骗局是某些资产阶级为了投机而制造的,但他们的希望已落空。

10月5—6日 《塞瓦斯托波尔的骗局。——概评》指出:10月5日的《通报》报道,根据波拿巴的命令,最近三年来被囚在贝耳岛的巴尔贝斯被无条件释放了,因为他写了一封信,表示强烈地希望十二月政变的文明战胜俄国的文明;顺便指出,前一文明不久前在雅典表现为1848年6月的日子的重演,当时法兰西暴兵在那里把一位"思想危险的"报纸出版者逮捕起来,并焚毁了他的书籍和文件,最后把他投入了监狱。巴尔贝斯今后不再是法国的一个革命领袖了。他声明同情法国军队,不管他们是为了什么事业和在谁的指挥下作战,这样一来,他就坚决地使自己向俄国人看齐,同他们一样对本国参战的目的采取不审慎的态度。长时期以来巴尔贝斯和布朗基一直在相互争夺对革命法国的真正的领导权。巴尔贝斯不断地污蔑布朗基,指责他勾结政府,借以破坏他的声誉。关于他们两人中谁是和谁不是革命者的问题,巴尔贝斯的信和波拿巴的命令就可以提供答案。

评论:与马克思合写。载于1854年10月21日《纽约每日论坛报》第4215号。英法等国流传的关于联军在塞瓦斯托波尔要塞取得胜利这个马克思和恩格斯一直质疑的谣言得到验证。文章揭露了盟国试图把普鲁士拉入联盟的计谋,报道了西班牙的骚乱、奥地利与俄国的和谈条件,介绍了盟国将要发起的对俄国的贸易封锁计划。文中还指出巴尔贝斯不再是法国革命领袖。

10月9日 《阿尔马河会战》指出:会战的结果虽然在精神上对联军起了很大

的作用，但未必能够使俄军产生严重的沮丧情绪。这次退却同吕特岑或包岑会战后的情况相似；如果缅施科夫能够像布吕歇尔在卡茨巴赫河会战前所作的那样，巧妙地从巴赫契萨赖的侧防阵地拖住联军，那末联军还会相信，这种毫无结果的胜利不会给胜利者带来多大的好处。缅施科夫仍然会以雄厚的兵力威胁他们的后方，而在他们没有再一次把他打败和最后把他赶走以前，他仍然是可怕的敌人。现在几乎一切都决定于双方援军能不能到来，一方面联军从预备队中抽调，另一方面俄军从皮列柯普、刻赤和阿纳帕的部队中抽调。谁能够首先取得数量上的优势，谁就能够给对方严重的打击。但是缅施科夫有一个优越的条件：他可以在任何时间放弃进攻而退却，而联军却被束缚在他们的仓库、兵营和辎重所在的地方。

评论：作为社论载于1854年10月26日《纽约每日论坛报》第4219号。文章详细介绍了阿尔马河战役的过程，联军配合从左翼和右翼同时发起进攻，最终取得胜利。文章分析评价了这次战役的战术特点和性质，估算了双方的兵力，总结联军胜利的主要原因在于军事指挥和人数优势，并分析可能的影响。文章预测夺取塞瓦斯托波尔要塞的战斗将更为残酷。

10月16日 《俄国的兵力》指出：我们完全可以暂时让约翰牛和雅克佬为阿尔马河会战的"光荣胜利"而狂欢，为塞瓦斯托波尔的陷落而预祝。多瑙河和克里木的军事行动，不管对盟国和欧洲资产阶级自由派阵营有多大关系，对俄国是没有很大意义的。这个国家的重心决不会受到这些军事行动结局的影响，然而对于联军，在克里木失败和被迫退却可能意味着陆战长期中断和士气受挫，他们只有经过极大的努力才能重振士气。

1854年的主要军事行动不过是载入1855年编年史的民族大战的小小序幕而已。只有当俄国主要的西方军团和奥地利军队彼此对抗或者互相携手出现在舞台的时候，我们才会看到同拿破仑的历次大战相似的真正的大规模战争。并且还有可能，这些战争只是其他更激烈的、更有决定意义的战争的序幕，即欧洲人民群众反对那些目前胜利的和自以为巩固的欧洲专制暴君们的战争的序幕。

评论：作为社论载于1854年10月31日《纽约每日论坛报》第4223号。克里木战役对于俄军和联军的意义不同，文章介绍了俄军的兵种、兵力和最新调动情况，俄国真正用于战争的兵力约60万。俄国牢固的西部防线是为了进攻而非防御，最重要的防线是大陆内地而不是沿海。文章预测欧洲大规模战争的可能性，认为战争还会伴随着反对专制暴君的人民战争。

10月30日 《对塞瓦斯托波尔的围攻》指出：在阿尔马河会战以后，联军在克里木的主要成就就是腊格伦勋爵由阿尔马河向巴拉克拉瓦的著名的侧敌行军；由于这一行军，战局的明显任务——攻占塞瓦斯托波尔——就缩小为对俄国要塞的一部分（而且是最薄弱的一部分）进行〔突然袭击〕：固然，这次行动预定要消灭俄国舰队、破坏造船厂和军火库，但是规定联军在完成这个任务后必须立刻撤退。整个行动表明，情况就是这样。这就是放弃对要塞的北部正面，即瞰制整个要塞和唯一能使攻击具有决定意义的北部正面的攻击；因而，这就是远征军公开承认没有能力完成自己计划中规定的任务：完全攻占塞瓦斯托波尔。然而，像我们以前所报道的，人们正是用了无数充满夸张词句和含糊空话的篇幅，把这次行军吹嘘成指挥艺术的杰出表现。就连在当地派有记者的伦敦各大报纸，也只是在一个月以后，而且看来是得到政府的暗示以后，才透露了真情。例如，伦敦《泰晤士报》只是在10月28日才公布了真实情况，它谨慎地暗示：到目前为止，整个战局的任务看来只解决了一小部分，而海湾北面的堡垒，如不自愿投降，就未必能够攻下。当然，《泰晤士报》希望这些堡垒会彬彬有礼地投降，因为一旦要塞的主要部分被攻占，一切附属工事就一定要投降。事实上，不是北堡依靠塞瓦斯托波尔，相反地，是塞瓦斯托波尔依靠北堡，而且我们很担心，单凭我们同行的想像，是不足以攻取这样坚固的要塞的。

评论：作为社论载于1854年11月15日《纽约每日论坛报》第4236号。克里木战争期间，英法联军围攻塞瓦斯托波尔。文章认为联军并没有能力完全攻占这个要塞，揭穿了资产阶级媒体和政府的虚假性，批评了作战方法的落后，指出英法联军瘟疫流行、行动迟缓、指挥失误等一系列问题。

11月9日　《克里木战局》指出：今天本报刊载了"波罗的海号"轮船昨天带来的克里木战区的消息，它们充满一种新的情绪，这无疑将使本报读者感到震惊。在这以前，英国报刊的评论和英法记者对战争进程和前景的论述，一贯带有傲慢和过分自信的特色，而现在却流露出惶惶不安的感情，甚至有些惊慌失措。现在大家都承认联军过去宣扬的那种对敌优势已不存在。塞瓦斯托波尔比预料的要坚固，缅施科夫作为一位将军比预料的更有才干，而他的军队也比预料的要多得多。法军和英军现在不是一定会取得决定性的胜利而是有可能遭到可耻的失败。本报驻利物浦记者——一位有爱国热情和抱有本国人的偏见的英国人——所描写的是这种情绪，英法两国政府十分坚决的行动中所表现出来的也是这种情绪。它们拚命地努力，以求加速向塞瓦斯托波尔增援。联合王国已经派出了最后的一兵一卒；许多轮船用于运输。5万名法军开赴前线，并希望都能及时赶到战区，参加最后的决战。

评论：作为社论载于1854年11月27日《纽约每日论坛报》第4246号。文章简要叙述了围攻塞瓦斯托波尔这场著名战役的情况，并指出已经到了战局的转折点。文中分析交战双方的兵力、机动以及各自的失误和正确指挥，认为战斗已经从联军占优势转为均势。文章批评联军的各自为战、英军的陈规陋习以及战术上的错误，预测了战争出现决定性结果的时间。

11月16日　《巴拉克拉瓦会战》指出：这次联军无论如何不弱于俄军，他们占有便于撤退的有利阵地，并且本来可以用骑兵和步兵同时进行勇猛的攻击以取得决定性的胜利，——不是阿尔马河会战那样没有结果的胜利，而是可以使他们避免11月5日那次血战的胜利。而现在，联军甚至没有弥补他们所受到的全部损失；由于过分的勇敢和过分的谨慎的奇怪的结合，由于不适当的勇猛和不适当的怯懦的奇怪的结合，由于忽视军事学术原则的冲动和放过有利战机的学究式的谨小慎微的奇怪的结合，由于联军一切行动所特有的那种所行非所需和所行非其时的奇怪做法，他们在巴拉克拉瓦会战中完全被打败了。

根据11月5日会战的材料，我们暂时只能作出这样的结论：这次会战是我们认为应在11月5日至10日之间到来的那种危机的开始。正像我们早已说过的，——伦敦《泰晤士报》现在也这样说了，——现在一切都取决于给养和援军的输送。

评论：作为社论载于1854年11月30日《纽约每日论坛报》第4249号。文章介绍了俄国军队与英国、法国、土耳其联军在巴拉克拉瓦的会战，回顾俄军攻破联军第一道防线的过程，赞扬联军的勇敢和优势，揭示了由于英军疏忽导致的失败。联军本来可以取得决定性的胜利，现在要依靠给养和援军才能决定。

11月27日 《因克尔芒会战》指出：因克尔芒会战的特点和它的意义就是这样。它表明，俄军步兵的荣誉正在消失。它表明，不管俄国怎样进步，西方无论如何仍以比它快一倍的速度前进，而且它不可能战胜西方军队，不仅在兵力相等时如此，甚至在占有像因克尔芒会战中这样的优势时也是如此。如果不是联军的运输船只在黑海遭到惨痛的损失，那末在英国和法国的将领不犯很严重的错误的条件下，这次会战便足以使联军在克里木取得彻底胜利。我们还没有关于这次运输船只惨遭不幸的详细材料，而我们知道这个消息仅仅是根据本报驻利物浦代理人恰好在"太平洋号"轮船启航前接到的伦敦电讯。我们还不知道，最后一批船只是载运部队还是只载运粮食和军火，但是既然电讯没有提起，也就可以推想它们没有载运部队。但是，如果在这次风暴中派往克里木的大量部队复没，那末，自然势力给予联军的打击的确要比敌人给予他们的打击沉重得多，而塞瓦斯托波尔城下的联军在能够给他们派遣新的援军以前，就可能由于疾病和敌人不断的袭击而复灭。

德意志的两强国所采取的立场，对于联军是另外一个同样严重的威胁。现在奥地利似乎第一次真正有意同西方强国决裂而同沙皇联合，而整个德意志将跟着它走。不管怎样，有一点是无须怀疑的，这就是战争具有巨大的惊人的规模并席卷整个欧洲的时刻现在已经临近了。

评论：作为社论载于1854年12月14日《纽约每日论坛报》第4261号。因克尔芒会战是英法同俄国的真正激烈的战斗。文章分析了会战的过程，介绍了双方的战术、兵力以及各自的优缺点，描述了战况的激烈，赞扬了英军的英勇顽强，认为俄军失败的原因在于战术的错误和思想落后。

12月4日 《克里木战局》指出：对克里木形势的这个综合分析只是证明我们在听到奥地利已与西方强国联合的消息时的怀疑和不相信是有根据的。很明显，我们所详细说明的情况，并不能使维也纳内阁摆脱它通常所持的犹豫不决的态度。另一方面，英国内阁的地位不巩固，加之在东方的巨大失败又必须以某些像样的表面成绩来掩饰，这些便是为什么把一个微不足道的协定吹嘘为一个了不起的攻守同盟的十分充足的理由。可能，在这方面我们错了，但是我们的读者知道我们所以坚持这种看法的原因，而且时间也将表明，这种大肆吹嘘的奥地利与盟国的联合究竟是事实，还是专门为了在最近这次议会会议上使用的一种手段。

评论：作为社论载于1854年12月27日《纽约每日论坛报》第4272号。文章分析总结了克里木远征以来战局的变化，指出俄军在因克尔芒的失败是其衰落的征兆。双方各有胜负，目前势均力敌，但都没有做好过冬的准备。联军面临很大的减员，加上给养的补给困难，将会面临极大的考验。文章分析预测了战争的前景，若俄军援军到达，战争的结局难料。文章指出了战争对外交策略和内政的影响。

12月14—15日 《战况的进展》指出：这里必须研究的不仅是军事问题。类似的战争必定由政治活动来收尾。德国向俄国宣战可能是俄国重建波兰的信号。尼古拉当然不会放弃立陶宛和白俄罗斯各省；但是，波兰王国、加里西亚、波兹南，也许还有西普鲁士和东普鲁士可以组成一个幅员相当大的王国。但是谁敢说这样重建起来的波兰会有多长的寿命呢？有一点毋庸怀疑：所有自命为自由主义的和进步的活动家的人近40年来所夸耀的那种对波兰的表面的热情是会完结的。继之而来的必定是俄国对匈牙利的呼吁；即使马扎尔人会动摇，我们也不应当忘记，匈牙利的三分之二的居民是斯拉夫人，他们把马扎尔人视为当政的和独揽大权的贵族。另一方面，奥地利在这种情况下会毫不动摇地恢复匈牙利的旧宪法，以便把匈牙利从革命欧洲的地图上勾销。这一切充分说明，奥地利加入西方同盟和发生全欧反对俄国的战争的可能性会打开多么广阔的具有军事和政治意义的前景。如果作相反的设想，那末明年春天也许会看到整队向西方强国进军的一支150万的大军，以及用行军队形向法国边境挺进的奥普军队。而那时，战争必将不再是它的现在的领导者所能掌握的了。

评论：作为社论载于1855年1月1日《纽约每日论坛报》第4276号。文章介绍了克里木战场的战况并预测了可能的进展，分析俄军的军事调动，考察奥地利反对或支持俄军产生的可能结果，指出同盟条约对奥地利没有任何约束，而英国和西方强国反倒要承担一定的义务。恩格斯预测战争的结果受政治决定，奥地利加入西方或俄罗斯会带来完全不同的结果。

12月21日 《奥地利的兵力》指出：奥地利的军事组织使它有可能在战争开始时就拥有60万军队，而且可把多达30万的兵力集中在任何一点，同时无须紧急征召，也不会对国家生产力有什么特别损害，便可再提供约20万老兵的预备兵员。

就俄国军队的组织来说，原来考虑可以征召多得多的兵力。不过俄国的人口是6000万，奥地利的人口是4000万，而我们刚才已经看到，奥地利只要征召预备兵员就可以把军队扩充到80万人以上，但是俄国要达到这一数字，则不仅动用了全部预备兵员，而且又进行了一次征兵，征召的人数相当于正常情况下4年征兵的总和。

评论：作为社论载于1855年1月8日《纽约每日论坛报》第4281号。文章认为，奥地利加入克里木战争的任何一方，都会对战局产生重大影响，但英国国内同奥地利结盟还是决裂的意见仍摇摆不定。文章基于细节和数据分析了奥地利的军事实力，介绍了奥地利军队改组以后的兵种构成、编制、兵力等详细情况，指出其兵役制度能够提供足够多的预备兵员。与俄国相比较，奥地利的军事制度显然更为有效，其军事实力不可忽视。

1855 年

1月4日 《英军在克里木的灾难》指出：自从伦敦《泰晤士报》发表了激烈的社论以后，看来英国公众对英军在克里木的处境都怀着非常激动和不安的心情。的确，英军由于一切军事指挥管理部门前所未闻的拙劣领导，英军正在迅速地趋于彻底瓦解，对于这一事实再也不能否认和掩饰了。无论对印度的酷暑或者对俾路支人和阿富汗人的凶猛攻击都毫不畏惧的那些老兵，现在备尝冬季作战的艰辛，受着潮湿和寒冷的折磨，为不间断的繁重的野战勤务所苦，没有被服和粮食，没有帐篷和掩蔽所，因而每天成百地死亡，而增援部队在开到后，又相继毁于致命的疾病。这种状况究竟是谁的罪过呢？对于这个问题，目前英国广泛流传的答案是：这一切都是腊格伦勋爵的罪过。但这是不正确的。我们并不赞扬这位极可尊敬的勋爵的作战方法，而且我们公开地批评过他的严重失策，但是为了弄清事实的真相，应当说，造成兵士在克里木死亡的可怕灾难的原因，不是他的错误，而是英国军队整个指挥管理系统的弊病。

评论：作为社论载于1855年1月22日《纽约每日论坛报》第4293号。文章分析批判了英国的军事制度，它的弊病在克里木战争期间完全暴露出来，给英军造成了巨大的伤亡减员，不仅影响军队战斗力，还让士兵遭受了悲惨处境。文章指出，解决这一问题的根源就是授予军队总司令全权，由他负责一切事务，机构重叠，职责平分，相互牵制，只会导致管理混乱。文章还讽刺和批判了威灵顿公爵。

1月19日 《评塞瓦斯托波尔的围攻》指出：霍华德·道格拉斯爵士再版了他的名著《海军炮兵》，增补了对这次战争的某些事件的评论。例如，他根据最新的材料和只有他才能弄到的官方资料证明：如果穹窖炮台构筑得好，防守得法，单靠舰队来对付它是不够的；用爆炸弹轰击坚固的石砌体是无效的；要想在博马松尔德和塞瓦斯托波尔所构筑的那种棱堡和穹窖炮台上打开缺口，就只能使用重炮，至少是三十二磅的攻城炮，并且按照老方法进行轰击，而军舰由于瞄准困难，不冒必然被击沉的危险，便不可能打开缺口。至于谈到克里木战局，尽管道格拉斯偏袒克里木远征军的司令官，并且由于所处的官方地位不能畅所欲言，但他得出的结论还是认为克里木远征终究是一个错误。然而，雷公《泰晤士报》难道不是发表过轰动一时的消息，说什么在40小时炮击后将以强攻夺取塞瓦斯托波尔吗？

评论：与马克思合写。载于1855年1月23日《新奥得报》第37号。文章介绍了《海军炮兵》一书对战争的评论，揭露了《泰晤士报》假消息的真相，指出媒体会被政客利用和操控。同时也批评了内阁的怯懦，报道了英军在克里木战争中令人担忧的现状，指出土耳其军队调动是战略错误。

遗 稿

1854年

3月底 《喀琅施塔得要塞》指出：从查理·纳皮尔爵士得到海军首席大臣的"宣战的绝对许可"然后开往波罗的海的时候起，英国社会上比较乐观的人士就不断盼望很快传来炮击喀琅施塔得、占领通向圣彼得堡的要冲、也许（谁知道？）甚至是俄国海军部大楼的金光闪闪的尖顶上升起不列颠国旗的消息。

这些希望是根据一种非常正确的想法；这种想法就是：喀琅施塔得，对于从波罗的海一带海上向俄国发动的任何进攻来说，都是取得胜利的锁钥。攻下喀琅施塔得，圣彼得堡就在你的脚边，俄国舰队也就不再存在，而俄国就会降到彼得大帝以前那样的地位。尽管英国在波罗的海拥有树立这种功勋所必需的力量，如果它在小事上消耗的力量多过进攻只有次要意义的据点所绝对必需的力量，那末它就会犯最大的错误，错误的致命的后果可能表现在最近的两三次战局上。但是，如果我们明白喀琅施塔得的决定作用，那末俄国人同样明白这种作用，他们已经采取了相应的措施。这个通向俄国的咽喉已被竖着上千门火炮的层层钢甲护卫着。

喀琅施塔得的最薄弱的地方是那些旧式的堡垒。它们所处的地势最有利，并且占着大部分的空间，远不能保证火力的必要效果。如果说里斯班克堡垒经过了现代化的改建，那末彼得一世堡垒和喀琅施罗特堡垒的水平仍然极低。也许，相当容易地压制它们的火力，甚至占领它们，从而利用它们来轰击城市。但是舰船只要突入亚历山大堡垒和里斯班克堡垒一线，就可以炮击这个城市并造成巨大的损失，如果它们的注意力不过多地被各堡垒转移的话。

评论：本文是恩格斯打算为伦敦出版的《每日新闻》写的军事论文之一，但当时并没有刊出，原因在1854年4月20日给马克思的信中说是"同《每日新闻》的交通垮台了"。文章分析了喀琅施塔得要塞重要的战略意义，详细分析了要塞的地形和三道防线的特点，指出最薄弱的地方是那些旧式的堡垒。文章认为新的更为牢固的工事，以及螺旋推进式蒸汽舰这些先进的技术对于战争具有重要作用。由于信息来源的原因，文中有些数字资料并不十分准确。

第 11 卷

1855 年

1月29日左右 《欧洲战争》指出：在目前情况下，当俄国能得到半个德国至少在精神上的支援，并且它已动员了如前面所说的大量兵力的时候，它未必肯接受法国和英国可能向它提出的或为英法所能够同意的条件。俄国从彼得大帝时起到阿德里安堡和约时止缔结了几乎一连串的有利的和约，现在，当塞瓦斯托波尔还没有陷落，俄军还只动用了三分之一的兵力的时候，想要它缔结意味着放弃黑海霸权的和约，那是不大可能的。但是如果说在塞瓦斯托波尔的命运和联军远征的前途尚未最后明确以前和约不可能签订，那末当克里木战局的胜负决定后，就更不可能签订了。如果塞瓦斯托波尔陷落，或者联军被击败并被赶入海中，那末，俄国的荣誉，或者同盟国的荣誉都不允许它们在没有取得更重大的战果之前签订和约。如果在会议准备期间订立停战协定，——我们在得知沙皇接受四项条款时，曾推测有这种可能，——那末还有根据期望和平；而在目前的情况下，我们却不得不设想，可能性更大得多的是发生大规模的欧洲战争。

评论：作为社论载于1855年2月17日《纽约每日论坛报》第4316号。文章写于克里木战争发生一年多之后，分析了战争的起因，指出欧洲和俄国政府都不愿意采取极端的手段，以免挑起被压迫民族或内部的争斗。文章批评了联军在克里木战争中的策略，认为欧洲的战争策略迄今为止是失败的，并预测指出，今后的战局一定会规模更大成效也更大。

1月29日 《议会新闻。——战区消息》指出：去年夏末，在从芬兰到克里木的西部边境上的俄国军队还不到50万人，现在在那里的俄军除了15万人的预备军团外，还有60万人。尽管如此，同奥地利相比，俄国现在还是比过去削弱了。在8、9月那个时候，在波兰和波多利亚驻有俄军27万人，而在普鲁特河、德涅斯特尔河和多瑙河一带则驻有俄军约8万人——加在一起是一支35万人的军队，这支军队可以动用来对付奥地利。现在那里只有295000人，而奥地利则直接派出了32万人来对付他们，而且它还可以把驻波希米亚和莫拉维亚的7—8万人调来支援。因此，俄国目前没有能力采取进攻行动，这意味着在波兰境内的开阔地形上、在两军之间又无大江河这种条件下，俄国部队将被迫退到可以扼守的阵地上去。如果奥地利现在开始进攻，那末俄国军队将被切成两部分，一部分只得向华沙撤退，另一部分只得向基辅撤退，而且这两部分之间还隔着不能通行的、起于布格河止于德涅泊河的波列西耶沼泽地带。这就说明了为什么目前赢得时间对俄国具有决定性的意义。这也就说明了为什么俄国有那些"外交上的考虑"。

评论：与马克思合写。载于1855年2月1日《新奥得报》第53号。文章介绍了国内报纸对议会和战争进程的报道，揭示了议会的混乱状态，调查克里木战争中英国士兵巨大减员的提案没有通过。文章通过分析克里木战场的兵力和布防情况，指出了俄国迅速同意谈判的原因。

2月1日 《上一届英国政府》指出：这里没有必要来谈作战情况和联合内阁在外交上的努力，因为所有这一切每一个人都还记忆犹新。议会的工作是在去年8月12日中断的，在12月间再召集开会，以便赶快通过两个急不容缓的措施：外籍军团法案和以自愿方式利用民军在国外担任军事勤务法案。这两个法案直到今天还是一纸空文。而同时却传来了在克里木的不列颠军队处于苦难境地的消息。这使舆论界大为愤慨；事实是令人震惊的，也是不容争辩的；于是大臣们不得不考虑辞职了。议会在1月间开会，罗巴克发表了关于自己的提案的声明，约翰·罗素勋爵马上就不见了，只经过了几天的辩论，"群贤"就遭到了议会史上空前的失败，于是他们被推翻了。

大不列颠可以吹嘘的不只是一个无能的政府，但是，像"群贤"内阁这样无能、可怜、贪婪、同时又这样刚愎自用的内阁还是从未有过的。这个内阁以滔滔不绝的胡吹开场，满足于一些小事的争论，不断遭到失败，最后则以蒙受人世间最大的耻辱而告终。

评论：与马克思合写。作为社论载于1855年2月23日《纽约每日论坛报》第4321号。文章写于阿伯丁勋爵及其联合内阁下台，帕麦斯顿勋爵政府上台执政之际，回顾了上届政府的各种活动，批评它几乎没有进行重要的改革，在明知战争不可避免却仍不做充分准备，揭露了它的效率低下、滥设官职、浪费国家财富等种种弊端，批判了英国的资产阶级政府。

2月9日左右 《克里木的斗争》指出：阿尔马河会战和联军向巴拉克拉瓦的进军刚一结束，我们就曾说过，克里木战局的最终结局，将取决于哪一方能最先调来足以在数量上和质量上造成优势的生力军。从那时起，战况有了很大变化，许多幻想都破灭了。但在这整个时期内，俄国与同盟国之间展开了一种调动增援部队的竞赛，而且我们应当承认，俄国人在这一竞赛中领先了。尽管在技术和运输工具方面有了值得称赞的各种改进，但是野蛮的俄军在陆上行走300—500英里，比高度文明的法军和英军在海上航行2000英里要容易得多，特别是当英军和法军似乎故意轻视高度文明所给予他们的一切优越性时更是如此，而野蛮的俄军可以让自己比联军多丧失一倍的兵士，却不担心自己在最后失去优势。

只要英国新政府不投入任何新的兵力（关于这些兵力到现在还一无所知），那末总有一天，英军、法军、皮蒙特军和土军都将被赶出克里木。

评论：作为社论载于1855年2月26日《纽约每日论坛报》第4323号。文章分析预测了克里木战争的未来态势，认为生力军的加入对于战局的走向至关重要，批评了英国的作战方法和军需供应，以及联军指挥和军队调动上的失误，又一次指出英军兵力减员严重，俄军增援领先一步，若以此发展趋势判断，联军将会失败。

2月9日 《帕麦斯顿。——军队》指出：关于强攻塞瓦斯托波尔的大话自然收起来了。据说首先应当粉碎在开阔地上的俄国军队。要知道威灵顿两次撤除对巴达霍斯的包围，为的是对付前来援助被围者的军队。此外，已经讲过，俄国人重新修筑起来的防御工事使得用强攻夺取城市成为不可能。最后，俄国人最近的出击证明，联军对俄军的优势只是在炮兵方面。因此，在不能制止俄军出击以前，关于强攻的任何想法都是荒谬的。如果围攻者不能把被围者封锁在要塞内，那就更不用指望在白刃战中拿下这个要塞。因此，被本身的弱点和俄国的野战军困在自己营地上的围攻者今后也只好在营地上偷安下去。他们的兵员依旧会减少，而同时俄国人却会调来生力军。如果联军仍找不到直到现在还完全不知道的、而过去又没有估计到的新的资源，那末在克里木演出的欧洲战争的序幕将以联军的复没而结束。

评论：与马克思合写。载于1855年2月12日《新奥得报》第71号。文章介绍了帕麦斯顿在议会中缺乏支持力量的处境，有效的支持力量来自外交，与法国结盟是他上台的原因。文章揭露联军减员严重，批评统帅战略错误、指挥失当，痛斥英军对士兵的体罚制度，并预测了战争的结局。

2月20日左右 《欧洲面临的战争》指出：假如最近期间在维也纳不签订和约（目前在欧洲似乎没有人相信会签订和约），再过几个星期，我们就将亲眼看到战争在欧洲大陆爆发；同这一战争相比，克里木战局只将起到它在世界三个最强大的国家之间的战争中所应起的无关轻重的作用。那时，直到目前还互不联系的在黑海和波罗的海上的军事行动，将被一条横贯这两大内海之间的整个大陆的战线联结起来，在人数上与萨尔马特平原的辽阔无垠相适应的双方军队，将为争夺这一片平原而战。那时，也只有到那时，才可以说，战争成为真正的欧洲战争了。

评论：作为社论载于1855年3月8日《纽约每日论坛报》第4332号，并载于1855年2月23和24日《新奥得报》第91和93号。文章预测克里木战争可能发展成为欧洲战争，指出援军仍是决定战局的关键。英军面临步兵的缺乏，即使英国政府想尽一切办法，也难以挽救兵力匮乏的局面。文章对比英法联军与俄军的兵力，分析各国增兵的能力、措施和新增兵的战斗力等。从军事观点和政治观点分析奥军参战的重要性和可能性，俄军目前还是占有优势，若奥地利军队参战将会改变战争局势。

2月20日 《议会和军事问题》指出：虽然下院又在昨天下午4点到深夜2点开会，并且决定拨款大约750万英镑作为陆军的经费，但是这次辩论并不值得详细论述。我们只指出，帕麦斯顿在答辩时装模作样、说些鄙俗话，而且在说这些鄙俗话时态度蛮横无礼，带有挑衅性，因而使他的自由派反对者们大发雷霆。他用一种只有在阿斯特利马戏院里才合适的朗诵声调讲述巴拉克拉瓦会战，同时大骂累亚德"庸俗地高谈贵族"。他说在军需部、运输部门、医务主管部门里的并不是贵族。可是他忘记了在那里的是贵族的奴才。累亚德准确地看出帕麦斯顿所发明的委员会只会使得在远征军的权限问题上引起冲突。但帕麦斯顿却大声叫喊道：怎么——他又装出理查二世的姿态，而议会则扮演平民瓦特·泰勒的角色——你们希望建立一个只适合于编辑蓝皮书的议会委员会，而反对我的"应当工作！"的委员会吗？帕麦斯顿对议会的态度非常傲慢，甚至认为这一次没必要使出自己说俏皮话的本领。他借用了议员桌上的政府晨报里的一些俏皮话。他既谈到《纪事晨报》上提出的"社会拯救委员会"，也谈到《晨邮报》的一句平淡无奇的俏皮话——把要求调查的议员送到克里木去，并让他们留在那里。但这类东西只能够奉献给目前这样的议会。

这样，帕麦斯顿在议会里甚至胜过了老阿伯丁，然后他就在报刊上——不是在直接受他支配的机关报上，而是在联合起来的啤酒店老板的一张盲目轻信的报纸上——散布谣言，说什么他的行动是不自由的，宫廷束缚着他等等。

评论：与马克思合写。载于1855年2月23日《新奥得报》第91号。文章报道了议会中各派的辩论和斗争，批评了帕麦斯顿的蛮横态度，介绍了英军的兵力，以及征召增援部队的困难，批评了英国的军事制度。

3月16日左右 《克里木事件》指出：由于官方的无能、英国内阁的阴谋和波拿巴主义的贪婪而产生的对克里木战事的幻想，与最近几个月盖满战场的积雪一同开始消失了。在小日罗姆·波拿巴的一本小册子中直接提到：正当克里木的情况乱成一团的时候，"总司令们奉政府指示掩饰和隐瞒夺取塞瓦斯托波尔的困难"。这完全为这些将军们的报告、特别是他们不止一次散布的定于某日强攻的谣言所证实了。自去年11月5日到今年3月初，拉芒什海峡两岸的公众一直等待着这场戏的最后一幕。而长期围攻的结果，在兵营内也造成了以有见识的军官们公开发表的意见为根据的某种舆论，总参谋部的先生们已经再也不能散布联军将于某日进行强攻和城市将被攻占的谣言了。现在这已经欺骗不了任何一个兵士。防御工事的性质，敌人火力的优势，围攻部队的兵力与它所担负的任务的不相称，特别是北堡的决定意义，——这些现在在整个兵营内都知道得很清楚，以致老调不能重弹了。我们曾有机会读到英国军官的信件，他们对于这种情况是丝毫也不怀疑的。

评论：载于1855年3月19日《新奥得报》第131号，并作为社论载于1855年4月2日《纽约每日论坛报》第4353号。文章揭露了政府和将军们的谎言，批评了联军由于援军缺乏以及错误的战术，不仅英法军队被困，土军也同样被困。联军夸大了叶夫帕托利亚会战的胜利。

3月16日左右 《大冒险家的命运》指出：这几天我们发表了从拿破仑亲王不久前出版的小册子中摘录下来的几段有趣的话；我们并不怀疑，读者已经给予了应有的注意。这本小册子揭露了一个非常重要而令人惊异的事实，即克里木远征是路易-波拿巴本人的创举，他没有和任何人商量而独自制定了详尽的远征计划，为了避免瓦扬元帅的反对，他把计划的手稿送往君士坦丁堡。当所有这一切真相大白之后，这次远征造成的最严重的军事错误有很大一部分从远征的创举者的王朝利益中找到了解释。在瓦尔那军事会议上，圣阿尔诺不得不直接借用"皇帝"的权威硬要到会的陆海军将领进行克里木远征，因为当时这位统治者本人曾把反对他的人的意见公开斥为"怯懦的建议"。来到克里木之后，圣阿尔诺却情愿接受腊格伦所提出的向巴拉克拉瓦进军的真正怯懦的建议，因为实现这个建议，即使不能直接到达塞瓦斯托波尔，那末不论到什么地方，至少也是接近它的大门。

评论：作为社论载于1855年4月2日《纽约每日论坛报》第4353号。文章指出了克里木战争的起因，以及强攻塞瓦斯托波尔要塞的困难，介绍了克里木远征的真正目的是路易-波拿巴试图通过战争胜利缓解国内的政治危机、转嫁矛盾，他为了王朝利益不顾国家利益。文章揭露了路易-波拿巴军事上的独裁，批判了他的赌徒本性和固执、孤注一掷的冒险行为。克里木远征造成的后果，使奥地利将成为最大受益者，未来欧洲革命将会在民主革命和君主反革命之间进行。

3月17日 《法国作战方法的批判》指出：当拿破仑认识到他已经开始的行动不合理时（例如在阿斯佩恩），他便不坚持这一行动，而善于找寻其他出路，出敌不意的将自己的军队调往新的攻击目标，依靠出色的成功的机动，甚至使暂时的失败也成为有助于取得最后胜利的行动。只有在他没落的时期，当他在1812年以后对自己丧失了信心的时候，他的坚强的意志力才变成了盲目的固执，使得他死守作为一个统帅很清楚地知道是完全无用的那些阵地（例如在莱比锡）。可是他的继承者却不得不一开始就做他的先辈最后才做的事情。对于一个来说是无法解释的失败的结果，对于另一个来说则是无法解释的幸运的结果。对一个来说，他所信赖的福星是他自己的天才，对另一个来说，却不得不以对自己的福星的信赖来代替天才。一个赢得了真正的革命，因为他是能够实现这个革命的唯一人物；另一个则赢得了重新唤起的对过去革命时代的回忆，因为他承袭了这个唯一人物的名字，因而他本身就是一种回忆。在第二帝国的内政中反映了它的作战方法的自命不凡的平庸，在这方面也是外表代替了现实，"经济的"远征决不比军事的远征更有成效，要证明这些本来是并不困难的。

评论：与马克思合写。载于1855年3月20日《新奥得报》第133号。文章揭示了波拿巴王朝进行克里木远征的目的是试图摆脱内政危机，为了自己的王朝利益。

正是路易-波拿巴的赌徒心理和冒险心态导致了法军在战争上的一系列不当攻击和失败。文章通过对比拿破仑的作战战略批评了法国作战方法的错误，而这与其内政的混乱相关，波拿巴王朝是脆弱的、腐朽的。

3月23日左右 《拿破仑最近的诡计》指出：十分明显，路易-波拿巴企图在克里木靠胜利来取得拿破仑的声誉，但是这棵胜利之树却长得相当高，要攀折它并不是那么容易。不过，到目前为止，我们所指出的一切困难都只是局部性的。反对这种在克里木的作战方法的主要理由，归根到底是这种作战方法把可以使用的法国全部武装力量的四分之一用在次要战场上，而在这里即使取得最大的胜利，也不能解决任何问题。这种在夺取塞瓦斯托波尔问题上不顾一切的、已经发展到某种迷信地步的并且赋予成败以虚构的意义的顽固态度，正是整个作战计划的最根本的错误。而赋予克里木整个事件以虚构意义，反过来就又使这一计划的倒霉的制定者吃到加倍的苦头。对亚历山大来说，塞瓦斯托波尔远非整个俄国，但对路易-波拿巴来说，不能夺取塞瓦斯托波尔便等于失去法国。

评论：作为社论载于1855年4月7日《纽约每日论坛报》第4358号。文章分析了路易-波拿巴亲征的原因并预测了结果。亲征的根本原因是为了稳固法兰西帝国的政权，次要的原因则是士兵的情绪、农民的热望，虽然这将带来相反的结果。文章介绍了远征的准备工作，分析战争即将面临的困境，批评了作战方法，指出塞瓦斯托波尔战役对于俄国和法国有不同的意义。

3月23日左右 《塞瓦斯托波尔会战》指出：大约一个月以前，俄军的出击通常都是成功的，这使我们作出了如下结论：堑壕已推进到使被围者和围攻者势均力敌的距离上。换句话说，堑壕已构筑到这样近的地方，以致俄军在出击时能够向任何一段堑壕集中至少相当于联军在1—2小时内才能调集的兵力。既然一两个小时就足够用来把倒刺钉钉入火炮的火门以破坏炮台上的火炮，联军自然不能使自己的接近壕再向前推进。从这时起，直到可以用来替换一部分英国步兵和加强堑壕警卫的法军3个旅（第八师的1个旅和第九师的2个旅）开到时止，联军停止了积极的行动。同时，工程部队的将军尼耶尔和琼斯来到后，又使围攻作业展开了，并纠正了主要由于法国比佐将军的固执和由于英军步兵人数不足所造成的错误。联军构筑了新的接近壕，特别是在离马拉霍夫冈上的俄军工事约300码的英军配置地段上，构筑了新的平行壕。一些新构筑的炮台已非常逼近因克尔芒，以致只要一开火，便能从后方射击或以纵射火力射击俄军的部分炮台。俄军为了对付这几线新的工事，采取了非常巧妙和大胆的行动。

春天的来临对欧洲三个最强大的国家正在激战的这个宽5英里、长10英里的小小半岛来说，将意味着可怕的灾难；如果路易-波拿巴的这一伟大的远征终于开始获得丰硕的果实，那他真应当替自己庆幸。

评论：作为社论载于1855年4月7日《纽约每日论坛报》第4358号，并载于

1855年3月26日《新奥得报》第143号。文章介绍并评论了塞瓦斯托波尔会战的情况，详细介绍了双方夺取马拉霍夫冈多面堡这次规模不大的战斗，分析了会战中双方的地形、兵力、工事构筑等情况，指出法军由于强攻失败而产生的军心不稳现象以及面对春天流行病等重重困难。在一周后写的《战争的进程》一文中，根据新的信息指出这次强攻是毫无意义的。

3月30日左右　《战争的进程》指出：正当外交家们聚集在维也纳讨论塞瓦斯托波尔的命运、而同盟国企图在对自己最有利的条件下缔结和约的时候，俄军在克里木却利用敌人的严重错误以及自己在半岛上所处的中央位置，再次全面转入进攻。如果我们回想一下联军在入侵之初的大话，那末目前的状况是可笑的，而且看来正是对人的自恃和愚蠢的绝妙讽刺。但是，这出戏尽管有滑稽可笑的一面，整个说来却是个大悲剧，因此我们再次建议读者把"亚美利加号"轮船在星期日早晨送来的最近报道中所叙述的事实仔细地加以研究。

不论在克里木，或者在英国和法国，人们现在已开始懂得（虽然很慢），以强攻夺取塞瓦斯托波尔是毫无希望的。陷于窘境的《泰晤士报》请教于"大军事权威"后认识到，必须转入进攻，为此应当：或者强渡黑河，同奥美尔－帕沙的土军会合（不论在同俄国的监视军会战以前或者以后）；或者对卡法实行佯攻，以迫使俄军分散兵力。既然联军的兵力据推测现有11—12万人，那末采取这样的行动就应当是联军力所能及的。其实康罗贝尔和腊格伦比其他任何人都更清楚地了解，强渡黑河并同奥美尔－帕沙的军队会合是多么需要；但正如我们多次证实的那样，遗憾的是，在塞瓦斯托波尔附近高地上的联军现在没有而且从来也没有达到过11—12万人。到3月1日，联军在那里能担任勤务的兵士不超过9万人。至于谈到远征卡法，当现在联军在其所控制的两个点上都还没有足够的兵力来完成规定的任务的时候，如再将兵力分散在距中心点60—150英里的三个不同的点上，那当然是俄军求之不得的事！"大军事权威"郑重其事地奉劝《泰晤士报》出面主张再走远征叶夫帕托利亚的老路，显然是对该报的嘲弄！

评论：作为社论载于1855年4月17日《纽约每日论坛报》第4366号。文章揭示了塞瓦斯托波尔围攻战中联军的政治目的，是企图在和谈中获取最大利益；俄军在和谈的同时在战场上全面进攻。文中批评了联军指挥上的失误、夺取马拉霍夫冈多面堡战役战略目的不明，毫无意义；说明了交战双方战略地位的翻转，联军由围攻转入防守；称赞双方兵士的勇敢以及俄军工程师构筑的防御工事的巧妙。

3月30日左右　《论克里木局势》指出：关于和谈进程的报道的性质每天都在改变着。今天说和平是不容置疑的，明天又说战争是不容置疑的。帕麦斯顿在"邮报"上用大炮和剑进行威吓——这证明他随时准备缔结和约。拿破仑命令自己的报刊歌颂和平之树——这最确凿地证明他打算继续战争。克里木事件的进程绝难说明塞瓦斯托波尔即将陷落。在叶夫帕托利亚，奥美尔－帕沙的军队实际上从陆地方面已被封锁住。俄军在骑兵数量上占优势,所以他们能够把自己的前哨和骑兵哨几乎派到城边,在城郊巡逻,从而切断敌人的供给线,而当敌人进行猛烈的出击时,就退到在他们后面的步兵所在地。可见,正像我们所预料的那样,俄军以相当于土军四分之一或三分之一的兵力,钳制着土军的优势兵力。在伊斯甘德-贝伊(即波兰人伊林斯基,他是在卡拉法特城郊出的名)的指挥下土耳其骑兵进行了出击,但是被三支从三个不同地点同时向土军攻击的俄国部队所击退。像所有训练得不好而又不果断的骑兵一样,土军没有拔出马刀向俄军冲击,却停留在相当远的距离上,用马枪向俄军射击。这种显然证明土军不果断的行动,促使俄军转入进攻。伊斯甘德-贝伊带领一个骑兵连企图向敌人攻击,但是除了巴希布祖克外,所有的人都抛弃了他,他因而不得不退却,冲出俄军重围。奥美尔-帕沙等待骑兵增援部队的到来,同时又到英法兵营去通知联军,说明他此刻不能采取任何行动,迫切希望法军派出约1万人的增援部队。毫无疑问,能派出增援部队是最好不过了,但是康罗贝尔本人同样也需要增援部队。康罗贝尔已经发觉,他所掌握的军队太多,同时又太少。如果采用老办法围攻塞瓦斯托波尔和防守黑河,兵力就太多;如果强渡黑河,把俄军击退到半岛的腹地并封锁北区,兵力就太少。派1万人到叶夫帕托利亚,不一定能使土军开始顺利的军事行动,同时法军要在开阔地上行动也会感到力量不足。塞瓦斯托波尔的围攻,一天天地使围攻者陷入愈来愈困难的境地。

不论在塞瓦斯托波尔城郊的兵营,或者在英国本土,人们现在已开始懂得,以强攻夺取塞瓦斯托波尔是毫无希望的。陷于窘境的《泰晤士报》请教于"大军事权威"后认识到,必须转入进攻,为此应当:或者强渡黑河,同奥美尔-帕沙的土军会合(不论在同俄国的监视军会战以前或者以后);或者对卡法实行佯攻,以迫使俄军分散兵力。既然盟军现有11—12万人,那末采取这样的行动就应当是力所能及的。《泰晤士报》是这样认为的。

评论:载于1855年4月2日《新奥得报》第155号。文章讽刺了报刊的虚伪与不可靠,已经沦为资产阶级掩盖其真实意图的政治工具,介绍了塞瓦斯托波尔围攻战的情况,俄军取得了一系列胜利,而联军的围攻越来越困难,不得不转入防御。文章认为,联军解决目前困难的策略是增援兵力而非其他。

4月14日左右 《评拿破仑在〈通报〉上的社论》指出:公众,甚至法国的公众,看来都已识破塞瓦斯托波尔围攻的秘密。因此,作为《通报》〔总〕编辑的路易-波拿巴就这个问题又大写起冗长的社论来。他指望用这篇社论达到几个目的:总的是就已开始的行动遭到失败一事安慰公众;特别是解脱拿破仑第一的继承者对失败所负的责任,而其中还对布鲁塞尔回忆录进行了答辩。这篇以半亲昵、半官腔的笔调(这是同时为法国农民和欧洲各国政府撰写文章的这位作者特具的风格)写成的文章很像是战史,还夹杂了为每一个步骤所臆造的根据。这个文件极为拙劣,因为它非常无力而不能令人信服。但是,既然波拿巴被迫用这种办法讲话并替自己辩护，那末可见〔外界的压力〕是很大的。

评论：载于1855年4月17日《新奥得报》第177号，并作为社论载于1855年4月30日《纽约每日论坛报》第4377号。本文对路易-波拿巴的社论进行了评论，揭穿他写这篇社论的目的，揭露他对联军登陆地的说法其实是为了推卸责任，驳斥了他为自己及将军们开脱的种种托词，指出社论正说明了路易-波拿巴要对错误负最大的责任。

4月15日左右　《三月二十三日的出击》指出：塞瓦斯托波尔的围攻仍旧进展缓慢，毫无生气，没有发生任何重大事件，也没有解决任何问题；只有个别无结果的冲突和零零星星的攻击才带来了一些生气，不过每次的攻击都是上次的翻版和下次的样本而已。如果撇开守方在工程方面的优点不谈，那末确实很少见到像这样能表明双方指挥人员庸碌无能的、如此长期对峙的战例。

评论：载于1855年4月18日《新奥得报》第179号，并作为社论载于1855年4月30日《纽约每日论坛报》第4377号。文章介绍了塞瓦斯托波尔围攻战中俄军的一次出击，批评联军将军们的报道模糊不清，以及在这次出击中对自我表现的夸耀吹嘘。恩格斯认为先攻占外围工事的作战方法不可能成功，预测了俄军企图突破联军的围攻战略。

4月17日左右　《德国和泛斯拉夫主义》指出：现在已经不仅是俄国，而是整个泛斯拉夫主义的阴谋有在欧洲废墟上建立自己统治的危险。所有斯拉夫人的联合具有显著的力量，而且这种力量会日益增强，因此这种联合很快要迫使与它敌对的力量采取与过去完全不同的形式行动起来。这里我们没有谈到波兰人，他们可尊敬的大部分是敌视泛斯拉夫主义的；也没有谈到假民主和假社会主义形式的泛斯拉夫主义，这种泛斯拉夫主义本质上同普通的露骨的俄国泛斯拉夫主义不同的地方只是在于它的漂亮言词和假仁假义。我们同样很少谈到德国思辨哲学的代表，这些代表们因离奇的愚昧无知而堕落为俄国阴谋的工具。

评论：共分两篇，是恩格斯应马克思的请求为在《新奥得报》和《纽约每日论坛报》上同时发表而写的。首先发表在1855年4月21和24日《新奥得报》第185和189号上。1855年5月5日和7日的《纽约每日论坛报》以《欧洲的斗争》和《奥地利的弱点》为题歪曲地登载了这两篇文章。文章揭露了泛斯拉夫主义的反动性及其对欧洲的危害。恩格斯对斯拉夫民族问题有过深入研究，写过《民主的斯拉夫主义》《德国的革命和反革命》等，本文也是其力作之一。文章介绍了泛斯拉夫主义的起源及其演变。泛斯拉夫主义同俄国的结合一方面与自己的初衷相背离，另一方面也显示了奥地利的软弱无力及其对俄国的依赖。现在，奥地利竭力想摆脱这种依赖，因此在东方问题上它肯定要反对俄国。恩格斯依据历史和现实，清醒而深刻地揭示了奥地利的处境，预测了奥地利在克里木战争中可能的立场。恩格斯认为，泛斯拉夫主义将是整个欧洲的噩梦，预测欧洲将会有与过去完全不同的行动。

5月8日左右 《塞瓦斯托波尔的消息》指出：星期六晚间这里收到的"亚美利加号"轮船带来的邮件，再次使我们有可能向读者们作比较全面的有关克里木战争进程的报道，尽管依然互相矛盾和含糊不清的官方报道和报纸通讯使我们的工作做起来颇不容易。十分明显，维也纳和谈的挫折使塞瓦斯托波尔城郊的联军兵营有了生气和较大的活跃气氛，虽然可以说炮击在4月24日就停止了，但是以后的两周也并不是完全没有行动的。目前还很难断定联军究竟取得了哪些成果，尽管有一个记者肯定说，俄军的前进防御工事——色楞格多面堡、沃伦多面堡和堪察加多面堡——以及这些工事前的整个一线上的战壕均已失守。因为这无疑是联军最大限度的成就，所以我们暂且假定这个消息是确实的。某些记者报道，法军曾强攻马奇塔棱堡并攻占了它，但这些消息不足置信。它们只不过是4月21日事件毫无根据的夸大而已，当时法军曾利用地道爆破的方法在这个棱堡前面炸开了一条最前面的堑壕。

我们假定俄军已确实被击退到自己最初的防线，虽然很奇怪的是，到目前为止还没有获得联军攻占萨蓬山和马美朗高地的报道。即使这些高地上的多面堡已不在俄军手中，但是仍然谁也不能否认，俄军已经很有效地利用了它们。

评论：作为社论载于1855年5月28日《纽约每日论坛报》第4401号，并载于1855年5月11日《新奥得报》第217号。文章介绍了塞瓦斯托波尔围攻战的最新战况，评述联军在和谈失败后进行的一系列攻击，揭露了联军在和谈期间为配合和谈进行的炮击是政治意义上的。如果联军不可能在接近俄军防线的地点配置炮队迫使俄军撤离的话，围攻就不会有实质意义上的成功。文中客观地分析了俄国能够顺利抗击联军的原因。

5月11日左右 《克里木战局》指出：法军中普遍存在的急躁情绪迫使康罗贝尔泄露了联军的作战计划。按这个计划，应当把25000人的预备军团调往克里木，随后还要派去3—4万名法军和皮蒙特军。预备军团一开到，法军将立即出动，渡过黑河，攻击在任何地点遭遇到的俄军，力图在阿尔马河和卡查河附近某处同奥美尔-帕沙的部队会合，以后再根据情况行动。与此同时，舰队的蒸汽舰应向卡法和刻赤进行袭击，如果成功，即占领并扼守这两个城市，作为野战部队可能利用的据点。的确，这是使联军能胜利结束克里木战局的唯一可行的计划。但是，要在开阔地上采取这样的行动，联军必须在数量上占相当大的优势。没有这种优势，他们就不能指望在同俄国的监视军接触时获得决定性的胜利。

评论：载于1855年5月14日《新奥得报》第221号，并作为社论载于1855年5月29日《纽约每日论坛报》第4402号。文章介绍了联军下一步的作战计划并推测可能的结果。通过分析双方兵力的多少，说明了联军可能的作战战术，指出联军的优势在于步兵人数多，而俄军的优势在于炮兵和骑兵以及占据的有利地形。文章推演了联军的推进战术、决战地点以及结果对双方的影响。最后也提出了俄军作战的另一种可能性。

5月21日左右 《克里木战争》指出：在写这篇文章的时候，克里木的野战行动大概已经开始了（关于这次野战行动的准备情况，我们在几天前已经谈到过了），因而局限于半岛范围内的这次战争，便进入一个新的、可能是决定性的发展阶段。皮蒙特军和法军的预备队迅速开到，特别是司令官突然易人，康罗贝尔调任军长，总指挥权被授予佩利西埃，这无疑证明联军改变战术的时候已经到来。

不论联军是否进行强攻或野战，都将遇到很大的困难。但无论如何，联军到达塞瓦斯托波尔地区以来所采取的毫无生气的作战方法就要告终，现在可以期待更重大的、从军事观点来看是真正有意思的事件和行动了。

评论：作为社论载于1855年6月8日《纽约每日论坛报》第4411号。文章报道了克里木战争由于援军到达和司令官易人，改变战术，战争已进入新的决定性阶段。从军事角度分析推演了联军可能采取的几种战术，从正面进攻代价巨大，联军采用的可能性不大；侧翼迂回的机动战术虽然也困难，但有可能获得成功；强攻塞瓦斯托波尔南区即使成功也会由于比俄军损失兵力更多，将导致在之后的野战中更加困难。

5月24日 《帕麦斯顿勋爵官邸演出的喜剧序幕。——克里木最近事件的经过》指出：以前我们已经指出过同任命佩利西埃有关的一些奇怪的情况。但是，这里还必须指出一点。当战争开始的时候，担任总司令职务的是圣阿尔诺，一个〔真正的〕波拿巴主义的将军。他是这样为自己的皇上效劳的：上任不久便死了。在头等波拿巴主义者中间，无论马尼扬或是卡斯特朗，无论罗格或是巴拉盖·狄利埃，一个都没有被指定为他的继承人，却任用了康罗贝尔，一个对波拿巴主义的修养不深、资格也不老、但具有丰富的非洲经验的人。现在，指挥官又在更换，正像〔昨日的〕波拿巴主义者一样，〔明日的〕波拿巴主义者也是没有份的。这个职位给了一个普通的非洲将军，他没有任何固定的政治色彩，但服军役多年并且在军队中颇有名气。沿着这条线下去，将来是否必然会轮到尚加尔涅、拉摩里西尔或卡芬雅克即波拿巴主义队伍以外的将军呢？

"没有能力进行战争，同样也没有能力签订和约，——这就是我们的情况！"——一位把整个命运同帝国制度联系在一起的法国国家活动家在几天以前这样指出过。复辟的帝国的每一个步骤，包括任命佩利西埃在内，都证明他是正确的。

评论：与马克思合写。载于1855年5月29日《新奥得报》第243号，并作为社论载于1855年6月12日《纽约每日论坛报》第4414号。文章批评了资产阶级议会制度，揭露了法国政府的无能，指出议会内部达成的妥协是由于反对派和帕麦斯顿在利益上一致。文章指出克里木战场上士气低落，批评了由于政府和将领互相掣肘，导致无功而返的机动加重了士兵的不满情绪，最后不得不易帅。文中还分析了联军下一步的战术面临的困难。

6月8日左右 《克里木的消息》指出：俄军并没有白白浪费时间。由于奥地利重新采取了"观望"态度,以及预备部队和新兵也从后方开到,俄军已经能调生力军到克里木去。那里除了几个骑兵师以外,已经有步兵第三、第四、第五和第六军。早在一个半月以前就已听说,开到克里木的步兵第二军,现在真的从沃伦调往战场了,接着开去的是配属给掷弹兵军的轻骑兵第七师。这确实预示着:掷弹兵军的步兵和炮兵部队调到克里木的时刻已快到来。现在他们已经在开往沃伦和波多利亚的途中,以便到那里接替第二军。帕纽亭将军(曾经在匈牙利指挥过配属给海瑙军团的俄军1个师)所指挥的第二军将开往克里木的兵力除炮兵和轻骑兵外,为步兵49个营,共计5—6万人,因为没有参加过战斗的步兵军无疑是按照战时编制补充足额的。第二军的部队将在6月15日至7月15日之间,也就是在很可能开始决战的时期,到达战场,因此,他们在当前克里木的军事行动中能起十分重要的作用。

6月显然将是克里木战局进程中具有决定意义的一个月份。到6月底,或者至迟到7月底,不是俄国的野战部队被迫放弃克里木,就是联军被迫准备撤出自己的军队。

评论:作为社论载于1855年6月23日《纽约每日论坛报》第4424号。文章介绍了克里木战争的进展,联军在战场上取得了一定的进展,野战的第一步已经顺利完成。文章评论了佩利西埃的指挥作风,批评了法兰西帝国对于战争指挥权的争夺和混乱,报道了俄国军事增援的情况,认为1855年6月将是克里木战局具有决定意义的时刻。

6月8日左右 《评克里木事件》指出:随同这支远征队一起行动的陆军部队的使命,是在必要时保护军舰,派出兵力驻守已占领的居民点,破坏俄军的交通线。这些部队的主力看来仅作为游动队以进行野战;他们应当在每个有利时机进行勇猛的攻击,然后在舰炮的掩护下退回自己的筑垒阵地,而在最坏的情况下,即当他们受到敌人的很大优势的兵力的威胁时,甚至再回到舰上。如果陆军部队的使命正是这样,那末他们是能够胜任愉快的,而15000人用来完成这样的任务也并不算太多,如果他们的使命是作为有自己作战基地的独立单位来行动,对俄军进行认真的侧敌机动,企图对克里木的腹地造成严重的威胁,那末这15000人(由于必须派出一些独立部队,因而兵力还要削弱)就未免太少了;这样会有很大的危险,他们将被敌人的优势兵力切断、包围以至歼灭。现在我们仅仅获悉,这些部队已在刻赤登陆,目前正在加固向陆方向上的城防工事。自从俄军自动放弃苏茹克-卡列以后,切尔克西亚沿岸地区留在俄军手中的唯一的要塞就是阿纳帕。这个要塞由于自然条件本来已很坚固,现在又很好地加固了。我们怀疑联军现在会去进攻阿纳帕。如果他们没有速胜的把握就进攻阿纳帕,那末他们就会犯大错误。他们就会在需要最大限度集中兵力的时候把兵力分散,并且在既得的地区尚未巩固的时候把兵力浪费在对新目标的攻击上。

评论:载于1855年6月11日《新奥得报》第265号。文章介绍了克里木战争的情况。联军在占领黑河一线和塞瓦斯托波尔围攻都取得了一定的胜利。联军向阿速夫海的远征也获得了极大的胜利，破坏了俄军的补给线。文中批评联军没有尽早实施这次远征行动，否则战况将会不同，分析了随远征队行动的陆军部队的任务，认为联军没有必胜的把握不要进攻阿纳帕。

6月12日左右 《塞瓦斯托波尔》指出：在东西两半球上找不出任何一个有理智的军人，在获悉佩利西埃被任命为司令官和联军得到大量增援部队以后而不期待佩利西埃选择第一种打法的。特别是在奥美尔-帕沙指挥的25000名土军到达巴拉克拉瓦以后，联军毫无疑问已拥有足够的兵力可以一面继续围攻，一面派15000人到刻赤去，同时以比俄军可能用来进行抵抗的更大的兵力进行野战，向前推进。为什么联军没有这样做呢？难道他们的运输工具还不够吗？还是他们不相信自己能够在克里木作战呢？这些我们都不知道。可是有一点是清楚的：如果佩利西埃不是由于非常重大的原因而放弃野战，那末他所以继续执行极其错误的方针，只是出于他的固执和任性；以他的部队在目前强攻中所不得不付出的同样的代价，他就能在野战中取得更大得多的战果，获得更具有决定意义的胜利。只去夺取南区，甚至不试图包围完全控制着南区的北区，这就是根本蔑视一切作战原则的做法，如果佩利西埃打算这样行动，那末他就会葬送他所统率的这支大军。

但是我们想尽量为这位新司令官的每个可疑的行动找出辩解的理由。可能左翼上的行动是不可避免的，那是由于俄军构筑了反接近壕而引起的。也可能围攻者在冒险把全部军队分成围攻部队和野战部队以前，必须先迫使俄军退到最初的阵线，对他们进行几次猛烈的、歼灭性的打击，借以显示一下自己的优势。但是，即使承认这一切，我们现在仍必须指出，不能再这样继续下去了，如果联军不用一切可用的兵力在战斗中预先疲惫俄国的野战部队，那末任何攻城的新的重大企图都显然是错误的。

评论：作为社论载于1855年6月29日《纽约每日论坛报》第4429号，并载于1855年6月15日《新奥得报》第273号。文章报道了联军在塞瓦斯托波尔的最新战况，分析了旧式的沃邦和科尔蒙太涅工事体系和新型的独立堡垒体系构筑、作用、功能的不同以及由此带来的防御方法、围攻时间和围攻战术的不同。俄军修筑要塞虽然用的是旧方法，但层层接应、彼此保护、易守难攻。文章批评佩利西埃将军固执地坚持错误的战术，并指出这样的局面不能再继续，必须开始从北区围攻的野战。

6月15日左右 《拿破仑的军事计划》指出：第一个作战计划是联合奥地利进行〔"大战"〕。这个计划会使法军在数量上同奥军相比处于从属的地位，就像目前英军同法军相比所处的地位一样。同时，这个计划会使俄国发动革命。路易-波拿巴既不能要前者，也不能要后者。奥地利拒绝参战；计划破产了。第二个计划是"民族战争"。这个计划一方面会在德意志人、意大利人和匈牙利人中间引起风暴，另一方面也会在斯拉夫人中间引起起义，这就会立刻影响到法国，会使路易-波拿巴的没落帝国在比它建立所用的时间还要短的时间内垮台。冒充拿破仑的这个假"铁汉"惊恐地退缩了。第三个计划,即所有计划中最小的计划,就是这个"为了局部目的而进行局部战争"的计划。它的荒谬性是一眼就可以看出的。于是我们又不得不提出这样的问题:以后又怎么办?总而言之,在一切都很顺利的情况下登上法国皇位,比保住这个皇位要容易得多,即使皇帝陛下在穿衣镜前面长期练习,已经熟练地掌握了帝王的一切举止动作。

评论:作为社论载于1855年7月2日《纽约每日论坛报》第4431号。文章分析评论了路易-波拿巴"进行局部战争"计划的荒谬性。首先介绍了战况,说明了英法两国和俄国不同的政治文化传统,试图采用的局部战争胜利的策略既不现实也不可能,俄国在所有防御力量没有耗尽以前不可能缔结和约,这是由它一百多年的历史传统决定的。奥地利也是一个决定战争走向和结果的重要因素。文章讨论了三种作战计划及其可能的后果,揭露局部战争的本质就是夺取黑海霸权,预测路易-波拿巴的政权在即将到来的革命风暴之下岌岌可危。

6月16日　《下院的事件。——克里木战争》指出:奥地利履行了自己的义务,普鲁士履行了自己的义务,全世界都履行了自己的义务,于是波拿巴就作出了第三个计划,即最小的计划——"为了局部目的而进行局部战争"。法国军队在克里木作战不是为了荣誉,仅仅是在那里担负警察勤务。需要解决的问题具有纯粹地区性的意义(黑海霸权),这样的问题应当在这里就地解决。使战争具有较大的规模是不理智的。联军一定会"恭敬地、然而坚决地"击退俄军在黑海进行抵抗的任何企图。然后他们,或者俄国人,或者双方将提出议和,原来的豪言壮语没有留下任何痕迹,甚至连有关文明的字句也没有留下,除了为维也纳议定书的第三项而斗争外,什么也没有留下。波拿巴的预言者指出,仅仅为了局部目的的战争只能使用局部手段进行。只能剥夺俄国人在黑海的霸权!在下一篇通讯中我们将要指出:在波拿巴从"大战"转到"民族战争",又从"民族战争"转到"为了局部目的使用局部手段而进行的局部战争"之后,这种局部战争也是"荒谬绝伦的"。

评价:载于1855年6月19日《新奥得报》第279号。文章介绍了议会的辩论,揭露了资产阶级议员之间尔虞我诈的政治交易。在克里木战争期间,波拿巴提出了三个计划,前两个都因为各种原因失败,第三个以夺取黑海霸权为目的的计划也终将失败。文章抨击了波拿巴对革命的反动。

6月20日　《局部战争。——关于行政改革的辩论。——罗巴克委员会的报告》指出:英国资产阶级在自己过去的鼓动运动中曾出其不意地控制了执政集团,并且诱使群众同自己唱一个调子,因为它在自己的纲领里走得要比自己的实际目标远一些。这一次它在自己的纲领里甚至不敢提高到实际目标的水平。你们一个一个地说服我们,说你们不想消灭贵族政治,而只想同我们团结起来修好政府机器![很好!]以友谊对友谊!我们自己来为你们改革行政机关,自然不越出它的传统范围。

你们断言,"行政改革"不是阶级之间争论的问题,谈的只是"实际事务"、"善意的"改革。我们希望你们让我们自己来制定行政改革的细节以首先证明你们的善意,因为这里谈的只是细节。我们自己看得更清楚,我们能够走多远,既不使我们的阶级受到损害,又不由于疏忽而把行政改革变成阶级之间争论的问题,也不使它失去仁爱的性质。主张改革的资产阶级不得不装出一副样子,似乎它相信这种贵族的〔好意〕的讽刺语言,因为它自己就是用虚伪的语言同群众讲话的。贵族、内阁和反对派,托利党和辉格党,一分钟也没有误解行政改革派和群众之间的相互关系。他们知道,这种鼓动早在进入议会以前就以破产告终了。这样,他们还能误解吗?尽管行政改革协会只允许特殊人物出席在德留黎棱举行的大会,尽管它的听众是经过三番五次筛选过的,但是它对可能提出的任何民主提案或者议程没有规定的任何发言都非常恐惧,以致主席在大会开幕前宣布:与会公众只是为了"听取程序单上所公布的发言人的讲话",任何"提案"都不付诸表决,"因此不能提出任何修正案",也不能"对已报名的发言人的名单作任何补充"。当然,这样的鼓动是不能对顽固的英国寡头政治发生作用并迫使它让步的。

评论:与马克思合写。载于1855年6月23日《新奥得报》第287号。文章首先报道了英国国内对战争的态度,分析了波拿巴"进行局部战争"计划将会面临的糟糕后果。这一计划不仅表明了波拿巴政权害怕新的革命力量的兴起,也表明了法兰西帝国的软弱。文章介绍了英国议会行政改革派的失败,揭露了资产阶级鼓动群众的真相,以及资产阶级政府的虚弱和对寡头政治的妥协。最后批评罗巴克委员会的报告掩饰真正的问题,目的只是为了减轻舆论压力。

6月29日左右 《塞瓦斯托波尔的消息》指出:阿速夫海上的行动虽然破坏了俄军的一条供应线,但是由于德涅泊河是一条比顿河重要得多的俄国产粮区的天然水路交通命脉,因此毫无疑问,在赫尔松会有很多粮食,比克里木俄军所需要的还要多。由赫尔松不费太大的力气就可以把粮食运到辛费罗波尔。因此谁期望阿速夫海的远征会立刻严重地影响塞瓦斯托波尔的粮食供应,那就大错特错了。不久前向联军一方倾斜的天平可能又要恢复平衡状态了,甚至还可能向他们的对方倾斜。如果俄军行动迅速,克里木战局就决不能认为已成定局。

评论:作为社论载于1855年7月12日《纽约每日论坛报》第4439号,并载于1855年7月2日《新奥得报》第301号。文章介绍了塞瓦斯托波尔围攻战中,联军攻占马美朗阵地取得胜利的过程,分析英军和法军采用的不同战术,反映了他们各自的特点和传统,也分析了俄军的作战特点。文章批评联军向腹地的侦察活动有可能暴露真正的作战计划,分析佩利西埃将军的指挥失误和行为动机,指出他在滑铁卢会战纪念日失败的强攻活动是受到国内政治的影响。

7月6日左右 《人民同警察的冲突。——论克里木事件》指出:现在已经可以识别那些为了达到自己的进一步的目的而竭力想激发、领导和利用群众运动的各个派别了。这些派别如下:首先是政府本身。在波拿巴逗留伦敦期间,所有反对他的标语和漫画好像变戏法一样都从墙上消失了。可是现在警察局又让那些最激烈的宣传品挂在墙上。一切都表明了正在策划着一个密谋:警察们的奉命的粗暴,律师们在马尔波罗街法庭上为政府辩护的挑衅性的辩词,违法地使囚犯踩阶梯式的笨重轮子,官方报纸的带侮辱性的语调,阁员们在议会内的吞吞吐吐的发言。也许,帕麦斯顿需要一个小规模的〔政变〕以保持自己的内阁?或者他需要一个内部的大混乱以转移大家对克里木的注意?我们知道这位过于自信的国家活动家善于以表面的轻率来掩盖他的深奥而冷静的打算,因此我们认为他像哈巴谷式的伏尔泰那样是一个〔"什么都能干的人"〕。其次是行政改革协会派。他们竭力利用群众运动,一方面是为了吓唬贵族,一方面是把群众运动当做自己争取声誉的手段。因此,巴兰坦曾经代表他们并为了他们的利益而作为上星期日被捕者的辩护人在马尔波罗街的〔治安法庭〕上说了话。因此,行政改革派昨天还为所有犯人偿付了罚金,赎出了他们。因此,他们的报纸既保护"平民"(就像政府报纸《地球报》那样称呼人民),又攻击警察局和内阁。第三是宪章派。他们的目的是大家都知道的。

评论:与马克思合写。载于1855年7月9日《新奥得报》第313号,并作为社论载于1855年7月21日《纽约每日论坛报》第4447号。文章介绍了伦敦群众反教会活动的情况,这一活动遭到了警察的镇压,分析了群众运动被政府、行政改革协会派和宪章派利用的情形,揭露了资产阶级政府企图利用群众运动达到缓和国内压力、转移对战争的注意力、减轻党派矛盾的真实目的。文章还分析了塞瓦斯托波尔围攻战中6月18日强攻计划的失败;报道了名誉扫地的伦敦银行家葛尼,揭穿了资本家的贪婪本性。

7月6日左右 《六月十八日的强攻》指出:6月17日夜晚,佩利西埃获悉俄军企图在次日对马美朗发起新的大规模进攻。本来,佩利西埃应当把这看成是真正的幸事,因为马美朗的防御无疑能够经得住俄军可能派来的任何兵力的猛攻。否则,马美朗(现名布兰西昂多面堡)还怎么能成为强攻马拉霍夫冈的作战基地呢?因此,俄军在进攻马美朗失败后,就必然要很不幸地接着进行一次防守马拉霍夫冈的战斗;在这种情况下,联军对这一阵地进攻的胜利就可以认为是有保证的。可是佩利西埃却另有考虑。他在深夜撤销了炮击的命令,确定清晨3点钟进行强攻。强攻的信号是三发信号弹。关于命令变动的情形也通知了英军。

整个这次行动以其应有的结局而告终,这完全符合拿破仑——真拿破仑对那些优柔寡断、庸碌无能的将军们一生的活动所说的一句名言:〔"朝令夕改,一片混乱"〕。

评论:载于1855年7月11日《新奥得报》第317号,并作为社论载于1855年7月21日《纽约每日论坛报》第4447号。本文是关于塞瓦斯托波尔围攻战的军事评论,详细介绍了6月18日联军强攻时的兵力、战术以及战斗情况和结局,批评指挥官朝令夕改，认为正是由于指挥失当才造成了各种混乱并导致强攻失败。

7月14日 《罗素的辞职。——克里木事件》指出：我们在前一篇通讯中谈到了约翰·罗素勋爵被迫或者自愿辞职这样一个〔既成事实〕的问题。辞职是在昨天下午提出的，应当说，这是一种综合性的辞职：自愿的同时又是被迫的。其原因是帕麦斯顿把包法利所率领的一部分最贪图职位的辉格党人弄到犯上作乱的地步。他们声明，如果罗素不提出辞呈，他们将不得不投票赞成布尔韦尔的提案。罗素对此进行了抗拒，但是毫无效果。背信弃义的辉格党小人对这种功绩还不满足，就在下院的接待室里在给帕麦斯顿的请愿书上征集签名，要求帕麦斯顿说服女王接受罗素已经提出的辞呈。这些卑劣的手法无论如何会使罗素得到一种满足：他按照自己的模样建立了党。

如果下院的大多数不死命抓住能使下院延期解散的每一个借口，那末乌尔卡尔特所说的那种"为了保证自己精神上的支柱而常常暗自活动"的人的辞职，未必会对内阁的存在产生任何影响。而一旦通过了布尔韦尔提案，下院的解散就不可避免。如果投了不信任票，帕麦斯顿仍然留任，他就一定会解散下院；如果他的继承者是得比，那末得比也一定会那样做。但是下院未必乐意为祖国而牺牲自己。

评论：与马克思合写。载于1855年7月17日《新奥得报》第327号，并作为社论载于1855年7月27日《纽约每日论坛报》第4452号。本文报道英国议会枢密院大臣罗素的辞职，挡开了反对派托利党人布尔韦尔内阁不信任的提案，使得辉格党人的内阁不会被夺走；文章批评了辉格党人的背信弃义，揭露了资产阶级内部党派之间的权力斗争，指出他们本质上是相同的。文章报道了克里木战争的情况，批评联军由于指挥上的失误，以致错过了进攻的最适当时机，预测了战争及佩利西埃将军的结局。

7月20日左右 《战争的前景》指出：到目前为止，奥地利的30万军队一直在通往克里木的交通线的一侧威胁着俄国。只要俄国一摆脱这种障碍，联军很快就会相信，他们将不得不与之较量的是一支什么样的力量。他们错过了在奥地利的间接帮助下夺取塞瓦斯托波尔的时机。而现在，当来自奥地利的威胁正在消失而俄国唯一的敌人只剩下同盟国的时候，已经晚了。

评论：作为社论载于1855年8月4日《纽约每日论坛报》第4459号。文章介绍了克里木战争的情况，预测了战争的发展方向，批评联军死守错误的战术不愿改变。文章介绍了联军和俄军双方的兵力和援军及其部署情况，分析指出了联军将来的困难，分析了奥地利对战局的影响，俄军占有兵力优势，英法联军处于不利地位。

7月20日 《议会新闻。——战区消息》指出：现在甚至连英国的报刊也放弃了在今年内占领塞瓦斯托波尔南区的想法。联军只有指望分区地彻底摧毁塞瓦斯托波尔，如果他们仍然像以前那样缓慢地行动，围攻在时间方面就可能同特洛伊的围攻一样了。我们没有任何理由指望，他们能加快速度完成自己所面临的任务，因为现在有人向我们几乎正式地宣布：迄今所遵循的那套拙劣的战法今后仍将顽固地保持下去。巴黎《立宪主义者报》驻克里木的通讯员，一位在法军中担任要职的人（据说，他就是近卫军司令官雷尼奥·德·圣让·丹热利将军）曾经宣称，人们对于进行野战和可能包围塞瓦斯托波尔北区所作的种种推测都是枉费心机的。他说，在目前条件下，不撤除围攻，不把整个台地让给俄军，就决不能做到这一点；因此已决定对那些以前攻击过的阵地尽量加强炮击，力求将它们彻底摧毁。这篇通讯中报道的消息可以被看做是半官方性的，因为我们有一切理由认为，从这一方面发出的一切消息，在刊登前波拿巴不仅要审批，甚至还要修改。他对雷尼奥是特别赏识的；这就是那个在立法国民议会期间在尚加尔涅辞职书上签署的陆军大臣。

评论：与马克思合写。载于1855年7月23日《新奥得报》第337号。文章介绍了英国议会没有就罗巴克提案达成任何决议。这个提案要求成立一个委员会调查克里木战场上英国士兵的真实处境，并追究有关部门的责任。文章批评了资产阶级议会的拖沓推诿，分析对比了克里木战场上英法联军和俄军的兵力、援军及其部署情况。俄军占有兵力优势，英法联军处于不利地位。联军援军如果不能及时到达将要面对一系列困难。文章认为，这一切都是指挥官的无能、法国政府的草率和英国政府的背叛造成的。

6月底—9月 《欧洲军队》指出：由于这种公开情况，文明世界各国的陆军部在平时可以说是组成了一个大的军事委员会，它的目的是讨论某种新措施的优点，使每一个成员都能够利用所有其他成员的经验。这样一来，几乎一切欧洲军队的体制、组织和一般管理制度就大体上趋向一致，并且在这个意义上也可以说，一国军队同另一国军队是相近似的。然而民族性格、历史传统、特别是不同的文化水平，却又造成了许多差异，并形成了各个国家军队所特有的长处和短处。法国人和匈牙利人、英国人和意大利人、俄国人和德意志人——他们在一定条件下都能成为同样优秀和灵巧的兵士；但是，尽管训练方法相同（这好像可以消除一切差异），各国兵士由于自身的条件不同于对手，而仍然各有所长。

评论：载于1855年8、9和12月《普特南氏月刊》第32、33和36号。这是一篇总论欧洲各国军队的综合性军事著作。马克思曾帮助在英国博物馆搜集了欧洲各国军队的材料，其中包括关于西班牙和那不勒斯军队的材料。马克思曾在给《新奥得报》的文章中转载过本文的部分内容：即1855年8月28日的《不列颠军队》、8月31日的《对英国兵士的惩罚办法》及9月1日的《英国兵士的服装和装备》等三篇。文章分为三部分，分国别介绍了欧洲国家的军队情况。第一部分是法国、英国、奥地利，第二部分是普鲁士、俄国、德意志联邦，第三部分是土耳其和其余各国。文章指出，各国军队受民族、历史、文化、制度等影响各有长短，分析了欧洲各国军队的军力、配置、兵役制度、操典、装备、军官和士兵的特点等。文章分析了历史、民族等特点的持久性、独特性，强调经济、文化和制度等才是影响军队战斗力强弱的根本原因。文章评论了各国军队的优缺点及其产生原因，如英国军队组织的腐朽、奥地利多民族军队结构产生的沟通、团结问题以及俄国军队军官水平不高等问题。

8月17—18日 《英法对俄战争》指出：英法对俄战争毫无疑问将作为"不可理解的战争"而载入战史。言语夸大而行动却微不足道；准备的规模巨大而成果却小得可怜；近乎怯懦的小心谨慎有时却由于完全无知而变为轻率的大胆；将军们出奇地平庸而军队却出奇地勇敢；失败似乎出之有意而胜利却由误会得来；军队由于疏忽已濒于复灭，却又由于奇异的偶然性而得救，——这是一系列的矛盾和不合逻辑的现象的交错。而所有这一切是俄军的特点，正像是他们的敌人的特点一样。如果说英国人由于文官的拙劣管理和军官的无能而毁了一支模范的军队，如果说法军只是由于路易－波拿巴妄图从巴黎指导战争而使自己遭到无谓的危险和巨大的损失，那末俄军由于拙劣的管理和彼得堡的愚蠢的但却是坚决的命令而受到了类似的损失。关于俄皇尼古拉的军事天才，自1828—1829年俄土战争以来，甚至连他的奴颜婢膝的阿谀者们也都尽量"避而不谈"了。如果说俄军有托特列本，——顺便说，他不是俄罗斯人，——那末另一方面他们也有哥尔查科夫和其他姓上带"夫"字的人，这些人的平庸丝毫不亚于圣阿尔诺和腊格伦。

评论：与马克思合写。载于1855年8月20和21日《新奥得报》第385和387号，并作为社论载于1855年9月1日《纽约每日论坛报》第4483号。文章介绍了英法对俄战争陷入拖延阶段，不同国家由于不同的制度、指挥或管理等原因使得战争成为一系列矛盾和不合逻辑现象的交错。文章介绍了联军无法完成其军事目的，土耳其亚洲军队的腐朽，俄军的不坚决，以及克里木战争的毫无生气。文章谴责英国记者们对联军攻击贫困渔民的可耻辩护，揭露波罗的海联军炮击斯维阿波尔格的根本原因，预测8月克里木即将发生激战。

8月28日 《对英国兵士的惩罚办法》指出：为什么半世纪以来〔"九尾皮鞭"〕仍然顺利地经受住了所有这些猛烈的攻击呢？原因很简单。"九尾皮鞭"是这样一种工具，利用它，可以保持不列颠军队的贵族性质，依靠它，从准尉一级开始的所有指挥官职位可以通过封建特权的形式固定由贵族和绅士的年幼子弟来担任。废除〔"九尾皮鞭"〕就会消灭目前把兵士和军官分隔开来并把军队分成两个像是不同种族的那种重大差别。同时，由此还会给那些比军队迄今所招募的兵士占有较高地位的居民阶层开辟入伍的途径。不列颠军队里的旧制度必须废除。军队必须彻底革命化。"九尾皮鞭"——这是保护贵族阶级宝物的塞卜洛士。

评论：载于1855年8月31日《新奥得报》第405号。文章批评了英国用鞭笞来惩罚兵士的制度，分析这种用体罚作为维护纪律的手段，不仅实际上破坏纪律，而且也损伤兵士的荣誉感。比如在塞瓦斯托波尔围攻战中出现了大批英国逃兵，以及招收外籍军团时会因此遇到困难。这种体罚制度实际上是为了维护英国军队中封建的贵族特权，必须废除。

8月31日左右 《黑河会战》指出：拿破仑战争期间的会战特点，是预先有一个较长的小战斗阶段；双方在使用主力进入决战以前，都力求探明敌人的兵力；只有在双方大部分兵力都投入战斗以后，才进行决定性的攻击。而在这里我们看到的是相反的情形：没有任何拖延，没有任何逐渐消耗敌人兵力的行动；突击是一下子就开始的，会战的命运也就取决于一两次攻击的结果。这看起来比拿破仑的战法要更大胆一些。但是，如果说两倍于敌的兵力优势（像联军在阿尔马河会战中拥有的优势那样）以及众所周知的俄军行动笨拙这两点似乎可以作为采取这种直接行动的理由，那末这种行动仍然表明，双方都非常缺乏干练的军事指挥。无论如何，按照这一原则作战的武夫们，如果碰到一位很懂得如何开始战斗、设置一些什么样的圈套以及如何把他们诱入圈套的将军，那末他们就会很快陷于非常不妙的境地。

最后，再重复我们经常讲的一句话：兵士的勇敢和将领的平庸是目前战争中交战双方的特点。

评价：作为社论载于1855年9月14日《纽约每日论坛报》第4494号，并载于1855年9月3和4日《新奥得报》第409和411号。文章总结分析了黑河战役的情况。俄军对黑河对岸的联军发动了三次攻击，但是在联军占据的地形优势和猛烈的炮火下都失败了，俄军损失巨大。文中分析评价了双方战术的正误。俄军由于下级指挥官不能单独做决定，从而贻误了突袭的最好时机。法军轻视警戒勤务使得俄军能迅速接近到他们的主要阵地，但采用新的防卫战术又使法军取得了决定性的胜利。与拿破仑时代的会战特点相比较，交战双方都缺乏干练的指挥官。

9月11日左右 《塞瓦斯托波尔的夺取》指出：昨晚9时，圣詹姆斯公园和伦敦塔的炮声向伦敦宣告了攻占塞瓦斯托波尔南区的消息。使利塞乌姆、草市和阿德菲剧院的经理们满意的是，这次欢呼"万岁"和高唱〔"上帝保佑女王"〕和〔"出征叙利亚"〕的赞歌，终于不是像从前那样是由虚假的报道所引起，而是由官方的快报所引起的。

克里木战局终于到了一个转折点。近一星期以来，俄国人在电讯中不得不报道说，联军的火力使塞瓦斯托波尔的工事受到很大的破坏，被破坏的地方已"尽可能地"、因而也就是说不是完全地得到修复。昨天我们又得悉，9月8日（星期六）下午联军强攻四个棱堡。联军在攻打一个棱堡时被击退了；有两个棱堡被联军攻占，但其中的一个又不得不放弃；最后，在第四个也就是最重要的位于马拉霍夫冈上的一个棱堡（科尔尼洛夫棱堡）上，联军巩固下来了。正是这一棱堡的失守迫使俄军破坏和放弃了南区。

评论：载于1855年9月14日《新奥得报》第429号，并作为社论载于1855年9月28日《纽约每日论坛报》第4506号。文章详细介绍了联军攻夺塞瓦斯托波尔要塞的过程，俄军至少丧失了塞瓦斯托波尔的一半地区。文中详细介绍了联军攻打的过程，提出俄军建造的牢固工事在被攻占后可以用来对付俄军。恩格斯认为这场战役有重要的意义，是克里木战局的转折点，认为未来野战即将开始，联军有胜利的可能。

9月14日左右 《克里木战争的前景》指出：看来，俄军现在正处于这样的境地。他们原有的作战军队的大部分——24个师中的14个师——已经投入战斗，并且其中有一部分在克里木已经被消灭，而他们现有的预备部队、非常后备军和其他新编的部队则根本不能同已经损失的部队相比。俄国人如果今后不再向这个危险的半岛派遣部队，并且尽快地放弃这个半岛，那就做对了。联军无论在数量上或者在士气上都占有很大的优势。哥尔查科夫用现有的兵力在要塞以外应战，则势必败北。联军沿克里木南部海岸和萨耳吉尔河谷或者在叶夫帕托利亚附近都可以迂回哥尔查科夫。在这两种场合，他和塞瓦斯托波尔北区的交通线都会被切断，而且没有任何恢复的希望，因为联军在数量上的优势正日益增大。看来，哥尔查科夫现在所能采取的最好办法，就是尽可能坚守战线，以便作好炸毁北部工事的准备，然后比敌人抢先一两天的行程。他到达皮列柯普的时间愈早愈好。据我们从巴黎方面获得的消息称，似乎联军在攻占塞瓦斯托波尔后已立即派兵前往叶夫帕托利亚，如果这个消息得到证实，那末形势更是如此。如果联军在这个方向上或者在南部海岸和查特尔山的山道上采取相当坚决的行动，那末战局很快就会结束，克里木就将落入联军之手。按我们所能判断的，联军现在可能犯的唯一错误，就是向因克尔芒附近的俄军阵地进行认真的正面攻击，或者在一星期内按兵不动。明晚将驶抵本地的下一艘轮船，大概会带来关于联军最近的意图的确实消息。

评论：作为社论载于1855年10月1日《纽约每日论坛报》第4508号。文章分析了俄军放弃塞瓦斯托波尔南区的原因并预测了未来战局，说明了俄军弃守塞瓦斯托波尔南区的原因只可能是士气沮丧或粮食不足，而俄军这样做的结果实际上是挽救了守备部队。文章从军事学的角度进一步解释要塞在现代战争中的作用，要塞作为部队机动的依托据点，或坚守，或放弃，军队的安全是最重要的，认为对战争起决定作用的是野战部队。

9月14日 《关于克里木事件》指出："钟声当当，炮声隆隆"——目前整个英国就处在这样的气氛中。到处一片欢呼声，每一幢稍能引人注目的建筑物，无论公共建筑物也好，私人建筑物也好，都飘扬着英国和法国的国旗。曼彻斯特的情况和伦敦一样，尽管存在着"曼彻斯特学派"，爱丁堡的情况也和曼彻斯特一样，尽管存在着苏格兰哲学。现在什么东西都不能消除这种普遍的因胜利而陶醉的现象，甚至大批阵亡者的名单用电报拍到伦敦来也无济于事。只有英军在大凸角堡遭到失败而法军却占领了重要据点马拉霍夫冈这样一个对照才使胜利的欢呼声低沉下来，才略为抑止了一下自夸的情绪。过去由于不加批判地把现代社会制度和古代社会制度以及把许多其他东西混淆在一起而产生了一种偏见，即认为工业和商业似乎会消灭人民的好战性格，凡是同意这种旧偏见的人，现在在英国，甚至在英国工业首府曼彻斯特，也会相信相反的看法了。问题非常简单。在现代世界，即使不是每一个人的财富，无论如何也是国民财富是随着劳动的增加而增加的，而在古希腊罗马，民族愈是游手好闲，财富愈是增加。苏格兰经济学家斯图亚特在亚当·斯密以前的十年内就发表过卓越的著作，发现并发展了这个原理。

评论：载于1855年9月18日《新奥得报》第435号。文章评论了克里木事件的进展及其原因，报道了英国由于战役胜利而普遍弥漫着的陶醉自夸情绪，甚至大批阵亡的名单也毫无影响。文中指出那种认为工业时代的人民不会更好战只是一种偏见。俄军突然放弃塞瓦斯托波尔南区的原因只可能是士气沮丧或粮食不足，或两种原因都存在。

9月25日　《俄国的抵抗力量》指出：现在联军的任务，显然是把俄军驱逐出梅肯集高地上的筑垒阵地。假如联军能做到这一点，那末俄军将不得不放弃北堡，并从而放弃整个克里木。在梅肯集高地和辛费罗波尔之间没有一处阵地是联军可以迂回的；在辛费罗波尔的另一面则是一片草原，不适于大部队行动，不能提供任何的阵地。俄军能否守住克里木，就要看他们能否守住现有的阵地，尤其是梅肯集高地上的阵地。

评论：载于1855年9月29日《新奥得报》第455号，并作为社论载于1855年10月17日《纽约每日论坛报》第4522号。文章分析俄军的战略计划，指出计划表明了俄军顽强抵抗的决心，预示着战争将具有长期性。文章报道俄军正在南俄罗斯集中大量兵力，预测俄军可能的战略计划，不仅估计到克里木的失守，而且估计到敌人入侵南俄罗斯的可能性。文中分析说明俄军选择主防线、第一线、第二线作战基地的原因以及战略目的，分析了联军现在的军事调动和面临的主要任务。

9月27日　《将军们的报告。——英国的法庭。——来自法国的消息》指出：英国报界几乎一致地、有充分根据地在严厉指责辛普森将军和受他指挥的英国高级军官。在强攻大凸角堡时，完全证实了俄国军队中流传的一句俏皮话的正确，这句俏皮话就是：("英国军队是一支受驴子指挥的狮子军队")。一家伦敦报纸要求成立新的塞瓦斯托波尔委员会，它忘记英国军队领导上的不中用是陈腐的寡头政治统治的必然后果。一切准备工作从一开始就进行得很糟。英国的堑壕距大凸角堡的堑壕沟还很远（250码），部队必须用一刻钟以上的时间在敌人的火力下跑过开阔地，因而他们在到达目的地时已经完全精疲力尽了。法国工程师们曾及时地提醒英国人注意这个缺点，然而却从他们那里得到了下面的回答："如果我们再推进几码，那末我们的部队在前进时，就要受到马奇塔棱堡的纵射火力的射击，因而就会遭到更大的损失。"

评论：载于1855年10月1日《新奥得报》第457号。文章报道了塞瓦斯托波尔围攻战中，英国进攻大凸角堡失败的战役，介绍了英国报纸对于这场战役的报道，指出英军领导不中用是寡头政治的必然后果。文章分析了进攻的整个过程，批评了专横的辛普森指挥不力、战术错误、准备不足、兵力不够、增援不到位才造成了这次战役的失败，称其为现代战争史上的丑事之一。文章批评英国审判官实际上是特权阶层的代表，报道了法国的国内情况，资产阶级厌战情绪普遍，物价上涨，贫困和混乱的政府管理使革命的种子已逐渐萌芽。

9月28日 《战争的决定性事件》指出：如果我们要看看攻占南区以后的情况，那末从哥尔查科夫的报告中可以知道，2万人的联军部队（国籍未指明）已开往叶夫帕托利亚，并且强大的侦察队也被派去对付拜达尔盆地的俄军左翼，迫使该地的俄军前进部队向乌尔库斯塔，向楚林河（黑河的支流之一）的上游盆地退却。目前在叶夫帕托利亚的一个军（3万人），力量相当薄弱，不能由该城向较远的地方出动。但可能有增援部队开到。无论如何，野战行动已经开始。最近两个星期将表明，俄军或者能够守住阵地，或者不得不把整个克里木让给联军。

评论：作为社论载于1855年10月13日《纽约每日论坛报》第4519号，并载于1855年10月4日《新奥得报》第463号。文章详细介绍了塞瓦斯托波尔围攻战中总强攻胜利的条件及其英法军队的表现，介绍了战役的准备、进攻、结果，强烈批评英军将领的无能专断导致的因循守旧、错误指挥、准备不足，以及批评英国缺乏训练的新兵。法军早已优越于英军；接连打败仗，在英国战史上也是空前的现象。

10月19日左右 《军事行动的进程》指出：从战区传来了很多新消息。星期六开到的轮船带来了关于在叶夫帕托利亚附近的库卢鲁进行的骑兵战斗的公报（关于这次战斗我们以前曾经谈到过），这些公报可以作为对哥尔查科夫的报告的补充；关于哥尔查科夫的报告，我们将在另一篇文章中评述。此外还收到一些消息说，俄军强攻卡尔斯没有成功，联军破坏塔曼和法纳哥里亚堡，以及联军在金布恩半岛登陆。

评论：作为社论载于1855年11月5日《纽约每日论坛报》第4538号。文章报道了克里木战争期间的一系列战斗和机动。介绍了叶夫帕托利亚附近英法骑兵在与俄军的遭遇战中的失败，评述了哥尔查科夫本人把责任推诿给下属，分析了联军在克里木极东和极西两翼的两次远征以及攻下金布恩后可能的军事行动，判断俄军在卡尔斯的失败可能是结束阿尔明尼亚战局的事件，赞扬了土军的勇敢，预测了土军在亚洲战场的下一步行动。

11月2日左右 《俄国军队》指出：俄国兵的确最不适于成横队运动，正像不适于成散开队形运动一样。他们的长处是成密集纵队进行战斗，在这种战斗队形中，指挥官的严重错误引起的混乱最小，对会战的总进程的影响也不大，同时，勇敢但却被动的人群的合群本能可以弥补指挥官的过失。俄国兵好像草原上被狼追逐的野马一样，混乱地挤成一团，不易机动，无法控制，但却能坚守自己的阵地；敌人要费极大的力气，才能把他们打垮。然而，无论如何，横队在许多场合仍是必需的，甚至俄军也采用它，虽然不太经常。如果一支军队根本不会展开成横队，或者费了很大力气展开成横队以后，却不能再变成纵队而不引起全盘混乱，那末对它还能期待些什么呢？

评论：作为社论载于1855年11月16日《纽约每日论坛报》第4548号。文章评述了英法报刊之前对俄国军队的错误认识，指出俄军实际上兵员如战前推测的那样充足，分析了俄军征兵不少但军队实际人数增加不多的三个原因：强行军造成的兵士体力过度紧张；俄军主管部门的管理混乱，假公肥私等混乱现象；中央统一命令的错误与无根据。文章批评俄军后备军军官的无能，指出了俄国士兵的长处与弱点。

1856 年

1月11日左右 《亚洲战争》指出：俄军在亚洲的第三次成功的战局就这样结束了：卡尔斯及其帕沙辖区被攻占了；明格列里亚从敌人手里解放出来了；土军作战军队的最后残余部分——奥美尔-帕沙的军队——在数量和士气方面都大大削弱了。对于像高加索西南部这种由于地形性质和缺少道路而必然使一切战斗行动迟滞的地区来说，这是相当重要的战果。如果把这些胜利和实际战果同联军占领塞瓦斯托波尔南区、刻赤、金布恩、叶夫帕托利亚和高加索沿岸地区的几座堡垒等这些战绩加以比较，那就会很清楚地看出：联军的战果实际上并不像英国报纸所吹嘘的那样大。最值得注意的是，巴黎《立宪主义者报》的一篇在法国宫廷授意下写的文章中，直接指名道姓地说雷德克利夫勋爵是亚洲失利的祸首，指责他不仅妨碍土耳其政府获得盟国所拨给的经费，而且还怂恿它迟迟地不把指定用于这一战区的援军派出去。

评论：作为社论载于1856年1月25日《纽约每日论坛报》第4608号。文章介绍分析了卡尔斯的陷落和土军在小亚细亚的处境的原因。土军由于连续的战斗失败士气低落，粮食缺乏；土耳其帕莎们腐败无能，司令部争权夺利；英国军队的到来也没有能提升士气和解决问题。文章赞扬了土耳其士兵的勇敢，这种勇敢精神是由于他们对上层人物的不信任而引发的，评论了英国指挥官的错误，不仅在战斗时忘记了自己的职责，而且能力不足，认为埃尔斯伦得救正是由于卡尔斯守军的坚守。文章分析了奥美尔-帕沙不能救援卡尔斯的原因。俄军取得了明格列里亚的胜利，土军则不断瓦解。

1月18日左右 《欧洲战争》指出：联军顽固地把全部兵力集中在一个不比长岛大的半岛上，这无疑帮助他们避开了一切不愉快的问题。无论民族问题，泛斯拉夫主义问题，中欧所造成的困难问题，或是夺取领土的必要性问题都没有提出来；

双方都没有取得会迫使对方同意作出巨大牺牲因而可能使即将举行的谈判发生困难的重大的决定性的战果。可是对于直接参加作战的人来说，这一切远不是那么愉快的。对于他们，至少对于上士以下的人，战争是严峻的现实，是冷酷的事实。自有战争以来，还从来没有像这次克里木战争那样，把如此光辉夺目的勇敢精神滥用在取得极不相称的战果上；还从来没有为了获得如此可疑的胜利而在这么短的时间里牺牲这么多优秀的兵士。显然，要使军队再忍受这种苦难是不可能的了。他们需要比空虚的"荣誉"更实在的战果。一年只进行两次大会战和四五次总攻，而且老停留在一个地方，像这样的战争决不能再继续下去。任何一支陆军对此都不能长久忍受。任何一支海军都不能忍受像过去波罗的海和黑海的两次战局那样毫无成就的第三次战局。战争如果继续下去，那就会像我们听说的那样，联军将攻入芬兰、爱沙尼亚和贝萨拉比亚；瑞典军队会答应帮忙，奥地利方面也会答应助威。但有消息说，俄国已同意把奥地利的建议作为谈判的基础，虽然这远没有解决媾和问题，但总算有了结束战争的可能。由此可见，新的战局可能不会发生；如果它一定会发生，那末可以预料，它将会有更大的规模和更大的成效。

  评论：作为社论载于1856年2月4日《纽约每日论坛报》第4616号。文章论述了欧洲战争中双方相似的作战方法并预测了未来的战争走向，介绍了战争的起因、双方相似的作战方法。文章指出采取这种方法的原因是双方都只是想获取最大利益，而不想推翻政府，并避免引起被压迫民族的革命斗争。文中揭示了资产阶级政府的利益一致性。卡尔斯陷落是联军最大的耻辱，英法联军不仅自己不积极进攻，还牵制土耳其军队挽救亚洲的局势。战争之所以如此，是因为双方都没有取得决定性的战果。军队中充满着厌战和疲惫情绪，未来或谈判或发生更大规模的战争。

第 12 卷

1857 年

1月10日左右 《山地战的今昔》指出：有一种现在大家已很熟悉的山地防御战，那就是民族起义和游击战；游击战是绝对需要山地的，至少在欧洲是这样。这类战争，我们可以举出四个战例：提罗耳起义，西班牙反对拿破仑的游击战，巴斯克的卡洛斯派暴动和高加索部落反对俄国的战争。虽然这些战争给征服者带来不少麻烦，但其本身都没有获得成功。事实上，在一切场合，甚至在山地居民的暂时获胜的起义中，胜利的取得都是进攻行动的结果。在这方面，这几次起义与1798年和1799年瑞士的起义有着根本的区别；在后一场合，起义者往往占领初看起来好像是很坚固的防御阵地，在那里静候法军到来，结果总是被法军击溃。

评论：作为社论载于1857年1月27日《纽约每日论坛报》第4921号。恩格斯论述了山地战的特点、战略战术以及防御等，从唯物主义的立场出发研究了军事科学问题，利用人民起义的各种历史事例，阐述和发展了关于人民游击战争的原理，认为这种战争是旨在反对外国奴役者的广泛全民运动所特有的战争形式。

1月底—2月初 《英国—波斯战争的前景》指出：英军以东印度公司的名义在波斯湾占领了波斯最重要的港口布什尔，其借口无非是赫拉特这个不久前被波斯军队占领的阿富汗的公国应当归谁所有的问题。这次斗争的结局，在很大程度上，还将决定于赫拉特周围各国宫廷中的外交阴谋活动和贿买活动。在这些活动方面，俄国人几乎一定会占上风。他们的外交办得较好，而且带有更多的东方特色：他们知道如何在必要时不吝惜金钱，而最主要的是他们在敌人内部有自己的朋友。英国向波斯湾的远征，只不过是一种声东击西的行动。这一行动虽能吸引住很大一部分波斯军队，但不能取得很多的直接战果。即使把现在驻在布什尔的5000人增加两倍，英军顶多也只能进到设刺子为止。但是这次远征本来也并不指望更多的东西。如果它能让波斯政府看到，这个国家可能受到来自海上的攻击，那末它的目的也就达到了。如果对英军的这次远征抱有更大的期望，那是荒谬的。因为真正决定整个伊朗和土尔克斯坦命运的路线，是从阿斯特拉巴德到白沙瓦这条路线，而在这条路线上具有决定意义的地点是赫拉特。

评论：作为社论载于1857年2月19日《纽约每日论坛报》第4941号。文章探讨了战略要地赫拉特对于英国和俄国的意义，展望了英国—波斯战争的前景，指出斗争的结局在很大程度上还将决定于英俄在赫拉特周围各国宫廷中的外交阴谋活动和贿买活动。

4月初　《英人对华的新远征》指出：如果英国人借端向中国人挑起的这场争执达到顶点，那末可以预料，其结果将是一次新的陆海军远征，与1841—1842年因鸦片争端而引起的远征一样。当时英国人轻而易举地从中国人那里抢走了大宗银两，这很可能引诱英国人再进行一次同样的尝试；英国人虽然非常厌恶我们的海盗本性，然而他们自己却保留了大量的为我们十六世纪和十七世纪的共同祖先所特有的古老的海盗式掠夺精神。但是自从英国人为贩卖鸦片而进行了那头一次顺利的掠夺以来，中国的局势已有重大的变化，因此令人十分怀疑的是：在今天进行同样的远征能否得到多少相同的结果。长期以来，南京及其周围的大部分地区都落在起义者的手里，而且起义者的一个或几个领袖都以南京为自己的大本营。在这种情况下，英军占领南京，对于清帝来说将是求之不得的。将起义者赶出南京，这倒是替清帝效劳，但英军占领这个城市后，要守住它，将是一件相当困难、麻烦和危险的事情，而且近来的经验已经证明，纵使敌军盘踞南京，这对于北京或者清廷的政权也不会马上造成致命的后果。

评论：作为社论载于1857年4月17日《纽约每日论坛报》第4990号。恩格斯坚决支持中国的民族解放运动，愤怒地抨击英国在亚洲的殖民扩张，揭露英国在中国推行的殖民政策。清道光二十二年（1842），第一次鸦片战争中，吴淞失守后，英军继续入侵长江，7月2日，英舰70多艘编成6个纵队自吴淞口溯江西上。7月14日遭到镇江圌山炮台炮击。21日上午英军出动兵力7000人进攻镇江城。镇江军民在副都统海龄指挥下殊死抵抗，傍晚旗营和都统衙门失守，海龄自焚殉国。英军进城后疯狂烧杀淫掠，犯下滔天罪行。文中对英军的海盗行径进行了严厉批判，对镇江军民的英勇抵抗作了高度评价："如果英军在各地都遭到同样的抵抗，他们绝对到不了南京。"

4月16日左右　《俄国军队的改革》指出：当上次战争在欧洲爆发的时候，很多军人谈起俄国军队的完善组织，总带一点敬畏的心情。可惜我们所看到的却完全是另一回事。各军几乎从来没有满额，因为常有整个的师，更经常的是整个的旅被调往远方战区，因此各军就要由其他部队和兵团来补充。力图使每一个军、每一个师、每一个旅的各组成部分尽可能地一起行动的做法，原来同那些确定作战方法的严格规则一样，使军队在行军中的运动受到束缚；最后，分支繁多的指挥机构，所有这些指挥军、师、旅及其相应的司令部的将军，这些为自己的下属所熟悉、彼此十分了解、悠然安于自己的职位并在执行任务时能应付自如的将军，——所有这一切原来是一个彻头彻尾的大勾结,串通起来侵吞公款,克扣士兵口粮、制服,盗用安排士兵生活的款项。

俄国政府自己也承认,无论是军长或旅长,都不能完全从军队等级中勾销掉。在军队等级中仍保有军长,但只是虚有其名,而旅长则被完全免除指挥职务并被变成只不过是师长的附庸。另一个重大的改变,就是解散庞大的龙骑兵军,这个军由10个团组成,每个团有8个连,它既受过步兵训练,又受过骑兵训练。本来,这个军应该在一切大战役中起出色的作用。可是,在上次战争期间,这个军丝毫没有发挥作用,现在看来大家都承认,这种混合部队是完全不适合于积极的战斗行动的。结果,这些步骑两用兵被变成普通的骑兵,分为12个各有8个连的团,分别编入"王牌军"的6个军中。这样,俄皇尼古拉想借以保持自己在当代最伟大的军事组织家中的地位的两大创造,在他死后几年就烟消云散了。

评论:作为社论载于1857年5月6日《纽约每日论坛报》第5006号。本文标题是根据马克思1857年的笔记本加的。它介绍了克里木战争之后俄国军队为消除腐败和提高军队的战斗力而实行的改革。

5月20日左右 《波斯和中国》指出:旧中国的末日正在迅速到来。国内战争已使帝国的南方与北方分立,而太平天国的天王在南京似乎不会受到清廷军队的危害(如果不受自己人阴谋危害的话),正如同清帝在北京不会受到起义者的危害一样。直到现在,广州似乎是独自进行着一种反对英国人以及根本反对一切外国人的战争;但是正当英法两国的海陆军向香港调集的时候,西伯利亚边防的哥萨克部队却缓慢地、然而继续不断地把自己的驻屯地由达乌尔山移向黑龙江岸,而俄国海军陆战队则在满洲的良好的港湾周围设立堡垒。中国的南方人在反对外国人的斗争中所表现的那种狂热态度本身,显然表明他们已觉悟到古老的中国遇到极大的危险;过不了多少年,我们就会看到世界上最古老的帝国作垂死的挣扎,同时我们也会看到整个亚洲新纪元的曙光。

评论:载于1857年6月5日《纽约每日论坛报》第5032号。文章讲述了1856—1857年英国对波斯的战争和对中国的第二次鸦片战争。恩格斯将英国称为"侵略者",波斯艰难抵抗,特别是非正规部队,开展了虽然无效但却勇敢的抵抗,而且挫折愈严重,这种挫折给予波斯人的益处也愈大。恩格斯赞扬了中国人民反对外国侵略者的斗争,指出英国政府的海盗政策已经引起了一切中国人反对一切外国人的普遍起义。恩格斯驳斥了资产阶级对中国人采取的人民战争方式的斥责和污蔑,认为它终究是人民战争。对于起义民族在人民战争中所采取的手段,不应当根据公认的正规作战方法或者任何别的抽象标准来衡量,而应当根据这个起义民族已达到的文明程度来衡量。这是为了保存中华民族的人民战争。在人民的英勇斗争下,清朝的崩溃必然会加速,旧中国的末日正在迅速到来。这个伟大而古老的国家已经出现了新的解放的曙光。

11月16日 《德里的攻占》指出：我们不想参加目前在大不列颠举行的这场把攻克德里的军队的英勇行为吹捧上天的乱嘈嘈的大合唱。在自我吹嘘方面，特别是在吹嘘自己的英勇行为方面，没有一个民族，甚至法国人，能够同英国人相比。这些英国老爷安安静静地呆在家里，对于使他们冒最小的风险去取得战功的任何事情都非常反感，却企图把攻占德里时确实表现出来的、但决不是那么非凡的勇敢精神算上自己一份。我们并不认为强攻德里是什么不平凡的或特别壮烈的英勇事迹，我们认为，德里城下的英印军队所表现的坚韧、刚毅、谨慎和技巧，要胜过英国军队在塞瓦斯托波尔和巴拉克拉瓦一带的考验中的表现。

评论：作为社论载于1857年12月5日《纽约每日论坛报》第5188号。文章阐述了英国殖民军攻陷印度民族起义的中心德里城采用的战术及战事的进程。恩格斯关注印度民族起义，把它视为亚洲各国人民反对殖民主义的整个解放斗争的一部分，比较了这次起义和英国在亚洲的几次殖民战争，揭示了起义失败的原因和教训，比如，内扛削弱起义、组织松懈和缺乏指挥等。恩格斯肯定了印度抵抗力量，还指出印度人民在反抗英国殖民者的斗争中已经掌握了科学的作战方法的某些概念，这是印度民族解放运动的进步。

1858 年

1月4日 《勒克瑙的围攻和强攻》指出：驻剳官官邸所处的天然优势立即说明，为什么英国人能够坚守官邸，抵抗数量远远超过自己的敌人；但是这件事实本身同时也说明：奥德人是哪一种战士。从军事观点来看，无非是些野人；所以不管他们在数量上占多么大的优势，战胜他们并不能给军队增添多少荣誉。还有另一件事实可以说明奥德人是最不堪一击的敌人，那就是哈弗洛克不顾街垒和设有射孔的房屋等等，冲过了最稠密的市区。他的损失的确很大，但这战斗行动连1848年最糟糕的巷战也比不上！如果进行了真正的战斗，他这支人数不多的队伍中没有一个人能安然通过。显然，房屋根本没有加以防守。至于哈弗洛克这样猛冲猛打表现了多少谋略，我们还无法判断。英军在这次战斗中具有以训练有素的、服从于一位指挥官的士兵来对付根本无人指挥的半野人的有利条件。但是，如果说在这样的情况下，在大家都知道需要牺牲极多的人才能攻占的这种阵地上连续进行了三天的战斗，损失却只有八分之一或九分之一，这就谈不上是激烈的战斗了。从英国的历史上举一个例子来看，与滑铁卢会战时的乌古蒙和拉埃桑特的防御战对照一下，在印度的这些战斗全部加起来又算得了什么呢？现在把每一次小接触都说成是酣战的通讯作者们，对于使一方丧失一半兵力而另一方丧失三分之一兵力的博罗迪诺会战，又将怎样说呢？

评论：作为社论载于1858年1月30日《纽约每日论坛报》第5235号。文章分析了英国殖民军攻占印度民族起义的中心勒克瑙的过程。恩格斯驳斥了英国报纸认为这个战功在战史上享有无上光荣的说法，指出攻城的战斗根本谈不上激烈。通过对勒克瑙地理条件的分析，指出英国军队处在天然优势，这使英国人能够坚守官邸，抵抗数量远远超过自己的敌人。勒克瑙失守的原因主要是奥德人的抵抗不堪一击。守城的部队在数量上比英国人多三倍或五倍，甚至可能还要多些，但大部分都是一些拼凑而成的民兵，而不是训练有素的士兵。他们还缺乏统一指挥，缺乏统一作战以及首领缺乏威信等。

1月14日《勒克瑙的解救》指出：我们终于得到科林·坎伯尔爵士关于解救勒克瑙的正式报告。这个报告在各方面证实了我们根据这次战斗行动的最早的非官方报道所做的结论。奥德人的抵抗不堪一击，从这个文件中可以看得更加明显，而另一方面，坎伯尔本人所引以自豪的似乎更多的是他个人指挥的高明，而不是他或他的军队所表现的任何非凡的英勇。整个战斗行动都带有这样一种性质：训练有素、配备有足够的军官、习惯于作战并且具有一般勇气的欧洲军队，进攻一群既未受过任何训练，又没有军官，也没有作战经验，甚至没有足够的武器，并且还由于感到敌人有双重优势——士兵对平民和欧洲人对亚洲人的优势——而丧失了勇气的犹如乌合之众的亚洲人。关于所有这些行动的详细报道目前还很缺乏，但是有一点是很清楚的，那就是印度起义还远未被镇压下去，虽然英军大部分甚至全部增援部队已在印度登陆，但是他们几乎莫名其妙地都消失了。大约有2万人在孟加拉登陆，可是现在作战的部队仍然不比攻占德里的时候多。这里有点不妙。

评论：载于1858年2月1日《纽约每日论坛报》第5236号。文章批判了英国军队对解围的过程的自我吹嘘，通过对战事的分析，揭露了英国军队的报告及国内报纸对胜利的夸大。实际上，印度起义者无论在武器还是战略方面都是非常糟糕的，英军的这场防御战算不上一个杰出的作战范例。文章分析了印度起义者在战术上的种种缺点，恩格斯认为，奥德的起义者虽然在战场上不堪一击，但表现出了民族起义的力量，民族起义的力量不在于进行决定性的会战，而在于进行游击战争、防守城市和切断敌人的交通线，这才是民族解放斗争的正确战术。

2月2日左右《温德姆的失败》指出："凸角堡英雄"温德姆将军却率领一师人去攻打西帕依，可是他的最初几次行动就使他信誉扫地。就是这位温德姆是一个有很好的家族关系的不出名的上校，曾在攻打凸角堡时指挥一个旅，作战极其迟钝无力；最后，因为援军未到，他两次弃置自己的部队于不顾，自己回到后方去探听援军的消息。这种十分可疑的行径，在别的军队里一定会受到军事法庭的追究，可是他反而因此立即晋升为将军，不久以后又被任命为参谋长。英印报纸从爱国的观点出发，用慈悲心肠把这个耻辱密不透风地包藏起来了。那末，从所有这些混乱不清和支吾搪塞的报道里可以得出的明显结论是什么呢？结论只能是这样的：温德姆的无能的指挥使英军吃了一次大败仗,而这本来是完全可以避免的。

评论:作为社论载于1858年2月20日《纽约每日论坛报》第5253号。文章通过分析各种报道材料,指出正是由于英国将领温德姆的无能的指挥使英军在康波尔吃了一次完全可以避免的大败仗。但是关于失败的战事,无论是温德姆或在场的任何人,无论是印度报纸或英国报纸都不敢报道。自从炮击转入会战时起,提供消息的一切直接来源都断绝了。

4月15日 《勒克瑙的攻占》指出:印度起义的第二个危急时期结束了。第一个时期以德里为中心,并以该城的被攻占而告终;第二个时期的中心在勒克瑙,现在该城也陷落了。除非那些至今仍然平静的地方爆发新的起义,否则起义势必逐渐转入拖延持久的结束时期,在这个时期,起义者终将变成土匪和强盗,他们会发现,本国居民将和英国人一样,成为他们的敌人。这支军队单靠它的欧洲兵就确实可以绰绰有余地保证迅速取胜,但是全军的数量与它所担负的任务并不是不相称的。很可能,坎伯尔这一次打算向奥德居民显示一下印度任何民族都从未见过的一支威武的白人大军,作为对印度人利用欧洲人为数不多而又广泛分散全国各地的情况举行起义的回答。就我们现在所能判断的,科·坎伯尔爵士在这次战役中的行动仍以他所常有的谨慎和毅力为特点。他对勒克瑙实行分进合击的部署是出色的,而且在进攻的准备中看来也充分利用了一切有利情况。另一方面,起义者的行动大概比以前更加可怜了,任何地方只要一看见红制服,就惊慌失措。弗兰克斯的队伍击溃了比自己多20倍的兵力,自己却几乎没有损失一兵一卒;虽然电讯照例说什么"顽强的抵抗"、"激烈的搏斗",但报道中提到的英军的损失却少得出奇,因此,恐怕这次在勒克瑙不需要英国人比上次进攻该城时表现更多的勇敢,他们在那里所取得的荣誉也不会比上次更大些。

评论:作为社论载于1858年4月30日《纽约每日论坛报》第5312号。恩格斯分析了印度民族起义的第二个时期的中心勒克瑙陷落的经过,在英军的强大力量和攻势下,印度民族起义转入低潮,起义者将陷入内外交困。起义者在奥德的兵力是由大多数起义的孟加拉团的残部和奥德本地的新兵组成的。战斗、逃亡和军心涣散使原先达8万人的这支兵力至少减少一半,留下来的则是组织涣散、士气不振、装备恶劣、完全不适于作战的。起义者只有一部分人装备有构造拙劣的火器,大部分人只有进行白刃战的兵器,而且完全没有经历过与训练有素、组织严格的英国军队那样的战斗。恩格斯批判了报道中对英军所谓"顽强的抵抗"、"激烈的搏斗"的吹嘘。

5月8日 《攻占勒克瑙的详情》指出:我们根据电讯所做出的关于防御方面表现了无知和怯懦的结论,已全部为详细的报告所证实了。印度人所构筑的工事在外表上虽然很威武,但实际上不比中国兵勇在他们的盾牌上或者城墙上绘画的火龙和鬼脸有更大的意义。这在十九世纪的文明军队中确实不是体面的事情;如果世界上其他国家的军队哪怕只干了这些暴行的十分之一,义愤填膺的英国报纸会如何诅咒它们啊!但是这些却是英国军队干出来的,所以人们告诉我们说:这种事情只不过是战争的正常后果。英国军官兼绅士完全可以随意把他们在自己扬名显威的舞台上所碰到的银匙、钻石手镯以及其他细小珍品据为己有。事实是,无论在欧洲或者在美洲都没有像英国军队这样残暴的军队,抢劫、暴行、屠杀是英国士兵由来已久的特权,是他们的合法权利。1858年勒克瑙的洗劫是英国军队永远洗不掉的耻辱。总之,勒克瑙的攻占也和德里的攻占一样,远没有结束印度的起义。今年夏季的战事可能造成这种结果:英军在今年冬季实际上还得再度转战于这片土地上,甚至得重新征服旁遮普。但是即使在最好的情况下,他们也面临着使人疲于奔命的长期的游击战,而在印度的烈日之下,这对于欧洲人决不是什么值得羡慕的事情。

评论:作为社论载于1858年5月25日《纽约每日论坛报》第5333号。文章揭露了英军对勒克瑙的抢劫和蹂躏,抨击了英军在印度的暴行,指出1858年勒克瑙的洗劫是英军永远洗不掉的耻辱。印度起义军是一群没有军官指挥、愚昧和无纪律占统治地位的军队,没有办法进行有秩序、有组织的防御。英军的侵略向前迈进的每一步都伴随着抢劫和蹂躏。文章还揭露《泰晤士报》和英国其他一些小报为这一大规模的抢劫作辩护,按照《泰晤士报》的说法,对别人是耻辱的东西对他却是一种美德。同时,恩格斯警告英国,勒克瑙的陷落远没有结束印度人民的起义,随着大规模起义部队的分散必然到来游击战,英军将面临使他们疲于奔命的游击战的打击。

5月末 《印度起义》指出:虽然英国人曾采取大规模的军事行动来先后攻占德里和勒克瑙这两个相继成为西帕依起义大本营的城市,但是印度的平定还远没有完成。攻占勒克瑙并没有使奥德归顺;即使奥德归顺也不会使印度平定下来。奥德王国全境布满大大小小的要塞,虽然其中也许任何一个也不能长久抵御正规的攻击,但逐一夺取这些要塞,不仅是极端令人厌倦的事情,而且还要比进攻德里和勒克瑙这样的大城市遭到更大的损失。游击战似乎正向各方扩展。当英军调往北方的时候,零散的小股起义的士兵就渡过恒河,进入达普,截断英军与加尔各答的交通,到处破坏,使农民不能交纳地租,或者至少给他们不交地租造成借口。起义者到处游荡。没有武装的居民则既不帮助英军,也不给英国送消息。

评论:作为社论载于1858年6月15日《纽约每日论坛报》第5351号。1857—1859年起义是印度人民为争取民族独立、反对英国殖民者对印度进行残酷掠夺和剥削的一次最大的起义。起义是1857年5月10日在隶属孟加拉军、驻扎在印度北部的西帕依部队中爆发的。起义波及印度中部、北部和南部20个地区,德里、勒克瑙和章西成为起义中心。恩格斯分析指出,由于缺乏统一的领导和部署,武器和军事知识缺乏,一部分封建地主阶级的背叛,英国人在军事技术上占有相当的优势,1859年起义遭到镇压。德里和勒克瑙陷落后,起义转变为游击战在印度各地扩展,西帕依的优点就在于这种不规则的作战方法。他们成为印度战争中一支重要力量。

英军面临新的困难和挑战。这场印度人民起义沉重打击了英国的殖民统治，全国形成不可阻挡的反英洪流，有力地推动了印度民族独立运动的发展。起义后，英国改变了对印度殖民统治的方式。起义增强了印度人民的反英斗志，对亚洲其他国家的民族解放运动也起了推动和鼓舞作用。

6月4日左右　《英国军队在印度》指出：我们的不够谨慎的朋友，伦敦《泰晤士报》的威廉·罗素先生，由于喜作生动的描述，在不久以前又一次绘声绘色地描写了抢劫勒克瑙的情景，使得外国人对英国人的性格产生一种并不特别令人称羡的印象。现在看来，德里也受到相当大规模的"掠夺"，并且除了恺撒巴格以外，勒克瑙全城也被用来犒劳曾经备尝艰辛和英勇奋战的英国兵。

这支在印度从来没有这样集中于一地的最强大的英国军队，又重新分散到各地，并且它需要做的事比它能够做的事要多。夏季溽暑和霪雨的气候所造成的损失一定是骇人听闻的；同时，无论欧洲人在士气上比印度人高多少，但仍然使人不得不怀疑，难道印度人不畏当地夏季溽暑和霪雨的这个体质上的优越性不也是有助于他们消灭英国的军事力量吗？总之，看来英国人在印度至少还得进行一次冬季战局，而且如果不从英国再派军队来，是无法进行这一战局的。

评论：作为社论载于1858年6月26日《纽约每日论坛报》第5361号。文章揭露英军在占领勒克瑙后大肆抢掠，英军在印度的抢劫不仅给印度带来了灾难，而且使军队纪律松弛，战斗力下降。而印度起义者虽然已经大大丧失了进行正规战的能力，但是他们处于分散状态，使英国人不得不在不利的气候条件下不断出征，这会拖垮英国的军队，这是更加可怕的。恩格斯认为，如果起义者能利用有利的气候条件展开游击战，如果这时起义的印度人在拉吉普坦纳和马拉提人地区发动起义，将会使英军陷入困境。

7月6日　《印度军队》指出：印度的战争正在逐渐转入分散的游击战争的阶段，我们曾经不止一次地指出，这是必将面临的和最危险的一个发展阶段。于是，从喜马拉雅山脉到比哈尔和文迪亚山脉，从瓜廖尔和德里到果腊克普尔和第纳普尔，整个地区都布满了活跃的起义队伍。他们由于有了十二个月的作战经验而具备了一定程度的组织性；起义者趁英军在雨季被迫休战的时期能把这个缺陷弥补到什么程度，我们以后将会看到。这段休战时期给土人以整顿和补充兵员的充分机会。除了组织骑兵以外，还有两个方面值得重视。冷天一到，只靠游击战是不行的，必需建立起作战中心，要有储备品、大炮以及营垒或城市，以便使英国人在冬季结束以前闲不下来；否则，游击战等不到明年夏天赋予它新的生命力就要熄灭了。瓜廖尔看来是对起义者有利的据点之一，要是他们真的占据了它的话。其次，起义的成败决定于起义能否扩大。如果分散的队伍不能设法穿过罗希尔汗进抵拉吉普坦纳和马拉提人地区，如果他们的行动仍然局限于北部中央地区，毫无疑问，只要今年一个冬天，就会使这些队伍溃散，并且成为盗匪，他们很快就会甚至比白面孔的侵略者更引起居民的憎恨。

评论：作为社论载于1858年7月21日《纽约每日论坛报》第5381号。文章分析了印度战争转入分散的游击战争阶段后英国军队面临新的情况，英军陷入困境。起义者各支队伍的行踪无法详细了解，给英军造成很大困扰。恩格斯同时认为，印度起义者也应该重视两方面的情况：一是冷天到来后，游击战会出现劣势，应该建立起作战中心，做好战斗准备，否则游击战将面临熄灭；二是起义能否扩大决定起义的成败。

9月17日 《印度起义》指出：英国人毕竟又重新征服了印度。由孟加拉军哗变掀起的伟大起义，看来是真的平息下去了。但是，这再次的征服并没有加强英国对印度民心的控制。英军在所谓土著居民暴虐残杀这种夸大和捏造的传说驱使下所进行的残酷报复，以及整批和零星地没收奥德王国的企图，并没有使胜利者博得任何特殊的好感。相反地，他们自己都承认，无论在印度教徒或伊斯兰教徒中间，对基督徒入侵者的宿仇旧怨比任何时候都更深了。也许这种仇恨目前还没有力量，但是可怕的乌云既已笼罩着锡克人的旁遮普，它并不是没有重要意义的。而问题还不止于此。英国和俄国这两个亚洲大国现在都在争夺西伯利亚和印度之间的一个地点，在这里俄国和英国的利益必然要发生直接冲突。这个地点就是北京。不久，从这里向西横过整个亚洲大陆，将形成这些互相敌对的利益不断发生冲突的一条线。这样，"西帕依和哥萨克相遇于奥克苏斯平原"的日子可能确实不会很远了，如果这件事真正发生的话，那末15万印度土著士兵的反英情绪将是一个值得严肃考虑的问题。

评论：作为社论载于1858年10月1日《纽约每日论坛报》第5443号。文章分析了印度起义的形势，印度起义者发生了内讧，大多数地主秘密与英国人往来并达成协议，英国殖民者用把土地归还原主的办法收买了印度的封建地主阶级，使起义队伍面临瓦解的局面。恩格斯指出，虽然英国重新征服了印度，但是并没有加强英国对印度民心的控制，无论在印度教徒或伊斯兰教徒中间，对基督徒入侵者的宿仇旧怨比任何时候都更深了。印度人民的反英情绪不能忽视，英国在印度的殖民统治潜伏着危机，"西帕依和哥萨克相遇于奥克苏斯平原"的日子可能确实不会很远了。

10月8日左右 《俄国在中亚细亚的进展》指出：从军事观点来看，这些征服地的重大意义就在于，由于它们而为进攻印度建立了作战基地的核心；的确，自从俄军这样深入中亚细亚以后，从北方进攻印度的计划，已经不再是模糊不定的意图，而是具有相当明确的轮廓了。如果俄国人的进展继续保持着最近二十五年内所采取的那种速度、那种精力和始终不渝的精神，那末再过十年或十五年，俄国人就将直叩印度的大门了。他们只要穿过吉尔吉斯草原，就进入土尔克斯坦东南方那些耕种较好和肥沃富饶的地区，在征服这些地区方面，没有人能比得上他们，这些地区可以在许多年内毫不费力地维持一支拥有5万或6万人，完全足够向任何地方，直至印度河进军的军队。像这样一支军队在十年内就可以征服全境、成立警卫队保护修筑道路和保护俄国国家农民垦殖广阔的土地（就像目前在咸海所做的一样）、使周围的国家慑服、准备同印度作战时所需要的作战基地和交通线。是否会在什么时候进行这种进军，那要取决于目前只能作为渺茫推测对象的政治条件。

评论：作为社论载于1858年11月3日《纽约每日论坛报》第5471号，经马克思补充后又载于《自由新闻》第6卷1858年11月24日第23号。文章概述了俄国在中亚细亚的侵略扩张。1854年，当欧洲的注意力投向多瑙河和克里木的战事时，彼罗夫斯基率领军队，从锡尔河上新建立的作战基地向希瓦推进。随着希瓦的归顺，征服土尔克斯坦的问题实质上已经解决；恩格斯认为，可以预料，它的国旗不久将在兴都库什山和博洛尔塔格山的山隘上飘扬。从军事观点来看，这些征服对俄国具有重大意义，为进攻印度建立了作战基地的核心。

10月25日左右　《俄国在远东的成功》指出：俄国这时的处境确是少有的顺利。不稳定的亚洲帝国在一个一个地变成野心勃勃的欧洲人的猎获物，这里所谈的是其中的一个帝国；这个帝国是如此衰弱，如此摇摇欲坠，它甚至没有力量来度过人民革命的危机，因为连激烈爆发的起义也会在这个帝国内变成慢性的而且显然是不治的病症；这个帝国是如此腐化，它已经既不能够驾驭自己的人民，也不能够抵抗外国的侵略。十分显然，俄国正在迅速地成为亚洲的头等强国，它很快就会在这个大陆上压倒英国。由于征服了中亚细亚和吞并了满洲，俄国使自己的统治权扩大到一块与整个欧洲面积相等的领土上（俄罗斯帝国不包括在内），并从冰天雪地的西伯利亚进入了温带。中亚细亚各河流域和黑龙江流域，很快就会住满俄国的移民。以这种方式获得的战略阵地之对于亚洲，正如在波兰的阵地之对于欧洲一样，具有重要的意义。占领土尔克斯坦威胁着印度；占领满洲威胁着中国。而拥有450000000人口的中国和印度，现在是亚洲的举足轻重的国家。

评论：作为社论载于1858年11月18日《纽约每日论坛报》第5484号。文章揭露了俄国对中国的侵略，指出俄国乘英法发动第二次鸦片战争之机，不仅分沾了英法在中国所获取的一切利益，还从中国得到了黑龙江沿岸地区。恩格斯认为，沙皇俄国是欧洲反动势力的支柱，但是，克里木战争结束后，俄国农民骚动急剧增长，俄国革命正日益成熟。

11月2日左右　《对蒙塔郎贝尔的起诉》指出：蒙塔郎贝尔认为有必要这样明目张胆地与现政府决裂并且引起公诉，这件事实本身就是法国资产阶级的政治生命开始苏醒的重大证明。只是这个阶级的极度冷淡——政治上的贫乏和智力上的衰竭才使路易-拿破仑建立了自己的权力。路易-拿破仑只遭到既不依靠资产阶级又不依靠工人阶级的议会的反对，而他却拥有资产阶级的消极援助和军队的积极支持。议员们马上就被击溃了，但是工人阶级只有经过在全法国进行的一个月斗争以后才被击溃。资产阶级在一个很长的时期内不是心悦诚服地顺从路易-拿破仑，但是他们毕竟是顺从的,并且把他看做是社会的救主,因而是不可或缺的人物。现在,看来他们已经逐渐改变了自己的看法。他们渴望回到那种由他们或者至少是由他们中的一部分人来管理国家、而讲坛和报刊只为他们的政治利益和社会利益服务的时期。他们显然又开始对自己和自己管理国家的能力充满信心,如果事实如此,他们是会找到方法来表现的。因此,我们可以预期,在法国将会发生一个相当于普鲁士目前所进行的运动的资产阶级运动,正如1846—1847年的意大利资产阶级运动曾经是1848年革命的先声一样,这个运动也必将是一次新的革命运动的先声。看来路易-拿破仑非常了解这一点。无论如何,欧洲大陆看来就要出现一个动乱的时代。

评论:载于1858年11月24日《纽约每日论坛报》第5489号。恩格斯指出,蒙塔郎贝尔反对波拿巴主义的文章是法国资产阶级重新积极起来的明显表现。蒙塔郎贝尔的审判案成为法国议会著名议员对统治制度的庄严抗议,成为他们仍然力求恢复议会体制的声明。他明目张胆地与现政府决裂并且引起公诉,这件事实本身就是法国资产阶级的政治生命开始苏醒的重大证明。由于资产阶级的软弱,被路易-拿破仑击溃。但是,毕竟资产阶级已经表现出要求管理国家,积极谋求自己的政治利益、社会利益的愿望和努力。恩格斯对法国的局势作了预测,法国的资产阶级运动将是新的革命运动的先声,在法国将会发生一个相当于普鲁士所进行的运动的资产阶级运动。

11月底 《一八五八年的欧洲》指出:当1848年的火山爆发突然在惊慌失措的欧洲自由资产阶级眼前喷出一个为争取自身政治解放和社会解放的武装工人阶级的巨大怪影的时候,把安全地握有自己的资本看得比直接掌握政权重要得多的资产阶级,宁可牺牲它过去所争取的这个政权和一切自由,以便万无一失地镇压无产阶级革命。资产阶级承认自己政治上不成熟和没有能力管理国家事务,甘心屈从于军事官僚专制制度。于是,开始了工厂、矿山、铁路和轮船的忙乱建设,开始了有名无实的股份公司、欺骗和证券投机的 Crédit Mobilier 的时代,也是欧洲资产阶级竭力用经济上的胜利来弥补自己政治上的失败、以个人的富裕来弥补他们集体的衰弱的时代。但是,随着资产阶级财富的增加,它的社会实力增大了,它的利益也相应地扩大了;资产阶级又开始感到了加在它身上的政治桎梏。目前在欧洲展开的这个运动,正是这种感觉的自然结果和表现。由于十年来工业的发展没有受到任何破坏,每个资产者重新恢复起来的统治工人的信心,加强了资产阶级的这种感觉。1858年的情况在很多方面同1846年相似,1846年欧洲大部分国家在政治上也开始活跃了起来,也出现了许多拥护改革的执政者,而在两年之后,他们束手无策地被自己为之开辟道路的革命洪流冲击到一边。

评论:作为社论载于1858年12月23日《纽约每日论坛报》第5514号。恩格斯注意到欧洲各国政治运动重新兴起的征候,在欧洲各国中,俄国第一个从这种政治昏睡状态中苏醒过来。亚历山大二世不得不重新求助于解放农奴的主张,开始放松了书报检查制度，容许一定程度的自由议论，此时，俄国先进知识分子也开始觉醒，参加政治生活。1858年的欧洲，包括普鲁士、奥地利、意大利、法国，甚至在英国都出现了普遍政治觉醒的征兆，社会政治运动重新活跃起来。恩格斯认为，欧洲各国政治运动的展开，表明资产阶级经历过1848年面对工人阶级争取自身政治解放和社会解放的要求时，那个时候，面对无产阶级革命的巨大力量，资产阶级宁可牺牲它过去所争取的政权和一切自由，以便镇压无产阶级革命。随着财富的增加，资产阶级的实力增大了，它开始要求挣脱封建专制主义的政治桎梏，统治无产阶级，建立资产阶级自己的统治。

第13卷

1859年

1月13日 《欧洲的金融恐慌》指出：到处都堆满了易燃物。路易-拿破仑能不能应付这一切事件呢？不能。许多事情是他力所不及的。如果在伦巴第、罗马或哪一个大公国里爆发了战争，如果加里波第将军打进紧邻的领土并发动人民举行起义，皮蒙特和路易-拿破仑有办法坚持下去吗？既然实质上已经答应让法国军队征服意大利，让那里的人把它作为解放者来欢迎，而同时奥地利军队又正在践踏意大利起义的发源地，那怎么能够要求法国军队稍息，枪放下呢？这就是问题的关键。意大利事件的进程已经不受路易-拿破仑的意志支配了；法国国内事件的进程也随时可能摆脱他的控制。

评论：与马克思合写。载于1859年2月1日《纽约每日论坛报》第5548号。文章分析了欧洲交易所陷入恐慌情绪的原因，论述了波拿巴对奥地利发出战争威胁的目的，揭穿了他的反动阴谋，面临统治危机的波拿巴反动集团企图打着解放意大利人民的旗号，用对外发动局部战争的办法来转移国内人民的视线，延长自己在法国的统治。

1月31日 《法国军队》指出：我们假定法国将征集70万人（不过我们完全没有肯定地说法国在战争开始时不能征集这么多青年），那末其中能有多少人能够担任勤务呢？不超过58万人；根据《立宪主义者报》的看法，其中5万人应当用来驻守阿尔及利亚。宪兵和担任内务勤务的其他部队的数量，我们不应当算25000人，而应当按照《立宪主义者报》最初的统计算49000人。这样，还剩下481000人。然而，我们的戴皇冠的笔友如果认为，保卫王朝可以只依靠12万名未受训练的新兵、49000名宪兵和其他的军事警察，那末大概是过于相信自己王朝的稳固了。后备部队要组成除巴黎和里昂以外的其他重镇的守备部队，未必够用。巴黎和里昂这两个城市，路易-拿破仑是无论如何不会交给未受训练的新兵去防守的；虽然《立宪主义者报》认为，有4万人就足够用来扼守这些地方，但是可以肯定地说，为了这一个目的而使用10万人，也并不太多。然而，如果我们减去守卫法国各大城市以及受保皇派影响的南方地区所必需的10万人,那末法国可以用于国外作战的军队总数将减少到381000人。其中至少要有181000人作为监视军,驻守在同比利时、德国和瑞士接壤的边界上,而用来进攻意大利的兵力,就只有20万了。我们肯定地说,在明乔河与阿迪杰河强大阵地上的15万奥军,至少同30万法军和撒丁军队势均力敌,如果真正爆发战争,那末总有一天他们会证明这一点的。

评论:作为社论载于1859年2月24日《纽约每日论坛报》第5568号。文章针对巴黎《立宪主义者报》不久以前发表的"法国在一旦发生战争时可以向国外派出50万军队"的材料,根据1856年对俄战争结束时法军的编制分析了法军兵力情况,指出"法军不需要建立新的部队就可以扩充到70万人"的说法是完全脱离实际的。

2月10日 《德国的兵力》指出:德国所拥有的兵力十分雄厚,只要有统一的坚强的指挥,即使法国、意大利和俄国同时进攻,也没有什么可怕的。但是能否这样使用军队,当然还是个问题;不过,如果在共同作战中有一些猜忌、犹豫和因循,就会使军队行动困难,以致失败,而现在的德国各邦的政府就可以卷起铺盖,因为它们很快就得逃跑。1859年的德国不同于巴塞尔和约时期以及耶拿、奥斯特尔利茨和瓦格拉姆时期的德国,正如今天的法国不同于1793年革命时的法国一样,因为1848年虽然没有什么重大的结果,但是毕竟在德国全境各个角落的人民中间激起了民族感情,甚至在过去被指责为亲法分子的那些人中间也激起了民族感情。路易-拿破仑可能还想扮演意大利解放者的角色,但是他在莱茵地区是不敢这样做的;即使他在战争中取得了局部的胜利,那也只能引起德国的革命,这将使他遭到彻底的失败,而革命的影响会使他摇摇欲坠的帝位受到威胁。

评论:载于1859年3月12日《纽约每日论坛报》第5582号。文章分析了奥地利、普鲁士和德国其他各邦的兵力和战斗动员等情况,评估了一旦发生战争,德国各邦可能用来反对波拿巴法国的武装力量。

2月中 《奥地利如何控制意大利》指出:归根到底,在战争中,谁能够更持久、更成功地进行野战,谁就有更大的可能获得胜利。让德国紧紧握有提罗耳吧,那样,它便完全可以让意大利在平原上为所欲为。只要德军能够进行野战,威尼斯省是否在政治上从属于德国,那是没有多大意义的。从军事观点看来,德国的阿尔卑斯山疆界控制着威尼斯省,这对于德国说来,应当是很够了。当然,这纯粹是意大利和德国之间的关系问题。一当法国插手,情形便不同了;如果法国以全力来干涉,交战的每一方当然都会尽可能保卫自己的阵地。德国将会放弃明乔河线以及阿迪杰河线;但是只有把它们让给意大利而不是让给其他国家,它才能够放弃它们。

评论:载于1859年3月4日《纽约每日论坛报》第5575号。文章分析了奥地利在明乔河和阿迪杰河河网中的四边形要塞区阵地的战略优势,指出这一要塞体系作为欧洲最强大的阵地之一,已成为决定意大利半岛命运的战场,对于同优势敌人作战的军队具有决定性意义,其作用在于它们不仅掩护奥地利军队不受攻击,而且还迫使敌人分散兵力，而奥军却可以在要塞的掩护下，集中兵力到任何一点上，来对抗当面的那一部分敌军。文章批驳了奥地利政府借口明乔河是德国的防御所必需的自然疆界而宣称要在波河上保卫莱茵河的论调，揭露了奥地利侵占意大利的阴谋。

2月底 《在即将爆发的战争中双方取胜的可能性》指出：在意大利目前的情况下，奥地利最好的作战方法就是进攻。直接插到正在集中的敌军之间，是拿破仑善于巧妙使用的、现代战争中最出色的有效战法之一。而且正是在同奥军作战中，拿破仑最成功地使用了这一战法；蒙特诺特、密雷栖摩、蒙多维和德果等会战便证明了这一点，阿本斯堡和埃克缪尔会战也同样证明了这一点。奥军在索马康帕尼亚和库斯托查，尤其是在诺瓦拉，显然表明他们已从拿破仑那里学会了这个战法。因此，这样的战法在目前对奥地利来说似乎是最适合的；虽然采取这一战法必须极其慎重，并且必须准确掌握作战的时间，但是，如果奥军仅限于单纯防御他们的领土，那末终究会错过极好的胜利机会的。

评论：作为社论载于1859年3月17日《纽约每日论坛报》第5586号。文章分析了波河河谷的作战条件以及以奥地利为一方、以法国和意大利为另一方的作战双方的战略形势。从战略角度阐述了未来战争的特点和双方军事力量的对比情况，假设了作战双方可能采取的战略及取胜的可能性，并对即将发生的军事行动作了预测。

2月底—3月初 《波河与莱茵河》指出：如果欧洲的地图要重新绘制的话，我们德国人有权要求做得公平合理，不能再像以往所常发生的那样只让德国做出牺牲，而所有其他国家则在这样的重新分配中光占便宜，不牺牲任何东西。我们可以放弃给我们国境加添的许多东西，可以放弃使我们牵涉在最好不直接干预的事件中的许多东西。但是所有别的国家也应当这样；让他们给我们树立大公无私的榜样，不然就让他们闭上嘴。从整个这一研究中所得的最后结论是，我们德国人如果以波河、明乔河、艾契河以及所有意大利的废物换得德国的统一，那就是作了一桩漂亮的生意，因为统一会使我们不蹈华沙和布隆采耳的复辙，只有统一才能使我们在国内和国外强大起来。一当我们取得了这个统一，我们就可以不再防御了。那时我们就不再需要什么明乔河了，那时"我们特有的精神"又将重新是"进攻"了；要知道现在还有一些腐朽的地方非常需要这种"进攻"精神。

评论：1859年4月以单行本在柏林敦克尔出版社出版。当时，意大利即将爆发战争，为明确无产阶级革命家和欧洲的民主派在德国统一和意大利统一问题上的政治立场，揭露欧洲各国统治集团用来为其侵略和掠夺政策辩护的各种沙文主义理论，恩格斯写下了这部著作。它在德国出版后，对当时德国的社会舆论产生了很大的影响。这部著作全面地分析了战争双方的政治军事状况和进行战争的目的，表明了无产阶级的态度。全书贯穿着从无产阶级国际主义立场出发捍卫统一德国和意大利的革命民主主义道路的思想，它表明统治阶级借口维护民族利益所执行的反动政策与德国人民和意大利人民的真正民族利益是不相容的。恩格斯揭露了波拿巴借口"自然疆界论"妄图侵占莱茵河左岸的野心，批判了奥地利的"中欧大国"论鼓吹者宣扬的"应当在波河上保卫莱茵河"，并使中欧其他民族屈从于德国人的统治的沙文主义观点。文章是从无产阶级的立场出发对复杂的国际问题进行马克思主义分析的典范。马克思认为它无论对军事问题还是对政治问题的阐述都非常出色。

4月初 《即将举行的和平会议》指出：俄国在这件事情中也插了一手，这一点现在已经毫无疑问了。不言而喻，它力图削弱奥地利；同时也很显然，干预西欧的事务可以使它在多瑙河地区自由行动，从而挽回它在巴黎和约中所失去的东西；它对罗马尼亚各公国和塞尔维亚，以及对土耳其的斯拉夫人，是有它自己一套算盘的，这一点已为不久以前它对这些国家所采取的政策所证实。俄国为了对奥地利进行报复所能采取的最有力的手段，就是当奥地利进行战争的时候在奥地利统治的数百万斯拉夫人中间挑起泛斯拉夫主义运动。为了达到这些目的——如果有可能的话，还不止于此——它也必须集中自己的军队，并为此准备条件；但是进行这一切工作也需要时间。此外，为了对奥地利采取消极敌对的态度，也必须有个借口，而挑起一场轻松的争吵的好机会，再也没有比在这样的会议上更容易找到的了。因此，这个会议只要召开，就只不过是一种"骗局、笑柄和圈套"，而不是认真地、至少不是真心诚意地维护和平；恐怕用不着怀疑，所有列强现在都完全相信，整个这件事情虽只是空洞地走走形式，但必须进行到底，才能转移公众的注意力和掩饰那些还没有公开暴露的真实企图。

评论：作为社论载于1859年4月23日《纽约每日论坛报》第5618号。文章揭露了欧洲各国政府旨在加剧冲突的阴谋，指出即将召开的欧洲和平会议看起来是为了维护和平，其实幕后另有阴谋，它不过是为了转移公众的注意力，掩盖真实意图，赢得时间完成战争准备的一种借口。文章分析了法国军队的编制组织情况和俄国插手其中的意图。

4月11日左右 《战争的不可避免性》指出：虽然外交界还在尽一切力量设法召开会议，企图通过这个途径来和平解决意大利问题，但是已经没有一个人相信战争有可能避免了。英国内阁和普鲁士无疑是有诚意谋求和平的，但是法国和俄国参加目前的谈判，仅仅是为了赢得时间。法军进入意大利的必经之地蒙塞尼山口，现在积雪还很深。在法国和阿尔及利亚，还要编成一些新的法国团和阿拉伯团，而把军队从马赛和土伦运送到热那亚的准备工作也还没有结束。同时，俄国需要一定的时间来组织瓦拉几亚的国民军和塞尔维亚的非正规军。而在维也纳，占上风的是主战派，弗兰茨-约瑟夫渴望听见第一声炮响的心情已经胜过了一切。既然他知道外交上的拖延只会消耗他的财力和加强他的敌人，那末他又为什么在这种情况下支持关于召开会议的建议呢？普鲁士亲王的立场就是答案。他没有受到控制着德国人的激昂情绪的影响，而企图寻找一个堂皇的借口来保持真正的中立，以避免迟早会导向战争的武装中立所造成的国力的大量损耗。如果奥地利为了消灭皮蒙特军队而发动战争，那末柏林内阁的这种政策，甚至在德国人看来都会是正确的；但是如果法军在伦巴第进攻奥地利，那末弗兰茨－约瑟夫必然要向德意志联邦发出正式的呼吁，号召联邦军队进入战斗准备状态。因为奥地利的真实企图正是这样，所以各方面的外交家都在勾心斗角，企图迫使对方首先进攻，这种情景看来实在可笑。

评论：载于1859年4月30日《纽约每日论坛报》第5624号。文章分析了各国对法国和奥地利之间即将爆发的战争的态度，法国参加和平谈判是为了赢得时间进行战争的准备工作；奥地利的主战派占了上风；普鲁士企图保持中立；俄国企图乘调停之机削弱奥地利，并在奥地利境内煽起民族运动。恩格斯揭露了欧洲各国政府旨在加剧冲突的阴谋，指出虽然外交界还在设法召开会议，企图和平解决意大利问题，但战争是不可避免的。

4月21—22日 《战争逼近的征兆——德国的扩军备战》指出：实际上，计划是非常明显的。法国还没有作好战争准备，而奥地利则准备好了。路易－拿破仑为了使人对他的真实企图不致产生任何怀疑，曾通过半官方的报刊清楚地表示，这次裁军只适用于奥地利和皮蒙特，因为法国并没有扩军，自然不可能裁军；同时他在官方的《通报》上发表的文章中措词巧妙，对于把"裁军原则"扩大到法国来的义务推卸得干干净净。显然，他的下一步是把关于法国没有扩军的半正式声明变为正式声明；这样一来，就可以顺利地把问题置于谈论军事细节的捉摸不定的基础上，于是也就可以轻易地用主张、反主张、要求证据、反驳、发表公报和诸如此类的狡猾手段，把争论几乎永无休止地拖延下去。这时，路易－拿破仑就能够从容地做好准备，而根据他的新原则，他可以不承认这些准备是扩军，因为他需要的不是人（至于人，他在任何一天都可以征集），而是军用物资和新编部队的组织。他自己宣布，在今年6月1日以前，他不能作好战争准备。实际上，如果他的准备工作在5月15日以前完成，他就能利用自己的铁路，在这个期限内召回归休兵，到6月1日前后，归休兵就能归队。但是，可以有可靠的根据来设想，由于宫廷做出的好榜样，在法国军事主管部门内存在着大量盗用公款、混乱、受贿和挥霍的现象，因而物资的必要准备甚至在路易－拿破仑本人最初确定的期限内也不可能全部完成。不管怎样，战争的爆发每推迟一个星期，无疑都使路易－拿破仑占便宜，使奥地利吃亏。奥地利由于这一外交插曲的结果，不仅会失去它在军事准备方面先于其他国家所造成的军事优势，而且会被继续以现有规模进行军事准备所必需的大量军费的负担压得喘不过气来。

评论：与马克思合写。载于1859年5月9日《纽约每日论坛报》第5631号。文章揭露了法国假裁军的阴谋，揭露了奥地利的战争野心和德国的扩军备战。法国声明自己没有扩军，自然不可能裁军，裁军只适用于奥地利和意大利。文章指出，路易－拿破仑进行的军用物资和新编部队的组织上的准备同样也是扩军备战。德国已经充分意识到路易－拿破仑的备战对他们的威胁，备战的狂热也波及到了德国。

4月28日 《战争的前景》指出：早在两个月以前，我们就已指出，奥地利正确的防御方法是进攻。我们曾经断言，虽然奥军驻意大利部队基本上已经集中在皮蒙特防御阵地附近，而且还有良好的装备和充分的战斗准备，但是如果不利用他们对于还在分散中的敌人的这种暂时的优势，不迅速进入撒丁领土，首先击败撒丁军队，然后进攻那些必然以几个纵队通过阿尔卑斯山因而有被各个击破的危险的法军，那末，他们还是会犯大错误的。我们这个结论，在多少有些名气的、多少了解一些战略的各种评论家之中，遇到了相当多的反对意见。但是很清楚，就这个问题发表文章的一切军事专家都证明我们的观点是正确的；并且奥地利将军们的意见也是这样。

评论：作为社论载于1859年5月12日《纽约每日论坛报》第5634号。本文和《战争的不可避免性》一文，是恩格斯写的两篇评论法、意、奥备战情况的文章。文章从军事科学的角度，详细比较了奥地利、皮蒙特和法国的兵力配置和部署以及作战指导情况。

5月12日 《战争》指出：如果联军的进攻将因为某种事故再推延几天，我们很可能看到奥军又一次改变战略——甚至会不战而退向提契诺河，因为居莱的军队不能毫无活动地长久停留在疫病流行的沼泽般的稻田地区（根据最近我们得到的消息，他的军队正配置在那里），他们只有抱着非常不可靠的成功希望去冒险进攻，或者转移到对健康危害较少的地区占领新的阵地。但是，应当预料到，联军方面很快就会发起进攻和展开会战；我们很可能在最近的邮件中接到这个消息。在这种情况下，正如我们得自维也纳的消息所报道的，那就无怪乎海斯——奥军总司令居莱的最可能的继任者——不赞成居莱的作法。我们几乎可以十分有把握地说，如果奥军不在当前的会战中获得胜利，那末不必等到战争的第一个月结束，他们将会有一个新的总司令，而这在奥地利军事史上也并不是什么不寻常的事情。

评论：作为社论载于1859年5月23日《纽约每日论坛报》第5643号。文章介绍了奥军和联军部队的进军情况，指出奥军没有利用自己数量上的优势和迅速的运动在法军增援部队到来之前击溃皮蒙特军队，坐失了良机。

5月16日 《战况没有进展》指出：洛美利纳以及伦巴第的农民，对于地主的仇恨远超过他们对于外国压迫者的厌恶。至于洛美利纳（原先是奥地利的一个省）的地主，他们大部分是〔有双重国籍的人〕，也就是说他们既有奥地利国籍，又有皮蒙特国籍。米兰所有的大贵族在洛美利纳都有大块的领地。他们是皮蒙特人，在内心里仇恨奥地利人；但是这一省的农民，由于同这些贵族对立，所以比较倾向于奥地利。奥军在洛美利纳所遇到的热忱的接待就证实了这一点，同时奥军的征集物资和摊派捐税看来也是尽量只限于贵族和那些意大利爱国运动中心的城市，而对农民则尽可能地豁免。这是奥地利所特有的政策，它从1846年以来便一直奉行这样的政策。这一政策完全说明了为什么奥军征集物资虽然归根到底并未超过一般认为是现代战争中正常征集的规模,也还没有达到法军通常征集的程度,但是皮蒙特报刊却已对此议论纷纷。

评论:作为社论载于1859年5月27日《纽约每日论坛报》第5647号。文章记述了法国和奥地利双方的军事行动和战争进展状况。文章指出,两支庞大的军队在长达40余英里的战线上相互对峙。奥军在最初失去了进攻联军阵地的有利时机以后,使得整个向洛美利纳的行进都变得没有目的、没有意义了。奥军在各个方面都进行佯攻,没有一次真正的进攻。同时,法军的行动也极端消极,这一方面是由于法军准备不足,另一方面则是由于路易-拿破仑的政策造成的。文章预测了战争的发展和双方增派援军的情况,指出这种犹豫不决和无所事事的状态不可能继续太久。或者奥军将再次渡过波河,或者在洛美利纳进行会战。以后战事的发展证实了恩格斯的这一看法。

5月24日左右 《会战终于发生了》指出:洛美利纳以及伦巴第的农民,对于地主的仇恨远超过他们对于外国压迫者的厌恶。至于洛美利纳(原先是奥地利的一个省)的地主,他们大部分是〔有双重国籍的人〕,也就是说他们既有奥地利国籍,又有皮蒙特国籍。米兰所有的大贵族在洛美利纳都有大块的领地。他们是皮蒙特人,在内心里仇恨奥地利人;但是这一省的农民,由于同这些贵族对立,所以比较倾向于奥地利。奥军在洛美利纳所遇到的热忱的接待就证实了这一点,同时奥军的征集物资和摊派捐税看来也是尽量只限于贵族和那些意大利爱国运动中心的城市,而对农民则尽可能地豁免。这是奥地利所特有的政策,它从1846年以来便一直奉行这样的政策。这一政策完全说明了为什么奥军征集物资虽然归根到底并未超过一般认为是现代战争中正常征集的规模,也还没有达到法军通常征集的程度,但是皮蒙特报刊却已对此议论纷纷。

评论:作为社论载于1859年6月6日《纽约每日论坛报》第5655号。5月下旬,奥军和法、意联军在相互对峙了一段时间后,联军发动了夺回洛美利纳的战斗。文章记述了双方交战初期的情况。奥军由于对法军军事行动的错觉而放弃了攻击面前出现的联军的任何企图,道路不畅迟缓了奥军的行动。文章指出交战双方发布的战报都有夸大的现象,还揭露了法国借战争之机对意大利的实际占领。

5月24日 《蒙特贝洛会战》指出:在两支庞大的军队于意大利平原上对峙的情况下,像蒙特贝洛这样的战斗,并不比规模较小的战争中一般前哨战具有更大的意义。如果说这是胜利,那末战果在什么地方?法军说,他们俘获了140个受伤的和60个未受伤的俘虏,这个战果并不比他们在夺取某一村庄的两小时战斗中所能得到的多。此外,他们夺得了一辆弹药车,但是也损失了一辆。他们没有进行任何追击。虽然法军有相当多的皮蒙特骑兵,但是并没有试图获取战果。显然,奥军在最后一次击退了敌人的攻击以后,接着便毫无阻碍地、秩序井然地撤退了。

评论:作为社论载于1859年6月10日《纽约每日论坛报》第5659号。文章介绍了奥军和法军在蒙特贝洛的战斗，并指出这次战斗意义并不大。

5月27日左右 《意大利战争》指出：从拿破仑时代以来，有两个新的因素使作战方法发生了极大的变化。第一个因素是在适当地点构筑营垒和要塞体系，使国境线得到较好的掩护。拿破仑时代的要塞不是很不坚固、彼此孤立，便是说在战略上无关紧要的地点，因此在采用拿破仑的作战方法时，不能成为严重的障碍。拿破仑往往利用野战中取得的胜利或者迂回运动，迫使敌军退出要塞。

使拿破仑时代以来的作战方法发生极大变化的第二个因素是蒸汽。法军就因为掌握有铁路和轮船，才得以在奥地利发出最后通牒到他们入侵的五天内把相当数量的兵力运到皮蒙特，使奥军对皮蒙特阵地的一切攻击毫无结果，而在以后一个星期内，法军又大大增强了自己的兵力，所以到5月20日在阿斯蒂和诺维之间至少有13万法军。

评论：载于1859年5月28日《人民报》第4号。文章分析了自拿破仑时代以来使作战方法发生极大变化的两个新因素和双方行动迟缓的原因，介绍了加里波第5000人的志愿军的行军情况。

5月30日 《战略》指出：加里波第这次的袭击是联军的巨大胜利，而奥军则犯了很大的错误。奥军让加里波第占领了华里斯，这对他们并不是什么特别大的灾难，但是，他们应当用加里波第所不敢与之作战的强大部队来扼守科摩，并向塞斯托卡兰德派出另一支部队截断加里波第的退路。这样，当加里波第被困在两湖之间的狭小地区时，奥军进行猛烈的进攻一定会迫使他放下武器或者进入中立的瑞士领土，而在那里他将被解除武装。但是，奥军低估了这个人，把他叫做土匪头儿。其实，只要他们很好地研究一下罗马围攻战以及他由罗马向圣马力诺进军的历史，那末他们一定会认识到他是一位具有非凡的军事天才而且英勇超群和足智多谋的人物。

评论：作为社论载于1859年6月15日《纽约每日论坛报》第5663号。文章阐述了意大利战争的结果，记述了加里波第进攻奥军的军事行动，认为加里波第的袭击是联军的巨大胜利。文章对加里波第给予了很高的评价，指出加里波第是一位有着非凡的军事天才并且英勇超群和足智多谋的人物。文章通过分析双方的军事动向，预测会战不久将发生。

6月2日 《军事行动的经过》指出：根据各种情况来判断，这时，奥军似乎仍然在阿哥尼亚河一带，虽然伦敦《每日新闻》报道说，他们已退到提契诺河彼岸。他们的部队愈来愈集中在加尔拉斯科周围的狭小地区里。双方在某些地点都在互相试探虚实，一个在蒙特贝洛附近，一个在帕勒斯特罗附近，但是都努力避免分散自己的兵力。奥军至少有6个军，也就是160—200个营（根据拨出的守备部队多少而定）。因此，敌对双方兵力看来几乎相等。再过几天，乌云就将变成一场雷雨。

评论：作为社论载于1859年6月17日《纽约每日论坛报》第5665号。文章记述了奥军和法意联军在帕勒斯特罗会战的经过，并纠正了撒丁兵营拍出的战报的失实之处。文章指出，联军的部署发生了根本性的转变，左翼的力量被大大加强了。联军行动有两种可能性，并认为会战即将发生。文章高度赞扬了加里波第率领志愿军反对奥地利的行动，对加里波第给予了肯定。

6月9日左右 《军事事件》指出：如果联军仍然主宰着战场，即控制着直通米兰的大道，奥军就应退过波河、阿达河，或者退入自己的强大要塞，以便重新部署力量。尽管这样一来，马振塔会战就会决定米兰的命运，但是却还远不能决定战争的命运。奥地利有3个完整的军，目前集中在阿迪杰河，如果居莱的犹豫不决这一次又未能"改正"这位"神秘的将军"的大错误的话，那末这三个军最后也还是能使它的力量保持均势的。

评论：载于1859年6月11日《人民报》第6号。本文和《马振塔会战》一文是恩格斯为《人民报》写的两篇评论意大利战争进程的文章。本文记述了奥军退往提契诺河南岸的军事行动和在马振塔会战中的失败。文章指出，联军在行军时将自己的侧翼暴露给了奥军，但奥军将领居莱将军并没有采取行动，把直通米兰的大道开放给了联军，并使奥军退到了提契诺河以东，从而导致了奥军的失败。

6月9日左右 《奥军的失败》指出：关于奥军在洛美利纳暴行的报道，既为法国也为英国的可靠消息所否认。我们请读者注意这个事实，不只是为了要对双方严守公道，而且是因为我们对于这些报道的不信任曾被曲解为我们对于弗兰茨－约瑟夫的同情；其实，与此相反，我们甚至不希望这位帝王被推翻的日期延迟一天。如果他能和拿破仑互相残杀而同归于尽，那末这将是历史的公正判决的圆满结果。

评论：作为社论载于1859年6月22日《纽约每日论坛报》第5669号。文章从军事观点阐述了奥军在马振塔会战中的失败及其原因，认为侧方阵地可以和普通正面阵地一样可靠地甚至更可靠地防守道路。文章论述了"避免在敌人可以达到的范围内进行侧敌行军"的重要军事原则，指出奥军指挥官在法军违背了这一原则的有利条件下犹豫不决，犯了严重的错误，也决定了奥军失败的命运。

6月16日左右 《马振塔会战》指出：居莱虽然犯了这一系列严重的错误，并且遇到了法军精锐部队这样的敌手，但是他仍没有遭到彻底的失败，在这方面，他完全要感激他的军队的英勇和他的敌人"神秘的将军"的"机智"。居莱的军队显示了人民的不可战胜的生命力，而他本人则表现了君主制度的老朽和昏聩。"神秘的将军"则看到，随着奥军向明乔河的退却，会战的戏剧性阶段结束了，真正的战争开始了。他已经确信真拿破仑经常向他的哥哥约瑟夫提到的一句明智的格言的正确性。这句格言说，在战争中，任何捉迷藏的手法都不能摆脱个人的厄运。最后，康罗贝尔由于麦克马洪受到器重而感到自己受了委屈，因此威胁要揭穿萨托里英雄在这次出征中所建树的某些功绩。所以，这位"英雄"就急于要回到包松涅尔郊区自己爱妻的身旁，并〔不惜任何代价〕力图缔结和约。如果不能缔结和约，那末即使是进行和谈也可以，这样，"他这位要人退返巴黎"就有理由了。

评论：载于1859年6月18日《人民报》第7号和1859年7月2日《纽约每日论坛报》第5678号。文章介绍了法奥双方马振塔会战的过程和结果，系统地分析了奥军失败的原因和居莱的错误。马振塔会战中，法军大败奥军，夺取了马振塔，并进军米兰。奥地利军队被迫撤出伦巴第的大部分地区。

6月23日 《奥军向明乔河的退却》指出：马振塔会战的"英雄"居莱被解除了指挥权。施利克代替他担任第二军团司令官，而文普芬仍为第一军团司令官。集中在洛纳托和卡斯提奥涅附近的这两个军团合在一起组成奥地利的意大利军团，由弗兰茨－约瑟夫担任名义上的司令官，而以海斯为总参谋长。从施利克在匈牙利战争中的经历来看，他是一个中等才干的将军。海斯无疑是当前最有才干的战略家。危险在于臭名远扬的弗兰茨－约瑟夫亲自干预指挥。同拿破仑侵入俄国时的亚历山大一世一样，在他的周围都是些形形色色的老朽的、无远见的、满腮胡须的万事通，在这些人中间可能有一些是直接拿俄国人的钱的。如果法军听任奥军停留在他们的阵地上而直驱明乔河，奥军便可以从台地上了如指掌地、一团一团地历数整个法军。由于在距退却线最近的道路上出现敌人而产生的强烈影响，很容易使弗兰茨－约瑟夫这样的头脑糊涂起来。那些带有悲观情绪的、佩着肩章的万事通们的饶舌，对他那脆弱的神经来说，可能成为他放弃精选的阵地而退到要塞区的最好的借口。当一个国家由一些愚蠢的年轻人来领导时，一切必然都取决于他们的神经状态。深思熟虑的计划，被当作儿戏，听凭主观想像和一时的兴会任意处置。由于在奥军大本营有了弗兰茨－约瑟夫这样一个人，奥军除了指靠敌人兵营里有个加西莫多以外，恐怕就再无其他胜利的保证了。但是后者至少曾在圣詹姆斯街的职业赌徒中间锻炼过他的神经，所以即使说他不像他的崇拜者所希望的那样是铁打的，但至少也是橡皮制成的。

评论：载于1859年6月25日《人民报》第8号。文章记述了马振塔会战后奥军向明乔河撤退的军事行动，阐述了战后乘胜追击的重要性，批评了法军放弃乘胜追击的错误。文章尖锐地批评了奥军的指挥，批评奥皇弗兰茨－约瑟夫干预战争指挥，指出由于弗兰茨－约瑟夫在奥军大本营中的存在，奥军就没有了胜利的保证。

6月24日左右 《战争的消息》指出：在英国以及在我们这里，大多数军事家似乎都曾认为，在拿破仑亲王的那个军由托斯卡纳调来从后方攻击奥军以前，联军不会开始大规模的会战；同时还推测，将有一支小舰队被派到加尔达湖，这将使联军在该地区还能进行侧击。但是拿破仑第三什么都没有等待即进行了会战，并获得了胜利。从得自联军兵营的通讯（其中的一切要点，我们登载在另一个地方）中看得很清楚，会战是唯一现实的出路。迟延会挫伤获胜的联军的锐气，而使奥军有可能凭借数量上的优势而在小战斗中击败他们。

评论：作为社论载于1859年7月8日《纽约每日论坛报》第5682号。文章记述了联军向驻守明乔河一带的奥军发动的军事进攻。奥军在明乔河一带的阵地十分坚固，但由于奥军撤离了阵地，使得联军在明乔河发起攻击，并最后击败了奥军。文章批评了奥军指挥中踌躇不决和优柔寡断的现象，分析了普鲁士和俄国的参战可能性。

6月30日 《索尔费里诺会战》指出：索尔费里诺会战只是稍稍改变了战争的前途，但是，取得了一个巨大的成果，这就是使得我们的主宰各邦的"国父"之一的威信完全扫地，并使他的整个奥地利古老的制度发生动摇。在奥地利各地，都流露出了对宗教条约订立后所建立的各种制度、集权管理和官僚统治的不满情绪，人民要求推翻这种在国内进行压迫、在国外遭受失败的制度。维也纳群情激愤，以致弗兰茨－约瑟夫匆忙赶到那里去作出让步。但是与此同时，使我们非常高兴的是，我们其他的"国父"也都出了丑。在具有骑士风度的普鲁士摄政王作为一个政治家表现出弗兰茨－约瑟夫作为一个将军所表现的那种犹豫不决和优柔寡断以后，各小邦由于普鲁士军队通过了它们的领土又开始与普鲁士吵闹起来，而德意志联邦军事委员会声称，它至少要经过两星期的考虑，才能就普鲁士关于使用上莱茵地区联邦各军的建议提出报告。事情混乱透顶。不过，执政老爷们的出丑，对于我们民族没有任何危险。相反地，在1848年革命以后完全变了样的德国人民，现在已足够强大，不仅对付得了法国人和俄国人，而且同时还对付得了自己的33个"国父"。

评论： 载于1859年7月2日《人民报》第9号。文章记述了奥军重新渡过明乔河，向西岸的联军发动进攻的军事行动。在索尔费里诺中央阵地，奥军遭到了失败。文章批评了奥军指挥弗兰茨－约瑟夫的犹豫、动摇、朝令夕改。

7月6日左右 《历史的公断》指出：联军除3个旅（康罗贝尔军的2个旅和皮蒙特军队的1个近卫旅）以外，全部兵力都参加了战斗。因此，既然联军方面除了这3个旅以外不得不使用全部预备队，才勉强取得了胜利，而且在胜利之后并没有追击敌人，那末如果弗兰茨－约瑟夫能够很好地利用当时在南面相当远的地方游荡的那3个军，会战的结局会怎样呢？假定他派1个军给贝奈德克，把另外1个军配置在索尔费里诺和圣卡西阿诺背后作为预备队，再把1个军配置在卡夫里阿诺背后作为总预备队，那末会战的结局又将怎样呢？对于这种方案是用不着有任何怀疑的。皮蒙特军队和法军为夺取圣马尔蒂诺和索尔费里诺而进行多次徒劳无益的攻击以后，他们和阵线的中央将会被奥军全部兵力发起的、有力的和最后的进攻所突破，结果就不会是奥军向明乔河退却，而是在基泽河两岸结束会战。奥军失败了，但不是败于法军，而是败于他们自己的皇帝的傲慢和愚蠢。由于敌人在数量上占优势，由于统帅的碌碌无能，他们战败了，但在退却时仍然保持了队形，除了战场以外，再没有留给敌人任何东西。他们证明了自己是不会惊惶失措的，在这方面并不亚于其他一些世界闻名的军队。

评论： 作为社论载于1859年7月21日《纽约每日论坛报》第5692号。文章系统总结了索尔费里诺会战及奥军战败的原因。奥军的作战计划在很大程度上是以奥

地利旧学派的思想为依据的,这使得作战计划十分复杂和落后。由于阵地拉得过长,使进攻难以纵深。由于奥军进军的行动迟缓、漏洞百出,造成了严重的后果。文章还提出,奥军的失败不是败于法军,而是败于他们自己的皇帝的傲慢和愚蠢。

7月7日 《索尔费里诺会战》指出:关于索尔费里诺的惨败与弗兰茨－约瑟夫的极端愚蠢之间的直接联系,在《人民报》前一号上已经有了说明。以后发表的关于这一次会战详细经过的报道证明,我们对"年轻的英雄"的才能还是作了过高的估计。1859年对1849年的胜利者们说来,是一场国家考试,在这场考试中他们一个接着一个地落第了。

评论:载于1859年7月9日《人民报》第10号。文章介绍了奥军的行军部署和交战双方参战兵力情况,批评了奥军的行动迟缓和兵力分散等错误,分析了双方下一步的兵力部署和战争前景。

7月20、28日和8月3日左右 《意大利战争。回顾》指出:居莱的无能对他是一种难得的有利条件,借助于这一条件,本来打成平局的马振塔会战,却由于两军在会战后所处的偶然的战略情况("高尚的"拿破仑完全没有错,而过错只应由居莱一人来负责)而变成了他的胜利。拿破仑不去追击奥军,而出自感激的心情放走了他们。在索尔费里诺,弗兰茨－约瑟夫几乎是硬要他得胜,即使如此,他也没有得到比马振塔会战更好的战果。正是现在出现了平凡的拿破仑施展他的全部本领的局面。战争正在可以有所作为的地方进行,并且它的规模能使巨大的野心得到满足。但是刚刚达到平凡的拿破仑的〔神圣之路〕的起点,刚刚看到光辉的前景,"高尚的"拿破仑却已请求议和了!

评论:载于1859年7月23、30日和8月6日《人民报》第12、13和14号。恩格斯在7月23日的文章中回顾了马振塔会战的经过;在7月30日的文章中回顾了索尔费里诺会战的经过,分析了奥军失败的原因;在8月6日的文章中回顾并分析意大利战争的总体情况和形势。

8月3—15日 《卡尔·马克思〈政治经济学批判〉》指出:我们采用这种方法,是从历史上和实际上摆在我们面前的、最初的和最简单的关系出发,因而在这里是从我们所遇到的最初的经济关系出发。我们来分析这种关系。既然这是一种关系,这就表示其中包含着两个相互关联的方面。我们分别考察每一个方面;由此得出它们相互关联的性质,它们的相互作用。于是出现了需要解决的矛盾。但是因为我们这里考察的不是只在我们头脑中发生的抽象的思想过程,而是在某个时候确实发生过或者还在发生的现实过程,因此这些矛盾也是在实际中发展着的,并且可能已经得到了解决。我们研究这种解决的方式,发现这是由建立新关系来解决的,而这个新关系的两个对立面我们现在又需要加以说明,等等。

政治经济学从商品开始,即从产品由个别人或原始公社相互交换的时刻开始。进入交换的产品是商品。但是它成为商品,只是因为在这个物中、在这个产品中结合着两个人或两个公社之间的关系，即生产者和消费者之间的关系，在这里，两者已经不再结合在同一个人身上了。在这里我们立即得到一个贯穿着整个经济学并在资产阶级经济学家头脑中引起过可怕混乱的特殊事实的例子，这个事实就是：经济学所研究的不是物，而是人和人之间的关系，归根到底是阶级和阶级之间的关系；可是这些关系总是同物结合着，并且作为物出现；诚然，这个或那个经济学家在个别场合也曾觉察到这种联系，而马克思第一次揭示出它对于整个经济学的意义，从而使最难的问题变得如此简单明了，甚至资产阶级经济学家现在也能理解了。

评论：载于1859年8月6日和20日《人民报》第14号和16号。本文是恩格斯为马克思的《政治经济学批判》一书写的书评。恩格斯高度评价了马克思主义政治经济学的历史观和方法论，认为该书系统地概括了经济科学的全部复杂内容，并且在联系中阐述了资产阶级生产和资产阶级交换的规律，是对全部经济学文献的批判，是无产阶级政党的卓越的科学成就和确定无产阶级世界观事业中的重要阶段。

12月10日左右　《对摩尔人的战争的进程》指出：根据现有事实来推测，西班牙人的作战计划，似乎是把休达作为作战基地而把泰图安作为第一个进攻目标。同西班牙隔海对峙的那一部分摩洛哥的地方，形成一个半岛似的地带，宽约30—40英里，长约30英里。丹吉尔、休达、泰图安和拉腊什（埃尔阿拉伊什）是这个半岛上的主要城市。占领了这四个城市（其中休达已在西班牙人手中）就很容易征服这个半岛，并使它成为进一步进攻非斯和梅克内斯的基地。所以，夺取这个半岛可以说是西班牙人的目标，而攻占泰图安则是达到这个目标的第一步。这个计划看来是相当明智的；它把作战行动限制在一块不大的地区内，这个地区三面环海，第四面为两条河（泰图安河和鲁科斯河）所环绕，因此夺取这个地区要比夺取它南面的地区容易得多。这个计划也避免了进入沙漠的必要性，而如果把摩加多尔或拉巴特作为作战基地的话，那就不可避免地要进入沙漠；同时，这个计划使战场接近西班牙的国境，其间只有直布罗陀海峡之隔。但是不论这个计划有什么优点，如果计划不能实现，这些优点就都是毫无用处的。如果奥当奈尔照原来那样继续下去，那末，不管他在公报上说得多么漂亮，他也会使他自己和西班牙军队的名誉蒙受耻辱。

评论：作为社论载于1860年1月19日《纽约每日论坛报》第5846号。1859年11月，西班牙发动了对摩洛哥的侵略战争。文章记述了这次战争的进程，指出摩尔人对西班牙军队进行了顽强的抵抗，他们在丛林和山谷中作战出色；西班牙军队虽然在数量和装备上占有明显优势，但由于不懂得散兵战的战术以及将领的无能，仍然不能取得决定性的胜利。文章分析了西班牙军队的作战计划，指出其侵略目的是夺取同西班牙隔海对峙的半岛地带，并把它作为进一步入侵摩洛哥内地的基地。

1860 年

1月18日左右　《对摩尔人的战争》指出：从战术上来说，在这些战斗中双方都没有什么可炫耀的。对于摩尔人，除了以半野蛮人的勇猛和机灵进行非正规的战斗以外，我们不能再期望什么别的东西。但是即使在这方面，他们看来也还不够强。他们似乎没有表现出阿尔及利亚海岸山区的卡拜尔人甚至是里菲人所有的那种反抗法国人的狂热。在休达附近的多面堡正面进行的长时间的、没有成功的搏斗，似乎已经挫折了大多数部落原有的锐气和毅力。而在战略上，他们也不能同阿尔及利亚人相比。

评论：作为社论载于1860年2月8日《纽约每日论坛报》第5863号。文章叙述了西班牙军队同摩尔人的战争的经过，分析了西班牙军队的战术，摩尔人的作战情况。恩格斯认为，摩尔人不应该同西班牙军队展开决战，而应当进行小规模的战斗，袭扰侧翼和后方，切断或威胁对方的交通线。文章阐述了游击战在被压迫民族解放斗争中的作用的原理。

1月30日左右　《萨瓦与尼斯》指出：注意一下北方，我们可以看见，那些经常威胁着意大利的东西，对瑞士来说也可能会成为致命的打击。如果萨瓦成了法国的领土，那末从巴塞尔到大圣伯纳德山口的整个瑞士西部就会四面都受法国领土的包围，一旦发生战争，连一天也守不住。这一点是这样明显，以致维也纳会议决定让北萨瓦和瑞士都中立化，一旦发生战争瑞士有权占领并防御这个地区。只有400万人口的小国撒丁不可能反对这个决定，但是法国是否可能并愿意让它的一部分领土因此在军事方面归属于一个别的而且还是较小的国家呢？一旦发生战争，瑞士能不能够试图占领法国的一个省份并把它置于自己的军事控制之下呢？当然不能。在这种场合，法国会在任何它觉得合适的时刻像吞并萨瓦和尼斯一样，轻而易举地吞并整个瑞士法语区——伯尔尼汝拉山区、纽沙特尔、窝州、日内瓦以及弗里布尔和瓦勒的那些它认为合适的地区；而在这个时刻尚未到来以前，瑞士会一直处于法国强有力的控制和监督之下，以致它会像是法国的一个简单的附庸。至于说到瑞士在战时保持中立，其实只要一宣战这种中立就不会再存在了。如果一个强大的和好战的国家随时都可能击溃它的中立的邻邦，那就不可能有任何的中立。

这个表面看来是无恶意的吞并萨瓦和尼斯的计划无非是要在意大利和瑞士建立法国的统治，即保证法国在阿尔卑斯山的统治地位。在这个小步骤实现以后，到我们亲眼看到左莱茵河上也建立起法国统治的企图以前，难道还需要经过很长的时间吗？

评论：作为社论载于1860年2月21日《纽约每日论坛报》第5874号。文章评述了撒丁王国决定割让萨瓦和尼斯两省给法国一事，指出单纯从财政观点看，割让这两个省不会使撒丁王国受到很大损失，但从军事观点上看情况就完全不同了。这两个省控制着阿尔卑斯山的各个山口和欧洲贸易的干线，在战略上对意大利非常有利，失去它们将会使意大利直接处在法国的军事威胁之下，对瑞士的安全也是一个致命的打击。文章揭露了路易－波拿巴对外扩张领土和称霸欧洲的野心，指出这两个省的割让将会确立法国对意大利和瑞士的统治，并为法国统治莱茵河地区创造条件。

2月初 《对摩尔人的战争》指出：如果战争继续下去，首先进攻的目标当然是丹吉尔。从泰图安到丹吉尔要经过一个山口，然后往下进入一个河谷。这完全是内陆地区，附近没有汽船运送给养，也没有道路。距离大约是26英里。奥当奈尔元帅要用多长时间才能走完这一段距离而且必须留多少人在泰图安呢？据报道，他曾说好像需要两万人来扼守该城，但是这显然过分夸大了。用一万人驻守泰图安及其郊区，以一个旅驻守圣马丁的营垒，这一个地区就很安全了。这样一支队伍随时都可以作战，而且有足够的兵力击退摩尔人的任何进攻。对丹吉尔，可以由海上进行轰击来夺取，守备部队也可以由海上运往这个城市。关于拉腊什、萨累和摩加多尔情况也是一样。但是如果西班牙人打算这样做的话，他们为什么要长途行军到泰图安呢？有一点是可以肯定的：如果摩洛哥再坚持一年，那末西班牙人要迫使摩洛哥求和，还必须在军事方面好好学习一番。

评论：载于1860年3月17日《纽约每日论坛报》第5896号。文章论述了西班牙对摩洛哥的侵略战争的进程，分析了西班牙军队行动迟缓的原因，指出了错误的行军方法给士兵造成的无谓的牺牲，揭露了西军将领的腐朽无能以及西军军事理论和军事实践的落后陈旧。摩洛哥军队如果能利用有利条件迫使西班牙军队分散驻扎，就会使敌人陷入困境。文章还对战争的前景进行了预测。

2月 《萨瓦、尼斯与莱茵》指出：就是现在，我们也还受到法俄同盟的威胁。法国本身只有在个别时机并且也只有在与俄国结盟后才能威胁我们。但是俄国却时时刻刻在威胁我们，侮辱我们，每当德国起来反抗时，它就以莱茵河左岸作为许诺来策动法国宪兵。难道我们应该永远容忍俄国这样玩弄我们吗？俄国把我们最美丽、最富庶、工业最发达的一个地区永远当作诱使法国御用军政权上钩的诱饵，难道我们4500万人民还要继续忍受下去吗？难道莱茵地区除了作为战争的牺牲品，帮助俄国取得在多瑙河和维斯拉河上行动的自由以外，就再没有其他任何用处了吗？问题就是这样摆着。我们希望德国能迅速地手持利剑来回答这个问题。只要我们能团结一致，就一定能把法国御用军和俄国"毛虫"一起驱逐出去。

同时，我们已经有俄国农奴这样一个同盟者。现在俄国统治阶级和被奴役的农民阶级之间的斗争正如火如荼，它正在动摇俄国对外政策的整个体系。这个体系只有当俄国内部在政治上还没有发展以前，才可能存在。但是这个时代已经过去了。

由政府与贵族共同大力促成的农业和工业的发展，已经达到了使现存的社会关系不能再继续下去的程度。这种社会关系的废除一方面是必要的，而另一方面，不经过暴力变革又是不可能的。随着从彼得大帝到尼古拉一世的俄国的毁灭，它的对外政策也将遭到毁灭。看来，德国注定不仅要用笔墨而且要用刀剑来向俄国说明这一点了。如果事情到了这一步，那时德国就将恢复自己的名誉，洗净几世纪来蒙受的政治耻辱。

评论：1860年4月初在柏林以单行本出版。这部著作是恩格斯的另一部著作《波河与莱茵河》的续篇。由于路易－拿破仑声明法国要占有萨瓦与尼斯，恩格斯写了《萨瓦与尼斯》和《萨瓦、尼斯与莱茵》揭露他的这一无理要求。恩格斯根据对军事历史和语言学的分析，驳斥了法兰西第二帝国的领土野心，指出路易－拿破仑对萨瓦、尼斯和莱茵河左岸地区的要求是没有根据的。文章指出德国和意大利民族统一的唯一道路就是以革命民主主义力量反对反动的君主主义势力。同时，文章把俄国1861年改革前夕形成的革命局势看作加速欧洲革命高潮到来的重要因素，并把奋起反抗沙皇专制的俄国农奴视作欧洲无产阶级的同盟军。

第 14 卷

1857 年

8月—不迟于9月24日 《军队》指出：军队是国家为了进攻或防御而维持的有组织的武装集团。在古代世界的军队中，我们有比较可靠史料的第一支军队是埃及军队。整个中世纪在战术发展方面是一个毫无收获的时代。封建制度虽然按其起源来说也是一种军事组织，但本质上却是和一切纪律不相容的。大诸侯及其军队的暴动和叛离是寻常的现象。给各首领下达命令常常成了喧嚷不休的军事会议，因而要进行任何大规模的军事行动是不可能的。封建制度的总崩溃和城市的兴起促使军队的成分发生了变化。大诸侯或者像在法国那样臣服于中央政权，或者像在德国和意大利那样变成了类似独立君主的君主。下层贵族的力量为联合城市共同行动的中央政权所粉碎。封建的军队不再存在了，新的军队开始由大批的雇佣兵编成。这样就产生了一种类似常备军的军队。

现代各国军队的一般组织都是极相似的。除英国和美国以外，军队都是由强迫征召的兵士来补充的。这里有两种制度：一种是征兵制，另一种是预备兵制度。为了使军团司令、军长和师长能够在自己的职权范围内指挥所属军队，除英国军队外，所有国家的军队都设有全由军官组成的一种专门的业务机关，叫做司令部。这些军官的任务是对军队行军所经过的或者可能经过的地形进行侦察和目测；帮助制定作战计划并且明确计划的各个细节。在各国，这些军官都是从最有才干的人员中选拔出来的，并在高级军事学校中受严格的训练。大国为了维持军队和保障军队的指挥，除上述机构外，还需要许多其他机构。

评论：载于《美国新百科全书》1858 年版第 2 卷。《军队》是恩格斯阐述军队发展史的代表作。它最突出的特征就是用辩证唯物主义和历史唯物主义的方法来研究和分析当时军队的产生和发展的历史过程，在马克思主义军队学说的形成中占有重要地位，为马克思主义军事科学和真正科学的军事学术史奠定了基础。恩格斯把军队作为社会形态中的一种社会现象，从特定社会形态的生产力水平、社会制度和阶级结构来分析军队的性质、类型、武器装备、战术，部队的编制和训练方法。这样,军队的战略和战术就成为一个从发生到发展、从简单到复杂的过程。每个时代的战略、战术都受制于当时的武器装备,也就是生产力水平,同时也受制于当时的社会制度,如雅典的重装步兵、中世纪封建制度的骑士。军队的盛衰取决于某一形态的形成、发展和瓦解的过程。社会革命摧毁陈腐的社会制度,建立新的社会制度的时代,对军队的发展起了重大的作用。欧洲各国之间的军事斗争也刺激了军队发展,各国力量此消彼长。恩格斯有力地批判了当时许多资产阶级军事理论家所谓军事学术原则的不变性和永恒性的观念。马克思在1857年9月25日给恩格斯的信中,对这一条目给以极高的评价。在一定意义上,《军队》可以视为马克思主义军队研究的纲要。马克思和恩格斯为《美国新百科全书》撰写的很多词条,都可以视为对《军队》的丰富、补充和注解说明。

9月17日左右 《阿尔及利亚》指出:阿尔及利亚——北非的一部分,过去是土耳其的阿尔及尔帕沙辖区,从1830年起为法国的一个海外领地。阿尔及利亚先后被罗马人、汪达尔人和阿拉伯人征服。查理十世的政府远征阿尔及尔,1830年7月4日,阿尔及尔有条件投降。法军占领了城市,立即配置驻防军,实行军事管制。从法国人最初占领阿尔及利亚的时候起到现在,这个不幸的国家一直是不断屠杀、掠夺和使用暴力的场所。征服每一座大城市或小城市,每一寸土地都要付出巨大的牺牲。法国人不顾人道、文明和基督教的一切准则,顽固地奉行这种野蛮的作战方法。

评论:载于《美国新百科全书》1858年版第1卷。恩格斯揭露了野蛮的殖民统治的后果。法国的殖民奴役引起阿尔及利亚当地居民的英勇反抗。恩格斯站在被压迫民族的立场,对反对殖民者的解放运动的日益壮大和不可阻挡充满信心。恩格斯在写这一条目时,纠正了资产阶级的历史文献和参考书刊对阿尔及利亚历史所作的有偏见的说明。但是,由于当时对非洲国家的历史根本没有深入研究,恩格斯也受到了某些陈腐的片面的观点的影响,如基督教国家在与阿尔及利亚海盗的斗争中的作用。另外,《美国新百科全书》编辑部对原稿作了某些修改,有些地方修改的痕迹明显。

9月下半月 《贝姆》指出:贝姆,约瑟夫——波兰将军,1795年生于加里西亚的泰尔诺夫,1850年12月10日逝世。他一生极端仇恨俄国。在1812年战局中,他当骑炮兵中尉,因但泽保卫战而获得荣誉军团十字勋章。贝姆于1815年加入波兰军队当炮兵军官,被任命为华沙炮兵学校军事学教员,他使康格里弗火箭在波兰军队中得到使用,并把这方面的经验写成一本书。当1830年华沙爆发起义时,他参加了起义,几个月后他被提升为炮兵少校;1831年5月他参加沃斯特罗仑卡会战,他在同占优势的俄国炮队作战中表现出非凡的作战艺术和坚毅精神。贝姆升为上校,不久又升为将军,并且被任命为波兰炮兵司令。后来,他离开军队,在德国组织了波兰流亡者救济委员会,以后他就到了巴黎。1848年,奥属波兰一出现革命迹象,他就赶到列姆堡。匈牙利政府委派贝姆指挥特兰西瓦尼亚战争,但由他自己想办法招兵买马来进行这次战争。这次战争是他军事活动的一个最重要时期,而且显示了他的指挥艺术的独到之处。1848年12月底,贝姆开始进行第一个战役。所有这一切都表明他在第一个战役所进行的游击战和小规模的山地战中是第一流统帅,同时他还表现出他是一个善于迅速组织和训练军队的能手;俄国大军侵入特兰西瓦尼亚,直到8月19日他才被迫到土耳其避难。为了给自己开拓新的反俄活动领域,贝姆入了伊斯兰教,被苏丹封为阿穆腊特帕沙,担任了土耳其军队的指挥官。1850年12月,他因拒绝就医而死于严重的热病。

评论:载于《美国新百科全书》1858年版第3卷。马克思和恩格斯在很短的篇幅中讲述了这位波兰军事家、政治家、流亡者非凡的一生。大时代、个人性格、政治生涯、军事才能在叙述中被自然地、有机地结合在一起。本条目的大部分是由马克思写的。他对贝姆作了政治上的评价,对条目全文进行了最后校订和文字上的润饰。其中使用了恩格斯在1857年9月18日给马克思的信中以及恩格斯为马克思而写的专题短评中对作为军事活动家的贝姆的评价,以及对他在1830—1831年波兰起义时期和1848—1849年在特兰西瓦尼亚的革命战争时期的军事活动的评价。

9月22日—10月30日 《布吕歇尔》指出:格布哈尔德·勒勃莱希特·冯,瓦尔施塔特公爵——普鲁士元帅,1742年12月16日生于梅克伦堡-施韦林的罗斯托克,1819年9月12日于西里西亚的克里布洛维茨逝世。在1758年战争中,布吕歇尔被俘,经人说服参加了普鲁士军队。因升职不公顶撞弗里德里希二世后短暂退伍。1790年8月20日升为上校和骠骑兵团第一营营长。1794年布吕歇尔在普法尔茨对共和制法国作战时,出色地表现了一个轻骑兵指挥官的才干。他以勇猛的坚决的攻击和成功的奇袭不断地惊扰法军。弗里德里希-威廉三世即位后把他提升为中将。1806年布吕歇尔在奥埃尔施太特会战中指挥普鲁士军队的前卫。普军在奥埃尔施太特和耶拿两地战败以后,布吕歇尔顺易北河向下游退却,退却中收容各军残部,因而使他的军队增加到将近25000人。普鲁士和拿破仑在1812年2月24日缔结的同盟条约秘密条款之一规定,解除布吕歇尔的职务。

当弗里德里希-威廉三世在1813年3月17日发表宣言号召普鲁士人拿起武器时,国王任命布吕歇尔为普军总司令。1813年8月10日特拉亨贝尔格休战协定期满后,同盟国的君主们将同盟国军队分编为三个军团。在10月19日获得最后胜利后以及在拿破仑从莱比锡向莱茵河退却的整个过程中,唯有布吕歇尔一人认真地进行了追击,指挥各部队的将军们在莱比锡集市广场上迎接君主们。他迅速追击敌军直到莱茵河的结果,使莱茵联邦瓦解。1813年战局就此结束。这次战局所以获胜,全赖布吕歇尔具有大胆的进取心和铁一般的刚毅精神。1815年布吕歇尔再次决定了对拿破仑最后一次战争的结局。布吕歇尔虽然已经73岁,但在6月16日利尼会战中遭受惨败后,仍能收拾残军,重整旗鼓,尾随拿破仑之后前进,因而能于6月18

日傍晚出现在滑铁卢战场上。这是战史上空前的功绩。布吕歇尔逝世时，全普鲁士军队哀悼8天。

评论：载于《美国新百科全书》1858年版第3卷。本条目的主要传记材料是马克思收集的，他还对全文作了最后校订和文字上的修饰。恩格斯在1857年9月22日给马克思的信中对军事活动家布吕歇尔作了总的评价并评述了他在主要战局中的行动。马克思把恩格斯的信中的这些意见写入了本条目的有关部分。这一评述经马克思用事实材料以及对军事长官布吕歇尔的活动更详细的分析加以补充后，就构成本条目的基本内容。马克思和恩格斯所写的布吕歇尔元帅传记站在人民立场，以德国人民和其他国家人民反对拿破仑统治的解放战争为背景，展现这位卓越的德国统帅和爱国者的活动。

1858 年

2月初和3月8日之间 《缅甸》指出：缅甸（阿瓦王国）——东南亚的一个幅员广大的国家。自从勃固省落到英国人手中以后，缅甸就没有冲积平原，也没有出海口。帝国收入的来源是向乡村征收的房屋税，乡村当局根据每个人的支付能力确定分摊数额。税额各地不一。土地税的税额取决于收成。烟草税用货币缴付，其他作物则抽5%的实物税。在王室土地上耕作的农民以一半以上的收成缴税。王室的收入靠出卖专利品获得，其中最主要的是棉花。在这种专利制度下，居民必须把一些商品按照规定的低价供售王室官吏，而王室官吏转手出售即可获取厚利。缅甸的税收制度虽然有它的专制性质，但细节非常简单。军队靠自己供养或者至少是靠居民供养。缅甸按政体来说是一个纯粹的专制国家，国王除了有其他封号以外，还有生死主宰者的称号，下狱、罚款、拷问或处死都完全取决于国王的最高意志。具体的行政事务由赫鲁奥特-达乌，即枢密院掌管，枢密院由预定的王位法定继承人领导。通常四个大臣参加枢密院，他们组成上诉审法院，受理要求最后判决的上诉书。从缅甸的国家机关各方面的情况来看，不难使人相信，司法是很少维护人民利益的。每一个官吏同时又是掠夺者。

评论：载于《美国新百科全书》1859年版第4卷。在条目中，恩格斯对缅甸的地理、人文、历史、经济、政治、经济等情况进行了详细介绍。恩格斯站在无产阶级国际主义立场上，同情缅甸劳动人民，一方面指出英国对缅甸的侵略和掠夺，另一方面也指出缅甸封建制度对人民的压迫和剥削。

3月初和4月9日之间 《贝雷斯福德》指出：贝雷斯福德，威廉·卡尔，子爵——英国将军；1768年10月2日生于爱尔兰，1854年1月8日死于肯特。他是瓦特福德的第一个侯爵乔治·贝雷斯福德的非婚生子，16岁参军。1807年他指挥侵占马德拉的军队，并被任命为该岛总督。1808 年他获少将军衔，在他率领英军到达葡萄牙之后，担任了葡萄牙军队（包括国民军在内）的全部组织工作。他是起草著名的辛特拉协定条款的全权代表之一。1809 年 3 月，贝雷斯福德获元帅称号，并被任命为葡萄牙军队总司令，葡萄牙军队在他领导下很快变为一支能攻能守的出色的战斗力量。但是在他当总司令时期的唯一重大战役中，即阿耳布埃拉会战中，他表现出自己是一个非常平庸的统帅。1810 年他被选为瓦特福德郡的议会议员，1814 年获得阿耳布埃拉和丹甘囊的贝雷斯福德男爵的封号，1823 年他获得子爵的封号。

评论：载于《美国新百科全书》1858 年版第 3 卷。马克思和恩格斯历数了英国将军贝雷斯福德的殖民掠夺性远征和参与镇压巴西和葡萄牙的革命运动，尤其是对其政治活动和生活的寥寥几笔，刻画了一个追求财富和功名的英国殖民者、冒险家的鲜明形象。这一形象反映了资本主义殖民时代统治集团的阶级本质。

3 月初—6 月 21 日左右　《骑兵》指出：骑兵——骑马的兵士的总称。埃及人至少在被波斯人征服前两世纪左右就拥有大量的骑兵了。亚述军队最早在战争中使用骑兵。马鞍大概也是在亚述最早出现的。波斯人和米太人有史以来就是善骑的民族。骑兵起了在以往的任何军队中没有起过的作用。希腊人既是正规步兵的创建人，也是正规骑兵的创建人。雅典人除了用来担任警戒勤务和成散开队形作战的马弓手以外，又建立重骑兵部队。斯巴达人也把青年中的精华组成骑兵卫队。菲力浦和亚历山大的骑兵是由马其顿和特萨利亚的贵族组成的。阿尔贝雷会战是马其顿骑兵最出色的一次会战。迦太基统帅哈米尔卡尔和汉尼拔除自己的努米迪亚非正规骑兵外，还建立了一支头等的正规骑兵。汉尼拔单靠这支骑兵就在意大利支持了 16 年之久。汉尼拔所指挥的大多数会战中骑兵都战胜了头等的步兵。条顿族征服者在西欧各国建立贵族政体，开创了骑兵史上的新纪元。各地贵族都组成骑兵，他们担任铁甲骑士的勤务，成为一种装备最重的骑兵，不仅骑士，而且连马匹都披戴金属的护甲。

骑兵在整个中世纪一直是各国军队中的主要兵种。在西欧各国，决定这一时期内每次会战胜负的兵种则是由骑士组成的正规重骑兵。后来，由于使用了火器，步兵才开始建立纵深的队形，通常为方形；但这时骑士阶层已快没落了。在十五世纪，出现了一种新式骑兵，这种骑兵装备有头盔、胸甲、双刃刀和手枪。随后在欧洲其他各国，建立了一种步骑两用兵——龙骑兵。在十七世纪，由于耗资过多的重装骑手完全废除，骑兵的人数有了极大的增长。拿破仑执掌法国政权时，曾全力提高法国骑兵的质量。这些骑兵突然出现在战场的某一点，常常起到决定性作用。无论步兵在会战中起多大作用，骑兵仍然是、而且将永远是一个必要的兵种。现在，像过去一样，任何军队如果没有一支能骑善战的骑兵，就不能指望作战胜利。

评论：载于《美国新百科全书》1859 年版第 4 卷。恩格斯对骑兵史和骑兵战术的梳理，有着深刻的辩证唯物主义思想。骑兵的产生、骑兵的战术和骑兵在军队中的作用，无时无刻不受到物质生产水平的制约。随着现代武器的发展，骑兵的重要作用正在消失，有些国家只保留少量骑兵。恩格斯关于"骑兵仍然是、而且将永远是一个必要的兵种"的论断明显有着时代的局限性。

1859 年

5月—6月9日左右 《筑城》指出：我们在这里把这个题目分为三部分来谈：永备筑城；围攻法；野战筑城。永备筑城。工事的最古老的形式看来是防栅，防栅是由两列或三列排得很紧密的坚固木桩垂直插入地下构成的，它形成环绕整个被防卫的城市或兵营的围墙。下一步是石墙代替了防栅。从尼尼微和巴比伦时期起直到中世纪末，在所有比较文明的民族中，石墙是唯一的筑城手段。但在十四世纪至十六世纪末这一时期中，炮兵的使用从根本上改变了攻打筑垒地点的方法。围攻。使用火药以后，围攻者便向斜堤构筑锯齿形或曲线形的接近壕，同时在不同地点配置炮队，以便尽可能迫使被围者的火炮停止射击并破坏他们的石质工事。野战筑城。野战筑城工事具有和军队同样悠久的历史。在野战筑城法方面，古代军队甚至比现代军队掌握得还要好得多。目前最通用的方案是：构筑配置成一线的、可以互相从侧面掩护的四角形多面堡，并在多面堡之间的间隙地前面构筑简单的凸角堡，从而构成营垒。

评论：载于《美国新百科全书》1860 年版第 7 卷。《美国新百科全书》编辑部在 1859 年将本条目刊载于百科全书第 7 卷时，附上了美国已有的和正在修建的筑城工事一览表，该表根据 1859 年 10 月的材料制成。在表内还注明用于建筑、修理和改进这些工事的费用。恩格斯对筑城工事系统进行了深入、系统的研究。普法战争中，恩格斯对普法双方的要塞攻防战进行了高水平的军事分析、评论。总结普法战争中法军巴黎要塞防守的教训和经验，提出街垒战，并进一步设想重要城市要塞防守、机动兵团主动出击、后方游击战骚扰三者相结合，由此以弱胜强的人民战争的军事防守战略思想。

9月—10月10日左右 《步兵》指出：步兵——军队中徒步的兵士。希腊步兵。希腊战术的创始者是多立斯人。这种把一个民族的各个阶级编在同一个方阵内的宗法式组合，在波斯战争后不久就消失了。方阵从此就只由重步兵编成，轻步兵都是成散开队形单独作战。征服罗马帝国的日耳曼军队，最初主要由步兵组成，而且成独特的多立斯方阵作战。但征服各地的条顿人自己逐渐地转服骑兵勤务，而步兵则由被征服的罗马各行省的居民担任。这样一来，在步兵中服役就被鄙视为奴隶和农奴的事，因此，步兵的质量也必然相应地降低了。到十世纪末，骑兵成了在欧洲各地真正决定会战结局的唯一兵种。步兵的复兴。在佛来米人的城市，以及在瑞士的山区，初次出现了在步兵衰退数百年后重新堪称为步兵的军队。十六和十七世纪的步兵。火枪成了步兵的第二类武器。火枪手受到后列的长矛手的保护。在十六世纪发生了另一个重大的变化；重装骑士队被解散了，雇佣骑兵起而代之。在十七世纪下半叶，火枪手就成了步兵的真正的攻击力量。十八世纪的步兵。这时，我们到处都可以看到大量的常备军。法国革命时期和十九世纪的步兵。新式的轻步兵就建立起来了。步枪的射击精度和远的射程同兵士的灵活和刻苦耐劳结合起来了，因此，这些新建立的部队无可争辩地胜过当时所有的步兵。新式步枪的成功完全改变了作战的特点。

评论：载于《美国新百科全书》1860年版第9卷。恩格斯在文章中认为，武装力量的性质和类型以及它们的特点、装备和战术，部队的编制和训练方法，取决于生产力发展的水平，取决于社会制度和社会的阶级结构。《军队》《步兵》《骑兵》《炮兵》《筑城》和后面的《海军》等条目，形成了恩格斯完整的、系统的欧洲军事发展史思想，反映出他作为第一个无产阶级军事理论家和杰出的军事学术历史学家，作为军事科学和军事历史科学方面的革命家和革新家的作用。

1860 年

11 月 22 日左右 《海军》指出：海军——一个国君或国家所拥有的军舰的总称。自从第一次布匿战争结束了迦太基的海上霸权以后，古代史上就再也找不到具有丝毫研究价值的海战了。我们现代海军真正的诞生地是北海。在中世纪结束以前，在欧洲所有沿海地区就都采用新式尖底海船了。所有的改进都是意大利人和葡萄牙人做出的。葡萄牙人开辟了去印度的航线，两个在外国服务的意大利人哥伦布和卡博特则继诺曼人莱夫之后最先横渡了大西洋。这时展现在一切海洋国家面前的殖民事业的时代，也就是建立庞大的海军来保护刚刚开辟的殖民地以及与殖民地的贸易的时代。从此便开始了一个海战比以往任何时候更加频繁、海军武器的发展比以往任何时候更有成效的时期。

第一艘相当于我们现代巡航舰的英国军舰，是罗伯特·达德利爵士早在十六世纪末建造的。1779年发明了一种新式火炮（大概是英国将军梅耳维耳发明的），叫卡伦炮。约在1820年，法国将军佩克桑有一项对于海军的武器装备具有很大意义的发明。他设计了一种炮尾部有狭小药室的大口径火炮，并开始用这种"发射爆炸弹的加农炮"以小射角发射空心弹。新式火炮不久就被各国海军用作武器。明轮蒸汽舰的缺点仍然是：全部发动机暴露在敌人直接瞄准火力之下，成为一个很大的目标。随着螺旋推进器的发明，就有了一种必然使海战发生根本变革并且使所有的军舰变为蒸汽舰的手段。1849年，法国工程师杜毕伊·德·洛姆终于建造了第一艘螺旋推进器战列舰——装备有功率为600匹马力的发动机和100门火炮的"拿破仑号"，能够随心所欲地只利用蒸汽或只利用帆力或者同时利用二者来航行。现在，几乎所有新建造的军舰都是螺旋推进器蒸汽。由于克里木战争的需要，出现了两种新式军舰。第一种是蒸汽炮艇或曰炮艇，第二种是炮弹穿不透的装甲浮动炮台。法国人还是建造了一艘包着钢板的蒸汽巡航舰"光荣号"。目前由于线膛炮的使用而在炮兵中发生的变革对于海战的影响，看来比装甲舰可能发生的影响要重大得多。所以未来海战的战法就将更加接近于陆上会战的战法，并且将服从陆上会战的战术原则。现代海军的军舰分为：战列舰、巡航舰、轻巡航舰、两桅横帆船、纵帆船等等。以上谈到的只是目前海军中的武器装备，由于海军线膛炮的普遍使用，最近十年内军舰的武器装备无疑在一切方面都将发生变化。

评论：载于《美国新百科全书》1861年版第12卷。恩格斯在欧洲资本主义兴起以来的海外殖民、殖民地贸易和海上争霸的大时代背景下，讨论了欧洲现代海军的发展，尤其突出了技术和军事在海军发展中的突出作用。

第 15 卷

1860 年

1月底—2月初 《德国的军事改革》指出：当军服式样和关于旅的定员和编制的高明见解吸引着全部注意力的时候，德国军事制度的大缺点和症结却被忽视了。军官们对一条裤子或一条衣领的式样争论得不可开交，而对德意志联邦军队中有20来种不同的野炮口径和差不多数不清的各种小型火器口径却安之若素，对于这样的军官们，老实说，我们应该作何感想呢？采用线膛枪是统一全德国的口径的一个大好机会，可是这不但搞得马虎得丢人，而且把事情弄糟了。

在德国，只要上层人士不想打消建立军队是为了检阅而不是为了打仗这样的念头，在军事上就不可能有任何进步。这种学究气一度被奥斯特尔利茨、瓦格拉姆和耶拿以及1813—1815年的人民热潮打下去，很快就又抬头了；它一直称霸到1848年，看来，在最近10年间还达到了顶点，至少是在普鲁士。假如普鲁士曾经参加了意大利战争，佩利西埃差不多一定会给它的军队布置一个新的耶拿，只有莱茵的要塞才可能拯救它。这支军队的现状就是如此，而这支军队就其兵士的素质而言，并不亚于世界上任何一支别的军队。一旦法国人和德国人未来发生冲突，我们可以有充分根据地等待着马振塔和索尔费里诺的特征的再现。

评论：载于1860年2月20日《纽约每日论坛报》第5873号。文章评价了德国的军事改革，批评了德国各邦军队中盛行的检阅式练兵和学究风气。恩格斯认为当时德国军官们和哲学家们关于德国军事改革的讨论主要集中于军服问题、背包问题、军队的编制问题，却忽略了德国军事制度的重大缺点和症结，即德国军队武器的口径不统一。军队中步枪、滑膛枪、野炮、火器等武器口径的混乱，不仅不利于弹药的及时供给，也不利于军队的长时间作战。要克服这个重大缺点必须打消"建立军队是为了检阅而不是为了打仗"的念头和学究风气，而这种学究风气一度称霸到1848年，并在19世纪五六十年代的普鲁士达到顶点。恩格斯认为，只有消除这种学究风气，建立起实力和素质过硬的军队，德国才能在未来的冲突中避免意大利战争中历史教训的再现。

3—4月　《论线膛炮》指出：当时，军事界是完全反对线膛武器的。阿尔及利亚战争使得人们重新注意到了步枪，改进了它的构造，这些改进仅仅是在整个火器方面的大革命的开始。用这种火炮装备起来的法国炮兵参加了意大利战争，在这次战争中他们真正使奥军吃惊的，当然不是火炮的射击精度，而是火炮的远射程。这种火炮射击时经常产生甚至可以说总是产生远弹，因而对敌人预备队造成了比对第一线部队更大的危险，换句话说，在它们比一般火炮更有效地发挥杀伤作用的地方，它们所杀伤的却根本不是它们所瞄准的那些人。在实际战斗中产生了如此不能令人满意的结果，原因很简单。这种火炮的构造极不完善，如果法军坚持采用这种火炮的话，那末两三年以后，他们的火炮就会是全欧洲最差的火炮。直到最近几年，火器的生产仍是现代工业中最落后的一个部门。在这个部门中，手工操作很普遍，而机械操作却很少。这对旧式滑膛武器来说还可以容许，可是当生产的火器必须在很大的距离上保持高度的射击精度时，这种情况就不能容忍了。

　　评论：载于1860年4月7、21日和5月5日《纽约每日论坛报》第5914、5926和5938号。在文章中，恩格斯详细阐述了线膛炮的构造原理和发展历史，并对比了各种线膛炮的优点和缺点。第一部分描述了线膛炮从17世纪的最初试验、18世纪的第一次使用到阿尔及利亚战争后在欧洲所有国家的步兵中获得普遍采用的发展史；第二部分研究了当时法国炮兵采用的线膛炮；第三部分讨论了当时在英国争夺首位的两种后装线膛炮，即阿姆斯特朗火炮和惠特沃思火炮。恩格斯指出了武器生产的机械化、自动化的重要性，当时法国线膛炮命中率低的一个原因是手工操作引起的误差，只有以最完善的自动机器来完成火炮生产的每一道工序，才能减少火炮射击的微小误差。恩格斯认为，军事工业和军事技术的发展将成为影响一个国家军事实力的重要因素。

　　6月7日　《加里波第在西西里》指出：关于加里波第从马尔萨拉向巴勒摩这次令人惊奇的进军，这是本世纪最惊人的战绩之一；如果不是这位革命将领在这次胜利进军以前就卓有声誉，这样的战绩几乎是无法解释的。加里波第的胜利证明，那不勒斯王国军队仍然对这个曾经在法军、那不勒斯军和奥军面前一直高举意大利革命旗帜的人感到恐惧，而西西里人民对于他以及对于民族解放事业则没有丧失信心。现在我们应当说，加里波第为了准备强攻巴勒摩而采取的机动，立刻表明他是一位非常高明的将领。在这以前，我们只知道他是一位足智多谋的同时也很走运的游击队领袖；但是，这一次他所解决的纯粹是战略任务，经过这次考验以后，他已是一位公认的军事专家了。他赖以成功地欺骗了那不勒斯军队总司令、使后者犯下大错而让一半军队远离城市的那种方法，他的迅速的侧敌行军和在巴勒摩城下最出人意料的方向上的重新出现，以及他利用守军被削弱的时机所采取的坚决的强攻，——所有这些，要比1859年意大利战争期间所作的一切更为突出地表现了他的军事天才。西西里起义得到了一位第一流的军事领袖；我们希望，不久将作为政治家而登上舞台的加里波第，将不会玷污他作为军事家的荣誉。

评论：作为社论载于1860年6月22日《纽约每日论坛报》第5979号。文章论述了意大利民族解放运动的主要阶段即加里波第率领意大利"千人远征军"，又称"红衫军"，解放西西里岛的战争。加里波第于1860年5月率领1400名武装志愿军登陆西西里，并集结了当地4000名武装农民，于卡拉塔菲米首次击溃王国的那不勒斯军队。面对巴勒摩城内不少于22000人的王国军队，加里波第采取了声东击西的巧妙战略，先是诱敌到城西南然后对城东南发起总攻，与巴勒摩全体居民的起义形成相互呼应，实现了西西里的民族解放。西西里的解放展现了加里波第作为一名杰出的革命将领的军事天才。

6月25日 《英国的志愿兵部队》指出：几个星期以前在伦敦举行的志愿兵大检阅，引起人们对大不列颠国民军的注意。志愿兵不应该同民军混为一谈，民军是陛下的另一种军队。民军代表各下层阶级，而志愿兵代表资产阶级。伦敦《泰晤士报》断言，6月22日参加检阅的部队"代表所有阶级"，这不过是企图把这次检阅加上一个人民事业的幌子罢了。大约3个月以前，体面的机械工人代表团谒见当局，想领取武器，以便在受到侵犯时"保卫自己的祖国"。他们的请求遭到拒绝。允许参加志愿兵部队的只有这样的工人，他们的装备和费用由他们的厂主担负，当然，他们必须永远听从这班厂主的支配。

评论：作为社论载于1860年7月11日《纽约每日论坛报》第5994号。恩格斯以在伦敦举行的英国志愿兵检阅切入分析了英国志愿兵部队的阶级属性和总人数。在阶级属性方面，英国的志愿兵代表资产阶级，民军代表了各下层阶级，因为允许参加志愿兵部队的只有这样的工人，他们的装备和费用由他们的厂主负责，他们必须永远听从于厂主的支配。

7月24日 《不列颠的国防》指出：刚刚提交议会审查的英国的国防计划，建议把全部经费用于巩固港口和某些次等工事，只要能保卫国家最大的港湾不受敌人不大的分舰队的袭击即可，还用于在杜弗和波特兰建立大的坚固的堡垒，保证区舰队和单艘船只有设防的停泊场所。预定把全部经费用在保卫国家边缘，即易于受敌舰袭击的海岸线上；而既然不可能加强全部海岸线，为此便选择了几处重要的据点，主要是海军兵工厂和港口。国家的内地则完全听天由命。

在各港口不能保证能够防备突然袭击之前，是有可能受到专为破坏其中某个港口，破坏后马上退却的入侵的。可见，各港口可以说是伦敦的安全阀。但是，既然各港口将有准备反击主力的攻击，甚至能够经得住两个星期的正规围攻，——那末入侵的目标除开伦敦外就没有别的了。既然所有较小的据点都设了防，局部的入侵已经不起作用，入侵就势必进行冒险——要末消灭英国，要末自己被消灭。由此可见，巩固港口的事实本身便是削弱伦敦。这个事实迫使入侵的强国集中自己的全部兵力力图一下子占领伦敦。

评论：作为社论载于1860年8月10日《纽约每日论坛报》第6020号。恩格斯分析了英国的国防计划。为应对法国的可能的入侵，英国国防委员会制定了国防计划，恩格斯指出了这个国防计划在经费支出和防卫措施上的不合理性。这份报告建议把全部经费用于巩固港口和某些次等工事，为易受敌舰袭击的海军兵工厂和港口修筑陆地防线和堡垒。恩格斯则主张英国的国防应该重点保护伦敦，港口则从海上来加强。

7月底 《伦敦会不会落入法国人之手?》指出：不久以前在伦敦公布的不列颠国防委员会的报告说，如果法国人的皇帝想要派敌军到英国，那末"皇家舰队的所有战船"都不能阻挠它在英格兰和威尔士长达2147英里的海岸线的任何一段上登陆，更不用说爱尔兰的海岸线了。我们把民军和志愿兵的人数定为115000人——对这个数字，熟悉情况的人是可能认为大大超过实际人数的。此外，还完全没有考虑有关这个问题的下面这些非常重要的因素：法军指挥军官的公认的才能，法国军纪的优势，法国战术的总优势，另一方面，英军许多高级军官的不容置疑的迟钝，正规军和志愿兵的管理不善。最后，整个不列颠军队的战斗素质同法国军队相差悬殊。考虑到这些因素，下面的情况就应该被认为是无疑的，即拿破仑若以15万人或者甚至10万人的军队在一个选择得当的英国港口明天登陆，那末他是有可能"洗劫伦敦"的，而不像一家伦敦报纸不久以前曾经断言的那样，"如果他怀着敌意踏上萨克森土地"，他的必然命运就是"被消灭"。

评论：作为社论载于1860年8月11日《纽约每日论坛报》第6021号。恩格斯针对法国的可能的入侵，分析了英国的武装力量和可能的结果。他根据各类资料估算了英国部队人员的大致人数，并考虑到法国指挥官的才能、法军的优势和法军的战术，认为拿破仑若以15万人或者甚至10万人的军队在一个选择得当的英国港口登陆，那么伦敦将会落入法国人之手。

8月8日 《加里波第的运动》指出：意大利南部的危机就要到来。如果法国和撒丁的报纸可信的话，那末1500名加里波第的军队已经在卡拉布里亚海岸登陆，并且随时都可望加里波第本人到来。但是这是一支怎样的军队呵！表面上，在书呆子看来，它是十分中看的，然而这支军队没有生命，没有灵魂，没有爱国热忱，也没有忠心。它没有民族的战斗传统。这样的那不勒斯军队一向总是吃败仗；只有在追随拿破仑时它才始终是胜利的分享者。这不是民族的军队，这纯粹是国王的军队。征集和组织这支军队仅仅是为了一个特殊的目的——使人民俯首听命。军队中有着大批反君主主义分子，目前他们已到处显露头角。特别是中士和下士，几乎全都是自由派。整团的人高呼：〔"加里波第万岁！"〕。这支军队从卡拉塔菲米到巴勒摩所遭到的这样的失败，是任何一支军队从未遭到过的。如果加里波第率领足以保证在大陆上取得几次胜利的兵力登陆，那末那不勒斯军队无论集中有多大的兵力也不能成功地抵挡他；在最近的将来，我们可能就要听到加里波第率领15000人对付比他多十倍的敌人，从希拉向那不勒斯继续胜利进军。

评论：载于1860年8月23日《纽约每日论坛报》第6031。恩格斯高度评价了加里波第革命部队，揭露了那不勒斯王室军队的反动性，并预测加里波第部队将向那不勒斯胜利进军。但那不勒斯军队缺乏生命、灵魂、爱国热忱、忠心，而且它的内部已经出现分裂，当中的中士和下士几乎都是反君主主义者。因此，恩格斯认为在不久的将来加里波第将率领他的部队向那不勒斯胜利进军。

8月16日 《奥地利病夫》指出：奥地利皇帝弗兰茨-约瑟夫之所以活着，看来只是为了证明一句古拉丁名言的正确性："上帝要想叫谁灭亡，首先是使他疯狂。"从1859年初起，他别的事情不做，总是故意放弃摆在他面前的一切拯救自己和奥地利帝国的机会。只用部分军队突然进攻皮蒙特，由皇帝及其党徒代替海斯元帅统率军队，因犹豫不决而导致了索尔费里诺会战，正当法国人来到他的最强大的阵地前面而突然签订和约，在为时不太晚的时候顽固地拒绝在帝国内部组织上作任何让步。但是，命运垂青，又给弗兰茨-约瑟夫一个机会。路易-拿破仑的无耻的两面手法，使普鲁士和奥地利的联盟成为必要，这一联盟，最初由于奥地利以往的屈辱和与日俱增的内忧外患，就已经有了可能了。巴登会晤和特普利策会晤巩固了这一联盟。普鲁士第一次以全德代表的身分出现，答应在奥地利遭到意大利乃至法国进攻时予以援助；奥地利方面则答应向舆论让步并改变自己的对内政策。

但是，弗兰茨-约瑟夫看来是做不到这两个条件的，或者说，他不想这样做。他既舍不得放弃他那日益衰微的专制君主的权力，又不能忘情于他已经丧失的意大利小君主的保护人的地位。缺乏真诚、软弱无力但又顽固不化的弗兰茨-约瑟夫看来正力求通过对外的侵略战争来逃避国内的困难，看来，他不想用放弃正在从他手中溜走的权力的办法使自己的帝国凝合起来，而是重新投入了他的密友的怀抱并准备进行一场可能导致奥地利君主制崩溃的、向意大利的征讨。

评论：作为社论载于1860年9月1日《纽约每日论坛报》第6039号。恩格斯揭露了奥地利皇帝弗兰茨-约瑟夫对内对外政策的反动性。约瑟夫的犹豫不决导致了索尔费里诺会战，他在应该反抗的时候与法国签订了和约。在普鲁士和奥地利建立联盟后，他没有抓住机会恢复奥地利的实力，而是固守专制君主权力，还力求通过对外侵略战争来逃避国内的困难。而帝国议会将讨论人民代议机关以及帝国宪法和帝国内各省的宪法问题，三级会议的召开将动摇约瑟夫的政治根基，第二次奥地利革命就要开始了。倘若约瑟夫为维护那不勒斯和教皇开始十字军东征，那么奥地利由于遭到整个欧洲舆论的坚决反对，财政紊乱不堪，面临匈牙利的起义，终不免要遭到失败。

8月24日 《英国志愿兵猎兵的检阅》指出：英国像德国一样，正在武装起来准备反击波拿巴主义威胁着它的进攻。英国志愿兵猎兵的出现，其原因也同普鲁士把自己的基干营数增加一倍的原因一样。所以，对德国军人说来，获得有关英国志愿兵的现状和战斗力的一些详细情报，是有好处的；因为这支军队就它的起源和思想基础来说，是波拿巴主义的敌人，是德国的盟友。

8月11日，郎卡郡和柴郡的志愿兵，在到利物浦半路上的牛顿组织了一次检阅，负责指挥的是区司令乔治·韦瑟罗耳爵士将军。在这里集合的志愿兵是曼彻斯特附近各工业区的志愿兵；利物浦或柴郡各邻近农业区的居民在出场的志愿兵当中不很多。如果根据我们德国的招兵经验来判断，这些部队在体格方面应该是低于中等水平。但是不应该忘记，来自工人阶级的志愿兵只占极小的一部分。

如果希望志愿兵运动能有某种成果，这就是政府应该过问的事。应该强迫现在还是一个连或者两三个连组成的所有的独立连队联合起来，组成固定的营，从正规军中给它们配备副官。必须责成这些副官向自己营的全体军官教授有关基本战术、各种轻步兵勤务和营的内务条令的正规的训练课程。然而，据报道，军事当局却忙于讨论这样一个重要问题：是不是一有可能就让全体志愿兵猎兵穿上如此向往的基干部队的砖色军服。

评论：载于1860年9月8日《军事总汇报》第36号，1860年9月14日《郎卡郡和柴郡志愿兵杂志》第2期和《志愿者读物》1861年伦敦版。恩格斯分析了英国志愿兵猎兵和志愿兵在牛顿组织的一次检阅。英国志愿兵猎兵是在1859年下半年开始为反击波拿巴主义而建立的，名义上有12万人，实际上有战斗力的士兵不超过8万人。1860年8月11日，郎卡郡和柴郡志愿兵在牛顿组织了一次检阅。恩格斯描述了整个检阅的过程，指出了英国志愿兵部队的弱点，即志愿兵军官不熟悉自身业务。然而，英国军事当局却忙于讨论是否可能让全体志愿兵穿上基干部队的砖色军服，而不是志愿兵组织真正存在的问题。

9月1日 《加里波第的进军》指出：随着事变的发展，我们已开始了解加里波第制订的解放意大利南部的计划。在这里民族派组织得这样出色，而且完全处于一个为意大利统一和独立的事业而战并取得辉煌胜利的人的控制之下。正如大家已经知道的，在教皇国登陆一举没有实行，这一方面是由于维克多-艾曼努尔的坚持，另一方面而且主要是因为加里波第本人认为志愿军没有作好独立作战的准备。因此他把志愿军调到了西西里，其中一部分留在巴勒摩，其余的则搭乘两艘轮船环岛而行，开赴塔奥尔米纳，他们不久就到达该地。同时，在那不勒斯王国各省的城市中开始了暴动，这些暴动表明，革命派组织得多么好，全国各地起义的条件是多么成熟。不论这些部队或其他某些部队，至今都未能阻挡住加里波第向那不勒斯的百战百胜而且可能是毫无阻碍的进军。加里波第到那不勒斯就会发现，王室已经逃跑；这个城市会向他敞开大门，给他举行一个隆重的入城式。

评论：作为社论载于1860年9月21日《纽约每日论坛报》第6056号。恩格斯描述了1860年8月加里波第在三天内解放意大利南部的整个作战过程，包括加里波第军队的进攻如何与那不勒斯王国各省的城市暴动形成呼应，如何轻松取胜那不勒斯舰队以及最后胜利进军那不勒斯。加里波第进军那不勒斯为意大利统一和独立事业作出了卓越的贡献。

9月初 《加里波第在卡拉布里亚》指出：现在我们有了关于加里波第占领南卡拉布里亚和该地的那不勒斯守军已经完全瓦解的详细材料。加里波第在他辉煌事业的这一阶段，表现出他不仅是勇敢的领袖和卓越的战略家，而且还是足智多谋的统帅。以主力对连绵的海岸堡垒线进攻，这一行动不仅需要有军事天才，而且需要有军事知识。显然，加里波第准备采取下述作法：派一个纵队顺着那条沿海岸并暴露在堡垒火力下的大路前进，装作要从正面进攻那不勒斯军队的样子，而率领另一纵队翻越山冈沿fiumare（时令河）而上，根据地形特点或那不勒斯军队防御阵地的正面长度，攀登到必要的高处，以便包围那不勒斯军队和堡垒，并在任何战斗中都占据瞰制的地位。一连串的失败粉碎了那不勒斯军队继续进行抵抗的一切能力。维亚勒属下的、守卫蒙特列奥涅的其余各营的军官决定在自己的阵地上防守一个小时保一保面子，然后便放下了武器。其他各省的起义迅速扩展起来，整团整团的军队拒绝同起义者作战，甚至在保卫那不勒斯城的部队中也有整个部队同时逃跑的现象。就这样，在这位意大利的英雄面前，终于打开了通往那不勒斯的道路。

评论：作为社论载于1860年9月24日《纽约每日论坛报》第6058号。恩格斯描述了加里波第率军在不到五天时间里进攻连绵的海岸堡垒线并占领整个卡拉布里亚的经历，体现出他作为军事战略家和统帅的英勇骁战、远见卓识、足智多谋。加里波第利用阿斯普罗蒙特山脉的独特地形巧妙布局，先派一个纵队顺着沿海岸并暴露在堡垒火力下的大路前进，装作要从正面进攻那不勒斯军队的样子，并率领另一纵队翻越山冈攀登到必要的高处保卫那不勒斯军队和堡垒，粉碎了那不勒斯军队进行抵抗的一切能力。占领卡拉布里亚为加里波第打开了通往那不勒斯的道路。

9月中—10月中 《法国轻步兵》指出：法国猎兵既是可能的敌人，又是轻步兵迄今为止的最好榜样，他们的这两个特点，引起了英国志愿兵的巨大兴趣。所以我们志愿兵对他们了解得愈早愈好。

贝都英人和卡拜尔人无疑是最好的轻骑兵和猎步兵，他们那种独特的军事素质很快就促使法国人试图招募土著居民到法军中服务，并用阿拉伯人打阿拉伯人的办法去征服阿尔及利亚。这个思想就是建立朱阿夫兵部队的起因之一。朱阿夫兵部队早在1830年就主要由土著居民组成了，而且到1839年以前一直是主要由阿拉伯人组成的部队；当1839年阿布德－艾尔－喀德刚刚举起圣战的旗帜时，这些朱阿夫兵就大量地跑到他那边去了。

评论：载于1860年9月21日、10月5日和20日《郎卡郡和柴郡志愿兵杂志》第3、5、7期及《志愿兵读物》1861年伦敦版。恩格斯分析了作为欧洲所有轻步兵榜样和英国潜在敌人的法国轻步兵，以之作为英国军队改进的参照。文章第一部分论述了步枪在法国军队中从无到有的过程，并在此基础上组建了新的军队组织"猎兵营"和素质过硬的"朱阿夫兵部队"。第二部分介绍了法国猎兵部队的选拔标准和严格的跑步训练。阿尔及利亚战争凸显了经过长跑训练的步兵的巨大优越性，英国基干部队和志愿兵部队应该加以借鉴。第三部分介绍了法国军队的体育训练和散兵战的方法。法国军队的体育训练主要包括爬城、刺杀训练等，每个驻地都有必要的体育设备，还有击剑房和舞蹈室。猎兵采用的散兵战的优越性主要体现在以小组为单位根据总目的来单独行动，能够灵活利用有利条件，突然接近敌人主力并准确袭击他们。在第三部分末尾，恩格斯总结了英国军队可以借鉴法国猎兵的六个地方：(1) 紧身制服；(2) 步枪及其使用法；(3) 长跑训练及其在变换队形时的运用；(4) 刺杀训练；(5) 体育；(6) 现代散兵战的方法。

10月上半月 《志愿兵炮兵》指出：志愿兵的炮兵问题十分重要，应该广泛加以讨论——尤其是因为志愿兵炮兵在国防上应该起什么作用，看来目前仍然不十分明确。显然，必须加以解决的第一个问题，就是志愿兵炮兵适合于何种活动范围。不解决这个问题，各部队的训练制度就永远不会一致。炮兵实质上是一个比步兵和骑兵需要多得多的科学知识的兵种，所以它的功效主要取决于军官的理论知识和实践知识，除正规连、营的队列教练对步兵和炮兵是共同的以外，还需要知道许多不同口径的火炮，知道炮架和炮床、装弹、测定仰角和不同的射程；需要知道炮台是怎样建筑的，知道攻城术、永备工事和野战工事；需要熟悉弹药和烟火器材的制造；最后，需要掌握火炮射击学，这门科学目前由于使用线膛炮更加显著地充实起来。如果志愿兵炮兵不注意炮兵科学的所有这些学科，一旦应召服现役，就会碰壁。我们希望并且相信，他们会全力以赴地去取得实际经验和理论知识，否则他们在考验的日子里就会显得不中用了。

评论：载于1860年10月13日《郎卡郡和柴郡志愿兵杂志》第6期及《志愿兵读物》1861年伦敦版。恩格斯分析了志愿兵的炮兵问题。他认为志愿兵的炮兵十分重要，必须解决的第一个问题是志愿兵炮兵适合于何种活动范围。根据对野战炮兵和要塞炮兵这两种炮兵的特征、主要品质以及训练难易程度的分析，恩格斯得出的结论是志愿兵炮兵的活动范围，是为固定的海岸炮台补充人员。第二个问题是炮兵需要掌握比步兵和骑兵多得多的科学知识，炮兵的军官素养具有最重要的意义，他们应全力以赴地去取得实际经验和理论知识。

10月底—1861年1月上半月 《步枪史》指出：步枪是德国人远在十五世纪末发明的。最初制造步枪显然只是为了便于装填与膛壁几乎紧密贴合的弹丸。为此膛线被刻成直线的，没有任何回旋，其唯一的目的是减少弹丸在枪膛内的摩擦。弹丸本身包着一层浸油的毛织物或麻布（浸油丸衣），这样就能不太困难地塞入枪膛。这种步枪虽然简陋，但是比起当时使用直径比枪的口径小得多的弹丸的滑膛枪来，它的射击效果要好得多。

由此可见，自从在现代战术中采用散兵战以来，就有了一种改良武器的需要。

在十九世纪，只要出现某种需要，而发展的情况又证明确实有这种需要，它就一定能得到满足。这一次的需要就得到了满足。从1828年以来，小型武器的一切改进，几乎都是为了满足上述需要的。

意大利战争告诉了一切有头脑的人：现代步枪的火力对于勇猛冲锋的营来说并不是那样非常可怕的。普鲁士弗里德里希-卡尔亲王便利用这次机会告诫他的同僚：消极的防御，即使有良好的武器，也必败无疑。军界的舆论改变了；人们重新开始认识到赢得战斗胜利的是人而不是枪。每一个自觉的兵士都应当知道自己的武器的构造原理和性能。大多数的志愿兵，作为"国家的智慧"来说，也应当通晓自己的火器。

评论：载于1860年11月3日和17日，12月8、15和29日，1861年1月5、12和19日《郎卡郡和柴郡志愿兵杂志》第9、11、14、15、17、18、19和20期及《志愿兵读物》1861年伦敦版。恩格斯详细描述了步枪从发明到改进为适于每个士兵使用的武器的发展历史，阐述了各种类型的步枪的构造原理及其优缺点。文章第一部分主要描述了步枪从直线膛线枪到螺旋膛线枪再到新式步枪的改进过程；第二部分主要说明了步枪经过怎样的改进成为了适于每个步兵使用的武器；第三部分介绍了法国米涅上尉将步枪改造为能用来装备每个步兵的武器；第四部分讨论了法国米涅式步枪的制作原理以及英国恩菲耳德式步枪以扩张式弹丸改良米涅式步枪；第五部分介绍了1852年英国军械师威金逊和奥地利军官罗伦兹同时但各自独立地利用火药的爆炸压缩弹丸来改良步枪；第六部分谈论前装枪后介绍了三种后装枪尤其是普鲁士的针发枪，针发枪的出现引起了关于战术革命的争论；第七部分讨论了尚未被军队采用但具有惊人射击精度且造价高昂的惠特沃思式步枪；第八部分扼要地列举了当时能够使用的各类步枪及其原理。恩格斯认为，步枪史是一个很重要的课题，每一个自觉的兵士都应当知道自己的武器的构造原理和性能。恩格斯诠释了武器改良与战术革命的辩证关系，一方面，战术的改变会引起改良旧式武器的需要；另一方面，新式武器的产生也会导致战术的变革。他还强调虽然武器对于战争结果的影响将不断增强，但人是战争中的根本因素，消极的防御，即使有良好的武器，也必败无疑。

11月底　《志愿兵工兵，他们的作用和活动范围》指出：志愿兵部队拥有相当数量的步兵和炮兵，已经有一个时候了，它也已经拥有编制不大的骑兵；现在，正逐渐建立最后一个兵种——工兵。他们——兵士也好，军官也好——必须熟悉野战筑城和永备筑城的原理；他们应该实习修建堑壕和炮台，筑路和修路。如果物质条件具备，他们应该建筑军用桥梁，甚至挖掘地道。在这些科目中，有一些恐怕只能学点理论，因为在英国，要塞和浮桥都极少，而且决不能设想每个志愿兵都可以到朴次茅斯或查塔姆去学习筑城或参加架设浮桥。但是，也有些工程学科目是每个连队都能够实习的。

评论：载于 1860 年 11 月 24 日和 12 月 1 日《郎卡郡和柴郡志愿兵杂志》第 12 期和第 13 期及《志愿兵读物》1861 年伦敦版。恩格斯讨论组建志愿兵工兵的问题，认为在步兵、炮兵、骑兵之外组建志愿兵工兵对于当时的英国具有必要性，因为皇家工兵在宗主国和殖民地担负了许多任务，力量已经不够用，倘若发生战争或入侵，应当配属给作战部队的工兵数量也得不到保证。同时，恩格斯也指出，不能把志愿兵工兵的时间用于队列训练和检阅，而是必须熟悉野战筑城和永备筑城的原理，实习修建堑壕和炮台，筑路和修路。此外，恩格斯还针对《海陆军报》上一篇关于军事工程组织的文章发表了自己的意见。

12 月 24 日 《奥地利革命的发展》指出：奥地利的革命正在急剧发展。总共只两个月之前，弗兰茨-约瑟夫在其 10 月 20 日的恩诏中承认，他的帝国处于革命状态；为了寻求摆脱现状的出路，他许诺打打折扣恢复匈牙利古宪法，企图以此来收买匈牙利。虽然恩诏也是对革命运动的让步，但是就其意图来说，则是背信政策的圆滑手段之一，这样的手段正是奥地利外交的特色。

实际上，皇帝的恩诏没有骗住任何人。各德意志省的舆论立即迫使旧的市议会为目前人民投票选举的新人敞开了自己的大门，而匈牙利人则开始恢复自己的旧的各州官员和 1849 年之前代表国内所有地方政权的州议会。不管怎样，反对党立即掌握地方的和城镇的管理机关，而不限于要求暂时换一换内阁，并且不放弃占领那些在较小的活动范围中间向他们开放的重要阵地，这些都是良好的预兆。在匈牙利，1848 年改组过的古老的地方管理机关立即把民政权力交到了人民手中，并且要维也纳政府作二者之一的选择：要末让步，要末马上诉诸武力。因此，这里的运动就自然发展得特别迅速。现在全国都纷纷要求完全恢复 1848 年修改过的宪法，恢复那时议会和国王达成了协议的所有法律。

评论：载于 1861 年 1 月 12 日《纽约每日论坛报》第 6152 号。恩格斯分析了奥地利急剧发展的革命浪潮。他认为，奥地利皇帝弗兰茨-约瑟夫颁布的十月恩诏虽是对革命运动的让步，但就其意图来说是背信政策的圆滑手段之一。恩诏企图以恢复匈牙利古宪法来收买匈牙利，实际上给予匈牙利的权利微乎其微，只是把匈牙利变为帮助奥地利摆脱困境的工具。但皇帝的恩诏没有骗住任何人，匈牙利开始恢复旧的各州官员和 1849 年之前的州议会，全国都纷纷要求完全恢复 1848 年修改过的宪法，革命浪潮急剧发展。恩格斯预言匈牙利还将从皇帝那里获得新的让步，1861 年将是奥地利帝国瓦解为各个组成部分的一年。

1861 年

1 月底 《德国的运动》指出：1851 年丹麦国王在什列斯维希问题上曾自愿地

对普鲁士和奥地利承担某些义务。他答应，公国将不被合并于丹麦；它的议会将与丹麦的议会分立；两个民族，德意志民族和丹麦民族将在什列斯维希享受同等权利。此外，对霍尔施坦议会的权利作了专门的保证。在这样一些条件之下，占领霍尔施坦的联军撤了回去。

表面上看来这很公正，但实际上，在设立丹麦区时，丹麦标准语是强加给居民的，绝大多数居民甚至听不懂，他们唯一的希望是行政、诉讼、教育、洗礼和嫁娶都用德语。但是，政府为了根除区内德意志化的所有痕迹，进行了一场真正的十字军征讨，甚至禁止家庭中采用任何其他语言进行私人教学，只能采用丹麦语；同时，它又采取间接的办法，力求在混合区内使丹麦语占优先地位。这些措施所引起的反抗非常强烈，因而曾经试图借助一系列烦琐苛刻的政令加以镇压。

在霍尔施坦，由于丹麦政府不作政治性质的或民族性质的让步，所以就无法使议会核准任何捐税。政府是不愿意让步的，但是另一方面，它又不愿意使自己失去公国的收入。因此，为了制造一些多少合法的根据向公国的居民征税，政府就召集了一个王国会议——这个会议没有任何代议制的性质，但却被派作代表丹麦本土、什列斯维希—霍尔施坦和劳恩堡的用场。这个会议，尽管霍尔施坦人拒绝参加，还是来核准通行于整个王国的税收，而且，政府还根据这个会议的决定，规定了霍尔施坦的税率。这样一来，本应成为独立自主的公国的霍尔施坦，就丧失了任何政治独立，从属于丹麦人所把持的会议了。

评论：作为社论载于1861年2月12日《纽约每日论坛报》第6178号。在这篇文章里，恩格斯分析1861年世界革命趋势下即将发生的第四次什列斯维希—霍尔施坦运动。1851年丹麦国王在什列斯维希问题上自愿对普鲁士和奥地利承诺某些义务，但却千方百计地规避履行自己的诺言。丹麦政府在什列斯维希的丹麦区强行推广丹麦语，并使之成为混合区的优势语言，还在霍尔施坦召集一个王国会议来核准整个王国的税收和税率，使本来应该成为独立自主的公国的霍尔施坦丧失了任何政治独立，从属于丹麦人把持的会议。德国报刊不断呼吁德国各联邦政府对丹麦采取强制性措施，但只把什列斯维希—霍尔施坦问题当做沽名钓誉的工具。实际上这一问题意味着普鲁士会和奥地利联合，并与法国和丹麦进行战争。恩格斯认为，倘若这次战争发生了，结果一定是革命的发生。

1月底 《法国的武装力量》指出：路易-拿破仑究竟从哪里补充他的这个人员差额呢？用实行变相的普鲁士预备兵制度的办法。从每年能够征召的16万人当中，一部分，譬如说一半，用来补充常备军的空额。其余的编入预备兵的名册里，编成部队，第一年训练两个月，第二年和第三年各训练一个月。他们仍然有服兵役的义务，并且，在7年内是可以被征召的，像在基干部队中服过役的人一样。我们相信，到今年年底，法军在自己的步兵营、骑兵连和炮兵连里将能够绰有余裕地容纳不少于953000人。于是，我们就看到，这个无意中引起了志愿兵运动的人，对志愿兵运动作出了反应，他安静地、不声不响地组织百万大军，同时建造20艘装甲巡航舰——可能是要把这支军队的一部分护送过拉芒什。

评论：载于1861年2月2日《郎卡郡和柴郡志愿兵杂志》第22期。恩格斯分析了法国的武装力量。他对比了1859年法国军队的战时编制和《哥达年鉴》公布的1860—1861年法国军队的战时编制，分析两年时间内法国军队的战时编制增加了20万人的原因。这是因为拿破仑采用了变相的普鲁士预备兵制度。据此预估，在1861年底法军规模将达到953000人。恩格斯认为，拿破仑不动声响地组织军队，可能是为入侵英国做准备。

2月初 《毕若元帅论战斗中的精神因素》指出：这是毕若元帅的最好著作之一。这个指示表述了步兵作战的原则，其明确性也只有长时期的军事经验才能提供。这些原则法国人甚至现在还遵循不渝，他们一直是靠着这些原则，战胜了那些固守平时长期形成的旧习、看来相信巧妙的战术胜于相信旺盛的士气的军队。这些原则不是新的，而且也决不单单是法国的，但是在这部著作中，这些原则成功地综合了起来，用通顺精辟的语言加以叙述。它们丝毫没有取代战术学，然而却是对战术学的十分必要的补充；此外，其中大多数原则都非常清楚，不要很多军事知识就可以理解，因此大部分志愿兵完全能够看懂。

评论：载于1861年2月9、16日和3月2日《郎卡郡和柴郡志愿兵杂志》第23、24和26期。恩格斯摘录了毕若元帅《略论作战的几个问题》一书的"步兵战斗中的体力因素和精神因素"一章，并附上了篇首按语。他指出这本书是毕若元帅最好的著作，它表述的步兵作战的原则是由长时期的军事经验提供的，帮助了法国军队战胜固守旧习的军队。这些原则是对战术学的十分必要的补充。

3月9日 《〈志愿兵读物〉单行本序言》指出：下面的文章起初是为《郎卡郡和柴郡志愿兵杂志》写的，现在，根据该杂志主人的愿望以它们现在的形式重印，据他们说，一个多少有点地方性的期刊所能提供的范围有限，而这些文章是值得在志愿兵中推广的。这种看法是否公允，让读者评定吧。在论步枪和论法国轻步兵等篇文章中所谈的事实并不是新鲜的，独有的；相反，这些文章不可避免地在很大程度上是用别的史料编写而成的。这些文章中唯一可以算做独创的部分，是作者的结论和作者表述的见解。

评论：载于《志愿兵读物》1861年伦敦版。这是恩格斯为自己的《志愿兵读物》单行本写的序言。恩格斯指出单行本是根据《郎卡郡和柴郡志愿兵杂志》主人的愿望重印发表在该杂志的文章，从而使得文章的受众不局限于地方，而是遍及志愿兵。

3月上半月 《志愿兵将军》指出：志愿兵运动缺少一样东西：内行的局外人公平合理的、同时又坦率而真诚的批评。志愿兵在执行自己的任务中的缺点，差不多总是被默默地放过去了，可是每个部队如果完成任务比较令人满意，那就会被捧到天上。人们用温和的口气提出的任何不偏不倚的意见，都遭到猛烈的谴责。

当假牌将军，他们对于自己的兵士和自己本人，都不会有实际好处。荣誉和光荣属于我们曼彻斯特各团的副官们，因为他们的团能够成为现在这个样子，功劳大半属于他们；但是他们的位置应该是在自己的团里，因为团里目前没有他们是不行的，而如果他们哪怕是有一天拿副官、将军或副旅长当儿戏，那他们是不会给这些团带来任何实际好处的，这样做，他们自己也一定不会感到特别满意。

评论：载于1861年3月16日《郎卡郡和柴郡志愿兵杂志》第28期。恩格斯批评了英国志愿兵将军的晋升制度。他指出当时的志愿兵运动受到人们的大肆吹捧，缺乏坦率而真诚的批评，把志愿兵的缺点默默地放过了。1860年夏季在伦敦举行的作战演习只不过是一次演戏，对参加作战演习的士兵并无益处，之后从伦敦到南海岸的决战演习同样是一次缺乏战术知识和指挥艺术的训练，而且志愿兵的训练一直在平地而不是在起伏地、丘陵地上进行，使得作战练习变成一种戏剧演出。一些军官希望借助这些军事演习晋升将军，这种造就志愿兵将军的制度正从伦敦输送到曼彻斯特。恩格斯认为曼彻斯特完全没有必要像伦敦那样制造"假牌将军"，而应使副官、将军、副旅长等都精通业务，才能给志愿兵运动带来实际好处。

4月4日 《布莱顿和温伯耳登》指出：伦敦及其郊区的志愿兵部队在复活节星期一的行动，看来完全证实了我们在《志愿兵将军》一文里的预言。兰尼勒勋爵想试图在他亲自指挥下把自己区的所有志愿兵集合一天，一下子就引起了各部队间的分裂。有一位柏立勋爵出来竞争总司令的候选人；他用温伯耳登的野外演习日来同布蒙顿的作战演习对立。在各部队中间发生了很大的意见分歧，结果是：有些部队去布莱顿受兰尼勒勋爵的指挥，有些部队去温伯耳登受柏立勋爵的指挥，有些部队去的也是同一个地方，但是独立行动；也有些部队去里士满，有些部队去旺斯特德。这种分散本身不会带来任何损害。每个部队是完全不依附于别的部队的，有权随便利用自己的节日。但是，早在这次分裂以前就发生的，大概还要继续一个时期的这些激烈争论、个人争吵和仇视表现，必定带来而且已经带来很大损害。军官们不是站在这边就是站在那边；他们的兵士也同样这样做，但并不总是和自己的指挥官在一起，于是大多数的伦敦志愿兵就分裂成两大派——兰尼勒集团和柏立集团。

评论：载于1861年4月6日《郎卡郡和柴郡志愿兵杂志》第31期。这篇文章是恩格斯继《志愿兵将军》之后再次批评伦敦志愿兵部队中存在的造就志愿兵将军的问题。当时兰尼勒勋爵和柏立勋爵为了竞争志愿兵将军的职位分别在布莱顿和温伯耳登组织作战演习，导致伦敦志愿兵部队内部分裂成两大派别。事实上，志愿兵将军只能从基干部队任命，这两名勋爵都不符合条件，而且都缺乏指挥大量部队的经验，能力不足。因此，这两次军事演习在部队纪律、隶属关系或尊重高级军官方面对于伦敦志愿兵没有益处。此外，两次军事演习的内容和队列变换还暴露出不重视连队列教练的问题，在之后的《连队列教练》一文中恩格斯具体阐述了这个问题。

4月中 《连队列教练》指出：可能有人问，要求队列教练这样完善，对志愿兵来说有什么好处呢？志愿兵不是专为这个而建立的，也不能期待他们达到这一步，他们也不需要这样。无疑，这种看法是完全正确的。仅仅是企图使志愿兵同基干部队在队列教练的完善方面媲美，也会使这个运动瓦解。但是，志愿兵应该有队列教练，应该训练到使他们的普通的同时动作成为非常机械而又非常自然的程度，并且使他们的各种运动和动作都稳定而一致，而且具有一定程度的军容。在这几点上，基干部队始终是志愿兵应该仿效的榜样，而连队列教练则应该是借以达到这些要求的唯一的方法。凡是关切操练动作的志愿兵，一定都会同意我们所说的进行正规而勤勉的连队列教练的必要性；让我们再提一下：对志愿兵部队的基本训练肯定是一直忽视的，所以，为了在一定程度上补救这个缺点，就需要多加注意，多做工作。

评论：载于1861年4月20日《郎卡郡和柴郡志愿兵杂志》第33期。恩格斯讨论了连队列教练的重要性和必要性。他认为虽然不能要求志愿兵同基干部队在队列教练的完善方面媲美，但志愿兵应该有队列教练，使他们的运动和动作达到自然、稳定和一致的程度，并具有一定程度的军容。文中从操枪动作训练、排队训练、大部队或小部队的动作、距离问题、军容问题等方面谈了连队列训练的内容。

4月底 《步枪和步枪射击》指出：把朗卡斯特式马枪和普通恩菲耳德式步枪加以比较，这更合理一些，因为这两种武器的差价不大，而且朗卡斯特式步枪的价格可能会等于恩菲耳德式步枪的价格，如果政府工厂大批生产朗卡斯特式步枪的话。那末，朗卡斯特式步枪是不是更好的呢？这仍然是一个问题。我们认为，这种步枪也不会没有缺点，膛线构造原则是军用步枪方面极其次要的问题。为什么用这样一些小节来挑剔恩菲耳德式步枪的毛病，而不马上探讨问题的本质和指出它最大最重要的缺点是大口径呢？改变一下口径，你们就会看到，一切其他的改进都只不过是些细节了。

评论：载于1861年5月4日《郎卡郡和柴郡志愿兵杂志》第35期。恩格斯讨论了朗卡斯特式步枪和恩菲耳德式步枪的性能优劣问题。恩格斯不认同《伦敦评论》的一篇短评关于朗卡斯特式步枪优于恩菲耳德式步枪的分析，认为他的分析缺乏证据。在恩格斯看来，问题不在于挑剔恩菲耳德式步枪的毛病，而是探讨问题的本质和指出它的最重要缺点是大口径，找到这个缺点就可以对步枪作出实质性的改进。

5月初 《阿尔德肖特和志愿兵》指出：既然不能把整队的志愿兵吸引到阿尔德肖特，是否能够单个地派他们到那里去，而且仍然能学到许多东西呢？我们认为，如果给志愿兵提供一切有利条件来利用这种机会，这是能够做到的。我们相信，志愿兵的绝大部分人，经常都能够在一年内从自己的日常工作中腾出两个星期。他们许多人定期有这样的休假，甚至更长的休假。他们中间一定有很多人不会拒绝，相反，甚至会乐意至少有一次在阿尔德肖特花掉自己的时间和金钱，只要那里要他们。我们的两点建议——在兵营里编成轮换营和允许派遣适当的志愿兵军官到基干部队一个月——主要以训练军官为目的。我们一再重申，志愿兵部队的弱点是军官；我们还要再补充一点：现在所有的人应该都看得很清楚，靠现行的志愿兵训练制度不可能建立一支有训练的军官队伍，所以必须寻求新的训练方式，才能使志愿兵部队的情况不但不会日益恶化，反而会日益改进。

评论：载于1861年5月11日《郎卡郡和柴郡志愿兵杂志》第36期。恩格斯讨论了在距离伦敦75公里的一个常设军营即阿尔德肖特兵营进行志愿兵训练的可能性。恩格斯提出的方案是轮换地派志愿兵到阿尔德肖特兵营进行训练，每次将报名的一定数量的志愿兵编成营，配备一名营长和一些基础设备，进行两个星期的集中的队列训练和军事勤务，因为集中训练的效果将更为显著。除了兵营里编成轮换营，恩格斯认为还可以派遣适当的志愿兵到基干部队工作一个月，巩固和提高他们已经取得的知识。恩格斯认为军官是志愿兵部队的弱点，应以训练军官为目的。

6月初　《陆军部和志愿兵》指出：我们不能闭眼不看不久以前发生的一两件不大的事情，因为这些事使人产生一种印象：正是当权的人们对志愿兵运动的看法有了某种改变，特别是从格雷和里彭勋爵不再当陆军副大臣时起。勿庸置疑，在公开宣布过的检阅中完全没有警察，这不完全是偶然的。报纸曾经指出，警察一定是接到了躲开的指示，我们知道，在伦敦志愿兵中间，也盛传总司令部曾经插手此事，总司令部里有人想用一切可能的方式来破坏志愿兵运动。当局并没有像它答应的那样，打算尽力支援志愿兵。当一切准备就绪，政府一下子就变卦了！这些事情，当然不能促进当局和志愿兵之间的和睦关系，而这种关系是使运动进一步取得成就所必需的。运动是十分强大有力的，任何政府都止不住它；但是，志愿兵对当局缺少信任和当局暗中反对，却会很快引起不小的混乱，把运动的发展阻碍一个时期。这是不应当容许的。

评论：载于1861年6月8日《郎卡郡和柴郡志愿兵杂志》第40期。恩格斯讨论了陆军部和志愿兵的关系问题。恩格斯指出，相对于英国的其他城市，朗卡郡和曼彻斯特等城市的志愿兵乐意服从陆军部的一切命令和指示，对正规军采取正确的态度和根据军事当局的要求指导志愿兵运动。但最近发生的两件不大的事情使人们产生了一种印象，即陆军部对志愿兵运动的看法发生了某种改变。一件是兰尼勒勋爵在瑞琴特公园检阅伦敦志愿兵却完全没有警察保护，遭到一些人的破坏而失败了。另一件是曼彻斯特的一个部队打算加入兵营接受短期训练却得不到军事当局曾经答应发送的帐篷等设备。恩格斯希望政府能够扭转这种情况，诚意地支持志愿兵运动。

6月　《瓦德西论法国军队》指出：不久前在柏林出版了《法国军队在练兵场和战场》一书，它引起了很大轰动，短期内出了好几版。该书出自前普鲁士陆军大臣瓦德西伯爵将军的手笔，一个这样重视每个单独兵士的智育的军官，总是非常注意法国军队的，因为法国军队是一支在军事方面以自己兵士的个人智力而最出名的军队；因此，如果我们看到，他把这支军队作为自己研究的特殊对象，在这支军队的队伍中他有许多朋友和熟人，从他们那里他能够得到宝贵的情报资料，这是用不着奇怪的。法军在1859年意大利战争时期对欧洲的一支最优秀最勇敢的军队赢得了胜利之后，全欧洲都在研究是什么情况使法军总是取得这样不寻常的胜利。瓦德西将军在上面提到的书里所叙述的，据他看来，就是对这个问题的解释。

评论：载于1861年6月22日、7月6日和20日、11月8日《郎卡郡和柴郡志愿兵杂志》第42、44、46和第62期。恩格斯评述和摘录了普鲁士陆军大臣瓦德西伯爵将军的《法国军队在练兵场和战场》一书。恩格斯指出，瓦德西将军的突出贡献不仅体现为他以新方法摧毁了旧的、学究式的训练兵士和执行军事勤务的制度，完全摆脱了一切形式方面的学究气，激发兵士的智力，而且体现为他凭借宝贵的情报资料研究了法国军队为什么总是在战争中取得不寻常的胜利。恩格斯摘录了书中关于法国军队的一般特点、兵士和军官的补充制度、法军的队列教练实践、拿破仑的一则趣闻、阿尔及利亚土著部队、步兵团的队列教练、1859年意大利战争法军采用的战术布势等论述。他认为这些研究对英国志愿兵在将来与法国军队作战时有参考意义。

8月初 《牛顿检阅的军事评论》指出：今年的检阅是否也可以这样说呢？恐怕不可以。铁路运输很出色，地面好极了；天气晴朗；志愿兵已经经过了第二年的训练；但是我们仍然确信，他们大多数回家时对自己这一天的工作和成绩是会有不如去年之感的。这是谁的过错呢？在进行分列式时，我们又看出了志愿兵的老毛病——完全忽视距离。我们认为，保持正规的距离，这在现行志愿兵训练制度中比整齐的齐射更困难更重要。总的说来，人数较少的地方部队在这方面的成绩最大。他们应该大受赞扬，因为这些不大的部队要克服极大的困难，它们大多数都没有副官的帮助，除了教练军士以外没有更高的军官来训练它们。

评论：载于1861年8月10日《郎卡郡和柴郡志愿兵杂志》第49期。恩格斯评价了1861年在牛顿举行的检阅。他认为，相较于1860年克服种种困难获得成功的牛顿检阅，1861年的牛顿检阅在各种条件都利好的情况下取得的成效却不如去年。他具体描述了1861年牛顿检阅的敬礼仪式、变换队形、射击和分列式等环节，认为整个内容十分贫乏，还凸显出志愿兵进行分列式时忽视距离的老毛病。

11月中 《志愿兵军官》指出：美国政府只是在面对敌人的8个月的战争之后，才下决心让志愿兵军官在某种程度上自我鉴定一下，自己是否适合在获得军官称号以后所应完成的任务；于是看吧，结果是多少人自愿或被迫地递了辞职书，多少人不怎么光彩地被免除了职务。事实是，英国志愿兵军官在某种程度上也需要进行一次整肃。请看一看正在进行队列教练的基干营，并把它同志愿兵的营比较一下。志愿兵要用上一个半小时才能完成的事情，基干部队的兵士们不要半小时就完成了，这不是兵士们的过错。兵士们对于自己的任务看来正像人们预期的那样了解得很清楚，而且有时甚至像大家在基干营看到的那样机械地完成这些任务。但兵士却不得不等候连的军官，因为这些军官似乎对于究竟应该发什么口令，什么时候发，都迟疑不决。这样一来，队形变换也就迟疑甚至混乱了，而变换队形的最重要的要求恰恰是指挥和执行都必须迅速，这是只有靠长期实地训练才能达到的。所以，如果经过两年实地训练还有这种情况，那不正好证明许多志愿兵军官都不胜任他们所担当的重要职位吗？

评论：载于1861年11月22日《郎卡郡和柴郡志愿兵杂志》第64期。恩格斯借美国志愿兵内部整肃军官反思了英国现行的任用志愿兵军官的制度。美国已经编成一支志愿兵野战军队，并投入力量和金钱增强这支军队的战斗力，在此情况下还有必要整肃军官只是因为由志愿兵自己不加甄别地从内部选拔志愿兵军官的制度本身有一些弱点。这些事实成为英国志愿兵很好的教训，军官仍是志愿兵制度的薄弱环节，英国志愿兵军官在某种程序上也需要进行一次整肃。如果英国志愿兵在面对敌人时，由于上校指挥不当或上尉不可靠造成迟疑或混乱，就会立马被敌人利用。因此恩格斯希望在战争开始之前，在还有时间和机会整肃时，英国志愿兵军队应该整肃军官。

11月底　《美国战争的教训》指出：目前在美国进行的战争，其作战方式是真正没有先例的。从密苏里河到切萨皮克湾，差不多对半分属于两个敌对阵营的百万兵士互相对峙已经有6个月左右，而没有进入一次总会战。在密苏里，两军你进他退，你打他打，再他进你退，都没有任何显著的结果；甚至到现在，经过7个月的行进和反转行进，国家想必受到可怕的蹂躏之后，看来仍像过去一样，离任何一种解决都还很远。这应该怎样来解释呢？在美国，双方差不多尽是志愿兵。先前的合众国正规军的少数核心，不是已被溶解，就是力量太弱，不能影响集中在战场上的大量未经训练的新兵。甚至没有足够数量的教练军士把这些人变成兵士。所以，训练必定进行得很慢；而且确实无法预言，这种训练要进行多久，才能使集合于波托马克河两岸的这一批优良的人力适于作大部队运动，以联合的兵力发动或迎接战役。但是，即使兵士能够在比较短的期限内受完训练，也没有足够数量的军官来领导他们。且不必说连指挥官，他们当然不能够从平民当中弄到；即使把正规军的每个中尉和少尉都任命为营指挥官，担任这种职务的军官也是不够的。

评论：载于1861年12月6日《郎卡郡和柴郡志愿兵杂志》第66期。恩格斯讨论了美国战争为英国志愿兵提供的宝贵教训。美国战争中分属两个阵营的百万兵士已经对峙月余，却没有一次总会战，这是因为作战兵士差不多都是志愿兵。美国没有足够数量的教练军士来训练这些兵士，也没有足够数量的军官来领导这些兵士，假定这些困难在步兵中得到了克服，在需要大量军事知识和长时间训练的骑兵和炮兵中却难以克服，此外还有军需供给和军运的问题需要解决。恩格斯认为美国战争给英国志愿兵提供了借鉴,他给出了英国应该如何有条不紊地配置军官,组建志愿兵步兵、骑兵、炮兵的方案。

1862 年

3 月 《美国内战》指出:无论从什么角度来看,美国内战都是战争史上无与伦比的一个壮观。争夺的土地幅员广大;作战线的正面极长;敌对的军队数量庞大,而创建这些军队时却没有什么旧有的组织基础可以凭借;军队的费用浩大;再加上指挥这些军队的方法以及进行战争的一般战术战略原则,——这一切对于欧洲的观察家来说都完全是新的东西。脱离派的阴谋在战争爆发之前很久便策划好了,并且得到布坎南政府的庇护和支持,这就使南部得到了先发制人的机会;只是凭着这个有利条件,南部才觉得有希望达到自己的目的。南军假如夺取了圣路易斯、辛辛那提、华盛顿、巴尔的摩,或许再加上费拉得尔菲亚,就可以指望造成一种慌乱局面,趁这个时候通过外交和收买来使所有蓄奴州的独立得到承认。北部是勉强地、无力地走上战场的,在它那工商业比较发达的情况下本来也应当是这样。北部的政策是:起初只限于在所有决定性的地点进行防御,组织自己的部队,用小规模的战斗行动训练他们,不使他们冒险去决战;一旦组织充分巩固,同时又从军队中大体清除了叛卖分子,就最后转为奋力的、不停的进攻,首先夺回肯塔基、田纳西、弗吉尼亚和北卡罗来纳。把平民变为兵士的过程在北部势必要比在南部长些。而一旦这个转变完成,就可以指望北军在兵员方面占有优势。

评论:摘要载于 1862 年 3 月 14 日《郎卡郡和柴郡志愿兵杂志》第 80 期,全文载于 1862 年 3 月 26 日和 27 日《新闻报》第 84 号和第 85 号。恩格斯和马克思讨论了美国内战,详细地分析了美国内战中南方脱离派军队和北方联邦军之间的战争经过和战术战略,探讨了联邦军攻占田纳西后的重点目标和战争趋势。他们认为,联邦军攻克肯塔基和田纳西就是在脱离派的领土内打入了一个楔子,把大西洋北部沿岸各州和墨西哥湾沿岸各州分在两边,所以之后不能采用麦克累伦指使下美国报纸鼓吹的"大蛇计划",即扩大阵线包围叛军,而应该重点夺回乔治亚,否则将导致战争无限期地被拖延下去,给财政困难和外交阴谋大开方便之门。

5 月 23—25 日 《美国战场的形势》指出:正如现在得到的详细报道所表明的,新奥尔良被拿下乃是舰队所建树的一个几乎无比勇敢的大功。还需要估计一下游击战成功的可能性。非常令人惊异的是,正是在这个奴隶主所进行的战争中,居民很少参加,或者不如说是根本没有参加。不过,大概无需怀疑,("白种废物")——这是种植场主自己对"白种贫民"的称呼——会出来一试身手,打游击抢劫。但是,这种尝试会立刻把富有的种植场主变成联邦派。在新奥尔良烧起一场火是不难的。新奥尔良的商人们之所以怀抱着狂热情绪,是因为他们曾经被迫用现款换了南部同盟所发的许多债券在手里。新奥尔良的大火也会在其他城市里重演,肯定还会烧掉一些什么;但是,所有这些戏剧性的举动只能使种植场主与《white trash》之间的裂痕达到顶点,那时也就是脱离运动的末日!

评论:载于1862年5月30日《新闻报》第148号。在这篇文章里,马克思和恩格斯分析了美国内战主要战场的局势与游击战的可能性。他们认为联邦军的舰队攻克新奥尔良是一个几乎无比勇敢的大功,这一勇敢的尝试使得博雷加德的军队被打散为小股游击队,失去防守和补给后方。接着,他们对比了联盟军中无能的麦克累伦将军和英勇的海因策尔曼将军,麦克累伦将军怯于作战,总是避免采取任何战术决定,而海因策尔曼将军积极应战,在援军未到时整肃军队,之后与援军率领兵士以步枪和白刃共同攻下威廉堡。因此,同盟军的瓦解是难以避免的,而同盟军的溃败不止于联邦军的攻击,还在于游击战成功的可能性。贫民会起来反对种植场主,而这种尝试会使种植场主转变为联邦派,向北方军队求援,而在种植场主和贫民之间的矛盾达到顶点的时候,也就是脱离运动的末日。

6月底 《装甲舰及撞击舰和美国内战》指出:约三个半月以前,即1862年3月8日,"梅里马克号"同"康伯兰号"及"国会号"这两艘巡航舰在汉普敦湾进行的海战结束了木质军舰的漫长时代。1862年3月9日,"梅里马克号"同"蒙尼陀号"在同一水域进行的战斗开创了装甲舰在海上进行战争的时代。从那时起,华盛顿的国会就大量拨款来建造各种装甲舰和完成斯蒂文斯先生的巨大的铁的浮动炮台的建造。另外,埃里克森先生也快要造好6艘与"蒙尼陀号"同型的军舰。还有一艘不是埃里克森建造、而且结构也不同于"蒙尼陀号"的装甲舰"加利纳号"也下水了。在对立的营垒中,同盟派也并没有把时间白白放过。他们开始在诺福克建造新的装甲舰和改装旧的军舰。但他们还没有来得及结束在这里开始的工作,诺福克就被联邦军队占领了,这些军舰全部被毁。

评论:载于1862年7月3日《新闻报》第181号。恩格斯对比了美国内战作战双方的装甲舰和撞击舰的力量。恩格斯认为1862年3月在汉普敦湾进行的两场海战分别结束了木质军舰的漫长时代,开创了装甲舰在海上进行战争的时代。此后,华盛顿国会大量拨款来建造各种装甲舰和将木质军舰改造成装甲舰。与此同时,对立的同盟派也开始建造新的装甲舰和改装旧的军舰,只是这些军舰有些还没派上用场就被叛乱分子自己毁掉了。在一系列海战之后,同盟军只剩下少数装甲舰和撞击舰,还受到联邦军舰队的两面威胁。

8月 《英国的志愿兵检阅》指出:我觉得,这样的实例比任何空谈都更能让《军事总汇报》的读者清楚得多地了解到这些志愿兵的训练的性质和水平。大体上可以说,志愿兵已经相当熟悉了营的主要队形变换;他们排成纵队,或者以纵队和横队展开或行进,都相当稳定,有时甚至十分稳定,但是仍然不能否认,英国志愿兵部队的军官毕竟还是整个组织中薄弱的环节,尽管在这方面已经有了显著的改善。总之,现在,经过3年以后,可以认为实验是完全成功了。在英国,国家方面几乎没有任何花费就为国防建立了一支163000人的有组织的军队,这支军队已经有相当的素养了,只要再进行3—6周的兵营训练,就能成为一支完全有战斗力的野战军了。即使在外国人企图入侵的最坏情况下,英国人也还是有这么多的时间供自己支配的。

评论:载于1862年11月1日和8日《军事总汇报》第44号和第45号。恩格斯评价了1862年8月在曼彻斯特附近的希顿公园组织的英国志愿兵检阅。在他看来,这次检阅不是一次演戏,而是真正面临敌人时才会采用的运动。恩格斯将检阅的每个环节详细地论述一遍,是因为他认为这一实例比任何空谈更能让读者了解这些志愿兵训练的性质和水平。他肯定了这次志愿兵检阅和英国的志愿兵训练,同时也指出志愿兵军官仍是整个组织的薄弱环节。恩格斯认为,3年内在国家几乎没有任何花费的情况下建成这样一支有组织的军队是相当成功的,这为英国国防作出了很大的贡献。

遗 稿

1863 年

6月 《金累克论阿尔马河会战》指出:金累克论克里木战争一书在英国国内外引起了很大的轰动。这本书中有许多有价值的新材料;作者手头有英军司令部的文件,有英国高级军官写的许多札记,还有不少专为他写的俄军将领的回忆录。从战术的角度来看,阿尔马河会战还是具有非常特殊的意义的,这一点直到现在还没有作出应有的评价。在这次战役中,两种不同的战术队形在滑铁卢之役以后第一次重新相遇,其中一种基本上为所有的欧洲军队所采用,而另一种则为他们所摒弃,只有英国军队例外。在阿尔马河上,英军以横队对付俄军的纵队,没有特别费劲就把它们打垮了。不管怎样,这证明旧的横队还没有完全过时,像大陆上一些战术教科书所说的那样;所以,无论如何这个问题还是值得比较详细地加以探讨的。

评论:本文为恩格斯的遗稿,第一次用俄文发表于《马克思恩格斯全集》1935年第1版第12卷第2部。这篇文章是恩格斯为金累克《入侵克里木》一书的头两卷写的书评。他认为若把这本书的小说文学的外衣和对英国军队的过分渲染剥下来,那么这本书提供了许多真正新的、有价值的历史材料。这本书的另一个价值是讨论了阿尔马河会战特殊的战术意义,即英国以横队轻松打垮了俄国的纵队。在第一部分,他指出金累克所引用的作战双方兵力的数字材料不确切,他统计的步兵数量所差无几，但夸大了俄军骑兵和炮兵的人数和武器的数量。在第二部分，他还原了法军和俄军会战的过程。在第三部分，他描述了英军和法军联合与俄军作战的过程，并指出在防御阵地坚固、人数至少相等的决定性战斗中，英军能够战胜俄军的主要原因在于指挥得当和以横队作战。

1864 年

1864 年初 《英国军队》指出：《军事总汇报》不久前详细地分析了皮特里和詹姆斯的一本小册子，对英国军队的编制作了论述，之后又在另一篇文章中谈到英国军队在英国国家中的地位。尚待考察的只是英国军队近70年来的历史发展，它的现状、人员、内务规定、战术训练以及独特的战斗样式。这也就是本文的目的。英国军队引起军事观察家特别大的兴趣。这是世界上唯一仍然坚持采取旧的线式战术的军队，直到现在，在步兵的火力战斗的情况下，完全不采用纵队。它不仅以横队进行射击，而且也只以横队进行刺刀冲锋。它无疑是一支失败次数最少的军队。无论如何应该比较详细地研究一下这支军队的作战方法，尤其是现在，当英国以战争威胁我们德国人从不可能成为可能而使全世界震惊的时候。

评论：本文为恩格斯的遗稿，第一次用俄文发表于《马克思恩格斯全集》1935年第1版第12卷第2部。恩格斯考察了英国军队近70年来的历史发展，分析了英国军队的现状、人员、内务规定、战术训练以及独特的战斗样式。英国军队引起军事观察家极大兴趣的原因是，它是当时世界上唯一坚持采取横队作战的军队，也是一支失败次数最少的军队。本文第一部分说明了作为英国军队的主力的步兵的组织、人数以及在世界范围的分布；第二部分讨论了英国军官的选拔、纪律、生活方式、着装、晋升制度、官兵关系、军衔以及军事训练；第三部分分析了英国军士和兵士的招募制度、招募情况、招募要求以及待遇等。恩格斯对比了英国军队的招募制与其他国家的普遍兵役制，认为招募制使得英国军队的大部分由无业游民组成，而为了维持军队秩序，早期主要采用"九尾皮鞭"的惩罚方式，发展的趋势则是更倾向于诉诸荣誉感而不是给予丧失名誉的惩罚。虽然英军使用鞭子的需要和意愿大大减少了，但还不会完全废除这一体罚手段。

2 月上半月 《什列斯维希的军队人数》指出：关于丹麦战争中作战军队的比较人数，目前正流传着十分荒唐的谣言。一般都认为，德国部队对丹麦部队的人数优势至少是三比一。为了指明这不大符合实际情况，我想详细报道一下每支军队的人数，至少是步兵的人数，因为现在很难得到有关骑兵和炮兵的确切材料。丹麦兵士和联军兵士的比例是一比二弱。如果注意到丹麦在丹涅维尔克、杜佩尔和弗雷德里西亚的工事的防御能力，那末现有的人数优势只不过是保证胜利所必需的。现在的力量对比,同1815年决定了威灵顿和布吕歇尔对拿破仑的优势的那种力量对比,差不多是一样的。

评论:载于1864年2月16日《曼彻斯特卫报》。恩格斯估算了什列斯维希的军队人数。他以翔实的数据统计了丹麦战争中丹麦部队和德国部队的实际参战步兵人数,反驳当时流传的荒唐谣言。在谣言中,德国部队对丹麦部队的人数优势至少是三比一,而在实际情况中,丹麦兵士和联军兵士(奥地利军队和普鲁士军队)的比例是一比二。

6月27日 《英国的反德兵力》指出:发生了一件最不可思议的事:英国用战争威胁着德国。据《联合勤务报》报道,已经下令品利科(伦敦)军用仓库和乌里治军械库准备3万人所需的服装和装备,以应急用;而过不几天,我们可以指望,将听到拉芒什海峡舰队开赴松德海峡或贝耳特海峡的消息。这就是《陆海军报》所报道的。但愿我们德国军队确信一点:一旦他们同英国人发生冲突,他们的对手是会与那些勇敢有余而训练不足的迟钝的丹麦人完全不同的。

评论:载于1864年7月6日《军事总汇报》第27号。恩格斯统计和分析了英国的反德兵力。恩格斯根据《陆海军报》首先统计了英国的军舰数量,分析了装甲舰、木制战舰和巡航舰的实际战斗力和适宜的行动,然后统计了英国陆军中骑兵、炮兵和步兵的数量。这些统计与分析的目的在于告知德国军队,一旦与英国军队发生冲突,他们的对手将与那些勇敢有余但训练不足的迟钝的丹麦人完全不同。

第 16 卷

1865 年

1月27日 《提德曼老爷》指出：中世纪农民战争中的这一段插曲发生在日德兰半岛奥尔胡斯城北的南哈尔德。在区的司法会议上除了审理司法案件外，也审理税务的和行政的案件。这首民歌告诉我们，日益强大的贵族怎样反对自由农，以及农民通过哪些手段结束了贵族的勒索。这首富有朝气的古代农民歌曲对于德国这样的国家非常适合，因为在德国，有产阶级中封建贵族和资产阶级一样多；无产阶级中农业无产者和工业工人也一样多，或者甚至还要多些。

评论：载于1865年2月5日《社会民主党人报》第18号。这是一首古代的丹麦民歌。恩格斯翻译发表这首民歌旨在号召德国无产阶级中的农业无产者团结起来，以勇敢战斗的姿态来结束封建贵族的剥削与奴役，争取自身的彻底解放。

2月6日 《致〈社会民主党人报〉编辑部声明》指出：在贵报第16号上，莫·赫斯竟从巴黎对他完全不相识的国际工人协会伦敦中央委员会的法国委员们乱加怀疑，对伦敦委员会的巴黎朋友作了类似的诽谤。不过，使我们感到高兴的是，这个事件证实了我们的信念：巴黎的无产阶级还像过去一样毫不妥协地反对两种形式的波拿巴主义，即土伊勒里宫式的和罗亚尔宫式的；他们从来没有想到为了贪图小便宜而出卖自己的历史荣誉。我们把这个榜样介绍给德国工人。

评论：第一次发表于《弗里德里希·恩格斯和卡尔·马克思1844年到1883年通信集》1913年斯图加特版第3卷。写这个声明的直接原因是2月1日《社会民主党人报》刊登了巴黎记者莫·赫斯的一篇诬蔑国际工人协会法国会员的短文。最初马克思和恩格斯想寄给《社会民主党人报》一份更强烈的抗议书，但他们认为同该报决裂不是由于赫斯的短文，而是由于该报的整个政治路线，于是写了这篇声明。1865年2月6日，马克思写下声明并送给恩格斯签字，是作为对施韦泽的最后警告，声明使得该报不得不改变了自己的调子，并在该报第21号上刊登了赫斯的有关放弃其诽谤性说法的短文。这使马克思、恩格斯不再坚持发表这篇声明，但他们决定暂停给该报写稿。文章中，恩格斯对于巴黎无产阶级的斗争意志和态度给予了肯定，并将其作为榜样介绍给德国工人，号召德国工人向其学习。

1月底—2月11日 《普鲁士军事问题和德国工人政党》指出：我们只能从现存的实际关系出发来评论这里所谈的军事问题。只要在德国和欧洲还保持着目前的关系，我们便不可能指望普鲁士政府的行动不从普鲁士的观点出发。我们同样也不能要求资产阶级反对派不从自己的资产阶级利益的观点出发。工人政党在所有使反动派和资产阶级分裂的问题上都站在直接冲突之外，因此它的优越性在于能够完全冷静地和公正地讨论这些问题。只有工人政党能够科学地、历史地、解剖式地来讨论这些问题。

资产阶级只有通过两条道路来取得政权。它应当或者是使自己同工人结成联盟，或者是从在它之上并与它对立的力量那里、即从王权那里一部分一部分地赎买政权。英国和法国资产阶级的历史证明，其他道路是没有的。但是普鲁士资产阶级完全丧失了同工人结成真诚联盟的意愿。为了用现金买来的政权而同政府做的零星交易依然在进行。资产阶级在国家中的实际权力仅仅在于对税收的表决权，而且是非常有限的表决权。普鲁士资产阶级反对派竟然以为它不出钱就可以赚得政权。反动派的每个胜利都会阻碍社会的发展并且必然推迟工人的胜利。相反，资产阶级对反动派的每个胜利在一定程度上同时也是工人的胜利，有助于彻底推翻资本家的统治，能使工人战胜资产阶级的日子更快地到来。如果资产阶级背叛了自己，如果它出卖自己本身的阶级利益和由此而产生的原则，那该怎么办呢？那时工人有两条道路！一条道路是推动资产阶级违反它的意愿前进，尽可能地迫使它扩大选举权，保障出版、结社和集会自由，从而为无产阶级创造取得运动自由和组织自由的条件；另一条道路是工人完全脱离资产阶级运动，让资产阶级听天由命。

评论：1865年2月底在汉堡以单行本出版。文章是为了论证在国内已经形成革命形势的情况下德国工人阶级的策略而写的政论性小册子。文章分析了改组普鲁士军队的问题，这个问题成为引发19世纪60年代初普鲁士政府和议会中自由资产阶级多数之间的所谓宪制冲突的原因。恩格斯认为工人政党在普鲁士宪制冲突中的政策应当是：尽量使工人政党保持为有组织的政党，支持资产阶级进步党争取普选权和政治自由，同时又要无情地抨击它的每一个不彻底的步骤和每一个软弱的表现等。文章还分析了德国各阶级力量的对比和各个政党在宪法冲突中的立场，论证了工人阶级在国内革命局势已经形成的情况下的策略，告诫工人不要像拉萨尔那样把普选权理想化，不要把普选权看作是在任何情况下都能使无产阶级获得解放的方式。恩格斯认为，德国无产阶级的主要任务是建立真正独立的工人政党，既要摆脱自由资产阶级的影响，又要摆脱普鲁士反动派的影响，给德国无产阶级的斗争指明了方向。

2月18日 《致〈社会民主党人报〉编辑部的声明》指出：曾经答应为《社会民主党人报》撰稿，并允许在撰稿人名单上公布自己的名字，但是有一个不可缺少的条件，那就是《社会民主党人报》必须按照向他们宣布的那个简短纲领的精神进行编辑工作。他们一刻也没有忽视《社会民主党人报》的困难处境,因此没有提出过任何不合柏林时宜的要求。但是他们一再要求至少要像反对进步党人那样勇敢地反对内阁和封建专制政党。《社会民主党人报》所奉行的策略使他们不可能再继续为它撰稿。

评论:载于1865年3月3日《社会民主党人报》第29号。文章是马克思写于1865年2月18日,并将其寄给了恩格斯,恩格斯完全赞同,在《声明》上签了字,然后又寄回了马克思。1865年2月23日马克思把它寄给了《社会民主党人报》编辑部。马克思、恩格斯的《声明》在进步的德国工人中得到了广泛的反应,使《社会民主党人报》失去了很大一部分订户,特别是柏林工人中的订户。

2月27日 《关于小册子〈普鲁士军事问题和德国工人政党〉的简介》指出:最近汉堡的奥托·迈斯纳出版社将出版弗里德里希·恩格斯写的名为《普鲁士军事问题和德国工人政党》的小册子。同最新的"社会民主"党的策略相反,作者在这本小册子中再度捍卫了1846—1851年无产阶级著作界代表们所坚持的观点,并就目前正在讨论的军事问题和预算问题发挥了这个观点,既反对了反动派,也反对了进步党资产阶级。

评论:载于1865年3月3日《柏林改革报》第53号。除了发表在《柏林改革报》上,还在略加修改后通过卡·济贝耳、卡·克莱因和威·李卜克内西的介绍刊登在了一些德国报纸上。恩格斯简要介绍了《普鲁士军事问题和德国工人政党》这本小册子的观点。其观点同最新的"社会民主"党所采取的亲俾斯麦方针的策略相反,但达到了同时反对反动派和进步党资产阶级的效果。

1866年

1月底—4月6日 《工人阶级同波兰有什么关系?》指出:凡是工人阶级独立参加政治运动的地方,他们的对外政策一开始就用《恢复波兰》表达出来。欧洲工人一致宣称恢复波兰是自己政治纲领的不可分割的部分,是最能表达他们对外政策的一种要求。在法国工人中间,有一小部分是蒲鲁东学派的追随者,他们称赞俄国是未来的伟大国家,是世界上最先进的强国,像美国那样微不足道的国家甚至不值得和它并提。他们责备国际工人协会总委员会,说它抄袭了波拿巴主义的民族原则,宣布慷慨的俄国民族不在文明欧洲范围以内,而这是违反世界民主和各民族友好原则的严重恶行。要求波兰独立就意味着承认"民族原则",而民族原则是为支持法国的拿破仑专制所搞出来的一种波拿巴主义的发明。

评论:载于1866年3月24、31日和5月5日《共和国》周报第159、160和165号。文章是恩格斯应马克思的请求写成的,当时在总委员会里围绕着1865年伦敦代表会议的一项决议，即关于把波兰独立的问题列入即将在日内瓦举行的代表大会的议事日程的决议，展开了一场斗争。为了阐明第一国际在民族问题上的立场，必须一方面批判蒲鲁东主义者在民族问题上的虚无主义，一方面揭露波拿巴集团为蛊惑人心而提出的所谓"民族原则"的反动本质。恩格斯在此文中有力回击了蒲鲁东主义者对国际工人协会总委员会的无理责难，证明了所谓"民族原则"的荒谬至极，从而揭穿了波拿巴主义的"民族原则"的本质。恩格斯还论证了工人阶级对待民族压迫政策的毫不妥协的态度以及无产阶级站在被压迫民族解放斗争的最前列的必要性，指出波兰人民争取自由和独立的斗争是欧洲革命民主改革斗争的一个组成部分，而这种改革将为无产阶级的解放斗争创造更加有利的条件。

6月19日和7月5日之间　《德国战争短评》指出：普军只有两个因素能与奥军的所有这些优势相抗衡。他们的军需机构无疑是比较好的，因此他们军队的给养会比较好些；普军的第二个优点是他们的武器比较好，但是这个优点在野战中起不了很大的作用。如果普军希望不致因奥军在指挥、组织、战斗队形和士气方面的优势，以及最后不致因本军的指挥官而在第一次大的会战中就被击败，那末他们就必须表现出一种为一支处于和平状态达50年之久的军队所不大可能有的英勇精神。

虽然，普军在战局的初期犯了极重大的战略错误，但后来它在战术上作了惊人的奋勇努力，采用迅速而有力的行动把作战计划的错误弥补了，结果在整整8天之内便把这个战局胜利地结束了。它们的突击敏捷、有力而且坚决，因而得到了全胜。普军在一个星期以内便使自己占居了以往从未有过的高的地位，并且现在充满了这样的信心：他们将可以和任何敌人较量。除开以耶拿会战为中心的战局和以滑铁卢会战为中心的战局以外，历史上还从未有过一次战局能在这样短的期间内，在未遭到任何大的挫折的情况下，取得这样巨大的胜利。

评论：载于1866年6月20、25和28日，7月3日和6日《曼彻斯特卫报》第6190、6194、6197、6201号和6204号。恩格斯详细地比较和分析了普、奥双方的军队，指出奥地利军队较普鲁士军队在指挥、组织、战争适应性、战斗队形和士气方面的优势，普军在军需机构和武器这两个因素上可以与奥军相抗衡，但这与奥军相比并不能占据优势。恩格斯还分析了波西米亚边境上奥、普两军的军事行动，以及两军可能展开战斗的交通路线，谈到了西北德意志的军事行动。文章概述了发生在意大利的第一次大规模会战，指出意大利军队不应轻率对待奥地利军队。最后指出虽然普军的作战计划有着极大的错误，但并没有阻止普鲁士在德国内战中获胜，从"纯粹的军事观点"出发，普军的军队庞大，战斗精神勇猛，行动敏捷，在战术和武装技术力量上占优势。恩格斯关于此次战争进程的科学预见，关于普、奥两军的战略战术特点的论述，以及对普鲁士军队在战争中获胜的原因的精辟分析体现了杰出的军事分析才能。这篇文章也很好地体现了恩格斯的军事思想，奠定了马克思主义的军事理论，尤其是军事哲学的基础。

10月12日 《卡·马克思〈资本论〉第一卷书评——为〈未来报〉作》指出：我们这个出思想家的民族，直到现在为止，在政治经济学方面贡献如此少，这对于每一个德国人都是可悲的事实。这方面我们大名鼎鼎的人物，充其量不过是像劳和罗雪尔那样的编纂者，如果人们也会读到什么创见的话，那我们就会碰到像李斯特那样的保护关税论者，或者是像洛贝尔图斯和马克思那样的社会主义者。显然，我们御用的政治经济学事实上是要把任何认真地研究经济科学的人，都推到社会主义的怀抱里去。

在这种情况下，读到像我们所评论的这本书是十分愉快的，在这部书中作者怀着愤怒的心情，把现在流行的鄙俗的政治经济学，或者像他极其恰当地称为的"庸俗经济学"，与它的古典的先驱者（到李嘉图和西斯蒙第止）对立起来，并且对古典派也采取批判的态度，同时始终力图不离开严格科学研究的道路。我们不是说这本书的结论是无可反驳的，说马克思已经充分提出了自己的证明。我们只是说：我们并不认为我们全体经济学家中间有哪一个人能把这些结论驳倒。这本书中所进行的研究，有极大的科学确切性。

作者谈到德国御用经济学家时所用的那种声色俱厉的语调，不可否认是有其理由的。这些经济学家在某种程度上都是属于"庸俗经济学"的。他们为了眼前的声誉，拿自己的科学作卖淫的勾当，背弃了科学的古典大师。他们高谈"协调"，而纠缠在最平庸的矛盾中。让这本书给他们的严厉教训，促使他们从昏睡中醒来，提醒他们，政治经济学不是供给我们牛奶的奶牛，而是需要认真、热心为它工作的科学。

评论：载于1867年10月30日《未来报》第254号附刊。这是恩格斯为了粉碎资产阶级科学界想以沉默来抵制《资本论》第一卷出版的阴谋而写的。在恩格斯看来，这是"最不得罪人的"一篇文章，目的是使德国任何自由资产阶级的报纸都能够刊登它，从而扩大《资本论》的影响力。在这篇文章里恩格斯指出了用剩余价值理论来修改李嘉图的利润率规律是完全正确的，充分肯定了剩余价值理论的科学意义。同时认为《资本论》所进行的研究，有极大的科学确切性和巧妙的辩证结构，极大地提高了《资本论》的关注度。

10月12日 《卡·马克思〈资本论〉第一卷书评——为〈莱茵报〉作》指出：普选权给我们到我在为止已有的议会政党，增添了一个新的政党，即社会民主党。在北德意志联邦国会最近的选举中，社会民主党在大多数大城市里和所有工厂区里，提出了自己的候选人，并且选出了6个或8个代表。与以前的选举比较，它显示出更大得多的力量，因此我们可以认为，至少现在它还处在增长的过程中。在一个由于普选权而使人数最多、最贫穷的阶级作出最后决定的国家中，要继续用高贵的沉默来对待这个政党的存在、活动和理论，便是愚蠢的了。

无论少数社会民主党议员之间有多大的分歧，我们还是可以肯定地说：这个政党的一切党团，都将欢迎这部书，把它看做自己理论的圣经，看做一个武库，他们将从这个武库中取得自己的最重要的论据。单是这个原因，这本书就值得特别注意。但就是照它的内容来看，也是引人注目的。这部著作的作者以无可争辩的罕见的博学，在与整个经济科学的联系中，考察了资本与劳动之间的全部关系，把"揭示现代社会的经济运动规律"作为自己的终极目的，并且根据以无可怀疑的知识所作的绝对认真的研究，得出了整个"资本主义生产方式"必定要被消灭的结论。其次，我们还想使人们特别注意的是，除了这部著作的最后结论，作者在其整个篇幅中以全新的观点陈述了政治经济学上许多重要之点，并在纯科学的问题上得出了一些结果，这种结果大大不同于一切先前公认的政治经济学，并且使一些学院的经济学家如果不愿自己先前的学说遭受复没，不得不予以严厉的批评和作科学上的反驳。

评论：第一次发表于《马克思恩格斯文库》1927年版第2卷。文章是恩格斯为《莱茵报》写的，但该报没有刊登。恩格斯对《资本论》进行了高度评价，认为这是远远高出于一般社会民主主义书刊的一部著作。在文中赞扬了马克思以揭示现代社会的经济运动规律作为自己的终极目的的学术态度，对著作中得出的"整个资本主义生产方式必定要被消灭"的结论予以充分的肯定。同时，也表达了"为了科学的利益，希望在专门书刊上"对《资本论》的重要观点展开论战的想法。

10月22日　《卡·马克思〈资本论〉第一卷书评——为〈爱北斐特日报〉作》指出：这部50印张的学术著作，其目的是为了证明：我们的银行家、商人、工厂主和大土地占有者的全部资本，不外是工人阶级的积累起来的无偿劳动。我们面前终于出现了"第一卷"，谁也不能否认它包含着充分的、并且非常充分的勇敢而大胆的新东西，所有这一切都是以完全科学的形式呈献出来的。这一次马克思拿他的不平常的原理，不是向公众，而是向科学界人士请教的。科学界人士应该保卫他们那些在这里被从根本上驳斥的经济理论的规律，他们应该证明，资本固然是积累起来的劳动，但不是积累起来的无偿劳动。拉萨尔是实际的鼓动家，所以可以限于用实际鼓动性质的言论在日报上、在集会上来反对他。可是这里涉及的是系统的科学理论，这里日报就解决不了问题，这里只有科学可以做出决断。此外，社会民主主义的种籽在青年一代和工人居民中间已经在很多地方出芽来了，所以他们也会在这本书中找到充分的新的养料。

评论：载于1867年11月2日《爱北斐特日报》第302号。《爱北斐特日报》是德国的一家日报，在19世纪60年代是自由派资产阶级的机关报。文章通过济贝耳的介绍发表在该报上。这篇书评是恩格斯为粉碎资产阶级科学界对《资本论》出版保持沉默的又一篇评论文章。恩格斯认为《资本论》第一卷包含着充分的、勇敢而大胆的新东西，这些以完全科学的形式被呈献出来。"社会民主主义的青年一代和工人居民"可以在书中找到充分的新的养料。恩格斯给予了《资本论》极高的评价，称赞这本书是追求最严格的科学的高度学术性著作。

11月3—8日之间 《卡·马克思〈资本论〉第一卷书评——为〈杜塞尔多夫日报〉作》指出：这本书会使某些读者很失望，书里毕竟应该揭示出真正社会主义的秘密学说和万应药方，而另一些读者在终于看到关于它出版的消息后，可能会以为他从这本书里会知道共产主义的千年王国看来到底是什么样子。谁期望得到这种愉快，谁就大错特错了，事情不是这样的。而且这一点在784页的篇幅上会向他说得非常清楚明白的，谁有眼睛，谁就会看到：这里社会革命的要求是足够清楚地提出来了。这里所指的不是像已故的拉萨尔所说的拥有国家资本的工人协会，这里所指的是根本消灭资本。

大家多少知道的社会主义理论的基本原理归结为一点：在现代社会中工人并没有得到他的劳动产品的全部价值。这个原理像红线一样也贯串着所评论的这本书全部，只是在这里它比从前表述得远为明确，更彻底地贯彻到它的一切结论中。在这本书中特别引我们注目的是下面这一点：作者不是像通常所做的那样，把政治经济学的原理看做永远有效的真理，而是看做一定历史发展的结果。甚至当自然科学越来越变成历史的科学时，政治经济学到现在为止却还是像数学一样是如此抽象的和普遍的科学。这本书的其他一些论断无论遭到怎样的命运，我们认为马克思的不可抹煞的功绩，是他结束了这种局限的观念。

评论：载于1867年11月17日《杜塞尔多夫日报》第316号。《杜塞尔多夫日报》是德国的一家日报，在19世纪40年代至60年代该报奉行资产阶级自由主义的方针。这篇书评是恩格斯为资产阶级报刊写的又一篇介绍马克思《资本论》的文章。文章通过济贝耳的介绍发表在该报上。恩格斯在文中介绍了马克思关于根本消灭资本，建立以自由劳动者的协作以及他们对土地和他们自己劳动所生产的生产资料的公有制为基础的新社会的主张，指出"在现代社会中工人并没有得到他的劳动产品的全部价值"这一社会主义基本原理贯穿着《资本论》的全部，并认为马克思的这部著作"比我们所知的一切先前的类似的著作出色得多"。另外，恩格斯还在文中充分肯定了马克思在政治经济学领域所作出的不可抹煞的功绩。

12月12—13日 《卡·马克思〈资本论〉第一卷书评——为〈观察家报〉作》指出：对本书的倾向无论抱什么态度，我们还是认为有权说：它是属于那种使德国精神获得荣誉的著作之列的。至于这本书本身，那末应该确切地区分其中两个非常不同的部分：第一，对于论题的切实的正面的叙述；第二，作者从其中所得出的结论的倾向。前者大部分是直接丰富了科学。作者在那里用完全新的唯物主义的自然历史的方法考察了经济关系。至于后者，我们在其中也可以分别出双重的趋向。因为他极力证明，现代社会，从经济上来考察，孕育着另一个更高的社会形态，所以他力图在社会关系方面作为规律确立的，只是达尔文在自然史方面所确立的同一个逐渐变革的过程。

拉萨尔的全部社会主义在于辱骂资本家，而向落后的普鲁士容克献媚，在这里我们看到的情况则恰恰相反。马克思先生明白地指出了资本主义生产方式的历史必然性,也同样明白地指出了那些仅仅消费的占有土地的容克阶级的多余性。

评论:载于1867年12月27日《观察家报》第303号。在写这篇评论的时候,恩格斯利用了1867年12月7日马克思给他的信中的许多地方。这篇评论通过库格曼的介绍发表在斯图加特报纸《观察家报》。恩格斯认为《资本论》第一卷是属于使德国精神获得荣誉的著作。恩格斯对作者从经济学角度出发确定社会发展规律的成果给予高度的评价,并认为这部出色的著作会得到很多杂志的详细论述。

12月12—13日 《卡·马克思〈资本论〉第一卷书评——为〈维尔腾堡工商业报〉作》指出:我们注意这本书,完全不是为了作者在序言中就已经公开表示出来的特殊的社会主义倾向。我们所以这样做,是因为这本书,不管它的倾向如何,包含着值得所有的人注意的科学研究和实际材料。我们并不认为有任何别的著作,德文的或外文的,像本书那样,如此明白而完全地分析了从中世纪起到现在为止的近代工业史的基本特征。

工业进步的每一个方面,这里都按贡献给予应有的地位,即使有些地方露出了特殊的倾向,我们还是应该为作者主持公道:他没有一个地方以事实去迁就自己的理论,相反地,他力图把自己的理论表现为事实的结果。这些事实他总是取自最好的来源,而涉及现代的情况时,则取自真实的可是现在德国还不知道的来源,即英国议会的报告。另外,作者对德国工业作了巨大贡献的地方,是他根据官方的报告,极其详细地论述了英国工厂立法及其结果的历史。

评论:载于1867年12月27日《维尔腾堡工商业报》第306号。文章是通过库格曼介绍发表的。《维尔腾堡工商业报》是一家德国周报。这篇书评是恩格斯为宣传马克思《资本论》第一卷的又一篇评论文章。恩格斯从事实方面赞扬了《资本论》对近代工业发展的精辟观点和对德国工业界的启发和贡献,论证了它包含着值得所有人注意的科学研究和实际材料。文章提高了《资本论》的影响力。

1868年

1月上半月 《卡·马克思〈资本论〉第一卷书评——为〈新巴登报〉作》指出:这部著作同时向我们提供了大量极有价值的历史材料和统计材料,这些材料几乎毫无例外地全部是从各种调查委员会向英国议会所做的正式报告中拿来的。他不无根据地着重指出这种调查委员会对于研究任何国家内部社会状况的重要性。要知道在进行这类调查以前,任何英国人都不知道他国内的最贫穷的阶级是如何生活的!当然,没有这一类的调查,任何社会立法,都只能是十分幼稚的,并且常常是愚昧无知的。德国政府机关的所谓"登记"和"调查",其价值远远赶不上这些委员会的材料。马克思先生给我们做了关于这种发展的详细的历史的叙述。我们所以特别着重指出这一点,是因为我们德国在这一方面整个事情是很恶劣的,我们应该感谢作者如此详尽无遗地考察了这个问题,并且他第一个使它为德国公众易于了解。每一个人道的人,无论他对于马克思先生的理论原理持何种态度,都会有这样的意见。另外,关于工农业史的其余珍贵材料,篇幅不容许我们来加以考察了,可是在我们看来,任何对政治经济学、工业、工人状况、文化史和社会立法感兴趣的人,无论他抱什么观点,都不能不读这本书。

评论:载于1868年1月21日《新巴登报》第20号。文章是通过济贝耳的介绍发表的。《新巴登报》是德国资产阶级民主派的日报。恩格斯着重谈了马克思《资本论》中大量极有价值的历史材料和经济材料,肯定了马克思《资本论》的严格的科学性,认为任何对政治经济学、工业、工人状况、文化史和社会立法感兴趣的人都不能不读这本书,强有力地宣传了马克思这部伟大著作。

3月2—13日 《卡·马克思〈资本论〉第一卷书评——为〈民主周报〉作》指出:自地球上有资本家和工人以来,没有一本书像我们面前这本书那样,对于工人具有如此重要的意义。资本和劳动的关系,是我们现代全部社会体系所依以旋转的轴心,这种关系在这里第一次作了科学的说明。我们希望德国工人所选举出来的议员,没有一个不熟悉马克思的著作。在那里将获得很多东西。德国统治阶级内部的分裂,对于劳动者说来,比从前英国发生同样情况时,更为有利,因为普选权命强迫统治阶级对工人表示好意。在这种情形之下,无产阶级的四五个代表便是一种力量,如果他们知道利用他们的地位,如果他们首先能够知道资产者所不知道的争论问题所在的话。关于这一点,马克思这本书,把预备好了的一切材料,提供给他们。这些在科学上严格地证明了的规律,是现代资本主义社会制度的一些主要规律,而御用的经济学者甚至避而不敢去试图驳倒它们。正像马克思尖锐地、着重地指出资本主义生产的坏的方面一样,同时他也明白地证明这一社会形态是使社会生产力发展到这样高度的水平所必需的:在这个水平上,社会全体成员的同样的、合乎人所应有的发展,才有可能。要达到这一点,以前一切社会形态都太薄弱了。资本主义的生产才第一次创造出为达到这一点所必需的财富和生产力,但是它同时又创造出一个社会阶级,那就是被压迫的工人群众。他们越来越被迫起来要求利用这种财富和生产力来为全社会服务,以代替现在为一个垄断者阶级服务的状况。

评论:载于1868年3月21日和28日《民主周报》第12号和第13号。《民主周报》是德国工人的报纸,由李卜克内西主编。该报在德国社会民主工党的创建中起了重要的作用,于1869年成为社会民主工党的中央机关报,并改名为《人民国家报》。恩格斯认为,《资本论》第一次把资本和劳动的关系作了透彻和精辟的说明,探寻和揭示了利润发生的整个过程,直接指出资本主义的生产创造了被压迫的工人群众。在这篇书评里,恩格斯充分肯定了《资本论》第一卷对于工人的极为重要的意义,通过介绍《资本论》第一卷中的几个重要概念,指出了工人在资本主义生产下作为被压迫阶级的深刻原因,为工人阶级的斗争充实了理论材料,进一步提高了该书在工人阶级中的影响力。

1868 年 《卡·马克思〈资本论〉第一卷提纲》指出:在资本主义生产占统治的社会里,财富是由商品构成的。商品是具有使用价值的物。商品具有使用价值和交换价值的二重性,商品中包含的劳动也具有二重性。理解商品的困难在于:商品像资本主义生产方式的一切范畴一样,表现一种在物的外壳掩盖下的人与人之间的关系。生产者使他们的不同种类的劳动作为一般人类劳动互相发生关系,是通过使他们的产品作为商品互相发生关系。没有物这种中介,他们便不能这样做。这样一来,人的关系便表现为物的关系了。另外,商品在交换中才证明它是商品。两个商品的所有者必须愿意互相交换他们的商品,因此,必须彼此承认对方是私有者。而货币作为价值尺度,是商品内在的价值尺度——劳动时间的必然表现形式。

商品流通是资本的起点。商品生产,商品流通及其发展,即商业,总是资本产生的历史前提。如果我们只考察商品流通所产生的经济形式,那末,它的最终产物是货币,而货币正是资本的最初的表现形式。资本在历史上起初总是作为货币财产,作为商业资本或高利贷资本,与土地所有权相对立。就是现在,一切新资本也是以货币形态登上舞台,货币经过一定的过程,就转化为资本。要转化为资本的货币,其价值变化不可能发生在货币本身。因为在购买时,货币只是实现商品的价格。另一方面,在它仍然是货币的时候,它的价值量并不改变。在售卖时,它也只是将商品从它的自然形式变为它的货币形式。因此,这种变化必定发生在 G—W—G 这个公式中的商品上。

必要劳动时间是一定的。剩余劳动是可变的,但有一定的限度。由此就发生了工人阶级和资本家阶级之间争取标准工作日的斗争。规定标准工作日就是资本家和工人几世纪来斗争的结果。在工作日不变时,要增加剩余劳动,只有减少必要劳动,必要劳动的减少又只有靠降低劳动力的价值,也就是说,靠降低必要生活资料的价格。而要达到这一点,又只有靠提高劳动生产力,靠生产方式本身的变革。

由延长工作日而生产的剩余价值,是绝对剩余价值,由缩短必要劳动时间而生产的剩余价值,是相对剩余价值。资本家感兴趣的并不是商品的绝对价值,而只是包含在商品中的剩余价值。

机器缩短了生产一种物品的必要劳动时间,但在资本手中,它却成了把工作日延长到远远超过它的标准限度的最有力的手段。机器一方面创造了使资本能够这样做的新条件,另一方面又创造了这样做的新动机。因此,机器的资本主义使用,存在着内在的矛盾:在资本量不变时,机器是靠减少剩余价值的一个因素来增加剩余价值的另一因素,即靠减少工人的数目来增加剩余价值率。每当机器生产的商品的价值成为这类商品的起决定作用的社会价值时,这个矛盾就表现出来,并重新推动人们去延长工作日。

农业上,机器排挤工人的情形更为剧烈。雇佣工人代替农民。农村家庭制造业的消灭。城乡对立的尖锐化。农村工人分散和软弱,而城市工人集中,因此,农业工人的工资降到最低限度。同时掠夺土地——资本主义生产方式的最高峰,破坏一切财富的源泉:土地和工人。

评论:第一次用俄文发表于《马克思恩格斯文库》1929 年版第 4 卷。保存下来的是手稿,内容只包括该书的前三分之二,到"机器和大工业"一节为止。恩格斯在《提纲》中指出,商品是一种在物的外壳掩盖下的人与人之间的关系,它作为中介使资本主义社会中人的关系表现成了物的关系。剩余价值是资本增殖的真正来源,它产生的源泉是劳动力这种具有特殊使用价值的商品的存在。资本家为了榨取更多的剩余价值无限制地延长工作日,这是资本主义剥削的实质。《提纲》是恩格斯为粉碎官方和资产阶级科学界想以沉默来抵制马克思《资本论》第一卷的阴谋而写的力作。恩格斯对《资本论》第一卷进行了高度的概括和浓缩,有力地宣传了马克思这部伟大著作。

5 月 22 日—7 月 1 日左右 《卡·马克思〈资本论〉第一卷书评——为〈双周评论〉作》指出:卖和买相接续的不同次序,赋予货币两种不同的流通形式。为了说明这两种过程,我们的作者提出下面的公式:为买而卖:商品 W 换成货币 G,货币 G 再换成另外一种商品 W,即 W—G—W;为卖而买:货币换成商品,商品再换成货币,即 G—W—G。为买而卖,其目的是为了取得使用价值;为卖而买,其目的是为了取得交换价值。纯粹的和正常的情况下的商品交换,不是创造剩余价值的手段。因此,所有企图从商品交换中得出剩余价值的经济学家,便都犯了错误。

货币所有者要把货币转化为资本,必须在商品市场上找到自由的工人。这里所谓的自由具有双重意义:一方面,作为自由人,这个工人能够把自己的劳动力当做自己的商品来处理;另一方面,他根本没有别的商品可以出卖,他自由得一无所有,没有实现他的劳动力所必需的任何东西。

像所有其他商品一样,劳动力也有交换价值,这种价值也和所有其他商品的价值一样,是由生产和再生产这个商品所必要的劳动时间决定的。劳动力的价值,就是维持劳动力所有者的正常工作能力所必需的生活资料的价值。这些生活资料由气候、其他自然条件以及各国历史地形成的生活水平调节着。它们是变动的,但是在一定的国家,在一定的时期,是一定的。此外,它们要包括衰颓工人的替身即工人子女的生活资料,只有这样,这种特殊商品所有者才能延续下去。最后,它们还要包括培养熟练劳动的教育费。劳动力价值的最低限度,是生理上不可缺少的生活资料的价值。

马克思先生把工人再生产他的劳动力价值的劳动时间叫做"必要劳动"。他把超过这一时间而用来生产剩余价值的时间叫做"剩余劳动"。必要劳动和剩余劳动加在一起构成"工作日"。标准工作日的规定，是企业主和工人几世纪斗争的结果。马克思先生对直到1867年工厂法为止的英国工厂立法史，作了详尽的叙述，并得出以下结论：（1）机器和蒸汽首先在使用它们的工业部门中引起过度劳动，因此，法律上的限制首先在这些部门中施行。但后来，我们看到，这种过度劳动制度蔓延到几乎一切生产部门，甚至包括根本不使用机器或仍然保持最原始的生产方式的部门；（2）随着女工和童工在工厂中的使用，单个的"自由"工人失去了反抗资本进攻的能力，被迫无条件地服从。而这种情况迫使工人进行集体的反抗：开始了阶级对阶级的斗争，全体工人对全体资本家的斗争。

评论：第一次发表于1926年《马克思主义年鉴》杂志第1期。该文原定用恩格斯的英国友人赛·穆尔的名字在《双周评论》杂志上发表，但可能因编辑部的原因未能实现。从马克思和恩格斯的通信中可以看到，他们曾不止一次地就这篇文章的内容和形式交换意见，马克思提了一些意见，甚至就某些地方提出了表述方案，并被恩格斯完全采纳到原文中去。这篇书评详细介绍了马克思的"为买而卖"和"为卖而买"的公式："W—G—W"和"G—W—G"，指出认为剩余价值来源于商品名义上的加价的观点是错误的。文章还介绍了劳动力这个特殊商品，进一步分析了剩余价值，使更多的读者了解到该书中的一些重要概念，达到了很好的宣传与普及效果。

9月16日　《致席勒协会理事会》指出：理事会在9月7日的会议上通过了一项决定，要邀请卡尔·福格特先生来协会作讲演。我深感遗憾的是，这项决定使我必须辞去协会主席和理事会理事的职务。理事会的理事完全有权不去注意福格特先生的政治面目，而把他仅仅看做是一个比较时髦的、把别人在自然科学方面的发现加以通俗化的人。但我是不能这样做的。如果我在上述决定作出以后仍然留在理事会里，那我就是背弃自己的全部政治上的过去，背弃自己政治上的朋友。正是这样一种绝对的必要性，才能够促使我辞去我的职务。

评论：第一次发表于1950年《阿姆斯特丹国际社会历史研究院公报》杂志第2期。席勒协会是为纪念伟大的德国诗人弗·席勒诞生一百周年于1859年11月在曼彻斯特成立的，它的目的是要成为曼彻斯特德国侨民的文化生活和社会活动的中心。1868年9月，在恩格斯离开曼彻斯特期间，理事会曾经决定邀请卡尔·福格特在协会中作讲演，这件事促使恩格斯写了这封信。恩格斯从政治原则立场出发向协会理事会提出辞去协会主席和理事会理事职务的请求。其原因同协会毫无关系，与福格特先生有关。恩格斯还对理事会各位理事的信任表达了衷心感谢，并希望和他们永远保持友好的感情。这体现了恩格斯坚定的政治原则和立场。

9月底　《论拉萨尔派工人联合会的解散》指出："普遍的、直接的、平等的选举权"已经存在了两年。已经进行了两次国会的选举。工人没有能够执掌政权并按照拉萨尔的方案颁布关于"国家帮助"的命令，而是勉勉强强地把半打左右的代表选进国会。俾斯麦当了联邦首相，而全德工人联合会被解散了。全德工人联合会被解散不仅是在普选权普遍实行的时候，而且正是因为普选权的普遍实行。恩格斯早就预告过联合会：一旦它变成危险的东西，它就会遭到破坏。联合会正是由于同目光短浅的拉萨尔主义决裂而灭亡，这是联合会的光荣。因此，代替它的不论是个什么样的组织，都会建立在比那些经常重复的拉萨尔主义关于国家帮助的空话更加普遍的原则性基础上。自从被解散了的联合会的成员开始用思考来代替信从，在通向全体德国社会民主派工人汇合成一个大党的道路上的最后障碍就消失了。

评论：载于1868年10月3日《民主周报》第40号。1868年9月16日莱比锡警察当局查封了拉萨尔派全德工人联合会，并封闭了联合会在柏林的地方分会，拉萨尔派工人联合会被迫解散。恩格斯为此写下了这篇文章。恩格斯揭露了资产阶级政府镇压工人运动的罪行，批判了拉萨尔分子迷信普选权的错误和危害，批驳了拉萨尔派鼓吹的"普遍的、直接的、平等的选举权"是工人阶级夺取政权的唯一的和绝对的手段的谬论，指出在德国当时的条件下，直接的普选权对无产阶级来说不是武器，而是陷阱。因此工人阶级应该放弃"国家帮助"的空想，为建立一个代表全德国民主派工人的政党而努力。

10月初 《论拉萨尔派工人联合会的解散（补充）》指出：联合会从拉萨尔那里继承来的那个"人类的主席"伯恩哈特·贝克尔，曾经对"马克思派"，也就是对马克思、恩格斯和李卜克内西进行最卑鄙的侮辱。现在同一个贝克尔在其卑劣的抨击性文章"揭露斐迪南·拉萨尔的悲惨逝世的内幕"中又来"修正"恩格斯了。

评论：载于1868年10月10日《民主周报》第41号。这是恩格斯在1868年10月初按马克思的建议写的，马克思在1868年9月25日的信中曾提请他注意。恩格斯在文中指出联合会的继任人贝克尔曾对"马克思派"进行过最卑鄙的侮辱，他抄袭过恩格斯的文章。文章讽刺了拉萨尔主义者伯恩哈特·贝克尔对恩格斯著作的剽窃，从侧面揭示了拉萨尔主义的荒谬及其必然破产的命运。

1869年

2月17—21日 《关于萨克森煤矿工人行业协会的报告》指出：要清楚地了解他们所处的真正农奴般的地位，还需要仔细考察一下矿工协会的章程。资本家先生们只有在一种场合缴款与工人相同，而在其余各种场合都比工人少得多。工人向协会储金会缴纳了大部分储金，而资本家则把这种储金的所有权攫为己有。章程对于资本的利益照顾得无微不至，这在处理矿井的不幸事故上表现得十分明显。一个人，即使他在某一煤矿工作了三十年，并向协会储金会按期缴纳了会费，只要资本家任意把他解雇，那他就失去了用如此昂贵的代价所换得的领取抚恤金的一切权利。萨克森矿工要永远记住：资本家向协会储金会缴纳多少钱，他们就会在工资上省下同样多的以至更多的钱。这样一种联合会具有一种独特的作用，那就是，它们能够使供求规律完全为了资本家的利益而停止发生作用。换句话说：它们能够使资本家对单个的工人具有异乎寻常的权力，从而就能把工资降低到通常的平均水平以下。萨克森煤矿矿主向协会储金会缴纳款项，这说明他们无意之中承认：资本对于雇佣工人在工作时遭到造成残废或死亡的一切不幸事故负有一定的责任。但是工人们不应当像现在所发生的情形那样，让这种责任成为扩大资本的专横权力的一种借口，而应当争取把这种责任在法律上明文规定下来。

评论：载于1869年3月20日《民主周报》第12号附刊。1869年2月23日，马克思在总委员会会议上宣读了这篇由恩格斯用英文写成的报告。委员会决定发表报告原文和它的德译文。在1869年2月27日《蜂房报》第385号上的一篇关于总委员会会议的报道中曾经扼要地叙述了这篇报告的内容。马克思曾请其他一些英国报纸如《泰晤士报》《每日新闻》和《晨星报》刊登这篇报告，但这些报纸都拒绝了。报告的英文原稿没有保存下来。文章中恩格斯根据鲁高、下维尔施尼茨和埃耳斯尼茨等地的萨克森矿工寄来的大量材料，指出了萨克森煤矿工资条例的不合理。文章通过对矿工协会的章程的考察，揭示了矿工处于农奴般的地位。虽然工人向协会缴纳了大部分储金，但资本家却将其占为己有并牢牢掌握储金的管理权。文章还说明了为什么矿工们仍然任凭其支配的原因，揭露了章程对于资本利益的倾斜，呼吁工人应当把资本家对于事故应该承担的责任在法律上明文规定下来。

7月28日左右 《卡尔·马克思》指出：曾经有过这样一个人，他除了把组织这个政党作为自己的终生事业，还把对所谓社会问题的科学研究，即对政治经济学的批判作为自己的终生事业。他还在1860年以前就已经发表了自己重要的研究成果。这个人的名字就是卡尔·马克思。马克思从黑格尔的法哲学出发，得出这样一种见解：要获得理解人类历史发展过程的锁钥，不应当到被黑格尔描绘成"大厦之顶"的国家中去寻找，而应当到黑格尔所那样蔑视的"市民社会"中去寻找。但关于市民社会的科学，也就是政治经济学，而当时要切实地研究这门科学，在德国是不可能的，只有在英国或法国才有可能。虽然，多年以来马克思无疑是受诽谤最多的一位德国著作家，但谁都不会否认，马克思勇敢地进行了斗争，他的所有打击都能准确地命中目标。但是，他如此"耗费精力"去进行的论战，对他来说，本质上毕竟只是一种被迫采取的自卫行动。而实际上，他所始终感到兴趣的，归根到底还是他二十五年中以无比的严肃认真的态度进行研究和探讨的科学。这种极其严肃认真的态度，使他在自己对自己的结论在形式和内容上尚未满意之前，在自己尚未确信已经没有一本书他未曾读过，没有一个反对意见未被他考虑过，每一个问题他都完全解释清楚之前，决不以系统的形式发表自己的结论。在我们这个模仿者的时代，有独创见解的思想家实在太少了。因此，如果有这样一个人，他不仅是有独创见解的思想家，而且在他自己的领域里具有无比渊博的学识，那他就应当加倍地受到赞许。除了科学研究之外，马克思还从事工人运动。他是国际工人协会的创始人之一。在这个无论如何是标志着工人运动中的一个时代的组织里，德国人正是由于马克思的功劳，也占有一个应有的重要地位。

评论：载于1869年8月2日《未来报》第185号。恩格斯曾于1868年7月底为德国一家文艺性报纸《凉亭》写过一篇马克思的传记，但该报编辑部没有发表。本文是在那篇文章的基础上写成的。这是恩格斯写的第一篇《马克思传记》，后来被威·李卜克内西刊登于1869年8月21日《民主周报》第34号附刊，但是李卜克内西当时删去了传记中一个很重要的内容，就是谈到拉萨尔不是一个有独创见解的思想家，他的许多著作的内容都是从马克思那里抄袭来的，并且把马克思的著作庸俗化。恩格斯在文中介绍了马克思的生平和他追求真理、探求科学、与反动势力作不懈斗争的经历，论述了马克思在思想上、学术上、工人运动的领导上的伟大成果，称赞马克思是德国工人运动的倡导者，是一个具有独特见解的思想家，在他自己的领域里具有无比渊博的学识。恩格斯批驳了颂扬拉萨尔是德国工人运动的创始人和有独特见解的思想家的神话，指出马克思远远超过了他。在这篇文章中，恩格斯对马克思的思想发展、重要理论著作、政党活动和他在国际工人组织中的领导作用都作了高度评价。

1870年

2月11日左右　《〈德国农民战争〉第二版序言》指出：我的论述打算只是大致地阐明斗争的历史进程，打算说明农民战争的起源，参加这一战争的各种党派的立场，这些党派企图借以弄清自己立场的那些政治的和宗教的理论，以及从当时这些阶级的社会生活历史条件中必然产生的斗争结局本身。我是打算指明：当时德国的政治制度，反对这一制度的起义，以及当时那个时代的政治的和宗教的理论，并不是当时德国农业、工业、水陆交通、商业和货币流通所达到的发展程度的原因，而是这种发展程度的结果。这个唯一唯物主义的历史观不是由我，而是由马克思发现的。

德国资产阶级的不幸就在于：它按照习惯的德国风度，出世得太迟了。它兴盛的时期，正是欧洲其他各国资产阶级在政治上已开始衰败的时期。德国工人运动首要的最迫切的任务是唤起农业无产阶级并吸引它参加运动。一旦农业工人群众学会理解自己的切身利益，在德国就不可能再有任何封建的、官僚的或资产阶级的反动政府存在了。

评论：载于1870年10月在莱比锡出版的恩格斯《德国农民战争》第2版。恩格斯分析了1848年以来德国经济生活和政治生活中发生的变化以及各个阶级、党派在这一时期的作用，分析了德国工人运动20年来发生的转变和这一运动的前提，认为一旦农业工人群众学会理解自己的切身利益，德国就不可能再有任何封建的、官僚的或资产阶级的反动政府存在了。文章得出结论：农业工人是工人阶级人数最多的天然的同盟者，所以德国工人运动首要的最迫切的任务是唤起这个阶级并吸引它参加运动。文章为工人阶级和德国工人运动指明了方向，唤起了他们的斗争意识。

6月14日 《致社会民主工党委员会》指出：我在总委员会里支持你们坚决要把代表大会移至德国举行的建议时，当然认为你们把各种情况都考虑到了。根据章程的规定，根本不能谈改变集会时间问题。如果丑事不能避免，那就应当事先设法使责任落在肇事人身上。应当在《人民国家报》、《未来报》以及其他我们可以利用的德国报纸上揭穿普鲁士警察当局的计划，揭露它在不能直接阻挠国际代表大会在美因兹召开的情况下企图利用施韦泽组织来破坏代表大会或阻碍大会安静地进行工作。一旦在德国做到了这一点，总委员会就将设法在伦敦、巴黎等地发表类似的消息。国际也可以同俾斯麦先生发生冲突，只不过不要像是在"原则斗争"的旗帜下进行的自发的"德意志民族工人大殴打"那样罢了。

评论：载于1872年6月26日《人民国家报》第51号。当时国际决定9月在美因兹召开当年的国际代表大会。社会民主工党委员会及施土姆普弗受李卜克内西委托写信给马克思要求将会期推迟到10月份，但马克思坚决反对将会议延期。在文章中，马克思、恩格斯鼓励德国社会民主工党不要被普鲁士当局阻止会议召开的阴谋所迷惑。对施韦泽分子可能的破坏和骚扰一方面要进行彻底的揭露，另一方面要采取一切必要的预防措施对那些不折不扣的警察的爪牙给予有力的打击。

遗 稿

1870 年

5月—7月上半月 《爱尔兰史》指出：自然现象本身也成了英国和爱尔兰两国之间争执的对象。而我们同时也看到，英国统治阶级的舆论如何随着时势和利益的变化而反复无常。今天英国急需有保证地输入粮食，于是爱尔兰就似乎是天生适于种小麦的。明天英国需要肉类，于是爱尔兰就又只适于作牧场之用了。"古制全书"直到现在还是我们研究古代爱尔兰的主要资料。这是一部古代法规的汇编。据以后写成的序言说，这个汇编是适应正在爱尔兰迅速传播的基督教的需要，根据圣帕特里克的建议并在他的参加之下编成的。该书正文是以远古的多神教的材料作为基础的。爱尔兰的神话式的史前史中谈到许多次入侵，那些入侵一次接着一次地发生，而且大多数总是以这个岛国被新来的入侵者征服而告结束。最近的三次入侵是：菲尔博耳格人入侵、达南族人入侵、米莱济人或苏格人入侵，而后者似乎来自西班牙。在早英国人开始大批迁居爱尔兰以前，爱尔兰人就已经是一个混合的民族了。我们越是深入地追溯历史，同出一源的各个民族之间的差异之点，也就越来越消失。一方面这是由于史料本身的性质，时代越远，史料也越少，只包括最重要之点；另一方面这是由这些民族本身的发展所决定的。同一个种族的一些分支距他们最初的根源越近，他们相互之间就越接近，共同之处就越多。

评论：第一次用俄文发表于《马克思恩格斯文库》1948年版第10卷。本文是恩格斯准备就这个题目写作的长篇历史著作中的一部分。恩格斯是想以爱尔兰历史为例，揭露英国殖民统治的制度和方法，揭示它不仅对被压迫民族而且对压迫民族的历史命运造成的恶果，批判英国资产阶级史学家、经济学家、地理学家著作中以种族主义、沙文主义态度对爱尔兰的历史和现实所作的歪曲。1869年夏天，他研究了大量关于爱尔兰历史的文献和材料。马克思也经常给恩格斯提供帮助，认为他的著作很有意义。他们有关爱尔兰历史最重要问题的观点，是在共同讨论的过程中形成的。1870年5月，恩格斯根据他所积累的材料，正式动笔写作。虽然这一著作每一章节的材料他都已经搜集齐全，但是1870年7月开始的一些重大政治事件妨碍了写作，使得他只写完了第一章"自然条件"和第二章"古代的爱尔兰"，后两章"英国的征服"和"英国的统治"没有完成。在这篇文章中，恩格斯驳斥了英国的一些企图把地理环境强调为历史的决定因素的地理学家、经济学家和历史学家。他们企图借助伪科学的地理考察来证明征服爱尔兰的气候和土壤条件，他们认为应该把爱尔兰农民从土地上赶走，甚至说爱尔兰的气候已经注定了它只能为英国人提供肉类和油脂，而不能为爱尔兰人生产粮食。此外，恩格斯还对《古制全书》作了详细的介绍和评价，反对无批评地对待爱尔兰的早期历史和对它进行民族主义的粉饰。同时，又把批判的主要火力针对英国资产阶级历史学家的沙文主义，因为他们把古代爱尔兰人描写成落后的民族，认为这种民族不能创造自己的文明和文化，只能从外来的诺曼人和英格兰人那里来接受。恩格斯描绘了英国殖民者对爱尔兰人的奴役和爱尔兰人民许多世纪以来反对压迫的正义斗争的广阔图景，同时给英国殖民统治的资产阶级辩护士、反动的种族主义和殖民主义、沙文主义思想的卫道者们以有力的批驳和沉重的打击。这篇文章也是捍卫民族问题上的无产阶级原则的范例。

5月—7月上半月 《〈爱尔兰史〉的片断》指出：英国人已经做到了使属于各个不同种族的人安于它的统治。只有爱尔兰人，英国人没有把他们制服。原因在于爱尔兰种族的异乎寻常的伸缩性。在极端残暴的镇压以后，在每一次要把他们歼灭的企图以后，经过一个短时期，爱尔兰人又比过去任何时候都更加坚强地站了起来。

他们似乎总是从骑在他们头上压迫他们的异族驻军那里汲取了主要的力量。异族人在第二代,甚至往往在第一代,已经变得比爱尔兰人更像爱尔兰人,而后者则愈是掌握了英语而忘掉自己固有的语言,就愈是成为爱尔兰人。杀人成了反抗大地主消灭人民的行为的唯一有效手段。由于这种原因,并且只要这种情况还没有改变,在爱尔兰就无法制止在土地骚动基础上产生的杀人行为。这样做是有用的,因此虽然有各种惩治法,这种行为现在还在继续,而且将来也会继续下去。

评论:第一次用俄文发表于《马克思恩格斯文库》1948年版第10卷。这是恩格斯为写《爱尔兰史》准备的一些片断。恩格斯指出,英国已经做到了使属于各个不同种族的人安于它的统治,但是只有爱尔兰人,英国人没有把他们制服,原因就在于爱尔兰种族的异乎寻常的伸缩性。另外,因为杀人是反抗大地主消灭人民行为的唯一有效手段,所以爱尔兰无法制止在土地骚动基础上产生的杀人行为。资产阶级的本性和生存条件就是要伪造一切商品,因而也要伪造历史。恩格斯在文中赞扬了被压迫的爱尔兰人不屈不挠的反殖民主义精神和它对英国驻军的同化能力,驳斥了英国资产阶级历史学家对爱尔兰历史的歪曲。尽管英国统治阶级竭尽一切力量,但过去没有,将来也不能消灭爱尔兰人民的民族传统,使他们屈服于英国的统治。

7月5日左右《爱尔兰歌曲集代序》指出:每一个爱尔兰首领在他的城堡中都有自己的弹唱诗人。不少弹唱诗人也作为流浪歌手,飘泊在全国各地,遭受着英国人的迫害。到十七世纪时,伊丽莎白、詹姆斯一世、奥利弗·克伦威尔和荷兰的威廉使爱尔兰人民完全沦为奴隶,掠夺他们,把他们的土地抢去给英国征服者,使爱尔兰人失去法律的保护,成为一个备受压迫的民族,这时流浪歌手们也像天主教神甫们一样遭到了迫害。到本世纪初,他们已经逐渐绝迹了。但是,他们给自己被奴役的但是没有被征服的爱尔兰人民留下了最宝贵的遗产,那就是他们的歌曲。这些歌曲大部分充满着深沉的忧郁,这种忧郁直到今天也还是民族情绪的表现。

评论:原文是德文。恩格斯应马克思大女儿燕妮的请求写作的短文,但1870年该书出版时的序言并未采用恩格斯的这篇短文。恩格斯赞扬了爱尔兰人不屈的反抗精神,爱尔兰歌曲成为爱尔兰人捍卫民族传统反抗奴役与吞并的有力武器。文章痛斥了英国政府殖民政策对爱尔兰人造成的深重灾难。

第 17 卷

1870 年

7月29日 《战争短评（一）》指出：到目前为止几乎还一弹未发，但是战争的第一阶段已经过去，并且是以法皇的希望的破灭而结束的。路易-拿破仑如果以一切可能聚集的兵力向莱茵河猛进，在盖尔曼尔斯海姆和美因兹之间某处渡过莱茵河，向法兰克福和维尔茨堡方向进攻，那时法军就能控制南北之间的交通线，迫使普鲁士极其匆忙地把现有的全部军队调向美因河，而不管他们作战准备的程度如何。普鲁士的动员工作的整个过程就会遭到破坏，而入侵的法军就能稳操胜算，——击破先后从各地开来的普军。法国的基干兵制度使它能够比普鲁士的后备军制度远为迅速地集中一支譬如12—15万人的军队。但是，德意志人民族感情的突然的强烈的迸发，粉碎了任何一个这样的计划。于是就需要用现有的全部兵力来进行正规战以代替突然袭击，开始了战争的第二阶段。

评论：载于1870年7月29日《派尔—麦尔新闻》第1703号。恩格斯通过分析普鲁士和法国兵役制度的不同，指出法国在战争之初有极大的兵力优势，应该利用普鲁士立足未稳，南德意志各邦反对普鲁士的有利国际政治形势，迅速突袭。但法皇行动迟缓，战争进入大规模战争阶段。随着普鲁士动员后备军，普鲁士的兵力优势会越来越大。恩格斯由此准确预测到战争走向：法皇必然成功的希望开始消失了。

8月1日 《战争短评（二）》指出：在佛日山脉和霍赫瓦尔特山脉之间却有一条宽达25—30英里的宽阔的通道，这里地势起伏，道路四通八达，是极便于大军运动的地区。此外，从麦茨到美因兹的道路也经过这里，而美因兹是法军可能进攻的第一个重要地点。因此，这里就有了一个自然界规定好的作战方向。一旦德军侵入法国，第一次大规模的冲突一定发生在洛林的边缘地区，即摩塞尔河以东和南锡—斯特拉斯堡铁路线以北的地区。如果法军从上周集中的阵地前进，那末第一次重大的会战也同样将发生在这个通道内的某地，或者在通道以外的美因兹城下。法军企图进入这个通道。真正的会战可能发生在刚才谈到的那个地区。我们推测，如果德军打算在莱茵河左岸迎击敌人，那末他们的集中地区就在美因兹直前方，也就是在通道的另一端。现在有充分根据来推测，德军至多比法军迟两三天就将做好进攻准备，并力图开始进攻。在这种情况下发生的会战，两军全线展开，彼此迎面前进。

评论：载于1870年8月1日《派尔—麦尔新闻》第1705号。恩格斯把对地形地貌的分析、战争指导方针和战略战术原则相结合，分析普法战争的走势，准确预见到法、普两军可能的主要作战方向甚至是首次进行大规模会战的地点。8月初，这里成为普法战争爆发初期的主战场，发生了维尔特会战、维桑堡会战、福尔巴赫会战。

8月2日《战争短评（三）》指出：普军的作战计划终于开始明朗化了。这个计划预定进行这样一次会战，在这次会战中，德军左翼从茨魏布吕肯起几乎一直到萨尔鲁伊止，应当完全采取守势，而右翼则从萨尔鲁伊和萨尔鲁伊以西出发，在所有的预备队的支援下以自己的全部力量向敌人进攻，并以全部预备队骑兵进行侧敌运动，切断敌人同麦茨的交通线。如果这个计划成功而德军赢得第一次大会战的胜利，那末，法军不仅有失掉同他们的最近的基地麦茨和摩塞尔河的联系的危险，而且可能被逐到使德军得以插到他们和巴黎之间的位置。如果毛奇将军没有确信他的兵力占有压倒优势以致几乎必胜无疑的话，此外，如果他不知道法军不能在他正从各地向选定为第一次会战的地点调集兵力时袭击他的部队的话，那末，采用这个计划就是轻率的。

评论：载于1870年8月2日《派尔—麦尔新闻》第1706号。恩格斯在上一篇评论的基础上，根据新消息，进一步判断德军的战略意图和主攻方向，推测在德军主攻方向，法军主力可能被包抄。后来战局证明了恩格斯的预判，法军巴赞主力军团被德军击败并围困在麦茨。

8月6日《战争短评（四）》指出：7月28日，在本周末法皇将面对数量上占优势的敌军。现在他既不能前进也不想前进了。因此，法军一直到星期四都没有采取行动，部分的原因可能就是作战计划有了改变，他们可能放弃进攻而准备采取守势，但是，做出这样的决定必定使法国人在战争一开始就大失所望。不经过一次大会战就牺牲洛林和亚尔萨斯的一半土地，这会给法皇带来严重的后果。为了对付法军这样的行动，德军可能力图在敌人到达麦茨之前就把他们卷入大会战，并在萨尔鲁伊和麦茨之间急速前进。不管怎样，他们总会力图从侧面绕过法军的筑垒阵地而切断他们同后方的交通线。我们可以确信，最近一定会采取行动。我们仍然坚持这样的意见，即德军在数量上将占有相当大的优势，只要他们不犯大错误，就足以取得胜利。这次维桑堡会战，显然是在德军几乎稳操胜算的兵力优势下进行的。这是战争爆发以来的第一次重大的冲突，它对军队士气的影响必然是很大的。这次会战打乱了拿破仑的计划。因此，我们可以预料，法皇将派出他的军队去寻求这种胜利，但是同时，德军可能也会出动。今天，或者至迟明天，预料第一次决战就要开始。

评论：载于1870年8月6日《派尔—麦尔新闻》第1710号。战争是解决政治问题的极端手段。恩格斯从政治角度分析法军的军事行动。法军军需部门迟滞了军事行动，军需部门的问题来自整个帝国的腐朽。恩格斯指出，在必须靠久已形成的一整套贪污致富的办法向帝国的支持者慷慨行贿的制度下，不可能设想这种办法不风行于军需部门。因此，第二帝国的军队在此以前已经由于第二帝国本身而遭受了失败。恩格斯从政治的角度，从法皇维护自己地位的角度预测，本应进行防御的法军会主动寻战，安抚人心。恩格斯把握了战争的本质，因此能以军事技术战术为基础分析军事，又能超越军事技术战术，从而更准确地预见战争走势。

8月8日 《普军的胜利》指出：根据最新的法国电讯得知，麦克马洪实际上已退向南锡，他的司令部目前在萨韦尔恩。法军全部兵力有五分之一到四分之一在这里被击溃了。在这些军事行动中，双方军队在战略上和战术上所扮演的角色与根据传统所能预料的恰恰相反。德军进攻，法军防御。德军行动神速，并且用他们指挥自如的大量兵力作战；而法军就连自己也承认，他们的军队经过两周的集中，仍然相当分散，结果，他们被各个击破。这怎么解释呢？理由很简单：这在第二帝国中是必然的事情。法军已丧失了一切主动权。它的行动与其说是决定于军事上的考虑，不如说是出于政治上的必要。一支30万人的军队几乎都在敌人的视野之内。如果不根据敌人营垒中所发生的情况，而根据巴黎所发生的或者可能发生的情况来决定自己的行动，那末它就已经失败一半了。普军的胜利很大，以致不容法皇采用他自然想要采用的那种手法。根据以上所述，我们得出以下结论：不管法国人民的心情如何，所有当权者，上自皇帝起，都完全丧气了，这件事本身的意义是特别重大的。

评论：载于1870年8月8日《派尔—麦尔新闻》第1711号。恩格斯指出，法军所采取的违背军事原则的军事行动，完全是出于政治的必要性，也就是维护反动统治的需要。但根据反动统治的需要而不顾军事原则，则必然导致失败。

8月9日 《战争短评（五）》指出：星期六，即8月6日，是战争初期极关重要的日子。当麦克马洪在佛日山脉的东面山坡遭受失败的时候，弗罗萨尔也和巴赞、拉德米罗和近卫军一样，正使全部部队向麦茨退却。整个洛林，一直到麦茨为止，都已暴露在德军的进攻面前。麦克马洪、德·法伊和康罗贝尔退向南锡。这3个军不仅被击败，而且被击退到和其余军队退却路线不同的方向去了。当法皇一直向西退却时，麦克马洪愈来愈偏向南去。德军甚至可能成功地以步兵部队楔入这两股被分割的法军之间，使麦克马洪不得不更向南退却和绕更远的道路去恢复他同其余军队的联系。从法皇承认星期六同麦克马洪的联系被截断这一事实中可以看出，这一类事件已经发生了。同时，关于法军大本营拟向夏龙转移的消息，也是法军害怕更严重的后果的不祥之兆。这样看来，法军8个军中已有4个军全部或者几乎全部被击溃了，并且每次都是被各个击破的。法军向麦茨仓卒退却，很像是在阵地和麦茨的交通线受到威胁时企图及时退出阵地的行动。现在，德军无论在兵力和士气上或者在战略上都具有极大的优势，以致他们在某些时候几乎可以不受惩罚地为所欲为。

至于拿破仑,从各方面看来,他的军队经过两天战斗后几乎已绝望地被分割了,因此,他甚至不能试图进行一次决战了。

评论:载于1870年8月9日《派尔—麦尔新闻》第1712号。恩格斯从各种消息中准确地分析出法军在德军的攻击中全面败退,损失惨重,并且被德军战略分割。恩格斯进一步分析法军在战略态势、士气、兵力、兵员等方面的劣势,认为法军已经无力进行一次决战。后来,法军勉强发动攻势,在色当惨败,证明了恩格斯的判断。

8月11日 《战争短评(六)》指出:莱茵河的争夺战是拿破仑最后的和最大的一张王牌;但是同时,这次战争的失败也就意味着第二帝国的崩溃。现在,我们还要指出另一个错误。法军的部署到宣战的时候是很好的。3个军在提翁维耳、圣阿沃耳德和比奇,直接在边境附近,为第一线;2个军在麦茨和斯特拉斯堡,为第二线;2个军作为预备队,在南锡附近;第八军在伯尔福。所有这些军队依靠铁路在几天内就可集中起来从洛林渡过萨尔河进攻,或者从亚尔萨斯渡过莱茵河进攻,并且根据情况向北或向东进击。但是,这个部署只适于进攻。对于防御,它完全不适用。如进行防御,军队部署的首要条件是:前进部队同主力应保持适当距离,以便能够及时获得关于敌人进攻的情报,并在敌人到达前集中好军队。

评论:载于1870年8月11日《派尔—麦尔新闻》第1714号。恩格斯进一步指出法军在初期会战中的两个错误。一个是法军部署是攻击阵型,没有考虑防守,几大主力相距过远,在德军的攻击中被分割,各个击破。另一个是没有做到知己知彼,没有认识到德国的军事动员能力,低估了德军的作战能力。

8月13日 《战争短评(七)》指出:整个这一星期,人们都在等待着曾被法国公报说成是迫在眉睫的麦茨大会战。这个行将到来的会战无非是转移巴黎民众视线的一种手法而已。只有在法军全部在麦茨城下会合以后,而不是在这以前,才可能期待法军向摩塞尔河以东出击,并在他们的要塞前面进行会战。不过,这一切还只是将要实现,并且将来总的说来能否实现,现在还值得怀疑。在上星期日,麦克马洪被迫放弃了萨韦尔恩。现在,麦克马洪同弗里德里希-卡尔正进行着一场竞赛,看谁先渡过河。此外也不应当忘记,德军的优良素质只是现在才开始得到承认。如果在战前,哪怕派一个这样诚实的记者到德国去,那末对法军该是多么有益啊。

评论:载于1870年8月13日《派尔—麦尔新闻》第1716号。恩格斯根据法军被各个击破的形势,推断法军的关键是麦克马洪军团向麦茨的巴赞军团靠拢,而德军的关键是占领摩塞尔河上的战略要冲,阻止二者会合。在法军会合前,不会有麦茨会战。实际战况证明了恩格斯判断准确,德军第二军团直插恩格斯指出的摩塞尔河畔的蓬塔木松,麦克马洪军团只得向西南夏龙退却。麦茨巴赞军团被德军完全包围。

8月15日 《战争短评(八)》指出:从对麦克马洪的行踪保持完全缄默这一

点，我们所能得出的唯一结论是：麦克马洪认为从萨韦包恩取直路到吕内维尔和南锡过于危险，便绕道向南退却，而在巴荣或者甚至在巴荣上方渡过摩塞尔河。如果这个推测是正确的，那末他就很少有希望能在什么时候到达麦茨。在这种情况下，法皇或者麦茨的另一位指挥官就必须解决这个问题：立刻向马尔纳河岸夏龙（可能同麦克马洪会合的最近地点）退却对军队是不是更好些。因此，我们觉得关于法军朝这个方向总退却的消息是确实的。同时，我们听到法军有大量增援部队的消息。在这种情况下，唯一真正的增援部队只是巴黎的守备部队。除了第十二军（如果这指的是巴黎守备部队）以外，目前没有任何部队可以编成这些军中的一个军。这一切看来是一种在纸上建立军队以求恢复公众信任的可怜诡计。

评论：载于1870年8月15日《派尔—麦尔新闻》第1717号。恩格斯根据普法军事态势，判断法军会向马尔纳河岸夏龙总退却，重新调整阵势。这一判断从军事上说总体上非常准确。麦克马洪一直退却到夏龙。而法军莱茵军团主力已经下令向夏龙靠拢。但巴黎新政府担心法军继续退却引起革命，要求法军死守麦茨。莱茵军团将领巴赞犹豫不决。恩格斯通过细致分析，指出法国已经不可能在短时间组织有战斗力的大兵团援军。

8月18日《战争短评（九）》指出：根据这个公报我们只能设想，这次渡河和企图阻挠渡河的行动是在平地上发生的。但法军渡河的所有桥梁都在麦茨城内因而敌人根本无法到达。幸而普军宣布战斗是在庞日附近通往麦茨的道路上发生的。庞日不在摩塞尔河上，而在离摩塞尔河8英里的尼德河上，距离麦茨的独立堡垒线约4英里。拿破仑被迫放弃麦茨和摩塞尔河防线，当然不能够不战而退，而且如有可能还要争取在一个真正的或者表面的胜利以后才开始退却，这次退却至少要退到夏龙。普军把法军一直驱逐到他们的堡垒的掩护之下；但因为过于接近这些堡垒，普军又不得不退却。这就是关于有名的"麦茨会战"所能说的一切。这次会战对战争进程的影响等于零。对拿破仑和他的军队来说，确实是撤离麦茨的时候了。

评论：载于1870年8月18日《派尔—麦尔新闻》第1720号。恩格斯把政治、军事、地理三个因素结合起来，揭穿法军所谓的"麦茨会战"，指出它是法皇撤退前蒙骗法国人民的举动，没有任何军事意义。同时，恩格斯敏锐地指出，法皇和他的军队应该撤退，德军已经形成包抄之势，法军两大军团会合的困难越来越大。实际上，这时的法国巴赞军团已经被围困在麦茨。

8月19日《战争短评（十）》指出：毛奇将军虽然已经老了，但是他的计划无疑充满着青春的活力。有一次，他曾经把自己的军队集中成一个拳头楔入法军的一翼和他们其余部队之间。但他并不以此为满足，现在又在重复同一种战法，而且看来获得了同样的成功。德军3个或4个军自麦茨南面沿一条半圆形的路线前进；他们的先头部队在星期二早晨到达了法军的行军路线上，并且立即袭击了法军。德军的攻击是在马尔斯－拉－土尔附近进行的。战斗继续了一整天，结果据德军的公报说法军被击败,并且被赶回麦茨。巴赞也自称取得了胜利。不管巴赞怎样自称胜利,他毕竟不能说已经打通了去凡尔登的道路,哪怕是其中的一条也好。现在巴赞元帅只有退回麦茨,或者试图经由一条更加靠北的道路逃走。如果巴赞企图在这个方向上运动来挽救他的败军,那末他们至少会弄到全部瓦解的地步。应当在夏龙集中的大军,大概永远也不可能在那里集中起来了。在任命特罗胥将军为"正在巴黎建立的"第十二军军长以后,不久又任命他为巴黎的防守司令,这证明并不打算把现在驻在巴黎的大量军队派往前线。巴黎需要镇压。但是,当上星期二会战的真相大白的时候,谁还能够镇压住巴黎的人民呢?

评论:载于1870年8月19日《派尔—麦尔新闻》第1721号。恩格斯指出德军作战"集中成一个拳头楔入法军的一翼和他们其余部队之间"这一突出特征,判定巴赞军团已经被分割,法军在夏龙集结的战略目标已经无法实现。巴黎无法派出援军。巴赞军团已经无路可走。

8月20日《战争的危机》指出:法皇离开了军队。从7月29日到8月5日所表现的那种犹豫不决,是整个战争的特点。维桑堡会战使麦克马洪和法伊两个军的全部兵力更加远离法军阵地的中央,而8月6日,当德军已经完全准备就绪时,德军第三军团在维尔特击败了麦克马洪的6个师,迫使他们和德·法伊剩下的2个师经过萨韦尔恩退向吕内维尔。在这时候,德军第一和第二军团的先头部队在施皮歇恩击败了弗罗萨尔的部队和巴赞部队的一部,迫使法军的整个中央和左翼退到麦茨。这样,在法军两支退却部队之间便横隔着整个洛林。追击的德军便一直插在这两支法军之间,直奔南锡。法皇把总指挥权交给了巴赞元帅,而巴赞元帅无论如何应当知道,不论他是否采取行动,敌人都是不会白白浪费时间的。星期日,即8月14日,巴赞终于开始让他的军队渡到该河的左岸。向夏龙的退却实际上是从星期一辎重队和炮兵出发时开始的。结果是大家知道的:巴赞的退却完全受阻。从巴赞的主力被截断时起,本来只不过是军队集合地点的夏龙的阵地,便失去了一切意义。现在,一切兵力最近的集合地点是巴黎,从今以后所有军队都应当开往巴黎。法国的军事力量看来已被全部摧毁,现在德国人的野心除非遇到那种很值得怀疑的障碍——德国人的自制力,似乎再也受不到别的限制了。

评论:载于1870年8月20日《派尔—麦尔新闻》第1722号。恩格斯概述了这一阶段普法战争的过程,又再次指出法皇和巴赞在战争中犹豫不决造成的恶果。恩格斯展望了普法战争,指出巴黎成为战争的中心,而随着胜利,普鲁士的野心在不断膨胀。

8月24日《战争短评(十一)》指出:8月14日的会战,是德军为了阻滞法军向凡尔登退却而发起的。双方在某种意义上都可以认为他们达到了这次会战的预定目的:法军把德军引入陷阱并使他们遭受了严重的损失;德军则阻滞了法军的退却,直到弗里德里希-卡尔亲王到达法军退却必经的路线为止。在这次会战中,法军在数量上占很大优势。到8月16日，莱茵军团向凡尔登的退却总的来说还没有开始。这时弗里德里希-卡尔亲王的先头部队，即第三军（勃兰登堡军），恰好到达了马尔斯-拉-土尔的郊区。他们立即向法军攻击，牵制法军达6小时之久。参加这次会战的不是巴赞的全部军队，法军仍然再一次以数量上占优势的兵力对抗德军的8个师。巴赞似乎已放弃了退却的一切念头，他在格腊韦洛特附近构筑了非常坚固的阵地，在那里等待德军攻击，这一攻击随后在18日发生了。声名赫赫的莱茵军团——法国的希望和力量——在两个星期的作战以后竟不得不选择：或者在极其危险的情况下冲出敌阵，或者投降；这是法国人所无法置信的。他们寻求各种解释。有些人说，巴赞似乎是为了使麦克马洪和巴黎赢得时间而牺牲自己的。如果巴赞是故意使他的军队陷入目前的境地，那末他所犯的错误之大，使这次战争中曾经犯过的一切错误都显得微不足道。

评论：载于1870年8月24日《派尔—麦尔新闻》第1725号。恩格斯在文章中清晰勾勒了上星期在麦茨周围进行的三次激战的全部详情。针对法国舆论指出，法国最精锐的莱茵军团是被围困在麦茨，而不是为集结部队争取时间。

8月26日 《战争短评（十二）》指出：战争中最近的两个事件是：王储正向夏龙以西挺进，而麦克马洪把他的全部军队撤离兰斯，但撤到哪里，就不确切知道了。据法方报道，麦克马洪认为，战争进展太慢；为了迅速结束战争，据说他离开兰斯去援救巴赞了。这的确会加快几乎是最后的危机的到来。麦克马洪军队的人数最多为11—12万人，其中三分之一是未经训练的新兵。目前麦克马洪当面最接近的敌人是王储军团。麦克马洪去麦茨最近的道路是经过凡尔登。王储军团不但可以乘他行军的时候向翼侧攻击，并且可以在麦克马洪还没有从凡尔登到达麦士河右岸以前早就渡过麦士河，而与凡尔登和麦茨之间的德军其余两个军团会合。我们怀疑，麦克马洪会选用上述道路中的一条，从兰斯取道武济埃、格朗普雷和发棱到达凡尔登，或者经武济埃到斯特内，在那里渡过麦士河，然后向东南前往麦茨。不过，这只给他一个暂时的便利，却使最后的失败更加确定无疑了。这两条路线都绕得更远，因此使王储有更多的时间让他的部队同麦茨附近的军队会合，以便用压倒优势的兵力对付麦克马洪和巴赞。所有直通巴黎的交通线都放弃给敌人；法国最后可用的军队从中心被引到外缘，并被故意地配置在离中心比敌人目前离中心还要远的地方。全部计划看来是这样轻率，以致只能解释为出自政治上的需要。造成的印象是：在让巴黎能够完全了解局势的真相以前，必须冒一下险，做出点什么。这就是第二帝国的全部丑态。装作平安无事，掩饰失败，这是最主要的。

评论：载于1870年8月26日《派尔—麦尔新闻》第1727号。文章评论了法军初期会战失败。麦克马洪元帅本计划诱敌深入，在巴黎城下决战。这也是恩格斯在前面分析的最符合军事规律的决定。但法国政府担心退却引起动荡或革命，要求法皇和麦克马洪军团向麦茨进攻。8月22日，麦克马洪从兰斯出发，绕道救援麦茨。

恩格斯根据双方态势和兵力，准确判断麦克马洪行军路线，而且必败无疑，法国将因此只能听凭宰割。后来的色当战役就发生在恩格斯判断出的行军路线上，而结果也不出恩格斯的判断。

8月27日 《战争短评（十三）》指出：昨天，电报传来了一个轰动我们报界同人的消息。这个来自柏林的消息说，国王大本营已转移到巴尔勒杜克，第一军团和第二军团各军仍留在原地对付巴赞军团，而其余德军则"已坚决地向巴黎挺进"。德军在移动时从来都是保守秘密的。这里有没有一眼看不透的特殊的原因呢？在星期一傍晚，麦克马洪开始经过兰斯沿去勒太耳的大道运动。至迟在星期三傍晚关于这一移动的消息可以传到德军大本营。麦克马洪在他所选定的方向上前进得愈远，他同巴黎的交通线以及他的退路受到的威胁就愈大，他就愈加陷于德军和比利时边境之间。只要他渡过麦士河，他的退路就很容易被切断。但是还有什么比所谓当他赶去援救巴赞的时候，德军在麦茨只留下了较少的兵力而以大部分兵力"坚决地"向巴黎挺进的这个消息，更能促使麦克马洪坚持这个危险的行动呢？德军大本营很清楚地知道麦克马洪的移动。麦克马洪军团不但成了王储军团的当前目标，而且成了可以从麦茨城下抽出的其他一切部队的当前目标。无论怎样估计巴黎的筑垒工事，谁也不会那样轻率地设想它们会像耶利哥的城墙一样只要进攻者的羊角声一响就塌陷下来。那末我们应当得出这样的结论，即大部分报界同人认为极端重要的那个关于威廉国王坚决向巴黎挺进的消息，是伪造的，是为了迷惑敌人而故意散布的。

评论：载于1870年8月27日《派尔—麦尔新闻》第1728号。当柏林传出这则消息时，德军第三军团仍在追击麦克马洪军团，并实行大胆迂回，德军新编成的第四军团协同，意图包围麦克马洪军团。恩格斯抓住战场主要矛盾，即德军要消灭麦克马洪军团这一点，精准判断出这则消息是德军诱敌的烟幕。

8月31日 《战争短评（十四）》指出：德军的行动又比麦克马洪迅速。至少包括2个军的第四军团很快前进到麦士河，夺取了斯特内和凡尔登之间的某地渡口。阿尔艮山的通道已被他们控制。在这个期间，麦克马洪带着一支据法方报道有15万人的装备精良、火炮弹药和粮食充足的军队，在22日和23日离开兰斯后，到25日傍晚还没有通过离兰斯约23英里的勒太耳。这样迟缓的运动同德军的敏捷形成了鲜明的对照。毫无疑问，这在很大程度上是由他的军团的编成造成的。我们看到：法国现在拥有的，也许是在这次战争中整个将来拥有的最后一支可用于野战的军队，正在自动走向灭亡。麦克马洪军团在最好的情况下也只能分散在北部边境的各要塞内，在那里他们就不会构成任何威胁了。一个高尚而勇敢的民族眼看着自己为了自卫而作的一切努力白费，这是因为20年来它听凭一群冒险家主宰它的命运，而这些冒险家已经把行政机关、政府、陆军、海军，实际上把整个法国都变成了他们牟取暴利的源泉。

评论：载于1870年8月31日《派尔—麦尔新闻》第1731号。恩格斯指出法军的迟缓和德军的迅捷形成鲜明对比。法军的问题就在于军事行动往往违背军事规律，明知不行还要去行动，一个错误引出一个又一个错误，而这个根源就是法国统治阶级的腐朽。

9月2日 《战争短评（十五）》指出：我们说过，一旦失败，"麦克马洪的军队可能被迫在梅济埃尔和法尔蒙—纪韦之间法国那片向比利时领土突出的狭窄地带投降"。我们那时所推测的现在差不多实现了。麦克马洪的全部兵力可能达15万人，其中老部队大概不到一半。它的实力未必抵得上一支10万人的优良军队。当麦克马洪在勒太耳、梅济埃尔和斯特内之间浪费时间的时候，德军正从四面八方逼近。8月27日，麦克马洪的一个先头骑兵旅在比桑西被击败。28日，阿尔艮山的一个重要道路交叉点武济埃落入德军手中。关于29日的战斗，我们没有得到可靠方面的任何消息，但是在30日，德军集中了足够的兵力，攻击并挫败了麦克马洪。这三次冲突表明，麦克马洪完全失败了，这个失败是我们再三预言过的。麦克马洪的战略应当受到最严厉的批判。他错过了使他能够得救的一切机会。据说他现在正在色当。他既然到了那里，那就很少有选择出路的余地了。

评论：载于1870年9月2日《派尔—麦尔新闻》第1733号。9月1日，法军在色当被围困战败。9月2日，法军在色当投降。恩格斯引用的消息只到8月30日，还没有收到色当会战的消息。恩格斯已经明确判断，麦克马洪军团除了投降，几乎没有其他出路。恩格斯的判断，在于它紧紧抓住这一阶段战争的关键点，即德军首要目标就是消灭麦克马洪军团。恩格斯非常了解两国兵役制度和地理，因此能够准确判断两军战斗力和战争走势，而不被各种传言所迷惑。

9月3日 《法军的失败》指出：一支处于绝境的大军是不会立即投降的。首先需要三次会战，才使巴赞的军队懂得他们已经真正被困在麦茨；然后又需要本星期三和星期四一场昼夜不停历时36小时的苦战，才使他们相信，他们已完全无法从普军设下的陷阱中逃脱。星期二的会战同样不足以迫使麦克马洪投降。还需要星期四的一场会战——看来是最大的流血最多的一场会战——和麦克马洪本人的受伤，才使他明了他的真正处境。星期二作战的结果，对于参加作战的法军各个军来说是惨痛的。麦士河两岸的法军都被驱逐到色当的近郊。当法军在这个阵地上进行巩固并调集没有参加星期二会战的部队的时候，德军便有了一天的时间来集结军队；因此他们在星期四发起进攻时，在现地已经有了第四军团的全部和第三军团的3个军。会战从早上7时半开始，而且到下午4时1刻普鲁士国王发电报时还在继续进行。到天黑时德军无疑地一定取得了胜利，而法军则被击退到色当。比利时的电讯称，麦克马洪已经完全被包围，几千名法军越过边境而被解除武装。在这种情况下麦克马洪只有在二者中选择其一：或者投降，或者强行通过比利时领土。而结果是，麦克马洪因负伤体弱摆脱了定下这个痛苦的决心的责任。宣布法军投降的责任便落到文普芬将军的身上。

评论：载于1870年9月3日《派尔—麦尔新闻》第1734号。麦克马洪军团如恩格斯以前预测的一样，战败投降。在本文中，恩格斯把色当地区河流雏谷等地理条件和两军会战过程相结合，根据各种消息，详细分析、复盘、推演色当会战双方攻守的过程。

9月7日 《战争短评（十六）》指出：剩下的一个巨大的营垒——巴黎，是法国最后的希望。巴黎的筑垒工事是集古今筑垒工事之大成，然而这些工事还从来没有经受过考验。蒙塔朗贝尔是一位具有卓越的也许是绝伦的天才的军事工程师。但是关于主要的条件，即关于积极防御，在巴黎的保卫者中间就必须有一支正规部队。但是，法军统帅部在这次战争中的全部行为促使巴黎丧失了进行防御的唯一最重要的条件。包围将在第一、第二军团攻陷麦茨后到达这里时完成。如果巴黎不投降，正规围攻就将开始，而在法军没有进行积极防御的条件下，围攻的进展是会快一些的。如果只从军事方面考虑，那末事态的正常发展过程就是这样。

评论：载于1870年9月7日《派尔—麦尔新闻》第1737号。恩格斯根据当时最先进的筑城体系的军事特征，指出巴黎攻防战的两个要点：粮食和能实施主动出击的有战斗力的部队。恩格斯认为粮食不乐观，巴黎真正有战斗力的部队很少。

9月9日 《战争短评（十七）》指出：除色当外，德军还占领了4个要塞：拉－普提特－比埃尔、维特里、利希滕堡和马尔萨耳。他们只封锁了比奇，现在正围攻斯特拉斯堡；他们炮击了法耳斯布尔、土尔和蒙梅迪，但暂时还没有结果；他们打算几天以后对土尔和麦茨开始正规围攻。除了有离城很远的独立堡垒作掩护的麦茨以外，所有其他进行过抵抗的要塞，都遭到了炮击。这个措施常常是正规围攻战的组成部分。炮击便愈来愈多地用于烧毁和破坏要塞内尽可能多的建筑物。如果守军薄弱，训练不良，士气涣散，而司令官又缺乏毅力时，常常只使用炮击便能迫使要塞投降。此外，自从使用线膛炮以来，甚至野炮的炮弹也几乎完全是榴弹，所以现在可以比较容易地用任何一个军的普通野炮去轰击要塞和烧毁它的建筑物。虽然在现代战争中炮击要塞内的民房的做法得到了承认，但终究不应当忘记，这种方法总是非常残酷的，并且至少在没有足够的把握使要塞投降和没有一定的必要时，这种方法是不应当采取的。

评论：载于1870年9月9日《派尔—麦尔新闻》第1739号。随着德国围攻巴黎，德国抵御法国的侵略战争演变为德国侵略法国的战争。法国抵抗德国的侵略成为民族保卫战争。马克思和恩格斯号召法国无产阶级投入民族保卫战争，并在战争中壮大自己。巴黎保卫战成为抵御德国侵略战争的关键。恩格斯从巴黎保卫战的角度，关注、研究线膛炮在围攻战中的作用。

9月10日 《军队的盛衰》指出：当路易－拿破仑建立"标志着和平"的帝国的时候，法国军队除了传统的地位以外，在欧洲并不占有特别卓越的地位。军队立刻就成了注意的中心。当时，法国有大量比较年轻的、曾经在非洲担任过要职的军官。法国阿尔及利亚特种部队无疑是欧洲最好的部队。这些部队拥有比大陆其他任何强国都多得多的、久经战斗的职业兵，真正的老兵。需要做的事情仅仅是尽可能把大部分军队提高到特种部队的水平。结果，克里木战争再度使法国军队跃居欧洲首位。接着，使用步枪和线膛炮的时代来到了。奥地利将军的失策和法国兵士较强的虚荣心，使法军得到了勉强得来的胜利。这次战争以后，法国军队成了欧洲军队的榜样。人们在研究法军的各种组织；法军的兵营成了各国军官的学校。但是这次使法国军队跃居欧洲首位的战争，也激起了其他国家的努力，结果先出现了同它匹敌的人，后来就出现了超过它的人。总之，整个普鲁士军队起了根本的变化。但是1870年的法军已不是1859年的法军了。盗用公款、营私舞弊和普遍的假公济私——形成第二帝国制度的主要基础的这一切也已侵蚀了军队。而在经受考验的时刻里，这支军队除了光荣的传统和兵士的天赋的勇敢就没有什么可以用来抵抗敌人，但是仅仅靠这一点是不足以保持欧洲第一流军队的地位的。

评论：载于1870年9月10日《派尔—麦尔新闻》第1740号。这是恩格斯从长时间跨度分析普法战争，勾勒法国军队走向巅峰又突然衰落的过程和德军从失败中崛起的过程，指出法军的失败最根本的原因是统治集团的腐朽。恩格斯指出，正是法军的辉煌激起其他国家的努力，形成了它的强劲对手，又反过来击败法国。恩格斯的分析充满辩证思维。

9月15日 《战争短评（十八）》指出：如《泰晤士报》倾向于这种见解，即认为德军虽然长于野战，却不善于围攻；另一些人认为，围攻斯特拉斯堡与其说是为了夺取城市，不如说是为了进行试验，为了实际锻炼德军的工程师和炮兵专家。为了纠正只有不懂军事的人们才会有的这样一种肤浅的见解，必须提醒他们，究竟什么是围攻。斯特拉斯堡从8月10日起受到松缓的包围，20日左右受到紧密的包围，从23日到28日受到了炮击，但正规围攻直到29日才开始。至少需要17天，才能在要塞的主墙上打开缺口，从而为强攻要塞开辟道路。而斯特拉斯堡受到正规围攻才不过14天，而且在被攻击的正面上又有外围工事，因而它至少能比平均期限多支持5天。

评论：载于1870年9月15日《派尔—麦尔新闻》第1744号。恩格斯指明了攻陷斯特拉斯堡的时间至少是22天。而该城从开始受到正规围攻直至最终陷落，与恩格斯的预测相差无几。恩格斯屡次精准预言战争进程，就在于他对当时的军事发展有深入细致的了解。在1857—1860年间，恩格斯曾为《美国新百科全书》撰写军事词条，其中专门有《棱堡》《筑城》条目。《筑城》条目下有"围攻"一节。

9月17日 《如何击败德军》指出：现在，当德国按照普鲁士制度建立起来的强大的军事力量正所向无敌的时候，人们不禁要问：将来究竟是谁并且用什么方法击败普军。"多兵之旅必获胜"。而普鲁士正是按照这个原则行动的。它设法创建"多兵之旅"。现役期短、预备役期长的原则，变成符合君主专制制度的需要。兵士服2—3年的现役，不仅是为了受到良好的军事训练，同时也是为了经过严格的训练养成绝对服从的习惯。普鲁士制度的弱点也正在这里。它必须兼顾两个不同的、归根到底是互不相容的任务。一方面，要求把每个体格适于服役的男子都变成兵士，并建立一支常备军；在遭到外来攻击时成为团结国民的核心。但是另一方面，也就是这一支军队又应当是半专制政府的武力后盾和主要支柱；为了这个目的，就需要把这个对国民进行军事训练的学校变成培养绝对服从上级的精神和忠君的精神的学校。而这一点只有通过长期的服役才能做到。几乎有一半身体健康适于服役的男子没有受军事训练。虽然如此，这个制度比大陆上其他大国军队的过时的基干兵制度还是有极大的优越性。在这里我们找到了如何击败普军这个问题的答案。如果一个具有同样多人口、同样才能、同样勇敢和同样文明的国家，把每一个体格适于服兵役的国民都变成兵士；如果这个国家把平时的现役期和受训时间缩短为只是为了这个目的所真正需要的时间；如果它保持必要的组织，以便像普鲁士最近所做的那样以有效的方法来充实它的战时编制，那末我们肯定地说，这个国家对普鲁士化的德国会具有和普鲁士化的德国在这次战争中对法国所具有的同样巨大的优势。主要的问题在于真正实行普遍义务兵役制。

评论：载于1870年9月17日《派尔—麦尔新闻》第1746号。恩格斯通过揭示普鲁士兵役制度中的阶级统治因素，指出它的内在矛盾，认为训练统治阶级的驯服工具这一点阻止了真正实现普遍兵役制。一个与德国同样水平的国家，只要站在民族自卫的基础上，就能大大缩短军事训练时间，真正实现普遍义务兵制，对德国实现极大的兵力优势。

9月27日 《战争短评（十九）》指出：巴黎的筑垒工事已经证实了它的价值。德军一个多星期未能攻占这个城市，就是因为它有了这些工事。自从德军的各路部队进入巴黎这个巨大营垒的控制范围的那一天起，便变得缓慢、犹豫而又畏缩了。这是很自然的。即使你率领一支20万或25万之众的军队开到这样大的一个城市附近，单是包围它就需要时间，需要谨慎。甚至这样多的兵力也未必足以从四面八方完全包围它。城内没有一支适于进行大规模会战和野战的军队。这一次，基干部队表现得确实比流动自卫军差，他们由有名的朱阿夫兵带头真的"溜之大吉"了。在这次战争以后，还可能有一些小规模的出击，并可能取得某些胜利，但是平地上的会战未必会再发生了。

评论：载于1870年9月27日《派尔—麦尔新闻》第1754号。1870年9月19日，德军将巴黎围困。经过一周多的巴黎攻防战，恩格斯对巴黎的防守能力进行评估。恩格斯高度肯定了筑垒工事的作用，指出自卫军在战斗中的英勇表现。根据城市攻坚战的要点，恩格斯再次强调，由于缺乏强大的积极防御力量，再加上城防体系的诸多弱点，巴黎防卫无法持久。

10月1日 《关于谈判的消息》指出：德军甚至不待同意停战就几乎获得了俾

斯麦向茹尔·法夫尔所讨价还价的一切。俾斯麦扮演了一个宽宏大量的胜利者的新角色。但是，在建议中包含着比法夫尔所看到的更多的东西。比奇、麦茨、法耳斯布尔、巴黎以及谁知道还有多少的别的要塞，仍然被围困，它们的一切供应和交通线仍然被切断；要塞中的人们和没有缔结停战协定时一样，继续消耗贮粮。因此，停战给围攻者带来的结果，就会几乎同继续作战时一样。由此可见，一贯狡猾的俾斯麦伯爵是打算利用停战来迫使敌人的要塞投降的。甚至在最近两个月的惨痛教训之后，法国政府的代表还不能判断实际情况，因为他仍然为一些词句左右。

评论：载于1870年10月1日《派尔—麦尔新闻》第1758号。恩格斯通过普法战争的实际情况，指出俾斯麦的议和条款貌似宽厚，实际隐藏着针对法军要塞被围困部队的狠辣的阴谋，批评法国谈判代表茹尔·法夫尔被情绪所左右，不能正视现实，没有识破俾斯麦的计谋，拒绝继续谈判，没有给法国尽量争取实际利益。恩格斯的分析体现了马克思主义唯物主义的军事原则。真正要运用这种原则，必须以高度的军事素养来正确判断现实为基础。恩格斯的系列军事评论都突出显示了这一点。

10月3日 《战争短评（二十）》指出：法国实际上被仅仅占领其八分之一领土的胜利者控制的这个事实，仍然使人惊奇。尽管法国不愿意承认，它实际上已经被征服了。其主要原因是法国的整个行政管理系统，特别是军事指挥管理系统过于集中。全国划分为23个军区，各师的师长和陆军部之间没有中间环节。此外，这些师是单纯的行政组织而不是作战组织。法国军队的行政管理机关（如军需部门等）不是接受指挥官（元帅或将军）的命令，而是直接接受巴黎的命令。这种情况下，如果巴黎陷于瘫痪状态，如果同巴黎的交通线被切断，那末各地便没有任何组织核心，并同样地陷入瘫痪状态，也许更严重。除这个主要原因外，还有一个原因。法国的中心距东北边境太近。从日内瓦经巴塞尔到亚尔萨斯的劳特尔堡的国界离巴黎的距离也一样；这样，形成了一条以巴黎为圆心的、半径为250英里的弧线。但是国界在劳特尔堡离开了这条弧线而形成了一根弦，这根弦上有一点距巴黎仅120英里。这就是法国要求取得整个莱茵河左岸地区的真正原因。只有在取得这个边界以后，巴黎才能在它的最暴露的一面也得到与它的距离都是相等的边境的掩护，而且有一条河流作为国界。以巴黎为首都的不利方面之一就是：占领法国的一小部分领土（包括巴黎），就会使整个国家的活动瘫痪下来。

评论：载于1870年10月3日《派尔—麦尔新闻》第1759号。恩格斯在分析法国军事制度过于集中的弊端和法国的地缘政治的基础上指出，虽然德国只占领法国八分之一的领土，而且暂时没有兵力扩张，但只要围困巴黎，法国实际上已经被征服。恩格斯把政治体制、国家地理和军事斗争相结合，对战争的分析鞭辟入里。

10月6日 《战争短评（二十一）》指出：如果相信巴黎用气球送来的消息，那末这个城市现在有庞大的军队在防守。而且据最近的消息说，如果这些军队全部被击溃，那也还有50万能拿武器的市民，准备在需要时接替他们。巴黎周围的德军包括6个北德意志军。尽管德军分散在至少有80英里长的包围线上，但他们仍然把城内这支庞大的军队围困住了。这是什么原因呢？第一，大概不容怀疑，关于巴黎有大量武装力量的消息是虚构的。如果把人们常说的60万武装人员这个数目减少到35万或者40万，那末这比较接近真实。但是不能否认，在巴黎城内防守的武装人员，比在城外攻击这个要塞的要多得多。第二，巴黎守备部队的战斗素质差别很大。我们可以认为其中只有现在防守外围堡垒的海军陆战队和水兵是真正可靠的部队。基干部队的士气低落。流动自卫军组织上的基本缺陷。但是，看来他们仍不失为巴黎防卫中最好的部队；地方国民自卫军的成分非常复杂。从巴黎守军的这种情况来看，就无怪乎包围巴黎的德军虽然远不是那样多，而且很分散，但是并不害怕巴黎的任何攻击。事实上，至今所进行的一切战斗都表明，巴黎军团（假如可以这样称呼它的话）是不能进行野战的。他们放弃了进行决战的一切企图，用小兵力袭击敌人的前哨和其他小部队。无疑地，这些战斗将使法军逐渐获得训练，但只有一小部分能够在规模这样有限的实践中得到好处。特罗胥将军在19日的战斗以后已完全看清了他所指挥的军队的素质。他对他的军队在平地上作战的能力并没有抱任何幻想。他不能指望援军来解巴黎之围。所以我们对于特罗胥似乎在内阁里反对和平谈判的建议的这个消息感到惊奇。

评论：载于1870年10月6日《派尔—麦尔新闻》第1762号。恩格斯对巴黎守卫部队的兵力进行估算，并对守城战斗部队的不同组成部分的主要特点进行分析。恩格斯对部队战斗力分析的最鲜明的一点，就是结合士兵来源的不同社会阶层、利益探讨军队的战斗力，而不是抽象地谈战斗力。

10月8日《普鲁士军事制度的原则》指出：几个星期以前，我们曾指出，普鲁士的兵役制度远不是完善的。据宣称，它要使每个国民都成为兵士。军队不是别的，只是"全民学习作战的学校"；但是进这个学校的只占居民中很小的比例。"全民武装"——这完全是一句空话。产生这种情况的原因我们早已指出过。普鲁士王朝和普鲁士政府需要一支军队作为执行这个政策的驯服工具。"全民武装"这句空话是用来掩盖建立一支以实行寡头政治的对外政策和反动的对内政策为目的的庞大的军队。北德意志联邦的人口近3000万。战时军队的人数按整数算有95万，即仅占人口的3.17％。既然单是这种近似的"全民武装"就具有这样大的力量，那末真正的全民武装又会具有多么大的威力呢？而我们可以相信，法国会以某种形式把这种近似的全民武装变成真正的全民武装，如果普鲁士坚持侵略，迫使法国这样做的话。法国将成为一个举国皆兵的国家。

评论：载于1870年10月8日《派尔—麦尔新闻》第1764号。恩格斯从普鲁士军队的阶级本质出发，指出普鲁士军事制度原则是要建立一支服从于寡头政治的对外侵略和对内镇压的军队，作为驯服统治工具。"全民武装"这句空话掩盖了这一实质。同时，恩格斯站在无产阶级立场，设想了服从人民利益的真正的"全民武装"，举国皆兵。这是马克思主义人民战争思想的萌芽。

10月11日 《战争短评（二十二）》指出：在前面一篇短评中，我们曾提请注意一个事实，即甚至现在在斯特拉斯堡陷落后，尽管入侵的军队还没有占领法国领土的六分之一，但它在法国的这支庞大的军队，几乎已全部使用上了。如果在现代战争中以要塞为核心的大营垒所具有的重大意义需要例证的话，那末这里就有这样的例证。这两个巨大的防御中心的陷落只是几个星期以内的事。无论如何，非常明显的是如果法国人还有真正的民族热忱，那末一切都还是可以做到的。法国在其余六分之五的地区内可以建立足够多的武装部队，用来到处袭扰敌军，切断他们的交通线，破坏桥梁和铁路，毁掉他们后方的粮食和弹药。如果法国人民像西班牙人在1808年那样为高涨的民族热忱所激励，如果每个城市和几乎每个村镇都变成要塞，每个农民和市民都变成战士，那末德军的命运将会怎样呢？

评论：载于1870年10月11日《派尔—麦尔新闻》第1766号。恩格斯从抵御强敌侵略的民族解放战争的角度思考普法战争的经验教训。本文实际上勾勒了被侵略民族抵御强敌时，将城市堡垒战和游击战相结合的全民皆兵的人民战争战略思想。

10月13日 《战争短评（二十三）》指出：所谓围攻或者说正规攻击的准备指的是非正规攻击也就是炮击的准备。但是，要想抱着某种迫使巴黎投降的希望去炮击它，就需要比正规围攻多得多的火炮。在正规围攻时，可以限于攻击防线的一点或两点；而在炮击时，却必须对整个广大市区连续不断地发射大量的炮弹，到处造成居民无力扑灭的大火灾，并且使灭火工作过分危险。巴黎在筑垒线以内的地区面积，长12公里，宽10公里；在旧城，即市内建筑物最稠密的部分的面积长9公里，宽7公里。倘若如我们现在所预料的，德军的攻城炮兵纵列大约是400到500门火炮，那末这是不足以对城市发生迫使它投降的影响的。虽然炮击要塞还被认为是战争公法允许的，但这种手段毕竟会给居民带来许多灾难，所以在我们的时代，谁施行炮击而没有足够的把握用这种方法迫使要塞投降，谁就会受到历史的谴责。

评论：载于1870年10月13日《派尔—麦尔新闻》第1768号。恩格斯根据分析推测德军要通过炮击促使巴黎投降。恩格斯认为，在军事技术上，这个目标是无法实现的，而这样的出于政治目的的炮击就有了道义问题。

10月17日 《麦茨的命运》指出：德军本月底攻占巴黎的打算几乎肯定要落空，而麦茨可能先于巴黎投降。作为要塞，麦茨比巴黎坚固得多。它是科尔蒙太涅以及上一世纪其他许多卓越的工程师遗留给现代的一个有着很坚固的防御工事的要塞。第二帝国为了使它甚至能防御线膛炮的轰击，并使整个要塞变成一个仅次于巴黎的巨大营垒，又在它的周围距市中心2.5—3英里的地方增设了7个很大的独立堡垒。因此，即使麦茨城内只有一般的战时守备部队，对它的围攻也会是很长时间的战斗行动。但是，现在在这些堡垒的掩护下有10万人，因此围攻麦茨几乎是不可能的。正因为如此，德军没有打算进行正规围攻，而是力图用饥饿的方法迫使这个要塞投降。麦茨贮粮虽然很足，看来质量却很坏。麦茨所缺乏的物资包括面包和食盐。由于兵士和居民被迫以肉食为主，据说已发生痢疾和坏血病。虽然根据这些征候就预言麦茨将很快陷落还为时过早，但是如果我们不久以后还看不到麦茨防御力量减弱的其他征候，那毕竟是值得奇怪的。麦茨投降比巴黎陷落对战争进程所产生的精神影响要小得多，但物质影响要大得多。如果麦茨投降，德军就可以抽出20万以上的兵力，这样一支军队是完全可以在这个无人防御的国土上长驱直入和为所欲为的，进一步扩大占领范围的行动立即就会重新开始。而现在可能是很有效的开展游击战的一切尝试，那时很快就会被镇压下去。

评论：载于1870年10月17日《派尔—麦尔新闻》第1771号。恩格斯根据麦茨工事和巴赞的兵力，判断德国会围困麦茨，而不会围攻。通过对粮食和士气的分析，恩格斯认为麦茨的士气正在不断下降，麦茨命运堪忧。10月27日，巴赞在麦茨投降。

10月21日 《战争短评（二十四）》指出：巴黎被围已整整一个月了。在这个期间，我们关于巴黎两个情况的预言在实践中得到了证实。第一，巴黎无从指望任何法军及时前来解围，只能依靠自己的力量了。第二，巴黎的守备部队无力进行大规模的进攻，缺少骑兵和野战炮兵，无力给包围部队以稍微严重的打击。特罗胥和他的司令部对于这一点非常清楚，已不进行任何大规模出击了。无论如何，不应期望南面的这些堡垒在高地的瞰制下并在重型线膛炮最有效的射程内能进行长期抵抗。不过，守备部队主要还在这些堡垒的紧后面，在堡垒和要塞围墙之间，发挥了积极性。这里到处都构筑了许多土质工事。它们的设计和施工都非常周密，有预见性，而且很巧妙。显然，这里正是防御者选来作战的地方，这里的雏谷和丘陵斜坡，以及大多为石质建筑物的工厂和村庄，可减轻工程作业，也有利于只经过一些训练的新编部队进行抵抗。我们认为，正是在这里德军将要进行最艰巨的工作。在这里，我们可能会亲眼看到这次战争中有某种研究价值的、对于军事科学甚至可能是最有意义的最后一次搏斗。在这里，防御者将重新有可能发动攻势，并借此恢复一定程度的均势，延长抵抗的时间，直到迫于饥饿而投降为止。

评论：载于1870年10月21日《派尔—麦尔新闻》第1775号。恩格斯指出，巴黎外无救兵，防务部队没有主动出击的能力。如果德军仅仅是围困或者炮击，那么，在堡垒和要塞围墙之间法军阵地就可以进行小规模的主动出击，恢复一定的均势。巴黎攻防战将出现一定的变数。

10月22日 《萨拉哥沙——巴黎》指出：为了对于巴黎的围攻和防御这样大规模的作战有一个正确的概念，应当回顾一下战争史。在巴黎这里，我们看到的守备部队却是些新兵，他们只得到分散在城外的同样一些新兵的微弱支援，而攻击他们的是一支使用一切现代战争手段的正规军。萨拉哥沙就其总的防御能力来说却和巴黎的防御工事相似。双方的兵力对比与目前巴黎城内外双方的兵力对比几乎相同，即被围的军队比围攻的军队几乎多一倍。但是,萨拉哥沙人也像目前巴黎人一样,没有能力出来在平地上迎击围攻者。在被围的萨拉哥沙城以外的西班牙人,也没有一次能有效地破坏围攻。对城市的包围在1808年12月19日完成。11日就打开了缺口,并且以强攻夺占了整个被攻击的正面。但是当时,在由正规军防守的平常的要塞停止了抵抗的地方,人民的抵抗行动刚刚开始。法军强攻的那一部分要塞围墙同城市的其余部分被防守者用新构筑的防御工事隔开了。横贯所有通往围墙的街道,都迅速地筑起了土质工事,由炮兵防守,并且在它们后面的一定距离上也筑起了工事。法军曾不断地进行炮击,萨拉哥沙于2月20日投降了。在被围初期城内原有的10万人中,牺牲了54000人。这次防御从某一点上说是卓越的,所获得的荣誉完全当之无愧。我们当然不认为巴黎会成为第二个萨拉哥沙,但是,在萨拉哥沙要塞围墙被攻破后,在市区的街道上、房屋内和寺院内展开的那种斗争,在某种程度上可能在巴黎的堡垒和城墙之间的筑垒村庄和土质工事内再次出现。看来这里是防御的重心。在这里,缺乏经验的流动自卫军甚至可以在几乎是均势的条件下迎击进攻的敌人。总之,我们认为,如果利用堡垒和要塞围墙之间新筑的工事进行真正坚决的抵抗,那末进攻者将限于尽可能(这在很大的程度上取决于防御者的力量)用炮兵进行曲射和直射,以及试图用饥困的办法迫使巴黎投降。

评论:载于1870年10月22日《派尔—麦尔新闻》第1776号。恩格斯根据萨拉哥沙的攻防经验和巴黎攻防战的现实,提出堡垒和城墙之间的筑垒村庄和土质工事是防御的重心的重心。恩格斯提出的是人民战争的街垒战,并把它作为巴黎攻防战可能的转机。恩格斯高度重视萨拉哥沙的经验与巴黎堡垒和城墙之间的筑垒工事是有其深意的。在无产阶级革命中,没有受过正规军事训练的无产阶级必然面临着在城市防守中如何面对强大的正规军问题。正规城防体系和全民皆兵的街垒战相结合为解决这个问题提供了一个重要启示。

10月27日 《战争短评(二十五)》指出:当停战谈判正在进行的时候,分析一下德军各军的部署也许是适宜的。至于德军,我们知道,他们出动了北德意志的13个军(包括近卫军)、黑森的1个师、巴登的1个师、维尔腾堡的1个师和巴伐利亚的2个军。在这支共计20个师的军队中,有4个师被派去执行单独的任务。梅克伦堡大公除了指挥第十三军外,还指挥香槟省和洛林以西其他占领区内的所有独立作战的部队,色当、兰斯、埃佩尔讷、夏龙和维特里的守备部队以及围攻凡尔登的部队。亚尔萨斯和洛林的守备部队几乎全是后备军,分别归这两个省的军事总督指挥。巴登师和另一个后备军的师组成第十四军,这个军在韦德尔将军指挥下现正向伯桑松前进,与此同时,施美林将军率领第四预备师刚刚胜利地结束了对塞累斯塔的围攻,现在正开始夺取讷布里扎克。现在,对凡尔登的围攻正在紧张地进行。

评论:载于1870年10月27日《派尔—麦尔新闻》第1780号。文中对停战谈判时期德军各军的部署进行了分析。

10月29日 《麦茨的陷落》指出：目前的战争是投降的战争，其中每次投降在规模上好像注定要超过前一次，起初是84000人在色当缴械投降，现在发生了17万人同麦茨要塞一起投降的事件，这超过了色当，麦茨是否还要被巴黎超过呢？如果战争继续进行的话，那末这一点几乎可以不用怀疑。法国不仅是在实质上，而且是不折不扣地丧失了几乎所有的正规军。对法国来说，最坏的是连同这些人员和物资一起还丧失了比其他任何东西都更需要的那个军事组织。法国有大量的兵员，甚至受过训练的25岁到35岁的人也不下30万。物资可以从国内仓库和工厂调拨以及向国外购买来补充。然而，最需要的还是能够把所有这些武装的人员组成军队的坚强的组织。这个组织体现在正规军的军官和军士的身上，而在他们缴械以后，利用这个组织的可能性就会最终消失。而法国在这次战争中把几乎最后残存的军事组织丧失得一干二净，主要是由于麦茨投降。关于防御的情形我们只有在听到防御者自己的说明以后，才能提出明确的意见。如果说这支17万人的军队无论在这个圆圈的哪一点都不能集中优势兵力在敌人足够数量的援兵到达以前进行突围，那末我们必须做出结论：或者包围军的部署值得特别赞扬，或者是被围者从来没有尽力设法突围。我们大概会了解到，目前也像整个这次战争一样，政治上的考虑使得军事行动陷于瘫痪。

评论：载于1870年10月29日《派尔—麦尔新闻》第1782号。在文章中，恩格斯总结了以前评论中指出的法军指挥中导致其惨败的三个基本错误，并进一步指出麦茨陷落的严重后果，即法国彻底失去军事组织——正规军的军官和士兵。法国的军事潜力无法组织起来，而包围麦茨的德军可以腾出巨大的兵力横扫法国全国。如果战争继续，巴黎的命运只能是投降。

11月4日 《战争短评（二十六）》指出：现在已没有任何理由再怀疑，在麦茨投降的军队确实是173000人，其中14万人是能拿武器的，3万多人是病号和伤员。这样一支与莱比锡城下的拿破仑军队同样庞大的兵力，竟会被迫投降，这是战史上前所未闻的事件，甚至在这一事件发生以后的现在，也是难以置信的。但是，如果我们把这支军队的兵力同胜利者的兵力作一对比，那末这就更无法想像了。纵然设想普军把这些营的人数补充到1000人，那末他们也不会超过182000人，或者再加上骑兵和炮兵，共约24万人，这就是说，仅仅比麦茨被围的军队多一半。同时，这24万人曾分散配置在一个长达27英里的战线上，而且他们还被一条无法徒涉的河流分为两个单独的部分。在这种情况下，不容怀疑，如果巴赞真正试图以他的大量军队突围的话，他是能够做到这一点的。在共和国宣布成立以后，巴赞由于政治上的理由放弃了从麦茨突围的打算，这在本"短评"的笔者看来是毫无疑问的。但是仍然令人莫解的是巴赞在8月底和9月初的无所作为或者至少是犹豫不决。至于谈到那些据说使巴赞在9月4日革命以后无所作为的政治上的理由以及他在被围的后期在敌人的纵容下所参与的政治阴谋，那末它们是完全符合于第二帝国的利益的，因为它们的目的就是以这种或那种方式恢复这一帝国。巴赞以往的军事生涯绝不是光彩的。他获得这个职位不是因为他是可能的人选中最合适的，而是因为他不是最不合适的一个；决定性的理由不管是什么，总之不是纯军事的。巴赞将成为一个遗臭万年的人物。

评论：载于1870年11月4日《派尔—麦尔新闻》第1787号。恩格斯从军事上分析，从德军包围麦茨的力量来看，如果下定决心，麦茨大军突围没有问题。在共和国成立后，巴赞反对共和国，不愿意突围。而在这之前，巴赞的犹豫无法解释。恩格斯认为巴赞军事上平庸，政治上反动，对麦茨陷落有重大责任。恩格斯判定巴赞遗臭万年。果然，巴赞后来受到法国舆论的严厉谴责，1873年，军事法庭判处巴赞死刑，并被关押。

11月5日 《法皇的辩白》指出：如同其他遭到不幸的伟大人物一样，路易-拿破仑好像也意识到，他必须向公众说明那些使他不得不完全违背自己的意志由萨尔布吕肯退到色当的原因；因此，我们现在获得了一份应当看作是他的说明的材料。如果说有过哪一个文件既在整体上又在细节上证实了《派尔—麦尔新闻》对这次战争的看法的话，那末这就是法皇的这个自我辩白了。他曾经希望迅速攻入南德意志。但是当法皇刚到达麦茨的时候，这个计划便成为泡影了。军队没有行军最必需的物品：背囊、帐篷、行军锅和饭盒，对于敌人的位置又一无所知。事实上，大胆而迅速的进攻一开始就变成小心谨慎的防御了。法皇认为法国军事指挥管理瓦解的原因是"我们的军事组织存在着五十年来一直存在的缺陷"。然而，法皇却不愿说明，因为第二帝国的最大弱点正是在这里，它以形形色色的营私舞弊的行为败坏了这个组织的机能。第二帝国的崩溃以及与它有关的一切的消失，没有引起任何人的惋惜，——它的命运就是这样。从这个文件来看，他那卓绝的战略远见每每因巴黎政府基于政治上的考虑发出的荒谬命令而化为乌有，而他那可以撤销这些荒谬命令的权力也由于他对摄政皇后的无限尊敬而化为乌有。关于这本少有的可怜的小册子所能说的好话，这就是它证实了"如果军事行动一直服从政治上的考虑"，那末战事一定不可避免地恶化。

评论：载于1870年11月5日《派尔—麦尔新闻》第1788号。法皇的辩白证明，自普法战争爆发以来，恩格斯对战争的分析是深刻的、正确的。第二帝国政治已经腐朽，让军事行动服从腐朽政治的需要，必然导致失败。恩格斯对法皇的辩解进行了辛辣的讽刺，指出辩解只能再次证明路易-拿破仑的平庸无能。

11月11日 《法国境内的战斗》指出：可以毫不夸张的说，在法国中部，凡是德军游动队经过的地方，沿途常常是烟火弥漫、血迹斑斑。凡是一个民族刚毅地进行这样的游击战时，入侵者很快就觉察到：奉行那种血和火的古老法典是不行了。世界各国军队中，普军是最不应当重复这种行动的军队。当时普鲁士实行的整个新的军事制度，就是企图至少在君主专制制度所能允许的范围内尽量组织人民抵抗敌人。利用一切可以得到的武器，不加选择地使用一切手段——来惊扰入侵敌人。这一原则正是普鲁士军队的组织者夏恩霍斯特提出的。而这种可耻的作战方法所作的辩护只能证明：如果说自耶拿会战以来普鲁士军队已无比地壮大了，那末普鲁士政府本身却在迅速地造成曾使耶拿会战得以重演的那种局面。

评论：载于1870年11月11日《派尔—麦尔新闻》第1793号。恩格斯提出，人民开展游击战争以各种可能的手段打击侵略者是正义的。判断战争行为首先要看战争的性质。恩格斯从这一点批判当时所谓战争"公法"以及由此为德军的残酷镇压所做的辩护。

11月16日 《战争短评（二十七）》指出：以为卢瓦尔军团在进行了巧妙的、配合良好的运动而迫使冯·德尔·坦恩的巴伐利亚军队撤离奥尔良以后将立即向巴黎挺进的人们，注定失望了。奥雷耳·德·帕拉丹将军在初战获胜后，不仅表现了健全的理智，而且表现了精神上的力量，适时地停止了前进。他使法军获得初次胜利的部署在各方面都是合适的。奥雷耳可以用至少四倍于敌的兵力对巴伐利亚军队作战，于是他迂回了他们的两翼，展开了大量兵力，以致冯·德尔·坦恩不得不立刻向他的援兵那里退却。如果他真的打算去援救巴黎，他本身的兵力是不足以达到这个目的的，除非同时从要塞本身采取坚决的行动来支援他。特罗胥将军和奥雷耳将军无疑曾企图利用气球和通信鸽相约在预定的时间采取协同行动；只要德军不先攻击卢瓦尔军团，那末我们可以期待，就在奥雷耳继续前进的同时或几乎同时，巴黎会进行大规模的出击。要使巴黎从"野蛮人"的铁钳中解救出来的这种尝试终于有某种成功的希望，那就必须尽快地行动。但是，现在我们开始得到关于弗里德里希－卡尔亲王的消息，这支军队在桑城附近占领了云纳河线。如果卢瓦尔军团拖延到弗里德里希－卡尔亲王开来时才进行攻击。那时，就不得不放弃援救巴黎的一切念头了。它将自顾不暇，并且不得不绝望地在入侵军的洪流面前退却。

评论：载于1870年11月16日《派尔—麦尔新闻》第1797号。恩格斯对奥雷耳在卢瓦河击退德军的相关军事行动给予很高评价。恩格斯认为奥雷耳军团和巴黎守军应尽快协同作战，里应外合，或许巴黎有解围的希望。但是，德军已经到达卢瓦河附近。战机稍纵即逝，奥雷耳只能退却。战争进程又一次证明了恩格斯分析准确，奥雷耳军团11月9日占领奥尔良，12月4日被迫撤出奥尔良。

11月21日 《筑垒的首都》指出：如果可以说依据这次战争的经验彻底解决了某个军事问题的话，那末这就是大国的首都是否宜于筑垒的问题。虽然对巴黎的真正围攻还没有开始，巴黎的筑垒工事却已为法国作出了这样巨大的贡献，以致这个问题可以说是肯定地解决了。在目前的战争中，总共只要在短短一个月的时间就把法国全部有组织的力量逐出了战场。一半做了俘虏，另一半则绝望地被围困在麦茨，而且这一半的投降也不过是几个星期的问题。在通常的情况下，战争就会结束了。德军也就会占领了巴黎以及他们想要占领的法国的其他地区，并且在麦茨投降以后甚至在这以前就签订了和约。9月2日，法国在要塞以外作战的最后一支部队投降了。在过了将近11个星期后的今天，11月21日，在法国的全部德军几乎有一半仍然被牢牢地牵制在巴黎周围，而其余的军队大部分也仓卒地从麦茨开出，以保护包围巴黎的部队不受新编的卢瓦尔军团的威胁；不论这个军团的作用如何，如果没有巴黎的筑垒工事，它甚至不可能建立起来。这些工事被围已经整整两个月了，而正规围攻的准备工作还没有完成。但是，不仅如此。巴黎的防御不但给了法国两个月的喘息时间，而且给了法国在围攻期间发生政治变化的有利机会。

评论：载于1870年11月21日《派尔—麦尔新闻》第1801号。恩格斯提出大城市筑垒在现代战争中的作用。从恩格斯的无产阶级军事思想而言，这实际上指出了作为弱势一方国家或无产阶级进行正义的、防御的人民战争时，大城市堡垒的极其重要的作用。尤其是堡垒战、游击战和大兵团主动出击相结合，将显示巨大的威力。第二次世界大战中的莫斯科保卫战、斯大林格勒保卫战可以作为恩格斯这一军事思想的例证。

11月23日 《战争短评（二十八）》指出：如果说什么时候有过解救巴黎的机会，那就是在过去8天。卢瓦尔军团在从法国东部所能调来的全部军队的加强下，对梅克伦堡大公指挥的监视军进行坚决的进攻；与特罗胥全部有训练的军队所进行的大规模的出击相配合；两者同时进行并且要在弗里德里希-卡尔亲王率领第二军团开来以前进行，——这曾经是有成功希望的唯一计划。在上星期内，德军在巴黎城下有17个步兵师，在库耳米埃附近的战斗以后，奥雷耳没有跟踪追击巴伐利亚部队，而是向北和向西朝沙特尔方向进军。据推测，奥雷耳在凯腊特里将军的部队和其他援兵的协助下，企图绕过监视军而突然出现在包围巴黎的德军面前。在毛奇伯爵看来这个企图如此严重，以致他立刻派遣了最靠近的部队在必要时向南出动。这道命令如果被执行，那就意味着撤除对巴黎的包围。据我们计算，在巴黎城下的17个师中，至少有7个师应当在必要时用去对付前来援救巴黎的法军，并且这7个师正是占领巴黎以南地区的那些部队。这样一来，10个步兵师便扼守一条长40英里的包围线，每一个师的正面为4英里。兵力如此分散，这就使包围圈变成了一条单纯的监视线；而特罗胥的军队，包括杜克罗指挥的8个师和特罗胥本人直接指挥的第三军团的7个师，就可以在所选择的任何一个攻击点上造成至少三倍于敌的兵力优势。在这样的优势兵力下，特罗胥赢得胜利是有把握的。如果奥雷耳发起大胆而迅速的进攻，特罗胥同时以大规模的出击相配合，那就很可能打乱毛奇的计划。为什么不论奥雷耳或特罗胥都没有采取任何措施来利用这样为他们提供的机会，这是无法解释的。这两位法国将军将失去又一次获胜的机会，并且可能是他们最后的一次机会。

评论：载于1870年11月23日《派尔—麦尔新闻》第1803号。在巴黎筑垒工事发挥巨大作用的情况下，卢瓦尔军团在南方的进攻给法军创造了一线转机。恩格斯对法军未抓住这个机会扼腕叹息。不过，法军错失了很多机会。这次机会相比以前要小得多。法军抓不住也不奇怪。只能说，恩格斯高度关注巴黎筑垒的巨大军事作用，对法军寄予的期望太高了。

11月26日 《法国的军事形势》指出：昨天我们曾提请读者注意这个事实：自从色当投降以来，法国的前景已大为好转，甚至麦茨的陷落以及因此腾出的达15万人的德军，目前对法国也不是像起初所表现的那样致命的灾难了。德军能用于野战的还剩下15个师，他们组成3支监视军，连同骑兵和炮兵在内，兵力总数不超过20万人。总之，在11月9日以前，看来没有任何严重障碍阻挡这支庞大的军队蹂躏法国中部甚至南部的大部分地区。但此后形势大大地改变了。我们以完全另一种眼光来看待这个军团的，主要是毛奇为了应付它的意料中的向巴黎的进军而采取的坚决措施。毛奇显然没有把卢瓦尔军团看做是武装的乌合之众，而是把它看做一支真正的、重要的、可畏的军队。以前对这个军团的特点不了解，这在很大程度上是由驻图尔的英国记者的报道造成的。据说，它拥有优秀的军官，而且它比在色当和麦茨战败的法军受过更好的训练。普军的野蛮和暴行不仅没有把人民的抵抗镇压下去，反而使这种抵抗加倍激烈起来，游击战的规模日益扩大。既然这种人民抵抗精神已经激发起来，那末即使一支20万人的军队在占领敌国时也不会得到许多东西。当然，现在一切取决于巴黎。如果巴黎再坚持一个月，那末法国一定能够建立一支相当大的野战部队，以便在人民抵抗的配合下有效地袭击普军的交通线而解除巴黎的包围。目前精神因素正在发挥作用，而它们是无法用数字来计算的，关于这些因素我们只能说，它们完全有利于法国而不利于德国。然而这种情况是无需怀疑的，即交战双方的兵力正是现在比在色当投降后的任何时候都更加趋于平衡，法军只要增加不太多的受过训练的部队就能最后达到均势。

评论：载于1870年11月26日《派尔—麦尔新闻》第1806号。恩格斯看到人民的力量，随着战争性质的转变，人民的热情被激发起来。恩格斯从人民战争的视野勾勒了法军抵抗德军的三个基本组成部分：正规野战军、人民的游击战和巴黎城市堡垒战。在人民战争面前，德军巨大的优势开始消失。

12月2日 《战争短评（二十九）》指出：期待已久的风暴终于爆发了。在双方进行了长时间的行军和机动以后，战争又进入了一次突击接着一次突击的危急时期。11月27日，法军北方军团在亚眠附近遭到了失败；28日，卢瓦尔军团的很大一部分部队在博内－拉罗朗附近被弗里德里希－卡尔亲王击溃；29日，特罗胥从巴黎的南面进行了不成功的出击，而在30日，他大概以一切可用的部队攻击了从东北面包围巴黎的萨克森部队和维尔腾堡部队。这种种行动是协同作战的结果，而协同作战，正如我们曾不止一次地指出的那样，是法军获得成功的唯一机会。北方军团在平地上的进攻很快就被兵力比它少的普军阻止住了。卢瓦尔军团一定遭到了惨重的失败，这一点不仅为德方的消息所证实，而且为卢瓦尔军团从此再也没有试图以比较集中的兵力发动新的进攻这一情况所证实。从这一切情形可以得出结论：从外面解救巴黎的企图暂时是失败了。其所以失败，首先是因为法军错过了在德军第一军团和第二军团到达前的那个星期里存在过的绝好机会；其次是因为法军的进攻行动不够猛烈，也没有把兵力作应有的集中。法国现在需要的是时间。既然人民的抵抗精神已经激发，那末法国还能够赢得这个时间。最近3个月内制造的武器大概在各地都几乎够用，而每周都在增多的兵士人数在一定时间内必将不断增加。无论如何，最近几天内必将决定战争第二次危机的结局，而这很可能将决定巴黎的命运。

评论：载于1870年12月2日《派尔—麦尔新闻》第1811号。恩格斯指出法国解救巴黎的军事行动的两个失误：时机把握不准、兵力没有集中使用。

12月3日 《战争短评（三十）》指出：11月29日，巴黎第二军团从巴黎南面向勒埃和舒瓦济-勒-卢瓦方向出击，这次攻击看来只不过是为了扰乱普军并迫使他们加强这一段战线的一种佯动。真正的进攻是在第二天早晨开始的。这一次，杜克罗沿塞纳河右岸在靠近塞纳河和马尔纳河的汇合处进攻，同时，在左岸对图姆普林格进行了第二次出击，在圣丹尼以西对第四军和近卫军进行了佯攻。我们曾指出，马尔纳河在注入塞纳河以前，形成一个大S形，S形的上弯曲部即北面的弯曲部离巴黎近，下弯曲部离巴黎远。这两个弯曲部都在堡垒火力的控制下；但是上弯曲部即靠近巴黎的弯曲部由于它的形状而有利于出击，而下弯曲部即离巴黎远的弯曲部则不仅完全受到一系列堡垒的控制，而且受到马尔纳河整个左岸的瞰制。这个弯曲部的大部分地区看来好像是一个中立地带，真正的战斗则在它的两侧进行。在这个地区西面进攻的军队夺取了蒙梅利以及这个高地下面的村庄。但是，普军从第二军调来的增援部队，他们收复了失去的阵地。法军又在左面发起了第二次进攻。他们在费藏德里多面堡和诺让堡垒的火力掩护下，在S形的上弯曲部渡过了马尔纳河，占领了分别位于这个弯曲部的张开的两端的布里村和尚皮尼村。法军没有守住维耳埃，进攻一越出堡垒火力范围就被击退了。12月1日，法军又一次表明，他们认为自己的出击是失败的。我们从12月1日来自凡尔赛的消息中得知，法军这一天没有进行任何调动；相反，他们曾请求停战，以便他们有可能运走两军阵地之间的战场上的伤亡人员。卢瓦尔军团又表现出积极行动的征候。因为我们对双方的相对位置还一无所知，所以作出预言是无益的。

评论：载于1870年12月3日《派尔—麦尔新闻》第1812号。恩格斯凭借深厚的军事修养，结合巴黎周边的地理情况，给人们清晰地描绘了巴黎守军两次击中对方的攻防画面。

12月8日 《战争的前途》指出：在人们的记忆中已经完全没有关于真正的战争的概念。克里木战争、意大利战争和普奥战争都只不过是遵循一定习俗的战争，是战争机器一经打碎或损坏就要媾和的政府之间的战争。好几代以来，我们在欧洲中部没有见到人民本身参加的真正的战争。据我们推测，各文明国家将按照礼节去作战，并且真正的民族将不采取那种在官方的民族被迫投降后仍然继续战斗的无礼行动。但现在法国人的确在采取这种无礼的行动。自以为最懂得军事礼节的普军感到烦恼的是，在法国正规军被逐出战场以后，3个月以来法国人仍然继续坚决地战斗；他们甚至做到了他们的正规军在这次战争中绝对不能做到的事情。德军自己承认，法军的两个军团，即巴黎军团和卢瓦尔军团都是善战的。如果他们再有一个月的时间去参加独立的小战斗和对射，而避免重大的失败，那末他们都将锻炼成为优秀的兵士。如果有较好的战略，他们也许现在就能取得胜利。在勒芒和在卢瓦尔河附近集中的军队，还远不是法国武装力量的全部。在这些或多或少的具有正规性质的军队背后，还有人数众多的民军，也就是人民群众。

评论：载于1870年12月8日《派尔—麦尔新闻》第1816号。恩格斯在本文提出两种战争观。一种是单纯由代表统治者意志的国家军事机器进行的战争。那种认为法国无力再战，必须投降的观点就是这种战争观。另一种是人民战争。恩格斯认为从人民战争的角度看，随着人民的觉醒，法国的军事力量正在迅速恢复。即使短期有一些失败，法国还是可以继续战斗。恩格斯还在一定程度上提出了法军的人民战争的战略战术和巴黎坚持防卫的重要作用。

12月9日《普鲁士的自由射手》指出：报纸上又大量出现了枪杀俘虏和烧毁村庄的消息。普军大概要坚决把这种暴行继续到战争结束。在这种情况下，再一次提醒他们注意普鲁士近代史中的某些事实，也许是有益的。当今的普鲁士国王完全能够回忆起他的国家蒙受奇耻大辱的时代：耶拿会战，向奥得河的长距离溃退，几乎全部普军的相继投降，残军向维斯拉河以东的退却以及国家军事和政治制度的完全崩溃。就在这时，在波美拉尼亚一座海岸要塞的掩护下，一部分具有主动精神和爱国思想的公民开创了对敌人进行新的积极抵抗的先例。一位普通的龙骑兵少尉席尔在科尔贝克建立了一支自由射手部队。他率领这支部队，在民众的协助下袭击敌人，做了现在被当作法国自由射手的罪行的一切，而普军现在把这些自由射手称作强盗和暴徒。当今的普鲁士国王的父亲曾确认席尔的行为是合法的，并且擢升了他。人民的坚决抵抗给予受异族侵犯的国家的那种巨大的潜力，给格奈泽瑙留下了强烈的印象。早在1811年8月，格奈泽瑙就制定了准备人民起义的计划。直到1813年为止，格奈泽瑙始终不倦地既训练正规军，又准备人民起义，作为摆脱法国压迫的手段。当时这种人民战争也终于得到了正式承认——1813年4月21日制定了"民军条例"。按照这个条例，凡不在常备军或后备军服役的身体健康的男子都编入各民军营，以便准备进行那种一切手段都被认为合法的神圣的自卫战争。但是国王被他自己所干的事情吓倒了。因此，建立民军的事就被搁置下来。

评论：载于1870年12月9日《派尔—麦尔新闻》第1817号。恩格斯通过普鲁士国王、元帅支持自由射手部队反对法国侵略的历史，论证法国人民战争的正义性。

12月17日《战争短评（三十一）》指出：从法军方面来说，战局是以11月9

日在库耳米埃附近进攻冯·德尔·坦恩并收复奥尔良开始的。随后是梅克伦堡大公为增援冯·德尔·坦恩的进军和奥雷耳向德勒方向的机动,这个机动迫使梅克伦堡大公把全部军队调集到德勒方向并向勒芒进军。在这次进军中,法军非正规部队对德军进行了这次战争中从未有过的激烈的骚扰。奥雷耳置梅克伦堡大公于不顾,而向弗里德里希-卡尔进军。无疑,奥雷耳在这里对自己的军队指挥得不好。这是他冲破普军的阻截来打通一条前往巴黎的道路的首次尝试,但他只让不大的一部分兵力作了行动的准备。他退到奥尔良前方的筑垒阵地上,把全部兵力集中在这里。完全出人意外地传来了11月30日特罗胥出击的消息。于是,奥雷耳在12月1日对普军发起了总攻,但是已经太晚了。奥雷耳被击败了,布卢瓦落入了入侵的敌人手中。现在已经分为两个军团的卢瓦尔军团,将有足够的时间和空间来进行改编和整训新建立的营。然而,普鲁士却显露了兵源枯竭的迹象。人民战争的浪潮不断消耗着敌人兵力。只要巴黎能坚持住,法军的处境就会日益改善。

评论:载于1870年12月17日《派尔—麦尔新闻》第1824号。恩格斯把各种消息和日期加以对照,对各种混乱和矛盾的材料进行分析研究后,勾勒了卢瓦尔会战的概况,指出奥雷耳未能集中兵力出击巴黎的重大失误。同时,恩格斯指出,卢瓦尔会战虽然失败,但法军的兵力仍在恢复,而德军在人民战争中兵力损耗、兵源枯竭。现在的关键就是巴黎能够坚守,给法国赢得时间。

12月23日 《战争短评(三十二)》指出:上周的战斗行动证明,我们曾怎样正确地估计了交战双方的态势,当时我们断定,从麦茨到达卢瓦尔河和诺曼底的德军已经大大丧失了夺取新地区的能力。从那时起,德军占领的地区几乎丝毫没有扩大。尚济防守了从北面流入卢瓦尔河的小河所形成的全部阵地。普鲁士评论家指责卢瓦尔军团在奥尔良会战以后所进行的离心退却。但是这里还有另外一个原因。法国要组织军队,首先需要时间和空间,也就是要有尽量多的地区,以便在那里准备组织军队的手段——人力和物力。法国暂时还无力求取决战,因此,它应当设法使尽可能多的地区不被敌人占领。既然现在入侵已经进入一个攻防双方兵力几乎平衡的阶段,防御军队也就不必要按照决战的要求来集中。双方兵力大概到处都几乎势均力敌了。现在,正在进行一场谁获得更多援军的竞赛,而在这场竞赛中,法国领先的机会比3个月以前大得多。假如巴黎将坚持到2月底,那末我们大概就可以相信法国将在这场竞赛中获胜。

评论:载于1870年12月23日《派尔—麦尔新闻》第1829号。恩格斯指出在法军还无力决战的条件下,卢瓦尔军团分为两个军团,尚济军团向勒芒有序撤退是正确的,是双方相持阶段保卫国土,争取时间的正确策略。在这里,恩格斯实际上提出了人民战争相持阶段的一些基本原则,如避免决战、诱敌深入、争取空间和时间等。

12月24日 《德军在法国的状况》指出:在德国,这次战争中兵源枯竭的情况已开始表现出来了。最初的入侵军,包括南北德意志的全部基干部队在内,约达64万人。经过两个月的战斗,这支军队的人数锐减,以致不得不把从各个步兵后备营和骑兵后备连抽调出来的第一批兵士派赴前线。他们在9月底和10月初开到了法国。德国派出的各基干团原有的和以后补充的人员,在不到4个月的时间内已有一半以上死亡或成了残废。如果像我们所知道的那样,上面提到的后备军4个新的师不依靠征集40岁甚至40岁以上的人便不能建立起来,那末除了40岁到50岁的人以外,还有哪些受过训练的兵士留给警备营呢?毫无疑问,这个措施正在耗尽德国的有训练的预备兵员,此外还耗尽整整一个年度内所征集的新兵。可以说,在未来两个月普军在法国的后备军战斗人员最多为20万人。因此,到1月下半月,德军在法作战的基干部队和后备军一起大约为65万到68万人,其中15万到20万人现在正在去法国途中或正在准备出发。由此可见,德军中包含的成分使德军在质量上比以前大大接近于同它作战的法军新编部队。但是,德军有一个优越条件,即这些成分都被并入老部队的坚强而稳定的骨干中去。除此而外,普鲁士还有哪些兵源呢?普军由于战争的拖延愈成为真正的"全民武装",它进行掠夺的能力就愈小。

评论:载于1870年12月24日《派尔—麦尔新闻》第1830号。恩格斯认为,这次战争显示了德国兵源枯竭的情况。

1871 年

1月6日 《战争短评(三十三)》指出:从圣诞节起对巴黎的真正围攻开始了。所有这些准备工作都是在巴黎的南面和西南面进行的。在其他方面也构筑了胸墙,但显然只是用于防御的目的,用于抵抗出击和掩护围攻军队的步兵和野战炮兵。根据这些工事的结构来判断,巴黎的工程指挥部一定组织得很差。蒙亚佛隆高地的工事迅速被摧毁,刺激了围攻军队继续获取这种胜利的胃口,我们必须再三重复我们在这些短评中屡次强调的观点,即巴黎的防御必须是积极的,而不应当仅仅是消极的。现在是一个适于出击的空前未有的时机。围攻者几乎在一切情况下都能在选定的任何地点取得对被围者的火力优势;这是一个人所共知的无可争辩的老真理;被围者如果不以积极、大胆和坚决的出击来弥补这个不可避免的固有的缺陷,那末他们就会错过最好的机会。

评论:载于1871年1月6日《派尔—麦尔新闻》第1841号。恩格斯指出巴黎守卫战中巴黎外围三个堡垒快速陷落的原因在于结构不完善。恩格斯认为,法军应该用更多的主动出击来弥补工事的不足。

1月7日 《战争短评(三十四)》指出:自从我们最近一次研究了交战双方在法国各地的态势以来,虽然发生过许多次战斗,但是变化很少,这证明我们关于双方兵力现在几乎形成均势的观点是正确的。尚济的西方军团正扼守着勒芒前面的阵地;梅克伦堡大公的军队在布卢瓦、旺多姆到韦尔纳伊一线上与它对峙。费德尔布将军并没有使他的北方军团长期无所作为。在法国最北部从松姆河到比利时边境的三个省中,约有大小要塞20个,在目前情况下形成了一个最有利的和几乎是无法攻破的作战基地。在东南方面,韦德尔自从12月27日撤离第戎以后便节节败退。现在正在维祖耳掩护对伯尔福的围攻。里昂军团在克雷美的指挥下正在追击韦德尔,而加里波第看来正在更西的地方攻击普军的主要交通线。第七军军长察斯特罗夫将军已被派到那里,并且已同韦德尔取得了联系。目前自由射手已第三次破坏了由肖蒙至特鲁瓦的铁路。对于围攻巴黎的普军来说,这些交通线情况的好坏,是生死攸关的问题。如果法军还有可能解救巴黎的话,那末截断这条交通线也许是最容易的一种方法。

评论:载于1871年1月7日《派尔—麦尔新闻》第1842号。恩格斯清晰地描述了巴黎之外德法两军对峙的攻守态势。从描述看,法军甚至已经略微有些主动。恩格斯提出截断德军的交通线是解围巴黎最容易的办法。

1月14日 《战争短评(三十五)》指出:双方进行野战的军队采取了两个容易导致战争危机的行动。第一个是布尔巴基向韦德尔的进军;第二个是弗里德里希-卡尔亲王向尚济的进军。弗里德里希-卡尔亲王向勒芒的进军虽然胜利了,但是仍然可能犯了德军在这次战争中的第一个错误,即他集中全部兵力来对付尚济而让布尔巴基得到了完全的行动自由。法国西部地区是法军可以交替使用进攻和后退来牵制敌人的兵力而绝不会陷入绝境的地区。处在北部的费德尔布显然过于软弱,不能对哥本采取任何坚决的行动。既然尚济很明显地不能打败弗里德里希-卡尔从而援救巴黎,那末他最好是把相当大的兵力派往北方,肃清亚眠和卢昂的哥本部队,并以集中的兵力向梅济埃尔到巴黎的铁路线试行突进。正当布尔巴基在洛林南部开始活动的时候,如果那条无论在苏瓦松或勒太耳附近都容易遭受来自北方的攻击的北部交通线受到严重威胁,我们就会看到,凡尔赛将突然出现极其严重的混乱。

评论:载于1871年1月14日《派尔—麦尔新闻》第1848号。布尔巴基将军率军从东部突进试图攻击德军铁路线的行动证明了恩格斯以前的判断,即攻击敌人铁路运输线是解围巴黎最容易的办法。同时,恩格斯提出一个更大胆的行动方案,即西部兵团向北部集团靠拢,攻击北部通往巴黎的铁路线,以配合东部攻击。恩格斯赞赏布尔巴基的攻击计划,但并不认为它真能实现。1871年1月15—17日,布尔巴基将军指挥的法军东方军团和韦德尔将军指挥的德军在伯尔福附近的利森河畔进行了决战。法军尽管在数量上占有很大优势,但没有能够取胜,并在会战后被迫开始退却,在退却过程中,布尔巴基军团被彻底击溃。恩格斯的推测完全被证实了。

1月19日 《战争短评(三十六)》指出:要想充分发挥巴黎的防御力量,必须有一支庞大的正规军防守它,这支军队要强大到使敌人既不能把它封锁在堡垒以内，也不能妨碍它在要塞周围的平地上机动，这时要塞可以作为它的中枢或部分地作为它的作战基地。但是，第二帝国的战略使法军所有的军团都从战场上消失了。当普军来到巴黎城郊的时候，准备防守巴黎的全部兵力只是一些缺额一半的后备部队，一些从外地来的流动自卫军和地方国民自卫军。甚至在这样的情况下，这个要塞本身的威力在夺取者看来仍然是如此强大，对这个筑有外围工事的大城市进行正规攻击的任务是如此艰巨，以致他们立刻放弃了这个攻击任务，而宁愿用饥困的方法来迫使这个要塞投降。这时，昂利·罗什弗尔和其他一些人组成了一个"街垒委员会"。这个委员会受命建立第三道内部防线，进行街垒战和房屋争夺战。德军主要是因为预料必然会遇到坚决的街垒抵抗，所以才不得不决定用饥困的办法来迫使这个要塞投降。围城是在9月19日，即在整整4个月以前开始的。11月28日，终于开始了一连串的出击，这些出击最后发展成为11月30日渡过马尔纳河的大规模出击和巴黎东线的全面进攻。蒙亚佛隆的战斗终于促使普军由包围转而采取真正的围攻，并且使用了为应付意外情况而准备的攻城炮兵。但是，特罗胥仍然有意或无意地按兵不动。不是军队，而是总司令的按兵不动和犹豫不决使得在胜败关头形势变得不利于被围者。应当有所作为了，如果特罗胥无能为力，那他最好让别人来试一试。如果说现在出击就已经晚了，那末再过一个月就更不可能进行了。

评论：载于1871年1月19日《派尔—麦尔新闻》第1852号。恩格斯认为，巴黎工事威力巨大，但必须进行积极防御。指挥官在出击时犹豫不决、萎靡不振和软弱无力将是致命的。恩格斯指出在特定条件下指挥员能发挥主观能动的巨大作用。

1月21日 《战争短评（三十七）》指出：这一周对法军来说是非常不幸的一周。在尚济失败以后，接着便是布尔巴基在伯尔福附近的进攻被击退，而现在，据普方消息，费德尔布又在圣昆廷遭到了失败。对于布尔巴基的失败不可能有任何怀疑。从9日维累尔塞克塞耳的战斗起，他的行动就显得缓慢了，这证明不是这位将军犹豫不决，就是他的兵力不足。普军大本营并不像伦敦这里的大多数人那样轻视布尔巴基的进攻，这从筹划击败布尔巴基的措施时所花费的那种特别的精力便可以看出。这些措施使人们确信，凡尔赛对于布尔巴基的行动，在他刚一开始向东进军的时候甚至更早就知道了。从战略观点来看，布尔巴基的失败并不能证明他这次进军是错误的，而只能证明这次进军没有以充分的兵力来进行。至于尚济，由于他进行决战，显然犯了很严重的错误。弗里德里希-卡尔军团将以全部兵力向他猛攻。他并不是非去应战不可，相反，他如果像在12月博得声誉的做法那样，缓慢地退却，同时不断进行后卫战，那末他就能够引诱敌人深入到危险的地区。我们不能不得出这样的结论：勒芒会战不是由军事上的原因，而是由政治上的原因引起的，应当对它负责的不是尚济而是甘必大。根据整个1月份的战争情况，我们应当得出下述结论：法国因为企图同时执行许多不同的任务，结果处处失败。他们只有冒着在其他地点被暂时击退的危险，把大量的部队集中于一点，才有希望取得胜利。如果他们不这样做而且不赶快这样做，那末巴黎必然会陷落。

评论： 载于1871年1月21日《派尔—麦尔新闻》第1854号。恩格斯总结这一阶段法军战败的原因。攻击德军后方交通线是法军取胜的关键，但法军没有集中有限兵力形成局部优势进行果断的、有力的进攻，各军团没有相互协调策应，而是各自为战。

1月26日 《战争短评（三十八）》指出：战争又进入了危急时期，这次可能是真正的危急时期。从我们知道在巴黎由政府定量分配面包的时候起，便再也无需怀疑战事就要结束了。但是无论如何，任何斗争也不能从根本上改变现在的局势。我们认为，围攻造成这种后果，特罗胥将军应负主要责任。当然，他没有能够用他所拥有的、无疑是优秀的兵士组成一支军队。他有将近5个月的时间可以用来把这些人训练成兵士，但是看来他们在被围末期的作战能力并不比被围初期好些。来自巴黎的一切报道都一致把没有成功的原因归之于兵士对最高司令官缺乏信任，这是对的。我们不应当忘记，特罗胥是奥尔良派，因此他极端害怕拉-维勒特、伯利维尔以及巴黎的其他一些"革命的"市区。他害怕这些市区甚于害怕普军。因此，巴黎的陷落现在几乎是毫无疑问的了。这将是紧随圣昆廷、勒芒和埃里库尔失败以后对法兰西民族的又一次沉重打击，在这种情况下，它的精神影响也将是很大的。

评论： 载于1871年1月26日《派尔—麦尔新闻》第1858号。恩格斯指出，将近5个月的时间，特罗胥将军没有训练巴黎城内士兵，原因在于特罗胥敌视人民，不愿意武装人民。恩格斯指出了统治阶级的阶级利益和人民战争的矛盾。在统治阶级的统治下，人民的伟大力量无法充分发挥出来。

1月28日 《战争短评（三十九）》指出：从色当投降以来，法军的行动只有两次引起毛奇将军的严重不安。第一次大约在11月中旬，当时卢瓦尔军团在库耳米埃附近击败冯·德尔·坦恩以后，为了从西面接近巴黎，便把部队转向左面向德勒前进。第二次，布尔巴基的向东方的进军打破了凡尔赛大本营的平静。从普军立即采取反击布尔巴基的措施上可以看出，他们把这次进军看得多么严重。11日，《省报》提请大家注意"在法国东部即将展开重要的和决定性的会战"。这时，毛奇伯爵以他惯有的才略采取行动。在布尔巴基到达以前向韦德尔派遣援军已经来不及了。他从可能的做法中选择了最好的一种，而把援军集中在夏提荣。如果布尔巴基不能从驻扎在十分便于防守的地区的敌军中突出去，那末他就只好撤退到伯桑松堡垒的掩蔽之下，或者在平地上投降，也就是说只要他不向瑞士人缴械的话，就只好在麦茨和色当的两种命运之间进行抉择。布尔巴基在他的进攻在伯尔福附近被彻底击退以后，显然就应当立刻向安全的阵地撤退。为什么他没有这样做，这是完全令人不解的。考虑到他由麦茨到契泽耳赫斯特的神秘旅行以及他在利尔拒绝向共和国致敬的情况，人们对这位皇家近卫军前任司令的忠诚当然会产生怀疑。

评论： 载于1871年1月28日《派尔—麦尔新闻》第1860号。就布尔巴基对德军交通线的攻击，恩格斯认为毛奇战略上判断准确，战术包抄得当，而前线德军坚决执行。恩格斯认为，等待布尔巴基这位法国将军的将是彻底失败。因政治立场导致的犹豫不决是失败的重要原因。

2月2日　《战争短评（四十）》指出：普军实际上保留着在那里想作战多久就作战多久的权利。这个史无前例的条件最清楚地表明，胜利者按照真正的普鲁士精神要求得到他们仗着暂时的优势所能勒索到的一切让步。总之，巴黎的投降书是史无前例的。（茹尔·法夫尔先生在交出巴黎和巴黎的军队时，同时接受了约束法国其余部分的条件。茹尔·法夫尔先生只能从俾斯麦那里得到关于堡垒线以外的军事情况的消息，而他居然敢根据敌人向他提供的这些片面的消息来行事）至于波尔多政府，它将不得不同意停战和进行国民议会的选举。它没有能迫使将军们拒绝停战的手段，也没有唤起人民抗议的决心。布尔巴基向瑞士人缴械是法国在最近期间所遭受的许多打击以后的又一次严重的打击，我们认为，紧随巴黎投降以后的这个打击会使民心沮丧，以致签订和约。至于法国的资源，则远未枯竭，斗争还可以继续几个月。因为有一定的根据可以说，在征服一个大国时，如果占领区的面积依算术级数增加，那末占领的困难就会依几何级数增加。

我们仍然认为，一月战局中的连续失败必然使民心动摇，以致原定的国民议会不仅要召开，而且也许要签订和约。因此这些"战争短评"也将和战争一起结束了。

评论：载于1871年2月2日《派尔—麦尔新闻》第1864号。恩格斯认为，虽然巴黎投降，布尔巴基战败，但法国的战争资源远未枯竭。法国人民的利益被无能的统治者出卖了。在巴黎保卫战中，工人拿起武装组成巴黎国民自卫军，力量不断壮大。法国政府的最根本的阶级利益决定了它仇视这支革命武装。因此，法国统治阶级当时不惜牺牲民族利益以求利用一切力量镇压国内的革命运动。

2月8日　《从军事观点看法国的局势》指出：德军的苛刻的要求毫无疑问地将会重新激起法国的抵抗精神。如果缔结和约同继续战争一样都会使国家有彻底毁灭的危险，那末又何必缔结和约呢？有产阶级、城市资产阶级和大地主以及一部分农民——小私有者，直到现在都是主和派；可以预料到，他们会把主和的人选入国民议会；但是如果敌人坚持这种闻所未闻的要求，那末在他们中间同在大城市的工人中间一样，也会发出决一死战的呼声。如果一般地说战争在2月19日以后将会重新爆发，那末它必然是一场真正你死我活的战争，是一场同西班牙反抗拿破仑的战争相似的战争，是一场敌人以任何烧杀手段也不能摧毁人民的抵抗精神的战争。

评论：载于1871年2月8日《派尔—麦尔新闻》第1869号。恩格斯把阶级分析和军事力量分析相结合，指出随着德国提出极其苛刻的和约条款，法国民族矛盾可能会压倒阶级矛盾，法国可能再战，而且有胜利的可能。

2月18日　《布尔巴基的复灭》指出：我们终于获得了一个目击者关于布尔巴

基军团在不幸的一月战局中所发生的情况的报道。据说,原来的计划规定分四路向伯尔福前进。但是这个计划改变了。因此浪费了 5 天的时间。不管迟滞的原因是什么,迟滞的情况总是发生了,而且成为埃里库尔会战失败的主要原因。在这 3 天的会战中,法军以 13 万人对付德军的 35000—40000 人,但没有能够夺取他们的筑垒阵地。在人数占这样大的优势的情况下,本来可以进行最大胆的侧敌运动。但是他们不这样做,而只是攻击正面。在 1 月 17 日进攻被彻底击退以后,法军便向伯桑松退却。随后在蓬塔尔利埃周围进行了战斗,这向溃败的法军表明,他们的退路被截断了。结果是签订了勒-韦里埃尔协定,并且这个军团全部向瑞士缴械。在伯桑松总共浪费了整整 6 天的时间,——所有这一切都是无法解释的,除非认为布尔巴基可能非常缺少那种作为独当一面的指挥官的最主要的素质——果断精神。值得注意的是,表现出这种极端犹豫不决的,又是一位帝国遗留下来的将军。

评论:载于 1871 年 2 月 18 日《派尔—麦尔新闻》第 1878 号。恩格斯分析了东部突击军团指挥官布尔巴基将军在组织训练、战术运用和决断等方面所犯的错误。帝国将军在决战时犹豫不决是共同特征。从将军们来看,第二帝国的灭亡是无法避免的。

8 月 22 日和 30 日之间 《关于卡尔·布林德》指出:报上说卡尔·布林德如何由于种种不利的情况而不幸未能改变历史的进程。说他如何带着外交使命由即将垮台的 1849 年南德意志起义者临时政府派往法兰西共和国政府,而实际上是被派往据说由于人民起义而即将建立的赖德律-洛兰革命政府。可是真倒霉! 普鲁士人把派遣布林德的政府无礼地赶入了瑞士,而准备建立他实际上所出使的政府的 6 月 13 日示威游行也被无礼驱散。此外,在 1870 年,普法战争开始的时候,意大利本来可能与法国联合。可是卡尔·布林德在守卫着。使人不由得想起一个爱吹牛的人来,他与别人争吵的时候总是高声喊道:"朋友们,拉住我,不然我会干出可怕的事情来的。"

评论:马克思和恩格斯想公开揭露日益陷入民族自由主义立场的小资产阶级庸俗民主主义者卡尔·布林德。布林德在马克思反对波拿巴暗探福格特的论战中扮演了为后者帮凶的可耻角色,并于 19 世纪 60 年代在德国和美国的报刊上自我吹嘘,散布诬蔑工人运动活动家的言论。在普法战争期间,他在英国和德国的报刊上宣传民族主义的、泛日耳曼主义的思想。马克思在 1870 年 8 月 15 日给恩格斯的信中强调指出了布林德的言论的危害性,并建议恩格斯利用和《派尔—麦尔新闻》的关系,对这些言论进行批判。马克思也采取了措施,在《人民国家报》上向德国工人揭露布林德。保存下来的这篇文章的手稿,大部分出自恩格斯的手笔,其中有马克思做的许多补充。

8 月 22—30 日 《给社会民主工党委员会的信》指出:掌权的武人奸党、大学教授、市民阶级和啤酒店的小政客都说,兼并亚尔萨斯和洛林是永远防止德国同法国作战的办法。恰好相反,这是把这场战争变成欧洲的经常性事务的最可靠的办法。

这是使未来的和平仅仅变成在法国未强大到要求收复失地时的停战状态的万无一失的办法。这是使德国和法国在相互残杀之中同归于尽的万无一失的办法。用这种强力手段来压服一个具有生命力的民族，其结果将和预期的目的刚刚相反。这次宣扬的是一个泛日耳曼主义和"安全"边界的原则。1870年的战争必然孕育着德国和俄国之间的一场战争。如果他们夺去了亚尔萨斯和洛林，那末法国就会联合俄国共同对德国作战。如果德国工人阶级不众口一辞地说出他们的主张，那些恶棍和傻瓜就会肆无忌惮地继续他们的疯狂的赌博。如果德国工人阶级那时不能负起他们应负的历史使命，那是他们的过错。这场战争已经把欧洲大陆的工人运动的重心从法国移到德国。

评论：1870年9月5日以传单形式刊印的德国社会民主工党委员会的宣言中曾引用这封信。该宣言又载于1870年9月11日《人民国家报》第73号。这封信是为了答复不伦瑞克委员会委员们对马克思的请求而写的，他们请求马克思说明德国无产阶级对普法战争应采取的立场。马克思于1870年8月22日和30日之间在曼彻斯特和恩格斯见面的时候，和恩格斯一起最后拟定了这个答复，强调指出必须反对普鲁士政府的兼并计划，号召德国工人阶级忠于无产阶级的国际事业。

12月23日 《致国际工人协会比利时支部第六次代表大会》指出：比利时无产阶级仍然不倦地坚持着他们争取工人阶级解放的斗争。我们特别满意地指出，比利时支部在对待这次战争的态度上遵循了符合各国无产阶级利益的行动路线，宣布了符合各国无产阶级利益的思想，即拒绝一切侵略意图，支持法兰西共和国。而且我们的比利时朋友们在这方面和其他国家的工人们行动完全一致。自从普鲁士人占领卢昂以后，我们和法国所保持的最后联系就暂时中断。可是在英国、美国和德国的工人中却异常迅速地掀起了反对侵略战争、支持法兰西共和国的运动。尤其是在德国，这个运动所具规模之大，使得普鲁士政府觉得必须为了它的反动掠夺政策的利益来镇压工人。国际工人运动尽管遭到种种迫害，仍然日益发展和壮大。我们希望你们把这个说明我们协会在比利时的状况的统计资料通知总委员会。总委员会希望比利时支部能在1871年内考虑一下历次国际代表大会关于向总委员会提供经费的决议。

评论：载于1871年1月1日《国际报》第103号。1870年12月20日总委员会在讨论了比利时支部问题后委托恩格斯写作。收入《马克思恩格斯全集》时，发表时删去的几段按手稿恢复。信中简要介绍了英、美、德、比各国反对普鲁士侵略战争的概况。

※　　※　　※

1月31日 《总委员会关于英国工人阶级在普法战争现阶段的立场的决议草案》指出：1. 工人阶级支持法兰西共和国的运动首先应当集中全力迫使英国政府承认法兰西共和国。2. 像建议者所理解的那种英国为保卫法国而进行的武装干涉，只能在一定的时期有效，而这种时期早已过去。3. 英国不仅不能有效地干预欧洲大陆发生的事件，而且本身也不能抵御欧洲大陆的军事专制制度，除非它能重新取得运用它的实际军事力量——它的海军——的自由，而要重新取得这种自由，只有宣布不受巴黎宣言的约束。

评论：载于1871年2月4日《东邮报》第123期。这个决议草案是恩格斯草拟的，并由他在1871年1月31日总委员会会议上提出来作为讨论英国工人阶级在普法战争中的立场问题的基础。这次由马克思和恩格斯筹备并在他们的领导下进行的讨论，目的是要使国际能影响1871年1月在英国蓬勃开展的保卫法兰西共和国的运动。马克思和恩格斯经常强调必须对法兰西共和国争取独立自主的无产阶级政策，争取法国无产阶级的革命斗争进一步高涨的前景。在法国正规军被打败的情况下，激进实证论者比斯利、康格里弗等提出由英国出兵援助法国的冒险主义要求，迷惑群众，妄图攫取保卫法兰西共和国运动的领导权。恩格斯的决议案正是针对他们的错误立场。

2月13日　《致国际工人协会西班牙联合会委员会》指出：我们按期收到了几种西班牙文的工人报纸，这些报纸使我们经常了解到西班牙工人运动中所发生的事情；我们非常满意地看到社会革命的思想愈来愈成为你们国家的工人阶级的共同信念。毫无疑问，旧政党的空洞的豪言壮语，正如你们所说的，吸引了人民的过多的注意力，因而给我们的宣传造成了很大的障碍。这种情况在无产阶级运动的最初年代中到处都发生过。要使工人摆脱旧政党的这种支配，最好的办法就是在每一个国家里建立一个无产阶级的政党，这个政党要有它自己的政策，这种政策将同其他政党的政策显然不同，因为它必须表现出工人阶级解放的条件。这种政策的细节可以根据每一个国家的特殊情况而有所不同，但无产阶级政策的原则和目的就总是一样的，至少在一切西方国家中是这样。有产阶级，即土地贵族和资产者，使劳动人民处于被奴役的地位，这不仅靠他们的财富的力量，不仅靠资本对劳动的剥削，而且还靠国家的力量，靠军队、官僚和法庭。如果放弃在政治领域中同我们的敌人的斗争，那就是放弃了一种最有力的行动手段，特别是组织和宣传的手段。普选权赋予我们一种卓越的行动手段。我们在葡萄牙还没有支部。在其他各国，国际运动虽然障碍重重，但是仍在继续发展。

评论：第一次用俄文发表于《马克思恩格斯全集》1935年第1版第26卷。这封信是恩格斯作为总委员会西班牙临时通讯书记为答复西班牙联合会委员会1870年12月14日的来信而写的。从1871年初起，西班牙成了巴枯宁分子活动的场所。巴枯宁的无政府主义认为国家是主要的祸害，因此工人阶级就应当完全放弃一切政治活动，拒绝参加选举。恩格斯在信中对这种错误观点着重加以批判。

3月15日左右　《俄国状况——致〈派尔—麦尔新闻〉编辑》指出：俄国国内的情况也很难令人满意。财政遭到近乎绝望的破坏；以特殊形式实行的农奴解放和与此有关的其他社会政治改革把农业生产破坏到几乎难于置信的程度。俄国的舆论实质上有着鲜明的泛斯拉夫主义的性质，就是说，它敌视斯拉夫人的三大"压迫者"：德意志人、匈牙利人、土耳其人。它不能容忍和普鲁士结成同盟，正如它不能容忍和奥地利或土耳其结成同盟一样。此外，它还要求根据泛斯拉夫主义的精神立即采取军事行动。俄国南方和西南方修建的大规模战略铁路已能有效地为进攻奥地利或土耳其或同时进攻这两个国家服务，那末这难道不是促使俄国政府和亚历山大皇帝本人采取波拿巴的老办法，趁目前与普鲁士的同盟还似乎可靠的时候，借助对外战争来暂时解除一下国内困难的强大动力吗？在这种情况下，俄国最近发行1200万英镑公债具有完全特殊的意义。成立第四营这一点总是鲜明地表明了俄国实际上已经越过平时与战时的分界线。如果说这种步骤意味着什么，那只是要进攻某人。可能这也就是需要这1200万英镑的原因。

评论：载于1871年3月16日《派尔—麦尔新闻》第1900号。这是一篇时政评论。1871年3月俄国在英国证券交易所推销1200万英镑公债。恩格斯根据俄国国内矛盾加剧、泛斯拉夫主义舆论泛滥和俄军成立第四营，再加之发行巨额俄国公债，指出俄国正酝酿发动战争。

3月21日 《致〈泰晤士报〉编辑》指出：3月16日贵报发表了贵报驻巴黎记者的报道："卡尔·马克思……曾写信给他的一位在巴黎的主要信徒，说他不满意这个城市的协会〈指国际〉会员所采取的立场"云云。我必须声明，这封信彻头彻尾是无耻的捏造。

评论：这封信以复述马克思来信的形式载于1871年3月22日《泰晤士报》第27017号。写信的原因是法国警察报纸《巴黎报》发表了一封捏造说是马克思写的信，并利用它大做文章，说这"证明"国际的法国会员和德国会员之间存在矛盾；参与诬蔑国际的各国资产阶级报刊都转载了这封假信。

4月5日 《关于安特卫普雪茄烟工人的罢工》指出：安特卫普有500名雪茄烟工人因坚决拒绝解散他们的工会而被工厂主被解雇。荷兰、英国和德国的雪茄烟工人应该支援安特卫普的兄弟，不让工人从它们那里流入，给予力所能及的经济支援或贷款。

评论：载于1871年4月12日《人民国家报》第30号。马克思和恩格斯从国际的比利时和荷兰支部的一位组织者菲·克楠1871年3月29日的来信中得知安特卫普雪茄烟工人举行罢工的消息。他们立即采取措施组织对罢工的雪茄烟工人的国际援助。英国许多工联以及布鲁塞尔的工人都响应总委员会的号召，对安特卫普的雪茄烟工人提供了经济援助，布鲁塞尔的雪茄烟工人也宣布了罢工。总委员会的援助使捍卫自己工会组织的安特卫普雪茄烟工人能够把罢工坚持到1871年9月，并使厂方接受了他们的要求。

4月25日 《总委员会关于开除托伦的决议》指出：鉴于巴黎支部联合会委员

会送请总委员会批准该联合会委员会关于公民托伦作为工人阶级代表被选入国民议会，却用最卑鄙的方式背叛了工人阶级的事业，因此将他开除出协会的决议；鉴于国际工人协会的每一个法国会员无疑地应该站在巴黎公社的队伍中，而不应该留在篡夺权力的和反革命的凡尔赛议会中，——国际工人协会总委员会批准巴黎联合会委员会的决议，并宣布将公民托伦开除出国际工人协会。

评论：载于1871年4月29日《东邮报》第135期、1871年5月14日《国际报》第122号、1871年5月24日《人民国家报》第42号。1871年2月托伦作为巴黎工人的代表当选为国民议会议员，巴黎公社宣布成立后，他仍然留在镇压巴黎革命的凡尔赛议会中，拒绝执行公社关于工人议员应当同这个反动议会决裂的要求。托伦的叛变表明右翼蒲鲁东主义者公开转向反革命。4月25日，总委员会在接到决议的原文后，重新审查了托伦的问题，并批准了将他开除出国际的决议。总委员会早在接到国际工人协会巴黎支部联合会委员会的决议之前，已经根据伦敦报纸关于托伦转向资产阶级方面的报道，在4月18日的会议上初步讨论了关于托伦的叛变行为问题，并决定公开谴责他的背叛。

5月5日　《再论〈福格特先生〉》指出：我们感兴趣的，只是福格特先生本人的耐人寻味的变化多端的人格。因此，我们现在把福格特的小册子拿来和他的《欧洲现状研究》加以对照。我们发现，福格特先生现在谈的同他十一年前所宣扬的刚好相反。"研究"的目的是要使德国庸人相信，干预路易-波拿巴当时准备发动的反对奥地利的战争对德国是不合算的。为了达到这个目的，必须把路易-波拿巴描绘成为各国人民的"法定"的解放者；必须保护他，使他免受共和主义者以至某些资产阶级自由主义者的惯常攻击。传出了种种可疑的事情。福格特曾向不同的人说过，只要他们愿意按照他的意图在报刊上发表文章，即在报刊上称颂路易-波拿巴的解放人民的意愿，他就送钱。"研究"中谈到俄国和俄国的政策时，完全是用赞赏的口吻。至于普鲁士！在"研究"中曾明显地向普鲁士示意，它应当间接地支持路易-拿破仑反对奥地利的计划，只限于保卫德意志联邦的领土，然后"在未来的和平谈判中取得北德平原作为酬劳"。福格特先生现在突然开始抱怨"1870年的战争是1866年的战争的必然后果！"他埋怨普鲁士的贪得无厌的掠夺政策，他痛哭德国为普鲁士所吞并。可是突然在我们面前出现了不久前公布的路易-拿破仑秘密开支表上的一行小字："福格特——1859年8月付给他4万法郎。"您的"研究"一书就可作为此事的证明；"研究"的第一版在春季问世，第二版在夏季问世；您自己承认过，从1859年4月1日到夏季，您曾向许多人说过，只要为波拿巴效劳，您就送钱；1859年8月，战争结束后，您在巴黎。您如果不向我们提出相反的证据，我们就不能不认为，这里所说的福格特就是您。

评论：载于1871年5月10日《人民国家报》第38号。恩格斯的《再论〈福格特先生〉》一文是对马克思在1860年发表的小册子《福格特先生》的补充。1870

年秋第二帝国崩溃后，福格特发表了一本小册子《卡尔·福格特给弗里德里希·科尔布的政治书信》，他在这本小册子中企图掩饰他过去和波拿巴派的关系。恩格斯在文中引用了报刊上公布的新材料，以辛辣的笔调，再一次确认了福格特是被收买的波拿巴暗探，证明了马克思1860年所做的结论的正确。

6月12日 《总委员会关于茹尔·法夫尔的通告的声明——致〈黎晤士报〉编辑》指出：1871年6月6日，茹尔·法夫尔向欧洲各国发出了一个通告，号召它们对国际工人协会进行斗争，直到把国际消灭。为了评价这个文件，只要举出几件事实就够了。国际是"1864年9月28日在伦敦朗-爱克街圣马丁堂举行的公开大会上"成立的。茹尔·法夫尔把国际成立日期推到1862年以前。茹尔·法夫尔的私人秘书雷特兰热尔先生曾向总委员会的若干委员请求由总委员会发动游行示威来反对俾斯麦，以支持国防政府。总委员会在9月9日的宣言中曾明确地警告过巴黎工人要防范茹尔·法夫尔和他的同僚。

评论：载于1871年6月13日《泰晤士报》第27088号。这则声明由马克思和恩格斯起草于伦敦。1871年6月11日在总委员会的常务委员会会议上讨论了关于茹尔·法夫尔的通告的问题，委员会批准了声明。声明送给了国际各机关报的编辑部以及一些英国资产阶级报纸。1871年6月13日，在总委员会会议上，恩格斯曾就此问题发言。他指出，在资产阶级的日报中，只有1871年6月13日的《泰晤士报》发表了这个声明，《派尔—麦尔新闻》刊载了声明的摘要。

6月20日 《总委员会关于侯里欧克的信的声明——致〈每日新闻〉编辑》指出：就《每日新闻》星期二所载乔治·杰科布·侯里欧克先生的信，做如下声明：1. 关于说总委员会发表的宣言"会在凡尔赛造成有人被处死或放逐的后果"的谰言，总委员会认为它的巴黎朋友们对于这一点会比侯里欧克先生判断得更正确。2. 总委员会所发表的一切正式文件都由全体委员（不论出席的或缺席的）署名，是总委员会的通例。3. 宣言以及以前总委员会所发表的许多文件，都是由德国通讯书记卡尔·马克思博士起草的。宣言是一致通过的，也没有经过任何人润色。4. 去年，乔治·杰科布·侯里欧克曾自荐为总委员会委员候选人，但是遭到了否决。

评论：载于1871年6月23日《每日新闻》和1871年6月24日《东邮报》第143期。总委员会的这个声明，是恩格斯针对1871年6月20日《每日新闻》发表了英国改良主义者侯里欧克的信起草的。侯里欧克妄想诽谤《法兰西内战》这篇宣言，并削弱它对英国工人的影响，硬说宣言的作者与英国工人运动无关。为了讨好英国工联的首领，侯里欧克竟声称，似乎奥哲尔和鲁克拉夫特在宣言上的署名是不合法的，从而唆使他们去反对宣言。

6月21日左右 《总委员会给〈旁观者〉和〈观察家〉编辑部的信——致〈旁观者〉（及〈观察家〉）编辑》指出：如果您公布这一事实，即目前充斥于英国报刊的巴黎的一切假宣言和"国际"的其他出版物（它们首先刊载于臭名远扬的

《巴黎报》）无例外地都是凡尔赛的警察捏造的,国际工人协会总委员会将十分感激。

评论：第一次用俄文发表于《马克思恩格斯全集》1940年第1版第13卷第2部。《旁观者》和《观察家》这两家报纸转载了法国反动报纸关于法国警察捏造的所谓国际宣言的假消息。马克思提议恩格斯给这两家报纸各写一封信辟谣,总委员会在1871年6月20日的会议上同意了这一建议。但是两家报纸的编辑部没有发表这封信。

6月27日 《总委员会关于侯里欧克和鲁克拉夫特的信的声明——致〈每日新闻〉编辑》指出：侯里欧克先生曾获准参加1869年11月16日总委员会会议,在这次会议上,他表示希望成为总委员会委员,并希望参加应于1870年9月在巴黎举行的最近一次国际工人协会全协会代表大会。侯里欧克先生退席后,约翰·韦斯顿先生提出他作为总委员会委员的候选人,但是这一提议所引起的反应,使韦斯顿先生没有坚持自己的建议,而将它撤回了。至于鲁克拉夫特先生声称,在投票表决宣言时,他未出席会议,对此我应当指出,鲁克拉夫特先生曾出席1871年5月23日举行的总委员会会议,当时曾正式宣布,宣言《法兰西内战》的草案将于5月30日的应届总委员会会议上予以宣读和讨论。因此鲁克拉夫特先生完全有可能决定,他是否要出席有关这个问题的会议。他不仅知道,按照总委员会的通例,总委员会的正式文件都由全体委员署名,不论他们出席与否,而且他还是这个通例的最热烈的拥护者之一。在6月20日星期二晚上举行的总委员会会议上,鲁克拉夫特先生不得不承认,甚至到这时他还没有读过宣言。总委员会已一致接受了鲁克拉夫特和奥哲尔两位先生的辞职。

评论：载于1871年6月29日《每日新闻》和1871年7月1日《东邮报》第144期。声明在1871年6月27日的总委员会会议上被批准。在总委员会的这次会议上,一致谴责了拒绝总委员会的宣言《法兰西内战》的工联主义者鲁克拉夫特和奥哲尔的叛变行为,对于他们宣布退出总委员会的声明作出了决议,实际上是把他们开除出国际工人协会的队伍。

6月30日 《宣言〈法兰西内战〉和英国报纸》指出：自伦敦有史以来,还没有一件公诸于世的文献,像国际总委员会的宣言那样,产生如此强烈的影响。所有的报刊都不得不一致承认国际是欧洲的一支巨大的力量,对这支力量必须加以考虑,而且不能用故意不理会它的存在的办法来消灭它。所有的报刊都不得不承认宣言的文笔高超。资产阶级报刊对这个如此坚决地捍卫无产阶级观点和毅然决然地维护巴黎公社的文件,几乎是一致起来反对的。但是到后来,这一切叫嚣连庸人都感到厌烦了。

评论：载于1871年7月5日《人民国家报》第54号。恩格斯指出,资产阶级报刊以各种形式反对宣言,开始时是缄默,然后又对它进行诬蔑诽谤,各种形形色色的势力纷纷粉墨登场，但这篇宣言在英国仍然产生了巨大的影响。

7月28日 《马志尼反对国际的言论》指出：1864年9月28日国际工人协会成立大会举行以后，该会选出的临时委员会举行会议时，马志尼亲自草拟宣言和章程草案。章程是本着中央集权的密谋即赋予中央机关以独断权力的精神起草的。这个宣言和章程草案自然遭到了否决。临时中央委员会为答复韦济尼埃的文章，在列日的报纸上声明，马志尼从来不是国际协会的会员，他的宣言和章程草案都被拒绝。马志尼曾疯狂地攻击巴黎公社，他也在英国报刊上进行攻击。每当无产阶级举行起义时，他总是这样做的。马志尼所以称马克思是一个具有"破坏性的……头脑，不容异己的性格"等等特点的人，显然是因为马克思很成功地破坏了马志尼对国际策划的阴谋，不容异己地反对老阴谋家掩饰不周的贪求权力的野心，从而使他永远无法再危害协会。至于马志尼所说的已经在英国开始出现的协会的分裂，国际没有瓦解，现在它第一次被所有英国报刊公认为欧洲的一支强大的力量。

评论：载于1871年8月31日《自由思想》杂志第9期、1871年9月13日《玫瑰小报》第255号（部分刊载）以及许多其他意大利报纸。在意大利工人协会第十二次代表大会召开前不久，马志尼为了抵制国际对意大利工人运动的影响和阻止在意大利建立无产阶级的阶级组织，对国际和巴黎公社发动了诽谤性进攻，因此恩格斯写了本文。

8月7日 《致〈泰晤士报〉编辑》指出：《泰晤士报》关于凡尔赛再度延期审判被俘公社社员的评论，无疑击中了目标，反映了法国公众的情绪。我这里有一封法国人的来信，他关于审判莫名其妙地延期的原因所作的记述或许有一定的价值。

评论：第一次用俄文发表于《马克思恩格斯全集》1940年第1版第13卷第2部。《泰晤士报》于1871年7月29日登载了一篇文章，指出因巴黎公社革命而被囚禁的公社社员所处的恶劣环境和所受的虐待。《泰晤士报》的文章和梯也尔政府机关报想驳斥这篇文章的企图，引起各国报界抗议虐待被捕的公社社员。马克思和恩格斯试图借机在销路很广的英国报纸上为凡尔赛暴政的受害者辩护，但是没有成功。《泰晤士报》编辑部没有登载恩格斯的信。

9月5日 《就伦敦代表会议的筹备工作给总委员会的建议》指出：总委员会全体出席代表会议，并有权参加讨论，但只有一定人数的总委员会委员充任代表，享有表决权。这些委员的人数，俟代表会议的代表总数明确后，由总委员会确定。现在住在伦敦并且是得到承认的国际会员的法国人，应派出三名代表，代表法国出席代表会议。在代表会议上，如果某一国家的国际会员没有代表时，其代表将由该国的通讯书记担任。

评论：第一次用俄文发表于《第一国际伦敦代表会议》1936年版。关于国际伦敦代表会议的筹备工作给总委员会的建议，由马克思在1871年9月5日会议上提交总委员会审查并获得批准。现存的建议手稿是由恩格斯写的，其中有马克思做的修改。

9月9日左右 《伦敦代表会议决议的初步草案——应以总委员会名义在代表会议上提出的建议》指出：1. 代表会议结束后，任何一个支部，在未向总委员会缴清本年度会费以前，无论总委员会或各国的中央委员会均不承认其为协会的支部。2. 至于因政府的阻挠而现时无法设有国际经常性组织的国家，建议这些国家的代表根据各该国的特殊情况提出组织计划；协会可以进行改组，改用其他名称；但是绝对禁止建立任何秘密团体。3. 总委员会应向代表会议提出自上届代表大会以来国际的工作报告。4. 总委员会建议代表会议讨论关于及时发表对过去和现在迫害国际的各国政府的答复问题；代表会议应指派一个委员会，委托它在代表会议闭幕后草拟这一答复。5. 必须实行巴塞尔代表大会的决议：建议各国中央委员会，为避免误会起见，今后定名为联合会委员会，冠以它们所代表的国名；地方支部及其委员会，定名为该地区的支部或委员会。6. 由总委员会任命执行特殊任务的一切代表，有权出席联合会委员会、地方委员会和支部的一切会议并发表意见，但没有表决权。7. 委托总委员会颁布新版的章程，附入与章程有关的各次代表大会的决议；本文用三种文字并列印出。

评论：第一次用俄文发表于《第一国际伦敦代表会议》1936年版。伦敦代表会议决议的初步草案于1871年9月9日由马克思提交总委员会常务委员会，并得到常务委员会的批准。后来草案又经过补充，增添了成立女工支部和对工人阶级进行普遍统计这两条。9月12日，总委员会根据恩格斯的报告对决议草案进行讨论，并予以批准。手稿是恩格斯写的，其中有马克思做的补充。

9月21日左右 《关于工人阶级的政治行动——1871年9月21日在代表会议上的发言提纲》指出：放弃政治是不可能的。报纸的政治态度也是政治；主张放弃政治的一切报纸都在攻击政府。问题只在于怎样干预政治和干预到什么程度。放弃政治是荒谬的；因为可能选出坏人而提议放弃政治。政治自由——特别是结社、集会和出版的自由——是我们进行宣传鼓动工作的手段；我们的这些手段是否会被夺走，难道是无所谓的吗？如果有人侵犯这些手段，难道我们不应当起而反抗吗？有人鼓吹放弃政治，说从事政治就等于承认现存制度。但是，如果我们利用现存制度给我们提供的那些手段来反对现存制度，难道这就是承认吗？放弃政治是不可能的。工人的党作为政党存在着而且要进行政治活动。向工人的党鼓吹放弃政治，就是破坏国际。我们要消灭阶级。唯一的手段是无产阶级掌握政治权力；而我们不应当从事政治吗？问题只在于从事什么样的政治——唯有从事无产阶级的政治，而不要做资产阶级的尾巴。

评论：第一次用法文发表于1934年《布尔什维主义手册》杂志第20期。工人阶级的政治行动问题在伦敦代表会议工作中是主要部分。这是恩格斯在代表会议的9月20日和21日第六、七两次会议上，批判巴枯宁分子的发言提纲。

9月21日　《关于工人阶级的政治行动。恩格斯本人做的1871年9月21日伦敦代表会议上的发言摘要》指出：绝对放弃政治是不可能的；主张放弃政治的一切报纸也在从事政治。问题只在于怎样从事政治和从事什么样的政治。并且对于我们说来，放弃政治是不可能的。工人的党作为政党已经在大多数国家存在着。鼓吹放弃政治去破坏它的不应该是我们。现代生活的实践，现存政府——为了政治的和社会的目的——对工人施加的政治压迫，都迫使工人不得不从事政治。向工人鼓吹放弃政治，就等于把他们推入资产阶级政治的怀抱。特别是在巴黎公社已经把无产阶级的政治行动提到日程上来以后，放弃政治是根本不可能的。

　　我们要消灭阶级。用什么手段才能达到这个目的呢？——无产阶级的政治统治。而当这一点已经最明显不过的时候，竟有人要我们不干预政治！所有鼓吹放弃政治的人都自命为革命家，甚至是杰出的革命家。但是，革命是政治的最高行动；谁要想革命，谁就必须也承认准备革命和教育工人进行革命的手段，即承认政治行动，没有政治行动，工人总是在战斗后的第二天就会受到法夫尔和皮阿之流的愚弄。应当从事的政治是工人的政治；工人的政党不应当成为某一个资产阶级政党的尾巴，而应当成为一个独立的政党，它有自己的目的和自己的政策。

　　政治自由、集会结社的权利和出版自由，就是我们的武器；如果有人想从我们手里夺走这个武器，难道我们能够袖手旁观和放弃政治吗？有人说，进行任何政治行动都等于承认现存制度。但是，既然这个制度把反对它的手段交到我们手中，那末利用这些手段就不意味着承认现存制度。

　　评论：第一次全文发表于1934年《共产国际》杂志第29期。在代表会议的9月20日和21日第六、七两次会议的讨论中，马克思和恩格斯在发言中全面阐述了工人阶级的政治行动问题。出席代表会议的巴枯宁分子企图破坏对这个问题的讨论，他们宣称，代表会议没有资格研究这个问题。在辩论的过程中，巴枯宁派遭到了揭露和孤立。

　　10月17日　《1871年9月17日至23日在伦敦举行的国际工人协会代表会议的决议》指出：所有分部、支部和小组，今后不得再用宗派名称，如实证论派，互助主义派，集体主义派，共产主义派等等，或者用"宣传支部"以及诸如此类的名称成立妄想执行与协会共同目标不符的特殊任务的分立主义组织。无论现在和今后，成立任何真正的秘密团体都是绝不许可的。章程的导言中说："工人阶级的经济解放是一切政治运动都应该作为手段服从于它的伟大目标"；工人阶级在它反对有产阶级联合权力的斗争中，只有组织成为与有产阶级建立的一切旧政党对立的独立政党，才能作为一个阶级来行动；工人阶级这样组织成为政党是必要的，为的是要保证社会革命获得胜利和实现这一革命的最终目标——消灭阶级；代表会议提请国际会员们注意，在工人阶级的斗争中，它的经济运动是和政治行动密切联系着的。代表会议坚信：一切迫害只能使国际的拥护者加倍振作，并且组织支部的工作即使不是用建立大中心的方法，至少在小工厂和通过自己的代表彼此建立联系的小工厂的联合会内，将继续进行。根据这一点，代表会议提议所有支部坚持在法国继续宣传我们的原则，并把国际的一切出版物和章程尽量运入自己国内。代表会议提议总委员会号召伦敦的英国支部成立伦敦联合会委员会，这个委员会在得到外地支部和参加国际的团体公认后，即由总委员会承认为英国联合会委员会。鉴于社会主义民主同盟已经宣布解散，代表会议宣布关于社会主义民主同盟的问题已获解决。鉴于目前国际受到的迫害，代表会议号召发扬团结一致的精神，这种精神应当比过去任何时候都更能使工人阶级受到鼓舞；代表会议建议汝拉各支部的全体正直工人重新加入罗曼语区联合会的各个支部；如果这种联合不能实现，代表会议决定请分裂出去的汝拉各支部定名为"汝拉联合会"。

评论：本文由马克思和恩格斯于1871年9—10月拟定、校订和准备付印，1871年11—12月分别用英文、德文和法文印成小册子，并在国际各机关报上发表。国际伦敦代表会议在1871年9月17—23日举行。它是马克思和恩格斯为成立无产阶级政党而斗争的重要阶段。伦敦代表会议决议大部分由马克思和恩格斯起草，并由他们在代表会议上提出。许多决议都是以马克思和恩格斯拟的决议的初步草案以及他们在代表会议上的发言为基础。因此，代表会议其他代表所提出的许多决议案也反映了马克思和恩格斯的立场。恩格斯是代表会议负责整理和翻译决议的秘书，他担负起大部分决议的起草和整理工作。根据马克思的提议，代表会议委托代表们在国际各支部口头传达通过的决议。用英文、法文、德文正式出版伦敦代表会议决议的工作交由总委员会负责，总委员会又把出版它决定要发表的那些决议的准备工作委托给马克思。马克思和恩格斯担负了全部整理和起草代表会议决议最后文本的工作，其中有很多决议是以草稿形式通过的。把决议译成法文和德文的工作，也是在马克思和恩格斯的直接领导下完成的。

10月7日 《总委员会关于开除杜朗的决议》指出：巴黎首饰匠、前巴黎工人团体联合会首饰匠代表、前国民自卫军营长、前巴黎公社财政委员会出纳主任古斯达夫·杜朗，在伦敦冒充流亡者，过去和现在一直为法国警察机关充当密探，对流亡的公社社员，特别是对国际工人协会总委员会进行监视，并且已领取酬金725法郎。总委员将他开除出国际工人协会。

评论：载于1871年10月14日《人民国家报》第83号、1871年10月19日《人民报》第122号、1871年10月21日《平等报》第20号、1871年10月23日《解放报》第19号以及其他机关刊物。1871年，古斯达夫·杜朗以法国支部领导者之一的身份混进国际工人协会，进行间谍活动。

10月31日 《总委员会关于柯克伦的信的声明》指出：国际总委员会的主席职位，早在1867年9月就被取消了。众所周知，在我们发表了关于法兰西内战的宣言以后，奥哲尔先生就退出了总委员会。亚·贝·柯先生接着以下面的"真实文件"来证实他的消息的可靠性。这份真实文件无非是巴黎警察机关不久前以国际的名义散布并受到总委员会及时批驳的无数伪造文件之一的序言。这个日内瓦纲领无非是日内瓦社会主义民主同盟的章程。总委员会从来没有发表过这样的文件。相反地,它发表了一个宣布同盟的章程无效的文件。不久前在伦敦举行的代表会议,已和米哈伊尔·巴枯宁创立的同盟彻底分手;亚·贝·柯先生从他那叠"真实文件"中抽出了一段从我们的朋友欧仁·杜邦写的一封私人信中摘出的被歪曲了的话,这段话在所有英国报纸上刊登了。

评论:载于1871年11月11日《东邮报》第163期。柯克伦重复了英法反动报刊关于国际的错误言论,并且企图诬蔑国际工人协会,为此他利用了巴枯宁派的社会主义民主同盟的文件。在10月31日的总委员会会议上,由恩格斯宣读了这个声明,并得到了会议的批准。《泰晤士报》编辑部拒绝发表总委员会的声明,它被发表在《东邮报》上。

11月4日 《论英国滥设企业骗财的现象》指出:金融市场上的这种资本充斥现象,只是目前大工业所处的繁荣状态的反映。几乎在生产的所有部门,特别是在英国的以铁和棉为原料的这两个主要工业部门,呈现着已经好久没有过的一片繁荣景象。简单地说,就是1844年的再现,当时在中国市场开放以后,厂主们一心只想尽可能多生产商品。然而接着来的是1845年和1847年的令人心寒的打击。生产过剩的英国商品在所有的市场的货栈里堆积如山,找不到销路,而企业主和投机家则成百成千地破产。这种情况现在也将重演。这些人丝毫没有接受教训。但是,即使他们接受了某种教训,资本主义生产的内在规律照样会强迫他们不断地重复人们早已熟悉的经济高涨、生产过剩和危机的周期,并且规模一次比一次更大地重复,直到无产阶级起义终于使社会不必再作这种无意义的循环为止。

评论:载于1871年11月10日《人民国家报》第91号。正如恩格斯所评论的,1873年资本主义世界再次陷入严重的经济危机。资本主义从自由资本主义阶段进入到垄断资本主义阶段。

11月25日 《致马德里国际工人协会西班牙联合会委员会》指出:自从公民罗伦佐参加上次代表会议回去以后,我们没有从你们那里得到任何消息。我给你们写过两封信;在11月8日寄给你们的那最近一封挂号信中,我请你们立刻给我们来信,并说明沉默的原因。迄今我们没有得到任何答复;但是我们得到消息说,有极少数国际会员企图在协会的队伍中制造纠纷,策划反对代表会议决议和总委员会的阴谋,散布各种诽谤言论。如果是这样,请你们把那些对我们的指控或诬蔑告诉我们,以便我们予以驳斥。章程规定你们应当定期向我们提出报告。我们要求你们立刻答复这封信;如果你们不答复,在这种情况下,我们将不得不按照国际的利益所要求我们做的那样采取行动。

评论:第一次用俄文发表于《马克思恩格斯全集》1935年第1版第26卷。鉴于巴枯宁分子在西班牙的影响力渐大，恩格斯给在马德里的国际工人协会西班牙联合会委员会写了这封信，要求西班牙联合会委员会不能再继续保持沉默，应说明真相，予以反击。同时，恩格斯写信指示拉法格，如果马德里联合会投靠了巴枯宁，就建立新支部。这是一次反对巴枯宁主义的重要斗争。

11月29日 《总委员会给〈意大利无产者报〉编辑部的声明——致〈意大利无产者报〉编辑部》指出：贵报第39号登载了都灵工人的一篇宣言，其中说："我们公开宣布，伦敦大委员会把社会主义放在次于政治的地位的决议刚一发表，就由《无产者报》编辑部向我们报道了，这样的决议不具有正式的性质，因为大委员会鉴于许多欧洲的协会也会像我们一样一致拒绝这个决议，就把它撤销了。"这种说法使总委员会不得不作如下声明：（1）总委员会从来没有做过把社会主义放在次于政治的地位的任何决议；（2）因此它不可能撤销这样的决议；（3）任何欧洲的或美国的协会都不可能拒绝这样的决议，而且也没有拒绝过总委员会的其他任何决议。总委员会对无产阶级的政治行动的态度是十分明确的。提请国际的会员注意：在工人阶级的斗争中，它的经济运动是和政治行动密切联系着的。这样替总委员会规定的立场，总委员会始终遵守着，而且将来仍将遵守。因此总委员会宣布，不知道是由谁转告《无产者报》编辑部的上述消息是捏造的和诽谤性的。

评论：第一次用俄文发表于《马克思恩格斯全集》1935年第1版第26卷。《意大利无产者报》是意大利的一家报纸，由警探特尔察吉主编。该报袒护巴枯宁派，反对总委员会和伦敦代表会议决议。1871年11月23日，巴枯宁派在该报发表了所谓《都灵工人宣言》，对国际工人协会总委员会和伦敦代表会议决议进攻。因此恩格斯写了这一声明。

11月30日 《给朱·博里昂尼的委托书》指出：公民朱泽培·博里昂尼已被接受为国际工人协会会员，今授予他接受新会员和组织新支部的权力，条件是他和新接受入会的会员和支部必须承认协会的正式文件对他们有约束力，这些文件就是：共同章程和组织条例，成立宣言，各次代表大会的决议，1871年9月伦敦代表会议的决议。

评论：第一次用俄文发表于《马克思恩格斯全集》1935年第1版第26卷。国际工人协会洛迪支部的一位领导人恩·比尼亚米1871年11月14日来信，报道在费拉拉以及意大利的其他一些城市建立国际支部的消息，并请求发给罗曼尼亚的一些公民，其中包括朱泽培·博里昂尼，成立国际工人协会新的支部的委托书。恩格斯受总委员会委托并代表总委员会答复。

12月5—10日之间 《关于欧洲各国的国际支部的状况》指出：关于代表会议做出的有关政治行动的决议，西班牙联合会完全赞同这一决议。在西班牙把国际变为单独的和独立的政党，不到三个月就增添了19000到20000个新会员！在丹麦，国际成立才不过三个月,单是在首都一地国际就拥有 2000 会员。在那里,农民也大批地站到国际方面来,并且那里正在准备为最近的选举发动一个大规模的运动,结果很可能使我们在丹麦议会中得到强大的代表权。德国和荷兰的情况很好。在法国,我们有 26 家报纸,支部正在重新建立起来。

评论:载于 1871 年 12 月 12 日《人民报》第 144 号。这是恩格斯写给《人民报》编辑恩·比尼亚米信的片断,介绍了国际在西班牙、丹麦、德国、荷兰等国的发展情况。

12 月 6 日 《总委员会就马志尼关于国际的若干文章给意大利几家报纸编辑部的声明》指出:在《人民罗马》第 38 期上,公民朱·马志尼发表了题为《关于国际的文件》的一系列文章的头一篇。他引用了"放弃《政治行动》竟达到这样的地步"。我们要求公民马志尼为这种说法提出论据,我们认为这是一种诬蔑。对总委员会说来,重要的只是要指出以下几点:(1)这些话不是在国际的代表大会上讲的,而是在资产阶级的和平和自由同盟的代表大会上讲的;(2)1868 年 9 月在布鲁塞尔召开的国际的代表大会曾在一项特别决定中声明,它同和平和自由同盟的这次代表大会毫无共同之处;(3)在公民巴枯宁讲这些话的时候,他根本不是国际的会员;(4)总委员会始终反对屡次想以狭隘的宗派主义的巴枯宁纲领来代替国际的广泛的纲领的企图;采用巴枯宁的纲领立刻就会使绝大多数国际会员被开除;(5)因此,国际绝对不能对公民巴枯宁的私人行动和他的言论负责。至于公民马志尼答应要在最近发表的有关国际的其他文件,总委员会预先声明,国际只对它所发表的正式文件负责。

评论:载于 1871 年 12 月 12 日《人民报》第 144 号、1871 年 12 月 12 日《玫瑰小报》第 345 号、1871 年 12 月 21 日《人民罗马》第 43 期。这个声明寄给了《人民罗马》以及其他几家报纸。

1872 年

1 月 3 日左右 《桑维耳耶代表大会和国际》指出:这群自称为汝拉联合会的国际会员,主要是这样一帮人:他们已经有两年多在巴枯宁的领导下不断地破坏瑞士法语区的团结,并且热心地同各国某些与他们气味相投的大人物私下通讯,来和国际的统一活动相对抗。原来,在自己旗帜上首先是写着为工人阶级的解放而斗争的口号的工人组织,竟不应当受执行委员会的领导,而应当受简单的统计通讯局的领导!现在,正当我们必须以全力自卫的时候,有人却建议无产阶级不要按照每时每刻都迫使它进行的斗争的要求把自己组织起来,而是按照某些空想家关于未来社会的不着边际的想像把自己组织起来!主要的是没有任何服从纪律的支部!没有任何党的纪律，没有任何力量在一点的集中，没有任何斗争的武器！简而言之，我们采用这种新的组织会得到什么呢？这些人自己出色地证明了，他们利用自己的新组织能够获得什么东西。在瑞士的汝拉——最近一年半来完全由这些先生们总揽一切的地方，在一年半内把一个原先确是不很庞大和人数不很多的，但毕竟是蓬勃发展着的联盟，就是变成了这个样子。他们竟要求我们使国际走上那条使汝拉联合会从比较兴盛落到完全瓦解的道路！

评论：载于1872年1月10日《人民国家报》第3号，恩格斯写这篇文章是为了回答瑞士巴枯宁派汝拉联合会1871年11月的桑维耳耶代表大会通过的给国际全体支部的一份旨在反对国际伦敦代表会议决议的通告。文章由恩格斯随同1872年1月3日给李卜克内西的信一并寄出，他在信中强调，必须立即发表这篇文章。文章在《人民国家报》上发表后，恩格斯请李卜克内西给他寄几份载有这篇文章的报纸，以便转寄到意大利去，因为巴枯宁派利用桑维耳耶通告在那里发起反对总委员会和伦敦代表会议决议的诽谤运动。国际的许多机关报都起来反对桑维耳耶通告。

2月7日 《给〈玫瑰小报〉编辑部的信》指出：1872年1月4日《自由思想》第1期上刊登了一篇题为《国际和伦敦最高委员会》的文章，关于它我应当说几句话。我绝不要求而且从未要求代表意大利。我很荣幸地在总委员会中担任专门受委托与意大利进行通讯联系的书记，在执行这项委托时，我应该代表总委员会，而不是代表意大利。其次，文章中引用了一些从柏林《新社会民主党人报》抄来的伦敦通讯，其中充满了对总委员会和整个国际的十分卑鄙的诬蔑。全德国都清楚地知道《新社会民主党人报》是什么报纸：这是一家靠俾斯麦出钱维持的报纸，是普鲁士的政府社会主义的机关报。"可能这是暗指1850年卡尔·马克思在科伦建立的共产主义的秘密团体"，它不是马克思创办的，不是在1850年创办的，也不是在科伦创办的。科伦支部由于自己不谨慎落入警察手中的时候，马克思和我因受普鲁士政府迫害，侨居英国已经一年了。

评论：载于1872年2月20日《玫瑰小报》第50号。《自由思想》从1866年至1876年在佛罗伦萨出版，由小资产阶级民主主义者、巴枯宁同盟的成员鲁·斯蒂凡诺尼担任编辑。由于《自由思想》杂志在意大利掀起了一个诽谤国际的运动，恩格斯写信驳斥。

2月20日 《总委员会关于瑞士当局的警察暴行的声明》指出：瑞士当局认为可以按照俄国外交部违背联邦宪法直接向伊韦尔登法庭提出的简单要求，在日内瓦对公民吴亭的住宅进行搜查。吴亭的文件遭到扣押，他的全部俄文、德文和英文的信件被交给一个俄国翻译去检查。公民吴亭在1871年12月以前是国际的机关刊物《平等报》的编辑，因此他的来往信件大部分是国际的通讯，而且在信上都有国际的各种委员会的印章。俄国政府在它的忠实藩臣普鲁士的支持下，开始干涉西方国家的内政，要求西方国家的法庭迎合它的需要去迫害国际。总委员会认为，现在需要做的是向各国工人公开斥责俄国政府的计谋以及它的西方帮凶们的奴颜婢膝的行为。

评论：载于1872年2月24日《东邮报》第178期、1872年3月2日《国际先驱报》第1号以及其他刊物。马克思和恩格斯写的这篇声明在1872年2月20日总委员会会议上通过。

第18卷

1872年

1月中—3月5日 《所谓国际内部的分裂。国际工人协会总委员会内部通告》指出：国际工人协会总委员会一直认为应当完全避免发表任何关于国际内部斗争的言论，而且也从来没有公开回答过两年多来国际某些会员对它进行的公开攻击。但是，如果说，当问题还只局限于几个阴谋家玩弄诡计，有意力图在国际和某个从产生之日起就对国际抱敌视态度的团体之间制造混乱的时候，总委员会还可以继续保持沉默，那末现在，当欧洲反动派在这个团体所干的丑事中为自己找到了支柱，当国际经受着从它创立以来从未经受过的危机的时候，总委员会就不得不对所有这些阴谋作一个历史的概述。

无产阶级反对资产阶级斗争的第一阶段，带有宗派运动的性质。这在无产阶级还没有发展到作为一个阶级来行动的时期是有其理由的。有些思想家在批判社会矛盾的时候，提出了一些解决这些矛盾的幻想的办法，而工人群众则只有接受、宣传和实现这些办法。这些倡导者建立的宗派，按本质来说是弃权论的，即厌弃任何实际活动、政治、罢工、结社——总而言之，厌弃任何集体的运动。无产阶级绝大多数对它们的宣传始终是漠不关心的，甚至是敌视的。巴黎和里昂的工人不愿意理睬圣西门派、傅立叶派和伊加利亚派，就像英国的宪章派和工联派不承认欧文派一样。宗派在开始出现时曾经是运动的杠杆，而当它们一旦被这个运动所超过，就会变成一种障碍；那时宗派就成为反动的了。

同那些耽于幻想和相互争斗的宗派组织相反，国际是在反对资本家和土地占有者、反对他们的组织成为国家的阶级统治的共同斗争中联合起来的全世界无产阶级的真正的、战斗的组织。因此，在国际的章程中直截了当地提到追求共同目标、承认同一纲领的"工人团体"，这个纲领仅限于指出无产阶级运动的基本路线，而从理论上阐明这些路线，则要在实际斗争需要的推动下，在容纳一切色彩的社会主义信念的各个支部内，在它们的机关刊物和代表大会上，通过交换意见加以实现。

无政府状态——这就是他们的只从各种社会主义体系中剽窃了一些标签的导师

巴枯宁的战马。所有社会主义者都把无政府状态理解为：在无产阶级运动的目的——消灭阶级——达到以后，为了保持为数极少的剥削者对由生产者组成的社会绝大多数的压迫而存在的国家政权就会消失，而政府职能就会变成简单的管理职能。同盟则本末倒置，它宣布在无产阶级队伍中实行无政府状态，是摧毁集中在剥削者手中的强大的社会力量和政治力量的最可靠的手段。它以此为借口，竟要求国际在旧世界正力图置国际于死地的时候，用无政府状态来代替自己的组织。为了给梯也尔的共和国披上皇袍，使之永世长存，国际上的警察再也不需要做什么事情了。

评论：与马克思合写。1872年以小册子在日内瓦出版，完整的俄文译本由苏共中央马克思列宁主义研究院于1938年发表在《无产阶级革命》杂志第9期。在1871年9月召开的国际工人协会伦敦代表会议之后，以巴枯宁为首的无政府主义活动加强了。无政府主义团体的公开及秘密活动，使国际工人协会受到较大影响。马克思、恩格斯梳理了无政府主义分子分裂国际工人协会的过程，与无政府主义进行了坚决的斗争。这篇通告彻底揭露了巴枯宁及其"社会主义民主同盟"在国际工人协会内部进行的破坏活动，是马克思、恩格斯反对无政府主义的一个重要阶段。在这篇通告里向全世界无产阶级揭露了无政府主义者的真正目的，揭露了他们同工人阶级的异己分子的联系以及巴枯宁所领导的同盟这个敌视工人运动的宗派的活动。该通告由协会总委员会全体委员署名，于1872年5月底第一次用法语印成单行本并发给协会的所有委员会。

3月27日 《致西班牙联合委员会》指出：我们已收到你们3月16日的来信，非常感谢你们详细地报道了我们协会在西班牙的实际状况，这种状况在我们目前所处的形势下是相当令人满意的。你们报道中最重要的部分，我们准备发表。我们将把给萨拉哥沙代表大会的贺信寄给你们，稍后，还要发一封贺电。在德国，不久前进行的几次审判案使得协会暂时解体，并且你们已经知道，李卜克内西和倍倍尔被判处两年监禁，主要是因他们根据国际的精神进行活动；所以，从那里拍发贺电，目前是不可能的；但我们仍然把你们的信寄到德国去了。我们希望，你们会把伦敦代表会议的各项决议提交你们的代表大会通过。目前承认这些决议的有：德国联合会、罗曼语区联合会、瑞士德语区联合会（苏黎世）、英国联合会、荷兰联合会和美国联合会，还有法国和爱尔兰各支部。

评论：第一次用俄文发表于《马克思恩格斯全集》1935年第1版第26卷。这是恩格斯对国际工人协会西班牙联合委员会3月15日来信的回信，信中感谢西班牙联合委员会对西班牙状况的详细介绍，布置了一些协会的相关事宜，要求西班牙联合委员会通过伦敦代表会议的各项决议。

4月3日 《致在萨拉哥沙举行的西班牙全国代表大会的代表公民们》指出：西班牙国际的成立还不到三年，如今它的支部和联合会已遍布全国；它在所有的城市都有自己的组织，目前它正向乡村深入。由于你们的活动，以及你们国家的互相更替的政府的荒谬而又愚蠢的迫害,你们才能够取得这些巨大的成就,并使国际在西班牙成为一种实际的力量。这些成就之所以可能取得,原因在于我们协会具有一种特殊的组织结构,这种结构给予每个全国性的或地方性的联合会以充分的行动自由,而对于协会的各个中央机关则只是在必要的范围内才给与全权,以便使这些机关能够顺利地为纲领的统一性和共同利益而斗争,并且使协会不致变成资产阶级或警察的阴谋诡计的玩物。

可能,你们还会遭到不少迫害。那时就请你们记住,有其他一些国家(如法国、德国、奥地利、匈牙利),在那里国际会员正遭受政府方面的更为残酷的迫害,但他们终究没有屈服;因为他们和你们一样地知道,对于我们协会说来,迫害是一种最好的宣传手段,而且世界上没有任何力量强大到足以根除现代无产阶级的不断高涨的革命运动。要消灭国际,就必须消灭自然产生国际的基础,即现代社会本身。

评论:载于1872年4月13日《解放报》第44号,1872年4月28日《自由报》第17号和1872年5月4日《人民国家报》第36号。这封贺信是国际工人协会总委员会委托恩格斯写的,4月7日的代表大会宣读了这封信并发表在《解放报》上。西班牙联合代表大会于1872年4月4—11日在萨拉哥沙召开,共有31个地方性联合会派出代表出席了会议,但是,代表会议的公开会议受到警察当局的破坏。

4月6日 《致萨拉哥沙代表大会》指出:总委员会和不列颠联合会委员会议向萨拉哥沙代表大会表示祝贺。无产阶级解放万岁!

评论:载于1872年4月13日《解放报》第44号上。这是恩格斯以个人名义写给西班牙联合代表大会的贺信。

4月16日 《致费拉拉工人协会》指出:任何一个团体成立的时候,都首先必须制定章程和组织条例;你们自己有这样的文件,国际也有这样的文件。也许,国际的这些文件你们还没有读过,所以我附带给你们寄上一份国际文件的法文本。请你们把它交给你们的协会,如果你们同意它,就请通知我。这个共同章程和组织条例,是我们协会唯一的法律,它们可能会使你们的自治受到限制。但是,你们自己也知道,国际不能有两种支部:一种接受共同法律,而另一种则拒绝接受。不过我希望,你们绝不会反对接受这些法律,因为这些法律是整个欧洲工人创立的,是七年来在他们的各次年度代表大会上制定并为所有的人所承认的。

评论:第一次用俄文发表于《马克思恩格斯全集》1935年第1版第26卷。费拉拉工人协会成立后申请加入国际工人协会,恩格斯回信表示感谢并且要求履行一定的手续。恩格斯随信寄去了国际工人协会的纲领性文件,帮助该协会的成员克服了无政府主义的影响。5月7日,总委员会根据恩格斯的提议,批准费拉拉协会成为国际工人协会的一个支部。

4月20日 《伦敦来信。一、英国农业工人的罢工》指出:农业工人联合会对于心惊胆战的土地占有者和农场主,就像国际对于欧洲的那些反动政府一样,是一个可怕的幽灵，只要一提它的名字就会使他们丧魂落魄。他们同联合会进行了斗争，但是徒劳无益；联合会由于有产业工人抵抗团体出主意、提供经验这些帮助，就更加巩固了，并且一天一天壮大起来了，甚至还受到了资产阶级舆论的支持。资产阶级尽管和贵族结成了政治联盟，但经常同贵族进行某种小规模的经济战；由于当时工业蓬勃发展，需要大量工人，因此，几乎所有罢工的农业工人都转入城市就业，在那里他们挣的工资比他们在农业中可能得到的要多。因此，罢工进行得非常顺利，整个英国的土地占有者和农场主都自动地把自己工人的工资提高25—30%。首次取得的这个巨大胜利在农村无产阶级的精神生活和社会生活中开辟了一个新纪元，大批农村无产者投入了城市无产者反对资本压迫的运动。

评论：载于1872年4月24日《人民报》第48号。从发表这篇文章起，恩格斯经常为《人民报》撰稿。《人民报》是一家意大利报纸，19世纪70年代初以前，该报持资产阶级民主主义方针，后来成为社会主义的报纸，1871年至1873年是国际支部的机关报，在反无政府主义的斗争中支持国际总委员会。由于政府的迫害以及工人运动的普遍低落，报纸无法定期出版，恩格斯的撰稿工作持续到1873年初中断了，直到1877年才恢复。恩格斯为该报撰写的文章通常以《伦敦来信》为题。主编按语称：今后我们将以这个标题陆续发表一位可敬的公民不辞辛劳地从伦敦写给我们的信。

4月22—23日 《关于对国际会员泰奥多尔·库诺的迫害》指出：在欧洲为反对国际而建立的警察联盟是实际存在的。他们本来可以把库诺送到瑞士边境并在那里将他释放的，但是他们却把他转交给奥地利人，而奥地利人又把他转交给巴伐利亚人，把他作为一个刑事犯从一个监狱转到另一个监狱。这就是这些"自由的"君主立宪国的自由主义。

评论：载于1872年4月27日《东邮报》第187期和5月7日《玫瑰小报》第127号。恩格斯从意大利报纸以及库诺的来信中得知政府对库诺本人的迫害情形，这种迫害是政府当局的惯用手法，捕风捉影，无中生有，毫无规则可言，对国际成员的正常生活造成极其恶劣的影响。对库诺的迫害是欧洲各国反动政府反对国际的阴谋的具体表现。恩格斯认为揭露这一事实具有重大意义。他在4月23日的总委员会上讲到了这一消息。

5月14日左右 《关于各爱尔兰支部和不列颠联合会委员会的相互关系》指出：根据章程和条例，总委员会无权强迫任何一个支部或分部承认任何一个联合会委员会的管辖权。毫无疑问，总委员会在决定接受或不接受任何一个联合会委员会管辖下的任何一个新支部以前，必须听取该委员会的意见。英国的各爱尔兰支部并不比在这个国家的法国人支部、德国人支部或意大利人支部更应该接受不列颠联合会委员会的管辖。爱尔兰人在各方面都组成了自己的独立的民族，他们讲英语这个事实并不能使他们丧失在国际内部具有独立的民族组织这一大家共同享有的权利。

英国征服和压迫爱尔兰达七百年之久是现存的事实，只要这种压迫还存在，对爱尔兰工人说来，要求他们接受不列颠联合会委员会的管辖，就会是一种侮辱。爱尔兰同英国的关系，就像波兰同俄国的关系一样，是不平等的。如果总委员会号召各波兰人支部承认在彼得堡的俄国联合会委员会的领导，号召普属波兰、北什列斯维希或亚尔萨斯的各支部承认在柏林的联合会委员会的领导，人们会怎么说呢？要知道，对各爱尔兰支部提出的要求实质上和这一样。如果属于统治民族的国际会员号召被征服的和继续受压迫的民族忘掉自己的民族性和处境，"抛开民族分歧"等等，这就不是国际主义，而只不过宣扬向压迫屈服，是企图在国际主义的掩盖下替征服者的统治辩护，并使这种统治永世长存。这只会加深在英国工人中间流行很广的一种观念：他们比爱尔兰人高一等，对爱尔兰人说来他们是贵族，正如蓄奴州的最堕落的白人认为自己对黑人说来是贵族一样。

至于各爱尔兰支部同各英国支部之间的所谓冲突，其产生的原因是：不列颠联合会委员会的委员们企图干涉各爱尔兰支部的事务，强迫它们抛弃自己的民族特性而承认不列颠委员会的领导。此外，在英国的各爱尔兰支部不能同在爱尔兰的各爱尔兰支部分割开来；不能允许有一些爱尔兰人受伦敦联合会委员会的领导，而另一些爱尔兰人则受都柏林联合会委员会的领导。在英国的各爱尔兰支部是我们对爱尔兰本土的爱尔兰工人进行工作的据点。只要使各爱尔兰支部处在更有利的条件下，那它们就会取得更大的成就，而爱尔兰运动的宣传和组织工作只有通过它们才能进行。难道我们应当故意地破坏自己的这些据点，毁灭国际在整个爱尔兰扩大自己影响的唯一手段吗？不应该忘记，各爱尔兰支部绝不会同意放弃自己独立的民族组织而受不列颠委员会的管辖，它们这样做是完全正当的。因此，问题在于：给爱尔兰人以行动自由呢，还是把他们推出协会？如果提出的建议被总委员会接受，那就等于说，总委员会要向爱尔兰工人声明：在英国贵族统治爱尔兰之后，在英国资产阶级统治爱尔兰之后，现在他们应该准备接受英国工人阶级对爱尔兰的统治。

评论：这是恩格斯在总委员会1872年5月14日会议上的发言稿。在这次会议上讨论了关于在英格兰和爱尔兰成立的各支部同不列颠联合委员会之间的相互关系问题。1871年10月，国际工人协会英国各支部的代表和加入国际的工联的代表组成了不列颠联合会委员会，该委员会一开始就出现了以总委员会书记黑尔斯为首的改良主义集团。黑尔斯等人勾结瑞士的无政府主义分子、美国的资产阶级改良主义分子，企图在英国与总委员会分庭抗争。他们拒绝承认海牙代表大会的决议，大肆诽谤总委员会和马克思。黑尔斯等人反对在国际内建立独立的爱尔兰组织，以及这个组织为爱尔兰的独立而进行的斗争。恩格斯在发言中揭露了黑尔斯以及总委员会和不列颠委员会的某些委员的沙文主义观点，发言有理有据，得到委员会多数委员的支持。

6月18日 《总委员会关于在海牙召开代表大会和代表大会议事日程的决议》

指出：鉴于巴塞尔代表大会曾决定在巴黎召开下次代表大会，后来由于代表大会无法在巴黎召开，于是根据共同章程第四条规定，总委员会又于1870年7月12日确定美因兹为召开代表大会的地点；其次，鉴于目前无论在法国还是在德国，国际都遭到政府当局的迫害，以致代表大会无论在巴黎还是在美因兹都无法召开。总委员会根据共同章程第四条——这一条授权总委员会在必要时改变代表大会的开会地点——的规定，确定国际工人协会下次代表大会于1872年9月2日星期一在荷兰海牙召开。鉴于各国的许多支部和联合会都建议下次代表大会修改共同章程和条例；鉴于目前几乎在所有的欧洲国家中，国际都遭到迫害，因而国际面临的任务是巩固自己的组织；总委员会决定把修改共同章程和条例作为海牙代表大会应予讨论的最重要问题列入议事日程，同时保留以后根据各支部和联合会的建议，拟定代表大会的较详细议程的权利。

评论：载于1872年6月29日《国际先驱报》第13号，1872年7月3日《人民国家报》第53号，1872年7月7日《平等报》第14号，1872年7月13日《解放报》第57号，1872年7月14日《自由报》第28号。国际工人协会在法国和德国都遭到政府当局的迫害，使得原定在巴黎召开的代表大会无法如期举行。恩格斯将国际工人协会下一次代表大会的相关举办事宜以通知的形式发表在各大报纸上。代表大会一再易地举行，说明国际工人协会在几乎所有的欧洲国家都遭到迫害，国际的组织如果得不到巩固，极有可能损失掉国际工人协会自成立以来取得的成就。

6月24日　《〈共产党宣言〉一八七二年德文版序言》指出：不管最近二十五年来的情况发生了多大的变化，这个《宣言》中所发挥的一般基本原理整个说来直到现在还是完全正确的。在个别地方本可做某些修改。这些基本原理的实际运用，正如《宣言》中所说的，随时随地都要以现存历史条件为转移，所以第二章末尾提出的那些革命措施并没有什么独立的意义。现在这一段在许多方面都应该有不同的写法了。由于最近二十五年来大工业已有很大发展而工人阶级的政党组织也跟着发展起来，由于首先有了二月革命的实际经验而后来尤其是有了无产阶级第一次掌握政权达两月之久的巴黎公社的实际经验，所以这个纲领现在有些地方已经过时了。特别是公社已经证明："工人阶级不能简单地掌握现成的国家机器，并运用它来达到自己的目的"。

评论：载于小册子《共产主义宣言。附有作者序言的新版》1872年莱比锡版。恩格斯指出，《共产党宣言》的一再重印说明《宣言》中的无产阶级革命理论及马克思主义的一般原理具有跨越历史的强大生命力，而理论总是被实践检验并随着实践而不断被完善，不管历史如何发展，揭示历史客观规律的原理总能指导人们认识世界，改造世界。

7月9日左右　《国际在美国》指出：这个最初由德国工人、爱尔兰工人和法国工人组成的联合会委员会，很快就充满了一大堆形形色色的美国资产阶级男女冒险家。工人被排挤到次要地位；这两个姐妹冒险家的胜利看来是稳有把握的了。总委员会暂时开除了第十二支部，建议两个委员会联合起来，听候将从实质上解决这个问题的美国代表大会的处理，建议今后不接受任何不是起码由三分之二的雇佣工人组成的支部。尽管由于可以理解的原因，这些决议只是以建议的形式提出的，但是它们对国际在美国的命运具有决定的意义。这些决议实际上承认了第一委员会是正确的，这就使得第二委员会的资产者们不可能滥用国际的名义来达到他们自己的目的了。

评论：载于1872年7月17日《人民国家报》第57号。这篇文章讲述了1871年10月至1872年5月期间国际工人协会美国各支部发生的内部斗争。在美国，两位资产阶级的太太看到有利可图，就企图利用国际工人协会做一笔赚钱生意，在美国分别成立了第九支部和第十二支部，其他支部在美国各地相继成立。事实表明，国际工人协会如果不保持工人阶级的本色，就会成为投机分子捞取货币资本和政治资本的工具。这也再次证明，国际工人协会成立时由马克思、恩格斯所制定的基本原则和纲领必须遵守，这是保证国际工人协会在遇到类似问题时维护国际工人协会充分裁决权的重要保证。

7月18日 《致帕尔马工人阶级解放委员会》指出：因为你们章程的内容同协会的共同章程和条例没有任何抵触的地方，所以你们加入国际是没有任何障碍的。只有一点应当肯定，就是你们必须承认协会的共同章程和条例，我随信给你们寄去一份这些文件的法文本（因为意大利文本不全，并且不太确切）。请你们讨论一下这个建议，如果决定承认，就请通知我，以便我能办好接受你们入会的一切必要手续。

评论：第一次用俄文发表于《马克思恩格斯全集》1935年第1版第26卷。恩格斯回信给帕尔马工人阶级解放委员会，原则上同意他们加入国际工人协会，只要他们的章程与协会的共同章程和条例没有任何抵触的地方。国际工人协会欢迎所有的工人组织加入国际，但必须遵守协会的纲领和章程，这是确保协会保持无产阶级先进性的必要条件。

8月4—6日 《总委员会告国际工人协会全体会员书》指出：社会主义民主同盟在成立的时候曾经印行了一个章程，如果我们批准这个章程，它就会保证同盟的双重存在——既存在于国际之内，同时又存在于国际之外。事实上，同盟也就会一方面有自己的同国际的支部、联合会和代表大会并存的支部、联合会和代表大会，同时却又企图成为国际的一个组成部分。同盟的目的在于，用巴枯宁先生的特殊纲领来代替我们的共同章程，并把巴枯宁的个人独裁强加于我们的协会。总委员会在1868年12月22日的通告中拒绝了这种狂妄要求。它表示只有在这样一个不可缺少的条件下才同意接受社会主义民主同盟加入国际，即同盟不再作为一个国际联合组织而存在，它必须解散自己的组织，它的各个支部将根据普通地方支部的权利加入国际。同盟正式接受了这些条件。但是在它的所谓支部中只有一个支部，即日内瓦中央支部加入了我们协会。而其余的支部对总委员会仍然保持秘密，因此总委员会只能认为这些支部是不存在的。

过了三年多以后，我们掌握的一些文件无可辩驳地证明，这个社会主义民主同盟违反自己正式许下的诺言，过去和现在始终都作为一个国际联合组织，而且是以秘密团体的形式存在于国际内部；它现在仍然受巴枯宁先生的领导；它的目的依然如故，最近一年来表面上是针对伦敦代表会议和总委员会而实际上是针对我们的整个组织的一切攻击都来自同盟。

用不着证明，在国际内存在这类秘密团体显然违反了我们的共同章程。我们的章程只承认有一种在权利和义务上都平等的国际会员；同盟却把他们分成两类，即亲信者和非亲信者，而且后者注定要由前者通过一个后者根本不知道的组织来领导。国际要求自己的会员承认真理、正义和道德是自己行为的准则；同盟却规定自己的拥护者把造谣、伪装和欺骗当做首要的义务，指使他们欺骗国际的非亲信的会员，向他们隐瞒秘密组织的存在，以及自己言行的动机和真实目的。国际的纲领包含在它的章程中，是尽人皆知的；同盟的纲领则一贯被隐瞒起来，而且直到今天大家仍然不知道。在工人阶级斗争的历史中，我们第一次在工人阶级内部遇到了一个目的不是要摧毁现存的剥削制度，而是要摧毁为反对这种制度而进行最坚毅斗争的协会秘密阴谋。这是一个旨在反对无产阶级运动本身的阴谋。因此，凡是我们接触到这个阴谋的地方，我们都看到，它在鼓吹起削弱作用的绝对放弃任何政治活动的学说。

评价：第一次用俄文发表于《马克思恩格斯全集》1940年第1版第13卷第2部。1872年夏，马克思、恩格斯收到拉法格等人寄来的证实巴枯宁分子在国际工人协会内部，特别是在西班牙进行破坏活动的文件。国际的执行委员会决定提请总委员会向代表大会建议将巴枯宁及其同盟盟员开除出国际。马克思、恩格斯受托综合执行委员会会议的意见并提交给总委员会。恩格斯在8月6日总委员会会议上提出了他以执行委员会名义起草的这份告国际全体会员书的草案，提出以欺骗的手法加入国际工人协会的行为一经发现，必须立刻将当事人开除出国际。恩格斯的这份草案在总委员会会议上引起了热烈的争论，许多总委员会委员反对在同盟案件调查清楚以前公布这份告会员书，最终决定把草案发给大家参考。在如此充分的证据面前，总委员会的优柔寡断给了巴枯宁分子可乘之机。

8月8日《致国际工人协会西班牙各支部》指出：我们有证据证实，在国际内部，特别是在西班牙，存在着一个自称为社会主义民主同盟的秘密团体。这个团体的中央设在瑞士，它认为自己的专门使命就是要使我们伟大的协会适应它的特殊倾向，并且把协会引向绝大多数国际会员根本不知道的目标。当这个团体还是公开的时候，它的组织和性质就已经同我们章程的精神和文字相违背，所以，它违反自己承担的义务，而秘密存在于国际内部，就无异于直接背叛我们的协会。国际只承认有一种在权利和义务上都平等的会员；同盟却把他们分成两类，即亲信者和非亲信者，而且后者注定要由前者通过一个后者根本不知道的组织来领导。国际要求自己的会员承认真理、正义和道德是自己行为的准则，同盟却责成自己的拥护者必须向国际的非亲信的会员隐瞒这个秘密组织的存在，以及自己言行的动机和真正目的。如果总委员会收不到作出确实的和最后的答复的回信，它将被迫不仅在西班牙国内，而且也在西班牙国外公开宣布，你们违反了共同章程的精神和文字，并且为了一个不仅与国际背道而驰，而且敌视国际的秘密团体的利益而背叛了国际。

评论：与马克思合写。载于1872年8月17日《解放报》第62号。鉴于社会主义民主同盟这个秘密团体的成员进行反对国际工人协会的阴谋活动，总委员会执行委员会在1872年7月24日的会议上，委托西班牙书记恩格斯向西班牙联合会委员会进行书面问询，要求西班牙联合会委员会尽快作出调查，同时将此信公布，以便督促西班牙的所有联合会和支部开展调查工作。

8月15日 《总委员会致新马德里联合会》指出：在西班牙首先敢于同这个叫做社会主义民主同盟的秘密团体划清界限、揭露并挫败其阴谋诡计的，实际上正是新马德里联合会的创建者，为此，执行委员会根据上述理由，代表总委员会，决定承认新马德里联合会，并同它建立经常的和直接的联系。

评论：载于1872年8月24日《解放报》第63号。恩格斯代表国际工人协会总委员会的执行委员会承认新马德里联合会正式加入国际，而在此前，西班牙联合会委员会拒绝新马德里联合会加入国际。国际工人协会的发展证明，最终裁决权必须掌握在国际工人协会总委员会手里，才能防止其他地区性委员会滥用权力。

8月23日 《总委员会就里米尼代表会议告国际工人协会意大利各支部书》指出：某个据称是属于国际工人协会的意大利联合会的代表会议的决议断然表示同伦敦总委员会不再有任何团结一致，并擅自规定在纽沙特尔（瑞士）召开反权威主义的代表大会，建议这一派的各个支部都要派自己的代表前往纽沙特尔，而不是前往即将举行国际应届代表大会的海牙。必须指出，有代表在这个决议上签字的21个支部中，只有一个支部（那不勒斯支部）属于国际。其余20个支部中没有一个履行我们的共同章程和条例所规定的接受新支部的任何一个条件。因此，根本不存在任何国际工人协会意大利联合会。正是那些妄图建立这个联合会的人，在伟大的工人协会之外建立自己的国际。

评论：部分载于1872年8月28日《人民报》第95号，全文载于1872年9月29日《平民》第20号。这篇文章是恩格斯针对意大利存在假冒国际工人协会的名义进行活动的组织而写。工人运动的发展显示出，对于国际工人协会这样一个国际性的庞大组织而言，如何确保支部与中央委员会的密切联系，以及支部的纯粹性是一个现实问题。

8月底 《代表总委员会向海牙代表大会提出的关于社会主义民主同盟的报告》

指出：社会主义民主同盟是米·巴枯宁在1868年底建立的。这是一个企图在国际工人协会内部和外部同时进行活动的国际团体。这个团体是由协会会员组成的，他们要求有参加国际会员的一切集会的权利，但是却希望有权同国际并列地保留自己的地方性组织、自己的全国性联合会、自己的代表大会。可见，同盟从一开始就企图成为我们协会内部的一个特殊的贵族集团，一个有自己的纲领、享有特权的上等人物的派系。

同盟的目的是要依靠自己的秘密组织把它的宗派主义的纲领强加于整个国际。达到这个目的的最有效的办法，就是利用秘密组织的力量争取把同盟盟员选入各个地方委员会和联合会委员会以及总委员会，以便把这些委员会都抓在自己手中。凡是同盟认为有成功希望的地方，它就是这样做的；这一点我们在下面就可以看到。很清楚，如果同盟盟员宣传自己的纲领，那谁也不可能对他们有意见。国际是由属于各种极不相同的派别的社会主义者组成的。它的纲领非常广泛，足以容纳所有这些派别；巴枯宁派是根据和其他派别同样的条件被接受进来的。巴枯宁派之所以受责备，正是因为他们违反了这些条件。至于说到同盟的秘密性质，那就完全是另一回事了。在许多国家，在波兰、法国、爱尔兰，秘密组织都是保护自己免遭政府的恐怖措施之害的合法手段，国际不能忽视这一点。但是，国际在伦敦代表会议上已经声明，它愿意仍旧完全不同这些团体发生关系，并且不承认这些团体是自己的支部。可是主要的是，在这里我们面对着这样一个秘密团体，它的建立不是为了反对各国政府，而是为了反对国际本身。

组织类似的秘密团体不仅显然违反对国际承担的义务，而且也显然违反我们的共同章程的文字和精神。我们的章程只承认有一种在权利和义务上都平等的国际会员；同盟却把他们分成两类，即亲信者和非亲信者、贵族和平民，而且后者注定要由前者通过一个后者根本不知道的组织来领导。国际要求自己的会员承认真理、正义和道德是自己行为的准则；同盟却规定自己的拥护者把造谣、伪装和欺骗当做首要的义务，指使他们欺骗国际的非亲信的会员，向他们隐瞒秘密组织的存在，以及自己言行的动机和真实目的。同盟的创始人知道得很清楚，国际广大的非亲信的会员群众只要一知道存在类似的组织，就永远不会自觉地服从这种组织的。这就是他们要把它变成"完全秘密的"组织的原因。因为有必要强调指出，这个同盟的秘密性质并不是为了瞒过各国政府的耳目，否则它开始就不会作为一个公开的团体而存在了；这种秘密性质的唯一目的，就是要欺骗国际非亲信的会员，同盟对总委员会进行的不体面的欺骗便证实了这一点。所以，这是一个反对国际的真正阴谋。在工人阶级斗争的历史中，我们第一次在工人阶级内部遇到了一个目的不是要摧毁现存的剥削制度，而是要摧毁为反对这种制度而进行最坚毅斗争的协会本身的秘密阴谋。

评论：第一次用俄文发表于《马克思恩格斯全集》1940年第1版第13卷第2部。国际工人协会成立之初所制定的纲领非常广泛，接纳各种极不相同的社会主义者加入，这就使得巴枯宁派等派别有了可乘之机。国际工人协会的发展史同时也是马克思、恩格斯同各种宗派进行斗争，维护马克思主义指导地位的历史。社会主义民主同盟长期在国际内部从事秘密活动，极大地削弱了国际工人协会团结广大无产阶级的力量。从当时的历史条件来看，国际工人协会的广泛性纲领具有客观必要性，但随着社会经济条件的不断发展，以及革命形势的不断变化，国际工人运动的团结方式应当有所改变。

10月21日 《在海牙举行的全协会代表大会的决议》指出：工人阶级在反对有产阶级联合权力的斗争中，只有组织成为与有产阶级建立的一切旧政党对立的独立政党，才能作为一个阶级来行动。工人阶级这样组织成为政党是必要的，为的是要保证社会革命获得胜利和实现这一革命的最终目标——消灭阶级。工人阶级由于经济斗争而已经达到的力量的团结，同样应该成为它在反对它的剥削者的政权的斗争中的杠杆。由于土地巨头和资本巨头总是要利用他们的政治特权来维护和永久保持他们的经济垄断，来奴役劳动，所以，夺取政权已成为无产阶级的伟大使命。

评论：1872年以小册子《在海牙举行的全协会代表大会的决议（1872年9月2—7日）》在伦敦出版，并载于1872年11月2日《解放报》第72号和1872年12月14日《国际先驱报》第37号。马克思和恩格斯起草。该决议涉及十个方面的内容，在原有基础上进行了增减或者修改。

10月1日 《海牙代表大会（给比尼亚米的信）》指出：马克思、恩格斯、赛拉叶、符卢勃列夫斯基、杜邦和前总委员会的其他委员建议把总委员会迁往纽约，因为纽约是除了伦敦以外唯一具备能够保证档案安全并使总委员会的组成具有国际性质这两个基本条件的地方。这一提议证明他们绝不是为了自己而要求给予总委员会以更广泛和更确定的权力的。前总委员会提出的所有建议中，这是唯一遇到了阻难的建议，因为除了汝拉联合会的代表和西班牙人以外，所有的人都一致希望仍然由至今一直领导国际的那些人来领导国际。只是在前总委员会那些最积极、最著名的委员正式声明他们拒绝接受新的委托书以后，迁往纽约的问题才以绝对多数票通过了。

评论：载于1872年10月5日《人民报》第106号。恩格斯在此信中向比尼亚米详细介绍了国际海牙代表大会的参会代表、会议议程、会议决议以及会议过程中发生的争论等相关内容。

10月初 《海牙代表大会的限权代表委托书》指出：由于最近一个时期许多议员背叛了自己的选民，已被1789年革命废除了的中世纪的陈旧的限权代表委托书又流行起来了。一个代表，如果觉得委托书对他是合适的，就服从它，否则，就借口情况不明，到头来怎么对他有利就怎么做。归根到底，难道反权威主义者的责任不是蔑视限权代表委托书的权威以及其他一切权威吗？在汝拉人的限权代表委托书中表现得非常明显的十足的同盟精神，在代表们玩忽自己委托书的真正无政府主义的手法中又得到了补充发挥。为什么同盟分子，即一切形式的权威原则的不共戴天的敌人，这样顽强地坚持限权代表委托书的权威呢？因为对于像他们那样一个存在于国际这个公开组织之内的秘密团体来说，限权代表委托书是最方便不过的了。同盟盟员的所有委托书都是一样的，而未受同盟分子影响的或反对同盟的支部的委托书则各不相同，因此，绝对多数经常都会属于秘密团体，更不用说在任何情况下它都会拥有相对多数了，同时，在一个不使用限权代表委托书的代表会议上，那些独立自主的代表们的健全思想将使他们迅速联合起来，团结一致地反对秘密团体的拥护者。限权代表委托书，这是一种特别有效的统治方法，正因为如此，同盟才不顾自己的全部无政府主义而捍卫它的权威。

评论：载于1872年10月13日《解放报》第69号。恩格斯在文中对"限权代表委托书"这一陋习进行了揭露和批判，揭露了社会主义民主同盟坚持限权代表委托书的目的。

10月5日　《伦敦来信。二、再谈海牙代表大会》指出：哪儿有组织存在，那儿就必然要为了行动的一致而牺牲一部分自治。把总委员会迁往纽约的理由是：1. 马克思、赛拉叶、杜邦和恩格斯毅然决定不接受新的委托书。马克思和恩格斯有科学著作需要完成，而最近两年来，他们没有时间做这一工作。2. 确信在他们辞职以后，代表法国人参加伦敦总委员会的将是布朗基主义者，如果我们在法国的支持者全跟着这些人走的话，他们中的大部分人会由于这些人玩弄阴谋而遭到逮捕；代表英国人参加伦敦总委员会的将是被收买的分子，这些人经常把我们出卖给自由资产阶级和格莱斯顿先生的激进的代理人；至于其他各民族，它们可能根本没有代表参加总委员会，因为没有马克思等人，符卢勃列夫斯基、麦克唐奈、弗兰克尔是不愿意留在总委员会里的。

评论：载于1872年10月8日《人民报》第107号。恩格斯重申了国际海牙代表大会的精神，讲述了国际工人协会迁址的原因、理由等。

10月16日　《致国际工人协会不列颠联合会委员会（关于葡萄牙罢工）》指出：由于我有义务向我的里斯本通讯员们说明，我为有关方面做了些什么，所以我希望，联合会委员会不会拒绝告诉我，委员会在这方面是否有所作为，如果有，究竟是什么。

评论：第一次用俄文发表于《马克思恩格斯全集》1935年第1版第26卷。葡萄牙工人的罢工运动希望得到国际工人协会不列颠联合会的支持，恩格斯因此写信问询采取的措施。恩格斯认为，单个国家的工人运动对资产阶级造成的打击和威胁有限，只有用世界无产阶级的团结来对付世界资产阶级的联合，无产阶级才有获取胜利的资本，这也是国际工人协会成立的根本原因。

10月31日　《关于协会在西班牙、葡萄牙和意大利的状况给总委员会的报告》指出：国际在西班牙最初是作为巴枯宁的秘密团体——同盟的一个简单附属品建立起来的；它必须充当同盟的一个特殊的招募人员基地，同时也必须成为同盟影响整个无产阶级运动的杠杆。下面我们就会看到，现在同盟仍然在公开设法使西班牙的国际回复到它过去所处的那种从属地位。由于这种从属关系，同盟的各种特殊理论——立即废除国家、无政府状态、反权威主义、放弃一切政治行动，等等——在西班牙都被当做国际的学说来宣传。同时，每个著名的国际会员都立即被列为这个秘密组织的成员，并且使他们相信，由秘密团体领导公开协会的办法是到处都采用的，并且是一种完全自然的现象。西班牙的大部分国际会员仍然在跟着同盟走，同盟不仅统治着联合会，而且统治着绝大多数地方委员会。但是，有很多迹象表明，代表大会的决议对西班牙群众发生了深刻的影响。国际在那里的声望很大，而国际的正式表现——代表大会——具有巨大的精神影响。因此，同盟的先生们要想使群众相信他们是正确的就愈来愈困难了。反对运动日益强烈。

评论：第一次用原文发表于《约·菲·贝克尔、约·狄慈根、弗里德里希·恩格斯、卡尔·马克思等致弗·阿·左尔格等书信选集》1906年斯图加特版。恩格斯向总委员会报告了国际工人协会在西班牙的情况。国际在西班牙已经成为巴枯宁所领导的同盟宣传其无政府主义、反权威主义等理论的工具。他们在进行以污蔑为基础的瓦解国际的阴谋活动。同盟的拥护者和倾向于国际的人之间的分裂越来越明显。同时，很多迹象表明代表大会的决议对西班牙群众发生了深刻的影响。国际声望逐渐扩大，发挥了巨大的精神影响，反对运动日益发挥作用。

11月13日 《致洛迪下伦巴第工农协会（国际支部）》指出：我非常高兴地得知，你们建立了一个国际支部。我立即把这件事情通知了纽约的新总委员会。在这封信的末尾，我把同总委员会直接联系的地址告诉你们，同时我随时准备为你们提供一切消息，或者做你们希望我做的其他任何事情。

评论：载于1872年11月17日《人民报》第117号。此时总委员会已迁往美国纽约。下伦巴第工农协会（国际洛迪支部）是1872年10月在比尼亚米的直接影响下成立的，1872年10月28日比尼亚米把这件事通知了恩格斯。洛迪支部通过的章程是同国际的章程相符合的。恩格斯于1872年11月25日写信把洛迪支部成立的消息通知了总委员会书记左尔格。由于警察的迫害，这个支部于1873年初停止活动。

11月14日 《伦敦来信。三、海德公园的群众大会》指出：这次示威取得了巨大成就，这点甚至伦敦的资产阶级报刊都不能否认。这是我们居民中的英格兰人和爱尔兰人的第一次友好团结。工人阶级的这两个部分的互相敌视曾为政府和富裕阶级的利益很好地效过劳，现在它们互相伸出了手；这件令人可喜的事情首先是由于国际前总委员会的影响造成的，前总委员会一直在竭尽全力促使这两个民族的工人在完全平等的基础上联合起来。11月3日举行的大会在伦敦工人运动史上开辟了一个新时代。

评论：载于1872年11月17日《人民报》第117号。英国政府极为恶劣地对待被囚禁的爱尔兰政治犯引发了伦敦民主组织的一次大规模的示威活动。英国议会通过一项法律，根据女王的命令开始实行伦敦各公园游览规则，限制了在公园举行公众集会的权利。但是，示威者坚持举行集会并取得了巨大成就，提出要求大赦和废除在爱尔兰经常实行戒严的特别法令。恩格斯高度评价了这一事件，虽然演讲人被传唤出庭受审，但是，爱尔兰人凭自己的毅力保障了伦敦居民在什么时候和以什么方式在各个公园举行集会的权利。

12月11日 《伦敦来信。四、海德公园的群众大会——西班牙状况》指出：英国政府对海德公园爱尔兰人群众大会上所有演讲人的审讯，招致了一场猛烈的风暴。诚然，治安法官对被告判处了五英镑罚款，但是，法庭上的辩论表明，无论从什么观点来看，公园新条例都是非法的，因此，现在受理这个案件的上诉法院必然会宣布被告无罪。

第一次群众大会之后，在海德公园里没有一个星期日不举行公开集会的，而政府不敢阻挠任何一个演讲人。有一次集会是为保卫宣布罢工的警察而举行的；另一次群众大会则纯粹是为了确保在公园举行集会的权利。这里收到的关于国际各联合会对海牙代表大会决议的态度的消息令人非常满意。在荷兰，在全国代表大会上通过了符合我们伟大协会的真正精神的决议。在西班牙，尽管海牙代表大会少数派的领导者认为他们是能够左右局势的人，但工人的正确意识仍然占了上风。

评论：载于1872年12月14日《人民报》第122号。恩格斯继续报道了伦敦海德公园群众大会的后续情况。罢工运动遍及英国，警察罢工并且取得成功，说明英国"虽然有一个十足贵族气的外壳，但是资产阶级精神已无所不在"。文章还讲到了国际各联合会对海牙代表大会决议的支持。

12月20日 《致〈国际先驱报〉编辑》指出：这位突然装扮成争取各支部和联合会"自治"的战士的黑尔斯先生，实际上把这种自治理解为他个人的专横独断。他争取到把自己任命为：第一，负责记录的书记；第二，通讯书记（英国国内和国外通讯书记）；第三，不列颠联合会委员会财务委员；但是，由于他自己不能同时执行所有这些职务，所以，第四，他又任命了这个委员会的其他一些委员专门充当自己的奴仆。并且，第五，他事先没有报请不列颠联合会委员会批准，便以这个委员会的名义给世界各地写信。黑尔斯先生的逻辑是非常奇妙的。代表大会把同盟开除出国际一事，成了他证明前总委员会伪善的证据，前总委员会是不承认这个组织的。

评论：载于1872年12月21日《国际先驱报》第38号和1872年12月28日《解放报》第80号。文章驳斥了黑尔斯的造谣和污蔑。从1872年春天起，黑尔斯开始同总委员里支持马克思的多数派闹对立。在12月1日《汝拉联合会简报》第23期上发表了黑尔斯11月6日的来信和由同盟盟员施维茨格贝耳署名的回信以后，马克思和恩格斯决定公开驳斥黑尔斯。不列颠联合会委员会中的改良主义派和形形色色的反马克思主义分子其中包括瑞士的同盟盟员，勾结起来了。英国改良主义者和瑞士无政府主义者猛烈攻击海牙代表大会的一切决议，尤其是关于工人阶级的政治行动和关于扩大总委员会权力的决议。

12月20日左右 《曼彻斯特外国人支部致不列颠联合会所有支部和全体会员》指出：根据国际共同章程第三条的规定，全协会代表大会应当"采取使我们协会顺利进行活动的必要办法"。代表大会是它的立法机关。代表大会的决议全体会员都必须遵行。凡是不喜欢这些决议的人可以或者退出协会，或者在下次代表大会上设法废除这些决议。但是，任何一个协会会员、任何一个支部、任何一个联合会委员会、任何地方性的或全国性的代表大会，只要还想留在国际内，就无权宣布这些决议无效。

代表大会是由总委员会按照共同章程第四条的规定通过合法手续召开的。出席大会的有64名代表，他们共代表15个国家，而且代表本人也分别属于12个不同的民族。大会代表的这种真正国际性是过去任何一次代表大会都不可比拟的。大会所通过的决议都贯穿着真正的国际主义精神，关于这一点下述事实可以作证：几乎全部决议都是以四分之三的多数票通过的，而且不久前被卷入骨肉相残的战争的两个民族的代表——法国人和德国人——几乎在所有的场合都一致投票赞成这些决议。如果英国由于它本身的过错而没有派一个人数众多的代表团出席代表大会，难道这能成为宣布代表大会是不合法的理由吗？

评论：1872年12月23日印成传单，并载于1873年3月8日和15日《工人报》第5号和第6号。恩格斯应曼彻斯特外国人支部的请求所写的这份呼吁书，呼吁不列颠联合会委员会与其中拒不承认海牙代表大会决议的改良主义分子进行斗争。国际工人协会曼彻斯特外国人支部是1872年8月建立的，它的成员基本上是当时侨居曼彻斯特的、通常是国际会员的流亡工人。曼彻斯特外国人支部为反对不列颠联合会委员会中拒不承认海牙代表大会各项决议的改良主义分子进行了积极的斗争。支部支持马克思和恩格斯为巩固不列颠联合会和清除联合会中的破坏分子而进行的斗争。

1872年5月—1873年1月 《论住宅问题》指出：目前引起报刊极大注意的所谓住宅缺乏现象，并不是说工人阶级一般总是住在恶劣的、拥挤的、不卫生的住宅中。这种住宅缺乏不是现代特有的现象；它甚至也不是现代无产阶级遭受的一种和以前一切被压迫阶级的痛苦不同的特有的痛苦；相反，它几乎是同等地伤害到一切时代的一切被压迫阶级。要消除这种住宅缺乏现象，只有一个方法：消灭统治阶级对劳动阶级的一切剥削和压迫。

住宅缺乏现象是资产阶级社会形式的必然产物；这样一种社会没有住宅缺乏现象就不可能存在，在这种社会中，绝大多数劳动群众不得不专靠工资来过活，也就是靠为维持生命和延续后代所必需的那些生活资料来过活；在这种社会中，机器技术等等的不断改善经常使大量工人失业；在这种社会中，工业的剧烈的周期波动一方面决定着大量失业工人后备军的存在，另一方面又时而把大批失业工人抛上街头；在这种社会中，工人大批地拥塞在大城市里，而且拥塞的速度比在当时条件下给他们修造住房的速度更快，所以，在这种社会中，最污秽的猪圈也经常能找到租赁者；

最后，在这种社会中，作为资本家的房主总是不仅有权，而且由于竞争，在某种程度上还应该从自己的房产中无情地榨取最高的房租。在这样的社会中，住宅缺乏现象并不是偶然事件，它是一个必然的现象；这种现象连同它的一切影响健康等等的后果，只有在产生这些后果的整个社会制度都已经根本改革的时候，才能消除。但是，资产阶级社会主义是不会知道这点的。它不敢用现存条件来说明住宅缺乏现象。因此，它别无他法，只好用一些说教的词句来把住宅缺乏现象归之于人们德行败坏，也就是原罪。

这场论战即使没有任何其他的益处，无论如何总有一个好处：它表明了这些自命为"实际的"社会主义者们的实践究竟是怎么一回事。这些消除一切社会祸害的实际建议，这些社会的万应灵丹，无论何时何地都是那些当无产阶级运动还在幼年时出现的宗派创始人制造出来的。蒲鲁东也是其中之一。无产阶级的发展把这些襁褓扔在一边，并在工人阶级本身中培养出一种认识：再没有什么东西比这些预先虚构出来适用于一切场合的"实际解决办法"更不切实际的了，相反地，实际的社会主义是在于对资本主义生产方式各个方面的正确认识。对具有这种认识的工人阶级说来，要在每个具体场合决定应该反对哪些社会机构，以及应该怎样进行自己的主要打击，无论何时都是不会发生困难的。

评论：载于1872年6月26日和29日、7月3日、12月25日和28日《人民国家报》第51、52、53、103和104号；1873年1月4日和8日、2月8、12、19和22日《人民国家报》第2、3、12、13、15和16号，并于1872—1873年以三个分册在莱比锡出版。恩格斯批判了蒲鲁东主义者提出的解决住宅问题方案的反动性质，以及资产阶级慈善家们解决住宅问题的改良主义方案。蒲鲁东主义者企图把无产阶级变成工场手工业时期除了拥有简单生产工具外，还拥有自己的小屋子、小菜园和小块土地的手工业者。对此恩格斯指出，现代大工业把先前被束缚在土地上的手工业工人变成一个完全没有财产、只靠出卖劳动力才能维持生存的无产阶级，这正是历史发展的一个进步。因为正是在这个经济革命造成的条件下才可能推翻剥削劳动阶级的最后一种形式，即资本主义生产形式。《论住宅问题》以论战的形式阐述了科学社会主义和政治经济学的一些重要原理，强调了社会革命是解决住宅问题的根本途径，完成了马克思1847年在《哲学的贫困》中开始的从理论上批判蒲鲁东主义的工作，对消除蒲鲁东主义在工人运动中的不良影响，提高德国社会民主党的政治理论水平，产生了巨大的作用。

1873 年

1月初 《普鲁士"危机"》指出：要说明普鲁士资产阶级的可鄙行为，没有比这出颁布专区法的闹剧更好的事实了。1848年在普鲁士发生了革命；政权落入资产阶级手中；只要军队宣誓效忠宪法，——不管是什么样的宪法，——资产阶级就能保持住政权。封建主和官僚已经害怕得要命，以为当时消灭还保存下来的封建主义的残余是不言而喻的了。事实上，1848年宪法，甚至1849年宪法的初步草案，虽然用的是普通的鄙陋的形式，但是已经包含了这方面的一切实质性的东西。资产阶级只要稍微反抗一下就会使封建权利不可能得到恢复。除了少数顽固的容克地主或者再添上一个浪漫主义者弗里德里希-威廉四世，再也没有人对恢复封建权利感兴趣了。然而欧洲反动派刚一获得胜利，普鲁士资产阶级便马上匍匐在曼托伊费尔的脚下，用摇尾乞怜的感激姿态来报答他的鞭子的每一次抽打。资产阶级不仅为易北河以东的容克地主恢复了世袭领地的警察制度和其他的一切封建废物，甚至还自己惩罚了自己的罪孽深重的自由主义，亲手废除了在1808年确定的工业自由并且在十九世纪中叶恢复了行会制度。

评论：载于1873年1月15日《人民国家报》第5号。恩格斯揭露了德国资产阶级的无能和政治上的投降主义，分析了容克地主阶级的处境。恩格斯指出，专区法废除了单个容克地主因封建特权而享有的权利，以便在实行专区自治幌子下还权于容克地主阶级。德国资产阶级已完全丧失革命的斗志和理想，而在普鲁士资产者的背后，德国工人正在巍然奋起。

1872年10月—1873年3月 《论权威》指出：有些社会主义者近来开始了一次真正的十字军征讨，来反对他们称之为权威原则的东西。他们只要宣布这种或那种行为是权威的，就足以给它定罪了。这种简单化的方法竟被滥用到这种地步，以致必须比较详细地来分析一下这个问题。这里所说的权威，是指把别人的意志强加于我们，另一方面，权威又是以服从为前提的。但是，既然这两种说法都不好听，而它们所表现的关系又使服从的一方感到难堪，于是就产生了一个问题：是否可以不要这种关系呢，我们能不能——在现代社会中既有的条件下——创造出另一种社会制度来，使这个权威成为没有意义的东西而归于消失呢。我们只要考察一下作为现代资产阶级社会基础的那些经济关系，即工业关系和农业关系，就会发现，它们有一种使各个分散的活动愈来愈为人们的联合活动所代替的趋势。代替各个分散的生产者的小作坊的，是拥有庞大工厂的现代工业，在这种工厂中有数百个工人操纵着蒸汽发动的复杂机器；大路上的客运马车和货运马车已被铁路上的火车所代替，小型帆船和内海帆船已被轮船所代替。甚至在农业中，机器和蒸汽也愈来愈占统治地位，它们正缓慢地但却一贯地使那些靠雇佣工人耕作大片土地的大资本家来代替小自耕农。可见，联合活动、互相依赖的工作过程的复杂化，正在取代各个人的独立活动。但是，联合活动就是组织起来，而没有权威能够组织起来吗？

为什么反权威主义者不只是限于高喊反对政治权威，反对国家呢？所有的社会主义者都认为，政治国家以及政治权威将由于未来的社会革命而消失，这就是说，社会职能将失去其政治性质，而变为维护社会利益的简单的管理职能。但是，反权威主义者却要求在那些产生权威的政治国家的社会关系废除以前，一举把权威的政治国家废除。他们要求把废除权威作为社会革命的第一个行动。这些先生见过革命没有？革命无疑是天下最权威的东西。革命就是一部分人用枪杆、刺刀、大炮，即用非常权威的手段强迫另一部分人接受自己的意志。获得胜利的政党如果不愿意失去自己努力争得的成果，就必须凭借它的武器对反动派造成的恐惧，来维持自己的统治。要是巴黎公社不依靠对付资产阶级的武装人民这个权威，它能支持一天以上吗？反过来说，难道我们没有理由责备公社把这个权威用得太少了吗？

评论：1873年12月载于《1874年共和国年鉴》文集。恩格斯针对无政府主义反对一切权威的观点阐述了科学的权威观，指出权威的绝对必要性；批驳了巴枯宁主义者否认一切权威，要求绝对自治的谬论。恩格斯还批判了巴枯宁要求在产生国家的社会关系废除以前就"废除国家"的观点，指出革命就是一部分人用枪杆、刺刀、大炮，即用非常权威的手段强迫另一部分人接受自己的意志。获得胜利的政党如果不愿意失去自己努力争得的成果，就必须凭借它的武器对反动派造成的恐惧，来维持自己的统治。本文对反对无政府主义、维护革命的正确权威具有重要的指导意义。

1—2月中 《关于国际在大陆上活动情况的报道》指出：在意大利，从来不妨碍各分裂主义支部活动的意大利政府，对承认新总委员会和拥护海牙代表大会决议的洛迪支部展开了一个疯狂的迫害运动。支部被解散了，发布了逮捕委员会全体委员的命令；其中有三个委员已被投入监狱，而其余的六人隐藏起来了。被捕的人中有《人民报》编辑比尼亚米。载有总委员会呼吁书的那号报纸也以这个理由被没收了，然而分裂分子的最疯狂的宣言却可以自由地传播。被捕的人将被控犯有叛国罪而出庭受审。在西班牙，对西班牙联合会委员会的分裂活动的反抗正日益加强。这个委员会刚刚决定于12月26日在哥多瓦召开代表大会，以便接受或拒绝海牙的各项决议，新马德里联合会就宣布，委员会采取这种行动就是把自己置于国际队伍之外，并号召各个支部和地方联合会不派代表出席分裂分子的代表大会，而临时选举一个新的联合会委员会。在葡萄牙，国际组织的工人运动在那里已经达到了罕有的规模。仅仅在里斯本以及邻近的地区就有15000多工人组织在工会中，这个组织还正在向波尔图和北面扩展。所有这些团体都是由国际建立的，而且现在仍在它的直接影响之下。然而国际本身，由于该国现行法律的限制，已失去了自由进行组织的可能。国际的《社会思想报》现在能够自己维持自己。我们还可以补充说，在葡萄牙没有分裂分子。海牙的各项决议不仅得到一致拥护，而且被热烈地接受了。在德国，国际会员、德意志帝国国会议员倍倍尔由于在一次演说中说了带有"侮辱性"的话，曾被萨克森法庭判处九个月监狱监禁和剥夺议员的一切权利，但在最近，即1月20日，他又以10470票对4420票（政府候选人所得的票数）的多数重新当选。

这已经是倍倍尔第三次在自己的选区当选，而且这一次他所得到的选票比过去任何一次选举都要多2500票。这样一来，俾斯麦又不得不和这个唯一敢于在现在的帝国国会中公开反对他而维护工人阶级利益的人打交道了，不得不和这个唯一使他真正感到恐惧的人打交道了。在法国，几乎在所有大城市中都大肆逮捕被当做国际会员的人。当然，无法知道协会的真正会员是否已被发现，即使知道了，为了维护被捕者，也不能把这件事公开，因为现在在法国参加国际是要受到惩罚的。现在仅仅知道一点，即在法国几个分裂分子没有遭到迫害。

评论：载于1873年1月11日、2月1日、8和15日《国际先驱报》第41、44、45和46号。恩格斯分别介绍了国际工人协会在意大利、西班牙、葡萄牙、德国等地遭遇的情况。意大利政府正在疯狂迫害拥护国际的支部，但从来不干涉分裂主义支部的活动。国际在葡萄牙得到空前发展，但由于葡萄牙法律的限制，国际失去了自由组织的可能。德国的国际会员倍倍尔因演说中带"侮辱性"语言被判监禁后再度当选为帝国国会议员，说明国际工人协会在德国工人阶级中拥有着巨大的影响力。法国也在大肆搜捕国际会员，而分裂分子和在意大利一样，没有遭到迫害。事实再次说明，问题不在于身份如何，而在于是否危害政府的权威和统治。

2月8日 《给总委员会的便函》指出：总委员会本来可以直截了当地指出，汝拉人由于拒绝了海牙决议并且建立了自己特殊的联盟，从而自行退出了组织，它没有这样做，而只是把他们暂时开除。这样一来，第一，他们随时可以要求召开代表会议。第二，这个问题会在代表大会上被用完全另一种形式提出：在对他们代表的代表资格证是否有效问题进行表决以前，就应当允许他们参加。第三，总委员会不得不用对付黑尔斯那帮家伙的同样的办法去对付比利时人和西班牙人，而这种接连不断地开除的办法影响很不好，总委员会不如再等待几个星期，直到知道比利时代表大会和西班牙代表大会的结果以后再在一个唯一的声明中宣布这一点，而在这个声明中除了说明正式的理由以外，还可以明确地指出，不能同时既在国际之内又在国际之外，不能一方面说自己属于国际而同时又宣布国际的法律是无效的，这样一来，就可以轻而易举地证明，某某、某某是自己把自己置于国际之外。

评论：全文第一次用俄文发表于《马克思恩格斯全集》1935年第1版第26卷。恩格斯在便函中着重讲了黑尔斯等分裂分子的惨败情况。恩格斯指出，总委员会在对付汝拉联合会时应果断坚决，否则分裂分子会利用一切机会卷土重来。

4月15日 《致国际工人协会总委员会》指出：《国际先驱报》也是气息奄奄了。我们也许可以设法使这家报纸维持到最近这次英国代表大会召开的时候，在此以后我们可能会出版另一种刊物。《先驱报》的价值不很大；它的意义只在于作为刊登不列颠联合会委员会各种材料的机关报，但是作为这样一种机关报，它在目前几乎是不可代替的。

评论：第一次用原文摘要发表于《约·菲·贝克尔、约·狄慈根、弗里德里希·恩格斯、卡尔·马克思等致弗·阿·左尔格等书信选集》1906年斯图加特版。在这封信里恩格斯向总委员会报告了国际的报刊《解放报》《社会思想报》《国际先驱报》面临停刊的情形，并称有意创办新的报纸和刊物。

4月底　《关于〈新社会民主党人报〉的几篇文章》指出：表示反对海牙代表大会的有：（1）自封的意大利联合会，它从来就不属于国际，因为它不愿意承认共同章程，而不服从共同章程，无论如何是不可能属于国际的。相反地，许多真正的意大利支部都承认章程并且同总委员会保持着经常的联系。（2）汝拉联合会，有150人，而仅在一个瑞士法语区反对他们的就有四五千人；因此该联合会被暂时开除。（3）比利时人。（4）一部分西班牙人，可是另一部分西班牙人在瓦伦西亚成立了联合会委员会，并同纽约总委员会有经常的联系。（5）英国的整整十个人，他们自己没有一个真正的支部，而不列颠联合会委员会却有着许多支部的支持，其中很多支部的人数达500人或者更多，而且这些支部每星期都在壮大，该联合会委员会认为，承认海牙代表大会的决议是参加国际的基本条件。（6）在法国，既然那里还存在着组织，那它就是站在海牙和总委员会方面的。

评论：载于1873年5月7日《人民国家报》第37号。文章摘自恩格斯给《人民国家报》编辑阿·赫普纳的信。恩格斯有力地反驳了1873年4月27日《新社会民主党人报》第49号上发表的诽谤国际的文章。

5月2日　《国际和〈新社会民主党人报〉》指出：《新社会民主党人报》第49号发表了关于国际在法国的最近几次审判案的一篇骗人的文章，显然，这篇文章的作者得到了从爬虫报刊基金中拨发的慷慨报酬，所以这篇文章特别卖力地大肆造谣。关于土鲁斯审判案，《新社会民主党人报》是以布鲁塞尔《国际报》的一篇文章为根据的；而《国际报》的这篇文章又是从《自由报》上转载过来的，文章是出自法国流亡者茹尔·盖得之手。这个人从他到达日内瓦的时候起，就和当地其他想做流亡中的"大人物"的人一起为巴枯宁大事吹嘘，并且出席了汝拉人在桑维耶举行的代表大会，在有名的汝拉联合会通告上签了字；在这个通告中，巴枯宁先生的秘密同盟向国际宣了战。我们现在就来看一看，盖得先生在国际在法国的活动中究竟起了些什么作用。文章竟把那个在这次案件中出卖同自己一起被控的国际会员的丹特雷格说成是马克思的总全权代表，并想把这一叛卖行为和随后做出的有罪判决都归罪于马克思以及总委员会和"从上到下都是权威主义的组织"。

评论：载于1873年5月10日《人民国家报》第38号。恩格斯指出《新社会民主党人报》上攻击国际的文章出自法国流亡者茹尔·盖得之手，此人被政府收买，又为巴枯宁站台。文中指明几个事实：丹特雷格不是马克思的全权总代表，也不是告密者；巴黎审判案中，赫德盖姆是暗探。文中还驳斥了两个说法：一是巴枯宁被开除是因他"想消除密谋活动的有害做法"；二是马克思经历了"控诉他的追随者的一打以上的共产党人案件"。最后恩格斯指出，《新社会民主党人报》不是真理的

6月14日 《致国际工人协会总委员会》指出：大约十天前《人民报》又重新出版，上面刊登了国际工人协会总委员会致西班牙人的呼吁书，而且还在非常显著的地位刊登了关于那些脱离了协会的支部自绝于组织的声明。

评论：第一次用俄文发表于《马克思恩格斯全集》1935年第1版第26卷。恩格斯一直忙于反击国际工人协会中分裂分子的诽谤。此信中恩格斯讲到《人民报》已复刊，并刊登了总委员会的1月26日决议和总委员会致西班牙人的呼吁书。

4—7月 《社会主义民主同盟和国际工人协会》指出：国际工人协会的目的是要把全世界无产阶级的分散的力量团结在一起，从而成为使工人们联合起来的共同利益的生动的体现者，因此，它必然要对形形色色的社会主义者敞开门户。国际的创建者和新旧大陆各个工人组织的代表，在历次国际代表大会上批准了协会的共同章程，他们没有注意到，国际纲领的广泛本身有可能让游民钻进来，并且在它内部建立不是要竭力反对资产阶级和各国现存政府，而是要竭力反对国际本身的秘密组织。社会主义民主同盟就是这样的组织。

我们面对着的是一个戴着最极端的无政府主义的假面具的，目的是要打击那些不接受它的教条和领导的革命者而不是要打击各国现存政府的团体。这个由其一个资产阶级代表大会的少数派建立的团体，混入了工人阶级国际组织的队伍，企图先夺取这个组织的领导权，如果这个计划不能实现，就力图破坏这个组织。这个团体横蛮无礼地用它自己的宗派主义纲领和自己的狭隘思想来偷换我们协会的广泛的纲领和伟大的意向：它在国际各个公开存在的支部内部组织自己的秘密的小支部，这些秘密小支部服从统一的命令，因此往往能通过事先商妥的一致行动来操纵国际的支部；它在自己的报纸上公开攻击一切不愿意屈从它的意志的人；并且，用它自己的原话来说就是，在我们的队伍中挑起了一场公开的战争。这个团体为了达到自己的目的，不择任何手段，不顾任何信义；造谣、诬蔑、恫吓、暗杀——所有这一切同样都是它惯用的伎俩。

评论：1873年8月以小册子在伦敦和汉堡出版。这部著作是马克思和恩格斯在拉法格的参与下完成的。书中总结了国际工人协会在理论上和组织上同巴枯宁及其社会主义民主同盟斗争的过程，揭穿了巴枯宁分子为了力图操纵整个国际、利用国际的影响和组织来达到自己的目的所施展的那些阴谋诡计和各种诈骗伎俩。巴枯宁主义对国际工人协会和工人运动造成了巨大的负面影响。巴枯宁关于废除一切国家的主张曾葬送了无产阶级革命的前途，例如1871年的法国巴黎公社时期，里昂工人起义由于听信了巴枯宁的错误做法，资产阶级仅用极少的武装就粉碎了工人阶级组织，导致革命失败。恩格斯强调，在推翻资产阶级统治以后，无产阶级既需要无产阶级专政的国家，也需要相应的武装力量保卫革命成果。这部著作彻底打击了巴枯宁分子。

6月19—20日 《在国际中》指出：在英国，前总委员会的一些英国委员——马克思在海牙根据确凿的证据和他们自己的供认谴责了他们的叛卖行为，对这种谴责他们一点也不敢反驳——在去年12月挑起了不列颠联合会委员会的分裂。他们退出了这个委员会，单独召开了整整11个人的代表大会，关于这些人，甚至谁都不敢说他们是不是支部的代表，究竟是哪些支部的代表。这11个人愤慨地表示反对海牙的决议并站到了分裂分子的旗帜下；他们的首领是两个外国人——埃卡留斯和荣克。从这时起，就存在着两个联合会委员会，但是有以下的区别：一个属于国际，得到几乎所有支部的拥护，第二个是分裂分子的，它除了自己的成员以外，不代表任何人。第二个委员会几个月来一直在表演这出滑稽剧，最后终于寿终正寝了。同经过了五十年运动锻炼的英国工人开这种玩笑并不是那么容易的。与此相反，6月1日和2日在曼彻斯特举行了国际不列颠组织的代表大会，这次代表大会无疑将为英国工人运动开辟一个时代。出席会议的有26位代表，他们代表英国主要工业中心以及一些不大的城市。联合会委员会的报告和以前所有这种类文件的区别就在于，它——在这个有守法传统的国家内——承认工人阶级有用暴力捍卫自己要求的权利。

评论：载于1873年7月2日《人民国家报》第53号。恩格斯指出，海牙少数派的机关刊物在巴枯宁的秘密同盟的指挥下把自己描绘成国际真正多数派的代表，全力诽谤和污蔑海牙代表大会的多数派、前总委员会，特别是马克思。各支部没有事先协商而展开的回击行动已经产生了效果。英国、瑞士等地的分裂主义者都受到了打击。

9—10月 《行动中的巴枯宁主义者——关于1873年夏季西班牙起义的札记》指出：在西班牙，当国际发生分裂时，秘密同盟的盟员是占优势的；大多数西班牙工人都跟着他们走。当1873年2月间共和国宣告成立的时候，西班牙的同盟分子一下子就陷入了非常尴尬的境地。西班牙是一个工业很落后的国家，那里根本谈不上工人阶级的立即完全解放。在达到这步以前，西班牙还必须经过各种预备发展阶段，并清除道路上的许多障碍物。在尽可能短的时期内走过这些预备阶段，迅速清除这些障碍物，——这就是共和国所提供的可能性。但是，只有通过西班牙工人阶级积极干预政治的办法才能利用这些可能性。工人群众感觉到了这点；他们到处力求参预各种事件，力求利用每一个方便的机会来活动，而不像先前那样，让有产阶级有进行活动和施展阴谋的自由场所。政府决定实行制宪议会的选举；国际应该采取什么立场呢？巴枯宁派的首领们完全张皇失措了。继续在政治上不采取行动，已经日益变得更加可笑和不可能了；工人们想要"看到行动"。然而，同盟分子多少年来一直宣传，不应参加任何不以工人阶级的立即完全解放为目的的任何革命，采取任何政治行动就等于承认万恶之源的国家，因此参加任何选举都是一种该判死刑的罪过。

这就是巴枯宁主义的"放弃政治"的结局。在和平时期，无产阶级就预先知道，他们至多只能把几个代表选进议会，而根本不可能获得议会的多数，那时候，在某些地方还可以使工人相信，在选举期间待在家里，根本不攻击他们生活于其中并受其压迫的国家，而去攻击根本不存在的因而也不能自卫的抽象的国家，一般的国家，就是一种伟大的革命行动。其实，这是胆小如鼠的人乔装为革命者的绝妙手法；至于西班牙同盟分子的首领们在多大程度上属于这一类人，上述关于同盟的小册子做了详细的证明。

评论：载于1873年10月31日、11月2日和5日《人民国家报》第105、106和107号。1874年在莱比锡出版单行本，转载于恩格斯《〈人民国家报〉国际问题论文集（1871—1875）》1894年柏林版。这篇文章是恩格斯为了彻底肃清巴枯宁主义的流毒，使工人阶级更加认清巴枯宁主义的反动本质而作。"放弃政治"的巴枯宁并没有真正放弃政治，他的阴谋诡计、欺骗勾当和空谈都有一个最终目的，即利用无产阶级运动为他的狂妄野心和自私自利服务。恩格斯指出，对于巴枯宁的全部研究所得出的结果是，巴枯宁主义者一遇到严重的革命形势，就会抛弃自己以前的全部纲领，成为彻头彻尾的"自我背叛者"。

1874 年

2月22日 《英国的选举》指出：英国议会的选举已经结束。才能出众的格莱斯顿不能再靠66票的多数统治下去了，他突然解散了议会，在8—14天之内进行了一次选举，而结果反对他的却多了五十多票。这是怎么回事呢？首先，这是格莱斯顿企图通过选举来实行政变的结果。选举是在议会解散后非常短促的期限内进行的，以致某些城市用来考虑的时间只不过是五天，大部分城市不到八天，爱尔兰、苏格兰和农村选区最多也不过十四天。格莱斯顿企图愚弄选民，但是英国的政变并没有成功，而企图愚弄别人的人却反而害了自己。结果，大批原来是袖手旁观和动摇不定的群众也都投票反对格莱斯顿了。其次，格莱斯顿的统治方法粗暴地破坏了约翰牛的固有习惯。约翰牛的目光非常短浅，不是把自己的政府看做自己的主人和统治者，而是把它看做自己的仆人，而且是一个不必预先通知就可以随时解雇的唯一的仆人。某一个执政的政党，有时可以由于纯粹实际的原因允许它的政府在税收和财政措施方面有效地表现出一些突然的温和姿态，但是，要在重要的立法措施方面得到类似的许可却只能是例外。但是，格莱斯顿却把玩弄这些立法把戏当做家常便饭。最后，秘密投票使得许多先前对政治漠不关心的工人能够无顾虑地投票反对他们的剥削者，反对他们正当地认为是代表工业巨头的政党——自由党。甚至在那些大多数大工业巨头为了赶时髦而转到保守党营垒去的地方，情形也是如此。如果自由党不是代表大工业的利益来与大地产和上层金融界抗衡，那末它在英国就什么也不代表。

评论：载于1874年3月4日《人民国家报》第26号。恩格斯指出了格莱斯顿在选举中失败的原因，分析了英国各种政治力量，指出各种阶级和阶层的利益冲突是英国工人运动中机会主义产生的社会根源。19世纪50年代宪章派政党崩溃后，英国再也没有工人自己的政党。工人成为被自由党屡次愚弄的工具。恩格斯还指出，工人和以团结的民族政党出现的爱尔兰人加入议会使得1874年选举为英国政治发展开辟了一个新阶段。

2月底—3月初　《帝国军事法》指出：普鲁士军队的改组是一切不幸的根源。这次改组引起了一场著名的冲突。在整个冲突的过程中，自由主义反对派贯彻了曼托伊费尔的原则："强者勇于退让"。丹麦战争以后，退让的勇气愈来愈大了。1866年俾斯麦从萨多瓦凯旋归来，要求奖赏在此以前一直非法支出经费的行为，这时候退让就再没有任何止境了。军事预算立刻获得批准，而任何东西一旦在普鲁士获得批准，那就永远被批准了，因为根据普鲁士宪法规定，"现行的一旦获得批准的各种赋税仍将继续征收！"

评论：作为社论载于1874年3月8日和11日《人民国家报》第28和29号。恩格斯分析了1870年普法战争后德国面临的国际形势，当时德国准备发动新的对法战争，恩格斯揭露了民主自由党人对俾斯麦政府的三次屈服以及俾斯麦政府的军国主义伎俩，揭穿了德国想对法国发动先发制人的战争阴谋。

3月13日　《沉默寡言的司令部饶舌家毛奇和一位不久前从莱比锡给他写信的人》指出：一个被喂肥了的莱比锡市民的铁血爱国主义，看来被一件不痛快的事情挫伤了：据法国人断言，在麦茨投降以前，他们没有损失任何火炮，相反地，德军在这方面却受到了损失。这位得了火炮狂热病的市民请求著名的半神人毛奇加以澄清，于是毛奇就在《莱比锡日报》上发表了他的一篇可笑的先知箴言，以示答复。这篇箴言的意思是说，虽然在审理巴赞案件时某些法国将军曾说出了一些关于双方缴获火炮的不准确材料，但是终究应该承认，德军在8月16日总共缴获了法军的一门火炮，而法军则在18日夺走了德军的两门火炮。说这些就已经够了。但是，沉默寡言的毛奇还要做一篇演讲，否则无论如何是不行的。于是，他就向那些虔诚的糊涂虫们说，根据"现代战术"，炮兵应该在最前列作战；因此，德军才损失了两门火炮。从他这些话可以得出结论：如果法军也遵照他的这种"现代战术"行动，他们损失的火炮会多得多，因而会得到他的称赞；因为，据他说，奥军炮兵在战斗的最前线支援了步兵。他们"极其光荣地"损失了160门火炮。

评论：载于1874年3月25日《人民国家报》第35号。恩格斯讽刺了德国将军毛奇就普法战争中火炮损失问题的问答，挖苦了毛奇所谓的"现代战术"，批判了德国军国主义者。

7月1日　《〈德国农民战争〉一八七〇年版序言的补充》指出：正是普鲁士军

队的胜利使普鲁士国家建筑的整个基础发生了根本的变动；容克地主的统治甚至使政府也愈来愈感到不堪忍受。但同时工业突飞猛进的发展，已经把容克地主和资产阶级之间的斗争排挤到后面去，而把资产阶级和工人之间的斗争提到显要地位上来，所以在旧国家的社会基础中，从内部也发生了根本的变革。从1840年起慢慢腐朽了的君主国存在的主要前提是贵族和资产阶级之间的斗争，这个斗争中的均势是由君主国来维持的。但是，从问题已经不在于保护贵族免受资产阶级攻击，而在于保护一切有产阶级免受工人阶级攻击时起，旧有专制君主国就一定要完全转变成专为此目的而发明的国家形式，即波拿巴主义的君主国。

评论：载于1875年莱比锡版《德国农民战争》一书。对1870年版的《德国农民战争》序言进行了补充。恩格斯阐明的理论对当时的德国工人运动及以后的无产阶级斗争都具有重大理论指导意义。恩格斯分析了1866年战争及普法战争给普鲁士旧社会带来的巨大变化，进而指出德国工人的两大优势之处：一是他们拥有其他欧洲国家工人所没有的理论修养；二是他们可以直接利用英国和法国工人的经验。恩格斯特别指出德国工人运动第一次在理论、政治和实践经济这三个方面互相配合地进行了有计划的斗争，这是运动胜利的法宝。恩格斯强调，德国工人运动的领袖们要理解和掌握革命理论，将革命理论传播到工人群众中去，加强团结党组织和工会组织。另外，德国工人阶级还必须维护真正的国际主义精神，不能产生任何爱国沙文主义。

1874年5月—1875年4月 《流亡者文献》指出：不管俄国从彼得大帝以来如何地发展，不管它在欧洲的势力如何地增长，但是在占领波兰之前，它实质上仍然像土耳其一样是一个欧洲之外的大国。1772年波兰遭到第一次瓜分；1779年俄国已经根据帖欣和约要求并得到了干涉德国事务的正式权利。这对于德国各邦君主应当是一个教训；但是，尽管如此，弗里德里希-威廉二世，这个唯一认真反抗俄国政策的霍亨索伦和弗兰茨二世仍然同意完全消灭波兰。拿破仑战争之后俄国更攫取了前普鲁士所属和奥地利所属波兰各省的极大部分，现在它公然以欧洲仲裁者的身分出现了；这个角色它连续不断地扮演到1853年。普鲁士对自己在俄国面前摇尾乞怜颇感自豪；奥地利则是违背己愿跟着俄国走的，但是在决定关头它总是由于对革命的恐惧而让步，因为沙皇始终是反对革命的最后支柱。于是俄国便成了欧洲反动势力的堡垒，同时也不放弃准备利用泛斯拉夫主义的煽动在奥地利和土耳其实行进一步的掠夺。在革命年代俄国军队对匈牙利的镇压，对东欧和中欧说来，就像巴黎六月战斗之于西欧一样，是有决定意义的事件；其后，当尼古拉皇帝在华沙充当普鲁士国王和奥地利皇帝之间的仲裁者的时候，反动派对欧洲的统治也就随着俄国的统治的建立而建立起来了。

评论：载于1874年6月17日和26日，10月6日和8日《人民国家报》第69、73、117和118号；1875年3月28日，4月2、16、18和21日《人民国家报》第

36、37、43、44和45号。第五部分于1875年以单行本《论俄国的社会问题》在莱比锡出版。第一、二和五部分载于恩格斯《〈人民国家报〉国际问题论文集(1871—1875)》1894年柏林版。这是恩格斯写的一组分析欧洲工人运动及民主运动新趋势的文章。这些文章共有5篇，恩格斯通过对小资产阶级流亡者的思想和行动的分析，批判了他们政治上的无原则性，捍卫了马克思主义观点。恩格斯深刻指出，压迫其他民族的民族是不能获得解放的。它用来压迫其他民族的力量，最后总是要反过来反对它自己的。

1875 年

3月24日 《支持波兰》指出：波兰所处的政治形势已经彻底革命化了，波兰不是革命就是灭亡，除此以外，再也没有别的抉择。这一点早在第一次瓜分以后就显露出来了。第一次瓜分是由于波兰贵族力图保存已经失去存在权利的宪法和特权而引起的；那部宪法和那些特权不仅没有维持安宁和保证进步的发展，反而破坏了公共秩序，给国家带来了危害。在第一次瓜分以后，有一部分波兰贵族承认了这个错误；并且确信波兰只有通过革命才能恢复；十年之后，我们看见了，波兰人是怎样在美国为自由而斗争的。1789年的法国革命立刻在波兰引起了回响。宣布人权和公民权的1791年宪法成了维斯拉河两岸的一面革命旗帜，使波兰成了革命法国的前卫，并且这恰好是在一度掠夺过波兰的三个大国联合起来，以便扑向巴黎，扼杀革命的时候发生的。难道这三个大国会允许革命在这个同盟的中心扎根生长吗？——绝对不会。它们再次向波兰扑去，打算在这一次彻底消灭波兰民族。波兰打起了革命旗帜，是它受奴役的主要原因之一。这个由于革命而被宰割得支离破碎并被从各民族的名单上勾销了的国家，除了革命，已经找不到任何挽救危亡的办法了。

评论：载于1875年3月24日《人民国家报》第34号。恩格斯起草，转述了马克思、恩格斯在波兰起义12周年纪念会上的讲话。恩格斯指出，波兰这个由于革命而被宰割得支离破碎并被从各民族的名单上勾销了的国家，除了革命，已经找不到任何挽救危亡的办法了。曾经消灭了波兰的三个大国，受到了严厉的惩罚。欧洲工人政党同波兰的解放休戚相关，波兰是一个过去和现在一直以全世界的革命战士身份战斗的民族，它的英勇斗争博得了欧洲工人的同情，证明了自己民族独立和自决的权利。

4月 《半官方的战争叫嚣》指出：德意志帝国的爬虫报刊又受命鼓吹战争了。不敬神的、堕落的法国，无论如何不想让敬神的、由于盛行交易所投机活动、大批投机企业纷纷开业和不断倒闭而繁荣昌盛的德国过安静日子。法国正在以最大的规模扩充军备，它扩充军备的飞快速度最好地证明，它打算尽可能在明年就进攻无辜的、爱好和平的俾斯麦帝国；大家知道，俾斯麦帝国从来没有惹过一点是非，它一直在裁减军备，只有敌视这个帝国的报刊才散布谣言，说什么帝国通过实行民军法刚刚把200万居民变成了后备兵。

根据外交部的指示，德国的爬虫报刊应该把帝国描绘成温驯得罕见的羔羊，而陆军部却认为，为了自身的利益，必须使德国资产者了解：向他们征收重税不是没有用的；原定的扩充军备的计划事实上正在实现；要塞正在构筑；基干人员正在培训，动员大批"归休兵"的计划正在拟订；军队的战备状态正一天天加强。既然这方面的有关消息确实可靠，并且是来自权威人士，那末，我们就完全可以对报界的那些癞蛤蟆所发出的战争叫嚣做出判断了。

评论：载于1875年4月23日《人民国家报》第46号。恩格斯批判了德国的军国主义。德国一些报纸在政府的授意下鼓吹法国对德国造成的军事威胁。而实际情况是德国在不断扩充军备，甚至计划将德国居民的十分之一变为士兵。恩格斯指出，军国主义的真正代表并不是法国，而是普鲁士民族的德意志帝国。

5月 《〈论俄国的社会问题〉一书导言》指出：俄国事态的发展，对德国工人阶级有极大的意义。现在的俄罗斯帝国是西欧整个反动势力的最后一根有力支柱。这在1848年和1849年已经非常清楚地显示出来了。由于德国不肯支持波兰起义并同沙皇作战，以致这个沙皇能够在1849年镇压了已经迫近维也纳大门的匈牙利革命，而在1850年又在华沙裁判了奥地利、普鲁士和德意志各小邦并恢复了旧联邦议会。就在不久以前，即1875年5月初，俄国沙皇正像二十五年前一样，接受了他的柏林藩臣们的效忠宣誓，从而证明了在今天他也还是欧洲的仲裁人。西欧的任何革命，只要在近旁还存在着现代俄罗斯国家，就不能获得彻底胜利。而德国却是同俄国最近的邻国，因此俄国反动派军队的第一个冲击便会落到德国身上。因而，俄罗斯沙皇制度的复灭，俄罗斯帝国的灭亡便成了德国无产阶级取得最终胜利的首要条件之一。

评论：载于《论俄国的社会问题》一书1875年莱比锡版，恩格斯《〈人民国家报〉国际问题论文集（1871—1875）》1894年柏林版。恩格斯为《流亡者文献》中第五篇文章《论俄国的社会问题》发行单行本而作。恩格斯指出，俄罗斯帝国是西欧整个反动势力的最后一根支柱，它的灭亡是德国无产阶级取得最终胜利的首要条件之一。但是，它的覆灭绝不会从外部因素引起，其内部的波兰人和俄国农民才是促使它灭亡的决定性因素。波兰除了革命只有灭亡，而俄国农民所处的环境本身，正推动他们投身到运动中去，随着农民群众的状况日益恶化，它将不可遏止地不断朝前发展。

第 19 卷

1875 年

3月18—28日 《给奥·倍倍尔的信》指出：我们应当以极其冷淡的和不信任的态度对待他们，能否达到合并，这取决于他们有多少诚意放弃他们的宗派口号和他们的"国家帮助"，并基本上接受1869年的爱森纳赫纲领或这个纲领的和目前情况相适应的修正版。我们的党在理论方面，即在对纲领有决定意义的方面，绝对没有什么要向拉萨尔派学习的，而拉萨尔派倒是应当向我们的党学习；合并的第一个条件是，他们不再做宗派主义者，不再做拉萨尔派，也就是说他们首先即使不完全放弃国家帮助这剂救世灵药，也要承认它同其他许多可能采取的措施一样是个附属的过渡措施。

第一，接受了拉萨尔的响亮的但从历史的观点来看是错误的说法：对工人阶级说来，其他一切阶级都只是反动的一帮。第二，工人运动的国际主义原则在目前实际上已经完全被抛弃，而且是被五年来在最困难的情况下一直极其光荣地实行这一原则的人们所抛弃。第三，我们的人已经让拉萨尔的"铁的工资规律"强加在自己头上，这个规律的基础是一种陈腐不堪的经济学观点。接受拉萨尔的"铁的规律"，那也就是承认一个错误的论点和它的一个错误的论据。第四，纲领把拉萨尔从毕舍那里剽窃来的国家帮助原封不动地提出来作为唯一的社会的要求。第五，根本就没有谈到通过工会使工人阶级作为一个阶级组织起来。而这是非常重要的一点，既然这一组织在德国也获得了这种重要性，我们认为，在纲领里提到这种组织，并且尽可能在党的组织中给它一个位置，那是绝对必要的。

自由的人民国家变成了自由国家。从字面上看，自由国家就是可以自由对待本国公民的国家，即具有专制政府的国家。应当抛弃这一切关于国家的废话，用"消除一切社会的和政治的不平等"来代替"消灭一切阶级差别"，这也是很成问题的。它是这样一种纲领，如果它被通过，马克思和我永远不会承认建立在这种基础上的新党，而且我们一定会非常严肃地考虑，我们将对它采取什么态度。

一般说来，一个政党的正式纲领没有它的实际行动那样重要。新的纲领无论如何不应当像这个草案那样比爱森纳赫纲领还倒退一步。同时我深信,在这种基础上的合并连一年也保持不了。分裂是一定会发生的;分裂以后,我们将被削弱,而拉萨尔派将会增强;我们的党将丧失它的政治纯洁性。纲领中的一切社会主义措施都是他们的,而我们的党除了小资产阶级民主派的一些要求就什么东西也没有添进去,这个党在同一个纲领中又把小资产阶级民主派说成"反动的一帮"中的一部分!

评论:第一次载于奥·倍倍尔《我的一生》第2卷(1911年斯图加特版)。是恩格斯为了批判充满机会主义错误的《哥达纲领(草案)》,写给德国社会民主党领导人奥·倍倍尔批判拉萨尔主义的重要文献。1875年3月7日《人民国家报》和《新社会民主党人报》发表了未来的合并的德国社会民主党的纲领草案,这是写信的直接原因。这个草案包含一整套反科学的荒谬论点和对拉萨尔派的让步,只是略加修改就于1875年5月在哥达举行的合并大会上通过了,后来以哥达纲领的名称闻名。马克思和恩格斯对两个工人党的合并也抱肯定态度,但是他们认为,必须在坚持原则的基础上,在理论问题和政治问题上不向已经在工人群众中失去自己影响的拉萨尔派让步的条件下,才能实行合并。就内容来说,《给奥·倍倍尔的信》同马克思写的《哥达纲领批判》有密切的联系,表达了马克思和恩格斯对德国的两个工人党——爱森纳赫派和拉萨尔派原定于1875年年初实行的合并所持的共同意见;表明了马克思和恩格斯对拉萨尔主义进行坚决斗争以维护科学社会主义原则的共同立场。

恩格斯在信中批判了纲领草案中的"对工人阶级来说,其他一切阶级都只是反动的一帮"、"铁的工资规律"、"国家帮助"、"自由国家"等拉萨尔主义观点以及抛弃无产阶级国际主义原则,不提通过工会使工人阶级组织起来等错误,并警告爱森纳赫派不要向拉萨尔派让步,否则将会给党造成严重的后果。

《给奥·倍倍尔的信》在马克思主义思想史上和国际共产主义运动史上占有重要的地位,它与马克思的《哥达纲领批判》一起构成了马克思主义对拉萨尔主义的系统批判。信中恩格斯对党的纲领的论述和所体现的同机会主义进行不调和与斗争的原则,是无产阶级革命政党政治建设不可缺少的指南,是无产阶级政党制定纲领和实施纲领的重要理论依据。

8月13日 《给纽约国际工人协会总委员会的信》指出:这个通告的内容不宜于在协会中正式宣布,只应当把它告诉有关的人,并且要秘密地进行,以利于通告中所说的事情。凡是看过通告的人,都对它表示完全赞同,一般的看法是,在所有的建议中,召开代表会议的建议是唯一切合实际的。但要对这一点进行表决,我们觉得在这里是不可能的。关于此地的协会,我已经谈过。英国所有其他的支部都已停止活动,其中的优秀人物多半都已离开。在丹麦、法国、西班牙,国际直接被禁止,根本谈不上表决。德国还从来没有对这样的问题进行过表决,而在同拉萨尔派合并以后,同国际保持的本来就很微弱的联系完全中断了。在这种情况下,如果总委员会想要把这个建议变成决定，美国的票数就足以支持它了，况且，正如我们根据可靠材料知道的，同盟分子今年也不会（也许永远再也不会）召开代表大会。

评论：第一次载于《约·菲·贝克尔、约·狄慈根、弗·恩格斯、卡·马克思等致弗·阿·左尔格等书信选集》1906年斯图加特版。1875年6月下旬，恩格斯收到国际工人协会总委员会从纽约寄来的若干份关于在美国费拉得尔菲亚召开国际代表会议的机密通告，责成他发给欧洲大陆和英国的各支部。这封信就是恩格斯向总委员会报告他寄送这些机密通告所采取的措施和关于欧洲各国的国际支部的情况。恩格斯表示他已经直接或间接把通告寄给国际的西班牙和英国支部，并向总委员会汇报了欧洲各国的国际支部情况，还说明了他无法或没有把通告寄到比利时和德国、奥地利和瑞士的原因。最后，恩格斯还就国际代表会议的召开提出了自己的看法和建议。

1876 年

1月22日 《在一八六三年波兰起义纪念会上的演说》指出：波兰在欧洲革命的历史上起着非常特殊的作用。西方任何一次革命，凡是不能把波兰吸引到自己方面以及保证它获得独立和自由的，都注定要失败。马克思和我当时在《新莱茵报》上要求普鲁士立即对俄国宣战以解放波兰，而且整个德国先进的民主派都支持我们。可见，在法国和德国，人们都十分清楚地知道，决定性的关键在于：联合波兰，革命就保证成功，否则，革命就必定灭亡。但是，法国的拉马丁、普鲁士的弗里德里希－威廉四世（沙皇的内兄）以及他的资产阶级大臣康普豪森根本不打算粉碎俄国的力量，他们理所当然地把这一力量看做他们抵御威胁到自己头上的革命的最后堡垒。当匈牙利起义者的成功还没有威胁到战胜了维也纳起义的奥地利反动势力时，尼古拉还可以按兵不动，他的军队还可以暂时只限于扼守波兰和威胁普鲁士、奥地利、匈牙利。只有威胁到反动势力时，这些俄国军队才大举入侵匈牙利，镇压匈牙利革命，保证反动势力在整个西方取得胜利。欧洲所以处在沙皇的支配之下，就是因为放弃了波兰。波兰确实不同于任何其他国家。从革命的观点来看，这是欧洲大厦的基石，因为革命势力或反动势力谁能在波兰站稳脚跟，谁就能在整个欧洲取得彻底胜利。正是这一个特点使波兰对一切革命者说来都具有莫大的意义，使我们现在也要高呼：波兰万岁！

评论：载于1876年2月15日《前进报》（伦敦）第27号。1876年1月22日，伦敦举行了纪念1863年波兰起义的集会，恩格斯在会上发表了这篇文章。波兰一直是马克思、恩格斯极为关注的地方，对波兰革命寄以高度的热情，并给予高度的评价。他们认为用革命方法解决波兰问题具有特别重大的意义。因此，他们曾经热烈欢迎波兰开始起义的消息。在恩格斯看来，沙皇俄国是欧洲革命的最大敌人，而波兰则是抵御俄国的关键。

2月《德意志帝国国会中的普鲁士烧酒》指出：成为酿酒业转折点的是，人们发现不仅可以用粮食而且可以用马铃薯来酿酒取利。于是，整个行业实行了革命。但是那些曾经因战争和为国捐献而似乎弄得倾家荡产的易北河以东的穷容克们，从哪里取得一笔资金使他们所负担的抵押债务变成有利可图的烧酒厂呢？诚然，1816—1819年的有利行情给他们带来了很大的一笔收入，由于地价普遍提高，给他们的信贷增加了；但是这一点是远远不够的。我们爱国的容克们得到的比这更多：首先，得到了各种直接或间接的国家援助，其次，酿酒业的普及程度取决于农民缴的赎金有多少用于这项事业。可见，普鲁士容克们的烧酒工业完全是靠从农民身上剥夺来的钱建立的。

居民的这种增长主要是酿酒业的直接结果或间接结果。真正的烧酒区，同时也是普鲁士君主制的核心。而这里呈现的完全是另一个前景。目前，酿酒业是以现代普鲁士的真正物质基础的姿态出现的。没有酿酒业，普鲁士的容克们就会灭亡；在资产阶级工业发展到足以在这方面取得社会领导权也许还有政治领导权以前，这个地区将不能在未来的历史中起任何积极作用或消极作用。酿酒业提供了另一个发展方向。在只能大量生产马铃薯和土容克而几乎不能生产任何东西的土地上，酿酒业居然能够经受得住世界的竞争。不过，十分明显，俄国的竞争使我国烧酒容克们万分恐惧。在俄罗斯中部有大片广袤无垠的土地，那里可以像普鲁士得到马铃薯一样廉价地得到粮食。加之俄国的燃料大都比我国酿酒区的燃料便宜。一切物质前提都具备。由于俄国的竞争，神圣同盟崩溃的日子，光荣的普鲁士烧酒工业从世界市场上消失的日子，以及在最好的情况下劣等烧酒充斥国内市场的日子即将到来。即便撇开世界历史的整个进程不谈，撇开新战争或变革的可能性、或然性或必然性不谈，单是俄国烧酒的竞争就必然使普鲁士破产，因为这种竞争会摧毁使东部各省农业得以维持在目前发展水平的工业。随着酿酒业的衰落，普鲁士的军国主义制度也将崩溃，而没有军国主义制度，普鲁士就等于零。

评论：载于1876年2月25、27日和3月1日《人民国家报》第23、24和25号上，后来还出了单行本。本文首先分析了普鲁士烧酒工业的发展状况，指出它的建立完全是靠从农民身上剥夺来的钱。在其发展过程中，得到了各种直接和间接的国家援助。接着阐明了普鲁士烧酒带来的种种危害及其给德国经济带来的影响。恩格斯指出，真正的烧酒区是普鲁士君主制的核心，就是说酿酒业是以现代普鲁士的真正物质基础的姿态出现的，没有酿酒业，普鲁士的容克们就会灭亡。酿酒业促使普鲁士的社会关系发生变化，一方面形成了中等地主阶级，是容克们寿命的另一种延长；另一方面形成了比较迅速增长的半农奴阶级，由他们来补充军队中大量"基干团队"。恩格斯进一步指出，由于酿酒业的发展，普鲁士能够在1848年镇压柏林革命，在1871年使整个小德意志听从最落后、最保守、最愚昧，而且还处于半封建状态的那一部分德国的领导，从而揭露了普鲁士容克地主是德国一切反动势力的堡垒的反动本质。在考察了俄国酿酒业对普鲁士烧酒形成的竞争威胁之后，恩格斯得出结论说，随着酿酒业的衰落，普鲁士的军国主义制度将崩溃；而没有军国主义制度，普鲁士就等于零。这篇文章引起了俾斯麦政府的狂怒，因此，恩格斯的著作禁止在德国发行。

6—11月 《威廉·沃尔弗》指出：威廉·沃尔弗于1809年6月21日诞生在西里西亚弗兰肯施坦附近的塔尔瑙。由于参加大学生协会，他在1834年被捕；他被关进了季尔别尔堡要塞。1839年，沃尔弗终于因健康十分恶化而得到赦免。柏林的三月革命、法兰克福议会和柏林议会的筹备，促使他首先前往西里西亚，他想在我们一开始办报纸的时候，无论是在科伦办还是在柏林办，就从西里西亚到我们这里来。这时候，《新莱茵报》从6月1日起在科伦出版，马克思任主编。科伦街垒事件的结局大家都知道：科伦宣布戒严，市民自卫团解除武装，《新莱茵报》停刊，编辑们被迫出境。在资产阶级放弃战场的地方，无产阶级的政党就要担负起斗争的责任。沃尔弗从1849年3月22日起发表了一组文章，题为《西里西亚的十亿》，我们有意从中摘录大量的引文，这不仅是因为它最清楚地表现了沃尔弗的性格，而且还因为这里正确地描述了1848年以前除了莱茵省以外的整个普鲁士——梅克伦堡、汉诺威和其他一些小邦以及整个奥地利的农村的情况。

评论：载于1876年7月1、8、22和29日，9月30日，10月7、14、21和28日，11月4和25日《新世界》杂志第27、28、30、31、40、41、42、43、44、45和47各期以及《西里西亚的十亿》一书（威廉·沃尔弗著，并附有弗里德里希·恩格斯的序言，1886年霍廷根—苏黎世版）。本文是恩格斯于1876年6—11月间为李卜克内西主编的《新世界》杂志而写的。这篇文章是关于极有名的德国无产阶级革命家威廉·沃尔弗（1809—1864）的传略。恩格斯在这里对半封建的旧普鲁士法制作了科学的分析批判。1846年4月，流亡到布鲁塞尔的沃尔弗同马克思和恩格斯相识，很快成了好朋友。经过多年的共同活动和友好交往，马克思和恩格斯充分认识了他那坚韧不拔的性格，他那无可怀疑的绝对忠诚，他那对敌、对友、对己都同样严格的始终如一的责任感。本文除了传记材料以外，恩格斯还对沃尔弗为《新莱茵报》所写的关于西里西亚农民状况的一些文章的内容作了叙述。沃尔弗以《西里西亚的十亿》为题的文章在1849年3月和4月间刊载在报纸上，发表沃尔弗的这些文章，是《新莱茵报》为了吸引德国农民群众参加革命而实行的措施之一。在这些文章中，沃尔弗根据确凿事实和统计材料对农民受剥削的情况作了全面的描绘。并要求把地主以赎金形式从农民那里盗走的10亿法郎归还农民。沃尔弗的《西里西亚的十亿》一文在读者中受到极大欢迎，西里西亚农民协会曾将登载这几篇文章的那几号报纸翻印1万多份，免费散发给农民。恩格斯从《西里西亚的十亿》中摘录了大量的引文，这不仅是因为它最清楚地表现了沃尔弗的性格，而且还因为其中有一系列关于德国社会经济发展的重要总结。恩格斯写这篇文章，是为了使德国工人和农民记住1848—1849年斗争的革命传统，是为了介绍《新莱茵报》怎样把被剥削的农民群众吸引到工人阶级方面来的光辉经验。这是对威廉·沃尔弗最好的纪念。

1877 年

2月13日 《关于一八七七年德国选举给恩·比尼亚米的信》指出：我们的胜利使德国和外国的资产阶级胆战心惊：在伦敦这里，所有的报刊都在议论这件事。这里值得极大注意的，并不是我们争取到的新选区的数量，最重要的是，除了那些我们取得多数的选区之外，我们虽是少数，但无论在大城市和乡村也都得到了数量极多的选票。选举的结果可以作为我们计算我们的力量的工具；根据营的数目，您现在就可以判断，德国社会主义大军有多少个军在选举的日子受到了检阅。这一点无论对正在欢庆自己的胜利的社会党，或者对尚未卷入运动的工人，以及对我们的敌人，都有巨大的道义影响。有人会说，那末为什么你们不使用这些力量现在就来进行革命呢？因为，我们取得的不过是60万票对550万票，并且这些选票又分散在各个区域，我们显然会被打败的，举行考虑欠周的起义，采取轻率的行动，我们自己就会把运动葬送掉，而这个运动只要继续不长的时间就可以使我们得到有把握的胜利。显然，我们不会很容易地取得胜利；普鲁士人不会让社会主义感染他的全部军队，不会不采取对策；但是，反动和镇压愈厉害，掀起的波浪就愈高，直到最后把所有的堤坝冲毁。由于我们党的组织和纪律极好，委员会最先得到关于选举最后结果的消息。选举结果一宣布，整个人群齐声发出了欢呼，而他的暴力行为却使支持我们的人加倍增长了。这就是我们的人对所有暴力手段的回答，他们不仅不顾这些，而且甚至向它们挑战，把它们当做最好的鼓动手段。

评论：载于1877年2月26日《人民报》第7号。这封信是1877年德国选举之后，恩格斯就德国选举问题于2月13日写给意大利社会主义运动活动家比尼亚米的，曾在意大利联合会工人代表大会上宣读。恩格斯在信中向意大利的社会主义者通报了德国党在选举中的胜利，在对选举结果作了分析后强调，选举的结果可以作为计算力量增长的工具，是对德国社会主义大军的检阅；但是，革命力量的日益增长并不意味着会很容易取得胜利，如果举行考虑欠周的起义，采取轻率的行动，就会把运动葬送掉。恩格斯最后还告诫，要警惕资产阶级使用暴力手段。

3月6—14日之间 《意大利的情况》指出：意大利的运动的产生同巴枯宁主义的影响有关。当工人群众对他们的剥削者充满强烈的但极其模糊的阶级仇恨的时候，在一切有革命工人活动的地方，巴枯宁亲自指挥下的一小群年轻的律师、医生、著作家、店员等等掌握了领导权。他们都是不同程度上了解内情的秘密的巴枯宁同盟的盟员,这个同盟的目的是要整个欧洲的工人运动服从它的领导,从而使巴枯宁的宗派在未来的社会革命中取得统治地位。当运动在工人中间还只是刚刚萌芽的时候,这样做是最顺利不过的了。巴枯宁主义的激烈的革命词句到处都博得了预期的掌声,连那些在过去革命政治运动中成长起来的人,也随波逐流了。意大利同西班牙一样,用巴枯宁自己的话来说,是"欧洲最革命的国家"。所谓的革命,就是大发空论而无实效。英国的、其次法国的、最后德国的工人运动都是通过实质上是政治的斗争成长和巩固起来的,与此相反,在这里,任何政治活动都受到指责,因为进行政治活动,包含着承认"国家",而"国家"是一切祸害的体现。代替这一切的是要为了未来的革命而进行鼓动、组织和秘密工作,一旦革命从天上掉下来,就立刻应当在没有任何临时政府、完全消灭任何国家机构或类似国家的机构的情况下,单靠工人群众的主动性(同盟暗中指挥的)来进行……但是在意大利,主要在北部,也有工业城市。只要运动在这些城市的真正的无产阶级群众中间扎了根,这种劣质的食粮就再也不能满足需要了,这些工人再也不要那些不得志的年轻资产者保护了,按照巴枯宁的说法,这种资产者是因为他们"升官发财的门路被堵塞"才投靠社会主义的。结果正是这样。意大利北部的工人,对于禁止任何政治活动,即禁止任何越出空谈和阴谋活动界限的真正的活动,日益强烈地表示不满。经历过旧的共和运动的、不得已服从了"无政府主义的"空喊的人们,开始愈来愈经常地利用各种机会来强调必须进行政治斗争并在《人民报》上反映出已经觉醒的反对派立场。他们知道,在宣扬无政府状态和自治的背后,隐藏着一些阴谋家独断专行地指挥整个工人运动的野心。

总之,提出了政治斗争、组织政党和同无政府主义者分裂。上意大利联合会作出了上述决议,从而彻底地脱离巴枯宁主义的宗派而同伟大的欧洲工人运动采取了共同的立场。相形之下,巴枯宁主义巫医的空谈很快就会暴露出自己的软弱无力,而意大利南部的无产阶级也很快就会摆脱那些由于自己破产的资产者的地位而产生领导工人运动志向的人加在他们肩上的桎梏。

评论:载于1877年3月16日《前进报》第32号。长期以来,意大利的社会主义运动深受巴枯宁无政府主义的影响,但是,到19世纪70年代末期,这一状况开始改变。1877年2月中旬在米兰通过的上意大利联合会代表大会决议提出了政治斗争、组织政党的主张,同无政府主义者决裂。恩格斯根据马克思总结意大利社会主义运动的建议,写下了《意大利的情况》一文。在文章中,恩格斯首先回顾了意大利社会主义运动产生的历史,指出意大利的运动的产生同巴枯宁主义影响有关,并且进一步分析了造成这种状况的原因。接着,恩格斯论述了意大利社会主义运动的发展和巴枯宁主义在意大利的必然破产。恩格斯认为,上意大利联合会代表大会及其通过的关于采取政治手段来保证运动成功,建立独立的社会主义政党和准备参加工人国际布鲁塞尔代表大会的决议,标志着意大利的社会主义运动在上意大利联合会彻底脱离了巴枯宁主义的宗派而同欧洲工人运动采取了共同的立场。恩格斯预言意大利南部的无产阶级也会逐步克服无政府主义的影响而接受马克思主义的指导。

6月中 《卡尔·马克思》指出:第一个给社会主义、因而也给现代整个工人运动提供了科学基础的人——卡尔·马克思,于1818年生在特利尔。在马克思使自己的名字永垂于科学史册的许多重要发现中,这里我们只能谈到两点。第一点就是他在整个世界史观上实现了变革。而马克思则证明,过去的全部历史是阶级斗争的历史,在全部纷繁和复杂的政治斗争中,问题的中心始终是社会阶级的社会和政治的统治,即旧的阶级要保持统治,新兴的阶级要争得统治。可是,这些阶级是由于什么而产生和存在的呢?是由于当时存在的物质的、可以实际感觉到的条件,即各该时代社会借以生产和交换必要生活资料的那些条件。而每一历史时期的观念和思想也同样可以极其简单地由这一时期的生活的经济条件以及由这些条件决定的社会关系和政治关系来说明。这种新的历史观,对于社会主义的观点有极其重要的意义。它证明了:过去的全部历史都是在阶级对抗和阶级斗争中发展的;统治阶级和被统治阶级,剥削阶级和被剥削阶级是一直存在的;人类的大多数总是注定要从事艰苦的劳动和过着悲惨的生活。这种历史观以上述方法对以往的阶级统治作了自然而合理的解释,不然这种阶级统治就只能用人的恶意来解释,可是这同一个历史观还使我们得到这样的信念:由于现时生产力的巨大发展,把人分成统治者和被统治者、剥削者和被剥削者的最后根据,至少在最先进的国家里已经消失了;统治的大资产阶级已经完成了它的历史使命,它不但不能再领导社会,甚至变成了生产发展的障碍,历史的领导权已经转到无产阶级手中,转到这个由于自己的整个社会地位只有用完全消灭任何阶级统治、任何奴役和任何剥削的方法才能解放自己的阶级手中;社会生产力已经发展到资产阶级不能控制的程度,只等待联合起来的无产阶级去掌握它,以便建立这样一种制度,使社会的每一成员不仅有可能参加生产,而且有可能参加社会财富的分配和管理,并通过有计划地组织全部生产,使社会生产力及其所制成的产品增长到能够保证每个人的一切合理的需要日益得到满足的程度。

马克思的第二个重要发现,就是彻底弄清了资本和劳动的关系,换句话说,就是揭露了在现代社会内,在现存资本主义生产方式下资本家对工人的剥削是怎样进行的。他的解答如下:现代资本主义生产方式是以两个社会阶级的存在为前提的,一方面是资本家阶级,他们占有生产资料和生活资料,另一方面是无产阶级,他们没有这一切而仅有一种商品即劳动力可以出卖,而他们是不得不出卖自己的劳动力以获取必需的生活资料的。但是商品价值是由商品生产中、从而也是商品再生产中物化的社会必要劳动量决定的;所以,一个平常人一天、一月或一年的劳动力的价值,是由维持这一天、一月或一年的劳动力所必需的生活资料数量里面物化的劳动量来决定的。给这个资本家做事的工人,不仅再生产着他那由资本家付酬的劳动力的价值,而且还额外地生产剩余价值,这种剩余价值起先被这个资本家所占有,然后按一定的经济规律在整个资本家阶级中进行分配,组成为地租、利润、资本积累的源泉,即非劳动阶级所消费或积累的一切财富的源泉。这样也就证明了,现代资本家,也像奴隶主或剥削农奴劳动的封建主一样,是靠占有他人无偿劳动发财致富的,而所有这些剥削形式彼此不同的地方只在于占有这种无偿劳动的方式有所不同罢了。这样一来,有产阶级的所谓现代社会制度中占支配地位的是公道、正义、权利平等、义务平等和利益普遍协调这一类虚伪的空话,就失去了最后的根据,于是现代资产阶级社会就像以前的各种社会一样被揭穿:它也是微不足道的并且不断缩减的少数人剥削绝大多数人的庞大机构。现代科学社会主义就是建立在这两个重要根据之上的。

评论:载于1878年不伦瑞克发行的《人民历书》丛刊。本文通俗地介绍了马克思的生平及其学术活动和政治活动。首先介绍了马克思的生平事业,然后从哲学(哲学唯物主义、辩证法、唯物主义历史观、阶级斗争)、经济学说(价值、剩余价值理论)、社会主义和无产阶级斗争的策略几个部分概述了马克思主义理论的基本内容。文章特别指出,马克思在伦敦的10年内专心研究英国博物馆图书部中关于政治经济学的丰富藏书,出版了《资本论》《政治经济学批判》。这是马克思的主要著作,其中叙述了他的经济学观点和社会主义的观点。在马克思使自己名字永垂于科学史册的许多重要发现中,其中两点最重要:其一,是唯物史观的发展观,它使整个世界观实现了变革,历史破天荒第一次被安置在它的真正基础上;其二,是剩余价值学说的发现,这一重要发现彻底弄清了资本和劳动的关系,即揭露了在现代社会内,在现存资本主义生产方式下资本家对工人的剥削是怎样进行的。现代科学社会主义就是建立在这两个重要根据之上的,这就是马克思的贡献。恩格斯这篇介绍马克思的文章,虽然篇幅不大,内容却极为丰富,是指导学习和研究马克思主义理论的重要文献,有助于在德国工人中宣传科学社会主义的思想。

1878 年

1月12日 《德国、法国、美国和俄国的工人运动》指出:德国的社会主义运动正在波澜壮阔地发展。德国社会主义运动的定期出版物以机关刊物来算,比用所有其他文字出版的社会主义期刊的总和还要多。虽然法国的危机只产生了很不令人满意的结果,但是我认为,这个危机造成这样一种形势,即使得法国社会主义者有可能通过报刊、会议和工会来进行活动以及组成工人党,——而这些就是我们在1871年大屠杀以后的今天所能争得的一切。此外,法国具有两大成就,即农民转向共和国方面以及共和国军队的组成,这是无可怀疑的事实。杜克罗、巴特比及其同伙的政变所以没有成功,是因为士兵坚决拒绝与人民为敌。由于铁路干线全体人员的流血的罢工,美国的工人问题被提上了日程。这是美国历史上划时代的事件,因此,美国创立工人党的事业有了大踏步的发展。在这个国家里,事态发展得很快,我们应当注视这种发展进程,才不至于对不久将会出现的某些重大成就感到突然。我认为,俄国这个国家,在最近的将来会起最重要的作用。由于所谓解放农奴而形成的状况,早在战争以前就到了令人难以忍受的地步。

总的说来,我们已经看到了俄国的1789年的种种因素,在这以后必然会有1793年。不论战争的结局如何,俄国革命已经成熟了,并且将很快地爆发,也可能就在今年爆发。同巴枯宁的预言相反,革命将先从上层,从宫廷,从没落的和因不满而反抗的贵族中间开始。但是革命一爆发,就会吸引农民参加。只要俄国一发生革命,整个欧洲的面貌就要改变。因为迄今为止,旧俄国一直是欧洲反动势力的庞大后备军;这支后备军一旦被消灭,到那时再来看,事情将会怎样转变!

评论:载于1878年1月12日《人民报》第3号。恩格斯分析了德国、法国和美国工人运动的状况。文章指出德国的社会主义运动正在波澜壮阔地向前发展,法国的社会主义者在1871年大屠杀过了7年之后有可能通过报刊、会议和工会来进行活动以及组成工人党。恩格斯还认为,俄国革命形势已经成熟了,而俄国的革命将改变整个欧洲的面貌。

2月中—3月中 《一八七七年的欧洲工人》指出:德国社会民主党已经成为一种力量,而且是一种迅速发展的力量,德国工人党的迅速进步,是它的最积极的参加者付出重大牺牲才赢得的。德国运动的一大优点,就是工会组织同政治组织齐心协力地工作。工会组织产生的直接利益,吸引着许多平时对政治漠不关心的人参加政治运动;同时,政治行动的一致性把平时相互隔绝的工会团结起来,保证它们相互支援。但是,工人阶级有觉悟的组织迅速发展的最好证明,就是它的定期报刊的数量不断增加。在欧洲各地,不论什么地方,工人运动都不仅在顺利地发展,而且在迅速地发展,而更重要的是,处处的精神都是同样的。

1864年创建国际工人协会的人们,在先是反对外部敌人、后来又反对内部敌人的斗争年代里,一直高举着它的旗帜,直到在较大的程度上是由于政治上的必要性而不是由于内部纷争,造成了分裂和表面上的退却为止。现在这些人可以骄傲地高呼:"国际完成了自己的任务;它完全达到了自己的伟大目的——联合全世界的无产阶级为反对其压迫者而斗争!"

俄国所处的内外条件非常特殊,并且孕育着不仅对俄国工人的未来而且对整个欧洲工人的未来都有极大意义的事件。俄国革命意味着不只是在俄国国内单纯换个政府而已。它意味着从法国革命以来一直是欧洲联合的专制制度的柱石的一个庞大的、虽然也是笨拙的军事强国的消失。它意味着德意志从普鲁士统治下解放出来,因为普鲁士一直受俄国庇护并且只是依靠俄国而存在的。它意味着波兰得到解放。

它意味着东欧弱小的斯拉夫民族从现在的俄国政府在它们中间培植的泛斯拉夫主义的幻想中觉醒过来。它还意味着俄国人民本身积极的民族生活的开始，同时还意味着俄国真正的工人运动的产生。总之，它意味着欧洲整个形势发生变化，这种变化一定会受到各国工人兴高采烈的欢迎，把它看做是向他们的共同目标——劳动的普遍解放大大迈进了一步。

评论：载于1878年3月3、10、17、24和31日纽约社会主义周刊《劳动旗帜》（纽约）上。本文全面评述了欧洲各国工人运动的状况。恩格斯首先把眼光投向德国，高度评价了德国社会民主党在1877年1月的德国国会选举中显示了自己的力量，并进一步说明了德国工人运动的迅速发展及其特点，指出德国工人由于德国现在处于欧洲工人运动的重心而肩负着"临时领导的任务"。在文章的第二、三、四部分，恩格斯逐一考察了欧洲各国的工人运动，其中包括意大利、西班牙、葡萄牙、瑞士、比利时、奥地利、丹麦和法国等，论述了欧洲各国工人运动发展过程中存在的困难、问题和成就，证明无政府主义的教条和策略的彻底垮台和破产以及国际的政治路线的充分胜利，国际所奠定的国际无产阶级在反对压迫者的斗争中团结一致的原则继续在各国工人阶级政党中得到贯彻。就是说，欧洲工人运动迅速而顺利的发展，思想一致的恢复，经常和定期联系的建立，说明国际完成了自己的任务；它完全达到了自己的伟大目的——联合全世界的无产阶级为反对压迫者而斗争！在文章的最后一部分，恩格斯还考察了俄国这个重要的欧洲国家，认为俄国虽然没有出现过值得提起的工人运动，但它由于特殊的内外条件对俄国工人乃至整个欧洲工人的未来都有极大意义。恩格斯详细地分析了1861年俄国农奴获得解放以来俄国社会出现的各种变化和危机，指出了俄国革命的不可避免性及其对于欧洲工人运动的意义，即俄国革命的爆发意味着俄国真正的工人运动的产生，意味着欧洲联合的专制制度一个庞大柱石的消失和欧洲工人向它们的劳动的普遍解放的目标迈进了一大步。

1879 年

3月21日　《德国反社会党人非常法。——俄国的状况》指出：德国社会党人在最近的选举中所得到的结果证明，要想封住社会党人的嘴巴来消灭社会主义运动，是不可能的。相反，反社会党人法将产生对我们特别有利的结果。它将完成对德国工人的革命教育……德国工人作了极大努力和重大牺牲，才取得了他们享有的这点起码的出版、结社和集会自由。但是这种合法活动使得某些人开始觉得，似乎为了达到无产阶级的彻底胜利，并不需要其他任何东西了。在德国这样一个缺乏革命传统的国家里，这种现象可能成为危险的现象。幸亏俾斯麦的暴行和支持俾斯麦的德国资产阶级的怯懦改变了局面。德国工人体会到了，当无产阶级竟对宪法自由信以为真并用来反对资本主义的统治的时候，宪法自由有什么价值。如果对这一点还有某些幻想，那末俾斯麦这位朋友粗暴地把这种幻想打破了。我所以把俾斯麦称为朋友，是因为从来还没有人像他那样给德国社会主义运动帮了那么大的忙。俾斯麦通过建立极端严密、不堪忍受的军国主义统治，不断增加赋税，国家参加最可耻的交易所投机活动，回复到旧普鲁士的最露骨的封建和警察传统，动辄进行迫害，公开辱骂、侮辱资产阶级（其实它也不该受到更好的待遇），总之，通过这种途径准备了革命，他正在完成自己的工作，迫使德国无产阶级走上革命的道路。

评论：载于1879年3月30日《人民报》第12号。1878年夏，俾斯麦政府面对日益高涨的工人运动，向更加反动的方向调整了国内政策，强行颁布了《反社会党人非常法》，把德国社会主义工人党置于非法地位，企图用反革命暴力将德国工人运动镇压下去。恩格斯为了揭露俾斯麦反动政策的实质，争取其他国家工人阶级的同情和支持，并向意大利工人介绍德国工人运动的成就和俄国革命的状况，写了本文。恩格斯在文中指出，德国社会主义工人党虽然遭到了迫害，但是它在群众中的影响加强了，要想通过《反社会党人非常法》来封住社会党人的嘴巴，消灭社会主义运动，是不可能的；相反，它将完成对德国工人的革命教育，迫使德国无产阶级走上革命的道路。恩格斯还要求欧洲各国的社会党人，要密切注意俄国的状况。在俄国，有决定意义的事件正在成熟。恩格斯还告诫正在准备革命的德国无产阶级，当俄国发出信号的时候，他要知道该怎么办。

9月17—18日 《给奥·倍倍尔、威·李卜克内西、威·白拉克等人的通告信》指出：一直是统治阶级的阶级中也有人归附于斗争着的无产阶级并且向它提供启蒙因素，这是发展的过程所决定的不可避免的现象。这一点我们在《共产党宣言》中已经清楚地说明了。但是这里应当指出两种情况：第一，要对无产阶级运动有益处，这些人必须带来真正的启蒙因素。第二，如果其他阶级中的这种人参加无产阶级运动，那末首先就要要求他们不要把资产阶级、小资产阶级等等的偏见的任何残余带进来，而要无条件地掌握无产阶级世界观。

将近四十年来，我们都非常重视阶级斗争，认为它是历史的直接动力，特别是重视资产阶级和无产阶级之间的阶级斗争，认为它是现代社会变革的巨大杠杆；所以我们决不能和那些想把这个阶级斗争从运动中勾销的人们一道走。在创立国际时，我们明确地规定了一个战斗口号：工人阶级的解放应当是工人阶级自己的事情。所以，我们不能和那些公开说什么工人太缺少教育，不能自己解放自己，因而应当由仁爱的大小资产者从上面来解放的人们一道走。如果新的党报将采取适合于这些先生们的观点的立场，如果它将是资产阶级的报纸，而不是无产阶级的报纸，那末很遗憾，我们只好公开对此表示反对，并结束我们一向在国外代表德国党的时候所表现出来的和你们的团结一致。但是事情也许不致于弄到这种地步。

评论：第一次发表于1931年6月15日《共产国际》杂志第12卷第23期。这是马克思和恩格斯反对机会主义、阐述无产阶级政党性质和作用的重要文献。这封信共分为三个部分。在第一部分《同卡·希尔施的谈判》中，详细叙述了苏黎世三人团同希尔施谈判破裂的经过及其原因，指出希尔施作为一个真正具有革命思想和无产阶级思想的编辑，不能同苏黎世三人团长期共事。在第二部分《给报纸拟定的方针》中，马克思和恩格斯阐明了希尔施抨击凯泽尔事件的正确立场，指出以此作为教训希尔施的借口是错误的，要求德国社会民主党的机关报在瑞士法律允许的范围内向欧洲公开阐述党的道路和目标，打着旗帜前进。第三部分《苏黎世三人团宣言》是这封信的重点。马克思和恩格斯对苏黎世三人团的纲领进行严厉的批判，指出他们信奉的是小资产阶级的机会主义和改良主义，而不是社会主义。最后，马克思和恩格斯强调为了维护无产阶级政党的坚定不移的阶级性质，应当消除机会主义和机会主义分子对党和党的机关报的任何影响。党如果让机会主义分子占据显要地位，就是自己出卖自己。马克思和恩格斯的批评对于帮助德国社会民主党克服背离党的纲领、放弃政治斗争与阶级斗争的错误思想倾向，具有重要的指导意义。

1880 年

2 月底　《俾斯麦先生的社会主义》指出：1873 年发生危机。我国这两家银行陷于非常困难的境地，它们积压着大批铁路股票，但再也不能从中抽回被这些股票吞掉的几百万了。控制铁路公司的计划失败了。于是就改变方针，想把股票卖给国家。把全部铁路集中在帝国政府手中这一方案的出发点，不是为了国家的公共福利，而是为了拯救两家没有支付能力的银行。同时，为了补偿向帝国出售铁路时所费的力气，必须提高股票价格。而帝国政府还有一个迫使它想购买铁路的秘密动机。这个动机是同法国的几十亿相联系的。由普鲁士政府购买这几条铁路线，立刻就会使帝国购买这些铁路的股票合法化，并会使这些股票具有某些实际价值。这就是这件事情对帝国政府的好处。无怪乎这里谈到的购买这条铁路的交易，是普鲁士政府提出并为两院批准的首批交易之一。

国家付给股东们的价格，大大高于甚至好的铁路线的实际价值。购买这些铁路的决定为人们知道以后它们的股票不断上涨，而且特别是出售的条件，都证明了这一点。国家付给股东们的价格，大大高于甚至好的铁路线的实际价值。购买这些铁路的决定为人们知道以后它们的股票不断上涨，而且特别是出售的条件，都证明了这一点。不言而喻，这一次涨价首先给那些获悉政府的秘密意图的柏林大交易所经纪人带来了好处。在 1879 年春天还是相当沉闷的交易所重新活跃起来了。投机者在最后放弃自己的宝贵的股票以前，利用它们又掀起一次投机热潮。国际总委员会在 1870 年战争刚结束的时候不是就说过：俾斯麦先生，您推翻了法国的波拿巴制度，只是为了在本国恢复这一制度!

评论：载于1880年3月3日和24日《平等报》第2种专刊和第7号和第10号。德国社会民主党的成长壮大引起了俾斯麦政府的极度恐惧，因而于1878年10月颁布了《反社会党人非常法》，使社会民主党处于非法地位。与此同时，俾斯麦政府还采取了一些不彻底的社会措施，妄图给工人的革命运动以致命的打击。本文是恩格斯为法国工人党的机关报《平等报》而写的，旨在揭露俾斯麦政府的社会措施的虚伪本质。在这篇文章中，恩格斯详细分析了俾斯麦先生以关税率保证德国工业独霸国内市场和国有铁路两项社会措施，戳穿了俾斯麦先生所谓"公共福利"的谎言。与英、法相比，德国是一个后起的资本主义国家，但经济危机却一样地不可避免。为了防止工业危机，俾斯麦政府采取的措施是提高关税率以保证德国工业垄断国内市场，但实质上不过是饮鸩止渴。至于所谓国有铁路措施更是荒唐透顶，这一措施的最大获益者是铁路线的股东和柏林交易所的经纪人。总之，俾斯麦先生的社会主义是要在德国恢复法国的波拿巴制度。

1—3月上半月 《社会主义从空想到科学的发展》指出：现代社会主义，就其内容来说，首先是对统治于现代社会中的有产者和无产者之间、资本家和雇佣工人之间的阶级对立和统治于生产中的无政府状态这两个方面进行考察的结果。但是，就其理论形式来说，它起初表现为十八世纪法国伟大启蒙学者所提出的各种原则的进一步的、似乎更彻底的发展。和任何新的学说一样，它必须首先从已有的思想材料出发，虽然它的根源深藏在物质的经济的事实中。后来出现了三个伟大的空想主义者：圣西门、傅立叶和欧文。在圣西门那里，除无产阶级的倾向外，资产阶级的倾向还有一定的影响。欧文在资本主义生产最发达的国家里，在这种生产所造成的种种对立的影响下，直接从法国唯物主义出发，系统地制定了他的消除阶级差别的方案。为了使社会主义变为科学，就必须首先把它置于现实的基础之上。

了解了以往的德国唯心主义的完全荒谬，这就必然导致唯物主义，但是要注意，并不是导致十八世纪的纯形而上学的、完全机械的唯物主义。和那种以天真的革命精神笼统地抛弃以往的全部历史的做法相反，现代唯物主义把历史看做人类的发展过程，而它的任务就在于发现这个过程的运动规律。现代唯物主义概括了自然科学的最新成就，从这些成就看来，自然界也有自己的时间上的历史，天体和在适宜条件下存在于天体上的有机物种一样是有生有灭的；至于循环，即使它能够存在，也具有无限加大的规模。在这两种情况下，现代唯物主义都是本质上辩证的，而且不再需要任何凌驾于其他科学之上的哲学了。新的事实迫使人们对以往的全部历史作一番新的研究，结果发现：以往的全部历史，除原始状态外，都是阶级斗争的历史；这些互相斗争的社会阶级在任何时候都是生产关系和交换关系的产物，一句话，都是自己时代的经济关系的产物；因而每一时代的社会经济结构形成现实基础，每一个历史时期由法律设施和政治设施以及宗教的、哲学的和其他的观点所构成的全部上层建筑，归根到底都是应由这个基础来说明的。唯物主义历史观被提出来了，用人们的存在说明他们的意识而不是像以往那样用人们的意识说明他们的存在这样一条道路已经找到了。因此，社会主义现在已经不再被看做某个天才头脑的偶然发现，而被看做两个历史地产生的阶级无产阶级和资产阶级间斗争的必然产物。它的任务不再是想出一个尽可能完善的社会制度，而是研究必然产生这两个阶级及其相互斗争的那种历史的经济的过程；并在由此造成的经济状况中找出解决冲突的手段。可是以往的社会主义同这种唯物主义观点是不相容的，正如法国唯物主义的自然观同辩证法和现代自然科学不相容一样。以往的社会主义固然批判过现存的资本主义生产方式及其后果，但是它不能说明这个生产方式，因而也就不能对付这个生产方式；它只能简单地把它当做坏东西抛弃掉。它愈是义愤填膺地反对这种生产方式必然产生的对工人阶级的剥削，就愈是不能明白指出这种剥削在哪里和怎样发生。但是，问题是在于：一方面说明资本主义生产方式的历史联系和它对一定历史时期的必然性，从而说明它灭亡的必然性，另一方面揭露这种生产方式内部的一直还隐蔽着的性质。这已经由于剩余价值的发现而完成了。已经证明，无偿劳动的占有是资本主义生产方式和通过这种生产方式对工人进行的剥削的基本形式；即使资本家按照劳动力作为商品在市场上所具有的全部价值来购买他的工人的劳动力，他从这劳动力榨取的价值仍然比他为这劳动力付出的多；这种剩余价值归根到底构成了有产阶级手中日益增加的资本量所由积累而成的价值总量。这样就说明了资本主义生产和资本生产的过程。

这两个伟大的发现——唯物主义历史观和通过剩余价值揭破资本主义生产的秘密，都应当归功于马克思。由于这些发现，社会主义已经变成了科学，现在的问题首先是对这门科学的一切细节和联系作进一步的探讨。

无产阶级将取得社会权力，并且利用这个权力把脱离资产阶级掌握的社会化生产资料变为公共财产。通过这个行动，无产阶级使生产资料摆脱了它们迄今具有的资本属性，给它们的社会性以充分发展的自由。从此按照预定计划进行的社会生产就成为可能的了。生产的发展使不同社会阶级的继续存在成为时代的错误。随着社会生产的无政府状态的消失，国家的政治权威也将消失。人终于成为自己的社会结合的主人，从而也就成为自然界的主人，成为自己本身的主人——自由的人。

完成这一解放世界的事业，是现代无产阶级的历史使命。考察这一事业的历史条件以及这一事业的性质本身，从而使负有使命完成这一事业的今天受压迫的阶级认识到自己行动的条件和性质，这就是无产阶级运动的理论表现即科学社会主义的任务。

评论：载于1880年3月20日、4月20日和5月5日《社会主义评论》杂志第3、4和5期，并于1880年在巴黎出版法文单行本《空想社会主义和科学社会主义》。本文是恩格斯关于科学社会主义的重要文献。19世纪70、80年代，马克思主义获得广泛传播，欧洲大部分国家都成立了社会主义政党和组织。与此同时，各种机会主义思潮也不断出现。法国工人党内就存在一个以马隆、布鲁斯为首的机会主义派别。为了捍卫马克思主义，坚持工人运动的正确方向，恩格斯写作了本书。本书共有三章正文，分别阐述科学社会主义的思想来源、理论基础和基本原理，其主要内容如下：第一章叙述了科学社会主义的思想来源，指出科学社会主义的主要思想来源是圣西门、欧文和傅立叶的空想社会主义，考察了空想社会主义产生的历史条件，评述了它的作用和局限；第二章论证了由于唯物史观和剩余价值学说的发现，使社会主义从空想变成科学，阐述了这两大发现的基本思想及其伟大意义，指出这时的社会主义已经不是某个天才人物的设想，而是被看作两个历史地产生的阶级——无产阶级和资产阶级间斗争的必然产物；第三章阐述了科学社会主义的基本原理，恩格斯分析了资本主义生产方式的基本矛盾，指出资本主义的根本矛盾只有通过无产阶级革命才能解决，无产阶级在取得政权后的任务是建立生产资料公有制，发展社会生产力。恩格斯1892年为英文版写的导言中第一次使用了"历史唯物主义"这个概念来表达关于历史过程的科学观点。马克思在为德文版写的序言中称本书是"科学社会主义的入门"书，列宁认为它是一部科学社会主义发展史。

11月27日 《致日内瓦一八三〇年波兰革命五十周年纪念大会》指出：波兰人在国家遭受第一次瓜分以后，就离开了自己的祖国，远涉大西洋，去保卫刚刚成立的伟大的美利坚共和国。考斯丘什科和华盛顿并肩战斗。1794年，当法国革命好不容易地抵抗同盟的武力时，光荣的波兰起义使它摆脱了威胁。波兰丧失了自己的独立，法国革命却得到了拯救。起义失败的波兰人加入了"长裤汉"军队，帮助他们去粉碎封建的欧洲。最后在1830年，当尼古拉皇帝和普鲁士国王蓄意重新进攻法国以实现其复兴正统王朝的计划时，你们今天所纪念的波兰革命挡住了他们的道路。

波兰的被瓜分，加强了目的在于掩饰沙皇对欧洲各国政府的霸权的神圣同盟。因此，"波兰万岁！"这个口号本身就意味着消灭神圣同盟。消灭俄国、普鲁士和奥地利的军事专制，消灭蒙古人对现代社会的统治！从1830年法国和英国的资产阶级在不同程度上掌握政权以来，无产阶级运动就开始显露出来。早在1840年，英国的有产阶级不得不乞灵于武力来对付工人阶级的第一个战斗组织宪章派。与此同时，在独立的波兰的最后一个角落，即在克拉科夫，于1846年爆发了第一次宣布社会主义要求的政治革命。从那时起，波兰就失去了有产者欧洲的任何虚伪的同情。1847年，在伦敦秘密地召开了无产阶级的第一次国际性代表大会，根据大会的决定出版了《共产党宣言》，宣言结尾提出一个新的革命的口号："全世界无产者，联合起来！"。波兰有自己的代表出席这次代表大会。在布鲁塞尔召开的公众集会上，著名的列列韦尔和他的同志们表示赞同代表大会的决议。在1848年和1849年，德国、罗马尼亚、匈牙利、意大利的革命大军都有很多波兰人。他们无论是普通士兵还是指挥官，都表现得出类拔萃。尽管这一时期的社会主义趋向被淹没在六月日子的血泊中，然而1848年革命——决不可以忘记这一点——的熊熊火焰几乎燃遍了整个欧洲，有个时期曾把整个欧洲变成一个共同体，从而为国际工人协会奠定了基础。1863年的波兰起义曾引起英法工人对本国政府的国际暴行一致表示抗议，这次起义成为在波兰流亡者参与下创立的国际的起点。最后，在波兰流亡者中间也有巴黎公社的忠实保卫者。公社失败以后，只要是波兰人，就会被凡尔赛军事法庭下令枪杀。总之，在自己的祖国以外，波兰人在争取无产阶级解放的斗争中起了巨大的作用，他们大都是无产阶级的国际战士。现在，当这一斗争正在波兰人民中间发展起来的时候，愿它得到宣传界、革命报刊的支持，愿它和我们俄国兄弟的趋向联合起来；这将是重提"波兰万岁！"这一老口号的又一理由。

评论：1881年以波兰文发表在《纪念十一月起义五十周年国际大会的报告文集》日内瓦版。本文是马克思、恩格斯、拉法格和列斯纳于1880年11月27日联名所写。1880年11月29日在日内瓦举行纪念1830年11月波兰起义五十周年大会，本文是马克思和恩格斯等人给大会寄去的贺信。在贺信中，他们高度评价了波兰人和波兰革命，希望波兰人民在争取民族解放的斗争中和俄国工人联合起来，以取得更大的胜利。

1881年

3月21日 《致斯拉夫人在伦敦举行的巴黎公社纪念大会主席》指出：当巴黎公社遭到"秩序"的捍卫者所策划的残酷的大屠杀而陷于失败的时候，胜利者决没有想到，为时还不到十年，在遥远的彼得堡居然会发生这样一个事件，它经过斗争，也许是长期而激烈的斗争，最终肯定要导致俄国公社的建立。他们也没有想到，在普鲁士国王由于包围巴黎而迫使当权的资产阶级去武装人民、从而给公社的建立作了准备以后过了十年，这同一个普鲁士国王竟在他自己的首都被社会党人包围起来，只有在他的首都柏林宣布戒严才能保住他的王位。

大陆上的各国政府在公社失败以后采取了迫害手段来迫使国际工人协会放弃它的正式的、外在的组织，它们以为它们能够用法令和非常法来摧毁伟大的国际工人运动，可是它们决没有想到，过了十年，这同一个国际工人运动比以往任何时候都更为强大，它不但席卷了欧洲的工人阶级，而且席卷了美洲的工人阶级；为了共同利益、反对共同敌人的共同斗争，将把工人们联结在一起，形成一个新的规模更大的自发的国际，这个国际将愈来愈超过协会的任何外在形式。总之，旧世界的当权者们认为已经彻底消灭的公社，现在比以往任何时候都更富有生命力，所以我们可以和你们一起高呼：公社万岁！

评论：第一次载于1933年11月7日《真理报》第308号。1881年3月21日，沙皇统治下的俄国各民族社会主义者代表在伦敦举行巴黎公社纪念大会，本文是马克思和恩格斯写给这次大会的贺信。信中指出，在巴黎公社被旧秩序的捍卫者残酷镇压后不到十年，发生了亚历山大二世被刺事件，这是日益迫近的俄国革命的征兆之一。他们还预见，不断发展的俄国革命一定会继承巴黎公社的事业，经过长期而激烈的斗争，最终将导致俄国公社的建立。

3月31日 《给〈每日新闻〉编辑的信》指出：在今天的《每日新闻》上，一篇题为《追问〈自由〉周报》的文章写道，刊载关于俄国皇帝之死的文章的那一期周报，"还有几处暗示了秘密袭击市长官邸的罪犯"。虽然上面提到的文章同那篇关于彼得堡事件的文章毫无关系，可是因为这种看法可以从同这篇文章的内容完全相反的意义上去解释，而且由于该报编辑莫斯特先生目前不能亲自在报刊上为自己辩护，所以我们请求您把下面一段逐字逐句按上述那期《自由》周报译出的全部有关"秘密袭击市长官邸"的话刊登出来。1881年3月19日《自由》周报："星期三晚上，不知'何许人'把一只装有约十五磅重火药的箱子放在西蒂区市长官邸前面。它的一端已点燃，但是有个警察'偶然'发觉了这东西，他十分勇敢，一下就把火扑灭了。我们不明白，这种爆炸可以达到什么目的。看来，国际警察无论如何都知道要怎样在这件事上捞一笔资本。第二天晚上，有人在议会中向政府提出质问，问政府打算采取什么措施来对付在伦敦长住下来的一帮社会主义分子。但是，内务大臣并不认为需要采取什么措施，只是以耸耸肩来回答。这就是国际警察的一切努力所能得到的全部奖赏。"

评论：载于1881年4月1日《每日新闻》。1881年3月31日，《每日新闻》刊登了一篇题为《追问〈自由〉周报》的文章，认为3月19日的《〈自由〉周报》关于俄国皇帝之死的文章，暗示了秘密袭击市长官邸的罪犯。为反驳对这篇文章的曲解，戳穿国际警察的险恶用心，马克思和恩格斯给《每日新闻》编辑写了这封信，要求逐字逐句地刊登上述那期《自由》周报译出的全部有关内容，以澄清事实真相。

5月1—2日 《做一天公平的工作，得一天公平的工资》指出：是做一天公平的工作，得一天公平的工资吗？可是什么是一天公平的工资和一天公平的工作呢？它们是怎样由现代社会生存和发展的规律决定的呢？要回答这个问题，我们不应当应用道德学或法学，也不应当诉诸任何人道、正义甚至慈悲之类的温情。社会的公平或不公平，只能用一种科学来断定，那就是研究生产和交换的物质事实的科学——政治经济学。那末，政治经济学把什么叫做一天公平的工资和一天公平的工作呢？那不过是雇主和雇工在自由市场上的竞争所决定的工资额和一天工作的长度和强度。一天公平的工资，在正常情况下，就是保证工人按照他的地位和所在国家的生活程度获得必要的生活资料，以保持他的工作能力和延续他的后代所需要的金额。由于营业的好坏，实际工资额可能有时高于这个数额，有时低于这个数额；但是在正常情况下，这个数额应当是一切变动的平均数。一天公平的工作是这样的工作日长度和工作强度，它消耗工人一天的全部劳动力，但不损害他在第二天和以后完成同等数量劳动的能力。因此，这种交易可以这样来描述：工人把他一天的全部劳动力给资本家，也就是说，只要使这种交易的进行不致中断，工人能给多少就给多少。他换来的正好是使他每天能够重复这种交易所需要的生活必需品，不会更多。工人拿出来的这么多，资本家给的这么少，交易的本质只允许这样。这是一种非常特殊的公平。

但是，让我们更深入地看一下这个问题。根据政治经济学家的说法，工资和工作日是由竞争决定的，那末，似乎公平所要求的，应该是双方都在平等的条件下，有同样公平的起点。但是事实并非如此。如果资本家不能同工人谈妥，他能够等待，靠他的资本生活。工人就不能这样。他只能靠工资生活；因此，必须在他能够得到工作的时间、地点和条件下接受工作。工人没有公平的起点。饥饿使他处在非常不利的地位。可是，按照资本家阶级的政治经济学来说，这正是公平的最高典范。但是，这还是小事。新行业开始采用机械力和机器，原来就采用机器的行业扩充和改善机器，从而把愈来愈多的"帮手"从工作岗位上排挤出去。但是我们要问，资本用来支付这笔极其公平的工资的钱，究竟是从哪儿来的呢？当然是从资本中来的。但是资本并不产生价值。除土地以外，劳动是财富的唯一来源，资本本身不过是积累起来的劳动产品而已。所以劳动工资是由劳动支付的，工人的报酬是从他自己的产品中支取的。按照我们通常所说的公平，工人的工资应该相当于他的劳动产品。但是按照政治经济学，这并不是公平的。相反，工人劳动的产品落到了资本家手里，工人从中得到的仅仅是生活必需品。所以这种不平常的"公平"的竞赛结果就是，劳动者的劳动产品不可避免地积累在不劳动者手里，并变成他们手中最有力的工具，去奴役正是生产这些产品的人。

从上面所说的看来已经很清楚，这个老口号是过时了，今天已经不大适用了。政治经济学的公平，既然忠实地表述了支配目前社会的规律，那就是完全偏在一边的、偏在资本一边的公平。因此，我们要永远埋葬掉这个旧口号，代之以另外一个口号：劳动资料——原料、工厂、机器归工人自己所有！

评论：作为社论载于1881年5月7日《劳动旗帜报》（伦敦）第1号。1881年5月，恩格斯开始为英国工联在伦敦出版的周报《劳动旗帜报》撰稿，该文是恩格斯为该报写的第一篇文章。恩格斯首先指出，"做一天公平的工作，得一天公平的工资"这句口号过去曾经作出过很大贡献，但现在已经过时了。然后恩格斯用政治经济学的科学原理说明这个充满了"公平"的口号的不"公平"的实质，因此，劳动者应当永远埋葬这个旧口号，代之以另外一个口号："劳动资料——原料、工厂、机器归工人自己所有！"

5月15—16日 《雇佣劳动制度》指出：工联在英国，正如在其他任何工业国一样，都是工人阶级同资本作斗争所必需的。平均工资额等于在某一国家内按照该国一般的生活水平足以使工人一代一代维持下去的生活必需品的金额。对于不同阶层的工人来说，这种生活水平可能是极不相同的。工联在保持一定的工资额和缩短工作日的斗争中的伟大功绩，在于它力图保持和提高生活水平。

如果单独一个工人试图去和资本家讨价还价，那他很容易失败，而且不得不无条件投降。但是，如果整个行业的工人结成一个强有力的组织，在工人中间募集基金，使他们在必要时能够同他们的雇主对抗，因而能够作为一种力量去同这些雇主进行谈判，那时，而且只有那时，他们才有可能获得那点微薄的收入；这些收入，按照目前社会的经济制度来说，可以说是做一天公平的工作得来的一天公平的工资。

工资规律并没有被工联的斗争推翻。相反，它是在这些斗争的压力下实现的。如果没有工联的抵抗手段，工人甚至连按照雇佣劳动制度规则应得的也得不到。资本家只是由于害怕他眼前的工联，才会不得已而付出他的工人的劳动力的全部市场价值。这要证据吗？请看看付给大工联会员的工资，再看看伦敦东头这个永久贫困的深渊中的无数小行业所付的工资吧。

所以，工联攻击的并不是雇佣劳动制度。但是，造成工人阶级经济状况下降的，并不是工资的高低，而是下面这个事实，即工人阶级得不到自己劳动的全部劳动产品，而不得不满足于自己生产的产品的一部分，这一部分就叫做工资。资本家攫取了全部产品（从中支付工人的工资），因为他是劳动资料的所有者。因此，工人阶级在成为一切劳动资料——土地、原料、机器等的所有者，从而也成为他们自己劳动的全部产品的所有者以前，就得不到真正的解放。

评论：载于1881年5月21日《劳动旗帜报》（伦敦）第3号。在这篇短文中，恩格斯继续分析了资本主义社会中的工资规律，指出只要社会分成资本家和工人两个对立的阶级，工资规律就每天都在锻造锁链，把工人变成其所生产的产品的奴隶。尽管工资规律并不是固定不变的，工资额可以因斗争双方的斗争结果而变动，但工联的斗争并不能推翻工资规律。因为问题的关键在于资本家是生产资料的所有者，在于雇佣劳动制度，而英国工联攻击的并不是雇佣劳动制度。恩格斯在文章的结尾为英国工联指出了真正的斗争方向。

5月20日 《工联》指出：资本家阶级当时激烈地反对工联。这个阶级一向认为他们长期以来压榨工人阶级的做法是既得的权利和合法的特权。现在，要制止他们这样做了。工联现在已经成了公认的机构，它作为工资的调节者之一的作用，被认为同工厂法作为工作时间的调节者的作用完全一样。

当前的社会基本上分为两大对抗的阶级，一方面是拥有雇佣劳动所需要的一切资料的资本家，另一方面是除了自己的劳动力以外一无所有的工人。后一个阶级的劳动产品必须在两个阶级中间分配，而为了这种分配经常进行斗争。每个阶级都想尽量多分到一些。但是，两大社会阶级之间的斗争，必然会成为政治斗争。中等阶级即资本家阶级同土地贵族之间的长期斗争就是这样，工人阶级同上述这些资本家之间的斗争也是这样。在阶级反对阶级的任何斗争中，斗争的直接目的是政治权力；统治阶级保卫自己的最高政治权力，也就是说保卫它在立法机关中的可靠的多数；被统治阶级首先争取一部分政治权力、然后争取全部政治权力，以便能按照他们自己的利益和需要去改变现行法律。

目前，在阶级反对阶级的政治斗争中，组织是最重要的武器。随着纯政治的、或宪章派的组织的瓦解，工联组织日益壮大起来，到现在，它的力量已经达到了其他国家的任何工人组织都不能相比的程度。这些强有力的组织，按照它在这个国家里产生和发展时形成的传统，直到现在还把自己的活动几乎完全局限于参加调节工资、工作时间以及要求废除公开敌视工人的法律这种职能上。工联忘记了自己作为工人阶级的先进部队的责任。这个新武器在它们手里已经有十年多了，但是它们几乎从来也没有拔出鞘来用过它。不仅如此，有许多迹象表明，英国的工人阶级正在意识到，它有一个时期走了错误的道路，意识到当前这个专门为了增加工资、减少工作时间的运动，使它置身于毫无出路的恶性循环，意识到祸根不是工资低，而是雇佣劳动制度本身。一旦这种认识在工人阶级中普遍地传播开来，工联的地位一定会有极大的改变。它们将不再享有作为工人阶级唯一组织的特权。同各行业联合会并列或在它们之上，一定会产生一个总的联合会，一个整个工人阶级的政治组织。

所以，有组织的工联必须好好地考虑下述两点：第一，英国工人阶级很快就会明确地要求自己在议会中有充分的代表权。第二，工人阶级也很快就会了解，争取工资高、工作时间短的斗争，以及今天的工联所进行的全部活动，并不是目的本身，而只是一种手段，是一种非常必要和有效的手段，但只是达到一个更高目的的许多手段中的一种，这个更高目的就是完全废除雇佣劳动制度。为了工人在议会里有充分的代表权，以及为了准备废除雇佣劳动制度，必须要有组织，但不是个别行业的组织，而是整个工人阶级的组织。

评论：作为社论载于1881年5月28日和6月4日《劳动旗帜报》（伦敦）第4号和第5号。在文章中，恩格斯论述了工联的作用及其局限性。恩格斯指出，当前的社会基本上分为两大对抗的阶级即资本家和工人，而两大社会阶级之间的斗争，必然会变成政治斗争，因为斗争的直接目的是政治权力。在阶级之间的政治斗争中，最重要的武器当然是组织。英国工人已经有了自己的组织——工联。但是工联忘记了自己作为工人阶级先进部队的责任，仅仅把斗争局限在经济斗争的范围内。因此，恩格斯强调指出，争取高工资、工作时间短的斗争，以及今天的工联进行的全部活动，并不是目的本身，而只是一种达到更高目的——完全废除雇佣劳动制度的非常必要的有效的手段。最后，恩格斯号召英国工人不要局限于一定的经济要求和经济斗争，要建立自己阶级的政治组织，使无产阶级争得政治统治权。

6月中 《对法国的通商条约》指出：美国正处在推广工业已成为全国的需要这样一个发展阶段上。这一点可以由下列事实充分证明：在发明节约劳动力的机器方面，走在前列的已不再是英国，而是美国。美国的发明每天都在代替英国的专利品和英国的机器。美国的机器输入英国，而且几乎是所有的工业部门。此外，美国拥有世界上精力最旺盛的人民，它的煤田和英国相比，英国的煤田就显得几乎等于零，它的铁和其他金属也很丰富。毫无疑问，当前这一代人会看到美国的棉织品在印度和中国跟英国的棉织品竞争，并逐渐在这两个主要市场上争得地盘；美国的机器和五金在世界各处（包括英国在内）和英国货展开竞争。使佛来米的工场手工业转移到荷兰，又从荷兰转移到英国的这种无法改变的必然性，不久就会使世界工业中心从英国转移到美国。而且，在剩给英国的有限的活动范围里，英国还会在几个大陆国家中遇到强大的竞争者。

英国工业垄断迅速衰落的事实已经不能再回避了。当英国所有的主要行业都真正移到大西洋彼岸时，对英国将会发生什么影响呢？结果将会作出一件大事，即粉碎那条仍然把英国工人阶级同英国资产阶级拴在一起的链条的最后一环。这一环就是他们为该国的垄断所进行的共同工作。这一垄断一旦被消灭，英国工人阶级将被迫谋求自身的利益、自身的解放，并且结束雇佣劳动制度。我们希望他们不会一直等到那个时候。

评论：作为社论载于1881年6月18日《劳动旗帜报》（伦敦）第7号。恩格斯分析了英国自由贸易政策的破产和英国工业垄断的迅速衰落，指出把英国工人阶级同英国资产阶级拴在一起的链条的最后一环，即他们为英国垄断所进行的共同工作将被粉碎，恩格斯号召英国工人阶级起来斗争，谋求自身的利益和解放，并结束雇佣劳动制度。

6月下半月 《两个模范地方议会》指出：法国成立社会主义工人党以后，该党通过了一项决议，决定不仅在议会选举时提出工人候选人，而且在一切地方机关选举时也提出工人候选人。这样，今年1月9日在法国举行的最近一次地方议会选举中，年轻的工人党在很多的工业城市和一系列的村镇里，特别是在那些有矿场的地区获得了胜利。它不仅使某些候选人当选，而且在有些地区争取到了议会中的多数，并且还有一个议会完全是由工人组成的。

6月8日，法国中部阿利埃省科芒特里的采矿公司解雇了152名拒绝服从新实行的令人愤慨的作息制度的工人。于是全体矿工约1600人就宣布罢工，对最近逐渐实行不利于工人的作息制度的做法表示抗议。这时市议会也立刻站在工人方面。因此，在这里我们看到工人不仅参加议会，而且还参加地方机关或其他机关的惊人的效果。在工人们容忍其代表参加地方管理机关的那个阶级的人们看来，罢工简直就是反对现存社会制度的暴动，是对神圣的所有权的践踏。因此，只要工人阶级还同意把企业主及其代表选入地方自治机关，那末每当发生罢工和同盟歇业时，地方机关总是会用它全部的巨大的道义力量和物质力量来支持企业主。

我们希望，法国这两个市议会的活动能使许多人睁开眼睛。难道要永远让人说，而且也对英国工人说，"这些事在法国进行得比较好"吗？英国工人阶级有其历史悠久和力量强大的组织，长期以来享有政治自由，又有多年的政治活动经验，因此它比之大陆上任何一个国家的工人具有很多优越条件。可是德国人在国会中已有了12个工人代表，而且像法国那样，工人在许多市议会中占多数。的确，在英国，工人的选举权是受到限制的，然而工人阶级却占大城市和工业区人口的多数。因此只要愿意，这个潜在的多数就会变成国家中的现实力量，变成工人人口集中的一切地区中的力量。如果工人能在议会中、在市议会中、在地方济贫委员会中得到应有的席位，那末不久就会有工人出身的国家活动家，他们将给那些经常欺压人民群众的洋洋自得的愚蠢的官吏带来种种障碍。

评论：作为社论载于1881年6月25日《劳动旗帜报》（伦敦）第8号。通过对法国有工人参加的两个模范地方议会在工人罢工时给予罢工者重大支持的案例，肯定了工人参加议会，参加地方机关或其他机关的惊人的效果。在此基础上，对比分析了英国工人阶级运动遭遇失败的原因，肯定了英国工人阶级的历史优势，对其潜能的发挥提出希望。

6月底　《美国的食品和土地问题》指出：几乎不需要说明，这种新的美国农业竞争的影响在欧洲大陆上也感受到了。那些大多是负债累累的小自耕农也受到同样深重的影响，他们不像英格兰和爱尔兰的农场主那样缴纳地租，而是支付利息和诉讼费。这是美国这种竞争的特殊影响，它不仅使大地产成为无用，而且也使小地产成为无用，因为它使两者都无利可图了。这种制度，在它灭亡以前，还将存在很长一个时期，至少足以把欧洲所有的大小地主扼杀两次。那末，所有这一切的结局将怎样呢？结局将是而且一定是：我们就只好实行土地国有，并在国家监督下把土地交给合作社耕种。到了那时，而且也只有到了那时，才会使耕种者和国家从农业经营中获得利益，不管美国的或别的国家的谷物和肉类价格怎样。如果那时大地主真要到美国去的话（他们似乎有这种倾向），那我们就祝他们一路平安。

评论：作为社论发表在1881年7月2日《劳动旗帜报》（伦敦）第9号。恩格斯分析了美国在农业上的革命和运输工具的革新对英国和欧洲大陆小麦价格进而对农场主和大地主的影响，指出英国和欧洲大陆农业的出路在于实行土地国有，并在国家监督下把土地交给合作社耕种，也就是实行社会主义的变革。

7月初　《反谷物法同盟的工资理论》指出：简单谈一谈同盟的工资理论。商品的平均价格等于商品的生产费用，供求的作用在于使它回到它所围绕着摆动的那个标准。如果一切商品都是这样，那末劳动（或者更确切些说，劳动力）这种商品也是这样。因此工资额是由工人日常必需消费的那些商品的价格决定的。换句话说，如果其他一切情况保持不变，工资是随着生活必需品的价格而涨落的。反谷物法同盟时期以来的那些走向庸俗化的和庸俗的经济学家以此为借口,说什么首先是劳动,其次是一切其他的商品,都没有真正确定的价值,只有一个上下波动的价格,这种价格或多或少地受供求的调节,而同生产费用无关;并且说,要提高价格,包括提高工资在内,除增加需求外,没有别的办法。这样一来,就排除了工资额和食品价格之间的令人不愉快的联系,并且可以按照肤浅而可笑的理论去大胆地宣布:粮食贵工资就低;粮食贱工资就高。

哪一个工业部门生意兴隆,同时工人有坚强的组织保卫自己,那里工人的工资一般都没有下降,有时或许还提高了。这不过是证明从前付给这些人的工资低了。哪一个工业部门生意惨淡,或者那里的工人没有在工联中坚强地组织起来,他们的工资就一定下降,往往降到挨饿的地步。你们亲自到伦敦东头去看看吧!

评论:作为社论载于1881年7月9日《劳动旗帜报》(伦敦)第10号。恩格斯使用了马克思主义的工资理论,指出工人的工资额是由工人日常必需消费的那些商品的价格决定的。在其他情况保持不变的情况下,工资是随着生活必需品的价格而涨落的,揭露了反谷物法同盟的工资理论——工资的涨落不是和利润成反比,而是和食物价格成反比,粮食贵工资就低,粮食贱工资就高——的虚伪性和欺骗性,说明反谷物法同盟并不像它假装的那样代表工人,而是相反。恩格斯最后提出,工人工资是否下降取决于生产的状况和工人组织起来进行斗争的程度。

7月中 《工人党》指出:工人阶级有它本身的政治利益和社会利益。他们怎样维护他们认为是自己的社会利益的东西,可以从工联和缩短工作日的运动的历史中看到。但是,他们把政治利益几乎完全交给托利党、辉格党和激进党这些上层阶级的人物。这种政治地位,是和欧洲组织得最好的工人阶级不相称的。

自从世界历史上第一个工人党即宪章派的政党瓦解以来,激进党人的欺骗不幸是够多的了。是的,但是宪章派毕竟瓦解了,而且毫无成就。真是这样吗?在人民宪章的六点中,有两点,即秘密投票和取消财产资格限制,现在已经成为国家的法律了。第三点即普选权,在户主选举法的形式下至少是已经接近实现了;第四点即平等的选区,显然即将见诸实现,因为这是现政府答应的一项改革。所以,宪章运动瓦解的结果却足足实现了宪章派纲领的一半。既然,仅仅对于一个过去的工人阶级政治组织的回忆,就能导致这些政治改革,而且除此以外还导致了一系列社会改革,那末,一个有四五十个议会代表支持的工人党的实际存在,又会做出怎样的事来呢?我们生活在一个人人必须照顾他自己的世界里。但是英国工人阶级却让大地主、资本家、小商人等阶级及其走狗——律师、新闻记者等等来照顾它的利益。难怪有利于工人的改革,是这样缓慢、这样可怜地一点点地实现。英国工人只要愿意,它是有力量实现他们的处境所要求的各项社会改革和政治改革的。那末,为什么不作这种努力呢?

评论:作为社论载于1881年7月23日《劳动旗帜报》(伦敦)第12号。恩格斯首先分析了英国政党政治的现状，指出了英国工人阶级甘愿充当"伟大的自由党"的尾巴这一事实，并指出这与英国工人阶级的政治地位不相称。英国工人阶级应该有自己的政党代表自己的政治、经济和社会利益，即英国工人党。恩格斯最后号召英国工人阶级成立独立的群众性的革命政党。

7月中　《俾斯麦和德国工人党》指出：在每次普选中，德国工人党得的票数都在迅速增加。然后俾斯麦通过了一项法令，宣布社会民主党为非法。工人的报纸有50多家被查封，他们的团体和俱乐部被解散，他们的基金被没收，他们的集会被警察驱散，而达到顶点的是下令规定可以"宣布"整个城市和地区"戒严"，正如在爱尔兰一样。但是，甚至英国的高压法在爱尔兰从来不敢做的事情，俾斯麦在德国也做出来了。在每个"宣布戒严的"地区，警察有权把他认为有进行社会主义宣传的"相当嫌疑"的任何人驱逐出境。

但是这还不是全部。工人党一旦被正式宣布为非法，并被剥夺了其他德国人表面上可以享受的一切政治权利，警察就可以对该党的每个党员为所欲为了。俾斯麦用他的这一切高压手段得到了什么呢？结果是，俾斯麦的高压手段对他丝毫没有用处，相反，却激怒了人民。那些被剥夺了自卫的一切合法手段的人，总有一天会采取非法手段的，没有人能指责他们。

评论：作为社论载于1881年7月23日《劳动旗帜报》（伦敦）第12号。恩格斯详细介绍了德国工人党在普选中取得的越来越大的成就以及俾斯麦政府对社会民主党进行的残酷迫害和社会民主党的斗争，鼓励英国无产阶级成立工人政党，利用德国工人阶级在政府和警察经常迫害的条件下成功地坚持斗争的经验，为无产阶级争取政治统治权而斗争。

7月底　《棉花和铁》指出：棉花和铁是我们这个时代的两种最重要的原料。哪个国家在棉织品和铁制品生产方面占首位，一般也就在工业国中居于首位。在这里，也同在其他行业中一样，如果工人的状况没有变得更坏，而在某些情况下甚至变得好些，那完全是由于他们自己的努力，由于坚强的组织和艰苦的罢工斗争。不只是英国的工厂主在扩大自己的生产力。其他国家也是这样。它们的产量加在一起，不久就会超过英国，这是不会有什么疑问的。

英国在使用蒸汽的工业方面所保留的垄断是多么微不足道，自由贸易对于保持英国工业的优势是多么不顶用。请不要说，外国工业的这种进展是人为的，是保护关税政策造成的。德国工业的巨大扩展，全部是在最自由的自由贸易制度下完成的。如果美国主要由于极端不合理的国内消费税制而被迫采取一种与其说是真正的、不如说是表面的保护关税政策，那末，废除这些消费税法令就足以让它在自由市场上竞争了。这就是曼彻斯特学派的学说25年的绝对统治给这个国家造成的处境。我们认为，其结果就是要求曼彻斯特和北明翰的绅士们迅速让位，让工人阶级在以后的25年中来干。他们一定不会管理得更差。

评论：作为社论载于1881年7月30日《劳动旗帜报》（伦敦）第13号。恩格斯指出，在英国棉织品和铁制品生产方面占世界首位这一事实背后不是工业的繁荣和工人生活状况的改善，而是恰恰相反。造成这种状况的原因是无限制的竞争，是整个社会生产的无组织和无计划，其结果是经济危机和工人的贫困化。另外一个事实即其他国家的工厂主同英国的工厂主一样在扩大自己的生产力的事实，证明英国资产阶级自由贸易政策，或者说曼彻斯特学派的学说25年的绝对统治破产了，应该让工人阶级来管理经济。

8月1—2日 《必要的和多余的社会阶级》指出：我们现在的社会的经济发展，愈来愈导致积聚，导致生产的社会化，使生产成为不能再由单个资本家来管理的大企业。所有关于"老板的眼光"及其创造的奇迹的废话，当企业达到一定规模时，就成了纯粹的胡说。想像一下伦敦和西北铁路的"老板的眼光"吧！但是老板不能做的事情，工人、公司中领工资的雇员却能够做而且做得很成功。因此，资本家再也不能要求取得他的利润作为"进行领导的工资"了，因为他什么也没有领导。当资本的辩护人向我们大放厥词的时候，我们要记住这一点。但是在我们的前一号周报里，我们已经试图说明：资本家阶级已经变得没有能力管理本国巨大的生产体系了，他们一方面扩大生产，以便周期地以产品充斥一切市场，而另一方面，却愈来愈无力抵御外国的竞争。由此，我们看到，我们不仅能够不要资本家阶级干预而把本国的大工业管理得很好，而且他们的干预愈来愈成为一种祸害了。我们再一次向他们说："走开！给工人阶级来干的机会吧！"

评论：作为社论载于1881年8月6日《劳动旗帜报》（伦敦）第14号。本文分别对土地贵族、资本主义中等阶级、资本家阶级以及生产者阶级四个阶层的社会存在必要性进行了具体分析。虽说前三者在一定历史时期有其历史存在的必要性，但从现实来看，三者的职能基本被代替，成为多余的社会阶级，进而证实了无论不从事生产的社会上层发生什么变化，没有一个生产者阶级，社会就不能生存。因此，这个阶级在任何情况下都是必要的，虽然会有一天它将不再是一个阶级，而是包括整个社会。

12月4日 《燕妮·马克思（冯·威斯特华伦）》指出：今年12月2日，卡尔·马克思的夫人受疾病长期折磨以后在伦敦逝世了。她出生于萨尔茨维德尔。在她出生以后不久，她的父亲便调到特利尔城任政府顾问，在那里和马克思一家有了亲密的交往。两家的孩子在一块儿长大。这样，两个天赋很高的孩子日益亲近起来。当马克思进大学的时候，他们两人已经决定把未来的命运永远连结在一起了。

1848年的革命高潮到第二年就低落了。又一次驱逐开始了，起初到了巴黎，后来由于法国政府重加干涉，便搬到伦敦。这一次对于燕妮·马克思说来是真正的驱逐出境，她经受了重重苦难。物质上的困苦，她还可以忍受，虽然由于这种困苦，她的两个男孩和一个女孩都死去了。但是，政府勾结着资产阶级反对派，从庸俗的自由派到民主派，对他的丈夫策划了一个大阴谋。他们用最卑鄙最下流的诽谤来诬蔑马克思，所有报纸都不登载他的文章，他失去了自卫的一切手段，他在敌人面前突然陷于手无寸铁的境地，他和他的夫人唯一可以用来对付敌人的就是蔑视。这使她蒙受了很深的创伤。这种情况继续了很长时间。

但这并不是没有尽头的。欧洲无产阶级重新获得了在一定程度上进行独立活动的生存条件。国际成立了。无产阶级的阶级斗争席卷了一个又一个国家，而她的丈夫便是先进战士中间的最先进者。补偿她所经受的种种苦难的时刻来到了。她生前终于看到，曾经落在马克思身上的那些流言蜚语已经烟消云散了，他那曾经遭受封建派和民主派等反动党派百般扼杀的学说，现在已经在各个文明国家用各种优美的语言广为传播了。她生前终于看到，与她毕生血肉相连的无产阶级运动，已经从根本上震撼了从俄罗斯到美洲的旧世界，并摧毁着一切阻力，越来越充满胜利的信心，为自己开辟前进的道路。最后使她感到欣慰的一件事就是，我们德国工人在最近一次帝国国会选举中光辉地显示了源源不竭的生命力。

这位具有极其敏锐的批判智能、巨大的政治上的机警、充沛的精力和热烈的性格、忠于自己的战友的女性，在差不多40年中为运动所做的事情，是社会公众看不到的，现代报刊的年鉴里也没有记载下来。这一切只有亲身经历的人才感受得到。但是我深信：那些巴黎公社流亡者的妻子们还会时常回忆起她，而我们也将时常为再也听不到她那大胆而合理的意见（大胆而不吹嘘、合理而丝毫不损尊严的意见）感到若有所失。

评论：载于1881年12月8日《社会民主党人报》第50号。1881年12月2日燕妮·马克思逝世，给马克思以沉重的打击。在艰难的日子里，恩格斯像往常一样总是和马克思在一起，他不仅负责料理丧事，而且认为自己有责任在报刊上阐述马克思夫人在工人运动中所起的作用。这篇文章是他写的悼词，悼念这位无产阶级社会主义、革命社会主义的老战士队伍中的代表。文章回顾了燕妮的生平事迹。她于1843年和马克思结婚。婚后她不仅和她的丈夫共患难，同甘苦，同斗争，而且以高度的自觉和炽烈的热情投身在中间。她经历了重重苦难，马克思的伟大贡献中有她的一份功劳。

12月5日 《在燕妮·马克思墓前的讲话》指出：我们现在安葬的这位品德崇高的女性，在1814年生于萨尔茨维德尔。她的父亲冯·威斯特华伦男爵在特利尔城时和马克思一家很亲近；两家的孩子在一块儿长大。当马克思进大学的时候，他和自己未来的妻子已经知道他们的生命将永远连结在一起了。国际工人协会成立了。它使文明国家相继参加斗争，在这个斗争中最先参加战斗的是她的丈夫。开始补偿她所经受的种种苦难的时刻终于来到了。她生前终于看到，曾经落在她丈夫身上的各种卑鄙的诬蔑完全烟消云散；她生前终于听到，各国反动派曾经企图扼杀的她丈夫的学说在各个文明国家用各种优美的语言公开地胜利地传播了。她生前终于看到，充满胜利信心的无产阶级的革命运动席卷了从俄罗斯到美洲的一个又一个国家。最后使她感到欣慰的一件事就是,她在临死前得知德国工人阶级不顾一切镇压法令,在最近一次选举中光辉地显示了它的不可遏止的生命力。她的一生表现出了极其明确的批判智能,卓越的政治才干,充沛的精力,伟大的忘我精神;她这一生为革命运动所做的事情,是公众看不到的,在报刊上也没有记载。她所做的一切只有和她在一起生活过的人才了解。但是有一点我知道:我们将不止一次地为再也听不到她的大胆而合理的意见(大胆而不吹嘘、合理而不失尊严的意见)而感到遗憾。我用不着说她的个人品德了。这是她的朋友们都知道而且永远不会忘记的。如果有一位女性把使别人幸福视为自己的幸福,那末这位女性就是她。

评论:载于1881年12月11日《平等报》第3种专刊第1号。这篇文章同前一篇《燕妮·马克思(冯·威斯特华伦)》都是为悼念马克思夫人而作的,内容基本相同。恩格斯总结了燕妮与马克思的事业紧密相连的一生,高度评价了她对工人阶级解放运动作出的重大贡献。恩格斯称赞燕妮在其一生中表现了极其明确的批判智能,卓越的政治才干,充沛的精力,伟大的忘我精神。恩格斯还高度赞扬了燕妮的个人品德,认为她把别人的幸福视为自己的幸福,为工人阶级的解放事业作出了巨大的牺牲。

1882 年

1月21日 《〈共产党宣言〉俄文第二版序言》指出:巴枯宁翻译的《共产党宣言》俄文第一版,在六十年代初,由"钟声"印刷所刊印问世。当时,西方认为这件事(《宣言》译成俄文出版)不过是文坛上的一件奇闻。这种看法今天是不可能有了。

今天,情况完全不同了!正是欧洲移民,使北美能够进行大规模的农业生产,这种农业生产的竞争震撼着欧洲大小土地所有制的根基。此外,这种移民还使美国能够以巨大的力量和规模开发其丰富的工业资源,以至于很快就会摧毁西欧特别是英国迄今为止的工业垄断地位。这两种情况,对美国本身也起着革命作用。作为整个政治制度基础的农场主的中小型地产,正逐渐被大农场的竞争征服下去;同时,在各工业区,人数众多的无产阶级和神话般的资本积聚开始发展起来。

现在来看看俄国吧!在1848—1849年革命期间,不仅欧洲的君主,而且连欧洲的资产者,都把俄国的干涉看做是帮助他们对付刚刚开始觉醒的无产阶级的唯一救星。沙皇曾被宣布为欧洲反动势力的首领。现在,沙皇已成了革命的俘虏,被禁锢在加特契,而俄国已是欧洲革命运动的先进队伍了。

《共产党宣言》的任务,是宣告现代资产阶级所有制必然灭亡,但是在俄国,我们看见，除了迅速盛行起来的资本主义狂热和刚开始发展的资产阶级土地所有制外，大半土地仍归农民公社占有。那末试问：俄国公社，这一固然已经大遭破坏的原始土地公共占有制形式，是能够直接过渡到高级的共产主义的公共占有制形式呢？或者相反，它还须先经历西方的历史发展所经历的那个瓦解过程呢？

对于这个问题，目前唯一可能的答复是：假如俄国革命将成为西方无产阶级革命的信号而双方互相补充的话，那末现今的俄国土地公社所有制便能成为共产主义发展的起点。

评论：本文是马克思和恩格斯应与他们有密切关系的彼·拉甫罗夫请求而为《共产党宣言》俄文第二版所写的序言，载于马克思、恩格斯《共产党宣言》1882年日内瓦版。《共产党宣言》俄文单行本（普列汉诺夫译）同该序言一起，于1882年在日内瓦作为"俄国社会革命丛书"出版。在这篇序言中，马克思和恩格斯以无产阶级革命运动为背景回顾了1847年的美国和俄国的情况以及至1881年期间的发展变化，他们欣喜地指出，当时作为欧洲反动势力的最后一支庞大后备军的俄国，现在已是欧洲革命运动的先进队伍了。序言再次说明，《共产党宣言》的任务是宣告现代资产阶级所有制必然灭亡。序言还对俄国能否从已遭破坏的原始土地公有制直接过渡到共产主义公有制这一问题作了回答。

4月下半月 《布鲁诺·鲍威尔和早期基督教》指出：在各阶级中必然有一些人，他们既然对物质上的解放感到绝望，就去追寻精神上的解放来代替，就去追寻思想上的安慰，以摆脱完全的绝望处境。这样的安慰，既不是斯多葛学派，也不是伊壁鸠鲁学派所能提供的，因为第一，这是哲学，而哲学是不以普通人的思想为对象的；第二，这两个学派的门徒的生活方式，把他们的学说弄得声名狼藉。安慰不是要代替那失去了的哲学，而是要代替那失去了的宗教，它必须以宗教形式出现，正如当时甚至直到十七世纪能够获得群众的所有事物一样。

正是在这经济、政治、智力和道德的总解体时期，出现了基督教。它和以前的一切宗教发生了尖锐的矛盾。结果是：在荒漠中，成千上万的预言家和宣教者那时创立了无数宗教上的新东西，但只有基督教的创始人获得了成功。不仅在巴勒斯坦，而且在整个东方，麇集着这样一些宗教创始人，他们之间进行着一种可说是达尔文式的思想上的生存竞争。主要由于上述因素，基督教取得了胜利。而基督教怎样在教派的相互斗争中，在同多神教世界的斗争中，通过自然淘汰逐渐形成为世界宗教，这已由最初三世纪的教会史详细作了说明。

评论：载于1882年5月4日和11日《社会民主党人报》第19号和第20号。布鲁诺·鲍威尔的逝世，是恩格斯写这篇文章的直接原因。鲍威尔是德国哲学家、学者和政论家，写过几十本著作和数百篇论文，对宗教问题、德国和法国史、政治问题以及各种哲学、社会问题进行了论述。他是柏林青年黑格尔派公认的领袖，并且是全德文化知识界运动领导人之一。在该文中，恩格斯首先指出鲍威尔曾经作为哲学家和神学家起过一定作用，为研究基督教思想、观念体系的起源和基督教取得世界统治地位这一问题扫清了道路，然后恩格斯简要概述了鲍威尔的研究成果并指出，关于基督教取得胜利和世界统治地位的原因，鲍威尔也提供了非常珍贵的材料，尽管其黑格尔唯心主义立场妨碍了他进一步作明晰的观察和精确的说明。恩格斯接着科学地阐明了基督教的起源和实质。恩格斯通过进一步分析指出，基督教没有以前一切宗教的造成隔绝的仪式，毫无差别地对待一切民族，使它本身就成了第一个可行的世界宗教。再加上基督教拨动的精神的琴弦包括原罪说在无数人的心中唤起了共鸣，从而使基督教创始人获得了成功，基督教成了一个世界性宗教。恩格斯的这些思想，在他以后的著作《启示录》（1883）和《论早期基督教的历史》（1894）中有了进一步的发展。

5月3日 《论美国资本的积聚》指出：现在欧洲每年向美国移民的潮流，只是促使那里的资本主义经济及其一切后果发展到极点，因而那里早晚势必发生严重的破产。那时移民的潮流就会停止，甚至可能倒流，也就是说，会出现这样的时刻，那时欧洲的尤其是德国的工人将面临抉择：饿死或者革命！而一旦出现这种抉择，那末，别了，你们这些神圣的普鲁士—德意志帝国的宠臣们！所以，尽管我们和《纽约人民报》一起为德国的侨民们悲伤，尽管我们相信德国的侨民首先引起美国工人境况的大大恶化，尽管我们和上述报纸一起希望德国工人集中全部注意力来专门改善自己在德国的境况，我们仍旧不能同意该报的悲观主义。我们毕竟应当重视环境，而由于我们的反对者的近视和贪婪，环境愈来愈排除采取真正改革的发展道路的可能性，因此我们应当看到自己的任务就是不顾任何懦夫而使人们对事变的革命进程做好精神准备。这一冲突的证明就是：一方面资本大规模积聚，另一方面群众日益贫困。结局只有一个，这就是社会革命！

评论：载于1882年5月18日《社会民主党人报》第21号。在这篇短文中，恩格斯一开始就强调美国资本积聚的惊人速度，继之以无可辩驳的统计数字进行论证。恩格斯指出，向美国大量移民，通过促使地价上涨和降低美国工人的生活水平首先有利于资本巨头。但是，美国资本主义经济早晚势必发生严重破产。资本大规模积聚和群众日益贫困的冲突只能带来社会革命。

9月初 《布雷的牧师》指出：这位威风凛凛的独特的牧师，只是在每次更换帝王的时候才改换自己的假面具。可是在我们德国人这里，有一位真正的布雷的教皇，骑在我国许多政治上的布雷牧师头上，为了证明自己的绝对正确，他越来越频繁地把全部政治信条彻底翻转过来。昨天主张贸易自由，今天主张保护关税；昨天主张经营自由，今天主张强制统一；昨天主张文化斗争，今天却打着飘扬的旗帜向卡诺萨行进。为什么不可以这样做呢？用德国话来说，这就是：一切为了收更多的税，拉更多的壮丁。而可怜的小牧师们则应该唯命是从，应该像他们自己所说的那样，每次重新"跳过障碍"，而且往往得不到半点补偿。我们那位坚强的老牧师，以何等的轻蔑神气俯视着自己这些渺小的继承人，——他毕竟是以那种帮助他经过一切政治风浪保住了自己阵地的勇敢精神而大大自豪的呵！

评论：载于1882年9月7日《社会民主党人报》第37号。《布雷的牧师》是一首在英国一直受人欢迎的政治民歌，恩格斯把它从英文译成德文，并在诗后著文说明这首诗对德国情况而言没有过时。恩格斯借这首诗对德国首相俾斯麦进行了讽刺。

9月21日　《〈社会主义从空想到科学的发展〉德文本初版序言》指出：这一著作原来根本不是为了直接在群众中进行宣传而写的。这样一种首先是纯粹科学的著作怎样才能适用于直接的宣传呢？我可以肯定地说：对德国工人来说困难是不多的。总的说来，只有第三部分是困难的，但是对于工人，较之"有教养的"资产者，困难要少得多，因为这一部分正是概括了工人的一般生活条件。至于说到我在这里加上的许多说明，那末我实际上与其说是考虑到工人，不如说是考虑到"有教养的"读者，如议员先生冯·艾内恩、枢密顾问先生亨利希·冯·济贝耳以及特赖奇克之流的人物，他们为不可抑制的欲望所驱使，总是一再地表明他们的惊人的无知和由此产生的对社会主义的巨大的误解。如果唐·吉诃德挺着长矛同风车搏斗，那末这是合乎他的身分和所扮演的角色的；但是我们不能容许桑科·判扎做这类事情。

这样的读者也会觉得奇怪：为什么在社会主义发展的简述中提到康德—拉普拉斯的天体演化学说，提到现代自然科学和达尔文，提到德国的古典哲学和黑格尔。但是，科学社会主义本质上是德国的产物，而且也只能产生于古典哲学还生气勃勃地保存着自觉的辩证法传统的国家，即产生于德国。唯物主义历史观及其在现代的无产阶级和资产阶级之间的阶级斗争上的特别应用，只有借助于辩证法才有可能。如果说，德国资产阶级的教师们已经把关于德国大哲学家和他们所创立的辩证法的记忆淹没在一种无聊的折衷主义的泥沼里，而且已经做到这样一种程度，以致我们不得不引用现代自然科学来证明辩证法是存在于现实之中的，那末，我们德国社会主义者却以我们不仅继承了圣西门、傅立叶和欧文，而且继承了康德、费希特和黑格尔而感到骄傲。

评论：载于恩格斯《社会主义从空想到科学的发展》一书（1882年霍廷根—苏黎世版），原文是德文，中文根据《马克思恩格斯全集》1962年柏林狄茨出版社德文版第19卷译出。恩格斯应法国工人党领袖拉法格的请求将《反杜林论》中的三章改写后独立成书，并由拉法格译出以《空想社会主义和科学社会主义》为题在巴黎发表。根据当时德国工人运动进一步发展的需要，恩格斯同意了《社会民主党人报》编辑部的要求，并由该社1883年3月出版德文本初版，书名改为《社会主义从空想到科学的发展》。本文是恩格斯为这一版写的序言。

恩格斯在本文中回顾了这本书首次出版后的情况指出，拉法格的法译本在说法语的国家，特别是在法国，获得了意外的成功；在德国社会民主党内普遍感到迫切需要时出版这本书，从形式和内容来说，对于德国工人读者都是不困难的。恩格斯认为，科学社会主义本质上是德国的产物，因为在社会主义由空想到科学的发展中，唯物史观的创立及其在现代的无产阶级和资产阶级之间的阶级斗争上的特别应用，只有借助于唯物辩证法才有可能，而唯物辩证法则是吸取当时自然科学发展成就、对德国古典哲学特别是黑格尔哲学中还生气勃勃地保存着自觉的辩证法传统批判地继承的结果；当德国资产阶级的教师们对德国古典哲学中的辩证法传统持折衷主义态度时，不得不在书中表明对德国古典哲学的态度。

《〈社会主义从空想到科学的发展〉德文本初版序言》阐述了科学社会主义与德国古典哲学、英国古典政治经济学、唯物辩证法与现代自然科学的关系，并具体说明了纯学术文献是适于在群众中进行理论宣传的方式。

10月底 《品特是怎样造谣的》指出：俾斯麦公爵的御用机关报《北德总汇报》，利用自己的地位，不仅无视一切礼节，而且无视逻辑、甚至一般正常理智的要求。它享有谩骂、诽谤、撒谎、发表政治性和非政治性谰言的特权。正是《北德报》，最无耻地把维也纳"谋财害命"的案件归罪于社会民主党，并给社会民主党捏造罪名，进行最卑鄙的告密。我们在《北德报》的一篇相当长的述评里发现了撒谎的最新成就，该述评报道说，关于反社会党人法延长有效期的问题似乎引起了德国社会民主党内"热烈的争论"。似乎"李卜克内西派"认为，反社会党人法继续有效，对党是有利的，而其他（派别？）认为这只是"说大话"的政策，因而加以反对，"由此而产生的社会民主党内的争论自然是采取最粗暴的斗争手段"进行的。《社会民主党人报》的读者知道，这些谎话究竟值几文钱。在社会民主党内既没有《北德报》所理解的"派别"，也没有对任何问题，尤其是对反社会党人法延长不延长有效期问题发生"争论"。

我们是一些出色的"现实政治家"，不会为还没有生下的鸡蛋而操心，我们对这个问题抱绝对"无所谓"的态度。如果反社会党人法要废除，那末，我们知道，这绝不是出于对我们的爱，所以我们仍然和现在一样；如果这个法令不废除，我们更会和现在一样。但是，反社会党人法给了党不可估量的帮助，它巩固了党，教会了党很多东西，总之，在教育的意义上对党起了极好的影响，而顺便说说，所有社会民主党人在这方面是一致的。

顺便说说，《北德报》现在不得不倾听"自由通讯"的话了，它说《北德报》发表那篇述评是做了一件极大的蠢事。要知道，社会民主党人自己希望保存反社会党人法，这就是废除这一法令的理由，要想出比这更好的理由是不可能的。但是要了解这一点，俾斯麦的御用机关报的智力是无论如何都显得不够的。

评论：载于1882年11月2日《社会民主党人报》第45号。非常法时期，俾斯麦的御用机关报《北德总汇报》，经常诬蔑社会民主党。为此，恩格斯写了本文，揭穿了俾斯麦的御用报纸《北德总汇报》对社会民主党的诽谤。

9月中—12月上半月 《马尔克》指出：我们在德国，在史料所能追溯的范围内，到处可以看到，有或多或少的村联合成一个马尔克公社。但在这种团体之上，至少在初期，还有百户或区这种较大的马尔克团体。最后，为了管理归民族直接占有的土地和监督在它领土以内的下级马尔克，整个民族在最初阶段构成一个统一的大马尔克公社。这种最古老的制度，直到本世纪初，还保存在巴伐利亚的莱茵普法尔茨的所谓抽签分地制中。

由于三次法国革命和一次德国革命，我们终于又有了自由的农民。但是，我们今天的自由农民，和古代的自由马尔克社员相比，差得多远啊！

采用恢复马尔克的方法，但不用陈旧的过时的形式，而用新的形式；采用这样一种更新公社土地占有制的方法，以便使这种占有制不但能保证小农社员得到大规模经营和采用农业机器的全部好处，而且能向他们提供资金去经营（除农业以外）利用蒸汽和水力的大工业，不用资本家，而依靠公社本身的力量去经营大工业。经营大农业和采用农业机器，换句话说，就是使目前在耕种自己土地的大部分小农的农业劳动变为多余。要使这些被排挤出农业的人不致没有工作，或不会被迫集结城市，必须使他们就在农村中从事工业劳动，而这只有大规模地、利用蒸汽或水力来经营，才能对他们有利。这究竟怎样组织呢？德国农民们，好好地想一想吧。能够帮助你们的，只有社会民主党人。

评论：作为附录载于恩格斯《社会主义从空想到科学的发展》一书（1882年霍廷根—苏黎世版），原文是德文，中文根据《马克思恩格斯全集》1962年柏林狄茨出版社德文版第19卷译出。本文部分利用了恩格斯研究日耳曼人的古代历史时所收集的材料。恩格斯写《马尔克》的目的很明确：是为了在德国社会民主党中传播某些有关德国土地所有制的历史和发展的基本知识而写成的。当这个党的影响几乎已经扩大到全体城市工人，因而需要去争取农业工人和农民时，这一点就显得尤其必要了。

《马尔克》叙述了古代马尔克公社到19世纪止的日耳曼土地所有制发展的简史。恩格斯在这里根据大量的实际材料，以扼要而又非常明确的形式论述了农民从自由社员转变成农奴的各主要阶段；分析了日耳曼的土地关系发展的一般道路和德国农民的命运；并阐明了德国在19世纪前半期所实行的不彻底的土地改革的实质。恩格斯引导读者了解：资本主义在农业占统治地位的条件下，小农不能摆脱贫困。他说，为此只有一条道路，就是恢复公社，但不是旧形式的公社，而用新的形式；采用这样一种更新土地占有制的方法，以便使这种占有制不但能保证小农社员得到大规模经营和采用农业机器的全部好处，而且能向他们借贷资金去经营利用蒸汽和水力的大工业；不用资本家，而依靠公社本身的力量去经营大工业。《马尔克》一书在1883年曾以题名《德国农民。他现在怎样？他将来会怎样？》发表。1882年12

月18日，马克思生前看过这篇手稿，给予了很高的评价。

1883 年

1月13日 《燕妮·龙格（马克思）》指出：1月11日，卡尔·马克思的长女、约八年前同前巴黎公社委员、现任《正义报》编委沙尔·龙格结婚的燕妮，在巴黎附近的阿尔让台去世了。她生于1844年5月1日。她是在国际无产阶级运动的环境中长大的，同这个运动有非常密切的联系。尽管她拘谨得几乎可以被看成胆小，但是在必要的时候，她却表现出一个男子也会羡慕的沉着和刚毅。

当爱尔兰的报刊揭露了1866年和后来被判罪的芬尼亚社社员在监狱中所受到的虐待，而英国报刊闭口不谈这些卑鄙行为的时候，当格莱斯顿内阁违背在选举时所作的诺言，拒绝赦免犯人而且丝毫不改善他们的处境的时候，燕妮·马克思就设法触痛一下笃信宗教的格莱斯顿先生。她在罗什弗尔的《马赛曲报》上刊登了两篇文章，以鲜明的笔调描述了自由的英国是怎样对待政治犯的。她的文章发生了作用。巴黎大报的揭露是难以忍受的。几个星期以后，奥顿诺凡-罗萨和其他大多数人都被释放并启程到美国去了。

1871年夏天，她同最小的妹妹到波尔多看望妹夫拉法格。拉法格、他的妻子、他的有病的孩子和这两位姑娘从那里前往比利牛斯山脉巴涅尔-德-吕雄矿泉。一天清晨，有一位先生来见拉法格，对他说："我是警官，但我是共和派；我奉命要逮捕你。已经查明，你是负责波尔多同巴黎公社的联络的。你现在还有一个小时的时间可以越过国境。"

拉法格和妻子及孩子顺利地翻越山路到了西班牙。警察局为此向两位姑娘进行报复，逮捕了她们。燕妮的口袋里有一封在巴黎附近牺牲的公社领袖古斯达夫·弗路朗斯的信。如果这封信被搜出，它将成为她们二人到新喀里多尼亚岛旅行的一份最有效的护照。在单独留在室内的瞬刻，她打开了一本旧的、复盖着灰尘的登记簿，把这封信夹在中间，再把它合上。这封信可能现在还在那里。两位姑娘被带进省长办公室，这位省长，高贵的凯腊特里伯爵、老波拿巴主义者，对她们严加审问。但是这位前外交官的狡猾和前骑兵军官的粗暴，碰到燕妮的镇静的理智都失败了。凯腊特里对于"这一家的妇女们显然都具有的毅力"说了些狠毒的话，就怒气冲冲地走出了房间。在同巴黎通了无数次电报以后，他终于只好释放了这两位姑娘，她们在拘押时受到了真正普鲁士式的待遇。

燕妮一生中的这两件事情充分表明了她是怎样一个人。无产阶级失去了她这样一个英勇的战士。但是，她的悲痛万分的父亲至少还有这样一种安慰，这就是欧美千百万工人分担着他的悲痛。

评论：载于1883年1月18日《社会民主党人报》第4号。这是恩格斯为悼念这位在国际无产阶级运动的环境中长大的晚辈而作的悼文。文章写到，燕妮生性拘谨，但在必要时，却表现出一个男子也会羡慕的沉着和刚毅。恩格斯举了两件事情，一件是在法国的《马塞曲报》上揭露了自由的英国是怎样对待政治犯的；另一件是为掩护妹夫拉法格一家逃离警察局的追捕而被捕入狱，在狱中机智地处理掉口袋里的信件，面对敌人的狡猾、粗暴仍能保持镇静和理智。恩格斯为无产阶级又失去一位年轻英勇的战士而感到惋惜。

3月17日 《马克思墓前悼词草稿》指出：卡尔·马克思是百年少有的杰出人物之一。查理·达尔文发现了我们星球上有机界的发展规律。马克思则发现了决定人类历史运动和发展的基本规律。不仅如此，马克思还发现了造成我们目前的社会制度及其分为资本家和雇佣工人的巨大阶级划分的规律；按照这一规律，这个社会形成和成长起来，暂时大致还没有衰亡下去；由于这一规律，这个社会最终必将像所有以前的社会历史阶段一样灭亡。

尽管他专心致志地研究科学，但是他远没有完全陷进科学。没有一个人能像马克思那样，对任何领域的每个科学成就，不管它是否已实际应用，都感到真正的喜悦。但是，他把科学首先看成是历史的有力的杠杆，看成是最高意义上的革命力量。而且他正是把科学当做这种力量来加以利用，在他看来，他所掌握的渊博的知识，特别是有关历史的一切领域的知识，用处就在这里。

因为，像他自己说的那样，他的确是一个革命者。为雇佣工人阶级摆脱现代资本主义经济生产制度的桎梏而斗争，这是他真正的爱好，从来还没有过一个像他那样积极的战士。他这部分活动的最杰出的成就是建立了国际工人协会，他从1864年到1872年一直被公认为该协会的领袖。从表面迹象来看，这个协会已不再存在；但是欧美一切文明国家工人同盟的兄弟联系永久地确立了，并且没有任何表面的形式上的同盟联系，它也会一直继续存在下去。

凡是为某种事业进行斗争的人，都不可能不树立自己的敌人，因此他也有许多敌人。在他的大部分政治生涯中，他在欧洲是一个最遭嫉恨和最受诬蔑的人。但是他对诬蔑几乎并不在意。如果世界上有人能忍受诬蔑，这个人就是他，在他死的时候，他可以骄傲地看到，在西伯利亚矿井、在欧洲和美洲的工厂里，他有千百万追随者；他看到，他的经济理论已被全世界看做是社会主义的无可争辩的基础，他还有许多敌人，但是个人的敌人恐怕连一个也没有。

评论：载于1883年3月20日《正义报》。1883年3月4日，马克思逝世。该文同本卷所发表的恩格斯的其他两篇文章《卡尔·马克思的葬仪》《卡尔·马克思的逝世》，都是为纪念这位国际无产阶级导师和领袖而作的。《马克思墓前悼词草稿》对马克思在理论和实践方面的革命活动的世界意义做了经典性的评价。马克思的具有世界历史意义的功绩在于，他在历史上第一次发现了决定人类历史运动和发展的基本规律。不仅如此，马克思还发现了当时的社会制度及其分为资本家和雇佣工人的巨大阶级划分的规律，用科学的分析证明了资本主义崩溃和共产主义胜利的必然性，为共产主义奠定了理论基石。马克思为工人阶级的解放事业奋斗了一生。

3月18日 《卡尔·马克思的葬仪》指出：3月14日下午两点三刻，当代最伟大的思想家停止思想了。让他一个人留在房里总共不过两分钟，等我们再进去的时候，便发现他在安乐椅上安静地睡着了——但已经是永远地睡着了。这个人的逝世，对于欧美战斗着的无产阶级，对于历史科学，都是不可估量的损失。这位巨人逝世以后所形成的空白，在不久将来就会使人感觉到。正像达尔文发现有机界的发展规律一样，马克思发现了人类历史的发展规律，即历来为繁茂芜杂的意识形态所掩盖着的一个简单事实：人们首先必须吃、喝、住、穿，然后才能从事政治、科学、艺术、宗教等等；所以，直接的物质的生活资料的生产，因而一个民族或一个时代的一定的经济发展阶段，便构成为基础，人们的国家制度、法的观点、艺术以至宗教观念，就是从这个基础上发展起来的，因而，也必须由这个基础来解释，而不是像过去那样做得相反。不仅如此。马克思还发现了现代资本主义生产方式和它所产生的资产阶级社会的特殊的运动规律。由于剩余价值的发现，这里就豁然开朗了，而先前无论资产阶级经济学家或者社会主义批评家所做的一切研究都只是在黑暗中摸索。

一生中能有这样两个发现，该是很够了。甚至只要能作出一个这样的发现，也已经是幸福的了。但是马克思在他所研究的每一个领域（甚至在数学领域）都有独到的发现，这样的领域是很多的，而且其中任何一个领域他都不是肤浅地研究的。这位科学巨匠就是这样。但是这在他身上远不是主要的。在马克思看来，科学是一种在历史上起推动作用的、革命的力量。任何一门理论科学中的每一个新发现，即使它的实际应用甚至还无法预见，都使马克思感到衷心喜悦，但是当有了立即会对工业、对一般历史发展产生革命影响的发现的时候，他的喜悦就完全不同了。例如，他曾经密切地注意电学方面各种发现的发展情况，不久以前，他还注意了马赛尔·德普勒的发现。

因为马克思首先是一个革命家。以某种方式参加推翻资本主义社会及其所建立的国家制度的事业，参加赖有他才第一次意识到本身地位和要求，意识到本身解放条件的现代无产阶级的解放事业，——这实际上就是他毕生的使命。斗争是他得心应手的事情。而他进行斗争的热烈、顽强和卓有成效，是很少见的。最早的《莱茵报》（1842年），巴黎的《前进报》（1844年），《德意志—布鲁塞尔报》（1847年），《新莱茵报》（1848—1849年），《纽约每日论坛报》（1852—1861年），以及许多富有战斗性的小册子，在巴黎、布鲁塞尔和伦敦各组织中的工作，最后是创立伟大的国际工人协会，作为这一切工作的完成——老实说，协会的这位创始人即使别的什么也没有做,也可以拿这一成果引以自豪。

正因为这样,所以马克思是当代最遭嫉恨和最受诬蔑的人。各国政府——无论专制政府或共和政府——都驱逐他;资产者——无论保守派或极端民主派——都纷纷争先恐后地诽谤他,诅咒他。他对这一切毫不在意,把它们当做蛛丝一样轻轻抹去,只是在万分必要时才给予答复。现在他逝世了,在整个欧洲和美洲,从西伯利亚矿井到加利福尼亚,千百万革命战友无不对他表示尊敬、爱戴和悼念,而我敢大胆地说:他可能有过许多敌人,但未必有一个私敌。他的英名和事业将永垂不朽!

评论:载于1883年3月22日《社会民主党人报》第13号。这篇文章是恩格斯在马克思墓前的讲话。恩格斯庄严而热情地讲述了马克思的科学发现和革命活动的意义,以及他作为学者和革命战士的伟大形象。此外,文章后面还附载了俄国社会主义者、法国工人党、西班牙工人党发表的挽词和李卜克内西的演说。文章最后还介绍了参加葬仪的人们。

4月28日和5月12日《卡尔·马克思的逝世》指出:在这件令人悲痛的事情发生后,我还接到一些表示哀悼的函电,这说明它引起了何等广泛的反响,而报道这些情况是我的责任。为了用事实来驳斥报纸上的谣言,我想简单地谈一谈我们伟大的理论家和领袖患病和逝世的经过。

《资本论》第二卷的手稿全部保存下来了。目前这样的手稿是否适宜于发表,我还不能断定,——手稿有大开纸1000多页。但是,"资本的流通过程"和"总过程的形式",已在1867—1870年整理完毕。稍后的整理工作已经开始,并有大量评论性的摘录材料,特别是关于俄国土地所有制关系的材料;这些摘录大概有很多可以利用。

马克思和我从1845年起就持有这样的观点:未来无产阶级革命的最终结果之一,将是叫做国家的政治组织逐渐消亡。这个组织的主要目的从来就是依靠武装力量保证享有特权的少数人对劳动者多数的经济压迫。随着这个享有特权的少数的消失,用来进行压迫的武装力量、国家政权的必要性也就消失。但是,我们同时又始终持这样的观点:为了达到未来社会革命的这一目的以及其他更重要得多的目的,工人阶级首先应当掌握有组织的国家政权并依靠这个政权镇压资本家阶级的反抗和按新的方式组织社会。这一点在1847年写的'共产党宣言'第二章的结束部分就可以读到。

无政府主义者把一切都颠倒过来了。他们宣称,无产阶级革命应当从废除国家政治组织开始。但是,无产阶级在取得胜利以后遇到的唯一现成的组织正是国家。的确,这个国家首先要作很大的改变,才能完成自己的新职能。但是在这种时候破坏国家,就是破坏胜利了的无产阶级能用来行使刚刚获得的政权、镇压自己的资本主义敌人和进行社会经济革命的唯一工具,而不进行这种革命,整个胜利最后一定会变成新的失败,结果是工人大批遭到杀害,巴黎公社以后的情形就是这样。

从巴枯宁搬出目前这种无政府主义谬论的第一天起,马克思就不断与之作斗争。从1867年起,无政府主义者就竭力采取各种最卑鄙的手段来夺取国际的领导权。马克思是他们道路上的主要障碍。在1872年9月的海牙代表大会上,历时五年的斗争以无政府主义者被开除出国际而告结束。最主张开除无政府主义者的人就是马克思。

评论:本文分别写于1883年4月28日和5月12日,载于1883年5月3日和17日《社会民主党人报》第19号和第21号。为纪念马克思而作。文章的第一部分叙述各国对马克思逝世的反应,提到莫斯科彼得罗夫学院的学生、彼得堡工艺学院的学生和俄国高等女校的学生寄钱来购买献在马克思墓前的花圈,还有共产主义教育协会寄自佐林根的大花圈以及瑞士的一个斯拉夫协会寄来的捐款。为了用事实来驳斥报纸上的谣言,恩格斯还讲述了马克思患病和逝世的经过,恩格斯对马克思留下的遗稿也作了初次报道。这位伟大人物的去世使一些无耻之徒得到替自己拼凑政治资本、著作资本甚至金钱的好机会,例如约翰·莫斯特和阿基尔·洛里亚先生。所以文章的第二部分,恩格斯讲述了马克思生前对这些人的态度,简述了马克思学说与他们的"通俗化"作品的根本区别。

遗 稿

1877年

2月初 《对一页〈公社史〉的意见(1870年10月30日梯也尔先生的停战)》指出:除非参加九月四日事件的人极端愚蠢和虚伪透顶,才会把这一停战消息称为"好消息"。对于普鲁士人说来,确实是个好消息……麦茨的投降刚刚使普鲁士军队的6个军(12万人)恢复了行动自由。只有像特罗胥和茹尔·法夫尔之流的人才看不到:这支新军队必然抵达法国中部以后,任何想使巴黎解围的试图都几乎不可能实现;当时不是缔结停战协定的时刻,而是在军事上作最大努力的时刻。

巴黎政府同意了停战(10月30日),这次停战尽管时间很短,仍然给为了封锁而疲于种种作业和夜间值勤的德军以喘息时机。让我们再来观察一下事态的发展。巴黎甚至没有打算出击。在一星期内,从西面向巴黎靠拢的兵力没有作过任何进攻的尝试。这是不奇怪的。这些兵力大概相当薄弱。但是这一次解决问题已经不以天计算,而是以小时计算了。11月20日,曼托伊费尔指挥的第一军团集结在从贡比桌到努瓦荣的瓦慈河一线;从麦茨调来的军队从北部和南部加强了对巴黎的封锁。于是,解除这一封锁的最后机会也丧失了,因为特罗胥、甘必大和奥雷耳彼此都犯了错误。他们的错误,可以说几乎像普鲁士队伍那种大受赞扬的准确行动一样,相互加深了。

评论:第一次用俄文发表于《马克思恩格斯全集》1933年第1版第15卷。本文是恩格斯在读完法国新闻记者、共和主义者、巴黎公社的参加者普·利沙加勒所著《1871年公社史》一书后写成的。恩格斯论述了巴黎公社前夕的法国历史,分析了普法战争中的军事事变和梯也尔于1870年秋天同普鲁士人缔结叛卖性的停战协定的谈判。他认为,梯也尔谈判的消息和麦茨投降,都推动了10月31日巴黎工人的革命行动。俾斯麦利用法军指挥在谈判期间的毫无准备,在赢得了时间以后,就中断了谈判。他认为当时不是缔结停战协定的时刻,而是在军事上作最大努力的时刻。

1881年

1881—1882年 《论日耳曼人的古代历史》指出:我们研究的结论是:日耳曼人从凯撒到塔西佗时期,在文明方面有了显著的进步,而从塔西佗到民族大迁徙(公元400年左右)以前,他们的进步更要快得多。商业传播到了他们那里,并为他们运来了罗马的工业品,因而至少也带来了一部分罗马人的需求;商业唤起了本地的工业,这固然仿效了罗马人的样式,然而它是完全独立发展起来的。什列斯维希沼地出土的文物,代表这种工业的可以确定其年代的第一阶段;民族大迁徙时代的文物,代表有了更高发展程度的第二阶段。这里有一个特点是,西部各部落显然落后于内地各部落,尤其落后于波罗的海沿岸各部落。法兰克人和阿勒曼尼人以及更晚的萨克森人所提供的金属品,质量都低于盎格鲁撒克逊人、斯堪的那维亚人和从内地迁来的各部落——黑海沿岸及多瑙河下游的哥特人、法兰西的勃艮第人。从多瑙河中游沿易北河奥得河前进的那条旧商道所发生的影响,在这里是不容否认的。同时,海岸居民逐渐变成了巧妙的造船家和勇敢的水手;人口数目到处都在急剧增加;被罗马人局限起来的领土再也不够了。首先从遥远的东部发生了寻求土地的各部落的新的迁徙;最后,蜂拥的人群从四面八方,从陆地和海上不可遏止地奔向新的地区。

评论:原文是德文,德文是按手稿刊印的,中文根据《马克思恩格斯全集》1962年柏林狄茨出版社德文版第19卷译出。这个手稿同和它有关的《法兰克时代》手稿一样,是在1881—1882年恩格斯研究德国历史按照统一计划完成的巨著,是恩格斯多年专门研究日耳曼尼亚和西欧历史的结果。在作者生前未曾发表过。恩格斯对日尔曼部落的研究，是以各种考古材料、古希腊罗马作家的记载等为根据的，也是基于对古代日耳曼人的语言和方言的特点进行的细致的语言学分析。文章考察了日耳曼人从公元前4世纪到公元5世纪在欧洲的民族大迁徙，研究了古代日耳曼人的生产方式、土地制度和生活方式，以及罗马人与日耳曼人的经济联系。公元476年，西罗马帝国灭亡，日耳曼人在其废墟上建立了许多封建王国。到6世纪，统一建立了法兰克王国，开始了法兰克时代。恩格斯研究古代日耳曼人的历史所写的一系列文章，包括《法兰克时代》《马尔克》等，组成一个有机的整体，为德国社会民主党人制定土地纲领提供了理论基础。

1881—1882 年　《法兰克时代》指出：墨洛温王朝和卡罗林王朝的土地关系的变革。马尔克制度，直到中世纪末，依然是日耳曼民族几乎全部生活的基础。这种制度在存在了一千五百年之后，终于由于纯粹的经济原因而逐渐没落下去了。它之所以瓦解，是因为它再也不能继续适应经济上的进步。但是，马尔克制度能够维持这么久，是靠了它的政治意义。它在数百年间曾经是体现各日耳曼部落的自由的形式。后来它却变成了上千年之久的人民受奴役的基础。

法兰克语早在六世纪和七世纪已经是一种独立的方言，它是高地德意志语（即首先是阿勒曼尼语）同印格伏南语（即首先是萨克森语和弗里西安语）之间的一个过渡环节，当时还完全处于哥特—低地德意志语的辅音音变阶段。要是这一论点可以成立，那就必须承认，法兰克人并非由于外部环境而结合起来的不同部落的混合物，而是一个独立的日耳曼基本部落，乃是易斯卡伏南人，他们虽然在不同的时代吸收了外来的分子，可是具有同化他们的力量。同样，我们还可以认为以下这点已经证实：法兰克部落的两个主要支派，每一个支派早就有了他们自己特有的方言，法兰克方言已分化为萨利克方言和里普利安方言，而且区别这些古代方言的许多特点在今天的民间口语中还继续存在。

评论：第一次用俄文全文发表于《马克思恩格斯全集》1937年第1版第16卷第1部。在恩格斯生前没有发表过。同《论日耳曼人的古代历史》的手稿一样，本文也是研究日耳曼尼亚历史的专门著作的一部分。恩格斯系统地探索了由血缘关系联系起来的古代日耳曼人的生产方式、生活方式、地区联系和语言联系，以及日耳曼民族从游牧的生活方式过渡到定居的农牧业的生活。文章研究墨洛温王朝和卡罗林王朝。在这里，恩格斯把注意力主要放在研究早期封建主义时代的土地关系上。他根据法兰克王国的史料，根据这个时期封建国家跟它的军事组织密切联系而发展的特点，考察了封建制度起源的各个重要方面，考察了封建社会主要阶级的产生。手稿专门有一部分对法兰克方言进行了深刻研究。这项研究是对语言学的重大贡献，并且证明恩格斯很精通这门极其专门的知识。他把古代方言跟德国西部、荷兰、比利时领土上还能听到的活的现代语言进行了比较研究。恩格斯论述法兰克方言的著作，是把历史唯物主义运用于语言学研究的典范。文章还揭示出：土地私有制产生的条件及造成这些条件的原因,地产集中的过程,大封建地主阶级和依附于他们的农民阶级是怎样产生的,国家是怎样产生和形成的。恩格斯后来在《家庭、私有制和国家的起源》一书中,把日耳曼人通过征服,在罗马帝国的废墟上建立起的国家,当作国家产生的主要形式之一。

第20卷

1876年

1876年9月—1878年6月 《反杜林论（欧根·杜林先生在科学中实行的变革）》指出：马克思和我，可以说是从德国唯心主义哲学中拯救了自觉的辩证法并且把它转为唯物主义的自然观和历史观的唯一的人。可是要确立辩证的同时又是唯物主义的自然观，需要具备数学和自然科学的知识。在自然界里，同样的辩证法的运动规律在无数错综复杂的变化中发生作用，正象在历史上这些规律支配着似乎是偶然的事变一样；这些规律也同样地贯串于人类思维的发展史中，它们逐渐被思维着的人所意识到；这些规律最初是由黑格尔全面地、可是以神秘的形式阐发的，而剥去它们的神秘形式，并从它们的全部的单纯性和普遍性上把它们清楚地表达出来，这就是我们的目的。

最后，对我来说，事情不在于把辩证法的规律从外部注入自然界，而在于从自然界中找出这些规律并从自然界里加以阐发。

现代社会主义，就其内容来说，首先是对统治于现代社会中的有产者和无产者之间、资本家和雇佣工人之间的阶级对立和统治于生产中的无政府状态这两个方面进行考察的结果。但是，就其理论形式来说，它起初表现为十八世纪法国伟大启蒙学者所提出的各种原则的进一步的、似乎更彻底的发展。为了使社会主义变为科学，就必须首先把它置于现实的基础之上。

新的事实迫使人们对以往的全部历史作一番新的研究，结果发现：以往的全部历史，都是阶级斗争的历史；这些互相斗争的社会阶级在任何时候都是生产关系和交换关系的产物，一句话，都是自己时代的经济关系的产物；因而每一时代的社会经济结构形成现实基础，每一个历史时期由法律设施和政治设施以及宗教的、哲学的和其他的观点所构成的全部上层建筑，归根到底都是应由这个基础来说明的。这样一来，唯心主义从它的最后的避难所中，从历史观中被驱逐出来了，唯物主义历史观被提出来了，用人们的存在说明他们的意识而不是象以往那样用人们的意识说明他们的存在这样一条道路已经找到了。

这两个伟大的发现——唯物主义历史观和通过剩余价值揭破资本主义生产的秘密,都应当归功于马克思。由于这些发现,社会主义已经变成了科学,现在的问题首先是对这门科学的一切细节和联系作进一步的探讨。

当我们说到存在,并且仅仅说到存在的时候,统一性只能在于:我们所说的一切对象是存在的、实有的。它们被包含在这种存在的统一性中,而不在任何别的统一性中;一般地断言它们都是存在的,这不仅不能赋予它们其他共同的或非共同的特性,而且暂时排除了对所有这些特性的考虑。只要我们离开存在是所有这些事物的共同点这一简单的基本事实,哪怕离开一毫米,这些事物的差别就开始出现在我们眼前。至于这些差别是否在于一些是白的,另一些是黑的,一些是有生命的,另一些是无生命的,一些是什么此岸的,另一些是什么彼岸的,那我们就不能根据一切事物一律被说成是单纯的存在这一点来决定。

虽然世界的存在是它的统一性的前提,因为世界必须先存在,然后才能够是统一的,但是世界的统一性并不在于它的存在。在我们的视野的范围之外,存在甚至完全是一个悬而未决的问题。世界的真正的统一性是在于它的物质性,而这种物质性不是魔术师的三两句话所能证明的,而是由哲学和自然科学的长期的和持续的发展来证明的。

政治经济学,从最广的意义上说,是研究人类社会中支配物质生活资料的生产和交换的规律的科学。政治经济学本质上是一门历史的科学。它所涉及的是历史性的即经常变化的材料;它首先研究生产和交换的每一个发展阶段的特殊规律,而且只有在完成这种研究以后,它才能确立为数不多的、适合于一切生产和交换的、最普遍的规律。同时,不言而喻,适用于一定的生产方式和交换形式的规律,对于具有这种生产方式和交换形式的一切历史时期也是适用的。随着历史上一定社会的生产和交换的方式和方法的产生,随着这一社会的历史前提的产生,同时也产生了产品分配的方式和方法。

现代资本主义生产方式所造成的生产力和由它创立的财富分配制度,已经和这种生产方式本身发生激烈的矛盾,而且矛盾达到了这种程度,以致于如果要避免整个现代社会灭亡,就必须使生产方式和分配方式发生一个会消除一切阶级差别的变革。现代社会主义必获胜利的信心,正是基于这个以或多或少清楚的形式和不可抗拒的必然性印入被剥削的无产者的头脑中的、可以感触到的物质事实,而不是基于某一个蛰居书斋的学者的关于正义和非正义的观念。

空想主义者之所以是空想主义者,正是因为在资本主义生产还很不发达的时代他们只能是这样。他们不得不从头脑中构思出新社会的轮廓,因为这些轮廓在旧社会本身中还没有普遍地明显地表现出来;他们之所以限于为自己的新建筑的基本特征向理性求助,正是因为他们还不能求助于同时代的历史。

唯物主义历史观从下述原理出发:生产以及随生产而来的产品交换是一切社会

制度的基础；在每个历史地出现的社会中，产品分配以及和它相伴随的社会之划分为阶级或等级，是由生产什么、怎样生产以及怎样交换产品来决定的。所以，一切社会变迁和政治变革的终极原因，不应当在人们的头脑中，在人们对永恒的真理和正义的日益增进的认识中去寻找，而应当在生产方式和交换方式的变更中去寻找；不应当在有关的时代的哲学中去寻找，而应当在有关的时代的经济学中去寻找。对现存社会制度的不合理和不公平、对"理性化为无稽，幸福变成苦痛"的日益清醒的认识，只是一种征象，表示在生产方法和交换形式中已经静悄悄地发生了变化，适合于早先的经济条件的社会制度已经不再和这些变化相适应了。同时这还说明，用来消除已经发现的弊病的手段，也必然以多少发展了的形式存在于已经发生变化的生产关系本身中。这些手段不应当从头脑中发明出来，而应当通过头脑从生产的现成物质事实中发现出来。

资本主义生产方式日益把大多数居民变为无产者，同时就造成一种在死亡的威胁下不得不去完成这个变革的力量。这种生产方式迫使人们日益把巨大的社会化的生产资料变为国家财产，同时它本身就指明完成这个变革的道路。无产阶级将取得国家政权，并且首先把生产资料变为国家财产。但是，这样一来它就消灭了作为无产阶级的自身，消灭了一切阶级差别和阶级对立，也消灭了作为国家的国家。

当国家终于真正成为整个社会的代表时，它就使自己成为多余的了。当不再有需要加以镇压的社会阶级的时候，当阶级统治和根源于至今的生产无政府状态的生存斗争已被消除，而由此二者产生的冲突和极端行动也随着被消除了的时候，就不再有什么需要镇压了，也就不再需要国家这种特殊的镇压力量了。国家真正作为整个社会的代表所采取的第一个行动，即以社会的名义占有生产资料，同时也是它作为国家所采取的最后一个独立行动。那时，国家政权对社会关系的干预将先后在各个领域中成为多余的事情而自行停止下来。那时，对人的统治将由对物的管理和对生产过程的领导所代替。国家不是"被废除"的，它是自行消亡的。

一旦社会占有了生产资料，商品生产就将被消除，而产品对生产者的统治也将随之消除。社会生产内部的无政府状态将为有计划的自觉的组织所代替。生存斗争停止了。于是，人才在一定意义上最终地脱离了动物界，从动物的生存条件进入真正人的生存条件。人们周围的、至今统治着人们的生活条件，现在却受到人们的支配和控制，人们第一次成为自然界的自觉的和真正的主人，因为他们已经成为自己的社会结合的主人了。人们自己的社会行动的规律，这些直到现在都如同异己的、统治着人们的自然规律一样而与人们相对立的规律，那时就将被人们熟练地运用起来，因而将服从他们的统治。人们自己的社会结合一直是作为自然界和历史强加于他们的东西而同他们相对立的，现在则变成他们自己的自由行动了。一直统治着历史的客观的异己的力量，现在处于人们自己的控制之下了。只是从这时起，人们才完全自觉地自己创造自己的历史；只是从这时起，由人们使之起作用的社会原因才在主要的方面和日益增长的程度上达到他们所预期的结果。这是人类从必然王国进入自由王国的飞跃。

完成这一解放世界的事业，是现代无产阶级的历史使命。考察这一事业的历史条件以及这一事业的性质本身，从而使负有使命完成这一事业的今天受压迫的阶级认识到自己行动的条件和性质，这就是无产阶级运动的理论表现即科学社会主义的任务。

现在，当我们谈完哲学、经济学以及共同社会的时候，当我们不得不逐点地去批判的这位作者的总的形象已经呈现于我们眼前的时候，可以把从他的为人这方面的考虑提到首位来了；现在我们可以把他的许多本来无法理解的科学上的谬误和武断归结为个人的原因，而把我们对杜林先生的全部判断总括为一句话：无责任能力来自夸大狂。

评论：载于1877年1月3日—1878年7月7日《前进报》，1878年于莱比锡印成单行本。这部著作是恩格斯为回答德国唯心主义哲学家和庸俗经济学家欧根·杜林对马克思主义提出的挑战写成的一部捍卫马克思主义的论战性著作。由引论、哲学、政治经济学和科学社会主义几部分组成，书前有三版序言。在序言中，恩格斯说明了写作的历史背景、目的和修改的情况；在引论中，阐明了社会主义从空想到科学的发展，论述了马克思主义三个组成部分的内在联系，同时也为杜林画了像。

在《哲学》编中，恩格斯从哲学基本问题入手，主要从唯物辩证法的基本原理、辩证法的规律以及辩证的认识过程等批判了杜林的错误观点，系统地阐明了马克思主义哲学的基本观点。恩格斯批判了杜林在本体论、运动观上的错误观点，论述了世界的真正的统一性在于它的物质性，论述了运动和物质的有机联系，指出唯物辩证法的三大规律：矛盾统一规律、质量互变规律和否定之否定规律；批判了杜林在认识论上的错误，论述了马克思主义的认识论和真理观；批判了杜林在道德和法的问题上的唯心主义和形而上学谬论，以辩证唯物主义的观点阐述了阶级、国家、道德和法等范畴。

在《政治经济学》编中，恩格斯批判了杜林的庸俗经济学理论，全面概述了马克思主义政治经济学理论。恩格斯指出了政治经济学的研究对象和方法，阐述了政治经济学关于生产、分配、交换的关系与过程，批判了杜林对经济和政治暴力关系的歪曲，批判了杜林把价格和价值混为一谈、不加区分地使用"劳动时间"的错误观点，批判了杜林对马克思剩余价值的曲解。

在《科学社会主义》部分，恩格斯批判了杜林的小资产阶级社会主义理论，揭露了杜林"社会主义"的实质。恩格斯从历史唯物主义基本原理出发，阐述了科学社会主义产生的历史条件和经济根源，揭示了资本主义的基本矛盾，论证了社会主义取代资本主义的历史必然性，阐述了马克思主义的国家观。

《反杜林论》在批判杜林对马克思主义的全面进攻的同时，第一次全面系统地阐述了马克思主义三个组成部分的基本内容以及它们彼此的联系,指出了马克思主义是以科学社会主义为核心,以哲学和政治经济学为理论基础的不可分割的完整体系,是马克思主义的百科全书。

1873 年

1873—1883 年 《自然辩证法》指出:每一时代的理论思维,从而我们时代的理论思维,都是一种历史的产物,在不同的时代具有非常不同的形式,并因而具有非常不同的内容。因此,关于思维的科学,和其他任何科学一样,是一种历史的科学,关于人的思维的历史发展的科学。

辩证法的规律是从自然界和人类社会的历史中抽象出来的。辩证法的规律不是别的,正是历史发展的这两个方面和思维本身的最一般的规律。实质上它们归结为下面三个规律:量转化为质和质转化为量的规律;对立的相互渗透的规律;否定的否定的规律。

政治经济学家说:劳动是一切财富的源泉。其实劳动和自然界一起才是一切财富的源泉,自然界为劳动提供材料,劳动把材料变为财富。但是劳动还远不止如此。它是整个人类生活的第一个基本条件,而且达到这样的程度,以致我们在某种意义上不得不说:劳动创造了人本身。一句话,动物仅仅利用外部自然界,单纯地以自己的存在来使自然界改变;而人则通过他所作出的改变来使自然界为自己的目的服务,来支配自然界。这便是人同其他动物的最后的本质的区别,而造成这一区别的还是劳动。但是我们不要过分陶醉于我们对自然界的胜利。对于每一次这样的胜利,自然界都报复了我们。每一次胜利,在第一步都确实取得了我们预期的结果,但是在第二步和第三步却有了完全不同的、出乎预料的影响,常常把第一个结果又取消了。因此我们必须时时记住:我们统治自然界,决不象征服者统治异民族一样,决不象站在自然界以外的人一样,——相反地,我们连同我们的肉、血和头脑都是属于自然界,存在于自然界的;我们对自然界的整个统治,是在于我们比其他一切动物强,能够认识和正确运用自然规律。

十七世纪和十八世纪从事创造蒸汽机的人们也没有料到,他们所造成的工具,比其他任何东西都更会使全世界的社会状况革命化,特别是在欧洲,由于财富集中在少数人手里,而绝大多数人则一无所有,起初是资产阶级获得了社会的和政治的统治,而后就是资产阶级和无产阶级之间发生阶级斗争,这一阶级斗争,只能以资产阶级的崩溃和一切阶级对立的消灭而告终。到目前为止存在过的一切生产方式,都只在于取得劳动的最近的、最直接的有益效果。那些只是在以后才显现出来的、由于逐渐的重复和积累才发生作用的进一步的结果,是完全被忽视的。因此,只要生产不局限于被压迫者的最必需的生活用品，统治阶级的利益就成为生产的推动因素。在西欧现今占统治地位的资本主义生产方式中，这一点表现得最完全。支配着生产和交换的一个一个的资本家所能关心的，只是他们的行为的最直接的有益效果。不仅如此，甚至就连这个有益效果本身——只就所制造的或交换来的商品的效用而言——也完全退居次要地位了；出售时要获得利润，成了唯一的动力。在今天的生产方式中，对自然界和社会，主要只注意到最初的最显著的结果，然后人们又感到惊奇的是：为达到上述结果而采取的行为所产生的比较远的影响，却完全是另外一回事，在大多数情形下甚至是完全相反的；需要和供给之间的协调，变成二者的绝对对立，每十年一次的工业循环的过程展示了这种对立。

评论：第一次全文发表于1925年《马克思恩格斯文库》第2卷。恩格斯写于1873—1883年，1885—1886年作了个别补充。《自然辩证法》是恩格斯对19世纪中叶自然科学的最重要成就作的辩证唯物主义的概括，是恩格斯多年来对自然科学进行深湛研究的总结。全文由论文、札记和片断组成，主要内容包括：阐述辩证唯物主义自然观的自然科学基础及其基本特征，阐述哲学和自然科学的关系，论述唯物辩证法的基本规律和范畴，系统阐述了马克思主义的科学观，揭示人类的起源和发展、人与自然的关系问题。《自然辩证法》首次系统地阐述了马克思主义自然观、科学观的基本原理，强调了主、客观辩证法的一致性，论述了辩证逻辑和认识论的一些基本原理，丰富了马克思主义哲学的内容，开拓了马克思主义哲学研究的新领域，为这门学科的形成和发展奠定了基础。

1876 年

1876—1877 年 《〈反杜林论〉的准备材料》指出：世界和思维规律是思维的唯一内容。对世界进行研究的一般结果，是在这种研究终了时得出的，因此它们不是原则，不是出发点，而是结果、结论。从头脑中构造出这些结果，把它们作为基础并从它们出发，进而在头脑中用它们来重新构造出世界——这就是玄想，这种玄想是所有的唯物主义迄今为止都有过的，因为它们对于自然界方面的思维和存在的关系无疑在一定程度上是清楚的，而对于历史方面的二者关系是不清楚的，它们不理解任何思维对历史的物质条件的依赖性。

如果想把平等＝正义当成是最高的原则和最终的真理，那是荒唐的。平等仅仅存在于同不平等的对立中，正义仅仅存在于同非正义的对立中，因此，它们还摆脱不了同以往旧历史的对立，就是说摆脱不了旧社会本身。这就已经使得它们不能成为永恒的正义和真理。

此外，抽象的平等理论，使在今天以及在今后较长的时期里，都是荒谬的。没有一个社会主义的无产者或理论家想到要承认自己同布须曼人或火地岛人之间、哪怕同农民或半封建农业短工之间的抽象平等；这一点只要是在欧洲的土地上一被消除，抽象平等的观点也会立时被消除。随着合理的平等的建立，抽象平等本身也就失去任何意义了。现在之所以要求平等，那是由于预见到在当前的历史条件下随着平等要求自然而然来到的智力上和道德上的平等化。但是，永恒的道德必须在任何时候和任何地方都是可能的。关于平等，甚至杜林也没有想起提出这样的主张；相反地，他还容许暂时性的压制，这样也就承认平等不是永恒真理，而是历史的产物和一定的历史状况的特征。

资产者的平等（消灭阶级特权）完全不同于无产者的平等（消灭阶级本身）。如果超出后者的范围，即抽象地理解平等，那末平等就会变成荒谬。正因为这样，杜林先生最后又不得不把武装的和行政的、法庭的和警察的暴力从后门引进来。

有一种看法，似乎人们的观念和看法创造他们的生活条件，而不是相反，这种看法正被以往的全部历史所推翻，在历史上，结果总是与愿望不同的，而在进一步的发展进程中，甚至大多数是相反的。这种看法只有在比较遥远的将来才能在下述意义上实现，就是说：人们将会预先认识到由于关系的改变而引起社会状况（如果允许我这样说的话）改变的必然性，并且愿意实现这种改变，而不是无意识地被迫地这样认识和这样做。——这也同样适用于法的观念因而也适用于政治（如果合适的话，这一点应当在《哲学》编中加以论述，《暴力论》仍放在《政治经济学》编中）。

迄今为止是暴力——从现在起是共同社会。纯粹善良的愿望，"正义"的要求。但是，托·莫尔早在三百五十年以前就已经提出了这个要求，始终没有实现。为什么现在就应该实现呢？杜林没有回答。事实上，大工业把这个要求，不是作为正义的要求，而是作为生产的必要性提出来了，而这改变了一切。

总是以为：在经济学中只有永恒的自然规律发生作用，所有的改变和歪曲都是由于可恶的政治而造成的。总之，在全部暴力论中，正确的仅有：到目前为止，一切社会形式为了保存自己都需要暴力，甚至有一部分是通过暴力建立的。这种具有组织形式的暴力叫做国家。因此，我们在这里碰到的是这样一种平庸之见：从人们摆脱了最野蛮的状态时起，国家就到处存在，而这一点早在杜林以前就众所周知了。——但是，国家和暴力恰好是到目前为止的一切社会形式所共有的；如果我说——譬如——东方专制制度、古代共和国、马其顿君主国、罗马帝国、中世纪的封建制度都是建立在暴力上的，那末，我等于什么也没有说。因此，各种不同的社会形式和政治形式不应该用始终一样的暴力来说明，而必须用被施加暴力的东西，被掠夺的东西来说明，——用那个时代的产品和生产力以及从它们自身中产生的它们的分配来说明。

评论：《〈反杜林论〉的准备材料》包括两个部分。第一部分是幅面大小不一的稿纸（共计35页手稿），包括从杜林著作中所作的摘录和恩格斯的札记，其中有一部分已经勾掉，因为已用在正文中。第二部分是幅面较大的稿纸（共计17页手稿），每页纸上都分两栏：左边大多是从杜林《国民经济学和社会经济学教程》一书第二版中所作的摘录，右边是恩格斯的批判意见；个别地方因为已用在《反杜林论》中，所以用直线勾掉了。构成《反杜林论》准备材料第一部分的札记大概写于1876年，而第二部分则写于1877年。这些准备材料于1927年第一次部分发表，发表最全的是在1935年。本版所载的，是准备材料中对《反杜林论》正文作了重要补充的部分。第一部分准备材料的札记是按照相应的正文次序排列的。第二部分的片断是按照恩格斯手稿中的次序排列的；与恩格斯的批判意见有关的杜林著作的摘录，内容作了删节，并用方括号标出。

1877年 《步兵战术及其物质基础》指出：在十四世纪，火药和火器传到了西欧和中欧。现在，每一个小学生都知道，这种纯技术的进步，使整个作战方法发生了革命。但是这个革命进展得非常缓慢。最初的火器，特别是马枪，是十分粗笨的。很早以前虽经多次部分的改进，如枪管加膛线，改为后装，使用轮发枪机等，但是经过三百多年，直到十七世纪末，才出现了适合装备全体步兵的枪。在十六世纪和十七世纪，步兵是由长矛手和火枪手两部分组成的。在十七世纪末，出现了装有刺刀的、使用预先造好的子弹的燧发枪。于是长矛终于从步兵的武器中消失了。虽然如此，步兵的枪仍是极其简陋的。在德尔文的工作的基础上，出现了图温南式步枪和米涅的扩张式弹丸。因而从这时起，全部步兵便能装备射程远和射击准确的线膛枪。但是当前装的线膛枪还没有创立相应的战术以前，它就已经被最新的火器，即后装的线膛枪所代替，而线膛炮的战斗性能也同时越来越改进了。

在1870年的普法战争中，法国的征兵制败于普鲁士的后备军制度。但在这次战争中，第一次双方都使用后装枪，而军队移动和作战时所采用的合乎规定的形式，却基本上和旧式燧发枪时期相同。至多不过散兵群的队形密集一些。此外，法军仍然采用过去的营纵队，有时也采用横队，而普军至少曾企图把连纵队当作一种更适合于新式武器的战斗形式。

评论：这篇论文本来是《反杜林论》第二篇手稿的片断，片断属于第二篇第三章。后来，恩格斯用另一段较短的文字代替了手稿的这一部分，而原来的这段文字则加上了《步兵战术及其物质基础1700—1870》的标题。片断写于1877年1月初到8月中旬之间，因为1月初恩格斯已写完了第一篇，而8月中旬在《前进报》上已刊登了《反杜林论》第二篇第三章。该文于1935年第一次发表。

1882年 《恩格斯在〈社会主义从空想到科学的发展〉这本小册子中对〈反杜林论〉正文所作的补充和修改》指出：自然界是检验辩证法的试金石，而且我们必须说，现代自然科学为这种检验提供了极其丰富的、与日俱增的材料，并从而证明了，自然界的一切归根到底是辩证地而不是形而上学地发生的；自然界不是循着一个永远一样的不断重复的园圈运动,而是经历着实在的历史。

以往的全部历史,除原始状态外,都是阶级斗争的历史;这些互相斗争的社会阶级在任何时候都是生产关系和交换关系的产物,一句话,都是自己时代的经济关系的产物;因而每一时代的社会经济结构形成现实基础,每一个历史时期由法律设施和政治设施以及宗教的、哲学的和其他的观点所构成的全部上层建筑,归根到底都是应由这个基础来说明的。黑格尔把历史观从形而上学中解放了出来,使它成为辩证的,可是他的历史观本质上是唯心主义的。现在,唯心主义从它的最后的避难所中,从历史观中被驱逐出来了,唯物主义历史观被提出来了,用人们的存在说明他们的意识而不是象以往那样用人们的意识说明他们的存在这样一条道路已经找到了。

因此,社会主义现在已经不再被看做某个天才头脑的偶然发现,而被看做两个历史地产生的阶级无产阶级和资产阶级间斗争的必然产物。它的任务不再是想出一个尽可能完善的社会制度,而是研究必然产生这两个阶级及其相互斗争的那种历史的经济的过程;并在由此造成的经济状况中找出解决冲突的手段。可是以往的社会主义同这种唯物主义历史观是不相容的,正如法国唯物主义的自然观同辩证法和近代自然科学不相容一样。以往的社会主义固然批判过现存的资本主义生产方式及其后果,但是它不能说明这个生产方式,因而也就不能对付这个生产方式;它只能简单地把它当做坏东西抛弃掉。它愈是义愤填膺地反对这种生产方式必然产生的对工人阶级的剥削,就愈是不能明白指出这种剥削在哪里和怎样发生。

一方面,只有大工业才能发展那些使生产方式的变革和生产方式的资本主义性质的消灭成为绝对必要的冲突——不仅是大工业所产生的各个阶级之间的冲突,而且是它所产生的生产力和交换形式本身之间的冲突;另一方面,大工业又正是通过这些巨大的生产力来发展解决这些冲突所必需的手段。

无产阶级革命,矛盾的解决:无产阶级将取得社会权力,并且利用这个权力把脱离资产阶级掌握的社会化生产资料变为公共财产。通过这个行动,无产阶级使生产资料摆脱了它们迄今具有的资本属性,给它们的社会性以充分发展的自由。从此按照预定计划进行的社会生产就成为可能的了。生产的发展使不同社会阶级的继续存在成为时代的错误。随着社会生产的无政府状态的消失,国家的政治权威也将消失。人终于成为自己的社会结合的主人,从而也就成为自然界的主人,成为自己本身的主人——自由的人。

评论:恩格斯在把《反杜林论》中的三章改写为《社会主义从空想到科学的发展》这本小册子时,对原文作了一系列补充和修改。恩格斯认为这些补充中有一部分必须在《反杜林论》再版时列入该书。所引的这些补充,是恩格斯在准备小册子的德文第1版(1882年)和德文增订第4版(1891年)时所作,但恩格斯本人并没有把这些补充列入他生前所出的《反杜林论》各版。

第 21 卷

1883 年

6月28日 《〈共产党宣言〉1883年德文版序言》指出：《宣言》中始终贯彻的基本思想，即：每一历史时代的经济生产以及必然由此产生的社会结构，是该时代政治的和智慧的历史的基础。因此（从原始土地公有制解体以来）全部历史都是阶级斗争的历史，即社会发展各个阶段上被剥削阶级和剥削阶级之间、被统治阶级和统治阶级之间斗争的历史。而这个斗争现在已经达到这样一个阶段，即被剥削被压迫的阶级（无产阶级），如果不同时使整个社会永远摆脱剥削、压迫和阶级斗争，就不再能使自己从剥削它压迫它的那个阶级（资产阶级）下解放出来。这个基本思想完全是属于马克思一个人的。

评论：载于1883年在霍廷根—苏黎世出版的《共产党宣言》一书。本文是马克思逝世后，恩格斯校阅的第一版。恩格斯以凝练的语言重申并概括了历史唯物主义基本原理，高度评价了马克思对创立历史唯物主义理论的杰出贡献。《序言》的理论与实践价值在于恩格斯着眼于当时德国工人运动中出现的新情况，以鲜明而透彻的语言阐述了历史唯物主义社会观、政治观和历史观，捍卫了科学社会主义理论以及无产阶级政党的组织原则和性质。

5月底 《格奥尔格·维尔特的〈帮工之歌〉(1846年)》指出：德国无产阶级第一个和最重要的诗人维尔特，生在莱茵的德特莫耳特。维尔特的主要作品之一是《著名的骑士施纳普汉斯基的生平事迹》。这篇作品描写了海涅在他的长诗《阿塔·特洛尔》中这样命名的李希诺夫斯基公爵的冒险事迹。一切事实都是符合现实生活的。我称维尔特为德国无产阶级第一个和最重要的诗人。他的社会主义的和政治的诗作，在独创性、俏皮方面，尤其在火一般的热情方面，都大大超过弗莱里格拉特的诗作。维尔特所擅长的地方，他超过海涅（因为他更健康和真诚），并且在德国文学中仅仅被歌德超过的地方，就在于表现自然的、健康的肉感和肉欲。假如我把《新莱茵报》的某些小品文转载在《社会民主党人报》上面，那末读者中间有很多人会大惊失色。但是我不打算这样做。然而我不能不指出，德国社会主义者也应当有一天公开地扔掉德国市侩的这种偏见，小市民的虚伪的羞怯心，其实这种羞怯心不过是用来掩盖秘密的猥亵言谈而已。

评论：载于1883年6月7日《社会民主党人报》第24号。恩格斯摘录了他和马克思的共同朋友维尔特的一首诗，这首诗是恩格斯在马克思的遗稿中找到的。早在1856年，在维尔特逝世以后不久，马克思就打算写悼念他的文章，但是他的意图没有实现，因为发表这样的悼念文章，在德国19世纪50年代反动势力猖獗的环境里是不可能的。写作本文，恩格斯完成了马克思的遗愿。另外写这篇文章的动机之一，是为了激发人们对德国工人运动革命历史的兴趣。文章揭露和批判了德国市侩的偏见和小市民虚伪的羞怯心，认为其只不过是用来掩盖秘密的猥亵言谈而已。这篇文章也达到了纪念维尔特，肯定其为德国无产阶级所作出的贡献的目的。

8月 《启示录》指出：基督教同现代社会主义完全一样，是以各种宗派的形式，尤其是通过彼此矛盾的个人观点来掌握群众的，这些观点中有的比较明确，有的比较混乱，而后者又占绝大多数。不过所有这些观点都敌视当时的制度，敌视"当局"。就拿启示录来做例子，我们看到，它决不是全部新约中最难解和最神秘的，而倒是最简单和最清楚的一篇。基督教同任何大的革命运动一样，是群众创造的。它是在新宗派、新宗教、新先知数以百计地出现的时代，以一种我们完全不知道的方式在巴勒斯坦产生的。基督教事实上是自发地形成的，是这些宗派中最发达的宗派相互影响而产生的中间物，后来由于加进了亚历山大里亚犹太人斐洛的论点，稍后又由于受到斯多葛派思想的广泛渗透，而形成为一种教义。

评论：载于1883年8月《进步》杂志第2卷。这是恩格斯为探讨早期基督教史而作的文章，文中探讨了早期基督教中的若干问题。它是恩格斯运用历史唯物主义观点研究基督教历史的著作，在文中，恩格斯肯定了《启示录》在使后人了解早期基督教史方面的意义。

1884年

2月中—3月初 《马克思和〈新莱茵报〉（1848—1849年）》指出：当我们着手在德国创办一种大型报纸的时候，这种情况就决定了我们的旗帜。这个旗帜只能是民主派的旗帜，但这个民主派到处，在各个具体场合，都强调了自己的特殊的无产阶级性质，这种性质是它还不能一下子就写在自己旗帜上的。如果我们当时不愿意这样做，不愿意站在已经存在的、最先进的、实际上是无产阶级的那一端去参加运动并推动运动前进，那我们就会只好在某一偏僻地方的小报上宣传共产主义，只好创立一个小小的宗派而不是创立一个巨大的行动党了。但我们已经不适于做沙漠中的布道者：我们对空想主义者研究得太清楚了而我们制定自己的纲领也不是为的这个。于是，有赖于马克思的洞察力和坚定立场，《新莱茵报》成了革命年代德国最著名的报纸。《新莱茵报》的政治纲领有两个要点：建立统一的、不可分割的、民主的德意志共和国和对俄国进行一场包括恢复波兰的战争。虽然《新莱茵报》在它创办即将一周年时就停刊了，但没有一家德国报纸像《新莱茵报》这样有威力和有影响，这样善于鼓舞无产阶级群众。而这一点首先归功于马克思。

评论：载于1884年3月13日《社会民主党人报》第11号。本文是恩格斯为纪念马克思逝世一周年为《社会民主党人报》撰写的。文章在回顾《新莱茵报》在马克思领导下的斗争历程和战斗传统的同时，论述了无产阶级机关报的性质、任务、斗争策略，以及组织领导等，是研究马克思和恩格斯革命活动与报刊思想的重要文章。文章还阐述了一系列重要的新闻观点，主要有：工人应当首先争取出版自由，为独立地组成无产阶级政党创造条件；无产阶级报刊应当在各个具体的场合都强调自己的特殊的无产阶级性质；无产阶级报刊应当善于鼓舞无产阶级群众，善于站在运动前列推动运动前进；无产阶级报刊应当站在各国无产阶级一边，支持他们的革命斗争；无产阶级革命报刊可以用嘲笑和讽刺来对付反动派；无产阶级可以利用资产阶级提供的出版自由环境出版报刊。

3月底—5月26日 《家庭、私有制和国家的起源》指出：根据唯物主义观点，历史中的决定性因素，归根结蒂是直接生活的生产和再生产。但是，生产本身又有两种。一方面是生活资料即食物、衣服、住房以及为此所必需的工具的生产；另一方面是人自身的生产，即种的蕃衍。一定历史时代和一定地区内的人们生活于其下的社会制度，受着两种生产的制约：一方面受劳动的发展阶段的制约，另一方面受家庭的发展阶段的制约。劳动愈不发展，劳动产品的数量、从而社会的财富越受限制，社会制度就愈在较大程度上受血族关系的支配。然而，在以血族关系为基础的这种社会结构中，劳动生产率日益发展起来；与此同时，私有制和交换、财产差别、使用他人劳动力的可能性，从而阶级对立的基础等等新的社会成分，也日益发展起来；这些新的社会成分在几个世代中竭力使旧的社会制度适应新的条件，直到两者的不相容性最后导致一个彻底的变革为止。以血族团体为基础的旧社会，由于新形成的社会各阶级的冲突而被炸毁；代之而起的是组成为国家的新社会，而国家的基层单位已经不是血族团体，而是地区团体了。在这种社会中，家庭制度完全受所有制的支配，阶级对立和阶级斗争从此自由开展起来，这种阶级对立和阶级斗争构成了直到今日的全部成文史的内容。

国家的本质特征，是和人民大众分离的公共权力。国家是承认：这个社会陷入了不可解决的自我矛盾，分裂为不可调和的对立面而又无力摆脱这些对立面。而为了使这些对立面，这些经济利益互相冲突的阶级，不致在无谓的斗争中把自己和社会消灭，就需要有一种表面上驾于社会之上的力量，这种力量应当缓和冲突，把冲突保持在"秩序"的范围以内；这种从社会中产生但又自居于社会之上并且日益同社会脱离的力量，就是国家。

国家和旧的氏族组织不同的地方，第一点就是它按地区来划分它的国民。第二个不同点，是公共权力的设立，这种公共权力已不再同自己组织为武装力量的居民了。由于国家是从控制阶级对立的需要中产生的，由于它同时又是在这些阶级的冲突中产生的，所以，它照例是最强大的、在经济上占统治地位的阶级的国家，这个阶级借助于国家而在政治上也成为占统治地位的阶级，因而获得了镇压和剥削被压迫阶级的新手段。所以，国家并不是从来就有的。曾经有过不需要国家，而且根本不知国家和国家权力为何物的社会。在经济发展到一定阶段而必然使社会分裂为阶级时，国家就由于这种分裂而成为必要了。随着阶级的消失，国家也不可避免地要消失。以生产者自由平等的联合体为基础的按新方式来组织生产的社会，将把全部国家机器放到它应该去的地方，即放到古物陈列馆去，同纺车和青铜斧陈列在一起。

评论：1884年以单行本在苏黎世出版。本文是恩格斯晚年的经典代表作之一，是马克思主义的基本著作之一，也是阐发历史唯物主义基本理论的重要著作，曾被列宁评价为"现代社会主义主要著作之一"，在马克思主义发展史上具有重要的地位。文章的副标题为"就路易斯·亨·摩尔根的研究成果而作"，是在充分借鉴摩尔根《古代社会》和马克思《路易斯·亨·摩尔根〈古代社会〉一书摘要》的研究成果基础上而写成的。在序言里，恩格斯阐明了本文的写作目的是实现马克思的遗愿，并简要论述了"两种生产"理论。在对摩尔根研究的功绩给予极大的肯定的同时，恩格斯批判了巴霍芬和麦克伦南的错误观点。在文中，恩格斯分析人类早期发展阶段的历史，阐释了各个不同社会经济形态中家庭关系发展的特点，揭示了原始公社制度解体和以私有制为基础的阶级社会形成的过程，阐明了阶级社会的一般特征，剖析了国家的起源和实质，揭示了国家消亡的历史必然性。从理论方面来说，《起源》通过系统地研究和阐述原始社会史，揭示了原始社会的本质和规律，阐明了私有制、阶级和国家的起源，从而将唯物史观扩展到了原始社会史的研究领域，增强了唯物史观的科学性和说服力。此外，《起源》对于国家的一系列问题作出了深入分析和明确阐述，如指出国家不是从来就有的，是社会发展到一定阶段的产物；国家是被社会分工及其后果催生出来的；国家的本质特征是和人民大众分离的公共权力；国家随阶级的产生而产生，也必将随阶级的消亡而消亡。从实践方面来说，《起源》批驳了资产阶级在家庭、私有制和国家问题上的谬论，用科学的理论武装工人阶级及其政党，推动了国际工人运动的深入发展，在当代，《起源》仍然具有重要的意义。另外，由于恩格斯利用人类学的资料，在《起源》中阐述了人类学所注重的问题，所以《起源》也是现代人类学的重要著作之一，对现代人类学有着深远的影响。

6月 《卡·马克思〈雇佣劳动与资本〉一书1884年单行本前言》指出：这部著作最初问世是在1849年，从4月4日起以社论的形式陆续发表在《新莱茵报》

上。它的基础是1847年马克思在布鲁塞尔德意志工人协会做的几次讲演。这部著作在报纸上没有载完。因为当时爆发的事变，即俄国人开进了匈牙利，德勒斯顿、伊塞隆、爱北斐特、普法尔茨、巴登等地发生起义，使报纸本身被查封了

评论：载于1884年在霍廷根—苏黎世出版的马克思的小册子《雇佣劳动与资本》。本文是恩格斯为了再版马克思的著作《雇佣劳动与资本》而写的。《雇佣劳动与资本》是马克思早期的一部重要政治经济学著作，它以通俗易懂的形式，揭示了雇佣劳动与资本的关系、工人的奴役地位、资本家的统治，为无产阶级反对资产阶级提供了思想武器和科学依据。文章说明了《雇佣劳动与资本》的写作基础是马克思的几次演讲，并对它在报纸上没有发表完的原因进行了说明。

10月23日 《马克思和洛贝尔图斯卡·马克思〈哲学的贫困〉一书德文第一版序言》指出：这本书是马克思1846年到1847年那个冬天写成的，那时候，马克思已经彻底明确了自己的新的历史观和经济观的基本点。当时刚刚出版的蒲鲁东《经济矛盾的体系，或贫困的哲学》一书，使他有机会发挥这些基本点，以同这个从那时起就要在法国社会主义者中间居于最重要地位的人的见解对立。蒲鲁东的著作证明，两人之间现在已经横着一条无法逾越的鸿沟，置之不理在当时已经不可能了。所以，马克思在他的这一个答复里也就确认了这个不可弥合的裂口。对于德国，本书恰恰在现在这个时候具有马克思本人从来也料想到的惊人意义。他怎么能知道，他向蒲鲁东开火，却命中了他当时连姓名都不知道的今日的利禄之徒的神灵洛贝尔图斯呢？洛贝尔图斯的又一个天真的表现是他用空想消除工商业危机。他的《认识》一书，在出版的当时，无疑是一本重要的书。它对李嘉图价值理论的继续发展，在一个方向上是颇有希望的开端。尽管这一著作只是对他来说和对德国来说才是新东西，但是总的说来它还是同比他高明的英国先驱者们的著作处在同一个水平上。但这仅仅是一个开端，从这一点出发，只是通过寻根究底的、批判的、进一步的工作，才能在理论上有真正的收获。但是，他一开头也在第二个方向即乌托邦的方向上继续发展李嘉图的理论，从而切断了自己上述发展的道路，断绝了在科学上进步的一切可能。可以得出结论的是：商品价格对商品价值的不断背离是一个必要的条件，只有在这个条件下并由于这个条件，商品价值才能存在；竞争使商品生产的价值规律在进行交换的商品生产者的社会里发生作用，从而也就使得在这种条件下唯一可能的社会生产组织和制度得以实现。

评论：载于1885年1月《新时代》杂志第1期和1885年在斯图加特出版的马克思的《哲学的贫困》一书。本文是恩格斯为马克思的著作《哲学的贫困》德文第一版写的序言。文章点明了马克思《哲学的贫困》一书本意是向蒲鲁东开火，却有力批驳了洛贝尔图斯，并得出结论：工人在任何可以设想的社会制度下都不能取得他的产品的全部价值以供消费。文章有力地捍卫了马克思的学说，从侧面体现了马克思的理论相比于李嘉图的价值理论的进步性，从而体现了马克思学说的科学性。

1885年

1月29日 《帝俄高级炸药顾问》指出：俄国政府使用一切手段要同西欧各国签订关于引渡流亡的俄国革命者的协议。这个政府首先需要同英国达成这样的协议。俄国官方要达到目的，是不择手段的。于是，1885年1月13日俾斯麦同俄国签订协议，规定任何一个俄国政治流亡者，只要俄国随心所欲地控告他是可能的弑君犯或炸药使用者，就应该被引渡。俄国官方为了用毒药和匕首等等除掉妨碍它的人能干出什么事情来，巴尔干半岛近百年的历史可以提供足够的实例。但是，暂时还没有根据来确定1886年1月24日伦敦的爆炸事件是俄国干的。炸药可能是爱尔兰人安放的，但更可能的是他们按照俄国的主意和收受俄国的钱财而干出来的。俄国革命者采取的斗争方式是由需要决定的，是由他们的敌人本身的行动决定的。他们为他们所采取的手段对本国的人民和历史负责。

评论：载于1885年1月29日《社会民主党人报》第5号。大约在1885年1月25日，恩格斯寄给拉法格一封信，叙述了和文章相同的一些事实和见解，只是说法上有些不同，而且更为扼要。这篇文章揭露了俄国政府使用一切手段同西欧各国签订关于引渡流亡的俄国革命者的协议的事实，用历史实例指明了俄国官方的不择手段，恩格斯因此告诫西欧革命者不要充当俄国政府的帮凶。

2月中 《一八四五年和一八八五年的英国》指出：四十年前的英国面临着一场只有用暴力才能解决的危机。工业的巨大而迅速的发展超过了国外市场的扩大和需求的增加。每隔十年，生产的进程就被普遍的商业危机强制地打断一次，随后，经过一个长久的经常停滞时期，就是短短的繁荣年份，这种繁荣年份总是又以热病似的生产过剩和最后再度破产而结束。1848年的法国革命拯救了英国资产阶级。胜利的法国工人的社会主义口号吓倒了英国小资产阶级，引起了比较狭小然而比较实际的英国工人阶级运动的瓦解。宪章运动正当它应该显示全部力量的时候，却在1848年4月10日外部崩溃到来以前，就从内部崩溃了。工人阶级的活动被推到了后台。资本家阶级获得了全线的胜利。真实的事情是：当英国工业垄断地位还保存着的时候，英国工人阶级在某种程度上是分沾这一垄断地位的利益的。这些利益在工人中间分配得极不均匀；取得绝大部分的是享有特权的少数，但广大群众有时也能沾到一点。正因为如此，所以从欧文主义灭绝以后，英国再也没有过社会主义了。当英国工业垄断一旦破产时，英国工人阶级就要失掉这种特权地位。整个英国工人阶级，连享有特权并居于领导地位的少数在内，将跟其他各国工人弟兄处于同一水平上。正因为如此，社会主义将重新在英国出现。

评论：载于1885年3月1日《公益》杂志第2期。本文是恩格斯为《公益》

杂志写的，后来这篇文章由他译成德文，刊登在1885年6月的《新时代》杂志上。恩格斯还把这篇文章收录到1887年出版的他的著作《英国工人阶级状况》美国版的附录里。1892年，收录到这本著作的英文版和德文第二版的序言里。恩格斯认为英国曾享有了将近一百年的工业垄断，现在却无可挽回地失去了。在文章的最后，他预言社会主义将重新在英国出现。

7月1日 《〈卡尔·马克思在科伦陪审法庭面前〉一书序言》指出：由于德国资产阶级的怯懦，以至于在1848年3月受到毁灭性打击的封建官僚专制的反动势力因元气恢复而卷土重来。1848年11月8日勃兰登堡·曼托伊费尔内阁组成，同议会发生纠纷。由马克思、沙佩尔和施奈德尔组成的科伦莱茵省民主联合委员会的呼吁书号召要以暴力对抗暴力，号召拒绝纳税。由此马克思等人被起诉而受审。结果被判为无罪。马克思的辩护词构成审讯的最高潮：第一，一个共产主义者在向资产阶级陪审员说明，他所进行的事情其实是资产阶级的事情，而他却为此而受审；第二，辩护词维护了革命的观点，抨击了政府的虚伪和法制，它这样做所采取的方式，在今天对某些人来说还可以作为范例。

评论：载于1885年在霍廷根—苏黎世出版的小册子《卡尔·马克思在科伦陪审法庭面前》。本文汇集了有关科伦法庭审讯的主要事件，尖锐地揭露了德国小市民对革命的态度，指出他们要求社会民主党应当成为像小市民自己那样的小市民的党，决不要参加革命，而只是忍受革命。

8月25日 《致〈北方通报〉杂志编辑部》指出：我在亡友卡尔·马克思的文稿中发现对米海洛夫斯基先生《卡尔·马克思在茹柯夫斯基先生的法庭上》一文的答复。这一答复不知当时为什么没有发表，由于目前仍然可能引起俄国读者的兴趣，特寄上请您处理。请接受我的致意。

评论：第一次用俄文发表于《马克思恩格斯全集》1946年第1版第29卷。这封信是丹尼尔逊建议恩格斯写的，他告诉恩格斯，在《北方通报》杂志上可能刊登马克思给《祖国纪事》编辑部的这封未发表的信。但是，这一杂志没有刊登马克思的信，第一次用俄文发表那封信的是1886年日内瓦《民意导报》第5期，而在俄国合法的刊物上刊载是在1888年10月的《司法通报》杂志。信中恩格斯催促《北方通报》杂志编辑部发表《卡尔·马克思在茹柯夫斯基先生的法庭上》一文，希望可以引起俄国读者的兴趣。

10月8日 《关于共产主义者同盟的历史》指出：从1852年科伦共产党人被判决时起，便结束了德国独立工人运动的第一个时期。目前的国际工人运动实质上是当时的德国工人运动的直接继续，那时的德国工人运动一般说来是第一次国际工人运动，并且产生出许多在国际工人协会中起了领导作用的人。而共产主义者同盟于1847年在《共产主义宣言》中写在旗帜上的理论原则，则是目前欧洲和美洲整个无产阶级运动的最牢固的国际纽带。

1836年，德国流亡者于1834年在巴黎成立的秘密同盟"流亡者同盟"中分化出了最激进的、大部分是无产阶级的分子，他们组成了一个新的秘密同盟——正义者同盟。但是，由于巴黎仍是决战的场所，所以事实上这个同盟在当时不过是法国各秘密团体。不久，同盟在伦敦便建立了一些支部，当时尚称为"秘所"。自从重心由巴黎移到伦敦，便明显地出现了一个新的情况：同盟逐渐从德国的变成国际的了。协会不久便命名为共产主义工人教育协会，在会员证上至少用二十种文字写着"人人皆兄弟！"这句话。此外，随着事变的发展，同盟的性质也发生了变化。但是，同盟的社会学说还很不确定，它有一个很大的、根源于社会关系本身的缺点。1847年春天，莫尔到布鲁塞尔去找马克思，接着又到巴黎来找我，代表他的同志们再三邀请我们加入同盟。我们以前认为是同盟的缺点的地方，现在同盟代表们自己承认，并且已经消除。于是我们加入了同盟。1847年夏天在伦敦举行了同盟第一次代表大会，我代表巴黎各支部参加了这次大会。第二次代表大会是于同年11月底至12月初举行。马克思也出席了这次代表大会，他在长时间的辩论中捍卫了新理论。马克思和我被委托起草宣言。宣言在很短时间内就完成了。同盟的旧口号"人人皆兄弟"，已由公开宣布斗争的国际性的新战斗口号"全世界无产者，联合起来！"所代替。十七年以后，这个口号作为国际工人协会的战斗号角响彻全世界，而今天世界各国斗争着的无产阶级都已把它写到自己的旗帜上。从科伦案件时起就结束了德国共产主义工人运动第一时期。紧接着判决之后，我们解散了我们的同盟。

评论：载于1885年在霍廷根—苏黎世出版的马克思《揭露科伦共产党人案件》一书和1885年11月12、19和26日《社会民主党人报》第46—48号。本文是作为马克思的抨击性著作《揭露科伦共产党人案件》德文第三版的引言而写的。详细介绍了共产主义者同盟的历史，马克思和恩格斯最初没有加入这个同盟。后来同盟的领导人表示愿意接受马克思和恩格斯的理论指导和进行改组，于是他们在1847年上半年加入了同盟。同年夏天在伦敦举行了同盟第一次代表大会，对同盟进行了改组，决定改名为共产主义者同盟，并通过了同盟的章程。同年11月底至12月初召开了同盟第二次代表大会，委托马克思和恩格斯起草同盟的纲领性文件。1848年2月底，第一部基于科学共产主义的工人政党纲领——《共产党宣言》在伦敦用德文公布面世。1848年革命后，同盟重新组织起来，积极开展革命活动。1852年科伦共产党人被判决，便结束了德国独立工人运动的第一个时期，同盟宣布解散。在这篇文章中，恩格斯指出共产主义者同盟的理论原则是整个无产阶级运动中最牢固的国际纽带。他还在文章中痛斥了德国俾斯麦反动当局对国际工人运动的诬蔑，并对同盟的历史作用给予了高度评价，指出同盟促进了国际工人运动的团结和统一。

10月12日 《当前的形势》指出：只要你们不抱各种错觉，我就不认为10月4日是一个失败。问题是要压倒机会主义派，但是为了压倒他们，需要从两个对立的方面即从右面和左面施加压力。毫无疑问，右面的压力比原来预料的更强。但是因此也就正在形成革命得多的形势。资产者，不管是大的或小的，都宁愿要公开的奥尔良派和波拿巴派，而不要隐蔽的奥尔良派和波拿巴派；宁愿要已经把国家盗窃一定而发了财的人，而不要想靠国家发财的人；宁愿要昨天的保守派，而不要明天的保守派。全部问题就在这里。激进派和君主派无论如何是会彼此对峙的。共和国将要遭到的危险，足以迫使小资产者稍多地倾向极左派，而在其他情况下，他们是决不会这样做的，这正是我们共产主义者所需要的形势。

评论：载于1885年10月17日《社会主义者报》第8号。本文是恩格斯给拉法格的信的片断，信中专门分析了法国在1885年10月4日众议院初选后的国内政治局面。从1879年起执政的、代表大资产阶级利益的资产阶级温和共和派的政党失去了相当大的一部分选民的信任，其原因是：国家预算出现赤字，捐税增加，滥用公债，没有履行它的大部分诺言以及在越南的殖民冒险。此外，党的许多领导人都与卑鄙的财政阴谋和贪污有关，这被保皇派在竞选运动中利用了。在初选的当选人中大多数是保皇派。由于法国社会主义者把这次结果视为一个失败，恩格斯便写了这封信。在信中，恩格斯认为法国的选举不能认为是失败，因为机会主义派的确被压倒了。但是为了压倒他们，需要从左面和右面施加压力，而右面的压力比原来预料的更强，革命形势也由此形成。恩格斯认为，共和国将要遭到的危险足以迫使小资产者稍多地倾向极左派，而这也正是共产主义者所需要的形势。

10月21日 《致〈社会主义者报〉编辑委员会》指出：贵报在17日摘载了我写给一位编委的私信。请允许我澄清一下这封信中我的思想表达得不够清楚的地方。我没有任何权利断言：如果克列孟梭先生采用通常的议会政府途径取得政权，他就一定会"效法其他人"。其次，我不是一个仅仅以政府善意或恶意来解释政府的行动的人。因此，这里谈的不是克列孟梭先生的善意或恶意。谈的是：为了工人政党的利益，让激进派在实施他们的纲领成了他们保持政权的唯一办法的形势下取得政权。我们希望：议会中的二百名保皇派将足以造成这样的形势。

评论：载于1885年10月31日《社会主义者报》第10号。本文是恩格斯写给《社会主义者报》编辑委员会的一封信，信件澄清了恩格斯之前在给《社会主义者报》投稿中关于当时的形势表达得不够清楚的地方，指明表达的本意不是谈克列孟梭先生的善意或恶意，从而消除了文章可能产生的误解和后果，也体现了恩格斯对于自己文章严谨、认真、细致的态度。

10月 《不应该这样翻译马克思的著作》指出：约翰·布罗德豪斯翻译的《资本论》第一卷开头几页的译文远远没有忠实地表达原文，这是因为布罗德豪斯先生完全没有具备一个马克思著作的翻译者应该具备的才能。要理解马克思的著作，必须彻底精通德语——口头语和标准语。另外还要知道一些德国人的生活。但是，在这里，对翻译者还有更多的要求。马克思是当代具有最简洁最有力的风格的作家之一。为了确切地表达这种风格，仅精通德语是不够的，还要精通英语。布罗德豪斯先生看来虽然是个相当有才能的新闻工作者，但他所掌握的英语只限于满足一般的写作要求。对于这种目的，他的英语知识足够了，但是，这种英语却不能用来翻译"资本论"。

评论：载于 1885 年 11 月《公益》杂志第 10 期。恩格斯为捍卫《资本论》的纯洁性而写作的。文章分析了《资本论》第一卷第一章第一节和第二节的部分英译文，精辟地阐明了翻译马克思著作的性质、任务、原则、标准、方法以及译者应具备的工作能力和态度等。恩格斯在译校过程中，不仅始终把《资本论》的翻译工作视为艰巨的革命任务，而且也当成一项科学工作，坚持高标准，一丝不苟。但是，在恩格斯写了这篇文章以后，社会民主联盟领导人海德门继续在《今日》杂志上发表自己的译文，总共发表了第一卷中的七章和第八章的大部分。

11月24日　《关于普鲁士农民的历史〈西里西亚的十亿〉的导言》指出：1848 年使鼠目寸光而又高傲自大的普鲁士土容克们醒悟过来了。当时即使最没有脑筋的容克脑壳也明白：征徭役已经不可能了，与其要求这些造反的农民服徭役，不如根本不再征徭役。于是，有一些无关紧要的赋役简单地被废除了，而其他各种赋役则规定化为货币地租，加以资本化，折合为十八倍的款额加以赎免。为了在支付资本化的款项时进行仲裁，成立了地租银行。这样，在几年的时间内，农民的赎免工作已经进行完毕。从 1850 年到 1865 年底通过赎免而获得自由的有：（1）剩下的那部分比较大的农民土地所有者；（2）包括无地农在内的小土地所有者。

评论：载于 1886 年霍廷根—苏黎世版的威·沃尔弗《西里西亚的十亿》一书。本文是作为根据恩格斯的倡议出版的威·沃尔弗关于西里西亚农民状况的文集的单行本的导言的第二部分而写的。文章介绍了从易北河直到东普鲁士和西里西亚的德国农民的基本情况，讲述了普鲁士农民的历史，叙述了他们面临的悲惨境遇，从侧面揭露了贵族和政府对农民的压迫，同时宣传了沃尔弗的《西里西亚的十亿》一书。

1885 年　《卡·马克思〈路易-波拿巴的雾月十八日〉一书德文第三版序言》指出：《雾月十八日》在初版问世三十三年后还需要印行新版，证明这个篇幅不大的著作就是在今天还丝毫没有失去自己的价值。的确，《雾月十八日》是一部天才的著作。正是马克思最先发现了伟大的历史运动规律，根据这个规律，一切历史上的斗争，无论是在政治、宗教、哲学的领域中进行的，还是在任何其他意识形态领域中进行的，实际上只是各社会阶级的斗争或多或少明显的表现，而这些阶级的存在以及它们之间的冲突，又为它们的经济状况的发展程度、生产的性质和方式以及由生产所决定的交换的性质和方式所制约。这个规律对于历史，同能量转化定律对于自然科学具有同样的意义，它在这里也是马克思用以理解法兰西第二共和国历史的钥匙。在这部著作中，他用这段历史检验了他的这个规律。即使已经过了三十三年，我们还是应该承认，这个检验获得了辉煌的成果。

评论：载于1885年在汉堡出版的马克思《路易-波拿巴的雾月十八日》一书。恩格斯认为马克思深知法国历史，他对当时历史的卓越理解和透彻洞察是无与伦比的。他也发现了伟大的历史运动规律，即一切历史上的斗争实际上只是各社会阶级的斗争或多或少明显的表现，这些阶级的存在以及它们之间的冲突又为它们的经济状况的发展程度、生产的性质和方式以及由生产所决定的交换的性质和方式所制约。这个规律是马克思理解法兰西第二共和国历史的钥匙，对于历史有巨大的意义，并且得到了历史的检验。

1886 年

2 月 25 日 《〈英国工人阶级状况〉美国版附录》指出：几乎用不着指出，本书在哲学、经济和政治方面的总的理论观点，和我现在的观点并不是完全一致的。1844 年还没有现代的国际社会主义，从那时起，首先是并且几乎完全是由于马克思的劳绩，它才彻底发展成为科学。我这本书只是它的胚胎发展的一个阶段。正如人的胚胎在其发展的最初阶段还要再现出我们的祖先鱼类的鳃弧一样，在本书中到处都可以发现现代社会主义从它的祖先之一即德国哲学起源的痕迹。我有意地不删去本书中的许多预言，其中包括青年人的热情使我大胆做出的英国将在最近发生社会革命的预言。值得惊奇的并不是这些预言中有那么多没有言中，倒是竟然有这样多已经实现了，而且当时我就已经预见到的德国、特别是美国的竞争将引起的英国工业的危急状态，现在已经真正到来了。在这一点上我可以而且有责任使本书和当前的情况相符合。这篇文章同时也简单地叙述了这四十年间英国工人阶级的历史。

评论：载于1887年在纽约出版的恩格斯《一八四四年英国工人阶级状况》一书。本文是恩格斯为准备在美国出版他的《英国工人阶级状况》一书而写的，美国版是这本书的第一个英译本。恩格斯最初预计把本文作为《英国工人阶级状况》美国版的序言或跋。但是，因为未能马上找到出版者，书的出版就被耽搁下来，所以恩格斯认为有必要先为《英国工人阶级状况》美国版写篇新的序言，而本文就作为该书的附录。恩格斯认为工人阶级处境悲惨的原因不应当到小的疾痛中去寻找，而应到资本主义制度本身中去寻找，这为工人阶级的斗争策略指明了方向，是极为深刻的论述。

3 月 15 日 《纪念巴黎公社十五周年》指出：革命的工人社会主义比任何时候都富有生命力，它现在已经是一支使所有掌权者——无论是法国激进派、俾斯麦、美国的交易所巨头，或者是全俄罗斯的沙皇——胆战心惊的力量。我们已经能使我们的所有敌人，不管他们做什么，都得事与愿违地为我们工作。他们想置国际于死地。而无产者的国际团结，各国革命工人的友谊，已经比公社前夕巩固千倍，广泛千倍。国际不再需要原来意义上的组织了,国际赖有欧洲和美洲工人自然的真诚的合作而活着并且在成长着。所有事件都变得对我们有利了。为阻挠无产阶级成功而精心策划的种种措施,只是加速无产阶级的胜利进军。敌人在做对我们有利的事,他们不得不这样做。而且他们在这方面做得又多又好,所以今天,1886年3月18日,千百万工人,从加利福尼亚和阿韦龙的无产者矿工到西伯利亚的苦役矿工,都从内心发出了一致的呼声:"公社万岁!工人的国际团结万岁!"

评论:载于1886年3月27日《社会主义者报》第31号。本文是恩格斯应法国社会党人的请求而写的,他们请求恩格斯在纪念巴黎公社十五周年时公开表示与他们一致。恩格斯认为无产阶级的国际团结和各国革命工人的友谊已经比公社前夕更加巩固;为阻挠无产阶级成功而精心策划的种种措施,只是加速无产阶级的胜利进军。这篇文章给了无产阶级极大的信心,唤起了他们心中与资产阶级顽强抗争的斗志,也表现了恩格斯对无产阶级胜利的殷切期待。

1886年初 《路德维希·费尔巴哈和德国古典哲学》指出:正像在十八世纪的法国一样,在十九世纪的德国,哲学革命也作了政治变革的前导。但是这两个哲学革命看起来是多么地不同。根据黑格尔的意见,现实性决不是某种社会制度或政治制度在一切环境和一切时代所固有的属性。黑格尔哲学的真实意义和革命性质,正是在于它永远结束了以为人的思维和行动的一切结果具有最终性质的看法。由于对现存宗教进行斗争的实际必要性,大批最坚决的青年黑格尔分子返回到英国和法国的唯物主义。他们在这里跟自己的学派的体系发生了冲突。唯物主义把自然界看做唯一现实的东西,而在黑格尔的体系中自然界只是绝对观念的"外化",好像是这个观念的退化;无论如何,思维及其思想产物即观念在这里是本原的,而自然界是派生的,只是由于观念的下降才存在。

全部哲学,特别是近代哲学的重大的基本问题,是思维和存在的关系问题。思维对存在、精神对自然界的关系问题,全部哲学的最高问题,像一切宗教一样,其根源在于蒙昧时代的狭隘而愚昧的观念。但是,这个问题,只是在欧洲人从基督教中世纪的长期冬眠中觉醒以后,才被十分清楚地提了出来,才获得了它的完全的意义。另外,上一世纪的唯物主义主要是机械唯物主义,它的第一个特有的局限性是把人看作是机器,第二个特有的局限性在于它不能把世界理解为一种过程,理解为一种处在不断的历史发展中的物质。

按照费尔巴哈的看法,宗教是人与人之间的感情的关系、心灵的关系,过去这种关系是在现实的虚幻反映中寻找自己的真理,现在却直接地而不是间接地在我和你之间的爱中寻找自己的真理了。归根到底,在费尔巴哈那里,性爱即使不是他的新宗教借以实现的最高形式,也是最高形式之一。费尔巴哈的唯心主义就在于:他不是直截了当地按照本来面貌看待人们彼此间以相互倾慕为基础的关系,即性爱、友谊、同情、舍己精神等等,而是把这些关系和某种特殊的、在他看来也属于过去的宗教联系起来，断定这些关系只有在人们用宗教一词使之高度神圣化以后才会获得自己的完整的意义。在他看来，主要的并不是存在着这种纯粹人的关系，而是要把这些关系看做新的、真正的宗教。对抽象的人的崇拜，即费尔巴哈的新宗教的核心，必须由关于现实的人及其历史发展的科学来代替。

在现代历史中至少已经证明：任何政治斗争都是阶级斗争，而任何争取解放的阶级斗争，尽管它必然地具有政治的形式，归根到底都是围绕着经济解放进行的。社会创立一个机关来保护自己的共同利益，免遭内部和外部的侵犯。这种机关就是国家政权。此外，宗教一旦形成，总要包含某些传统的材料，因为在一切意识形态领域内传统都是一种巨大的保守力量。但是，这些材料所发生的变化是由造成这种变化的人们的阶级关系即经济关系引起的。

评论：载于1886年《新时代》杂志第4期和第5期，并于1888年以单行本在斯图加特出版。文中揭示了马克思主义与德国古典哲学的最杰出代表黑格尔和费尔巴哈的关系，并对辩证唯物主义和历史唯物主义的原理作了系统的叙述。它科学地阐明了马克思主义哲学同德国古典哲学的关系，论述了马克思主义哲学产生的历史必然性以及它在认识史上所完成的革命变革。文章第一次明确提出并论述了哲学基本问题，指出：全部哲学，特别是近代哲学的重大基本问题，是思维和存在的关系问题。哲学家按照他们如何回答思维和存在何者为第一性的问题分成唯心主义和唯物主义两大阵营。这个论断为区分唯心主义和唯物主义提供了科学的准则。文章还分析了哲学基本问题的另一个方面，即思维能否认识世界的问题，对这个问题的不同回答把哲学家区分为可知论和不可知论。另外，文章批判地分析了黑格尔哲学和费尔巴哈哲学，揭露了黑格尔哲学的辩证方法和唯心主义体系之间的矛盾，指出了它的辩证法的合理内核及其进步意义；肯定了费尔巴哈唯物主义的历史作用，指明了包括费尔巴哈哲学在内的旧唯物主义的局限性，即它们的机械性、形而上学性和在历史观上的唯心主义。恩格斯运用唯物辩证法剖析人类社会，对历史唯物主义作了详尽的阐述，说明了社会历史发展的客观规律性及其特点，经济基础对历史发展的决定作用，上层建筑各个组成部分之间的关系及其能动作用，人民群众是历史的创造者，以及阶级斗争是阶级社会发展的直接动力等原理。

文章既准确揭示了马克思主义哲学的来龙去脉，又精辟阐述和论证了马克思主义哲学最重要的概念、原理和创新，因而是马克思主义哲学最具经典意义的代表作。对于我们掌握辩证唯物主义的分析和研究方法，与时俱进地应用和发展马克思主义，有着十分显著的理论价值和实践意义。此外，它在国际共产主义运动中也产生了伟大而深远的影响。列宁指出，它同《共产党宣言》一样，是每个觉悟工人必读的书籍。

4月29日 《给〈纽约人民报〉编辑部的声明》指出：麦肯尼斯先生曾经作为《纽约人民报》的代表访问过我，并且向我提出了各种各样的问题，当时他以名誉担保，答应我在未经我过目以前决不发表一个字。但是后来他就再也没有到我这里来了。因此我特声明：本人对于他所发表的材料不负任何责任，尤其是我曾有机会亲自证实，麦肯尼斯先生没有足够的知识，即使他有最好的愿望，恐怕也未必能正确理解我的谈话。

评论：载于1886年7月8日《纽约人民报》第162号。本文是恩格斯因圣路易斯发行的一家美国民主派报纸《密苏里共和党人报》的记者麦肯尼斯对他的访问而写的。恩格斯相信麦肯尼斯没有能力正确理解他的谈话，更不会正确报道他的谈话，所以他要求左尔格在报刊上一旦刊出访问，立刻在一家美国社会主义报纸上刊登这篇声明。

5月8—14日 《关于里昂玻璃厂工人的罢工》指出：在里昂，一家玻璃工厂发生了罢工。利特内尔作为工贼中的一个继续工作，当他的装家用什物运往工厂的时候，罢工工人跟随其后，资本家和他们的仆从对罢工工人开枪，约打伤了三十人。后来，警察和司法当局出面干涉。但是，他们不是去逮捕曾经开枪的资本家和他们的仆从，而是去逮捕许多罢工工人，说他们侵犯了劳动自由。这个事件，在巴黎引起了很大的激动。

评论：载于1886年5月15日《公益》杂志第18期。恩格斯在文中客观陈述了里昂玻璃厂工人罢工的事实，对于警察和司法当局不去逮捕资本家，而是逮捕罢工工人的行为表示难以置信。文章既向读者客观介绍了里昂玻璃厂工人罢工事件，又扩大了这一事件的影响。

10月25日 《欧洲政局》指出：俄国的革命意味着俾斯麦制度的垮台。没有俄国这个反动势力的巨大的后备军，容克地主在普鲁士的统治连一天也维持不住。俄国的革命会立刻改变德国的局势，它会一举而破坏对俾斯麦万能的盲目信仰，它会促进德国革命的成熟。不幸，保加利亚人表现了出人意料的、"被神圣俄罗斯解放的"斯拉夫民族所不应该有的魄力和政治才能。此外，布朗热将军对凡是愿意听他讲话的人所讲的"需要战争来阻碍社会革命"这句话是否真实呢？如果这句话是真实的，那就让这句话作为对社会主义政党的警告吧。布朗热这位好心人有说大话的习气，这对于一个军人说没来也许情有可原，但是这表明他是一个缺少政治头脑的人。他无论如何拯救不了共和国。他处于社会主义者和奥尔良派之间，可能与后者达成协议，只要后者向他保证与俄国结成联盟。总而言之，法国资产阶级共和主义者的处境也和沙皇一样，社会革命的幽灵已经出现在他们面前，而他们只知道一个解救的办法——战争。

评论：载于1886年11月6日《社会主义者报》第63号。本文是恩格斯写给拉法格的一封信，只是作了不大的删节和文字上的修改。恩格斯全面地分析了欧洲局势，认为把欧洲推向战争的力量是巨大的，其目的是阻碍革命。因此法、德两国的社会主义者都要同样关心维护和平，因为战争的费用归根到底是由劳动人民支付的。

文章帮助人们认清了欧洲局势，呼吁法、德两国的社会主义者维护和平。

12月9日 《约翰·菲力浦·贝克尔》指出：贝克尔从青年时代起对无产阶级就有深切的同情，现在这种同情有了更加具体的形式。他明白，资产阶级到处都是反动政党的核心，而真正革命力量的核心则只能是无产阶级。一个凭感性的共产主义者成为一个自觉的共产主义者了。不久国际工人协会成立了，贝克尔就是它的创立者之一。国际解体以后，贝克尔公开出面的机会就比较少了。但尽管这样，他总是深入工人运动，并且利用广泛的通信和许许多多到日内瓦来拜访他的客人，不断地影响运动的进程。他像个巨人，很有力气，而且仪表堂堂，由于难能可贵的禀赋和健康有益的活动，他像他的身体那样和谐地发挥了他那虽没有上过学但决不是没有受过教育的才智。他是少数全凭天性来选择正确道路的人中的一个。因此他才这样容易同革命运动的发展步调一致，在第七十八年的时候也像在十八岁那样精神抖擞地站在最前列。但他最出色的才能无疑是军事才能。在巴登他所做的比其他任何人都多得多。

评论：载于1886年12月11日《社会民主党人报》第51号。文章叙述了约翰·菲力浦·贝克尔一生的重要事迹，缅怀贝克尔。恩格斯对贝克尔给予了很高的评价，认为他是少数全凭天性来选择正确道路的人中的一个，他始终同革命运动的发展步调保持一致。恩格斯肯定了贝克尔突出的军事才能和政治觉悟，号召工人要把他作为榜样铭记在心。这篇文章既扩大了人们对贝克尔的认识，也深化了贝克尔生前对革命所作出的影响。

1887年

1月10日 《〈论住宅问题〉一书第二版序言》指出：在作这次校阅时，我深深感到国际工人运动在最近十四年来已经有了多么巨大的进步。在法国，工人已经完全抛弃了蒲鲁东。他只是在激进资产者和小资产阶级中间还有一些信徒，这些人作为蒲鲁东主义者，也自称为"社会主义者"，可是社会主义的工人却对他们进行最激烈的斗争。资产阶级的和小资产阶级的空想是给每个工人一幢归他所有的小屋子，从而以半封建的方式把他束缚在他的资本家那里，但是现在就变成完全另一个样子了。实现这种空想，就是把一切小的农村房主变成为工业的家庭工人，结束那些被卷入"社会漩涡"的小农旧日的闭塞状况以及由此产生的政治上极其低下的状况；就是使工业革命推广到农业地区，从而把居民中最不活动最保守阶级变成革命的苗圃，这一切的结果，就是使从事家庭工业的农民被机器剥夺，被强迫走上起义的道路。只要资产阶级社会主义的慈善家在执行其资本家的社会职能时，还在继续颠倒地实现他们的理想而有利于社会革命，我们乐于让他们去自我欣赏这个理想的。

评论：载于1887年1月15和22日《社会民主党人报》第3和4号，以及1887年在霍廷根—苏黎世出版的恩格斯《论住宅问题》一书。本文肯定了国际工人运动在近十四年以来的巨大进步，揭示了住宅问题产生的原因，论述了讨论住宅问题的必要性，有力地批驳了资产阶级和小资产阶级的空想。此外，恩格斯还认为实现资产阶级和小资产阶级的空想，就是使工业革命推广到农业地区，从而把居民中最不活跃最保守的阶级变成革命的苗圃，最终使从事家庭工业的农民被机器剥夺，被迫走上起义的道路。

1月26日　《美国工人运动。〈英国工人阶级状况〉美国版序言》指出：在欧洲各国，工人阶级经历了许多年才完全相信，他们构成了现代社会的一个特殊的、在现存社会关系下是固定的阶级。又经历了好多年，这种阶级意识才引导他们把自己组织成为一个特殊的、独立于统治阶级各种派别所组织的一切旧政党并且同这些政党对立的政党。但是，这一切还只是一个开始。工人群众感觉到他们的悲惨状况的共同性和他们的利益的共同性，感觉到同其他一切阶级对立的阶级团结。他们为了表达这种感觉并把它变成行动，已经把每个自由国家里为这种目的而预备的政治机器开动了起来。这仅仅是第一步。下一步是要找到一剂医治这些共同苦难的共同药物，并且把它体现在新的工人政党的纲领中。在美国工人运动所表现的三种多少已经确定的形式中，第一种，即亨利·乔治领导的纽约的运动，目前主要是地方性的。美国工人运动的第二个大派别是由劳动骑士组成的。第三个派别是社会主义工人党。它具备了欧洲多年来阶级斗争所取得的经验，并且具备对工人阶级解放的一般条件的理解，这种理解远远超过了美国工人迄今所达到的理解水平。

评论：载于1887年在纽约出版的《一八四四年的英国工人阶级状况》一书，并由恩格斯译成德文载于1887年6月10日和17日《社会民主党人报》第24和25号。本文作为恩格斯的著作《英国工人阶级状况》美国版的序言发表。文章指出了美国工人运动的三种确定形式，提出了共产党人为工人阶级最近的目的和利益而斗争，他们在当前的运动中同时代表运动的未来。此外，恩格斯认为，自己和马克思以及同他们一起工作的各国社会主义者四十多年来所遵循的策略是正确的，其策略到处都引向胜利，增强了共产党人的斗争信心和决心。

2月13日　《给巴黎国际联谊节组织委员会的信》指出：我们现在面临着极严重的危险。战争在威胁着我们，痛恨战争而且具有唯一的共同的利益的法国和德国无产者将在这次战争中被迫互相残杀。这种形势的真正原因是什么呢？是军国主义，是在大陆各大国施行了普鲁士式的军事制度。那末，用什么办法来对付呢？废除普鲁士式的制度，代之以真正的国民军这所普通的学校，使每个能够扛枪的公民都加入这所学校，时间要严格规定，以学会当兵的本领所必须的时间为限。使每个人家里都有枪械和装备，象瑞士那样。首先实行这种制度的那国人民，会使自己的军事实力增加一倍而同时还会使自己的军事预算减少一半。而且，如果每个公民家里都有一支枪和五十发子弹，还会有哪一个政府敢侵犯政治自由？

评论：载于1887年2月26日《社会主义者报》第79号。这封信是恩格斯为国际联谊节而写的，在1887年2月19日的联谊节上被宣读，达到了对欧洲的军备竞赛和备战活动表示抗议的目的。恩格斯在信中提醒人们要注意战争的危险，这是把广大人民也推向战争，指出造成战争的原因是普鲁士的军事制度，对付战争的办法是废除普鲁士的制度，像瑞士那样使每个人家里都有枪械和装备。这样，会达到军事实力增加、军事预算减少、政府不再敢侵犯政治自由的效果。

12月15日 《波克罕〈纪念1806至1807年德意志极端爱国主义者〉一书引言》指出：1848年革命爆发后，波克罕参加民主集会，因而被军事法庭侦讯，以逃往柏林而得免。当司徒卢威于1848年9月间在瑞士组织志愿军向巴登黑林山脉进军时，波克罕参加了进军并被俘，一直被囚到1849年5月巴登革命释放囚人的时候。1850年夏天，波克罕去巴黎，以后又去斯特拉斯堡。但是在这里他也呆不下去。1851年2月，他被逮捕并被押送到加来，以便乘船送往英国。1876年夏天，他在去德国的路上于巴登魏勒尔得了中风症，他不得不放下他的事业。三十年战争所造成的大破坏集中在三四年里重演出来并遍及整个大陆。只有一个结果是绝对没有疑问的，那就是普遍的衰竭和为工人阶级的最后胜利造成条件。无产阶级的胜利不是已经争得，就是终于不可避免。

评论：载于1888年在霍廷根—苏黎世出版的波克罕《纪念1806至1807年德意志极端爱国主义者》一书。文章介绍了作者波克罕的生平。恩格斯认为该书对于陶醉于胜利之中的官方的和资产阶级的德意志来说，已成了一付非常有效的解毒剂。文章对国际形势作了深刻的分析，指出统治阶级准备的世界大战不可避免，这场战争具有大规模的破坏性，其结果将加剧阶级斗争并使劳动群众转向采取坚决的革命行动，无论战争何时爆发，必将为无产阶级的最后胜利创造条件。这一预见为以后发生的第一次世界大战及其结局所证实。文章揭露了土地贵族和军人贵族同交易所投机家之间的事务勾结关系，使人们对国王的无能、外交官的愚蠢奸诈、军官的叛变以及国家对人民的背叛和欺骗有所了解。本文成功预言了未来的世界大战，战争是由德国人发起，在战争后各国王室将灭亡，工人阶级将崛起。

1888年

1月30日 《〈共产党宣言〉1888年英文版序言》指出：《宣言》是作为共产主义者同盟这一起初纯粹是德国工人团体，后来成为国际工人团体，而在1848年以前欧洲大陆的政治条件下必然是秘密团体的工人组织的纲领发表的。

当欧洲工人阶级重新聚集了足以对统治阶级发动另一次进攻的力量的时候，便产生了国际工人协会。国际应该有一个充分广泛的纲领,使英国工联,法国、比利时、意大利和西班牙的蒲鲁东派以及德国的拉萨尔派都能接受。马克思起草了这个能使一切党派都满意的纲领。这样一来,《宣言》本身就重新提到前台上来了。

可是,当我们写这个《宣言》时,我们不能把它叫做社会主义宣言。因为在1847年,所谓社会主义者,一方面是指那些信奉各种空想学说的分子,即英国的欧文派和法国的傅立叶派;另一方面是指各种各样的社会庸医。这两种人都是站在工人阶级运动以外,宁愿向"有教养的"阶级寻求支持。至于当时工人阶级中那些确信单纯政治变革全然不够而认为必须根本改造全部社会的分子,他们把自己叫做共产主义者。这种共产主义还是颇为粗糙的、尚欠修琢的、纯粹出于本能的一种共产主义。但它却接触到了最主要之点,并已在工人阶级当中强大到足以形成法国卡贝的和德国魏特林的空想共产主义。

虽然《宣言》是我们两人共同的作品,但我终究认为必须指出,构成《宣言》核心的基本原理是属于马克思一个人的。这个原理就是:每一历史时代主要的经济生产方式与交换方式及其所必然决定的社会结构,是该时代政治的和智慧的历史所赖以确立的基础,并且只有从这一基础出发,这一历史才能得到说明;因此人类的全部历史(从土地公有的原始氏族社会解体以来)都是阶级斗争的历史,即剥削阶级和被剥削阶级之间、统治阶级和被压迫阶级之间斗争的历史;这个阶级斗争的历史包括有一系列发展阶段,现在已经达到这样一个阶段,即被剥削被压迫的阶级(无产阶级),如果不同时使整个社会一劳永逸地摆脱任何剥削、压迫以及阶级划分和阶级斗争,就不能使自己从进行剥削和统治的那个阶级(资产阶级)的控制下解放出来。这一思想在我看来应该对历史学做出像达尔文学说对生物学那样的贡献,我们两人早在1845年前的几年中就已经逐渐接近了。

评论:载于1888年在伦敦出版的马克思和恩格斯《共产党宣言》一书。本文介绍了《宣言》的写作过程和发表情况,回顾了《宣言》的遭遇和命运。在同盟因"科伦共产党人案件"而解散时,《宣言》曾一度被人遗忘。但随着国际工人协会的成立,《宣言》又重新受到关注并在许多国家出版印刷。恩格斯指出,虽然《宣言》是他和马克思两人共同的作品,但他始终认为构成《宣言》核心的基本原理是属于马克思一个人的,表现了恩格斯"甘当绿叶"的伟大奉献精神与谦虚的态度。恩格斯在文中还强调《宣言》的基本原理,即每一历史时代主要的经济生产方式与交换方式及其所必然决定的社会结构,是该时代政治的和智慧的历史所赖以确立的基础。自从原始公社解体以来,全部历史都是阶级斗争的历史,无产阶级只有解放全人类才能最终解放自己,为无产阶级指明了斗争方向。

2月21日 《〈路德维希·费尔巴哈和德国古典哲学的终结〉一书序言》指出:关于我们和黑格尔的关系,我们曾经在某些地方做了说明,但是无论哪个地方都说得不够全面系统。至于费尔巴哈,虽然他在某些方面是黑格尔哲学和我们的观点之间的中间环节,我们却从来没有回顾过他。因此,我越来越觉得把我们和黑格尔哲学的关系,即我们怎样从这一哲学出发并且怎样同它脱离,做一个简要而有系统的说明是很必要的了。把这几页稿子送去付印以前,我又把1845—1846年的旧稿找出来,重读了一遍。其中关于费尔巴哈的一章没有写完。已写好的一部分是解释唯物主义历史观的。这个解释只是表明当时我们在经济史方面的知识还多么不够。在旧稿里面对于费尔巴哈的学说本身没有批判。所以,旧稿对于我们现在这一目的是不适用的。可是我在马克思的一本旧笔记中找到了十一条关于费尔巴哈的提纲,拿来作为本书的附录。这是一份供进一步研究用的匆匆写成的笔记,根本没有打算付印。但是这些笔记作为包含着新世界观的天才萌芽的第一个文件,是非常宝贵的。

评论:载于1888年在斯图加特出版的恩格斯《路德维希·费尔巴哈和德国古典哲学的终结》一书。《路德维希·费尔巴哈和德国古典哲学的终结》是恩格斯为论述马克思主义哲学同德国古典哲学的关系,阐明马克思主义哲学基本原理而写的一部重要的哲学著作。在文章中,恩格斯认识到德国的古典哲学在国外有复活之势,因此感到把马克思和他同黑格尔哲学的关系做一个简要而系统的说明十分必要。同时,恩格斯承认费尔巴哈给他和马克思造成的影响。

4—5月初 《保护关税制度和自由贸易卡尔·马克思的小册子〈关于自由贸易的演说〉》指出:如果目前有一个国家要实行自由贸易,那当然不是为了使社会主义者高兴。其所以要这样做,是因为自由贸易已经成了工业资本家的一种必要。但是,如果这个国家拒绝自由贸易而要抓住保护关税制度不放,以便使社会主义者对期待中的社会浩劫大失所望,那末这也丝毫无损于这个国家的社会主义前途。是实行保护关税制度还是实行自由贸易,对于最终结局是没有什么意义的,而在最终结局到来以前的延缓时期也未必会有什么关系。在这一天到来以前很久,保护关税制度对于任何一个有希望获得成功而力求在世界市场上取得独立地位的国家都会变成不能忍受的镣铐。

评论:以德文载于1888年7月《新时代》杂志第7期,以英文载于1888年8月《劳动旗帜》周报和1888年在波士顿出版的马克思的小册子《自由贸易》。本文是恩格斯所作的马克思1848年1月9日在布鲁塞尔发表的《关于自由贸易的演说》的美国版序言。恩格斯介绍了布鲁塞尔会议和马克思准备《关于自由贸易的演说》的时代背景,历史地探讨了自由贸易和保护关税制度对英国、美国和德国经济发展的作用,揭示了对外贸易政策实施的国家差别和历史阶段性特征。

1889 年

5月底 《1889年鲁尔矿工的罢工》指出:德国矿工的罢工对我们说来是一件

大事。像宪章运动时期英国矿工那样，德国煤矿工人也最后进入运动，而这就是他们的第一步。运动是在威斯特伐里亚煤矿区的北部开始的，这个地区的矿工由于当地资本家的欺压而愤慨到了极点。于是，雇主不得不出钱支持罢工。由于自由主义反对派的干预，取得了妥协，矿工也复工了。但他们刚刚开工，雇主就食言了。罢工再起的危险出现了。最近三星期在德国至少有12万煤矿工人罢工。受他们"传染"的有比利时和波希米亚的矿工，而在德国，那些早在今年春天就已经在酝酿罢工的工业部门，都已经停工了。所以，任何一个政府，不管它做了些什么，如果不触动资本主义制度，就不可能满足工人的要求。德国政府是既不可能，甚至也不愿意做这种尝试。在德国，政府是第一次被迫做出一副对罢工采取不偏不倚的立场的样子。因此，它就永远失去了自己在这方面的贞操。威廉也好，俾斯麦也好，都不得不在十几万罢工工人的大军面前低下头来。单单这一点就已经是一个了不起的成绩了。

评论：载于1889年6月《工人领袖》杂志第1卷第5期。1889年5月中旬，矿工罢工运动扩展到上西里西亚和下西里西亚，在这里罢工席卷了大部分矿井，从5月14日一直继续到24日。这次罢工运动还扩展到了萨克森、捷克的克拉德诺区、柏林、弗莱因瓦尔德、施特廷和科尼斯堡等地。恩格斯在这篇文章中指出，任何一个政府，不管它做了些什么，如果不触动资本主义制度，就不可能满足工人的要求，因此，政府必须在资本主义制度和工人的要求两者之间作出选择。

8月初　《可能派的代表资格证》指出：可能派巴黎代表大会的几个拥护者没完没了地重复说，他们的代表大会是真正具有代表性的，而马克思派代表大会仅由一些只代表自己的人组成，所以他们不敢答应可能派的要求：向可能派出示自己的代表资格证。马克思派代表大会的英国代表无疑会寻找而且一定会找到机会来证实对他们的非难是造谣。阿德勒博士在最近三年来惊人坚毅地、极有步骤地和坚定地从事奥地利社会主义运动的改组工作，他知道奥地利任何一个城市的每一个工人团体，他向代表大会报告说，所有这些团体不管有些什么优点，但都有一个致命的缺点，就是它们并不存在。其次，有人对我们说，把可能派的代表大会说成只不过是工联代表大会，这是绝对不符合事实的。

评论：载于1889年8月10日《工人选民》第2卷第32号。本文是恩格斯为反对机会主义集团掀起的旨在破坏国际社会主义工人代表大会威信的运动而作。国际社会主义工人代表大会于1889年7月14—21日在巴黎举行，其主要受欧洲各国马克思主义政党的影响。最初可能派试图一手包办代表大会的筹备事宜，并在代表大会上充当领导角色，但是遭到了失败，于是就在巴黎召开了一个平行代表大会，出席的只有少数外国代表，而且大多数人的代表资格纯粹是伪造的。文章深刻揭露了可能派不择手段、弄虚作假的卑劣行径，粉碎了可能派对马克思派的指责，强有力地维护了马克思派。

8月20—26日 《关于伦敦码头工人的罢工》指出：我羡慕你们，羡慕你们参加码头工人的罢工。这是我们近年来最有希望的一次运动，我还能看到这次运动，很自豪，很高兴。如果马克思还活着并亲眼看到这种情景，那该多好啊！这一事件意味着伦敦东部（包括无产阶级和贫民居住的各区）真正的生活已经开始，一旦获得成功就会改变这个地方的整个性质。如果码头工人组织起来，其他各种工人也一定会跟着他们这样做。这是一个很了不起的运动，我对那些能够参加这个运动的人再一次表示羡慕。

评论：载于1889年8月31日《工人选民》第2卷第35号。本文是恩格斯写给爱琳娜·马克思的信的片断。1889年8月12日至9月14日举行的伦敦码头工人罢工，是19世纪末英国工人运动中的最大事件之一。罢工工人由于自己的坚定性和组织性而使自己的提高工资和改善劳动条件的要求得到了满足。码头工人的罢工加强了无产阶级的团结，也进一步提高了工人阶级的组织性。恩格斯认为，罢工事件一旦获得成功，就会改变这个地方的整个性质。他的论述促进了工人参加罢工的决心。

9月底—10月初 《资产阶级让位了》指出：在各国资产阶级中，至今还在最大程度上保持着自己的阶级意识即政治意识的，无疑是英国资产阶级。但是，现在这种情况，发生了越来越大的变化。在伦敦，同旧的市政管理有关的一切，都还是纯粹中世纪的东西。伦敦港这个世界上第一流港口也属于这一类。而伦敦的贸易已经走过了它的顶点。就在这时爆发了码头工人的罢工。暴动并不是受码头公司掠夺的资产阶级掀起的，而是受它们剥削的工人掀起的。穷人中最穷的人，东头无产者的最底层，向码头巨头们挑战了。这时资产阶级终于想起，码头巨头们也是它的敌人，罢工工人展开斗争不仅合乎他们本身的利益，而且间接也合乎资产阶级的利益。公众同情罢工，资产阶级人士空前慷慨地解囊相助。工人投入了战斗，资产阶级为他们呐喊和鼓掌助威。工人打了胜仗，他们不仅证明高傲的码头公司巨头们是可以战胜的，而且以自己的斗争和胜利震动了整个舆论界，以致使港口的码头垄断和封建制度现在不能再继续存在下去了，不久的将来恐怕就要送进英国博物馆。

这样一来，在这里，在现代各大工业部门中最现代化的一个部门里，也像在中世纪的伦敦那样，资产阶级暴露出自己无能维护本阶级的利益。不仅如此，它还对此直认不讳，由于它吁请有组织的工人强迫厂主自己维护自己的基本的阶级利益，因而它不仅自己声明自己让位，而且认为有组织的工人阶级是自己的有能力的、负有执政使命的继承者。它自己宣布：厂主只有一个使命，那就是作为领薪金的企业领导人来为有组织的工人服务。

评论：载于1889年10月5日《社会民主党人报》第40号。在本文中，恩格斯对比了英、德、法三国的资产阶级，通过事实点明了资产阶级无力维护本阶级利益的事实，指出厂主只有一个使命，那就是作为领薪金的企业领导人来为有组织的工人服务。恩格斯的分析给予资产阶级沉重打击。

遗 稿

1884 年

1884 年 《论未来的联合体》指出：迄今存在过的联合体，不论是自然地形成的，或者是人为地造成的，实质上都是为经济目的服务的，但是这些目的被意识形态的附带物掩饰和遮盖了。只有资本主义商业社会才是完全清醒的和务实的，然而是庸俗的。未来的联合体将把后者的清醒同古代联合体对共同的社会福利的关心结合起来，并且这样来达到自己的目的。

评论：第一次用俄文发表于《马克思恩格斯全集》1937 年第 1 版第 16 卷第 1 部。本文是恩格斯在写《家庭、私有制和国家的起源》一书的时候写的。从内容上看，它同《起源》的第九章谈到在中世纪的贵族、城市望族和农民的血族中保存着氏族制度的残余的内容相衔接。由于缺乏其他的任何资料，其写作日期是一种推测。恩格斯在本文中指出，历史上各种联合体实质上都是为经济目的服务的。他认为在未来的联合体中，更要明确地体现出为经济服务的目的性，并同古代联合体对共同的社会福利的关心结合起来，以此来达到自己的目的。

1884 年底 《论封建制度的瓦解和民族国家的产生》指出：从今天的观点来看，生产和交换的这一切进步其实是很受限制的。生产仍然被纯粹行会手工业的形式束缚着，因而本身还保持着封建的性质。贸易仍然处于欧洲水域之内，并且没有超出欧洲和远东国家交换产品的列万特沿海城市以外。但是不管手工业及其市民手工业者多么微小，多么受限制，他们还是有足够的力量来推翻封建社会；他们至少是在前进，而贵族却是停滞不动的。在普遍的混乱状态中，王权是进步的因素。罗马法为贵族进一步压迫农民提供了借口。同时，在城市和在自由农民中间，形成了建立能作战的步兵的基本条件。阿拉伯人把火药和大炮的使用方法经过西班牙传到了欧洲。印刷术的推广，古代文化研究的复兴，从 1450 年起日益强大和日益普遍的整个文化运动，所有这一切都给市民阶级和王权反对封建制度的斗争带来了好处。所有这些原因的共同作用在十五世纪下半叶就保证了对封建制度的胜利，尽管还不是市民阶级的胜利，而是王权的胜利。全欧洲只剩下两个国家，那里没有王权，也没有那时无王权便不可能出现的民族统一，或者说，它们只是名义上存在，这就是意大利和德意志。

评论：第一次用俄文发表于 1935 年《无产阶级革命》杂志第 6 期。这是一篇未完成的著作，是恩格斯为了准备他所计划的《德国农民战争》一书的新版本而写成的一部分手稿。标题是俄文版编者所加。恩格斯历述了资产阶级取代封建阶级、资本主义战胜封建主义制度的详细过程,论述了"现代民族"的产生。恩格斯还对罗马法的历史意义作出了高度评价。可以看到,虽然恩格斯没能完成最后的定稿,但此文仍不失为一篇体现马克思主义民族国家观的代表性作品。

1884 年底 《关于〈农民战争〉》指出:宗教改革这是包括农民战争这一危急事件在内的第一号资产阶级革命。封建制度的瓦解,以及城市的发展,这两个过程引起了地方分权制。因此就产生了实行君主专制的直接必要性,通过君主专制把民族结合起来。君主专制必然是专制的,正是由于一切因素的离心性。但是,不应该庸俗地理解它的专制性质。它是在时而同等级的代表机关时而同叛乱的封建主和城市的不断斗争中发展起来的。等级在任何地方也没有被它取消。因此,应该宁可把它看成是等级的君主制。此外,第一号革命是比英国革命更为欧洲式的革命,它成为欧洲式的革命比法国革命快得多。在瑞士、荷兰、苏格兰、英格兰以及从某种程度上说在瑞典和丹麦都获得了胜利。

评论:第一次用俄文发表于《马克思恩格斯文库》1948 年版第 10 卷。本文是恩格斯打算修改《德国农民战争》一书而写的,可能是他拟定的本书新版的导言或绪论计划的一个片断和草稿。恩格斯认为路德和加尔文的宗教改革是包括农民战争这一危急事件在内的第一号资产阶级革命,是比英国革命更为欧洲式的革命。它发生在德国是有其历史渊源的。

1887 年

1887 年 12 月底—1888 年 3 月 《暴力在历史中的作用》指出:德国资产阶级仍旧处在那个尽人皆知的矛盾当中。一方面,它要求由自己,也就是说,由一个从自由主义议院多数派中选出的内阁独享政权;但是另一方面,资产阶级要求革命地改造德国,这种改造只有通过暴力、因而也只有通过真正的独裁才能实现。在仍然继续进行的宪法冲突中,俾斯麦极其坚决地同资产阶级的议会要求进行了斗争。俾斯麦不仅在军事上已做了充分的战斗准备,而且这一次他实际上有人民作为后盾。按照俾斯麦自己的宣言,进行战争并不是反对的法国人民,而是反对路易-拿破仑的。战略上的巨大利益是唯一能够为兼并辩护的理由。俾斯麦已达到目的。他的新普鲁士德意志帝国已在凡尔赛路易十四的豪华宫殿里公开宣布成立。法国无力地倒在他的脚下。所有欧洲庸人现在都赞扬俾斯麦,就像他们在五十年代赞扬他的原型路易波拿巴一样。在俄国的帮助下,德国成了欧洲的第一个强国,而德国的全部权力都落到了独裁者俾斯麦手中。

最近的任务就是帝国宪法。俾斯麦制订帝国宪法时所要倚重的因素,一方面是在联邦会议中有代表的各个王朝,另一方面是在帝国国会中有代表的人民。俾斯麦并不是在代表民族统一的帝国国会中给自己寻找主要支柱,而是在代表分立主义分裂的联邦会议中给自己寻找主要支柱。虽然他也装扮成民族思想的代表者,但是并没有勇气真正站在民族或它的代表者的前列;民主应当为他服务,而不是他为民主服务。

评论:第一次发表于1895—1896年《新时代》杂志第1卷第22—26期。本文是恩格斯未完成的题为《暴力在历史中的作用》小册子的一部分。这个小册子,按照恩格斯的设想,它由经过修改的《反杜林论》的"暴力论"三章和专门为小册子撰写的第四章组成。"暴力论"的三章是小册子的理论部分,第四章则是应用部分,即把关于暴力的理论运用于1848年之后的德国历史,阐明暴力在德国这段历史中的作用及限度。遗憾的是,小册子的第四章没能写完,而恩格斯为小册子修改过的《反杜林论》"暴力论"三章的稿子后来也被遗失,流传下来的第四章手稿是这一小册子的主要文本。在文章中,恩格斯集中系统地论述了1848年以后的德国历史,尤其是论述德国统一问题和评论俾斯麦的系列政策。把《反杜林论》中的"暴力论"所阐明的基本原理,运用于分析1848—1888年的德国历史。恩格斯对德国统一后所制定的宪法和其他法律作了研究和批判。德国统一后所制定的其他法律适应了资产阶级向前发展的迫切需要。1872年通过组织法所实行的普鲁士行政改革,目的也在于巩固国家机构和加强集权,以利于整个资产阶级化的地主阶级。恩格斯在文中还对比地论述了英、法、德三国资产阶级法律制度建立的历史条件和作用,深刻阐述了暴力在德国历史中所发挥的巨大作用。

1887年12月底—1888年3月 《小册子〈暴力在历史中的作用〉序言草稿》指出:本书是我的《欧·杜林先生在科学中实行的变革》一书一部分的再版,它包括了在该书中题为"暴力论"的三章。这一版只做了一些最必要的修改和补充。但对于单独出版来说,必须再做特别的增补。既然我是用德文出版一本以《暴力在历史中的作用》为题的小册子,德国读者就有权要求我不隐瞒我对近三十年来暴力在本国历史中所起的巨大作用的看法。因此,我增加了一个第四章,这一章只能就主要的历史关节做些阐述。或许以后我能有机会更详细地论述这个题目吧。

评论:第一次发表于1895—1896年《新时代》杂志第1卷第22期。本文对出版《暴力在历史中的作用》单行本有关问题作了说明。这是恩格斯在修改完《反杜林论》第二编有关"暴力论"的三章之后撰写的简短的序言草稿。恩格斯介绍了他关于小册子的新计划:除了有关"暴力论"的三章外,小册子不再像原先设想的那样收入《反杜林论》中有关"永恒真理"和"平等"等内容,而是集中于阐述暴力问题。相应地小册子的标题也有了变化,新的标题为《暴力在历史中的作用》。恩格斯还指出,由于小册子是用德文写的,因此有必要说明暴力在德国近30年来历史中所起的巨大作用,为此他将为小册子写一个第四章。按照恩格斯此时的设想,第四章是就主要的历史关节做些阐述,他期待以后能更详细地论述这个题目。

1887年12月底—1888年3月 《小册子〈暴力在历史中的作用〉第四章提

纲》指出：《暴力在历史中的作用》第四章提纲是（1）1848年；（2）波拿巴明目张胆的征服政策；（3）作为回答；（4）德国局势；（5）1864年和1866年的战争；（6）俾斯麦的好时光；（7）对法战争；（8）俾斯麦终于成为反动分子，愚蠢了。

评论：第一次用俄文发表于《马克思恩格斯文库》1948年版第10卷。《暴力在历史中的作用》第四章的写作工作，恩格斯大约是在1887年底开始的，一直继续到1888年初。可是，他因忙于其他工作，在1888年3月中断了这一工作，他后来就没有再进行下去。《提纲》用八个要点的形式列出了1848年革命之后到1888年德国历史发展的主要阶段和主要事件。《提纲》中提到普鲁士兼并了亚尔萨斯和洛林后俄国成为欧洲的仲裁者，这一观点与提纲的内容形成了一定程度的呼应。另外，《提纲》的落脚点是说明"俾斯麦终于成为反动分子"、"容克［在俾斯麦身上］突出到首位"。而在1月7日给佐尔格的信中，恩格斯谈到威廉一世可能将因病去世以及由此而来的德意志帝国的前途问题，他实际上将威廉一世的健康问题提高到德意志帝国存亡的高度，并谈及世界大战的可能性。对这一事件以及后果的关心后来也反映到第四章结束部分提纲当中。

1887年12月底—1888年3月 《小册子〈暴力在历史中的作用〉第四章结束部分提纲》指出：《暴力在历史中的作用》第四章结束部分的提纲是（1）三个阶级：两个卑鄙龌龊，其中一个在衰落，一个在兴起；第三个是只要求资产阶级要光明正大地办事的工人。（2）建设帝国；在献媚政策和侮辱俾斯麦案件中所表现的思想贫乏；滥设企业的狂热和破产；俾斯麦完全变成了容克。（3）对外政策。（4）结果。

评论：第一次发表于1895—1896年《新时代》杂志第1卷第26期。本文列出了《暴力在历史中的作用》中第四章结束部分的提纲，这是对内容的简要概括，让读者有一个大致的了解。《提纲》还揭示了《暴力在历史中的作用》中还没有完成的那一篇的内容。《第四章结束部分提纲》替代了最初的第四章提纲的第八点，是对1871年德意志帝国建立以后部分写作计划的具体化。从《第四章结束部分提纲》可以看出，恩格斯对1871年之后历史的论述将加强，内容将大幅展开，而且恩格斯对于德意志帝国前途的分析也变得明确：帝国将崩溃，无产阶级的革命运动将不断壮大，存在发生世界大战的可能性，等等。

1888年

1888年9月底 《美国旅行印象》指出：在"柏林号"轮船上，我第一次遇到一大群美国人。他们大多数是很可爱的人，比英国人容易接近，有时谈吐过于直率一些，而在其他方面，就跟任何地方穿着较好的人们差不多。他们的特点至多是一种独特的小资产阶级的姿态，这不是畏首畏尾、缺乏自信的德国小资产者的姿态，也不是英国小资产者的姿态。这种姿态由于同十分自信的举止相结合，由于好像是一种自然而然的东西，所以看起来就像是一种天性。年轻一些的女人尤其给人一种天真的印象。总之，我对美国人的第一个印象无论如何说明不了他们对欧洲人的民族优越性，也无论如何说明不了他们是一个崭新的、年轻的民族典型。相反地，我倒有这样的看法：他们是仍然顽固地坚持着继承下来的、在欧洲被认为是过时了的小资产阶级习惯的人。

评论：第一次用俄文发表于《马克思恩格斯全集》1940年第1版第28卷。本文是恩格斯1888年9月下半月在他从美国和加拿大旅行归来所乘的"纽约号"轮船上写的。恩格斯同爱琳娜·马克思－艾威林、爱德华·艾威林以及他自己的朋友卡尔·肖莱马一起，在美国住了一个多月。在这段时间里，他从纽约出发，先到波士顿和附近的城市，再到尼亚加拉瀑布和安大略湖，并且到加拿大旅行。恩格斯本想写这次旅行的旅途特写，描述这个国家的社会政治生活，像这篇文章和其他残稿所证明的。但是，他的这个想法未能实现。这里发表的写在轮船公文用笺上的片断，仅仅是想写的文章的开头。

第 22 卷

1890 年

2月21日和3月1日之间　《德国1890年的选举》指出：凡是注意观察近十年来德国政治发展的人，都不会怀疑德国社会民主党在1890年的普选中将获得巨大的胜利。1878年德国社会党人受到了严酷的非常法的迫害，尽管如此，社会党人仍然秘密地每周定期地把他们在国外出版的大约一万份机关报《社会民主党人报》运进了德国，并分发出去，数千本小册子也是这样传播的；他们把自己的代表选进了德意志帝国国会（九个议员）和许多市政管理机关，其中包括柏林的市政管理机关。党的力量的增长，甚至对它的最凶恶的敌人来说，也是一目了然的。但是社会党人在2月20日获得的胜利，甚至连他们中间最乐观的人也没有预料到。已经获得了二十一个席位，也就是说在二十个选区里社会党人的力量比所有其他党派加在一起还强大。还要进行五十八次重新投票，这意味着，在五十八个选区里，社会党人在那些提出候选人的党派中不是力量最强大的，便是居第二位的党，而重新进行的选举将在两个得票最多但是都没有得到绝对多数的候选人之间做出最后的选择。目前的选举使德国各党派的地位发生了真正的革命。它真正开创了德国历史上的新时代。它意味着俾斯麦时代完结的开端。当前的局势就是这样。

评论：载于1890年3月3日《新堡每日纪事报》，并稍加修改后载于1890年4月6日《柏林人民报》第81号。恩格斯分析了德国社会民主党在1890年普选中取得巨大胜利的原因及影响。一方面，近十年来德国社会党人在"反社会党人非常法"的迫害下仍旧坚持宣传鼓动员工作，将代表选进国会和市政管理机关，不断增强党的力量，在1890年2月20日的帝国国会普选第一次投票中获得二十一个席位。选举使德国各党派的地位发生了真正的革命，它是德国历史上新时代的开启和俾斯麦时代完结的开端。另一方面，这一选举结果也受到威廉二世皇帝与俾斯麦之间力量博弈的影响。威廉颁布劳工保护法以摆脱俾斯麦的监护，而俾斯麦则试图借工人力量使威廉陷入窘境，最后以"反社会党人"的口号解散帝国国会。恩格斯认为，情况不会如俾斯麦所愿，因为社会主义工人更加坚强和果断了，人民也不能再忍受过度的压迫，反抗成为必要了。即使俾斯麦解散帝国国会，结果也不会有利于他。

2月21日和3月1日之间 《今后怎样呢？》指出：只有一个有效的办法：政府用残酷的手段挑起暴动，然后用加倍残酷的手段进行镇压，在各地实行戒严，在普遍恐怖的情况下举行新的选举。然而，即使这样做也只能使毁灭延缓几年。可是这是唯一的一个办法，我们知道，俾斯麦是属于那种不择手段的人。威廉不是也说过吗：一遇到极轻微的反抗，我就要下令把所有的人当场杀光？所以这个办法一定会被采用。德国社会民主主义工人刚获得了光辉的胜利，他们正是由于自己的坚毅和沉着、铁一般的纪律、朝气蓬勃的战斗精神和坚持不懈的毅力，才获得这样的胜利，在这样的时刻，难道我们应当丢掉纪律和镇静，而自己冲向那对着我们的刀剑吗？不，决不能这样。反社会党人法已经给了我们工人够好的教训，在我们的队伍里已经有够多的老战士，他们当中有够多的人已经学会，在弹雨的袭击下持枪待命，直到冲锋的时刻到来。

评论：载于1890年3月8日《社会民主党人报》第10号和1890年3月14日《工人报》第11号。恩格斯分析了1890年德国的政治局势。他认为1890年2月20日德意志帝国国会选举是俾斯麦时代完结的开端，容克地主和金融巨头为了剥削德国人民群众而结成的联盟正在瓦解。对于俾斯麦而言，第一，利用对社会民主党的恐惧解散帝国国会、举行新选举行不通；第二，实行政变行不通，因为政变意味着人民赋权和帝国崩溃；第三，战争也行不通，因为战争的结果难以预料，而且世界战争作为唯一可能爆发的战争使得胜负更加无法估计；第四，只能是在政府挑起暴动并加以镇压的情况下实行新选举，但这种做法只是延续而非终结旧制度的毁灭。在此背景下，恩格斯分析了德国社会民主党的策略问题。当时德国社会民主党人在选举中取得光辉胜利，已成为帝国第二个最强大的党，因此，当政府挑起暴动而一切社会条件和政治条件都有助于社会民主党人的时候，社会民主党人要吸取历史教训，不要卷入无望的骚动。

1889年12月—1890年2月 《俄国沙皇政府的对外政策》指出：我们，西欧的工人政党，双倍地关心俄国革命政党的胜利。第一，因为沙俄帝国是欧洲反动势力的主要堡垒、后备阵地和后备军；因为单是它的消极存在，对我们来到已经是一种威胁和危险。第二，因为这个帝国以其对西方事务的不断干涉，阻挠和破坏我们发展的正常进程，而且其目的是占领一些可以保证它对欧洲的统治并从而使欧洲无产阶级的胜利成为不可能的地理据点。而对外政策，这毫无疑问是沙皇政府所擅长的、而且是非常擅长的一个方面。俄国外交界形成了某种现代的耶稣会，它强大到在需要的时候甚至足以克服沙皇的任性，足以在自己内部取缔贪污腐化，而在周围更广泛地传播这种贪污腐化之风。最初这一耶稣会主要是由外国人组成的，其中有：科西嘉岛人，如波茨措-迪-博尔哥；德国人，如涅谢尔罗迭；波罗的海沿岸的德国人，如利文。它的创始人叶卡特林娜二世也是外国人。正是由于这些情况，整个西欧，特别是西欧的工人政党，关心着，深切地关心着俄国革命政党的胜利和沙皇专制制度的崩溃。欧洲正好像沿着斜坡一样越来越快地滚向规模空前和力量空前的世界战争的深渊。只有一个东西能够阻止它，那就是俄国制度的改变。这种改变将在最近若干年内发生，这是无庸置疑的。但愿这种改变及时发生，发生在没有它就无法避免的那种事情出现之前。

评论：本文译成俄文载于1890年2月和8月《社会民主党人》杂志第1册和第2册，德文原文载于1890年5月《新时代》杂志第5期，由作者译成英文载于1890年4月和5月《时代》杂志。在恩格斯生前，这篇文章被译为多种文字，流传甚广。文章是恩格斯应维·查苏利奇之邀为《社会民主党人》写的。文章的写作背景是19世纪90年代初德奥意三国同盟和法俄同盟两个军事政治集团的形成导致欧洲形势尖锐化和世界战争的危险增长。文章尖锐地抨击了俄国沙皇政府对外政策的反动性与扩张性。文章第一部分阐述了西欧工人政党关注俄国革命政党的必要性。这种必要性来自沙俄帝国是欧洲反动势力的主要堡垒，也来自它对西方事务的不断干涉，使欧洲无产阶级的胜利成为不可能。第二部分分析了从叶卡特林娜到亚历山大的沙皇政府推行的侵略计划及相应的国际形势，呈现出俄国外交界是怎么活动、怎样利用相互竞争着的大国不断改变的目的作为手段来达到俄国的世界霸权的目的的。第三部分讨论了沙皇政府借口"正统主义"建立同盟并通过在同盟者领地散布不和种子以便军事介入进而夺取君士坦丁堡，拓展欧洲霸权的外交意图，但俄国的内部发展和社会革命使得沙皇专制制度与新社会之间的不调和性日益显现，这将会打消俄国发动一切新的侵略的意图。恩格斯认为，一旦沙皇政权这个全欧洲反动势力的最后堡垒垮台，整个欧洲的风向就会完全改变，也就使西方致力于当前的历史任务——解决无产阶级和资产阶级之间的冲突和把资产阶级社会改造为社会主义社会。由于上述情况，整个西欧，特别是西欧的工人政党深切地关心俄国革命政党的胜利和沙皇专制制度的崩溃。

4月19日 《论反犹太主义》指出：反犹太主义无非是中世纪的、垂死的社会阶层反对主要由资本家和雇佣工人组成的现代社会的一股反动逆流；因此，反犹太主义戴上伪装的社会主义假面具，只为反动的目的效劳；这是封建社会主义的畸形变种，我们同它不可能有任何共同之处。如果反犹太主义在某一个国家能够存在，那只证明那个国家的资本还不够发达。现在，资本和雇佣劳动是彼此密不可分地联系着的。资本愈强大，雇佣工人阶级也愈强大，从而资本家的统治也就愈接近灭亡。因此，我希望我们德意志人能够真正蓬勃地发展资本主义经济，而绝不希望它停滞不前。

此外，我们还有很多地方得感谢犹太人。海涅和白尔尼不待说，马克思是一个纯粹的犹太人；拉萨尔也是犹太人。在我们的最优秀的人物中有许多都是犹太人。我的朋友维克多·阿德勒、伦敦《社会民主党人报》的编辑爱德华·伯恩施坦、我们最优秀的帝国国会议员之一保尔·辛格尔——所有这些人我都因为同他们建立了友谊而感到自豪,而他们全都是犹太人!《凉亭》杂志甚至把我也算做犹太人,假使要我选择的话,我无论如何情愿做一个犹太人,而不愿做一个"贵族老爷"!

评论:载于1890年5月9日《工人报》第19号。这是恩格斯给奥地利一个银行职员埃伦夫罗伊恩德的复信。在信中,恩格斯以历史唯物主义的方法揭示了反犹太主义的本质及其产生的根源。他将反犹太主义界定为封建阶层反对由资本家和雇佣工人组成的现代社会并伪装为社会主义的错误意识形态,批判了这种出现在普鲁士、奥地利、俄国等欠发达国家的错误意识形态的反动性。在恩格斯看来,反犹太主义是文化落后的标志,它的传播者是一些小贵族、容克地主、行会手工业者和小店主,而只有在资本主义不发达的地方,在犹太人的资本占优势的地方,才有反犹太主义。事实上,在美国和莱茵河两岸的资产阶级绝大多数都不是犹太人,而且在英国、美国、土耳其还有着成千上万的犹太无产者,因此将反犹太主义说成反对资本的斗争手段本身就不合理。恩格斯列举了包括马克思、拉萨尔、阿德勒、伯恩施坦、辛格尔等优秀的犹太人,并以"我无论如何情愿做一个犹太人,而不愿做一个'贵族老爷'"来回应《凉亭》杂志将他也归入犹太人。

5月1日 《〈共产党宣言〉1890年德文版序言》指出:《宣言》的历史在某种程度上反映着1848年以来现代工人运动的历史。现在,它无疑是全部社会主义文献中传布最广和最带国际性的著作,是从西伯利亚起到加利福尼亚止的世界各国千百万工人共同的纲领。"全世界无产者,联合起来!"——当四十二年前我们在巴黎革命即无产阶级带着本身要求参加的第一次革命的前夜向世界上发出这个号召时,响应者还是寥寥无几。可是,1864年9月28日,大多数西欧国家中的无产者已经联合成为流芳百世的国际工人协会了。固然,国际本身只存在了九年,但它所创立的全世界无产者永久的联合依然存在,并且比先前任何时候更加强固,而今天这个日子就是最好的证明。因为今天我写这个序言的时候,欧美无产阶级正在检阅自己的战斗力量,它们第一次在一个旗帜下动员成为一个军队,以求达到一个最近的目的,即早已由国际1866年日内瓦代表大会宣布、后来又由1889年巴黎工人代表大会再度宣布的争取在法律上规定八小时标准工作日。今天的情景定会使全世界的资本家和地主知道:全世界的无产者现在已经真正联合起来了。

评论:载于1890年在伦敦出版的《共产党宣言》一书。这是恩格斯为《宣言》1890年德文版写的序言。这篇序言引用了1882年恩格斯与马克思合写的俄文版序言,并介绍了《宣言》的各种译本情况以及《宣言》的思想背景与历史背景。《宣言》发表后,随着欧洲工人运动发展的高低潮经历了不同的遭遇,因此恩格斯说,《宣言》的历史在某种程度上反映着1848年以来现代工人运动的历史。在对《宣言》出版之时和之后世界无产阶级的联合情况的对比中,恩格斯认为全世界无产者的真正联合正在从一种口号转变为现实。

5月5日和21日之间 《伦敦的5月4日》指出：无产阶级的五一节活动之所以有划时代的意义，不单单是因为它具有使之成为战斗工人阶级第一次国际行动的普遍性质。它还使我们能够证实各个国家里的运动所取得的最令人欢欣鼓舞的成就。可是在5月4日这一天，伦敦使维也纳黯然失色了。在全部五一节活动中，我认为最重要、最值得大书特书的是：1890年5月4日，从四十年冬眠中醒来的英国无产阶级重新投入了自己阶级的运动。它们的行列中虽然还不是人人皆社会主义者，但它们至少是坚定不移地只愿意要社会主义者而不要其他任何人来做它们的领袖。而社会主义的宣传活动已经在东头积极进行了许多年；在这方面做得最多的是爱琳娜·马克思-艾威林和她的丈夫爱德华·艾威林。

英国无产阶级依靠着发展水平最先进的工业，而且享有最大的政治活动自由。它的漫长的冬眠——一方面是1836—1850年的宪章运动遭到失败的结果，另一方面是1848—1880年工业获得巨大发展的结果——终于打破了。不久以后，比很多人预料的还要早一些，英国的无产阶级大军将同任何其他国家的无产阶级一样成为一支团结一致、组织良好、坚强有力的大军，大陆和美国的所有同志都将为它热烈欢呼。

评论：载于1890年5月23日《工人报》第21号。五一劳动节是世界无产阶级运动的一个成果。1889年7月由恩格斯领导的国际社会主义工人代表大会（即第二国际成立大会）规定5月1日为国际无产阶级的节日，伦敦工人在次年5月4日根据代表大会决议成功组织了示威活动，击碎了机会主义者和改良主义者的阴谋。恩格斯的这篇文章是为这次活动写的，叙述了这次活动的划时代意义和背后的权力斗争。这一活动的骨干是煤气工人和伦敦码头工人等非熟练工人，他们在19世纪80年代开始为建立新工联和争取八小时工作日而斗争并取得了一定成果。之后，伦敦工联理事会和社会民主联盟也加入，却试图以狡猾的手段抢夺示威活动的领导权，并删除了决议草案中争取法律上八小时工作日的提议。然而，工联理事会和社会民主联盟的企图破产了，追随它们的只是一小部分所谓工人贵族的工人，绝大多数的工人群众都积极拥护中央委员会。因此，恩格斯认为这是一件具有划时代意义的大事，它标志着英国无产阶级在19世纪30—80年代的漫长冬眠之后终于觉醒，投入到独立的政治活动之中，成为了国际无产阶级的组成部分。

9月6日左右 《给〈萨克森工人报〉编辑部的答复的草稿》指出：如果说我对不久前在我们德国党内发生的大学生骚动的性质还可能有一点点怀疑的话，那末这些大学生的主要机关报之一的前编辑部的这一极端无耻的行为则应该擦亮我的眼睛。前编辑部同我"一起希望"——结果好像我也同它一起希望——以奥艾尔、倍倍尔、李卜克内西、辛格尔这样一些人为代表的那一派很快将拥有德国工人的少数，而以前编辑部为代表的"有原则的一派"则将拥有多数。这就是说，把前编辑部的希望简直是诬蔑性地硬加在我身上，因而我得为此向它追究个人责任。

党团的或党的执行委员会的个别成员在辩论时无疑是犯了错误。这种情况在任何时候任何地方都是会发生的,这要归罪于个人,而不能归罪于整个机构。党团在自己的章程草案中有某些地方违反了民主准则。但是要知道,这只不过是个草案,党的代表大会可以通过它,拒绝它,或者修改它。

评论:第一次用俄文发表于《马克思恩格斯全集》1936年第1版第16卷第2部。这篇文章是恩格斯写给《萨克森工人报》的复信的草稿。由反对派"青年派"的代表组成的《萨克森工人报》编辑部企图宣布恩格斯支持它反对德国社会民主党的领导路线的言论,为公开驳斥"青年派",恩格斯写了这封答复信。在草稿中,恩格斯驳斥了由反对派"青年派"代表组成的前编辑部在告别辞中蛊惑性地说它的下台是由党内"小资产阶级议会社会主义"导致的结果,并把它的立场"污蔑性地硬加"到自己身上。他还谈到对待社会民主党党团的原则性立场,包括在大是大非面前要坚决指出党团的错误等,但不认同"青年派"以细小的问题苛责党团,或把个别成员的错误归罪于整个机构。

9月7日 《给〈萨克森工人报〉编辑部的答复》指出:在理论方面,我在这家报纸上看到了被歪曲得面目全非的"马克思主义",其特点是:第一,显然不懂他们宣称自己在维护的那个世界观;第二,对于在每一特定时刻起决定作用的历史事实一无所知;第三,明显地表现出德国文学家所特具的无限优越感。马克思在谈到七十年代末曾在一些法国人中间广泛传播的"马克思主义"时也预见到会有这样的学生,当时他说:"我只知道我自己不是'马克思主义者'"。

在实践方面,我在这家报纸上看到的,是完全不顾党进行斗争的一切现实条件,而幻想轻率地"拿下障碍物";这也许会使作者们的不屈不挠的年轻人的勇气受到赞扬,但是,如果把这种幻想搬到现实中去,则可能把一个甚至最强大的、拥有数百万成员的党,在所有敌视它的人们完全合情合理的哈哈大笑中毁灭掉。应该让他们懂得:在我们党内,每个人都应该从当兵做起;要在党内担任负责的职务,仅仅有写作才能或理论知识,甚至二者全都具备,都是不够的;要担任领导职务,还需要熟悉党的斗争条件,掌握这种斗争的方式,具备久经考验的耿耿忠心和坚强性格,最后还必须自愿地把自己列入战士的行列中——一句话,他们这些受过"学院式教育"的人,总的说来,应该向工人学习的地方,比工人应该向他们学习的地方要多得多。

评论:载于1890年9月13日《社会民主党人报》第37号和1890年9月14日《柏林人民报》第214号附刊。恩格斯在草稿的基础上写作《给〈萨克森工人报〉编辑部的答复》。在复信中,他公开驳斥了该报刚卸任的编辑部在告别辞中将它的下台归于党内的"小资产阶级议会社会主义",并反对将自己列入编辑部的相同立场之中。他批评该报在理论上宣传被歪曲得面目全非的马克思主义,在实践上完全不顾党进行斗争的一切现实条件,幻想轻松地清除障碍物。恩格斯明确阐述了党的新闻工作者的素质要求,认为这些受过"学院式教育"的人应该向工人学习,需要熟悉党的斗争条件，掌握斗争方式，具有久经考验的忠心和坚强性格，最后还必须自愿列入战士队列中。

9月9日和15日之间 《1891年国际工人代表大会》指出：在利物浦举行的英国工联代表大会上（1890年9月），比利时工人党全国委员会邀请了工联出席将于明年在比利时召开的国际代表大会。1891年将召开两个代表大会，一个是好的，一个是坏的，而他们答应参加的正是那个坏的代表大会。这不仅是我个人的意见，也是那些曾呕尽心血想把工联吸引到国际运动中来的人的意见。我们认为必要的条件是什么呢？（1）共同的代表大会应由受1889年两个代表大会委托的人来召开。（2）代表大会应是完全独立自主的代表大会。（3）各工人组织选派代表的条件和名额都要事先规定好。（4）委托一个委员会拟出关于规章、代表资格审查方式和议程的建议，并提交代表大会批准。

评论：第一次用俄文发表于《马克思恩格斯全集》1936年第1版第16卷第2部。这篇文章是恩格斯对法国社会主义者沙·博尼埃1890年9月9日来信的答复。恩格斯在信中讨论了马克思主义者粉碎机会主义攫取国际社会主义工人代表大会主动权的阴谋的具体策略，并在充分分析支持力量和敌对力量的基础上提出了建设性意见。由于立场的不坚定，比利时既受可能派代表大会的委托召开国际代表大会，同时又受马克思主义派代表大会的委托召开国际代表大会。可能派企图利用比利时人再一次攫取召开国际社会主义工人代表大会的主动权，而马克思主义派由于同时委托比利时和瑞士委员会召开大会而陷入了困境。针对这一情况，恩格斯提出了摆脱困境的出路，分析了马克思主义派若要联合两个代表大会可以依靠的力量以及四个必要条件，争取在马克思主义的基础上举行1891年国际社会主义工人代表大会。

9月12日和18日之间 《给〈社会民主党人报〉读者的告别信》指出：《社会民主党人报》应当退出舞台。这不仅是因为曾经时常向其他政党作过这样的声明。更主要的还是因为，在变化了的条件下，《社会民主党人报》本身肯定会变，它的任务、撰稿人和读者都会变。《社会民主党人报》决不是党团的简单传声筒。当1885年党团的多数倾向于投票赞成航运津贴的时候，该报坚决支持反对意见，并且甚至在党团的多数用一道现在连它自己也觉得不能理解的命令禁止该报采取这个方针以后，还是坚持自己这样做的权利。斗争继续了整整一个月，在这段时间内编辑部得到了德国国内外的党员同志们的有力支持。4月2日宣布禁令，而在4月23日《社会民主党人报》刊登了党团和编辑部的联合声明，从这里可以看出，党团撤回了自己的命令。《社会民主党人报》是德国党的旗帜；经过十二年的斗争，党获得了胜利。反社会党人法已经破产，俾斯麦已被推翻。强大的德意志帝国曾经动用了它的一切有力手段来反对我们；党对这一点一直报以鄙视的态度，直到德意志帝国最后不得不在我们的旗帜面前降下自己的旗帜。

评论：载于1890年9月27日《社会民主党人报》第39号。这封告别信是恩格斯为社会民主党党团报纸的自动停刊写的。在信中，恩格斯肯定了《社会民主党人报》所起的历史作用，认为该报的停刊不仅使党失去了一种武器、战略和策略，而且使撰稿人失去了一个出版自由和向同路读者写文章的途径。恩格斯认为该报是党曾经有过的最好的报纸，享有出版自由，坚决捍卫党的原则，并"生动幽默"地同警察的阴谋诡计作斗争，但他也指出不能把它当作党团的简单传声筒，在多数人支持错误决策时要敢于提出反对意见。恩格斯认为，该报作为德国党的旗帜反映了党与反动政府斗争的机动策略，在党的力量不断增强的情况下，党将利用普选的机会获得更多的支持力量，但在必要的时候，仍旧会启用该报作为斗争的手段。

10月1日　《答保尔·恩斯特先生》指出：至于说您试图用唯物主义的方法去处理问题，那我首先必须说明：如果不把唯物主义方法当做研究历史的指南，而把它当做现成的公式，按照它来剪裁各种历史事实，那末它就会转变成自己的对立物。如果巴尔先生认为他抓住了您的这种错误，我看他是有一定道理的。可见，我在这里尽管是客气地，但是却足够清楚和明确地向恩斯特先生指出了"在什么地方"，也就是在他自己寄给我的"自由论坛"上的那篇文章里。如果我向他说明，他把马克思的世界观简单地当做公式，按照它来剪裁各种历史事实，那末这正是我责备文学家老爷们"显然不懂"这个世界观的一个例子。接着我通过他自己引用的一个例子，即通过挪威的例子向他指出，他按照德国的样子来公式化地理解小市民阶层，并把这种理解搬到这个国家来，这是违反历史事实的，这样我就在事先而且也是针对他本人说明了。

评论：载于1890年10月5日《柏林人民报》第232号。这篇文章是恩格斯为回应"反动派"恩斯特在《人民呼声报》上发表的文章写的。在这篇文章中，恩格斯以恩斯特作为反例再次阐述了历史唯物主义的方法。在恩斯特致信恩格斯询问能否把马克思的历史研究方法运用于斯堪的纳维亚半岛的妇女运动时，恩格斯就已经指出把唯物主义方法当作现成的公式用来剪裁各种历史事实，它就会转变成自己的对立物，但恩斯特仍旧将挪威的情况统统归入小市民阶层的范畴里，并把他对德国小市民阶层的看法挪用到挪威小市民阶层。恩格斯仅以两个史实就反驳了恩斯特，指出德国小市民阶层与挪威小市民阶层的历史性区别。此外，恩格斯还指出了恩斯特发表在《自由论坛》《柏林人民论坛》《萨克森工人报》上的文章所内含的错误历史观，这种历史观不仅把马克思的唯物主义简单地当作公式套用在一切历史事实上，而且不能正确地看待经济关系以及现实事物的相互关系。在此意义上，恩格斯反对将他与恩斯特之流视为一类人。

12月2日　《致〈柏林人民报〉编辑部》指出：当我七十岁生日的时候，有这样多真挚的关怀，这样多意想不到的荣誉落到我的身上，我很遗憾不可能对这些祝贺——亲自作答。电报、信件、礼物、党的报刊上专门为我写的文章真是如雪片飞来——所有这些祝贺来自各个国家，尤其是来自德国各地。为此请允许我在这里对

11月28日如此关怀地想念到我的老朋友们和新朋友们表示我最真诚的感谢。没有谁比我更清楚地知道，这些荣誉大部分我不应该归于自己，归于我的功劳。我只是有幸来收获一位比我伟大的人——卡尔·马克思播种的光荣和荣誉。因此，我只有庄严地许约，要以自己的余生积极地为无产阶级服务，但愿今后尽可能不辜负给予我的荣誉。

评论：载于1890年12月5日《柏林人民报》第284号。恩格斯对来自世界各个国家尤其是德国各地的对他的七十岁生日祝贺表达诚挚的感谢，并把自身荣誉的大部分归功于马克思，许约要将余生精力投入到无产阶级事业之中。

12月2日 《致法国工人党全国委员会》指出：我衷心地感谢你们在我七十岁生日的时候对我的祝贺。请你们相信，我的余生和我尚存的精力将献给为无产阶级事业而进行的斗争。让我在我不能进行斗争的时候再死去吧。你们，以及我们在德国、英国、奥匈帝国、俄国——总之，在一切地方的弟兄们所打的胜仗，构成一系列如此辉煌的胜利，这些胜利足以使比我更老朽衰弱的人也变得年轻起来。而最使我高兴的是法国无产者和德国无产者不顾我们的腐化的资产者的沙文主义嚎叫而建立起来的（我希望是永久地建立起来的）真诚的兄弟般的团结。

你们的伟大的同胞圣西门曾经第一个预见到，三个强大的西方国家——法国、英国、德国——的同盟是整个欧洲的政治和社会解放的第一个国际条件。我希望还能看到，这一同盟——将永远结束政府之间和王朝之间的战争的未来欧洲同盟的核心——将为三个国家的无产者所实现。国际社会革命万岁！

评论：载于1890年12月25日《社会主义者报》第14号。恩格斯感谢法国工人党全国委员会致信祝贺他的七十岁生日，并肯定了法国和德国取得的斗争胜利，以及法国和德国的无产者团结起来与资产者的沙文主义作斗争。他还展望了未来英国、法国、德国的无产者将实现三国同盟，而这一同盟作为未来欧洲同盟的核心将结束政府之间和王朝之间的战争。

12月3日 《致〈工人纪事周报〉和〈人民言论〉编辑部（布达佩斯）》指出：衷心感谢你们盛情地邀请我参加匈牙利党代表大会。我不可能亲身赴邀，但在12月7日和8日我的心将同你们在一起。匈牙利社会民主工党的存在再一次证明，现代大工业要在任何国家确立，都不能不使旧的资本主义以前的社会革命化，不能不在产生资本家阶级的同时产生无产阶级，并且产生它们之间的阶级斗争和力图推翻资产阶级资本主义世界秩序的工人政党。在匈牙利，如我从你们盛情寄给我的《工人纪事周报》上看到的，这个工人政党也在日益发展壮大；而且它具有这样一个优点，即从一开始它就是国际主义的政党，在它的队伍里联合着马扎尔人、德意志人、罗马尼亚人、塞尔维亚人和斯洛伐克人。我请你们向这个年轻的党转达我对它的代表大会的最良好的祝愿。国际社会民主党万岁！匈牙利党代表大会万岁！

评论：载于1890年12月14日《工人纪事周报》第50号，并用匈牙利文载于

1890年12月14日《人民言论》第50号。恩格斯感谢对他的七十岁生日的祝福,并将他获得的绝大部分荣誉归于马克思。他还感谢它们邀请他参加匈牙利党代表大会,肯定了匈牙利社会民主党已经取得的成绩,但也告知不能赴会,送上对大会的良好祝愿。

1891年

1月6日 《卡·马克思〈哥达纲领批判〉序言》指出:这个手稿还有另外的和更广泛的意义。其中第一次明确而坚定地表明了马克思对拉萨尔从他开始从事鼓动工作起就采取的方针的态度,并且同样地表明了对拉萨尔的经济学原则和策略的态度。这里用以剖析纲领草案的那种无情的尖锐性,用来表述得出的结论和揭露草案缺点的那种严厉性,——这一切在十五年以后的今天已不会使人见怪了。道地的拉萨尔主义者只是在国外还作为一些孤独的残余存在着,而哥达纲领甚至也被它的那些创造者们在哈雷当做完全不能令人满意的东西抛弃了。手稿中有些地方口气很激烈,这是由下述两种情况引起的:第一,马克思和我对德国运动的关系,比对其他任何一国运动的关系都更为亲切;因此这个纲领草案中所表现的断然的退步,就不能不使我们感到特别愤慨。第二,我们那时正在同巴枯宁及其无政府主义者进行最激烈的斗争,——那时离国际海牙代表大会闭幕才两年,——他们把德国工人运动中发生的一切都归咎于我们;因而我们不得不预料,他们也会诬指我们是这个纲领的秘密创作者。这些顾虑现在已经消失,因而一些有关的地方也就随之失去必要性了。

评论:载于1890—1891年《新时代》杂志第1卷第18期。这篇文章是恩格斯为马克思的著作《哥达纲领批判》写的序言。恩格斯简要介绍了刊印这一纲领性文献的背景和广泛意义,在于马克思在当中第一次明确表明他对拉萨尔的鼓动工作、经济学原则和策略的态度,并以"无情的尖锐性"和"严厉性"批评了纲领草案的缺点。由此,恩格斯介绍了他删掉原文一些尖锐性评语的历史原因。

1890年12月—1891年2月 《布伦坦诺CONTRA马克思》指出:在马克思的《资本论》第一卷第四版的序言里,我曾经认为有必要回溯一场反对马克思的论战,这场论战是由一个匿名作者于1872年在柏林《协和》杂志上首先发动的,后来剑桥的塞德莱·泰勒先生又于1883年在《泰晤士报》上将它重新挑起。这位匿名作者——泰勒先生已经揭露,这位匿名作者就是路约·布伦坦诺先生——当时控告马克思捏造引文。我在这篇序言里对这个问题所做的简短说明,根本不打算取悦布伦坦诺先生;他要答复我是十分自然的。他果然在一本小册子——路约·布伦坦诺《我和卡尔·马克思的论战。兼论工人阶级的进步及其原因问题》。柏林,瓦尔特和阿波兰特书店，1890年——中这样做了。第一，工会的抵抗只有在市场处于中等和繁荣状态时才会起良好的作用；在停滞和危机时期，它们通常就失去作用；布伦坦诺先生断言"它们能克服后备军的致命的影响"，这是使人好笑的夸张。第二，无论劳动保护法，无论工会的抵抗，都无法消除应该消除的最主要的东西，即资本主义关系，由于布伦坦诺先生想把雇佣奴隶变成心满意足的雇佣奴隶，他不得不大大地夸大劳动保护、工会的抵抗、舍本逐末的社会立法等等的良好作用；而由于我们用简单的事实就能驳斥这些夸大，所以他就大发雷霆。

评论：载于1891年在汉堡出版的小册子《布伦坦诺contra马克思。关于所谓捏造引文问题。事情的经过和文件》。这篇文章是恩格斯针对路约·布伦坦诺及其同伙对马克思的诽谤写的。布伦坦诺是讲坛社会主义的代表之一。讲坛社会主义是19世纪70—90年代打着社会主义的旗号鼓吹资产阶级改良主义的流派，代表人物主要是德国大学中的教授。布伦坦诺及其同伙对马克思的"控告"暴露出讲坛社会主义者企图通过攻击和诽谤马克思及其思想达到影响马克思主义和工人运动的发展的目的。恩格斯以真实的文本依据和客观的社会现实揭露了布伦坦诺之流的可耻行径。全文分为七个部分，主要驳斥布伦坦诺在小册子《我和卡尔·马克思的论战》中控告马克思"捏造引文"的问题。在之后的"文件"部分还收录了有关马克思和布伦坦诺的论战、爱琳娜和泰勒的论战，以及恩格斯关于这个问题的言论等全部材料。布伦坦诺及其同伙歪曲地攻击马克思在《国际工人协会成立宣言》和《资本论》第一卷"虚假"引用当时英国财政大臣格莱斯顿1863年4月16日预算演说中的一句话，即在引文中强行"增添"了"财富和实力这样令人陶醉的增长完全限于有产阶级"这句话。恩格斯引用了八家报纸佐证了马克思的正确引用，驳斥布伦坦诺及其同伙加在马克思头上的诸如"谎言""无耻地撒谎""假引文""简直无耻"等控告。最后，恩格斯以翔实的数据说明了英国农业短工、矿工、有技术的工人、没有技术的工人以及女工和童工从事大量的过度的劳动、领取少得可怜的工资的困苦处境，证明在财富获得这样令人陶醉的增长的时候，英国工人阶级的绝大多数人却处于困苦和被凌辱的状况。

3月17日《巴黎公社二十周年给法国工人的贺信》指出：正好二十年以前，巴黎工人像一个人一样起来反击受梯也尔领导的资产者和地主们的罪恶侵犯。无产阶级的这些敌人看到巴黎工人为了保卫自己的权利而武装和组织起来，就吓得浑身发抖。梯也尔企图夺取巴黎工人曾经如此光荣地用来抵御了外敌侵犯，后来还要更加光荣地用来迎击凡尔赛雇佣军进攻的武器。为了摧毁起义的巴黎，地主和资产者们向普鲁士人乞求援助，并且得到了这种援助。巴黎经过英勇的斗争之后，被敌人的优势压垮和解除了武装。巴黎工人已经二十年没有掌握武器了，到处的情况都是如此；在一切文明的大国中，无产阶级都丧失了物质的保卫手段。工人阶级的敌人和剥削者到处都握有全部武装力量。但是，结果如何呢？结果是：在每一个健康的男子都在经历军队生活的今天,这种军队开始愈来愈多地反映人民的情绪和思想;作为主要的压迫工具的这种军队,日益变得不可靠了。各强国的首脑已经胆战心惊地预见到,终有一天掌握武器的士兵会拒绝杀害自己的父老兄弟。

评论:载于1891年3月25日《社会主义者报》第27号。巴黎公社是无产阶级运动史上的重大事件。在这封贺信中,恩格斯回溯了二十年前巴黎工人为保卫自己的权利而武装和组织起来的英勇历史,也指出在一切文明的大国中,无产阶级长期丧失物质的保卫手段而资产阶级到处都握有全部武装力量的现状。但是,恩格斯认为现代军队中出现了新的曙光,掌握武器的士兵越来越多地具有人民的思想,打下了颠覆资产阶级政权的基础。

3月18日 《卡·马克思〈法兰西内战〉一书导言》指出:为了防止国家和国家机关由社会公仆变为社会主宰——这种现象在至今所有的国家中都是不可避免的,——公社采取了两个正确的办法。第一,它把行政、司法和国民教育方面的一切职位交给由普选选出的人担任,而且规定选举者可以随时撤换被选举者。第二,它对所有公职人员,不论职位高低,都只付给跟其他工人同样的工资。公社所曾付过的最高薪金是6000法郎。这样,即使公社没有另外给各代议机构的代表规定限权委托书,也能可靠地防止人们去追求升官发财了。

这种炸毁旧的国家权力并以新的真正民主的国家权力来代替的情形,已经在"内战"第三章中作了详细的描述。但是这里再一次简单地谈到这种代替的几个特点,这是必要的,因为恰巧在德国,对国家的迷信,已经从哲学方面转到资产阶级甚至很多工人的一般意识中去了。实际上,国家无非是一个阶级镇压另一个阶级的机器,这一点即使在民主共和制下也丝毫不比在君主制下差。国家最多也不过是无产阶级在争取阶级统治的斗争胜利以后所继承下来的一个祸害;胜利了的无产阶级也将同公社一样,不得不立即尽量除去这个祸害的最坏方面,直到在新的自由的社会条件下成长起来的一代能够把这全部国家废物完全抛掉为止。近来,社会民主党的庸人又是一听到无产阶级专政就吓得大喊救命。先生们,你们想知道无产阶级专政是什么样子吗?请看看巴黎公社吧。这就是无产阶级专政。

评论:载于1890—1891年《新时代》杂志第2卷第28期和1891年在柏林出版的马克思《法兰西内战》一书。这篇文章是恩格斯为柏林《前进报》社在1891年巴黎公社二十周年时出版马克思的《法兰西内战》德文第三版(纪念版)写的导言。恩格斯说明了在纪念版中收入由马克思写的国际工人协会总委员会就普法战争发表的两篇宣言的内容及原因,以及马克思在《法兰西内战》中对巴黎公社的经验所做的理论概括的历史意义。恩格斯着重介绍了巴黎公社的历史和阶级性质,并就巴黎公社的历史补充了参加公社的布朗基主义者和蒲鲁东主义者的活动,以及为防止国家由社会公仆变为社会主宰所采取的正确办法等,最终提出了巴黎公社是以新的真正民主的国家权力取代旧的国家权力的无产阶级专政的著名论断。

3月24日 《关于卡·马克思〈哲学的贫困〉一书的西班牙文版》指出：被马克思的书彻底打垮了的蒲鲁东理论，毫无疑问从巴黎公社失败以后就从地平线上消失了。但它仍然是西欧的资产阶级激进派和冒牌社会主义者从中取得麻痹工人的空洞词句的一个巨大武库。而既然西欧各国的工人从自己的前辈那里继承了同样的一套蒲鲁东的空洞词句，那末，在他们当中的许多人那里激进派的那套娓娓动听的空话就还能引起反响。法国的情形就是如此，那里残存的唯一的蒲鲁东派，就是自称社会主义者的资产阶级激进派或共和派。如果我没有搞错的话，在你们那里，在你们的议会里和你们的报刊上也有这类共和派，他们以社会主义者自居，只是因为他们看到蒲鲁东的思想是一种十分合适的手段，以便用资产阶级的冒牌社会主义来反对真正的社会主义、反对无产阶级意志的正确而扼要的表现。

评论：本文译成西班牙文载于1891年在马德里出版的马克思的《哲学的贫困》一书。这篇文章是恩格斯对西班牙社会主义工人党领导人之一霍赛·梅萨来信请求他让该党全国委员会出版马克思《哲学的贫困》的西班牙文译本的回复。《哲学的贫困》是马克思批评蒲鲁东的重要著作。恩格斯为该书西班牙文的出版感到高兴，认为它有助于扩大社会主义在西班牙的影响。在恩格斯看来，蒲鲁东的理论虽然已经被马克思彻底打垮，但仍然被西欧资产阶级激进派和冒牌社会主义者用来麻痹工人，譬如法国资产阶级激进派或共和派就是蒲鲁东派的残余，他们以社会主义者自居，以资产阶级的冒牌社会主义来反对真正的社会主义。因此，该译著西班牙文版的出版十分必要。

4月9日 《致负责在米兰组织保卫劳动权利国际群众大会的委员会》指出：万分遗憾，我不能够应你们这样盛情的、对我说来这样荣幸的邀请来参加你们在4月12日举行的群众大会。二十年以前，我曾经担任过国际工人协会总委员会意大利书记的职务，我觉得同你们的国家有特别亲切的关系，因此，我就更感到遗憾。这个国际从那时以来在正式的形式上是不再存在了；但是在各国工人阶级团结一致的感情上，它是始终存在着的；现在，它比任何时候都更具有生命力，更加强大了；它现在是这样强大，以致1864—1875年的旧的正式形式，对于团结在战斗的无产阶级红旗下的千百万欧美工人说来，已显得太狭窄了。我同你们一道，希望你们4月12日的群众大会将把新的战士队伍引导到国际无产阶级的大军中来；希望群众大会将对巩固意大利工人同他们的阿尔卑斯山脉另一边的兄弟们——法国人、德国人和斯拉夫人的团结关系作强有力的推动；最后，希望群众大会将在意大利无产阶级的解放运动中开创一个新的阶段。

评论：第一次用俄文发表于《马克思恩格斯全集》1936年第1版第16卷第2部。恩格斯在给负责在米兰组织保卫劳动权利国际群众大会的委员会的信中，表达了不能参与这一群众大会的遗憾，同时也希望这次大会能够将新的战士队伍吸引到国际无产阶级的大军中，巩固意大利工人与法国人、德国人、斯拉夫人之间的团结关系，为意大利无产阶级解放运动开创一个新阶段。

4月30日 《卡·马克思〈雇佣劳动与资本〉1891年单行本导言》指出：不管我们怎样挣扎，只要我们还是讲劳动的买卖和劳动的价值，我们就不能够摆脱这种矛盾。经济学家的情况就是这样。古典政治经济学的最后一个代表——李嘉图学派，多半是由于不能解决这个矛盾而遭到了破产。古典政治经济学走入了绝境。从这种绝境中找到出路的那个人就是卡尔·马克思。那些优秀的经济学家从"劳动"价值出发而无法解决的困难，一到我们用"劳动力"价值来作出发点，就消失不见了。在我们现代的资本主义社会里，劳动力是商品，是跟任何其他的商品一样的商品，但却是一种完全特殊的商品。问题是，这个商品具有一种独特的特性：它是一种创造价值的力量，是一种产生价值的源泉，并且——在适当使用的时候——是一种能产生比自己具有的价值更多的价值的源泉。

一个新的社会制度是可能实现的，在这个制度之下，现代的阶级差别将消逝；而且在这个制度之下——也许在经过一个短暂的，有些艰苦的，但无论如何在道义上很有益的过渡时期以后，——通过有计划地利用和进一步发展现有的巨大生产力，在人人都必须劳动的条件下，生活资料、享受资料、发展和表现一切体力和智力所需的资料，都将同等地、愈益充分地交归社会全体成员支配。至于工人们正日益充满决心地争取这个新的社会制度，那在大洋两岸都将由明天的5月1日和5月3日的星期日来证明。

评论：载于1891年5月13日《前进报》第109号附刊和1891年在柏林出版的小册子马克思《雇佣劳动与资本》。这篇导言是恩格斯为这个单行本写的。马克思的这一著作根据1891年版本译成多种外文出版，所有这些版本都收录了这篇导言，而这篇导言也以独立的论文的形式广泛登载在社会主义报刊上。导言开头复述了恩格斯为这一著作的1884年版本写的前言，说明了该书的写作背景。接着，恩格斯介绍了该书的出版情况，并重点阐述了1891年新版本对1849年原版存在的"不妥当"甚至"不正确"的用语进行修改的必要性和理论依据。恩格斯将他所作的全部修改归结为一点，即将原稿的工人出卖自己的"劳动"修改为工人出卖自己的"劳动力"。这一修改的必要性是，新版单行本是针对工人的宣传性小册子，而不是作为反映作者思想发展一个阶段的作品。这一修改的理论依据是它牵扯到全部政治经济学中一个极重要的问题，只有修改后才能反映出资产阶级无偿占有工人阶级的剩余劳动的经济事实。马克思以"劳动力的价值"作为出发点解决了古典政治经济学从"劳动的价值"出发无法解决的矛盾。恩格斯认为这种社会制度应该被消除，而且能够消除。在新的社会制度中，阶级差异被取消，人人通过有计划的、生产力发达的共同劳动，最终实现共同享有社会产品。

5月12日 《〈社会主义从空想到科学的发展〉德文第四版序言》指出：我曾经预料，这一著作对我们的德国工人来说困难是不多的，现在这个预料已被证实。

至少从1883年3月第一版问世以来已经印行了三版，总数达一万册，而且这是在已经升天的反社会党人法的统治下的事情，——同时，这也是一个新的例证，证明警察的禁令在像现代无产阶级的运动这样的运动面前是多么软弱无力。

本版作了一些小的修改；比较重要的补充只有两处：在第一章中关于圣西门的补充，同傅立叶和欧文相比，关于圣西门过去谈得的确太少；其次是在第三章接近末尾的地方关于当时已经变得很重要的新的生产形式"托拉斯"的补充。

评论：载于1891年在柏林出版的恩格斯《社会主义从空想到科学的发展》一书。恩格斯介绍了该书的刊印情况、五个译本和两处比较重要的补充，这两处补充是关于圣西门和很重要的新的生产形式"托拉斯"的。这本书是系统阐述科学社会主义的重要著作，在德国反社会党人法颁布后仍旧刊印了四版，同时又出版了五种译本，说明了当时社会主义思潮和无产阶级运动的广泛影响。恩格斯所作的补充是在时代发展中对原著的完善和拓展，体现了与时俱进的精神。

6月16日 《关于原始家庭的历史（巴霍芬、麦克伦南、摩尔根）。〈家庭、私有制和国家的起源〉一书德文第四版序言》指出：我仔细地把全文重新校阅了一遍，并作了许多补充，我希望在这些补充中充分地估计到了今天的科学状况。在这篇序言里，我将把自巴霍芬至摩尔根对于家庭史的观点的发展，作一简短的评述；我之所以要这样做，主要是因为带有沙文主义情绪的英国原始历史学派，仍然竭力闭口不提摩尔根的发现在原始历史观中所引起的革命，但同时却丝毫不客气地把摩尔根所得的成果，掠为己有。而在其他国家，也间或有人非常热衷于仿效英国的这一榜样。这个确定原始的母权制氏族是一切文明民族的父权制氏族以前的阶段的重新发现，对于原始历史所具有的意义，正如达尔文的进化理论对于生物学和马克思的剩余价值理论对于政治经济学的意义一样。它使摩尔根得以首次给出家庭史的略图；这一略图，在目前已知的资料所容许的限度内，至少把典型的发展阶段大体上初步确定下来了。非常清楚，这样就在原始历史的研究方面开辟了一个新时代。母权制氏族成了整个这门科学所围着旋转的轴心；自从它被发现以后，人们才知道，应该朝着什么方向研究和研究什么，以及应该如何去整理所得的结果。因此，现在在这一领域内正取得比摩尔根的著作出版以前更加迅速得多的进步。

评论：载于1890—1891年《新时代》杂志第2卷第41期和1891年在斯图加特出版的恩格斯《家庭、私有制和国家的起源》一书。这篇序言在该版问世以前曾以《关于原始家庭的历史（巴霍芬、麦克伦南、摩尔根）》为题发表在1891年《新时代》杂志第41期。在序言中，恩格斯简要介绍了新版和各种外文的出版情况，并重点评述了自巴霍芬至摩尔根对于家庭史的观点的发展，突出了摩尔根关于原始母权制氏族的发现对于原始家庭研究的革命性意义。恩格斯指出，19世纪60年代以前，人们根本谈不到家庭史，认为家庭似乎没有经历过任何历史的发展；家庭史的研究是从巴霍芬《母权论》出版的1861年开始的，书中以古代经典著作为依据的关于"杂婚"和"母权制"等的论点结束了长久以来杂乱空谈原始的性关系的状态，开辟了家庭史研究的新途径，但他认为并不是人们的现实生活条件的发展而是这些条件在人们头脑中的宗教反映，引起了男女两性相互的社会地位的历史性的变化，这是纯粹的神秘主义；麦克伦南于1865年出版《原始婚姻》拓展了这一领域的讨论，他的两大功绩在于，一是指出所谓的外婚制的流行及其重大意义，二是认定母权制的世袭制度是最初制度，因而麦克伦南在英国也被普遍认为是英国原始历史学派的创始人和领袖，但他出于误解虚构出的原始社会中外婚制部落与内婚制部落的对立理论造成的害处多于益处；摩尔根在1871年出版《人类家庭的血亲和姻亲制度》为家庭史研究领域提出了新的、决定性的材料，他从亲属制度出发恢复了与它相应的家庭形式，开辟了一条新的研究路径以及进一步窥探人类史前史的可能，而他在1877年出版的《古代社会》更是以美洲印第安人氏族研究为基础重新发现了原始母权制氏族是一切文明民族的父权制氏族以前的阶段，为整个原始家庭研究这门科学确定了方向、内容和轴心。针对英国原始社会历史学界对摩尔根采取的冷漠态度，恩格斯认为摩尔根在原始人类社会历史研究上取得的成就应当获得公开的认可和重视。

6月26日 《给奥地利党第二次代表大会的贺信》指出：自从奥地利的工人政党在加因斐重新站稳脚跟以来，你们取得了巨大的成就。这是你们这次代表大会将成为取得新的更大胜利的起点的最好保证。我们党具有多么不可摧毁的内在力量，它用来证明这点的，不仅是它迅速取得一个接一个的胜利，不仅是它今年在奥地利就像去年在德国那样彻底结束了非常状态。它用来证明它的这种力量的，尤其还有这样一点，即它在所有国家内都在克服所有从有产阶级中补充自己队伍的其他政党所无法应付的困难，完成它们所无能为力的事业。当法国和德国的有产阶级彼此怀恨在心，相互间存在着不可调和的敌意时，法国和德国的无产者却手携手地一致行动。而在你们奥地利，当各个省的有产阶级由于盲目的民族仇恨而丧失最后一点点统治能力时，你们的第二次党代表大会将向它们显示出一个没有任何民族纠纷的奥地利的面貌，一个工人的奥地利的面貌。

评论：载于1891年7月3日《工人报》第27号和1891年在维也纳出版的小册子《1891年6月28、29和30日在维也纳举行的奥地利第二次代表大会的记录》。这封信是恩格斯为了回复由维克多·阿德勒在1891年6月22日来信中向他转达的请他参加奥地利社会民主工党第二次代表大会的邀请而写的。他在信中表达了不能参会的遗憾，同时肯定了奥地利工人政党已经取得的巨大成就，认为这次代表大会将成为新的更大胜利的起点的最好保证。

6月18日和29日之间 《1891年社会民主党纲领草案批判》指出：现在这个草案大大优于以前的纲领。陈腐传统（无论是道地拉萨尔派的还是庸俗社会主义的）的浓厚残渣，基本上已被清除；草案在理论方面整个说来是立足在现代科学的基础上，因而有可能在这个基础上来进行讨论。如果说有什么是勿庸置疑的，那就是，我们的党和工人阶级只有在民主共和国这种政治形式下，才能取得统治。民主共和国甚至是无产阶级专政的特殊形式，法国大革命已经证明了这一点。要知道，要我们的优秀分子像米凯尔那样在皇帝手下做起大臣来，简直是不可思议的。的确，从法律观点看来，似乎是不许可把共和国的要求直接写到纲领里去的，虽然这在法国甚至在路易-菲力浦统治下都可以办到，而在意大利甚至到今天也可以办到。但是，在德国连一个公开要求共和国的党纲都不能提出的事实，证明了，以为在这个国家可以用和平宁静的方法建立共和国，不仅建立共和国，而且还建立共产主义社会，这是多大的幻想。

评论：第一次发表于1901—1902年《新时代》杂志第1卷第1期，俄文全文发表于《马克思恩格斯全集》1936年第1版第16卷第2部。这篇文章是恩格斯对1891年德国社会民主党纲领草案的修改和批评，是他为争取德国社会民主党的革命的马克思主义纲领与机会主义作斗争的范例。恩格斯首先肯定这个草案大大优于之前在哥达通过的纲领，清除了拉萨尔主义和庸俗社会主义的残渣，但也对草案的三个部分尤其是"政治要求"部分进行了批判并提出修改意见。第一，在"绪论部分"，出于尽量简练严整的需要，他依次修改了十个段落的措辞，并解释了这样修改的原因。第二，在"政治要求"部分，他严厉批评了当中蕴含的机会主义，指出那种认为党在德国现行法律秩序下可以通过和平方式实现党的一切要求的政策只能把党引入迷途。针对这一部分，恩格斯提到两个重要问题。一是德国政治形式的问题，即我们的党和工人阶级只有在民主共和国的政治形式下才能取得统治，而民主共和国作为无产阶级专政的特殊形式在德国不可能用和平宁静的方式建立。鉴于德国的政治环境，共和国问题在万不得已时可以不提，但必须将"把一切政治权力集中于人民代议机关之手"写进纲领。二是德国国家制度的问题，即由于受制于小邦分立状态和道地的普鲁士主义两个对立的方面，德国无产阶级只能采取单一制而不是联邦制的共和国形式。第三，在"经济要求"部分，他提到结社权和设立独立的工人委员会的问题，并希望可以对照法国纲领和西班牙纲领进一步修改草案。恩格斯对草案提出的一系列批判性意见对进一步制定纲领产生了很大的影响，丰富和发展了马克思主义关于无产阶级革命和无产阶级专政的学说。

9月2日 《关于布鲁塞尔代表大会和欧洲局势。（摘自给保·拉法格的信）》指出：代表大会投票赞成开除无政府主义者，是很好的：旧的国际以此结束，新的国际则以此开始。这简直是海牙代表大会的决议在过了十九年之后又得到了认可。向英国工联敞开大门这一点也是同样重要的。这一步骤证明：对局势的了解是何等的正确。而使工联受到"阶级斗争和消灭雇佣劳动"约束的表决结果表明，我们这方面并没有作出任何让步。在德国，政府将下决心废除或暂时取消谷物税。这将引起帝国国会中主张保护关税政策的多数的分裂，这将意味着俾斯麦时期和国内政治停滞状态的真正的和彻底的结束,我这里不是指我们的党,而是指各种握有统治权的党;土地贵族和资产阶级之间的斗争将要开始,主张保护关税政策的工业资产阶级和商人以及一部分主张自由贸易的工业资产阶级之间的斗争也将开始;政府和国内政治的稳定将遭到破坏;最后,运动、斗争、生活都将开始,一切成果将由我党获得;如果事态会这样发展的话,那末,在1898年左右我党就能取得政权。

评论:载于1891年9月12日《社会主义者报》第51号。这封信是恩格斯写给保·法拉格的,发表于1891年9月12日《社会主义者报》第51号。恩格斯在信中分析了布鲁塞尔代表大会和欧洲局势。他首先对在布鲁塞尔召开的第二次国际社会主义工人代表大会表示满意,高度肯定代表大会投票赞成开除无政府主义者,以新的国际结束了旧的国际,并向英国工联敞开大门。多梅拉·纽文胡斯事件表明,欧洲工人已经认识到他们是一个组成为"战斗"的政党、考虑"事实"的政党的阶级。接着他从欧洲饥荒入手分析了欧洲局势的发展。他认为发生在欧洲尤其是俄国和德国的粮食歉收保证了1892年春节以前的和平局面,但并未完全否定由农业危机引起的工业危机可能引爆战争的可能性。在俄国,农业危机会成为俄国叛逆分子推翻或监督亚历山大三世的因素,而工业发展的中断还会使得农业危机不断加剧。在德国,农业危机会触发德国土地贵族与资产阶级、主张保护关税的工业资产阶级与主张自由贸易的工业资产阶级之间的斗争。恩格斯认为,如果事态这样发展的话,1898年左右我们党就能取得政权。

10月 《德国的社会主义》指出:当1866年普选权向党敞开了帝国国会的大门时,党有两个议员和数十万选民;现在它有35个议员和150万选民,即比任何一个党在1890年选举中拥有的选民都多,经过十一年的非法处境和戒严状态,它的队伍扩大了三倍,而变成了德国最强大的党。1867年时,资产阶级议员还可以把自己的社会党人同仁看做是来自另外一个星球的异物;而现在,不管他们是否乐意,也不得不把这些同仁看做是那代表未来的力量的先进部队。

总之,和平会保证德国社会民主党在大约十年的时间里取得胜利。战争则会使社会民主党要么在两三年内取得胜利,要么就遭受彻底的失败,至少在十五年到二十年期间不能复原。因此,各国的社会主义者都拥护和平。如果战争毕竟还是发生了,必定要或者是导致社会主义的迅速胜利,或者是如此强烈地震撼旧的秩序,并留下如此大片的废墟,以致于旧的资本主义社会的存在比以前更加不可能,而社会革命尽管被推迟十年或十五年,以后必然会获得更迅速和更彻底的胜利。

对欧洲来说,这次危机暂时意味着和平。俄国的战争热将瘫痪若干年。现在不是几百万士兵死于战场,而是几百万俄国农民死于饥荒。但是,所有这一切对俄国的专制制度会有什么结局呢?我们等着瞧吧。

评论:载于1892年在利尔出版的《1892年工人党年鉴》,并载于1891—1892年《新时代》杂志第1卷第19期。本文初稿是恩格斯用法文在1891年10月13日到22日之间写的。劳拉·法拉格受工人党领导的委托请恩格斯为《1892年工人党年鉴》撰文，恩格斯就德国社会主义的历史和德国社会主义者对爆发战争的危险应采取的立场问题发表了看法。文章在年鉴上发表后不久，恩格斯为《新时代》杂志把它译为德文，并写了前言和结束语。这篇文章还译成意大利文、波兰文、罗马尼亚文、英文、俄文等发表，在工人和社会主义刊物上得到广泛传播。文章第一部分主要描述了德国社会主义和德国社会民主党从产生到不断壮大的发展过程，在1890年德国社会民主党成为了德国最强大的党。第二部分主要讨论了德国社会主义者面对爆发战争的危险应该采取的立场，在对比了和平和战争不同环境中德国社会民主党的处境后，恩格斯指出和平的环境更利于各国社会主义的发展。在1892年1月写作的结束语部分，恩格斯分析了为什么战争在较大的可能性下并没有爆发，因为歉收引起的饥荒和公债引起的国家信用破产冷却了俄国的战争热，这次危机意味着俄国专制制度的终结和欧洲的暂时和平。这篇文章是恩格斯运用历史唯物主义分析国际局势的范例，在当时具有很强的现实意义。

11月13日　《致〈人民之友报〉编辑部》指出：我想趁此机会衷心地向你们光荣的纪念日表示祝贺。我知道，在奥地利的出版法和其他治安法的限制下，使《人民之友报》这样的战斗的社会民主党机关报能够维持十年，要付出什么样的代价，而且我至少大体上也能够想像出在这十年当中为此而不得不做出的牺牲。你们能够不顾一切把报纸保存下来，这更加增添你们的光彩；要知道，奥地利的出版法以有产阶级的机关报一般说来没有危险性作为出发点，它的目的看来正是想通过对工人报纸的经费施加压力，来使它们不是沦于破产，就是变得驯服听话。如果说布隆的工人不顾这种财政上的压力，仍然能够在整整十年内一直出版自己的报纸，丝毫也不放弃自己的旗帜，那末，这就是现在只有在工人中间才能看到的那种坚毅精神和自我牺牲精神的又一证明。

评论：载于1891年11月25日《人民之友报》第22号。恩格斯感谢编辑部邀请他参加该报十周年庆祝大会，表达因编辑马克思《资本论》第三卷不能参会的遗憾，并高度肯定该报作为奥地利社会民主党机关报在各种限制和压力之下仍然能够坚持出版，丝毫也不放弃自己的旗帜，体现出只有在工人中间才能看到的坚毅精神和自我牺牲精神。

11月17日　《致〈每日纪事报〉编者的声明的附函》指出：兹对一项前所未有的无耻谰言做一答复，随信寄上，请予刊登，以明历史真相。曾对英国工人阶级有过这样大贡献的《每日纪事报》，竟允许其外国通讯员对大陆上的工人运动及其领袖散布诽谤谰言，对此我感到遗憾。

《关于已故的马克思夫人。致〈每日纪事报〉编者》指出：由于马克思夫人的女儿艾威林夫人此刻不在伦敦，我就有义务来驳斥上述加于她母亲的诬蔑性的指责。事实是这样的：当拉法格先生同他的妻子以及他妻子的两个姐妹在巴涅尔-德-吕雄的时候，一位同情他的共和国警察官员曾事先向他透露即将逮捕他的消息。当日，拉法格就骑马越过比利牛斯山逃入西班牙。那时马克思夫人在伦敦，因此，她即使有援救拉法格的意图，当时也不可能插手并为此向法国政府透露任何事情。这虚构出来的所谓武器库云云，纯属无稽之谈，其用意是要在这位品德高尚、不畏牺牲因而根本做不出卑鄙之事的妇女去世之后破坏她的声誉。

评论：附函第一次用俄文发表于《马克思恩格斯全集》1940年第1版第28卷，信件正文载于1891年11月26日《每日纪事报》第9269号。恩格斯给《每日纪事报》编辑部写信，并附上声明的附函。在附函中，他郑重地说明致信的原因是因为该报发表了一篇诽谤大陆工人运动及其领袖的文章，希望他们刊发他的复信以明历史真相。在信的正文《关于已故的马克思夫人》中，恩格斯说明该报巴黎通讯员发表的文章捏造了对马克思的家庭的报道，并以真相驳斥了对马克思夫人的污蔑性指责。

11月28日 《致伦敦德意志工人共产主义教育协会歌咏团（托登楠街）》指出：马克思和我都从来反对为个别人举行任何公开的庆祝活动，除非这样做能够达到某种重大的目的；我们尤其反对在我们生前为我们个人举行庆祝活动。既然我出于不得已而只好阻止你们这个对我如此深情厚谊的意愿，我只有尽可能用如下的保证作为补救：我将以我还余下的有限岁月，和我还保有的全部精力，一如既往地完全献给我为之服务已近五十年的伟大事业——国际无产阶级的事业。

评论：第一次用俄文发表于《马克思恩格斯全集》1940年第1版第28卷。这封信是恩格斯给伦敦德意志工人共产主义教育协会歌咏团写的。在信中感谢协会计划在他七十一岁生日时为他举行音乐庆祝会。同时，他也明确地说明自己和马克思反对为个别人举行任何公开庆祝活动，除非这样做能都达到某种重大的目的。

1892年

1月11日 《〈英国工人阶级状况〉1892年英国版序言》指出：本书很强调这样一个论点：共产主义不是一种单纯的工人阶级的党派性学说，而是一种目的在于把连同资本家阶级在内的整个社会从现存关系的狭小范围中解放出来的理论。这个论断在抽象的意义上是正确的，然而在实践中却是绝对无益的，有时还要更坏。既然有产阶级不但自己不感到有任何解放的需要，而且全力反对工人阶级的自我解放，所以工人阶级就应当单独地准备和实现社会革命。

我认为，比资产阶级圈子里这种卖弄掺了水的社会主义的短暂的时髦风尚重要得多的，甚至比社会主义在英国一般获得的实际成就也更重要的，是伦敦东头的觉醒，新工联则是在雇佣劳动制度万古长存这一信念已经大大动摇的时候成立的。它们的创始者和领导者都是自觉的社会主义者或本能的社会主义者；趋向于新工联并构成其力量的群众，都是被工人贵族轻视和藐视的粗人。但他们拥有一个无比的优点：他们的心理还是一块处女地，丝毫没有沾染上传统的"体面的"资产阶级偏见，而那些处境较好的"旧"工联主义者却被这种偏见弄得昏头昏脑。我们现在已经看到，这些新工联如何争取领导整个工人运动并日益牵着富有而傲慢的"旧"工联一起走。

评论：载于1892年在伦敦出版的恩格斯《一八四四年的英国工人阶级状况》一书。这篇序言是恩格斯为《英国工人阶级状况》1892年英国版写的。这个版本是1887年在纽约第一次出版的经作者同意的英译本的第二版。序言基本上是由恩格斯1886年写的美国版附录和该附录所包括的他所著《1845年和1885年的英国》一文构成，只是文字上略有修改，个别地方有删节，恩格斯在序言中介绍了英译本再版发行的背景、序言的构成和所作的修改，着重分析了由于资本主义发展的新阶段产生的新观点与早期阶段观点的不同。第一，工厂主不是靠对工人进行偷窃，而是靠占有工人更多的剩余价值来进行相互竞争，因此，工人阶级处境悲惨的原因不应当到这些小的欺压现象中去寻找，而应当到资本主义制度本身中去寻找。第二，早期认为应该把连同资本家阶级在内的整个社会从现存关系中解放，但事实上有产阶级不但自己不感到有任何解放的需要，而且全力反对工人阶级的自我解放，所以工人阶级就应当单独地准备和实现社会革命。第三，本书将工业大危机的周期算成五年，而1842—1868年的工业历史表明这种周期实际上是十年。此外，恩格斯分析了伦敦东头的觉醒对于英国社会主义的重要性。伦敦东头是新工联即广大没有技术的工人群体的组织的发源地。新工联与旧工联之间具有本质上的区别：新工联是在雇佣劳动制这一信念已经大大动摇的时候成立的，没有沾染上传统的资产阶级偏见。虽然伦敦东头的活动家们犯了一系列巨大的错误，但恩格斯对它的出现感到高兴和骄傲。总体而言，这篇序言体现了恩格斯随着时代发展对自身观点的不断完善。

2月6日　《答可尊敬的卓万尼·博维奥》指出：我根本没有说过什么"社会党将取得多数，然后就将取得政权"。相反，我强调过，十之八九我们的统治者早在这个时候到来以前，就会使用暴力来对付我们了；而这将使我们从议会斗争的舞台转到革命的舞台。马克思和我在四十年间反复不断地说过，在我们看来，民主共和国是唯一的这样的政治形式，在这种政治形式下，工人阶级和资本家阶级之间的斗争能够先具有普遍的性质，然后以无产阶级的决定性胜利告终。

评论：载于1892年2月16日《社会评论》杂志第4期。这篇文章是恩格斯对意大利资产阶级哲学家和政治活动家卓万尼·博维奥批评《德国的社会主义》的答复。博维奥批评恩格斯轻视政体问题，把党退回到魏特林的空想之中。恩格斯驳斥了博维奥的"天真幻想"：第一，他强调过资产阶级会在社会党取得多数时用暴力对付社会党，这将使社会党从议会斗争的舞台转到革命的舞台；第二，他和马克思强调过，在民主共和国这种政治形式下，工人阶级和资产阶级之间的斗争能够先具有普遍的性质，然后以无产阶级的决定性胜利告终；第三，德国社会民主党提出一切生产资料归社会公有的要求。因此，恩格斯和德国社会民主党没有轻视政体的形式问题，也从未说过"形式对我们无所谓"。恩格斯在这篇文章里对博维奥的批评也是对其他质疑德国社会民主党的斗争路线的回应。

2月10日 《〈共产党宣言〉1892年波兰文版序言》指出：近来《宣言》在某种程度上已经成为测量欧洲大陆大工业发展的一种尺度。某一国家的大工业愈发展，该国工人想要弄清他们作为工人阶级在有产阶级面前所处地位的愿望也就愈强烈，工人中间的社会主义运动也就愈扩大，对《宣言》的需求也就愈增长。这样，根据《宣言》用某国文字销行的份数，不仅可以相当准确地判断该国工人运动的状况，而且可以相当准确地判断该国大工业发展的程度。因此，《宣言》波兰文新版本的刊行，标志着波兰工业的重大发展。至于这种害处，即波兰工厂主和俄国政府都感受到的害处，则表现为社会主义思想在波兰工人中间的迅速传播和对《宣言》的需求的日益增长。

评论：载于1892年2月27日《黎明》杂志第35期和1892年在伦敦出版的波兰文版《共产党宣言》一书。这篇序言是恩格斯为《共产党宣言》1892年波兰文版写的。他在序言中指出《共产党宣言》的出版已经成为判断某一国家工人运动状况和该国大工业发展程度的一种尺度，因为某一国家的大工业愈发展，该国工人想弄清楚他们所处的阶级地位的欲望愈强烈，工人的社会主义运动就愈扩大，他们对《共产党宣言》的需求就愈增长。因此，《共产党宣言》波兰文新版本的刊行标志着波兰工业的重大发展，也体现为社会主义思想在波兰工人中间的迅速传播。恩格斯还指出，波兰工业的迅速发展和波兰民族的复兴，不仅关系到波兰人，还关系到欧洲各民族的合作，因为欧洲各民族的诚恳的国际合作只有当其中各个民族都在自己内部完全自主的时候才能实现。

3月17日 《巴黎公社二十一周年给法国工人的贺信》指出：使公社具有伟大历史意义的，是它高度的国际性。这是它向一切资产阶级沙文主义表现的勇敢挑战。各国无产阶级都正确地了解这一点。让资产者去庆祝他们的7月14日或9月22日吧。无产阶级的节日将到处永远都是3月18日。

自从蒙马特尔高地上的大炮再度被夺回的那一天起，到今天已经过去21年了。1871年出生的孩子，现在已经达到成年，由于统治阶级的愚蠢，他们当了士兵，他们在学习使用武器的本领，学习组织起来和持枪自卫的艺术。被认为业已扼杀了的公社，被认为永远消灭了的国际，仍然存在于我们当中，仍然活着，而且比1871年要更加强大20倍。几百人变成了几千人；响应我们号召的，现在已不是几千人，而是几百万人了。第一国际只能预见并为之做准备的国际无产阶级联盟，今天已成为现实。不仅如此，1871年在公社的巴黎近郊占领过炮台的那些普鲁士士兵的千百万子弟，目前正同巴黎公社社员的子弟肩并肩地站在最前列，为争取完全和彻底解放工人阶级而共同战斗。

评论：载于1892年3月26日《社会主义者报》第79号。这封贺信是恩格斯为巴黎公社二十一周年给法国工人写的。贺信中指出巴黎公社具有的伟大历史意义在于它的高度国际性，是它向一切资产阶级沙文主义表现的勇敢挑战。尽管巴黎公社在1871年失败了，但它仍然活着，而且力量更为强大，这表现为无产阶级队伍的壮大和团结，也表现为当年的普鲁士士兵的千百万子弟目前同巴黎公社的子弟为争取彻底解放工人阶级而共同战斗。

3月29日 《对卡·马克思〈哲学的贫困〉德文第二版加的按语》指出：对于这第二版，我只想说几句话：在法文原文中霍吉斯金这个名字误作霍普金斯（第45页），现已改正；又威廉·汤普逊的著作的出版年份也已改为1824年。希望安东·门格尔教授先生的图书学的良心将因此获得安慰。

评论：载于1892年在斯图加特出版的马克思《哲学的贫困》一书。这篇按语是恩格斯对奥地利资产阶级社会学家和法学家安东·门格尔诋毁马克思《哲学的贫困》的回应。安东·门格尔利用马克思《哲学的贫困》两处无关紧要的疏忽来诋毁马克思，恩格斯在《哲学的贫困》德文第二版加的按语中特意说明了新版所作的两处修改。

4月20日 《〈社会主义从空想到科学的发展〉英文版导言》指出：本书所捍卫的是我们称为"历史唯物主义"的东西，而唯物主义这个名词是使大多数英国读者感到刺耳的。因此，如果我在英文中也像在其他许多文字中一样，用"历史唯物主义"这个名词来表达一种关于历史过程的观点，这种观点认为一切重要历史事件的终极原因和伟大动力是社会的经济发展、生产方式和交换方式的改变、由此产生的社会之划分为不同的阶级，以及这些阶级彼此之间的斗争，那么，即使英国的体面人物也不致于感到太震惊吧。

从这个时候起，资产阶级就成了英国统治阶级的微末的但却是得到承认的一部分了，他的利益是要从他们身上尽可能取得尽量多和尽量好的劳动；为此目的，就必须把他们训练得驯服顺从。他自己是信教的，他的宗教曾经是他用来战胜国王和贵族的旗帜；不久他就发现这同一个宗教可以用来操纵他的天然下属的灵魂，使他们服从那些由上帝安置在他们头上的主人的命令。简言之，英国资产阶级这时已经参加镇压"下层等级"、从事生产的广大人民群众，而用来达到这一目的的手段之一，就是宗教的影响。

另外还有一件事情也助长了资产阶级的宗教倾向。这就是唯物主义在英国的兴起。这个新的学说，不仅震动了中等阶级的宗教情感，而且还宣布自己是仅仅适合于世界上的学者和有教养的人们的哲学，而跟适合于包括资产阶级在内的没有受过教育的群众的宗教大大不同。可见，唯物主义之所以被中等阶级仇视，既由于它是宗教的异端，也由于它具有反资产阶级的政治联系。

事实上，在英国，工人也开始重新动起来了，现在它已经把伦敦东头的没有技术的工人从沉睡中唤醒了，我们全都看到这些新的力量反过来又给了工人阶级以多么有力的推动。如果运动的步伐赶不上某些人的急躁要求，那么就请他们不要忘记：正是英国工人阶级保存着英国民族性格的最优秀的品质，在英国，一个进步一经取得，照例以后永不会失去。如果说老宪章派的儿子们，由于上述原因，还做得不够，那末，孙子们则可望不辱没他们的祖父。

评论：载于1892年在伦敦出版的恩格斯《社会主义从空想到科学的发展》，并由恩格斯译成德文，摘要以《论历史唯物主义》为题发表于1892—1893年《新时代》杂志第1卷第1期和第2期。这篇导言是恩格斯为他的著作《社会主义从空想到科学的发展》英文版写的，还收录了他在1882年写的《马尔克》一文。在导言中，他介绍了这本小册子的写作动因、出版情况和术语使用，阐释了作为科学社会主义理论基础的历史唯物主义，剖析了资产阶级的宗教倾向的历史根源，并预言社会主义将在英法德等工人阶级的联盟中取得胜利。这本小册子是为了全面批判杜林的反动的社会主义理论而写的，而小册子的附录《马尔克》是为了在德国社会民主党内传播若干关于德国土地所有制的历史和发展的基本知识而写的，将这个附录收录于英译本是考虑到一切日耳曼部落所共有的原始的土地占有形式及其衰亡的历史在英国比在德国更不为人所知。这本小册子已经以十种语言出版，是当时传播最广的社会主义著作。这本小册子的主旨是捍卫科学社会主义的理论基础——历史唯物主义。恩格斯在导言中讨论了不可知论与唯物主义的关系。区别于历史不可知论，这本小册子所表达的关于历史过程的观点是"历史唯物主义"，即认为一切重要历史事件的终极原因和伟大动力是社会的经济发展、生产方式和交换方式的改变、由此产生的社会之划分为不同的阶级，以及这些阶级彼此之间的斗争。在历史唯物主义的基础上，恩格斯分析了英国资产阶级的宗教倾向的历史根源和社会根源，揭示了资产阶级如何从革命走向反动。现在，伦敦东头的没有技术的工人组成了新工联，推动了英国工人阶级的运动，与此同时，法国和德国的工人运动大大超过了英国，在英法德等工人阶级的共同努力之下，欧洲无产阶级的胜利指日可待！

5月31日 《致奥地利党第三次代表大会》指出：感谢你们盛情邀请我参加曾两度被禁止的党代表大会，我希望代表大会这次能够开成。我虽然不可能作为客人去参加你们的会议，但是我高兴地借此机会向参加大会的奥地利同志们表示敬意和我的最恳切的关心。我们在这里享有大陆上任何地方都没有的进行运动的自由，我们对于奥地利工人尽管遇到给他们的运动造成困难的无数障碍，还是争取到了他们现在所处的光荣地位，自然能够给以应有的评价。我可以向你们保证，在这里、在大工业的故乡，工人的事业也正在向前推进；而且总的说来，当前最美好和最令人高兴的现象就是，无论我们往哪里看，工人运动到处都在不可遏止地发展着。

评论：载于1892年6月10日《工人报》第24号。这封信是恩格斯写给奥地利党的。他在信中感谢奥地利党邀请他参加党代表大会，希望曾两度被禁的党代表大会能够顺利召开，并对奥地利工人事业的发展以及整个工人运动报以乐观的展望。

7月1日　《卡尔·肖莱马》指出：在曼彻斯特南面市公墓里今天垒起的一座新坟前哀悼的，不仅有各国科学界，而且还有德国社会民主党。在那里安息的大化学家，早在拉萨尔在德国崭露头角之前，就已经是个共产主义者了；他毫不隐瞒自己的信念，直到逝世之前始终是德国社会党的积极的一员，并且按时缴纳党费。

六十年代，他完成了在化学领域内的一些划时代的发现。有机化学大大发展，终于从一堆零星的、或多或少不完备的关于有机物成分的资料变成了一门真正的科学。我们现在关于脂肪烃所知道的一切，主要应该归功于肖莱马。他研究了已知的属于脂肪烃类的物质，把它们一一加以分离，其中的许多种是由他第一次提纯的；另一些从理论上说应当存在而实际上还未为人所知的脂肪烃，也是他发现和制得的。这样一来，他就成了现代的科学的有机化学的奠基人之一。

那时候他已是一个完全成熟的共产主义者，他需要从我们方面接受的只是对他早已理解的信念的经济学上的论证。后来，由于通过我们了解了各国工人运动的成就，他就经常怀着很大的兴趣注视着这一运动，特别是克服了起初的纯粹拉萨尔主义的阶段以后的德国工人运动。我在1870年年底移居伦敦之后，我们之间频繁的通信照旧大部分谈的是自然科学和党的事务。

评论：载于1892年7月3日《前进报》第153号附刊。这篇悼文是恩格斯为《前进报》写的。在悼文中，恩格斯回顾了肖莱马的生平经历，高度评价了他的双重身份，即作为化学家的肖莱马和作为共产主义者的肖莱马。作为化学家的肖莱马，在化学领域对脂肪烃的研究取得了划时代发现，是现代科学的有机化学的奠基人之一，而且他在理论化学这门学科的规律研究方面对黑格尔哲学的借鉴，也体现出他的特殊天赋。作为共产主义者的肖莱马，从不隐瞒自己的信念，他透过马克思和恩格斯关注着各国工人运动尤其是德国工人运动的成就，与恩格斯保持通信讨论自然科学与党的事务，还遭受过反社会党人法的迫害。恩格斯对肖莱马的逝世表达了深切哀悼。

7月21日　《〈英国工人阶级状况〉1892年德文第二版序言》指出：自从半年前我写了这些话以来，英国工人运动又向前迈进了一大步。几天以前结束的议会选举向两个官方的政党——保守党和自由党——清楚地表明，今后他们对第三个政党即工人政党的存在不能置之不理了。总之，在大城市和工业地区的许多选区里，工人都坚决拒绝和两个旧政党进行任何协商，并因此获得了在以前任何一次选举中都不曾有过的直接的和间接的成绩。工人为此所表露的欢欣鼓舞是无法形容的。他们第一次看到和感觉到，如果他们为了自己阶级的利益而利用自己的选举权，就能获得什么东西。对"伟大的自由党"的迷信——在英国工人中间统治了几乎四十年的迷信——完全被打破了。工人们从令人信服的实例中看到：当他们提出要求而且了解到他们要求的是什么的时候，他们在英国就成为一种决定性的力量；1892年的选举已经在这方面开了一个头，那时英国的工人政党就会组织得足以一下子永远结束为使资产阶级统治永存而轮班执政的两个旧政党的跷跷板游戏。

评论：载于1892年在斯图加特出版的恩格斯《英国工人阶级状况》德文第2版。这篇序言是恩格斯根据该书1892年英国版序言在文字上略加修改而译成的德文版，序言的结尾部分是专为德文版写的。在结尾部分，恩格斯补充了1892年1月11日到7月21日半年多时间里英国工人运动的进展。英国工人政党虽然只是刚刚在形成，但在大城市和工业地区的许多选区里，坚决拒绝和两个旧政党进行任何协商，并因此获得了在以前任何一次选举中都不曾有过的成绩，完全打破了统治他们几乎四十年的对自由党的迷信。恩格斯对英国工人政党的未来发展充满了希望。

9月12日 《关于英国的经济和政治发展的若干特点》指出：像英国的这种渐进的、和平的政治发展，由于无尽无休的妥协，造成一个充满矛盾的形势。在一定的限度内，这种形势由于有相当多的好处，实际上为人所容忍，可是它的逻辑上的荒谬现象却使有思想有头脑的人受到真正的折磨。所以一切"掌握国政的"政党就必须在理论上进行伪装，甚至辩解；当然，办法只能是诡辩，歪曲，以至纯粹用空话来支吾搪塞。于是，在政治领域里就大量出现重复神学护教论的所有拙劣的伪善辞句和欺人之谈、把神学的精神毒素也移植到世俗的土壤上去的书刊。

1868年以来之所以没有出现危机，世界市场的扩大也是一个原因。由于世界市场的扩大，英国的，从而欧洲的过剩资本，就以交通工具投资等等的形式分配于全世界，分配于许许多多的投资场所。因此，在铁路、银行等等方面，在纯属美国的投资场所，在印度贸易方面的过分兴旺的投机活动，就使得危机没有可能发生，而同时小的危机却是可能的，例如已历时三年的阿根廷危机。但是，所有这一切都证明，特大的危机在酝酿中。

评论：第一次用俄文发表于《马克思恩格斯全集》1936年第1版第16卷第2部。这篇文章是恩格斯对英国的经济和政治发展的若干特点的分析。恩格斯认为，在政治方面，英国渐进的、和平的发展由于无止尽的妥协导致一切"掌握国政的"政党必须在理论上进行伪装甚至辩解，使得政治领域大量出现重复神学护教论的伪善辞句和欺人之谈。在经济方面，英国在1868年以来没有出现危机的一个原因是，世界市场的扩大使得英国乃至欧洲的过剩资本以交通工具投资等形式流入全世界的投资场所，但英国过分兴旺的投机活动导致的小危机的爆发已经证明，特大危机正在酝酿之中。

9月16日 《致西班牙社会主义工人党全国委员会》指出：保守的旧工联的代表表示反对，其借口是苏黎世和芝加哥代表大会都不是英国工联召开的；同英国工人比起来，大陆上的工人组织得差，软弱无力；英国人不应当对大陆社会主义的任何荒谬理论承担责任,等等。只是在这一切之后,才宣读了我们苏黎世委员会的邀请信。最后,以189票对97票拒绝了苏黎世委员会的邀请,并且通过了一项提案:"立即"召开国际代表大会来讨论并通过关于在国际范围内在法律上规定八小时工作日的协商一致的决议。

这两个决议都是对全欧洲大陆有组织的社会主义无产阶级的侮辱。我们希望,英国无产阶级中比较先进的分子(这些人在感情上已经是社会主义者,但目前对这个字眼还感到恐惧,因而让老的保守主义者牵着自己走),这些比较觉悟和比较坚定的分子能在下一届代表大会上改正所犯的错误。

评论:第一次用俄文发表于《马克思恩格斯全集》1946年第1版第29卷。这封信是恩格斯写给西班牙社会主义工人党全国委员会的。在信中,他批评了1892年5月在格拉斯哥召开的英国工联代表大会的两个决议,一个是拒绝接受由负责筹备苏黎世第三次国际社会主义工人代表大会的组织委员会发出的要求参加该代表大会的邀请,二是召开讨论八小时工作日问题的国际代表大会来代替上述代表大会。恩格斯认为这两个决议都是对全欧洲大陆有组织的社会主义无产阶级的侮辱,应当坚决反对英国工联领袖们破坏马克思主义者所筹备的第二国际第三次代表大会、分裂国际工人运动的企图。他给德国和法国寄去了内容相同的信件,建议各个社会主义政党公开谴责英国工联主义者的行为。

11月9日和15日之间　《美国的总统选举》指出:我们今天已经知道,命运、天意,这就是生产和交换的经济条件,在我们的时代,它们结合于世界市场这一概念之中。美国总统选举的意义就在于,它对世界市场说来是一个头等重要的事件。果然,1892年11月8日的总统选举为贸易自由开辟了道路。麦金利的那种保护关税已经成了无法忍受的桎梏;胡乱抬高一切进口原料和进口粮食的价格反过来也影响了许多本地商品的价格,这样也就堵塞了美国工业在世界市场上的大部分销路,而另一方面国内市场则已经苦于美国工业产品过剩。事实上,近年来,保护关税制所起的作用只不过是使小生产者被结成卡特尔和托拉斯的大生产者所挤垮,让后者,即有组织的垄断势力支配市场,从而剥削国内的消费者。

这再一次证明,随着新的世纪的临近,一切条件都在变化。如果把纺织工业和冶金工业的重心从英国移到美国的话,英国要么就得变成第二个荷兰,也就是变成一个资产阶级靠昔日强盛的残余过日子,而无产阶级则饿肚皮的国家,要么就得按社会主义的原则重新改组。前一条出路不可想像,因为这是英国无产阶级所不能容许的,英国无产阶级的人数和发展程度已经大大超出与此相容的水平。因此就只剩下第二条出路。保护关税制在美国的结束归根到底意味着社会主义在英国的胜利。

评论:载于1892年11月16日《前进报》第269号。这篇文章是恩格斯就美国民主党上台一事而写的。民主党代表人物克利夫兰于1892年11月8日当选为总统,代替了共和党人哈里逊。恩格斯对美国总统的这一更迭进行了分析。他在文章中指出，美国总统选举对世界市场来说是一个头等重要的事件，因为这次总统选举为贸易自由开辟了道路。他认为1892年美国政府的更迭同要求废除麦金利采取的保护关税制的愿望有关，这些选举中的舆论大转变表明美国要克服由保护关税制产生的工业危机，向世界市场打开。一旦美国转向自由贸易，它就会与英国在世界工业产品市场中展开斗争，而如果纺织工业和冶金工业的重心从英国转移到美国，英国要么变成一个资产阶级靠昔日强盛的残余过日子的国家，要么按照社会主义原则重新改组，恩格斯认为第二条出路更具可能性。相较于美国，恩格斯认为德国资产阶级大概率会由于狭隘和怯懦，以实行关税保护制来关上世界市场的大门，丢掉已经在市场上争得的地位。

11月9—25日《马克思，亨利希·卡尔》指出：马克思在写作全部三卷《资本论》——第二卷和第三卷至少是初稿——的过程中，终于又得到机会同时在工人当中进行实际工作。1864年成立了国际工人协会。但是有一点是毫无疑义的：在所有的参加者当中只有一个人清楚地懂得正在发生什么和应该建立什么；他就是早在1848年就向世界发出"全世界无产者，联合起来！"这一号召的人。

巴黎公社失败以后，国际已不可能在欧洲存在下去。如果继续用旧的形式同政府以及在所有国家都同样狂怒的资产阶级进行斗争，就会付出巨大的牺牲。此外还要在协会内部进行反对无政府主义者以及同他们同流合污的蒲鲁东分子的斗争。

从那时起马克思不再进行公开的鼓动，但同时他仍然和过去一样积极地参加欧洲和美洲的工人运动。他几乎同各国工人运动的所有领导人通信，他们在紧要关头，只要有可能，总是亲自向马克思本人请教。他愈来愈成为战斗的无产阶级的公认的和有求必应的顾问。但是，除此之外，这时马克思却能够重新回到自己的科学研究工作上来，同时研究的范围也已经大大扩大了。马克思研究任何事物时都考查它的历史起源和它的前提，因此，在他那里，每一单个问题都自然要产生一系列的新问题。他研究原始时代的历史，研究农学、俄国的和美国的土地关系、地质学等等，主要是为了在《资本论》第三卷中最完善地写出关于地租的章节，而在他以前没有人试图这样做过。马克思除了能以所有的日耳曼语和罗曼语自由阅读以外，还学习了古斯拉夫语、俄语和塞尔维亚语。但是很可惜，日益严重的疾病妨碍了他去利用这样收集起来的材料。1881年12月2日他的夫人去世，1883年1月11日他的大女儿去世，就在同一年的3月14日，他坐在自己的安乐椅中静静地与世长辞了。

评论：载于1892年《社会政治科学手册》第4卷。这篇关于马克思的传记是恩格斯应耶拿出版的《社会政治科学手册》出版人之一路·埃耳斯特尔的请求写的，在传记的末尾还附上了马克思已经发表的著作的清单。这篇传记除了载于1892年出版的《社会政治科学手册》，在纪念马克思逝世十周年时还发表于1893年3月17日《工人报》第11号以及保加利亚杂志《社会民主党人》1893年第3期。在传记中，恩格斯以时间为线索简要地记述了马克思的生平事迹。在不断被驱逐的境遇中，马克思始终以理论批判的武器与敌人和错误意识形态作斗争，从为《莱茵报》撰稿、与卢格创办《德法年鉴》、与恩格斯合作《神圣家族》、写作《哲学的贫困》、起草《共产党宣言》、创办《新莱茵报》、出版《路易-波拿巴的雾月十八日》和《揭露科伦共产党人案件》、为《纽约每日论坛报》撰稿、与福格特论战、进行政治经济学批判到晚年的历史学和人类学研究等，书房中的科学研究工作是马克思的一个重要阵地。与此同时，他也在工人之中进行实际的工作，从早期参加共产主义者同盟，到后来号召成立国际工人协会，他始终积极地参与和关注着欧洲和美洲的工人运动。马克思的一生是斗争的一生，科学研究和工人运动始终是他进行斗争的两个重要阵地。

11月15日 《致〈柏林人民论坛〉报编辑部》指出：《人民论坛》发表的一组题为《汝拉联合会和米哈伊尔·巴枯宁》的文章，使我不得不写一个简短的驳斥。虽然作者似乎尽力要实事求是和不偏不倚地阐述自己的主题，但实际上，他却把它叙述得像无政府主义者老爷们自己叙述的和他们所希望叙述的那样。譬如说，他对巴枯宁派的材料旁征博引，对巴枯宁派的日内瓦对手们所公布的材料则引用得很不够，至于伦敦总委员会的材料，那就根本不提了。

在巴枯宁创建的公开的"社会主义民主同盟"背后，隐藏着一个秘密的同盟，它的目的是要把整个国际的领导权弄到无政府主义者手里。这个秘密的同盟广泛地分布在汝拉，分布在意大利和西班牙。总委员会最先是从西班牙获得这件事的证据，后来又从日内瓦得到了与这一反对欧洲工人运动的无辜的阴谋有关的章程和大批其他文件。就是根据这些文件，海牙代表大会在1872年才做出决定，把巴枯宁和吉约姆开除出国际。

评论：载于1892年11月19日《柏林人民论坛》第47号附刊。这封信是恩格斯写给《柏林人民论坛》报纸编辑部的。该报发表了一组题为《汝拉联合会和米哈伊尔·巴枯宁》的文章，凭空捏造第一国际组织的历史，还对总委员会和马克思等进行诽谤性杜撰。恩格斯针对当中的第十篇文章对历史事实的歪曲进行了驳斥，揭露了巴枯宁无政府主义企图分裂第一国际并夺取第一国际领导权的阴谋。

11月底—12月4日 《新发现的一个群婚实例》指出：这篇我从1892年旧历10月14日的莫斯科《俄罗斯新闻》上译出的报道是值得一读的。它不仅明确地肯定了存在着极其盛行的群婚，即一群男子和一群女子相互间性交的权利，而且肯定了这种群婚具有跟夏威夷人的普那路亚婚姻，即群婚的最发展最典型的阶段非常接近的形式。其次应该看到，我在《家庭的起源》一书第4版第28—29页所讲的，在这里也被证实了。那里讲到，群婚绝不像我们的庸人的惯于妓院的幻想所描绘的那样；实行群婚的人们，并不是公开过着庸人暗中所过的那种淫荡生活；这种婚姻形式，至少就现在还可以遇见的例子来看，与不牢固的对偶婚制或跟一夫多妻制不同的地方，实际上只不过是许多在其他条件下要遭受严厉惩罚的性交情事，在这里却为习俗所许可而已。至于这些权利的实际行使正在逐渐消灭,那只不过证明这种婚姻形式本身正在消亡,它的极少流行,也可证实这一点。此外,整个这篇描述之所以值得注意,还因为它再一次表明:处在大致相同发展阶段上的原始民族的社会制度,在其基本特征上,是多么相似,甚至相同。关于库页岛上这些蒙古种人的记载,大部分都适用于印度的德拉维达部落、太平洋各岛屿发现时的岛上的土人,以及美洲的红种人。

评论:载于1892—1893年《新时代》杂志第1卷第12期。这个新发现的群婚实例来源于1892年10月14日《俄罗斯新闻》第284号发表的一篇关于俄国民族学家列·雅·施特恩堡对库页岛的吉里亚克人(尼夫赫人)的生活和社会制度的研究结果的报道。这个群婚实例的发现是对恩格斯《家庭、私有制和国家的起源》一书关于摩尔根的夏威夷群婚观点的证实,而这部分内容也是该书争论较多的部分,因此恩格斯在读到这篇报道后立即进行翻译并作出评论,将它发表在德国《新时代》杂志上。恩格斯认为这篇报告不仅明确地肯定了存在着极其盛行的群婚,而且肯定了这种群婚具有跟夏威夷人的普那路亚婚姻,即群婚的发展最典型的阶段非常接近的形式。这篇报告再一次证明了,处在大致相同发展阶段上的原始民族的社会制度,在其基本特征上是相似甚至相同的。

1893年

1月初 《致匈牙利社会民主党执行委员会》指出:十分感谢你们盛情邀请我参加匈牙利社会民主党代表大会;遗憾的是,我没有可能参加这次大会。在给你们写这封信的同时,我不能不对你们队伍中发生的纠纷表示深深的遗憾。我决不是要进行干预,对于这些问题的解决,我不仅没有负有使命,而且由于对情况不够了解也没有这种可能。我只能表示愿望,希望在党代表大会上能顺利解决分歧和消除分裂的危险。

评论:第一次用俄文发表于《马克思恩格斯全集》1936年第1版第16卷第2部。这封信是恩格斯给匈牙利社会民主党执行委员会写的。他在信中感谢匈牙利社会民主党邀请他参加代表大会,也表达了不能参会的遗憾。同时他希望匈牙利社会民主党能在党代表大会上顺利解决意见分歧。

1月10日 《关于巴黎警察当局不久前的行径》指出:巴黎的资产阶级报刊大肆宣扬,说什么警察当局破获了一个极其卑鄙的阴谋。据说有几个"俄国虚无主义者"阴谋要把那个温和的全俄罗斯沙皇和君主干掉;但是警察当局有所戒备,"谋杀案的主犯"被抓住了,俄罗斯祖国的慈父得救了。

机会主义和激进主义的资产阶级共和国的统治者——部长、参议员、众议员——都一无例外地同巴拿马丑闻有关：有的是受贿人；有的是同谋犯和包庇者。然而他们都有这样的看法：社会舆论注意他们的卑鄙龌龊活动的这一方面已经太久了。他们想：全世界说我们以骗人勾当破坏了共和国信誉的事已经说得够多了；我们现在让他们看看，我们在政治方面也能使这个共和国威信扫地，我们让他们看看，在对沙皇卑躬屈节方面，我们能够大大地超过已故的俾斯麦，俄国大使馆希望了解波兰流亡者的档案，那我们就来证明我们强烈希望把它所想要的一切都敬献给它，不仅把档案，而且连波兰人也一道，要是有必要，则把整个法国都敬献给它！

评论：载于1893年1月13日《前进报》第11号。这篇文章是恩格斯对巴黎警察当局恶劣行径的揭露。巴黎警察以策划谋杀亚历山大三世的罪名逮捕了法国的"俄国虚无主义者"，并试图以这一事件转移社会舆论对巴拿马丑闻的关注，这实际上是法国警察当局和沙皇政府警察当局合伙的阴谋，是法国心甘情愿被利用来满足俄国的国家目的。在恩格斯看来，法国不需要讨好沙皇俄国，也不应该被沙皇俄国所利用，实际上沙皇俄国由于饥荒、国内资源的枯竭和财务状况的糟糕而处于困难境地。

1月26日和29日之间 《关于意大利的巴拿马》指出：事情的揭露已经到处引起了满城风雨，150个议员的名字被人们多少准确和明确地提到，于是再也不能否认，至少最近三届内阁是知道这件事的，它们为了进行选举活动，经常把大笔银行现金交给自己的拥护者使用，它们常常在内阁会议上讨论这些盗用的公款，它们完全了解自己对盗用公款所应负的责任，而有意识地加以隐瞒，因而就助长了继续盗用公款。

不论是巴拿马案件，小巴拿马案件，还是韦耳夫基金，都证明：目前资产阶级的全部政治——不论是各资产阶级政党之间的愉快争吵，还是它们对工人阶级的冲击的联合反抗——不花费大笔金钱是不能实行的；这大笔钱都是用于不能公开说明的目的；由于资产者先生们的吝啬，政府已越来越不得不为了这些隐讳的目的而用隐蔽的方式去谋取资金。这方面的行家俾斯麦曾经说过："我们在哪里找到钱，就从那里取用。"至于"我们在哪里找到钱"，这我们刚才已经看到了。

评论：载于1893年2月1、2和3日《前进报》第27、28和29号。恩格斯根据意大利社会党哲学家安东尼奥·拉布里奥拉寄来的议会报告和报纸，讨论了意大利罗马银行的舞弊问题，即"小巴拿马丑闻"。在1892年12月至1893年1月意大利议会关于罗马银行舞弊问题进行的辩论中，各种丑闻及涉及的国家活动家、议员、律师、新闻记者等纷纷被揭露。丑闻的揭露表明，议员们经常把盗用银行的大笔公款用来从事选举活动和开办自己的报纸。恩格斯指出，不论是法国的巴拿马案件，意大利的小巴拿马案件，还是德国的韦尔弗基金，都证明资产阶级的全部政治必须花费大笔金钱，而由于资产者的吝啬，政府已越来越不得不为了这些隐讳的目的而用隐蔽的方式去谋取资金。

2月1日 《致意大利读者。〈共产党宣言〉1893年意大利文版序言》指出：《共产党宣言》的发表，可以说正好碰上了1848年3月18日这个日子，在这一天米兰和柏林发生了革命，即发生了两个民族——其中一个处于欧洲大陆中心，另一个处于地中海中心——举行的武装起义；这两个民族在此以前都由于割据和内讧而被削弱并因而遭到外族的统治。

这次革命到处都是由工人阶级干的：构筑街垒和流血牺牲的都是工人阶级。只有巴黎工人在实行推翻政府的同时也抱有推翻资产阶级统治的明确意图。但是，虽然他们已经认识到他们这个阶级和资产阶级之间存在着不可避免的对抗，然而无论法国经济的进展或法国工人群众的智慧的发展，都还没有达到可能实现社会改造的程度。因此，革命的果实归根到底是由资本家阶级拿去了。

由此可见，1848年革命虽然不是社会主义革命，但是毕竟为社会主义革命扫清了道路，为这个革命准备了基础。最近四十五年以来，资产阶级制度由于在世界各国引起了大工业的高涨，到处造成了人数众多的、集中的、强大的无产阶级；这样它就产生了它自身的掘墓人。不恢复每个民族的独立和统一，那就既不可能有无产阶级的国际联合，也不可能有各民族为达到共同目的而必须实行的和睦的与自觉的合作。

评论：载于1893年在米兰出版的意大利文版《共产党宣言》一书。这篇序言是恩格斯应屠拉梯的请求用法文为《共产党宣言》1893年意大利文版写的，屠拉梯对它进行了翻译。在序言中，恩格斯回顾了《共产党宣言》在1848年出版时发生在米兰和柏林的革命。此前由于割据和内讧而被削弱，意大利受到奥皇支配，德国受到俄国沙皇的压迫，而1848年3月18日的革命使这两个国家重新获得独立。这次革命到处都是工人阶级干的，但革命果实却被资本家阶级拿去了。近四十五年来的大工业发展制造了人数众多的无产阶级，也就是资本主义制度的掘墓人。恩格斯认为，这次革命的果实已经成熟，希望《共产党宣言》意大利文译本的出版能成为意大利无产阶级胜利的良好预兆，迎来新的历史纪元。

2月 《欧洲能否裁军?》指出：我的这些文章是以下面这个日益获得普遍承认的前提为出发点的：常备军制度在整个欧洲已发展到极端，只要常备军不及时改组为以普遍武装人民为基础的民兵，那末，不是这种制度使各国人民担负不起军费重担而在经济上破产，就是它必然导致一场毁灭性的大战。从纯军事观点来看，逐步废除常备军，是绝对没有任何障碍的，而如果这些军队保存下来，那末这并不是出于军事上的考虑，而是出于政治上的考虑，军队的使命与其说是防御国外的敌人，不如说是防御国内的敌人。针对这一点，我认为通过国际协议来逐步缩短服现役的期限（这是我的论断的基本点），一般说来是普遍由常备军过渡到组织成民兵的人民武装的最简捷办法。这种协议的形式自然有可能随签订协定的政府的性质和当时的政治环境而改变。不过，现在的情况是再好也没有了；所以，如果现在就能把最多两年的服现役期限作为起点，那末再过几年也许就可以规定短得多的期限了。我提出对男性青年一代实施体育和军事的训练作为向新制度过渡的重要条件，从而清楚地说明了：绝对不应当把这里所建议的民兵制度和现存的任何民兵形式，例如和瑞士的民兵形式混为一谈。到现在为止我们仅仅考察了问题的纯军事方面，我们深信，在这个问题上可以不把俄国考虑进去。但是，只要我们看一下俄国的一般经济状况，特别是财政状况，这一点就更明显了。

评论：以一组文章的形式载于1893年3月1—5、7、9和10日《前进报》第51—56、58和59号，并于1893年3月底出版附有序言（3月28日写）的单行本。针对德意志帝国国会讨论政府提出的军事法草案问题，这一草案大大增加了军队和追加军事开支的拨款，恩格斯写了一组文章共八篇发表在柏林《前进报》上。后来这些文章以单行本的形式出版，并附上了序言。这组文章讨论了欧洲常备军制度过渡到民兵制度的必要性和具体措施。在序言部分，他指出欧洲常备军制度需要及时改组为民兵，以避免经济破产或毁灭性的战争，而从军事的观点看，逐步废除常备军没有任何障碍，通过国际协议来逐步缩短服现役的期限是从常备军过渡到民兵的最便捷办法，其中对男性青年一代实施体育和军事训练是重要条件。第一篇文章讨论了裁军从而保障和平的可能性和途径。1870—1871年的战争后大陆各国虽然都采取普遍义务兵役制，却在延长后备军服役期限和扩大应征人员方面进行军备竞赛，因而只能由大陆各大国协商，对一切兵种的最长现役期作国际性规定。第二篇文章讨论了在国际范围内规定最长现役期对各国军队战斗力的影响。恩格斯认为对最长现役期作国际性的规定后，各国军队的战斗能力的对比关系将大致和现在一样，但是很多东西都取决于如何利用服役期，包括操典和操典的执行等。第三篇文章讨论了军事革命与军事权威的关系，并指出军事训练的重心必须转移到对青年的教育上。加强青年教育是因为他们四肢灵活，军事远足可以促进智力发展，而且还解决了服役期满的军士的安置问题。第四篇文章讨论了用国际协议的办法缩短服役期限的建议能否被各国接受的问题。恩格斯分别分析了奥地利、意大利、俄国、法国尤其是德国的情况，认为这一建议能为各国所接受。第五篇文章从多方面论证了俄国是否参与缩短服役期协议并不重要。鉴于俄国的军事进攻力量、经济和智力发展水平，可以不把俄国考虑进去。第六篇文章从经济方面分析了是否需要把俄国纳入普遍义务兵役制的实验。1891年饥荒以急性的形式把俄国社会矛盾暴露出来，加上俄国国家本身靠借债维持，也无力发动战争。种种因素表明，当时俄国无法实行普遍义务兵役制。第七篇文章讨论了普鲁士军队实行普遍义务兵役制的条件。恩格斯认为应该永远结束普鲁士军队中虐待士兵的现象，形成良好的军官和士兵之间的关系，逐步缩短服役期才是有益的。第八篇文章讨论了前几篇文章的前提。之前的讨论建立于这样的前提下，即关于逐步缩短服役期并最后过渡到民兵制度已为各方所接受，那么它是否会被接受呢？恩格斯假定德国首先向奥地利、意大利、法国提出这个建议，就国内情况而言，奥地利和意大利会乐意接受这个意见，若法国接受建议，各国人民将获得安宁，若法国不接受建议，它将使自己的处境恶化。

3月13日 《1893年五一节致德国工人》指出：今天如果我不对德国工人谈谈在英国这里即将举行的、正是在今年将具有特殊意义的五一节活动，那还有什么更有意思的东西可谈呢？英国工人阶级在经过宪章运动时代以失败告终的光荣战斗以后，过了很长时间才重新行动起来，而现在的情况怎样呢？工人群众越来越认清，他们的出路，与其说在于靠同个别企业主作斗争以争得较高的工资和较短的工作日，不如说，首先是在于组织成为独立政党的工人阶级争得政治权利，争得议会。这在1892年大选中第一次显示出来。工人们在同两个老党的斗争中把自己的三名候选人送进了议会，而且还在二十多个选区里向这两个党有力地显示了他们至今还没有使用过的力量。这就使工人们的自信心空前地加强了。

阶级意识的这种觉醒也表现于今年五一节的准备活动。预备性商谈第一次顺利地进行，没有发生争吵和无谓的竞争，参加者齐心一致，积极热情。更重要的是：领导权属于社会主义者，这个节日活动将第一次具有无可争辩的社会民主主义性质。

评论：载于1893年5月1日《前进报》社出版的专刊《五一节》。这是恩格斯写给德国工人的五一节贺信。他向德国工人介绍了在英国即将举行的具有特殊意义的五一节活动。这次活动的背景是，英国工人阶级在经过宪章运动时代以失败告终的光荣战斗后又重新行动起来，工人群众认清他们的出路首先是组织成为独立政党争得政治权利，而工人政党在1892年的大选中取得的成绩空前地加强了工人们的自信心。正是英国工人阶级意识的觉醒使得英国五一节活动具有特殊意义，这不仅体现为预备性商谈第一次顺利进行，参加者齐心一致，更重要的是领导权属于社会主义者，使这个节日活动将第一次具有无可争辩的社会民主主义性质。

3—4月初 《为庆祝1893年五一节给奥地利工人的贺信》指出：奥地利的五一节比其他任何地方都具有重大得多的意义，可是在你们奥地利，工人还没有选举权，至于你们那里的出版自由、结社和集会权利等情况，则从政府参事查普卡男爵先生在帝国议会回答质询时所做的说明就可以一目了然。因此，当奥地利工人在任何情况下都始终不渝地坚持进行五一庆祝活动时，他们是正确的，无论如何是正确的。对于其他国家的工人来说，这一节日主要是国际的问题；因此也可能由于国内的特殊条件，这个节日要退居次要地位。对于奥地利人来说，它不仅是国际的问题，而且也是，也许还主要是国内的问题；因此在他们那里，它无疑始终是居于首要地位。

评论：载于《工人报》社出版的专刊《庆祝1893年五一节》。恩格斯应奥地利《工人报》编辑米·沙赫尔的请求给奥地利工人写的五一节贺信。他指出，从1890年起奥地利工人每年都把五一节过得有声有色，而且奥地利的五一节比其他任何地方都具有重大得多的意义。相较于德国和法国，奥地利工人还没有选举权，没有其他的斗争手段，他们在任何情况下都始终不渝地坚持进行五一庆祝活动。对于奥地利人来说，五一节活动不仅是国际问题，而且还主要是国内问题。

4月8日 《五一节致捷克同志们。1848年回忆片断》指出：当时卡尔·马克思在维也纳会晤了布拉格书商鲍洛施，他是奥地利国民议会中德意志波希米亚党团的领袖。鲍洛施痛心地诉说了波希米亚的民族纠纷以及所谓捷克人对波希米亚的德意志人的强烈仇恨。马克思问他，波希米亚的工人在这方面的情况怎么样。鲍洛施答道："那完全是另外一种样子。工人一加入运动，这种现象就告终，就不分什么捷克人或德意志人，大家就都在一起了。"两个民族的波希米亚工人在当时只是感觉到的事情，现在他们理解到了；他们理解到：所有这些民族纠纷只是在大封建主和大资本家统治时期才有的，民族纠纷只是为永远保持这种统治服务的，捷克工人和德意志工人有着共同一致的利益，当工人阶级一取得政治统治地位，一切引起民族不和的借口就会消灭。因为工人阶级就其本性来说是国际主义的，它将在即将来临的五一节这一天再一次证实这一点。

评论：载于在布拉格出版的专刊《1893年五一节》。恩格斯应捷克《社会民主党人报》编辑部的请求给西班牙工人写的五一节贺信。在这封信中，恩格斯集中讨论了民族纠纷与阶级斗争的关系问题。他首先回忆了1848年马克思到维也纳会晤德意志波西米亚党团领袖鲍洛施时两人的对话，鲍洛施指出工人一旦加入运动就不分捷克人或德意志人了。恩格斯也指出，当工人阶级一取得政治统治地位，一切引起民族不和的借口就会消灭。工人阶级就其本性来说是国际主义的。

4月14日 《尽管如此。为庆祝1893年五一节给法国工人的贺信》指出：也许是我错了，但是我觉得，今年的五一节不会像过去三年那样，在国际无产阶级生活中起压倒一切的作用。在欧洲几个大国中，看来只有奥地利想使五一示威游行具有头等重要的意义。奥地利工人确实没有其他的斗争手段了。同普选比较起来，今年五一节的意义，在法国无疑是、在德国很可能是、在英国可能是退居次要地位了。在普选中，无产阶级将获得新的阵地，而且必然会获得新的阵地。因此，如果五一节由于普选的临近而在某一方面受到一些影响，我们也不应为此感到不安。这决不意味着我们更弱了，而是恰恰相反。示威游行是一桩非常好的事情，但只是在我们没有更好的斗争手段时才是这样。请资产阶级不要得意的过早吧。我们还要同他们在票箱旁见面，以后还要在波旁王宫见面！

评论：载于1893年4月23日《社会主义者报》第134号。这封信是恩格斯写给法国工人的五一节贺信。他指出，同普选比较起来，今年五一节的意义，在法国无疑是、在德国很可能是、在英国可能是退居次要地位了，而在普选中，无产阶级将取得新的阵地。因此，如果五一节由于普选的临近而在某一方面受到一些影响，决不意味着工人更弱了，而是恰恰相反。

4月 《1893年五一节致西班牙工人》指出：看来，无产阶级革命要推翻一切，甚至要推翻时间的顺序。至少在西班牙，同任何历法相反，5月1日是跟在5月2

日后面。过去西班牙工人纪念5月2日,而现在他们庆祝这个月的1号。从5月2日到5月1日,——我们取得了多么巨大的进步!实际上,1808年5月2日发生过什么事呢?一方面是外国的入侵,另一方面是马德里的人民。从表面上看这很简单。实际上情况十分错综复杂。为了反对外国的入侵和拿破仑的暴政,西班牙人民必须同时反对法国的革命,为了重新争得本国的独立,同一个西班牙人民不得不恢复贵族和僧侣所支持的狂热的白痴斐迪南七世的专制独裁。

5月1日标志着一个清楚而明显的形势——出现了两个截然不同和彼此对立的阵营:一边是在普遍解放的红旗下走向胜利的国际无产阶级,而另一边是为了维护自己的剥削特权而联合起来的各国有产阶级和反动阶级。斗争已经开始,红旗已经展开,胜利已有保障。前进!

评论:第一次用俄文发表于《马克思恩格斯全集》1936年第1版第16卷第2部。这封信是恩格斯应西班牙著名活动家帕布洛·伊格列西亚的请求写给西班牙工人的五一节贺信。他指出,西班牙工人从纪念5月2日到纪念5月1日是一个巨大的进步。1808年5月2日,西班牙爆发人民起义,反对法国的入侵和拿破仑的暴政,但西班牙人为了争得本国的独立不得不恢复贵族和僧侣所支持的专制独裁。5月1日的到来标志着一个新的局面,一边是走向胜利的国际无产阶级,另一边是为了维护剥削特权而联合起来的各国有产阶级,斗争已经开始,胜利已有保障。

6月9日 《致保加利亚〈社会民主党人〉杂志编辑部》指出:我衷心地感谢你们给我寄来了你们的《社会民主党人》第2期;我想通过这封信的标题向你们说明,我至少已经开始懂得你们的语言。国际主义提出的要求逐年在增长。为了能跟上社会主义向东方和东南方的进展,我甚至在晚年还得去学习罗马尼亚文和保加利亚文。但是住在西方的我们并没有因此而减少对我们在亚洲边境上的这些东南方前哨的喜悦,它们正在把马克思树立的现代无产阶级的旗帜一直插到黑海和爱琴海岸。要是马克思能亲眼看到这些该多好啊!它们用俄国无产阶级先进战士的社会主义著作来对抗沙皇的声明,并且以此来回答俄国沙皇政府的利诱和威胁。看到普列汉诺夫的著作译成了保加利亚文,我非常高兴。

评论:载于1893年《社会民主党人》杂志第3期。这封信是恩格斯给保加利亚《社会民主党人》杂志编辑部写的。信中谈到为了能跟上社会主义向东方和东南方的发展,晚年还在学习罗马尼亚文和保加利亚文。恩格斯为普列汉诺夫的著作《黑格尔的历史哲学》和《俄国社会主义者在与饥荒的斗争中的任务》译成保加利亚文感到高兴,因为它们正把马克思树立的现代无产阶级的旗帜一直插到黑海和爱琴海岸。

8月12日 《1893年8月12日在苏黎世国际社会主义工人代表大会上的闭幕词》指出:自从马克思和我加入运动,在《德法年鉴》上发表头几篇社会主义的文章以来,已经整整五十年过去了。从那时起,社会主义从一些小的宗派发展成了一个使整个官方世界发抖的强大政党。还有一个值得纪念的日子。1872年举行了国际的最后一次代表大会。在这次大会上发生了两件事情。第一，同无政府主义者彻底划清了界限。这个决定是否多余呢？巴黎代表大会、布鲁塞尔代表大会和这次代表大会都不得不做同样的事情。第二，国际停止以旧形式进行活动。当时是喝饱了光荣的公社鲜血的反动势力猖獗到了极点的时候。旧的国际如果继续进行活动，就只会造成得不偿失的牺牲；国际把自己的会址迁到了美国，也就是退出了舞台。每一个国家的无产阶级得到机会以独立自主的形式组织起来。这一点实现了，因而现在国际要比从前强大得多了。我们也应当按照这一方向在共同的基础上继续我们的工作。为了不致蜕化成为宗派，我们应当容许讨论，但是共同的原则应当始终不渝地遵守。自由联合和历次代表大会所支持的自愿联系——这就足以保证我们取得胜利，这种胜利已是世界上任何力量都不能从我们手中夺去的了。

评论：本文以报道或记录的形式载于1893年8—9月的一些社会主义报纸和工人报纸上，并载于1894年在苏黎世出版的小册子《1893年8月6日至12日在苏黎世音乐厅举行的国际社会主义工人代表大会记录》。这篇记录是恩格斯出席在苏黎世举行的第三次国际社会主义工人代表大会并在最后一次会议上以名誉主席的身份作的闭幕词。他将代表大会对他的盛大接待看作是对马克思的招待，他总结了1872年举行的第一国际海牙代表大会的两大功绩：一是同无政府主义者彻底划清了界限；二是停止以旧的形式活动。他还指出，为了不致蜕化成为宗派，应当在坚持共同原则的基础上容许讨论。

9月14日　《1893年9月14日在维也纳的社会民主党人大会上的演说》指出：如果说我在参加运动的五十年中的确为运动做了一些事情，那末，我并不因此要求任何奖赏。我的最好的奖赏就是你们！到处有我们的同志：在西伯利亚的监狱里，在加利福尼亚的金矿里，直到澳大利亚。没有一个国家，没有一个大的国家，在那里社会民主党没有成为一支不容忽视的力量。亲爱的同志们，我走过维也纳的街道，看了资产阶级如此殷勤地为未来的无产阶级建造的非常漂亮的大厦（会场大为活跃），我还请人指给我看了你们曾经正大光明地占领过的富丽堂皇的市政厅大厦。从你们占领市政厅大厦的那一天起，谁也不会再对你们估计不足了（掌声雷鸣）。这是一个划时代的日子。那时候我正在伦敦，看到了英国报纸记者们的那种惶恐的样子，当时他们报道说，7月9日无产阶级占领了维也纳，而且是比过去任何时候都更巧妙地占领了它。

评论：载于1893年9月15日《新自由报》第10440号和1893年9月22日《工人报》第38号。恩格斯与倍倍尔在苏黎世代表大会后，到维也纳逗留了几天，参加了奥地利社会民主党人于11日组织的欢迎晚会和14日举行的庆祝苏黎世代表大会胜利闭幕大会。代表大会的参加者如阿德勒、倍倍尔等人在会议上发表讲话，最后恩格斯作了演说。恩格斯感谢奥地利社会民主党的接待，并将他享受的荣誉归为马克思的功劳。他坦言，参加运动不是为了要求任何奖赏，最好的奖赏是到处有自己的同志，现在社会民主党已经发展为一支不容忽视的力量，而维也纳社会民主党也曾占领了维也纳市政大厦。恩格斯对维也纳的社会民主党运动抱以乐观的展望。

9月22日 《1893年9月22日在柏林的社会民主党人大会上的演说》指出：而且柏林的工业发展还引起了另一个变化。在那个时候，柏林还没有一个社会民主党人；那时人们甚至还不知道，什么是社会民主党；现在呢，几个月以前这里举行了柏林的社会民主党的检阅，党显示了自己的力量——获得了将近十六万张选票；柏林选出的六个议员中有五个是社会民主党人。在这方面，柏林走在欧洲所有大城市的前头，甚至远远超过了巴黎。而且不仅是柏林，德国所有其他地方也都完成了同样的工业革命，但是资本家在发展工业时不仅造出剩余价值，他们还造出无产者，他们使中等阶层——小资产阶级和小农破产，他们使资产阶级同无产阶级之间的阶级对抗达到极点；而谁造出无产者，他也就造出社会民主党人。资产阶级对社会民主党在每一次新的帝国国会选举中获得的票数不可遏止地增长感到吃惊，他们问道：这是怎么回事？要是他们稍微聪明一点，他们本来应该知道，这是他们亲手造成的！于是产生了这样的结果：德国社会民主党是全世界最统一、最团结、最强有力的党，由于它在斗争中有冷静的头脑、严格的纪律和蓬勃的朝气，它从胜利走向胜利。

评论：载于1893年9月26日《前进报》第226号附刊和1893年10月6日《工人报》第40号。恩格斯在造访维也纳后来到柏林，参加了柏林社会民主党为欢迎他举行的大会并发表演说。他感谢柏林社会民主党人的出色接待，并把这一接待看作是对马克思的同事和战友的接待。他对比了五十一年之前和之后的柏林和整个德国，说明工业革命不仅促进了柏林和德国的经济发展，还塑造了一个数量不断增大的无产阶级，使得社会民主党的力量不断壮大，而德国社会民主党已经成为全世界最统一、最团结、最强有力的党。

12月1日 《致伦敦德意志工人共产主义教育协会》指出：请您转达我对共产主义工人教育协会理事会和会员们的最真诚的谢意，感谢他们对我七十三岁生日的盛情祝贺。祝协会永久繁荣，愿它永远高举它在英国这里第一次举起的老的红旗！

评论：第一次用俄文发表于《马克思恩格斯全集》1946年第1版第29卷。这封信是恩格斯给伦敦德意志工人共产主义教育协会的，感谢协会理事会和会员们对他七十三岁生日的盛情祝贺，并祝福协会永久繁荣。

12月19日 《致国际社会主义者大学生代表大会》指出：感谢你们盛情邀请我参加社会主义者大学生代表大会，非常遗憾的是，我不能接受这一邀请，因为我有一些重要的和刻不容缓的事情要做。因此我只能祝你们的代表大会取得它应有的一切成就。希望你们的努力将使大学生们愈益意识到，正是应该从他们的行列中产生出这样一种脑力劳动无产阶级，他们负有使命同自己从事体力劳动的工人兄弟在一个队伍里肩并肩地在即将来临的革命中发挥巨大作用。

过去的资产阶级革命向大学要求的仅仅是律师,作为培养他们的政治活动家的最好的原料;而工人阶级的解放,除此之外还需要医生、工程师、化学家、农艺师及其他专门人材,因为问题在于不仅要掌管政治机器,而且要掌管全部社会生产,而在这里需要的决不是响亮的词句,而是丰富的知识。

评论:载于1894年3月25日—4月10日《社会主义者大学生》报第8号。这封信是恩格斯给国际社会主义者大学生代表大会写的贺信。他感谢代表大会邀请他参会,但遗憾不能赴会。信中,恩格斯指出了大学生动员及其阶级意识形成对于共产主义事业的重要性。从大学生中产生的脑力劳动无产阶级,同从事体力劳动的工人阶级将共同在社会变革中发挥巨大作用,大学生们所掌握的丰富的知识应当成为理论批判的武器,更应当转化为新的社会生产及其管理的驱动力。

1894 年

1 月 3 日 《《《人民国家报》国际问题论文集(1871—1875)》序》指出:这里所收集的文章除了都是为《人民国家报》写的以外,它们还有一个共同点,即都是专门评论德国以外的国际问题的。第一篇文章《再论〈福格特先生〉》,结束了这个冒牌的自然科学家兼共和主义者而实际是庸俗自由主义的波拿巴分子兼书籍制造商同马克思在1859—1860年就意大利战争问题所进行的那场论战。第二篇文章《行动中的巴枯宁主义者》,描述西班牙1873年七月起义期间无政府主义者的活动,它早先已经出过单行本。《波兰宣言》涉及了德国对东欧关系中现在人们常常忽视的那一方面,但是,如果想要对这些关系有个正确的判断,这个方面却是不能忽视的。

读者将会看到,在所有这些文章里,尤其是在最后这篇文章里,我处处不把自己称做社会民主主义者,而称做共产主义者。这是因为当时在各个国家里那种根本不把全部生产资料转归社会所有的口号写在自己旗帜上的人自称是社会民主主义者。现在情况不同了,这个词也许可以过得去,虽然对于经济纲领不单纯是一般社会主义的而直接是共产主义的党来说,对于政治上的最终目的是消除整个国家因而也消除民主的党来说,这个词还是不确切的。然而,对真正的政党说来,名称总是不完全符合的;党在发展,名称却不变。

最后一篇文章,《论俄国的社会问题》,在1875年也出过单行本,现在把它重印出来不能没有一个比较详细的跋。虽然这些结论没有无条件地给俄国公社许诺伟大的未来,但是,在另一方面,它们还是试图论证了这样一个观点,即西方资本主义社会日益临近的死亡,也将使俄国有可能大大缩短它现在已必然要经过的资本主义阶段的行程。

评论:载于1894年在柏林出版的恩格斯《〈人民国家报〉国际问题论文集

(1871—1875)》一书，是该书的序言。这本论文集收集了恩格斯在 1871—1875 年为《人民国家报》写的专门评论德国以外的国际问题的文章。他在序言中依次介绍了论文集中各篇文章的主要内容：《再论〈福格特先生〉》一文结束了福格特先生与马克思在 1859—1860 年就意大利战争问题进行的争论，确定福格特先生是被收买的波拿巴暗探；《行动中的巴枯宁主义者》描述了西班牙 1873 年 7 月起义期间无政府主义者的活动；《波兰宣言》涉及德国对东欧关系中被人们常常忽视的方面；《公社的布朗基派流亡者的纲领》是对这一纲领的批判；《论俄国的社会问题》涉及俄国农民公社的命运问题，这一问题比任何时候都更引起所有考虑自己国家经济发展的俄国人的注意。这本论文集展现了 19 世纪 70 年代恩格斯对当时欧洲诸问题的看法。

1 月初 《〈行动中的巴枯宁主义者〉一文前言》指出：1873 年 2 月 9 日，国王亚马多对他的西班牙王冠厌倦了；第一个罢工的国王退位了。12 日宣布共和；接着在巴斯克地区爆发又一次的卡洛斯派起义。只有卡塔黑纳坚持住了。这个连同舰队一起落入起义者手里的西班牙最大的军港，从陆路方面也设了防，除了要塞围墙以外，还有十三座独立的炮台，因此要攻下它是不容易的。因为政府避免破坏自己舰队的停泊处，所以"拥有主权的卡塔黑纳自治州"一直继续存在到 1874 年 1 月 11 日，最后，由于丝毫没有任何其他的出路而投降了。在整个这次可耻的起义中，我们在这里所谈到的只是更为可耻的巴枯宁派无政府主义者的所作所为；这里只是把这些所作所为比较详细地描绘出来作为对现代人的教训。

评论：载于 1894 年在柏林出版的恩格斯《〈人民国家报〉国际问题论文集（1871—1875）》一书。这篇前言是恩格斯把《行动中的巴枯宁主义者》一文收进《〈人民国家报〉国际问题论文集（1871—1875）》时写的。前言主要提供了几段相关的历史资料，指出在这次可耻的起义中更为可耻的巴枯宁派无政府主义者的所作所为是现代人的教训。

1 月上半月 《〈论俄国的社会问题〉跋》指出：要处在较低的经济发展阶段的社会来解决只是处在高得多的发展阶段的社会才产生了的和才能产生的问题和冲突，这在历史上是不可能的。发生在商品生产和私人交换出现以前的一切形式的氏族公社同未来的社会主义社会只有一个共同点，就是一定的东西即生产资料由一定的集团公共所有和共同使用。但是单单这一个共同特性并不会使较低的社会形态能够从自己本身产生出未来的社会主义社会，后者是资本主义社会本身的最后产物。每一种特定的经济形态都应当解决它自己的、从它本身产生的任务；如果要去解决另一种完全不同的经济形态所面临的问题，那是十分荒谬的。

然而，不仅可能而且无庸置疑的是，当西欧人民的无产阶级取得胜利和生产资料转归公有之后，那些刚刚踏上资本主义生产道路而仍然保全了氏族制度或氏族制度残余的国家，可以利用这些公社所有制的残余和与之相适应的人民风尚作为强大的手段，来大大缩短自己向社会主义社会发展的过程，并可以避免我们在西欧开辟道路时所不得不经历的大部分苦难和斗争。但这方面的必不可少的条件是：由目前还是资本主义的西方做出榜样和积极支持，这不仅适用于俄国，而且适用于处在资本主义以前的发展阶段的一切国家。但比较起来，这在俄国将最容易做到，因为这个国家的一部分本地居民已经吸取了资本主义发展的文化成果，因而在革命时期这个国家可以几乎与西方同时完成社会的改造。

我不敢判断目前这种公社是否还保存得这样完整，以致在需要的时刻，像马克思和我在1882年所希望的那样，它能够在同西欧的大转变相结合的情况下成为共产主义发展的起点。但是有一点是勿庸置疑的：要想从这种公社保全点什么东西下来，就必须首先推翻沙皇专制制度，必须在俄国进行革命。俄国的革命不仅会把民族的大部分即农民从构成他们的世界、他们的宇宙的农村的隔绝状态中解脱出来，不仅会把农民引到一个广阔的天地，使他们认识外部世界，同时也认识自己，了解自己的处境和摆脱目前贫困的方法，——俄国的革命还会给西方的工人运动以新的推动，为它创造新的更好的斗争条件，从而加速现代工业无产阶级的胜利；没有这种胜利，目前的俄国无论是在公社的基础上还是在资本主义的基础上，都不可能达到对社会的社会主义改造。

评论：载于1894年在柏林出版的《〈人民国家报〉国际问题论文集（1871—1875）》一书。这篇跋是恩格斯把《论俄国的社会问题》一文收进论文集时写的，也是他在19世纪90年代以历史唯物主义的立场和方法再次讨论俄国农村公社的问题。恩格斯首先批评了俄国民粹派特卡乔夫和赫尔岑关于俄国农村公社的观点。针对俄国农村公社的发展走向，恩格斯提出了三个关键性问题。第一，俄国公社内部从来没有出现过要把自己发展成较高的公有制形式的促进形式。问题的关键不在于俄国公社本身，而在于与俄国公社同一时期的西方无产阶级能否取得对资产阶级的胜利以及以公共管理的生产替代资本主义生产。第二，处在较低的经济发展阶段的社会不可能解决处在高得多的发展阶段的社会才产生的问题和冲突。氏族公社作为较低的社会形态不可能解决资本主义社会从自身中产生的任务。第三，当西欧无产阶级取得胜利和生产资料转为公有之后，仍保存了氏族制度的国家可以利用这些公社所有制残余和与之相适应的人民风尚作为手段，来大大缩短自己向社会主义社会发展的过程，并可以避免西欧开辟道路时所经历的大部分苦难和斗争。在这篇跋里，恩格斯依据19世纪90年代的新情况拓展了70年代他和马克思关于这一问题的看法。这一时期俄国沙皇制度的继续存在、俄国资本主义的发展以及俄国农村公社的进一步解体使得恩格斯认为，此时俄国面临的首要问题是进行革命推翻沙皇专制制度，因而俄国只剩下一条出路，那就是"尽快地过渡到资本主义工业"。但恩格斯也没有完全否定俄国农村公社直接过渡到社会主义社会的可能性，这取决于俄国革命能够与西方工业无产阶级形成相互影响以及此时公社的保存状况。

1月9日左右 《马克思的〈资本论〉。第三卷》指出：马克思的《资本论》第三卷现在正在排印中，可望不迟于今年 9 月问世。盼望已久的第三卷将完成整个著作的理论部分，到那时，就只剩下最后一卷即第四卷了，第四卷将对剩余价值理论作历史的批判性的概述。第一卷表明，资本家怎样从工人那里榨取剩余价值，第二卷则表明，这个最初包含在商品里的剩余价值怎样实现为货币。可见前两卷所谈到的剩余价值，只是它在第一个占有者即工业资本家手里的情形；然而剩余价值只有一部分留在这个第一个占有者的手里；随后它就以商业利润、企业主收入、利息、地租等形式在各个有关方面的人中间进行分配；第三卷所阐述的就是剩余价值的分配规律。而讲完了剩余价值的生产、流通和分配，也就结束了剩余价值的整个生涯，此外对它就没有更多的东西好谈了。除了资本主义利润率的一般规律，第三卷还研究了商业资本、生息资本、信贷和银行、地租和地产等问题，这些问题连同前两卷研究过的题目，已把标题中所答应要做的"政治经济学批判"概括无遗了。

评论：载于 1894 年 1 月 12 日《前进报》第 9 号。这篇短文是恩格斯为即将出版的《资本论》第三卷写的，目的是在工人中宣传马克思的经济学说。短文预告了《资本论》第三卷的出版时间，并简要介绍了《资本论》各卷的内容。《资本论》第一卷表明资本家怎样从工人那里榨取剩余价值，第二卷表明最初包含在商品里的剩余价值是怎样实现为货币，第三卷阐述剩余价值的分配规律，这三卷完整阐述了马克思的"政治经济学批判"。

1 月 9 日左右　《关于〈资本论〉第三卷的内容》指出：马克思的《资本论》第三卷："资本主义生产的总过程"。因此，生产和流通的单独过程在这里将不是各别地加以研究，而是把它们联系起来、作为资本运动的统一的总过程的前提和普通环节来加以研究。下述情况特别清楚地表明了这一点：前两卷对剩余价值的研究，只能以剩余价值留在它的第一个占有者即工业资本家手里的时间为限；只能一般地指出，这个第一个占有者根本不一定是，或者哪怕在通常看来也不是它的最终的所有者。然而最明显的是，而且甚至从社会的表面就可以看到，资本的一般运动正是表现为剩余价值在各有关方面之间，在商人、货币债权人、土地所有者等等之间的分配。这样，在剩余价值走完前两卷所揭示的过程之后，剩余价值的分配就像一根红线一样贯串着整个第三卷。可惜，这最后一部分——阶级，马克思没有完成。这个对全部内容的简要概述足以说明，同研究对象有关而在前两卷中未解决的全部问题，在这里都得到了解决。

评论：载于 1893—1894 年《新时代》杂志第 1 卷第 16 期和 1894 年 1 月 26 日《工人报》第 8 号。这篇短文也是恩格斯为即将出版的《资本论》第三卷写的。短文介绍了《资本论》第三卷与前两卷的关系。一方面，前两卷只是"各别地"研究了资本的生产或流通的单独过程，第三卷将研究"资本主义生产的总过程"，把生产和流通联系起来、作为资本运动的统一的总过程的前提和普通环节来加以研究。另一方面，前两卷对剩余价值的研究只能以它留在第一个占有者即工业资本家手里的时间为限，第三卷涉及剩余价值在商人、货币债权人、土地所有者等之间的分配，因此，剩余价值的分配像一根红线贯穿着整个第三卷。第三卷研究了剩余价值分配的各个规律，包括剩余价值率同利润率的关系、平均利润率的形成、平均利润率的下降趋势、商业利润的划出、利息和企业主收入、信用系统和投机中心、地租和地产、三种所得形态（工资、利润、地租）以及三种所得形态的所得者（工人、资本、地主）等。恩格斯也指出，马克思没有完成最后一部分——关于阶级——的研究。对前两卷与第三卷的内容讨论表明，同研究对象有关而在前两卷中未解决的全部问题在第三卷都得到了解决。

1月26日《未来的意大利革命和社会党》指出：自从1848年以来，时常为社会主义者带来极大成就的策略就是《共产主义宣言》（即《共产党宣言》）的策略。因此他们积极参加这两个阶级的斗争的每个发展阶段，而且，一时一刻也不忘记，这些阶段只不过是导致主要的伟大目的的阶梯。这个目的就是：由无产阶级夺取政权作为改造社会的手段。因此他们把每一个革命的或者进步的运动看做是他们自己道路上前进的一步；他们的特殊任务是推动其他革命政党前进，如果其中的某一个政党获得胜利，他们就要去捍卫无产阶级的利益。这种永远不忽视伟大目标的策略，能够防止社会主义者产生失望情绪，而这种情绪却是其他缺少远大目光的政党——不论是纯粹的共和主义者或感伤的社会主义者——无法避免的，因为他们把前进中的一个普通阶段看做是最终目的。

与此相反，如果运动真正是全国性的，我们的人就将参加，而且连一声号令也用不着，我们参加这种运动是不言而喻的事情。但是那时必须清楚地了解，而且我们必须公开宣布：我们是作为独立的政党参加，暂时同激进派和共和主义者联合，但是和他们截然不同；我们在胜利的情况下对斗争成果不抱任何幻想，这样一种成果远远不能使我们满足，它对于我们来说仅仅是已达到的阶段之一，仅仅是一个作进一步占领的新的作战基地；正是在胜利的当天我们就将分道扬镳，并且从那一天起，我们将成为和新政府对立的新反对派，但不是反动的而是进步的反对派，一个极左的、要求越过已获得的阵地而向新的阵地突进的反对派。

所有这些都仅仅是我个人的意见；我只是应你的要求才提出来，而且是颇为踌躇的。至于一般的策略，在我的一生中我已确信到它的正确性；它从来没有使我失望过。但是说到怎样把它运用到意大利目前的状况，那是另一回事；这必须因地制宜地决定，而且必须由处于事变中心的人来决定。

评论： 本文译成意大利文载于1894年2月1日《社会评论》杂志第3期。这篇文章是恩格斯应意大利劳动社会党领导人库利绍娃和屠拉梯的请求，就当时意大利国内所酝酿的革命危机谈了党的策略问题。当时意大利资产阶级在取得政权后并没有消灭封建制度的残余，也没有按照资本主义改组国民生产，没有彻底实现他们的胜利。社会党由于还太年轻，而且由于经济条件的缘故还比较软弱，不能希望立即取得社会主义胜利。恩格斯提出《共产党宣言》的一般策略,指出无产阶级应该积极参加斗争的每一发展阶段,把每一个革命的或进步的运动看作是自己道路上进步的一步。将一般策略运用于意大利来说,正在瓦解的小资产阶级和农民的胜利可能把"改宗"的共和主义者内阁捧上台,或者带来一个由同一批人加上某些马克思主义者组成的资产阶级共和国,两种情况都将使社会党获得普选权和扩大的活动自由,为社会党创造一种更为有利的环境,因此,社会党不能仅限于旁观或纯粹消极地批判,而是必须和他们积极合作。社会党应当参加的是全国性的、真正的人民运动,而且是作为独立政党参加的,尽管暂时与激进派和共和主义联合,但和他们截然不同。一旦取得胜利,社会党就将成为新政府的新的反对派。同时,社会党也要警惕成为新政府的少数派的危险,不然要为多数派出卖工人阶级的行为分担责任,而且还会妨碍代表工人阶级的革命活动。在这篇文章中,恩格斯以意大利劳动社会党为例讨论了工人政党进行斗争的一般策略及其具体应用,这一分析对于各国工人政党针对本国情况开展运动具有强烈的现实意义。

3月18日 《为纪念巴黎公社二十三周年及法国工人党全国委员会》指出:我同你们一起为国际的3月18日的即将来临而干杯,这个日子将带来无产阶级的胜利,从而消灭阶级对抗和各民族之间的战争,并在各文明国家中实现和平和幸福。

评论:载于1894年3月25日《社会主义者报》第183号。这封信是恩格斯为纪念巴黎公社二十三周年写给法国工人党全国委员会的。他认为国际的3月18日这个日子将带来无产阶级的胜利,消灭阶级对抗和民族战争,最终实现和平和幸福。

3月22日 《致奥地利党第四次代表大会》指出:今年,党代表大会要完成几项特别重要的任务。在奥地利,问题是要争得普选权,即争得那种在有阶级觉悟的工人手里要比受过机械训练的士兵所掌握的小口径连发枪射得更远、打得更准的武器。统治阶级——不论是封建贵族,还是资产阶级——正在千方百计地反对把这种武器交给工人。斗争将是长期的和激烈的。但是,如果工人们能显示出政治远见、能保有耐心和坚毅精神、能团结一致和遵守纪律、能发扬这一切已经使他们取得这样多辉煌成就的品质,那末,最后胜利保证是属于他们的。历史的必然性,无论是经济的还是政治的,都完全在他们一边起作用。虽然普遍和平等的选举权不可能一下子就争到手,但是我们现在就已经可以为奥地利帝国议会中未来的无产阶级代表高呼"万岁!"了。

评论:载于1894年在维也纳出版的小册子《奥地利社会民主党第四次代表大会的记录》。这封信是恩格斯写给奥地利党的。他感谢奥地利党邀请他参加奥地利党第四次代表大会,表达不能参会的遗憾,并祝愿大会顺利召开。他指出这一年奥地利党代表大会要完成特别重要的任务,首先是争得普选权,这一斗争将是长期的和激烈的,如果工人们发扬他们取得辉煌成就的诸多品质,那么胜利是属于工人的。

5月15日 《就第三次党代表大会致匈牙利社会民主党执行委员会》指出:我

也怀着极大的兴趣注视着匈牙利最近一个时期的运动。在匈牙利,也像在其他各地一样,资本日益控制整个国民生产。它不仅创建新的工业,而且使农业也屈服于它,它推翻农业的古老方法,使独立的农民沦于破产,把农村居民分裂成为一方面是大土地占有者和资本主义掮客,另一方面是大批贫苦的农村无产者。资本在匈牙利实行的这种革命已经取得了什么样的成就,我们不久前在侯德梅泽伐夏尔黑伊看到了。这种资本主义革命我们不定什么时候也得要经受的。它给广大人民群众带来难以形容的痛苦,但是也只有它才能产生使新社会制度成为可能的条件,以及唯一拥有足够的力量和意志来建设这种新的更好的社会的男女。

评论:载于1894年5月18日《工人新闻》第20号,并译成匈牙利文载于1894年5月18日《人民言论》第20号。这封信是恩格斯为了答复匈牙利社会民主党执行委员会邀请他参加匈牙利社会民主党第三次党代表大会写的。他在信中简要谈论了自己对匈牙利运动的思考。他认为匈牙利的资产阶级革命在创造新工业的同时,也制造了大批贫苦的农村无产者,这种社会变革虽然给广大人民群众带来难以形容的痛苦,但也创造了新社会制度诞生的主客体条件。

6月19日和7月16日之间 《论早期基督教的历史》指出:在早期基督教的历史里,有些值得注意的与现代工人运动相同之点。基督教和后者一样,在其产生时也是被压迫者的运动:它最初是奴隶和被释放的奴隶、穷人和无权者、被罗马征服或驱散的人们的宗教。基督教和工人的社会主义都宣传将来会解脱奴役和贫困;基督教是在死后的彼岸生活中,在天国寻求这种解脱,而社会主义则是在这个世界里,在社会改造中寻求这种解脱。基督教在它产生三百年以后成了罗马世界帝国的公认的国教,而社会主义则在六十来年中争得了一个可以绝对保证它取得胜利的地位。

事实上,对起初极其强大的世界做斗争,同时又在革新者自己之间做斗争,这既是最早的基督徒的特点,也是社会主义者的特点。这两个伟大的运动都不是由领袖们和先知们创造出来的(虽然两者都拥有相当多的先知),两者都是群众运动。而群众运动在起初的时候必然是混乱的;其所以混乱,是由于群众的任何思想开始都是矛盾的,不明确的,无联系的;但是另一方面也是由于先知们起初在运动中还起着的那种作用。这种混乱表现为形成许许多多的宗派,彼此进行斗争,其残酷至少不下于对共同外敌的斗争。在早期基督教是如此,在社会主义运动的早期也是如此,尽管这会使那些在根本无统一之可能的情况下宣扬统一的好心的庸人感到非常难过。

评论:载于1894—1895年《新时代》杂志第1卷第1期和第2期。本文是科学无神论的经典文献之一。恩格斯从1841年起对基督教问题产生兴趣,并在《布鲁诺·鲍威尔和早期基督教》和《启示录》等文章里讨论过这一问题,而《论早期基督教的历史》是他对这一问题多年研究的成果。在这篇文章里,恩格斯运用历史唯物主义从经济关系和交往关系剖析了基督教产生的根源、性质与作用,并探讨早期基督教与工人运动早期阶段的相同之处。全文分为三个部分，在第一部分分析了早期基督教的历史与现代工人运动的早期阶段的相同之处：在产生时都是被压迫者的运动；都宣传将来会解脱奴役和贫困；都遭受过迫害和排挤；都胜利地给自己开辟了前进的道路。他引用琉善的著作对最初的基督徒的论述，与魏特林的正义者同盟中的阿尔勃莱希特以及之后的库尔曼宣传的新救世福音联系起来，说明原始基督教和粗陋的共产主义成为巧于利用环境的骗子榨取钱财的手段。在第二部分，恩格斯首先评述了德国的圣经批判的两个方向。一个方向是杜宾根学派，摒弃了新约中伪造的或矛盾的内容，但又力图把当中大量可疑的故事和许多殉道者的传说作为可靠的资料保留下来。另一个方向是布鲁诺·鲍威尔，不仅对福音书和使徒书进行了无情批判，还认真研究了福音书的犹太的、希腊—亚历山大的、纯希腊的、希腊—罗马的成分，为基督教开辟了成为世界宗教的道路。接着，恩格斯再次讨论了早期基督教与社会主义的共同特点。这体现为：一是两者同起初极其强大的世界作斗争，同时又在革新者自己之间作斗争；二是两者都不是由领袖们和先知们创造出来，而是群众运动；三是两者在早期阶段都形成了许许多多彼此斗争的宗派，最后才逐渐达到统一。在第三部分，恩格斯讨论早期基督教产生的历史背景。尽管早期基督教和早期工人运动之间存在一些相同特点，恩格斯也指出二者的重要差别：基督教是在死后的彼岸生活中，在天国寻求这种解脱，而社会主义则是在这个世界里，在社会改造中寻求这种解脱。

8月6日 《致英国各社会主义和工人组织》指出：我受西班牙社会主义工人党执行委员会的委托通知英国的工人和社会主义组织：西班牙社会主义工人党第四次年度代表大会将于8月29日和随后的几天在马德里举行，英国的朋友们如能按信末所附地址寄来几句贺词（用西班牙文或法文），则不胜感谢。

因为1893年在拜尔法斯特举行的工联代表大会通过了要求一切生产资料和交换手段社会化的决议，从而加入了国际社会主义运动，我认为自己有责任把它们的机关——议会委员会——也列入寄发本邀请信的名单之中。

评论：第一次用俄文发表于《马克思恩格斯全集》1946年第1版第29卷。这封信是恩格斯应西班牙社会主义工人党领导之一帕布洛·伊格列西亚斯的请求写的。恩格斯受托通知英国工人和社会主义组织，西班牙社会主义工人党第四次年度代表大会即将召开，希望英国朋友们能寄送几句贺词。恩格斯将信寄给了英国争取八小时工作日同盟、社会民主同盟、独立工党、费边社、工联代表大会议会委员会、煤气工人和杂工工会，还寄给了奥地利和德国的社会民主党人。

9月6日 《致意大利劳动社会党第三次代表大会》指出：意大利社会党人正在遭到前所未闻的非常法的迫害，毫无疑问，非常法还将使他们受好几年的奇灾大难。这有什么！别人也曾不得不经受类似的考验。在巴黎公社失败以后，法国的资产阶级反动派曾饱喝无产者的鲜血，可是结果是：在法国议会中有了五十名社会党议员。

在德国，俾斯麦曾在整整十二年中把社会党人置于法律之外，但是社会党人粉碎了非常法，他们把俾斯麦赶下了台，现在他们是帝国中最强大的政党。法国和德国工人所做到的事情，意大利工人也同样能做到。梯也尔、麦克马洪和俾斯麦所未能得到的东西，姓克里斯比的也是得不到的。胜利属于你们！

评论：本文译成意大利文载于 1894 年 9 月 22—23 日《阶级斗争》周报第 38 号。这封信是恩格斯写给意大利劳动社会党活动家卡洛·德拉瓦勒的，以答复邀请他参加该党第三次代表大会。他在信中祝愿大会顺利召开，也说明意大利社会党人正在遭到前所未闻的非常法的迫害，但这样的迫害不能阻止工人运动的前进，意大利工人能够像法国工人和德国工人那样粉碎迫害、取得胜利。

9月26日 《给西西里岛社会党人的贺信》指出：古希腊罗马时代为了经营大地产和大矿场而赏给了西西里岛一个奴隶制。中世纪以农奴制和封建制度代替了奴隶制。现在的时代宣称它已消灭这些桎梏，实际上它只是改变了这些桎梏的形式。它不仅保存了旧的赋役，而且还加上一种新的剥削形式，所有剥削形式中最残酷、最无情的剥削形式——资本主义的剥削。这就是资本主义制度所造成的结果：自由人在怀念过去的奴隶制！但愿他们不要丧失勇气。一个更好的新社会的曙光正在开始照亮各国被压迫阶级。而各地的被压迫群众都在团结自己的队伍，他们不顾边界的限制，不顾语言的差别，到处在相互达成协议。国际无产阶级大军正在形成，——即将来临的新时代将使它获得胜利！

评论：本文译成意大利文载于 1895 年 6 月 30 日《解放》周报和 1895 年 8 月 16 日《社会评论》杂志第 16 期。这封信是恩格斯为了答复西西里岛社会党活动家科耳纳哥的请求为复刊的西西里岛工人的机关报《社会正义》写的。他在信中向该报和正在改组的西西里岛社会党致敬，并概述了西西里岛从奴隶制到农奴制再到资本主义制度的历史演变。现在的西西里岛正遭受资本主义的剥削，但一个更好的新社会的曙光也照亮被压迫阶级。各国被压迫群众在团结自己的队伍，国际无产阶级大军正在形成，新时代将使它获得胜利！

10月27日 《国际社会主义和意大利社会主义。（给〈社会评论〉杂志编辑部的信）》指出：这些报刊责备意大利社会党人说，他们故意装成一副好像在进行马克思主义宣传的样子，为的是用这种假面具来掩盖完全是另一种的政策，一种宣传"阶级斗争"（它"会使我们回到中世纪"）和旨在建立其目的是"夺取政权"的政党的政策；而其他国家的社会党，特别是德国的社会党人，"则不过问政治，不攻击现存的政体"；总之，他们是一些可以嘲弄一番的、完全没有恶意的、善良的小伙子！

如果意大利的社会党人宣布"阶级斗争"是我们生活所在的社会中压倒一切的因素，如果他们组成为"以夺取政权和领导全国事务为目的的政党"，那末他们是在进行名副其实的马克思主义的宣传。至于"阶级斗争"，那末它不仅使我们回溯到"中世纪",而且还回溯到古代各共和国——雅典、斯巴达和罗马所发生过的内部冲突。所有这些冲突都是阶级斗争。自从原始公社解体以来,组成为每个社会的各阶级之间的斗争,总是历史发展的伟大动力。这种斗争只有在阶级本身消失之后、即社会主义取得胜利之后才会消失。而在那时以前,相互对立的阶级,无产阶级、资产阶级、土地贵族,将照旧彼此进行斗争,而不管意大利半官方报刊怎么说。

评论:本文译成意大利文载于1894年11月1日《社会评论》杂志第21期。这封信是恩格斯应意大利劳动社会党领屠拉梯的请求写给意大利《社会评论》杂志编辑部的,以揭露意大利资产阶级报刊为了替政府镇压意大利社会党人辩护而对意大利社会党人的活动散播造谣的行为。恩格斯明确指出,意大利社会党人是在进行名副其实的马克思主义宣传,严格遵循着马克思和他在1848年的《共产党宣言》中所指的路线。他认为,从原始公社解体以来,组成为每个社会的各阶级之间的斗争总是历史发展的伟大动力,而这种斗争只有在阶级本身消失之后,即社会主义取得胜利之后消失。他相信意大利工人政党一定能够经受住考验,取得胜利。

11月12日 《给〈前进报〉编辑部的信》指出:据党的报刊报道,福尔马尔同志10月25日在法兰克福党代表大会关于土地问题的辩论中发言时,援引了在南特举行的法国社会党人代表大会的决议,说它们"得到了弗里德里希·恩格斯的直接赞同"。据《前进报》11月10日报道,我们敌人的报刊也在传播这种说法。因此我不得不声明,这里有错误,显然,福尔马尔所掌握的关于我的消息是完全不可靠的。

根据我的记忆,关于南特纲领我只往法国寄了两封信。第一封是在代表大会以前为了回答一位法国同志的询问而写的,它的内容归纳起来是:资本主义的发展必然导致小农土地所有制的消灭。我们党对这一点是十分清楚的,但是它根本没有任何理由以自己的干预来格外加快这个过程。因此对于正确采取的旨在使小农在其必然灭亡的过程中少受折磨的措施,在原则上是丝毫不能反对的;但是如果再走远一些,如果希望永远保存小农,那末,在我看来,就是力求达到经济上不可能实现的东西,就是牺牲原则,成为反动了。

在代表大会以后的第二封信中,我只是提出了一个初步看法,即在社会党人范围内,我们的法国朋友在想要不仅永远保存小农私有者,而且永远保存剥削别人劳动的小佃农方面将是孤立的。

评论:载于1894年11月16日《前进报》第268号和1894年11月22日《社会民主党人》第43号附刊。这封信是恩格斯写给《前进报》编辑部的。他在信中证伪了这一说法,即福尔马尔在法兰克福党代表大会发言时,说他所援引的法国社会党人的土地纲领得到了恩格斯的直接赞同。恩格斯回忆了他围绕南特纲领给法国写的两封信。第一封信的内容归纳为资本主义的发展必然导致小农土地所有制的消灭,但社会党人不应该干预加速这一进程;第二封信指出在法国社会党人在想保存小农私有者和剥削别人劳动的小佃农方面是孤立的。因此，他的观点同福尔马尔所说的相反。在信末，他说打算写一篇不长的文章来说明他关于法德农民问题的看法。

11月15日和22日之间 《法德农民问题》指出：社会党夺取政权已成为最近将来的事情。然而，为了夺取政权，这个政党应当首先从城市跑到农村，应当成为农村中的力量。社会党是以明确理解经济原因和政治后果的联系而与其他政党不同，因此它早就揭露了硬要跟农民作朋友的大地主那副掩盖在羊皮下边的豺狼面孔，这样一个政党能不能心安理得地把注定灭亡的农民留在他们的伪保护者手中，一直到农民从工业工人的消极敌人变成工业工人的积极敌人为止呢？这样，我们便谈到农民问题的中心点了。

那末我们对待小农的态度是怎样的呢？在我们夺得国家权力的那一天，我们应该怎样对待他们呢？第一，法国纲领的原理是绝对正确的：我们预见到小农必然灭亡，但我们无论如何不要以自己的干预去加速其灭亡。第二，同样明显的，当我们掌握了国家权力的时候，我们根本不能设想用强制的办法去剥夺小农（不论有无报偿，都是一样），像我们将不得不如此对待大土地占有者那样。我们对于小农的任务，首先是把他们的私人生产和私人占有变为合作社的生产和占有，但不是用强制的办法，而是通过示范和为此提供社会帮助。当然，到那时候，我们将有够多的办法，使小农懂得他们本来现在就应该明了的好处。

我们党的任务是随时随地向农民解释：他们的处境在资本主义还统治着的时候是绝对没有希望的，要保全他们那样的小块土地所有制是绝对不可能的，资本主义的大生产将把他们那无力的过时的小生产压碎，正如火车把独轮手推车压碎一样是毫无问题的。我们这样做，就是按照必然的经济发展趋势行动，而经济发展是会使农民的头脑了解我们的话的。

评论：载于1894—1895年《新时代》杂志第1卷第10期。本文是马克思主义在土地问题方面的重要文献。恩格斯阐述了农民问题上革命无产阶级立场的基本原则，批评了这一问题上的机会主义言论。在前言部分，恩格斯论述了农民作为人口、生产和政治力量的重要性，认为社会民主党应当首先从城市跑到农村，成为农村中的力量。文章第一部分主要分析了农村居民不同地区的不同组成部分，指出小农是农民问题的立足点。小农是未来的无产者，但根深蒂固的私有观念暂时阻碍他们倾听社会主义宣传。为了使土地纲领更符合农民，党在土地纲领前加了一段绪论，企图证明社会主义原则保护小农财产免于灭亡。恩格斯详细地考察这个绪论以及一些新的补充，对当中笼统和草率的措辞进行了修正，强调生产资料的公共占有应当作为争取的唯一的主要目标在纲领中提出来。文章的第二部分讨论了对待农民的态度问题。他反对为了动员农民而作出广泛的承诺，这种承诺对农民的吸引只是暂时性的。对于小农的任务，首先是把他们的私人生产和私人占有变为合作社的生产和占有，但不是用强制的方法，而是通过示范和提供社会帮助，但永远也不能许诺小农给他保持个体经济和个人财产去反对资本主义生产的优势力量。恩格斯建议把各个农户联合为合作社，农业合作社的优越性将把普鲁士易北河以东地区的农业工人争取过来，鼓舞和团结他们去为自己的权利而斗争。恩格斯关于农民问题的观点对于各国无产阶级政党进行农业社会主义改造具有重要的指导意义。

11月22日 《关于马克思的〈资本论〉第四卷》指出：《前进报》发表了一篇关于马克思的《资本论》第三卷出版的报道，其中写道，看来，第四卷即讲述理论历史的那一卷的出版工作将不得不放弃，因为"除了一些简短的札记，找不到可以作为他的著作最后一卷的任何草稿"。我们希望，《前进报》在这方面是犯了某种程度的错误。至少，弗·恩格斯在《资本论》第二卷序言中给我们提供了多少有点希望的消息。根据这个消息可以知道，有一部在1861—1863年写的手稿"政治经济学批判"，计有四开本1472页；这部手稿的第220—972页就是"剩余价值理论"部分。"这一部分手稿，包含政治经济学核心即剩余价值理论的详细的批判性的历史……我为自己保留了下述权利：把这部手稿的批判部分当作《资本论》第四卷来发表，而且将在这一卷里略去第二卷和第三卷已经交代清楚的许多东西。"

评论：载于1894—1895年《新时代》杂志第1卷第9期。这篇未署名的短文是恩格斯针对《前进报》发表的一篇关于《资本论》第三卷的报道写的回应。这篇报道毫无根据地猜测恩格斯放弃出版马克思《资本论》第四卷的原因是找不到可以作为他的著作最后一卷的任何草稿。恩格斯指出，马克思在1861—1863年写的经济学手稿的第220—972页就是"剩余价值理论"部分，这部分是关于剩余价值理论的详细的批判性的历史，可以作为《资本论》第四卷来发表。

12月6日 《致伦敦德意志工人共产主义教育协会》指出：请您转达我对协会的真诚的谢意，感谢它对我的生日的友好祝贺。我希望，四年前已经纪念过成立五十周年的协会能像我这样活到七十四岁，并且到那时候它仍旧那样精神饱满，朝气蓬勃，能够再庆祝自己的一百周年。

评论：第一次用俄文发表于《马克思恩格斯全集》1946年第1版第29卷。这封信是恩格斯写给伦敦德意志工人共产主义教育协会的，感谢他们的生日祝贺，并祝愿协会能够朝气蓬勃地发展到庆祝自己的一百周年。

12月27日 《就〈工人报〉改为日报一事给奥地利工人的贺信》指出：在每一个党、特别是工人党的生活中，第一张日报的出版总是意味着大大地向前迈进了一步！这是它至少在报刊方面能够以同等的武器同自己的敌人作斗争的第一个阵地。这个阵地你们已经为自己占领了；现在的问题是要占领第二个阵地：选举权、议会。如果你们能以最近十五个月内所显示的那种才能来利用日益有利于你们的政治形势，如果你们善于及时地采取坚决行动，可是又同样及时地（这常常是必要的）等待时机，也就是使情况对你们有利，那末在这方面你们也能保证取得胜利。

评论：载于1895年1月1日《工人报》第1号。这封贺信是恩格斯就《工人报》改为日报一事写给奥地利工人的。他认为在每一个党特别是工人党的生活中，第一张日报的出版是党同敌人作斗争的第一个阵地，而现在的问题是要占领第二个阵地——选举权、议会。如果奥地利工人能够在特定时机及时采取坚决行动就能取得胜利。

1895 年

3月6日 《卡·马克思〈1848年至1850年的法兰西阶级斗争〉一书导言》指出：目前再版的这部著作，是马克思用他的唯物主义观点从一定经济状况出发来说明一段现代历史的初次尝试。使这部著作具有特别重大意义的是，在这里第一次提出了世界各国工人政党都一致用以概述自己的经济改造要求的公式，即：生产资料归社会占有。这里就第一次表述了一个使现代工人社会主义既与形形色色封建、资产阶级、小资产阶级等等的社会主义截然不同，又与空想和自发的工人共产主义所提出的模糊的"财产公有"截然不同的原理。如果说马克思后来把这个公式也推广到交换手段的占有上，那末这种由《共产主义宣言》（即《共产党宣言》）中自然地引伸出来的推广，不过是从基本原理中得出的结论罢了。

历史表明，我们以及所有和我们有同样想法的人，都是不对的。历史清楚地表明，当时欧洲大陆经济发展的状况还远没有成熟到可以铲除资本主义生产方式的程度；历史用经济革命证明了这一点，这个经济革命自1848年起席卷了整个欧洲大陆，在法国、奥地利、匈牙利、波兰以及最近在俄国初次真正确立了大工业，并且把德国变成了一个真正第一流的工业国，——这一切都是在资本主义的基础上发生的，因此这个基础在1848年还具有很大的扩展能力。但是，德国工人除了单以自己作为一个最强有力、最有纪律并且最迅速增长的社会主义政党的存在，就已对工人阶级事业作出这头一个贡献以外，还对它作出了第二个重大贡献。他们给予了世界各国同志们一件新的武器——最锐利的武器中的一件武器，他们向这些同志们表明了应该怎样利用普选权。因为这里斗争的条件也已发生了本质上的变化。旧式的起义，在1848年以前到处都起过决定作用的筑垒的巷战，现在大都陈旧了。

不言而喻，我们的外国同志们是决不会因此而放弃自己的革命权的。须知革命权是唯一的真正"历史权利"，——是所有现代国家一无例外都以它为基础建立起来的唯一权利，连梅克伦堡也是如此，那里的贵族革命是于1755年以《继承条约》这个至今还有效力的光荣的封建主义文书告终的。革命权已如此深入人心，甚至鲍古斯拉夫斯基将军也只是根据这个人民权利才为自己的皇帝引伸出举行政变的权利。

评论：摘要载于1894—1895年《新时代》杂志第2卷第27和28期，并载于1895年在柏林出版的马克思《1848年至1850年的法兰西阶级斗争》一书。这篇导言是恩格斯为这个单行本写的。恩格斯在这篇导言中指出这部著作是马克思用他的唯物主义观点从一定经济状况出发来说明一段现代历史的初次尝试，肯定了他当时对法国革命运动的过程的精准把握，而这得益于马克思对1848—1850年经济状况和政治关系等的研究。恩格斯认为这部著作的重要意义在于第一次提出了世界各国工人政党都一致用以概述自己的经济改造要求的公式，即：生产资料归社会占有，表述了现代工人社会主义与封建、资产阶级、小资产阶级的社会主义不同，也与空想的工人共产主义提出的模糊"财产共有"不同的原理。在导言中，恩格斯也从历史唯物主义的立场分析了19世纪90年代社会主义政党的斗争方式的转变，议会斗争成为无产阶级新的斗争方式。他指出，德国工人的重大贡献在于，不仅组建了最强有力的、最有纪律并最迅速增长的社会主义政党，而且给予了世界各国工人阶级一件新武器——普选权，普选权已经成为无产阶级的宣传手段、行动比例尺和接触民众的途径。斗争方式产生这一转变的背景是斗争条件在本质上的变化，旧式的巷战起义不再起决定性作用，因为军队在作战技术、数量扩增以及武器改进上都占据有利地位，而且大城市中的宽阔街道也不适宜进行巷战。恩格斯认为，实行突然袭击的时代，由自觉的少数人带领着不自觉的群众实现革命的时代，已经过去了。旧策略必须改变，必须进行长期而坚韧的工作。

3月11日 《致伦敦德意志工人共产主义教育协会理事会》指出：很遗憾，这次我不能参加你们的三月节日活动了。由于疾病又一次发作，虽说不严重，可是治疗要求绝对安静，所以我又要被困在家里好几个星期了。我希望，你们的节日活动不至于因我缺席而减色。

评论：第一次用俄文发表于《马克思恩格斯全集》1946年第1版第29卷。这封信是恩格斯写给伦敦德意志工人共产主义教育协会理事会的，说明由于身体原因不能参加该协会的三月节日活动。

4月下半月 《致独立工党执行委员会》指出：我衷心感谢执行委员会的盛情邀请，然而我无法赴邀，因为给我治病的医生坚决反对我此刻接受任何邀请。鉴于入场券可能对别人还有用，因此我不揣冒昧，将它随信奉还。

评论：第一次用俄文发表于《马克思恩格斯全集》1946年第1版第29卷。这封信是恩格斯写给独立工党执行委员会的，说明因病无法赴邀。

第 23 卷

1883 年

11月7日 《资本论》(第一卷)德文《第三版序言》指出：马克思原想把第一卷原文大部分改写一下，把某些论点表达得更明确一些，把新的论点增添进去，把直到最近时期的历史材料和统计材料补充进去。由于他的病情和急于完成第二卷的定稿，他放弃了这一想法。他只作了一些最必要的修改，只把当时出版的法文版中已有的增补收了进去。

最后，我说几句关于马克思的不大为人们了解的引证方法。在单纯叙述和描写事实的地方，引文（例如引用英国蓝皮书）自然是作为简单的例证。而在引证其他经济学家的理论观点的地方，情况就不同了。这种引证只是为了确定：一种在发展过程中产生的经济思想，是什么地方、什么时候、什么人第一次明确地提出的。这里考虑的只是，所提到的经济见解在科学史上是有意义的，能够多少恰当地从理论上表现当时的经济状况。至于这种见解从作者的观点来看是否还有绝对的或相对的意义，或者完全成为历史上的东西，那是毫无关系的。因此，这些引证只是从经济科学的历史中摘引下来作为正文的注解，从时间和首倡者两方面说明经济理论中各个比较重要的成就。这种工作在这样一种科学上是很必要的，这种科学的历史著作家们一直只是以怀有偏见、不学无术、追名逐利而著称。——现在我们也会明白，和第二版跋中所说的情况一样，为什么马克思只是在极例外的场合才引证德国经济学家的言论。

评论： 载于1884年德国汉堡出版的《资本论》(第一卷)德文第三版。《资本论》(第一卷)德文第三版出版时，马克思已经逝世。恩格斯在序言中表达了对最好的、最亲密的朋友的深切怀念，然后简述了自己是如何履行出版《资本论》德文第三版的任务的。恩格斯基本按照马克思留下的两本书进行修改。从修改内容看，德文第三版比较重要的修改均来自法文版。另外，恩格斯在本版中加了少量脚注，以反映新的科研成果和材料，而这也正契合马克思把直到最近时期的历史材料和统计材料补充进去的原意。恩格斯强调指出，他对这一版本的修改十分慎重，凡是他不能确定马克思自己是否会修改的地方,他一个字也没有改。恩格斯认真负责的态度和科学严谨的精神让人敬重!此外,恩格斯还介绍了马克思不大为人们了解的引证方法,以便读者准确理解相关内容。

1886 年

11月5日 《资本论》(第一卷)《英文版序言》指出:我们这个译本只包括这部著作的第一卷。但这第一卷是一部相当完整的著作,并且二十年来一直被当作一部独立的著作。1885年我用德文出版的第二卷,由于没有第三卷,显然是不完全的,而第三卷在1887年年底以前不能出版。到第三卷德文原稿刊行时,再考虑准备第二、三两卷的英文版也为时不晚。

《资本论》在大陆上常常被称为"工人阶级的圣经"。任何一个熟悉工人运动的人都不会否认:本书所作的结论日益成为伟大的工人阶级运动的基本原则,不仅在德国和瑞士是这样,而且在法国,在荷兰和比利时,在美国,甚至在意大利和西班牙也是这样;各地的工人阶级都越来越把这些结论看成是对自己的状况和自己的期望所作的最真切的表述。而在英国,马克思的理论正是在目前对社会主义运动产生着巨大的影响,这个运动在"有教养者"队伍中的传播,不亚于在工人阶级队伍中的传播。但这并不是一切。彻底研究英国的经济状况成为国民的迫切需要的时刻,很快就会到来。

评论:载于1887年英国伦敦出版的英译本《资本论》(第一卷)。序言简述了英译本的翻译情况、所依据的版本、某些术语的应用、马克思的引证方法,以及《资本论》对工人阶级运动和社会主义运动的影响。

《资本论》(第一卷)英译本翻译工作由马克思多年的朋友赛米尔·穆尔承担,恩格斯负责译稿校订和提修改意见。后因穆尔业务繁忙,部分翻译由艾威林完成,其中大多是历史资料内容较多的部分,比如工作日等章节,理论部分仍由穆尔翻译;同时马克思的小女儿艾威林夫人负责核对引文,把德文版本中引自英国作者和蓝皮书并由马克思译成德文的许多文句恢复成英文原文。英译本依据的是德文第三版。需要指出的是,英文版的结构与德文版不同,英文版的篇章是按法文版划分的,更为通俗易懂;此外,英文版的引文跟德文版也不完全相同。1886年8月,恩格斯完成英文版的校对,1887年正式出版。

关于某些术语的应用,恩格斯做了说明。他认为,一门科学提出的每一种新见解都包含着这门科学的术语的革命,马克思在《资本论》的某些术语如"剩余产品"等有着特定的含义,不同于日常生活中的含义,也不同于普通政治经济学中的含义。普通政治经济学通常满足于照搬运用工商业生活术语,完全看不到其局限性,从而抹杀了问题本质上的区别。对于马克思的引证方法,恩格斯强调指出,马克思引证经济学者文句的取舍在于论点是否"能够多少恰当地表现某一时期占统治地位的社会生产和交换的条件"。

1890 年

6月25日 《资本论》(第一卷)德文《第四版序言》指出:最近出版英文版时,曾对许多引文作了全面的校订,这是很必要的。马克思的小女儿爱琳娜不辞劳苦,对所有引文的原文都进行了核对,使占引文绝大多数的英文引文不再是德文的转译,而是它原来的英文原文。因此,在出第四版时,我必须参考这个恢复了原文的版本。在参考中发现了某些细小的不确切的地方:有的引文页码弄错了(这一部分是由于从笔记本上转抄时抄错了,一部分是由于前三版堆积下来的排印的错误);有的引号和省略号放错了位置(从札记本上抄录这么多的引文,这种差错是不可避免的);还有某些引文在翻译时用字不很恰当。有一些引文是根据马克思在1843—1845年在巴黎记的旧笔记本抄录的,当时马克思还不懂英语,他读英国经济学家的著作是读的法译本;那些经过两次转译的引文多少有些走了原意——如引自斯图亚特、尤尔等人著作的话就是如此。这些地方我都改以英文原文为根据。其他一些细小的不确切和疏忽的地方也都改正了。把第四版和以前各版对照一下,读者就会看出,所有这些细微的改正,并没有使本书的内容有丝毫值得一提的改变。只有一段引文没有找到出处,这就是理查·琼斯的一段话(第4版第562页注47);多半是马克思把书名写错了。所有其余的引文都仍然具有充分的说服力,甚至由于现在更加确切而更加具有说服力了。

评论:载于1890年12月德国汉堡出版的《资本论》(第一卷)德文第四版。该版出版之际,恩格斯年事已高,他希望这一版本能够成为标准版本,不再有什么改动。1889年9月,恩格斯开始着手准备第4版,1890年6月25日写了这篇序言。这是恩格斯校订的最后一个版本,也成为全世界通用的版本。序言对第四版的改动做了简要说明。本版编辑过程中,恩格斯再次对照法文版,并根据马克思亲手写的笔记,把法文版的一些地方补充到德文原文中去,并列出了确切的页码,补加了一些说明性注释。恩格斯根据资本主义发展的新情况明确地提出了正文所阐述的垄断问题;第四版还参考了恢复了原文的英文版本,并对一些不确切和疏忽的地方做了改正。最后,对于资产阶级攻击马克思故意捏造格莱斯顿1863年4月16日演说引文一事,恩格斯给予了猛烈抨击。为了揭露对马克思的诽谤,恩格斯还专门写了一部著作《布伦坦诺contra马克思。关于所谓捏造引文问题。事情的经过和文件》,这部著作1891年在汉堡出版。

第 24 卷

1885 年

5月5日 《资本论》(第二卷)德文第一版《序言》指出：只要列举一下马克思为第二卷留下的亲笔材料，就可以证明，马克思在公布他的经济学方面的伟大发现以前，是以多么无比认真的态度，以多么严格的自我批评精神，力求使这些伟大发现达到最完善的程度。正是这种自我批评的精神，使他的论述很少能够做到在形式和内容上都适应他的由于不断进行新的研究而日益扩大的眼界。

在这里，我要驳斥对马克思的一种指责。这种指责，最初只是个别人暗地里进行的。现在，在马克思逝世以后，却由德国讲坛社会主义者-国家社会主义者及其信徒，当作不容置疑的事实加以宣扬，说什么马克思剽窃了洛贝尔图斯。关于这件事，我已经在另一个地方说了急需说的话，但只有在这里，我才能提出有决定意义的证据。

评论：载于1885年德国汉堡出版的《资本论》(第二卷)德文第一版。本序言写于1885年5月5日马克思生日当天。序言详细说明了《资本论》第二卷的编辑出版情况，包括马克思生前相关文稿的状况，恩格斯处理这些文稿的原则及方法等。序言最后，针对当时有人指责马克思剽窃洛贝尔图斯，恩格斯进行了强烈驳斥和谴责。从序言中可以看出，马克思留下的有关第二卷的文稿情况十分复杂。尽管如此，恩格斯仍然坚持原则，总是设法完全根据作者的精神去解决这些困难。在文体上，恩格斯仅仅改动了马克思自己也会改动的地方，只是在绝对必要而且意思不会引起怀疑的地方，才加进几句解释性的话和承上启下的字句。对于意思上略有疑难的句子，恩格斯会原封不动地编入。恩格斯尽可能把编辑工作限制在单纯选择各种文稿方面，选择文稿的标准是把最后的文稿作为根据，并参照以前的文稿。

1893 年

7月15日 《资本论》(第二卷)德文《第二版序言》指出：这里印出的第二

版，基本上是按第一版原样翻印的。印刷错误改正了，若干文体上不讲究的地方纠正了，若干短的、内容重复的段落删掉了。第三卷虽然遇到完全料想不到的困难，但手稿现在也已大体整理就绪。只要我还健康，今年秋天就可以开始付印。

评论：载于1893年德国汉堡出版的《资本论》（第二卷）德文第二版，序言标题为德文版编者所加。序言简述了本版的基本情况。序言还提到《资本论》第三卷的情况，虽然遇到完全料想不到的困难，但文稿已大体整理完成，如果身体健康，当年秋天就可以出版。最后，恩格斯列出了第二版中采用马克思第II—VIII稿的具体章节和页码。

第25卷

1894年

10月4日 《资本论》（第三卷）德文第一版《序言》指出：我的工作首先是按照原文把全部手稿口授一遍，弄出一个易读的抄本；这个手稿的原文，甚至我也往往费很大劲才能辨认。这件事就花费了相当多的时间。抄完以后，才能开始真正的编辑工作。我把这种编辑工作限制在最必要的范围内。凡是意义明白的地方，我总是尽可能保存初稿的性质。个别重复的地方，我也没有划去，因为在那些地方，象马克思通常所做的那样，都是从不同的角度论述同一问题，或至少是用不同的说法阐明同一问题。在我所作的改动或增补已经超出单纯编辑的范围的地方，或在我必须利用马克思提供的实际材料，哪怕尽可能按照马克思的精神而自行得出结论的地方，我都用四角括号括起来，并附上我的姓名的缩写。我加的脚注有时没有用括号；但是，凡是注的末尾有我的姓名的缩写的地方，这个注就全部由我负责。

在这个手稿里面有许多提示，表示这些地方留待以后阐述，可是这些诺言并没有全都实现，这对一个初稿来说是不言而喻的。我让这些地方保持原样，因为它们可以表明作者打算将来进行加工的意图。

评论：载于1894年德国汉堡出版的德文版《资本论》（第三卷）。序言详细说明了《资本论》第三卷的整理编辑出版情况，包括本卷相关文稿的具体情况，编辑这些文稿时遇到的困难及处理办法等。序言最后，对威·莱克西斯、康拉德·施米特、彼·法尔曼、尤利乌斯·沃尔弗、阿基尔·洛里亚、乔治·斯蒂贝林等人有关平均利润、平均利润率问题的观点作了深入的批判分析，认为在这个问题上，也只有马克思学派才取得了一些成就。

恩格斯在编辑出版第三卷手稿时遇到了前所未有的困难，有身体的原因，文稿本身的原因，还有其他原因。恩格斯晚年长期视力衰退，限制了他的写作时间；身体衰退，影响了他的工作效率。另外，第三卷文稿只有一个初稿，而且极不完全，这给恩格斯的编辑工作带来极大困难。此外，恩格斯本人还有一些无法推卸的工作，例如，马克思和恩格斯本人以前各种著作的重新出版和翻译，需要恩格斯进行订正、作序、增补等，还要指导社会主义者和工人运动，等等。这些影响了出版的进程。尽管如此，恩格斯还是以非凡的毅力，克服种种困难，完成了第三卷的编辑出版工作。

第 27 卷

恩格斯给马克思的信

1844 年

10 月初 致信马克思,指出:我在科伦逗留了三天,我们在那里所开展的巨大的宣传工作使我惊奇。那里人们非常活跃,但也明显地表现出缺少必要的支柱。只要我们的原则还没有从以往的世界观和以往的历史中逻辑地和历史地做为二者的必然继续在几个著作中发挥出来,人们就仍然不会真正清醒,多数人都得盲目摸索。我写完上面几段以后,去了一下爱北斐特,又遇到几个素不相识的共产主义者。不管走到哪里,转到哪里,到处都可以碰到共产主义者。你要设法赶快把你所收集的材料发表出来。早就是这样做的时候了。我也要把工作加紧干起来,今天就要重新开始写作。关于共产主义实际上能否实行的问题,所有德国人都还不清楚。为了消除这种陈腐之见,我将写一本小册子,说明在这方面实际上已经做了什么,并通俗地叙述共产主义在英国和美国的当前实践。这将占用我三天左右的时间,但是这对于向我们的人说明问题有很大帮助。

评论:这是迄今所知最早的一封恩格斯写给马克思的信,讲述了在巴黎与马克思会面后回到德国的一些活动和见闻。1844 年 8 月底,恩格斯从英国返回德国,途经巴黎时,与马克思进行了历史性的会面。他们决定共同写作一部著作,批判青年黑格尔派,题目定为《对批判的批判所做的批判。驳布鲁诺·鲍威尔及其伙伴》,也就是《神圣家族》。在信中,恩格斯介绍了共产主义在巴门、爱北斐特等地的传播情况,以及这些地方工业快速发展的状况。

11 月 19 日 致信马克思,指出:高贵的施蒂纳(你记得吧,就是那个在布尔的集子里评述过《秘密》的柏林的施米特)的原则,就是边沁的利己主义,只不过在一方面看来更彻底些,而在另一方面又不大彻底。说他更彻底,是因为施蒂纳作为一个无神论者,把个人置于上帝之上,或者更确切地说,宣称个人是至高无上的,而边沁却让上帝在朦胧的远处凌驾于个人之上;总之,是因为施蒂纳是以德国唯心主义为依据，是转向唯物主义和经验主义的唯心主义者，而边沁是一个单一的经验主义者。说施蒂纳不大彻底，是因为他想避免边沁所实行的对碎裂为原子的社会的改造，但这是办不到的。这种利己主义只不过是现代社会和现代人的达到了自我意识的本质，是现代社会所能用来反对我们的最后论据，是现存的愚蠢事物范围内的一切理论的顶峰。这种利己主义已经如此登峰造极，如此荒谬，同时又达到如此程度的自我意识，以致由于本身的片面性而不能维持片刻，不得不马上转向共产主义。

评论：恩格斯从巴门第二次写信给马克思。在信中，恩格斯重点讲述了他对施蒂纳新近出版的《唯一者及其所有物》一书主要观点的看法。他认为，应辩证地看待施蒂纳的极端利己主义观念。此外，他还向马克思介绍了写作《英国工人阶级状况》一书的进展情况，以及接下来的写作计划。

1845 年

1月20日 致信马克思，指出：使我感到特别高兴的是：共产主义书刊传入德国，在目前已经是既成事实。一年前，这种书刊是在德国以外，在巴黎开始流行的，实际上，那时它刚刚产生，而现在它已成为德国佬的一种负担了。报纸、周刊、月刊、季刊，以及正在向前推进的重炮预备队，统统都安排停当了。事情发展之快简直难以形容！秘密的宣传也并不是没有收获：每当我到科伦去的时候，每当我走进这里的某一家小酒铺的时候，都看到新的成就、新的拥护者。科伦的集会已经创造了这样的奇迹：共产主义小组一个个地逐渐出现，这些小组是未经我们直接协助就悄悄地发展起来的。

评论：恩格斯谈到他和赫斯打算4月份出版《社会明镜》月刊，批判资产阶级制度。他告诉马克思皮特曼将出版《莱茵年鉴》季刊，宣传共产主义，希望马克思投稿。他还提到他的著作《英国工人阶级状况》很快将完稿。他向马克思介绍了共产主义思想在德国迅速传播的状况。他敦促马克思尽快完成二人合作的著作《神圣家族》，以便腾出手来批判德国资产阶级。

2月22—26日 致信马克思，指出：爱北斐特这里正在出现奇迹。昨天，在我们这个城市一个上等饭店的最大的客厅里召开了共产主义者第三次大会。第一次大会有四十人参加，第二次大会有一百三十人参加，第三次大会至少有二百人参加。整个爱北斐特和巴门，从金融贵族到小商人都有人参加，所缺少的只是无产阶级。赫斯做了报告。会上朗诵了弥勒和皮特曼写的诗以及雪莱的诗的一些片断，也宣读了登在《公民手册》上的关于今日尚存的共产主义移民区的文章。共产主义成了人们的主要话题，每天都得到新的支持者。最迟钝、最无所用心、最庸俗的人士，对世界上任何事情从不感到兴趣，现在也简直欢迎起共产主义来了。

评论：信中谈到他得知马克思被法国驱逐出境后，为马克思进行募捐活动，并愿意把《英国工人阶级状况》一书的稿酬给马克思支配。恩格斯谈到费尔巴哈在回复他的信中提出要研究和捍卫共产主义。信中还描述了在爱北斐特召开的共产主义者第三次大会的盛况。恩格斯兴奋地告诉马克思：共产主义成了人们的主要话题，每天都得到新的支持者。乌培河谷的共产主义已经成为现实，也几乎成为一种力量了。恩格斯告诉马克思他们计划翻译出版一套《外国杰出的社会主义者文丛》，希望马克思推荐一些法国人的著作。

3月17日 致信马克思，指出：我认为，必须马上就从那些能对德国人起实际的、决定性的影响，并且能使我们免得重述前人说过的话的著作开始。我主张我们只出版那些其积极内容到今天仍很有意义的著作。《批判的批判》——我好象写信告诉过你，我已收到这本书——真太好了。你对犹太人问题、唯物主义的历史和《秘密》的论述是精辟的，一定会产生极大的影响。但是，尽管如此，这本书的篇幅还是太大了。我们两人对《文学报》所持有的严正的鄙视态度，同我们竟然对它写了二十二个印张这一点很不协调。另外，对思辨的空论和抽象的普遍本质所做的批判，其中大部分将仍然为大多数读者所不能理解，不会使所有的人都感兴趣。除此之外，这本书的确写得非常精彩，能使人捧腹大笑。鲍威尔弟兄将无词以对。

评论：信中与马克思讨论了《外国杰出的社会主义者文丛》的著作选择和编排问题，还谈到了由于研究和宣传共产主义而与父亲发生的冲突。

1846年

8月19日 致信马克思，指出：艾韦贝克曾经提醒蒲鲁东要当心格律恩。格律恩又到这里来了，他住在麦尼尔蒙坦郊区，正在给《特利尔日报》写一些恶心之极的文章。莫伊勒把格律恩的书中的有关部分给卡贝翻译出来了，你可以想象，卡贝是多么恼怒。格律恩在《国民报》也得不到任何信任。

我在《爱比格尼》上粗略地看了一遍费尔巴哈的《宗教的本质》。这篇东西，除了有几处写得不错外，完全同过去一样。一开头，当他只限于谈论自然宗教的时候，他还不得不较多地守着经验主义的基地，但是接下去便十分混乱了。又全是本质呀，人呀，等等。我要比较仔细地读一读，如果其中一些重要的地方有意思，我就在最近把它摘录给你，使你能够用在有关费尔巴哈的地方。

评论：信中讲述了在巴黎的主要活动及所见所闻。恩格斯于1846年8月15日受布鲁塞尔共产主义通讯委员会委托来到巴黎，向工人宣传共产主义，向正义者同盟巴黎各支部的盟员宣传共产主义，组织通讯委员会与魏特林主义、蒲鲁东主义和"真正的社会主义"进行斗争。在信中，恩格斯还向马克思介绍了费尔巴哈的新作

《宗教的本质》，并从文中摘录两小段供马克思在写作《德意志意识形态》过程中批判费尔巴哈时使用。

9月16日 致信布鲁塞尔共产主义通讯委员会，指出：蒲鲁东在一本还没付印的新书里（该书由格律恩翻译），想出了一个妙方，能够凭空弄到钱，使所有工人早日进入地上天堂。没有人知道到底是怎么回事。格律恩也严守秘密，但却极力吹嘘他知道了一块新的点金石。大家都在紧张地期待着。终于，上星期艾泽曼老爷子来到了木工中间，这时我也在座，渐渐地，这个装模作样的老家伙带着天真而神秘的神情全盘泄露了出来。这一切完全是施特劳宾人的田园诗，它一开始就完全排斥大工业、建筑业、农业等等；这些生产者不分享资产者的利润，却不能不承担资产者的亏损；——所有这一切，以及其他成百个自然产生的异议，他由于沉醉于他那自以为是的幻想中，都完全忘记了。这一套真是可笑之极！家长格律恩自然是相信这个新的救世办法，他心里已经认为自己领导着有两万个工人的协作社了（他们想马上就大规模地干），而且他的整个家族自然将免费得到衣食和住宅。但是，蒲鲁东如果把这一套办法公开出来，他就一定会使自己，使所有法国的社会主义者和共产主义者都在资产阶级经济学家面前永远地丢尽脸皮。这也就是他抱怨和攻击革命的原因，原来他心里藏着一个和平的药方。

评论：恩格斯谈到他在巴黎的活动和见闻。他参加了正义者同盟巴黎支部的多次聚会，努力说服它的成员加入共产主义通讯委员会，并得到很多人支持。恩格斯谈到，蒲鲁东在刚完成还未出版的新书，即《贫困的哲学》中提出一套方案，鼓吹通过建立各行业全体手工业者组成的协作社，自己组织生产和销售，从而消除资本主义剥削和贫富分化问题。恩格斯对该方案进行了分析，揭示出这一方案根本无法实施，是一种空想。

9月18日 致信马克思，指出：在艾泽曼老爷子重复过无数次、显然是由格律恩灌输给他的这些词句里，你会看出蒲鲁东原来的花言巧语在里面清晰地闪现出来。这些人所想的不多不少地正是：用无产阶级的储金并通过让他们放弃他们的资本所产生的利润和利息的办法，暂时购买整个法国，以后也许还要购买其余的世界。这样一个卓越的计划真是从来没有人想到过，而且，既然打算表演这样的戏法，那末用月亮的银光立刻铸出五法郎硬币，岂不是更简捷得多吗？而这里工人中的一些愚蠢的青年（我指的是德国人）却相信这种无稽之谈。他们口袋里连晚上在酒铺聚会时喝酒用的六个苏都没有，却想用他们的储金来购买整整一个美丽的法国！路特希尔德一伙和这些大买主比起来，竟是真正的蠢材了。真是令人生气。格律恩把这些家伙弄得这样糊涂，甚至最无聊的空话对他们来说也比用来论证经济学说的最简单的事实更有意义。现在还必须认真地反对这种荒谬绝伦的废话，真是可耻。但是要有耐心，我决不会把这些人丢开不管，直到我把格律恩逐出战场并使他们发昏的头脑清醒起来为止。

评论：恩格斯分析了出版《德意志意识形态》遭遇的困难，并再次批判了蒲鲁东的荒唐方案。

10月18日 致信马克思，指出：这里的施特劳宾人对我掀起了可怕的叫嚣。特别是三四个"受过教育的"、曾经被艾韦贝克和格律恩传授了"真正人性"的奥秘的工人。但是我还是取得了胜利：由于耐心对待，再加上一点威胁，大多数人都跟我走了。格律恩已经拒绝了共产主义，而这些"受过教育的"家伙也非常想追随他。但是我直接投入战斗，把艾泽曼老家伙吓得再也没有露面，并且我直截了当地提出了赞成共产主义还是反对共产主义的问题让大家讨论。今天晚上就要表决：集会是共产主义的呢，还是象那些"受过教育的"人所说，是"为了人类的幸福"的。我有把握获得多数。我已宣布，如果他们不是共产主义者，那我同他们就没什么好说的，也不再来了。今天晚上格律恩的门徒们要被彻底击败，然后我将完全从头开始。

评论：恩格斯较为详细地介绍和批判了费尔巴哈《宗教的本质》一文的观点，认为它是反对目的论的长篇空谈、旧唯物主义的翻版。恩格斯提出分册出版《德意志意识形态》的设想。他还向马克思报告了他同格律恩及其同伙作斗争，争取到正义者同盟多数成员支持共产主义的情况。

10月23日 致信布鲁塞尔共产主义通讯委员会，指出，蒲鲁东的协作社计划争论了三个晚上，最初差不多所有的人都反对我，到最后只剩下艾泽曼和其余三个格律恩分子。我所要证明的主要就是暴力革命的必要性，同时证明：在蒲鲁东的万应灵药中找到了新生命力的格律恩的"真正的社会主义"根本是反无产阶级的、小资产阶级的和庸人的东西。最后，我因我的对手们老是重复同样的论据而发火了，并且直接攻击了这些施特劳宾人，这引起了格律恩分子的极大的愤怒，但是我借此迫使这位高贵的艾泽曼对共产主义进行了公开的攻击。于是我就把他痛骂了一顿，使得他再也没有露面了。

他们首先想要知道，共产主义究竟是什么。我把共产主义者的宗旨规定如下：（1）维护同资产者利益相反的无产者的利益；（2）用消灭私有制而代之以财产公有的手段来实现这一点；（3）除了进行暴力的民主的革命以外，不承认有实现这些目的的其他手段。

评论：恩格斯介绍了他争取到正义者同盟巴黎支部多数人的支持，战胜格律恩及其同伙的过程，揭露了格律恩的"真正的社会主义"根本是反无产阶级的、小资产阶级的和庸人的东西。针对格律恩分子以共产主义者自命，却疯狂攻击共产主义，试图混淆共产主义与"真正的社会主义"的本质区别，误导其他成员的卑劣行径，恩格斯明确提出共产主义者的宗旨。

10月23日左右 致信马克思，指出：你从我给委员会的信里可以看出，我在这里的施特劳宾人中间取得了怎样的成就。我对他们简直毫不留情。我抨击他们的最坏的偏见,说他们根本不是无产者。不过格律恩也给我帮了大忙。格律恩已经造成了可怕的危害。他把这些人脑子里的一切明确的东西都变成朦胧的幻梦,全人类的意向等等。他以反对魏特林的和其他空谈的共产主义为幌子,给这些人的脑袋塞满了意义含混的美文学上的和小资产阶级的辞句,而把其余的一切都指责为空谈学理。甚至那些从来就不是或者只有个别人是魏特林信徒的木工,也怀着对"粗鄙的共产主义"的迷信般的恐惧,并且至少在通过决议之前宁肯相信极其荒唐的梦呓、为人类造福的和平计划等等,而不相信这种"粗鄙的共产主义"。这里的情况是无限地混乱。

评论:恩格斯支持马克思写的反克利盖的第二个通告,并讲述了他与格律恩分子的斗争,指出格律恩的危害。

12月 致信马克思,指出:直接同这些家伙决裂不会给我们带来好处或光荣。同这些家伙在理论上的分歧很少有可能,因为他们没有理论,而且他们还想向我们学习,尽管内心有所怀疑。他们连表述自己的这点怀疑都不会,因此同他们不可能发生什么论战,要有也只是口头上的。如果公开分裂了,他们会利用渴求共产主义知识这种空泛言词来攻击我们,说他们原来是愿意向这些博学的先生学习的,如果说这些先生们还有点什么高明东西的话,如此等等。我们从这件事中学到的是,只要在德国不存在真正的运动,对施特劳宾人就无法做出什么事来,甚至对其中的佼佼者也是如此。最好是平心静气地随他们怎样干去,只把他们作为一个整体,整个地加以批判,而不要引起争吵,发生争吵我们只会陷到污泥中去。这些人对我们自称是"人民","无产者",而我们只能诉诸将在德国形成的共产主义无产者。另外,在普鲁士很快就要立宪,也许还可以用这些人来签签名什么的。

评论:恩格斯谈到了他受格律恩分子牵连可能被驱逐出境的事情经过,谈到处理与伦敦正义者同盟领导人关系的意见。信中还谈到联系出版《德意志意识形态》一书的情况等。

1847 年

3月9日 致信马克思,指出:不管是你的书还是我们的手稿都多么迫切需要尽快问世。这些家伙们总是哀叹如此卓越的思想却这样长久地被埋没,最后愁得没有办法了,只好从自己身上把他们自己认为已经消化了的东西全部排泄出来。所以不能放过不来梅人。如果他不回答,就再给他写封信,万不得已时,最低的条件也得同意。我已经读过不少篇这一类注明来自巴黎的文章;这些文章都再好不过地符合政府的利益和"真正的社会主义"的风格。

评论:恩格斯建议尽快出版《哲学的贫困》和《德意志意识形态》,并提议优先出版《哲学的贫困》。信中还提到他将把《德国的制宪问题》一文手稿寄给马克思，请马克思修改并设法出版。他还请求马克思尽快到巴黎来，等等。

9月28日 致信马克思，指出：此地德国人中间所有对我们和我们的言论怀有不满的分子组成了一个联盟，为的是推倒你、我和一切共产主义者，并与工人协会作竞争。他们决定偷偷摸摸地举行一次世界主义民主派的晚宴，并且在那里完全出人意外地建议组织一个"民主派兄弟协会"之类的团体，要举行工人大会，如此等等。今天晚上举行了支部会议。由我主持。除瓦劳以外，大家对于处置伯恩施太德事件的喜悦心情是一致的。这些人开始意识到自己的作用。他们是第一次作为一个组织，作为一种力量来对付别人。那些从来不发言的人也攻击了伯恩施太德。甚至阴谋也帮助了我们：一方面，伯恩施太德到处散布说，是德意志民主主义工人协会举行了大会，而另一方面，我们却否认了这一切；由于这两种情况，使得协会在比利时的民主主义者那里到处被谈论着，而且被看作一个十分重要的、多少有些神秘的力量。

评论：1847年7月底，恩格斯从巴黎来到布鲁塞尔，一直住到10月中旬。他和马克思于8月底建立了德意志工人协会，对侨居比利时的德国工人进行政治教育和向他们宣传科学共产主义思想。这封信是在马克思迫于经济压力前往荷兰亲戚那里为自己筹集钱款的时候写的。在信中，恩格斯详细叙述了他和战友们在民主协会成立过程中挫败伯恩施太德等人试图操控民主协会以排挤甚至取代德意志工人协会的阴谋活动的经过。

10月25—26日 致信马克思，指出：对这些人，我已经用不着作任何让步。我对路·勃朗说，我们同他们在一切实际问题和时局问题上是一致的；在纯理论问题上我们也正朝一个目标走；他的著作第一卷中所阐述的那些原则，在许多方面同我们的原则是一致的；至于其他的问题，他可以在你的著作中找到比较详细的叙述。关于宗教问题，我们认为是完全次要的问题，这个问题在任何时候都不应该成为同一党派内的人们互相争执的理由。尽管如此，对于理论问题进行友好的讨论是完全可能的，甚至是合乎愿望的，对此他表示完全同意。

现在我们总共只有三十个人。我立即建立了一个宣传支部，整天奔跑，指点这指点那。我立即被选进了区部，任务是搞通讯。有二十到三十个人正待接收入盟。我们很快又会更加壮大起来了。对莫泽斯，我开了一个很厉害的玩笑（此事请保密）。他的确写成了一篇绝妙的教义问答修正稿。而我就在上星期五的区部会议上对这篇稿子按问题逐个进行了分析，我还没有来得及谈到一半，大家就表示满意了。在没有任何反对的情况下，委托我草拟一篇新的教义问答在本星期五的区部会议上进行讨论，并且要背着各支部直接寄往伦敦。当然，这件事要严守秘密，否则我们全都要被免职，并且会造成一场大闹。

评论：恩格斯于10月中旬到达巴黎，目的是加强与法国革命民主运动和工人运动的代表们的联系。在信中，恩格斯讲述了他在巴黎的活动，包括与路·勃朗会谈并争取到他对共产主义者同盟的支持，说服《改革报》编辑支持同盟并同意发表马克思的文章，等等。

11月14—15日 致信马克思，指出：为了《哲学的贫困》的问题曾多次派莱茵哈特去弗兰克那里，直到昨天我才终于出乎意外地知道，弗兰克这条狗起初把很多册免费书寄给了法国人，到处每册索取十五苏的费用，又从各处把这些书收了回来。在这以后，那些被要回来的书就和其他那些根本还没有发出去的书一起，搁置在他那里；直到现在，即几天前，他才把这些书寄给有关的人，不再要十五苏了。所以，沉默的阴谋是弗兰克先生搞的！

共产主义者同盟巴黎区部选举出席同盟第二次代表大会的代表，昨晚进行了代表选举。经过一个极其混乱的会议以后，我以三分之二的票数当选。这一次我完全没有暗中进行活动，而且也没有什么理由这样做。反对纯粹是做做样子；一位工人被提了名也是做做样子，而提议他的那些人都投票选了我。

评论：恩格斯谈到了他近期的活动，包括为扩大《哲学的贫困》一书的影响而拜访路·勃朗；他自己当选为共产主义者同盟巴黎区部出席同盟第二次代表大会的代表；联系《改革报》发表马克思本来打算在布鲁塞尔国际经济学家会议上的发言全文，但马克思在会议上没有得到发言机会；以及去伦敦出席共产主义者同盟第二次代表大会期间的一些活动计划；等等。

11月23—24日 致信马克思，指出：请你把《信条》考虑一下。我想，我们最好是抛弃那种教义问答形式，把这个东西叫做《共产主义宣言》。因为其中必须或多或少地叙述历史，所以现有的形式是完全不合适的。我将把我在这里草拟的东西带去，这是用简单的叙述体写的，但是校订得非常粗糙，十分仓促。我开头写什么是共产主义，随即转到无产阶级——它产生的历史，它和以前的劳动者的区别，无产阶级和资产阶级之间的对立的发展，危机，结论。其中也谈到各种次要问题，最后谈到了共产主义者的党的政策中应当公开说明的那些内容。这里的这个东西还根本没有提请批准，但是我想，除了某些小而又小的地方，要做到其中至少不包含任何违背我们观点的东西。

评论：恩格斯在信中约定二人27日在奥斯坦德见面，商讨一起去伦敦出席共产主义者同盟第二次代表大会的有关事项。恩格斯满怀信心地认为，这次代表大会将是决定性的，将完全按照他和马克思的方针来掌握大会。恩格斯还建议他们二人为共产主义同盟起草纲领时抛弃那种教义问答形式的《信条》，改为《共产主义宣言》。恩格斯还介绍了自己撰写的《共产主义原理》的主要内容，并告知马克思，《哲学的贫困》一星期前已经售出96本，而不是莱茵哈特告诉他的37本。

1848 年

1月14日 致信马克思，指出：这里同盟的情况很令人难受。我从来没有遇到过这样的松懈和互相之间的无谓嫉妒。魏特林主义和蒲鲁东主义确实是这些蠢驴的生活条件的最完整的反映，所以对此毫无办法。他们之中的一些人是道地的施特劳宾人，衰老下去的粗人，而另一些人是新兴的小资产者。一个象爱尔兰人那样靠着压低法国人工资来生活的阶级，是毫不中用的。现在我再做一次最后的尝试，如果这次不成功，我就放弃这种宣传。希望伦敦的文件快点来，使这项工作重新活跃一些；那时我将利用时机。这些人由于到现在还没有看到代表大会的任何结果，当然会十分松劲。我现在正同施土姆普弗和诺伊贝克介绍给我的一些新工人来往，但还不能说会有什么结果。

评论：恩格斯谈到他近期的活动，指出共产主义者同盟巴黎区部受到魏特林主义和蒲鲁东主义的影响，作风松懈、相互嫉妒；恩格斯希望《共产党宣言》印刷本能尽快运来，以便他能宣传共产主义，使工作重新活跃一些。

1月21日 致信马克思，指出：由我来叙述我们的观点要比路·勃朗叙述得正确。我将直接拿我们的观点去对照他的观点——这就是能够做到的一切，在《改革报》上是不能做反对《改革报》的结论的。文章我马上就动手写。目前我们唯一的长处还是理论方面，但是，这些社会科学的捍卫者们，"充足生产律"等等的捍卫者们，对这一点却是非常看重的。这些人追求这个无人知晓的定律真是太妙了。他们想要找到一个定律，用这个定律使生产增加到十倍。他们象寓言里的马车夫一样，到处寻找一个能替他们把社会马车从泥泞中拉出来的海格立斯。而海格立斯就在他们掌握之中。"充足生产律"就在于使人们"充足地"生产。如果他们不能做到这点，那末任何符咒都帮助不了他们。取得特许证的发明家们对充足生产所作的贡献，比绞尽脑汁追求科学的整个路·勃朗要多得多。

评论：恩格斯谈到他与路·勃朗会面的情况。路·勃朗此前答应为马克思新近出版的《哲学的贫困》一书写书评，计划发表在《改革报》上，以扩大影响。但由于书中批判了蒲鲁东的谬误，这次见面时，路·勃朗找借口拒绝了写书评的事，但他同意帮忙在《改革报》上刊登恩格斯写的书评。恩格斯同意了，认为由自己来叙述他和马克思的观点才是正确的。在信中恩格斯让马克思把《关于自由贸易的演说》出版稿寄给他，他要分送给《改革报》和《和平民主日报》。

3月8—9日 致信马克思，指出：科伦发生的事件是令人不愉快的。三个杰出的人坐了牢。我们的科伦的老朋友们看来是全然袖手旁观的，虽然曾经共同决定采取行动。小德斯特尔、丹尼尔斯、毕尔格尔斯在那里呆了一会儿就走开了，尽管那时在市政府正需要小博士在场。德国别处的消息很好。在拿骚，是一次成功的革命；在慕尼黑，大学生、艺术家和工人正在进行真正的起义；在加塞尔，革命一触即发；在柏林，是极度的恐慌和动摇；在整个西德意志，已宣布出版自由和建立国民自卫军。目前这样已经足够了。

就让弗里德里希-威廉四世仍然顽固下去吧！那时一切都赢得了，过几个月就会发生德国革命。看他敢牢牢抓住自己的封建形式不放！不过鬼才知道这个可笑而疯狂的家伙会干出什么来。

评论：1848年1月底，恩格斯由于在巴黎进行革命活动而被驱逐出法国，迁居布鲁塞尔。同年3月，马克思和妻子被比利时警察逮捕并驱逐出境，马克思和家人不得不离开比利时来到巴黎。在信中，恩格斯向马克思介绍说，民主协会于星期日晚上开会时大家对马克思及家人被逮捕和驱逐非常激愤，希望马克思以民事原告的身份对警察非法侵入住宅等罪行提出控告。恩格斯还介绍了3月3日德国科伦共产主义者同盟地方支部组织的群众示威活动被警察驱散、领导人被捕的消息，以及德国其他地方也纷纷爆发革命的情况。

3月18日 致信马克思，指出：明天《社会辩论报》上将刊登一篇逐字逐句详细反驳《比利时通报》的文章。你给费德尔写信时要添上这样的话：如果他需要特别的委托书，你将给他寄去。你也要给众议院议员布里库尔先生写几句，他在议院里为你说话说得很好，他应迈因茨的请求向大臣提出了严厉的质问，并且促成了对这一事件进行调查。他是沙勒罗瓦的代表，卡斯提奥走后，他是最好的。卡斯提奥那时在巴黎。

德国的情况确实大好；到处起义，而普鲁士人并不让步。这就更好。希望我们在巴黎居留不久。你们把伯恩施太德赶出去，好得很。这家伙已经证明太不可靠，确实必须把他开除出盟，而维尔特在这里到处装出狂热的共和主义者的姿态。拉马丁一天比一天更恶劣了。这个人在他的所有的演说中只是面向资产者，并且竭力安慰他们。临时政府的选举宣言也完全是给资产者准备的，以便使他们安心。这些家伙厚颜无耻是毫不奇怪的。

评论：恩格斯希望马克思写信给律师费德尔，感谢他为马克思辩护，并且授权他采取进一步的行动。谈到比利时正处于经济危机之中，到处都非常穷。他如果能克服钱的困难将尽快去巴黎与马克思汇合。信中还谈到了德国到处起义与普鲁士对峙，赞成将伯恩施太德开除出同盟，抨击了拉马丁的资产阶级立场。

4月25日 致信马克思，指出：我刚刚接到计划书，连同你的信。很遗憾，认股的事，在这里很少希望。布兰克是我曾经就此事写过信去的人，并且还是最好的一个，现在实际上已经变成一个资产者；其余的人，自从他们建立企业，开始同工人发生冲突以来，就更是资产者了。这些人都象害怕鼠疫一样害怕讨论社会问题，他们把这叫做煽惑人心。我费了不少唇舌，使用了各种各样的外交手腕，仍然是不肯定的答复。现在我再做一次最后的尝试，如果失败，那末一切都完了。结果怎样，过两三天你会得到确实消息。问题的实质是，在这里甚至连激进的资产者都把我们看成是他们的未来的主要敌人，不愿意把武器交到我们手里，因为我们很快会把它掉转过来反对他们自己。

如果我们的十七条哪怕有一份在这里被传播出去，我们在这里就会失去一切。资产者的态度确实卑劣。工人们正开始有些动；还很不成熟，但已经是群众性的。他们立即组成了团体。但是这恰好对我们有妨碍。爱北斐特的政治俱乐部发表告意大利人书，主张直接选举，但是却坚决地拒绝对社会问题进行任何讨论；虽然这些先生们私下都承认这种问题现在已经提到日程上来了，但是却又宣称，我们不应该过早地提出这种问题！

评论：4月初，马克思和恩格斯为参加德国已经开始的革命从国外回到德国。4月11日，他们来到科伦筹备出版《新莱茵报》。为扩大报纸股份和组织共产主义者同盟的支部，恩格斯于4月15日左右去巴门、爱北斐特及其他城市。在信中恩格斯谈到《新莱茵报》募集股份的事在巴门很困难，但工人们已经有些行动，尽管很不成熟，但已经是群众性的，他们组成了团体。

5月9日 致信马克思，指出：博恩施太德和黑克尔把委托书给了自己的熟人，这是无法阻止的。许纳拜恩将代表自己和两名当地人亲自去那里出席。认股单还没有完。我没有遇见拉维尔埃尔和布兰克，尽管已访问多次。楚劳夫负责去说服前者。另外两个我没有取得一点结果的人，将由黑克尔去说服。楚劳夫今天去龙茨多弗，在那里他有成功的希望。最难办的是这两种人：第一种，是年轻的戴羔羊皮手套的共和主义者，他们为自己的财产担心，害怕共产主义；第二种人，是当地的名流，他们认为我们是竞争者。无论诺耳或是布腊赫特都无法说服。博恩施太德是法学家当中唯一可以交往的人。总之，我们做了不少徒劳无益的事情。明天我将去恩格耳斯基尔亨呆两天。请把股东会议的结果立即告诉我。也已采取步骤组织同盟支部。

评论：恩格斯随信寄上14张认股单以及股东们的委托书，这是募集活动迄今取得的全部成绩。信中谈到募集股份遇到的困难。

12月28日 致信马克思，指出：现在哥特沙克和安内克已被宣判无罪，我还不能在最近回去吗？普鲁士的恶狗现在必定很快就不再愿意同陪审员打交道了。我已经说过，如果有充足的根据表明没有审前羁押的危险，那我就会马上动身。他们以后可以把我交付陪审法庭一万次，但是在审前羁押中禁止吸烟，我不能接受这个。

评论：9月25日，科伦检查机关以阴谋反对现行制度的罪名对作为《新莱茵报》编辑的恩格斯等3人提出控诉，因为他们在科伦的民众大会上发表了演说。恩格斯被迫离开德国并先后在比利时和法国短暂停留，于10月底到达瑞士。他先后在日内瓦、洛桑和伯尔尼居住，直到1849年1月返回德国。在信中，恩格斯向马克思询问他最近能不能回科伦，因为他得知一些革命者被宣判无罪。一旦没有被审前羁押的危险,他马上动身回去。

1849 年

1月7—8日 致信马克思,指出:我总觉得,我很快就能回去了。象这样无所事事地呆在国外,什么有用的事情都不能干,完全处于运动之外,是令人十分难以忍受的。我很快就会产生这样的看法:即使在科伦遭到审前羁押也比呆在自由的瑞士好。请来信告诉我,我是否完全没有希望受到与毕尔格尔斯、贝克尔等人同等的厚遇。

我们的报纸现在在瑞士常常被大量引用;引用很多的是《伯尔尼报》,还有《国民报》,而所有各报又都从那两家报纸加以转载。在瑞士法语区的各报上,我们的报纸也常常被引用,比《国民报》等报少一些,但多于《科伦日报》。

评论:恩格斯谈到他在伯尔尼的活动,随信附上他写作的《匈牙利的斗争》一文。恩格斯还谈到瑞士当地报纸大量引用《新莱茵报》。他让马克思照常寄《新莱茵报》给他,共产主义者施坦普佛利编辑的《伯尔尼报》正大力宣传《新莱茵报》。

1850 年

11月25日 致信马克思,指出:施拉姆的行为真是卑鄙之极。哈尼的事的确是十分不幸。如果他们想逮捕他,那末杂志的名称怎么改变也无济于事。这个杂志他也不能完全停刊;要是这个刊物被列入应交纳印花税的范围,那我就不知道究竟怎样才能出版一种不交纳印花税的政治周刊了。当然,他最好是从第八页起把工人运动大事记扔掉,这属于新闻,一定要交纳印花税。但是,从你信中所说可以看出,按照琼斯的看法,连他的评论文章按其内容来说也要交纳印花税。这么一来,一切都完了。

评论:恩格斯于1849年1月回到科伦后继续与马克思一起编辑《新莱茵报》,并积极参加革命活动,因而再次被通缉,马克思作为"外国人"被驱逐出普鲁士,《新莱茵报》于5月中旬被迫停刊。随后恩格斯和马克思一起前往美因河畔法兰克福,敦促全德国民议会中的小资产阶级代表采取行动维护革命成果。二人于5月底分手,马克思前往巴黎,恩格斯则于6月份加入巴登-普法尔茨的革命军。革命军起义失败后,恩格斯和志愿部队一起越过边境,到达瑞士。1849年11月,恩格斯从瑞士辗转到达伦敦与马克思汇合。恩格斯于1850年11月重新到曼彻斯特的"欧门—恩格斯"公司工作。从此二人开始密集的通信。信中还谈到哈尼编辑的杂志

《红色共和党人》被列入应交纳印花税的范围而陷入困境。

12月17日 致信马克思,指出:从1848年以来的各次可耻的失败以后,在各民族,特别是在法国庸人们当前的安乐情绪下,大谈什么有吞没帝王宝座之势的人民浪潮,这实在是无耻透顶。宣言后面的那一大串名字也许是这篇作品最精彩之处。这样的欧洲代表大会是前所未有的。赖德律-洛兰、马志尼之流由于这种幼稚的举动而获得了某些声誉。不过,我想知道,在宣言上署名的那个懦夫扎瓦什凯维奇同赖德律-洛兰的波兰人达拉什有什么区别,在上面署名的那两个匈牙利人究竟能比马志尼高明多少。对于那些完成了这种转变而成了殷实的资产者的人来说,蒲鲁东在这里自然是他们求之不得的人物:他似乎比欧文还走得远。

评论:恩格斯批判了沙佩尔和维利希等人组织的"平民的欧洲委员会"于1850年11月发表的宣言,《祖国报》把它称为法农—卡佩隆—古泰的宣言。信中还讲到蒲鲁东的思想受到小资产阶级的欢迎。

1851 年

1月8日 致信马克思,指出:琼斯来过这里,并且在他们自己的会场举行的公众集会上驳斥了他的对手。反对他的是李奇和多讷文。琼斯在演讲才能上占上风。相反,李奇非常沉着,但有时极端荒谬。多讷文是一个卑鄙的搞阴谋的地方大人物。此外,由于《新莱茵报》和我的出席,琼斯不得不宣称自己是红色的共和主义者和地产国有化的拥护者。相反,李奇以合作团体的坚决拥护者的身分发言,这同时也是因为这些团体反对政治鼓动。而这种团体在郎卡郡现在似乎非常多,琼斯和他的朋友们都担心,它们同宪章派结成任何同盟都能控制宪章派运动。这种情况就是哈尼认为有必要对它们做某些让步的原因。

评论:信中介绍了1月5日宪章派曼彻斯特委员会组织在曼彻斯特人民学院举行公开集会的情况。恩格斯出席集会支持宪章派革命派的领袖琼斯和哈尼反对曼彻斯特委员会领导人的改良主义路线。

1月25日 致信马克思,指出:这篇充满道义上的愤怒和弥天大谎的文章提供了绝妙的笑料。同时它使卢格的阴谋露出了马脚。至于说,卢格先生和马志尼的欧洲委员会必定使高尚的牧师杜朗大为惊奇,同时,在这些爱哭泣的、感染了不来梅的乏味美文学气味的北德意志和下萨克森民主主义者中间,可以为崇高的马志尼宣言在德国找到唯一适宜的土壤——这一切都是非常自然的。这些先生们站在"光明之友"的立场,必定把隆格—马志尼和回到上帝那里的卢格看成是理想的同盟者;而同欧洲正直的民主派的最伟大人物"德国委员会"正式通信的这种荣誉,自然会使软骨头牧师杜朗宽容起来,容许对《新莱茵报》的"不规矩"不信神的人的行为进行最下流的诽谤。卢格也只是在他以为《评论》已经死去以后才有这个胆量的。但我认为，他打错了算盘，真正的霹雳之灾不久将降临到他的畸形的头上。

评论：恩格斯表示同意以二人的名义发表声明澄清和回击卢格1月17日在《不莱梅美日纪事报》上发表的恶毒攻击马克思和他的文章。

1月29日 致信马克思，指出：无论如何，你关于地租的新观点是完全正确的。李嘉图关于土壤肥力随着人口的增加而递减的看法，我始终是不信服的，同样他关于谷物价格不断上涨的论点，我也从来没有找到论据。我怎么也不理解李嘉图的那个简单的命题，他把地租说成是各类土地的生产率之间的差额，但他在论证这个命题时，（1）除了说人们要去耕种愈来愈坏的土地以外，没有举出任何别的理由；（2）完全忽视了农业的进步；（3）最后几乎完全抛开了人们要去耕种愈来愈坏的土地的说法，而始终强调这样一种论点：连续投入一定的土地上的资本，使收益增加得越来越少。需要论证的命题本身是很清楚的，而在论证中举出的理由对这个命题却是毫不相干的。你也许会记得，我在《德法年鉴》上早已用科学耕作法的成就批驳过肥力递减论，——当然那是很粗浅的，还缺乏系统的论述。你现在把这一问题彻底弄清楚了，这就更是使你必须赶快完成并出版经济学著作的一种理由。

评论：恩格斯对马克思1月7日来信中对李嘉图地租理论的分析作了回复，马克思在信中批驳了李嘉图的地租理论。在信中，恩格斯还评论了刚刚在曼彻斯特召开的宪章派代表会议，认为它纯粹是一场欺骗。

2月5日 致信马克思，指出：你见到哈尼时，请告诉他，他于周末至少可以从我这里收到关于大陆民主派一组文章的前一半；我将痛斥整个官方民主派；我将把包括马志尼、赖德律-洛兰等人在内的官方民主派同财政改革派看成一丘之貉，使他们在英国无产阶级面前威信扫地。欧洲委员会将会遭到严厉痛骂。我要对这些先生逐个地加以痛斥，什么马志尼的著作，什么赖德律-洛兰在1848年2至6月的卓越的英雄行为，自然卢格先生也不会漏掉。我要十分明确地告诉意大利人、波兰人和匈牙利人，在一切现代问题上他们必须住口。哈尼给马志尼及其同伙的哀求信这一不光彩的行径太不象话了，但因为没有别的办法能够使他改正过来，所以我只好在他自己的报纸上揭露这些家伙的卑鄙和无耻，并在英国宪章主义者面前揭穿大陆民主派的底细。一篇有分量的论战文章对哈尼的帮助总是要比任何辩论大些。可惜我这里材料极少。

评论：恩格斯介绍了他打算在哈尼领导的宪章派机关报《人民之友》发表批判流亡者团体中的小资产阶级领导人的一组文章的部分内容，还分析评论了当时英国和法国议会不同派系之间明争暗斗的情况，提到曼彻斯特的自由贸易论者正利用经济繁荣的机会，通过创办免费学校、图书馆和博物馆等措施来收买无产阶级，等等。

2月13日 致信马克思，指出：我几乎料定哈尼会干出这种事情来的。我在《人民之友》上看到贝姆追悼会的启事；启事说德国人、法国人、波兰人和匈牙利人，还有"民主派兄弟协会"将参加追悼会，显然，这是磨坊街及其同伙搞的。我忘记了早一点提醒你注意这个启事。

革命是一种与其说受平时决定社会发展的法则支配，不如说在更大程度上受物理定律支配的纯自然现象。或者更确切地说，这些法则在革命时期具有大得多的物理性质，必然性的物质力量表现得更加强烈。只要你作为一个党的代表出现，你就要被卷到这个不可抗拒的自然必然性的漩涡里去。只有采取自主态度，实质上比其他人更革命，才能至少在一段时期对这个漩涡保持独立，当然最后还是要被卷到漩涡里去。

评论：恩格斯谈到由于哈尼支持小资产阶级庸俗民主派，他准备写信给哈尼，要求不发表他的稿件，并且不打算继续写下去了。恩格斯反思了他们为了"党"的团结而与那些根本不懂共产主义理论的"大人物"联合的错误。恩格斯主张为捍卫自己的立场应保持独立自主，不仅不担任国家职务，也尽可能不担任正式的党的职务、各委员会的职务。恩格斯还建议马克思通过出版政治经济学著作来阐明和捍卫自己的立场。

4月3日 致信马克思，指出：商人作为一个公司，作为一个利润获得者，和同一个商人作为消费者——这在商业中是两个完全不同的互相敌对的人。商人作为公司，可以叫做资本账目或相应地叫做盈亏账目。商人作为吃喝、住和生产子女的人，可以叫做家庭费用账目。资本账目把从商业领域转移到私人腰包的每一分钱记入家庭费用账目的借方。因为家庭费用账目只有"借方"，没有"贷方"，从而是公司的最坏的负债者，所以到年终时，家庭费用账目的借方总额就将构成纯亏损并从利润中扣除。但是，在进行决算和计算利润率时，用于家庭费用的款项通常被视为仍然存在的，并被视为利润的一部分；例如，十万塔勒的资本获得一万塔勒的利润，而五千塔勒花费掉了，那末，算起来利润是百分之十；而在把一切都正确地过了账之后，下一年的资本账目中的借方就是十万零五千塔勒。这种手续本身比我在这里叙述的要复杂一些，因为资本账目和家庭费用账目是很少接触的，或者只有在年终结算才接触，同时家庭费用账目通常成为起着"经纪人"作用的"现金账目"的债务人；不过最终的结局正是那样。

评论：信中回答了马克思3月31日给恩格斯的信中提出的问题：商人、工厂主等怎样计算他们自己消耗的那一部分利润。恩格斯还就马克思建议他撰写关于匈牙利战争的军事论文一事谈了自己的看法，他认为主要困难是缺少必要的资料。

8月10日 致信马克思，指出：至于蒲鲁东，看来这个人有所进步。不管怎样，他的荒谬东西在发展中经过了的阶段，具有了比较不错的形式，而路易·勃朗先生对于这种"邪说"是啃不动的。蒲鲁东现在终于也认识到，财产所有权的真正意义在于，由或多或少是隐蔽的国家隐蔽地没收各种财产，而废除国家的真正意义是国家的更加集中。因为"通过协商对土地质量的差别和土地耕作上的特点加以均衡的共和国的所有公社"及其不可避免的特征和后果，会是别的什么东西吗？其次是如何写，因为关于《纽约论坛报》的政治面目，我只知道它代表美国辉格党人的观点。请把你所能知道的情况全部告诉我，帮助我做好这件事。

评论：恩格斯对蒲鲁东新近于巴黎出版的《十九世纪革命的总观念》一书进行了评论，认为蒲鲁东先生终于也认识到，财产所有权的真正意义在于，由或多或少是隐蔽的国家隐蔽地没收各种财产，而废除国家的真正意义是国家的更加集中。

8月11日 致信马克思，指出：我对蒲鲁东的看法昨天没有谈完，今天继续谈。我暂时撇开他的药方中的许多缺陷，例如，看不出，工厂将通过什么方法从工厂主的手中转入工人协会的手中，因为废除的是利息和地租，而不是利润（要知道竞争仍然在起作用）；其次，没有谈到对于利用雇佣工人经营土地的大地产应该怎么办，此外还有其他类似的缺点。

无论如何，蒲鲁东的这本书，看来比他以前那些书是接近尘世得多了；——价值构成也具有了一种比较有血肉的形式："小商贩的公平价格"的形式。"先生，四个法郎，这是最公平的价格！"至于废除关税和废除利息彼此有什么关系，讲得不清楚。蒲鲁东从1847年以来，非常彻底地完成了从黑格尔到施蒂纳的过渡，这也是一种进步。他在他自己的尸体上研究德国哲学一直研究到了最后腐烂阶段，还能说他不了解德国哲学！

评论：恩格斯继续评论蒲鲁东的著作《十九世纪革命的总观念》。由于没有拿到书，恩格斯是根据马克思来信中提供的该书提纲写的。1848—1849年资产阶级民主革命失败后，革命处于低潮，而蒲鲁东的思想在工人中影响很广，阻碍着工人运动的开展。因此，批判他的改良主义、无政府主义和阻挠工人阶级进行革命斗争的言行就成为马克思和恩格斯当时的重要任务之一。恩格斯不仅在上述两封信中对蒲鲁东改良主义的空想进行了批判，还应马克思的要求专门写了批判性文章《对蒲鲁东的〈十九世纪革命的总观念〉一书的批判分析》。

8月21日 致信马克思，指出：蒲鲁东的书我已经读完了一半，我认为你的看法完全正确。他诉诸资产阶级，他回到圣西门那里去以及在批判部分的成百件其他事情，都证明：他把产业阶级，资产阶级和无产阶级，看成实质上相同的阶级，他认为，只是由于革命没有完成，它们之间才发生对抗。假哲学的历史结构是十分清楚的：革命前，产业阶级处于自在的状态，从1789年到1848年处于对抗的状态：否定；蒲鲁东的合题要一举解决这一切。我觉得，所有这些是想从理论上拯救资产阶级的最后尝试；我们关于物质生产是决定性的历史动因、关于阶级斗争等等的论点，有很大一部分被他接受了，但大多数都被歪曲了，他在这个基础上，利用假黑格尔主义的魔术，制造了把无产阶级反过来纳入到资产阶级中去的假象。合题的部分我还没有读到。在对于路·勃朗、罗伯斯比尔和卢梭的抨击中，有时也有一些不错的见解，但是总的说来，再也没有什么东西比他对政治的批判更高傲而平淡的了，例如，在他谈到民主的时候，在他完全同《新普鲁士报》和整个旧历史学派一样在人数上高谈阔论的时候，以及在他恬不知耻地想根据小学生的琐屑的实际考虑来建立一整套体系的时候，就是如此。他认为，"权力"和"自由"是互不相容的对立物，任何政体都不能提出充分的道义上的理由，使他必须服从它，这思想可真够伟大啊！天呀，那末权力还有什么用处呢？

评论：恩格斯告诉马克思他已经把蒲鲁东的《十九世纪革命的总观念》一书读了一半，表示赞同马克思的看法，蒲鲁东本质上是想从理论上拯救资产阶级。

12月3日 致信马克思，指出：法国的历史已经进入了极其滑稽可笑的阶段。一个全世界最微不足道的人物，在和平时期，依靠心怀不满的士兵，根据到目前为止能作出的判断并没有遭到任何反抗，就演出了雾月十八日的可笑的模仿剧，还能有比这更有趣的事情吗！但是，人民呵，人民！——人民对这一堆乱七八糟的东西毫不在乎，人民对赋予他们的选举权高兴得象小孩子一样，他们可能也要象小孩子那样去使用它。即使下星期天举行这种可笑的选举，那么从这种选举中能得到什么呢？没有报刊，没有集会，有的是十足的戒严状态以及在两个星期内选出议员的命令。巴黎人民的举动就象小孩子一样愚蠢："这同我们没有关系；总统和议会互相厮杀，这碍我们什么事！"但是，军队竟敢强迫法国接受一个政府，而且还是这样一个政府，这确实是同人民有关系的。这些无知的人们将会感到奇怪："从1804年以来第一次"要实行的选举权，竟是这样一种普遍的、"自由的"选举权！

显然非常讨厌人类的世界精神还会使这出笑剧演多久，我们在一年之内是否将经历执政时代、帝国、复辟等等，拿破仑王朝是否会在它不可能在法国维持下去以前也必然会在巴黎的街上被打垮，这一切都只有鬼才知道。但是，据我看来，似乎事情正在发生一个极其疯狂的转变，法国庸人们要遭到惊人的屈辱。

评论：恩格斯就前一天发生的法国波拿巴政变进行了评论。路易-波拿巴是拿破仑的侄子，他于1848年12月当选为法兰西第二共和国总统。根据1848年宪法规定，总统任期4年，不得连选连任。1851年7月，他提出修改宪法，遭到立法议会的抵制。1851年12月2日他发动政变，解散了立法议会，恢复普选，由人民投票决定是否赋予总统以更为持久的权力以及修改宪法的权力。12月20—21日，他通过公投表决，获得了制定新宪法的权力。1852年1月14日法国通过了新宪法，扩大了总统的权力，并将总统任期延长至10年。1852年12月2日他正式称帝，拿破仑三世，在法国建立了以他为首的法兰西第二帝国的反革命政体。马克思在他于1851年12月—1852年3月写作的《路易-波拿巴的雾月十八日》这一著作中发挥了这封信中的某些思想。

第 28 卷

恩格斯给马克思的信

1852 年

1月22日 致信马克思,指出:威武的路易-拿破仑必定发动战争,这象白昼一样明显,如果他能同俄国达成协议,他大概会向英国挑衅。这有好的一面和坏的一面。法国人自信他们五小时内就能占领伦敦和英国,这种妄想毫不可怕。目前他们确实能够办到的,就是用两万人最多三万人进行突然的海盗式袭击,但是这种袭击在任何地方都不可能取得多大的成功。布莱顿是唯一受严重威胁的城市;南安普顿等城市位于很深的海湾内,只有涨潮时和只有由当地的领港员领港才能开进这些海湾,这种地势比一切防御工事都更利于守卫。法国陆战队能够取得的最大成就,就是破坏乌里治;但是,即使这样,他们也必须极力避免向伦敦推进。如果整个大陆要共同进行一次大规模的进犯,那末英国人至少一年前就会知道,而英国为了对付任何进攻作好防御工作,只要六个月就足够了。目前的警报是故意夸大了,辉格党正在竭力助长这一点。如果英国人召回十二艘战列舰和蒸汽舰,再装备十二艘处于半准备状态停在港内的各种舰只,如果他们把自己的陆军增加两万五千人,组织用米涅式步枪装备的志愿兵猎兵营,再加上一些民军,并且把志愿兵骑兵略加训练,那末他们暂时便没有危险了。但是这种警报是非常有益的,政府确实非常忽略了这件事,现在这种情况即将结束;这样,如果发生什么事,英国人已经作好准备,能击退任何登陆的尝试,并立即进行报复。

评论:恩格斯主要从军事角度谈了他对近期法国及欧洲局势的看法。马克思在1月20日致信恩格斯,认为战争是不可避免的,并询问恩格斯对欧洲局势的看法。恩格斯在信中对法国内务部长莫尔尼辞职及路易-拿破仑没收奥尔良王室财产的判断很准确。路易-拿破仑于1月22日签署命令,任命培尔西尼为内务部长,并下令没收奥尔良王室的财产。命令于1月23日发表在《总汇通报》上。

3月2日 致信马克思,指出:可怜的下院啊!它现在得到的不是从前的处于相对少数的内阁，而是处于绝对的和永久的少数的内阁，甚至不得反对这个内阁。但这对胆小的自由贸易派来说，完全是活该。这些家伙打了一个胜仗，赢得了新的战略阵地，却忽略了占领和巩固它，忽略了享用胜利的果实，甚至连追击敌人都忽略了。现在他们不得不在原地再进行战斗。但是托利党的上台一下子就使这些家伙把问题看得十分清楚了。现在对工厂主来说，生命攸关的问题是议会改革，而且是这样一种议会改革，至少把纯粹的托利党人和辉格党人永远排除于政权之外，并保证企业主在内阁和议会中占多数。在这里这些绅士们又非常活跃起来了。目前反谷物法同盟正在开会，讨论这个同盟是否应该重新建立起来。科布顿、布莱特、米尔纳·基卜生等人在这里。他们大概至少会重新把组织的架子搭起来。但是，真正的热闹只有在事情弄到要解散议会的时候才会出现。解散议会一定会很快发生，冲突是不可避免的，尽管得比讲话很温和并抱有和解的愿望。

遗憾的是，商业危机和议会解散同时爆发的希望不大。这里商业仍然繁荣。来自美国的消息非常好。

评论：恩格斯分析了英国议会上下两院的斗争以及英国经济状况，认为解散议会一定会发生，但同时爆发商业危机的可能性不大。

3月18日 致信马克思，指出：拿破仑先生尽管在他的独特的社会主义措施中干得非常胆怯，并且在关于抵押的措施中也没有超出普鲁士资产阶级信用制度的范围，但终究将为形势所迫而把自己全部的社会主义狂想变成通常的资产阶级改良，那时就只有不可避免的财政困难才能拯救我们。《每日新闻》说得对，国债利息变更条款是一项极为和平的措施，此外，又是一个极为不祥的征兆，表明路易-拿破仑越发走上了资产阶级常理的道路。但是，难道什么时候能够借助常理来统治法国，难道为了把一个路易-拿破仑引向常理而需要一个如此复杂的局势！不管怎样，我觉得大陆的气氛不是非常革命的，虽然侏儒可能带来完全不同的消息。

评论：恩格斯谈到近期的工作和打算：最近两个星期在努力啃俄语，现在差不多学完了语法，再用两三个月时间丰富必要的词汇，就可以开始学其他的。计划今年学完斯拉夫语，这样就会对未来发生冲突的民族的语言、历史、文学以及社会制度的特点有所了解。恩格斯认为，巴枯宁之所以有影响，只是由于他和马克思不懂俄语。那些把古代斯拉夫公社所有制变成共产主义和把俄罗斯农民描绘成天生的共产主义者的陈旧的泛斯拉夫主义的骗人鬼话，将会再次被十分广泛地传播。他对路易-波拿巴为缓解财政困难推出的国债利息变更条款等金融措施进行了分析评价，指出这些措施是资产阶级改良措施，根本不是社会主义。

4月20日 致信马克思，指出：对目前的商业情况，特别是对东印度，有一点是不可忽略的。尽管三年来英国工业品向东印度的大量输出在不断地增长，而前些时候以来又从那里传来相当好的消息，存货逐渐卖完，而且售价较高。其原因不外是，在英国人新近征服的一些省份里，在信德、旁遮普等地，以前几乎只有地方手工业，现在这种手工业终于被英国的竞争所压倒，——这是因为这里的工厂主只是不久前才学会生产出适合这些市场的纺织品，或者是因为当地居民由于通常输出到印度的英国纺织品价格低廉而终于放弃了自己对本地纺织品的偏爱。照一切常规来看，危机今年必定到来，情况大概也是这样。但是当人们考虑到东印度市场目前完全出乎意料的容量，考虑到加利福尼亚和澳大利亚所造成的混乱，同时考虑到大部分原料价格低廉和引起工业产品降价，并考虑到没有任何大的投机活动，人们几乎会引起错觉，预言目前的繁荣时期将罕有地持续下去。不论怎样，这种情况可能持续到春天。但是，归根到底旧的常规在大约六个月的期间内仍然会起某种支配作用，这是肯定无疑的。

评论：恩格斯分析了英国在印度的殖民地的不断扩张导致了英国棉纺织业繁荣的状况，并预测危机必然发生。

5月7日 致信马克思，指出：终于收到了从德国寄来的我的军事书籍。到现在我只读了其中很少的几本。名声显赫的古斯达夫·冯·霍夫施泰特尔先生，目前在我看来，根本不是拿破仑，只不过是一个称职的营长，或者说，是一个在小战斗中称职的营长。但我还没有读完他的著作。然而普鲁士工程兵上尉金策耳所著的那本概论近代筑城的小册子，倒是一本很出色的书。这本小册子比我到现在为止读过的任何一本军事著作具有较多的历史主义和唯物主义的精神。至于维利森先生，那末可以说，在伊德施太特会战中，不是丹麦人战胜了什列斯维希—霍尔施坦人，而是健康的人类理智的普通战术战胜了黑格尔的思辨。其实，维利森的书应当叫做《大规模战争的哲学》。因此，不言而喻，在这本书中哲学论述多于军事科学，对大部分是不言自明的东西，却以冗长的和大量的旁征博引先验地加以论证，而且中间还夹杂一些关于简单和复杂以及诸如此类的对立面的最学究式的论述。

评论：恩格斯介绍和评价了他最近阅读的军事方面的书籍。从1852年开始，恩格斯十分注意研究军事学术史，想写一部1848—1849年革命时期的战争，特别是匈牙利和意大利战局的历史。他为此研究了克劳塞维茨、若米尼、维利森、霍夫施泰特尔、金策耳、戈尔盖以及许多其他人的著作。

7月6日 致信马克思，指出：我现在正研究戈尔盖先生的书。当时我们根据奥地利的公报在《新莱茵报》上非常准确地叙述过匈牙利战争的进程，并且出色地、尽管是谨慎地作了预言。戈尔盖的书是卑鄙无耻的，世间未必有这样充满狭隘忌妒心和庸俗局限性的东西。军事方面很好，犹如戈尔盖其人；这是一个有才干的前尉官，不久将成为将军，但还没有脱出连队勤务和基本战术细节的蛋壳。断言戈尔盖写不出这部书的匈牙利人是蠢驴。真正戈尔盖的成分和奥地利的成分在书中很容易分辨，就象分辨谢努的两种不同成分一样。但是一般说来，这部书作为资料还是完全可以利用的，尽管要小心谨慎。

评论：对奥地利军官戈尔盖《1848—1849年我在匈牙利的生活和活动》一书进

8月24日 致信马克思,指出:看来危机确实已经临近,即使最近的破产仅仅是危机的预兆。可惜,德国东北部、波兰和俄国的收成前景还不错,有些地方甚至很好。最近这里的好天气也起了作用。但是,法国不能摆脱困境,这一点就足以说明问题了。至于危机是否马上会导致革命——所谓马上,是指六至八个月以后——,这取决于危机的强度。法国的歉收给人一种那里会出什么事的印象;但是,如果危机成为慢性的,而收成终究比预期的要好一些,那末,这可能还要拖到1854年。我承认,我希望还有一年的时间来啃书本,我还有很多事情要做。澳大利亚也受到搅扰。首先是直接由于黄金的影响和停止澳大利亚的任何其他出口,以及由此而引起的各种商品输入的增加,再就是由于此地每星期有五千过剩人口离境到那里去。加利福尼亚和澳大利亚——这是在《宣言》中没有预见到的两个场所:从无到有建立起来了新的大市场。

评论:恩格斯认为资本主义世界将很快爆发全面的经济危机,并分析了危机马上导致革命的可能性。

9月23日 致信马克思,指出:在这个时期还建了一些设备能力约四千马力的工厂;现在这些工厂应该已经完工了。从那时起,当然还开始兴建了一些设备能力为三千至四千马力的新工厂,其中大部分在今年年底以前可以完工。此外,水力发动机的设备能力约为一万马力(1842年),增长不大,因为水力发动机已经早就相当广泛地采用了。由此可见,繁荣时期的追加资本投放到什么地方去了。不过,不可能再拖延很久危机就会到来,虽然在这里差不多只是在公共马车业里才有过分的投机活动。

评论:恩格斯引用《泰晤士报》和《每日新闻》刊登的工厂视察员霍纳关于棉纺织工业增长的统计资料,介绍了棉纺织工业1850年10月至1851年10月曼彻斯特地区设备能力增加量,分析说明英国纺织业在过去几年快速增长,认为生产过剩的危机很快就会到来。马克思在1852年10月12日为《纽约每日论坛报》所写的《贫困和贸易自由。——日益迫近的商业危机》一文中利用了恩格斯提供的这些资料。

1853 年

2月11日 致信马克思,指出:我们到底也知道了科苏特先生和马志尼先生的伟大业绩。看来,马志尼至少还在原地未动,也不能不这样。不论他的浮夸的呼吁多么笨拙,但它们在崇尚辞藻的意大利人中间仍然会取得一些成效。可是,瞧瞧无限活跃的人物科苏特吧！这个人在整个这次事件以后就绝对死气沉沉了。1853年再放肆夸耀这类引人发笑的野心而不受惩罚，已经不可能了。不论马志尼对起义的抽象激情多么荒谬，但他毕竟比勇敢的科苏特不知要高出多少。科苏特又在扮演他在维丁扮演过的角色，并且从安全的避难所跑出来，毫无结果地胡乱下令解放祖国。这个家伙确实是个胆小鬼和微不足道的人。

现在我们要看意大利农民将抱什么态度。甚至在闻所未闻和难以置信的成功的情况下，马志尼老爷子及其资产者和贵族们也会在这方面经受非常不愉快的事情！而且只要奥地利人有可能唆使这些农民去反对贵族，他们无疑会这样做。我觉得整个这件事只是作为一种象征才是重要的；对1849年以后形成的压迫的反响开始了，自然，它是在创伤最剧烈的地方开始的。这件事在这里产生了很大的影响，庸人们开始承认，今年将不会太平。既然现在发生粮棉歉收、财政困难以及与此有关的一切，那末让我们等着瞧吧！

评论：恩格斯对2月6日发生的米兰起义进行了分析评论。这次起义是意大利革命家马志尼的拥护者发动的，并受到科苏特领导的匈牙利革命流亡者的支持。起义者大多数是意大利的爱国工人，他们的目的是要推翻奥地利在意大利的统治。可是，由于起义是根据密谋性策略组织的，又没有估计到现实的形势，所以很快就遭到了失败。恩格斯同时指出了这次起义的象征性意义。

3月11日 致信马克思，指出：如果我们在这两三年里能象1848年以前所作的那样，用各种书籍进行扎实的科学宣传，我们的事业会要好得多。但是这一点没有做到，而现在暴风雨即将来临。你应当结束你的《政治经济学》了，往后我们只要有了报纸，可以把它每星期刊登一篇，人民有不懂的地方，拥护者们就可以作解释，虽然不那么理想，但总不是没有好处的。那时这会给我们随后恢复起来的全部组织提供讨论的基础。在欧洲革命的所有政党中，我们是向英美公众阐明自己事业的唯一的党，这是它的好的方面。

评论：恩格斯谈到了对人民群众进行共产主义理论宣传的重要性，肯定了共产主义者同盟的革命作用。

6月6日 致信马克思，指出：不存在土地私有制，的确是了解整个东方的一把钥匙。这是东方全部政治史和宗教史的基础。但是东方各民族为什么没有达到土地私有制，甚至没有达到封建的土地所有制呢？我认为，这主要是由于气候和土壤的性质，特别是由于大沙漠地带，这个地带从撒哈拉经过阿拉伯、波斯、印度和鞑靼直到亚洲高原的最高地区。在这里，农业的第一个条件是人工灌溉，而这是村社、省或中央政府的事。在东方，政府总共只有三个部门：财政（掠夺本国）、军事（掠夺本国和外国）和公共工程（管理再生产）。在印度的英政府成立了第一和第二两个部门，使两者具有了更加庸俗的形态，而把第三个部门完全抛开不管，结果是印度的农业完全衰落了。在那里，自由竞争被看成极丢脸的事。土壤肥力是靠人工达到的，灌溉系统一破坏，土壤肥力就立即消失，这就说明了用其他理由难以说明的下述事实，即过去耕种得很好的整个整个地区（巴尔米拉，彼特拉，也门的废墟，以及埃及、波斯和印度斯坦的某些地区）现在却荒芜起来，成了不毛之地。这也说明了另一个事实，即一次毁灭性的战争足以使一个国家在数世纪内荒无人烟，文明毁灭。

评论：恩格斯对马克思6月2日来信中提到的"东方社会一切现象的基础是不存在土地私有制"这一观点进行了分析评论，进一步分析了东方各民族不存在土地私有制的原因。

9月29日　致信马克思，指出：工业制成品的价格也急剧下跌，制成品存货的增多比棉纱过剩更要危险。所以工厂主决定停止生产，按照他们的盘算，这是一箭双雕：（1）解除工人武装；（2）减少生产。普雷斯顿的工厂主们即使得不到对亏损的补偿，也自然会得到普遍的感谢票。埃士顿、斯泰里布雷芝和格洛索普等地工厂主们也在考虑停止生产，这里也有些工厂主在这样想。不过这里也有问题，因为这种停产只会对那些继续生产的有利，而那些暂时停产的只会受到损失。

评论：恩格斯介绍和分析了棉纺织业出现生产过剩和价格下跌的情况，揭露了工厂主和商人们的算盘。

1854 年

4月3日　致信马克思，指出：横渡多瑙河纯粹是防御性的。它证明俄军正在放弃瓦拉几亚的大部分地区。由于英军和法军可能在他们的后方登陆，他们必须占据最有利的阵地，以便不被切断，从而尽可能少丧失土地。这里只有两条路：或者直接回到塞勒特河，使它与多瑙河下游构成一道防线，或者，向多布鲁甲突进，把战线移至居斯坦杰—希尔索瓦—沃耳特尼察—布加勒斯特一线，以图拉真垒墙、多瑙河和阿尔哲什河为第一道防线，布泽乌河为第二道防线，塞勒特河为第三道防线。无论如何，这是最好的方案，特别是因为，这样一来，在一侧面丧失了土地，而在相反一翼却赢得新的地盘，因而退却看来是向前推进，而且还可以保持军威。占领多布鲁甲会缩短俄军的战线，即使在阿克尔曼或敖德萨被登陆成功，俄军也会在最坏的情况下有一条通向德涅斯特尔河畔霍亭的通畅的退路。

评论：恩格斯对马克思3月29日来信中提到的关于俄土战争的问题作了回复。马克思在信中写道：在你写的俄军从卡拉法特撤退的文章中，你对这一行动的解释是，鉴于英法军队的到来，打算在敖德萨建立一个阵地。但是，根据最近消息看来，对面的俄军似乎已经横渡或曾想横渡多瑙河。也许明天会有更详细的消息，因此你可以在后天以前寄给我一点这方面的东西。恩格斯3月13日撰写的《俄军从卡拉法特撤退》，载于1854年3月18日《人民报》第98号，并作为社论载于1854年3月30日《纽约每日论坛报》第4040号，收录于《马克思恩格斯全集》第10卷，人民出版社1962年版。信中所谈到的一些军事见解，恩格斯在《双方军队在土耳其的态势》一文中作了更为详细的阐述。

5月9日 致信马克思，指出：前陆军少校阿·吕特根的《1850年什列斯维希—霍尔施坦陆海军的军事行动》是第一部论述维利森的事情的有道理而详细的著作。这本书完全证实了我早先研究这件事情时所产生的想法。同这位理论家对立的是个年长的、在统帅岗位上呆到头发斑白、目光短浅但有经验的将军，他不是对软弱无力、庸俗温和的临时政府负责，而是对现今的国王和内阁负责；仅仅这一点就使他表现得比较顽强。因此，他打胜了这一仗；什列斯维希—霍尔施坦的人数不多的部队对于优于他们一两倍的丹麦部队的成功作战，足以说明两万六千什列斯维希—霍尔施坦人完全有力量战胜三万六千丹麦人。

评论：信中对1850年7月爆发的什列斯维希—霍尔施坦军队同丹麦军队的伊德施太特会战进行了详细的分析评论。1848年革命期间，什列斯维希和霍尔施坦的居民为了争取与德国合并，举行了反对丹麦统治的民族解放起义。普鲁士统治集团在德国舆论的压力下，同德意志联邦的其他邦一起表面上发动了对丹麦的战争，但是却处处出卖革命的什列斯维希—霍尔施坦军队，并于1848年8月签订了一项七个月的停战协定，而签订协定的条件是使什列斯维希和霍尔施坦的一切民主成果化为乌有。1849年3月底战争重新开始。互有胜负的军事行动以普鲁士的新的出卖而告终，普鲁士于1850年7月2日同丹麦签订了和约，让什列斯维希和霍尔施坦的居民靠自己的力量继续作战。在伊德施太特会战中，普鲁士将军维利森指挥的什列斯维希—霍尔施坦部队遭到失败，并很快就被迫停止了抵抗。

1855年

12月12日 致信马克思，指出：这里罢工仍在继续。企业主宣称，如果埃士顿规定的工资额能作为基础，则准备开工。工人回答说，厂主选中了埃士顿，而他们却愿意要奥尔丹，并且准备以这两个地方的工资额的平均数作为基础。厂主对此作了一个支吾搪塞的答复，提出用该区的另一个地方，即第三个地方的条件作标准。结果被拒绝，事情现在就这样搁着。我觉得，工人是完全对的，但同时，他们的头脑里显然还有一些旧的工联主义的传统观念，似乎只能采用这样或那样的机器，只能采取某种传留下来的老办法才能工作。但是这些荒唐的东西他们很快就会抛弃的。周围地区已经开始支持他们了。

评论：信中介绍评论了曼彻斯特工人罢工的情况，恩格斯赞同工人们的一些要求和想法，同时指出他们受旧的工联主义的影响。

恩格斯给其他人的信

1853 年

4月12日 致信魏德迈，指出：我感到，由于其他政党一筹莫展和委靡不振，我们的党有一天不得不出来执政，在德国这样一个落后的国家里，它有一个先进的政党并且同法国这样先进的国家一起被卷入了先进的革命，只要一发生严重的冲突，一有真正的危险，这个先进的政党就不得不采取行动，而这对它来说无论如何是为时过早的。然而这无关紧要，我们所能做的最好的事情，就是在我们党的文献中预先准备好在万一真的发生这种情况时为我们党作历史的辩护。此外，我们登上历史舞台，一般说来，现在将比上次有威力得多。第一，在人员方面我们已经幸运地摆脱了所有旧日的废物——沙佩尔、维利希及其同伙；第二，我们在某种程度上比以前终究是壮大了；第三，我们可以寄希望于德国的年青一代；最后，我们全都从流亡生活中学到不少东西。

评论：恩格斯介绍了自己近期学习斯拉夫语和军事知识的情况，并谈了自己对未来革命中进攻俄国的军事战略的看法。恩格斯还介绍了欧洲主要国家的经济政治形势，并提出了共产主义者同盟在未来革命中的策略。

第29卷

恩格斯给马克思的信

1856年

11月17日 致信马克思,指出:金融危机有些起伏并逐渐加剧,看来将会象慢性病似的拖一冬天。其结果,它到春天爆发要比现在爆发激烈得多。这种慢性的紧张拖得越久,波拿巴集团的丑恶行径将暴露得越多,到现在为止还不知道详情的工人们将更愤怒。这个莫尔尼真是一个挥霍无度的典型;这个家伙似乎无意再回巴黎,俄国的铁路和公债对他来说自然是最适宜的投资方式。革命不会很快再找到象现在这样美好的有利形势。一切"社会主义的"花招都要尽了,强制的工人就业试行了六年,已经以失败告终,要做新的试验和说新的空话,已毫无可能。但是另一方面,困难也是非常明显和毫无掩盖的;必须硬碰硬地干,我倒要看一看下一届法国临时政府将怎样应付。幸运的是,这一次只要以不顾一切的勇气去干就会做出点事情,因为再也不必害怕象1848年那样快的退潮了。

评论: 恩格斯对逐步加剧的欧洲金融危机进行了分析,并推测危机将引发革命。

1857年

3月11日 致信马克思,指出:托利党的先生们、自由贸易派和皮尔派对帕姆最大的帮助,莫过于正是在这个问题上使他处于少数地位。这个家伙真走运,他的对手们真愚蠢!现在这里正在进行大规模的运动,但是既然名册上有四千个新选民,全是小店主、职员和监工,因而大多数是拥护布莱特的,所以可能不会发生任何变化。

评论: 恩格斯分析当时英国议会内部围绕英国对华政策的党派斗争。其背景是,1856年10月英帝国主义借口"亚罗号"事件,在广州对中国进行军事挑衅。这次挑衅引起了第二次鸦片战争。从1857年2月26日到3月3日,英国议会就英国政府的侵华政策进行了激烈的辩论,结果下院以16票的多数通过了对帕麦斯顿政府的不信任案。帕麦斯顿利用这个情况,解散了议会。议会新的选举保证了拥护他的侵略性对外政策的多数。马克思在他的文章《议会关于对华军事行动的辩论》《帕麦斯顿内阁的失败》《英国即将来临的选举》《英国的选举》和《科布顿、布莱特和基卜生的失败》中详尽地分析了议会中有关英国侵华政策的派系斗争。

9月24日 致信马克思,指出:英军因为完全没有真正的高级领导而现在的处境非常荒唐,这主要表现在互为补充的两个方面:第一,他们分散兵力,把自己封锁在一些彼此隔离很远的小据点上,第二,同时他们让唯一的机动纵队死守德里城下,它不仅不能有所作为,甚至在毁灭。重新征服的真正的作战线是沿着恒河流域走向上游的;孟加拉本身容易守住,因为这里的民族已很衰微;真正危险的地区是在第纳普尔开始的。因此第纳普尔、贝拿勒斯、米尔扎普尔,尤其是阿拉哈巴德的阵地非常重要;从阿拉哈巴德首先应该征服达普(在恒河和朱木拿河之间)和两河沿岸的城市,然后是奥德和其他城市。从马德拉斯和孟买到阿格拉和阿拉哈巴德只能作为两条次要的作战线。在北方集中兵力进行野战,取得马德拉斯的有力支援,并且尽可能取得孟买的支援——这就是需要做的一切。即使纳巴达流域的马拉提王公们背叛的话,也无关紧要,这只说明他们的部队已经在起义者方面。无论如何,能够做到的至多也就是支持到10月底欧洲第一批增援部队抵达为止。但是如果再有孟买的几个团起义,那末战术和战略就无济于事,一切由此来决定。

评论:恩格斯针对1857年爆发的印度民族大起义从军事角度对局势进行了分析。马克思在他1857年9月29日和10月6日写的《印度起义》两篇文章中利用了恩格斯这封信的内容。马克思在这两篇文章中,对印度人民反对英国统治而进行的民族解放斗争的目的作了政治评价,并用这一点补充了恩格斯提供的关于英国殖民军队各种可能的调动的纯军事评述。

12月7日 致信马克思,指出:汉堡的情况很妙。破产的乌尔贝格和克拉麦尔(瑞典人),负债一千二百万马克的银行券(其中要他们承兑的期票是七百万马克!),而其资本不到三十万马克!!!许多先生之所以倒了霉,只是因为他们得不到现款来支付任何一张到期的期票,而在他们的保险柜里却可能有数额大一百倍的当时已经贬值的期票。象汉堡现在这样普遍而典型的恐慌,还从来没有过。除了白银和黄金,一切都贬值,绝对地贬值。汉堡的整个事情都是由空前未有的大规模签发空头期票的活动引起的。在汉堡、伦敦、哥本哈根、斯德哥尔摩之间,都曾疯狂地进行这种活动。美国的危机和价格的跌落,把这整个事情暴露出来了,目前汉堡在商业方面是毁灭了。德国的工业家,特别是柏林、萨克森、西里西亚的工业家又会因此大受损害。

评论:恩格斯纠正了马克思来信中的一个误解,并继续分析正在爆发的资本主义世界经济危机。马克思在他的《欧洲的危机》一文中利用了恩格斯在信中列举的在汉堡发生的破产事实。

12月17日 致信马克思,指出:危机使我极度地紧张。价格一天天下跌。而且现在危机越来越逼近我们。危机还会在以下四个不同的方面发生:(1)殖民地商品,(2)谷物,(3)纺纱厂和织布厂厂主,(4)国内贸易——这方面最早只能在春季发生。在各羊毛产区危机现在已经开始,而且十分可观。德国北部——如果汉堡不算在内——一直几乎完全没有卷入危机。而现在,那里危机也开始出现。爱北斐特的海曼达耳(捻丝厂厂主和商人),巴门的林德和特腊本堡(服饰用品厂厂主)都已破产。这两家都是殷实的公司。目前北德意志人一般还只是遭到一些亏损;他们那里同这里一样,目前金融市场的混乱还没有严重到商品长期卖不出去的程度。维也纳也快要轮到了。无产阶级也开始遭遇不幸。暂时还觉察不到许多革命的现象,长期的繁荣起了极大的败坏作用。目前失业者还踯躅街头,流浪行乞。抢劫和凶杀事件有所增加,不过还不十分厉害。

评价:恩格斯介绍了危机的范围扩大和危险的临近,告知马克思对法国危机的判断已经得到证实。德国北部、维也纳也在逐渐被卷入危机。在危机之下,无产阶级遭遇着不幸,但长期的繁荣消磨了无产阶级的革命意志。

1858年

4月9日 致信马克思,指出:我曾预言,产品价格的涨落将完全决定于东西风向,而且在奥尔良中等棉价格超过六便士时不能认为是营业正常和繁荣,这种预言得到了完全证实。至于说第二种预言,则缩短开工时间、罢工以及因亏本而停止生产的事件仍然很多,那末到今年年底即使抛开政治震荡不谈,每一种想复兴棉纺织工业的尝试都会遇到原料价格上涨的阻碍。一般说来,价格将会上涨,——虽然起初大概会有一些下跌,——但是价格上涨将引起生产的相应下降。这是在假定大陆上不发生什么震荡的情况之下而言的,不过震荡几乎是难免的。

评论:恩格斯对马克思4月2日来信中详细介绍的《政治经济学批判》的写作纲要进行了评论,并对经济危机下产品价格涨落作出了分析和判断,指出缩短开工时间、罢工以及因亏本而停止生产的事件很多,经济社会震荡是必然的。

10月7日 致信马克思,指出:根据这里市侩的议论和市场状况来看,我觉得印度和中国是过度生产的直接导火线,如果冬季情况良好,那末无疑可以预料,在春季空头信贷和开空头期票的业务又会大大发展。琼斯的事非常令人厌恶。他在这里召开了一次群众大会,并完全按照新同盟的精神讲了话。根据这件事来看,几乎确实应该相信:采取旧的传统的宪章运动形式的英国无产阶级运动,等不到发展成一种新的、更有生命力的形式，就一定要彻底毁灭。而且也很难想象，这种新的形式将是什么样子。不过我觉得，琼斯的新动向，与过去建立这种同盟而多少获得成功的一些尝试联系起来看，的确是因为：英国无产阶级实际上日益资产阶级化了，因而这一所有民族中最资产阶级化的民族，看来想把事情最终导致这样的地步，即除了资产阶级，还要有资产阶级化的贵族和资产阶级化的无产阶级。

  评论：恩格斯认为近期棉纺织业虽然需求旺盛，但生产过剩将很快出现。信中还评价了琼斯及他召开的一次群众大会，揭示出英国无产阶级实际上日益资产阶级化了。

  10月21日 致信马克思，指出：普鲁士资产阶级所怀有的欢乐梦幻很快就要消逝。不过我也同意你的看法，事情并不因此就完结了。但是，我对事件的进程还不清楚。我觉得，资产阶级还没有完全消除1848年和1849年的印象，没有足够的勇气同时在两条战线上进行斗争——一方面反对贵族政治和官僚制度，另一方面反对无产阶级运动。然而，也可能在法国没有发生什么事情之前，无产阶级运动在一个时期里不会有太大威胁，以致引起多大的耽心；不过，这时无产阶级运动一定发展得非常缓慢。如果在法国什么事情也没有，——就动产信用公司的股票行市看，现在确实也没有什么可期待的，——那末在普鲁士完全可能产生一种与1846—1848年意大利运动相似的、具有无产阶级背景的运动，不过我耽心资产阶级又会在紧要关头变卦。俄国的情况很好。目前那里的南方也在暴动。

  评论：恩格斯分析了德国当时的政局，并对无产阶级运动的前景进行了预测分析，指出普鲁士资产阶级所怀有的欢乐梦幻很快就要消逝，随着生产的恢复，危机的褪去，工人运动恢复的迹象开始显露。

恩格斯给其他人的信

1859年

  5月18日 致信斐迪南·拉萨尔，指出：您看，我是从美学观点和历史观点，以非常高的、即最高的标准来衡量您的作品的，而且我必须这样做才能提出一些反对意见，这对您来说正是我推崇这篇作品的最好证明。是的，几年来，在我们中间，为了党本身的利益，批评必然是最坦率的；此外，每出现一个新的例证，证明我们的党不论在什么领域中出现，它总是显出自己的优越性时，这始终使我和我们大家感到高兴。而您这次也提供了这个例证。此外，世界局势似乎要向一个十分令人喜悦的方向发展。未必能够设想，还有什么比法俄同盟能为彻底的德国革命提供更好的基础。我们德国人只有水淹到脖子时，才会全都发起条顿狂来；这一次淹死的危险似乎十分逼近了。这倒更好些。在这样一个危机中，一切现存的势力都必然要灭亡，一切政党都必然要一个跟一个地复灭，从《十字报》到哥特弗利德·金克尔，从莱希堡伯爵到"黑克尔、司徒卢威、布伦克尔、齐茨和勃鲁姆"。在这样一个斗争中，必然出现一个时刻，那时只有最不顾一切的、最坚决的党才能拯救民族，同时必然会出现一些条件，只是在那些条件下，才有可能彻底清除一切旧的垃圾，即内部的分裂以及波兰和意大利附属于奥地利的情况。

评论：恩格斯对拉萨尔新近出版的历史剧作《弗兰茨·冯·济金根》进行了评论。恩格斯在赞扬拉萨尔的同时，也阐明了自己关于文学的阶级性的观点。他指出，文学作品的人物都从属于某个阶级，是一定的阶级和倾向的代表，因而是他们世代的一定思想的代表。因此，对他们的动机和活动的描述和刻画，不能从个人欲望出发，而应该从他所处的历史时代和阶级立场出发。恩格斯阐述了自己的现实主义文艺观。他主张文学应该反映社会现实，应记录和描写丰富多彩的平民社会日常生活，这样的作品才生动感人，才能真正揭示社会现实。

第 30 卷

恩格斯给马克思的信

1860 年

1月31日 致信马克思，指出：已有好几天，我脑子里在转念头，想写个类似《波河与莱茵河》的续篇的东西：《萨瓦、尼斯与莱茵》。我打算把这东西交给敦克尔；它顶多两印张，并且可以成为同埃夫拉伊姆建立联系的一个好借口。无论如何，只要费舍确实有些交往，对他就可以象对任何其他人一样加以利用。小犹太布劳恩现在也会明白，你的声明以及福格特同奥格斯堡《总汇报》的全部争吵所具有的意义，同这个柏林庸人最初想象的完全不同了。在目前情况下，我们应当保持这一切联系，至于沉默的阴谋和其他诡计，那末，以后当我们在关键时刻根据真正政治的原因非决裂不可的时候，它们将使我们不受任何约束。

为了能违反福格特之流的愿望而保住我们在公众中的威望，我们必须发表一些科学著作。创办流亡者刊物，我们没有钱，而且我们不止一次地看到，流亡者的报纸或者在伦敦刊印的德文小册子，至少要销行一年才能到达公众（德国的）手中。在德国本土公开发表符合我们党的精神的政治性和论战性的东西，这是根本不可能的。那该怎么办呢？要么一言不发，要么尽力去做那种只有一些流亡者和在美国的德国人才会了解而在德国则谁也不知道的工作，要么继续那种你用你的第一分册和我用《波河与莱茵河》所开始的事情。我认为目前这一点是最重要的，如果我们这样去做，那末就让福格特去随便怎么叫嚣吧，我们很快又会找到非常牢靠的立足点，以致有时可以（如果需要的话）在德国报刊上发表必要的个人声明。这里最重要的自然是在最近出版你的第二分册，我希望福格特的事不妨碍你继续写作这本书。

评论：这是恩格斯回复马克思于1月28日来函让他尽快办理事宜的信。在信中他谈到了自己的文章。1859年恩格斯发表了他的军事代表作《波河与莱茵河》的小册子，之后恩格斯一直想再写一本续篇《萨瓦、尼斯与莱茵》揭露拿破仑第三声明法国要求占有萨瓦和尼斯这种要求。这本小册子于1860年2月写成，于同年4月在柏林的贝伦兹出版社匿名出版。对于抨击福格特之流，恩格斯也同意利用费舍并提出了建议。1860年2—11月间写的《福格特先生》是马克思对庸俗的民主主义者、波拿巴主义的代言人福格特对无产阶级政党和无产阶级革命进行造谣诽谤的抨击。马克思高度评价了同福格特的斗争，称这次斗争对于党在历史上的声誉和它在德国未来的地位具有决定性的意义。信中，恩格斯分析了现状，认为最重要的是尽快出版《政治经济学批判》第二分册。另外，还介绍了有关《总汇报》编辑奥尔格斯的一些情况。

2月1日 致信马克思，指出：这一次事件一天比一天严重。阿尔坦赫弗尔先生和巴黎的驼背海弗纳尔，也在奥格斯堡《总汇报》上发表了个人的不很明确的声明。现在又来了拉萨尔的聪明的信。这家伙本身已经一半是波拿巴主义者，要知道，向波拿巴主义谄媚在柏林现在似乎是一种时髦，福格特先生毫无疑问会在那里找到一块肥沃的土地。拉萨尔的想法妙极了：不能利用同奥格斯堡《总汇报》的联系来反对福格特和波拿巴，而福格特却可以拿波拿巴的钱来达到波拿巴主义的目的，同时保持完全清白！这些人已经把波拿巴打败奥地利人看作是他的功绩；地道的普鲁士主义和柏林式的自作聪明又占了上风，在柏林现在想必出现了一种同巴塞尔和约签订后相似的情绪。这样的人是说服不了的。如何反驳福格特，他指出：但愿我们能得到那本小册子；而现在应当考虑一下，在什么地方和在哪个出版者那里发表答复。尽可能在德国并且在敌党的大本营柏林。我今天就能见到鲁普斯，我要告诉他，要他想一下他能收集到有关福格特的什么材料。同时我将把1850—1852年的文件整理好，而你必须找出我们关于流亡者的旧手稿。

评论：恩格斯谈到福格特《我对〈总汇报〉的诉讼》这本小册子，1860年1月28日奥格斯堡《总汇报》第28号附刊上刊登了该报编辑之一阿尔坦赫弗尔和新闻工作者海弗纳尔的声明，他们在声明中十分含糊地驳斥了福格特的小册子《我对〈总汇报〉的诉讼》中有关他们的一些事实。1859年12月，福格特发表了《我对〈总汇报〉的诉讼》小册子，他攻击和诬蔑马克思和恩格斯，歪曲马克思及其他革命者在共产主义者同盟中的活动，散布小资产阶级民主主义，企图分裂正在形成中的无产阶级组织，反对无产阶级革命。恩格斯认为对福格特的诽谤应该给予答复。马克思和恩格斯为了反驳和抨击福格特这种无耻行为，多方面进行准备，让他们的朋友鲁普斯等帮助搜集相关材料。

2月2日 致信马克思，指出：当我把拉萨尔的信念给他听的时候，我才终于看清了拉萨尔这家伙身上的那种小市民习气和傲慢情绪；同时我也完全明白了他的"方法"。这个家伙甚至在一些最无聊的琐事上也表现得象是老黑格尔的绝对精神；正如在政治经济学方面他想成为最终的对立面的最高统一，即你和经济学家们的最高统一，现在他已经以为自己是你和福格特的最高统一。鲁普斯考虑，是否可以根据普鲁士的法律迫使《国民报》刊登你的声明。我也觉得出版法里有这样一条。如果是这样,那末在收到小册子后就应当马上利用这一点;拉萨尔说得对,"书有自己的命运";这本小册子以后会怎样,不得而知,但是答复得愈早,收到效果的把握就愈大。至于我们的小册子,我们的不利情况在于我们自己不得不处于守势,而且我们不能用谎言去回答谎言。第二个不利情况是,公众即庸人们事先就恨我们;他们即使不是指责我们憎恨人类,至少也是指责我们憎恨资产者类,而在他们看来这是一回事。

评论:恩格斯在信中评论了拉萨尔1月底给马克思的信,分析了他们反击福格特的优势和劣势,并提出了可能采取的方法。恩格斯在信中分析了拉萨尔在意大利事务上的看法,在这个问题上他是赞成福格特的观点的。拉萨尔在1859年5月初在柏林匿名出版的小册子《意大利战争和普鲁士的任务。民主派的主张》中叙述了他对于意大利问题的观点。拉萨尔在这本小册子里还坚持让德意志各邦在意大利战争中保持中立的普鲁士-波拿巴派立场,主张让奥地利遭受失败,以便普鲁士利用这种失败去从上面统一德国。

5月31日 致信马克思,指出:费舍的表现非常好,所以我们无论如何不能抛弃他而去讨好拉萨尔。没有任何别的办法,只有向晦涩哲人赫拉克利特隐约地暗示,在对外政策上"反动的"这个词是没有什么用的,在这方面可以利用一些比费舍还要大得多的"蠢驴",只要他们是熟悉内情的人。我们那位卓有远见的革命思想家,实际上的普鲁士王国宫廷民主主义者,要是听到乌尔卡尔特想要加强王权,那会多么气愤啊。一般地说,在对外政策这个专门领域内,有可能把它同对内政策作非常微妙的思辨的区分,从而使你一定会很愉快地向他解释清楚,在这种情况下,主观上反动的如何在对外政策上能够成为客观上革命的,在这以后他一定会平静下来。必须向这个人提示这种转化,这样他就会感到理论上的满足,尽管我们同费舍的联系实际上已使他很恼怒,尤其是他知道费舍曾为我的小册子奔走。你也许还可以向这个人指出,如果借口德国国土上目前的统治者是反动派,而先去剥夺或者是让别人去剥夺德国人的最牢固的立足点和民族生存条件,然后还指望会发生革命,这样做在多大程度上算是革命的。

评论:这封信是对马克思5月28日信件的回复。艾希霍夫因为在《海尔曼》周刊上发表文章反对普鲁士警察制度的文章而被捕,并正处于第二审级审讯之中。拉萨尔1860年5月24日给马克思的信中建议马克思到柏林去,以便在对艾希霍夫的诉讼案的第二审级审讯中充当证人去揭露施梯伯。拉萨尔同时完全否定了费舍。恩格斯读了拉萨尔给马克思的信之后,认为拉萨尔替马克思制定的计划简直就是发疯了,他不赞成马克思去柏林。同时对费舍作出评价,认为他是可以团结的力量。费舍是新奥尔良《德意志报》的编辑,德国新闻工作者,是一位小资产阶级民主主义者,他为恩格斯的《萨瓦、尼斯与莱茵》这本小册子奔走相助。

6月20日 致信马克思,指出:我认为朋友洛美尔把巴登-巴登事件的主要起因说成是波拿巴派的告密,完全是他自己的一种臆想。但是说在这件事背后隐藏着一些东西以及福格特、波拿巴及其一伙也搞了这种阴谋诡计,那无疑是对的。关于阿布的小册子,他指出:"民族联盟的小德意志派现在在阿布的小册子中被描绘成波拿巴主义的直接帮凶,这很好。我们的朋友伊威希大概很快就会发生转变;为了回答阿布的小册子,这些先生或者将显露出自己是波拿巴主义者,或者会同他们的普鲁士德国一起陷入非常狼狈的境地。"

评论:这是对马克思6月16日信件的回复。在信中恩格斯分析了洛美尔并纠正了他的错误观点。民族联盟的基本核心是亲普鲁士的哥达党,成员是亲普鲁士的反革命大资产阶级的代表,即退出法兰克福国民议会的右翼自由派分子,根本主张是建立小德意志,把德国统一为以君主制普鲁士为首的中央集权国家。在阿布的《拿破仑第三和普鲁士》中,把民族联盟的小德意志派描绘成波拿巴主义的直接帮凶,恩格斯预料到拉萨尔会对此作出反应。

6月27日 致信马克思,指出:关于柏林的事情我马上要写几句话并连同我的回信一并寄给济贝耳,让他把事情推动一下。对黑克舍尔也这样。我还想在今天把"波希米亚"写出来。现在是八点钟,但我还在办事处。明天我是否能写出点关于加里波第的东西,我总会尽力而为的。关于拉萨尔,他指出:"伊威希在公众面前同福格特在一起,而暗中却是我们的同盟者!这倒不坏。请立即写信给迈斯纳。"

评论:信中对马克思要他写的关于波希米亚和加里波第的文章,表示将尽力而为。19世纪中叶,列强为争夺土耳其、意大利和德意志进行了一系列战争,其中包括波希米亚。马克思写信给恩格斯提醒他,福格特想把波希米亚让给俄国,因此马克思希望恩格斯就波希米亚对俄国的军事意义的问题写一些材料。马克思需要用这个材料来写他的反击福格特的抨击性著作,用它来揭露福格特的亲波拿巴的观点。信中还告诉马克思,关于柏林的诉讼,他想请济贝尔和黑克舍尔帮忙。

6月28日左右 致信马克思,指出:普鲁士的先生们现在确实掌握了"高明的手法"。因为对《国民报》的控诉只能给普遍的宪法的和谐带来刺耳的噪音,他们要不惜任何代价加以阻挠。"在柏林还有法官",他们就对法官施加压力,我坚信就连维贝尔先生也受到了压力。信件的整个格调可证实这一点。因此现在应当更快地把小册子写出来,以便向高贵的普鲁士人证明,这样的东西他们是扼杀不了的。这些恶棍!可不可能他们在暗中对我这样宽容,正是为了可以更卑鄙地对付你?关于所写的文章,指出:今天晚上我还要尽可能地写完"波希米亚"。此外,不管怎样困难,你无论如何要把小册子写得使普鲁士人无法禁止它。首先要快,因为也许在不久的将来,就在1861年以前,会有一个侈谈和平的时期到来,那时对祖国的背叛将不会引起这样的注意。

评论:因为马克思对《国民报》的诉讼没有被受理,恩格斯在信中提醒马克思要尽快完成反击福格特的小册子,而且要写得使普鲁士政府无法禁止它在普鲁士发行。同时随信附上自己写好的《英国的志愿兵部队》一文。

9月15日 致信马克思,指出:关于普鲁士政府的消息十分有趣;但是最有意思的是,这个家伙以为现在我们承认他在意大利问题上是正确的!!!现在,就是革命党在意大利本土正在直接攻击卡富尔并且威胁着他的时候!这是幼稚可笑的。现在,当加里波第打算在罗马进攻波拿巴的时候,我们倒似乎应当承认,我们在今年春天本来应当同卡富尔和波拿巴一起走,而且——谁知道——也许现在还应当同他们一起走!当然,问题涉及到现在的时候,鼬鼠先生是非常谨慎的。大约三星期以前,我给在达姆斯塔德出版的《军事总汇报》写了一篇关于猎兵运动的文章。由于我不想打着别人的旗帜钻进这个官方的军界,所以我在附函中告诉这些先生们,我曾站在起义者方面参加过巴登战役。但是他们还是把文章准确无误地刊登了出来,而现在这篇文章在这里又用英文出版了。神圣同盟的事令人十分不快,它将在法国给波拿巴以极大的帮助。加里波第的事是唯一的救星。但是我倒想知道,普鲁士的自由主义庸人们对普鲁士又屈从于俄国会说些什么。不过,象柏林那样卑鄙的报纸,在世界上是没有的;看来它们终于也使鼬鼠生气了。跟你说吧,《国民报》或《人民报》简直不能用手去拿:在千步以外就可以闻到它们散发出的那种令人厌烦的胡言乱语和自作聪明的鄙俗言论的恶臭。

评论:恩格斯首先和马克思交换了拉萨尔信件的内容问题并对信件作出了评论。恩格斯从当前的政治局势、宣传推广的便捷和有效,以及经济因素等方面分析,建议在德国出版和推销抨击福格特的小册子。恩格斯告诉马克思他给《军事总汇报》写的《英国志愿兵猎兵的检阅》文章已经刊登了。后来,恩格斯将这篇文章译成英文并略有改动后发表于《郎卡郡和柴郡志愿兵杂志》和《志愿兵读物》文集。从这篇文章开始,恩格斯在该报发表了一系列关于志愿兵的文章。恩格斯还谈到神圣同盟在法国会给波拿巴极大帮助,这很令人不快。信中还揭露了《国民报》和《人民报》令人厌烦的鄙俗言论和卑鄙行为。

10月1日左右 致信马克思,指出:我必须说你的书名我十分不喜欢。如果你想给他一个绰号,那这个绰号必须是人们在阅读这本书以前就懂得的,或者是在这本书里对它作了解释以后再出现。我认为书名愈简单朴素愈好,但是书名中除了福格特以外,还要尽可能提到波拿巴或者至少提到普隆-普隆。加里波第在军事方面看来已开始感到吃力。但是,最重要的是,加里波第已公开地把在罗马的法国人看作是在威尼斯的奥地利人;他是否马上就能把他们驱逐出去,这已不怎么重要了。奥地利的形势非常好。读了弗里德里希-卡尔亲王和瓦德西先生的著作,我终于确信,普鲁士人那样奇妙地组织和训练自己的军队是一定要被打败的。为了弥补四十五年来缺乏作战经验这个缺陷,他们以演习的形式为自己创造了一种人为的、程式化的战争,那里的一切都跟在真正的战争中完全不同,它简直是教官兵学会以各种借口不采取主动行动,并给他们灌输一些完全不切实际的概念。总之,弗里德里希-卡尔亲王作为一个士兵是不错的，他憎恨普鲁士的机械训练。但是他作为一个指挥官有多大价值，那就很难说了。

评论：在信中，商讨了马克思写的抨击福格特的小册子的书名和印刷出版，建议通俗易懂最好，不需要特意加一个绰号；解释了《海军》条目不能马上写出来的原因；分析了在意大利，罗马教皇的军队、皮蒙特人以及加里波第的部队的军事实力和相互角逐情况，分析了奥地利的有利形势，并评价了普鲁士军队中的训练。

10月5日 致信马克思，指出：能使福格特令人感到兴趣的唯一的事，就是他同波拿巴和普隆-普隆的联系，而这一点你必须在书名中强调出来，以便引起庸人的好奇心。在书名上搞轻蔑嘲笑的做法，恐怕除把书名弄得离奇古怪或矫揉造作之外，不会有别的结果。朴素的书名无疑是最好的；蔑视嘲笑在书的正文中已经够多的了。关于意大利战事，指出：加里波第老爹又大败那不勒斯人，并捉到二千名俘虏。这个家伙对军队的影响必定是不可思议的。图尔以及吕斯托夫的理论都出了丑，这很好，不然后者一定会坚信他应该成为德国的加里波第；这个家伙在资产阶级共和派中间可能成为一个危险分子。炮弹国王大概也快要完蛋了，他的军队很快就将没有吃的，因而必定会散伙；小小的地盘养活不了他们。

评论：恩格斯与马克思商议关于抨击福格特的小册子的书名和出版事宜。恩格斯建议书名通俗易懂最好，并解释了在德国出版的有利条件和可行性。恩格斯认为出版商迈纳斯还是可以信任的。信中解释了他的文章《英国志愿兵猎兵的检阅》在《泰晤士报》刊出的原因。1860年9月24日《泰晤士报》第23733号上用《德国人对志愿兵的一种评价》作为标题刊登了恩格斯的《英国志愿兵猎兵的检阅》一文的摘要。《泰晤士报》是英国最有影响、最重要的报纸之一。19世纪在沃尔特第二和沃尔特第三的经营下，《泰晤士报》规定了报纸的独立原则，开始和中产阶级站在一起，谴责政府压制舆论。在1817—1877年托马斯·巴恩斯和约翰·德兰先后任主编期间，《泰晤士报》发展成为英国最大、最有权威的大报。但是《泰晤士报》从1850年后开始走向保守，支持英国政府的对外侵略和一些欧洲国家的专制统治，甚至支持美国南方的奴隶制。恩格斯在信中告诉马克思，1860年10月1日，加里波第在沃耳士诺大败那不勒斯国王弗兰契斯科二世，基本完成对南意大利的解放。

12月5日 致信马克思，指出：鲁普斯特意要我先告诉你，他特别喜欢你对爱德华·西蒙的痛骂。这本书我越读越喜欢。但是刊误和笔误很严重。有一处把奥地利皇帝弄成了俄国皇帝。还有一点不好的是，你夫人用拉丁字母写的所有的外国字，也用拉丁字母印了出来。所有的外国印刷所都是这样做，因而要避免这一点，必须预先专门说好。你忽略的是没有作小结。例如在《制刷匠帮》和《硫磺帮》这两章的末尾；还有在《警察作风》的末尾，在整个谈个人事情的部分的末尾以及其他地方，都适于作些小结，以便庸人能够清楚地得到完整的印象。这最多会增加四页篇幅，但却能使这部由于拥有大量材料和大批很少为庸人所知的人名而令人有点透不过气来的著作大大提高效果；同时会使非常好的全书结构的艺术性更清楚地显示出来。

评论：在信中，主要谈到了马克思的《福格特先生》一书中出现的"刊误和笔误"以及书的结构。1859年12月小资产阶级庸俗民主主义者、波拿巴的代理人福格特的小册子《我对〈总汇报〉的诉讼》出版。福格特在这本小册子中企图以捏造的事实和纯粹的谎言来歪曲和诋毁马克思和他领导下的无产阶级革命者在共产主义者同盟中的革命活动。1860年初，德国柏林资产阶级报纸《国民报》在1860年1月22日和25日第37号和第41号的两篇社论（《卡尔·福格特和〈总汇报〉》和《怎样伪造激进传单？》）中转述了福格特小册子的诽谤性内容。马克思为了正在形成中的无产阶级政党的利益，对《国民报》以诽谤罪向法院提出控告。马克思从1860年1月底起开始收集材料，对《国民报》起诉，同时为反驳和抨击福格特写一本小册子做准备。最终于1860年11月完成了抨击性著作《福格特先生》一书。这本书反驳了福格特对马克思的恶意中伤，揭露了福格特为反动政府效力的真面目。

1861年

2月6日 致信马克思，指出：拉萨尔还是那个伊西多尔·普鲁士蓝。在这种小事上证明内阁的不彻底性，就以为给了它以毁灭性的打击，那算是什么政治家。他对议会制以及在这种制度下的所谓法和正义，也有美妙的见解。这个人是不可救药的。在他那宏伟的两卷书中，有什么不会谈到啊。不管怎样，他所能做的充其量不过是在福格特的问题上完全改变自己的立场。至于他的报纸，我若处在你的地位，会劝他从办周报开始，而与《普鲁士周刊》、《柏林评论》、《民族联盟观察周报》等相对抗。凭哈茨费尔特的三十万塔勒和这位夫人挥金如土的生活方式，不会有足够维持一份日报的额外收入。经费不足的现象很快就会出现。然而办周报不用花很多钱，对我们也是一个很好的收入来源。自然拉萨尔必须很好地付款，就是说按英国的方式付款，不然也毫无意义。周报如能作为机关报，那对我们也是十分重要的。

评论：恩格斯谈到马克思筹钱方面的事情以及德纳的卑鄙无耻，表达了自己对于拉萨尔重新出版《新莱茵报》的意见，认为从办周报开始切实可行。信中还谈到自己的《志愿兵读物》可望出版。恩格斯的《志愿兵读物》于1861年3月16日左右出版，此文集收录了恩格斯于1860年和1861年初在《志愿兵杂志》上发表的五篇军事论文：《英国志愿兵猎兵的检阅》《法国轻步兵》《志愿兵炮兵》《步枪史》和《志愿兵工兵，他们的作用和活动范围》。

12月2日 致信马克思,指出:关于回溯效力说得很近乎情理,但论据不够充分。而且这家伙很迷信——还相信"法的观念",即绝对的法。他反驳黑格尔法哲学的意见很大部分是很正确的,但是他的新的精神哲学还不是毫无毛病的。即使从纯哲学观点来看,他也应当懂得,只是过程而不是过程的仅仅暂时的结果是绝对,这样,除了历史过程本身以外,他就不能得出任何别的法的观念了。此外,硬把一个如此简单而实质上又不很重要的观念贯穿整部民法大全,把它应用于每一个条款,好象这样一来就可以使它变得更重要一些,这种做法能使他得到什么乐趣呢——这是我无论如何不能理解的。但是更可笑的是他认定,对"充分的具体事例"这样毫无意义地胡扯一通,就是对他所提出的原理的论证,而他的著作因此也就最后完成了。柏林的情况现在就会好转。新议院的软弱无力的"进步党的"民主主义,对美男子威廉说来还是会显得太红了,到3月恐怕一定会出现温和的慢性危机。由此会产生什么结果,倒很有趣。只要这些家伙在议院里不是太怯懦,他们终究会战胜美男子的,但是我对这些民主派的恶棍们毫无信心。

评论:恩格斯就拉萨尔的《既得权利体系》一书和马克思交换一些看法,评论了1861年11—12月进步党人在普鲁士众议院选举中的胜利。进步党是1861年6月成立的德国资产阶级的政党。进步党在自己的纲领中提出如下要求:在普鲁士领导下统一德国,召集全德议会,成立对众议院负责的强有力的自由派内阁。由于害怕人民革命,进步党没有支持基本的民主要求:普选权、出版、结社、集会自由。

1862 年

5月5日 致信马克思,指出:至于《论坛报》,我在《曼彻斯特每日观察家时报》的文学新闻栏中发现一则简讯,说德纳"由于同霍拉斯·格里利先生观点有分歧",已退出《论坛报》。这样,一切大概都要归咎于这头带着天使般面容的老蠢驴了。要是我,在这件事上就不会轻易放过他们,至少会要求德纳再解释一下这一切是什么意思,以及现在是谁代替他主持《论坛报》,以便知道现在应当同谁打交道。如果你以后给其他任何纽约报纸写东西,那他们总是可以把事情说成是你背弃了他们。而且他们必定会举出某种理由来。你对普鲁士的选举有什么看法?政府遭到的惨败,也可以说是它的决定性胜利。因为这将促使美男子威廉采取最极端的手段。现在这个选举送给他的是清一色的民主派!汉堡通讯员也已经在说,依靠现行的选举法什么事情也办不成,而且也不可能进行管理。可敬的特韦斯顿又完全着了议会迷,他想建议对大臣们进行不信任投票。无论如何,困难正在增加,而浪头也越来越高了。

评论：在信中主要谈到《纽约每日论坛报》立场的转变；美国内战中的科林斯会战、弗吉尼亚以及南部山区的战况，鲁普士议会重新选举等情况，并分别进行了评论。1862年3月由于普鲁士政府和众议院在军队改革问题上的严重冲突，普鲁士众议院的自由主义多数派拒绝批准用于军队改组的军事开支，并要求成立对议会负责的内阁。政府决定解散议会并进行新的选举，选举于1862年4月28日和5月5日举行，最后进步党获胜。《纽约每日论坛报》是美国的一家报纸，由美国著名的新闻工作者和政治活动家霍拉斯·格里利创办。该报1841—1924年出版。在1854年以前是美国辉格党左翼的机关报，其后成为共和党的机关报。19世纪40—50年代，它曾站在进步的立场上反对奴隶占有制。1851年8月至1862年3月，马克思和恩格斯为该报撰过稿。美国国内战争开始时，由于《纽约每日论坛报》编辑部内主张同各蓄奴州妥协的人员的势力加强，导致报纸离开了进步立场。马克思于1862年3月完全停止给《纽约每日论坛报》撰稿。

5月23日 致信马克思，指出：施特龙来过这里。议院解散前不久，他在柏林曾经和莱茵的议员们多次痛饮。他们对整个形势非常认真，相信自己是万能的，深深地着了议会迷，几乎同1848年那个时候一样。红色贝克尔在这期间头发灰白得很厉害，他穿了晚礼服，从头到脚全是黑的，还穿起燕尾服，整天整天地奔走。鲁道夫·施拉姆先生（原施特里高的议员）也在那里游荡，并且向愿意听他讲话的人诉苦，说哪个地方的公众都不愿意选他，他对此大惑不解。

麦克累伦还是按尽人皆知的老样子干下去。同盟军老是从他面前溜过，因为他借口他们比他强大得多而从来不向他们进攻。占领新奥尔良是舰队的一个勇敢行动。干得非常出色的是从两个堡垒之间穿过。在这以后，一切都好办了。这个事件对同盟军的精神上的影响大概是极其巨大的，而物质上的影响也已经可以感觉到了。新奥尔良的商人狂热地拥护同盟，仅仅是由于这些家伙曾经不得不拿现金购买大批由同盟发行的债券。我在这里知道不少这样的例子。这一点不应忘记。大量的强制公债是把资产者束缚于革命，以他们的个人利益来模糊他们的阶级利益的一种绝好办法。

评论：恩格斯简单介绍了施特龙以及鲁道夫·施拉姆的情况。1848年施拉姆当选为代表施特里高（斯特舍哥姆）的柏林国民议会议员。马克思和恩格斯的抨击性著作《流亡中的大人物》对他在议会中的活动作了评述。信中主要对新奥尔良被北军攻克及美国内战的前景进行了分析。新奥尔良是蓄奴州同盟重要的政治军事中心，该城南军于1862年4月29日投降。5月1日北军顺利攻占新奥尔良城，取得巨大军事胜利。马克思于1862年5月30日在《新闻报》发表的《美国战场的形势》一文，利用了恩格斯在这封信中提供的对军事行动的分析。

6月4日 致信马克思，指出：我们终于从安内克的信中得知，如果把波普和密契尔的部队算在内，哈勒克在4月26日已经有十万多人和三百门大炮了，并且他正等待柯蒂斯和济格尔前来增援。截至4月29日止，军队的情况看来大体上还过得去；安内克一点也没有谈到疾病的事。因此，我认为关于疾病的流言纯粹是虚构的。不过应该承认，斯坦顿和哈勒克善于诱发报刊和公众猜疑。其实，在每个军团设一名记者是很好办的，将领想让公众得到什么消息，就指示他写什么。因此，大概济格尔和柯蒂斯一到达，大的会战就会爆发。关于普鲁士众议院新选举的情况，指出：柏林的喜剧非常有趣。内阁向议院保证它的自由主义，而议院向国王保证它的保皇主义。接吻吧——从此结束纷争！不过，这些人这样轻易而迅速地卷入了议会倾轧，无疑是一种进步，同时，冲突也必定立即发生。非常有趣的是，在黑森选帝侯国事件中，在选帝侯使美男子威廉本人受侮辱之前，没有搞出什么名堂来，而在这以后，更没法搞出什么来了。

评论：恩格斯比较细致地分析了美国战况，并对新选出的普鲁士众议院进行了评论。用"接吻吧——从此结束纷争！"这一插曲来讽刺1862年4月28日和5月5日新选出的、于1862年5月19日召开的普鲁士众议院，并评论新选出的普鲁士众议院的情况。"接吻吧——从此结束纷争！"是18世纪末法国资产阶级革命时期的一段有名的插曲。1792年7月7日，立法议会议员拉摩勒特提议以兄弟般的接吻来结束一切党派纷争，于是各敌对政党代表响应这个呼吁热烈地彼此拥抱了。但是，不出人们所料，勉强的调和尝试是不会成功的，这些虚伪的"兄弟般的接吻"第二天就被忘记了。

9月9日　致信马克思，指出：在这种棉纺织品角逐中，地租理论真的使我觉得太抽象了。关于机器损耗也是这样，虽然我确信，在这个问题上你走入了歧途。要知道，损耗期并不是一切机器都相同的。第二次布尔河事件是石壁将军杰克逊的小小的得意杰作，他无疑是美国最出色的人物。如果他得到同盟军主力的正面攻击的支援，而且一切又配合一致，那末波普先生很可能就会完蛋。在这种情况之下，同盟军除了获得巨大的精神上的好处——崇尚他们的进取精神和尊敬杰克逊——和取得几平方英里的土地以外，并没有什么成果；然而，它却大大加快了整个联邦军在华盛顿附近的会合和集结。而南部的这些家伙至少知道他们想要的是什么，所以同北部委靡不振的人们比起来，我觉得他们倒象是英雄了。难道你仍然认为，北部的这些先生们能平定"叛乱"吗？

评论：恩格斯希望马克思已经处理好拉萨尔名下期票的事情，并告知自己德国之行的计划。1862年9月12—29日，恩格斯为了休息去德国作了一次旅行。在摩塞尔河、莱茵河沿岸及绍林吉亚旅行之后，他还在巴门和恩格耳斯基尔亨的亲戚家作客。信中表示，关于地租理论他稍后会思考，先告知了机器损耗的问题。信中还谈到了棉纺织品生意的投机情况，并评论了美国内战中的第二次布尔河事件。

10月16日　致信马克思，指出：对俾斯麦被任命资产者报以哈哈大笑。一般说来，这些先生们非常自信，并且有几分胆量。他们终于在金钱问题上掐住威武的威廉,并且知道他在这个问题上最后必定向他们让步。但是他们把事情的过程设想得非常单纯,以为只要折磨他一阵,他自己就会找上门来。但是他们还会领教的。无论如何,春天以前必将发生危机。可是金钱问题对庸人竟会有这么大的鼓舞作用,真笑死人啦。

评论:恩格斯讲述了9月12—29日在德国旅行的经过,并评论了俾斯麦组成的保守派的容克内阁。1862年9月22日俾斯麦被任命为普鲁士首相。正当宪制冲突激烈的时候,组成了俾斯麦的保守派容克内阁,这表明政府打算不顾议会的预算法案而实行军队改组。10月13日俾斯麦再度解散议会,并开始实行军事改革,竟不经议会批准就为此开支经费。

11月5日 致信马克思,指出:至于美国,我自然也认为同盟派在马里兰出乎意料地受到一次意义重大的精神上的打击。我也确信,最终地占领各边界州将决定战争的结局。但是我并不相信,事情会以这种典型形式发展下去,而你似乎是这样想象的。但是唯一可以指望的"革命",看来将首先是民主党的反革命和一个包括分割各边界州在内的糟糕的和约。事情决不会就此结束,这我同意。但是这样的人民在如此重大的问题上竟让自己四分之一的居民不断地打击自己,并且在进行了一年半的战争之后,唯一的成就是发现他们的将领全都是蠢驴,而文官全都是骗子和叛徒——对于这样的人民,目前也只能说无法激起我的热情。事情终究应该发生转变,即使在一个资产阶级共和国里,只要它还没有完全陷入泥潭,也应该是这样。你说英国人对这件事的态度是卑鄙的,这一点我完全同意。

评论:在信中告诉马克思期票兑现和办理期票延期的事宜,并分析了美国内战的状况和前景。美国北部各州于1862年11月4日举行了国会众议院选举以及纽约州州长选举。在选举国会时,西北各州的居民由于对共和党领导军事行动不力感到不满,投票选举民主党人。纽约州州长也由民主党首领之一西摩尔当选。但共和党人却在大多数北部州中取得选举的胜利。

1863年

1月7日 致信马克思,指出:玛丽去世了。昨天晚上她很早就去睡了,当莉希在夜间十二点不到准备上床的时候,她已经死了。非常突然:不是心脏病就是脑溢血。今天早晨我才知道,星期一晚上她还是好好的。我无法向你说出我现在的心情。这个可怜的姑娘是以她的整个心灵爱着我的。

评论:恩格斯告诉马克思自己的爱人玛丽·白恩士去世的消息。

2月17日 致信马克思,指出:波兰人真行。如果他们能支持到3月15日,那整个俄国就要动起来了。起初我非常担心事情不顺利。但是现在看来,胜利的把握多于失败的可能。要是波兰的事情结局不好,那在我们面前显然就会出现数年残酷的反动时期,因为那时信奉正教的沙皇又将成为神圣同盟的首脑,与这个同盟相比较,波拿巴先生在愚蠢的癫蛤蟆眼里将成为伟大的自由主义者和民族的保卫者。

普鲁士人的行径和往常一样,很卑劣。俾斯麦先生明白,如果波兰和俄国都革命化了,那他就要倒霉。不过,普鲁士的干涉不会急于进行。

在北方佬的国家里情况不大好。的确就象世界史上常有的讽刺,同庸人相比,民主党现在成了主战派,而破了产的蹩脚诗人查·麦凯又大丢其脸。我从纽约的一些私交那里听说,北部继续以前所未闻的规模进行武装。但是,另一方面,士气消沉的征候日益增加,缺乏获胜的能力也日益显著。要有这样一个政党,它的胜利和上台也就是意味着要把战争进行到最后胜利,并且为此不惜采取一切手段,而它在哪里呢?人民被侮辱了,这就是不幸,幸而媾和目前在实际上没有可能,否则,仅仅为了万能的美元和能够再活下去,他们早已缔结和约了。

评论:在信中就波兰事件和俄国革命运动、普鲁士的表现和干涉,以及美国内战形势进行了分析和评论。1861年俄国颁布废除农奴制的法令,其所规定的草拟规约期限为两年。当时俄国革命的各界人士都深信,由于农民群众对1861年改革的不满,在波兰、立陶宛和白俄罗斯刚爆发的起义必将导致普遍的起义,恩格斯也对1863年春天俄国革命运动的新高涨寄予希望,认为农民最终会看清沙皇对他们的"自由"的掠夺性质。

2月21日 致信马克思,指出:至于小册子,我想把材料作如下的安排:(1)俄国对西方和南方的军事地位,在三次瓜分波兰以前;(2)同上,在三次瓜分波兰以后;(3)同上,在1814年以后;(4)波兰恢复后俄国和德国的地位。

评论:恩格斯随信寄上了他们共同书写波兰事件的宣言的历史部分,就宣言材料安排结构及书名提出建议。马克思和恩格斯准备写一本关于波兰问题的小册子,小册子通过1863—1864年波兰民族解放起义来阐述对波兰问题的观点。马克思阐明政治历史方面的问题,恩格斯阐明军事方面的问题。1863年2—5月期间,马克思和恩格斯为写小册子多方面搜集材料,从报上以及从有关波兰、普鲁士和俄国的历史文献中作大量的摘录。马克思以这些材料为基础,拟定了写小册子的比较成熟的几种草稿,其中详细地探讨分析了普鲁士和沙皇俄国对波兰的侵略意图,霍亨索伦王朝上升的历史,并且确定了书名,但是这一著作的写作和出版计划最终没能实现。

4月8日 致信马克思,指出:我怕波兰的事情不顺利。梁格维奇的失败在王国里已经开始令人感觉到。立陶宛的运动是目前最重要的,因为:(1)它超出了会议桌上的波兰的疆界;(2)农民大量参加运动;而在库尔兰附近,它甚至直接具有土地运动的性质。如果这个运动不能顺利发展,没有使王国的运动重新活跃起来,那我认为不会有较大的成功希望。梁格维奇的行为我看很可疑。哪一个党首先违反了关于为起义成功所绝对必需的联盟协议,这很难确定。我读了赖尔和赫胥黎的新著,这两本书都很有趣,而且都很好。赖尔的空话稍多,但是也有些微妙的笑料;例如,为了证明人同猿之间的质的差异,他白费气力地援引了所有自然科学家的话,最后引证坎特伯雷大主教的话,而这位大主教断言,人之区别于动物在于宗教。不过,这里现在有时也对旧宗教进行攻击,并且是从各个方面进行攻击。为了捍卫宗教,很快就不得不炮制出一种象肥皂泡那样吹起来的唯理论体系。欧文让人在《爱丁堡评论》上回答赫胥黎;这一回答,在所有实质问题上都作了让步,所争论的只是用语而已。

评论:恩格斯就立陶宛的运动对波兰事件的影响进行了分析和评论。对所读的查·赖尔的《人类古代的地质学考证》及托·亨·赫胥黎的《人类在自然界的位置》发表了评论。在波兰起义的影响下,立陶宛和白俄罗斯西部反抗沙皇统治的斗争得到加强。1863年2—3月,在波兰起义的影响下,立陶宛和白俄罗斯西部的农民反对地主和沙皇专制制度的行动加强了。立陶宛省委员会领导着立陶宛和白俄罗斯的运动,并声明拥护华沙临时民族委员会宣布的起义纲领。立陶宛起义具有民主主义的性质,而且它使运动有可能深入到俄国内地去。

4月21日 致信马克思,指出:怎样对待拉萨尔,很难说;总之我认为,用辟谣声明的重炮来答复梅因的小小的谣言,会有损于伟大的伊戚希的尊严。让他自己去收拾他惹出来的麻烦吧;他插手舒尔采-德里奇的庸人们的这些事情,而且恰恰试图在那里以我们过去的工作为基础建立一个政党,这一点也已经够愚蠢的了。舒尔采-德里奇及其他的家伙力图在这个资产阶级的时代,把无知的手工业者提高到资产阶级意识的高度,在我们来看,这只能是求之不得的,否则,到革命时期,我们就必须同这件事情打交道,而在本来一切都被小邦分裂状态弄得繁杂不堪的德国,这种舍本逐末的做法可能作为某种新的、实践中的东西来同我们对抗。现在这一切都已结束,我们的对手占据了应占的阵地,而迟钝的手工业者认清了自己,因此转到小资产阶级民主派的阵营去了。但是把他们算作无产阶级的代表,那就让伊戚希去做吧。最近我倒着看俄国史,即先看瓜分波兰和关于叶卡特林娜,而现在在看彼得一世。

评论:之前,马克思在给恩格斯的信中曾附上了拉萨尔邮寄给自己的《柏林改革报》,恩格斯针对该报上对1861年春马克思在柏林期间同拉萨尔进行的关于合办报纸的谈判的歪曲,提出了一些对付拉萨尔的对策。同时谈到自己正在阅读俄国史,并分析了俄国历史上的一些事件。

5月20日 致信马克思,指出:拉萨尔的事件以及因此在德国引起的争吵开始变得不愉快了。现在到时候了,你应该写完自己的著作,哪怕只是为了我们能有另一种通俗宣传员。此外,因为用这样的办法可以重新争取到进行反对资产阶级活动的地盘，这是很好的；糟糕的只是，这个臭名远扬的伊戚希这时也将给自己树立地位。不过，我们对此决不能加以阻挠，正象我们不能阻挠卡尔·布林德在公众面前对巴登大公摆出英勇好斗的姿态一样。关于科学发现，指出：然而，即使在完全脱离政治的领域内，新的科学发现需要经过多少时间才能为自己开辟道路，关于这一点可以看赖尔的《人类古代》一书。

评论：1863年5月17日和19日，拉萨尔在美因河畔法兰克福发表演说，尖锐抨击了资产阶级进步党。进步党的报刊也开始反击拉萨尔，说拉萨尔是俾斯麦的代理人。在信中，恩格斯非常关注这场争吵并做了评论。同时他希望马克思抓紧完成《政治经济学批判》第二分册。此外，他表示科学发现需要历经艰难。

6月24日 致信马克思，指出：波兰的情况不好。波兰政府的令人产生深刻印象的行动——六月的群众性起义——遭受失败，原因显然是缺乏武器，如果不出现外部纠葛，现在也免不了要逐渐衰落下去。你对伊戚希的策略完全正确。这个家伙在关键时刻可能为形势所迫而和我们同行，也可能成为我们公开的敌人，对他采取宽容态度，能有什么结果呢。容忍这个蠢才从智力上长年剥削，而且为了对此表示感谢，还必须不顾他的种种蠢事而去维护他，这真是太过分了。

评论：在信中恩格斯告诉马克思，自己和德朗克关于250英镑事宜的办理结果，在自己的《金累克论阿尔马河会战》一文中对金累克的《入侵克里木》一书进行了批判。信中还分析了波兰的局势。同时肯定了马克思对拉萨尔的策略的正确性。

11月24日 致信马克思，指出：德国情况危急。丹麦事件一方面来得不是时候，另一方面只能加速危机。可笑的是：英国的报刊多年来坚持说，什列斯维希—霍尔施坦问题十分混乱，如邓德里厄里所说的，"没有一个人能够了解"，而现在却突然发现，这问题十分简单清楚。其实英国报刊的招供对我们来说已经足够了。但是1852年的议定书是俄国多么巧妙的一击啊！只看愚蠢的《自由新闻》，我实在无法弄清问题的实质，这些蠢驴有本事把随便什么东西弄得杂乱无章，甚至邓德里厄里本人也望尘莫及。普鲁士和奥地利曾在这个议定书上签字，这是不可名状的卑鄙行为，他们对此将以血来偿还。在普鲁士，俾斯麦的骄横做法看来还是有所收敛。否定地方官在选举中的不法行为和废除出版法是重大的征兆。我认为他们只是为了跳得更远才后退的。

评论：在信中分析了丹麦事件对德国的影响，并对普鲁士的形势发表了意见。1852年5月8日俄国、奥地利、英国、法国、普鲁士、瑞典同丹麦签订了关于丹麦君主国领土完整问题的伦敦议定书，按照规定，霍尔施坦公国仍旧属于德意志联邦但同时又是丹麦的一部分，将什列斯维希公国划入丹麦王国，但保留一些特别权，但丹麦统治阶级不尊重这些权利。1863年11月13日，丹麦议会在新宪法中宣布什列斯维希完全归并于丹麦。但因为1863年11月15日丹麦国王弗雷德里克七世去世,两公国与丹麦联合的君合国就此告终,导致什列斯维希脱离丹麦而参加德意志联邦的运动加强了。

1864 年

1月3日 致信马克思,指出:什列斯维希—霍尔施坦问题又变得非常复杂了。如果象我所设想的那样,在春季爆发战争,那末对抗我们的将有丹麦、瑞典、法国和意大利,可能还有英国。在匈牙利和波兰,普隆-普隆主义非常盛行,因为它早就由科苏特推行了。我看这件事只有两种结局:(1)或者在柏林,当军队一离开,就发生革命,而在维也纳发生相应的运动,对匈牙利、可能也对波兰作一定的让步。这是最顺利的结局,在这种情况下就什么也用不着担心。但是在目前混乱的情况下,这种结局极少可能。或者(2)恢复神圣同盟,象往常那样,以瓜分波兰使它巩固起来(俄国对波兰要比对丹麦更有兴趣,另外,在缔结和约前,俄国有可能把奥地利和普鲁士控制在自己手里,因此有可能提出自己的条件)。这样,在柏林,俄国人就会取代普鲁士人充当宪兵的角色;我们就会被出卖,波拿巴也就会成为主要的人物。在弗兰格尔统率下侵入什列斯维希的虚张声势的战争,是不能持久的。

评论:恩格斯分析了什列斯维希—霍尔施坦问题进一步变化的可能性。丹麦事件后,1863年11月13日丹麦议会通过宪法,宣布什列斯维希归并于丹麦,普、奥以此为借口,企图占领霍尔施坦和什列斯维希两个公国。德意志联邦议会于1863年12月24日派汉诺威和萨克森的部队前往霍尔施坦。1864年2月1日,普、奥军队开始入侵什列斯维希的军事行动。普、奥对丹麦的战争是在普鲁士的霸权下统一德国的重要阶段。根据1864年10月30日签订的维也纳和约,普、奥共同占有什列斯维希和霍尔施坦。在1866年普奥战争以后,这两个公国都归并于普鲁士。

4月29日 致信马克思,指出:加里波第之行得到了应有的结局。伦敦的名流细心地观察了他整整一星期之后,就把他撵走了,用的方法十分妙,而且纯粹是英国式的。给英国的贵族当了九天的怪物,然后被赶出门外,除了加里波第以外,这对谁来说都会是致命的,而对加里波第来说也是奇耻大辱。他们把他当作纯粹的浪漫主义者看待。这个人怎么会这样做,怎么会愚蠢到把这些邓德里厄里看作英国的人民。不管怎样,谁要是现在还不明白这位先生的纯属资产阶级的特性,那他就什么也不会明白了。因为对英国报刊表示尊敬,也许比对警察卑躬屈节还坏。但是退场,退场是上策。

我们的朋友俾斯麦也是一个明星。真可以说:不是随便什么人都可以成为苏路克的。起初他模仿波拿巴对报刊提出警告,而现在却把勇敢的军士威廉派往什列斯维希，以便迫使人民投票赞成和普鲁士合并。显然，这头蠢驴以为，萨瓦和尼斯多不胜数，俯拾皆是。不过，《日报》完全正确地指出，在占领杜佩尔以后，普鲁士的反动报刊是那样欢欣鼓舞，而且这些家伙又是那样趾高气扬，以致人们可以确有把握地预见到，这帮人很快就要彻底垮台。

评论：恩格斯简单讲述了鲁普斯的身体状况，对加里波第的英国之行、俾斯麦政府对报刊的迫害行为，普鲁士和丹麦的战争作出了评论。1864年4月初，加里波第为了募集远征的款项，到英国作了一次宣传。加里波第和英国政府都想得到对方的帮助。但是因为加里波第和政治流亡者马志尼会面，以及他支持波兰起义者的讲话引起英国资产阶级的不满，他们通过报刊发动反对这位意大利革命家的运动，英国政府也宣布加里波第继续留在英国不受欢迎。英国政府这种伪善、怯懦的行为引起了英国民主人士的愤慨。什列斯维希和霍尔施坦公国对于是否和普鲁士合并预定举行一次全民投票，普鲁士国王威廉一世为了促使公国的居民投票赞成和普鲁士合并，于1864年4月底到公国进行了巡视。

9月4日 致信马克思，指出：你可以想象，这消息使我多么震惊。且不论拉萨尔在品性上、在著作上、在学术上究竟是个什么样的人，但是他在政治上无疑是德国最重要的人物之一。对我们来说，目前他是一个很不可靠的朋友，在将来是一个相当肯定的敌人，然而看到德国如何把极端政党的所有比较有才干的人都毁灭掉，毕竟还是会很痛心的。现在工厂主和进步党的狗东西们将会多么欢欣鼓舞，要知道，在德国国内，拉萨尔是他们唯一畏惧的人。李巧妙地利用了他在里士满的营垒，无怪乎这已经是对这个据点进行的第三次战役了。他以较少的兵力牵制住格兰特的主力，而以大部分的兵力在西弗吉尼亚进攻，并威胁华盛顿和宾夕法尼亚。这是可供普鲁士人学习的最好的范例，他们可以从中仔细地研究如何利用科布伦茨的营垒去作战，但是他们自然过于傲慢，不会向这些阅历不深的将军去学任何东西。薛尔曼能否攻下阿特兰塔尚未分晓，但我认为他有很大可能。对于目前广泛流传的关于媾和的风声，我认为没有多大意义。我也不相信关于林肯正在进行直接谈判的谣传。我认为所有这些都是竞选的手法。在目前情况下，我认为林肯再度当选是十拿九稳的。

评论：在信中恩格斯对拉萨尔的意外死亡表示痛心，并肯定他在政治上是德国的重要人物之一。谈到美国内战，他分析了北方部队为了夺取南部叛乱分子的主要据点里士满发起的第三次进攻以及薛尔曼的"向海洋进军"。在美国内战中，北军为夺取这个据点进行了三次大战役。1861年7月第一次，1862年春季和夏季进行第二次战役，1864年5月开始第三次战略进攻，最终在1865年4月3日以占领里士满而结束。这次战役对北部最后取得内战胜利起了重要作用。而薛尔曼的"向海洋进军"为北方部队粉碎南方主力准备了必要的条件。

恩格斯给其他人的信

1860 年

2月20日 致信弗兰茨·敦克尔,指出:您由于有原则性怀疑而提出的保留条件我不完全理解,也许您向来是不看到手稿就不愿作出决定的。我不能设想,您愿意为您那里出版的一切作品——从马克思的到雅科布·费奈达的,从拉萨尔的到帕累斯克的——承担道义上的、逻辑上的和美学上的责任,或者您愿意使自己的出版社符合《人民报》的倾向,对于这种倾向我无法评论,因为在曼彻斯特得不到《人民报》。但是,如果您的原则性怀疑同拉萨尔关于意大利的小册子有关(这本小册子的确不符合我对这个问题的看法),那末我当然会对您的这种想法作应有的考虑。但是我也知道,拉萨尔也许会第一个反对考虑这些想法。因此我要写信给拉萨尔,因为我深信,如果认为他能够阻碍一篇在这个问题上同他的见解有分歧的作品出版,哪怕是有一点点阻碍也好,他也会觉得这是对他的侮辱。

评论:恩格斯给柏林出版商敦克尔寄去了《萨瓦、尼斯与莱茵》的手稿,请其出版,并对敦克尔提出的保留条件不理解。由于恩格斯和敦克尔在对德国各政党的立场的评判上存在分歧,双方在手稿出版署名问题上意见不一致。最终这本小册子于1860年4月由柏林的贝伦兹出版社匿名出版。

3月15日 致信斐迪南·拉萨尔,指出:十分感谢您为我的小册子费心同敦克尔交涉。我本来是会同意署自己的名字的,然而小册子那时候已为别的出版者所接受,而且我认为,在尉官们正式看到《波河与莱茵河》的作者并非军人以前,有必要为作者在军事著作方面树立一定的地位。几天前我们收到了诺特荣克的信。这个可怜的人在被释放以后,"由于多年不在"而被剥夺了他在缪尔海姆的公民权,并被禁止在距科伦五德里之内活动。他在布勒斯劳当了摄影师,费了很多周折才在那里取得了居住权。现在他必须缴纳迁入税、立户税以及其他只有在普鲁士的词典里才能查到名称的税。可不可以在你们那里为他想点办法呢?1848年以前,这类事情在莱茵省里会是骇人听闻的,甚至那些支持把这种可耻的法律强加于我们头上的资产者也必须帮助这个可怜的人。

评论:在信中恩格斯首先对拉萨尔为帮助自己出版《萨瓦、尼斯与莱茵》而同敦克尔沟通表示感谢。恩格斯介绍了科伦共产党人案件中的被告之一诺特荣克的困境,希望拉萨尔能够帮助他。同时谈到马克思会回信给拉萨尔,并告知马克思已经受拉萨尔的委托给斐迪南·沃尔弗写信了,随信附上马克思所著的却忘记邮寄的《高尚意识的骑士》。信中提到福格特又同卖身投靠的坏蛋克拉普卡见面,还提及自己写作的近况和对拉萨尔的请求。

1861 年

2月13日 致信爱利莎·恩格斯,指出:七份签了字的契约寄还,第八份留在我这里。应当说,如果不是因为你,我很难决定走这一步。肯定能留给我们的父亲的企业就只有这一家,要我自己放弃它,心里很难过,况且,我认为这样随便地放弃,并没有足够的根据或理由。我认为对这个企业我也有一份权利,我的弟弟们无权要求我无缘无故为他们的利益而放弃我的权利。我的要求是绝对合理的,而且我又是非常及时地提了出来,以便在讨论这个问题时被考虑进去。当艾·布兰克在这里的时候,他承认我是完全正确的。但是在这以后,什么也没有通知我,只是当其余的人把一切都已商量好了,才要求我同意放弃自己的意见,作为说明的一些理由,也许带有非常务实的性质,但是这种理由我是无论如何决不会提出来对付自己的弟弟们的。留给我的唯一慰藉只是艾米尔的保证,即他艾米尔确信哥特弗利德·欧门决不会破坏他同我订的契约。但是他的这种信念被我们的律师否定了,律师曾不止一次地对艾米尔说过,契约本身不能给我提供任何合法的保障。弟弟们得到的是在恩格耳斯基尔亨的企业,而我得到的却是艾米尔的"信念"。亲爱的妈妈,为了你,我克制住了这一切以及许多其他事情。世上的任何东西都丝毫不能使我让你在晚年因家庭遗产纠纷而黯伤。我以为,无论是我在你那里时的表现或是我的信件,都清楚不过地证明,我丝毫没有阻碍达成某种协议的意图,相反我愿意作出牺牲顺着你的愿望来解决一切。因此我也不多说什么,就签署了这个文件。我决不让这样的问题再来烦扰你,惊动你。我不会为此生弟弟们的气,只要他们以后不是逼得我非提不可,我甚至不愿意再对他们提起这件事。我认为这件事算是结束了,我也不打算夸耀我认为我所作的牺牲。不过我应当坦率地告诉你,我在这件事上主要考虑的是什么;自然,我根本没有设想你能使事情解决得对我更有好处一些。相反,我知道在每次谈判的时候,你也总是想到了我,并且为我做了你所能做的一切。

评论:这封信是恩格斯写给自己的母亲的,在他父亲去世后,家庭中出现了遗产纠纷问题,信中谈到恩格斯的兄弟们向他提出,要恩格斯为了他们的利益放弃对他父亲在恩格耳斯基尔亨的企业的权利所签契约的事。恩格斯为了不让自己的母亲伤心,签下了契约,但恩格斯也为自己作了必要的辩护和解释。在信中恩格斯被迫放弃父亲的遗产,同意了兄弟们的要求签署了遗产契约,并就遗产纠纷安慰母亲。恩格斯很宽容大度,他一直非常清楚母亲对他的态度,但他仍旧没有丝毫的埋怨。实际上,按照英国的法律,恩格斯获得合伙人的权利是很困难的,直到4年后恩格斯才成为该公司的合伙人,但恩格斯对自己的选择无怨无悔。

5月3日左右 致信席勒协会理事会，指出：很多会员未必料到过，"真正的"德意志精神，除了别的以外，还包含有官僚主义精神，这种官僚主义精神可惜在祖国还几乎拥有充分的政治权力，但是整个德国正在同它进行斗争，而且恰恰现在正在对它取得一个接一个的胜利。这种直接命令的语气，这种限定在二十四小时内执行命令的绝对要求，在这里无论如何是不恰当的，如果在这同时威胁你的不是两星期饱尝铁窗风味的拘留，而是半克朗的可怕罚款，那末它们又是很可笑的。我再重复一遍，办事严格当然是很好的，但是我觉得，协会会员也有权要求对他们态度温和。文学部的铁拳应该落到每个有过错的人头上，但是希望它戴上丝绒手套。所以我请求理事会关心一下，使文学部给协会会员的正式通信不要采取德国行政机构给下属下命令的格式，而要采取有教养的人之间通信的格式。

评论：恩格斯对席勒协会理事会的官僚主义的工作方式和当局的官腔提出了批评。1859年11月，为了纪念伟大的德国诗人弗·席勒诞辰一百周年，于曼彻斯特成立了席勒协会，它的目的是成为曼彻斯特德国侨民的文化生活和社会活动的中心。恩格斯对席勒协会带有普鲁士官僚主义烙印的活动持批判态度，最初没有加入协会。随后，席勒协会修改了章程，恩格斯才于1864年加入协会，并担任理事会理事，后来又出任协会主席。恩格斯在协会付出了很多时间和精力，对席勒协会的活动影响很大。

1862年

6月4日 致信卡尔·济贝耳，指出：不客气地说，所谓的席勒协会（也叫耶路撒冷俱乐部）已经变成纯粹犹太人的机构，等着瞧吧，过上两年你就会接到通告："鉴于寿终正寝的席勒协会的破产"。关于红色贝克尔，他的小册子我非常感兴趣，一则是因为他在这本书里放弃了他过去的"怪异的"主张，一则是由于普鲁士政府竭尽全力使这个家伙变为当地的名人并借此使他成为议员，实质上我们同这个人没有关系。他从来就不真正属于我们这一派，他一向只不过是个民主主义者，而他之所以在科伦共产党人案件中受牵连，那只是因为他把这件事当作宣传手段。在审判期间，他完全脱离其他的被告，采取了独特的立场。从那时起，他很明显地成了普鲁士皇家民主主义者，主张君主制度等等。所以，在政治方面我们同这个人毫无共同之处，当然，在我们同他的拥护者发生直接的政治冲突以前，这并不妨碍我个人同他保持良好的关系。对目前的普鲁士议院来说，他总是个非常好的人。

评论：恩格斯对席勒协会作了分析和评论，解释了马克思向济贝耳借钱的原因。介绍了贝克尔和自己对其小册子《我作为议员候选人》感兴趣的原因，分析了贝克尔的立场以及党和他的关系，坦诚提及他个人和贝克尔之间良好的关系。随信恩格斯把在《英雄诗歌集》中看到的、自己译成了德文的丹麦民歌《提德曼老爷》寄给济贝耳。

第 31 卷

恩格斯给马克思的信

1864 年

11月2日 致信马克思,指出:我毫不怀疑,同盎格鲁人和萨克森人一起移居英格兰的"朱特人"是弗里西安人,现在朱特人的方言本身就证明了这一点。语言和民族的相互关系是非常特殊的。在弗伦兹堡,根据丹麦的资料,它的前一部分,特别是港湾部分,是丹麦的,可是所有在港湾玩耍的儿童却说低地德意志方言。相反,在弗伦兹堡以北,人民说的是丹麦的,即下丹麦的方言,我对于这种方言几乎一句也不懂。北什列斯维希已经强烈地德意志化了,要使它重新成为纯丹麦的地方恐怕很困难。最近一个时期,我稍微研究了一下弗里西安—英格兰—朱特—斯堪的那维亚的语言学和考古学,根据这一研究,我得出这样一个结论:丹麦人是地地道道的律师式的人:为了一方的利益,他们在科学问题上也会有意识地公然撒谎。

评论:恩格斯在1864年9—10月间前往什列斯维希—霍尔施坦进行了长时间的旅行。这封信中向马克思讲述了他的旅行见闻,介绍了什列斯维希—霍尔施坦的自然风光、风土人情、人种特征及其优越性、语言的使用和交汇、人种外形与军队的风貌。恩格斯还谈到什列斯维希—霍尔施坦人民的历史、迁移及其和英格兰人的关系。恩格斯的分析和评论对马克思主义民俗学的建立具有指导意义。

11月9日 致信马克思,指出:寄上昨天的《曼彻斯特卫报》,你应当看一看《曼彻斯特卫报》上面刊登的救济委员会的报告,以便了解一下马利先生的国家工厂和英国先生们的国家工厂之间的区别。在前一种工厂中干的是没有什么益处的工作,但是所花的钱大部分毕竟落在失业的工人手中。在这里,所干的工作也没有什么必要(不过归根到底必然对资产者有益),但是在预定给工厂工人的全部二十三万英镑中,落到他们手中的只有一万二千一百英镑(即只是预定给"非熟练工人"的那一部分)。这样一来,救济贫困的工厂工人的法令就变成了救济不贫困的资产阶级的法令,何况资产阶级还省下了市政税。

评论：在信中附上了鲁普斯遗产中给马克思的部分英镑。信中谈到美国战事，英国因为棉花停止进口导致的失业问题和政府颁布的法令。恩格斯对比马利的国家工厂和英国的国家工厂，揭露了这项法令剥削工人阶级，为资产阶级服务的实质。1863年4月英国停止从美国进口棉花，从而引起生产缩减和棉纺工人失业，由此英国议会通过公共工程法令，拨给地方政府基金，雇用失业工人从事公用事业和公共工程修建。一切由维护资本家利益的救济委员会负责进行。

1865 年

1月27日 致信马克思，指出：高贵的拉萨尔愈来愈暴露出是一个卑鄙透顶的无赖。我们评价一个人从来不是根据他的自我介绍，而是根据他的真实情况，因此我看不出有什么原因要把已死的伊戚希当做例外。主观上他从虚荣心出发认为事情可以这样办，而客观上这却是卑鄙的行为，是为普鲁士人的利益而背叛整个工人运动。看来这个愚蠢的小丑甚至没有因此得到俾斯麦的任何补偿，任何肯定的东西，更不用说保证；显然，他只以为他一定能骗过俾斯麦，就象他以为肯定会射死腊科维茨一样。这就是伊戚希男爵的全貌。

评论：1865年1月13日莫·赫斯在《社会民主党人报》发表通讯说国际工人协会拒绝《联合》杂志的加入，恩格斯批评了他的这种错误做法。信中认为应根据拉萨尔的真实情况而不是按照他的自我宣言进行评价。拉萨尔开始同俾斯麦的反动政府妥协，他以俾斯麦必须答应实行普选制作为交换条件，他便答应从全德工人联合会方面给予俾斯麦在普鲁士兼并什列斯维希—霍尔施坦的问题上以支持。马克思和恩格斯认为拉萨尔的这个政治"遗嘱"是对无产阶级利益的背叛。

2月5日 致信马克思，指出：限制结社和集会权利，关于旅行证书的全部法令，最后还有刑法典第一〇〇条；煽动国民的仇恨和藐视，也都在非常法之内。也必须指出：在普鲁士这样一个农业占优势的国家里，代表工业无产阶级说话时只攻击资产阶级，而一字不提大封建贵族对农村无产阶级的宗法式的凭棍棒维持的剥削，这是卑鄙的。军事问题谈不谈并不怎么重要，但是需要提出预算问题，因为俾斯麦打算把现在的等级议会弄得软弱无力，如果根据普选权选出的议会——这个新议会应当是现在的等级议会的继承者——也这样软弱无力，如果它甚至连新税都无法否决，那末这种议会对工人有什么用呢？可恶的《社会民主党人报》使我越来越讨厌了。这个肮脏透顶的赫斯，以拉萨尔枢密官的身分对我们摆出一副保护者的面孔；施韦泽先生就教皇通谕和俾斯麦写的深奥而又毫无意义的文章，在文章中他向所有的败类讨好卖乖，只是大骂资产阶级；极端萎靡不振和平庸无能，除了少数几篇东西外，简直连正常人的思想都没有，——所有这一切我受够了。

评论：恩格斯解释了由于自己要写作《普鲁士军事问题和德国工人政党》一文，所以他们共同写的《致〈社会民主党人报〉编辑部声明》需要马克思来完成。同时他阐述了写作此文的目的，即揭露德国统治者对无产者的剥削。信中还批判和揭露了赫斯、施韦泽等讨好俾斯麦以及崇拜拉萨尔。

2月7日 致信马克思，指出：李卜克内西越来越愚蠢了。他认为我们不仅应该默许该报所刊载的一切愚蠢东西，而且还应该容忍它毫无礼貌地对我们本人的事务和言论进行的污蔑，他把这些称做妥协。但是我们还有不少全权代表，我们当然不会做拉萨尔那样的笨驴，所以即使有"遗嘱"也不会给他们遗留点什么下来。施韦泽"这种人"竟写出了这样一种不成体统的德文！关于俾斯麦内阁的第二篇社论玩弄词藻和使人费解到了难以置信的程度，不过直接向俾斯麦献媚的话已经没有了，而且断定普鲁士政策是直接反对德意志的政策这点也做得不错。而李卜克内西要求我们向他们说明，应该对政府采取什么态度，这实在太天真了；他其实应该首先尽力设法使施韦泽先生断然声明，他打算对政府采取什么态度。

评价：恩格斯将《致〈社会民主党人报〉编辑部声明》寄给马克思，并建议为了避免引起不必要的麻烦，声明中不提莫泽斯的名字。同时对李卜克内西和施韦泽进行了评价；信中还分析了普鲁士的问题和美国的战局。

2月24日 致信马克思，指出：我尤其感到失望，因为我希望连同魏德迈的信一并得到关于《社会民主党人报》的家伙们对你在伦敦工人协会的庆祝会上的演说所干的大量肮脏勾当的说明。他们把完全是《社会民主党人报》的话塞到你的嘴里。这种卑鄙行为和下一号在普选权的借口下转载《北德总汇报》的文章向我表明，这个家伙已完全卖身投靠并负有破坏我们的名誉的使命。我希望声明已经发出，不应当再拖延一分钟。

评论：在信中，对《社会民主党人报》表示失望，并批评他们的朋友李卜克内西的失职，要求尽快寄出与该报决裂的声明。1865年2月在伦敦德意志工人共产主义教育协会成立二十五周年庆祝大会上，马克思发表演说批评拉萨尔主义的观点，特别是关于资产阶级国家帮助工人生产合作社的说教。1865年2月19日《社会民主党人报》第24号上刊登了埃卡留斯写的关于这次庆祝会的报道，报道歪曲了马克思的演说的内容。

2月27日 致信马克思，指出：因为你曾经明确地答应我，一得到迈斯纳的肯定的答复，就立刻对报纸采取步骤，所以我相信这件事一定做了。但今天我还是把必要的东西寄给了济贝耳、李卜克内西和科伦的克莱因，因为不能浪费时间。如果你还有能够在这方面做些什么的人，请写信给他们。

评价：恩格斯对已经完成的《普鲁士军事问题和德国工人政党》一书与马克思商讨出版以及对此书进行评论宣传的具体计划。马克思一直关注《普鲁士军事问题和德国工人政党》的写作，他曾写信建议恩格斯让迈纳斯出版，希望通过济贝耳在

《杜塞尔多夫日报》上刊登短评,甚至可能在《莱茵报》上发表评论。克莱因在给恩格斯的回信中说,《莱茵报》将发表对恩格斯的小册子的评介和可能由海尔曼·贝克尔作的小册子的摘要。

3月3日 致信马克思,指出:加上由于薛尔曼的成功引起的棉花恐慌,无休止地写东西,以及徒然企图抛售我们的存货。我想,如果李不能以一种奇迹再次争取到两三个月短暂的喘息时间,过两个星期里士满就会被攻克,过四个星期最后的决战就会发生。我现在必须回家写信给迈斯纳和济贝耳;后者很卖力——说已将声明寄给了你。声明终于发表,我很高兴。可恶的《社会民主党人报》3月1日还什么也没有刊登——大概它打算变卦?终于同这群败类决裂,我心上象去掉一块石头。

评论:恩格斯谈到没有给马克思回信的原因,以及美国内战一事。在济贝耳等人的帮助下,马克思和恩格斯的《致〈社会民主党人报〉编辑部声明》在德国许多报纸上广泛发表。1865年3月3日施韦泽被迫在《社会民主党人报》上刊登这个声明。恩格斯对这种彻底的决裂感到非常高兴。

3月11日 致信马克思,指出:施韦泽的无耻的确相当可笑。但是这也说明,我们的退出对他的打击是多么沉重,他多么清楚地知道,他的小报已经因此受到很大的影响。既然连海尔维格和吕斯托夫也赞同我们的声明,那就什么事都会出现。而施韦泽很快也就会发现,尤其是在莱茵,他的夸口会有什么意义。济贝耳已经很成功地散播了小册子。《波恩日报》两次登载了大段摘要,而且还要登载。《莱茵》也登载了长篇摘要。凭我们在莱茵工人中的地位,这帮家伙煽动反对我们,是不会有多少用处的。

评论:恩格斯分析施韦泽有可能会投靠俾斯麦。信中还对朗格的小册子《工人问题及在现在和将来的意义》进行了评价。马克思、恩格斯声明的发表是与施韦泽的彻底决裂。海尔维格和吕斯托夫于1865年3月8日在《社会民主党人报》第31号发表了不给该报撰稿的声明。但施韦泽为了歪曲马克思和恩格斯对拉萨尔的态度以及不再给该报撰稿的原因,给上述声明加了一个后记,在其中引用了1865年3月5日《新法兰克福报》第64号上的卡·布林德的文章。

3月14日 致信马克思,指出:关于在《杜塞尔多夫日报》上发表声明的事,我完全同意。施韦泽先生是否很狂妄,做出了不知羞耻的事情,我倒不大介意,使我生气的是这个平庸的、可憎的暴发户竟能这样反对我们而没有受到惩罚。况且他的奴颜婢膝的信件现在如果不发表,以后就再也不能利用了。要是能不时给这个家伙一些厉害,是有好处的。

评论:这封信是对马克思3月13日来信的回函。恩格斯解释了汇给马克思的钱造成错误的原因,并告知已准备汇给马克思。同时,恩格斯赞同反对施韦泽的计划,认为应当抓紧时间利用施韦泽的信件及时反击他,揭露他对俾斯麦的奴颜婢膝。

4月12日 致信马克思,指出:附上德朗克和波克罕的信。我曾对后者说过:

科拉切克的大德意志机关报维护奥地利对匈牙利、波兰和意大利的统治，为它撰稿是不行的；否则我们立刻就会引起各国一切朋友的反感；因此他写来了这封含糊其词的回信。谈到国际协会，指出：我是这样想的，目前国际协会中的天真的博爱维持不了多久。如果这里在工人中有积极的政治运动，也就会有同样的分裂。在利物浦，企业已经不再宣布破产。谁还不起钱，就到自己的债权人那里去，向他们说明，并且多少给他们一些，他们总会立刻接受下来，因为他们只要得到一些，也就非常高兴了，他们还竭力避免一切丢脸的事，以免使整个腐朽的建筑都倒塌下来。在苏格兰，已经也有很多人破产了，总有一天会轮到银行的，到那时事情就到头了。同时，奥地利的纺纱业主和工厂主也纷纷破产，在整个波希米亚，只有"大亨李比希"还能支撑，所有其余的人都已走到了穷途末路。在波兰，也开始了危机。对工业本身的影响目前还不太大。小工业大部分早已破产，或者是完全悄悄地消失了。大工业只要有定货，现在又能开工得些利润。商业"道德"现在也非常高尚。

评价：信中恩格斯通过棉花价格售价的骤降详细介绍了棉花危机的情况和对小工业企业的重创，以及对商业"道德"的影响。马克思曾在给恩格斯的几封信中向他询问有关英国棉花危机的材料。恩格斯还分析了国际协会和全德工人联合会。1865年1月10日和4月1日波克军前后给恩格斯写了两封信，在信中谈到奥地利小资产阶级新闻工作者科拉切克打算复刊《时代呼声》这份杂志，科拉切克还想请马克思和恩格斯为它撰稿，恩格斯拒绝了。

4月16日 致信马克思，指出：海尔维格和吕斯托夫已经弄到了罗伊舍这只象狄多一样逗笑的狗。这个家伙和他的那个郑重其事的声明真笑死人了。在拉萨尔灵前作的那种怎么也少不了的宣誓，真可以同维利希的苹果树相媲美。真是万幸，这种人同我们离得还远，而且他们甚至在企图同我们接近的时候也还持有某种保留。关于里士满，你还有什么意见？我本来期待李会象一个士兵那样行动，不是逃跑而是投降，这样至少可以使军队得到一些较好的条件。但是这样也好。现在他以一个流氓的姿态收了场，悲剧有了一个喜剧的结尾。

评论：恩格斯收到马克思随信邮寄给他的《北极星》，就罗伊舍在《北极星》第304号上为海尔维格和吕斯托夫退出《社会民主党人报》辩护的文章《假扮的朋友和赤裸裸的敌人》进行了评论，揭露了他们的谄媚丑态。信中还评论了美国内战的结局。

5月3日 致信马克思，指出：我很高兴，从《北极星》上看到，在佐林根终于也出现了反对贝克尔和施韦泽的事例。关于这些事情我只看过《社会民主党人报》和李卜克内西的两封信，所以我根本不清楚，在这方面莱茵发生了什么情况；只是根据《社会民主党人报》对全德工人联合会的事情保持可怜的缄默这一点来看，我可以做结论说，那些先生的处境想必很糟。在莱茵工人中极需要有一些联系，这样我们将来就可以预防这种阴谋了。最糟糕的是我们在德国的人现在需要一个为首的，而谁干得了呢？谈到了美国战事及林肯遇刺，指出：约翰逊无论如何都会坚持没收大地产，这多少就会加快对南部的平定和改组。林肯被暗杀在全世界造成这样巨大的影响，"君主们"想必非常恼火。

评论： 恩格斯分析了全德工人联合会的动态及处境，认为当时与德国莱茵工人阶级建立联系是十分必要的。恩格斯肯定了反对《人类的主席》这篇声明很出色，并询问马克思的《资本论》写作的进展情况。信中还谈到国际协会的情况，认为美国的内战和刺杀事件将给世界带来巨大影响。

5月12日 致信马克思，指出：这种糟糕的小报，即《社会民主党人报》现在是如此贫乏，简直令人可怜。可怜的施韦泽的英雄精神已经奄奄一息。一切警句谚语和作家文选中的精辟言论都用尽了，再也没有什么东西可以提供给自己的读者了。甚至"耗子"也不能再有什么作为了，耗子是新"党"的最后希望。"协会生活"栏完全空着，小品文栏转载了奥格斯堡《总汇报》上的文章。在1848年以来我们所经历的最动荡的一个时期中作了四个月的编辑工作之后，这个懒家伙就筋疲力尽了，而这正是那些曾想用一着妙棋一下子把整个德国无产阶级都吞并过去的先生们。

评论： 恩格斯对《社会民主党人报》的现状和贫乏发表了评论。他同意购买《蜂房报》股份，并且详细说明了认股情况。信中谈到对于建立国际协会分部的建议。恩格斯解释了"恩格斯的舌头"是给罗昂准备材料的来自柏林的枢密顾问恩格尔，同时对恩格尔进行了批评。

7月15日 致信马克思，指出：我也愈来愈不喜欢约翰逊的政策。他对黑人的憎恨愈来愈强烈，而对于南部的老贵族却表现得非常软弱。如果事情这样下去，六个月以后，所有从前那些脱离派骗子就都会坐到华盛顿国会中去。在那里有色人种没有选举权是不行的，而约翰逊却让战败了的奴隶主来解决这个问题。这太荒唐了。

在这里的选举期间，琼斯全力以赴地为海伍德工作，而海伍德作为一个绝对不喝酒并拥护许可证法案的人，在工人当中是不受欢迎的。穆尔也认真地进行了工作。詹姆斯将使曼彻斯特的假绅士们感到满意；他想当法官，别的没有什么。我的任务是把詹姆斯的委员会的人灌醉，使他们无法执行自己的任务；而这一点，出乎意料，我在好几个人那里都获得了成功。

评论： 恩格斯抨击了美国内战结束后约翰逊总统憎恨黑人的政策，分析了伦敦曼彻斯特德意志工人共产主义教育协会选举期间各类人物的有目的活动的丑态，并揭露了选举内幕。还谈到李卜克内西的处境，自己公司和工作的近况以及《蜂房报》股份等事情。

7月25日 致信马克思，指出：你对于我们普鲁士的米拉波躲在……动物园里觉得怎样？哈尔科特一伙扮演了野兽的角色，这一点恐怕俾斯麦本人也想不出来。我确信俾斯麦先生必定希望有一次冲突。我看最明显的证据是施韦泽的脏东西——现在它每天都被没收——的态度：工人在被号召保持安静达六个月以后，现在又被认为应当突然起来拥护代表们；应当召开群众大会等等；应当竭力从事反抗政府的鼓动。另一个证据就是反动报刊一致唱和，这些报刊把这种宴会比作巴黎的二月宴会，最后，还有政府的整个行动，无谓的挑衅等等。但是可以预料俾斯麦是要失败的。安排得也实在太笨了。施韦泽——贝克尔似乎想利用机会体面地下台。《社会民主党人报》和联合会似乎打算关门，这样做专门是为了把这些先生洗刷清白。

评论：恩格斯分析了当时的德国政局，他认为俾斯麦希望挑起一次冲突，还预测俾斯麦的这场冲突会以失败告终。信中还谈到《社会民主党人报》和联合会关门的命运。

8月7日　致信马克思，指出：书的事情进展得很快，这使我非常高兴，因为你上一封信中的某些说法确实引起了我的怀疑，好象你又碰到了一个意外的转折点，可能使一切都拖延到不知哪一天去。在目前情况下，在布鲁塞尔召开工人代表大会无疑是件大蠢事。回忆一下我们自己在这个小国家里的遭遇吧。这种事情只有在英国才能进行，法国人应当知道这一点。试图在比利时这样做，纯粹是浪费金钱、时间和精力。莱茵的庸人们大概要疯狂地恼恨俾斯麦；"合法基础上的历史发展"如此美妙地呈现在这些蠢驴面前，这很好。

评论：恩格斯谈到马克思的病情并介绍了治疗办法，谈到艾希霍夫和李卜克内西的情况。对于马克思《资本论》的写作进度感到高兴。1865年7月18日，俾斯麦政府和科伦—明登铁路股份公司董事会签订一项契约，公司股东全体会议未经普鲁士议会批准就一致同意了这项契约，俾斯麦因此获得巨额钱款。恩格斯分析并揭露了俾斯麦的欺骗行径。

8月16日　致信马克思，指出：哈茨费尔特的拙劣东西，由于它所包含的一切——赐恩赐福的拉萨尔、李卜克内西等等，真是糟糕已极。如果报道不是彻头彻尾的伪造，那末善良的图书馆这一次表现得比平常更软弱，更缺乏思考和更健忘。这样的辩护人真该死。那位对香槟酒感兴趣的济博耳德也是一样。这家伙企图使你跟布林德"和解"是多么幼稚！而这里还有那些有趣的"老瑞典人"，关于他们的情况一点也不知道，还需要同他们通信，以便建立"联系"。完全是哈罗·哈林式的。我愈来愈趋向于这样的见解，即从北弗里斯兰的南纬起，凡是超出资产阶级和农民政策范围的一切都是纯粹的哈罗·哈林。济博耳德也真不错，他推荐哥本哈根的克·威·里梅斯塔德，后者是《日报》的一员！所谓工人联合会，乃是斯堪的那维亚的埃德尔丹麦人党和哈耳内阁的宣传机关。本月28日，即一周以后的星期一，科伦—明登铁路的股东们将举行全体大会，这个大会将作出能决定普鲁士今后几年的政策的决议。我不能想象，这些家伙们会这样愚蠢，以致不经议会批准就把一千三百万塔勒的现金付给俾斯麦。但是莱茵的自由资产者只要能欺骗国家，什么都干得出来，在这里，他们指望今后作为议员能使自己为失掉的东西得到报酬。如果契约没有被通过，或者它的通过受到议会批准的约束，俾斯麦先生大概就要完蛋了；

这样一种财政上的失败，而且是在作了一番绝望挣扎之后的失败，连这位冒险家也是经受不起的。现在他又在和奥地利和解，这证明他在智力上和道义上已经到了山穷水尽的地步。他知道得太清楚了，只要他一发动战争，他立刻就会被推翻，因此他继续说大话，把一些小小的成绩算到自己头上，使德国受到全世界的嘲笑。但他几乎已经象布斯特拉巴那样使庸人对他深深景仰。庸人现在已不再要求自己的偶像们获得一时的成功，而只是要求他们夸口吹嘘。所以克拉森－卡佩耳曼就成了科伦的偶像，因为他在关键时刻逃之夭夭了。

评论：信中对卡·席林的歪曲进行了抨击。恩格斯告诉马克思他计划去德国和瑞士，有可能去看望马克思。谈到济博耳德的企图，济博耳德在1865年8月4日给马克思写的一封信中介绍，在哥本哈根有一个由里梅斯塔德领导的工人联合会，他希望马克思和该会建立联系。恩格斯指出，这个工人联合会处在丹麦自由党（埃德尔丹麦人党）的影响之下，这个党提出"丹麦到埃德尔河！"的口号。恩格斯谈到俾斯麦，分析并指出普鲁士政府的政策将导致失败。

11月17日 致信马克思，指出：柏林人的信实在使我非常惊奇。这封信显然是由一个比小威廉更有头脑的人写的，而这个人在提到小威廉时，看来也不是不带有一定的讽刺口吻。但是这封信肯定不是一个工人写的，信中用得完全正确的格林式缀字法就足以证明这一点，我对这件事的真实性不是一点没有怀疑。无论如何，对于这三个签字人还需要进一步调查。如果这件事是真的，那么小威廉一定认识这三个人。我怀疑的原因，主要是由于这封信件的形式，它的内容看来同形式非常不一致。既然你不准备去柏林建立新的组织，那你写信给这些人也就没有什么意义。你对于牙买加的黑人起义和英国人的残酷镇压有什么看法？今天的《电讯报》说："如果不列颠军官被剥夺了枪毙或绞杀任何一个以武力反抗不列颠王国的不列颠臣民的权利，那我们将感到十分遗憾！"

评论：在信中恩格斯对马克思随信附上的梅茨内尔等人的信进行了分析，并且提出疑问。信中询问马克思对英国人镇压牙买加黑人起义的意见。早在1833年就已经正式废除了奴隶制，但在英国西印度殖民地牙买加岛上，牙买加黑人仍旧一直受英国殖民者的残酷剥削，最终在1865年10月岛上爆发了黑人起义，牙买加岛总督埃尔极端残酷地镇压了这次起义，英国舆论对埃尔的行动表示了极大愤慨，英国政府也被迫撤销他的总督职务。

12月1日 致信马克思，指出：《社会民主党人报》的先生们还愿意再同我们建立联系，这是这一伙无赖的特点。他们以为每个人都象他们那样卑鄙龌龊。似乎俾斯麦已经看出他们的软弱无力，因而把他们抛弃不顾，并且终于发生一件诉讼案，把施韦泽判处监禁一年。现在伯·贝克尔也和施韦泽断绝了关系，并且放弃了人类的主席这个职位，所以现在一切都处在最彻底的瓦解当中。而破坏了这整个破烂摊子的，不是我们的干涉，而是我们的不干涉。这种正式的"拉萨尔主义"就是这样迅速地达到了它的最后阶段。随着每次邮件的到来,牙买加的暴行变得越来越疯狂了。英国军官们关于他们镇压手无寸铁的黑人的英雄行为的书信是极其珍贵的。英国军队的精神终于在这里赤裸裸地暴露了。

评论:恩格斯分析了《社会民主党人报》的无赖特点,并认为该报已经处于瓦解之中,施韦泽因于1865年11月24日发表政治性文章而被判处一年徒刑,这一切表明正式的拉萨尔主义迅速地达到了它的最后阶段。恩格斯还抨击了英国人在牙买加的赤裸裸的暴行,并计划准备为《工人辩护士报》写作。他介绍了民族联盟曾经的成员,南德意志的民主主义者埃卡尔特教授,以及如何和此人合作。

1866 年

4月2日 致信马克思,指出:关于波兰的第三篇文章明天晚上可以完成,如果在这段时间内没有什么打扰的话。我将把它直接寄给《共和国》编辑部埃卡留斯。可惜校对工作很糟糕,而且现在也是该停止每周转载《非国教徒》的社论的时候了。从迈奥尔方面来说,如此公开地把该报当做《非国教徒》的纯粹的附属物,的确是无耻已极。

关于俾斯麦,你有什么看法?看来,他现在正在把局势引向战争,从而给路易-波拿巴提供一个绝好的机会,使他不费一点力气就得到莱茵河左岸的一块地盘,以此来终生巩固他的地位。虽然每个参与发动这场战争的人——如果战争真的爆发——都应当受绞刑,虽然我完全公正地希望这也扩展到奥地利人身上,但是我的主要愿望还是要使普鲁士人受到痛击。从军事上来看,我认为双方的军队大体差不多,战争将是十分残酷的。因此,普鲁士的每一个成就都将鼓舞波拿巴进行干涉。总之,这两只德意志狗大概现在已经在互相拼命追赶,争先把德意志的地方奉献给第三只法国狗。

评论:信中谈到关于波兰的文章,分析了迈奥尔的无耻。恩格斯还分析了普鲁士、波拿巴和奥地利的军事形势,预测两种运动的可能性,认为俾斯麦和波拿巴之争,结果会是法国从中获利。

4月10日 致信马克思,指出:看来,俄国人希望战争;他们的目的似乎是要在俄国统治之下恢复波兰,如有可能,再兼并摩尔达维亚。《科伦日报》自然非常害怕战争,所以派它的军事问题专家尤·冯·维克德到波希米亚去查对关于奥地利在那里备战的传说。整个荒唐传说是俾斯麦有意煽动的。俄国人在波兰的奥地利边境和普鲁士边境集结军队,兵士们完全公开地说,只要普军一进攻奥军,驻在普鲁士边境的俄军立即就会占领波兹南。更不用说,俄军马上会控制普属波兰的余下的部分,他们还负有使命镇压柏林可能发生的革命运动。然而,这个算盘很可能是打错了,至少,在将来会使霍亨索伦王朝的统治成为不可能。今天的《泰晤士报》发表了一篇愚蠢的、虚伪的、笨拙的社论,坚决站在普鲁士方面,认为奥地利是进攻的一方。这是奉命而写的。因此,我认为战争是没有疑问的,而且由于奥地利向联邦呼吁的新照会和俾斯麦先生关于德国议会的建议,由于德国本身的种种原因,战争也是不可避免的。至于国际的代表大会,我不完全明白你们怎样打算不开。我也不认为再行延期会有很大的好处。归根到底,任何这样的表示在一定意义上——至少在我们的心目中——总是一种耻辱。但是在欧洲面前呢?我认为甚至现在也是可以避免这一点的。要知道,将把一切事情抓在自己手里的就是精通多种语言而能做到这点的德国人,而德国人正好是拥护我们的。只要能够避免任何丑事,代表大会通不通过象样的决议是次要问题,而在目前情况下,这是完全可以达到的。理论性的或关于对罢工的国际支持等等的一般决议一定会被大胆地通过。

  评论:恩格斯分析了普奥冲突中,各国政府保持的态度和采取的措施,以及有关各国的局势、利益,指出俄国是希望战争,俾斯麦有意煽动,波拿巴持平静态度,并预测如果开战,也取决于柏林的行动。信中对国际代表大会的召开时间等进行了探讨,并分析了利弊,他不赞同马克思去冒险,认为国际协会的危机不是很严重。

  4月13日 致信马克思,指出:俾斯麦虽然没有他的拉萨尔,还是玩弄了普选权的把戏。看来,德国的资产者在作过某些反抗以后是会同意的,因为波拿巴主义毕竟是现代资产阶级的真正的宗教。我愈来愈清楚地看到,资产阶级没有自己直接进行统治的能力,因此,在没有一个英国那样的寡头政治为了得到优厚报酬而替资产阶级管理国家和社会的地方,波拿巴式的半专政就成了正常的形式;这种专政维护资产阶级的巨大的物质利益,甚至达到违反资产阶级的意志的程度,但是,它不让资产阶级亲自参加统治。另一方面,这种专政本身又不得不违反自己的意志把资产阶级的这些物质利益宣布为自己的利益。俾斯麦先生现在就这样接受了民族联盟的纲领。至于俾斯麦同俄国人达成了直接的协议,这首先可由如下的事实证明:不仅《泰晤士报》,而且路透社也一反往常,开始替普鲁士撒谎。其次:据《勃罗姆堡日报》和《波罗的海报》报道,俄军正在波兰王国的西南各省直到普鲁特河不断地集结兵力,而且很缓慢和秘密;此外,俄国人已经可以把什列斯维希—霍尔施坦暂时交给普鲁士人,因为由于维也纳和约和兼并,给他们保证了主要东西:伦敦条约和由此在丹麦取得的成果。既然拿下了松德海峡,何必还垂涎基尔呢?

  评论:恩格斯分析了俾斯麦政权的性质,指出波拿巴式的半专政维护资产阶级的利益,它与英国的寡头政治不同。对欧洲大陆列强普鲁士、奥地利和俄国对什列斯维希—霍尔施坦的争夺,以及普鲁士和俄国之间的协议进行了分析和预测。1864年普鲁士和奥地利对丹麦战争的维也纳条约规定,1852年欧洲国家签订的伦敦议定书关于丹麦王位继承问题的部分条款依然有效。这为俄国沙皇后来在格吕克斯堡王朝终结时要求取得丹麦王位开创了先例。

5月1日 致信马克思，指出：有五十七名德国裁缝被装上船运到爱丁堡，目的是要搞垮罢工，而且还可能有另外两批，大概来自汉堡。你们能不能在爱丁堡打听一下详情，并加以阻止？俾斯麦无论如何是希望战争的，自从他在波希米亚遭到失败以后，他似乎在意大利将获得成功。我希望，如果他获得成功，柏林人会起义。如果他们在那里宣布共和国，那末整个欧洲在十四天内就会天翻地覆。但是他们会这样做吗？我们在那里的联系怎样？小路易·勃朗现在作为一个善良的帝国民主主义者在《时报》上宣称，如果普鲁士要并吞德意志小邦，那末法国至少应当得到莱茵河左岸，这个声明你看到了吗？这就是那些真正的革命者！

评论：恩格斯问候了马克思，揭露了俾斯麦发动战争的企图。信中谈到裁缝工人罢工，希望马克思注意资产者破坏伦敦裁缝工人罢工的阴谋。1866年5月1日，在总委员会会议上讨论了如何抵制把德国和丹麦的缝纫工人当作罢工破坏者去破坏爱丁堡的缝纫工人罢工的问题。在伦敦的德国裁缝成立了以列斯纳和豪费为首的委员会，决定同总委员会进行联合行动，以粉碎企业主和其在德国的代理人的计划。5月4日，马克思以总委员会的名义写的短评《警告》发表在许多德国报纸上。与此同时，伦敦总委员会采取了很多保障罢工进行的行动与措施，最终促成了罢工的胜利，这同时也扩大了国际在英国的影响力。罗素—格莱斯顿的选举改革法案遭到保守党人和以霍斯曼和娄为首的自由党人的亚杜兰分子的反对，恩格斯对他们的行为进行了评价。恩格斯告诉马克思自己在读奥·勒克耳《萨克森的起义和瓦尔得海姆的感化监狱》一书，并指出萨克森人的卑鄙行为。信中还谈到自己关于波兰的文章未能及时刊登的情况。

5月16日 致信马克思，指出：关于弗莱里格拉特的事十分有趣，使人很开心。这是由于他依附可尊敬的流亡者而脱离了"党"。至于布林德，既然注意到他的"这只打击暴君的手"，就必须向他说明，小孩子不许玩弄火器。此外，从这件事中十分清楚地看出：当时俾斯麦穿着一件钢甲内衣。显然，俾斯麦先生对各小邦已大失所望，因此以帝国宪法和卞尼格先来恫吓。财政上的失败局面大概也出现了。同一个威廉，在1849年以总司令的资格埋葬了帝国宪法，而现在又愿意，或者更确切些说不得不重新使它复活，人们能不能想象还有比这更可笑的事？俾斯麦扮演"德国人民的基本权利"的恢复者，这简直太滑稽了。毫无疑问，俾斯麦先生卷入了他和目前整个制度力所不及的事件。如果事情和平结束，他所支配的资金就会耗费掉，因此，他会处在走投无路的境地；如果发生战争，他就得把底层的力量发动起来，而这些力量必定会把他吞掉。在这种情况下，甚至公民议员的直接胜利也具有革命的性质，并且应当继续向前发展。尽管这样，我总不能想象，在十九世纪中叶，北德意志和南德意志互相反对，仅仅是因为俾斯麦为着俄国和波拿巴的利益要求这样做。但是，如果真的打起来，对普鲁士人可能不利。

评论：在信中分析了科亨行刺俾斯麦未能成功的原因。对俾斯麦政府的财政、宪法预定要作的修改进行了分析。对普奥冲突的局势、双方兵力进行了对比和分析，认为无论是战争还是和平，俾斯麦都将处于绝境。信中还谈到《十字报》的政治立场。

5月25日 致信马克思，指出：无论如何恐慌来得太早，而且对我们来说，它可能使本来会在1867或1868年到来的那个真正强大的危机受到破坏。如果不是偶然地同时发生棉花价格暴跌的情况，危机在这里几乎触及不到我们。股份有限公司和财政骗局的破产早已是意料中的事，因而它几乎没有触及到我们的商业。但是同时发生的棉花巨大亏损，有使这里的事态起严重变化的危险。如果奥地利人十分聪明，不首先进攻，那末在普鲁士军队中一定会产生骚动。这些家伙在这次动员中表现出的那种叛逆情绪，是从来没有过的。可惜，我们对于实际发生的事情只知道极小的一部分，但是这也足以说明，用这样的军队打进攻战是不行的。我在去年写的那本小册子中关于动员起来的普鲁士军队的性质的那些话，已完全得到证实。值得注意的是，自民族联盟活动家们的纲领被俾斯麦剽窃以后，他们陷入了困境；这些家伙现在只好出来反对他们自己的大普鲁士言论，正如《十字报》反对它自己的封建言论一样。

评论：信中分析了棉荒带来的影响，对普奥冲突进行了评论，分析了普鲁士处于弱势的状况，以及《曼彻斯特卫报》报道的路易-波拿巴约定的交易。信中还谈到自己的波兰文章，以及无奈选择在《共和国》报上发表文章的原因，并对该报作出评价。

7月4日 致信马克思，指出：你对普鲁士人有什么看法？他们以极大的努力利用了初步的成果，如果没有这种迅猛的行动，贝奈德克也许会沉着地向奥里缪茨撤走；但是昨天他显然是被迫应战，从所发生的一切来看，结果是用不着怀疑的。无论如何，俾斯麦现在企图建立自己的德意志帝国，把他打算从奥地利人那里夺过来的波希米亚列入帝国版图，以便恢复西里西亚和巴伐利亚之间的联系。他在同意大利的条约中规定要取得"与威尼斯相等的奥地利领土"。柏林又干了习以为常的卑鄙勾当，结果在昨天的选举中选出的尽是大臣。我们的进步党蠢才现在还有什么可说的！

评论：信中揭露了俾斯麦的企图，以及他与波拿巴在选举中的卑鄙交易。评论了萨多瓦村附近的决战，在普奥战争期间，1866年7月3日在凯尼格列茨城附近离萨多瓦村附近发生了一次决战。这次决战以奥军大败而结束。

7月9日 致信马克思，指出：历史，也就是说世界历史，变得越来越富于讽刺性了。有什么东西能比波拿巴的学生俾斯麦对波拿巴的这种实际的嘲弄更妙呢，尽管俾斯麦是个土容克，但他突然超过自己的老师，并且清楚地向全世界表明，这位欧洲的仲裁人在很大的程度上只是由于受到宽恕才得以生存。其次，这个俾斯麦为了有可能在国内进行几个月显然是封建的和专制的统治，对外就极力奉行资产阶级的政策，为资产阶级的统治做准备，走上了只有靠自由主义的、甚至革命的手段才能走下去的道路，同时迫使自己的土容克每天同自己的原则相对抗。我不怀疑，普鲁士实力的突然巨大增长会促使波拿巴和俄国人联合起来，而他们将首先努力去阻止普鲁士的实力有任何进一步的增强。但是他们提防把事情引向战争；至于法国，它的积极干涉也许是使南德意志人完全投入普鲁士怀抱并使他们忘记内战的一种最好办法。至于俄国人，那末俾斯麦先生正是一个要毫不客气地用新的波兰起义来威胁他们的人，而他们也知道，这个不知羞耻的家伙是做得出这种事来的。总之，俾斯麦非常清楚地知道自己的力量，并且也知道，这样的力量对比只能维持几年，因此我认为，他将尽最大可能利用这一点。此外，波拿巴归根到底总是会被人用比利时收买的，而法国和荷兰瓜分比利时的计划，在战争以前不久就在哥尔茨、波拿巴和荷兰太子之间的会谈中"审查过了"。我认为，战争还远远没有结束，还可能发生不少事情。

评论：恩格斯分析了俾斯麦为实施资产阶级统治做准备的做法，分析并预测了普奥战争中军事力量的对此，各列强的军事行动以及获得的利益，全面分析了普奥战争的影响作用，以及这场战争对欧洲大陆的重新瓜分。

7月25日 致信马克思，指出：一、目前我觉得德国的情况相当简单。自从俾斯麦利用普鲁士军队极其成功地实行了资产阶级的小德意志计划的时候起，德国的发展就这样坚决地采取了这个方向，以致我们和其他人一样只好承认这个既成事实，不管我们是否喜欢它。二、在政治上俾斯麦将不得不依靠资产阶级，他需要资产阶级以便与帝国的王公们相抗衡。三、这件事情有这样一个好处，那就是它使局势简单化了，同时由于它消除了各小邦首都之间的争吵，而且无论如何是加速了发展，所以革命就容易发生了。归根到底，德国议会的确是和普鲁士议院完全不同的。四、主要的坏处是普鲁士主义在德国将不可避免地泛滥起来，这是一个很大的坏处。其次是德意志的奥地利暂时分离，这种分离的后果将是波希米亚、莫拉维亚、克伦地亚的斯拉夫化的立即加强。可惜这两件事都是无法阻止的。五、因此，据我看来，我们所能做的一切就只是不加赞许地承认这一事实，并尽可能利用现在已经出现的较大的可能性，把德国无产阶级在全国范围内组织起来和团结起来。

评论：恩格斯分析了德国的局势和利弊，认为由于德国的情况比较简单化，革命的可能性会增强，建议在全国范围内将无产阶级团结和组织起来。信中谈到了李卜克内西在普奥战争中的立场，并告诉马克思他不再给《曼彻斯特卫报》写文章了。

8月10日 致信马克思，指出：一、波拿巴的这个照会似乎表明，他和俾斯麦之间有了障碍。不然这个要求一定不会提得这样粗鲁和突然，而且正是在对俾斯麦最不适宜的时候。毫无疑问，俾斯麦毫不费力就可以满足这个要求，但是现在他怎么能这样做呢？胜利的军队对于这点会说什么呢？而德意志议会、两院、南德意志人又会说什么呢？二、发出照会是波拿巴的一种极愚蠢的行为，但是，反对派的喊叫，也许还有军队的喊叫，似乎迫使他加紧去干这件事。这对他来说可能是很危险的。要么俾斯麦竭力让步，那他为了进行报复，将不得不一有机会就同波拿巴开战；要么他无法让步，那事情就会更快引向战争。在这两种情况下，波拿巴都不得不冒险去进行违反自己意志的、没有适当的外交准备和没有可靠的同盟者的战争，去进行为求达到露骨的侵略目的的战争。此外，俾斯麦在很多年前就对汉诺威的大臣普拉滕说过，他要把德意志置于普鲁士的钢盔之下，然后，为了"把它铸成一个整体"，让它去反对法国。

评论：恩格斯谈到棉花危机和边界照会的影响。信中评论了1866年8月6日法国递交俾斯麦照会，照会要求恢复1814年的边界，理由是补偿法国在普奥战争中保持的中立态度。恩格斯分析照会表明了波拿巴和俾斯麦之间矛盾的出现，指出无论俾斯麦让步还是拒绝，都将会导致战争。

10月5日 致信马克思，指出：比·特雷莫《人类和其他生物的起源和变异》一书的功绩是：他比前人在更大程度上强调了"土壤"对于人种以及种的形成的影响，其次是对杂交的影响，他比他的前辈发挥了更正确的意见，虽然在我看来仍很片面。当他进一步宣布由杂交校正过的较新的或较老的土壤的影响是造成有机的种以及人种变异的唯一原因的时候，无论如何，我就没有理由跟着这位作者跑这样远了，相反，我还有了许多反驳这种说法的理由。你说居维叶也指责过肯定种的变异性的德国自然哲学家不懂地质学，可是这些哲学家是正确的。但是从这里到特雷莫的理论有一段很长的距离。他强调了至今还没有被注意的方面，这的确是他的功绩；并且如我已经指出的，关于土壤因其地质年代大小的不同而对加速发展产生不同的影响的假说，在一定范围内或许是正确的；但是他所做的所有进一步的结论，我认为如果不是完全错误，就是非常片面的夸大。穆瓦兰的书，特别是其中关于法国人利用活体解剖所取得的成果，使我发生了很大的兴趣；这是确定某些神经的功能及其失常的后果的唯一途径；这些家伙显然把折磨动物的方法发展到了十分完善的地步，所以我很能理解英国人对活体解剖的伪善的愤怒，因为这些实验对这里的懒人说来往往是很不愉快的，常常推翻了他们的抽象推论。总之，但愿现在没有人向我说，只有德国人会"创造"体系，因为法国人在这方面彻底打败了他们。

评论：恩格斯详细分析了特雷莫《人类和其他生物的起源和变异》一书的三个部分，并对每个部分作出了评价，指出了作者的贡献在于，关于土壤对人种以及种的形成的影响、对杂交的影响，但认为特雷莫缺乏足够的证据来证明这种理论，认为他做的结论存在夸大的片面性。信中还对托·穆瓦兰《生理医学讲义》一书进行了评价。

11月11日 致信马克思，指出：得知手稿将发出的消息，我真象心上的一块石头落了地一样。现在终于到了如刑法典所说的"开始实行"的时候。因此我要特别为你的健康干一杯。你的灾难在很大程度上是由这本书造成的；你一旦摆脱了它，就又会成为完全另外的一个人了。普鲁士人毕竟是普鲁士人。为了报答特韦斯顿和弗伦策耳投票赞成豁免责任，就因为他们在议院的演说而把他们送交法庭。这样的蠢事真令人无法理解，可是它却成了原则。法兰克福市民们仍在愤怒不已，他们现在仿效波兰人，行路穿丧服，打上法兰克福地方色彩的领带。

评论：恩格斯很高兴地祝贺《资本论》第一卷手稿的定稿，分析了普鲁士众议院通过了俾斯麦提出的豁免责任法案，虽然特韦斯顿和弗伦策耳投了赞成票，但他们仍旧被交付法庭，最后被宣告无罪。信中还讲了关于帝国战争中的一些滑稽事情。

1867 年

1月29日 致信马克思，指出：关于工人和工厂主的情况是这样的：印度、中国和近东等地方商品充斥；因此六个月来细布几乎无人问津。个别地区的工厂主便稍稍企图缩短劳动时间。但是这些企图是分散的，因此经常遭到失败。同时工厂主们还把此地没有人愿意买的商品运到印度、中国这些地方去委托销售，这样一来，商品更加过剩了。结果，这种做法对他们也没有用了，终于他们向自己的工人提出要降低工资百分之五。对此工人们提出了反建议：每周只工作四天。老板们拒绝。不满。最后，两星期以来，在织布厂以及供应它们棉纱的纺纱厂中已经逐渐实行，而最近这几天更是到处都在实行每周工作四天的办法，不过在有些地方工资降低百分之五，有些地方则不降低。可见，工人们在理论上是正确的，而且在实践上也做得对。

俾斯麦这个无赖在缔结布拉格和约时巧妙地欺骗了波拿巴这个无赖，正象波拿巴在维拉弗兰卡欺骗了奥地利人一样。波拿巴就意大利的流亡君主们的问题宣称他们将返回自己的国土，但不能有外国军队。俾斯麦也象这样说：南德意志各邦在国际上可以独立存在，只要它们自己愿意这样；它们一表示愿意跟我们合并，就应该给他们行动自由，否则，它们就不是独立的了。可怜的波拿巴不是德意志大学学生会会员，从来没有在传统的狂饮会上学过解释的艺术，因此远不是可敬的俾斯麦的对手。

评论：恩格斯认为迈斯纳会赞同马克思关于《资本论》出版计划一事。信中介绍了纺织业商品过剩以及工人反抗的情况，还对普鲁士和奥地利签订的布拉格和约发表了评论，并告诉马克思他计划去伦敦。

3月13日 致信马克思，指出：谈到这本小册子，拉萨尔派的先生们现在总可以相信，我关于普选权的作用、关于它将给乡村贵族的权力所说的话是正确的。拉萨尔派的先生们甚至连两名议员都不能选上：通过了的两名萨克森工人候选人很有问题，而且很象符特克那一类人。不过整个说来，选举毕竟表明，法国在这方面所能做到的事，还远不是德国所能做的，这总算不错了。我还相信，德国的每次新选举，愈是受到官僚的干涉，便愈会产生敌视政府的结果，象法国那样连续十五年选举受政府控制，在我们这里是不可能的。关于普鲁士议会，指出：高贵的议会当然是一种堂皇的废物。他们会不发什么怨言就强作欢颜地兜售普鲁士宪法中已经存在的一些可怜的保证，为的是间接吞并各个小邦的六百万公民，而他们事实上没有得到任何宪法就已经被吞并并成为附庸了。这些家伙不管搞出什么东西来，实质上是无所谓的；现在当庸人向俾斯麦顶礼膜拜的时候，他们代表着资产阶级的舆论，并且只是遵照资产阶级的意旨行事。善良的资产者看来决心不要再有任何"冲突"。运动——不管是快将要再度掀起的内部运动，还是欧洲的运动——一定会很快越过这整个废物，去解决自己的当前任务。

德国实行普选权的温和结果，无论如何有助于使这里的房客的选举权突然受到官方的欢迎。如果房客的选举权竟能因此而被通过，那倒不坏，因为那时这里的许多东西都会迅速改变，而运动也会再度兴起。

评论：恩格斯对普鲁士选举和拉萨尔派、议会和宪法进行了抨击和揭露，指出他们无论搞什么都是遵照资产阶级的意旨行事。信中谈及普鲁士选举中无赖施韦泽的所作所为，分析了纺织业的停滞状况以及商品过剩的现象，指出会出现生产过剩危机和激进的改革运动。信中还谈到了俄国和法国通过萨克森驻巴黎公使泽巴赫男爵进行的秘密和谈。

4月4日 致信马克思，指出：乌拉！当我终于在白纸黑字上看到第一卷已经完成，你想立刻把它带到汉堡去的消息时，我禁不住这样欢呼起来。关于俾斯麦和俄国人的联盟再也没有丝毫疑问了。但是俄国人为了买到同普鲁士的联盟，从来还没有被迫付出这样重大的代价；他们不得不牺牲他们在德国的全部传统政策，如果这一次他们按照习惯，以为这"只是暂时的"，那末他们就大错特错了。同关于"帝国"等等的一切悲惨叫喊相反，德国的统一看来现在已经开始凌驾于俾斯麦和全体普鲁士人之上了。因而他们——即俄国人——一定要在东方更迅速地推进；目前这种有利的形势大概不会保持多久。因此，我也认为，如果俄国人一切都很顺利，那末也许今年就要达到动武的地步。卢森堡事件看来采取了萨尔鲁伊和兰道事件那种进程。1866年俾斯麦大概曾提议出售卢森堡，而路易当时对这桩买卖好象还没有动心，他希望以后所得的礼物还要多得多。我确切知道，普鲁士公使伯恩施托尔夫前两天曾对汉撒同盟驻伦敦公使说，他已经接到紧急通知，在卢森堡问题上普鲁士在任何情况下都不让步。问题在于，在目前形势下，俾斯麦不能允许法国人吞并即使是极小的一块德国领土，否则他的全部成就会变成笑柄。此外，威廉这头老蠢驴有一次就说过，他不会让出"任何一个德国村庄"，这就把他本人也牵连进去了。

评论：恩格斯为马克思《资本论》第一卷的出版感到高兴，给马克思寄上三十五英镑还有获取自己稿费的便条。恩格斯对俾斯麦政府的整个现状及其与俄国的关系进行了分析，指出俾斯麦和俄国人的联盟不存在疑问。信中还分析了俾斯麦同法国的关系，指出双方都不会让步。

4月27日 致信马克思，指出：这个一辈子也搞不完的东西，使你在身体、精神和经济方面都被压得喘不过气来，我非常清楚地了解，现在，你摆脱这个梦魔后，会感到自己象换了一个人一样，特别是这个世界，只要你一重新投身进去，也就会感到它已经不象过去那样黑暗。我深信，书出版后立刻会产生很大的效果，但是，极其有必要稍微推动一下有学问的市民和官吏们的热忱，并且也不要看不起小小的手腕。俾斯麦会来敲你的门，我是料到的，虽然没有想到会这样快。这很能说明这个家伙的思想方法和眼界：他总是以己度人的。资产阶级当然能颂扬今天的大人物，把他们当做自己的体现。波拿巴和俾斯麦借以获得成就的一切品质就是商人的品质：用耐心等待和实验的办法去追求既定目标，直到有利时机的到来；经常开着后门的外交；善于讨价还价；为了利益可以受屈辱，硬着头皮说："我们决不骗人"，总之——在一切方面都是商人的气质。关于普鲁士与波拿巴，指出：我希望这场肮脏的战争不要发生，我看不出，它能带来什么好处。一场事先规定有占领义务的法国革命是非常可恶的；看来波拿巴只要得到一点点东西就会满足，但是军队的统治者是否允许美男子威廉也让出这一点点东西呢？——这我们就必须等着瞧了。

评论：恩格斯分析了《资本论》印刷地的利弊，并表示不能接受出版商迈纳斯的印刷建议，他说明了及时宣传《资本论》的重要性，对宣传方式做了建议。他还谈到自己的办事处和希望结束的商业生活，但同时他又考虑到不从事商业就无法支持革命所需要的费用。恩格斯评论了俾斯麦派人对马克思进行的访问，指出了其目的，并把俾斯麦和欧门做了对比。信中还谈到伦敦对普鲁士人的憎恨，福格特的近况，以及西蒙抄袭他的文章并对西蒙作出评价。

6月16日 致信马克思，指出：你造成了一个很大的缺陷，没有多分一些小节和多加一些小标题，使这种抽象阐述的思路明显地表现出来。这一部分你应当用黑格尔的《全书》那样的方式来处理，分成简短的章节，用特有的标题来突出每一个辩证的转变，并且尽可能把所有的附带的说明和例证用特殊的字体印出来。这样，看起来就可能有点象教科书，但是对广大读者来说要容易理解得多。读者，甚至有学识的读者，现在都已经不再习惯这种思维方法，因而必须尽量减少他们阅读的困难。和以前的论述（由敦克尔出版的）比较起来，在辩证发展的明确性上，前进了一大步，但是就论述本身来说，我更喜欢第一种形式的某些地方。恰恰是重要的第二个印张受了痈折磨的影响，这是十分可惜的。但是这已经无法修改了，谁能辩证地思维，谁就能理解它。其余各印张都很好，使我感到非常高兴。关于霍夫曼的书，指出：这种比较新的化学理论，虽然有种种缺点，但是比起以前的原子理论来是一大进步。作为物质的能独立存在的最小部分的分子，是一个完全合理的范畴，如黑格尔所说的,是在分割的无穷系列中的一个"关节点",它并不结束这个系列,而是规定质的差别。从前被描写成可分性的极限的原子,现在只不过是一种关系,虽然霍夫曼先生自己时时刻刻都在回到旧观念中去,说什么存在着真正不可分割的原子。总起来看,这部书中所证实的化学的进步的确是极其巨大的,肖莱马说,这种革命还每天都在进行,所以人们每天都可以期待新的变革。

评论:信中恩格斯对《资本论》的内容、结构和形式发表了评论,指出马克思文章中的失误之处和肯定的地方,并帮助纠正了多处刊误。同时希望再寄给他几个部分的手稿。恩格斯对霍夫曼《现代化学通论》作出了评价,认为虽然存在缺点,但书中把原子描写成一种关系比之前的原子理论是一大进步。

6月24日 致信马克思,指出:关于货币转化为资本的一章和剩余价值的产生的一章,就叙述和内容来说,是迄今为止最光辉的两章。我昨天把它们译给穆尔听,他对它们的理解完全正确,并且对于这种简单的取得结果的方法非常惊异。同时,我解决了由谁把你的书译成英文的问题:这就是穆尔。我高兴的是,经济学家先生们在碰到上述两处时将陷入窘境。诚然,价值形式的阐述揭示了全部资产阶级的垃圾自身,但革命的结论还表现得不很明显,人们可以较容易地避开这些抽象的东西而用空话敷衍过去。可是在这里却不行,这里谈得十分清楚,我看不出他们能对此说些什么。我希望能够阻止资产者先生们去进行新的调查。几天以前,我听到一个铸铁厂兼机器厂厂主大叫灾祸临头。但是,委员会使设菲尔德的秘密法庭永远不可能存在,这是一件非常好的事情。这种地方恐怖主义及其深受人们赞扬恰恰使这些人不去参加大规模的全国性的运动,并加深了他们的地方局限性。资产者的嚎叫是滑稽可笑的。似乎资产者先生们自己没有在澳大利亚和加利福尼亚等地设置他们的秘密法庭和"监视委员会",他们的这些机构也正是这样做的,只不过杀人的规模更加大得多罢了。

评论:恩格斯评论了《资本论》的部分内容,指出货币转化为资本和剩余价值的产生具有重大意义。恩格斯推荐穆尔作为《资本论》一书的英文翻译。恩格斯希望能够阻止皇家委员会对英国工联的调查。由于工联日益活跃,1867年2月皇家委员会开始调查英国工联的活动,目的在于限制工联的活动。为了对付政府的这个措施,工联不仅举行了群众大会和会议,而且于1867年3月5—8日在伦敦召开了全国代表会议。皇家委员会最终也没能对工联提起控诉。信中还谈到分子理论的主要人物。

6月26日 致信马克思,指出:关于剩余价值的产生,我还有以下的意见。工厂主和庸俗经济学家马上会一起反驳你:如果资本家对于工人十二小时劳动时间只付给六小时的价格,那也不可能由此产生任何剩余价值,因为这样一来,工厂工人的每一劳动小时只算做半个劳动小时——与他所得的报酬相适应,——并且只按这一价值进入劳动产品的价值。接着他们会用通常的计算方式来作为例证:原料若干,折旧若干，工资若干（每一个实际的小时产品的实际开支）等等。虽然这种论据极其肤浅，虽然它把交换价值和价格、把劳动价值和工资完全等同起来，虽然它的前提十分荒谬，认为一个劳动小时只支付半小时的报酬，那它只作为半小时进入价值，——但是，我对你没有注意这一点还是感到惊奇，因为肯定会对你马上作出这种反驳，最好是预先把它排除。也许你在以后的印张中会回头来谈这个问题。

评论：恩格斯举例说明马克思忽视的地方会引起工厂主和庸俗经济学家的反驳，他对《资本论》中关于剩余价值产生的论述提出了意见和补充，目的在于回击工厂主等的反驳。同时给马克思寄了钱，并谈到自己的外出计划。

8月23日　致信马克思，指出：我祝贺你，只是由于你把错综复杂的经济问题放在应有的地位和正确的联系之中，因此完满地使这些问题变得简单和相当清楚。我还祝贺你，实际上出色地叙述了劳动和资本的关系，这个问题在这里第一次得到充分而又互相联系的叙述。看到你掌握了工艺术语，我也感到很满意，这样做对你来说一定有许多困难，因此曾引起我的各种各样的担心。个别的笔误我用铅笔在旁边改正了，还冒昧地补充了某些字句。但是你怎么会把书的外部结构弄成现在这个样子！第四章大约占了二百页，才只分四个部分，这四部分的标题是用普通字体加空排印的，很难找到。此外，思想进程经常被说明打断，而且所说明之点从未在说明的结尾加以总括，以致经常从一点的说明直接进入另一点的叙述。这使人非常疲倦，在没有密切注意的情况下，甚至会使人感到混乱。在这里题目分得更细一些，主要部分更强调一些是绝对合适的，在准备英文版时这一点一定要做到。总的说来，在这一叙述中（特别是协作和工场手工业部分）有几点我还不完全清楚，对于这几点我不能确定，你以什么事实为基础只作一般的阐述。从叙述的外表形式判断，这第四章看来是写得最快并且仔细加工最少的。但是这些都没有关系；主要的是，经济学家先生们在这里找不到他们可以突破的任何一个弱点。其实我倒有兴趣听听这些先生们将说些什么，他们是什么把柄也抓不着的。罗雪尔之流当然会感到快慰，但是对于这里的英国人来说就是另一回事了，他们本来不是为三岁小孩而写作的。

评论：恩格斯肯定了《资本论》出色地充分地叙述了劳动和资本的关系，把复杂的经济问题放在了应有的地位和正确的联系中，同时指出了书中结构和标题存在的问题，以及缺少总结。信中也提出了几点疑问。恩格斯帮助修改了几处笔误，并补充了一些字句，希望马克思能再寄一部分给他。马克思在准备《资本论》第一卷德文第二版时（1872年出版），对全卷结构作了重大改动，并作了大量的修改和补充。他接受了恩格斯在此信中提出的意见。在德文第二版和以后各版中，将书从六章修改为七篇，共二十五章。这封信中提到的第四章成为第四篇，包括四章，将其中的第十二章分成五节，第十三章分为十节。

8月26日　致信马克思，指出：关于［固定资本的］补偿基金问题，明天写信详细告诉你，并附有计算表。我还要再问几个厂主，看我们的方法是一般的或者只是例外。问题在于:在机器的最初费用为一千英镑的情况下,第一年扣除一百英镑,按照惯例,第二年是扣除一千英镑的百分之十呢,还是扣除九百英镑的百分之十,如此等等。我们用的是后一种办法,所以事情当然就无限地拖下去,至少在理论上是这样。这使账务非常复杂化。毫无疑问,在机器损耗以前,厂主平均在四年半的时间里使用或者至少支配补偿基金。而这就算做对无形损耗的某种保证。换句话说,厂主声明:机器在十年中完全损耗这一假定只是大致正确,也就是说以十年期间一开始就每年付给我一定数量的补偿基金为前提。不管怎样,将把计算表寄给你,至于这件事的经济意义我还不完全清楚:我不懂,厂主怎么能用这种方法长期欺骗其他瓜分剩余价值的人,或剩余价值的最后消费者。关于积累的一章非常出色。

评论:恩格斯主要谈到固定资本补偿基金问题,并告知需要询问几个厂主,同时需要搞明白厂主如何欺骗剩余价值的最后消费者,会给马克思附上一个计算表来说明。恩格斯肯定了《资本论》关于资本积累的一章非常出色,并告知,穆尔希望得到马克思的照片。

8月27日 致信马克思,指出:寄上关于机器设备的两个计算表,它会帮助你完全弄清问题。惯例是这样的:每年从最初的总额中通常扣除百分之七点五,但是我为了计算简便起见算做百分之十,这对于某些机器来说也不算太多。其次,在第一表中我假定,厂主用扣除的数额去生息;在他必须以新机器更换旧机器的那一天,他有1252.11英镑,而不是一千英镑。第二表假定,厂主每年把这些货币立即投资购买新机器。最后一行表明在十年的最后一天全部购置的机器的价值,从这里看出,厂主在这一天拥有的机器的价值没有超出一千英镑,然而他年复一年的扩大了自己的工厂,而且使用的机器设备十一年平均名义上值一千四百四十九英镑,也就是说,他所生产的和赚得的要大大超过最初的一千英镑。假定他是一个纺纱厂主,并且每英镑代表一个纱锭。这样,他平均是用一千四百四十九个纱锭而不是用一千个纱锭进行生产,在最初的一千个纱锭完全损耗以后,他从1866年1月1日起进入一个新的时期,这时他拥有在十年期间购置的一千三百五十七个纱锭,此外还要加上用1865年的扣除购置的二百三十六个新纱锭,也就是说,他总共将有一千五百九十三个纱锭。因此,由于扣除的数额都是预付给他的,他不从自己的利润中付出一文钱用于购置新机器,就能靠自己的旧机器,使自己的机器数量几乎增加百分之六十。在两个表中没有提到修理。百分之十的扣款应该弥补机器本身的修理费用,也就是说,这项费用已经包括在扣除额中。其实这些费用对问题毫无影响。因为它们或者包括在百分之十之内,或者相应地延长机器的寿命,其结果是一样的。

评论:恩格斯为了解释固定资本补偿基金的问题,详细地列举了机器的计算表,考虑到每年年初预付给厂主的按比例所扣除的数额去生息的问题。

9月1日 致信马克思,指出:八个印张收到了,谢谢。理论部分很出色,剥夺的历史过程的叙述也很出色。关于爱尔兰那一部分的补充写得太匆忙,对材料加工太少。读第一遍常常完全不能理解。等对问题进一步思考以后，再详细告诉你。关于剥夺者被剥夺的概括是非常光辉的，它会收到应有的效果。

评论：恩格斯肯定了《资本论》中剥夺的历史过程和理论部分写得非常出色，但也指出了论述不详细的部分。恩格斯收到马克思《资本论》第一卷第一版最后一章即第六章的印张。在《资本论》第一卷德文第二版中，马克思采纳了恩格斯的意见，扩充了关于爱尔兰的一节，并加了注释。恩格斯在此信中提到的"关于剥夺者被剥夺的概括"，放在德文第二版和以后各版中第二十四章末尾标题为《资本主义积累的历史趋势》一节里。

9月2日 致信马克思，指出：在巴黎，处境看来非常困难；日拉丹开始的关于1829年和1847年的回忆，每天都出现在所有的报纸上，而从充满退位情绪的利尔演说中似乎可以看出，正当现在他需要的时候，在南德意志和奥地利，显然仅仅由于后者的危急形势，却不能有任何作为。根据我星期六看到的加利福尼亚报纸来判断，八小时工作日运动似乎在那里的建筑工人中间取得了巨大的成就。为了对抗这运动，老板们成立了维护十小时工作日的协会并且大喊大叫。由于八小时工作日事件，取消了一百五十万美元的合同。龚佩尔特已经回来了，他说在库尔黑森对普鲁士人的憎恨象在汉诺威一样强烈，虽然表现得不是那样明显。据他说，只要军队一撤，所有的"普鲁士人"都会被打死。别的不说，普鲁士人在加塞尔就没收了由军官的强制捐款所构成的军官寡妇基金和抚恤金基金。而汉诺威的情况他比我看得还要严重。

评论：恩格斯分析了法国当时的局势，指出充斥着危机的软弱政府才习惯于借助外部的冲突来摆脱内部困难。信中谈到内战结束后，美国工人加强了争取八小时工作日的运动，谈到库尔黑森对普鲁士人非常憎恨，还谈到了几个人的近况。同时附上五英镑。

9月9日 致信马克思，指出：我祝贺你的关于价值形式的附录。照这个样子，最有成见的人也能够理解。我还祝贺序言。但《蜂房》上发表的可耻的、文理不通的译文是谁译的？你为什么不把这东西寄给我和不告诉我你需要什么？我担心这会损害你在比斯利等人的心目中的威信，他们会以为，这篇译文是你自己译的。

评论：恩格斯对《资本论》的价值形式部分给予肯定。信中谈到参加国际洛桑代表大会的韦莫雷尔表现不错。1867年9月2—8日国际的洛桑代表大会举行，代表大会听取了总委员会的报告以及各地方的报告，这些报告证明国际的组织在一些国家中已经巩固起来。马克思因校阅《资本论》第一卷，没有出席代表大会。

9月11日 致信马克思，指出：看来，这一次法国人真的把代表大会引到自己方面去了，蒲鲁东主义的决议数目毕竟太多。好在下次代表大会将在比利时召开，在那时以前也许在北德意志还可以做些事情，那时，就会在英国人的帮助下阻挡这种潮流。但是一般说来，在中央委员会还留在伦敦的时候，这些决议终究是没有意义的。看来我们亲爱的菲力浦·贝克尔又犯了一些他固有的错误,老鼓动家的这些错误必须原谅,因为当时没有领导在场。至于埃卡留斯在《泰晤士报》上写了报道,这件事必须暂时保守秘密。报纸对这些报道的"校订"会严重地伤害他。下次他再给这个报纸写东西时,必须更多地考虑:担任编辑工作的资产者会在怎样的程度上利用他的幽默,使整个大会,而不只是使几只癞蛤蟆处于可笑的境地。

　　既然你和韦莫雷耳还有联系,那末你就不能抑制一下这个人关于德国所说的蠢话吗?这个蠢驴竟要求波拿巴变成自由主义者,变成资产阶级自由主义者,然后开始进行把德国从俾斯麦暴政下解放出来的战争,这太岂有此理!这些癞蛤蟆,即使他们搞革命的话,也必须很小心地对待德国,而他们却认为,通过小小的自由主义改革,他们又可以扮演老角色了。我认为,正是在发生革命的时刻,让这些先生们习惯于同我们以互相平等的地位进行谈判是很重要的。在他们看来,德国的俾斯麦主义是德国的一种自然属性,必须借助于他们的干涉来消灭;而他们的波拿巴主义却纯粹是偶然现象,通过简单的内阁改组就可以消灭,并且变成相反的东西。

　　评论:恩格斯指出在召开的国际洛桑代表会议上,蒲鲁东主义者把当时的代表大会引向他们一方,他提请马克思在比利时召开的下次代表大会上能够利用英国人阻挡他们。信中指出了施韦泽在北德意志联邦国会的选举当选会上歪曲马克思的《资本论》中某些地方。他希望马克思能抑制韦莫雷耳关于德国所说的蠢话。同时谈到埃卡留斯连续在《泰晤士报》上写的报道,讽刺了洛桑大会上法国蒲鲁东派代表的观点上的混乱。

　　9月12日　　致信马克思,指出:这里的报刊对国际也比以前尊重了。所有这里的报纸都部分地刊载了讨论情况,《观察家时报》则发表了一篇表示庸人善意的社论。关于中央委员会会议的报道是否也应当在德国报纸上刊登,譬如说,在《未来报》上刊登?小威廉可能还会想出点什么办法。拉萨尔分子中间又发生了新的争吵。哈根的赖因克大夫和施韦泽势不两立。我们必须努力在德国再同工人取得更直接的联系,这正是我们所缺少的,而在其他方面,事情搞得不坏。关于在什列斯维希的投票,这些蠢驴的声明真是妙极了:我们从地图上看到,霍尔施坦是在什列斯维希境内(或者相反)!照他们的话同样可以得出结论说,首先开进卢森堡的是联军,然后是荷兰军队(而不是卢森堡自己的军队)。而他们还打算向愚昧无知作斗争呢!

　　评论:恩格斯希望马克思能和拉法格一起去曼彻斯特。信中谈到洛桑会议在几家报刊上的报道,对德国拉萨尔主义者之间的分歧进行了分析,认为要加强建立同德国工人的联系。

　　10月13日　　致信马克思,指出:李卜克内西干得很出色;他毕竟从我们这里学会了足够多的东西,以致他懂得:唯一正确的政策是要毫无例外地投票反对一切。到现在为止,他一直在认真地这样干。总之,应劝导他经常提醒资产者,他这个共产主义者，竟必须为了他们本身的利益而反对他们。此外，《科伦日报》对李卜克内西的演说的叙述，比《未来报》的叙述要好得多。关于福格特的消息，使我十分高兴。尽管他耍尽花招，但你的攻击已使他彻底完蛋，只有自由资产阶级还把他当做德国的维隆抓住不放。

评论：恩格斯回复了马克思的来信中谈到的几个人的近况，说明了打破资产阶级对《资本论》的沉默工作的进展情况，谈到写的关于书的文章已经邮寄，并写信给几个人。信中谈到马克思的《福格特先生》一书已经使福格特完蛋，还指出李卜克内西已经在斗争中成长起来。

10月22日　致信马克思，指出：李卜克内西使我十分愉快。这真是幸运，他还保留了不少南德意志联邦的观点，所以他才能抱着非常明确的目的，并且以无比的义愤来反对俾斯麦的制度。比较带有批判性的辩证的观点，只会在他头脑中引起混乱，使他困惑不解。他显然模仿了鲁普斯在法兰克福议会中的行为，并且也光荣地赢得了要他遵守秩序的叫喊，因为他把国会骂作是赤裸裸的专制主义的遮羞布。你当然已经读到，他在关于联合的法律中加进了保护童工的一段文字。

在辩论高利贷问题时，俾斯麦拒绝给抵押银行以国家帮助，因为要说给予国家支持，那末，据他说只能给予工人团体。这个无赖还相信他能够欺骗工人。

评论：恩格斯谈到他准备再对《资本论》写书评一事，并谈到了写作方式。恩格斯肯定了李卜克内西在普鲁士进行的斗争、对北德意志联邦国会的讽刺以及他反对俾斯麦的制度。信中揭露了俾斯麦欺骗工人的企图。

11月5日　致信马克思，指出：附上的这篇东西已由济贝耳刊登在《爱北斐特日报》上。我们的朋友库格曼对汉诺威的一些报纸看来也估计错了。至少使我非常奇怪的是，我发现我寄给他的文章中的一篇，而且是最不得罪人的一篇，竟以压缩和歪曲的形式登在《未来报》上！我看我必须自己来写所有的文章；大陆上的人们还远远没有消化这本书，如果我们等待他们消化，时间就错过了。此外，关于《莱茵报》我还要给科伦的克莱因写封信，并给他寄篇文章，万一行了就可以用。非常糟糕的是我们自己不在场。要是我们在德国，我们早就使所有的报纸轰动起来，使人们把这本书当做叛逆，而这常常是最好的手段。巴黎的路易已经智尽技穷。他已经使自己陷入一种很妙的境地。或者是再一次的退却，或者是为教皇进行一次战争。我简直不能相信，他真的会向意大利人提出要清扫罗马领地的最后通牒，同样也很难相信，他会只限于让穆斯蒂埃发一份抱怨的照会。不管怎样，他是没有希望了。从蒙马特尔公墓的事件中已经可以看出巴黎的情况。骚乱随时都可能发生。如果事情发展到终局，那末现在革命所处的形势到处都会和1848年完全不同。在德国，自从去年以来已经再也不可能存在当时那种分散状态了，尽管还很难指望在柏林立即发动武装起义，但是只要一有推动，也就会在那里引起冲突，而冲突的结果必然是现存制度的垮台。俾斯麦先生很快就不再是局势的主宰了。英国这一次很快就会被卷进来，而最重要的是社会问题在全欧洲将被立即提上议事日程。英国的法官堕落到如何地步，这可从布莱克本昨天的问话得到证明。

评论：信中讨论了《资本论》书评的计划和文章安排情况，库格曼对恩格斯书评文章的错误做法。恩格斯认为应该抓紧时间宣传，而不能等待大陆上人们消化此书而失去时机。信中还介绍了意大利和法国、英国、德国的一些情况。

11月8日 致信马克思，指出：济贝耳明天将要来这里，或者去利物浦，我要去看他。他还可以安排三篇文章。关于《国际评论》的事，我也想到了，并且将这样办。《双周评论》也是如此，只要文章确实能被采纳。但是我认为目前最重要的是在德国的日报上轰动一下，迫使那些可怜的经济学家非写文章不可。你有没有看到俾斯麦给乌泽多姆的训令？这个家伙毫不客气地揭露了意大利人同波拿巴的阴谋；应该承认，如果他觉得方便，他可以完全不顾外交礼仪。俾斯麦的这种态度也说明为什么意大利人实行退却和吞下了这颗苦药丸。

评论：恩格斯谈到为《资本论》所写的书评刊登一事和所做的宣传计划，并认为最需要在德国报刊上引起轰动，迫使可怜的经济学家们写文章进行评论。还谈到英国审讯芬尼亚社社员的情况，分析了普鲁士和意大利的关系。

11月24日 致信马克思，指出：托利党人假借科耳克腊夫特先生之手，真正完成了英国同爱尔兰的彻底分离。芬尼亚社社员唯一还缺少的就是殉难者。得比和格·哈第给他们提供了这种殉难者。正是由于三名芬尼亚社社员的被处决，对凯利和迪集的营救才成为英雄行为，在爱尔兰、英国和美国的每一个爱尔兰儿童的摇篮旁边将要歌唱这一英雄行为。爱尔兰的妇女将会象波兰妇女一样把这件事干得很出色。在文明的国家中，因类似事件而判处死刑的唯一的例子，据我所知，就是在哈帕尔斯渡口发生的约翰·布朗事件。芬尼亚社社员不可能希望有更好的先例。可是就是南方佬也还讲些礼貌，把约·布朗当做是叛乱者；但是在这里却想尽一切方法把政治行刺变成刑事犯罪。

评论：恩格斯对英国时局作了评论，分析了审判和判处芬尼亚社社员死刑的事件，并进行了揭露，谴责了当局把政治行刺变成刑事犯罪的恶劣行径。

11月28日 致信马克思，指出：李卜克内西不刊印小册子更好一些。他刊登在《科伦日报》上的发言比收在小册子中的要好些，而附在最后的那个东西的确清楚地表明，他已经荒唐到了什么程度。虽然有些我已经在信里告诉他了，但是现在当他又要创办小报的时候，还必须对他把全部真相说出来；如果我们允许把自己和奥地利的拥护者、南德意志的联邦主义者、教皇至上主义者以及失国君主混同起来的话，那末俾斯麦是没有比这更满意的事了。

评论：在信中恩格斯对李卜克内西的小册子《我在柏林"国会"中讲了些什么》作了评论，认为它不出版最好，并指出了李卜克内西的荒唐之处。

11月29日 致信马克思，指出：天啊，这个老莫泽斯又来干肮脏勾当了！他在庆幸你已经向他证明：当他说资本是积累起来的劳动时，他是对的！对这个庸人我要稍稍留他一手。这样他准会上钩，而你知道，如果我们没有完全掌握住他，我们是不能过多信任他的。我的意见是，你可以暂时允许他从书中摘录一些东西登在《法兰西信使报》上，看他打算怎样对待这些东西。他自然会在文章下面签上自己的名字，这样他在我们面前又会在一定程度上成为悔过的罪人。然后你可以谈谈整个书的翻译工作，这是他有意要做的事；你的审稿权一定要保留；一旦找到出版商，就可以谈条件了。至于席利谈到的勒克律的情况，我认为很重要，因为这个人是懂德文的。

  关于芬尼亚社社员，你说得完全正确。我们无权由于英国人干出卑鄙可耻的勾当而忘记这个宗派的领导人大半是蠢驴，一部分是剥削者，我们决不能对任何密谋活动中都不可避免的蠢事负责任。而这些蠢事是准会发生的。我不说你也会知道，黑色和绿色也在我家里占优势。英国报纸又干出了最下流的勾当。

  评论：恩格斯分析了赫斯建议把《资本论》译成法文出版一事，认为不能轻易相信，要有所防范，并提出应对赫斯的意见。信中谈到芬尼亚社社员事件不能忘记，还提醒马克思认真考虑给《国际评论》的文章。

  12月6日 致信马克思，指出：你觉得士瓦本的小报怎么样？看来，库格曼把一切想得出来的办法都用上了。我已经详细地给李卜克内西写了一封信，要求他不只是攻击普鲁士人，而且也应当攻击他们的敌人，即奥地利人、联邦主义者、韦耳夫派和小邦制的其他拥护者。这个人如我所想象的那样，具有南德意志人的狭隘性。他和倍倍尔签署了一封向维也纳市参议会的祝贺信，说北方是受奴役的，祝贺奥地利是南方新兴的自由国家！他在国会上做一些观点模糊的发言，这倒还罢了，但是办一种小报，却完全是另外一回事，因为责任将落在我们身上，而我们是不能让自己同奥地利的拥护者、联邦主义者以及韦耳夫派混淆起来的。我在信中也告诉他，停止社会鼓动的想法是愚蠢的。

  评论：恩格斯随信附上库格曼、李卜克内西和济贝耳的信，以说明库格曼竭力设法要打破对马克思《资本论》第一卷"保持沉默的阴谋"所做的一切行动。恩格斯已经告知李卜克内西需要攻击一切敌人，他请马克思也对李卜克内西的南德意志人的狭隘性提出批评。

  12月12日 致信马克思，指出：毕尔格尔斯的信已经归档。命运的讽刺是：库格曼寄给他的那篇文章的导言，把他这个落选的杜塞尔多夫的国会候选人好好地刺了一下。我在文章里非常明确地写道，自从社会民主党在国会里有了自己的代表之后，人们已不能再对这个党的存在保持沉默了，而它的代表们一定会把这部书看做自己的圣经。库格曼以他惯有的机警将这篇文章寄给了亨利希。这就是痛哭流涕的原因！我把这些全忘了，直到看了亨利希在自己感人的信件中把这一切看得十分认真，才使我重新想起了这件事。

评论：恩格斯介绍了他的《卡尔·马克思〈资本论〉第一卷书评——为〈莱茵报〉作》的具体内容、倾向性以及影响，告诉马克思准备按照其方案来对付士瓦本的迈尔。信中还对库格曼想在俾斯麦政府的半官方刊物《北德总汇报》上发表恩格斯关于《资本论》第一卷的书评进行了评论。

12月19日 致信马克思，指出：同小威廉通讯，当然要谨慎一些。正象我以前写信告诉你的那样，狭隘片面的明确的目的性，是他的幸运和他在国会中获得成功的秘密。可惜，只有这么一次；发言稿的公布——更不用说库格曼的信了——表明事情做得太过份了。现在又加上这种小报，它将把这种流行的话变成白纸黑字，而其责任将落到我们身上。其次还有关税议会，如果不给小威廉一点启发的话，在这个问题上他一定又会使我们出丑。由于他有犯错误的卓越才能，所以他在这里犯大错误原来就是意料中的，而且现在也还会再犯。当然我们只能防止他犯最大的错误，但是他给维也纳的祝贺信以及他和联邦主义者，也就是和格律恩的友谊，已经是够大的错误了。因此，我只能给他提出两点主要意见：（1）对1866年的事件和结果所持的态度，不应该单纯是否定的也就是完全敌对的态度，而应该是批判性的；（2）对俾斯麦的敌人，同对俾斯麦本人一样，都应该给以严重打击，因为他们同样是一钱不值。

评论：恩格斯指出李卜克内西的错误根源在于狭隘性，恩格斯为了防止他犯错误给马克思和自己出丑，还对他提出了两点建议，并认为和他沟通需要谨慎。恩格斯认为芬尼亚社社员在克勒肯威尔监狱的爆炸行动是愚蠢的行为。信中还分析了俄国在《俄国残废者》报上的声明。

恩格斯给其他人的信

1864年

11月2日 致信海尔曼，指出：在我看来，金融危机已经过去了。所有这一切的结果将是：美国的战争显然会延长到明年年底，以南部匪帮进行盗匪式的袭击告终，就象两年前在那不勒斯所发生的那样，而且一定会烧掉许多棉花。因此，我们所能指靠的只是去年的棉花产地。从这些产地来的棉花数量增长很慢。由于价格昂贵，消费日益缩减，因此成品的储备，其中包括在单个消费者手里的成品，现在为数很少；但是为了满足消费，需要很大数量的棉织品，因此我认为，需求的增长完全可以同籽棉运进数量的增长相抵，因此今后的价格不仅不会降低，而且相反，到来年夏天以前，这里的价格一般还会上涨。在金融危机时期，棉花的价格不是由棉花市场的情况决定的，而是由金融市场的总的状况决定的。我认为，这种现象现在已经结束了,价格又将象往常一样由供求来决定;因此,在市场情况正常、储备十分缺乏和目前价格较低的情况下,可以预料,事情会顺利地进行,价格一般会上涨。

评论:恩格斯分析了美国的金融危机以及影响,并说明了他们的商业情况。同时对美国总统选举进行了评论,对美国内战对商业和金融市场的影响进行了分析。

11月24日 致信约瑟夫·魏德迈,指出:至于拉萨尔向俾斯麦献媚,这一点是不能否认的。布林德引证的话,拉萨尔确实在杜塞尔多夫的辩护词中说过,甚至还让刊登出来,因此这是没有办法的事。拉萨尔尽管有各种优点,他却具有犹太人那种看重瞬息间的成就的特点;因此他不能不对路易-波拿巴深感尊敬,不能不象他所做的那样露骨地说出波拿巴主义的原则。

在欧洲这里正处于沉闷的时期。对波兰起义的镇压是最近一次重大的事件;俾斯麦由于在这一事件上帮了忙而得到沙皇的许可,从丹麦人手里拿走了什列斯维希—霍尔施坦。波兰要想重新站起来,即使有外界的援助,也需要很长的时间,而波兰对我们来说的确是十分必要的。德国自由派庸人们的卑鄙无耻要对这一点负责;如果这些狗东西在普鲁士议会中表现得更懂事、更勇敢一点的话,一切事情可能会进行得很顺利。

你们那边的战争的确是人们所能经历到的最大的事件之一。这种人民战争是有了大国以来从来没有过的,它的结局无疑地将决定整个美国今后几百年的命运。美国政治和社会发展的最大障碍——奴隶制度一经粉碎,这一国家就会繁荣起来,在最短期间它就会在世界历史上占据完全不同的地位,它在战争中建立起来的陆军和海军,也很快就会找到用武之地。

评论:恩格斯很高兴能得到几年来失去消息的约瑟夫·魏德迈的消息,之后他复信给魏德迈,告诉他自己和马克思的通讯地址,并谈到布林德想远离马克思和恩格斯的现状、鲁普斯的过世等情况。在信中恩格斯介绍了欧洲的情况,分析了美国内战、南北双方军事力量的培养和作战行动,并指出奴隶制是阻碍国家繁荣的最大障碍,必须粉碎。

1865 年

3月10日 致信约瑟夫·魏德迈,指出:我很感谢你关于美国武装力量的情况的说明,幸亏有它们,才使我对美国战争的许多问题有一个清楚的轮廓。

有一个姓"冯·施韦泽"的法兰克福的律师,在柏林创办了一个叫做《社会民主党人报》的小报,邀请我们为它撰稿。因为在柏林的李卜克内西要参加编辑部,我们也就答应了。但是,后来这份报纸开始宣传令人难以忍受的对拉萨尔的迷信,同时我们也已经确实获知拉萨尔同俾斯麦的关系比我们过去怀疑的还要密切得多。

我们发表了附去的这篇声明,就退出了该报,李卜克内西也跟着退出了。于是《社会民主党人报》就声明我们不属于社会民主党。当然,这样革出教门,我们毫不在乎。整个拉萨尔的全德工人联合会走上了这种错误的道路,真是不可救药。再说它的日子也不长了。伦敦的国际协会工作很有进展,巴黎的情况特别好,但是伦敦也并不差。在瑞士和意大利,工作都很顺利。只有德国的拉萨尔派搞不好,目前就更不用说了。不过我们正在收到德国各地的来信和建议,情况已有决定性转变,其余的问题也会得到解决的。

评论:恩格斯解释了没有及时回信的原因,并感谢魏德迈对他问题的解答。信中分析了美国的战事,详细对比了南北方军队的数量、地理集团、武器装备和军事部署,分析了南北方军队的作战计划。随信寄去自己的小册子《普鲁士军事问题和德国工人政党》并谈到它的作用。信中还谈到了国际协会的工作情况。

3月29日 致信弗里德里希·阿尔伯特·朗格,指出:您打算把您的《斯芬克斯》和其他出版物寄给马克思和我,我非常感谢这一友好的建议。我有机会接到了您的关于工人问题的著作;我怀着很大的兴趣读完了它。在我第一次读达尔文的著作时,我也曾经由于他对动植物生活的描述同马尔萨斯的理论异常相似而感到惊奇。不过我得出了和您不同的结论,我认为:对现代资产阶级的发展来说,最可耻的是它还没有超出动物界的经济形式。在我们看来,所谓"经济规律"并不是永恒的自然规律,而是既会产生又会消失的历史性的规律,而现代政治经济学大全,只要是由经济学家正确地客观地编纂出来的,对我们来说不过是现代资产阶级社会所赖以存在的规律和条件的总汇,一句话,是这个社会的生产条件和交换条件的抽象的描述和概括。因此,在我们看来,任何一个只要是表现纯粹资产阶级关系的规律都不是先于现代资产阶级社会而存在的;那些或多或少地对过去的全部历史起过作用的规律则仅仅表现了以阶级统治和阶级剥削为基础的一切社会所共有的关系。您自己提出了如何使人口的增加和生活资料的增加相适应的问题;可是,除了序言中的一句话,我并没有发现您有解决这一问题的意图。

评论:恩格斯对未及时回信的原因做了解释。对于朗格为其报纸《斯芬克斯》邀请马克思和自己撰稿做了回复。在信中评价了朗格的著作《工人问题对现在和将来的意义》,指出经济规律并不是永恒不变的自然规律,同时还指出书中存在的不足之处。

1867 年

9月23日 致信劳拉·马克思,指出:你的亲切的来信收到了,书到后我马上就分送给了有关的收件人,送给伊曼特和施特龙的书是从邮局寄去的,包扎得很严实；送给我的那本，我立即交给了装订工人，对此，我要大大感谢摩尔。你听到一定会很感兴趣，就是上星期三发生的伟大的芬尼亚解放战役的战场，我曾在上上个星期六指给拉法格看过。我们的确到过距铁路桥拱不出十步远的地方，但这一点他恐怕记不大清楚了。李卜克内西击败了利佩伯爵，在萨克森的施奈堡顺利地被选入大北德意志联邦国会，他大概不久就会发表一篇初次登台的长篇演说。可谓英雄有了用武之地。

评论：恩格斯感谢马克思赠阅《资本论》。他认为李卜克内西会被选入联邦国会，这将使他大有用武之地。

10月12日 致信路德维希·库格曼，指出：马克思把您8日的信转给了我。他认为，在应当从哪些观点来批评他的书方面，我能比他更好地向您提供您所需要的意见。为了免得您多费辛苦，我一次写好了两篇文章，阐述了在我看来最能为公众所接受的一些观点，这两篇文章肯定适用于任何一家资产阶级报纸。这两篇东西也许有助于您在还没有亲自读完五十个印张的巨著之前就写出一些其他的文章和短评。主要的不在于写什么和如何写，而在于使人们来谈论这本书，使孚赫、米哈埃利斯、罗雪尔和劳这班家伙也不得不来表示自己对它的看法。应当尽量设法在一切报纸上发表文章，不管这些报纸是政治性的，还是其他性质的，只要它们肯发表就行，既要有长篇书评，也有短小简评，主要的是要多要经常。必须使这班先生们无疑试图奉行的完全沉默的政策行不通，而且要尽快使它行不通。

评论：恩格斯阐明了宣传《资本论》的重要意义，建议在报刊上发表文章，打破完全沉默的政策。信中对李卜克内西在北德意志联邦国会的演说作出很高评价。

10月18日 致信海尔曼·迈耶尔，指出：希望您能够引起美国的德文报刊以及工人们对马克思的书的注意。由于在美国现在展开了争取八小时工作日的运动，因此这本书及其关于工作日的章节非常合乎时宜，而且总的来说，在许多方面将使人头脑清醒。您在这方面的每一进展，都将是对争取我党在美国的前途的斗争立下的巨大功劳。

评论：恩格斯希望迈耶尔在美国引起德文报刊及工人们对《资本论》的注意，并指出书中的许多章节合乎当时美国的情况，会让工人们清楚认识。同时告知无法前往利物浦的原因。

11月8日和20日 致信路德维希·库格曼，指出：德国报刊对于《资本论》仍然保持沉默，而十分重要的是使人们说话。主要的是要经常不断地发表对该书的评论。由于在这种场合下，马克思的手脚受到束缚，而且他象少女一样腼腆，所以正是我们这些第三者，必须来做这件事。因此，请您让我知道，到目前为止您在这方面已做了些什么事情，您还打算利用哪些报纸。我们必须强迫他们发表意见。如果在十五至二十种报纸上同时出现了对这本书的评论，只要是把它当做值得注意的重要现象，那末在这以后整个那一伙人自己就会喧嚷起来，那时孚赫、罗雪尔、米哈埃利斯以及麦克斯·维尔特之流，就不得不发表意见。在反动报纸上人们可以注意到，庸俗经济学家先生们在议会中，在讨论经济问题的会议上大吹大擂，而在这里，当人们向他们提出从他们的科学得出的结论时，他们却谦恭地一言不发。如此等等。如果您需要我的协助，就请通知我，您需要的文章是供给哪一家报纸的，——我随时准备为党服务。

罗马事件又帮了我们很大的忙。我觉得，高贵的波拿巴已经奄奄一息，一旦这个插曲在法国结束，加上英国的形势一天比一天更加革命化，而意大利面临着革命的必然性，那时，"欧洲人"在德国的王国当然也就完蛋。在英国这里，建立真正革命政党的工作正在迅速向前推进，与此同时，越来越革命的形势正在形成。迪斯累里用他的改革法案瓦解了托利党人，粉碎了辉格党人，然而他这样做所达到的，只是使旧的一套无法保存下去。

评论：恩格斯阐述了在不同性质的报刊包括反动报纸上广泛评论《资本论》一书的重要性，希望库格曼能给予帮助。信中还谈到欧洲大陆，认为大陆国家都面临着革命的必然性，同时希望库格曼没有远离他们。

12月12日 致信路德维希·库格曼，指出：我不主张直接写信给米凯尔。口头上可以对这种人谈很多东西，但是要写出来就恐怕得冒险。访问过布兰德斯的那个英国人——我们在这里的一位朋友穆尔，他为了研究德语在爱森纳赫住了七个星期。他很可能把马克思的书译成英文。我曾写信告诉李卜克内西，他用南德意志的叫喊声是不会有什么成就的。他的演说最好不出版。——印在书面上它们就失去了效果，因为有些荒诞不经的话太明显了。关于他的推迟社会问题的奇怪理论，我也写信同他谈过。其实，您记得，今年秋天我就对您说，由于对普鲁士人的憎恨，他变得太象奥地利人了。

评论：恩格斯认为民主自由党人米凯尔等不大可靠，谈到穆尔可能会将《资本论》翻译为英文，同时对李卜克内西的《我在柏林"国会"中讲了些什么》提出了批评，信中还解释了自己无法及时写文章的原因。

第 32 卷

恩格斯给马克思的信

1868 年

1 月 10 日 致信马克思，指出：昨天我接待了正在为可笑的和平同盟的事情奔忙的前独裁者阿曼特·戈克的来访，花了我整整一个晚上。幸好肖莱马偶然来了，他看了看这个顽固不化的联邦共和派，不禁大吃一惊，他没有料到还有此等货色存在。这头蠢驴毫无意义地重弹老调，显得更是愚蠢十倍了，而且失去了与正常的人类悟性世界的任何联系。在这号人看来，世界上除瑞士和巴登州外至今依然不存在任何别的有意义的东西。不过，你对他的求援刚一作出答复，他很快就信以为真，就是说：我们彼此住得愈远，彼此来往愈少，我们的关系就会愈好。他承认布林德在福格特事件上胆小怕事，却硬说布林德还是个好样的，甚至非要你同布林德和解不可！说什么福格特不是政客，是好人，好样的，只不过是不加思索地瞎写了一些东西；如果我们俩和他在一起呆上一个钟头，我们就会言归于好了；他承认福格特是个波拿巴主义者，可他并没有被收买呀。对此我反驳他说：一切波拿巴主义者都是被收买的，没有被收买的一个也没有，如果他能给我指出哪怕是一个没有被收买的，那我可以承认福格特有未被收买的可能性，否则就不行。

评论：信中讥讽了来访的阿曼特·戈克。戈克受和平和自由同盟的委托在伦敦活动，试图对马克思、恩格斯和他的朋友们施加影响，但他的企图没有得逞。和平和自由同盟是由一批小资产阶级共和主义者和自由主义者于 1867 年在瑞士建立的资产阶级和平主义的组织，雨果、加里波第等人曾积极参加这个组织；1867—1868 年巴枯宁参加了同盟的工作。起初，同盟在巴枯宁的影响下企图利用工人运动和国际工人协会来达到自己的目的。信中恩格斯还表示答应为奥地利报刊写些文章。

1 月 23 日 致信马克思，指出：关于维也纳的文章，我确实遇到困难。除了《新自由报》和《维也纳日报》，我对李希特尔主办的报纸的名称一个也不知道，由于几乎完全不熟悉那里的读者，一点也不知道应该抓什么，而这是最重要的。劳拉来信说，教育人，这很好，但困难正在于正确地挑出对他们最重要的东西。我现在再次从这个角度通读全书，我非常希望知道你关于这方面的意见。小威廉的愿望可真不坏，他要我在评介这本书的时候，在他的小报上用一页的篇幅向他和他的读者们一下子就讲清楚，马克思和拉萨尔之间的区别究竟在哪里。这个愿望倒促使我产生一个想法，是否应当为工人们写一本大约六印张的通俗小册子：马克思和拉萨尔；用这样的篇幅才可能说明上述区别，并对工人必须知道的东西作正面的阐述。这本东西应该卖得非常便宜；它马上就会迫使拉萨尔派公开出来反对。但为此需要时间。

评论：信中谈到要马克思注意身体，多到户外活动，才能完全恢复工作能力。恩格斯在计划写一个小册子，讲清楚马克思和拉萨尔之间的区别，对工人必须知道的内容作正面阐述。

4月26日　致信马克思，指出：关于利润率和货币价值的问题阐述得很精辟，很明确。我只是不明白，你为什么把 m／c＋v 作为利润率；因为 m 毕竟没有全部落入生产它的产业家的钱袋，他必须与商人等等共同分享它；除非你在这里是把整个营业部门看作一个总体，没有考虑 m 在工厂主、批发商、零售商等等之间如何分配的问题。总之，我很希望知道你对这个问题的观点的形成过程。你一定会看到，小威廉现在也歌颂起高尚的雅科布·费奈迭来了！他们两个人的确很相似，就象两头驴彼此相似一样。我现在可够啦，再也不给他写东西了，让他去自作自受，丢人现眼吧。400c＋100v＋100m 写起来很方便，正如写 400 英镑 3 先令 4 便士一样。

评论：恩格斯赞赏马克思对利润率与货币价值关系的论述，表示很想知道马克思对这个问题的观点的形成过程；信中批评了李卜克内西歌颂雅科布·费奈迭；还讲到俾斯麦与议会关系恶化的情况，他们之间在债务管理官员是否应该在法律上负责任存在对立认识。

5月22日　致信马克思，指出：李卜克内西这次干了一桩大蠢事：首先，他在南德意志联邦主义者、教皇至上主义者等的抗议书上签了名，这样就使自己和他们完全混同起来了。而且，他总是和他们一起投票。其次，他已失去了任何创造的能力，以致夸夸其谈的拉斯克尔可以对他说——而且说得很对——，他再一次重复了他几个星期以来在一切民众集会上反复讲过的那套话。狡猾的施韦泽只代表工人说话，完全使他相形见绌了。

评论：恩格斯表达了对马克思下周能来曼彻斯特的喜悦之情；对李卜克内西在南德意志联邦主义者、教皇至上主义者等抗议书上签名的事情表达了愤慨，对《民主周报》也提出了批评。《民主周报》是德国早期的一家工人报纸，1868年1月至1869年9月在原德意志联邦的莱比锡出版，由著名的德国工人活动家李卜克内西主编。从1868年12月起，该报成为倍倍尔领导的德国工人协会的机关报。最初该报曾受到萨克森人民党的小资产阶级思想的影响，但是不久由于左派的努力和马克思、恩格斯的帮助，它开始与拉萨尔主义进行斗争，宣传国际工人协会的思想，刊登国际工人协会的文件，因而在德国社会民主党的创建中起了重要的作用。

8月6日 致信马克思，指出：艾希霍夫的小册子证明他能客观地报道事实，这是我怎么也没有预料到的。当然，你也为他减轻了任务。这篇东西会产生很好的效果。至于谈到迁往日内瓦，这使我回想起中央委员会迁往科伦的事。我要十分认真地考虑这一步骤。第一，为着几头蠢驴是否值得采取这样的步骤和把事情委托给那些固然心地善良、本质可靠但没有能力领导这种运动的人？第二，伦敦仍然是流亡者的麦地那，人们对它怀着神圣的敬意，而对日内瓦则怀着非常可疑的敬意，如果开始迁移，以后者代替前者，那末谁能担保，在这种情况下蒲鲁东主义者不会设法按照国际礼节有朝一日把组织迁往布鲁塞尔或巴黎呢？最后，只要有一个安全的地方，就决不应该为这样的中央机关选择可能被驱逐的城市。事业的规模越大，你把它掌握在自己手里就越重要，现在它在德国也开始扩展起来了，我是不相信贝克尔能够领导它的。

评论：信中谈到中央委员会迁往克伦的事。1850年9月15日共产主义者同盟中央委员会在伦敦通过一个决议，根据这个决议，中央委员会的职权移交给了科伦区部委员会。恩格斯提出了自己的担心，指出科伦区部委员会无力领导整个同盟；从革命影响力来说，伦敦比日内瓦更适合做总部；此外，中央机关在科伦面临着巨大的被驱逐的危险。

9月16日 致信马克思，指出：代表大会开得还比较好。公开谈琐事，悄悄办正事，这种方法证明是很出色的。这样，总委员会仍然设在伦敦，蒲鲁东主义者又该对他们是蒲鲁东主义者，他们之外再无别人这样的定论感到心满意足了。

评论：信中肯定了布鲁塞尔代表大会召开取得了良好的效果；在1868年9月11日国际的布鲁塞尔代表大会上，德国代表团提出了关于马克思的《资本论》决议案，就是建议所有国家的工人都来学习马克思的《资本论》；呼吁协助把这部重要著作翻译成目前还没有翻译出来的各种文字。这个决议于15日发表在《泰晤士报》埃卡留斯的通讯中。9月12日《民主周报》第37号上发表了李卜克内西在德国工人协会联合会纽伦堡代表大会上的演说。李卜克内西在他的演说中痛斥了资产阶级学术界和报刊对马克思《资本论》第一卷持沉默态度的阴谋。恩格斯建议把这两份报纸寄给迈斯纳，以激发他的革命热情。恩格斯肯定了赫斯1868年9月11日在国际工人协会布鲁塞尔代表大会会议上的演说。赫斯在反对蒲鲁东主义者的"无息信贷"论时，引证了马克思在《哲学的贫困。答蒲鲁东先生的〈贫困的哲学〉》中对这种理论的批判。恩格斯还提议向工人通俗简单地介绍《资本论》的内容，从而摒弃错误思想的影响；恩格斯还表达了自己因席勒协会邀请福格特来演讲而要声明退出席勒协会理事会，以表明与福格特的势不两立。

9月21日 致信马克思，指出：施韦泽的信寄还。这个家伙真是个畜生，他满以为用这样一封信就能博得你的好感。他把你变成整个"欧洲"的领袖，同时委婉地向你暗示，你的王国正因为如此并不特别属于哪一个国家，所以它本来在尘世间是不存在的。他立你为教皇，好让你封他为德国皇帝，并借此踢威廉一脚。不管怎样，你手里有这样一封信是很有价值的。我认为，你首先要向这个庸人指出，他的工人代表大会只有成为真正的工人代表大会，而不是他的汉堡代表大会的简单再版，也就是说，只有施韦泽注意到代表大会除拉萨尔分子外也有其他代表的时候，才有意义。到现在为止，还看不到这样的迹象，也看不出施韦泽在这方面采取了任何步骤。他能不能同威廉和其他人"友好"，那是无关紧要的；在这件事上他应当和他们共同行动。至于章程，你可以写信告诉他，重要的不是章程的内容，而是实行章程的方法。这个家伙显然是想排挤小威廉、倍倍尔这些人，并且想利用你的一点书面的东西。看来，这对他很重要，否则他决不会给你写那样一封信，让它永远落在你手中。而且象你正确指出的，他看到靠拉萨尔的几句话再也混不下去了，必须广泛开展活动才行。

评论：信中剖析了施韦泽的用心。施韦泽和弗里茨舍得到在汉堡召开的拉萨尔派的联合会大会的同意以国会议员身份于1868年9月26日在柏林召开的全德工人代表大会，出席代表大会的代表二百零六名，代表十四万二千多工人，主要是北德意志各城市的。这次代表大会根本拒绝加入倍倍尔和李卜克内西领导的纽伦堡组织的各个工人协会派遣代表参加。柏林代表大会以后成立了一些工会，它们是按拉萨尔派的宗派主义组织建立起来的，并且联合成为一个以施韦泽为首的总的联合会。这个组织完全从属于全德工人联合会。马克思对施韦泽作了尖锐的批评，因为组织这样的代表大会导致了德国的工人工会的分裂，同时，代表大会所通过的章程根本违反工会运动的目的和性质。恩格斯还表达了对西班牙资产阶级革命胜利的期待。

9月30日 致信马克思，指出：既然你以德国书记的身分同施韦泽发生了联系，我看，你在他和威廉之间除了保持完全中立外，不能有别的做法。据我所知，拉萨尔派在汉堡接受了你们的纲领，所以不能指望有更多的东西了。目前就是要让施韦泽自己毁掉自己。如果我们亲身在德国，那情况就不同了。从上一号《社会民主党人报》里我已经看出他想把"严密的组织"转入工会。现在倒要看看他能否成功，我是不相信这一点的。工会的事是钱的事，在那里独裁会自行结束。而以此代彼远不象这个庸人所想的那么简单。委员会只有在本身直接或间接地受到攻击，或者协会的原则遭到破坏的情况下，才可以并且应该站到某一方面。委员会过去对巴黎人就是这样做的。此外，到现在为止小威廉的组织究竟是怎么一回事，纽伦堡决议的结果如何？协会真的加入了吗？会费交了没有？如此等等，这些我都一无所知。威廉针对施韦泽的罢工组织打算做什么？他还想组织什么？这一切我目前很不清楚。其次，假如你和总委员会发出反对拉萨尔派的呼吁，实际效果会怎样呢？我认为，非常之小，至多是使这个宗派本身结合得更加紧密。而指责他们什么呢？说他们不听从威·李卜克内西的指挥吗？当他们大家还信任施韦泽的时候，当李卜克内西和施韦泽还互相争吵的时候,任何关于联合的说教都是十足的愚蠢。在报刊上反对拉萨尔主义,这完全是另一回事。但是所谓要把它革出教门,那只能使正在瓦解的宗派重新巩固起来。如果你终于要给施韦泽写信,那末,我也要对他的独裁欲开导几句。他本来是打算事先把草案寄给你的。

评论:信中谈到施韦泽与马克思的分歧,在1868年8月22—26日汉堡举行的大会通过了重要决议:原则上同意罢工运动,一致承认马克思的著作《资本论》对工人阶级作了不可估量的贡献;恩格斯指出了各国工人共同行动的必要性。但实际上拉萨尔派的领导人继续阻挠联合会加入国际,而且仍然保持原来的立场。恩格斯认为施韦泽是不可靠的。信中还对福格特挖苦了一番。

10月22日　致信马克思,指出:《社会民主党人报》关于代表大会讨论情况的报道,我还没有来得及看完,何况讨论又很枯燥。总之,施韦泽的所作所为表明,他认为自己的宗派意义重大。全德工人联合会不仅重新建立起来了(中央设在柏林,并有新的章程,这个章程同旧章程相比只是按照结社法的要求作了修改),而且从每个细节中可以看出,全德工人联合会在新的工会中应该起(只是公开的)我们的老秘密同盟在合法社团中起过的那种作用。工会只应该是唯一拯救众生的拉萨尔派教会的公开的党,但唯一拯救众生的始终是这个教会。如果艾希霍夫要在柏林成立一个单独的联合会,他将得到恩准,但条件是他的联合会要对全德工人联合会采取"友好"态度。不过施韦泽和他的联合会仍然是"党",而其他人可以前来加入,或者仍然做邪教徒和分裂派教徒。但是,总的说来,这个家伙对整个政治形势和对其他政党的态度所持的观点,比所有其他的人明确得多,说得也更得体些。他声称"对我们说来,一切旧政党只是反动的一帮,它们的差别对我们几乎没有任何意义"。虽然他也承认1866年及其后果摧毁了小王国,破坏了正统原则,动摇了反动势力,推动了人民参加运动,但他现在仍然在猛烈抨击其他后果、赋税压迫等等,并且对俾斯麦所持的态度,象柏林人所说的,例如比李卜克内西对前国王的态度要"有分寸"得多。当然你已经看到,李卜克内西把黑森选帝侯的话当作历史方面的权威加以引用——在早为人所共知的问题上——,并且在最近一号报纸上让一个效忠于自己王朝的汉诺威人为韦耳夫王朝大唱赞歌。如果你能就最后这一点同威廉开诚布公地谈一谈就好了。他竟要求我们支持他那刊登如此下流东西的报纸,未免太无耻了。

评论:恩格斯对施韦泽、李卜克内西对整个政治形势和对其他政党所持的观点和判断进行了分析,揭露施韦泽重宗派利益。信中还谈到了艾希霍夫推动成立民主工人联合会。该联合会是在先进分子影响下的柏林工人联合会发生分裂后于1868年10月在柏林建立的。在联合会的建立中,艾希霍夫起了很大的作用,他同马克思保持经常的联系,是第一国际总委员会驻柏林通讯员。根据艾希霍夫的建议,这个新的联合会加入了倍倍尔和李卜克内西领导的各工人协会的纽伦堡组织,接受它的以第一国际的原则为依据的纲领。联合会同国际协会的柏林支部也保持密切联系。几乎联合会的所有会员同时也都是国际的会员。联合会为强调自己的无产阶级性质，选举了两名工人——维耳克和克梅雷尔为主席。民主工人联合会积极同拉萨尔派进行斗争；1869年，联合会加入了在爱森纳赫代表大会上成立的社会民主工党。

11月4日 致信马克思，指出：如果现在西班牙人在小威廉向他们发出号召后还不知道该怎么办，那他们就不可救药了。资产阶级和无产阶级之间必须统一——然而资产者也应该懂得，必须向工人作某些让步，——不过不能搞六月战斗，因为接着而来的将是12月2日！这真是混乱到了极点。如果资产者不愿"懂得"这一点，那工人必须懂得，它应该向资产者让步。这是这篇东西可能有的唯一可能的含义；同时特别可笑的是，他甚至用萨克森的尺度衡量拥有大批世俗的和宗教的流氓无产阶级的西班牙的条件。至于农民，他自然是只字未提。穆尔说，在维也纳几乎所有的工厂工人都是莫拉维亚或波希米亚的居民，大部分是捷克人。这说明了当地运动的一些情况。真正的维也纳人不进任何工厂，而是当马车夫、佣人或干其他这类事。

评论：恩格斯认为西班牙资产阶级与无产阶级之间必须进行妥协、让步。在西班牙爆发革命之际以萨克森社会民主主义者名义于1868年10月发出了《告西班牙民主主义者书》，号召书发表于1868年10月31日《民主周报》第44号附刊上。

11月18日 致信马克思，指出：你对工厂区的选举有何看法？无产阶级又大大丢丑了。在各地无产阶级都成了官方政党的可怜的尾巴，如果有哪个政党因为增加新选民而加强了自己的力量，那就是托利党。没有一个工人候选人有当选的一线希望，而愚蠢的大人阁下或趋炎附势的暴发户却心满意足地获得了工人的选票。如果没有这种附带的情况，自由派资产者的咆哮会使我感到十分可笑。

评论：信中介绍了英国的工厂区的选举情况，恩格斯认为在选举中各地无产阶级都成了官方政党的可怜的尾巴。

11月20日 致信马克思，指出：从军事观点来看，巴黎弟兄们如果现在发动，不会有丝毫成功的希望。要摆脱这个波拿巴主义，可不这么简单。没有军队起义，就会一事无成。只有在至少是流动自卫军再一次在人民和军队之间保持中立的情况下，我认为才能冒险发起攻击。波拿巴希望引起这样的尝试，这是毫无疑问和显而易见的，革命者如果让他如愿以偿，那就成了蠢驴。此外，第一，新式枪枝很容易弄得不能使用（取下撞针）；第二，即使新式枪枝完好地落入起义者手中，没有专用子弹，也毫无用处，因为这种子弹不象旧式子弹那样可以自己制造。那为什么他们偏要现在发动呢？目前局势继续下去，波拿巴受到的危害会一天比一天大，此外，没有进行发动的任何特殊的理由。波拿巴也会避免提供这种革命者需要的理由。郎卡郡选举的秘密在于英国工人中间有仇恨爱尔兰人的心理。可恶的墨菲为托利党人开辟了道路。但是，爱尔兰的国教会还是垮台了。其他一切情况都正如我所讲过的一样。《曼彻斯特先驱报》已经宣称，虽然从表面上看，托利党人是少数，但实际上他们是多数，因为他们代表人民的多数。

评论：信中对巴黎群众面临的形势作出了分析。恩格斯认为马上起义几乎没有成功希望，没有军队起义、流动自卫军的立场不明、新式枪支难以使用、弹药不足，呼吁革命者不要为波拿巴所利用。托利党人还有相当多的支持。

12月11日　致信马克思，指出：这里发生了最大的危机，而且这一次是纯粹的生产过剩。你所谈到的关于1860—1861年的棉花问题，根本没那么复杂。1860年的收获量是历年最高的，而战争爆发前的储备也比以往任何时候都多。我们靠它度过了1861年，甚至1862年，而棉花的价格在1863年才达到了最高水平。不过这还取决于其他一些情况——对南方各港口的有效封锁，等等。根本没有三年的储备这回事。

评论：信中谈论了曼彻斯特最近发生的纯粹生产过剩危机；恩格斯还和马克思围绕1860—1861年的棉花问题进行了讨论，说可以为马克思就此编一个综合表，从约·瓦茨的《棉荒实况》中可以查到很多资料。

12月18日　致信马克思，指出：日内瓦的文件很幼稚。老贝克尔总也改不掉喜欢参与小集团鼓动的毛病；只要有两三个人聚在一起，其中就必然有他。如果你及时警告他，他当然会有所克制。现在他将因自己的善良愿望竟然产生了不良效果而感到吃惊。国际不能赞同这种欺骗行为，这是十分明显的。否则，就会有两个总委员会，甚至两个代表大会；这是国中之国，而设在伦敦的实践的总委员会和设在日内瓦的理论的即"理想主义的"总委员会之间，从第一分钟起，就会发生冲突。正如不能有两个总委员会一样，在国际内也不能有两个国际的（按任务说）组织。此外，谁给你们权利，让你们承认一个没有全权的所谓中央局，而这个中央局的委员们按照民族划分，由自己（章程第三节略去"自己"两字，并不是没有原因的！）组成本国的民族局！这些先生们，除了他们自己以外，没有得到任何人授予的全权，却想让国际发给他们这种委托书。如果国际拒绝这样做，那末，有谁会承认"发起小组"或所谓"中央局"是自己的代表呢？国际的中央委员会至少接连经过了三次改选，大家都知道，它代表着广大工人群众，而这些"发起者"代表谁呢？其次，如果我们把选举的形式问题撇开不谈，那末组成这个发起小组的一些人代表什么呢？这个发起小组断言，它认为"自己的特殊使命是研究政治问题和哲学问题"。毫无疑问，他们将代表科学。但我们能在他们当中找到以献身于这些问题的研究而著称的人吗？恰恰相反。在他们当中找不到一个在此以前敢于觊觎科学家称号的人。他们既是冒牌的社会民主主义的代表，他们更是冒牌的科学的代表。至于其他方面，你在自己的意见中已经谈到。我也同你一样，认为这个东西是个死胎，是纯粹日内瓦的地方产物。如果你们过于猛烈地反对它，从而提高了它的身价，它反而会成为有生命力的东西。我认为，对这些妄图钻进国际的家伙，最好是冷静而坚决地加以拒绝；此外，既然他们已经为自己选定了特殊的场地，我们就拭目以待，看他们能搞出什么名堂来；再说，目前没有任何东西妨碍一个团体的会员同时是另一个团体的会员。老实说，这些家伙除了讲废话以外，没有任何其他活动领域，他们很快就会互相厌恶到极点，并且可以预料，他们在这种情况下不会有外来的货源，因此这个小店铺肯定很快就会自行垮台。如果你激烈反对这个俄国人的阴谋，那你就会无益地刺激工人，特别是瑞士工人中数量极多的思想庸人，并会损害国际。同俄国人打交道，任何时候都不应该失去克制态度。

评论：恩格斯认为，德国的年青一代对1848年革命的历史已经很不了解了。他对贝克尔搞小集团活动提出了批评，认为这些人是冒牌的社会民主主义的代表，是冒牌的科学代表。同时提醒马克思警惕那些妄图钻进国际的人，建议马克思拒绝与巴枯宁的同盟，同巴枯宁、茹柯夫斯基、艾尔皮金、阿列克谢也夫要有策略地打交道。

1869 年

1月29日 致信马克思，指出：男性的和女性的巴枯宁集团（巴枯宁连这两者之间的差别即两性的差别也想消灭掉）显然已经无声无息地完蛋了。虽然玩弄了俄国式的狡猾手段，但毕竟搞得很愚蠢，狐狸尾巴暴露得太明显了，用这种办法恰恰是诱骗不了工人的。老贝克尔确实不会放弃无论如何也要"组织"的愿望，他正是那种容易上圈套的人。我深信他还在干其他蠢事，但我只是希望，我们在这件事上能有一个比威廉更好的消息来源，因为他不能看清事物真相。顺便说一下，威廉从新年起就不给我寄他的小报了；如果他以为我会去"买"它，那就错了。我很高兴，每周不必读那一套教训人的唠叨话了，什么在联邦议会、瞎子韦耳夫和可敬的黑森选帝侯的地位没有恢复以前，在无法无天的俾斯麦没有受到严厉的法律惩处以前，我们不应当进行革命。巴塞尔事件很不坏。总的说来瑞士的情况很好。的确，这话的意思仅仅是说，在那里可以公开进行一切在大陆其他地方或多或少要隐蔽进行的活动。但这已经很不错了。人民直接立法在那里具有这样的意义，即有可能反抗资产阶级在各种立法委员会中的直接或间接的统治。因为瑞士工人在日内瓦罢工以前几乎没有作为独立政党而存在，只是充当激进资产阶级的尾巴，所以他们选进委员会的仅仅是激进资产者，另一方面，当选的农民也容易受到有教养的资产者的影响。这种状况对于各个小州来说也许是十分好的，但是，只要无产阶级群众一参加运动，并且开始在其中居统治地位，这一切自然会立即成为一种累赘和束缚。

评论：信中谈到巴枯宁集团已消亡，批评了贝克尔以及李卜克内西对革命的排斥；谈到瑞士的革命条件好一些，无产阶级群众开始参加运动，可以公开进行一些在欧洲其他地方需要隐蔽进行的活动。信中对瑞士的状况进行了评论。瑞士从1848年起一直是一个资产阶级共和国，在形式上它是由二十二个州组成的联邦。在那里，联邦委员会和各州委员会是立法机关。所谓人民直接立法，就是人民公决、全民投票在提出和批准法律草案时起一定的作用。信中高度评价逝世的琼斯在组织、引领和影响工人阶级方面的作用。

3月3日 致信马克思，指出：在埃森当选的是李卜克内西也支持的社会民主党人哈森克莱维尔，他获得的选票，比地方官和民族自由党候选人获得的选票加在一起还多九百六十票，同时在汉诺威（好象是在策勒）也有选上一个候选人的希望。总之，看来威廉现在开始有所进展，并在萨克森取得了成功。这头蠢驴如果抛掉他那南德意志联邦主义的和韦耳夫的愚蠢勾当，那末，在拉萨尔派首领们也普遍不信任施韦泽的情况下，即使他有本身的局限性，也能取得一些成就，因为当事情发展到极端的时候，施韦泽由于心虚理亏就会自己解除武装。但是，他靠他的人民党和他的复辟狂并不能把任何一个北德意志工人引诱到他这边来。他现在突然打算去柏林，这也就是承认，他在那里会很安全，真是滑稽。此外，我不明白，即使双方都同意，你们作为总委员会怎么能宣布自己有权处理这个问题，难道他们双方都会声明愿意服从对于工会的组织和领导等问题所作的裁决吗？

评论：信中谈到李卜克内西2月18日的声明，发表在1869年2月20日《民主周报》第8号上。李卜克内西在这一声明中建议推举国际总委员会在施韦泽及其领导的全德工人联合会和倍倍尔、李卜克内西及其领导的工人联合会之间的冲突中充当仲裁人。施韦泽拒绝承认总委员会充当这个问题的仲裁人的通知发表于1869年2月24日《社会民主党人报》第24号。恩格斯认为李卜克内西如能抛弃南德意志联邦主义和对当局的态度会有更大成功，并认为总委员会不该宣称有权处理施韦泽与李卜克内西的冲突。

7月6日 致信马克思，指出：从你今天寄给我的四号《社会民主党人报》上可以看出，他发出胜利的欢呼是多么为时过早。毫无疑问，施韦泽也在拼命撒谎，但是看来，他目前还是保住了大多数普通会员。然而他的状况正在迅速恶化，如果同他对抗的是另外一个对手而不是威廉，那就会大大加速这个过程。威廉现在作为自己的"演说"刊登出来的那篇夸夸其谈的废话，对此当然不会起多大作用。而倍倍尔却直接掐住了施韦泽的喉咙，提出了几件致命的事实，说明施韦泽从施梯伯掌握的韦耳夫基金中领取了一份津贴。威廉必须坚决使他的组织同人民党划清界限，或者顶多由他自己同人民党保持独立的盟友关系，否则他不管怎样都将一事无成。他打算把国际的名字刊在他的小报的报头上，这也很妙。这样他的小报就同时成了人民党和国际工人协会的机关报！成了德国庸人和欧洲工人的机关报！威廉认为，不仅不能接受"现在这个国家"对工人的让步，甚至不能争取这种让步，这种论调也很妙。他将因这种观点而在工人当中获得了不起的成功。普鲁斯关于谋耳德事件的解释确实证明，至今在这方面存在的关于英国立法的看法是完全错误的，在这里人们完全赞同普鲁士的观点。这事最好也让工人们知道。

评论：信中谈到巴塞尔代表大会，在大会上，马克思的科学社会主义的拥护者和巴枯宁的无政府主义的追随者之间在废除继承权的问题上发生了公开的争论。信中责备李卜克内西一同施韦泽争吵就请马克思帮助，指出李卜克内西在很多问题上夸夸其谈、自相矛盾，比如他在1869年5月31日柏林民主工人联合会会议上的演说《论社会民主党的政治态度》都是废话。恩格斯要求李卜克内西与德国人民党划清界限。德国人民党成立于1865年，由主要是德国南部各邦的小资产阶级民主派以及一部分资产阶级民主派组成。德国人民党反对确立普鲁士对德国的领导权，坚持既包括普鲁士又包括奥地利在内的所谓"大德意志"计划。这个党执行反普鲁士政策，提出一般民主口号，同时也是德意志某些邦的分立主义倾向的代表者。它宣传建立联邦制的德国的思想，反对以集中统一的民主共和国的形式统一德国。恩格斯认为，李卜克内西有很多错误的观点和做法影响了工人。他称赞倍倍尔与施韦泽的斗争，倍倍尔的文章《致柏林施韦泽博士先生》击中要害。信中指出特里东的《吉伦特与吉伦特派》中观点混乱可笑。信中提出，应该让工人们知道内务大臣普鲁斯关于谋耳德事件的解释。英国矿工在登比郡的谋耳德附近同军警的冲突，工人们抗议降低工资和矿井主管人对他们的侮辱。1869年5月28日，一群工人试图搭救被逮捕的同志，结果遭到枪击，五人被打死，许多人受伤。法庭袒护了这次对赤手空拳的工人的开枪事件，并判处"暴动者"十年苦役。内务大臣普鲁斯在下院宣称士兵有权首先向人群开枪自卫。

9月5日 致信马克思，指出：在德国，人们变得越来越愚蠢了。工人运动的确在威逼着他们，因此，他们都在向工人运动送秋波，发明各种各样的万应灵药，但是他们并没有因此变得更加聪明，而是变得恰恰相反。例如，我的可尊敬的弟弟想用下述办法解决社会问题：他在实行"劳动折旧提成"，正如他对工厂的固定资本（厂房、机器等等）实行折旧提成一样，也就是说，将每磅纱的价格，比方说，增加一个格罗申，用这笔钱来补助年老的、生病的和残废的工人。当我向他说明这种想法的极端天真和荒谬时，这个笨伯大吃一惊，并终于答应阅读你的著作。关于普鲁士的互助储金会，他给了我一篇恩格尔的统计杂志上的文章，从中可以看出，那里虽没有萨克森章程中那些最令人痛恨的卑鄙东西，但在其他方面完全一样。德国最伟大的人物无疑是施特鲁斯堡。这个家伙快要成为德国皇帝了。不论走到哪里，大家都只是谈论着施特鲁斯堡。其实这个家伙并不那么坏。我的弟弟曾和他交谈过，他向我很生动地描述了这个人。他很幽默，有其独特的才能，不管怎样，施特鲁斯堡比铁路大王哈德逊不知要高明多少。他现在正在收买各种工业企业，并且到处把劳动时间立即缩减为十小时，而不减少工资。同时，他清楚地意识到，到头来他总是要彻底破产的。他的主要原则是只欺骗股东，而优待供应者和其他工业家。小威廉现在堕落不堪,他甚至不敢指出拉萨尔抄袭了你的著作并作了歪曲。整个传记因此被阉割了,为什么阉割之后还要转载,只有他自己知道。他甚至宣布瑞士工人的机关报不是《先驱》,而是不幸的《邮袋报》。真是一个绝妙的团体!参看一下爱森纳赫代表大会上关于社会民主工党,民主社会工党,或社会民主加民主社会工党的辩论吧。

评论:信中谈到弟弟鲁道夫·恩格斯的"劳动折旧提成"方案,并向他推荐马克思的《资本论》第一卷;谈到了施特鲁斯堡的活动和做法;对李卜克内西的态度和立场进行了批评,指出了他的认识的混乱不堪。

9月27日 致信马克思,指出:从特伦奇的《爱尔兰生活的现实》一书中可以看出,为什么爱尔兰会如此"人口过剩"。这位老实人用实例证明,爱尔兰农民耕种土地的费用平均每英亩为十至十五英镑,这笔费用要在一年至四年内全部收回,这就使地租从每英亩一先令增加到二十先令和从四先令增加到二十五至三十先令。这些利润必然落到大地主的钱袋里。最近十四年来,爱尔兰的商业有很大发展,都柏林港口已变得认不出来了。在昆兹敦码头,我经常听到意大利语,此外,还能听到塞尔维亚语、法语、丹麦语以及挪威语。正如一部喜剧里说的,在科克"意大利人"真不少。但这个国家本身看上去实在荒凉,使人立刻想到,这里的人口太少了。到处是战时状态。皇家爱尔兰团的士兵挂着猎刀,有时腰插手枪,手持警棍,分成一支支的小部队在各处走来走去;在都柏林,看到一个骑炮连直穿市区中心而过,这种情况我在英格兰从来没有见过,并且到处都是士兵。爱尔兰人那里最恶劣的现象就是,他们只要一不当农民,一变得资产阶级化,就会被收买。当然,这种现象在大多数农民国家里都可以见到。但是,在爱尔兰表现得特别恶劣。因此,报刊也十分卑鄙。

评论:信中分析了爱尔兰"人口过剩"的原因;讲述了14年来爱尔兰的巨大变化及现状。1869年夏天,恩格斯就想写一部爱尔兰的历史。9月,他在爱尔兰旅行。恩格斯研究了大量的文献和各种历史资料,其中有古代和中世纪著作家的著作、年表、古代法律汇编、各种法令、民间传说、古代文学作品、游记以及许多历史、考古、经济、地理和地质方面的著作。现在保存下来的、恩格斯所开列的关于爱尔兰历史的书目计达一百五十种以上。在他这一时期所做的十五本笔记中,大部分是为本书准备的材料,此外还有札记、单页片断、剪报等。为了研究爱尔兰的史料,恩格斯还不得不学习古爱尔兰语。在研究爱尔兰历史时,马克思经常给恩格斯帮助。1870年5月,恩格斯根据他研究中所积累的材料,正式动笔写作。他打算以爱尔兰历史为例,揭露英国殖民统治的制度和方法,指出它不仅对被压迫民族而且对压迫民族的历史命运造成恶果,批判英国资产阶级史学家、经济学家、地理学家著作中以种族主义沙文主义态度对爱尔兰的历史和现实所作的歪曲。恩格斯只写完了第一章即《自然条件》。第二章即《古代的爱尔兰》没有写完,后两章恩格斯没有动手写作。普法战争和巴黎公社所造成的情况妨碍了恩格斯完成爱尔兰史的工作。

11月1日 致信马克思,指出:关于土地所有制的决议创造了真正的奇迹。自拉萨尔开始他的鼓动以来,它第一次迫使德国的那些家伙们思考问题,而在此以前这一直被认为是完全多余的。从邦霍尔斯特的信里可以清楚地看到这一点。我感到这封信还不坏,尽管它逢迎谄媚和知识浅薄,但是其中却有某种健康的民间幽默,而且在抵押借款问题上讲得正中要害。不过,人们忘记了,除了大土地所有制这个主要问题外,还存在着各种类型的农民:(1)佃农,对于他们来说,土地属于国家还是属于大地主都是一样的;(2)土地所有者:第一是大农,应当唤起短工和长工反对他们的反动本质,第二是中农,他们也会是反动的,他们的人数不很多。第三是负债的小农,他们由于抵押借款可能被吸引。此外,可以说,无产阶级在目前对于提出小土地所有制的问题不感兴趣。

伦敦为芬尼亚社社员举行的示威游行只不过又一次表明报纸正式公布的东西有多大价值。将近二十万人聚集起来并且举行了伦敦多年来所没有过的声势浩大的示威游行,但是为了保持体面,所有的伦敦报纸竟然一无例外地把这件事描写成悲惨的失败。一个纺织厂主在谈到波尔顿目前的纺织工人罢工时坦率地对赛姆·穆尔说:我们的用意根本不在于降低工资百分之五,我们所希望的并且企图做到的是缩减生产(就是罢工)。

评论:信中谈到了各个立场的人对土地所有制的决议的不同认识,还谈到朗根萨尔查纪念碑被捣毁一事。1869年10月16日,根据普鲁士军事当局的命令,不顾法院的判决,策勒市(汉诺威)为普奥战争时期参加1866年6月27日在朗根萨尔查(绍林吉亚)和普鲁士人作战的牺牲者建立的纪念碑被捣毁。汉诺威当时是站在奥地利方面的,战役以普鲁士人失败告终。恩格斯批评和揭露了一些报刊的卑鄙的资产阶级立场。比如,1869年10月30日的《蜂房》报,刊登了一篇社论《大臣们和被囚禁的芬尼亚社社员》,社论为格莱斯顿对爱尔兰民族解放运动的政策辩护。信中揭露了伦敦报纸的真面目,它们将芬妮亚社社员的示威游行描写成悲惨的失败。恩格斯指出,波尔顿的纺织工人罢工是由于工业生产衰退和降低工资百分之五致使工人境况恶化而引起的,斗争从1869年10月29日持续到11月4日,工人虽然失败了,但展现了斗争的意志和精神。

11月9日 致信马克思,指出:《改革报》同《觉醒报》和《号召报》一样,力量也很薄弱;诚然,现在对某些高谈阔论可以原谅。但是这些家伙简直是糊涂虫,拉斯拜尔尤其如此。关于立即选举临时政府的想法,作为和波拿巴开玩笑是好的,但它本身不言而喻是荒谬的。施韦泽立刻抓住巴塞尔关于土地所有制的决议并且装腔作势,似乎他和拉萨尔一直是鼓吹这一点的,这种随风转舵的做法是极端无耻的,但是用来对付威廉之类的头脑简单的人,毕竟是很巧妙的。然而不管威廉这些人怎样对付这个流氓,他有足够的智慧,能够在理论问题上始终表现得体,并且懂得,只要一出现某个理论问题，威廉这些人就会一筹莫展。我没有想到凯里先生的书读起来会这么有趣。我发现，他关于自然科学的无稽之谈读起来很轻松，而且包含许多笑料，但我原来毕竟没有想到他会这样愚昧无知。

评论：恩格斯批判了施韦泽随风转舵的做法是极端无耻的。李卜克内西对巴塞尔代表大会决议的宣传采取的不一贯的立场被施韦泽所利用，施韦泽在《社会民主党人报》上的一系列挑拨性文章中谴责爱森纳赫派欺骗工人阶级，拒绝社会主义纲领和听命于人民党。邦霍尔斯特以《从巴塞尔决议看著名的独裁者和不伦瑞克的"傀儡"之一》一文回答了施韦泽的谴责，他在其中指出，拉萨尔派全德工人联合会仅仅宣布了社会主义原则，却从来没有为实现社会主义采取过任何行动。邦霍尔斯特写道，施韦泽任何时候也冒充不了农业无产阶级利益的捍卫者，因为他自己正在依靠普鲁士容克们的支持。邦霍尔斯特在结尾时指出，民主派报刊对巴塞尔代表大会决议的攻击只不过表明，社会民主党和它在人民党内的同路人之间的分界线在什么地方。邦霍尔斯特的文章发表在1869年10月27日和30日《人民国家报》第8号和第9号上。信中还嘲笑了亨·查·凯里《社会科学原理》中的观点。

11月29日 致信马克思，指出：梯培雷里的选举是一件大事。它促使芬尼亚社社员不再去搞无效的秘密活动和小冲突，而转向另一种活动，这种活动尽管表面上是合法的，但是比起他们起义失败以来的所作所为要革命得多。实际上他们正在学法国工人的行动方式，这是一个大进步。事情只要朝着预计的方向继续发展就好。这种新的转变使市侩们胆战心惊，使整个自由派报刊尖声号叫，这再好不过地证明，这一次他们击中了要害。《律师杂志》值得注意，它惶惶不安地指出，在不列颠帝国选举一个政治犯是没有先例的！更糟糕的是，除英格兰外，有哪一个地方会不把这类事情提上议事日程！可敬的格莱斯顿一定要暴跳如雷了。

评论：信中分析了梯培雷里选举的意义。在1869年11月25日的选举中，梯培雷里把耶·奥顿诺凡-罗萨选入英国下院，罗萨是爱尔兰民族解放运动的领导者之一，被关在狱中。恩格斯认为选举的收获将促使芬尼亚社社员不再去搞无效的秘密活动和小冲突。爱尔兰芬尼亚社社员-革命者准备于1867年春举行武装起义。英国当局获悉准备起义后，毫不费劲地就把个别郡的零星发动镇压下去了，许多芬尼亚领导人被捕并被审讯。恩格斯认为革命者应该学法国工人的行动方式。恩格斯在信中还谈了在曼彻斯特公共图书馆和切特姆图书馆收集爱尔兰问题资料的情况。

12月9日 致信马克思，指出：《爱尔兰人报》的事情，有一半我已预料到。爱尔兰毕竟还是一个圣岛，决不应该把它的热望同其余罪恶世界的世俗阶级斗争混淆起来。这里无疑有一部分是这些人的真正的狂热，但是同样无疑的是有一部分是领导者为了维持他们对农民的统治而处心积虑地制订的策略。此外，一个农民国家总是不得不从城市资产者及其思想家中选择自己在文化上的代表人物，而在这一方面，都柏林（我指的是天主教的都柏林）对爱尔兰来说，大致就象哥本哈根对丹麦一样。但是，在这些先生们看来，整个工人运动都是纯粹的异教，而爱尔兰农民甚至不应当知道社会主义工人是他们在欧洲的唯一同盟者。总之，《爱尔兰人报》本周的做法是很可鄙的。如果该报一受到人身保护法暂停生效的威胁就这样准备退却，那末过去的剑拔弩张的做法就更加不适当了。现在甚至害怕其他政治犯也可能当选！一方面誓告爱尔兰人，让他们不要上圈套去采取非法行动，这是完全正确的；而另一方面，又阻止他们去做唯一合法的事情，而这种事情是必要的和具有革命性质的，因为只有它才能有效地打破那种选举追名逐利的律师们的陈规陋习，并赢得英国自由派的尊重。在这点上，皮哥特显然害怕别人超过他。此外，你会记得奥康奈尔一向是怎样唆使爱尔兰人反对宪章派的，虽然，或更正确些说，因为宪章派在自己的旗帜上也写上了取消合并的要求。对阿普耳加思的质问很值得注意。可以看出，这些卑鄙的勋爵和议员们想得多妙，似乎整个工人运动已经在他们的掌握之中，因为奥哲尔和波特尔向他们送秋波，而《蜂房》已经卖身投靠了。这些先生们还会碰到想象不到的事情的。好在目前看来不会很快实行新的选举，在这期间这些先生们肯定会大出其丑的。

评论：信中谈了爱尔兰的情况，分析了《爱尔兰人报》的退却立场，以及农民、城市资产者的立场。简要评价了法国的政治斗争及普鲁士的状况，认为中国市场的扩大会挽救英国棉纺织业。

1870 年

2月1日 致信马克思，指出：真是幸运，不管古·弗路朗斯怎样，在给努瓦尔送葬时没有出事。《国家报》狂怒，暴露了波拿巴分子的极端失望。要知道，他们想得倒是再好不过了，在巴黎城外，在只有两三条通道的要塞墙外，在开阔地上当场逮捕巴黎所有革命群众。六门大炮架在要塞围墙门口，一个步兵团以散开队形作战，一个骑兵旅进攻和追捕，这样，不出半小时，这些赤手空拳的群众——几个人的兜里可能有几只手枪，这不算数——就会被驱散，被砍杀，或者被抓住。而且由于有六万士兵，甚至可以把人群引进要塞围墙里面，然后再占据它，并在爱丽舍园的空地上和讷伊大街用霰弹扫射他们，用骑兵冲垮他们。妙极了！二十万赤手空拳的工人居然要通过开阔地去夺取被六万士兵占领的巴黎！

评论：在信中，恩格斯挖苦了雅科比。1870年1月20日，在柏林举行的选民大会上，资产阶级民主主义者、普鲁士邦议会议员雅科比发表了关于工人运动目的的演说。1月23日，库格曼得到关于大会的报道以后，写信问雅科比为什么只引亚里士多德、德·梅斯特尔、欧文、冯·根茨和约翰·斯图亚特·穆勒等人的话，而不提马克思的名字。1月24日，雅科比答复库格曼，承认马克思的无可争辩的功绩，同时又为自己的行为辩解，说他是用通俗的形式阐述马克思的学说，而以这种形式阐述时作"资料索引"是不适当的。库格曼和雅科比的这些信，马克思也转寄给了恩格斯。信中还批评了李卜克内西，指出《人民国家报》从来没有提到过《路易-波拿巴的雾月十八日》，讽刺了波拿巴分子的无知。

2月11日 致信马克思，指出：巴枯宁搬到德森去了，很好。在那里他干不出很多坏事；无论如何，这证明他在日内瓦的好运已完。既然每次运动中都有这样一些野心勃勃、爱慕虚荣的无能之辈，那末他们按照自己的方式纠集在一起，随后还是把他们震动世界的奇想暴露出来，这实际上是很好的。这样，全世界很快就会清楚，所有这一切，连一个屁都不值。这总比围绕个人的争吵进行斗争强，在这种斗争中，有正事要干的人永远斗不过那些整天搞阴谋的人。但应该注意这帮家伙，不要让他们在任何地方不受抵抗就夺得地盘。固然，西班牙和意大利至少在目前大概得让给他们。

评论：信中表示想与马克思统一关于1866年问题的意见；谈到巴枯宁被日益看清楚真面目是好事情，并认为工人及其领袖应该尽快成长起来。

4月29日 致信马克思，指出：巴枯宁的信真是幼稚极了。说什么在俄国有四万名革命的大学生，他们没有无产阶级，或者甚至没有革命的农民作后盾，他们面临的是要么流放西伯利亚，要么亡命西欧，没有别的出路可走。这要不是弥天大谎，那对世界来说，是多么不幸的事啊！要说有什么东西能够毁掉西欧的运动的话，那就是输入这四万名多多少少有知识、有野心、饿肚子的俄国虚无主义者；他们全都想当上没有军队的军官，军队得由我们给他们提供；欧洲无产阶级要统一，就必须由俄国人来指挥，了不起的奢求！不管这位巴枯宁如何夸大其词，但这种危险明明是存在的。神圣的罗斯每年要抛出若干这种"没有出路"的俄国人，他们将打着国际原则的幌子，到处骗取工人的信任，窃据领袖地位，把他们在俄国人那里不可避免的个人勾心斗角带进各支部，到那时，总委员会就要够忙的啦。我很快发现，吴亭早就懂得要在日内瓦人那里为自己树立地位。而这些俄国人却抱怨他们国内所有的位置都让德国人占去了！

评论：信中赞扬了沙佩尔的革命主义气概；嘲笑了巴枯宁的幼稚。李卜克内西在1870年4月16日和20日《人民国家报》第31号和第32号上发表了巴枯宁的文章《关于俄国革命运动的书信。第一封信》，恩格斯认为，巴枯宁对俄国革命者的认识是不正确的。信中还谈到在查阅的《古代爱尔兰法律》，非常晦涩难懂。

5月11日 致信马克思，指出：代表大会在德国召开将遇到困难，因为我们完全不知道那里的法令怎样，也很少知道那里警察实行控制的情况。但是，有一点总是肯定无疑的，代表大会顶多会被警察驱散；不过，人们除了有可能被拘留一昼夜外，还会是安全的，所以必须预先确定，代表大会一旦被驱散，应在何地复会，是在比利时呢，还是在瑞士。其实，美因兹是个非常合适的地方，曼海姆也不错，巴登政府正受到人民党和教皇至上主义者的夹攻，它未必会有什么举动。法国各大城市的选举结果很好。其它地方是假造的，可不必考虑。至于共和派号召军队投'反对票'，那只是在要实行直接发动的时候才会有某种意义，而这次并没有设想有这样的情况。现在的投票只会使士兵们遭到报复，"可靠"部队将开进巴黎。

评论：恩格斯估计了国际工人协会代表大会在德国召开将遇到的困难，需要再找寻一个更加适合开会的地方。信中还谴责了资产阶级破坏莱布尼茨旧居文物的行为，对法国各大城市的选举结果持乐观判断。

恩格斯给其他人的信

1869 年

4月4日 致信弗里德里希·列斯纳，指出：和你这样的老同志在同一个战场上为反对同一个敌人而共同战斗，我将永远感到高兴。你说得对，事情的进展比任何时候都好；好多年以前，当愚蠢的民主派坏蛋们埋怨反动势力，埋怨人民对他们冷漠的时候，我们，摩尔和我，在这一反动时期就预见到了近十八年的巨大的工业发展，并且指出这一发展的结果将是劳动和资本的矛盾尖锐化以及更加激烈的阶级斗争，那时我们也是对的。相形之下，当你看到这些愚蠢的民主派现在被愚弄到什么程度，看到他们在世界上任何一个国家连立足之地都找不到的时候，是会笑破肚皮的。德国的进步党，法国的共和派，英国的激进派，他们都同样陷入了窘境。他们明明知道，社会运动有朝一日将彻底制服他们，却又不得不对这个运动做一些言不由衷的赞扬，再没有比这种赞扬更滑稽可笑的了。

评论：信中嘲笑了民主派，指出德国的进步党、法国的共和派、英国的激进派都已陷入窘境。恩格斯回顾了和列斯纳并肩战斗的历史，肯定了和马克思一起对资本主义的分析，对劳动和资本的矛盾尖锐化和阶级斗争激烈的未来预测的科学性。

7月10日 致信路德维希·库格曼，指出：看来拉萨尔宗派正是要通过他们名义上的重新联合而走向真正的瓦解，而这并不是没有辩证讽刺意味的。施韦泽现在也许还掌握着自己的大多数人，但是没有一个政党或派别能经受得住经常重演驱逐领袖的事情。何况这一次这个肮脏透顶的集团在揭家丑过程中会暴露出只会有损于施韦泽的种种奇闻。拉萨尔宗派的瓦解以及另一方面萨克森和南德意志的工人摆脱人民党而独立行动，这是建立新的真正的德国工人政党的两个基本条件。拉萨尔派现在自己会关心自己的命运，而且他们会彼此咬断脖子，但是，要想清除掉李卜克内西系统地灌输给工人的南德意志共和主义小市民的狭隘观点，那就困难得多。在他的报纸上写着：人民党机关报，也就是说，南德意志小市民的机关报，单就这件事来说，就够愚蠢了！如果倍倍尔多少有点理论修养的话，就不至于发生这样的事。在我看来，他是个挺能干的人，可就有这么一个缺点。而李卜克内西竟要求我们直接站到他和人民党方面去反对施韦泽！其实这是不言而喻的：（1）我们同人民党这个资产阶级政党的共同之处远远少于施韦泽的拉萨尔派，后者毕竟还是一个工人派别；（2）马克思身为国际工人协会的德国书记，他有责任礼貌地对待每一个由足够数量的工人推举出来做自己的领导人并被选入议会的领袖。

评论：信中揭露了拉萨尔派的宗派面目，指出其瓦解的必然性。谈到建立新的真正的德国工人政党的两个基本条件：拉萨尔宗派瓦解、南德意志工人摆脱人民党独立行动。信中还讲到清除李卜克内西系统地灌输给工人的南德意志共和主义小市民的狭隘观点面临着困难。

1870 年

2月8日 致信卡尔·克莱因和弗里德里希·莫尔，指出：我清楚地知道，在拉萨尔凯歌行进的整个时期，佐林根人的表现也说明，他们不是新学说的新信徒，而是已经多年参加社会主义运动的人，他们虽然也考虑到可能参加新的联合会，但是向这个联合会是没有什么可以学习的。我还记得非常清楚，正当人们把拉萨尔当作救世主来顶礼膜拜的时候，我们的朋友克莱因勇敢地提醒他和工人：《新莱茵报》的人为创建独立的工人运动也已经作出了某些贡献。正因为如此，我对于我自己的资金不能为合作社提供它所必需的帮助这一点，倍感遗憾。

我们有这样一个计划：如果我们能使这些人对你们的事业感兴趣，我们就建议他们派一个人到佐林根去亲自了解一下合作社的状况。在这种情况下，就需要给这个人看所有的账簿和文件，并且开诚布公地给他作一切必要的解释。否则就不能要求人家向事业投资；如果我能向你们提供较大的款项，我也会事先到佐林根去，并提出同样的要求。在实业问题上，每个人都必须亲自省察，因为每个人都可能误入迷途，特别是同事业有利害关系的人更是如此。不言而喻，这个人应当保证他绝对不滥用所得到的资料。如果他相信企业是殷实的，企业的领导是可靠的，我们希望能拿到一笔数目可观的债券。

评论：信中高度评价德国工人阶级，谈到1849年5月在爱北斐特发生的革命事件。当时，恩格斯受该城安全委员会的委派领导修筑防御工事和街垒的全部工作，并指挥炮兵。当地资产阶级慑于恩格斯的影响，要求安全委员会逮捕恩格斯。佐林根工人和爱北斐特工人对资产阶级的行为感到愤慨。恩格斯不愿使起义者阵营发生分裂，于5月15日离开爱北斐特前往科伦。信中对于合作社需要资金帮助而自己和马克思却不能提供所必需的帮助而十分遗憾，并提出了一些行动计划。

4月28日 致信威廉·白拉克,指出:工人拿出每一文钱都不容易,因此他们完全有权了解,这一文钱究竟干什么用了——当然,直到他们需要建立秘密基金和这种基金建立起来以前,他们都有权这样做。自从在德国也出现了无耻的鼓动家们剥削工人的现象以后,我认为财务公开恰恰在德国是一件特别重要的事。说什么公布这种现金出纳报告我们就会把我党的弱点暴露给敌人,这不过是一种无聊的托词罢了。如果敌人想根据工人政党特有的弱点,即根据工人政党的财务状况来估计它的力量,那他们是肯定要失算的。财务秘密在党本身队伍中带来的坏处,比财务公开带来的坏处要大得多。

可是我却认为,在德国事情进展的迅速是出乎意外的。当然,有些成就是花了很大气力才得到的,对于那些要花这种气力的人来说,总是感到事情进展得太慢了。但是,请把1860年同1870年、把德国目前的状况同法国和英国的状况比较一下吧!尽管从时间上看这两个国家都是走在我们前头的。德国工人把半打多自己的候选人送进了议会,而法国人和英国人连一个也没有送进去。同时我要指出,我们大家都认为这里非常重要的是,在新的选举中要尽量多提工人候选人并尽量多把他们选入国会。

评论: 信中认为,工人政党财务公开具有重要性,并且利大于弊,英国在吸引工人参加运动和建立工人组织的许多尝试都由于财务工作安排失当造成了负面影响。在新选举中应该多提工人候选人并尽量多把他们选入国会。

第 33 卷

恩格斯给马克思的信

1870 年

7 月 22 日 致信马克思，指出：法国军事行动中突然出现的犹豫和迟缓，证明路易－波拿巴确信自己已大大打错了算盘。南德意志人迅速参战，以及后来路易－波拿巴明显看出他将不得不同德国人民交战，这就使他无法用炮击突然占领美因兹并以还只是半集中起来的兵力向维尔茨堡方向迅速推进。如果要进攻，那末他现在就得投入全部兵力。而要做到这一点，还需要时间。因此，至少要推迟到下星期三左右才能开始战斗。但到那时，德国人可能已经十分强大，以致波拿巴只好等待第四营，这就又得拖延一两个星期。而那时他就该完蛋了。北德意志的动员工作于 16 日开始，巴伐利亚于 17 日开始。动员令下达后，预备兵和后备军步兵约过八天就可以准备就绪，其余的大约要过十三天；这样，到 25 日全部步兵就可以准备就绪，到 30 日其他兵员就可以准备就绪。但是，由于预备兵不等征集就大批去报到，常备军将更早地准备就绪。驻扎在莱茵河畔的无疑是第七、第八、第十一和第十二军。近卫军也已经从柏林开出，这是昨天从那里回来的博尔夏特告诉我的，我估计是开往巴伐利亚，以便在漂亮的王储指挥下作战。想必昨天已开始从东部经过柏林调动部队。自星期日或星期一起，波拿巴顶多只能占领普法尔茨，只要对方不犯大错误，他就不能继续前进越过莱茵河。从下周末起，德国人就能开始进攻，并把军队开进法国，尽管需要经过多次激战，但也一定能够击溃波拿巴派来迎战的全部军队。根据目前的情况判断，我认为战争对波拿巴不可能有美满的结局。

评论：这是恩格斯对马克思 7 月 20 日来信的回信。恩格斯在信中肯定了库格曼对德国局势的分析，并对路易－波拿巴为侵占德国领土而发动的战争进行了分析，认为从战争爆发以来双方的兵力部署等情况来看，战争对波拿巴不可能有美满的结局。恩格斯同意为《派尔—麦尔新闻》每周写两篇有关战事的文章。

7 月 31 日 致信马克思，指出：国际的宣言星期六刊载在这里的托利党的《信使报》上；假如是本周的另一天，其他各报也都会刊载，但这受到了星期六广告的干扰。宣言将教育各阶级人民懂得，现在只有工人才有真正的对外政策。这个宣言很好，《泰晤士报》不刊载它，无疑只是由于俄国人的缘故。战后工人们会安然地恢复被中断的斗争，就象完全没有发生什么事情一样，这一点将使各国政府以及资产阶级感到非常惊讶。我日益深信德国人会在军事上取得胜利。总之，首次大会战我们确实打赢了。看来，尽管法国人有后装枪，然而他们还完全不明白，他们拥有的究竟是什么东西。德国的庸人越是拜倒在自己的虔诚的、祈求上帝开恩的威廉面前，他对法国的态度就越加蛮横。过去的关于亚尔萨斯和洛林的叫嚷现在又完全复活了，在这方面，奥格斯堡的报纸是急先锋。但是洛林的农民一定会让普鲁士人看一看，事情并不那么简单。关于条约，你说得完全正确。人们完全不象俾斯麦所想象的那么愚蠢。这件事只有一个方面是好的，即现在所有这些卑鄙勾当都会暴露出来，那时候，俾斯麦和波拿巴之间尔虞我诈的交易就会告终。在整个中立的历史中，德国人的所作所为活象孩子一样，这从历史上看完全是有根据的。在这个民族面前还从来没有提出过这类问题。的确，有谁考虑过这些问题呢？

评论：恩格斯请马克思将自己的文章《战争短评（三）》送到《派尔—麦尔新闻》以便在星期一晚上见报以扩大报纸和自己的影响。信中谈到马克思写的《国际工人协会总委员会关于普法战争的第一篇宣言》起到教育各阶级人民的作用。恩格斯还分析了普法战争的战局，得出了德国会在军事上取胜的结论，这个预言后来得到了证实。1870年8月6日在洛林福尔巴赫附近发生了战争最初阶段的一次大会战，会战期间普鲁士军队击溃了弗罗萨尔将军指挥的法军第二军。在历史文献中，福尔巴赫会战也称为施皮歇恩会战。恩格斯在一系列书信中使用的是后一个名称。恩格斯随信把俄国支部的信还给马克思，这封信是1870年7月24日国际俄国支部委员会委员的信，信是由吴亭、巴尔田涅夫和特鲁索夫签署的，信中谈到该支部同巴枯宁进行斗争以及巴枯宁攻击俄国支部成员和罗曼语区联合会的情况。信中还谈到俄国支部打算出版反击巴枯宁的小册子，但这一计划并没有实现。恩格斯在信中提出要对俄国支部保持谨慎。

9月7日 致信马克思，指出：在缔结和约之前，工人们无论如何是干不出什么来的，而在缔结和约之后，开头他们还需要时间以便组织起来。建立同盟的威胁也许会给普鲁士人以某些压力。但是他们知道，俄国的后装枪不中用，英国人没有陆军，而奥地利人非常弱。在意大利，由于对教皇的态度（因为佛罗伦萨政府正式宣布9月份要去罗马），并答应赠送萨瓦和尼斯，看来俾斯麦已使统治集团不可能作任何反抗；这是很微妙的一着。其实，俾斯麦本人看来也只是在等待某些压力，以便取得金钱和斯特拉斯堡城及其四郊就算了。法国人对他来说还用得着，而他可能以为，他们会把这一点看作是宽宏大量。

评论：这是恩格斯1870年9月4日致马克思的信的续篇。恩格斯认为，有必要发表国际关于普法战争的第二篇宣言,以反对德国因军事胜利而抬头的沙文主义;恩格斯就法国共和国的态度和前景做了评论和预测;信中还谈到国际的态度,认为在法德正式缔结和约以前,国际应采取观望态度;信中对德国的军事行动作了分析和预测,批判了巴黎新政府不敢向公众说明真相的卑鄙行为,认为以奥尔良为首的资产阶级在法国的直接统治是不可避免的。信中就英俄等对德国的态度谈了自己的看法。

9月12日 致信马克思,指出:假如德国军队需要对巴黎工人进行街垒战作为最后的战争行动,那是很可怕的。这会使我们倒退五十年,而且会造成十分混乱的局面,以致所有的人都会陷入迷误的境地,那时法国工人中将会滋长民族仇恨和盛行空谈的风气!最糟糕的是,在巴黎很少有人敢于在目前情况下正视事实的真相。在巴黎是否有人敢于哪怕是想到,法国在这场战争中的积极抵抗力量已被摧毁,因而用革命去驱逐入侵之敌的希望已经破灭了呢!正因为人们不愿正视现实,我担心事情会弄到这个地步。因为工人们在帝国覆灭之前所表现出来的冷淡态度,现在大概已经消失了。由于某种兼并看来无论如何不可避免,我们应及时考虑一种形式,使德国工人和法国工人能够取得一致意见,把这一切都看作无效并在适当的时候加以废除。我以前就认为,这样做在战争一开始的时候是有益的,而现在,当法国人遭受割让的命运的时候,这就成为十分必要的了,否则这些人会发出可怕的叫嚣。

评论: 恩格斯在信中请马克思将国际关于普法战争的第二篇宣言在印好后寄来两份或更多些。恩格斯认为应当阻止巴黎工人在普法缔结和约前采取行动,并结合当时的战争形势以及法国内部情况加以论证;鉴于德国兼并阿尔萨斯和洛林已经不可避免,恩格斯认为应及时考虑一种形式使德法两国工人取得一致意见,将兼并条约看作无效并在适当时候加以废除。

1873 年

5月30日 致信马克思,指出:今天早晨躺在床上,我脑子里出现了下面这些关于自然科学的辩证思想。自然科学的对象是运动着的物质,物体。物体和运动是不可分的,各种物体的形式和种类只有在运动中才能认识,离开运动,离开同其他物体的一切关系,就谈不到物体。物体只有在运动中才显示出它是什么。因此,自然科学只有在物体的相互关系中,在运动中观察物体,才能认识物体。对运动的各种形式的认识,就是对物体的认识。所以,对这些不同的运动形式的探讨,就是自然科学的主要对象。

评论: 恩格斯在信中谈了他关于自然科学的辩证思想,他从1873年开始构思《自然辩证法》这一著作。

9月3日 致信马克思,指出:日内瓦人是真正的庸人。就是说,为了联合汝拉各支部,就把一切都颠倒过来!我确信他们现在已经在和另一方讨价还价,并且渴望实行妥协,假如我们去,大概会看到一切都已经决定了。总委员会的秘密报告未必可以全部地向这样的代表大会宣布。不过,另一方也相当可怜,只有三十名代表!

评论:信中告知马克思,燕妮·龙格已经顺利地分娩,讥讽了巴枯宁分子为夺取国际领导权而不惜采用各种手段。1873年9月1—6日,在汝拉联合会的倡议下,被国际工人协会开除的一些被无政府主义者和改良主义者控制的支部和联合会,在日内瓦召开了代表大会;这些支部和联合会拒绝承认海牙代表大会的决议,从而被开除出国际。

11月29日 致信马克思,指出:洛帕廷和吴亭大概永远不会成为很亲密的朋友,他们的性格很难合得来,而且他们在日内瓦初次见面就很冷淡的印象还没有磨灭。此外,洛帕廷仍怀有强烈的俄罗斯爱国主义情绪,总是把"俄国的事情"当作与西方无关的某种特殊的事情;看来,他对吴亭把一切秘密都告诉我们并不十分赞许。加之洛帕廷刚刚从拉甫罗夫那里出来,而且刚刚摆脱西伯利亚的孤独生活,自然会在某种程度上易于接受他那甜得过分的调和主义。另一方面,俄国流亡者的一切事情使他感到极其厌烦,他再也不愿同他们发生任何关系,而吴亭尽管敌视这帮家伙,而且由于这种敌视,仍然深深地陷在这种无谓的纠纷之中,并对一切琐事都很计较,例如,洛帕廷不愿把你所知道的那篇车尔尼雪夫斯基的稿子交给特鲁索夫印刷,而愿交给拉甫罗夫印刷,对此吴亭就非常生气,因为据说这会提高他们的威信!

评论:恩格斯向马克思介绍了俄国民主主义者洛帕廷和吴亭及其两人之间的分歧。马克思《资本论》第一卷的俄译者是洛帕廷,他于1870年逗留伦敦期间开始这项工作。由于洛帕廷去俄国营救流放中的车尔尼雪夫斯基,这项翻译工作就中断了。洛帕廷从第二章(后来一些版本中的第二篇)开始,翻译了《资本论》第一卷德文第一版正文将近三分之二,其余的翻译工作是由丹尼尔逊完成的。恩格斯还评价了《资本论》第一卷的《工作日》一章的法译文没有准确表达思想;批评了科柯斯基对《社会主义民主同盟和国际工人协会》一书的德译本的翻译拙劣。

1874年

7月21日 致信马克思,指出:普鲁士不管怎样总要同西班牙发生争执。而俾斯麦正在很好地利用他那只受了伤的手。无疑,这将促使颁布关于出版、集会、结社等的新法令。你对威廉的看法恐怕是不对的。我想他现在会认为,根据宪法,他的所有大臣的主要职责之一就是在和平时期充当射击的靶子。这是他真正接受宪制的唯一方面。显然，朋友迪斯在他的顽固的乡绅们逼他公开废除他前任的两项议会成果——学校法，而现在是学校委员会——以后，又愿意当少数派大臣了。当蠢驴们废除那些一贯奉行的措施，从而破坏传统的不可侵犯性时，他们并不知道他们在干什么。这是在英国守法的旧传统方面打开了一个明显的缺口。如果再干一些这样的勾当，那末托利党的议会对于选民说来就会落到象凡尔赛议会同样的地步，而且也会象麦克马洪那样死命地抓住自己的七年期限法。但这是个多么蠢的傻瓜啊！起初是写这种普鲁士式的信，随后是信的作者辞职，现在则是几乎刚刚还在指挥进攻的麦克马洪本人请求延期！我认为，这些都不会有什么结果，议会将通过相反的决议，于是毫无结果，一直休会到冬天，随后便开始恶性循环，直到主张解散议会的多数派形成为止。

评论：信中谈了俾斯麦利用他被刺杀一事，颁布关于出版、集会、结社等新法令，即《反社会党人非常法》，以此迫害德国工人运动的领袖，限制工人的行动，巩固自己的统治。1874年7月13日，俾斯麦在基辛根遇刺，这次谋刺是天主教僧侣因政府实行文化斗争政策而策划的。俾斯麦被手工业者库尔曼开枪打伤。信中还讥讽了法国保皇派，1873年11月20日，法国国民议会通过了七年期限法，即麦克马洪担任共和国总统职务的期限为七年，这意味着巩固了总统的个人权力并加强了保皇派的地位。保皇派企图在1874年夏天解散议会并恢复君主制，这引起了共和派的愤懑。麦克马洪政府的财政部长比埃尔·曼涅企图通过大量增加一切生活必需品的间接税等办法，来消灭1873年预算中出现的巨大赤字。1874年7月，法国国民议会讨论了这些建议。左派议员对此表示反对，他们害怕广大群众不满和可能采取行动。经过激烈讨论之后，部分建议被否决，曼涅随之辞职。信中还批判了德国俾斯麦的"文化斗争"、英国的教会和国家。恩格斯认为，各国统治者的反动必将加速他们的灭亡。

9月21日 致信马克思，指出：我正埋头研究关于本质的理论。从泽稷岛回来后，我在这里找到了丁铎尔和赫胥黎在拜尔法斯特的演说，其中再次暴露出这些人完全没有能力认识自在之物，因而渴求一种解救的哲学。这使我在排除了头一个星期的各种干扰之后，重新投入辩证法的研究。虽然大《逻辑》触及事物的辩证本质要深刻得多，自然科学家有限的智力却只能利用它的个别地方。相反，《全书》中的论述似乎是为这些人写的，例证大都取自自然科学领域并极有说服力，此外由于论述比较通俗，因而唯心主义较少。我不能也不想使这些先生免遭研究黑格尔本身的惩罚，所以说这里是真正的宝藏，况且老头子给他们提出了现在也还很伤脑筋的难题。不过，丁铎尔的开幕词是迄今为止在英国的这类集会上所发表的最大胆的演说，它给人以强烈的印象并引起了恐惧。显然，海克尔的远为坚决的姿态使他不能入睡。我这里有一份一字不差地登在《自然界》上的演说全文，你可以读一读。他对伊壁鸠鲁的推崇会使你发笑。毫无疑问,就回到真正合理的自然观而论,在英国这里要比在德国认真得多,在这里不是到叔本华和哈特曼那里去,而至少是到伊壁鸠鲁、笛卡儿、休谟和康德那里去寻求出路。对他们说来,十八世纪的法国人自然依旧是禁果。

评论:在信中恩格斯谈了自己这段时间的所见所闻。无政府主义者内部出现了分裂,被开除出国际的一些组织于1874年9月7—13日在布鲁塞尔召开代表大会。出席代表大会的有瑞士、西班牙和比利时无政府主义集团的代表,两名拉萨尔分子——在比利时的德国工人组织的两名成员以及一名不列颠联合会委员会的改良派代表(埃卡留斯)。尽管大会参加者人数很少,与会者却自称为国际工人协会第七次代表大会。会议过程中暴露了大会参加者之间的意见分歧,其中包括无政府主义者之间的意见分歧,如德·巴普的报告《未来社会中的社会服务机构》证明他已脱离无政府主义。在信中,恩格斯还谈到了由于肖伊和弗兰克尔等人不讲原则,邀请齐林斯基等拉萨尔分子参加集会,差点断送了伦敦德意志工人共产主义协会。恩格斯告诉马克思,科伦工人准备出版《新莱茵报》,信中表达了他对莱茵工人支持的态度。信中谈到,面对国际总委员会成员的分歧,左尔格辞职。在谈到在研究本质理论和辩证法时,恩格斯肯定了黑格尔的《逻辑学》关于事物的辩证本质的论述和《哲学全书缩写本》中关于自然科学的例证。

恩格斯给其他人的信

1870年

12月19日 致信娜塔利亚·李卜克内西,指出:我们刚刚得到关于李卜克内西、倍倍尔、赫普纳昨天被捕的消息。这是普鲁士的报复行为,因为李卜克内西和倍倍尔早在普鲁士帝国出世以前,就使它遭受了道义上的失败。的确,公开而坚定地捍卫我们的观点并非一件小事,他们两人在国会的英勇行为使我们这里所有的人都感到非常高兴。我们认为,这首先是出于一种渺小的报复心和要想消灭报纸的企图,也是为了剥夺他们再度当选的可能性;至于叛国的指控,那纯粹是虚构的。但是,普鲁士老爷们可能会大大失算,因为德国工人的真正出色的行动甚至曾经迫使施韦泽这个坏蛋服从李卜克内西和倍倍尔的领导,在这种情况下,这一暴力行为大概根本不会发生预期的作用,而只会引起相反的效果。德国工人在这次战争中表现得如此卓有远见和坚韧不拔,使他们一跃而成为欧洲工人运动的先驱,而您知道,这使我们感到何等的自豪。然而,我们有责任尽力地关怀我们被捕的朋友及其在德国的家属,使他们免遭贫困,特别是现在,即将来临的圣诞节对他们来说本来就够扫兴的了。

  评论：信中揭露和谴责了普鲁士的报复行为。1870年11月26日，在德意志国会讨论增加反法战争的拨款问题时，倍倍尔和李卜克内西要求拒绝增加战争拨款，并且要求立即同法兰西共和国缔结不割地的和约。国会闭幕后，倍倍尔、李卜克内西和赫普纳于1870年12月17日以叛国罪被捕。恩格斯对德国工人的斗争精神报以赞赏和期待。恩格斯全家听闻芬尼亚社社员获得赦免的消息非常高兴，1870年12月19日，《泰晤士报》发表了格莱斯顿12月15日的信，宣布对判刑的芬尼亚社社员实行大赦。但是，这次大赦规定了许多附带条件，恩格斯把它比作1861年1月因威廉一世即位而宣布的对普鲁士政治犯的可怜的大赦。

1871年

  3月10日 致信卡尔·克莱因和弗里德里希·莫尔，指出：对于德国工人来说，现在正开始出现困难的时期；看来大局已定，他们必将成为容克地主和资产阶级实行妥协的牺牲品。但这没有什么了不起。德国的工人运动已变得十分强大，以致普鲁士的阴谋诡计也不能轻而易举地消灭它。虽然我们应当对迫害有所准备，但是，迫害相反地会给我们增添更大的力量，一旦为胜利而陶醉的资产阶级清醒过来和开始感到醉后的头痛时，我们党就又有说话的机会了。不管怎样，德国工人以自己在战争期间的模范行为证明，他们知道问题的实质所在，在所有的政党中，只有他们对当代的历史有一个正确的认识，而资产阶级则完全被胜利冲昏了头脑。我在伦敦这里已经住了五个月。我不知道，你们今后能不能真正地参加国际工人协会，因为看来在德国，人们企图把加入这个协会当作一种犯罪。无论如何，请你们相信，在任何情况下，我们这里的人都很关心使七年前开始的整个欧洲和美洲无产阶级的联合不致破裂。而这是最主要的。

  评论：恩格斯冷静评价了德国工人的困难，认为工人成了容克地主和资产阶级妥协的牺牲品，但同时指出，德国的工人运动已变得十分强大，普鲁士的阴谋诡计不能轻而易举地消灭它。面对迫害，工人们会更加强大。信中还表达了恩格斯对欧洲和美洲无产阶级联合的信心。

  4月5日 致信菲力浦·克楠，指出：我认为自己有责任，在昨晚会议上把您关于雪茄烟工人罢工的来信的内容报告总委员会。同时，我已请求总委员会对我们的安特卫普会员给以尽可能的援助和支持。由于我从公民柯恩那里知道，您已经采取必要的措施，来阻止安特卫普的工厂主雇用荷兰雪茄烟工人，而在英国这里，此类企图毫无成功的希望，所以，我能为你们做的唯一的事情，就是给在莱比锡出版的我们的德国报纸《人民国家报》写一则简讯，在简讯中我将叙述罢工是如何发生的，并号召德国雪茄烟工人阻止以任何方式招雇工人去安特卫普，并尽可能贷款给我们以支援罢工。

评论：马克思和恩格斯从国际的比利时和荷兰支部的一位组织者菲力浦·克楠1871年3月29日的信中得知安特卫普雪茄烟工人举行罢工的消息。他们十分关切，并立即采取措施组织对罢工者的国际支援。1871年4月4日总委员会会议根据担任比利时通讯书记职务的恩格斯的提议，决定写信给英国工联并派遣代表团去交涉此事。1871年4月5日总委员会向英国工联发出了支援安特卫普雪茄烟工人的呼吁书，呼吁书由埃卡留斯署名，以传单形式发表。恩格斯还为此写信给李卜克内西，请他在《人民国家报》上刊登支援安特卫普雪茄烟工人的呼吁书。

4月20日 致信威廉·李卜克内西，指出：今天最紧急地告诉你所谓国际民主协会的一些情况，对这个协会你大概一无所知，因此你可能把它同我们混淆起来。这是国际工人协会的滑稽可笑的模仿品，它在此地的阴暗角落里已经混了几年，但是有时又竭力在公众面前自吹自擂，也就是说，使自己成为笑柄；此外，它并非不想偷偷地冒充为国际工人协会。因为这些人上星期日又在海德公园为巴黎公社举行了一次群众集会，这次集会在他们领导下自然是不可避免地遭到了失败。由于他们现在还想在大陆上建立一些分会，也许会给你寄去有关的建议，所以必须告诉你，他们是何许人。第一、是普法尔茨的爱闹事的老手维贝尔，此人你是知道的；第二、是勒·吕贝，此人你也熟悉。给你寄去一份剪报，在这上面他们用混乱的语言向世界宣布自己混乱的纲领。其中凡是看得懂的地方，纯粹是资产阶级的东西；他们所说的援助工人也就是救济丧失劳动力的人，这一点已为英国济贫法所实现。关于资本和劳动，他们则竭力回避，不置一词。由于土地国有化的要求在这里已普遍得到承认，因此他们不能加以回避，但这种要求本身并不是那么反资产阶级的，前天就有一个托利党人，一个地地道道的百万塔勒拥有者对我说，他是拥护这个措施的。此外，正如你知道的，维贝尔是海因岑的信徒和纯粹的"民主主义者"。当这些家伙在这里鬼混的时候，我们没有理睬他们，但是如果他们想开展活动，那冲突就不可避免了，那时我们将彻底地收拾他们。

评论：信中介绍了国际民主协会的情况，他们组织群众集会，成员包括维贝尔、勒·吕贝等人。加入国际民主协会的有在伦敦的法国和德国的小资产阶级流亡者以及英国的资产阶级共和主义者。在1870年9月4日法兰西宣布成立共和国的影响下，英国的共和运动日益发展，建立了许多共和派俱乐部，这些俱乐部联合了小资产阶级分子，有时也联合了一些无产阶级分子。在这个基础上，国际民主协会的代表于1871年4月建立了共和大同盟，同盟的纲领除了要求土地国有化和普选权而外，还要求废除封号，取消僧侣和贵族的特权，在未来的世界共和国中实行联邦原则。国际民主协会的领导人还企图把国际总委员会拉入同盟组织，但是，这个建议在1871年4月25日总委员会会议上被一致否决了。

6月22日 致信威廉·李卜克内西，指出：宣言在伦敦这里引起了异乎寻常的叫嚣。起初试图对它保持沉默，但是办不到。总之，整个伦敦都只是谈论我们。当然是一片狂叫。这样更好。和《派尔—麦尔新闻》打交道不会有什么结果。我自己由于纯军事文章曾不得不与该报打交道，而政治性短文，无论是你还是我，都不能在那里刊登。我与它保持联系，仅仅是为了有时往那里塞点适当的东西，以便在那里保持阵地。早在今年年初我就向编辑声明过：我清楚地知道，我能在他们那里刊登的仅仅是军事文章，而决不是政治文章，我这样做只是指望在我们认为需要的时候，他能够刊登一些有关我党事业的实际说明材料。关于《雷诺》，看来你对它的印象也不坏！这是这里所有报纸中最卑鄙的报纸，它只要一感到没有成功的把握，就会吓得往裤子里拉屎；它对宣言完全保持沉默，甚至连《每日新闻》上已经发表了的摘录也不刊登。德国工人在最近这次大危机的时期表现得很出色，比其他地方的工人都强。倍倍尔是他们的杰出代表；他的关于公社的演说所有英国报刊都登了，给这里留下了深刻的印象。

评论：信中谈到《法兰西内战》的发表受到了巨大攻击。针对李卜克内西被驱逐出境的态度表达了看法。李卜克内西在按行政当局命令被驱逐出普鲁士之后，取得了黑森国籍，但是居住在萨克森。李卜克内西在1871年5月24日给恩格斯的信中谈到，由于这次他也可能被当局驱逐出萨克森，他打算放弃黑森国籍，设法取得萨克森国籍。李卜克内西在1871年5月24日给恩格斯的信中，请求恩格斯帮助他成为《派尔—麦尔新闻》的通讯员，并建议利用《雷诺新闻》来发表国际的文件。但是，恩格斯认为这些报纸不会刊登政治文章，他之所以保持联系，只是为了保持阵地，找时机刊登一些有关党的事业的材料。恩格斯还赞扬了德国工人在大危机时期的出色表现，特别是倍倍尔是杰出代表，高度评价了倍倍尔1871年5月25日在国会中讨论亚尔萨斯和洛林归并于德意志帝国的问题时发表的演说。倍倍尔在演说中热情地为巴黎公社社员辩护，驳斥了资产阶级容克议员对他们的诬蔑和攻击。

7月1—3日 致信卡洛·卡菲埃罗，指出：我们协会设立的目的，是要成为追求共同目标即追求工人阶级的保护、发展和彻底解放的各国工人团体进行联络和合作的中心（协会章程第一条）。由于巴枯宁及其朋友们的特殊理论不违反这一条，所以没有反对接受他们作为会员，没有禁止他们用一切可以接受的方式和尽一切可能来宣传自己的思想。在我们协会中，有各种各样的人，有共产主义者、蒲鲁东主义者、工联主义者、合作社派、巴枯宁主义者，等等，甚至在我们总委员会中也有观点极不相同的人。假如协会成了宗派，那它就会灭亡。我们的力量就在于我们用以说明章程第一条的那种广泛性，这就是说，一切被接受加入协会的人都竭力谋求工人阶级的彻底解放。可惜，象一切宗派主义者一样，思想狭隘的巴枯宁主义者们不满足于这一点。

评论：信中主要讲述了巴枯宁与国际的分歧，总结概括了巴枯宁的反动理论及他们同协会斗争的过程。巴枯宁的理论是共产主义和蒲鲁东主义的某种混合物，在他的理论基础上建立的是宗派组织，他们反对工人阶级的任何政治行动，而国际工人协会是谋求工人阶级的彻底解放，这种纲领性的分歧造成了协会的分裂。信中还谈到对欧洲一些国家租佃制、小租佃者的分析和态度，指出租佃者虽然名义上也是小资本家或小私有者，但是他们常常会落到像无产者一样贫困的地步，因此，应当采取维护他们利益的行动。

7月10日 致信威廉·李卜克内西，指出：关于驱逐出境问题：普鲁士和美因兹的实际生活中的例子不能令人信服，因为那是戒严时期，当时是根据法律这样做的。对于从萨克森驱逐出境一事，你们应当或者通过被驱逐者拒绝离境的办法，或者经过向法院上诉和向国会请愿的方式，不管怎样，争取获得最终的解决。进步党人在这种场合下不可能不支持你们，否则就会使自己名誉扫地。在国会直截了当地拒绝承认公民权和迁徙自由之前，问题是不会了结的。特别是关于你的事情，如果你在国会开会前一周左右去一趟柏林，在那里不要有什么顾虑，你就可能很快使事情弄到危机的地步。我相信，他们不会触犯你，事情就会结束。但是，假如他们对你采取什么行动，那就会演出一场骇人听闻的丑剧，而只要国会一召开，他们终究不得不放你出来；假如国会采取了不体面的行为，你就可以在全世界面前揭露它。现在存在着一定的体面准则，在和平时期，就是最糟糕的议会也不可能公开破坏它。现在你已经不在国会里，当然事情就不这么简单了。但是，如果你们不经斗争而任其实际上剥夺你们所享有的一切纸上的权利，而不去迫使国会公开通过决议，来维护或者反对它自己的破烂货，这样对你们真是毫无办法了。你要求我们在这里创办报纸的那种命令口气，很使我们感到可笑。看来，你把伦敦当成克里米乔，以为在这里不经几番周折，就可以轻而易举地创办《公民和农民之友报》。你应当知道，伦敦比克里米乔大多少倍，在这里创办报纸就要困难多少倍，为此所需的经费就要多多少倍。如果你能提供约一万英镑给我们使用，我们就能为你效劳。关于奥哲尔，你忘记了，这个人是代表大会选出来的，没有重大理由不可能把他开除出去。从你关于这个问题的谈论中，可以看出，你现在完全不知道这里的情况；这也并不奇怪，因为报纸对于工人党内部发生的事情都保持绝对的沉默。我们现在和《派尔—麦尔新闻》彻底断绝了关系。

评论：恩格斯围绕李卜克内西被驱逐出境的问题表达了自己的看法，对进步党人进行了评论。进步党人是1861年6月成立的普鲁士资产阶级进步党的代表。进步党要求在普鲁士领导下统一德国，召开全德议会，建立对众议院负责的强有力的自由派内阁。与民族自由党不同，进步党在1871年德国完成统一以后继续宣布自己是反对党，但是这种反对态度纯粹是一纸声明。由于害怕工人阶级和仇视社会主义运动，进步党在半专制的德国的条件下容忍了普鲁士容克的统治。进步党政治上的动摇反映了它所依靠的商业资产阶级、小工业家和部分手工业者的不稳定性。信中讲到了工人党内部最近的分歧。总委员会委员奥哲尔和鲁克拉夫特不同意总委员会的宣言《法兰西内战》，事实上是支持了资产阶级报刊因宣言的问世而针对国际所掀起的诽谤运动。总委员会讨论了奥哲尔和鲁克拉夫特的行为。总委员会为了回答他们关于退出总委员会的声明，一致谴责他们的背叛行为并通过了实际上将奥哲尔和鲁克拉夫特开除出国际的决议。恩格斯还讲到和《派尔—麦尔新闻》彻底断绝了关系。该报编辑部对巴黎公社社员采取了敌视的立场，并参加了英国资产阶级报刊反对国际工人协会的诽谤运动。因此，马克思和恩格斯正式停止为该报撰稿并将此事通知国际总委员会。

7月16日 致信卡洛·卡菲埃罗，指出：工联运动，首先是有势力和有经费的工联，成了与其说是推动整个运动的工具，不如说是阻挠整个运动的障碍，而在工联之外，还有广大的伦敦工人群众，他们多年来离开政治运动很远，因而非常愚昧。但是，另一方面，他们却没有工联主义者和其他旧的宗派的许多传统偏见，因而是可以进行工作的很好材料。他们完全可以为我们的协会所发动，我们深信，他们是十分明理的。我非常理解您在那不勒斯的处境，这就象二十五年前我们开始组织社会运动时，我们的一些人在德国所处的情况一样。当时跟我们走的，只有为数不多的接受了社会主义和共产主义思想的瑞士、法国和英国的无产者；我们做群众工作的经费极少，也象您一样，我们不得不在学校教师、新闻工作者和大学生中征集拥护者。幸而在运动的这个时期容易找到这种人，他们不属于真正的工人阶级；稍后一些时候，当工人成为运动中占优势的成分时，这种人当然就少了。1848年争得的自由以及出版、集会和结社的权利，自然大大缩短了运动的这个第一阶段，无疑地，经过一两年以后，您就可能向我们作出完全不同的关于那不勒斯状况的报告。

评论：信中对《法兰西内战》翻译成意大利文、德文、荷兰文、西班牙文、俄文、法文等文字的情况做了简要介绍，并表达了对协会的乐观赞赏，还称赞了革命者不怕迫害、敢于斗争的精神，也批评了巴枯宁主义者的懦弱和破坏国际章程，指出工联运动的危害。恩格斯表示理解卡洛·卡菲埃罗在那不勒斯的处境，这就像二十五年前他和马克思开始组织社会运动时，在德国所处的情况一样。当时只有为数不多的社会主义和共产主义思想的瑞士、法国和英国的无产者支持他们。

7月28日 致信卡洛·卡菲埃罗，指出：我们应当发挥这个问题的积极方面，即如何实现无产阶级的解放。因此，讨论各种不同意见不仅是必然的，而且是必要的。我曾经说过，这种讨论不仅在协会内部经常进行，而且在总委员会中也经常进行，因为那里有共产主义者、蒲鲁东主义者、欧文主义者、宪章主义者、巴枯宁主义者，等等。最大的困难在于，把他们所有的人联合起来，使这些问题上的意见分歧不致破坏协会的统一和稳定。这一点我们一直是做得成功的，唯一的例外是瑞士的巴枯宁主义者。

国际不能容许另外的具有自己单独组织的宗派主义国际存在，我认为不能有两种意见。毫无疑义，所有将来的代表大会和总委员会都将坚决反对在我们协会内部进行这种阴谋活动，最好让我们那不勒斯的朋友们，至少让那些在日内瓦得到支持的人们知道下面这一点：巴枯宁主义者在协会中是微不足道的少数，只有他们一直在制造纠纷。我说的主要是瑞士人，因为我们和其他人之间完全没有发生或者很少发生这种事情。我们始终允许他们所有的人具有自己的原则，用他们认为最好的方法传播这些原则，只是希望他们放弃任何破坏协会或者把自己的纲领强加给我们的企图。这样，他们就会相信，欧洲工人决不想成为小宗派集团的工具。

评论：恩格斯介绍了在马克思的努力下，协会成功地把除巴枯宁以外的各种力量联合起来，保持协会的统一，积极发挥团结起来，实现无产阶级解放的作用。巴枯宁主义者参加同盟的工作，企图利用工人运动和国际工人协会来达到自己的目的。协会总委员会看到这些危害，从协会的章程和组织条例出发作出了一系列规定。信中还批判了马志尼的理论。

8月4日 致信菲力浦·克楠，指出：从信中得知，安特卫普雪茄烟工人未曾加入国际，甚至现在还没有加入。使我非常惊讶的是，从最初罢工时起就没有把这一情况通知我们，因为我们在这里为他们进行一切工作时（这不是一件小事，因为我们给了他们为数达一万五千法郎以上的捐款），曾深信这是为国际会员而做的。现在才知道，他们不仅不是我们的会员，而且目前在我们为他们做了这一切以后，还没有加入！这真是太岂有此理了，至于我，我决定再也不为这种忘恩负义的人们做什么事。难道这些先生们所谓的团结一致，就是取得国际给他们提供的英国和其他国家工人捐助的钱，然后放进腰包，甚至不来加入我们的行列，以此证明自己准备为别人做同样事情的决心吗？对此，我们这里持另外的看法，国际绝不应当为这种人工作。谁希望得到我们协会给予的捐助，谁就应当准备挑起自己的一份担子，而加入协会就是在这方面可以提供的最简单的证明。那些大喊大叫向国际要钱、同时又拒绝参加我们行列的人，该受资产者剥削，因为他们放弃唯一能够摆脱资产阶级剥削的手段，即整个欧洲工人联合和组织起来。

评论：信中对安特卫普雪茄烟工人未曾加入国际一事表达了不满，指出国际是摆脱资产阶级剥削的手段，推动整个欧洲工人联合和组织起来。信中谈到1881年不可能召开代表大会了，因为法国、西班牙、德国、奥地利和匈牙利的政府迫害，根本没有条件召开，为了巩固组织，将召开秘密代表会议。

9月11日 致信威廉·李卜克内西，指出：俾斯麦已同奥地利人和意大利人商妥进行普遍的陷害，这是无疑的。俾斯麦所希望的并不多：他需要发泄个人的愤恨，此外还想使工人运动纳入对他有利的施韦泽式的轨道。不过，作为一个容克，作为一个投机资产者及平庸的走运的国务活动家，俾斯麦丝毫不害怕红色的幽灵。奥地利现在猛烈攻击"国际"，完全象1823年在维罗那，其后又在卡尔斯巴德猛烈攻击"革命"和烧炭党人一样。但是显然，其中有些也会落到你们头上。

评论：信中对李卜克内西没有寄来《法兰西内战》的德文单行本以及他在《人民国家报》上发布要出版公社史的消息表达了不满。1871年9月9日《人民国家报》第73号上刊登了一则简讯，提醒社会民主党党员不要购买已在发售的关于巴黎公社的骗人的资产阶级小册子，并且通知说，《人民国家报》编辑部"和总委员会达成协议并在幸存的公社委员的参加下，一旦必要的材料搜集齐全，即出版巴黎公社史"。恩格斯表示并没有答应过这类事情。信中批评了《人民国家报》为戈克说好话，抛弃工联领导人奥哲尔的立场，还提醒李卜克内西提防来自俾斯麦的迫害。1871年夏开始，俾斯麦和奥匈帝国首相博伊斯特采取了共同对付工人运动的步骤。1871年8月，德奥两国皇帝在加施坦会晤，9月又在萨尔茨堡会晤，在这两次会晤中专门讨论了关于共同对付国际的办法。意大利政府加入了反对国际的行动，这表现在8月摧毁那不勒斯支部和迫害协会会员，尤其是对泰·库诺的迫害上。

11月4日 致信威廉·李卜克内西，指出：我不能用你们的出席代表会议的委托书。过去有个决定，凡没有选派代表的国家，可由其书记代理。这样，我就代表了意大利。如果我用你们的委托书，那只能剥夺马克思的席位和表决权；因此委托书一直原封未动地放在我的口袋里。现在再来谈谈你那不幸的戈克，应当说，他和奥哲尔在两个根本问题上是有区别的：（1）奥哲尔毕竟是个工人，而戈克从来就是个小资产者，而且永远都会如此；如果你同戈克结成一伙，那我们这里肯定不会这样做；（2）我们抛弃了奥哲尔，你却死抓着你那个戈克，不想同他分手。你是否还会责怪我们没有象你抓住戈克那样抓住奥哲尔？在附去的一篇通讯里，也包含着对施维茨格贝耳的答复。这个家伙是巴枯宁集团在纽沙特尔州的主要阴谋家之一。这个集团在他们篡夺国际瑞士支部领导权的企图遭到惨败后，两年来一直妄图把瑞士支部搞掉。这是汝拉社会主义民主同盟的继续。他们不顾总委员会的禁止，盗用和僭取了罗曼语区联合会委员会的名称，现在，代表会议了结了这件事。总的说来，情况很好。现在在意大利，我们有很多机关报，随信寄去一份供公布的单子；通信十分频繁，以致我的工作多得不得了。从昨天寄去的《东邮报》上你可以看到，我们在这里成立了英国联合会委员会，从而使总委员会摆脱了那些纯属英国的琐事；这是非常必要的。爱尔兰委员会不久也将成立。

评论：信中对李卜克内西不能识别哪些人是国际的同盟者，及他的立场进行了批评，还讲到国际内部的一些情况，包括终结了巴枯宁分子。在总委员会拒绝接受国际社会主义民主同盟的公开组织加入国际以后，巴枯宁派除了建立秘密的同盟之外，还建立了几个作为国际支部公开存在的小组，其中包括名为"社会主义民主同盟"的日内瓦支部和瑞士汝拉的几个支部。在1870年4月4—6日拉绍德封召开的罗曼语区联合会代表大会上，巴枯宁派依靠这些支部取得了表面上的多数，并企图攫取整个联合会的领导权，因而引起了分裂。关于这次分裂的问题曾在1871年伦敦代表会议上进行了讨论，并作出了有利于真正的罗曼语区联合会委员会的决定；巴枯宁的委员会被建议定名为汝拉联合会。1871年8月6日"同盟"日内瓦支部自行解散后，1871年11月12日，在桑维耳耶代表大会上组成为汝拉联合会的汝拉各支部，实际上成为巴枯宁派在国际里公开存在的中心。

11月13日 致信泰奥多尔·库诺，指出：目前我们在米兰，除了同《玫瑰小报》以外，没有任何其他联系，我们给该报寄文件，以供发表，但是该报还没有向我们提出过任何关于成立支部等等的建议。贯彻国际精神的运动在意大利开始得如此突然和意外，以致那里的一切还处在非常没有组织的状态，而且如您所知，警察还采取一切办法来阻挠组织工作。在都灵，我们有一个强大的支部（地址是《意大利无产者报》）。

评论：这封信是恩格斯同国际米兰支部的组织者泰奥多尔·库诺通信的开始。库诺是德国社会民主工党党员，他来到米兰，试图寻找国际支部，以便参加工作。1871年11月1日，他写信给恩格斯，恩格斯是总委员会通讯书记。恩格斯肯定库诺在米兰建立支部的重大意义。恩格斯还帮助工人们摆脱马志尼主义，给他们寄去《国际工人协会的共同章程和组织条例》，1871年9月伦敦代表大会的决议及《法兰西内战》等文件。信中对加里波第高度评价。

11月25日 致信保尔·拉法格，指出：我给马德里联合会委员会的最后通牒今天就用挂号信寄去，我告诉他们，如果他们继续保持沉默，我们将不得不按照国际的利益所要求我们的那样采取行动。如果他们不回答或者支吾搪塞地回答，我们将立即授予您全权处理整个西班牙的问题。按照我们的章程，您同每一个协会成员一样，有权建立新的支部。十分重要的是，一旦发生分裂，即使现有的整个组织（连同全部财产）都去投靠巴枯宁的阵营，那我们也要在西班牙保留一个立足点。那时，我们只能依靠您一个人了。因此，您要尽一切可能在各地同那些在这种形势下对我们有用的人建立联系。这些巴枯宁分子肯定想要把国际变成一个弃权论者协会，但他们决不会得逞。我们不能按时收到巴塞罗纳的《联盟》和马德里的《解放报》，所以我不知道这些报纸上是否已经露出阴谋的苗头。但是他们经常鼓吹放弃政治，在他们看来这或许要比经济问题更重要。他们放弃政治，结果正是他们自己把政治变为最重要的东西。

评论：信中告诉保尔·拉法格，已经把给马德里联合会委员会的最后通牒寄出，并指出，如果他们不回答或者支吾搪塞地回答，将立即授予拉法格全权处理整个西班牙的问题。面对分裂，国际可以在西班牙建立新的支部。

12月15日 致信威廉·李卜克内西，指出：关于波鲁特陶。随信奉还的信比上一封信更能证明这头驴真是从头到脚陷进了巴枯宁的罗网。既然他谴责对同盟的揭发，要求国际的全体会员务必奉行无神论，这难道不就是巴枯宁主义吗？既然他在他也弄不清的问题上部分地支持一些人的抱怨，而他所说的关于代表会议的每一句话又都是谎言，这难道不就是巴枯宁主义吗？而你竟想利用他来对付这些人？在目前情况下，秘密活动无非就是工作不要喧嚷，宣传不要追求人人共知，不要象皮阿这类法国空谈家那样，要求每天散发充满血腥味的传单；我们同他们进行过斗争。在西班牙，一切很顺利，我们取得了决定性的胜利。代表会议的相应决议得到了承认，甚至他们暂时还坚持的放弃选举的主张也临近破产。其实，玩弄放弃政治这种把戏的只是几个巴枯宁分子和蒲鲁东分子余孽，而这一次这种把戏彻底垮台了。西班牙的问题已经解决。

评论：信中指出，必须要清除拉萨尔主义在德国工人中的影响，对拉萨尔分子波鲁特陶采取措施。参加伦敦德意志工人共产主义教育协会的拉萨尔分子，在伦敦代表会议之后，同巴枯宁分子和法国人支部中的法国小资产阶级流亡者一起反对贯彻伦敦代表会议决议的总委员会。拉萨尔分子否认代表会议的决议，设法使该协会退出国际。1871年12月3日和8日《新社会民主党人报》第67号和第69号上曾刊登施奈德尔和维贝尔的一些诽谤性文章，文章声明伦敦代表会议的召开是"非法的"，它的决议和总委员会的权力"没有法律效力"，等等。在施奈德尔的文章中还发表了1871年法国人支部十五人的《抗议书》，施奈德尔称这些人是"巴黎公社的真正代表"。由于拉萨尔分子的这一行为，该协会于1871年12月开除了他们，并声明完全支持总委员会和伦敦代表会议的各项决议。信中还对李卜克内西在会费问题上的错误认识提出了批评。

12月30日 致信保尔·拉法格，指出：巴枯宁派对什么一不如意，他们就说，这是权威的，以为这样一来他们就作出了永远的判决。如果他们是工人，而不是资产者、新闻记者等等，或者，如果他们哪怕是稍微研究一下经济问题和现代工业的条件，那末他们就会知道，不强迫某些人接受别人的意志，也就是说没有权威，就不可能有任何的一致行动。不论这是多数表决人的意志，还是作为领导机构的委员会的意志，或是一个人的意志，——这总是要强迫有不同意见的人接受的意志；然而没有这种统一的和指导性的意志，要进行任何合作都是不可能的。

评论：恩格斯提醒保尔·拉法格及西班牙委员会注意一些事情，包括从桑维耳耶通告洞察巴枯宁分子的目的；巴枯宁派对1869年巴塞尔代表大会关于组织问题的决议的攻击，揭露巴枯宁派的真实意图，并指出召开伦敦代表会议是合法的。

1872年

1月2日 致信威廉·李卜克内西，指出：无论如何，你们必须找到一种形式，使你们有可能派代表出席即将召开的代表大会，如果谁也来不了，你们可以委托这里的老头子代表你们。因为巴枯宁分子和蒲鲁东分子一定会全力以赴，所以，委托书将经过严格审查，譬如由你和倍倍尔亲自组成的代表团，同寄给我的委托书一样，未必会顺利通过。西班牙人那里的情况，同你们那里一样，相当糟糕，但是他们不让自己搞得晕头转向。其实，不伦瑞克的判决并不是法规。这一类卑鄙的勾当，况且又是以联邦议会的法律为依据，只有在堕落的小邦中才可能干出来。倍倍尔应该在国会里对此提出抗议，那时进步党人只能或者同意倍倍尔，或者在整个德国面前名誉扫地。只要我有时间，我就给《人民国家报》寄去对这一卑劣勾当的批判。据拉法格来信说，在西班牙一切都很顺利；巴枯宁分子的疯狂行动在那里搞得太过分了；而那些西班牙人都是工人，他们首先希望的是统一和组织起来。你大概已收到桑维耳耶代表大会最近的通告，这个通告充满了对巴塞尔大会关于组织问题的决议的攻击，说它是一切灾祸的根源。真是到了无以复加的地步，是我们采取行动的时候了。同时，比利时的安斯、斯廷斯之流同我们开了个绝妙的玩笑。德·巴普被可耻地愚弄了，他来信说，一切都很顺利。然而，这个反对派暂时还限于合法范围内，而到适当的时候也就会被收拾掉的。除了德·巴普之外，比利时人从来就是不中用的。马切腊塔的一个团体选举了加里波第、马克思和马志尼三人为名誉主席。这种混乱状态可以使你对意大利工人的舆论有一个明确的概念。再加上一个巴枯宁就齐全了。

评论：信中针对李卜克内西参加海牙代表大会的事情提出办法，认为桑维耳耶代表大会的通告攻击了巴塞尔大会组织问题的决议，鉴于他们的所作所为，国际应该对巴枯宁分子采取行动。

1月6日左右 致信卡洛·特尔察吉，指出：我没有早一些回信，是因为我想对您最感兴趣的问题，即关于《无产者报》的资金问题，给以确切的答复。现在我可以这样做了。我认为，"权威"这个词用得太滥了。我不知道什么东西能比革命更有权威了，如果用炸弹和枪弹打败自己的敌人，那末，我认为这就是权威行动。如果巴黎公社的权威和集中稍微多一些，那末，它就会战胜资产者。胜利以后，我们可以随意组织起来，但是，为了进行斗争，我认为必须把我们的一切力量拧成一股绳，并使这些力量指向同一个攻击点。如果有人向我说，没有权威和集中就不可能做到这一点，而这是两种应当坚决加以诅咒的东西，那末我就认为，说这种话的人，要么不知道什么叫革命，要么只不过是口头革命派。

评论：这封信是给国际都灵支部领导人特尔察吉的回信，这是草稿。都灵工人联合会于1871年秋在都灵成立，它受到马志尼分子的影响。1872年1月联合会发生分裂，一批无产阶级分子退出了联合会，组成了"无产者解放社"，后来这个团体被接受为国际的一个支部。在1872年2月以前该团体一直受警探特尔察吉的领导。1871年12月4日，特尔察吉请求恩格斯从物质上支援他所办的《无产者报》。1872年1月6日左右，恩格斯写完了给他的回信稿。但是，信刚要寄出，恩格斯获知特尔察吉支持汝拉联合会关于立即召开代表大会的要求。因此，1月14—15日恩格斯重写了一封信，仅保留了原信的两段文字。信中答复了关于经费的问题。针对汝拉联合会对国际总委员会的攻击和立即召开代表大会的要求，阐述了总委员会和各支部的关系，并以巴黎公社为例，强调了权威和集中的重要性。

1月14—15日 致信特尔察吉，指出：我认为，"权威"和集中这些字眼用得太滥了。我不知道什么东西能比革命更有权威了，如果用炸弹和枪弹把自己的意志强加于别人，就象在一切革命中所做的那样，那末，我认为，这就是在行使权威。巴黎公社遭到灭亡，就是由于缺乏集中和权威。胜利以后，你们可以随意对待权威等等，但是，为了进行斗争，我们必须把我们的一切力量拧成一股绳，并使这些力量集中在同一个攻击点上。如果有人向我说，权威和集中在任何情况下都是两种应当加以诅咒的东西，那末我就认为，说这种话的人，要么不知道什么叫革命，要么只不过是口头革命派。如果您想知道通告的起草人在实践中为国际做了些什么，那就请读一下他们自己向代表大会所作的关于汝拉联合会状况的正式报告，您将会看到，他们把一年前还很稳固的联合会弄到什么样的瓦解和软弱的地步。而这些人还想改革国际！

评论：这封信是给国际都灵支部领导人特尔察吉的回信，这是第二稿。这和前面那封信内容相近。信中介绍了都灵工人联合会加入国际的一般程序，针对汝拉通告中不承认总委员会的任何权威的错误观点，强调了赋予总委员会权威对国际发展的重要性。

1月18日 致信威廉·李卜克内西，指出：比利时工人决不会在国际里捣乱。不伦不类的决议就是由此而产生的。幸而安斯先生自己捉弄了自己，不了解内情的工人报纸逐字逐句地对决议加以阐述，并把决议看作是对我们有利的声明。《哨兵报》、马德里的《解放报》等都是这样做的。代表会议的决议没有约束力，因为召开代表会议本身是违背章程的，这只能说是出于必要。因此，对这些决议表示赞同是完全必要的。如果你象《哨兵报》那样，在上述意义上去解释比利时的决议，并且说，重新审查章程的决定（修改章程首先应当在他们的六月代表大会上讨论，然后提交国际的例行代表大会，而国际的例行代表大会不可能早于规定的9月以前召开）就是拒绝巴枯宁分子关于立即召开代表大会的要求，那就好了。然后你还可以指出，如果比利时人认为，总委员会只不过是一个通讯局，那末他们显然是忘记了巴塞尔决议，这些决议具有完全不同的性质，无论如何在国际应届代表大会未予废除以前是有效的。目前我们打算按原定时间召开代表大会。确定地点为时尚早，不过自然不在瑞士，也不在德国。极端联邦主义的法国人同极端集中主义的德国人结成联盟也不坏。而这些法国人也同样是彻底完蛋了。当韦济尼埃当选书记时，泰斯、阿夫里阿耳之流就提出辞职（第二次）。其余的人分成两派；一派将受韦济尼埃愚弄，另一派将受韦梅希（属《度申老头》，曾任此地《谁来了！》的编辑，而现在在编辑《韦梅希报》）愚弄。这两人无论在人品上或政治上都同样是可疑的；而起码还有另外三个人更应被怀疑是密探。法国警察当局是如此狡猾，甚至它的密探也都是相互监视的。西班牙的情况很好,这是就联合会委员会而言的。在巴塞罗纳,还有人在大搞阴谋,联合会处于巴枯宁分子的强大影响之下。不过,由于在西班牙问题要提到代表大会(4月)上去讨论,而那里多数是工人,不是律师、医生等等,所以我认为一切都会顺利进行。幸而拉法格还在马德里;发表的关于《新社会民主党人报》的东西,是出自他的手笔。《解放报》编辑梅萨完全站在我们这一边。在意大利,在米兰,我们有库诺,他是瑞士工程师,认识你和倍倍尔,他至今一直在那里阻止通过巴枯宁主义的决议。其余的人,不是巴枯宁分子,就是一些谨小慎微的人。这是一个困难的地区,使我的工作非常棘手。

评论:恩格斯和马克思感谢李卜克内西对《新社会民主党人报》的驳斥。1872年11月7日《新社会民主党人报》第3号发表了被伦敦德意志工人共产主义教育协会开除的一些拉萨尔分子的一封信;信中对马克思进行诽谤性的攻击,并指责总委员会有独裁作风;信中还对1871年伦敦代表会议的合法性提出了异议。1872年1月27日《人民国家报》第8号发表了由德意志工人共产主义教育协会书记科伦库尔签署、题为《国际工人协会的敌人》的答复,驳斥了《新社会民主党人报》的诽谤性谰言;2月17日《人民国家报》第14号刊登了题为《约瑟夫·施奈德尔是什么人》的文章,批判了也曾在《新社会民主党人报》上反对国际的施奈德尔的拉萨尔主义观点。信中介绍了1872年1月6—7日在开姆尼斯召开的社会民主党萨克森区域代表大会,代表大会讨论了工人政党对现有选举权的态度问题以及组织工会的问题;在秘密会议上还研究了对桑维耳耶通告以及对国际内部进行的反无政府主义者斗争的态度问题。代表大会一致支持总委员会,并赞同1871年伦敦代表会议的决议。信中分析了国际内部的复杂情况,揭露了极端联邦主义的法国人同极端集中主义的德国人结成联盟要取代国际的企图。信中恩格斯对马克思的《论蒲鲁东》第2版和《资本论》法文版的出版作出计划。信中还对西班牙、意大利的情况作出评价,认为西班牙联合会委员会的情况很好,但意大利是个困难地区。

1月19日 致信保尔·拉法格,指出:我们看到,当广大工人自己讨论这些问题时,他们独具的健全理智和固有的团结感总是会而且很快会使他们识破这种个人阴谋。对于工人们来说,国际是他们决不愿意失去的伟大成果;而对于这些空谈家和阴谋家来说,国际只是个人和宗派进行无谓争吵的场所。

在德国,《人民国家报》十分有力地反对汝拉人,支持总委员会。不但如此,有代表六十个组织的一百二十名代表参加的1月7日的萨克森区域代表大会,在秘密会议上(法律禁止他们公开讨论这类问题)一致反对汝拉通告,并对总委员会投了信任票。奥地利人和匈牙利人也一致支持总委员会,但是迫害不允许他们公开表示这一点。他们现在几乎不能集会,以国际名义召集的任何会议都会立即遭到警察的禁止或驱散。意大利至今还没有一个组织。各团体都完全自治,甚至都不愿意或者不能联合起来。这是对发展到极端的马志尼资产阶级集权主义的反动,马志尼曾企图单独地而且非常愚蠢地领导一切。那里的人们总会渐渐醒悟过来,但是应当给他们时间来取得本身的经验。

评论:信中谈到国际对巴枯宁分子斗争的胜利,还评价了法国的情况。随着由蒲鲁东分子组成的1871年法国支部的不断分裂,国际的力量不断强大。瑞士、德国、奥地利和匈牙利支部都支持总委员会,反对巴枯宁分子。在德国,《人民国家报》也反对汝拉人,支持总委员会。

1月24日 致信泰奥多尔·库诺,指出:巴枯宁有一种独特的理论——蒲鲁东主义和共产主义的混合物,其中最主要的东西就是:他认为应当消除的主要祸害不是资本,就是说,不是由于社会发展而产生的资本家和雇佣工人的阶级对立,而是国家。广大的社会民主党工人群众都和我们抱有同样的观点,认为国家权力不过是统治阶级——地主和资本家——为维护其社会特权而为自己建立的组织,而巴枯宁却硬说国家创造了资本,资本家只是由于国家的恩赐才拥有自己的资本。因此,既然国家是主要祸害,那就必须首先废除国家,那时资本就会自行完蛋。而我们的说法恰巧相反:废除了资本,即废除了少数人对全部生产资料的占有,国家就会自行垮台。差别是本质性的:要废除国家而不预先实现社会变革,这是荒谬的;废除资本正是社会变革,其中包括对全部生产方式的改造。但是,在巴枯宁看来,既然国家是主要祸害,就不应当做出任何事情来维持国家的生命,即任何一种国家——不管是共和国,君主国等等——的生命。因此就应当完全放弃一切政治。进行政治活动,尤其是参加选举,那是背叛原则的。应当进行宣传,咒骂国家,组织起来,而当一切工人即大多数人都站到自己方面来了的时候,就撤销一切政权机关,废除国家,而代之以国际的组织。千年王国由以开始的这一伟大行动,就叫做社会清算。

评价:恩格斯详细介绍了巴枯宁的理论及活动,揭露巴枯宁的本来面目,帮助泰奥多尔·库诺认清巴枯宁。信中还揭露了巴枯宁对各地组织的恶劣影响,呼吁各支部同巴枯宁分子斗争。

2月16日 致信约翰·菲力浦·贝克尔,指出:西班牙的情况很好。政府对国际采取的暴力行动使人们摆脱了放弃政治的倾向。马克思的女婿,即马德里的拉法格,正在尽一切可能扫除他们头脑中的另外一些巴枯宁主义的愚蠢思想。我不再为西班牙担心了。在这里,同我们打交道的是工人,而巴塞罗纳的那几个巴枯宁派医生和记者不得不非常谨慎地行事。西班牙联合会委员会是完全拥护我们的。某些支部的讲话非常通情达理,联合会委员会已经发出(或不久前准备发出)一份通告,其中附有它同总委员会的所有来往信件,然后提出一个问题:总委员会是企图对他们,对西班牙人实行专政吗?在这期间出现了这样一种局面,西班牙可能很快就会打起来,而这使汝拉人及其信徒们的全部把戏彻底破产。事实上,他们在西班牙现在是有事可做的,无需为这些琐事去争吵。

评论:信中分析了西班牙政府的情况,政府对国际采取的暴力行动使工人们认识到政治斗争的重要性，摆脱了放弃政治的倾向。工人们也逐渐认识到巴枯宁主义的危害，巴枯宁主义越来越没有影响力了。

3月7日 致信路易·皮奥，指出：您大概在日内瓦和莱比锡已经听说，受巴枯宁领导的某些分裂分子企图在非常代表大会上指控总委员会。问题的实质在于国际对政治问题的立场。这些先生要求完全放弃一切政治行动，其中包括放弃一切选举，而国际从一开始，就把工人阶级夺取政权是社会解放的手段这一口号写在自己的旗帜上，总委员会捍卫了这一点。代表会议第九项决议引起了这场斗争的爆发；而由于代表会议有关原则问题的那些决议，在未被各联合会承认以前，不具有约束力，所以，承认这一项决议的丹麦联合会委员会的决议是很重要的。关于问题的实质，我就不说什么了，因为对象丹麦人这样一个政治上开展的民族来说，这会是一种侮辱。其实，声明承认代表会议决议的，已经有大多数（支部），这就是苏黎世支部，瑞士罗曼语区、德国、英国、荷兰和美国的支部。在西班牙，4月份召开的代表大会将作出决议；在意大利，依然是一片混乱；比利时人至今沉默；在法国，所有支部都赞同决议，在那里不可能建立联合会。汝拉人要提前召开非常代表大会的企图已彻底破产，他们在自己的石印通告（3月3日）里自行放弃了这一企图。站在他们一边的曾有：西班牙的一个支部（马利奥尔卡的帕耳马）；意大利的一个支部（都灵支部——该支部现已脱离他们），以及各种既不想加入国际，也没有交纳会费的伪支部（皮萨支部、博洛尼亚支部等等）；还有伦敦的所谓1871年法国人支部，然而这个支部由于它自己的特殊章程同共同章程相抵触而从未被国际所接受，此后便分裂成四派——情况就是这些。

评论：信中讲述了任命莫特赫斯德为丹麦书记的原因，也批评了他远未尽到责任；还介绍了协会与巴枯宁主义斗争的情况，阐述了国际与巴枯宁主义对政治问题的立场分歧，重申了国际协会的原则。

3月11日 致信劳拉·拉法格，指出：最近一年半来，你饱尝颠沛流离之苦，不用说，对此我是十分关切，有时甚至十分担心的，而现在，保尔正是在关键时刻来到马德里，对我们和整个协会具有不可估量的意义，这对你来说应当是一种慰藉。假如巴枯宁之流在西班牙占了上风，——没有保尔那是完全可能的——那末，事情就会闹到分裂和公开争吵的地步。现在一切捣乱的尝试都遭到了可耻的失败，而我们可以宣告全线胜利了。

评论：恩格斯肯定了劳拉·拉法格反对巴枯宁主义所做的工作，并感谢她对丈夫工作的大力支持，指出拉法格在关键时刻来到马德里对协会具有不可估量的意义。

4月22—23日 致信泰奥多尔·库诺，指出：尽管我们的德国工人在理论方面大大超过其他各国的工人，但在实际行动中，他们还远未摆脱原来的"行会习气"，同时，由于德国所固有的恶劣的小资产阶级环境的影响，使他们表现得极其冷酷无情，尤其是在钱的问题上。所以，您在这方面的遭遇丝毫不使我感到奇怪。假如我有钱，我会寄些给您，可是，我们这里经费十分拮据。我们这里有上百个无依无靠的巴黎公社流亡者，而没有被他们花掉的钱，又给了在爱尔兰的科克的一个很好的小伙子，他在那里建立了国际，因此被神父和资产者革出教门，完全破了产。所以，现在我们正处在极端困难的境地。要是我们能从什么地方弄到一些钱的话，我一定注意不把您忘掉。4月8—11日在萨拉哥沙召开了国际的西班牙会员代表大会，会上我们的人战胜了巴枯宁分子。现在查明，在西班牙，在国际内部依然存在着巴枯宁领导的社会主义民主同盟这个秘密团体，即这个不反对政府，而反对工人群众的秘密团体！我有充分理由怀疑，意大利的情况也是这样。对于这一点，您感觉如何？

评论：恩格斯从1872年4月17日泰奥多尔·库诺本人的信和意大利报纸上获悉他遭到警察当局的迫害。鉴于对库诺的迫害是欧洲各国反动政府勾结起来反对国际的具体表现，恩格斯认为，揭露这一事实具有重大意义。恩格斯在1872年4月23日总委员会会议上报告了这件事。恩格斯所写的关于迫害库诺的简讯发表在1872年4月27日《东邮报》第187号和5月7日《玫瑰小报》第127号。根据恩格斯的建议，库诺给《人民国家报》编辑部写了一封信，这封信发表于1872年5月11日《人民国家报》第38号。在信中，恩格斯讲到了经济上的困难，解释了德国工人和国际不能从经济上帮助他的原因，并表示要想办法在伦敦帮助他找到工作。信中还告知意大利等地国际支部发生的一些事情。比如，特尔察吉被撵出"无产者解放社"，在罗曼尼亚成立的所谓"工人联合会"以及米朗多拉、热那亚、曼都亚和那不勒斯的无政府主义者支部的代表于1872年3月17—18日召开的博洛尼亚代表大会的情况，代表大会支持国际都灵支部——"无产者解放社"提出的召开意大利国际支部代表会议的建议。恩格斯认为，代表大会的一系列决议反映了巴枯宁分子的影响。1872年4月4—11日在萨拉哥沙举行的国际西班牙联合会代表大会上，巴枯宁分子和总委员会的拥护者之间展开了尖锐的斗争。

4月23日 致信威廉·李卜克内西，指出：对于你们在法庭上的演说，我们向你们所有的人表示祝贺。在不伦瑞克案件之后，应当给这个坏蛋以回击，而你们很出色地做到了这一点。肖伊说的比利时人的情况，一部分是正确的；这些人从来就不值多少钱，现在则更不值钱了。我们已派了一个人到那里去，他很快就会把确切的情况告诉我们。然而肖伊的结论是不正确的，群众任何时候都不会跟着安斯先生和斯廷斯先生走得这么远。何况在其他国家里，我们的事业进展顺利。在西班牙萨拉哥沙代表大会上，我们的拥护者击败了巴枯宁分子。至于库诺，他在米兰活动得很出色；他写信告诉我的种种苦楚，完全是可信的，并为意大利报刊所证实。

评论：恩格斯肯定了倍倍尔、李卜克内西的英勇反击，批判了德国统治集团迫害工人领袖的行为。1872年3月11—26日，在莱比锡举行了对倍倍尔、李卜克内西和赫普纳的审判，他们是以"图谋叛国"的罪名于1870年12月17日被捕的。德国统治集团迫害工人运动领袖的行为，遭到了倍倍尔和李卜克内西的英勇反击，他们公开捍卫自己的观点。倍倍尔和李卜克内西的演说刊载在《人民国家报》上，并成为重要的宣传手段。尽管这是诬告，他们还是被判处两年要塞监禁；赫普纳被宣告无罪。在莱比锡审判以后，倍倍尔于1872年7月初又受审，罪名是他在向莱比锡工人演说时"侮辱陛下"。倍倍尔又被补判九个月徒刑，并被取消议员资格。信中还对国际事业的顺利发展做了介绍，肯定了库诺在米兰活动得很出色。

5月7日 致信威廉·李卜克内西，指出：我现在才明白，你们为什么总是不信任库诺：你们把他看作是贝克尔的代理人，似乎他负有使德国的国际重新回到日内瓦总支部怀抱的使命。这完全是多余的。

拉法格在西班牙做了很多工作，而且做得很好，《自由报》上的那篇关于萨拉哥沙代表大会的通讯就是他写的；请不要忘记转载上一号《自由报》上的第二篇通讯，他在这篇通讯中，揭露了巴枯宁分子的密谋，同时描述了代表大会上拥护我们的人对巴枯宁分子所取得的辉煌胜利。这是对巴枯宁这个蠢货的决定性打击。现在《解放报》是我们最好的报纸。这些巴枯宁分子都是蠢驴。西班牙人有一个很好的组织，这个组织最近六个月来表现得很出色。现在来了这些蠢货，他们以为用自治的空话就能够唆使人们在实际上解散这个组织。你应当多利用《东邮报》，因为我们在这个报纸上所报道的东西，确实要比阿科拉先生关于各种体制中最好的体制的那种学究式的法学谰言更有意义。

评论：恩格斯在信中分析和表达了对库诺的信任；还赞扬了拉法格在西班牙的工作成绩良好，并且在取得对巴枯宁分子的斗争的胜利中发挥了决定性作用。

5月7—8日 致信泰奥多尔·库诺，指出：西班牙有巴枯宁分子的秘密团体，这是千真万确的事实；详细情况可见布鲁塞尔的《自由报》关于萨拉哥沙代表大会的报道（第二篇），这篇报道您大概在近日的《人民国家报》上也可以读到。好在一些优秀人物在代表大会上很快就看穿，这个秘密团体的利益同国际的利益是根本不相容的，由于对他们来说国际是最宝贵的，所以他们立即改变了自己的立场，而留在秘密团体里只是为了监视它，使它的活动瘫痪。其中有一个人曾在这里出席代表会议，他确信，那里人们对他说的诽谤总委员会搞阴谋、搞独裁等等的话纯属胡说八道。此后不久，我们最优秀的人物之一——半法国人、半西班牙人就到马德里去了，这样问题就得到了解决。西班牙人有一个很好的组织，他们有充分权利以此自豪。这个组织最近六个月来表现得很出色，但是，巴枯宁同盟的这些蠢驴出现在萨拉哥沙代表大会上，他们仅仅为了"支部的自治"竟要求把整个组织变成一个死气沉沉、无所作为的组织！这些先生对西班牙联合会委员会所采取的也就是汝拉的蠢人搞的那一套，即对总委员会进行各种各样的指责和提出各种各样的要求——取消授予总委员会的一切权力，把总委员会降为一个普通的通讯局。但是，西班牙的工人们嘲笑了这些空谈家，并一致要他们放规矩些。这是迄今为止对巴枯宁的一次最沉重的打击（巴枯宁把希望完全寄托在西班牙），这次打击也一定会对意大利发生影响。我毫不怀疑意大利也存在着同样的秘密组织,尽管它可能不象在迂腐的西班牙那样有严格的纪律。在我看来,能最好地证明这一点的是,在那里全国各个角落都同时自上而下地提出同一个口号,几乎象军事行动一样准确(注意:这正是那些所谓为了对抗国际而经常向人民宣扬"自下而上"原则的人)。您不了解这个组织的内幕,是完全可以理解的,即使是巴枯宁分子,也只有他们的首领才了解这个专为亲信者建立的团体。与此同时,在意大利也出现了一些良好的征兆。费拉拉人已有所觉悟,承认了章程和组织条例,并把他们自己的章程寄来请求批准,这也是同巴枯宁分子提出的口号完全抵触的。在意大利,最大的困难就是同工人建立直接的接触。这些该死的巴枯宁主义空谈家——律师、医生等等——真是无孔不入,他们俨然以天生的工人代表自居。只要我们能够冲破这种障碍,并和群众进行接触,那里的一切就会顺利进行,事情很快就会走上正轨。

评论:信中讲到巴枯宁主义的流行对国际支部的恶劣影响。西班牙有巴枯宁分子的秘密团体,这个秘密团体的利益同国际的利益是根本不容的。西班牙的组织和工人们成功回击了巴枯宁分子的企图。在意大利也有巴枯宁分子,恩格斯希望库诺克服困难,同工人建立直接的接触,与巴枯宁主义进行有效的斗争。

5月9日 致信约翰·菲力浦·贝克尔,指出:许多事情说明你们关于在日内瓦召开代表大会的建议是对的,这个建议在这里也很受欢迎,不过现在自然不能做出任何决定,因为情况每天都会发生变化。目前,在对这个问题做出最后决定以前,我们需要了解,你们那里的情况怎么样,你们是否能够确有把握在瑞士代表中取得一个巩固的、可靠的多数。同盟的先生们会竭尽全力用那套老的手腕来保证自己的多数。汝拉人将代表一些虚设的支部;意大利人(除都灵外)会派出清一色的巴枯宁的朋友,甚至米兰也会如此,自从库诺被驱逐之后,这些先生又在那里重新占了上风;西班牙人将会分裂,力量对比如何,现在还不好说。德国将同往常一样,代表人数很少,英国也如此;法国只能选派几个在瑞士的流亡者,或许还有这里的几个人;比利时人很靠不住;这样看来,要保证一个强大的多数,还必须作巨大的努力,因为一个微弱的多数并不比没有任何多数更好些,而那样一开始就又会发生争吵。所以,请你们把你们那里以及瑞士德语区的情况开诚布公地告诉我们,免得我们失算。

评论:信中对贝克尔提出一些指导和建议。恩格斯赞同他们关于在日内瓦召开代表大会的建议,并向他们了解各国支部的现实情况,指导他们要保证巩固的、可靠的多数,从而在代表大会上击败巴枯宁分子。

5月15—22日 致信威廉·李卜克内西,指出:同盟作为一个秘密团体至少在西班牙还继续存在,这一点已经得到证实和承认。拥护我们的人也参加到里面去了,他们认为,事情也只能是这样。对于巴枯宁先生说来,这是一件非常糟糕的事。不要忘记转载拉法格在《自由报》上发表的关于萨拉哥沙代表大会的第二篇通讯。这篇通讯使汝拉人暴跳如雷；他们在自己最近的一号报纸上对拉法格、我、马克思、赛拉叶公开进行了攻击。但是，对通讯里所揭露的秘密团体却只字未提。这是他们的弱点。所以，对此应尽量广泛地加以宣传。我确信，在瑞士和意大利也有同盟的秘密组织，但还难于提出证据。下一号《平等报》将刊登拉法格反对汝拉人的一篇声明。5月22日。这几天我已写完关于住宅问题的文章，现附上。你的那位蒲鲁东主义者将会感到满意。关于我的《工人阶级状况》一书，我将写信给维干德。在代表大会结束以前，无论如何谈不上了，现在我的工作很忙。《德法年鉴》只有在旧书商那里才能买到，这一点你应该清楚，《哲学的贫困》也是如此（在巴黎的弗兰克的继承人菲韦希那里或许能找到几本）。出版文集是我们老早的计划，但是这也需要时间。

评论：信中分析了国际工人协会经历的斗争的情况，批判了巴枯宁主义。西班牙联合会萨拉哥沙代表大会在巴枯宁主义者的压力下通过了决议第九项《工人的共同组织》。在该项决议中，代表大会同意1871年12月24—25日举行的比利时联合会代表大会关于在下届全协会代表大会上修改国际共同章程的决议，并且表示赞同加强地方联合会的自治，把总委员会降低到简单通讯局的地位。代表大会上的斗争最终取得决定性胜利。信中还谈到了《工人阶级状况》《德法年鉴》《资本论》等著作的写作计划和出版情况。

5月27—28日 致信威廉·李卜克内西，指出：谁是叛徒，我们马上就明白了。事情是这样的：报道出去的情况仅仅是埃卡留斯参加的那些会议的情况，至于其他的一些会议，除对一些决议作了不确切的转述之外，连一句话也没有提到。当我们有机会单独同埃卡留斯在一起时，马克思就直截了当地向他提出了这一点，并且友好地规劝他诚恳悔过，接受应得的责备，今后表现得谦虚一些。埃卡留斯跑到为此事而成立的调查委员会主席荣克那里，承认他确实把一篇关于代表会议的文章交给了纽约《世界报》在这里的代表机构，但是，附有一个必须遵守的条件：不能把文章透露给英国报纸。然而，他对这些人的诈骗性和他们同英国外省报纸的联系都是清楚的，他也应该知道，他无权把有关代表会议情况的消息出卖给美国报纸。对此他还找了一些无谓的托辞，例如说什么在英国发表的文章里包含有其他一些在美国发表的文章里所没有的事实，因此，想必还有什么人，可能是黑尔斯也透露过，而他才是真正的叛徒。出于对埃卡留斯的怜悯，荣克把事件拖下来了，当然埃卡留斯最终还是受到了斥责，而从那时起，这个为了一碗红豆汤随时准备出卖整个国际的人认为自己最美好的感情受到了侮辱。不过我们也做了蠢事，我们曾提议并任命他为美国书记。你看，这就是我们大搞阴谋反对他！随着黑尔斯的任命，埃卡留斯和莫特斯赫德同黑尔斯之间发生了殊死的角逐。英国人分成了三派：一派反对黑尔斯，另一派支持黑尔斯，还有一些人不同程度地采取中立。黑尔斯也干了一大堆蠢事——他的虚荣心很强，他想在最近的选举中，把自己列为哈克尼区的候选人，但是，其他人对他的攻击也是够荒唐的，以致使他反而倒几乎总是有理。为了结束这件几乎耗去总委员会全部时间的无谓争吵，我们不得不成立了一个类似公安委员会的机构，把所有私人性质的事情都移交到那里去。无需多说，我们对黑尔斯象对埃卡留斯或其他任何人一样，遇有必要时，都同样给以应有的严厉教训。无论如何，黑尔斯在东头的工人——这是我们这里的最优秀的分子——中毕竟是有威信的，而埃卡留斯却总是和那些同伟大的自由党一鼻孔出气的最腐败最可疑的分子混在一起。

评论：针对对埃卡留斯的攻击，恩格斯向李卜克内西介绍了相关情况。1866年2月初，根据马克思的坚决主张，不顾工联的机会主义首领们的反对，埃卡留斯被委任为国际工人协会的正式机关报《共和国》周报的主编。在编辑部内部的斗争中，马克思支持埃卡留斯，阻止把他开除出该报编辑部，使他留任编辑的职务。1867年9—10月，总委员会讨论了福克斯和埃卡留斯之间的纠纷。福克斯指责埃卡留斯，说他写的关于洛桑代表大会的通讯，刊载在9月6—11日的《泰晤士报》上，其中对法国代表蒲鲁东主义者的夸夸其谈发表了讽刺性的评论，得罪了某些代表。马克思支持了埃卡留斯。但是后来，一系列事件表明，埃卡留斯堕落了，恩格斯说他是"为了一碗红豆汤随时准备出卖整个国际的人"。

6月10日 致信泰奥多尔·库诺，指出：国际在比利时越来越衰落了。不过，在那里起主导作用的那些阴谋家却以他们的新章程草案给我们帮了大忙。关于取消总委员会的建议，使他们剩下的最后一点影响也都消失了。西班牙人直捷了当地把这叫作背叛。可惜您没有去西班牙，那里的人会使您喜欢的，他们在所有罗曼语民族中毕竟是最有才能的。您在那里会很有用；他们需要一点儿德国理论，并会很好地加以领会，加上他们的特点是热情和对资产者怀有阶级仇恨，这种阶级仇恨无论对我们北方的人或者犹豫不决的意大利人来说，是完全不可想象的。比利时章程草案的真正作者，自然还是巴枯宁。草案是安斯拟的，此人由于气味相投和自己俄国老婆的关系，充当了巴枯宁的工具。

评论：信中讲到比利时、意大利受到巴枯宁主义影响的情况，也肯定了西班牙在反对巴枯宁主义的斗争中所取得的成绩。

7月5日 致信泰奥多尔·库诺，指出：您是否能取得比利时国籍还很难说。美国国籍，只有经过预先申请并在该国居住五年之后才能取得。代表大会是无论如何要召开的。在大陆上，不能保证不受警察的干涉，那时就不得不坐船到英国去开会。而一开始就在英国召开也不合适；尽管只有在这里才可以免受警察的威胁，但毕竟会遭到反对派的攻击。他们会说，总委员会在英国召开代表大会，是因为总委员会只有在那里才拥有人为的多数。巴枯宁为回答《分裂》发表了一封疯狂的但又极其虚弱的谩骂信。这头大象暴跳如雷，因为他终于从自己洛迦诺的狐穴中被拖到了光天化日之下，阴谋诡计再也无济于事了。现在他宣称，他是所有欧洲犹太人玩弄阴谋的牺牲品！由于"同盟"至少在西班牙还作为秘密团体继续存在，老骗子一定会碰得头破血流。我们不仅手头有证据,而且这件事恰恰目前在马德里等地被公开揭发了,所以他根本无法否认。这位道貌岸然的君子到处把自己打扮成国际的最忠诚的先进战士,暗地里却密谋篡夺整个领导,并通过自己亲信的耶稣会兄弟,把广大工人群众当作一群盲从的牲口牵着鼻子走!如果人们容忍这种情况,那我是连一天也不会留在国际里的。当巴枯宁的绵羊,这可办不到!我们揭露了这件事,而且声言要在代表大会上进行揭发,这是对他最沉重的打击。现在,拉法格又谴责他,说他,即巴枯宁,亲手草拟了一些秘密指示发到西班牙,根据这些秘密指示,要在西班牙实行对国际的领导!

评论:信中分析了国际协会的斗争情况。1873年6月1—2日,在曼彻斯特召开的国际不列颠联合会第二次代表大会很成功。大会听取了不列颠联合会委员会的报告,并且通过了关于不列颠联合会条例、关于宣传、关于必须建立国际工会联合会、关于宣布红旗为不列颠联合会会旗等决议。《关于政治行动》的决议具有特别重要的意义,在这个决议中,代表大会号召不列颠的国际会员在英国建立与一切现存政党相对立的独立的工人政党。无政府主义者的汝拉联合会代表大会的决议,显示出他们内部的退却和分歧。信中对比利时人的空谈作风提出了批评。

8月5日 致信约翰·菲力浦·贝克尔,指出:代表大会将在海牙召开,这首先要归咎于你们关于修改宪法的不幸争执。我们无法预见事态会如何发展,但我们不能耽误时间。将来还应该注意下述情况:(1)我们没有过高估计汝拉人的力量。(2)至于伪造的代表资格证,他们可能从美国(从伍德赫尔的拥护者那里)得到三四十份,从这里(从那些从来没有加入过国际而成立了世界联邦主义委员会的支部)得到十二份左右,从直接参加这个委员会的德国施韦泽的拥护者那里得到五六十份;还能以某种巧妙手腕从西班牙得到相当多的数目。你对同盟在意大利的力量估计不足。在整个意大利,我们知道只有一个好的支部——都灵支部,可能还有费拉拉支部。在库诺离开以后,米兰完全被巴枯宁分子所操纵,在那不勒斯一直就是这样,而爱米利亚、罗曼尼亚和托斯卡纳的"工人联合会"也完全掌握在巴枯宁手中。这些人正在建立自己的国际;他们从未申请加入国际,从未交纳会费,但所作所为,好象是参加了国际似的。(4)去海牙的比利时人不会太多,他们怕花钱。(5)最后,你应该读一读施维茨格贝耳的伪善的诉怨信,他在信中抱怨代表大会不在瑞士召开,并已有所暗示,他要提出抗议。我认为,这最好地证明我们是做得对的。

明天晚上我们将要投出一枚炸弹,它在巴枯宁主义者中定会引起相当大的惊慌,这就是针对作为秘密团体而继续存在的社会主义民主同盟发表一个公开声明。这些揭露会把他们置于死地,而如果瑞士和德国哪怕是部分地尽到自己的职责,使同盟盟员不致由于我们朋友的疏忽大意而获得多数,那末,这些败类就会统统见鬼去,而我们终将得到安宁。

评论：信中提出为保证海牙代表大会的胜利应该注意的事项，包括注意汝拉人的力量，对代表资格进行严格审查，正确评估巴枯宁分子在意大利的力量，他们依然颇有影响。信中还提到将公布《总委员会告国际工人协会全体会员书》，这一文件的草案是总委员会执行委员会委托恩格斯起草的。在1872年8月6日总委员会会议上，草案引起了热烈的争论，在争论过程中，许多总委员会委员反对在同盟案件调查清楚以前公布告会员书。多数票决定把恩格斯提出的草案发给大家参阅，目的是揭露巴枯宁利用社会主义民主同盟这一秘密团体分裂国际的企图，这就揭露和彻底打击了巴枯宁。

8月19日 致信埃·格拉泽·德·维耳布罗尔，指出：各地同盟分子和国际拥护者之间的斗争已经激化。世界上最老的工会——拥有四万会员的卡塔卢尼亚纺织工人工会表示拥护我们，并派了我们的人莫拉参加代表大会，在他的委托书上说，因为他比任何人更了解同盟是什么东西。里米尼通过的决议将使西班牙的同盟完蛋。丹麦人派两名代表；德国人至少派五六名。左尔格和德雷尔正在从美国来的途中；那里的分裂分子想派三名代表来。拉法格带着葡萄牙人的委托书正在途中。还有一个好处。今后，代表大会将避免任何公开争吵。在资产阶级公众面前，一切将保持外表的体面。至于纽沙特尔代表大会，在那里聚集的只有汝拉联合会和几个意大利支部，那将是一个惨败的局面。一切终于都很顺利，但这不是使自己麻痹的理由。如果国际会员履行自己的义务，海牙代表大会将取得很大成就；它将在组织上奠定牢固的基础，而协会又能稳步发展，并将重新有力地抗击一切外部敌人。

评论：这封信只保存下来一大段抄件；信中讲述了国际同巴枯宁分子斗争的情况。1872年8月4—6日的里米尼代表会议是巴枯宁直接参加筹备的意大利无政府主义组织的代表会议。在里米尼成立了一个自称为国际意大利联合会的全意大利无政府主义组织。代表会议在1872年8月6日的一项专门决议中声称同总委员会不再有任何团结一致，并号召国际各支部派代表参加巴枯宁分子定于1872年9月2日在纽沙特尔召开的分立主义代表大会而不参加本届海牙代表大会。这个分裂的建议没有得到任何一个国际支部的支持，甚至没有得到巴枯宁派组织的支持。恩格斯收到里米尼代表会议的决议后，以总委员会的名义发出了告国际意大利各支部书，揭露巴枯宁分子。

9月21日 致信弗里德里希·阿道夫·左尔格，指出：共同章程第七条（a）已于星期六上午以二十八票对十三票（包括弃权票），即以超过三分之二的多数通过——"工人阶级在反对有产阶级联合权力的斗争中，只有组织成为与有产阶级建立的一切旧政党对立的独立政党，才能作为一个阶级来行动。工人阶级这样组织成为政党是必要的，为的是要保证社会革命获得胜利和实现这一革命的最终目标——消灭阶级。工人阶级由于经济斗争而已经达到的力量的团结，同样应该成为它在反对它的剥削者的政权的斗争中的杠杆。由于土地巨头和资本巨头总是要利用他们的政治特权来维护和永久保持他们的经济垄断,来奴役劳动,所以,夺取政权已成为无产阶级的伟大使命。"

评论:信中向左尔格谈了海牙代表大会的议程和各支部的地址,谈到联合委员会中的一场大风波。在1872年9月12日不列颠联合会委员会会议上,委员会主席黑尔斯在改良主义多数派的支持下,竟然对马克思在海牙代表大会上谴责工联的首领的发言提出指责。不列颠联合会的许多支部,其中包括属于曼彻斯特区的支部,对那些力图把马克思开除出国际的改良派的这一决定和行为表示抗议。在这封信中,恩格斯在收到左尔格答应提供的关于讨论代表资格证的报告后,审定并正式公布海牙代表大会的决议。

10月5日 致信弗里德里希·阿道夫·左尔格,指出:如果你们愿意,可以直接写信向汝拉联合会委员会索取材料。这些先生公开宣战,自己给我们提供了赶走他们的充分理由,这太好了。在这样公开宣战之后,大多数联合会就不可能要求把问题提交代表大会审查了;赞成这一建议的最多是四种人(他们本身、西班牙人、比利时人和荷兰人),其余的人都会反对。我们这里认为,只要你们一掌握确凿证据,就采取迅速、有效的措施来对付这些坏透了的捣乱分子,是十分恰当的,或许这就足以消除宗得崩德的威胁。黑尔斯在这里发动了一个反对马克思和我的大规模的诽谤运动,然而,这个运动已经反过来朝着他自己了,尽管我们对此连一个指头都没有动一下。马克思关于英国工人领袖被收买的声明是导火线。伦敦几个支部和整个曼彻斯特提出了很强烈的抗议,而黑尔斯在联合会委员会里也失去了拥护他的多数,所以,他大概很快就要完全离开那里。

评论:信中讲到比利时国际将要解体。针对汝拉联合会非常代表大会的公开宣战,1872年9月15日在圣伊米耶举行了汝拉联合会非常代表大会,出席代表大会的有十六名代表。代表大会否定海牙代表大会的决议,拒绝承认海牙代表大会选出的总委员会;代表大会的一项专门决议声称不承认海牙代表大会关于把巴枯宁和吉约姆开除出国际的决议。恩格斯认为必须尽快采取行动赶走他们。信中还谈道,黑尔斯指责马克思在海牙代表大会上谴责工联的首领的发言,受到伦敦几个支部和整个曼彻斯特的强烈抗议。

10月29日 致信泰奥多尔·库诺,指出:如果不采取有效措施,不立即阐述相应的理由宣布汝拉人由于其代表大会的决议践踏了章程和海牙代表大会的决议而被暂时开除,并且也不宣布开除反权威主义代表大会的那些一般说来是加入了国际的会员,那末,这些先生就会十分趾高气扬。现在还有时间,——比利时人被他们自身最初表现出来的勇敢所吓倒,并开始动摇。在西班牙,反对同盟盟员的人在与日俱增,那里已经要求召开西班牙非常代表大会来讨论联合会委员会和去海牙的代表们的行为,不过,如果对汝拉人的蛮横行动采取姑息态度,那末,这一切又会冷却下来;这些人是什么都做得出来的,这一点你们从《国际报》上发表的黑尔斯的信中可以了解到。黑尔斯负责同汝拉人通信；他正在这里把他们的载有下流文章的《简报》免费送给每一个愿意要的人，并且寄给所有的支部。

评论：信中向库诺介绍了国际的一些情况。黑尔斯1872年10月21日以不列颠联合会委员会的名义写的信发表在1872年10月27日《国际报》第198号上。黑尔斯在这封信中，建议不列颠联合会和比利时联合会之间建立直接联系，并指责前总委员会的"权威主义"，似乎这种"权威主义"阻碍了工人运动的发展。这封信实际上是一份支持无政府主义者反对总委员会的声明。恩格斯认为，应该使左尔格同意当选总委员会书记，从而保证能行动起来对汝拉人及其他巴枯宁分子进行回击。

11月16日 致信弗里德里希·阿道夫·左尔格，指出：关于汝拉人，我们认为最好是直截了当地声明，由于他们的圣伊米耶代表大会通过了与章程和组织条例某些条款相抵触的决议，他们自己把自己开除出了国际，并将此事直截了当地通知其他联合会。其实，他们的情况很不妙。在俾尔，他们连一个人都没有了，在那里建立了一个新支部，然而这个新支部投靠了日内瓦，而他们在穆蒂埃的模范支部又否决了圣伊米耶决议。可见，海牙决议在各地已见成效。至于德国，最好授予马克思全权委托书，来对付施韦泽分子。

评论：信中谈到了国际协会的整个状况。布朗基主义者声明退出国际，打算建立自己的团体；西班牙情况很好，但内部已开始分裂；伦敦联合会委员会也被黑尔斯等人控制；由于汝拉人在圣伊米耶代表大会通过了与国际章程和组织条例某些条款相抵触的决议，他们自己把自己开除出了国际。针对这些情况，恩格斯提出了应对建议，也请左尔格周密考虑，采取对策。

1873年

1月4日 致信弗里德里希·阿道夫·左尔格，指出：你可能已经收到赛拉叶的报告。在南部发生了大逮捕，三十七人被捕，其中二十七人已获释，而我们的一些人还在坐牢。此外，我们的人恰恰在逮捕期间在土鲁斯召开代表会议。在洛迪，三个被捕者和六个潜逃者的家属的生活非常困难，比尼亚米一再写信来要求援助，因为这个支部无疑已被其他的意大利支部（同盟）宣布为非法的。我们寄去了少量的钱，并向西班牙和德国的某些人发出呼吁。在美国应该有所行动。极其重要的是使洛迪得到外来的支援，这是我们在意大利最强大的阵地，在目前都灵全无音讯的情况下，它就是唯一可靠的阵地了。只要这些人看到国际并不只是一句空话，这对于同盟就是一个沉重的打击，因为它把所有的钱花在出版等等上面，而从不进行援助。洛迪重要得多，在那里，可以用较少的钱去做比在日内瓦首饰工人罢工中更多的事。象通常一样，吴亭又使那里的国际的生存从属于那种罢工。日内瓦大罢工的时代已经一去不复返了；在国际的内部事务没有整顿好以前，我们是没有办法举行任何罢工的。可是在意大利，用一半或者更少的努力就可以取得巨大的成就。如果我们失去洛迪和《人民报》，那我们在意大利就再也没有任何据点了。在葡萄牙，有权成立联盟，但不能成立协会。因此，国际不能在那里公开存在；然而，既然一切都已就绪，目前就不需要全权代表，他只会引起嫉妒和争端。对丹麦人，在我们未弄清那里的情况以前，最好别去管它。

评论：信中分析了不列颠联合会的情况，认为是黑尔斯、荣克等领导下的多数派挑起了不列颠联合委员会的分裂。信中还详细分析了整个国际协会的状况，包括比利时、西班牙、葡萄牙、丹麦、法国、意大利等国家。

3月20日 致信弗里德里希·阿道夫·左尔格，指出：我以为，国际的利益总比履行某种手续更为重要。其他的书记没有寄来报告，这自然是不正常的现象。赛拉叶的报告连同信一起丢失了。符卢勃列夫斯基不可能寄报告来，因为在波兰一切都处于绝密状态，过去我们也从未要求他提供详细的情况。德国和奥地利的情况怎样，你们知道的同我们知道的完全一样，因为你们直接在同他们通信，而关于各个支部的详细情况我们也不知道。不能要求已经退职的书记——瑞士书记荣克和丹麦书记库尔奈——写报告。谁还会写报告给你们呢？我们从丹麦得不到一个字，我担心拉萨尔分子的阴谋活动在那里找到了合适的土壤。在法国，看来所有人都被捕了。从卡昂的审判案中可以看出，赫德盖姆是个叛徒，检察官直截了当地称他为告密者。在土鲁斯，丹特雷格以他惯常的学究气填写了许多不必要的表格，警察局从中得到了一切必要的情报；现在，对他的审判正在进行，我们每天都等待着审判的消息。拉罗克顺利地经伦敦逃到了圣塞瓦斯田，他试图从那里同波尔多重新建立联系。

评论：信中告诉左尔格，前总委员会记录对马克思同巴枯宁分裂主义进行斗争很有必要。谈到国际各支部的情况，比如，肯定了致西班牙工人的呼吁书。1873年2月23日总委员会因西班牙成立共和国写了致西班牙工人的呼吁书。在这份呼吁书里，总委员会告诫西班牙工人不要迷恋于资产阶级共和主义，提出工人团结起来争取建立"劳动和社会民主共和国"的任务，并指出实现这个目的只能是工人自己的事。

5月3日 致信弗里德里希·阿道夫·左尔格，指出：我很久以来就怀疑，《新社会民主党人报》的拉萨尔派在他们北什列斯维希的拥护者的帮助之下，在那里制造了一片混乱，并唆使这些人退出国际，这种怀疑在《新社会民主党人报》上越来越得到证实，这家报纸对于哥本哈根的事态了解得要比《人民国家报》清楚得多。从英国只可能来很少的代表；西班牙人能否派出代表，还很成问题，因此可以预料，出席代表大会的人数将会很少，巴枯宁派将比我们的人多。日内瓦人自己什么也不干，《平等报》看来已停刊，因此也不能指望那里会来许多人参加。幸而在那里我们将是在自己的房子里，而且在对巴枯宁及其一伙有所认识的人们中间，一旦需要，就可以把他们赶出去。总之，日内瓦是唯一合适的地方；如果总委员会给该委员会作出如下指示：这些人如果得不到大多数真正的和得到承认的国际代表的同意，他们就根本不能被认为是代表，那末，一切事情就好办了，即使他们能占多数，那也不会造成危害，因为他们只有到另外一个地方去单独开会，这样，他们在数量上的优势就不致于危及我们。而这正是我们所希望的。

评论：信中回答了一系列问题。比如，左尔格在1873年4月9日的信中请求恩格斯详细地介绍关于维也纳社会主义者中间的斗争情况。他是从《人民国家报》和《人民意志报》上知道这场斗争的。1873年3月15日《人民国家报》上刊载了社会主义者安·肖伊的一封信，指责维也纳《人民意志报》编辑奥伯温德的机会主义和民族主义。19日奥伯温德在《人民意志报》上发表的回信中，指责肖伊与无政府主义者的联系。恩格斯介绍了肖伊的情况，表达了对代表大会召开的地点选择等一系列问题的意见。

6月20日 致信奥古斯特·倍倍尔，指出：党对拉萨尔主义的态度，那末您自然能够比我们更好地判断应当采取什么策略，特别是在个别场合下。但是，也应当考虑到下述情况。当人们象您一样不得不在一定程度上和全德工人联合会竞争时，就会容易过于重视对手，并且习惯于在一切事情上都首先想到对手。但是，全德工人联合会和社会民主工党二者合起来，在德国工人阶级中也只占一个无足轻重的少数。根据我们的已经由长期的实践所证实的看法，宣传上的正确策略并不在于经常从对方把个别人物和成批的成员争取过来，而在于影响还没有卷入运动的广大群众。我们自己从荒地上争取到的每一个新生力量，要比十个总是把自己的错误倾向的病菌带到党内来的拉萨尔派倒戈分子更为宝贵。

最大的宗派主义者、争论成性者和恶徒，在一定的时机会比一切人都更响亮地叫喊团结。在我们的一生中，任何人给我们造成的麻烦和捣的鬼，都不比这些大嚷团结的人更多。自然，任何党的领导都希望看到成功，这是很好的。但是在某些情况下，需要有勇气为了更重要的事情而牺牲一时的成功。尤其是象我们这样的政党，它的最后的成功是绝对不成问题的，它在我们这一生中并且在我们眼前已获得了如此巨大的发展，所以它决不是始终无条件地需要一时的成功的。老黑格尔早就说过：一个政党如果分裂了并且经得起这种分裂，这就证明自己是胜利的政党。无产阶级的运动必然要经过各种发展阶段；在每一个阶段上都有一部分人停留下来，不再前进。仅仅这一点就说明了，为什么"无产阶级的团结一致"实际上到处都是在分成各种不同的党派的情况下实现的，这些党派彼此进行着生死的斗争，就象罗马帝国的残酷迫害下的各基督教派一样。您也不应当忘记，如果《新社会民主党人报》比《人民国家报》的订户多，那末原因是在于每个宗派都必然有一种狂信心理，而由于这种狂信心理——特别是在宗派还新的地方（例如全德工人联合会在什列斯维希—霍尔施坦），它获得的一时的成功要比没有任何宗派怪癖而只代表真正运动的政党所能获得的大得多。然而狂信心理是不能持久的。

评论：1872—1873年，李卜克内西和赫普纳不止一次地请马克思为《人民国家报》写一本小册子或文章批判拉萨尔的观点。这封信中提出了反对拉萨尔分子的建议，必须争取群众的支持，同时也要善于鉴别哪些是真正的同志，注意鉴别和防范宗派主义者，只有经历了分裂最终战胜了分裂，才能最终成为胜利的政党。恩格斯指出，无产阶级的运动必然要经过各种发展阶段；在每一个阶段上都有一部分人停留下来，不再前进。信中谈到同拉萨尔派的斗争。随着国际工人协会的成立，联合会的拉萨尔主义领导的机会主义策略就成了在德国建立真正工人政党的障碍。马克思和恩格斯始终不渝地同拉萨尔主义进行斗争，到19世纪70年代初，先进的德国工人最终抛弃了拉萨尔主义。

1874年

1月27日 致信威廉·李卜克内西，指出：这里所有被资产阶级、特别是被赛米尔·摩里收买的工人领袖，都竭力在争取作为工人阶级的候选人而被资产阶级选入议会。但是，他们未必能够成功，不过我倒很愿意让这一帮人能选进去，其原因就象哈森克莱维尔及哈赛尔曼的当选使我高兴一样，只是没有我那位特耳克使我不痛快。国会搞垮了施韦泽，也会把他们搞垮的。这里欺骗将告结束，这里将只有摊牌。德国的选举使德国无产阶级站在欧洲工人运动的前列。工人第一次万众一心地选举自己的人，并作为独立的政党行动，而且是在全德国范围内出现。无庸置疑，接着而来的将是对选举权的限制，虽然还要过一两年以后。封建社会主义者鲁·迈耶尔断言，全德工人联合会将与自己的领袖们的愿望相反，越来越按照国际的精神进行活动，他说得很对，法兰克福的第二轮选举就是一个证明，在那里，这些蠢驴终于不得不投票选宗内曼，而且做得非常得体：起初选我们的候选人，当我们的候选人未能通过而进行重新投票时，他们又投了政府反对者的票，不管这个反对者是谁。对于首领们来说，能这样做是非常不容易的。但是，历史的发展有其自己的规律，即使神通广大的哈森克莱维尔也无力违抗这一规律。

评论：恩格斯向李卜克内西介绍了日内瓦大会的情况，对德国工人阶级因选举而站在欧洲工人运动前列表达了肯定和喜悦。在1874年1月10日帝国国会选举中，德国社会民主党人获得了巨大胜利；有九个人当选为议员，其中包括这时已监禁期满的倍倍尔和李卜克内西，他们所得的票数大大超过了1871年选举中所得的票数。同时，选举表明在左派力量加强的同时，极端反动的派别的地位也因政府联盟的削弱而加强了。但是，恩格斯认为，历史的发展有自己的规律，工人运动前途是光明的。

9月12—17日 致信弗里德里希·阿道夫·左尔格，指出：在你退出以后，旧国际就完全终结了。这很好。它是属于第二帝国时期的东西，当时笼罩着整个欧洲的压迫，要求刚刚复苏的工人运动实现统一和抛开一切内部争论。当时是这样一个时期：无产阶级共同的世界性的利益被提到首要地位。德国、西班牙、意大利、丹麦刚刚加入了运动，或者正开始加入运动。在1864年，运动本身的理论性质在整个欧洲，即在群众中间，实际上还是很模糊的，德国共产主义还没有作为工人政党而存在，蒲鲁东主义很弱，还不能夸耀它的那一套特别的幻想，巴枯宁的那一套新的荒谬货色甚至在他自己的头脑里都还不存在，连英国工联的领袖们也认为可以按照章程的导言中所规定的纲领加入运动。第一个巨大的成就应当破坏各个派别的这种幼稚的合作。这个成就就是巴黎公社，公社无疑是国际的精神产儿，尽管国际没有动一个手指去促使它诞生；要国际在一定程度上对公社负责是完全合理的。当国际由于公社而在欧洲成为一种道义上的力量时，争论马上就开始了。各个派别都想利用这个成就。不可避免的瓦解开始了。由于看到唯一真正打算按照广泛的旧纲领继续工作的人们——德国共产党人——的力量日益增长而产生的妒嫉心，驱使比利时的蒲鲁东主义者投入了巴枯宁主义冒险家的怀抱。海牙代表大会实际上是一个终结，而且对于两派来说都是如此。还能够以国际的名义做出点事情的唯一的国家就是美国，因而出于健全的本能就把最高领导机关搬到那里去了。可是现在，国际在美国也没有威望了。任何想使它重新获得新生命的进一步的努力，都会是愚蠢而徒劳的。十年来，国际支配了欧洲历史的一个方面，即蕴藏着未来的一个方面，它能够自豪地回顾自己的工作。可是，它的旧形式已经过时了。要创立一个象旧国际那样的新国际，即世界各国无产阶级政党的联盟，需要有对工人运动的普遍镇压，即象1849—1864年那样的情形。可是现在的无产阶级世界太大、太广了，要达到这一点已不可能了。我相信，下一个国际——在马克思的著作产生了多年的影响以后——将是纯粹共产主义的国际，而且将直截了当地树立起我们的原则。

评论：信中回顾了国际10年来的发展历程，讲述了国际的努力和成绩，也讲到了国际的分歧和分裂，信中还充满希望地预言，在马克思著作的影响下新的纯粹共产主义的国际将会诞生。

第 34 卷

恩格斯给马克思的信

1876 年

5月28日 致信马克思,指出:友人莫斯特对杜林的《哲学教程》的吹捧已明确地给我指出,应当从哪里进攻和怎样进攻。这本书一定要仔细读一读,因为它在许多关键问题上更明显地暴露了《经济学》中所提出的论据的弱点和基础。实际上,该书根本没有谈到真正的哲学——形式逻辑、辩证法、形而上学等等,它倒论述了一般的科学理论,在这里,自然、历史、社会、国家、法等等都是从某种所谓的内部联系方面加以探讨的。该书还有一整章描写未来社会或所谓"自由"社会,其中从经济方面说得极少,却为未来的初等学校和中等学校拟定好了教学计划。所以,这本书暴露出的庸俗性比他的经济著作更直截了当,把这两本书放在一起看,就能同时从这一方面来揭露这个家伙。对于批判这位贵人的历史观——认为杜林以前的一切都是废话——来说,这本书还有一个优点,这就是可以从里面引证他自己的蠢话。无论如何,他现在已经落到我的手里。对古代史的重新研究和我的自然科学研究工作,对我批判杜林大有益处,并在许多方面有助于我的工作。特别是在自然科学方面,我感到我对于这个领域非常熟悉,我能在这方面进行活动,虽然要十分小心,但毕竟有相当的自由和把握。连这部著作的最终的全貌也已经开始呈现在我的面前。这部著作的清晰的轮廓开始在我的头脑中形成。

评论:恩格斯收到马克思的信后决定停下手头的一切工作来批判杜林,他拟定好写作计划。信中指出,杜林的《哲学教程》是他的经济学的论据和基础。这本书一点也没有谈到真正的哲学,对自然、历史、社会、国家、法等都是从某种所谓的内部联系方面加以探讨的。

1877 年

2月23日 致信马克思,指出:巴枯宁主义者的小报《铁锤报》——我从报名就能认出那个卡菲埃罗——对此做了回答。由于不敢谈论特尔察吉的丑事,于是这家小报就抓住"阶级政府的秘密基金"大做文章:可见,你们的"非阶级政府"也将拥有"秘密基金",可见,你们也将按老一套办事,接着就是一大篇人所共知的纯粹无政府主义的激昂慷慨的道白。《人民报》对这家小报进行了应有的反击,随即向《汝拉简报》进攻,指出《人民报》的四行字使它暴跳如雷,而它却把事情说成似乎《人民报》真的被气得大发雷霆,其实汝拉人的诽谤只是使《人民报》"觉得好笑"。今天收到比尼亚米的一封热情洋溢的信,他在信中说要刊登我的一篇关于选举的文章,并证实说,包括从威尼斯到都灵这一地区的上意大利联合会,这几天正在召开自己的代表大会,"准备在普选权的基础上开展斗争"。《人民报》是它的正式机关报。这样一来,就在意大利的律师、文人和游民的堡垒上打开了一个缺口。此外,库诺时期在米兰的所有老的同盟盟员莫罗·冈多尔菲等人,看来都参加了联合会,这也是一件再好不过的事。的确,在象米兰这样的工业城市里,假的工人运动是不可能长久的。而上意大利不仅在战略方面,而且在整个农业半岛的工人运动中,都起着决定性的作用。总之,现在完全跟着纽沙特尔的世界政府走的只有西班牙,而这又会维持多久呢?

评论:恩格斯信中介绍了新兴的佛来米人争取工厂法和普选权的运动,介绍了意大利人的斗争,包括从威尼斯到都灵这一地区的上意大利联合会,正在召开自己的代表大会,准备在普选权的基础上开展斗争,认为上意大利的工人运动起着决定性作用。

7月19日 致信马克思,指出:附上威廉最近的来信。关于手稿,我简单地回答他说,将把信转寄给你。他的确在狱中写出了整整三篇文章,刊登在《前进报》第80、81号上。这是可悲的见风转舵行为,是要把你对纲领的批判变为对纲领的颂扬的突出事例。我拒绝了他要我写一篇关于战争的文章的要求,理由是:我不愿向未来的社会主义者先生们争《前进报》的篇幅,以免再一次给人以借口,叫嚷说我用广大读者不感兴趣的抽象东西把报纸塞满,似乎读者想要的是幻想,而不是事实。不幸就在于我们的人在德国的对手是如此可怜。在资产阶级方面,只要有一个能干的、具有经济学知识的人,那末他就能轻而易举地使我们的先生们陷入窘境,并向他们说明他们本身的混乱。而这种彼此都只是以老生常谈和各种庸人的胡说为武器的斗争能够产生什么结果!同德国资产阶级的智力比较发达这一点相反,一种新的德国庸俗社会主义正在发展，它可以毫无愧色地同1845年的老的"真正的社会主义"相媲美。

评论：信中分析认为，德国党的领导人李卜克内西等人的理论水平太低，在同德国资产阶级的斗争方面力不从心，导致了庸俗社会主义流行。

1879 年

9月9日 致信马克思，指出：赫希柏格直截了当地宣称，德国人犯了错误，他们把社会主义运动变成了纯粹的工人运动，并且由于不必要地挑逗资产阶级而给自己招来了反社会党人法！他还说什么运动应当由资产阶级分子和有教养的分子来领导，它应当具有十分和平的、十分改良的性质，等等。你可以想象，莫斯特在多么起劲地攻击这些卑劣言论，并再次以德国运动的真正代表自居。简言之，在这件事以后，我们最好是表明我们的立场，至少要对莱比锡人表明，我想，这一点你也是会同意的。如果党的新机关报和赫希柏格唱一个调子的话，那末，我们也许还不得不公开地这样做。

自从俄国外交在实现自己的目标时不得不考虑俄国内部事态以来，它就很不顺利。它的虚无主义者和泛斯拉夫主义者正在彻底破坏同德国的联盟，以致这一联盟至多只能在短暂的时期内表面上修补一下，就在这样的时刻，它的阿富汗代理人正在驱使英国在对德作战时投入俾斯麦的怀抱。我确信，俾斯麦正在尽力设法挑起对俄战争。只要同奥地利和英国结成联盟，他就会下决心这样干；英国可以保证丹麦，大概还有意大利，甚至还可能有法国对他保持中立。然而，最好是俄国本身快点发生危机，并由于内部变革而消除战争可能性。局势逐渐变得对俾斯麦极为有利。对俄国和法国同时作战将成为争取民族生存的斗争，因此，沙文主义就会大发作，这将使我们的运动受到好多年的摧残。在这种情况下，假如英国加入同盟，对俾斯麦将是极为有利的：这将是一场长时间的艰苦的斗争，但是最终结局有五分之三的可能性会象七年战争那样。

评论：恩格斯在信中揭露了赫希柏格、伯恩施坦、施拉姆三人的文章《德国社会主义运动的回顾》的改良主义性质。文章歪曲了恩格斯，认为，德国人把社会主义运动变成了纯粹的工人运动；由于挑逗资产阶级而招来了"反社会党人法"；并说运动应当由资产阶级分子和有教养的分子来领导，应当具有十分和平的、十分改良的性质。对此，恩格斯向马克思提议要表明立场。恩格斯已经在草拟给倍倍尔的信。信中还分析了俄国和普鲁士的形势。

恩格斯给其他人的信

1875 年

10月11日 致信威廉·白拉克，指出：我们完全同意您的看法，李卜克内西热衷于实行合并，为了合并不惜任何代价，结果把事情全搞糟了。您说的完全对：这种合并本身包含着分裂的萌芽。如果以后垮掉的只是不可救药的狂热分子，而不是他们的所有拥护者，我将感到高兴，因为这些拥护者本来很干练，他们在良好教育下是可以成为有用的人的。这要取决于这件不可避免的事情发生的时间和条件。这个经过最后修改的纲领包括下面三个组成部分：（1）拉萨尔的词句和口号，这些在任何条件下都不应接受。如果两个派别实行合并，那末写入纲领的应该是双方一致同意的东西，而不是有争论的东西。然而我们的人竟容许了这些，甘心情愿地通过了卡夫丁轭形门；（2）一系列庸俗民主主义的要求，这些要求是按照人民党的精神和风格拟出的；（3）一些多半是从《宣言》中抄来的本应是共产主义的命题，但是作了这样的修改，只要仔细一看，全都是些令人毛骨耸然的谬论。如果不懂得这些事物，那就不要触动它们，或者把它们从那些懂得这些事物的人那里逐句地抄下来。幸而这个纲领的遭遇比它应该有的遭遇要好些。工人、资产者和小资产者在其中领会出它本来应该有但现在却没有的东西，任何一方面的任何一个人都没有想到去公开分析这些奇怪的命题中任何一个命题的真实内容。这就使我们可以对这个纲领保持沉默。

评论：恩格斯赞同白克拉对爱森纳赫派和拉萨尔派合并的判断：这种合并本身包含着分裂的萌芽。李卜克内西热衷于实行合并，但是，在哥达召开的合并代表大会上通过的德国社会主义工人党纲领充满了拉萨尔的词句和口号，包含着一系列庸俗民主主义的要求，以及从《共产党宣言》中抄来的、修改过的谬论。但是，为了工人运动的整个发展，马克思和恩格斯没有公开发表对这个纲领的批判。他们希望在拉萨尔派中间的宣传能起到作用。

10月12日 致信奥古斯特·倍倍尔，指出：您的来信完全证实了我们的看法：这种合并从我们这方面来说是太轻率了，而且它本身就包含着将来分裂的萌芽。如果这种分裂能推迟到下届帝国国会选举以后，那就很好了……现在这个形式的纲领包括三个部分：（1）拉萨尔的词句和口号，接受这些东西是我们党的一种耻辱。如果两派要想就共同的纲领达成协议，那就应当在纲领中采纳双方一致同意的东西，而不涉及双方不一致的地方。诚然，拉萨尔的国家帮助也曾列入爱森纳赫纲领，但是，在那里它不过是许多过渡措施中的一个，而且就我所听到的一切来看，差不多可以肯定地说，要不是合并，它就会在今年的代表大会上根据白拉克的提案删掉了。现在它却被看做医治一切社会病症的绝对正确的和唯一的良药。让别人把"铁的工资规律"和拉萨尔的其他词句强加在自己头上，这是我们党在道义上的一次巨大失败。我们的党改信拉萨尔的信条了。这是怎么也否认不了的。纲领的这一部分是卡夫丁轭形门，我们党就从这下面爬向神圣拉萨尔的赫赫声名；（2）民主要求，这些要求完全是按照人民党的精神和风格拟出的；（3）向"现代国家"提出的要求（而且不知道其余的"要求"应当向谁提！），这些要求是非常混乱和不合逻辑的；（4）一般的原理，多半是从《共产党宣言》和国际的章程中抄来的，但是修改得不是把内容全部弄错，就是变成了纯粹的谬论，正如马克思在您熟知的那篇文章中所详细指出的那样。整个纲领都是杂乱无章、毫无联系、不合逻辑和丢丑的。要是资产阶级新闻界中有一个有批判头脑的人，他就会把这个纲领加以逐句研究，弄清每句话的真实含义，极其明确地指出荒诞无稽的地方，揭露出矛盾和经济学上的错误（例如，其中断言：劳动资料今天为"资本家阶级所垄断"，似乎地主已经不存在了；不说工人阶级的解放，而胡说"劳动的解放"，而劳动本身在今天恰恰是过分自由了！），从而把我们的整个党弄得非常可笑。资产阶级新闻界的蠢驴们没有这样做，反而以非常严肃的态度来对待这个纲领，领会出其中所没有的东西，并做了共产主义的解释。工人们似乎也是这样做的。仅仅是由于这种情况，马克思和我才没有公开声明不同意这个纲领。当我们的敌人和工人都把我们的见解掺到这个纲领中去的时候，我们可以对这个纲领保持沉默。

评论：信中对《哥达纲领》的主要内容做了概括，并对这个纲领作出了评述和批判的分析。马克思、恩格斯都对合并的德国社会主义工人党的纲领草案进行了批判。恩格斯认为，整个纲领都是杂乱无章、毫无联系、不合逻辑和丢丑的。这个纲领包含着将来分裂的萌芽。

10月15日 致信奥古斯特·倍倍尔，指出：我们在葡萄牙又有了报纸——《抗议报》。在那里尽管政府和资产阶级给运动造成很大的困难，但运动仍在向前推进。在第104号上给马克思的《反蒲鲁东》中的一句话——社会主义者同经济学家完全一样地给同盟定罪——加了一个不可理解的注释，说这是指"蒲鲁东一类的社会主义者"，马克思对此非常不满。第一，当时除蒲鲁东本人外根本不存在蒲鲁东一类的社会主义者。第二，马克思的论断适用于所有那时已经出现的以罗伯特·欧文为首的社会主义者（我们两人是例外，我们当时在法国还不为人所知），只要他们谈到同盟！这一论断同样适用于欧文主义者和卡贝这样的法国人。因为法国没有联合权，所以在那里这个问题也就很少涉及到。但是，因为在马克思以前只有封建的、资产阶级的、小资产阶级的或空想的社会主义或者由这种种成分混合而成的社会主义，所以很明显，所有这些社会主义者，每一个人都说自己有一种特定的万应灵药，而每一个人又都完全站在真正的工人运动之外，他们把任何形式的真正的运动,从而把同盟和罢工,都看成一种歧途,它引导群众离开唯一可以得救的真正信仰的道路。您可以看出,这个注释不仅是错误的,而且是绝顶荒谬的。

评论:信中阐述了马克思和自己的社会主义与以往的社会主义的根本不同,他们都不反对任何形式的真正的社会运动。信中提出对俄国的政府和革命形势应该重视,特别是《人民国家报》应该发挥作用和影响。

1876 年

10 月 20 日 致信路德维希·库格曼,指出:我目前正在为莱比锡《前进报》写批判杜林先生的著作。为此,我需要你在 1868 年 3 月寄给马克思的那篇《资本论》书评。如果你不可能做到这一点,那么绝对不要为此去找杜林,因为同这个人发生极少的、哪怕是间接的联系,更不要说由他提供一点极小的帮助,都会在我需要最充分的批评自由的问题上,使我失去批评自由。第二卷的工作日内将重新开始。但是,如果必须批驳学术界流传的关于马克思的各种无稽之谈,那末要做的事就太多了。例如,有一个俄国人昨天说,某个俄国教授固执地断言,马克思现在仅仅研究俄国问题,而且据说是因为马克思坚信俄国公社将遍布全世界!

评论:杜林对马克思《资本论》第一卷的书评刊载于 1867 年 12 月希尔德堡豪森出版的《现代知识补充材料》杂志第 3 卷第 3 册。1868 年 1 月初,路德维希·库格曼将杜林的书评寄给了马克思。恩格斯请库格曼帮助查找杜林的这个书评,以便于写《反杜林论》使用。信中恩格斯还告知正在阅读毛奇的《1828 年和 1829 年在土耳其欧洲部分的俄土战争》一书,这是一本很好的书。恩格斯还表示学术界流传的各种关于马克思的无稽之谈不足为奇。

1878 年

1 月 11 日 致信约翰·菲力浦·贝克尔,指出:看来你们瑞士的情况很好。成立工人党是一个巨大的进展,即使它的纲领在巴枯宁主义者先生们看来还不够激进,那也没什么关系。当然,纲领本可以写得好得多,但是它却以德国党合并时通过的充满空洞辞句的纲领作为蓝本。在德国也发生了重大的错误。特别是关于法国危机的言论,充满了巴枯宁主义的气味。这种情况再一次表明,法国在实践方面超过我们有多么远。不管目前成果怎样微不足道,那里总还是第一次不经过暴力变革而取得一点收获,而在一八七一年大屠杀以后不久就采用暴力,则只会在那里导致新的镇压和新的波拿巴主义。现在完全可以预期,工人们在不久的将来就能争取到出版自由、结社和集会的权利以及进行组织和斗争的其他手段,而这些就是他们目前所需要的一切。他们现在可以弄清楚理论问题,这很重要,一旦时机到来,他们就会作为一个组织严密的政党并且具有明确的纲领而投入革命。此外,目前正在如火如荼地进行的农民非波拿巴化和共和化的过程,也是一个巨大的成就。其次,德国的重大错误还在于,让大学生和其他不学无术的"学者"以党的科学代表的身分向全世界大量散布荒谬透顶的胡言乱语。不过这是一种必然要经受的幼稚病,恰恰是为了缩短病程,我才以杜林为标本作了那样详细的分析。

评论:信中谈到,1877年1月10日德意志帝国国会的选举中,德国社会民主党有12人当选议员,他们获得了将近五十万张选票,这也表明对巴枯宁分子的胜利。恩格斯对瑞士工人党的成立表示赞赏。瑞士的两个组织——工人联合会和格留特利联盟——在1877年计划实行合并。1877年5月在诺恩堡代表大会上通过了贝克尔提出的将工人联合会和格留特利联盟改组为社会民主党的建议。信中还称赞法国工人不通过暴力取得的成就,10月14日共和派在众议院选举中获得了决定性的胜利之后,11月19日布洛利内阁被迫辞职。麦克马洪元帅及其拥护者实行政变的企图,遭到了下级军官特别是反映法国农民的共和主义情绪的兵士的反对。麦克马洪不得不服从众议院的共和派多数,于是12月13日组成了新政府。法国资产阶级各派之间的斗争,最后是共和派获胜了。1879年初麦克马洪被迫提前辞职。温和的共和派分子茹·格雷维当选为共和国总统,在法国确立了资产阶级共和制度。在信中,恩格斯对德国的重大错误进行了分析,指出充满着巴枯宁主义的错误。

7月30日 致信菲力浦·鲍利,指出:俾斯麦干了一件大蠢事,他是想利用整个谋刺案来搞垮自由党人,而反社会党人则仅仅是他的一个口实,在此之后,我们现在可以更加满意地观察秩序党英雄们本身之间的争吵。然而,他想要搞垮自由党人,这就纯粹是发疯了,这班自由党人是他对付赤裸裸封建的、正统的、反动的宫廷的唯一盾牌,他们是信守"我们终究是狗"这句格言的应声虫,只要给一点甜头,他们就会去吻那只踢他们屁股的脚。而这样一来,他就使自己完全落入反动分子的手中了,落入那些被他出卖和迫害过并且对他恨得要命的人的手中了。这样的人居然被称作"国家活动家"!这个微不足道的人竟想利用这样一种除了对社会党人以外,对任何人都不会有好处的政策来击溃社会党人!即使我们对这个傻瓜付了报酬,那他也不可能为我们工作得再好了。此外,他直到最近为止还在推迟帝国国会会议,使得对社会党人的诬陷得以平息,资产者有时间为自己的卑鄙诬蔑感到羞愧,而那些秩序党则互相难解难分地死死揪住不放。当从下面给社会主义的根部如此大量施肥的时候,却想在9月从上面剪掉一些幼芽来扼杀社会主义!我的可爱的俾斯麦,涂抹并不是消灭。

评论:信中揭露了俾斯麦的政策。1878年5月11日和6月2日,威廉一世两次遇刺:第一次行刺的是帮工麦·赫德尔,第二次行刺的是无政府主义者卡·爱·诺比林。这两次遇刺成了俾斯麦加紧迫害社会民主党人和重新要求帝国国会通过《反社会党人非常法》的有利借口。俾斯麦是想利用工人反对资产者，利用资产者反对工人。但是，恩格斯认为，社会主义正在发展壮大，俾斯麦是不能消灭的。

1879 年

6月17日 致信爱德华·伯恩施坦，指出：英国的工人运动多年来一直在为增加工资和缩短工作时间而罢工的狭小圈子里无出路地打转转，而且这种罢工不是被当做权宜之计和宣传、组织的手段，而是被当做最终的目的。工联甚至在原则上和根据章程排斥任何政治行动，因此也拒绝参加工人阶级作为阶级而举行的任何一般性活动。这些罢工无论是成功还是失败，都不能把运动推进一步。在生意萧条的最近几年里，这样的罢工常常是资本家为找到关闭自己工厂的借口而故意制造出来的，它不能使工人阶级前进一步，把这样的罢工吹嘘为具有世界历史意义的斗争，例如这里的《自由》就是这样做的，在我看来只有害处。毋庸讳言，目前在这里还没有出现大陆上那样的真正的工人运动。

评论：这是一封草稿。恩格斯谈到了英国工人运动的状况，他认为英国的工人运动是一种工联主义，甚至在原则上和根据章程排斥任何政治行动，也拒绝参加工人阶级作为阶级的活动，这样是不能将工人运动推进的，这都不是真正的工人运动。

7月1日 致信约翰·菲力浦·贝克尔，指出：李卜克内西在帝国国会中所表现的不适时的温顺，在欧洲罗曼语区显然产生了很不好的影响，而且在各个地方的德国人中间也造成了很不愉快的印象。我们当时就在信中指出了这一点。象过去那样舒服而悠闲地进行宣传，偶尔坐上六个星期到六个月的牢，这种情况在德国已经一去不复返了。不管现在的状态如何结束，新的运动正在一个或多或少革命的基础上开始，因此它应当比已经过去的运动第一阶段坚决得多。和平达到目的的说法，或者是再没有必要了，或者是毕竟不再被人们认真地看待了。俾斯麦使这种说法遭到破产，并使运动走上革命的轨道，他为我们做了一件大好事，这绰绰有余地补偿了由于宣传工作受到压制而造成的一点点损失。

评论：恩格斯给生活困难的贝克尔寄了一些钱帮助他。信中谈到李卜克内西的演说的不好影响。李卜克内西1879年3月17日在帝国国会中就柏林及其郊区实行所谓小戒严的问题发表演说。李卜克内西声称，社会民主党将遵守《反社会党人非常法》，因为社会民主党是毫不含糊的改良党，他还把"暴力"革命说成是毫无意义而加以否定。他的演说反映了在《反社会党人非常法》实施后的最初几个月中德国社会民主党一部分领导人在策略问题上的某些动摇。恩格斯认为，工人运动也在逐渐活跃起来，不能再仅仅依靠和平手段，新的运动必将比过去更加革命和坚决。

8月4日 致信奥古斯特·倍倍尔,指出:党需要的首先是一个政治性机关报。而赫希柏格的确充其量不过是一个毫无政治立场的人物,他甚至不是社会民主主义者,而是社会博爱主义者。根据伯恩施坦的信来看,报纸也根本不应当是政治性的,而只是原则上是社会主义的,也就是说,在这些人手中必然是社会空想主义的,是《未来》的一种续刊。只有当党甘愿堕落成赫希柏格及其讲坛社会主义朋友们的尾巴时,这样的报纸才能代表党。我们决不为这样的报纸撰稿。因此,马克思和我坚决地请求您不要把我们列为撰稿人。

评论:信中阐述了党需要政治性的机关报而不是私人的报纸。德国《社会民主党人报》批评了这封信以及后面几封信里提到的通信,是因筹备在苏黎世出版德国社会主义工人党中央机关报《社会民主党人报》一事而引起的,因为1878年10月实施《反社会党人非常法》以后,在德国本国禁止出版党的报纸,其中包括党的中央机关报《前进报》。这些通信的内容是讨论新报纸的政治方针和该报编辑部的问题,是1879年7—9月,在莱比锡(倍倍尔、李卜克内西、菲勒克)、苏黎世(伯恩施坦、赫希柏格、施拉姆)、巴黎(希尔施)和伦敦(马克思和恩格斯)之间进行的。马克思和恩格斯为争取党的中央机关报的正确政治路线和反对右倾机会主义者想控制报纸出版工作的企图的斗争,最充分地反映在恩格斯在马克思参与下起草的致德国社会民主党领导的《通告信》中,这封信也详尽地分析了《社会民主党人报》的筹办过程。

9月8日 致信约翰·菲力浦·贝克尔,指出:《年鉴》出版后,我们就同那些企图把诸如此类的无稽之谈和这样的阿谀奉承作风偷运到党里来的人,即同赫希柏格一伙完全断绝了任何来往。莱比锡人很快会明白,他们所搜罗的是怎样的同盟者。总之,反对那些带着博爱主义倾向的大资产者和小资产者、大学生和博士们的时刻很快就会到来,这些人正在钻进德国党内,并企图把无产阶级反对其压迫者的阶级斗争溶化在人类普遍的兄弟同盟之中,而这个时候,人们想使我们与之结成兄弟同盟的资产者,正在宣布我们为非法,取消我们的报刊,驱散我们的集会,对我们实行赤裸裸的警察专制。德国工人未必会同意参加这样的运动。我们的人在俄国取得了巨大胜利:他们粉碎了俄普同盟。如果不是他们以自己的坚决行动引起俄国政府的极度恐慌,那末,对于因为英国宣布禁止进入不设防的君士坦丁堡以及接踵而来的在柏林的外交失败而在贵族和资产阶级中引起的不满,俄国政府是能轻易地应付过去的。而现在只好把这些失败的罪责推到国外,推到普鲁士身上。

评论:恩格斯严厉批评了一些错误言论:党宣称自己为工人党是错误的,并由于对资产阶级进行不必要的攻击而给自己招来了反社会党人法,需要的不是革命,而是长期的和平发展等。恩格斯认为,这是因为那些带着博爱主义倾向的大资产者和小资产者、大学生和博士们正在钻进德国党内,并企图把无产阶级反对压迫者的阶级斗争溶化在人类普遍的兄弟同盟之中。恩格斯认为,德国工人未必会同意参加这样的运动。

9月15日 致信约翰·菲力浦·贝克尔，指出：在苏黎世办德国党机关报的事情变得越来越妙了。苏黎世编辑委员会由赫希柏格、施拉姆和伯恩施坦组成，它应在莱比锡人的最高领导下对报纸进行监督和审查。施拉姆、赫希柏格和伯恩施坦炮制了一篇文章《德国社会主义运动的回顾》，登在赫希柏格在苏黎世出版的《社会科学和社会政治年鉴》上。这篇文章表明，这三个人全都是最平庸的资产者，和平的博爱主义者。他们说，党的罪过在于它仅仅是"工人党"并挑起了资产阶级的仇恨。他们还要求把运动的领导权交给他们这一类"有教养的"资产者。这实在太过分了。恰巧前天赫希柏格突然来到我这里，我当即向他开诚布公地谈了一切。我向他说明，我们连想都没有想过，我们可以抛弃我们高举了将近四十年的无产阶级旗帜，更不用说去赞成我们与之斗争了也将近四十年的小资产阶级关于博爱的骗人鬼话，当时，这个可怜的孩子大吃一惊。一句话，他终于明白了，我们对他是什么态度，为什么我们不跟他这一伙人一道走，不管莱比锡人怎么说和怎么做。我们也要向倍倍尔十分坚决地阐明我们对德国党的这些同盟者的立场，然后看看他们将如何行动。如果党的机关报按这篇资产阶级文章的精神行事，那么我们将公开表示反对。不过，他们未必会让事情弄到这样的地步。

评论：恩格斯批判了党内出现的机会主义，阐明了党的立场。赫希柏格、施拉姆和伯恩施坦的文章《德国社会主义运动的回顾》充分显现了他们是最平庸的资产者，和平的博爱主义者。针对他们对党的攻击和歪曲，恩格斯表示要继续与小资产阶级作斗争，永远不会放弃无产阶级的旗帜。

11月14日 致信奥古斯特·倍倍尔，指出：代表大会的决议不是辩护的理由。党如果现在还让自己受以前在安逸的和平时期作出的种种代表大会决议的约束，那末它就是给自己带上枷锁。一个有生命力的党所借以进行活动的法权基础，不仅必须由它自己建立，而且还必须可以随时改变。反社会党人法使代表大会不能召开，从而对旧的决议不能做出任何修改，这也就废除了这些决议的约束力。一个党丧失了作出有约束力的决议的可能性，它就只能在自己的活的、经常变化的需要中去寻找自己的法规。如果党甘愿使这种需要服从于那些已经僵化和死去的旧决议，那它就是自掘坟墓。这是从形式方面看。而这个决议的内容本身也使它失去任何效力。第一，它违背纲领，因为它容许投票赞成间接税；第二，它违背党的策略的明确要求，因为它允许目前的国家征收捐税；第三，如果用通俗的话说，就是这样：代表大会承认自己对保护关税问题不够了解，所以不能作出赞成或反对的明确决议。因而它声明自己在这个问题上是外行，而为了迎合可爱的公众则只能泛泛地谈一下，其中有些地方言之无物，有些地方自相矛盾或者同党纲相违背；而代表大会却轻松地认为，这么一来就可以摆脱这个问题了。在和平时期，曾经以承认自己是外行的办法来把这个在当时是纯学术性的问题束之高阁，而在目前的战斗时期，这个问题已经变得非常迫切,难道在没有通过新决议(这在目前办不到)来按法定手续取代这项决议之前,还应当让这种说法束缚整个党的手脚吗?

评论:1879年10月12、19和26日在《社会民主党人报》第2、3、4号上刊载了《社会民主党德意志帝国国会议员的报告》。恩格斯批判了其中德国社会民主党人的"不想革命""不必推翻俾斯麦制度""国家和平长入社会主义"等错误言论,指出这些是资产阶级而不是无产阶级的观点。

11月24日　致信奥古斯特·倍倍尔,指出:对于所有其他的经济问题——保护关税、铁路和保险事业等等的国有化,——社会民主党议员始终必须遵循一个基本原则:不投票赞同加强政府对人民的统治的任何措施。由于党内在这些问题上的意见必将发生分歧,自然而然要求在表决时弃权和否决,这一点就更加容易做到。《社会民主党人报》郑重其事地报道李卜克内西等在萨克森宣誓一事,是一种失策。汉斯没有放过这一点,而他的无政府主义者朋友们今后也一定会利用这一点。马克思和我并不认为这件事情象希尔施在一时激愤中所说的那么危险。但是,既然已经这样做了,只要别人没有吵嚷,就不应该声张;这样就有足够的时间进行辩护了。要不是《社会民主党人报》,汉斯根本不会知道这件事。小资产者和农民的大批涌入的确证明,运动有了极大的成就,但是同时这对运动也会成为危险,只要人们忘记,这些人是被迫而来的,他们来,仅仅是因为迫不得已。他们的加入表明,无产阶级已经确实成为领导阶级。但是,既然他们是带着小资产阶级和农民的思想和愿望来的,那就不能忘记,无产阶级如果向这些思想和愿望做出让步,它就无法完成自己的历史的领导使命。

评论:信中指出,在德国,随着无产阶级运动的发展,小资产者和农民大批涌入,显示出无产阶级已经成为领导阶级,无产阶级运动取得巨大成就,但也要看到,他们与无产阶级不同,存在被迫性,因此,无产阶级必须坚持原则,不能向他们让步,才能完成自己的历史使命。

12月16日　致信奥古斯特·倍倍尔,指出:当党在德国忠实于自己的无产阶级性质的时候,我们曾经把其他一切考虑都放在一边。但是,现在,当进入党内的小资产阶级分子已经公开表明态度的时候,情况就不同了。只要还允许他们把自己的小资产阶级观点一点一点地偷运到德国党的机关报中来,对我们来说,这个机关报就等于根本不存在。赫希柏格的信寄还。此人已不可救药。我们不愿同《未来》那一帮人混在一起,他就说这是由于我们个人的虚荣心。但在那帮人当中,有三分之一是我们过去和现在连姓名都完全不知道的,而另外大约有三分之一的人,显然是小资产阶级社会主义者。而这种东西竟自命为"科学"杂志!赫希柏格还认为这个杂志起了"启蒙作用"。其证明就是:他那付独特的、清晰得出奇的头脑,就是那付尽管我作了种种努力,迄今连小资产阶级社会主义和无产阶级社会主义之间的区别还弄不清楚的头脑。把一切分歧都归结为"误会"。这和1848年的民主抱怨派一模一样！也许，这种结论是"轻率的"。当然是这样——因为使这班先生们的空谈起不了任何作用的每一个结论都是"轻率的"。的确，这班先生们想要说的不仅是他们正在说的话，如果有可能，他们还要说相反的话。可是，世界历史在沿着自己的道路前进，不去理会这些聪明而温和的庸人。在俄国，事态在几个月内就会发展到决定性的关头。或者是专制制度崩溃，那时候，随着这个强大的反动堡垒的崩溃，欧洲的风向也会马上转变；或者是爆发欧洲战争，而这次战争也将把现在的德国党葬送在每个民族争取本民族生存的不可避免的斗争之中。这样的战争对我们来说将是极大的不幸，它可能使运动倒退二十年。但是，新的党终究一定会由此建立起来，它在欧洲各国将会摆脱现在到处都阻碍着运动的各种疑虑和浅见。

评论：恩格斯告诉倍倍尔，他已经和苏黎世三人团决裂了，分歧涉及的是任何一个无产阶级政党内都不容讨论的问题，要分清小资产阶级社会主义和无产阶级社会主义之间的区别。他也告诫倍倍尔不能再把他们看成党内同志，不能与这些小资产阶级为伍。《社会民主党人报》也不应当允许这些人将小资产阶级观点偷运进来。恩格斯对德国马格德堡选举取得的成绩感到高兴。在1879年12月10日帝国国会补选中，社会民主党人在马格德堡获得了四千七百二十一票。

12月19日 致信约翰·菲力浦·贝克尔，指出：我们不能给《社会民主党人报》撰稿。从赫希柏格后来的信中可以看出，他认为让他有可能在《社会民主党人报》上为他在《年鉴》上发表的观点辩护，是理所当然的。我不能想象，当莱比锡人同他和他的小资产阶级同事保持现在这样的关系时，怎么能够不让他这样做。而这样就使我们完全不能参加。从《宣言》发表时起（确切些说，早在马克思反对蒲鲁东的著作问世时起），我们就在不断地同那种小资产阶级社会主义进行斗争，现在当它利用反社会党人法，企图重新举起自己的旗帜时，我们也不能同它一道走。这样反而更好。不然的话，我们就会卷入同这些先生们的无休止的争论，《社会民主党人报》就会成为战场，而最后我们还是不得不公开宣布退出。所有这一切只会给普鲁士人和资产者效劳，因此我们最好是避免这种情况。但是，对于其他和我们所处地位不同的人，这决不能成为先例，因为我们是由于谈判过程本身被迫接受挑战，并反对赫希柏格及其一伙的。我认为，譬如象你不给这个报纸撰稿，是没有任何理由的。德国工人的通讯是该报唯一使人快慰的东西，你参加撰稿只会使报纸得到改善。既然已经有了这个报纸，那就让它尽可能好些，而不是更坏些。俄国的情况好极了！在那里决定性的时刻大概很快就会到来，那时，执掌德意志帝国政权的老爷们就会吓得魂不附体。这是即将来临的世界历史转折点。但愿你不要被那些可怜的无政府主义者弄得过于烦恼。他们已经狼狈不堪。在西方，他们已经陷入穷途末路，只好在自己人中间搞无政府状态，以致互相撕打，而在俄国，他们采用行刺的手段，这不过是为立宪派火中取栗，直到现在他们才惊愕地发现了这一点！

评论：信中阐述了马克思主义与小资产阶级社会主义一直在作斗争，最初有马克思反对蒲鲁东的斗争。在小资产阶级利用反社会党人法，企图重新举起自己的旗帜时，也不能同它一道走。同时，恩格斯指出，争论只会给普鲁士人和资产者效劳。恩格斯鼓励贝克尔给《社会民主党人报》撰稿，以增强影响。无政府主义已经陷入穷途末路，不足为患。信中认为，在俄国决定性的时刻大概很快就会到来。

1880 年

4月1日 致信约翰·菲力浦·贝克尔，指出：请在这《自由》的夸夸其谈和《社会民主党人报》的庸人短见之间选择吧！我担心，我们在德国的朋友们在当前应该保持的组织形式问题上会产生错误看法。我不反对那些当选为国会议员的人来担任领导，因为没有别的领导。但是，他们不能够要求，而且也得不到老的党领导所能要求的绝对服从，而老的党领导正是为了这个目的选出来的。在目前没有报纸、没有群众集会的条件下，尤其如此。现在，组织在外表上越是松散，它在实际上就越是坚强。与此相反，人们却要保存旧的体制：党的领导的决定就是最后的决定（虽然没有代表大会来纠正领导的错误并在必要时罢免它），谁要是触犯了领导人之一，谁就是叛逆者。在这种情况下，其中比较优秀的人自己就会意识到，他们中间也有各种各样无能而且不完全纯洁的人。确实，他们除非是目光过于短浅才会看不到，不是他们在对自己的机关报发号施令，而是赫希柏格借助于自己的钱袋在发号施令，而他的庸人朋友施拉姆和伯恩施坦则同他串通一气。据我看，老的党及其原先的组织正在结束。如果欧洲的运动，象预期的那样，很快重新活跃起来，那末德国无产阶级的广大群众就会投入这个运动，1878年的五十万人将成为这些群众中有训练的、有纪律的核心，而继承了拉萨尔派传统的旧的"严格的组织"，到那时将成为一种障碍，但是，它即使能挡住车轮，却挡不住滚滚洪流。在这种情况下，这些人所做的一切，只会使党陷于瓦解。第一，他们强迫党经常保持着老的宣传员和编辑，为此又把一大堆报纸强加于党，这些报上除了蹩脚的资产阶级小报上的东西以外，没有别的货色。而工人们竟应该长期忍受这一切！第二，在帝国国会和萨克森邦议会中，这些领导人在大多数情况下表现得如此温顺，使自己和党在全世界面前丢脸，他们向现任政府"积极"建议在各种细小问题上怎样做得更好一些，等等。而被宣布为非法的、被捆住手脚听任警察当局恣意摆布的工人们，却应该认为这样就是真正地代表他们！第三，《社会民主党人报》的庸人的小资产阶级性，得到这些人的赞许。他们在每一封信里都对我们说，决不要相信似乎在党内出现了分裂或产生了意见分歧的说法；但是每一个从德国来的人都肯定地说，领导的这种做法把大家完全弄糊涂了，在那里大家根本不同意这种做法。由于我们的工人们具有已卓越地表现出来的那种品质，情况也不可能不是这样。德国的运动的特点是，领导的一切错误总是由群众来纠正。当然,这一次也会是这样。

评论:恩格斯分析了工人协会的分裂,指出无论是莫斯特,夸夸其谈的《自由》,还是《社会民主党人报》的庸人短见对世界历史进程都毫无影响。恩格斯认为,随着欧洲运动的复苏活跃,德国无产阶级将会投入运动。

第 35 卷

恩格斯给其他人的信

1881 年

3月12日 致信爱德华·伯恩施坦，指出：把国家对自由竞争的每一种干涉——保护关税、同业公会、烟草垄断、个别工业部门的国有化、海外贸易公司、皇家陶瓷厂——都叫做"社会主义"，这纯粹是曼彻斯特的资产阶级为了私利而进行的捏造。对这种捏造我们应当加以批判，而不应当相信。如果我们相信它，并且根据它建立起一套理论，那末，只要提出下面的简单论据就会使这套理论连同它的前提一起破产，这种论据就是：这种所谓的社会主义不过是封建的反动，另一方面不过是榨取金钱的借口，而它的间接目的则是使尽可能多的无产者变成依赖国家的公务员和领养老金者，同时，除了一支有纪律的士兵和公务员大军以外，再组织一支类似的工人大军。在国家长官，而不是工厂监工的监视下举行强制性的选举——好一个美妙的社会主义！但是，如果相信资产阶级这一套连他们自己都不相信、而只是假装相信的说法，那就会得出结论：国家等于社会主义。

评论：恩格斯将写作的《不要通奸》的文章资料寄给伯恩施坦参考。信中谈到考茨基用辛马霍斯这个笔名发表在1881年3月6日《社会民主党人报》第10号上的文章《国家社会主义和社会民主党》，恩格斯认为，不应该刊登这样的文章，文章中存在着许多错误观点。恩格斯还表达了对爱尔兰人民起义斗争的看法，肯定了约瑟夫·考恩及其领导的无产阶级激进派。

3月30日 致信奥古斯特·倍倍尔，指出：温德耳·菲力浦斯的行动（一位年青的美国记者威拉德·布朗对此起了促进作用，他去年常到马克思这里来，并且总的说来在美国报纸上尽可能地帮助他们，为他们作了必要的宣传）具有重大的意义。效果完全出乎我的意料；他证明说，在美国的德国人，甚至资产者，对俾斯麦的崇拜正在消失。但是菲勒克同李卜克内西一起作第二次旅行的希望未必能够实现：因为不可能很快地再度到那里去。况且彼得堡的重大事件和它的不可避免的后果，看来将使起码要在明年才能进行的这次旅行成为多余。亚历山大三世,不管愿意不愿意,势必采取某种坚决行动来掀起一场狂潮恶浪,在这之前可能发生短时期的残酷迫害,而瑞士大概很快就会实行大批的驱逐出境。同时威廉一世越来越糊涂,并且眼看就要一命呜呼;俾斯麦日益疯狂,看样子他想千方百计地扮演普鲁士的疯狂的罗兰这个角色;各资产阶级政党日益加剧地解体,政府的横征暴敛达到顶点。即使我们全都袖手旁观,事变也会迫使我们走上前台,并为我们准备好胜利。在总危机临近的时候,早已预言过的全世界的革命形势正在成熟;瞎眼的敌人在为我们工作;加速世界崩溃的发展规律,正在全面的慌乱中和通过这种慌乱发挥作用;——看到这一切真是令人高兴。

评论:恩格斯肯定了波士顿大会的召开。信中分析了德国、俄国、瑞士、美国等地的革命新形势,认为资产阶级政党正在日益加剧地解体,全世界的革命形势正在成熟,恩格斯很欣喜地看到这一切。

4月14日 致信爱德华·伯恩施坦,指出:您关于想要离开报纸的声明,使我们感到惊讶和很不愉快。我们看不出有任何理由要这样做,如果您能收回这个决定,我们将非常高兴。您一开始就很善于编辑报纸,采取了正确的调子,并且表现了应有的机智。对于编辑报纸来说学识渊博并不那样重要,重要的是善于从适当的方面迅速抓住问题,而这一点您几乎经常都能做到。譬如考茨基就不能做到这一点,他总是有很多的次要观点,也许这对于杂志上的长文章是适用的,但是在需要迅速作出决定的报纸上,就往往弄得只见树木不见森林,而在党的机关报上这是不行的。考茨基和您在一起也许完全合适,但是我担心,如果光他一个人,理论上的犹豫不决会经常妨碍他直接从坚决进攻的立场出发,而这种立场是《社会民主党人报》所必需的。我想不出,现在有谁能够代替您,现在李卜克内西正在坐牢,不能到苏黎世去,况且除非万不得已,这也是毫无意义的,因为帝国国会里更需要他。所以不管愿意不愿意,您非留下来不可。

如果说我们还没有直接以自己的名义在《社会民主党人报》上发表文章,那末您可以相信,这决不是因为您领导报纸的关系。恰恰相反!这是因为前面提到的在德国发表的那些言论。虽然答应过我们,说这种事不会再重复了,说今后将明确地表达出并且始终不渝地坚持党的革命性质。不过我们想先看看实际行动,而且我们不大相信(不如说根本不相信)某些先生们的革命性,正是因为这样,我们非常希望看看我们所有的议员的发言速记记录。您用过以后,把它们寄来用几天,这对您当然不会有什么困难;我保证很快退回。这将有助于排除我们和德国党之间现在仍然存在的——这不是我们的过错——最后的障碍。这只是在我们之间谈谈。

评论:信中恩格斯挽留伯恩施坦,认为他善于利用报纸开展工作,是做报纸工作的合适人选,希望他继续留在《社会民主党人报》。恩格斯对自己和马克思不给《社会民主党人报》写稿作了解释,这并不是因为报纸的关系,而是因为对德国党

8月25日 致信奥古斯特·倍倍尔，指出：我非常了解，你们感到手痒，因为在德国一切都在对我们如此有利地发展着，而你们却被束缚了手脚，不能利用仿佛自然而然地纷纷落到你们手中的一切成就。但这没有什么关系。在德国，有许多人（菲勒克就是一个明显的例子，由于不能进行合法宣传，他已经完全灰心丧气了）过分重视公开宣传，而轻视历史事件的真正动力。只有经验才能纠正这种情况。我们现在不能加以利用的成就，对我们来说还远没有因此而丧失。只有事变本身才能唤醒冷淡消极的人民群众，如果说这些被唤起的群众在目前情况下思想依然有点混乱，那么当六十万张选票突然增加两倍，当不仅萨克森，而且所有大城市和工业区也都落入我们手中，农业工人也处于容易接受我们思想影响的状况的时候，那时解放的语言所起的作用就会更加巨大，国家和资产阶级所受到的影响就会更加强烈。这样通过冲击来争取群众，比利用公开宣传来逐渐吸引他们，更为重要，何况在目前情况下，我们公开宣传的可能性很快又会被夺走。容克、教士和资产者在目前的关系下是不会容许我们来摧毁他们的立足点的，因此最好是由他们自己去干这件事。重新刮起另一种风的时候将要来临。目前你们不得不自己去对付各种艰苦工作，忍受政府和资产阶级的卑鄙行径，而这不是开玩笑的。但是，不要忘记对你们和我们的全体同志所采取的任何一个无耻行为。报仇的时刻一定会到来，那时我们必须认真加以利用。

评论：信中批评了李卜克内西1881年5月31日在帝国国会所作的关于工人伤亡事故保险法案的发言的不妥当；信中肯定了法国工人候选人在选举中取得的成绩。1881年8月21日举行了法国众议院选举，在这次选举中第一次从法国工人党中提出了候选人。恩格斯认为，当时法国革命的合乎规律的、正常的和十分必要的和平过程是十分有益的，也有利于吸引群众力量。恩格斯还指导和鼓励工人革命者要重视历史事件的真正动力，克服面临的困难，争取群众。

11月4日 致信约翰·菲力浦·贝克尔，指出：我们在德国的同志在选举中出色地经受住了考验。尽管这一次所有其他的政党都倾巢出动，他们在二十三还是二十七个区的复选当中还是被通过了。所有这一切是在非常法和戒严的压制下，在没有报刊、不能集会、没有任何公开宣传工具，并且在确信党内成千人在生活上会为此又蒙受牺牲的情况下取得的。这是了不起的事，它已在整个欧洲，特别是在英国这里产生了巨大的影响。我们能得到多少席位，这并不重要。无论如何，能在帝国国会中去说出必须说的话，这就够了。我们在许多大城市里争得了立足点，而不是丧失它，这个事实就是非常好的，为我们德国的小伙子们欢呼吧！

评论：恩格斯对库尔代表大会的召开以及德国社会民主党人在1881年10月27日德意志帝国国会选举中取得的胜利大加赞赏。贝克尔以瑞士的德国工人代表的资格参与了库尔代表大会的工作。在这次选举中社会民主党人获得了三十一万二千票和十二个议席。

1882 年

  1月25、31日 致信爱德华·伯恩施坦，指出：关于德国"领袖"中的情况的报道，使我们很感兴趣。我从来不讳言：在我看来，德国的群众要比领袖先生们好得多，特别是在党由于报刊和宣传而变成了为这些领袖提供黄油的奶牛，而俾斯麦和资产阶级却突然宰了这头奶牛之后，情况就更是这样了。一千人因此一下子被剥夺了生存条件，对他们来说，他们没有直接处于革命者的状况即没有被放逐到国外去，这是一种不幸。否则，许多现在垂头丧气的人都会转到莫斯特的阵营里去，或者无论如何会认为《社会民主党人报》是过于温和了。这些人大部分都留在德国，而且必须这样做；他们大部分都处于相当反动的环境中，在社会上备受排斥，为了自己的生活而依靠庸人，因而大多数人自己也被庸俗习气所侵蚀。他们的一切希望很快都集中在废除反社会党人法上面来了。在庸俗习气的影响下，在他们中间产生了一种确实荒唐的幻想：只要温顺就可以达到这个目的，这是毫不足怪的。对意志薄弱的人来说，德国是一个很坏的国家。民事关系和政治关系的狭隘琐碎，甚至在大城市中也存在的闭关自守，在同警察和官僚进行斗争时总要遇到的小小的但是层出不穷的阴谋诡计——这一切都把人弄得筋疲力竭，而不是激发人起来反抗；这样，在这个"大幼儿园"里，许多人自己也变得很幼稚了。生活条件的狭隘造成了眼界的狭隘，所以生活在德国的人，必须有很大的智慧和精力才能超出身边的事物而看得更远一些，才能看见世界大事的巨大联系，才不致于陷入自满自足的"客观性"。这种"客观性"不能看得比自己的鼻子更远，因此恰恰是最狭隘的主观性，虽然它是成千的这种人都具有的。

  但是，无论这种用"客观的"过分聪明来掩盖自己缺乏判断力和抵抗力的倾向是怎样自然而然地产生，我们还是必须对它进行坚决的斗争。而在这里，工人群众本身是最好的支点。在德国，只有他们是生活在比较现代的条件下，他们的一切大大小小的不幸都是资本的压迫所造成的，而德国的其他一切斗争，无论是社会斗争或政治斗争，都是琐碎的和微不足道的，而且是围绕着一些在别的地方早已解决了的琐碎的事情打转；工人的斗争是唯一伟大的、唯一站在时代高度的、唯一不使战士软弱无力而是不断加强他们的力量的斗争。因此，您能在真正的、没有变成"领袖"的工人中间给自己找到的通讯员愈多，您就愈有可能对抗领袖的号叫。

  这一次各种稀奇古怪的人被选入帝国国会，这是必然的。尤其遗憾的是，倍倍尔没有当选。只有他具有清醒的头脑、政治的远见和充沛的精力，不致容许蠢事发生。

评论：信中批评了德国工人党的一些领袖，认为反社会党人法的实施造成的反动的环境，大大排斥和侵蚀了他们，对于这样的状况必须进行坚决的斗争。恩格斯肯定了工人群众的力量，提出要注意工人力量的培养和发挥。

2月7日 致信卡尔·考茨基，指出：一个大民族，只要还没有民族独立，历史地看，就甚至不能比较严肃地讨论任何内政问题。1859年以前，在意大利根本谈不上社会主义，甚至当时算是最有力的因素的共和主义者，也并不很多。共和主义者到1861年以后才多起来，以后，他们的最优秀的力量投入了社会主义者的行列。德国的情况也是这样。拉萨尔在幸运地被枪弹击中的时候，已经准备承认事业失败并准备放弃事业了。只是在1866年大普鲁士统一小德意志的问题实际解决了以后，拉萨尔派也好，所谓爱森纳赫派也好，才有了意义；只是从1870年波拿巴进行干涉的渴望彻底破灭以后，事业才具有很大的规模。假如在我们这里还保留着旧的联邦议会，那我们的党会怎么样啊！匈牙利的情况也一样。只是从1860年起它才被卷入现代的运动：上层是欺诈，下层是社会主义。

无产阶级的国际运动，无论如何只有在独立民族的范围内才有可能。国际合作只有在平等者之间才有可能，甚至平等者中间居首位者也只有在直接行动的条件下才是需要的。只要波兰还被分割，还受压迫，那末不论是国内的强大的社会主义政党的发展，还是德国和其他国家的无产阶级政党同除流亡者以外的任何波兰人的真正的国际交往的发展，都不可能。

评论：恩格斯谈到了民族独立问题，认为无产阶级的国际运动，只有在独立民族的范围内才有可能。恩格斯支持波兰人民为取得民族独立而进行斗争，他对反对波兰民族独立的各种因素作出了深入的分析。

2月10日 致信约翰·菲力浦·贝克尔，指出：国际实际上是继续存在着的。各国革命工人之间的联系，就其能够实现而言，也还是保持着的。每一个社会主义的报刊都是一个国际的中心；从日内瓦、苏黎世、伦敦、巴黎、布鲁塞尔、米兰向四面八方伸展出许多线，互相交叉，而我实在看不出，在目前，让这样多的小中心聚结在一个大的主要中心的周围会给运动带来什么新的力量——恐怕这只能增加摩擦。但是，正因为如此，当需要把这些力量集合起来的时机已经到来的时候，这是可以立即实现的，并不需要长期的准备。每一个国家的先进战士的名字在其他一切国家中都是人所共知的，任何一个由大家签署并为大家拥护的公开行动都会发生巨大的影响，——这和大多是人们不知道的旧总委员会委员们的名字完全不同。正因为如此，在这种行动能够起决定性作用之前，即当欧洲的事变会促使它诞生之前，应当暂不采取这种行动。否则就会损害它将来的效果，而且这只不过是一种徒劳无益之举。这样的事变正在俄国酝酿着，在那里，革命的先锋队就要出击了。照我们看来，应当等待这一事变以及在德国必然产生的反应，——到那时，采取伟大的行动和建立一个正式的真正的国际的时机就到来了，不过到那时，它再也不会是一个宣传的团体，而只能是一个行动的团体了。因此，我们坚决主张，这样一种优越的斗争手段，绝不应当在还比较安静的时期，即革命的前夜就使用它，损害它，从而削弱它的作用。

评论：恩格斯对贝克尔提出的成立一个第一国际类型的新的国际工人组织的建议作出了答复。马克思和他本人慎重地考虑过这个建议，认为时机还没有到来，并具体地分析了各方面的情况和不利因素。同时，恩格斯表示，虽然没有国际，但它实际上依然存在着，各国革命工人之间仍然保持着联系，条件正在酝酿，等到条件具备时，正式的真正国际就会建立。

6月21日 致信奥古斯特·倍倍尔，指出：事态迟早会发展到同党内有资产阶级思想的分子发生冲突并使左右两翼分裂，对于这一点，我早已不再存有任何幻想。这些先生们全都想当领袖，但他们只有留在我们党内才能冒充领袖，因此他们就小心翼翼地防止引起决裂。另一方面，他们知道，当反社会党人法仍然有效的时候，我们也有理由避免党内分裂，同时对分裂我们又不能公开辩论。因此我们将不得不容忍他们在书面上和口头上的埋怨和呻吟，一直到我们重新有可能在本国国内和在工人们的面前就原则上和策略上的争论问题同他们划清界限为止——只要他们不走得太远，不迫使我们提前实行分裂的话。目前，反社会党人法反正快要寿终正寝了，当它一旦废除，按照我的看法，就必须坦率地讲明情况；那时候这些先生们的行为本身就会告诉我们下一步该做什么。一旦他们组成了一个单独的右翼时，可以根据情况在能够接受的限度之内和他们商定采取某种共同行动，甚至和他们结成同盟等等。不过未必有这种必要：决裂本身将把他们的软弱无力彻底暴露出来。他们在群众中既无支持者，自己又无才能，也无知识，有的只是自命不凡，而且十分严重。话又说回来，到时候就知道该怎么办了。不管怎样，通过分裂我们可以使问题明朗，并且可以摆脱那些和我们格格不入的异己分子。

你知道，在巴黎，工人党的队伍中正在闹不团结。在最近一次法国中部联合会代表大会上，《无产者报》的那帮人（马隆、布鲁斯等），干脆毫不客气地把《平等报》的人（这是我们的最优秀的人：盖得、杰维尔、拉法格等）开除出去了。《社会民主党人报》完全正确地谴责了这种做法，《平等报》译载了这段话。对此，《无产者报》答复说：他们一派已向德国党的领导讲明情况了，并且说是随后已经取得了完全一致的意见。关于此事你了解什么情况吗？《无产者报》的那帮人是一伙极其厚颜无耻的爱撒谎的人，但另一方面，我记得有许多例子，莱比锡《人民国家报》和《前进报》对于法国人和法国的事务干过一些十足的蠢事。你能否告诉我一些实际情况？我将设法寄给你《无产者报》的剪报。马隆、布鲁斯及其同伙感到担任工人的候选人这个角色太无聊了；因此他们就和某些激进派资产者和著作家联合起来，并邀请其余的这类人参加这个联盟；他们认为这样一来自己就可以更快地当选。他们对《平等报》所采用的斗争手段和巴枯宁主义者的那种卑鄙龌龊的老手法一模一样。

评论：恩格斯对当时德国党内的状况作出了分析，并表达了自己的意见，他认为，党内的分裂是不可避免了。恩格斯认为分裂是一件好事，分裂将暴露右翼分子的软弱无力，也可以使党摆脱那些格格不入的异己分子。他和马克思坚决支持同右翼分子的斗争。恩格斯还谈到法国工人党内部的分裂，向倍倍尔询问更详细的情况，并揭露了这些卑鄙手段。

6月26日 致信爱德华·伯恩施坦，指出：爱尔兰人只剩下一条一个一个地逐步夺取阵地的立宪道路了，不过芬尼亚社社员的那种充满秘密性的武装阴谋会仍然是非常起作用的因素。但是这些芬尼亚社社员自己却愈来愈习惯于独特的巴枯宁主义；刺杀伯克和卡文迪什只能有一个目的：破坏土地同盟和格莱斯顿之间的妥协。而在当时的情况下，这种妥协对爱尔兰说来是最好的结局。由于佃户欠了地租，大地主把几万名佃户赶出家园，而且是在武装力量的保护下行动的。阻止这种有系统地灭绝爱尔兰人口的做法（被赶走的人或死于饥饿，或被迫迁往美国）是当前第一要求。格莱斯顿准备提出一个法案，要仿照奥地利1848年封建义务赎金的办法来付清欠款：三分之一由农民支付，三分之一由国家支付，三分之一由大地主自认损失。土地同盟本身的建议也是如此。由此看来，凤凰公园的"壮举"如果不是道地的愚蠢，就是纯粹巴枯宁主义的、广告式的、毫无目的的"以行动进行的宣传"。如果这种宣传没有产生类似赫德尔和诺比林的愚蠢行为所产生的那种后果，那只是因为爱尔兰的情况毕竟不完全与普鲁士相同。因此，让巴枯宁主义者和莫斯特派把这种幼稚的行动去和暗杀亚历山大二世的行为相提并论吧，让他们拿尚未到来的"爱尔兰革命"去进行恐吓吧。

评论：恩格斯主要对爱尔兰运动中的两大派：土地派和城市资产阶级自由主义民族反对派进行了分析，介绍了芬尼亚运动的出现、发展、组织性质和斗争目的，并指出芬尼亚运动的影响及弱点，谈到对他们应采取的态度。

10月28日 致信奥古斯特·倍倍尔，指出：福尔马尔的两篇文章，我非常喜欢的是第一篇，因为它给了"右翼"的抱怨派先生们以应有的回击，这些先生们甚至不惜接受那些对党来说要比反社会党人法本身还要坏的条件，来争取废除反社会党人法，这无非是想借此重新筹办象《审判报》之类的报纸，从而又得以回到旧日的写作方面的"埃及的肉锅"。我以为，针对这些先生们——文章就是针对他们的——指出下面的一点，是完全正确的，即：接受使党的处境更加恶化的条件，自愿废除反社会党人法是很容易实现的；应当强调指出，靠屈膝乞求的办法我们是很难摆脱反社会党人法的。

第二篇文章我相当匆忙地看了一遍，当时有两、三个人一直在旁边谈话，否则我就会从作者对革命的看法看出法国的影响，同时大概也就认清了我们的福尔马尔。你在这方面的看法是完全正确的。"都是反动的一帮"这种说法终于在长久期待之后被实现了。这里是所有的正式党派纠合在一起,那里是我们社会主义者组成严整的队伍;一场大决战,一下子就会全线胜利。实际上事情并不那么简单。刚刚相反,实际上,正如你也指出过的,革命是在绝大多数人民以及正式党派联合起来反对因此而被孤立了的政府、并要推翻它的时候开始的;而且只有在那些还能继续存在下来的正式党派在相互斗争中一个促使一个和一个接着一个地垮台以后,只有在这以后,才会出现福尔马尔所谈的彻底分裂,与此同时,我们取得统治权的时机也就来临了。假如我们和福尔马尔一起立刻从革命的最后一举开始革命,那对我们将是非常不利的。

评论:信中对刊载在1882年8月17和24日《社会民主党人报》第34号和35号上的福尔马尔的两篇未署名的文章(文章的标题都是《废除非常法吗?》)作出了评论。恩格斯肯定了第一篇文章对德国社会民主党的右翼的批评,认为靠屈膝乞求的办法很难摆脱反社会党人法。信中赞同倍倍尔对福尔马尔的批评。倍倍尔的文章《废除反社会党人法吗?》发表在1882年10月12日《社会民主党人报》第42号上,批驳了福尔马尔的这两篇文章。倍倍尔主要对福尔马尔的第二篇文章进行了尖锐的批判,福尔马尔号召采取暴动和建立党的秘密组织的策略。倍倍尔谴责了这一策略,认为这对党来说是不能容许的和极为有害的。他在1882年10月1日给恩格斯的信中说,像福尔马尔这样的文章所使用的不谨慎的腔调和语言,只会使党的队伍招致不必要的牺牲。恩格斯还分析了法国工人党内部的分裂情况,揭示了分裂的必然性,并告诫倍倍尔正确认识内部斗争的必然性,无产阶级革命的发展将克服这些内部斗争。

11月28日 致信爱德华·伯恩施坦,指出:马隆以他自己的没有纲领的绪论这一施给乞丐的稀汤吸引着许多人,这是毫不足怪的。但是,如果建立一个没有纲领的党,一个谁都可以参加的党,那末这就不成其为党了。受到马隆和福尔马尔如此青睐的老宗派主义者,多年来已证明自己毫无力量,最好是让他们安然死去。至于工团,那末,如果把每一个同英国工联一样,只为提高工资和缩短工作日而斗争,根本不关心运动的罢工协会,——如果把所有这些协会都列入工人政党,那末实际上会组成一个维护雇佣劳动,而不是消灭雇佣劳动的党。正如马克思告诉我的,巴黎的这些工团多数甚至比英国工联更次。为了迎合这些人而放弃任何党纲,是不能带领他们前进的。真是闻所未闻:一个没有纲领的党,一个这样的党,根据它的含糊糊的绪论(完全是按照也相信共产主义可以在五百年以后实现的"共产主义者"米凯尔的精神制订的)势必得出结论,每一个小组都可以制造它自己的纲领!

暂时处于少数——在组织上——而有正确的纲领,总比没有纲领而只是表面上拥有一大批虚假的拥护者要强得多。我们一辈子都处于少数,我们觉得这样也非常好。巴黎的组织数量不多(果真如此,我还不理解可能派为什么不敢出席罗昂派关于两个代表大会的辩论会),这可以由于报刊的影响而一倍或两倍地得到弥补。

评论：信中谈到法国工人党内的派别斗争情况，恩格斯根据法国工人运动的历史指出，一个没有纲领的党，一个谁都可以参加的党，实际上就不成其为党了；恩格斯坚决反对工团，批评工团是只为提高工资和缩短工作日斗争，这实际上是一个维护雇佣劳动的党，而不是消灭雇佣劳动的党，完全没有工人的纲领。

1883 年

2月27、28日，3月1日 致信爱德华·伯恩施坦，指出：您说李卜克内西犯了吸收庸俗分子的过错，我们早就有这个意见。李卜克内西虽然有许多极好的品质，但有一个缺点，就是竭力把"有教养的"分子拉进党内。

如果"有教养者"和根本就是来自资产阶级的人不是完全站在无产阶级立场上，他们就只会有害。如果他们确实站在无产阶级立场上，他们会是非常有益的，应当欢迎他们。其次，李卜克内西的特点之一，就是他为了一时的成果而不加考虑地牺牲将来的更大成果。非常冒险地派菲勒克和弗里茨舍去美国，就是一例。目前一切还平安无事，但是我们怎么能知道弗里茨舍今后在美国不会给我们丢脸呢？以后会有人说：这是正式派去的德国社会民主党在美国的代表啊！奥本海默事件证明，在推举候选人时，对于这类人，应采取非常慎重的态度。

我们一直在党内同小资产阶级的市侩庸俗习气作最无情的斗争，因为这种习气从三十年战争以来就在蔓延，现在已经沾染了德国的一切阶级，成了德国人的遗传病，成了奴颜婢膝、俯首帖耳和德国人的一切传统的恶习的亲姊妹。就是这种习气使我们在国外受人嘲笑和轻视。它是我们当中一片委靡不振和意志薄弱的主要原因。它既经常笼罩着王位，也经常笼罩着鞋匠的小屋。只有在德国形成了现代无产阶级以后，才出现了一个几乎完全没有感染这种德国遗传病的阶级，这个阶级在斗争中显示出它目光远大，精力充沛，态度乐观，意志顽强。难道我们不应该反对又人为地使这个健康的而且在德国是唯一健康的阶级感染庸人的目光短浅和委靡不振这种旧遗传病毒的一切企图吗？但是，刺杀事件刚一发生，反社会党人法刚刚通过，领导者们就惊慌失措，恐惧万分，这只能证明他们自己在庸人中生活得太久，而且处于庸俗舆论的压力之下。党在那个时候虽然没有完全成为庸人的党，但是的确象是那样的党。幸而这一切现在已经克服了，但是在反社会党人法通过以前不久吸收到党内来的那些庸俗分子，主要是大学毕业生和多半是没有毕业的大学生，还仍然留在我们的队伍中，我们必须警觉地注意这些人。您在这方面帮助党，这使我们很高兴。您在那里在《社会民主党人报》中担负着极其重要的职务。

评论：恩格斯认为他和马克思是国际社会主义的代表，具有特殊的地位和意义。恩格斯批评了德国党内存在的小资产阶级的市侩庸俗习气，并坚持要同这些风气作斗争。信中还提到电的利用的发展，认为德普勒德的最新发现将使工业的发展突破地方的界限，并且使遥远的水力的利用成为可能，终将成为消除城乡对立的最强有力的杠杆，在生产力的极大发展下，资产阶级对生产力的管理愈来愈不能胜任。

3月2日 致信卡尔·考茨基，指出：您否定共妻是原始现象，又想硬把它说成是派生现象，这是绝对不容许的。凡有共有制的地方——不管是土地的、或者妻子的、或者任何东西的共有制——，共有制就必定是原始的、来源于动物界的。后来的全部发展就是这种原始共有制的逐渐消亡的过程；无论何时何地，我们都找不到一个例子能证明，共有制是作为派生现象从最初的个人占有发展来的。我认为这个论点是如此无可辩驳，如此有普遍意义，即使您能给我指出一些似是而非的例外，不管这些例外乍看起来是多么振振有词，我也认为它们不能作为否定这一论点的证据，而只不过是一个尚待解决的问题而已。

我坚信，您如果继续研究这个问题或者经过若干时间再来研究它，那就会得出完全不同的结果，也许您会惋惜您在这个极其困难的领域竟采取了如此仓促的态度。您读了很多这方面的书，但是结论做得太匆忙了，而且太看重了所谓人类学家的意见，这些人我看全都患有一种讲坛社会主义的斜眼症。即使您把巴霍芬使性的共有制神圣化和神秘化的说法驳斥得体无完肤，而性的共有制仍然是事实。

评论：恩格斯对考茨基的《抢劫婚姻和母权制。克兰》一文提出批评意见，信中围绕考茨基否定共妻是原始现象，把它说成是派生现象；关于妒忌的作用，妇女自由与一夫一妻制的关系等问题表达了自己的见解。

3月14日 致信爱德华·伯恩施坦，指出：我的电报想必您已经收到。事情来得太突然了。本来大有希望，但是今天早晨体力突然衰竭，接着就完全入睡了。在两分钟之内这个天才的头脑就停止了思想，而这正是发生在医生们给了我们最大的希望的时候。这个人在理论方面，而且在一切紧要关头也在实践方面，对我们究竟有多么大的意义，这只有同他经常在一起的人才能想象得出。他的广阔的眼界将同他一起长久地从舞台上消逝。这种眼界是我们其余的人所达不到的。运动必将沿着自己的道路发展下去，但是已经缺少那种沉着的、及时的、深思熟虑的指导了，这种指导到现在为止曾多次使它避免在歧路上长期徘徊。

评论：信中谈到马克思逝世时的一些情况，恩格斯高度评价马克思是"天才的头脑"，马克思在理论和实践方面都对国际共产主义运动具有重要意义。

3月14日 致信威廉·李卜克内西，指出：从我给倍倍尔夫人——这是我所知道的唯一通讯处——的电报里，您大概已经知道，欧洲的社会主义革命党遭受了多么严重的损失。上星期五医生——伦敦最好的医生之——还告诉我们，他完全有希望恢复健康，只要食物使他的体力得到恢复，他就会比任何时候都更加健壮。而且正是从那时候起，他的胃口又开始好一些了。但是今天下午两点多钟我去的时候，看到全家都在掉泪：他的病情很坏；琳蘅说他处在半睡的状态，叫我上楼去看他，当我上了楼的时候——此时她离开房间不过两分钟光景——他已完全睡着,但是长眠不醒了。十九世纪下半叶最伟大的头脑停止思想了。关于致死的直接原因,没有医生的意见我不好判断;整个情况是这样复杂,以致医生们要把它详细写出来,也要花费许多笔墨。然而,现在这毕竟已不是那么重要的了。最近六个星期以来,我饱受了惊恐,而我所能说的只是,在我看来,起初他的夫人去世,接着,在他非常危急的关头燕妮又去世,这些都起了作用,加速了他的逝世。

虽然今天晚上我看到他仰卧在床上,面孔也永远不动了,但是我仍然不能想象,这个天才的头脑不再用他那强有力的思想来哺育两个半球的无产阶级运动了。我们之所以有今天,都应归功于他;现代运动当前所取得的一切成就,都应归功于他的理论的和实践的活动;没有他,我们至今还会在黑暗中徘徊。

评论:信中告知马克思逝世时的一些情况,认为马克思的逝世使欧洲的社会主义革命遭受了严重的损失,马克思这个天才的头脑不能再用他那强有力的思想来哺育无产阶级运动了。恩格斯认为,现代运动当前所取得的一切成就,都应归功于马克思的理论和实践活动;没有马克思,人类至今还会在黑暗中徘徊。

3月15日 致信弗里德里希·阿道夫·左尔格,指出:人类却失去了一个头脑,而且是它在当代所拥有的最重要的一个头脑。无产阶级运动在沿着自己的道路继续前进,但是,法国人、俄国人、美国人、德国人在紧要关头都自然地去请教的中心点没有了,他们过去每次都从这里得到只有天才和造诣极深的人才能作出的明确而无可反驳的忠告。那些土名人和小天才(如果不说他们是骗子的话),现在可以为所欲为了。最后的胜利依然是确定无疑的,但是迂回曲折的道路,暂时的和局部的迷误——虽然这也是难免的——,现在将会比以前多得多了。不过我们一定要克服这些障碍,否则,我们活着干什么呢?我们决不会因此丧失勇气。

评论:信中详细介绍了两年来马克思的病情变化、治病情况和去世过程。恩格斯认为,马克思的去世是无产阶级运动的巨大损失,革命道路会更加曲折。后人应当努力完成许多未完成的工作,克服重重困难,迎接最后的胜利。

第 36 卷

书　信

1883 年

4月2日　致信彼得·拉甫罗维奇·拉甫罗夫，指出：来信和一百二十四法郎五十生丁的汇票收到了。我星期三以后才能拿到这笔钱，因为明天要辨认马克思的手稿。委托的事办完以后，我准备在苏黎世《社会民主党人报》上登一篇报道，并请编辑部把这一号报纸寄几份给您。我找到了《资本的流通》和第三册中《总过程的各种形式》的手稿，约一千页对开纸。现在还不能说，这一手稿是否能按原样刊印。无论如何我得誊写一遍，因为这是草稿。明天我才有时间花几个钟头去浏览一下摩尔留给我们的所有手稿。特别使我感兴趣的是他早就想写成的辩证法大纲。

评论：恩格斯告诉拉甫罗夫，收到了他寄来的彼得堡工艺学院学生和俄国高等女校学生向马克思墓敬献花圈的费用，并告知准备在《社会民主党人报》上报道。信中还谈到了在整理马克思的遗稿时，找到了《资本流通》和《总过程的各种形式》这两份手稿，并开始准备着手整理。

4月11日　致信斐迪南·多梅拉·纽文胡斯，指出：对您的慰唁信和您在《人人权利报》上出色的悼文表示谢意。这篇悼文无疑是我们所知道的最好悼文之一。马克思留下了《资本论》第二卷的大量手稿；我必须先通看一遍（它是用什么字迹写的啊！），然后才能说，它在多大程度上已经搞好可以付印，需要从比较后期的笔记本中选取多少东西作为补充。无论如何，主要的东西已经有了。不过因为我还不能讲什么比较肯定的意见，所以请您暂时不要在报刊上报道任何有关这方面的消息；这只能引起误会。此外，马克思的小女儿爱琳娜和我同是他的遗著处理人，没有她的同意，我不能作任何决定，而女人家，您知道，是喜欢讲究形式的。

评论：恩格斯对纽文胡斯为马克思的逝世而写的慰唁信和悼文表示感谢。信中还提到马克思留下了《资本论》第二卷的大量手稿，他只有在通看一遍的基础上才能决定是否适合出版，因此暂时不要报道任何与之相关的消息。另外，信中提到马克思的小女儿也是遗著处理人，出版事宜也需要她的意见。

4月18日 致信菲力浦·范-派顿，指出：马克思和我从1845年起就持有这样的观点：未来无产阶级革命的最终结果之一，将是称为国家的政治组织逐步消亡和最后消失。这个组织的主要目的，从来就是依靠武装力量保证富有的少数人对劳动者多数的经济压迫。随着富有的少数人的消失，武装压迫力量或国家权力的必要性也就消失。但是同时，我们始终认为，为了达到未来社会革命的这一目的以及其他更重要得多的目的，工人阶级应当首先掌握有组织的国家政权并依靠这个政权镇压资本家阶级的反抗和按新的方式组织社会。

无政府主义者把事情颠倒过来了。他们宣称，无产阶级革命应当从废除国家这种政治组织开始。但是，无产阶级在取得胜利以后遇到的唯一现成的组织正是国家。这个国家可能需要作很大的改变，才能完成自己的新职能。但是在这种时刻破坏它，就是破坏胜利了的无产阶级能用来行使自己刚刚获得的政权、镇压自己的资本家敌人和实行社会经济革命的唯一机构，而不进行这种革命，整个胜利最后就一定会重归于失败，工人就会大批遭到屠杀，巴黎公社以后的情形就是这样。

谁断定，莫斯特在成为无政府主义者以后，似乎同马克思有过任何联系或得到过马克思的某种支持，那他或者是受骗了，或者是自己分明在撒谎。在伦敦《自由》周报创刊号出版以后，莫斯特不过到马克思或我那里来过一两次。自从他的新出笼的无政府主义在这个报纸上披露以后，我们没有到他那里去过，也从来没有偶然遇见过他。我们不再订阅他的报纸，因为上面简直"毫无内容"。我们对他的无政府主义和他的无政府主义策略，象对教会他这一套的那些人的无政府主义和无政府主义策略一样地蔑视。

评论：这是恩格斯回答派顿4月2日来信的回信，回答了派顿询问的马克思对于无政府主义及德国无政府主义者莫斯特的态度。恩格斯批判了把废除国家作为革命开始的无政府主义理论，提出了无产阶级的国家观。恩格斯指出，马克思的思想和无政府主义是根本对立的，正是由于马克思的努力，海牙代表大会才将巴枯宁等无政府主义分子驱除出了国际。最后，恩格斯否定了关于莫斯特同马克思有密切关系等说法，指出了其思想的狭隘性和局限性。

4月24日 致信弗里德里希·阿道夫·左尔格，指出：《人民报》干了相当多的蠢事，但还没有我预料的那么多。舍维奇、库诺、杜埃、赫普纳都在这里作出了自己的贡献。这是一个四人合唱队，他们以为自己什么都懂，其实什么都不懂，——无论他们全体或每个人都是如此。不管怎样，当时我还是认为有必要给编辑部写了如下几句话：他们把我打给你的电报，作为打给他们的电报发表了，而把第二封电报，即我打给他们的电报作了歪曲，无中生有地说什么马克思逝世于阿尔让台；我们这里是不容许发生这类事情的；因此，今后我不能寄给他们任何消息，如果他们再敢这样滥用我的名字，我就不得不请你立即公开声明，所有这些都是他们捏造的。

哥本哈根代表大会决定，让李卜克内西和倍倍尔今年春天到美国去。是为了解决1884—1885年竞选运动的经费问题。李卜克内西建议杜西作为他的秘书和他同去，这使她非常高兴；所以很可能你在那里很快就看到她。

评论：恩格斯批评了纽约《人民报》罔顾事实、曲解人意的错误行为，告诉左尔格《资本论》的一些情况，同意左尔格发表马克思给他的信中有关评论亨利·乔治的话，以批判乔治对美国工人运动的有害宣传。恩格斯还随信寄给左尔格《社会主义从空想到科学的发展》一书，告之自己将审查译稿以免损害作者的名誉。

4月底 致信阿基尔·洛里亚，指出：您在过去的一篇文章中就指责过马克思有意篡改引文。马克思读了以后，把他的和您的引文对了原著，他对我说，他的引文全部是正确的，如果说这里有人故意篡改引文，那就是您。一个人要有何等卑鄙的灵魂，才会设想，象马克思这样的人似乎"经常"拿第二卷来"威胁自己的反对者"，而"他根本没有想过"要写这个第二卷；似乎这个第二卷无非是"马克思借以回避科学论据的狡猾诡计"。这个第二卷是有的，不久就要发表。那时，您大概终于会懂得剩余价值和利润的区别。

评论：恩格斯严重警告了洛里亚不要诽谤马克思的品德，并指出篡改引文的人正是洛里亚自己而非马克思，而且告之《资本论》第二卷即将整理出版，届时洛里亚对马克思的诬陷将不攻自破。

4月30日 致信奥古斯特·倍倍尔，指出：我不到任何一个可能把我驱逐出境的国家去；只有在英国和美国，才能保险不会这样。我没有必要到美国去，除非是去访问。所以，我仍旧留在这里。英国还有一大优点。自从国际停止存在以来，在这里，除了充当资产阶级即激进派的尾巴和在资本主义关系范围内提出一些微小目的的运动之外，根本没有什么工人运动。因此，只有在这里才能安安静静地继续从事理论工作。在任何其他地方，都得参加实际鼓动工作，花去很多时间。在实际鼓动工作方面，我不会比别的任何人做得更多，然而在理论工作方面，直到现在我还没有看到有谁能够代替我和马克思。在这方面，一些比较年青的人所试图做的事情，没有多少价值，而多半甚至毫无价值。修建马克思纪念碑一事，我的确不知道该怎么办。家属反对这样做。用纪念碑来代替那块为他夫人立的而现在也刻上了马克思和他小外孙名字的朴素墓石，在他们看来，是一种亵渎行为，因为在伦敦这个地方，在周围那些矫揉造作的市侩墓石中间立一块纪念碑，不一定会引人注目。

评论：恩格斯告诉倍倍尔，他不会离开英国也不会前往美国，因为英国不会将自己驱逐出境，而且能让自己抽身出来从事理论工作。信中还提到马克思的家属反对修建马克思的纪念碑。

5月10—11日 致信奥古斯特·倍倍尔，指出：还在多年以前，白拉克就写信告诉我说：在我们所有的人中间，只有倍倍尔一个人掌握得住真正议会活动的分寸。

我也一向确信是这样。因此，只要一有机会，你就得重新把自己的职务担当起来，此外没有别的法子。要是你在汉堡当选，并由此只好打消自己的疑虑，那我会感到很高兴。长期从事鼓动工作和议会活动，当然会使人很厌烦。不过，没有别的法子，谁把事情抓起来，谁就应当把它进行到底，不然将会前功尽弃。而在实行反社会党人法的情况下，无论如何不应放弃这个唯一剩下的公开途径。关于李卜克内西，你谈的那些话，大概是你老早的意见了吧。我们认识他已经多年了。对他来说，受人欢迎是生存的条件。因此，他不得不用调和和粉饰的办法来延迟危机。加之他按其本性来说是一个乐观主义者，把一切事情都看得很美妙。这种情况使他生气勃勃，这是他受人欢迎的主要原因，不过这里也有他的阴暗面。

评价：恩格斯鼓励倍倍尔坚持议会斗争，因为这是在实行反社会党人法的情况下唯一剩下的公开途径。信中谈到了李卜克内西的优缺点，一些缺点严重妨碍了恩格斯与他之间的正常交流和沟通，建议倍倍尔帮助李卜克内西克服自身缺点，走上正确的道路。

5月22日　致信约翰·菲力浦·贝克尔，指出：在马克思家里我们还得搞到明年3月。我感到惊奇的是，马克思甚至把1848年以前所写的几乎全部文稿、书信和手稿都保了下来，这是写传记的绝好材料。传记我当然要写。除了其他一切，传记也是一部《新莱茵报》和1848—1849年下莱茵地区运动的历史，是一部1849—1852年讨厌的伦敦流亡生活的历史和国际的历史。首先要出版《资本论》第二卷，这不是一件小事。第二册的手稿有四稿或五稿，其中只有第一稿是写完了的，而后几稿都只是开了个头。这需要花费不少的劳动，因为象马克思这样的人，他的每一个字都贵似金玉。但是，我喜欢这种劳动，因为我又和我的老朋友在一起了。

伯恩施坦有很大改进，他努力学习，头脑机智，思想开朗，能经得起批评，摆脱了小资产阶级那套平庸的说教。我们的德国小伙子们，自从反社会党人法使他们摆脱了"有教养的"先生以来，确实是好样的。1878年以前，这些先生企图用他们大学里那一套无知的乱七八糟的东西，高高在上地教训工人；遗憾的是，很多"领袖"助长了这一点。现在还没有完全摆脱这种陈腐的东西，但是运动毕竟重新坚定地走上了革命的轨道。我们的小伙子们所以出色，正是在于群众比几乎所有的领袖要强得多。

评价：恩格斯表示自己将根据马克思留下的丰富材料写传记，《资本论》第二卷的整理工作将花费很多时间。信中谈到伯恩施坦的进步，指出一些工人运动的"领袖"高高在上脱离了群众，而群众比几乎所有的领袖都要强得多。

5月22日　致信劳拉·拉法格，指出：摩尔过去没有未经作者同意就不准翻译《资本论》的权利，而我们现在也没有这种权利。在第一年里，没有发表一部译文的开头部分，这种权利就失去了。因此，既然几个人都在搞这一卷，我们不得不采取巧妙的做法，利用没有发表的第二卷，使他们放弃自己的打算。

第二卷要花去我非常多的劳动，至少第二册是这样。有一份完整的稿子，大约是1868年写的，但这只是一个草稿。此外至少还有三份甚至四份属于不同的较晚时期的修改稿，但其中没有一份是完成了的。要从中搞出一份定稿来，那可是一件吃力的事情！第三册完成于1869—1870年，从那以后马克思再也没有去碰过它。但是探讨地租的那部分，我要同马克思的俄文摘录核对一下注释、事实和例子。也许，我甚至能用1858—62年的手稿编成第三卷的一小部分，手稿中每一章的结尾都有该章所探讨的理论问题的批判史。

评论：恩格斯告诉劳拉，马克思没有未经作者同意就不准翻译《资本论》的权利，马克思的遗嘱执行人也没有，所以恩格斯计划利用没有发表的第二卷，使其他人放弃这种打算。恩格斯介绍了《资本论》第二卷草稿和马克思留下的书信的情况，指出整理马克思的稿子和书信是一件愉快的事情。

6月2日　致信劳拉·拉法格，指出：你来到这里以后，我要读其中一篇稿子给你听，你会笑破肚皮的。这篇稿子我已读给尼姆和杜西听过了。尼姆说：现在我才知道，为什么你们两个人那时候在布鲁塞尔天天晚上这样哈哈大笑，使得家里任何一个人都不能入睡。我们那时都是大胆的小伙子，海涅的诗篇同我们的散文相比，不过是天真的儿戏而已。

评论：恩格斯建议劳拉来伦敦与杜西商量遗物的处理方式。信中提到恩格斯在布鲁塞尔与马克思一起时的快乐时光；并告知劳拉《资本论》译本的出版公司。

6月12—13日　致信爱德华·伯恩施坦，指出：我早就写信告诉过倍倍尔，同右翼的这些蠢货们的分裂终究要发生的，但是在我们无法重新同群众直接接触的时候，也就是说，在还存在着反社会党人法的时候，加速这种分裂，我认为对我们不利。如果他们逼迫我们走这一步，那就应当让他们去违反党纪，而不是我们去违反党纪，这样我们的胜利就事先有了保证。如果他们不安分，就应当把他们往这方面引。至于李卜克内西，他会尽一切可能推迟危机的到来，但是当危机到来而他也确信无法再加以推迟的时候，他就会采取正确的立场。

《福斯报》的一头蠢驴，在善良的德国，显然制造了大量关于忧伤的马克思的忧伤情绪。等我特别愉快的时候，我也许要痛骂他一顿。这些蠢货要是有机会读一读摩尔和我的通信，简直会惊讶得目瞪口呆。海涅的诗篇同我们的泼辣而欢乐的散文相比，不过是儿戏而已。摩尔有时会狂怒，但从来不消沉！我重读旧稿，总是笑得前仰后合。这些书信也具有历史意义，我将尽自己所能，使这些书信落到适当的人手里。可惜我只有马克思从1849年起的书信，不过是完整的。

德国目前资产阶级运动中的不幸，恰恰在于人们正在组成"反动的一帮"，但这种局面一定会结束。至少有一部分资产阶级被迫走上真正的运动的道路以后，我们才可能前进。正因为如此，对我们来说有现存的俾斯麦制度就够了；正因为如此，他只有在发生冲突或者引退的情况下才能对我们有益；正因为如此，现在是用半革命或彻底革命的方法来废除反社会党人法的时候了。

评论：恩格斯认为与右翼的分裂是无法避免的，但必须由右翼首先去违反党纪，这样有利于最后的胜利。恩格斯批判了德国某些报纸将马克思描绘成一个悲情人物的做法。恩格斯总结了当时德国资产阶级的不幸在于组成"反动的一帮"。因此，是用半革命或彻底革命的方法来废除反社会党人法的时候了。

6月24日 致信劳拉·拉法格，指出：可怜的摩尔去世以后，杜西在一次答复我的问题时告诉我说，摩尔对她说过，要她和我处理他的全部文稿，并关心出版那些应该出版的东西，特别是第二卷和一些数学著作。德文第三版正在修订，我也在关心这件事情。如果你想知道摩尔的原话，那末只要你请杜西告诉你，她毫无疑问会这样做的。关于摩尔在斐维时同你商量过的那些计划，我当然毫无所知，我所遗憾的只是，你3月14日以后没有来。要是你来的话，那我们当时就会知道这些计划，就会尽量考虑到这些计划。英译本的情况是这样的。我们得出结论（根据赛·穆尔以及迈斯纳的解释），我们没有权利阻止任何人出版未经作者同意的译本。这种权利最多不过在第一次发表后三年之内有效，而在1870年它就完全无效了。于是，就有几个人想插手，其中最不适当的就是出版商里夫斯，他虽有良好的愿望，但既没有资金，又没有业务素养。

评价：由于马克思逝世时劳拉不在伦敦，因此劳拉对马克思遗言的内容存在一定的疑问。恩格斯在信中向劳拉说明了马克思嘱托恩格斯和杜西处理他留下的文稿及其他工作的缘由和法律依据。恩格斯极力避免马克思的两位女儿由于误会而造成感情伤害。

8月27日 致信爱德华·伯恩施坦，指出：您没有来，我很遗憾。我本来有很多事要同您谈。马克思的一部分遗著必须在国外发表，这无论如何要作好准备，在这一方面只有您能够告诉我或者向我提出可以接受的处理办法；但这需要面谈，靠通信则费时太久。

波拿巴式的君主政体（它的特点，马克思和我分别在《雾月十八日》和《论住宅问题》第二篇以及其他地方阐述过）在无产阶级和资产阶级之间的阶级斗争中所起的作用，同旧的君主专制政体在封建制度和资产阶级之间的斗争中所起的作用相类似。但是，正象后一种斗争不能在旧的君主专制政体下而只能在君主立宪政体下（英国、1789—1792年和1815—1830年的法国）才能进行到底一样，资产阶级和无产阶级之间的斗争也只有在共和政体下才能进行到底。因此，如果说，有利的条件和革命的经历曾经帮助法国人打倒了波拿巴，建立了资产阶级共和国，那末，同依然停滞在半封建主义和波拿巴主义的混合体中的我们相比，法国人有这样一个优越性：他们拥有一定会把斗争进行到底的形式，而这种形式我们还有待于夺取。他们在政治上要比我们先进整整一个阶段。因此，如果君主政体在法国复辟，其结果必然是争取恢复资产阶级共和国的斗争又出现在日程上；而共和国的继续存在就意味着无产阶级和资产阶级之间直接的、非隐蔽的阶级斗争将日益尖锐化,一直到发生危机。

评论:恩格斯提到马克思的一部分遗著必须在国外发表,特别论述了波拿巴式君主政体在无产阶级与资产阶级之间的阶级斗争中所起到的历史作用。恩格斯强调了阶级斗争的长期性,指出,任何一个一夜之间就完成的革命,或者只不过是推翻一个早已毫无希望的反动政权(1830年),或者直接导致预定目的的反面(1848年的法国)。

8月30日 致信奥古斯特·倍倍尔,指出:作了许多补充的第三版,我已校到第二十一个印张;这一版年底即可问世。我一回去,就要坐下来搞第二卷,这是一项巨大的工作。除了完全写好的部分外,其他的还很粗糙,全是草稿,大约只有两章例外。引文没有条理,随便记在一起,仅仅是为了日后选用而搜集起来的。而且那种字迹只有我才能认得出来,但也很费劲。你问,怎么会连我也不知道该书完成的程度?很简单,要是我知道的话,就会使他日夜不得安生,直到此书写成并印出来为止。这一点,马克思比谁都知道得更清楚,但是他也知道,万不得已时,手稿会由我根据他的精神出版的,这一点他跟杜西也谈过。

汉堡的选举在国外也产生了强烈的反应。我们的人表现得非常好。在同德国现实中那些大大小小丑恶现象进行的斗争中,这种坚韧、沉着、灵活和战斗决心,这种充满胜利的信心和幽默,是德国近代史上前所未有的。这在德国社会其他各阶级贪污成风、委靡不振和道德败坏的情况下,显得特别突出。他们暴露出自己没有掌握政权的能力,而德国无产阶级则光辉地显示出自己有取得统治的才能和推翻这整个旧的龌龊世界的能力。

评论:恩格斯告诉倍倍尔,《资本论》第一卷德文第三版当年年底出版,《资本论》第二卷的整理工作,只有自己回到伦敦后才能开始。信中认为,德国无产阶级自己有取得统治的才能和推翻资本主义旧世界的能力。在信中还分析了英国工人运动的现状,由于工联主义、宗派主义在工人中的影响,再加上英国资产阶级用利润的一部分来收买工人,英国的工人运动远未达到真正的无产阶级运动的水平。

9月18日 致信卡尔·考茨基,指出:由于时间不够,我不能再次详细谈论关于婚姻的文章。无论如何,原始的性的共同体属于遥远的时代,并为以后进步的或退步的发展所淹没,现在无论在什么地方再也找不到它的原始形式的标本。可是,一切晚近的形式都可在这种原始的基础上找到它们的说明。不过我相信,只要您不完全放弃忌妒是社会的决定性因素(在原始时代)这种看法,就不可能正确叙述这一发展过程。一般说来,在所有这些范围如此之广和材料如此之多的科学研究中,要取得某些真正的成就,只有经过多年的工作才是可能的。在一些个别问题上探索到新的正确的观点比较容易,这一点您有时在您的文章里做到了;但是,要把全部材料一下子掌握住,并用新的方法加以系统化,这只有在充分加工之后才是可能的,否则象《资本论》这样的著作就会是很多很多的了。

评论：恩格斯告诉考茨基，对德国党内小资产阶级分子盖泽尔等人的批判还为时过早。他针对考茨基的《婚姻和家庭的起源》一书提出了自己的看法。恩格斯对科学研究工作提出了自己的观点，同时肯定了考茨基对圣经和殖民活动所做的研究；信中还谈到了有关《资本论》第二卷的一些情况。

11月13日 致信爱德华·伯恩施坦，指出：为了克瓦尔克的事，您搬走了我心上的一块石头。我去信告诉他，说您是第一个提出要翻译《贫困》的。这样，他的事就了结了。他的小册子真是"破烂货"。如果我同意这个招摇过市的霍亨索伦王朝的崇拜者和保守的国家社会主义者翻译《贫困》的话，那马克思会把我在睡梦中掐死的。

处理《懒惰权》一文要谨慎。甚至连法国人都觉得，有些地方未免过火了，而且马隆和布鲁斯曾用它来反对拉法格。注意，现在别给这些抱怨派捞到适当的借口；在这方面，我们的朋友倍倍尔也还有点德国人的观点。我想起了《屁股论》这首长诗。如果作者完成了诗中所提到的一切英勇功勋的话，那他也可以去歌颂它们。

评论：恩格斯希望伯恩施坦好好翻译《哲学的贫困》一书，同时提醒伯恩施坦，要谨慎处理拉法格的《懒惰权。驳1848年劳动权》一文，否则会给德国社会民主党右翼搞分裂的借口。信中还谈了俄国的情况，指出俄国社会民主主义者已同旧的无政府主义倾向决裂。

12月13日 致信劳拉·拉法格，指出：读了保尔发表在《进步》杂志上的文章，非常满意，文章击中了要害，而且不止击中一处。我们希望，过了新年礼物期以后，《小麦》能很快发表，我渴望看到的那本小说也能接着很快出来。保尔穿上了巴尔扎克的拖鞋，这太好了！顺便说一下，在我卧床这段时间里，除了巴尔扎克的作品外，别的我几乎什么也没有读，我从这个卓越的老头子那里得到了极大的满足。这里有1815年到1848年的法国历史，比所有沃拉贝耳、卡普菲格、路易·勃朗之流的作品中所包含的多得多。多么了不起的勇气！在他的富有诗意的裁判中有多么了不起的革命辩证法！

评论：恩格斯告诉劳拉自己因病写信较少，并称赞了拉法格写的《社会主义和达尔文主义》一文击中了要害。恩格斯还告诉劳拉，《资本论》第一卷德文第三版即将出版。

1884年

1月1日 致信爱德华·伯恩施坦，指出：我在您的稿子上作了很多修改，想来您不会太生气吧。我已经对考茨基说过，虽然我们摹仿不了马克思的文体，但也必须使我们的文体不要同他的截然相反。对此请稍加注意，这样咱们译出的著作才可以毫无愧色地拿出去。

胜利了的无产阶级在能够利用旧的官僚的、行政集中的国家机构来达到自己的目的之前，必须把它加以改造；然而，所有资产阶级共和派从1848年以来，在他们处于反对派地位的时候，一直都在抨击这一机器；但是一当他们取得了政权，他们就不加改变地把它接受过来，部分地利用它来反对反动派，但在更大的程度上是用来反对无产阶级。

评论：恩格斯对翻译马克思的著作提出了要求。恩格斯还提到无产阶级在取得胜利后利用现有国家机构的原则，即必须加以改造。还谈到了《今日》和《进步》这两本杂志掌握者的情况，并指出了杂志的进步意义。

1月9日 致信卡尔·考茨基，指出：就纯理论部分来说，杰维尔的著作在至今出版的简述中是最好的。他的理解都是正确的，可是表达得极其马虎，我在稿子上作了订正。叙述部分则写得太草率，因此不了解原著的人有好些地方根本看不懂。其次，他把工场手工业和大工业这两个彼此衔接的历史时期在历史上的出现放在过于次要的地位，而这一点在简述中恰恰可以大大帮助理解。（甚至只字不提"工厂立法"在法国根本没有，只有英国才有！）最后，他把全部内容都原原本本地叙述一遍，其中有些东西是马克思为了科学研究的完整性而写的，对于理解剩余价值理论以及由此得出的结论并不是必要的，如货币流通量等等就是如此。

评论：恩格斯评价了杰维尔关于介绍马克思主义理论的著作，指出在研究马克思主义原理时一定要注意马克思设定的前提，否则将歪曲马克思的本意。另外，恩格斯希望考茨基翻译并出版杰维尔著作的德文版，因为出一本新的、通俗的、简短的阐述剩余价值理论的著作非常需要。

1月18日 致信奥古斯特·倍倍尔，指出：如此令人悲痛的"流浪生活这个灾祸"，是大工业在德国既有的农业和手工业的条件下发展起来的必然产物；正是这种大工业——因为德国处处落后——只有经常在恶劣的经济状况的压力下才能发展起来。因为德国人只有依靠极其微薄的低工资，只有对作为工厂工业陪衬的家庭工业进行越来越重的剥削，才能经得起竞争。由手工业变成家庭工业，由家庭工业——只要合算就行——逐渐变成工厂工业和机器工业，这就是在德国的发展过程。我国目前还只是在钢铁工业方面有了真正的大工业，而在纺织工业方面还是手织机占优势，这是由于纺织工人的工资微薄和他们有种马铃薯的菜园子的缘故。在英国，工业就具有另外一种性质了。从1870年起，由于美国和德国的竞争，英国在世界市场上的垄断地位已经开始进入尾声。看来，从那个时候起，十年的周期被打破了。从1868年起，在一些基本部门中，由于生产增长缓慢，受抑压的状况占了优势，而现在美国和英国似乎都面临新危机的威胁，在英国这里，新危机到来之前，已经没有繁荣期作为前导了。这就是在这里突然地爆发了社会主义运动的秘密所在。

评论：恩格斯建议倍倍尔亲自去美国寻求运动资金，而不要派其他人去，否则党的立场会降低到庸俗民主派的和庸夫俗子的水平。恩格斯分析了德国、英国、美国等国的工业发展状况及对社会主义运动造成的影响。信中还指出，爪哇是研究国家社会主义的样板。

1月28日 致信爱德华·伯恩施坦，指出：在马克思的遗物中，有些东西给党的档案馆合适；我正忙于整理书籍等等，很高兴又能做这件事了。有许多东西，这里并不需要，但对编辑部图书室可能很有用处。还有一些在这里是多余的，因为有复本。如果冯·德尔·马尔克先生或者别的什么人还在说我们向无政府主义者作了"让步"，那我可以举出一些地方来证明，我们还在根本没有任何无政府主义者的时候，就宣布过国家的消失。

评论：恩格斯谈到对于一些马克思遗物的处理建议，谈到了《正义报》和《今日》这两份刊物的情况。恩格斯以马克思和自己的著作强调，国家是必然消亡的，但不是一下子消亡的。

1月28日 致信彼得·拉甫罗维奇·拉甫罗夫，指出：我现在忙于整理马克思遗留下来的书籍等等，健康状况终于允许我做这件事情了。其中有一大批俄文藏书，这是依仗丹尼尔逊收集起来的，里面有关于俄国当代社会状况的很重要的材料。凡是出版的东西，差不多都收集起来了。象我这样的年纪，加上工作过分繁重，没有可能再对俄国进行深入的研究。这项工作在我们的朋友死后就不幸中断了。于是我想起来，我们有责任把这些书交给您处理，杜西也同意我的意见。您作为俄国革命流亡者的公认代表和死者的老友，当然比谁都更有权接受由于您和我们在俄国的朋友的忠诚而收集起来的藏书，以便留下供您个人使用，或者把它作为核心来建立俄国革命流亡者的图书馆。

评论：恩格斯希望拉甫罗夫接收马克思的俄文藏书并对俄国进行深入研究，或者把它们作为核心创建俄国革命流亡者图书馆。信中介绍了《资本论》第二卷的整理情况，对相关的稿本进行了说明，并同意把《资本论》翻译成波兰文。

2月5日 致信爱德华·伯恩施坦，指出：我并不期望有比您更好的翻译。在第一个印张中，您力求把意思译得忠实、确切，而有点忽视了文体。只是这一点。此外，我希望在译文中把马克思所特有的而你所不习惯的文体表达出来，因而作了许多修改。如果您用德文把意思译出后，再通读一遍译稿，简化一下句子结构，并且记住，那种深印在我们脑子里的、副句中动词一定要放在末尾的学生腔的累赘句法，尽可能都不要用，如果这样，您就不会碰到大的困难，而且您自己就能把一切处理好。

评论：恩格斯表扬了伯恩施坦翻译的马克思著作并提出了一些文体方面的建议，批评了《人民报》弄虚作假的行为。

2月5日 致信彼得·拉甫罗维奇·拉甫罗夫，指出：在出版马克思全集方面，存在着同样的困难，而且这仅仅是我们要克服的许多困难中的一个困难。我手上大约有六十个印张（每个印张合十六个印刷页）马克思和我在1845—1848年间的旧稿。在这全部稿子中，只能发表摘要，但我在把《资本论》第二卷手稿整理完毕以前，还不能动手做这件事。所以就只能等了。

评论：恩格斯自己由于健康原因不能全力投入马克思著作的整理工作，担心其他人无法辨认马克思的笔迹。关于马克思全集的出版，由于德国实行非常法，也需要克服很多困难。恩格斯再次指出了杰维尔书稿的问题，一是叙述部分太草率，二是忽视了马克思理论的前提条件。

2月5日 致信劳拉·拉法格，指出：布莱德洛和贝赞特夫人看见社会主义在伦敦又"很风行"，他们的生存手段有被剥夺的危险，不由得怒火万丈，因此他们对杜西和艾威林进行了一两次攻击。布莱德洛到处极其神秘地暗示说，摩尔鼓吹过暗杀和纵火，还同大陆各国政府有过秘密勾结，——但没有任何具体内容。我想让他再放肆一些，然后再把我的大炮亮出来。这些德国工人，你记得，几年前曾被马隆的阿谀逢迎的演说引入歧途，并且在《公民报》所干的某些蠢事的推动下越走越远。现在，从"国际代表会议"以后，他们成了激烈的反布鲁斯派，但是同阿德·勒克莱尔以及他的"国际小组"仍然难分难舍。我曾几次要保尔同巴黎的德国人建立联系。他们的价值虽然不大，但是在巴黎的事情方面对德国党有影响。从反社会党人法实行以来，这些侨外团体自然重新获得了比它们的功绩大得多的影响，因为它们是唯一保存着公开组织性质的团体。

评论：恩格斯在信中告诉劳拉一些攻击马克思的谣言，表示自己将对造谣者进行批判，建议劳拉与一名巴黎的德国工人领导人取得联系，说服他们放弃错误的观点。

2月14日 致信约翰·菲力浦·贝克尔，指出：你的计划，首先得考虑到德国现有的条件。我有时直接从德国得到一些这方面的消息，根据这些消息来看，德国现在警察当局横行无忌，政府决定取缔我们党一切合法的鼓动工作，不管它是以什么名义和借口进行的。只要是社会民主党人搞的，每一次集会都要解散，每一次在报刊上发表东西的尝试都要遭到压制，一切参加的人都要从宣布戒严的地区赶出去。近六年来的经验使我们对此毫不怀疑。

在德国，鼓动工作的情况并不那么坏，虽然资产阶级报刊大多数对此闭口不谈，只是有时不由自主地发出恐怖的呻吟，因为我们党在急速地争得地盘，而不是丧失地盘。这一斗争的结果将是：一旦压迫终于减轻，我们就会拥有几百万群众，而不是几十万群众。在所谓的领袖当中，有许多腐败的家伙，但对我们的群众我是绝对信任的，他们在革命传统方面所缺少的东西，在这场同警察的小小的战争中正在越来越多地获得。

评论：恩格斯建议贝克尔在制定计划时考虑德国的条件，德国政府取缔党的一切合法活动，使党的活动遇到较大阻力。恩格斯对德国的鼓动工作持较乐观的态度，因为党在急速地争得地盘，而不是丧失地盘。

2月16日 致信卡尔·考茨基，指出：杰维尔的书，不仅历史部分，而且叙述部分（工作日、合作社、工场手工业、大工业等等）都需要修改。如果有人肯花点力气用爪哇（国家社会主义在这里极为盛行）的实例来说明猖獗一时的国家社会主义，那倒是一件好事。全部的材料都包括在莫尼律师著的《爪哇，或怎样管理殖民地》（1861年伦敦版，共两卷）这本书里。从这里可以看到，荷兰人怎样在古代公社共产主义的基础上以国家的方式组织生产，并且怎样保证人们过一种他们所认为的非常舒适的生活。结果是：人民被保持在原始的愚昧状态中，而荷兰的国库却每年得到七千万马克的收入（现在大概还要多）。这种情况是很有意思的，而且很容易从中吸取有益的教训。

评论：恩格斯谈到杰维尔的书需要修改，洛贝尔图斯的地租理论是一种早就被马克思批判过的谬论，以及爪哇的国家社会主义值得研究，因为那里的原始共产主义，像在印度和俄国一样，正在给剥削和专制制度提供最好的、最广阔的基础。另外，恩格斯向考茨基推荐了摩尔根的《古代社会》一书，指出该书在论述社会的原始状况方面，像达尔文学说对于生物学那样具有决定意义，恩格斯推测马克思曾计划对该书进行相关研究，而自己虽然想写点东西，但还不是时候。

2月16日 致信劳拉·拉法格，指出：我不大赞成保尔对伦敦《正义报》的热烈称赞，据我看来，这个报纸非常枯燥无味。但是，对那帮子在一些连他们自己也一窍不通的问题上教训世界的人，又能期待什么呢？没有任何一个迫切的问题，是他们所能解决得了的。海德门既玩弄国际主义词句，又在散布沙文主义意向；乔因斯是一个不学无术的糊涂蛋（我两个星期前见到他）；莫利斯在做某种工作时，干得还是不错的，但他并非总是如此；而可怜的巴克斯则深深陷到十分陈旧的德国哲学里面去了。这一切对于一个月刊说来，还能凑合得过去，因为在那里有可能预先把文章准备好，但是对于一个必须就各种时事问题作出反应的周刊说来，这就不行了。

新的"可敬重的"社会主义运动在这里确实进行得很好，它成了时髦的东西，但是工人阶级还是不去理它。一切都取决于这一点。因此，急于出版《正义报》是极其愚蠢的。象这一类的文章，决不会把群众激发起来。同工人接触半年，就会培养出读者，就会教会作者要怎样为他们写作。但是，发牢骚有什么用呢？渺小的大人物们一定要走他们自己的道路！

评论：恩格斯告诉劳拉自己的健康状况有所好转。与保尔的意见相反，恩格斯对《正义报》以及报纸的主要负责人作出了客观的评价：《正义报》不能把群众激发起来，一切都取决于工人阶级是否真正行动起来。

2月21日 致信劳拉·拉法格，指出：至于龙格如果出了事应该怎么办的问题，这要在确实发生了这样的事情时再作考虑。对这一点的"思辨"（我指的是哲学意义上的"思辨"），我看不出有多大好处。无论如何，我想象不出，在目前有象龙格这样一位慈父的情况下，我们能够做些什么，但是如果你对这一点有所考虑的话，我很愿意知道你的意见。

现将《贫困》序言附去，这是摩尔自己写的！伯恩施坦找到了这篇旧文章，我立刻把它译了出来。为了使我的译文法语化，请你和保尔校订一下，并同原件一并寄回，原件是苏黎世"党的档案馆"的。对此要补充的只有下面几句话。法国读者一看到摩尔用相当不礼貌的笔法谈论他们时，会说些什么呢？引用这种正确的和毫无偏见的见解，要冒这样的风险，那就是布鲁斯派一定会说：瞧，普鲁士人就是这个样子。在这种情况下，这样做是否适当呢？无论如何，我很不愿意缓和这篇文章的语气而去迁就巴黎人的口味，但是这一点值得考虑。不可否认，在法国十八年来存在着没落帝国。

评论：恩格斯在信中表达了对劳拉子女健康状况的关心，安抚了劳拉担忧龙格发生意外情况的心情，并表示愿意倾听劳拉的想法。恩格斯表扬了保尔，认为只要他更加注意一些理论上的问题，主要是对一些细节，那他就会成为巴黎这个光明之城的一盏明灯。

3月6日 致信维拉·伊万诺夫娜·查苏利奇，指出：我一定要给德文版专门写一篇序言，驳斥胡说什么马克思在《资本论》里剽窃了洛贝尔图斯的那些反动社会主义者，并且证明，恰恰相反，还在洛贝尔图斯写他的《社会问题书简》以前，马克思就在《贫困》里批判过他。在我看来，俄国读者对此恐怕是不会感兴趣的，因为我们的冒牌社会主义者还没有渗透到他们当中去。您告诉我在俄国研究社会主义理论著作的兴趣日益浓厚，这使我非常高兴。这种几乎完全从我们德国各学派中消失的理论精神和批判精神，看来，实际上在俄国找到了容身之地。

评论：恩格斯认为，《哲学的贫困》俄文版的出版，对于自己和马克思的女儿们来说，都将是一个节日。恩格斯同时表示，将特别写一篇序言对马克思剽窃洛贝尔图斯的谣言进行驳斥。恩格斯推荐了杰维尔简述《资本论》的著作，认为这本书理论部分写得不错，经过加工可以成为一本好书。恩格斯还谈了自己对俄国情况的认识。

3月7日 致信弗里德里希·阿道夫·左尔格，指出：倍倍尔、李卜克内西或其他人去美国的事情如何，我不知道。对他们的询问，我已谈了自己的看法，我认为每隔三年都为选举而从美国索取款子，是不完全合适的。德国的情况很好。我们的小伙子们干得漂亮极了。反社会党人法到处把他们卷入同警察的地方斗争。在这种斗争中，需要机智灵活，使警察丢脸，而我们在这种斗争中多半都胜利了。这种斗争是最好的宣传手段。一切资产阶级报纸都因我们的人取得巨大的成就而常常哀叹不已，他们对新的选举都感到害怕。

请读一读摩尔根（路易斯·亨·）的《古代社会》，是1877年在美国出版的。他巧妙地展示出原始社会和原始社会共产主义的情景。他独立地重新发现了马克思的历史理论，并且在自己著作的末尾对现时代作出了共产主义的结论。

评论：恩格斯谈到自己的身体正在康复，可以真正开始工作了；提醒左尔格对民主联盟不应寄予信任。关于倍倍尔和李卜克内西去美国筹款，恩格斯并不赞同。信中还谈到了德国的情况，认为印证了的斗争是最好的宣传手段。

3月24日 致信爱德华·伯恩施坦，指出：无产阶级为了夺取政权也需要民主的形式，然而对于无产阶级来说，这种形式和一切政治形式一样，只是一种手段。但是，如果在今天，有人要把民主看成目的，那他就必然要依靠农民和小资产者，也就是要依靠那些注定要灭亡的阶级，而这些阶级只要想人为地保全自己，那他们对无产阶级说来就是反动的。其次，不应该忘记，资产阶级统治的彻底的形式正是民主共和国，虽然这种共和国由于无产阶级已经达到的发展水平而面临严重的危险，但是，象在法国和美国所表明的，它作为直接的资产阶级统治，总还是可能的。可见，自由主义的"原则"作为"一定的、历史地形成的"东西，实际上是一种不彻底的东西。自由主义的君主立宪政体是资产阶级统治的适当形式：（1）在初期，当资产阶级还没有和君主专制政体彻底决裂的时候；（2）在后期，当无产阶级已经使民主共和国面临严重的危险的时候。不过无论如何，民主共和国毕竟是资产阶级统治的最后形式：资产阶级统治将在这种形式下走向灭亡。

评论：恩格斯向伯恩施坦介绍了最近游行的情况，指出作为一种手段，无产阶级需要民主的形式来夺取政权。恩格斯指出民主共和国是资产阶级统治的彻底的形式也是最后形式，资产阶级的统治将在这种形势下最终走向灭亡，而自由主义的君主立宪政体只是资产阶级统治的适当形式。

4月11日 致信爱德华·伯恩施坦，指出：在讨论反社会党人法的时候，派代表团到鲁贝去，会造成很大的危害。抱怨派会说，只是这一点就会使法令延长，尽管这一法令反正是会延长的；这一情况应该避免。开代表大会，是一种示威，是有益的个人会见，既然如此，代表大会只有第二位的意义，不能因此而牺牲更为重要的考虑。我将努力向巴黎人说明这一点。在目前情况下，发贺信是唯一可行的，而且也完全足够了。在伦敦召开国际代表大会的想法，使我十分反感，那时我将离开这里。

评论：恩格斯指出要避免派代表去鲁贝以免在反社会党人法问题上授人口实。另外，恩格斯再次强调了马克思不仅没有剽窃洛贝尔图斯，而且很早就批判过他的观点。信中还提到他和马克思"百科全书式"的观点和论断起到了应有的作用。

4月18日 致信劳拉·拉法格，指出：如果象我期待的，你接受我们的建议，给自己选择一篇，那我们一定能实现（哪怕是部分地）摩尔的遗志，而你的名字和你的劳动将与这部译著联系在一起；我一天比一天更加确信，只要英国目前的运动，不因本身的空虚而象戳破的皮球那样泄气，这部译著是绝对需要的，同时我们能够加速此书的出版。杜西已经着手寻找引自蓝皮书的所有引文，并用原文抄录下来，以避免倒译和由此必然产生的错误。

评论：恩格斯介绍了翻译《资本论》的人员情况以及工作分工，强烈建议劳拉加入到翻译工作中，恩格斯认为，这本著作对于英国工人运动是绝对需要的。

4月26日 致信卡尔·考茨基，指出：我曾经打算，并且在这里也对大家谈过，要作弄一下俾斯麦，写一篇他绝对无法查禁的东西（摩尔根）。愿望虽好，但是做不到。关于一夫一妻制那一章，以及关于私有制是阶级矛盾的根源和破坏古老公社的杠杆的那最后一章，我根本不可能写得适合反社会党人法的要求。如果只是"客观地"叙述摩尔根的著作，对它不作批判的探讨，不利用新得出的成果，不同我们的观点和已经得出的结论联系起来阐述，那就没有意义了。这对我们的工人不会有什么帮助。总之，写得好，就一定被查禁；写得坏，就得到许可。可是按后一种做法，我办不到。

评论：恩格斯在信中论述了自己的写作原则，即利用新得出的成果，联系他和马克思已有的观点和结论，作出批判性的探讨。

5月23日 致信卡尔·考茨基，指出：至于说到禁令，我已经写信告诉你了，凡是有我署名的东西照例一律被查禁；《普鲁士烧酒》是对俾斯麦的人身侮辱，并且自从李希特尔用这个为自己搞出了烧酒政策以后，烧酒和信封纸的英雄，对我一点也不再宽恕了。在通过反社会党人法并随即查封《南德意志邮报》以后，你所有的论据自然都落空了。政府显然要滥施禁令的，自由派报刊的动态说明了这一点，它正式要求严厉地处置我们。

我对洛贝尔图斯的批判，主要是甚至仅仅是驳斥关于剽窃的问题，其他一切（他的拯救社会的乌托邦、地租、为地主偿债的土地信贷，等等）只是略涉一二。你自然会有充分的材料，给这位波美拉尼亚无地农民的小剥削者以应有的鞭挞；他要不是出身在波美拉尼亚，也许会成一个第二流的经济学家。弗赖阿尔施·图林格尔一类的糊涂虫一面抓住我们，一面又抓住讲坛社会主义者，妄想从双方得到保障；自从这些糊涂虫利用"了不起的洛贝尔图斯"攻击马克思以来（现在甚至阿道夫·瓦格纳及其他俾斯麦主义者也把他奉为名利社会主义的先知），我们根本没有任何理由饶恕这位由洛贝尔图斯自己发现的、迈耶尔加以吹捧的大人物（迈耶尔对经济学一窍不通，对他说来，洛贝尔图斯是一个神秘的大圣人）。这个人在经济学方面毫无贡献；他很有才能，但始终是一个半瓶子醋，而首先他是一个极端愚昧的波美拉尼亚人，一个妄自尊大的普鲁士人。他的成就充其量是有一些巧妙的正确的论点，但是从来不会应用。一般说来，一个正直的人怎么可能有这样的遭遇，即被推崇为俾斯麦名利社会主义者的福音呢？这就是历史对这个靠人工吹捧起来的"大人物"的惩罚。

评论：恩格斯在信中谈到自己署名的东西一律被查禁的现实，指出政府滥施禁令的后果，告诉考茨基自己开始准备着手整理《资本论》第二卷，并对洛贝尔图斯进行了批判。

5月23日 致信爱德华·伯恩施坦，指出：我们掌握着强大的力量，但如果在我们的候选人一个也没有进入重选的情况下宣布拒绝投票，那我们的力量还是完全没有加以利用。实际上，在这种情况下，总是自然会产生竞选联盟，例如同中央党的联盟：如果你们在那里投我们的票，我们就在这里投你们的票，这样我们会赢得好些席位。这自然会干一些蠢事，但蠢事在任何时候都有，这不是干更大蠢事的理由。我甚至对他讲，例如在象柏林这样一些地方，竞选几乎完全在我们和进步党人之间进行，但并不排除在基本选举之前有订立协议的可能：你们让给我们某些选区，我们也让给你们一些，当然，只在可以预期义务会得到履行的情况下才能这样做。我觉得，要在代表大会上预先制定普遍适用的条例，为将来可能出现的情况规定策略，是不明智的。

作为单独的要求而提出来的劳动权，根本不可能用别的办法来实现。要求资本主义社会实现劳动权，它就只能在自己的生存条件以内来实现；如果向它要求劳动权，那就是要求在这些特定条件下的劳动权，也就是要求建立国家工厂、习艺所和工人移民区。如果说要求劳动权便间接地表明要求资本主义生产方式发生变革，那末，这对当前的运动状况来说，是一种怯懦的退步，是对反社会党人法的一种让步，是一句空话，这种空话不可能有别的目的，只能使工人思想混乱，认识模糊，看不清自己应当追求的目标，看不清唯一能够达到自己目标的条件。

评论：恩格斯谈到了重选策略，提醒伯恩施坦不能随便放弃投票的权利，否者工人阶级的力量不能完全加以利用，而在代表大会上预先制定普遍适用的条例，为将来可能出现的情况规定策略并不明智。在信中还谈到了劳动权的问题。

6月5日 致信致爱德华·伯恩施坦，指出：自从抱怨派先生们实际上联合成一个政党并在国会党团中占了多数之后，自从他们意识到反社会党人法赋予他们的力量并利用这一力量之后，我认为，我们尤其必须竭尽全力守住我们手中的一切立足的阵地，而首先是守住其中最重要的阵地——《社会民主党人报》这个阵地。这些人是靠反社会党人法过日子的。如果明天公开论战成为可能的话，我主张立即转入进攻，那时他们马上就会完蛋。但是目前任何的公开论战都是不可能的，目前德国出版的所有报刊都在他们手中，而且他们的人数（在"领袖"中间他们占多数）使他们有可能拼命造谣中伤，施用阴谋和暗中破坏，——我认为，在这样的时候我们应当避免一切使他们有口实说我们搞分裂，即把分裂的罪名加在我们身上的行动。这是党内斗争的常规，而现在比任何时候更应当遵循这一常规。若是分裂，我们应当继续掌握老的党，而他们或者退党，或者被开除。

评论：恩格斯提醒伯恩施坦要守住《社会民主党人报》这个最重要的阵地，在面临党的分裂时绝不能成为分裂的倡议者，而当分裂不可避免时，绝不应当让分裂带有私人的性质。

6月6日 致信奥古斯特·倍倍尔，指出：我们还和1848年一样，是未来的反对派，所以，我们必须让现有政党中最极端的政党来掌握政权，那时我们就能成为它们当前的反对派。政治上的停滞，也就是说，官方各政党间象目前这样所进行的无目的的斗争，不可能长久对我们有好处。但是，这些政党在斗争重心不断左移的情况下所进行的进步斗争，对我们倒是有利的。目前法国发生的斗争正是这样，在那里，政治斗争始终是按照典型的形式进行的。接连更换的几届政府都是愈来愈向左转，克列孟梭组阁已是将来不久的事情；但它将不是最极端的资产阶级内阁。每向左转移一次，都给工人带来一些让步（看看德南最近一次罢工，这是第一次没有遭到军队干涉的罢工）；而尤其重要的是，进行决战的战场已经打扫得越来越干净，各政党的态度也更清楚、更明朗了。法兰西共和国这种缓慢的但又无法阻止的发展的必然结果，是激进的冒充社会主义者的资产者和真正革命的工人之间的对立，我认为这种发展是最重要的事件之一，我希望这种发展不要中断；我很高兴，我们的人在巴黎还不够强大（可是在外地要强大一些），不足以在受到革命词句的影响时举行什么暴动。

评论： 恩格斯预测反社会党人法很快将会被废除，并指出当自由主义政党还没有机会在实践中当众出丑，没有机会掌握政权，并表明它们毫无能力的时候，群众就不会主动抛弃它们。德国社会民主党是未来的反对派，必须让现有政党中最极端的政党来掌握政权，那时就能成为当前的反对派。

6月26日 致信卡尔·考茨基，指出：一说到生产资料，就等于说到社会，而且就是说到由这些生产资料所决定的社会。正如没有自在的资本一样，也没有在社会之外并对社会不发生影响的自在的生产资料。但是，生产资料在包括简单商品生产在内的先前各个时期中，同现在相比仅仅起着微不足道的支配作用，它怎样发展成象今天这样专横的支配力量，这是需要加以证明的，而你的证明我看是不充分的，因为它没有指出另外的一极：一个自己不再占有生产资料、从而也不占有生活资料、从而必须将自己零碎出卖的阶级的产生。

评论： 恩格斯对考茨基批判洛贝尔图斯的稿子提出了修改意见，说明了罗马法、生产资料的涵义，指出了剩余价值与剩余产品的区别。

6月26日 致信叶甫盖尼娅·埃杜阿尔多夫娜·帕普利茨，指出：如果说某些学派曾经多半是由于他们的革命热情而不是由于科学研究而引人注目，如果说过去和现在在某些方面还彷徨徘徊，那末另一方面，在纯粹理论领域里也出现过一种批判思想和奋不顾身的探讨，这是无愧于产生过杜勃罗留波夫和车尔尼雪夫斯基的民族的。我指的不仅是参加实践的革命的社会主义者，而且是俄罗斯文学方面的那个历史的和批判的学派，这个学派比德国和法国官方历史科学在这方面所创建的一切都要高明得多。甚至在参加实践的革命者当中，我们的思想和马克思根本改造过的经济科学也总是得到人们的理解和同情。

评论：恩格斯高度赞扬了俄罗斯民族的革命热情和理论批判精神，对于帕普利茨将自己的著作《政治经济学批判大纲》翻译成俄文的愿望，恩格斯谦虚地表示自己的著作存在很多不足。

7月19日 致信卡尔·考茨基，指出：越来越清楚，在德国党内绝大多数写文章的人都是一些机会主义分子和鬼鬼祟祟的人，在实行反社会党人法期间，尽管这个法令使他们在收入方面颇不痛快，可是在写作方面却十分惬意；他们可以随意发表议论，我们却不能痛斥他们。因此，仅仅是为了每个月填满这样一本杂志，就需要采取极端宽容态度，这就使得弗赖瓦尔德·克瓦尔克之流、席佩耳之流、罗祖斯之流等等所有这一类人的博爱精神、人道主义、感伤心理以及其他反革命臭货逐渐蔓延滋长。

评论：恩格斯批判了德国党内一些机会主义分子和文人不学无术，投机取巧的作风，由于反社会党人法的存在，使得工人阶级在宣传上暂时处于劣势。他同时批判了海德门的著作，指出海德门虽然用金钱收买了整个运动，但他做不出大事来。

7月21日 致信爱德华·伯恩施坦，指出：一般说来，在两个地方提同一个候选人，确实没有好处；但是，如果指望优秀分子在那些没有把握的选区比其他人容易当选，因而把他们提为那些选区的候选人，那就得要么让他们具有双重候选资格，要么让他们去冒根本当选不上的风险。所以，要是绝对不允许有双重候选资格的话，优秀分子就应该在最有把握的选区提名。但是很奇怪，这种分到没有把握的选区里去的事情，李卜克内西从来没有碰到过，而只是倍倍尔碰到过，例如，在上次选举中，要是我没有弄错的话，李卜克内西就有两个非常好的选区。不过，这一切都是不可避免的。不要忘记，在斗争中总是有时顺利，有时受挫折，所以，如果有时情况稍不顺利，也不要太不痛快。

评论：恩格斯分析了选区的分配问题，指出在两个地方提名同一个候选人没有好处，优秀分子要在最有把握的选区提名以确保被选上。恩格斯强调要把《社会民主党人报》抓在手里，这是对付机会主义者的武器。

8月6日 致信爱德华·伯恩施坦，指出：对于所有这些浅薄的渺小人物来说，由于他们的才能和性格同他们沽名钓誉的野心不相称，所以他们胜利之日，同时也总是他们失败之时。一方面，在外面取得成功，另一方面，在本派别内部遭到失败。追随海德门的越来越限于被他直接收买或在经济上依赖他的那些人，他在民主联盟里的地盘日益丧失。

评论：写这封信时恩格斯正好按计划到达沃信市的海边疗养，恩格斯告诉伯恩施坦，虽然海德门收买了全部所谓的社会主义报刊，但是，他在民主联盟里的地盘日益丧失。在信里还提到了杜西与艾威林的婚姻问题。

8月13日 致信格奥尔格·亨利希·福尔马尔，指出：今天，在世界上所有的大学里，没有一门科学比经济学被糟蹋得更厉害。任何地方都没有人讲授李嘉图及其学派的那种老的古典经济学，不仅如此，甚至很难找到有人原原本本地讲授庸俗的自由贸易理论，即所谓巴师夏式的曼彻斯特主义。在英国和美国，同在法国和德国一样，在无产阶级运动的压力下，资产阶级经济学家几乎一无例外地都涂上一层讲坛社会主义的博爱主义色彩，而且到处盛行着无批判的、善意的折衷主义，那是一种柔软的、可塑的、粘质状的动物胶，可以捏成任何一种形状，也正因为如此，它是培养钻营之徒的极好培养基，如同真正的动物胶繁殖细菌一模一样。这种使人委靡不振、动摇不定、糊里糊涂的思想方式的影响，至少在德国和一部分在美国的德国人中间，甚至在我们党内，都感觉得到，在我们党的周围极为流行。

评论：恩格斯谈到了经济学在世界范围内的遭遇，同时深刻地指出，资产阶级的经济学家毫无批判精神，倾向于折衷主义，在这种大环境下培养出来的尽是钻营之徒。因此，正确的学习方法是认真自学从重农学派和斯密到李嘉图及其学派的古典经济学，还有空想主义者圣西门、傅立叶和欧文的著作，以及马克思的著作，同时要不断地努力得出自己的见解。

9月20日 致信卡尔·考茨基，指出：你评洛贝尔图斯的文章，有关经济方面写得很好，但我还是反对你在那些自己明知没有把握的领域下武断的论断，你这样也就把弱点暴露给施拉姆，这个人是很会抓住这些弱点的。

马克思把存在于事物和关系中的共同内容概括为它们的最一般的思想表现，所以他的抽象只是用思想形式反映出已存在于事物中的内容。与此相反，洛贝尔图斯给自己制造出一种或多或少是不完备的思想表现，并用这种概念来衡量事物，让事物必须符合这种概念。他寻求事物和社会关系的真正的、永恒的内容，但是它们的内容实质上是易逝的。

评论：恩格斯对考茨基批判洛贝尔图斯的文章提出了自己的意见和建议，提醒考茨基不要在没有把握的领域下武断的结论，容易被对方抓住弱点。恩格斯特别谈到了"抽象""价值"等概念。

10月11日 致信奥古斯特·倍倍尔，指出：竞选运动整天在我脑子里打转。对我们力量每三年一次的大检验，是一个具有全欧意义的事件，同它相比，全体皇帝为惊恐所驱使的出动是无足轻重的。我还清楚地记得，1875年我们在选举中的胜利怎样震惊了欧洲，怎样在意大利、法国、瑞士和西班牙把巴枯宁无政府主义驱逐出了舞台。正是现在，很需要再来一次同样的震动。类似莫斯特的可笑的无政府主义者们，已经超过黎纳尔多·黎纳尔丁尼，堕落得比施因德汉斯都不如，他们至少在欧洲将会遭到同样致命的打击，从而省去我们不少力气。在各种宗派都存在特别久的美国，那时他们便会慢慢地灭亡，——卡尔·海因岑在欧洲早已被人遗忘以后，在美国还活动了二十五年。正在取得重大进展的外地法国人将受到很大鼓舞，巴黎的群众则将受到又一次推动而不再做极左派的尾巴。在改革法案给工人带来新的力量的英国这里，这一推动将适逢即将来临的1885年选举，并将为社会民主联盟——完全是由文人、旧宗派残余和多愁善感的公众三者组成的——提供真正成为一个政党的机会。在美国正是缺少一个这样的事件，来使得讲英语的工人最终明白：只要他们肯利用，他们手中握有何等强大的力量。而在意大利和西班牙，这将给予依然顽梗地传播甚盛的无政府主义空谈以新的打击。一句话，你们的胜利会在各地（从西伯利亚到加利福尼亚，从西西里到瑞典）产生影响。

评论：恩格斯提到健康问题拖累了自己的工作进度，《资本论》第二卷已经口授完成即将付印。信中重点谈到了德国三年一次的竞选，认为竞选的胜利将极大地鼓舞无产阶级并推动无产阶级运动的发展。恩格斯指出，资产阶级社会主义者和受了资产阶级熏染的社会主义者，很容易讨好选民和满足自己出风头的欲望。在比较落后的选区提名和选出这种人，那是理所当然的。但他们也会钻进理应选出优秀代表的老选区，并从那些应当较清楚地明白这一点的人们中获得支持。恩格斯表示，如果发生分裂，自己将投入战斗。

10月15日 致信约翰·菲力浦·贝克尔，指出：自从我们失掉了马克思之后，我必须代替他。我一生所做的是我注定要做的事，就是拉第二小提琴，而且我想我还做得不错。我高兴我有象马克思这样出色的第一小提琴手。当现在突然要我在理论问题上代替马克思的地位去拉第一小提琴时，就不免要出漏洞，这一点没有人比我自己更强烈地感觉到。而且只有在更猛烈的狂风暴雨时期来到时，我们才会真正感受到失去马克思是失去了什么。我们之中没有一个人象马克思那样高瞻远瞩，在应当迅速行动的时刻，他总是作出正确的决定，并立即打中要害。诚然，在风平浪静的时期，有时事件证实正确的是我，而不是马克思，但是在革命的时期，他的判断几乎是没有错误的。

评论：恩格斯高度称赞了倍倍尔，说他极具演说才能，是德国党内头脑最清楚的人，而且从不茫然失措。信中说自己是"第二小提琴手"，认为没有一个人像马克思那样高瞻远瞩，在应当迅速行动的时刻，他总是作出正确的决定，并立即打中要害。

10月29日 致信奥古斯特·倍倍尔，指出：结果出乎我的意料。最终能获得多少席位，现在对我来说是无关紧要的。必不可少的十五个席位是有把握的，而主要的是选举表明，运动正以迅速而又坚定的步伐向前发展，席卷一个又一个选区，削弱着其他政党在这些选区的阵地。我们的工人真是好样的！他们不顾政府和资产阶级的一切诡计、威胁和暴力，夺回一个又一个阵地，表现得那么顽强，那么坚决，主要的是，又那么达观！德国极其需要重新受到世界的尊重；俾斯麦和毛奇能够做到使人畏惧德国；只有我们的无产者才能得到真正的尊重，即得到那种只有自由而又纪律严明的人们才当之无愧的尊重。他们不了解，公社是旧的、法国特有的社会主义的坟墓，而同时对法国来说又是新的国际共产主义的摇篮。德国的胜利也将帮助国际共产主义牢牢地站稳脚跟。

评论：恩格斯祝贺倍倍尔的当选，这表明工人运动正在迅速而又坚定地发展，德国工人顽强且坚决，选举结果将对欧洲和美国产生巨大影响。

11月8日 致信卡尔·考茨基，指出：一个紧密团结的工人政党，在历史上破天荒第一次作为一支真正的政治力量出现，它是在极其严酷的迫害下发展壮大起来的，势不可挡地夺取一个又一个阵地。它在欧洲市侩习气最浓、为胜利而陶醉最厉害的国家中，却没有沾染任何的市侩习气和沙文主义。这支力量的存在和发展，对政府和旧的统治阶级来说，是不可理解和不可思议的，正如基督教狂潮的汹涌，对覆灭中的罗马帝国的当权者来说，是不可思议和不可理解的一样。这支力量和当年的基督教一样，满怀信心、势不可挡地为自己开辟道路，它是那样地有信心，以至现在就可以精确地算出它的加速度方程式，从而推算出它最终胜利的时刻。反社会党人法没有把它镇压下去，反而促使它前进，俾斯麦的社会改革只是被它踩在脚下，最后一招是企图挑动它进行为时过早的暴动，以便一举击溃它，这除了令人不禁失笑，不会引起别的。

评论：恩格斯高度评价了德国社会民主党在选举中取得的胜利，认为正是德国的工业落后，特别促进工人事业的胜利，前期社会主义运动的失败，使无产阶级感到沮丧；而资本主义的发展显得比革命的反抗更有力量。所以，再要反对资本主义生产就需要新的更强大的推动力。

11月11日 致信爱德华·伯恩施坦，指出：反社会党人法受到了谴责。国家和资产阶级在我们面前丢尽了脸。但这并不妨碍他们若无其事地照旧抱住不放，谁要是以为因此就会废除这项法令，谁就会犯大错误。在英国，老约翰·罗素在自己政治上死亡以后的二十年间，继续起着首相的作用。一般地说，废除一项法令需要作出决定，而这一点未必做得到。顶多在刑法典中加进一些新的条款，而这些条款比反社会党人法要我们作出的牺牲会更大。

我们现在应该提出积极的法案。如果把法案坚决地，即对小资产阶级偏见毫不让步地表述出来的话，那末法案会是很好的。

评论：恩格斯告诉伯恩施坦现在还不是要求废除反社会党人法的时候，因为国家和资产阶级正在抱团反抗，结果会适得其反。目前应该在充分的材料和理由的基础上提出积极的法案以对政府造成影响和压力。恩格斯提醒伯恩施坦不能满足于"党"一时的扩大，而要适时改变策略从而引导群众继续前进。

11月18日 致信奥古斯特·倍倍尔，指出：欧洲各国现有的政治制度，都是革命的产物。法制基础、历史性的法、法制到处被千百次地破坏着或者是整个被抛弃。但是所有通过革命取得政权的政党或阶级，就其本性说，都要求由革命创造的新的法制基础得到绝对承认，并被奉为神圣的东西。革命的权利原先是存在的，否则执政者就得不到法律的批准，但是后来它被取消了。

采取对敌对者顺从和让步的办法，我们什么也得不到。只有通过顽强的抵抗，我们才能迫使人们尊重我们，才能成为一支力量。只有力量才能赢得尊重，只有当我们有力量时，庸人们才会尊重我们。向庸人让步的人，庸人是瞧不起的，这种人在庸人看来不是一支力量。可以让人透过丝绒手套感觉到钢手铁腕，但必须让人感觉到它。德国无产阶级已经成了一个强大的党，让它的代表人物无愧于这个阶级吧！

评论：恩格斯提醒倍倍尔绝不能对自由党让步，否则会失去选举在国际范围内造成的巨大影响。信中以德国为例，分析了欧洲各国政治制度的成因，强调采取对敌对者顺从和让步的办法，我们什么也得不到。只有通过顽强的抵抗，我们才能迫使人们尊重我们，才能成为一支力量。

12月11—12日 致信奥古斯特·倍倍尔，指出：对于我们的无产阶级群众，我从来没有看错过。他们运动的进展是那样信心百倍和有胜利把握，因而是那样鼓舞人心和富于幽默，真是出色极了，无与伦比。欧洲任何一个国家的无产阶级，都没有这样出色地经受了非常法的考验，都没有在遭受六年的迫害之后，用力量壮大和组织巩固这样的证明作出回答；任何一国无产阶级都不能象德国无产阶级那样，在组织上取得这样的成就，并且是在不作任何有关秘密活动空谈的情况下取得的。

我们的工业之所以有能力输出，是由于它在大多数情况下把全部剩余价值赠送给买主，而资本家的利润则是靠压低正常工资取得的。在任何农村家庭工业中，都程度不同地存在着这种情况，但是，在任何地方都不象我国这样突出。

评论：恩格斯担心党内的资产阶级分子因为选举的胜利轻易陷入其他党派的陷阱，即对自由党人作出让步，因此提醒倍倍尔，微小的让步都会在国外损害党的名誉。恩格斯赞扬了德国无产阶级，指出欧洲其他国家的无产阶级都没有像德国这样出色地经受住非常法的考验。信中还提到德国无产阶级运动的有利条件是工业革命正在进行。

12月29日 致信爱德华·伯恩施坦，指出：海德门是一个急于钻入议会的政治冒险家和沽名钓誉的人，他早已操纵了这整个运动。一年前，巴克斯开始出版《今日》的时候，维持这个小小月刊的写作力量就不够，至于办周刊就更不用想了。但是，海德门却一定要有一个周刊，于是在莫利斯和卡本特尔这两个热心人的资助下，《正义报》创办起来了。海德门是在几个年轻文人和一个叫乔因斯教员的帮助下编辑《正义报》的。这几个年轻的文人不过是等待时机，参加某种新的能付得起钱的运动而已（菲兹吉拉德和秦平）；而乔因斯由于和亨利·乔治在一起进行鼓动而从伊顿被驱逐了出来，因此他也就成了并非出于本意的社会主义者。这几个人是直接或间接地得到了钱的（海德门很有钱，但很吝啬），而其余的人只好白干。联盟的所有文件都弄到了海德门、菲兹吉拉德和秦平的手里；他们只向委员会提供他们认为合适的东西，他们还擅用联盟的名义进行通信。总之，海德门对待委员会，就象俾斯麦对待帝国国会一样。怨言四起，也传到了我这里。我回答说，让这个人去干吧，这不过是一个小人物，他不可能搞得太久，他不善于等待。他果然遭到了失败，比我预料的还快。

评论：恩格斯在信中对伯恩施坦由于流亡生活失去至亲表示沉痛哀悼。信中揭露了海德门操控无产阶级运动的伎俩，大部分人离开了海德门操控的联盟。同时指出，组织无产阶级行动起来不是仅仅只要几个文人吹响集合号就能实现，必须量力而为。

12月30日 致信奥古斯特·倍倍尔，指出：在一切类似的问题上，当不得不考虑到选民的小资产阶级偏见时，我看最好的办法是：声明我们原则上反对，但是既然你们要我们提出积极的提案，并且硬说这也将给工人带来利益（而我们否认这一点，因为这里所谈的不是细微的利益），那末就请你们把工人和资产者放在平等的地位上。你们每从工人口袋里直接或间接地送给资产阶级一百万，工人们也就应该得到一百万；国家贷款时也应如此。

评论：在信中提到了议会斗争和投票的技巧。恩格斯认为，在一切类似的问题上，如果考虑到选民的小资产阶级偏见，最好的办法是声明原则上反对，但要求把工人和资产者放在平等的地位上。

12月31日 致信弗里德里希·阿道夫·左尔格，指出：民主联盟星期六在这里解体了。有人揭发操纵这一整个运动的冒险家海德门在该组织成员之间挑拨离间，揭发他把给委员会的信件隐匿了下来，并在地方上成立一些假支部，以便把他的拥护者硬塞到代表会议和代表大会里去。大家对他表示不信任；大部分人退出了组织，主要是因为这整个组织是一个不折不扣的骗局。这也是确实的，他们连四百个缴纳盟费的成员也没有，而他们的读者则是一些感伤的资产者。

德国议员具有种种市侩偏见，例如，多数人"为了工业"，想投票赞成发给轮船公司津贴。我不得不为此写很多信。幸而倍倍尔在那里，他总是正确地抓住事情的实质，所以但愿不要丢脸才好。自从我同倍倍尔，而不是同李卜克内西进行"正式的"通信以来，不仅一切进行顺利，而且对事业带来某些好处，我的意见也没有被歪曲地传到了我们同志那里。倍倍尔是个非常出色的人，我希望他不要累坏自己衰弱的身体。

评论：信中谈到手稿的出版情况和工作进度、民主联盟解体的原因，以及德国议员存在的偏见和不足。恩格斯认同倍倍尔的工作，肯定他将自己的意见正确地传达到了党内。

1885年

1月19日 致信奥古斯特·倍倍尔，指出：至于德国工业的状况，我倒乐意承认在1866年以后,特别是在1871年以后,有了巨大的进步。但还是应该同其他国家比较一下。在日用品生产方面,英国独占优势;在非常讲究的奢侈品和时髦制品生产方面,法国独占优势,而且在这方面变化不怎么大。的确,在铁的生产方面,德国和美国并驾齐驱,仅次于英国,但是还远远没有达到英国的大规模生产的水平,所以只有亏本出售才能同它竞争。在棉纺织业方面,德国为世界市场生产的只是二等品。印度和中国市场所需要的大量棉纱和纺织品(衬衣料子和其他日用品)仍然为英国所垄断,在那里同它竞争的不是德国,而是美国。英国在毛织品的世界市场上,也和在亚麻织品(爱尔兰)的世界市场上一样,仍然居于统治地位;家用金属制品等等的生产中心仍旧在北明翰,刀类制品的生产中心在设菲尔德,而最尖锐的竞争仍旧是美国的竞争,而不是德国的竞争。在机器制造业(除机车外)方面,领先的是英国和美国。

评论:恩格斯向倍倍尔咨询梅林的人品以便决定是否与他保持联系。信中谈到了德国的工业状况并与其他欧洲国家进行了比较,指出了德国工业的优势和劣势。

3月8日 致信劳拉·拉法格,指出:我钻研得越深,就越觉得《资本论》第三册伟大,一共有五百二十五页,可是我现在只整理了二百三十页。一个人有了这么巨大的发现,实行了这么完全和彻底的科学革命,竟会把它们在自己身边搁置二十年之久,这几乎是不可想象的。因为我现在整理的手稿,也许是在第一卷以前写的,也许是和第一卷同时写的;手稿的重要部分,已经包含在1860—1862年的旧稿里了。不管怎样,我要把整理摩尔的书的工作坚持下去。这部书将成为他的纪念碑,这是他自己树立起来的,比别人能为他树立的任何纪念碑都更加宏伟。到星期六就是两年了!然而,说实在的,在整理这部书时,我感到好象他还活着跟我在一起似的。

评论:恩格斯告诉劳拉整理《资本论》第三卷的情况,认为第三卷是一部伟大的作品,《资本论》将成为马克思为自己竖立的纪念碑。恩格斯表达了对马克思的怀念之情,整理这部书时,他感到好像马克思还活着跟自己在一起似的。

4月2日 致信约翰·菲力浦·贝克尔,指出:《资本论》第二卷已经印了三分之二,大约过两个月就能出版;第三卷的工作正在全力以赴。这个包含着最后的并且是极其出色的研究成果的第三卷,一定会使整个经济学发生彻底的变革,并将引起巨大的反响。

总之,一定会发生种种变化,使旧秩序发生混乱,使官僚们不知所措,丧失信心,而资产阶级最后将不得不抛弃一部分老废物,而担当起它的天职应当扮演的那种政治角色。只要国内政治生活能重新活跃起来,那我们就再也不需要什么了。但是,卑鄙的资产阶级已经堕落到了这种程度,它只是在迫不得已时,在经济条件的压力下,才会去做那些它作为一个阶级本来应当自愿为本身利益去做的事情。

评论:恩格斯指出,《资本论》第三卷一旦出版会使得整个经济学发生彻底的变革，并将引起巨大的反响。恩格斯告诉贝克尔，不能让政府里的"庸人"们领导运动，在应该分裂的时刻要果断与他们分开。

4月4日 致信奥古斯特·倍倍尔，指出：党团中的多数派先生们，从他们发表在今天的《社会民主党人报》上的声明来看，他们仍然想确立自己的"支配权"。这种企图本身是软弱无力的，实际上是他们自己作了可怜的自供状，他们说什么我们是被报纸的立场惹火了，它同我们的立场是对立的，我们不得不对那些同我们对立的观点负责，可是我们不知道如何去纠正这一点，——可怜可怜我们吧！但同时这又是他们为使小资产阶级分子在党内掌权和具有正式地位而把无产阶级分子排挤到仅仅是一种忍气吞声的地位的第一步。他们沿着这条道路要冒险走多远，将来自有分晓。

《资本论》第二册已经印出二十五印张（共三十八印张）。我正在搞第三册。它是卓越的，出色的。这对整个旧经济学确实是一场闻所未闻的变革。只是由于这一点，我们的理论才具有不可摧毁的基础，我们才能在各条战线上胜利地发动起来。只要书一出来，党内的庸人习气也会再次受到久久不会忘记的打击。须知，那时又将首先辩论一般的经济问题。

评论：恩格斯指出德国社会民主党中的多数派夺取"支配权"的企图是软弱无力的，分析了法国和英国的政治环境和无产阶级运动的形势，还谈到伯恩施坦与小资产阶级分子斗争时所应当采取的行动。

4月16—17日 致信劳拉·拉法格，指出：目前，整个社会主义同盟由于阿富汗的动乱正处于惊人的激昂状态之中，他们仿佛看到的不仅仅是战争，而且还有战败了的英国，燃起起义烽火的印度，以及国内的革命，社会主义的胜利——真是一片欢呼声！不幸的巴克斯打算写这类文章，然而杜西劝他和我商量一下，我则竭力设法使他的激情稍微冷却一些。在英国人完全摆脱了侵略主义以后，看来，他们就会真正仇视自己的民族性。这倒不是什么坏的素质，只是在谈到和俄国沙皇的战争时，它不完全合适就是了。社会主义同盟暂时还不能把英国点燃起来，而俄国的虚无主义者却可以借助失利的战争在俄国做到这一点。

评论：恩格斯指出，社会主义同盟暂时还不能推动英国的工人运动。在德国，为了彻底废除反社会党人法，现在还不是与小资产阶级分子决裂的时候。信中还分析了保尔在翻译中遇到的词汇问题。

4月23日 致信尼古拉·弗兰策维奇·丹尼尔逊，指出：现在我正在搞第三卷，这是圆满完成全著的结束部分，甚至使第一卷相形见绌。我在口授原稿，这份原稿除了我以外，简直是谁也不能读下去，因此，在没有把全文誊清成在任何情况下其他人都能阅读的东西以前，我就不放心。在这以后，我才能从事最后的校订，这将是一个艰巨的任务，因为原稿没有完成。即使是我也未必定能完成这项工作，但是无论如何手稿将被抢救出来，不会全部毁掉，必要时可以按照它的原样出版。

这个第三卷是我所读过的著作中最惊人的著作，极为遗憾的是作者未能在生前把这项工作做完，亲自出版并看到此书必定会产生的影响。在这样清楚地叙述了以后，就不可能再有任何直接的异议了。最困难的问题这样容易地得到阐明和解决，简直象是做儿童游戏似的，并且整个体系具有一种新的简明的形式。

评论：恩格斯感谢丹尼尔逊为他提供的俄国经济状况和经济发展的材料，谈到《资本论》第三卷的整理情况，并对第三卷的内容作出了极高的评价。

4月23日 致信维拉·伊万诺夫娜·查苏利奇，指出：我感到自豪的是，在俄国青年中有一派真诚地、无保留地接受了马克思的伟大的经济理论和历史理论，并坚决地同他们前辈的一切无政府主义的和带有一点斯拉夫主义的传统决裂。如果马克思能够多活几年，那他本人也同样会以此自豪的。这是一个对俄国革命运动发展具有重大意义的进步。在我看来，马克思的历史理论是任何坚定不移和始终一贯的革命策略的基本条件；为了找到这种策略，需要的只是把这一理论应用于本国的经济条件和政治条件。

评论：恩格斯高度评价了俄国青年学习马克思主义原理的真诚态度，指出这对俄国的革命运动发展具有重大意义。恩格斯强调，马克思的历史理论是任何坚定不移和始终一贯的革命策略的基本条件；为了找到这种策略，需要的只是把这一理论应用于本国的经济条件和政治条件。恩格斯认为俄国将迎来伟大的革命，现在只差某个导火索了。

5月15日 致信爱德华·伯恩施坦，指出："党团和编辑部"之间的全部冲突，到处都必然给人以这样的印象：党团出了丑。如果党团不顾一切还要重演一次，那不应当加以阻止。如果你按照它的最初要求把它的第一个圣旨登出来，那末它就会真正大出其丑，"愤怒的风暴"就会从四面八方掀起。当然，在刚开始的时候也不能这样来要求你，但毫无疑问：阻碍党团暴露自己的本来面目，并不符合我们的利益。在目前情况下，"党团和编辑部"在公众心目中，现在是作为两种同等的力量互相对立的；最近一篇很长的妥协性声明的结果就是这样，以后怎么样，还要再看一看。

我们的政策应该是等待。反社会党人法对他们有利，在这个法令有效期间，只要他们有机会暴露自己的真面目，那末从实质上来说，我们不需要任何更多的东西。同时，我们应该竭尽全力捍卫，特别是在报刊上捍卫我们的每一个观点，而这并不是在任何时候都需要直接对抗的。迂回的行动，这也是一种防御方法，它包含着进攻性的反击。

评论：恩格斯安慰伯恩施坦失落的情绪，分析了党和党报编辑部之间的矛盾，告诉伯恩施坦当前斗争的策略是等待，通过迂回的防御来组织未来的进攻。

6月3日 致信弗里德里希·阿道夫·左尔格，指出：对于国会中的那些家伙，你和我一样有着正确的预感：在关于轮船公司津贴的问题上，暴露出他们具有多么巨大的小市民欲望。事情几乎弄到分裂的地步，而发生分裂在目前实行反社会党人法的时候是不适当的。但是，一旦我们在德国重新获得行动上的某些自由时，分裂完全有可能发生，也只有在那时分裂才是有利的。小资产阶级的社会主义派别，在德国这样的国家里是不可避免的，因为小市民在德国比历史权利更"没有任何日期"。这种派别，如果是脱离无产阶级的政党而建立起来的，那甚至是有好处的。但是在目前，这种脱离（如果是我们造成的）只会是有害的。如果是他们自己实际上要背弃纲领，那更好，到那时我们就可以同他们进行公开的斗争。

评论：恩格斯认为，小资产阶级的社会主义派别在德国无法避免，因此当需要与他们分裂的时候，要由他们首先背弃党的纲领，这对以后的斗争会更加有利。信中谈到了《资本论》第二卷的出版情况，第三卷的整理情况，指出，它第一次从总的联系中考察了全部资本主义生产，完全驳倒了全部官方的资产阶级经济学。

6月15日 致信约翰·菲力浦·贝克尔，指出：从1848年起，英国议会无疑是世界上最革命的代议机构，但是经过最近的选举，将开始一个新时代，即使这一点还不是很快就表现出来。越来越多的工人将要进入议会，并且一个比一个糟糕。但在这里这是必然的。那些在国际时期在这里作为善良的资产阶级激进派出现的坏蛋们，必将在议会中暴露出他们的真面目。到那时，这里的群众也会成为社会主义的了。工业生产过剩将办完其余的事情。

德国党内的争吵，并没有使我惊讶。在德国这样一个小市民的国家里，党也必然有一个小市民的"有教养的"右翼，在决定性的关头，党会把它抛弃的。小市民社会主义在德国是从1844年开始的，在《共产党宣言》中已经受到了批判。它也跟德国小市民本身一样，是不会灭亡的。目前存在着反社会党人法，我反对我们主动引起分裂，因为我们的武器相差悬殊。假如这些先生们自己挑起分裂，企图抹杀党的无产阶级性质，而代之以粗陋的、唯美的、伤感的、枯燥的博爱主义，那我们就应该同意分裂。

评论：恩格斯指出世界范围内的革命形势在缓慢发展，英国的议会是世界上最革命的代议机构，而德国党内由于存在小市民社会主义右翼，争论是不可避免的，目前要尽量维持党统一的局面，除非他们抹杀党的无产阶级性质。

6月22—24日 致信奥古斯特·倍倍尔，指出：所以会出现这一切乌七八糟的东西，我们大部分要归功于李卜克内西，他总是偏袒那些有教养的自命不凡的人和在资产阶级圈子里占有一定地位的人，因为可以拿这些人物在庸人面前炫耀。对于那些向社会主义献媚的文人和商人，他顶不住。但正是在德国，这是一些最危险的人物，所以马克思和我从1845年起就不断地同他们进行斗争。这些人既然进入党内，在党内到处钻营，那就应当不断地排挤他们，因为他们的小资产阶级观点，往往同无产阶级群众的观点不一致，或者他们企图歪曲这些观点。然而，我确信在真正决定性的关头，李卜克内西将会站在我们这一边，并且还会肯定地说：他一直是这么说的，是我们早先妨碍了他投入战斗。

爱德和考茨基在自己的编辑岗位上显然感到极没有信心，需要加以鼓励。有人竭力耍阴谋反对他们两个人，这是显而易见的。他们二人都是很正派和有用的人。爱德在理论上思路开阔，而且敏锐机智。他就是缺乏自信心，这在今天真是少有的现象。在甚至微不足道的笨蛋学者都普遍具有夸大狂的时候，在一定意义上说，这还是个优点。考茨基在几个大学里，什么乱七八糟的东西都学过，但他正在竭力设法把它们忘掉。他们二人都经得住坦率的批评，正确领会最主要的东西，值得信赖。和那种粘在党身上的糟糕透顶的青年文人相比，这两个人倒是真珠子。

评论：信中批评了李卜克内西对党内资产阶级分子无原则的献媚行为，造成党内的矛盾和争论不断扩大，同时告诉倍倍尔，伯恩施坦和考茨基对于无产阶级的宣传阵地具有重要作用，要及时鼓励让他们在党报编辑岗位上重拾信心，不让企图取代他们的资产阶级分子得逞。最后，恩格斯表示对德国无产阶级绝对信任，希望倍倍尔保护好身体为以后的斗争做好准备。

7月23日 致信劳拉·拉法格，指出：德国议员中一场不大的争吵，总的说来，得到了极好的结果。工人们到处都那样有力地反对这种荒谬的主张，使议会中的那些傲慢的先生们大概不敢再试图确立自己的支配地位。我们的人尽管受到反社会党人法的种种束缚，却干得毫不含糊。在这同时，可怜的李卜克内西在德国东奔西走，宣扬调和，逢人便说：没有任何原则分歧；这些都是个人纠纷；双方都犯了错误，如此等等，——活象一只孵小鸭的母鸡。近二十年来，他一直在孵"有教养的"社会党人，而且到现在还顽固地拒不承认他那些小鸡都是小鸭，那些社会党人都是市侩慈善家。

评论：恩格斯批评了李卜克内西在党内斗争时的调和主义，赞扬工人们有力地反击了各种荒谬的主张。另外，恩格斯分析了克列孟梭当政的政策主张和最终结果，指出在法国不破坏资产阶级制度而实现美国式的地方自治是不现实的。

7月24日 致信奥古斯特·倍倍尔，指出：在这整个事件中，李卜克内西扮演的是母鸡孵小鸭的可笑角色：他想培养出"有教养的"社会党人，可是一瞧，从蛋里孵出来的尽是一些庸人和市侩，于是极可爱的母鸡又想说服我们，似乎跟着资产阶级随波逐流的还是小鸡，而不是小鸭。这就毫无办法，只好照顾他的幻想；但是，如果报上的报道可信的话，他在奥芬巴赫做得毕竟有点过分。这全部事情的结果，只能使党意识到：党内存在两派，其中一派给群众指出方向，另一派则给大多数所谓的领袖指出方向，这两派必然会分离得越来越远。这将为行将到来的分裂作好准备，这是很好的事。右翼先生们要再发号施令，就得先好好考虑考虑。

评论：恩格斯指出，党内的争吵表明党内存在给群众指明方向的一派和给所谓的领袖指出方向的一派，两派必然分离。恩格斯同意倍倍尔对考茨基的评价，指出考茨基的主要缺点一是得出的结论过于草率，二是为谋生而写作。恩格斯在信里还评价了梅林，认为梅林头脑灵活有才华，但是一个"叛逆者"。

10月8日 致信爱德华·伯恩施坦，指出：法国的选举是一个很大的进步。正如我所预言的，按名单选举给了机会主义派以沉重的打击。但是当时无法预见，这种打击会如此有力，以致大资产阶级、中等资产阶级和一部分小资产阶级都投入而且是如此大规模地投入保皇派的怀抱。机会主义派玩弄了"执政内阁"的把戏；他们所造成的营私舞弊甚至远远超过第二帝国时期，但是并没有保证使资产者得到保皇派保证给予他们的那种安宁。

社会主义者得的选票那么少（拉法格对此很伤心）是完全自然的事。法国的工人并没有把自己的选票白白扔掉。既然在法国也和在德国一样，不仅有死亡的或垂死的党派，而且还有活着的党派，那末投没有任何希望的社会主义者的票，在政治上是完全不合适的，否则某个激进派就会获得少数票，而机会主义派就会获得多数票。

评论：恩格斯分析了《社会民主党人报》的前景，认为伯恩施坦关于自己将被取代的担心是不必要的，同时提醒伯恩施坦抓住印刷所和出版社，舆论阵地问题将迎刃而解。信中还谈论了法国选举的进步意义以及法国各党派的最新状况。

10月13日 致信劳拉·拉法格，指出：《宣言》的翻译一直使我害怕，——它使我想起我在一切文献中最不好翻译的这部文献上所白白耗去的艰苦时刻。但你译得恰到好处。只有两处的意思你没有把准，大概有人干扰了你。其余地方译得都很出色。这本小册子是我们可以引为骄傲并能给读者提供原著概念的第一个法文本。越是接近结尾部分，实践将使你的工作越加完善，你就越来越不是翻译，而是用另一种语言再现了。

评论：信中高度称赞了劳拉对《共产党宣言》的法语翻译工作，并给予劳拉最大的自主权，恩格斯对劳拉参与马克思著作的翻译工作高兴不已。

10月22日 致信扎洛·费尔伯，指出：我在1848年以后也不止一次地发表过这样的看法：俄国沙皇制度是欧洲反动势力的最后支柱和后备大军。但近二十年来，俄国发生了很多变化。所谓的农民解放，把农民置于求生不得、欲死不能的境地，从而造成了真正的革命形势。大工业及其交通工具、银行等等的飞速发展，只是使这种情况更加严重。俄国正处在自己的1789年的前夜。一方面是虚无主义者的出现，另一方面是财政上的穷困，这就是上述形势的征兆。

评论：恩格斯指出，沙皇俄国是欧洲反动势力的最后支柱，随着情况的不断变化，俄国处于真正革命的前夜。信中认为研究俄国的财务状况是非常必要的，并介绍了俄国相关经济数据资料的获取途径。

10月28日 致信奥古斯特·倍倍尔，指出：李卜克内西在萨克森的落选，使我为他个人感到遗憾，不过一般说来，这对他没有损害。博得众望，对他来说是一件太重要的事情，他为此作出了过多的牺牲。因此，对他有益的是：他终于懂得，向右派的一切让步都毫无益处，在受资格限制的选举中更是如此，这种让步甚至没有给他带来小资产者的选票。

法国这个国家——在那里，从1789年到1850年，政治思想不仅每次都首先得到尖锐的表述，而且译成了实践的语言——有点固执，不愿放弃革命理论方面的领导作用，特别是在光荣的公社之后更是如此，何况是在德国的面前，因为巴黎的工人事实上已在1870年战胜了德国，德军当时不敢占领巴黎；顺便说说，这是以往整个战争史上从未有过的。此外，请想一想，法国工人能从哪里获得更正确的见解呢？要知道，甚至《资本论》的法文版对他们来说也是一部不可理解的书；不仅对于他们，而且对那些有教养的阶层也是如此。他们所知道的唯一的东西，就是我的《社会主义的发展》，而这本书实际上已产生了惊人的作用。

评论：恩格斯认为落选对于李卜克内西而言有弊也有利，将会让他认识到对右派的一切让步毫无意义。信中谈论了英国、法国、美国的经济萧条，指出英国的旧工会一直保有让人难以容忍的旧行会性质，即把真正的工人阶级排除在工会之外。恩格斯认为倍倍尔对法国群众的评价并不正确，因为法国工人缺乏获得正确观点的途径才导致行动上的落后。

11月13日 致信尼古拉·弗兰策维奇·丹尼尔逊，指出：我不怀疑，第二卷也会使您象我一样感到高兴。在这一卷里，理论阐发得确实是精辟高深，庸俗的读者是不会花力气去深入领会它们并坚持到底的。目前德国的情况就是如此。在德国，全部历史科学，包括政治经济学在内，已经堕落到几乎是无以复加的地步。我们的讲坛社会主义者在理论方面一向顶多不过是一些略带博爱主义色彩的庸俗经济学家，而现在他们简直已经堕落到俾斯麦国家社会主义辩护士的地步。对他们来说，第二卷将始终是一部无法弄懂的书。德国的历史科学在三十年战争以后，曾经由于德国的政治极端腐败而堕落到卑贱的地步，现在竟然由于德国上升到欧洲第一强国的地位而再次堕落到同样卑贱的地步，这是黑格尔所说的那种世界历史的讽刺的一个很妙的例证。然而这却是事实。因此，德国"学术界"对这卷新书目瞪口呆，无法理解。只是由于对后果的正当恐惧，才使得他们不敢对它进行公开的批评，因此，官方的经济书刊对它保持谨慎的沉默。可是，第三卷会迫使他们开口的。

评论：恩格斯指出德国的学术界由于堕落和无知根本无法理解马克思的《资本论》第二卷，官方的经济报刊甚至不敢公开评论它。恩格斯感谢丹尼尔逊为马克思的信件所做的摘录，感叹马克思在写作《资本论》时克服的种种困难。

11月14日 致信保尔·拉法格，指出：1849年5月的起义，是由德意志大多数邦政府不服从法兰克福国民议会通过的全德宪法引起的。这个议会从来不掌握物质力量，而且不注意采取一切措施使自己获得这种力量，终于在它结束"制宪工作"的时候，丧失了它最后一点道义上的影响。它那个宪法已成为一纸空文，并且具有相当的浪漫主义色彩。虽然如此，这部宪法在当时仍是唯一的一面旗帜，还可以打着它来开始新的运动，等胜利以后再甩开它。

评论：恩格斯评价了法兰克福国民议会通过的全德宪法，指出没有物质力量的保证，宪法将成为一纸空文。信中介绍了德勒斯顿等地为维护宪法而起义和被镇压的过程，恩格斯当时是起义方的战士之一。

11月17日 致信奥古斯特·倍倍尔，指出：李卜克内西突然十分勇敢地登上了前台。狱中的"沉思"，忘了一半的《资本论》的重读，右派使他越来越清楚地看到他脚踏两只船的前途，——这一切看来对他大有好处。如果这能持久，我会很高兴。在决定性的时刻，他一定会采取正确的立场，可是在此以前，他的一切息事宁人和调和迁就的倾向还会给我们造成不少折磨人的麻烦事，他认为这是外交手腕，他在这方面确实比我们大家高明得多。

一场大战如果爆发，就会有六百万士兵开上战场，并且耗费空前。这将是一场闻所未闻的流血和浩劫，归根到底是前所未有的大伤元气。这就是为什么这些先生们这样害怕战争。但是可以预言：如果这场战争爆发，它将是最后一次战争；它将是阶级国家在政治上、军事上、经济上（包括财政上）和道义上的彻底破产。它可能会引起这样的情况：军事机器起来造反，并拒绝继续为一些可怜的巴尔干民族而互相残杀。

评论：恩格斯告诉倍倍尔，自己与舒马赫的观点相反，如果政府要用工人农民的钱补贴资产阶级，那么首先要对工人农民给予同样数额的帮助。恩格斯认为李卜克内西在关键时刻会回到正确的立场。信中还谈到了欧洲爆发战争的威胁，认为战争将会打断工人运动的发展进程，战争将是一场人类浩劫，可能造成各国军事力量的造反，届时无产阶级将站在舞台的中心。

11月26日 致信敏娜·考茨基，指出：这里的人们一般讲来比别的任何地方的人都更直率和可靠；没有一个城市象伦敦这样适合于科学工作；而且没有警察局的刁难，这也弥补了一些东西。我熟悉和喜爱巴黎，但是，如果要我选择的话，我宁愿定居在伦敦，而不愿在巴黎。为了真正享受巴黎，自己就要变成巴黎人，具有巴黎人的一切偏见，首先只对巴黎的事物感到兴趣，惯于相信巴黎是世界的中心，是一切的一切。伦敦不如巴黎漂亮，但是比巴黎雄伟，它是世界贸易的真正的中心，而且也多样化得多。此外，伦敦还容许对整个周围世界保持中立，而这对于科学的、甚至艺术的公正态度是必要的。人们都喜欢巴黎和维也纳，人们憎恨柏林，而对伦敦则持着中立的冷漠和客观态度。这也是有些好处的。

评论：恩格斯表达了对德国女作家敏娜·考茨基的友好感情，告诉她伦敦、巴黎和柏林的不同之处以及各自特征。恩格斯评价了她的著作《旧人和新人》，对作者将自己的信念倾注在著作里的做法表达了自己的看法。

12月5日 致信约翰·菲力浦·贝克尔，指出：你从苏黎世的出版社那里可以知道，最近我扎扎实实地做了些工作，并且利用机会重温了1848—1849年美妙的青年时代所写的一些东西。这显得非常必要，因为年青一代已经忘记了或者从来就不知道这一切，他们现在希望知道当时发生了什么事，鉴于存在着大量捏造的材料和报道，所以必须使他们尽可能有一个正确的认识。你把自己的回忆录写完，是非常重要的。几年以前，《新世界》刊载了一些精彩的片断，你具有如此非凡的叙述才能，此外，你回忆的时间比我早了整整十至十五年，包括了 1830 年到 1840 年的时期，这个时期对以后的发展也是非常重要的。

希望不幸的巴尔干事件能和平结束。我们现在到处都在顺利前进，世界大战现在对我们来说是不合时宜的——太晚或太早。但是归根到底，世界大战对我们也是有利的，因为可以永远结束军国主义，其代价是毁灭一百五十万人，浪费一万亿法郎。在这之后，战争就会是不再可能的了。

评论：恩格斯全力支持贝克尔写完自己的回忆录，因为这是一段非常珍贵的无产阶级运动史。恩格斯在信中表达了对爆发战争的担忧，还谈到了法国的选举。

12 月 7 日　致信保尔·拉法格，指出：接受另一个党的钱是可以的，只要取得这些钱不带任何条件并且不能弊多利少！但是海德门做得很蠢。首先他应当知道，这些候选人只能显示出英国社会主义力量弱得可怜。其次他应当知道，拿托利党人的钱，就意味着在广大激进的工人群众的心目中无可挽回地丧失自己的威信，可是要知道，社会主义只有在这些人中间才能找到自己的拥护者。最后，既然已经做了这样的事情，那就不要隐瞒它，而要自己公开它，夸耀它。但海德门是拉萨尔的拙劣翻版。对他来说，采取什么手段都好，即使这些手段不会达到目的也行。他急于想充当一个大政治家，以致看不见自己的实际情况。此外，除了英国职业政治冒险家的一切恶劣品质，他还有一个在法国十分普遍而在这里极少见的特点，就是他能把事实看成不是实际上的那个样子，而是他想要看成的那个样子。

评论：恩格斯告诉拉法格，海德门在选举中采取的把戏以及他错误地接受其他党金钱的事实，指出海德门的民主联盟终将解体。

12 月 28 日　致信威廉·李卜克内西，指出：波克罕在哈斯廷斯逝世，星期一埋葬的。死前那个星期天，他得了肺炎，很快就把他送进了坟墓。他患肺结核已有十二年，近十年来几乎整天卧病在床，左半身全部瘫痪。他以少见的勇气和始终不渝的乐观精神忍受住了痛苦，从未停止过对政治运动和社会运动的关心，直到临终还在订阅《社会民主党人报》。

评论：恩格斯告诉李卜克内西，波克罕逝世的消息，请他在报纸上刊登一份悼文来纪念这位勇敢而坚定的革命伙伴。另外，恩格斯补充了最近一次俄国财政危机的相关材料。

1886 年

1 月 17 日　致信劳拉·拉法格，指出：为我们德国工人编的《资本论》简述本一定要根据德文原著，而不能根据法文版来搞。其次，杰维尔的书对工人来说部头太大，而且译文，特别是后半部，读起来会象原著一样困难。因为它是尽量用逐字逐句的摘录编起来的。这本书对法国适用，因为在法国大多数术语，不是外来语，而且那里有许多读者不是真正的工人，但他们却希望通过简易的形式，而不去读大部头，就能对内容有所了解。在德国，这种读者应当读原著。最后，也是主要的一点，如果杰维尔的书用德文出版，由于我要对摩尔负责，就不能不批评这本所谓准确简述的书。我过去没有说什么，是因为这本书只是在法国出版的，虽然还在出版前我就曾对整个后半部断然反对过。但是如果把书提供给德国读者，那就完全是另一回事了。我不能容许在德国用摩尔的原话来歪曲摩尔，而且是严重地歪曲。

评论：信里谈到克瓦尔克博士关于杰维尔允许他翻译其《资本论》简述本的谎言，指出了克瓦尔克的无耻和无能。恩格斯要求德文版的《资本论》简述本一定要根据德文原著来精简，否则会严重歪曲马克思的理论。

1月20—23日 致信奥古斯特·倍倍尔，指出：这次同施拉姆的整个论战，对考茨基很有好处。施拉姆真狡猾，他因为对问题的实质无话可说，就专挑考茨基的种种形式上的错误，而这些错误的造成，一部分是由于考茨基的少年气盛，一部分是由于考茨基在大学里和写作上养成的习惯；这对他来说是一个极为有益的教训。

如果说危机从急性的变成慢性的，同时又不失去其强度，那末会产生什么结果呢？当堆积的商品销售之后，就必定到来一个新的，不过是短暂的繁荣期。我倒很想看看这一切是怎样发生的。有两点是肯定无疑的：第一，我们已经进入这样一个时期，这个时期对于旧社会来说，要比每十年就重复一次危机的时期危险得多；第二，当繁荣到来时，它对英国影响的程度将比过去它在世界市场上独吞油水的时候要小得多。而这一点在英国看清楚了的时候，社会主义运动就会在这里真正地开展起来，但决不会更早。

评论：恩格斯认为考茨基与施拉姆的论战对于考茨基而言是有益的，将帮助他摆脱一些积习。信中分析了无产阶级掌握政权以后实施的国家领导下的合作社与拉萨尔之流的小合作社的区别。恩格斯还谈论了德国自由思想派在经济领域的混乱思想，以及英国所遭遇的经济困境，指出自从英国在世界市场上有了厉害的竞争对手，经济危机已从急性变成慢性的了。最后，恩格斯建议倍倍尔亲自前往美国募捐，这是美国之行成功的关键，而且可以开阔眼界。

2月8日 致信尼古拉·弗兰策维奇·丹尼尔逊，指出：十分感谢您介绍了贵国的经济状况。凡是这一类的材料总是引起我极大的兴趣。近三十年在全世界表明，即使在至今还是纯农业的国家里，现代工业的巨大生产力也可以在多么短的期间里移植过去，并且牢牢地扎下根子，而且随这一过程而来的现象到处都在重现。您信中告诉我的用还没有到期的息票来支付的情况，大约在十年、十五年以前，德国各地都发生过，现在有时也有这种情况；尤其是在实行新币制之前，曾经普遍地抱怨流通这种还没有到期的、最初是用来顶替工资的息票。德国工业的迅速发展已经走过了这个阶段,如果说类似的现象还在发生,那也不过是一种例外;然而在十五年以前,这却是一种常规,特别是在萨克森和绍林吉亚。

  这里的工业危机不但没有减弱,反而在加深,人们开始越来越明白,英国的工业垄断地位即将结束。由于美、法、德作为竞争者出现在世界市场上,由于实施的高额关税阻止外国商品流入其他正在发展的工业国的市场,这种垄断地位什么时候结束已经不难推算出来了。既然一个工业大国,又占有垄断地位,尚且每十年发生一次危机,那末有四个这样的大国,情况又会如何呢?大概是每10/4年一次危机,也就是说,实际上是无穷无尽的危机。这可能对我们有利。

  评论:恩格斯感谢丹尼尔逊介绍了俄国的经济状况,指出现代工业的巨大生产力在世界范围内迅速发展,英国的工业危机证明英国的工业垄断地位即将结束。

  2月9日 致信劳拉·拉法格,指出:我们那些社会民主联盟中的聪明人不屑于小有成就。他们昨天一定要干预失业者(现在已达几十万人)的集会,为的是鼓吹一般革命,并要求那些愿意跟秦平先生走的群众举手赞成,不管秦平把他们带到什么地方去。至于到什么地方去,连秦平自己也不清楚。海德门也是本着同样的精神干下去的,他只会大喊大叫,借此壮胆。警察不在场这一点表明,这场乱子是有人蓄意纵容的,但是,海德门及其同伙上了圈套却是不可原谅的,结果暴露出他们不仅是无能的傻瓜,而且是一些无赖。他们原想洗刷他们竞选活动的耻辱,现在却给这里的运动造成不可弥补的损失。

  评论:信中认为带有流氓性质的群众集会只会给革命运动造成坏的影响,政府和警察会利用这种破坏活动反对无产阶级运动。恩格斯告诉劳拉《资本论》英文版的进展情况,表示完成手边的工作后将全力整理第三卷手稿。

  2月15日 致信奥古斯特·倍倍尔,指出:尽管有种种大吹大擂的报道,社会民主联盟毕竟是一个极其软弱的组织,虽然其中也有些优秀分子,可是领导人则是一些文人政治冒险家。由于后者在十一月选举期间干的蠢事,这个组织已经濒于瓦解。失业现象在这里越来越严重。英国在世界市场上的垄断地位的崩溃,使1878年开始的危机持续不断,而且与其说是在减弱,不如说是在加剧。贫困,特别是本市东头的贫困,骇人听闻。1月初以来异乎寻常的严寒,加之有产阶级无比的冷酷无情,在失业群众中激起了大动荡。和往常一样,政治投机者企图为自己的目的利用这种动荡。虽然自由党人干脆否认贫困,而保守党人只是为了自己的目的企图利用贫困,但贫困现在是大家公认的了,因此很明显,即使为了装装样子,也得做一点事情。可是,市长公布的募捐款数到星期六为止总共约为两万英镑,如果把所有无以为生的人都算上,这点钱恐怕连两天都不够用!但这再一次证明,不使有产阶级感到惊慌恐惧,有产阶级对群众的任何疾苦总是无动于衷的,所以我还拿不定,是否有必要再更厉害地吓唬他们一下。

评论：恩格斯指出由于英国世界市场垄断地位的崩溃，失业现象越发严重。政治投机者利用饥寒引发的大动荡为自己谋利。信中认为法国成立的工人党具有划时代的意义。

3月15—16日 致信劳拉·拉法格，指出：在我看来，这次在波旁宫出现一个工人党是今年最伟大的事件。激进派一直用来封住法国工人群众的坚冰，现在被打破了。这些激进派现在不得不现出他们的本来面目，不然他们就得按照巴利那样做，就是按照巴利那样做，也不会坚持很久，而且也不会是心甘情愿的。但是，不论他们怎样做，都一定会脱离群众，把群众推到我们这一边，而且很快就会这样。事态发展很快，德卡兹维耳事件发生得再及时也没有了。真是一个打击接着一个打击。这件事不是发生在巴黎，而是发生在外地一个最黑暗、最反动、教权主义最厉害的角落里，这实在是好极了。

评论：恩格斯告诉劳拉《资本论》英文版将在9月底出版，提及法国出现第一个工人政党的伟大意义，指出法国作为一个大国重新出现在无产阶级运动的舞台上，这将在各地，特别是在德国和美国产生莫大的影响。

3月18日 致信奥古斯特·倍倍尔，指出：在非常法的辩论中反映出来的国会党团多数派先生们的情绪，是令人惊奇的。他们想干而又不敢干，他们仍然不得不发表一些比较慎重的意见，尽管这对他们来说是困难的；总的说来，辩论所产生的影响是非常好的，特别是因为辛格尔由于伊林格事件不得不发表激烈的讲话。总之，这些人，其中也有弗罗梅，当他们不得不保护自己或自己的选民免受警方迫害时，他们的讲话总是很不错的；这时庸人习气就掩盖起来了。而他们最坏的品质之一正是这种庸人习气：力图说服对手而不是与之斗争，因为据说，"我们的事业是如此崇高和正义"，任何一个庸人只要真正理解了这个事业，就必定会赞同我们。只诉诸于庸人的温情，而看不见和不愿意看见不知不觉被这种温情所支配的利害关系，这也是德国特有的庸人习气的主要标志之一；在英国或者法国，这不论在议会里和在著作界，都是不可思议的。

评论：恩格斯指出德国党内多数派具有庸人习气，是最坏的品质之一，他们以试图说服对方代替与之斗争，被温情蒙蔽了看透利害关系的眼睛。恩格斯严厉批评了海德门的所谓革命言论，认为这种过时的废话只会把无产阶级吓跑，而怂恿流氓无产阶级进行抢劫。在信中谈到中国的铁路建设为商业带来了复苏的前景，但后果是最后一个闭关自守的、以农业和手工业相结合为基础的文明将被消灭。

3月20日 致信保尔·拉法格，指出：马隆在幕后策划的那个新反对派，我早已料到了。想把形形色色的可能派拼凑成一个议会党，由马隆暗中指挥，真是想得妙极了！这还是巴枯宁的那种策略，这种策略比无政府主义的大言狂语更深地渗入了这些阴谋家的血液！对这些诱惑，必须坚决顶住。

评论：恩格斯分析了法国工人政党成立的原因，提醒拉法格要坚决抵制马隆之流的诱惑,恩格斯并不看好这个工人政党。

4月29日 致信弗里德里希·阿道夫·左尔格,指出:布罗德豪斯(海德门)翻译的《资本论》真是一出滑稽剧。第一章是根据德文本译的,错误百出,令人发笑。现在又根据法文本翻译,错误还是那样多。按照目前的速度,到1900年也译不完。

这里的运动幸好没有任何进展。海德门及其同伙是会把一切事情弄糟的政治野心家,而在社会主义同盟中无政府主义者却取得了迅速的进展。莫利斯和巴克斯,一个是感情用事的社会主义者,另一个是哲学奇谈的追求者,现在都完全受无政府主义者的控制,而且他们应该亲身体会到受控制的滋味。你从下一期的《公益》上可以看到,主要是由于杜西的努力,艾威林再也不对这种诈骗行为承担责任了,这是一件好事。这些糊涂虫也想领导英国工人阶级!幸亏英国工人阶级根本就不买他们的账。

评论: 恩格斯指出海德门翻译的《资本论》错误百出,无法按要求完成,批判了一些"庸人"自以为是地使用官僚式的陈旧德语。信中谈到美国的工人运动有很大进展。关于法国成立的工人党,恩格斯分析了其成立的缘由和结果,以及将对德国造成的影响。

5月12日 致信威廉·李卜克内西,指出:讲到克列孟梭,那末你对《正义报》最好置之不理的时刻,无疑很快就会来到。一方面,部长职位在望,另一方面,工人党意外迅速(特别是对于他来说)的发展,把他推到了保守的、明显资产阶级的一边。即使从他自己的观点来看,他的举止也是荒谬的。不过,一切资产者,甚至是最进步的资产者的命运也就是如此。龙格不久也得作出选择,否则他会完全毁了自己。人数众多的整个工人阶级是不能靠说教发动起来的;但是,一旦条件成熟,只要稍加推动,他们就会排山倒海般地行动起来。这种推动力在英国也会产生,而且很快就会产生。完全可能,随着大工联因慢性的生产过剩而引起的财政破产的来临,英国人懂得不能指望"自助"和激进主义的时刻也将来到。

评论: 恩格斯提醒李卜克内西,如果倍倍尔因健康原因无法成行,要慎重选择一起前往美国的同行者,否则募捐效果会大减。关于英国的运动形势,恩格斯指出,人数众多的整个工人阶级是不能靠说教发动起来的;但是一旦条件成熟,只要稍加推动,他们就会排山倒海般地行动起来。

6月3日 致信弗洛伦斯·凯利-威士涅威茨基夫人,指出:不管运动的领袖以及部分开始觉醒的群众会犯什么错误,思想多么狭隘,有一点是清楚的,即美国工人阶级投入了运动,这是毫无疑问的。在走过一些弯路之后,他们将很快地走上正轨。我认为,美国人在舞台上的出现是今年最重要的事件之一。美国阶级战争的开始,对全世界的资产阶级来说,犹如俄国沙皇制度的崩溃对欧洲各大军事君主国来说一样,意味着它们的主要支柱的垮台。

评论：恩格斯在信中肯定了美国工人阶级，指出美国工人运动的开端意味着资本家关于美国是凌驾于阶级斗争之上的幻想破灭了。如果美国无产阶级不能发展起来，美国将成为和欧洲一样的地狱。

8月13—14日 致信弗洛伦斯·凯利－威士涅威茨基夫人，指出：只要美国书报销售业条件同欧洲没有多大区别，书商就不会出售同他们没有联系的工人政党的机构出版的东西。正因为如此，宪章派和欧文派的出版物任何地方也没有保存下来，任何地方都无法找到，甚至英国博物馆都没有；正因为如此，我们德国党的所有书刊在书店里也买不到（早在反社会党人法以前很久就是这样），在党外，读者始终不知道这些书刊。有时候这种情况是无法预防的，但应该尽量避免。四十多年来，我在德国吃过这个苦头，现在我想使我的著作的英译本避免这种情况，这一点您是不会责备我的。我并不认为，美国工人目前非需要这本书不可。《资本论》今年年底以前他们就可以买到，对他们来说这是最主要的。我的小册子作为通俗读物为实际宣传的目的服务，未必合适。在目前运动还不发展的阶段，我认为某些法国通俗著作倒是更合适些。

评论：恩格斯抨击了欧洲各国政府对进步报刊的出版、销售所采取的控制政策，使得普通读者无法接触到最新的革命理论。恩格斯同意威士涅威茨基夫人在美国翻译出版自己的《家庭、私有制和国家的起源》，条件是出版后能让读者在普通的书店买到。恩格斯表示，在美国反社会主义者的环境下，很难找到愿意出版社会主义著作的出版商，并指出《资本论》和自己的著作并不是最适合对美国工人的实际宣传，在目前美国工人运动还不发达的前提下，杰维尔和拉法格等人的法国通俗著作更合适一些。

8月18日 致信奥古斯特·倍倍尔，指出：现在统治集团正忙得不可开交。老威廉一死，它就要进入一个不稳定的和动荡的时期，因此需要预先创立一个在它看来是尽可能稳固的局面。于是，便突然发生了疯狂的迫害，又因这个集团反对我们的全部活动迄今没有任何成效而怒不可遏，这种迫害就特别凶残；于是他们就盼望发生一些小规模的暴动，以便能够使法律更加严酷。这就是为什么你们要坐牢九个月的原因。

那些恭顺的人最终一定会明白，他们的一切温顺不会使他们免于坐牢，但这一点未必能改变他们的本性，而所有那些使我们的群众难于组织起来，因而难于有组织地表达他们的意志的东西，却使那些恭顺的人易于玩弄手腕，即以党的真正代表的身分进行活动。

评论：恩格斯指出，德国官方机构舞弊成风，而这种恶劣风气是世袭下来的。贵族们为了维护自己的等级利益不惜采取任何卑鄙的手段。随着德国政局的不稳，统治集团开始疯狂的迫害行动，这也是倍倍尔被判入狱的主要原因。恩格斯还指出，随着美国工人运动的真正开展，德国将难以继续在美国获得无产阶级运动的经费。

美国的无产阶级事业将比其他地方发展得更快。

9月13—14日 致信奥古斯特·倍倍尔，指出：不管怎样，奥地利和俄国在巴尔干半岛上的矛盾十分尖锐，爆发战争的可能性超过了保持和平的可能性。而战争一旦爆发，那就不可能是局部战争。至于结局如何，即谁将成为胜利者，这是不能预言的。所有这些估计都是以各国内部一切不变为前提的。不过在法国，战争会使革命分子上台执政；在德国，打败仗或者老头子死亡会引起整个制度的急剧变化，而这种情况又会导致各交战国的重新组合。总之，将出现一种混乱局面，肯定无疑的结果只有一个：规模空前的大屠杀，整个欧洲空前未有的衰竭，最后是整个旧制度的崩溃。

评论：信中认为，由于欧洲各国不断扩充军队以及俄国实力的增长，欧洲爆发全面战争的可能性极大。恩格斯分析了战争将给各国国内政治造成的影响，指出战争毫无疑问的结果是规模空前的大屠杀，整个欧洲空前未有的衰竭，最后是整个旧制度的崩溃，恩格斯认为法国因战争而爆发革命将使法国成为欧洲无产阶级革命的解放者。信中还谈到了李卜克内西的美国之行以及法国国内政治形势。

9月16—17日 致信弗里德里希·阿道夫·左尔格，指出：美国是一个独特的国家，它是沿着纯粹资产阶级的道路发展起来的，没有任何封建的旧东西，但在发展过程中却从英国不加选择地接受了大量封建时代遗留下来的意识形态残余，诸如英国的习惯法、宗教、宗派主义；在这个国家里，对实际活动和资本集中的需要导致了对任何理论的普遍轻视，这种轻视理论的态度，只是现在才在最有教养的知识阶层中有所克服，——在这样一个国家里，人们只有通过自己接连犯错误，才能认识清楚本身的社会利益。

在德国，我觉得在资产阶级当中终将再次爆发某种运动，他们胆怯的停滞状态对我们是有害的。一方面，近在眼前的王位的更迭必将动摇一切；另一方面，俾斯麦对沙皇的卑躬屈节甚至会把最昏睡的瞌睡虫都唤醒过来。在法国，情况是很好的。人们正在学习纪律：在外地是从罢工中学习，在巴黎是从反对激进派中学习。

评论：信中分析了美国国内意识形态的特征，指出美国与英国的种种联系以及由于轻视理论而不断犯错。恩格斯认为德国资产阶级因为王位的更迭以及对俄国的屈服将再次爆发运动。

10月2日 致信劳拉·拉法格，指出：保尔把巴黎判决看成是工业资产阶级可以接受社会主义思想的一种迹象，这恐怕是夸大了它的意义。高利贷者和工业资本家之间的斗争是资产阶级内部的斗争，虽然，必将来临的被大富翁剥夺的威胁，无疑会把一定数量的小资产者推向我们一边，可是我们决不能期望使大批的小资产者转到我们这一边来。而且，这也不是我们所希望的，因为他们会带来他们狭隘的阶级偏见。在德国，这种人太多了，正是他们成为阻碍党前进的绊脚石。小资产者（作为一个整体）的命运总是在两大阶级之间摇摆不定，一部分将被资本集中所压垮，另一部分则将被无产阶级的胜利所摧毁。在决定性的时刻，他们跟平常一样彷徨、动摇、不知所措和任人摆布，如此而已。

资产阶级自从面对着一个有觉悟、有组织的无产阶级以来，就陷入了无法解决的下述矛盾之中：一方面是它的自由和民主的总倾向；另一方面是它对无产阶级进行防御斗争所需要的镇压。一个怯懦的资产阶级，如德国的和俄国的资产阶级，可以牺牲自己总的阶级倾向，去换取残酷镇压所带来的暂时利益。可是一个具有自己革命历史的资产阶级，如英国的特别是法国的资产阶级，是不能够轻易这样做的。

评论：恩格斯将《资本论》的稿费寄给劳拉，谈到了保尔关于法国工业资产阶级的错误判断。恩格斯认为，资产阶级的内部斗争虽然会将一部分小资产者推向无产阶级一边，但他们所固有的狭隘阶级偏见使得他们的命运在两大阶级之间摇摆不定，最终逃离不了被压垮和摧毁的命运。

10月8日 致信奥古斯特·倍倍尔，指出：我同约翰·菲力浦·贝克尔老头子进行了谈话。他到这里来看望我，在我这里呆了十天，现在大概已经经过巴黎回到日内瓦了。我十分高兴，再一次见到了这位老勇士。他虽然身体变得衰老了，但仍然很愉快，富于斗争精神。党既然在财力上允许（根据李卜克内西的话和从苏黎世得到的消息来看，情况是这样的），那它就应该用自己的抚恤基金起码是部分地负担这位老战士的生活费用，而不要让他为了每星期挣二十五法郎累瞎了眼睛。如果这件事能够办成，他就有时间去写或口授他的回忆录，这个回忆录对德国革命运动史，因而也对我党成立以前的历史，从1860年起部分地对我们党本身的历史，都是极端重要的。这样也就给"人民书店"提供了一本极为珍贵的畅销书。我认为这项工作是很需要的，否则老贝克尔就会把一大批十分珍贵的历史材料带进坟墓里去，或者在最好的情况下，这些事实将保存在我们的敌人和半敌人、庸俗民主派等的记忆中并由他们叙述出来。

评论：恩格斯呼吁德国社会民主党承担起老战士贝克尔的生活费用，以便他能全力写作回忆录，为德国革命运动留下最珍贵的历史。否则，党的历史将由敌人或者半敌人、庸俗民主派叙述出来，因而是毫不可靠的历史。

10月23日 致信劳拉·拉法格，指出：总的说来，法国的情况发展得很顺利。维埃尔宗正在继续德卡兹维耳所开始的事业，这是完全正确的。应该使政府学会尊重它自己的法律，使它习惯于罢工。另一方面，罢工纪律对法国工人是很有好处的；在这种斗争中，胜利的首要条件是严格遵守法律，而一切革命的高调和喧嚷都不可避免地会导致失败。这种纪律是一个有成效的和坚强的组织的首要条件，是资产阶级最害怕的。既然这次罢工引起了一次内阁危机，它也就会引起更多次内阁危机。看来，在当前的形势下，很快就会无法容忍目前的议院了，势必把它解散。我认为，完全有必要对这件事情做好准备，因为在下一次大选中社会主义者应该迫使激进派至少把二十名我们的人列入巴黎的名单；下一届议院也应该废除按名单选举的制度。

保尔在下一次一定要进入议会，过去他为了盖得、杰维尔等人做了相当的退让，承担了繁重的不出名的工作，不仅把全部报酬，而且还把大部分他所赢得的信任让给了别人。我想，他需要更多一点维护自己权利的时候快到了。他无疑是他们当中最好的著作家，也是最有教养的人。此外，他同国际运动的接触比其余的人要经常得多。下一次至少他和盖得应该当选，现在就需要为此采取一些措施。盖得可能是更加杰出的演说家，不过保尔在运用事实方面要强得多。

评论：恩格斯高兴地告诉劳拉，杜西夫妻二人在新英格兰的工业区受到了热情的接待，表明当地的新闻界和工人对社会主义抱有同情。在谈到法国的革命形势时指出，一切陈旧形式的社会主义都已过时，而我们的理论却是任何东西都不能动摇的。关于斗争技巧，恩格斯认为罢工斗争胜利的首要条件是严格遵守法律，一切革命的高调和喧嚷都将导致失败。最后恩格斯表达了对欧洲爆发战争的担忧，因为战争将打乱无产阶级的革命运动。

11月24日 致信劳拉·拉法格，指出：我们的人确实为自己的旅行选中了一个好时机，碰上了一个真正美国工人党的首次建立，碰上了一件可说是巨大成就的事情，即亨利·乔治在纽约"大走红运"。乔治先生是一个相当混乱的家伙，作为一个美国佬，他有他自己的一套江湖秘方，不过并不十分高明，但是，他的混乱恰恰反映了现阶段英裔美国工人阶级的思想发展状况。我们甚至也不能期望美国群众在六个月或八个月的时间内在理论上达到完美的地步。鉴于在美国的德国人决不是德国工人的真正的和恰当的典型，而不过是一些被国内运动所淘汰的人——拉萨尔分子、灰心失望的野心家、各种各样的宗派主义者，所以我就没有因为美国人开始摆脱他们，或者至少摆脱他们的领导而感到惋惜。德国人能够而且将会象酵母那样发挥作用，同时，他们自己也将经受大量有益的和必要的发酵过程。

评论：在信中谈到了美国的运动形势、俄国的虚无主义、社会民主联盟、社会主义同盟等多个问题。恩格斯指出，虽然美国成立了工人政党，但是美国的工人阶级不可能在短期内掌握科学的理论，因此美国的工人运动一开始避免不了出现各种混乱，而这种混乱孕育着更合适、更有效的组织。恩格斯还谈到了《资本论》出版的情况等，同时邀请劳拉夫妻二人前往伦敦聚会。

11月29日 致信弗里德里希·阿道夫·左尔格，指出：德国人一点不懂得把他们的理论变成能推动美国群众的杠杆；他们大部分连自己也不懂得这种理论，而用学理主义和教条主义的态度去对待它，认为只要把它背得烂熟，就足以应付一切。对他们来说，这是教条，而不是行动的指南。

美国的群众不得不自找出路，看来他们首先在"劳动骑士"里找到了这种出路，这一团体的混乱的原则和可笑的组织看来是同他们自己的混乱情况相适应的。但是根据我所听到的一切来判断，"劳动骑士"已经成了一种真正的力量，特别是在新英格兰和西部地区，而且，由于资本家的疯狂反对，这种力量将日益增大。我认为，必须在他们中间进行工作，在这批还完全可塑的群众中培养一个核心，这一核心了解运动和运动的目的，因而在目前的"骑士团"必然发生分裂的时候能把该团的领导权抓到自己手中。

评论：恩格斯评价了德国人在美国工人运动中所起的作用，没有把先进的理论运用于指导美国的工人运动，犯了教条主义的错误。美国的工人运动发展非常迅速，但在理论问题上远远落后，要正确认识美国新崛起的工人力量，培养能够领导美国无产阶级的核心，引导美国工人运动按照英国而非德国的模式发展下去。

12月13日 致信劳拉·拉法格，指出：星期天下午李卜克内西来到了，比平时更饿，幸好有一块煮好的羊腿给他充饥。他还是那个老样子，只是最了解他家底细的尼姆说他比以前更市侩气了。杜西对他的评价完全正确；他以为自己了不起，有能力，绝对不可战胜，他这种看法是非常突出的；但同时他内心深处也模糊地认识到，他毕竟不是那种了不起的人物，虽然他希望别人那样看他；正是这种内心深处的认识使他更需要别人的赞赏，而为了达到这一目的，他就在一切有关他自己的故事中大量篡改事实。然而，他的妻子说得对，假如他不是那样对自己感到满意的话，他便永远做不了他所做的工作。所以，他是怎样的人我们就怎样看他，对他讲的许多话就付之一笑吧。他为了保卫祭坛和炉灶而使用的那套外交手法，会在小范围内造成许多危害，然而在关键时刻他总是站在正确的一边。

评论：恩格斯高兴地期待着劳拉一家的伦敦之行，另外评价了李卜克内西的性格及行事风格，指出他在关键时刻的选择往往是正确的。

12月28日 致信弗洛伦斯·凯利-威士涅威茨基夫人，指出：要明确地懂得理论，最好的道路就是从本身的错误中、从痛苦的经验中学习。而对于整整一个大的阶级来说，特别是对于象美国人这样一个如此重视实践而轻视理论的民族来说，别的道路是没有的。最主要的是要使工人阶级作为阶级来行动；一旦做到了这一步，他们就会很快找到正确的方向，而一切进行阻挠的人，不论是亨·乔治还是鲍德利，都将同他们自己的小宗派一起被抛弃。

"劳动骑士"是运动中的一个极重要的因素，不应当从外面嘲讽它，而要从内部使之革命化，而且我认为，那里的许多德国人犯了一个严重的错误，他们面临一个不是由他们自己创造出来的强大而出色的运动时，竟企图把他们那一套从外国输入的、常常是没有弄懂的理论变成一种唯一能救世的教条，并且和任何不接受这种教条的运动保持一个遥远的距离。我们的理论不是教条，而是对包含着一连串互相衔接的阶段的那种发展过程的阐明。希望美国人一开始行动就完全了解在比较老的工业国里制定出来的理论，那是希望实现不可能的事情。

评论：恩格斯指出了威士涅威茨基夫人对美国工人运动认识上的不足，认为亨·乔治的理论具有一定的片面性，而要批判某个理论，必须充分了解对手的思想。恩格斯深刻指出，不断在探索中向前发展的无产阶级革命运动远比一开始就按照理论来开展运动重要得多。恩格斯批评了一些德国人在指导美国工人运动过程中犯的错误，指出不要硬把别人在开始时还不能正确了解但很快就会学会的一些东西灌输给别人，因而使初期不可避免的混乱现象变本加厉。

1887 年

1月11日 致信斐迪南·多梅拉·纽文胡斯，指出：那里的运动正在飞速地前进，不可遏止地发展。从初期不可避免的混乱状态中产生了工人政党，其发展速度是惊人的。诚然，纲领，或者更确切地说是纽约、芝加哥等地的各种不同的纲领，还很不明确，这本来是意料中的事。而那里正在以应有的方式进行活动，这才是主要的。只要想一想，法国、比利时、西班牙及其他国家的工人，经过了多么长的时间才认识到工人阶级只有从政治上组织成一个独立于一切其他政党并同一切其他政党相对立的党，才能取得胜利，那末美国人在运动开始后的六个月，就作为一个有组织的政党进行活动，并在纽约获得了六万八千张选票，在西部地区的选举中取得了重大的胜利，这的确是令人惊叹的。但是，如果说某一个国家的无产阶级已经作为一个战斗的政党组织起来，那末斗争的波折本身会加速他们对自身解放条件的认识；而对美国人这样一个如此重视实践而轻视理论的民族来说，要理解这一点只有一条道路可走，就是从痛苦的经验中、从本身的错误中学习。他们将相当迅速地并且彻底地做到这一点。

评论：恩格斯表达了对纽文胡斯被判入狱的同情，鼓励他坚持下去。信中告诉他美国的工人运动突飞猛进，在短期内取得了媲美法国、比利时等国家工人运动的成果。同时还指出，由于美国重实践轻理论的传统，工人阶级将在错误中不断成长起来。

1月26日 致信帕斯夸勒·马尔提涅蒂，指出：最大的困难是，我们这些社会党人，不仅作为政治活动家，而且作为公民都遭受着迫害，整个资产阶级都以使我们挨饿为乐事，甚至认为这是他们的义务。而首先遭到这种迫害的是有文化的人和有教养的人，他们把这些人看作是从自己的阶级转入敌人阵营的逃兵。这些困难到处都会遇到，我们在1844—1849年期间就亲身经受过这些困难。马克思和我曾经多少次为我们没有掌握一种资产阶级所必需的手艺而感到遗憾，因为资产者没有体力劳动的产品也是活不下去的！

评论：在这封信里，恩格斯非常诚恳地向求职的马尔提涅蒂介绍情况并提出自己的建议，指出由于自己社会党人的身份，所写的介绍信反而会起坏的作用。恩格斯谈到当时的社会党人所普遍面临的生活困境，甚至连马克思都遭受过挨饿的困境。恩格斯最后表示会尽全力帮助马尔提涅蒂。

1月27日 致信弗洛伦斯·凯利－威士涅威茨基夫人，指出：美国的运动，我认为正是目前从大洋的这一边看得最清楚。在当地，私人之间的纠纷和地方上的争论必然要使运动的光辉大大地暗淡起来。真正能够阻碍运动向前发展的唯一东西，就是由于这些分歧而结成一些固定的宗派。在某种程度上说，这种情形是不可避免的，但是愈少愈好。而德国人尤其应当提防这一点。我们的理论是发展的理论，而不是必须背得烂熟并机械地加以重复的教条。愈少从外面把这种理论硬灌输给美国人，而愈多由他们通过自己亲身的经验（在德国人的帮助下）去检验它，它就愈会深入他们的心坎。

评论： 恩格斯指出，美国无产阶级运动的真正阻碍在于一些因各种分歧而结成的固定宗派，理论是发展的，而不是机械重复的教条，只有通过亲身经验去检验才会将理论认识得更深刻。信中以第一国际为例，指出在工人阶级普遍性运动的各个阶段与各种社会主义者广泛合作，将溶解和吸收各种比较小的宗派，而无政府主义，只是巴黎公社失败以后资产阶级反动的结果。

1月28日 致信保尔·拉法格，指出：我并不认为俾斯麦想打仗，因为一旦打起来，那就是一场欧洲战争。一旦法德交战，那将是一场激烈的和相当持久的斗争，沙皇即使不想干，也将不得不向巴尔干进军。结果就将是一场奥俄战争。到那时候，俾斯麦只好听天由命了。我不认为他会那样愚蠢，竟会有意制造这种局面。但是，俄国在巴黎的代理机构还将继续进行自己的活动；挑起法德之战是俄国的利益所在，只要法德打起来，俄国要对付的就只有一个奥地利了，最多再加上一个英国，也就是说，在不把奥地利和英国放在眼里的俄国沙文主义者看来，俄国就可以在东方放开手干了。危险就在这里。如果戚昂先生之流能够把法国推入这场战争，那么人们就将纯粹是为了沙皇的利益和保持俄国的专制制度而互相残杀。

评论： 恩格斯分析了欧洲各国爆发战争的可能及后果，谈到了德国选举对工人而言充满希望。信中还谈到之前向恩格斯请求介绍工作的马尔提涅蒂，提到杜西和艾威林在英国所做的宣传鼓动工作。

2月2日 致信劳拉·拉法格，指出：我们的朋友为别人创办日报，这已经是第二次了。而且这一次比上一次更糟糕。利沙加勒是一个独立的新闻记者，他当时是在进行个人冒险，是在谋取个人的利益。他可能断送自己的政治生命。但是现在可能派是坐享其成；他们不仅有了自己的日报，而且是通过战胜我们而做到这一点的。从中需要吸取的教训，也和前次的一样，我们自己出版的周刊要比日报重要十倍，因为日报我们是为别人办的，他们可以任意把我们赶走，强迫我们为布鲁斯先生之流让出位置来。看来现在我们的人在日报中的确定职能就是这样，并且这无疑会重复第三次，而且会得到同样的结果。不管怎样，我希望我们那些来自大报社的过去的大人物现在放下架子，更多地注意一下《社会主义者报》，因为这家报纸终究是他们在其伟大的政治戏剧中幕间休息时的避难所。

评论： 恩格斯评价了《人民呼声报》和《人民之路报》的性质，指出如果不掌握报纸的所有权,那么报纸将落入资产阶级之手,无产阶级要办好自己的舆论阵地。

2月12日 致信弗里德里希·阿道夫·左尔格,指出:社会主义工人党执行委员会的先生们对待艾威林夫妇的态度是极端卑鄙的。由于他们的轻率或怨恨而出现了《先驱报》上的那篇文章之后,《人民报》刊载了一篇极其卑鄙的文章,我暂且只能把它归咎于杜埃先生。艾威林夫妇对《先驱报》上那篇诽谤性文章的回答是随信附去的那封通告信,这封通告信曾在1月18日左右从这里寄给了各支部以及执行委员会。后者在1月28日通过一个人给我寄来了一封狠狈的信,硬说无庸置疑的事实是,艾威林企图欺骗委员会,他寄去了假账单——他们本着基督教的仁慈作出这种推测——来抵补他妻子的旅馆开支,而退还一百七十六美元据说也丝毫不能改变问题的性质,因为问题根本不在这里,云云。全是一些诽谤,没有一点事实,甚至没有明确的罪名。我们就要把这件事情弄个水落石出。遗憾的是,在《人民报》也表现得如此卑鄙之后,我们在纽约除你以外不知道还可以信赖谁。我很希望你能告诉我们舍维奇和其他人的态度如何,他们是不是已经听信了执行委员会的谎言?我们至少想知道在纽约可以找谁,而不去打扰你。

评论:恩格斯告诉佐尔格关于对艾威林的控告,批评了社会主义工人党执行委员会的卑鄙行为。为了彻底调查这件事情,恩格斯希望佐尔格提供在美国值得信赖和能够提供帮助的人。

3月3日 致信弗里德里希·阿道夫·左尔格,指出:对于德国的选举,我们可以感到非常满意。选票的增长是很可观的,特别是在不仅来自政府而且也来自工厂主的强大压力下,工厂主在一切可能的地方迫使工人面临或者被解雇或者被迫选举俾斯麦分子这样的抉择。我担心这又会影响到昨天的重选,昨天重选的结果如何这里还不知道。教皇禁止天主教徒投我们的票,进步党人先生们自愿选举俾斯麦分子而反对社会党人,工厂主则明目张胆地施加压力。在这种情况下,我们要再获得一些席位,只有经过战斗才行。但是问题根本不在于席位的多少,而在于通过统计证明党在不可遏止地成长。

对于李卜克内西,你也尽可放心。在德国,人们对他的评价是完全正确的。各种不同的人对李卜克内西的看法非常一致,象他这样的人我是很少见到的。当他自以为掌握着所有的人的时候,人们却对他抱着很大的批判态度。他具有一种不可救药的乐观主义,尤其是在他自己插上一手的一切事务中更是如此;他坚信他是运动的灵魂,他做着一切,以最好的方式领导着一切,只是其他一些"蠢驴"把整个事情搞糟了;他力图整顿一切,掩盖一切矛盾,把矛盾淹没在响亮的词句之中;他热衷于取得暂时的表面成就,甚至不惜损害基本利益,——这一切都是大家所熟知的。

评论:恩格斯指出了社会主义工人党执行委员会诬告艾威林的手法,并表示对德国的选举结果满意,认为这一结果是工人阶级在各种压力下作出的选择,证明德国无产阶级正在快速成长。恩格斯还评价了李卜克内西。

3月10日 致信弗里德里希·阿道夫·左尔格,指出:无论是《宣言》还是马克思和我的几乎所有小部头著作,现在对美国来说还是极其难以理解的。那里的工人刚刚投入运动,还完全没有成熟,他们由于一般盎格鲁撒克逊人的特别是美国人的性格和素养,在理论方面特别落后,——这就应当直接从实际出发,为此就需要完全新的著作。我早就建议威士涅威茨基夫人把《资本论》中最重要的地方改写成若干通俗小册子。只要人们多少走上正确的道路,《宣言》就会立即发生作用,现在它只能对少数人产生影响。不管社会主义工人党是什么样子,不管它把自己前辈的工作成绩怎样归于自己,但它毕竟是美国唯一的一个总的说来站在我们立场上的工人组织,它的七十多个支部分布在整个北部和西部,我是把它作为这样的一个组织,而且只是作为这样的一个组织承认它的。至于说它只具有一个政党的虚名,这我曾经十分明确地讲过。

评论: 恩格斯指出美国工人阶级目前还难以理解《共产党宣言》等马克思和自己的著作,建议将《资本论》中重要的段落编辑成通俗的小册子出版,便于工人学习和掌握。他告诉左尔格《资本论》英文版销售情况极好,将会再版发行。关于美国的社会主义工人党,恩格斯指出,虽然它具有很大的局限性并在某些"领袖"的错误指引下有毁灭的危险,但它目前是美国唯一的工人组织。

3月16日 致信弗里德里希·阿道夫·左尔格,指出:关于艾威林账目中可疑之点的主要争论问题,大概将由于我们2月26日发出的通告信而获得解决。仍然使人感到惊奇的是,有些人对那些不了解其关联就根本无法了解的细节大吵大闹,但是他们竟没有想到在说出自己的看法之前,应当先听一下另一方关于这个问题的申诉。如果李卜克内西当时也交出了账单,那在他的账单中同样会有这种可疑之点。但是,李卜克内西说过:党必须负担我的一切费用,所以我什么账也不记。人们对此却感到满意。

评论: 信中对佐尔格在艾威林事件中的多次帮助表示感谢,指出了对艾威林指控的不合理之处,恩格斯认为很多美国工人党人对执行委员会过于软弱,从而导致执行委员会的谎言没有得到遏制。

4月6日 致信弗里德里希·阿道夫·左尔格,指出:凡是向你说考茨基开始动摇的人,不是自己说谎,就是听了别人的谎言。我信任考茨基就象信任我自己一样;他有时可能也象大多数青年人一样,有些自作聪明,不过要是他有什么怀疑,他首先会告诉我。

我们的巴黎人又陷入了困境。他们失去了《人民呼声报》,而《社会主义者报》现在由于缺乏经费也停办了。巴黎工人们五十年来被自己那种宗派主义的和清谈的社会主义弄坏了胃口,以致现在不能消化任何滋养身体的食物。巴黎,这个启蒙的中心,这个思想之城,腻烦思想了。

评论: 恩格斯调侃了艾威林在陷入金钱纠纷方面具有特别的才能,同时告诉左尔格，考茨基意志坚定，不会轻易动摇。恩格斯转发了李卜克内西维护艾威林的信件，指出艾威林拥有很多支持者。信中还谈到了巴黎工人运动的困境。

4月9日 致信弗里德里希·阿道夫·左尔格，指出：执行委员会准备答复。这将是再一次隐瞒事实。但是这个决定答复本身就证明，妄图诱骗各支部只根据委员会最初的说法作出判断，是多么愚蠢和卑鄙。本来说首先应当各支部作出决定。后来，给各支部提出的期限还未过，执行委员会就要求监察委员会裁决。而现在它自己承认，在作出决定以前，必须进一步弄清事实！

在俄国，看来最近两次谋刺使形势紧张到了极点。在那里，人们对政府早已不信任了，现在对沙皇也不信任了。军队中充满了心怀不满的密谋军官。泛斯拉夫主义者想使现在的沙皇的异母兄弟即亚历山大二世和多尔哥鲁卡娅生的大儿子登上王位。警察又对付不了虚无主义者。

评论：信中告诉左尔格，艾威林事件接近尾声，艾威林证明了自己的清白反衬出执行委员会的愚蠢和卑鄙。恩格斯表示不满意威士涅威茨基夫人对自己著作的翻译和出版等事宜。信中还谈到俄国的紧张形势，预测俄国工人将会行动起来。

4月13日 致信保尔·拉法格，指出：不管有没有希望，您还是参加竞选吧。首先在巴黎必须这样做；尤其是在你们竟又一次断送了自己所有的报刊以后，别无他路可走，因为要进行鼓动工作就得让公众看得见你们。有一万法郎，你们便能够长期办一份周报，而这笔钱你们应当弄到。此外，我希望俄国的革命会使你们摆脱困境，并使欧洲震撼。

评论：恩格斯鼓励拉法格参加法国的竞选，因为工人阶级的所有报刊已经落入资产阶级手里，如果要进行鼓动与宣传的工作，必须能让群众看见。恩格斯认为，俄国形势非常严峻，一旦爆发革命，将有助于法国工人运动摆脱困境。

4月26日 致信劳拉·拉法格，指出：当我们的人暂时处于这样一种困难境况的时候，选举中的微小胜利，即使是相对的胜利，也是十分可贵的。我很清楚，这种境况将会过去，巴黎党的生活总是起落无常的，但我还是不能不盼望下一次他们对自己的小周报比对那些名声不好的日报更爱护些，他们辛辛苦苦地为那些日报造声誉，竟为的是造出声誉以后就被人家一脚踢开。纽约执行委员会在绝望之中又抛出了一封攻击艾威林的通告信，说艾威林的声明是谎言，然而它也承认了一些对我们有利的极其重要的事实。我们当然要答复。不过这件事实际上已经完结；在另一件事情上，执行委员会本身在纽约被人指控为骗子和撒谎者，纽约各支部正在对它进行追查。所以，不论它过去说了些什么，现在说些什么或者可能说些什么，都毫无意义了。

评论：恩格斯祝贺拉法格在选举中当选代表，在革命形势处于非常不利的时期，任何微小的胜利都十分可贵。信中告诉拉法格，伯恩施坦和杜西的宣传活动因为有了美国的例子进行得很顺利，美国成为推动英国运动前进的杠杆。

5月4日 致信弗里德里希·阿道夫·左尔格，指出：艾威林正在伦敦东头进行出色的宣传活动。美国的例子在那里很有吸引力，各激进俱乐部——自由党人靠它们在伦敦的六十九个议席中捞到十二席——纷纷请他作关于美国运动的讲演，于是他和杜西起劲地工作。这直接关系到建立一个具有独立阶级纲领的英国工人政党的问题。如果一切进行很好，那就会使社会民主联盟和社会主义同盟退居次要的地位，从而会使未解决的冲突得到最好的解决。

评论：恩格斯在信中谈到眼疾妨碍了自己的校阅工作，告诉左尔格《共产党宣言》在美国不会有在德国那样的传播和宣传效果，理由之一是德国人具有理论头脑且经历过《共产党宣言》所论述的事情，而美国没有这样的条件。恩格斯赞赏了艾威林和杜西出色的宣讲活动，指出这关系到建立一个具有独立纲领的英国工人政党。

5月5日 致信爱德华·伯恩施坦，指出：你知道，在此地的协会里，我们没有一个可以信赖的人，因为他们全都陷入了极其无聊的纠纷里。因此，如果我们在这方面稍有举动，那就会引起注意，人们便追根究底，第二天就会在所有的无政府主义俱乐部里宣扬开来。如果你能到这里来一下，那末只要去一次俱乐部并在那里讲一次话，你马上就会在两三天内了解到你需要了解的一切，而且不会引起任何惊扰。

评论：信中直接批评了伯恩施坦对于德国人无谓争吵的处理方法，抨击了俄国政府表面上控告无政府主义者的暴力行为，而背后却通过代理人在他国干着同样暴力的事情。恩格斯指出，一定要曝光俄国这种令人不齿的做法。

5月7日 致信弗洛伦斯·凯利-威士涅威茨基夫人，指出：当我得知那本书终于脱离可鄙的执行委员会和社会主义工人党之手时，我比谁都高兴。四十年的经验告诉我，由小集团出版的一切出版物都是毫无用处，等于白费的，单单是它们的那种出版方式，就使得它们被排斥在一般书籍市场之外，从而也不为读者所知。1878年以前，甚至德国党的出版物的情况也是如此，只是在反社会党人法实行以后，这种情况才改变，因为这个法令迫使我们的人组织了自己的书店，既对抗政府，也对抗官方组织的莱比锡书商。

评论：恩格斯接受了威士涅威茨基夫人对艾威林事件的道歉，指出了美国所犯的与德国以前同样的错误；恩格斯认为社会主义的刊物必须在社会主义者自己掌握的书店出版，才能使这些宝贵的书刊发挥影响。

6月4日 致信弗里德里希·阿道夫·左尔格，指出：我们刚刚多少摆脱开纽约执行委员会，沙克老太婆就给我来信说，她不能到我家作客，因为不愿同艾威林会面，现在有艾威林的重要材料，比美国人的控告更严重得多，等等。我要她说清楚些并拿出证据来，她的回答是隐晦的诋毁，只有卑鄙透顶的长舌妇才干得出来，她拒绝说出任何详情和证据，建议我自己在伦敦打听艾威林的过去，并答应协助我！我当然回答她说，我根本没有义务也没有兴趣去为她的谰言找证据。这是她的义务，既然她拒不履行义务，那末我很感谢她决定不再来看我。

评论：信中谈论了英国社会主义同盟代表会议，认为选举中起决定性作用的不是选票而是金钱。恩格斯告诫，在真正的工人运动即将开展的情况下，不能被某个企图领导整个运动的组织束缚住手脚。

6月23日 致信约翰·林肯·马洪，指出：首先应当把外地真正发动起来，可是直到目前还远没有做到这一步。只要外地没有出现能影响伦敦的强大力量，就不能强使伦敦好闹意气的人们闭嘴——这只有伦敦群众的真正运动才能做到。依我看，人们出于客气所称呼的英国社会主义运动，已表现出过于急躁的情绪；在实际上还没有可组织的对象的时候，一次又一次地试图进行组织工作，完全是徒劳无益的。而当群众动起来的时候，他们自己会迅速组织起来。

评论：恩格斯提醒马洪注意组织运动的方法，要首先把外地真正发动起来，才能形成影响中心城市的强大力量。在还没有可供组织的对象时不断试图进行组织工作是徒劳无益的。恩格斯表示愿意为宣传工作捐款，但提出经费须由专门委员会管理。

8月8日 致信弗里德里希·阿道夫·左尔格，指出：你们那里终于动起来了，如果我没有看错美国人，那他们肯定是会不仅以他们运动的宏伟而且还以他们所犯错误的严重而使我们大家非常惊异，他们也终究会从这些错误中吸取教训而头脑清楚起来。在实践上走在所有人的前面，在理论上还在襁褓之中，情况就是这样，而且不能不是这样。此外，这是一个没有传统的（宗教传统除外）、从民主共和国开始的国家，是一个比任何别的民族都要精力充沛的民族。运动的发展决不会是一帆风顺的，而会是非常迂回曲折的，并且有时候好象是在后退，不过同我们这里比较起来，这种情况在他们那里更加无关紧要。

评论：恩格斯善意提醒左尔格注意休养，同意让格龙齐希编写自己的传记，但不要向他提供资料。信中谈到了威士涅威茨基夫妇，指出美国的工人运动绝不会一帆风顺，但是美国工人运动的实践走在了所有人的前面。

8月13日 致信奥古斯特·倍倍尔，指出：明天或后天你将出狱，我希望实现自从你住进萨克森国王的官房以来一直放在我心上的一个计划。我想由我出钱请你到伦敦作一次短途旅行，使你从受难的疲惫中恢复过来。但是，你得让我满意，要完全接受我的建议，特别是路费要由我负担，因为，如果你为此受到哪怕是最微小的损失，那我也是于心不安的。我认为这样的休息对于你的健康是十分必要的，你毕竟需要再呼吸一下自由的空气，而这里的空气是资本主义社会所能达到的最大限度自由的空气。从狭小的茨威考监狱出来，立即就转入德国这座大监狱，那实在太难受了。而你的健康现在是我所知道的有关党的利益的一件最重要的事情，因此请你允许我用我认为是最适当的方式来交纳我的党费。

评论：信中庆祝倍倍尔即将出狱，并且诚恳邀请倍倍尔前往伦敦旅行，帮助他从苦难中尽快恢复过来，费用全部由恩格斯自己提供。

8月29日 致信布鲁诺·舍恩兰克，指出：这种多少是突如其来的敬意表示，总是使马克思和我感到有些为难。特别是现在，我的心情正是这样，因为我觉得我的功绩被许多人估计得太过了。谁有幸在四十年间同一个比自己高大的人物合作并能够每天与之相比较，谁就有可能学会正确地估计自己个人的功绩。而对我的活动的任何过度赞扬，在我看来都是无意中贬低了我们大家都应归之于马克思的功绩。

评论：恩格斯婉拒了舍恩兰克将本人著作的书题献给自己的请求，认为对他的活动的任何过度赞扬，都是无意中贬低了都应归之于马克思的功绩。恩格斯不同意说自己是记述经济学创始人的看法，认为自己只是第一个看出现代大工业中的相互联系而已。

9月16日 致信弗里德里希·阿道夫·左尔格，指出：只有通过适合各个国家和特定情况的道路（大部分是迂回曲折的道路），才能把群众发动起来。只要发生真正的震荡，其余一切都无关紧要。但是，在这中间的一些不可避免的失策，每一次都得受到惩罚。这就使人担心，把一个宗派创立者推为旗手，会使运动多年受到这个宗派的愚蠢行为的拖累。而乔治撇开运动的创始人，建立自己特殊的正统的乔治宗派，宣布自己的肤浅见解为整个运动的限界，这就挽救了运动，毁灭了自己。

评论：恩格斯认为推选乔治为美国工人运动的旗手是个必须付出代价的错误，各国发动群众的道路是不同的和曲折的，其中的失策都会受到惩罚。运动必然会经历挫折，但美国的革命形势在向前发展。信中在谈到欧洲的局势时指出，如果爆发战争将比以前任何一次战争都更加残酷，因此谁也没有胆量动手。

12月29日 致信保尔·拉法格，指出：我们的人在瑞士的发现可能具有极其重要的意义：瑞士当局会竭力把普鲁士搞臭，而日内瓦事件——虚无主义者的阴谋——会闹得满城风雨。普鲁士警察真是太愚蠢了！那个豪普特，当场被几个勇敢的工人抓住，他们搜查了他的家（他竟让人家搜查），搜出他和克吕格尔的来往信件。这个豪普特真是个蠢货，竟招认自己当了七年暗探！居然用这个人来干这种差使！既然这样，您对他们给农涅和奥伯温德钱还有什么可惊奇的！不过，海涅经常说：普鲁士的暗探最危险，因为总不给他们钱，他们又总盼望拿到钱，这就迫使他们要又肯干又狡猾。要是普鲁士给他们钱，他们就毫无用处了。

评论：信中向拉法格介绍了奥伯温德在维也纳的运动中的角色，指出此人是一个不折不扣的拉萨尔分子；还谈到瑞士当局针对普鲁士的阴谋，指出普鲁士暗探的危险性。

第 37 卷

书 信

1888 年

1月4日 致信若昂·纳杰日杰,指出:使我非常满意的是,我可以深信,贵国的社会党人在自己的纲领中接受了我的已故的朋友卡尔·马克思所创立的理论的基本原则,这个理论已经成功地把欧美绝大多数社会主义者团结在统一的战士队伍中。

在这一方面,我再一次满意地指出,您在原则上同我们,以及同多数西欧社会主义者是一致的。您翻译我的《欧洲政局》一文,以及您写给《新时代》编辑部的信,向我充分证明了这一点。的确,我们都遇到同一个巨大的障碍,它阻碍一切民族的以及每个民族的自由发展,而没有这种自由发展,我们既不能在各国开始社会革命,更不能在彼此合作下完成社会革命。这个障碍就是旧的神圣同盟,即三个扼杀波兰的刽子手的同盟,这个同盟从1815年以来一直受俄国沙皇政府的领导,尽管发生过种种暂时的内讧,但继续存在到现在。1815年,这个同盟的成立就是为了与法国人民的革命精神相对抗;1871年,这个同盟由于兼并了亚尔萨斯和洛林而得到巩固,这种兼并把德国变成了沙皇政府的奴隶,而把沙皇变成了欧洲命运的主宰;1888年,这个同盟继续保存,是为了镇压三个帝国内部的革命精神和民族要求,同样也是为了镇压劳动者阶级的政治运动和社会运动。由于俄国具有几乎攻不破的战略地位,俄国沙皇政府便成为这个同盟的核心,成为整个欧洲反动派的主要后备力量。推翻沙皇政府,消灭这个威胁着整个欧洲的祸害,——我认为,这就是解放中欧和东欧各民族的首要条件。

现在这个同盟看来是瓦解了,战争的威胁迫在眉睫。但是,如果战争爆发,那只是为了使不顺从的普鲁士和奥地利屈服。我希望,和平将继续维持下去,对于这类战争,绝不能同情交战的任何一方——相反,只能希望它们统统垮台,如果能够做到的话。这种战争是可怕的,但是无论发生什么情况,归根结底,都会有利于社会主义运动，都会使工人阶级早日执掌政权。

请原谅我发表了这些见解，但是在目前这种时候，我给罗马尼亚人写信，无论如何不能不谈谈自己对这些迫切问题的见解。这些看法归结起来就是：在目前，要是俄国发生革命，它就会拯救欧洲免遭全面战争的灾难，并成为全世界社会革命的开端。

评论：19世纪80年代末，国际工人运动走向新的高潮，同时世界大战的威胁已然出现，恩格斯密切关注欧洲时局的发展，并考虑相关应对策略。信中恩格斯着重谈论了当时的国际形势。恩格斯对罗马尼亚社会党人已经接受了马克思创立的理论的基本原则表示非常满意，对马克思理论已经成功地把欧美绝大多数社会主义者团结在统一的战士队伍中表示非常满意，同时指出欧洲的政党应该制订共同的国际政策以对付阻碍民族自由发展和社会革命的旧的神圣同盟。恩格斯回顾了神圣同盟从"成立"到"巩固"再到"继续保存"的过程，指出了它的主要使命就是镇压欧洲各国也包括三个神圣同盟国在内的劳动人民的民族要求和革命运动这一反动本质。恩格斯强调指出，在神圣同盟中，俄国是核心，是整个欧洲反动派的主要后备力量。因此，推翻沙皇政府，是解放中欧和东欧各民族的首要条件。恩格斯还谈到了他对于反动统治者之间的战争的看法和俄国革命对于世界社会革命的重要意义。恩格斯认为，反动统治者之间的战争最终会有利于社会主义运动；如果俄国发生社会革命，它会拯救欧洲免遭全面战争的灾难，并成为全世界社会革命的开端。

1月5日 致信尼古拉·弗兰策维奇·丹尼尔逊，指出：我担心贵国的贵族农业银行也会导致普鲁士的农业银行所招致的同样结果。在那里，贵族借口改善自己的庄园而借款，事实上却把大部分钱用去维持习惯的生活方式，进行赌博，到柏林以及本省的大城市去旅行，等等。因为贵族们认为，自己的首要义务是过和自己等级相称的生活，而国家的首要义务是帮助他们实现这一点。这样，尽管有这些银行，尽管国家用大量的（直接的和间接的）钱去周济他们，普鲁士贵族还是欠了高利贷者许多债，而且无论怎样提高农产品的进口税，都不能拯救他们。我记得，一个颇有名气的、俄国贵族非婚生的德俄混血儿，还认为这些普鲁士贵族生活得太吝啬了。当他由彼岸到达另一岸，并了解到他们的生活时，他感叹地说：这些人尽量存钱，然而在我国，如果有人开销不比收入大一半以上，就会被看成十分可怜的守财奴！如果这确实是俄国贵族的原则，那末我要为他们有这样的银行而表示祝贺。

英译本一直很畅销，可是，该书的书评却比一般本来就很低劣的水平还要低得多。唯一的好文章发表在《雅典神殿》，其他文章或者只是序言的提要，或者即使想涉及该书本身，那也是贫乏得无法形容。现在这里最时髦的理论是斯坦利·杰文斯的理论，按照这种理论，价值由效用决定，就是说，交换价值＝使用价值，另一方面，价值又由供应限度（即生产费用）决定，这不过是用混乱的说法转弯抹角地说，价值是由需求和供应决定的。庸俗政治经济学真是比比皆是！这里的第二个大学术刊物《协会》尚未发表意见。

评论：俄国1861年实行农奴制改革后，资本主义开始缓慢发展，与此同时，城乡的革命运动也发展起来，俄国成为了欧洲反动同盟的核心。恩格斯非常关注俄国革命形势，深入研究了俄国农村村社等问题，并与俄国民粹派思想家丹尼尔逊等人保持密切的通信联系，以便及时全面了解俄国状况。这封信中恩格斯谈到了购买有关俄国问题的著作，探讨了俄国贵族农业银行的问题，揭露了俄国贵族的腐朽。信中恩格斯还谈到了《资本论》第三卷的进展情况，英译本第一卷和德文版第一、二卷出版后的评论情况，批判了庸俗政治经济学的边际效用论，并痛斥了格奥尔格·阿德勒对马克思的诽谤。

1月7日 致信弗里德里希·阿道夫·左尔格，指出：战争会使我们倒退多年。沙文主义将淹没一切，因为这是生死存亡的斗争。向人民的要求就会比以前任何时候都多，并且完全可能：决战推迟和部分失利会引起国内变革。如果德国人一开始就被打败，或者被迫转入长期防御，那末变革一定会发生。如果战争一直打到底而没有发生内部动乱，那就会有欧洲二百年未发生过的衰竭。那时，美国工业就会取得全面胜利，使我们所有人面临非此即彼的抉择：或者倒退到仅仅是自给的农业（由于有美国的粮食，不可能有任何别的农业），或者是社会变革。

巴黎的总统危机正是靠我们的人解决了。布朗基派是领头的，瓦扬把市参议会常委会吸引到自己方面。如果临时政府很快成立，瓦扬将成为未来临时政府的灵魂。他有有利条件：作为一个布朗基主义者，他不需要提出任何经济理论，这样他可以置身于许多争端之外。可能派已经威信扫地，因为他们主张放弃一切行动，并打算在市参议会中同反动派一起对市参议会常委会投不信任票（市参议会常委会的表现不错，对这种激进派所能期待的也就是这样了），但是他们失败了。

评论：恩格斯着重谈论了德国的局势。俾斯麦政府采取了一系列社会改革举措，例如，普鲁士关于工人罢工的通令规定对罢工工人采用镇压手段；俾斯麦政府《反社会党人非常法》新法案规定，加重惩治散发社会主义文献和参加社会民主主义组织，直至驱逐出境和取消国籍。这些政策措施驱使工人和小资产阶级群众大批转向革命。当时欧洲大陆战争阴云密布，恩格斯指出，战争会给欧洲带来巨大灾难，会使欧洲倒退多年。恩格斯还谈到巴黎的政局，布朗基派取得了胜利。

1月10日 致信威廉·李卜克内西，指出：驱逐出境一事进展大概不会那么快，——尽管德国资产者是那样卑鄙，做这种不用多大胆量的事也还是需要一定的勇气，我认为，俾斯麦要在这个问题上说服德国资产者，需要一年的时间。但是这一年中可能发生很多情况。俾斯麦先生搞反对王储的阴谋使他自己倒了霉。如果老头子死后，轮到王储即位，那怕只有半年，也足以使一切陷入混乱，并彻底动摇庸人对俾斯麦制度的永久性的信念。那时可能即位的就是厚颜无耻的年轻人威廉，而他带来的好处可能比害处要多得多。因此，我希望，你明年只是去美国暂时住一下，并希望在你往返途中我们在这里能看到你。在美国你会有大量的工作，正如你所谈的，那里的人把事情搞得很乱。美国人是新近才参加整个运动的，很不了解情况，就不可避免地要犯大错误。但也可以帮助他们，在这方面，象你这样既熟悉英国运动又善于和英国公众相处的人，是会很有用的。

这里没有什么新消息。老的共产主义协会每下愈况，现在被控制在坏蛋吉勒斯手里，并且愈来愈和现在以伦敦为大本营的无政府主义者打得火热。特拉法加广场事件的结局是，一级法院以及二级法院对游行参加者大批判罪。这几天格莱安和白恩士就要出庭受审。如果他们也被判罪，那末这将是伦敦陪审员对沃伦和警察局所表示的感谢，这只会使阶级间的纷争激化。工人恨透了警察，托利党笨蛋们在下一次选举时一定会记起这一点。

向你拜个晚年，但愿国内外都保持和平。现在我既不希望有战争，也不希望有暴动，一切都进行得很好。

评论：当时德国实行俾斯麦政府1878年通过的《反社会党人非常法》，该法旨在反对社会主义运动和工人运动。因《反社会党人非常法》有效期满，俾斯麦政府在1887年11月提出一个将《反社会党人非常法》延长五年并补充新条款的法案。法案补充的新条款之一就是把社会民主党人驱逐出境和取消国籍。在这种情况下，李卜克内西十分担心如果新法案通过，他将被迫带着全家迁居美国。恩格斯写信告诉他德国当时的形势，让他打消这一顾虑，并鼓励他在美国帮助进行革命活动。信中还谈到伦敦的工人运动形势。

1月10日 致信海尔曼·施留特尔，指出：我不反对爱德重印《德意志极端爱国主义者》一书引言的结束部分。

《暴力论》大概什么时候可以开始付印，请您通知我。我正在写这本书的第四章，其中我分析俾斯麦的暴力手段及其取得暂时胜利的原因。

布龙歪曲的事情，在《福格特先生》第一百二十四页注释中提到了，——班迪亚冒充在柏林新开业的某一出版商的代表，说那个出版商叫艾森曼或类似的名字，并自愿负责安排这个人刊印稿子。这个稿子是马克思和我写的，原稿在我这里。但是抄件的真正买主是施梯伯，他是够蠢的，他以为普鲁士警察当局在我们原定付印的稿子中会找到秘密的揭露，而不是仅仅对流亡中的大人物的嘲笑，其实这里当然没有任何别的东西。我们在发表稿子问题上受了骗，但真正受愚弄的是普鲁士警察当局（难怪普鲁士警察当局总是小心翼翼，避免吹嘘这件事），还有科苏特先生，他通过这件事才明白自己究竟包庇了什么人，虽然在当时他还打算支持班迪亚。

评论：1887年12月，恩格斯开始写《暴力论》第四章。信中恩格斯谈及了《暴力论》的写作出版情况，并准备把他的《神圣家族》交给德国社会民主党档案馆。信中还谈到了布龙对马克思和恩格斯的诽谤，澄清了马克思和他写的《流亡中的大人物》的稿子受骗交给警探班迪亚的事情。

1月23日 致信海尔曼·施留特尔,指出:2月20日以前《暴力论》将到您手里。本来您会早些收到它,但是中间插进了《宣言》的英译文,我和目前在这里的《资本论》译者赛姆·穆尔得赶紧把它搞完。我不愿意错过这个大好的机会。

本周末,这个工作一结束,就再着手写《暴力论》的最后部分,在这部分中将对1848年至1888年的有关历史事件作简略的评述。这次我将比《烧酒》更厉害地激怒俾斯麦。当然,唯一可能妨碍这件事的是我的眼睛。我正在治疗,以便最后摆脱这个累赘。不过到时候我会写信的。

评论: 恩格斯向施留特尔说明《暴力论》推迟交稿的原因,是他和《资本论》译者赛姆·穆尔正在进行《共产党宣言》的英译工作,并表示这个工作一结束,就着手写作《暴力论》的最后部分,并简要介绍了这部分的内容。恩格斯的眼睛疾病也妨碍了各项工作的进展。

2月7日 致信保尔·拉法格,指出:英文的《宣言》总算完成了。此外,我正在写对俾斯麦全部政策的批判,将作为《反杜林论》中《暴力论》的补充,或者更准确地说,作为该理论在当前实践中的运用。

《社会主义者报》的消失,意味着你们党从巴黎地平线上的消失。可能派还在继续办《无产阶级》;你们做不到这一点,说明你们的力量是在削弱,而不是在增强。我现在还不相信巴黎工人已完全陷于一蹶不振的境地。法国人是难以捉摸的,会做出种种意想不到的事,因此,我在拭目以待。

这次关于反社会党人法的辩论是我们的重大胜利。辛格尔和倍倍尔所列举的那些事实给政府以迎头痛击。特别是倍倍尔的演说,真是一篇杰作。我们的人第一次在国会取得完全胜利。法令有效期将延长二年,这可能是最后一次了。但是,如果人们可以相信年轻的威廉要直接继位的话,那末世上没有任何理由和任何事实能使国会拒绝政府的要求。年轻的威廉是个地地道道的普鲁士人,他象1806年的柏林军官那样蛮横无礼、妄自尊大,那些军官曾在法国使馆的台阶上磨刀霍霍,为的是在两个月后作为战败者向拿破仑的士兵交出这些战刀。

爆发战争的可能性促使我又重新研究起军事问题。如果战争不爆发,那更好。假如爆发战争(而这取决于各种难以预料的事件),我希望俄国人一败涂地,还希望在法国边境上不致发生任何决定性事件——那时有可能勉强媾和。当五百万被召去为一些与自己根本无关的事打仗的德国人有了武器的时候,俾斯麦就不能再主宰局势了。

评论: 恩格斯首先简单谈及英文版《共产党宣言》的完成情况以及《暴力论》的写作情况,接着谈到对法国马克思派(又称盖得派)机关报《社会主义者报》停刊的看法,并对巴黎的工人党给予指导和鼓励,然后分析德国俾斯麦政府的局势,热烈颂扬反社会党人法辩论取得的重大胜利,并预测了战争爆发后的局势。

2月22日 致信弗里德里希·阿道夫·左尔格,指出:你的宿愿无论如何将在日内实现:《宣言》将在这里由里夫斯用英文出版,由赛·穆尔翻译,我们两人审定,我加了序言。《社会主义者报》又停刊了。巴黎工人不愿意看周报。瓦扬在市参议会中表现很出色。在总统危机的时候,工人的示威行动阻止了费里当选,他就很出名了。他将成为未来临时政府的灵魂,如果临时政府很快产生的话。

倍倍尔和辛格尔在讨论反社会党人法的时候,使普鲁士人遭到毁灭性的失败。这是第一次全欧洲必须倾听我们在国会中的人的声音。我希望,事情不会发展到爆发战争。就陆战来说,德、奥、意胜利的可能性大,而海战则取决于英国的行动。如果俾斯麦不得不把他自己的主要支柱俄国沙皇政府消灭掉,那就再好也没有了!不管会不会发生战争,危机正在日益临近。俄国的现状不可能长久保持下去。霍亨索伦王朝完蛋了,王储病得要死。在法国,剥削者的资产阶级共和国日益临近崩溃。象1847年那样,这些丑事无论如何都有可能引起革命。在这里,幸而还同某些社会主义组织的任何教条公式相对抗的直觉的社会主义,愈来愈掌握群众,因而群众对决定性的事件会较容易地接受。只要有什么地方一开始,资产者就会对原来是隐蔽的、到那时爆发出来变为公开的社会主义大吃一惊。

评论:当时,恩格斯与美国国际工人运动活动家左尔格保持着密切的通信联系,彼此通报各自的情况并讨论国际形势。信中恩格斯向左尔格简要介绍了自己的身体情况,《资本论》第三卷的整理和《共产党宣言》英译本的出版等情况,还介绍了艾威林、拉法格夫妇、瓦扬、倍倍尔、辛格尔等人的情况。信中谈到欧洲的战争,恩格斯希望和平并预测了战争的结局。信中谈到俄国和法国的形势,并对社会主义革命充满憧憬。

2月22日 致信弗洛伦斯·凯利-威士涅威茨基夫人,指出:您谈到纽约德国社会党官方人士抵制我的书,谈得完全正确,但是我对这类事情习惯了,因此这些先生们的努力只是使我感到好笑。这样倒比靠他们庇护更好。在他们看来,运动是一桩买卖,那末"买卖就是买卖"。这种状况不可能继续很久,他们竭力想成为美国运动的主宰,正如他们曾想成为美国的德国人运动的主宰一样,必然会以可耻的失败告终。一旦群众都动起来,就会把这一切都整顿好的。

这里事情进展很慢,可是有成效。各小组织意识到自己的状况并愿意联合行动,不再争吵。警察在特拉法加广场的暴行,大大有助于加深工人激进派和资产阶级自由派、激进派之间的鸿沟,后者在议会内和议会外都表现得很怯弱。日益赢得阵地的"法律和自由同盟"是第一个有名副其实的社会主义者代表和激进派代表一起参加的组织。现在的托利党政府愚蠢得惊人。要是老迪斯累里还活着,他准会给他们左右一边一记耳光。但是这种愚蠢对事情大有帮助。爱尔兰地方自治和伦敦地方自治是现在这里提出的口号,自由党人比托利党人还要害怕伦敦地方自治。工人阶级由于托利党人愚蠢的挑衅而愈来愈愤懑,日益意识到自己在选举中的力量,并愈益受到社会主义影响的感染。美国的榜样使工人开了眼界,如果秋天在美国任何一个大城市重演1886年纽约选举运动,这里立即就会有反响。两大盎格鲁撒克逊民族一定会在社会主义方面互相竞争,正象它们在其他方面所做的一样,而且这种竞争会愈来愈急剧地展开。

评论:弗洛伦斯·凯利-威士涅威茨基夫人是美国社会主义者,她翻译了恩格斯的《英国工人阶级状况》一书。信中恩格斯介绍了《英国工人阶级状况》一书相关评论的情况,谈到了对于纽约德国社会党人抵制《英国工人阶级状况》一书的看法。信中还介绍了英国的工人运动状况,指出英国工人阶级日益意识到自己在选举中的力量,并愈益受到社会主义影响的感染。最后恩格斯请她帮助找一些有关美国关税率、美国工业品和其他商品的国内税率表,以及如何用关税使国内税在生产费用方面平衡的资料,为写作《自由贸易》序言准备材料。

2月23日 致信斐迪南·多梅拉·纽文胡斯,指出:关于这里的情况,我可以告诉您总的来说是相当好的消息。各社会主义组织拒绝强行加速英国工人阶级自然的、正常的、因而必然有点缓慢的发展进程;结果是吵吵嚷嚷少了,吹牛少了,而失望也少了。他们甚至相处得很融洽。政府不可思议的愚蠢,自由党反对派一贯的怯懦,促使群众动起来。

东头的激进工人俱乐部是这里工人运动发展的最好证明。对这些俱乐部有影响的首先是1886年11月纽约选举运动的榜样,因为在美国发生的事情,比在整个欧洲大陆发生的事情对这里产生的影响更大一些。纽约的榜样向人们表明,工人建立了自己的政党,终究会最好地行动的。艾威林夫妇回来后利用了这些情绪,并且从那时起很积极地在这些俱乐部(这是这里唯一具有工人政治组织性质的团体)中进行工作。艾威林和他的妻子一星期做好几次报告,在那里有很大影响。现在他们无疑是工人中最有声誉的演说家。当然,主要的是使这些俱乐部不依赖于"伟大的自由党",为自己的工人政党作准备并且逐渐引导群众走向自觉的社会主义。正如上面说的,自由党领袖们以及伦敦自由党和激进派多数议员的怯懦,在这方面给我们帮了大忙。那些在前三、四年中作为工人代表被选出来的人,如克里默之流、豪威耳之流、波特尔之流等等,现在已经完全默默无闻。如果这里实行复选,而不象现在这样由初选的相对多数来决定,那工人政党在六个月之内就会组织起来,可是在现在的选举制度下,建立新的党即第三党是非常困难的。不过事情在向这方面发展,而我们现在感到满意的是,我们各方面都在向前推进。

再过一两个星期,我校订过的英文版《共产党宣言》就会出版,我将给您寄去。这里对该书的需求量很大,这也是好的征兆。

评论:恩格斯主要介绍了英国工人运动的可喜发展状况。英国的社会主义组织已不再犯急躁主义错误,变得更加团结;激进派工人也在向社会主义者靠拢。恩格斯还介绍了艾威林夫妇在激进工人俱乐部的积极作用和倍倍尔等人在柏林帝国国会取得的辉煌胜利。信中还告知他校订过的英文版《共产党宣言》即将出版,英国对这一著作的需求量很大，是好的征兆。

3月19日 致信保尔·拉法格，指出：给您寄上一份《每周快讯》，它将使您明白"朋友弗里茨"如此紧张操劳的原因。俾斯麦宁肯少活两年，也要迫使他（弗里茨）承认自己无能进行统治。正因为如此，就给他制造烦恼，使弗里茨忙得汗流浃背。这个阴谋由来已久，其目的是要在老头子死去以前完全除掉弗里茨。此计未成，于是又试图用工作、公开出面等手段整他。如果弗里茨不很快死去，这一切必然引起公开的决裂。如果他到夏天健康稍有好转并着手改组内阁，我们将赢得很多东西。主要是：内政的稳定将发生动摇，庸人对俾斯麦制度的永恒性将失去信心，他将发现自己处于这样一种形势，即必须作出决定并采取行动，而不是一切依赖政府。老威廉是大厦的拱顶石，这块石头破裂了，整个大厦就有倒塌的危险。我们所需要的是，至少让弗里茨统治半年，以便进一步动摇这座大厦，使庸人和官吏对未来失去信心，使另一种对内政策有可能出现。另一方面，如果弗里茨死得较早，威廉二世就和威廉一世不同了，那我们终将看到，资产阶级舆论界将发生急剧的转变。这个年轻人肯定会干出许多蠢事来，对此，人们是不会象原谅老头子那样来原谅他的。无论如何，坚冰已经打破。内政的延续性遭到了破坏，运动将代替停滞。这一切正是我们所需要的。

评论：信中恩格斯主要分析了德国的局势。恩格斯指出，德国政局即将发生的动荡，弗里德里希三世优柔寡断的性格，都将有利于革命，运动将代替停滞。信中还谈到法国布朗热将军的招摇撞骗、政治无能，俄国将军的无能以及密集队形作战方式的落后。

4月初 致信玛格丽特·哈克奈斯，指出：多谢您通过维泽泰利出版公司把您的《城市姑娘》转给我。您的小说，除了它的现实主义的真实性以外，最使我注意的是它表现了真正艺术家的勇气。这种勇气不仅表现在您敢于冒犯傲慢的体面人物而对救世军所作的处理上，这些人物也许从您的小说里才第一次知道救世军为什么竟对人民群众发生这样大的影响。您的阿瑟·格兰特先生是一个杰作。如果我要提出什么批评的话，那就是，您的小说也许还不是充分的现实主义的。据我看来，现实主义的意思是，除细节的真实外，还要真实地再现典型环境中的典型人物。您的人物，就他们本身而言，是够典型的；但是环绕着这些人物并促使他们行动的环境，也许就不是那样典型了。在《城市姑娘》里，工人阶级是以消极群众的形象出现的，他们不能自助，甚至没有表现出（作出）任何企图自助的努力。想使这样的工人阶级摆脱其贫困而麻木的处境的一切企图都来自外面，来自上面。如果这是对1800年或1810年，即圣西门和罗伯特·欧文的时代的正确描写，那末，在1887年，在一个有幸参加了战斗无产阶级的大部分斗争差不多五十年之久的人看来，这就不可能是正确的了。工人阶级对他们四周的压迫环境所进行的叛逆的反抗，他们为恢复自己做人的地位所作的剧烈的努力——半自觉的或自觉的，都属于历史，因而也应当在现实主义领域内占有自己的地位。

  评论：这封信是恩格斯读完玛格丽特·哈克奈斯的小说《城市姑娘》后写给作者的。恩格斯对她的小说给予了高度评价，并对现实主义提出了自己的看法。恩格斯认为，现实主义，除细节的真实外，还要真实地再现典型环境中的典型人物。恩格斯特别推崇巴尔扎克，深入分析了他的《人间喜剧》等，认为他是比过去、现在和未来的一切左拉都要伟大得多的现实主义大师。

  4月11日 致信弗洛伦斯·凯利－威士涅威茨基夫人，指出：我认为您不必担心我们会失去机会。自由贸易问题在没有解决以前，是不会从美国人的视野中消失的。我确信，保护关税制度为美国完成了自己的使命，而现在却成了一个障碍。不管米尔斯法案的命运如何，在自由贸易能使美国工业家在世界市场上占领导地位以前（在许多贸易部门，他们有资格占领导地位），或在保护关税派和自由贸易论者都被他们的后台撤开以前，斗争是不会结束的。经济方面的事实比政治要有力量，象美国那样政治和营私舞弊非常紧密地交织在一起，那就尤其如此。如果今后几年内，一批一批的美国工业家陆续转变为自由贸易论者，我一点也不会觉得奇怪。只要他们认识到自己的利益，他们是一定会这样做的。

  评论：恩格斯说明不能按时完成《保护关税制度和自由贸易》的写作的原因，并谈论了他对自由贸易和保护关税的看法。恩格斯指出，保护关税制度在美国完成了自己的使命，而现在却成了障碍，经济方面的事实比政治要有力量，自由贸易论将逐渐增多。

  4月29日 致信威廉·李卜克内西，指出：弗里茨稍微好了一些，这很好。如果年轻的威廉就在这时执政，那末照整个情况看来，他和俾斯麦将同俄国妥协，以便征得俄国对反法战争的同意。看来，现在已经达成了某些必要的协议。因此，而且仅仅因此，布朗热不论对法国还是对德国都可能成为一种危险。法国人会被打败，但是由于法国工事强固，战争将拖延下去，而且别的国家也将介入。奥地利和意大利大概会反对德国，因为不把这两国牺牲给俄国人，俄国是不会同意打这场战争的。因而，这就是说俾斯麦将帮助俄国人夺取君士坦丁堡，而这就意味着在我们最终必定失败的条件下进行一场世界战争，即同俄国联合起来反对整个世界！但愿这个危险将会过去。

  评论：恩格斯主要谈了对战争的看法。他指出，如果年轻的威廉执政，他和俾斯麦将会同俄国妥协，达成反法战争协议，法国将会被打败，德国会将奥、意两国牺牲给俄国。恩格斯认为，德国同俄国联合起来反对整个世界的战争最终必然失败。

  5月2日 致信弗洛伦斯·凯利－威士涅威茨基夫人，指出：我在这里受到的抵制，几乎象您在纽约受到的一样。这里的各种社会主义集团，都很不满意我对它们的绝对中立态度，它们在这一点上意见一致，于是就想用不提我的任何著作来报复我。不论是《我们的角落》（贝赞特夫人），或是《今日》，或是《基督教社会主义者》（对后一种月刊，我还不能完全肯定），都不提《工人阶级状况》，虽然我亲自寄给了它们各一册。这是我完全料到的，不过在没有得到证据以前，不愿意对您这么说。我不责怪他们，因为我严重地触犯了他们，我说过，到现在为止，这里没有真正的工人阶级运动，并说，当这种运动产生时，所有那些现在装模作样充当无兵之将的男女大人物，马上就会得到自己的位置，不过比他们所希望的地位要低得多。但是，如果以为他们的那些小针头能够刺穿我这一层又老又厚的硬皮，那他们就错了。

评论：恩格斯告诉威士涅威茨基夫人给她寄去了马克思《关于自由贸易的演说》的稿子，并告知序言草稿已接近完成。信中还谈到对自己在英国受到的抵制的看法，认为英国到现在为止还没有真正的工人阶级运动。

6月3日 致信劳拉·拉法格，指出：保尔有关布朗热的论断，是相当有损于法国人名誉的。我希望我们的人去做的是：指出除了这种虚假的二难推论以外，还有现实的第三条出路；不要把这个混乱的、庸俗的、本质上是沙文主义的布朗热运动，当做真正的人民运动。按照沙文主义的要求，整个世界史的结局只能是法国收复亚尔萨斯，在此以前任何事情都不得发生。这种要求得到我们在法国的朋友的过分赞赏，实际上得到他们每一个人的赞赏，这就是结果。因为布朗热把这个被一切党派所默认的要求列入了自己的纲领，所以他是强有力的。他的对手克列孟梭及其同伙，不反对也不敢反对这个要求，但是他们又懦怯到不敢公开声明这一点，所以他们是软弱的。这个运动本质上是沙文主义的，仅此而已，所以它有利于俾斯麦，而俾斯麦最高兴不过的将是把弗里茨这个可怜的家伙牵连在战争里面。这一切正发生在这样的时候：甚至德国的庸人也正在意识到，他们越早摆脱亚尔萨斯越好，而俾斯麦关于签证的荒谬规定就等于公开承认亚尔萨斯现在比任何时候更是法国的！

评论：恩格斯对布朗热运动的本质进行了分析和批判，指出，布朗热运动是混乱的、庸俗的，本质上是沙文主义的，而不是真正的人民运动，它有利于俾斯麦。

7月15日 致信劳拉·拉法格，指出：不管怎样，但愿这是布朗热的末日，因为这个蠢人的威望要是继续保持下去的话，就会驱使沙皇投入俾斯麦的怀抱，而我们不愿意有这样的事情，正如不愿意发生俄法复仇战争一样。我们的人在和激进派作斗争，这是很好的，那是他们的真正任务，但是要在自己的旗帜下同他们斗争。在人民还没有武装的时候，只有在激进派帮助下才有可能举行，既然如此，我们的人在目前只好依靠票箱，而我看不出，选民的头脑被全民投票的布朗热主义弄得糊里糊涂有什么好处。我们的任务不是使激进派和我们之间的争端复杂化，而是使它简单化和明朗化。布朗热能够做到的一点好事，他已经做了。他做的最大的好事就是使激进派得以执政。只要执政的是激进派政府，而我们又可以对它施加压力，那解散议会是件好事。但是在我看来，布朗热是解散议会的最不理想的人物。

评论：恩格斯谈到法国的政局，布朗热和弗洛凯的决斗，他希望这是布朗热的末日。同时，恩格斯对拉法格及革命者进行指导，告诉他们要在自己的旗帜下与激进派作斗争，革命者的任务不是使激进派和革命者之间的争端复杂化，而是使它简单化和明朗化。

8月31日 致信弗里德里希·阿道夫·左尔格，指出：昨天在康克德，参观了感化院和市容。二者我们都非常喜欢。在监狱里，犯人看小说和科学书籍，成立了俱乐部，开会没有狱吏参加，每天吃两次肉和鱼，而且面包随便吃。那儿每个工作场所有冰水，每间牢房有自来水，牢房还挂图片等东西，犯人穿的和普通工人一样，能够正眼看人，没有一般罪犯那种有罪的模样。这是在全欧洲看不到的，欧洲人正象我对院长说的，没有足够的勇气这样做。而他按道地的美国方式回答我："是啊，我们是竭力设法做得合算，果然是合算的。"在那儿我对美国人充满了极大的敬意。

康克德非常漂亮，美不胜收，这是在到过纽约甚至波士顿之后根本料想不到的。但这是安葬的好地方，而不是生活的好地方！我要是在那儿住上一个月，不死也会发疯。

罗森堡的离职和《人民报》关于《社会主义者报》的奇怪的争论，看来是瓦解的征兆。

评论：当时恩格斯正在美国旅行，信中恩格斯谈到他在康克德参观感化院和市容的观感，表示了对美国人的极大敬意。信中还谈到他的内侄威利·白恩士在美国的情况，以及北美社会工人党内部的分歧。

10月15日 致信尼古拉·弗兰策维奇·丹尼尔逊，指出：您第一封信里关于剩余价值率和利润率的关系的论断非常有意思，并且毫无疑问，对于统计材料的分类很有价值，但是这不是我们的作者用来解决问题的途径。您的公式的前提似乎是每个企业主都得到从生产过程中攫取的全部剩余价值。但是，在这种前提下，商业资本和银行资本就不能存在，因为它们不会产生任何利润。可见，企业主的利润不可能是他们从自己工人身上榨取的全部剩余价值。另一方面，您的公式可能对于在一般利润率和平均利润率的条件下大概地计算各个不同工业部门中各种资本的构成是有用的。我说可能，是因为我现在手头没有材料能够让我检验您所推断的理论公式。

您很奇怪，为什么政治经济学在英国处于这么可怜的状况。其实，情况到处都一样。连古典政治经济学，甚至自由贸易的最庸俗的传播者，也受到目前占据大学政治经济学讲台的更庸俗的"上等"人物的鄙视。在这方面，很大程度上要归罪于我们的作者，他使人们看到了古典政治经济学的各种危险的结论；于是他们现在认为，至少在这个领域内，最保险的是根本没有任何科学。而且他们能够蒙蔽普通的庸人到了这种程度，以致在伦敦这里，目前有四个人自称"社会主义者"，同时却要人们相信，似乎他们把我们的作者的学说和斯坦利·杰文斯的理论对比之后，已经完全驳倒了我们的作者!

　　评论：恩格斯肯定了丹尼尔逊关于剩余价值和利润率关系的论断及其对统计材料的分类的价值，但同时指出这不是马克思用来解决问题的途径。恩格斯对丹尼尔逊做的工人的考察提出了一点修正意见，还提出了美国和英国的细纱工和织布工的实际工资完全一样的看法。信中还谈到经济学的衰落。

12月4日　致信保尔·拉法格，指出：你们对布朗热主义的态度严重损害了你们在法国以外的社会主义者心目中的声誉。你们由于仇恨激进派而同布朗热派勾勾搭搭，向他们献殷勤，其实你们很容易攻击这一派也攻击那一派，这里丝毫不能模棱两可，你们对这两个党派的独立立场也不容有任何怀疑。你们根本不应当在这两个蠢货中间进行选择，你们可以既讥笑这个，又讥笑那个。你们没有这样做，却讨好布朗热派，甚至说可能在未来的选举中和他们联合提名，而他们这种人同波拿巴主义者和保皇党人保持联系，当然和激进派即布鲁斯先生的盟友也不相上下！布朗基派从罗什弗尔那里得到了钱也宽恕了布朗热，如果说你们被布朗基派这个完美无缺的化身的行为所迷惑，那末你们本来是应当了解"完美无缺的人"的，因为我们曾经在伦敦同他们打过交道。

　　我不知道，在同可能派的关系方面，李卜克内西会做些什么。无论如何，我相信我们德国的党只是非常勉强地会决定派代表出席可能派代表大会，如果它这样做，那仅仅是因为你们的大错误。但是不要忘记，可能派取得了作为法国社会主义的正式代表的活动机会；英国人、美国人、比利时人承认他们是这种代表；在伦敦代表大会上，他们同荷兰人和丹麦人结成盟友，因为你们没有在那里，你们退出去了。如果你们一点事情也不做，不宣布你们要在1889年举行代表大会，并准备这个大会，那末人家都跑到布鲁斯派代表大会去了，因为谁也不会跟着退出去的人走。快宣布你们的代表大会吧，在各国社会主义报刊上声张声张，好让人们感到你们居然还存在。如果你们的特鲁瓦代表大会进展顺利——这次大会应当成功，否则你们的党就会完结，——那就大肆宣传这次大会，建立中央委员会，中央委员会将从事活动，人们可以去找它，如有可能，还可以创办一种小型的周报，通过这一周报，全世界都会知道你们。要坚决同布朗热派划清界限，否则谁也不会到你们那里去。

　　评论：当时法国工人运动中出现马克思派与可能派的斗争。拉法格写了一篇反对可能派的文章，恩格斯写这封信劝他取回这篇文章，认为该文没有举出可能派卖身投靠政府的证明和详细情况，不足以产生说服力。信中恩格斯对拉法格给予斗争方式等多方面的指导，深入分析了布朗热派的实质。恩格斯指示拉法格必须坚决同布朗热派划清界限，尽快宣布在1889年举行代表大会，并表示他将争取李卜克内西等人的支持。

1889年

1月2日 致信劳拉·拉法格，指出：我很高兴的是，听说只有保尔一个人得了布朗热病，虽然《工人党报》断言盖得和杰维尔已向他让步。你对可能派的看法我们完全同意，不过我要提醒你和保尔：李卜克内西和其他人，如比利时人，会由于布朗热派无疑得到我们的亲切对待而找到托辞。我从一开始就坚持而保尔始终向我拒绝的，无非就是明确无误地确认：应当把布朗热派看成完全和卡德派一样的资产阶级敌人。在任何情况下，我都不会鼓励我们的德国朋友去参加这样一个代表大会，这个大会的组织者完全忘记了无产阶级老的传统政策，竟向一个资产阶级政党去献媚，尤其是向布朗热派这样一个政党去献媚。

然而，即将举行的巴黎选举定会使我们的人明白过来，这是我在于德死后首先想到的，的确，特鲁瓦代表大会至少是朝着正确的方向前进了一步，它宣布必须由社会主义者单独提出候选人（我希望瓦扬能成为候选人，据我看来，他现在是唯一能获得一定数量选票的人，因为我们的人在目前看来还无法当选）。可是，没有一家报纸谈到代表大会通过的其他决议，个别反布朗热派的声明是有的（然而就我所见，没有一个是保尔的），除了上述决议之外，连个以代表大会名义的正式文件都没有。

我从来不怀疑马克思派的真正反沙文主义立场，正因为这样，我不能设想他们怎么能和一个几乎完全靠沙文主义为生的政党建立公开或秘密的联盟。我从来不要求更多的东西，只要求公开承认卡德派和布朗热派"他们双方都发臭"，当然，这样不言而喻的东西我早应该得到了！特鲁瓦代表大会的决议我也早应该得到。

如果有一种想法，要把我们的人放在布朗热派的名单上送进众议院去，那比根本不去还糟糕。

评论：1888年12月，法国工人党在特鲁瓦举行了代表大会，会议决定，1889年在巴黎召开国际社会主义工人代表大会，恩格斯肯定了这项决定，强调指出，巴黎代表大会的组织者拉法格等人必须坚持马克思派的真正反沙文主义立场，必须公开承认资产阶级政党布朗热派和卡德派都是无产阶级的敌人，不要把社会主义者放在布朗热派的名单上送进众议院去，才能得到他对即将召开的巴黎代表大会的支持，得到德国社会民主党和其他各国政党的支持。

1月14日 致信保尔·拉法格，指出：我收到了李卜克内西和倍倍尔共同讨论后写的回信。看来，想撇开你们直接参加可能派代表大会的打算，是从来没有过的。但是：（1）因为伦敦代表大会决定在巴黎召开代表大会，并且把这件事委托给了可能派，这就使他们拥有某些权力，特别是对那些在伦敦派有代表并赞成这项决议的民族拥有某些权力。(为什么你们也完全避开不管而为可能派腾出地盘呢?)(2)荷兰人坚决要求邀请可能派参加代表大会,以此作为他们(荷兰人)参加的条件。(3)李卜克内西在这一点上是正确的,即德国人不能到巴黎去冒受法国工人袭击的危险,据他说,你们不能给他们以任何保障来避免这种风险。我看不出你们有对此加以拒绝的可能性。如果那时确定,你们准备同所有人共同行动,而可能派想要把你们排除在外,这样的话,连荷兰人和比利时人也会认为可能派没有道理;反之,如果他们同意,而你们不能向全世界证明法国社会主义的代表不是他们,而是你们,那就是你们的过错了。

评论:1889年1月初,恩格斯应拉法格的请求,征求德国社会民主党领导人对即将在巴黎召开的国际工人代表大会的意见。信中恩格斯转告拉法格,李卜克内西和倍倍尔从未想过撇开法国工人党直接参加可能派的代表大会。德国社会民主党决定在南锡召开预备性的代表会议,并建议在代表大会上取消任何涉及这三个党内部事务和它们之间分歧的发言,以确保代表大会各派都有人参加。恩格斯充分肯定了这个建议,认为这是迫使可能派服从的绝好机会,还能团结荷兰、比利时人,敦促拉法格为代表的法国工人党和布朗基派尽快商量决定。

1月28日 致信卡尔·考茨基,指出:我应当考虑到,不仅使马克思的这一部手稿,而且使其他手稿离了我也能为人们所利用。要做到这一点,我得教会一些人辨认这些潦草的笔迹,以便必要时能代替我,在目前哪怕能够帮助做些出版工作也好。为此我能够用的人只有你和爱德。所以我首先建议,我们三个人来做这件事。而第四册是应当着手搞的第一件工作,可是爱德完全陷于《社会民主党人报》编辑部的工作,以及同这里的业务有关的种种困难和纠纷之中。但我认为,你会有充分的空闲时间,经过某些训练和实习并在你的妻子的帮助下,譬如在两年内把大约七百五十页原稿转写成容易读的稿子(其中好大一部分已经收入第三册也许可以不搞了)。只要你略微学会辨认笔迹,你就可以口授给你的妻子,那末事情就会进展很快。归根结底,问题涉及到将来某个时候出版马克思和我的全集,这一点我在世的时候未必能够实现,而这也正是我所关心的事。

评论:长期以来,恩格斯为眼疾所困,影响了《资本论》第三卷的整理工作,也妨碍了第四卷的整理工作。恩格斯感到很有必要教会一些人辨认马克思潦草的笔迹,以便马克思的各种手稿离开自己也能被人们利用,也便于将来出版马克思和他本人的全集。鉴于此,信中恩格斯建议考茨基夫妇搬到伦敦来,帮助他整理《资本论》第四卷,即马克思在1862—1863年写的《剩余价值理论》手稿,并准备付给他们100英镑作为报酬。恩格斯还谈到法国的形势,认为布朗热的当选大大地增加了战争的危险。

2月4日 致信劳拉·拉法格,指出:关于《平等报》的消息确实是一个好消息,我急切地等待着结果。真的,布朗热现在确实会成为法国的主宰(除非他犯明显的大错误），那时巴黎人就会对他感到腻味。如果事情能避免战争，那就算有了一点成绩，然而危险是很大的。俾斯麦有一切理由急于打一场，因为威廉在竭力破坏德国的军队，用自己的亲信代替老将，如果让他这样干下去，五年之内，指挥德国人的将完全是一些蠢货和狂妄的傻瓜。布朗热一旦掌握政权，有什么办法能不求助于战争而克服他必然引起的普遍失望的结果，——这是我无法设想的。在这全部混乱中，唯一可以稍微感到安慰的是，可能派会比在其他情况下完蛋得更快。但是就这一点，我们也为之高兴。现给你寄上两期《人人权利报》，从中你可以看到，曾经坚持要他们出席代表大会的人，现在对他们采取什么态度。伯恩施坦这星期在《社会民主党人报》上也痛斥了他们，甚至海德门也没有胆量在《正义报》上为他们辩护。

评论：1889年2月，劳拉告知恩格斯，一个包含各派人物的编辑委员会创刊了新报纸《平等报》。信中恩格斯兴奋地肯定了这个好消息，分析了布朗热当选的实质，认为它是巴黎人性格中沙文主义的复活。恩格斯指出，布朗热统治法国将会带来战争，但与此同时，可能派会更快溃败，后者对于革命是有利的。恩格斯强调指出，法国工人党要如实估计形势并最好利用形势，推动社会革命。

3月12日　致信保尔·拉法格，指出：可能派做得很恰当——对于他们和对于我们来说都很恰当。我曾经担心他们会同意参加，而同时提出一些表面看来并不重要但却完全足以把全部事情搞乱的附带条件来。幸亏他们看来过分热衷于曾一度选择过的途径，即在财政方面利用他们在市参议会中的地位。这次他们给了自己以致命的打击。

德国人已经作了足够的让步，更多的让步他们是不会作的。荷兰人遭到了可能派直接的攻击，瑞士人和丹麦人同德国人一块走，比利时人分裂了，因为，如果布鲁塞尔人用你们的话来说在心里同可能派一致的话，那末，佛来米人则要好得多：问题仅仅在于使他们摆脱布鲁塞尔的影响。在此以前，他们把他们的对外政策完全交给布鲁塞尔人去管，这次就完全可以改变了。

如果象我从您的信中所推断的那样，你们邀请同盟参加代表会议而不邀请这儿的联盟参加，这就犯了一个错误。应当是要么双方都不管，要么双方都邀请。首先，联盟就其作用来讲无疑比同盟更重要；其次，这样做就给了他们一个借口，说什么整个代表会议是在他们不知道的情况下安排的。海德门当着你们大家的面是不会使你们受到损害的；相反，虽然他在代表大会的问题上承认自己是可能派在这里的代表，但是不久以前他还不敢在自己的报纸上为他们辩护；他甚至还骂他们，虽然骂得很婉转；而了解这一切的伯恩施坦是会把他约束在很恰当的范围之内的。但是，召集代表会议成了德国人的事情，而李卜克内西象往常一样，总是在某种一时冲动的刺激之下采取行动——或者放弃行动。

评论：1889年2月28日，德国社会民主党国会党团的代表根据恩格斯的建议，在海牙召开了国际社会主义者代表会议,商议拟订在巴黎召开国际社会主义工人代表大会的条件,确定了代表大会的权力、开会日期和议程。德国、法国、比利时、荷兰和瑞士社会主义运动的代表参加了会议,可能派拒绝参加。恩格斯认为这是国际社会主义运动的一个胜利。在这个决定性的关头,由于与投资人茹尔·罗凯发生分歧,马克思派和布朗基派退出了《平等报》编辑部,失去了宣传自己的阵地。对此,恩格斯深感遗憾。恩格斯指出,如果邀请英国社会主义同盟而不邀请英国社会主义联盟参加代表会议,就是犯了一个错误。

3月21日 致信保尔·拉法格,指出:可能派已向全世界表明他们是错误的。现在你们应当注意,不要摆出一付想要对其他国家的社会主义者发号施令的架势,从而使自己也处于这种地位。

比利时人应当或者是服从,或者是自己揭露自己——我请求你们不要给他们以有利的借口,使他们得以摆脱困境。如果比利时人不服从,这绝不意味着一切都完了,——起码我认为是这样;只要你们不因鲁莽从事而把自己的事情弄糟就好。

无疑,你们的代表大会不能在7月14日召开,否则你们只能自己单独开会。在谈判中不可能要什么得到什么。至于德国人,他们也不得不在许多方面作出让步以保证联合行动。请接受向你们提出的建议吧;这实质上就是你们有权要求的一切,如果你们不犯错误,这将导致把可能派从国际工人运动中排除出去,并承认你们是值得与之保持联系的唯一的法国社会主义者。

评论:恩格斯谈到,如果比利时人和瑞士人发起即将在巴黎召开的代表大会,拉法格为首的法国工人党组织要负责代表大会的组织工作和全部筹备工作,并告诫拉法格不要犯性急病,不要向其他国家的社会主义者发号施令,要遵守海牙会议决定的代表大会召开日期,不要在7月14日召开。恩格斯指出,谈判中作出必要让步,就能把可能派从国际工人运动中排除出去。

3月27日 致信保尔·拉法格,指出:对你们来说,重要的就是要使代表大会开成——而且就在巴黎开,在这次大会上大家会确认你们是得到国际公认的法国唯一的社会主义政党;相反,要使可能派的代表大会成为伪代表大会,尽管他们的大会凭借7月14日这个日子,凭借秘密基金可能热闹一番。其余都是次要的,而且是次要又次要的。你们要重新站住脚,必须使你们的代表大会开成。至于在资产阶级公众眼里,把代表大会看成失败,那也无关紧要。为了恢复自己在法国的地位,你们必须首先取得国际上的承认并使可能派遭到国际上的谴责,等等。人家在为你们提供这些条件,而你们还噘嘴!

我已同您讲过,我认为从对法国的效果来看你们选定的日期比较合适。但当时在海牙就应把它提出来。即使您在决定性的时刻到隔壁房间里去了,一切都在您不在场的情况下进行,那也不是别人的过错。我认真地向倍倍尔阐述了您的理由,请他认真考虑。但我又不得不补充了一点,照我的意见,代表大会无论定在哪一天,一定要保证召开；任何危及大会召开的行动都是错误的。您不会不知道，如果你们重新提出日期的问题，势必引起无休止的争论和纠纷；即使能够在不召开另一次代表会议（这样的会议肯定开不起来）的情况下就新的日期达成协议，那末要大家都同意7月14日的日子，恐怕得到10月底才有希望做到。

还是接受别人为你们提供的东西吧，具有决定意义的只有一点：战胜可能派。不要使代表大会的召开受到威胁。不要使布鲁塞尔人有借口，使他们得以摆脱困境、借故推托和玩弄阴谋；再也别搅乱大家已经为你们争得的一切。你们不可能取得你们所要的一切，但你们能取得胜利。德国人为你们尽了一切努力，别使他们灰心失望，无法再和你们共同行动。收回你们改变开会日期的要求吧！办事要象成年人那样，而不能象宠坏了的孩子那样，既要吃蛋糕，又要蛋糕不咬掉，——否则，我担心大会根本开不成，而可能派会讥笑你们，而且笑得有道理。

评论：1889年3月，恩格斯连写多封信敦促、告诫以拉法格为首的法国工人党遵守海牙会议的决定，保证巴黎代表大会在9月召开。但是，拉法格等人仍然要求在7月14日召开代表大会。在这封信中，恩格斯分析了法国工人党自《社会主义者报》停刊所犯的一系列错误，并强调指出，一切都是为了"战胜可能派"，成为得到国际公认的法国唯一的社会主义政党，任何危及代表大会的行动都是错误的。

4月30日　致信保尔·拉法格，指出：伯恩施坦认为，如果两个代表大会将同时召开，这就足以造成一种必然导致这两个代表大会联合的气氛，特别在外国代表中是这样。这个观点是否正确，您自己去判断。不管怎样，如果发生这种情况，你们的代表大会很容易地会同另一个代表大会联合起来，即根据那个代表大会全体成员的邀请，并且在每个代表大会分别检查了代表资格证之后联合起来。如果你们自愿同意按照民族原则进行投票，那代表大会的最高权力就有了保证。伯恩施坦还告诉我，《社会民主党人报》将不顾议员先生们的意见，在德国尽一切可能为你们的代表大会进行宣传。他说，人们时常要求我执行独立的政策，使他们能够拒绝承认被看作是他们的机关报的《社会民主党人报》。我这一次也将使他们感到满意。这自然可能引起议员们正式的不同意，但是距离这种情况还很远！

因此，我的意见是：召集你们的委员会，召开代表大会，确定你们在当前情况下认为最合适的日期，拟定召开代表大会的呼吁书，呼吁书将由劳拉译成英文，而我将很高兴地把它译成德文。在你们关于召开代表大会的呼吁书中，你们应当强调，代表大会拥有最高权力，你们提出的议事日程纯粹是暂时的。还应当提出选派代表的原则，譬如一个地方小组选派一名代表——这自然要由代表大会随之予以批准。如果外省小组各派一名代表，那巴黎小组就要有三名或四名代表，这在其他的人看来将是不言而喻的事。你们可以提出明确的原则，让别人发表意见。

评论：巴黎代表大会不断出现新状况。1889年4月21—22日，比利时工人党代表大会在若利蒙举行，决定既参加马克思派的代表大会，也参加可能派的代表大会。荷兰也想效法比利时。拉法格对此十分愤怒。恩格斯致信拉法格，告诫他首先应反思法国工人党犯过的那些导致《平等报》和《社会主义者报》停办的错误，并分析了当时急剧变化的形势，建议法国工人党迅速行动，确定大会召开的最合适日期，拟定召开代表大会的呼吁书。恩格斯还建议，在呼吁书中应强调，代表大会拥有最高权力，提出的议事日程纯粹是暂时的，还应提出选派代表的原则。

6月8日 致信弗里德里希·阿道夫·左尔格，指出：除社会民主联盟外，可能派在整个欧洲没有得到一个社会主义组织的拥护。所以他们只得回到非社会主义的工联方面去，而且会牺牲一切来争取这里的旧工联，即布罗德赫斯特之流，可是伦敦这里11月发生的事情已经使这些人够受的了。从美国来参加他们大会的只有一个"劳动骑士"的代表。

问题主要是在于：过去国际中的分裂和以前在海牙的斗争，又提到日程上来了。这也是我大力进行工作的原因。对手还是过去那个，只是无政府主义者的旗帜已经换成了可能派的旗帜：同样是向资产阶级出卖原则，以换取小小的让步，主要是为几个领导人谋取一些肥缺（市参议员、劳动介绍所的领导人员等等）；而策略也还是过去那一套。显然是由布鲁斯写的《社会民主联盟宣言》，只不过是桑维耶耶通告的再版而已。布鲁斯也知道这一点：他毕竟还是以同样的造谣诽谤来攻击权威的马克思主义，而海德门则随声附和。关于国际和马克思的政治活动的一些消息主要是在这里的总委员会中的不满分子埃卡留斯和荣克之流传出来的。尤其使我高兴的是，象1873年和1874年那样的事情现在已经证明不可能再发生了。阴谋家现在已经破产，代表大会的意义（不管它是否会引起另一次代表大会）就在于：欧洲的各社会主义政党将在全世界面前显示出它们的同心同德，而几个阴谋家会遭到摈弃，如果他们不服从的话。

评论：当时正在筹建召开巴黎代表大会，信中恩格斯谈到关于巴黎代表大会的准备情况，谈到与可能派进行的斗争，虽然期间出现了一些不利形势，但现在一切已奇迹般挽回。伯恩施坦发表了经恩格斯校订的《一八八九年国际工人代表大会。答〈正义报〉》，揭穿了可能派的谎言。在此有利形势下，恩格斯立即写信给拉法格，要求他们在预定的日期召开代表大会。恩格斯敏锐地洞察到，过去国际中的分裂和斗争又提到议事日程上来了，只是无政府主义者的旗帜已经换成了可能派的旗帜，但本质不变，同样是向资产阶级出卖原则，以换取小小的让步。但是，现实已经发生变化，阴谋家已经破产，代表大会的意义在于显示欧洲的各社会主义政党的团结一致。

7月4日 致信尼古拉·弗兰策维奇·丹尼尔逊，指出：最近三个月来，由于各种不可避免的打扰，第三卷毫无进展；夏季又往往容易使人懒散，所以我担心在9月或10月以前不一定能在这方面做很多工作。论银行和信用的那一篇存在着很大的困难。基本原理叙述得十分清楚，但是要看懂整个上下文却需要读者非常熟悉这方面的一些最重要的著作，如图克和富拉顿的一些著作，而情况通常与此相反，因此需要加很多解释性的注释等等。我打算同两个内行的人商量一下，让他们把第四卷手稿中我的视力不允许我自己口述下来的那些部分，给我转抄下来。如果这一点我能谈妥，我将同时教他们辨认那些现在除我以外（对于马克思的笔迹和缩写字我已经看惯了）对谁来说都是天书的手稿。这样一来，不管我是否在世，作者的另外一些手稿，也就可以为人所利用了。我希望在即将到来的秋季能就这个问题商量妥当。

　　评论：恩格斯首先感谢丹尼尔逊告知拉法格和考茨基的文章在《北方通报》上发表的消息，以及格·亚·洛帕廷病愈的消息。然后恩格斯谈到转寄拉法格的另一篇关于所有制发展的文章，托他发表。最后恩格斯谈到《资本论》第三卷手稿整理的进展情况，询问丹尼尔逊是否要富拉顿《论流通手段的调整》一书，还提及让考茨基和伯恩施坦转抄第四卷手稿中自己难以口述的部分，以及教他们辨认马克思手稿，以便马克思的其他手稿日后也能够为人所用。

　　7月5日　致信保尔·拉法格，指出：您大概也知道，多·纽文胡斯"鉴于两个代表大会的议程相同"，打算建议合并。但是，两个大会的议程并不相同，所以我想谁也不会赞成这个建议。尽管如此，我已写信向倍倍尔指出：情况已和海牙会议时大不一样了；在那以后，他们已授权你们召开你们的代表大会，欧洲的全体社会主义者都同意这个代表大会，因此，你们有权对可能的合并提出新的条件；一味追求联合，会使主张联合的人走上一条最终和自己的敌人联合而和自己的朋友和同盟者分离的道路；最后，合并还有一大堆困难的细节问题。事实上，如果两个代表大会的委员会不能讨论并通过详细的条件，我看，合并根本不可能有好处。没有这些，联合连两小时也保持不了。要作出某种决定需要时间。因此，即使合并能够实现，那也只有在代表大会快结束时才能做到。

　　李卜克内西住在瓦扬家里，那很好。我曾十分怀疑，他又会象三、四月份那样，想"越过布鲁斯"同可能派中的"好人"联合。

　　评论：当时为了筹备召开巴黎代表大会，以拉法格为首的法国马克思派准备召开秘密会议。信中恩格斯再次强调了不能举行秘密会议的原因，指出，为了讨论诸如八小时工作日、女工和童工劳动法、废除常备军等一般性问题召开秘密会议，不仅完全没有必要，还会带来不利影响，给对方以诽谤的借口。恩格斯还指出，马克思派有权对可能的合并提出新的条件，但不能盲目与可能派联合，否则会走上一条最终和自己的敌人联合而和自己的朋友和同盟者分离的道路。

　　7月17日　致信弗里德里希·阿道夫·左尔格，指出：不管怎样，可能派和社会民主联盟想要各自在法国和英国窃取领导地位的阴谋完全失败了，他们要取得国际领导权的妄想则失败得更惨。要是两个代表大会同时并存仅仅为了达到这样的目的，即让可能派和伦敦的阴谋家们为一方，欧洲的社会主义者（由于前者而形成为马克思派）为另一方，都检阅兵力，以此向全世界表明，究竟哪里集中代表真正的运动，而哪里只是欺骗，那末这已经足够了。当然，真正的联合如果达成，也决不会阻止在英国和法国继续争吵，而且恰好相反。这种联合将仅仅是对广大资产阶级公众的一次强大的示威，是一次从最驯服的工联到最革命的共产主义者共有九百多人参加的工人代表大会。这种联合将使那些阴谋家在以后的代表大会上的阴谋永远不能得逞，因为这一次他们看到了真正的力量在哪里，看到了我们在法国同他们势均力敌，在整个大陆我们比他们强，而他们在英国的地位也很不稳固。

评论：当时法国巴黎正召开马克思派和可能派的两个代表大会，恩格斯向左尔格介绍了两个代表大会的情况。恩格斯指出，马克思派的代表大会是一个辉煌的胜利，挫败了可能派和社会民主联盟想要窃取领导权的阴谋和妄想。恩格斯赞成两个代表大会在合理条件下的联合，但反对不惜一切代价的联合。

8月22日 致信爱德华·伯恩施坦，指出：你应当在下一期上报道码头工人罢工。这次罢工对这里的运动有极其重大的意义。这一群绝望的人，每天早晨在码头大门打开的时候，就展开一场真正的大激战，向派活的人冲去，——这是过剩的工人相互竞争的真正激战，——这些偶然凑合在一起的、每天都有变动的群众能够形成一支四万人的团结力量，能够维持纪律，使强大的码头公司感到恐惧。我能活着看到这种情况真是高兴。这个阶层能够组织起来，是具有重大意义的事。不管这次罢工结局如何——我在这种情况下从来不作事先的乐观主义者，——东头那些以码头工人为代表的最底层的工人投入了运动，而现在上层的工人势必会效法他们的榜样。在东头，英国的非熟练工人集中得最多，他们的工作不需要或几乎不需要任何技能。伦敦无产阶级的这个一向被熟练工人的工联瞧不起的阶层能够组织起来，这就给外地做出了榜样。

不但如此，由于缺乏组织，由于东头真正的工人们消极地无所作为，因此在那里起决定作用的以前一直是流氓无产阶级，他们以东头千千万万挨饿者的典型代表的面目出现，而且被认为是这样的代表。这种情况现在将要结束了。小商贩和诸如此类的人将被挤到次要地位。东头的工人一定能够创造出自己本身的典型，并且由于组织起来一定能够赋予它一种威望，而这对于运动是具有巨大意义的。象海德门的游行队伍经过派尔—麦尔和皮卡第莱时所发生的那些情景，是不可能重演了，而企图向某个人发泄自己仇恨的坏蛋则一定会被打死。

评论：1889年8月12日至9月14日，伦敦码头工人进行了罢工，参加者达6万多人，大多数是没有参加工联的非熟练工人。处于社会最底层的流动性极大的群众形成了团结的有组织的力量，资产阶级对此感到十分恐慌。信中恩格斯对码头工人的罢工给予了高度评价，指出这表明新的阶层、新的军团加入了社会主义运动，并希望伯恩施坦在《社会民主党人报》上报道这次罢工。信末，恩格斯肯定了伯恩施坦《无政府主义的空洞词藻》一文中有关议会制及其衰落的论述。

9月9日 致信劳拉·拉法格,指出:多梅拉和他的荷兰人坚持他们的新路线。这又一次证明,小民族在社会主义发展中只能起次要作用,而他们却希望别人拥护他们当领导。比利时人认为他们的中心位置和中立立场显然注定了他们要在未来的国际中占中心地位,他们决不会放弃这种信念。瑞士人现在和过去一直是些市侩和小资产者,丹麦人已经变得和他们一样了。现在还要看看特利尔和彼得逊等人能否推动他们摆脱现在这种停滞不前的状况。现在荷兰人也开始走同样的路。他们当中谁也不可能忘记,也不会忘记:在巴黎,德国人和法国人是领先的,不让他们用那些琐碎的纠纷去占据整个代表大会。这没有关系,现在更可以指望法国人、德国人和英国人共同行动,如果这些小娃娃吵吵闹闹,那我们就把他们送给可能派。

评论:恩格斯谈及纽文胡斯及荷兰党希望别人拥护他们在国际社会主义运动中当领导一事,指出比利时、瑞士、丹麦、荷兰等小民族在社会主义发展中只能起次要作用。此外,恩格斯还谈及李卜克内西的进步。李卜克内西终于认清了可能派的面目,不再与可能派合作了。

10月8日 致信劳拉·拉法格,指出:法国的资产阶级分裂为这样多的部分、派别和集团,所以人民时常被它欺骗。你们推翻了一个部分,譬如说金融贵族,就以为推翻了整个资产阶级。可是你们不过是让另一部分掌握政权罢了。这里有:(1)土地所有者——正统派或一般的保皇派;(2)路易-菲力浦时期的老的金融贵族;(3)第二帝国的第二金融贵族集团;(4)大部分还需要给自己捞钱的机会主义派;(5)工商业资产阶级,尤其是外省的资产阶级,他们实际上通常追随执政的集团,因为他们自己是分散的和没有共同中心的。现在,所有这些集团将不得不作为"温和派"和"保守派"联合起来,放弃那些造成他们分裂的旧信条和党派口号,第一次作为"统一而不可分割的"资产阶级来行动。就是这种资产阶级的集中,会使最近时常讲到的一切共和主义的集中和其他集中具有它的真正意义。这将是一大进步,因为它将逐渐引起激进派的崩溃和社会主义者的真正集中。

评论:对于盖得选举的结果,恩格斯认为,选举失败虽然不幸,但他一点也不失望,相反,他在选举结果中看到了明显的进步,看到了形势显著明朗化。恩格斯指出,普选后法国将第一次有一个真正是整个资产阶级的政府,法国资产阶级第一次集中起来,而这将逐渐引起激进派的崩溃和社会主义者的真正集中。这些认识无一不体现了恩格斯的辩证观和革命乐观主义精神。

10月17日 致信康拉德·施米特,指出:您的著作特别使我个人高兴的是,它表明又出现了一个善于从理论上思考问题的人。这种人在德国的青年一代中非常少见。倍倍尔具有杰出的理论才能,但党的实际工作只能让他在运用理论到实际活动中去这方面表现他的这种优良素质。所以到目前为止,就只有伯恩施坦和考茨基两个人了,而伯恩施坦又过多地忙于实际活动,在理论方面不可能象他愿意而且能够做的那样去进行研究和深造。要知道在理论方面还有很多工作需要做,特别是在经济史问题方面，以及它和政治史、法律史、宗教史、文学史和一般文化史的关系这些问题方面，只有清晰的理论分析才能在错综复杂的事实中指明正确的道路。因此您可以想象，我是多么庆幸自己有了新的同行。

您正在为《新时代》整理克纳普的《农民的解放》，这很好。1849年《新莱茵报》上沃尔弗的《西里西亚的十亿》是关于这个问题的非常好的材料，这篇文章转载于《社会民主主义丛书》第一卷第六册。我把这篇东西的那几页卷在英国的报纸中寄给您，因为这似乎是完全可靠的办法。考茨基也会对新的能干的撰稿者表示高兴，因为他不得不接受相当多的坏作品。

评论：在1885年出版的《资本论》第二卷序言中，恩格斯建议经济学家来证明"相等的平均利润率怎样能够并且必须不仅不违反价值规律，而且反而要以价值规律为基础来形成"。康·施米特对恩格斯提出的问题很感兴趣，在其著作《在马克思的价值规律基础上的平均利润率》中，研究了这个问题。信中恩格斯欣喜地肯定了这本著作，表示将在《资本论》第三卷的序言中对此书给予应得的好评。恩格斯十分赞赏施米特的理论才能，指出现在社会主义者十分需要从事理论工作的人才，认为只有清晰的理论分析才能在错综复杂的事实中指明正确的道路。当时施米特正在为《新时代》整理克纳普的《农民的解放》，恩格斯给他寄去英国报纸上刊载的沃尔弗《西里西亚的十亿》作为参考资料，还谈到《资本论》的整理出版情况。

11月16日 致信保尔·拉法格，指出：我非常满意的是，假的或真的布朗热分子同可能派一样正被清除出党。如果接收他们现在这样的一批人，那我怎么向英国人、丹麦人、德国人及其他人交代呢。二十年来，我们一直主张成立一个与一切资产阶级政党不同的、相对立的政党，但现在当选者要是纠集在布朗热的旗帜下（这面旗帜在同一次选举中庇护了保皇派，后来又被他们所抛弃），这就意味着我们法国党在其他各国党的眼中声名狼藉。海德门分子和斯密斯分子该会多么得意啊！

您老说你们外省的报纸，但您几乎没有给我寄过一份。我曾从博尼埃那儿得到几份，而现在再也看不到了。您自己或让别人给我寄的一切都会很有用处，因为我将利用这些来帮助倍倍尔了解情况，倍倍尔要比李卜克内西重要十倍。此外，如果我了解周围发生的事情，我就可以影响爱德和《社会民主党人报》。

评论：1889年11月4日，拉法格致信恩格斯，报告法国社会主义者计划在众议院和市镇参议会中建立具有独立的和社会主义性质的党团，并争取议院把巴黎代表大会的决议当作法令通过。恩格斯复信肯定了这一计划。对于拉法格不再倾向于布朗热主义表示赞赏；对于布朗热分子和可能派正在被清除出党，恩格斯表示非常满意。恩格斯强调指出，长期以来社会主义者一直主张成立一个与一切资产阶级政党不同的、相对立的政党，如果当选者纠集在布朗热旗帜下，将会严重破坏各国党的团结。恩格斯建议法国工人党所有的报纸最好与《社会民主党人报》以及《工人选民》建立交换关系，以便及时了解情况。

11月20日 致信茹尔·盖得,指出:艾威林夫人马上就给拉法格和瓦扬打了电报,但是由于事情很紧急,我们也向您求援。我们请求您尽一切力量阻止法国工人到这里来顶替银镇的罢工工人,向他们说明事情的真相,激发你们工人的阶级感情。如果由于法国工贼的到来而破坏了罢工者的反抗,那是非常糟糕的。这会使旧的民族仇恨重新抬头,要扑灭这种民族仇恨将是不可能的。已经有四个月了,伦敦东头的工人们不仅以全部身心投入了运动,而且在组织纪律、自我牺牲和英勇顽强等方面给世界各国的同志们作出了榜样。可以与之媲美的只有巴黎人在遭到普鲁士人包围时的那种行为。现在,请设想一下,正是在斗争激烈进行的时刻,如果他们发现法国工人在英国资产阶级的旗帜下战斗,那将会出现什么样的情况!不,这是不可能的,只要在法国使人们都知道事情的真相,一切就将起变化:正是由于法国无产者的作用,英国罢工工人一定会取得胜利。当码头工人罢工时,这里给安塞尔打电报说,企业主在招募比利时工人,安塞尔马上就采取了一些必要的措施,——无论是他的信件或者是他的电报都大大地鼓舞了那些有时开始气馁的罢工工人。我感到很满意的是,由于您提出"既不拥护费里,也不拥护布朗热"的口号,社会主义工人党对来自两个营垒的各种叛徒关闭了进入议院的大门。

评论:1889年9月起,伦敦郊区银镇西尔弗公司下属生产橡胶制品工厂的三千工人举行了罢工,要求提高工资,罢工已持续十周。11月中,公司为完成紧急定货任务,把它在巴黎工厂的工人运到英国。在此形势下,领导罢工的爱琳娜·马克思-艾威林向拉法格和瓦扬求援,恩格斯写信向盖得求援。信中恩格斯请求盖得尽一切力量阻止法国工人顶替英国银镇的罢工工人。恩格斯告诉盖得,伦敦码头工人罢工时,安塞尔就成功地阻止了企业主招募比利时工人。信末,恩格斯肯定了盖得在法国普选中提出"既不拥护费里,也不拥护布朗热"的口号。

12月7日 致信弗里德里希·阿道夫·左尔格,指出:运动并不直接是社会主义的,而英国人中最懂得我们的理论的那些人都站在运动之外:海德门,因为他是一个不可救药的阴谋家和嫉妒者;巴克斯,因为他是一个书呆子。从形式上看,运动首先是工联主义的运动,可是它和熟练工人即工人贵族所组成的旧工联运动截然不同。现在,人们用完全不同的方式勤奋地工作,引导更广泛的群众投入战斗,更深刻地震撼社会,并提出更激进的要求:实行八小时工作日,把所有组织普遍地联合起来,完全团结一致。由于杜西的努力,煤气工人和杂工工会第一次建立了女工支部。在这时,人们把自己的目前要求本身仅仅看成是暂时的,虽然他们自己还不知道他们所奋斗的最终目的是什么。可是,有关这种最终目的的模糊观念在他们中间已经很深,足以使他们仅仅在那些公开的社会主义者中间选择自己的领袖。

这里最可恶的,就是那种已经深入工人肺腑的资产阶级式的"体面"。社会分成大家公认的许多等级,其中每一个等级都有自己的自尊心,但同时还有一种生来就对比自己"更好"、"更高"的等级表示尊敬的心理;这种东西已经存在这样久和这样根深蒂固，以致资产者要搞欺骗还相当容易。等到运动相当加强的时候，这一切都会克服的。

评论：恩格斯深入分析了英国工人运动的状况，指出英国工人运动并不直接是社会主义的，从形式看，它是与旧工联运动截然不同的新工联主义运动。恩格斯认为，如果下届普选推迟三年，会有更多的工人代表进入议会。恩格斯还谈到英国工人阶级思想中的资产阶级等级意识，认为工人运动的加强将会克服这一切。

12月9日 致信康拉德·施米特，指出：一旦您在新闻界获得了地位，您就应该设法拉些关系，使您能再到伦敦呆上几年。对于研究经济问题来说，这里几乎是唯一最适合的地方。尽管我们德国的工业在近二十五年来发展不错，我们在这方面还是照样落在后头。自由贸易现在比任何时候都更加使英国成为一个能据以研究这些规律的典型基地，尤其是因为英国这个国家，虽然同其他国家相比，无论就绝对数说或相对数说，它的生产都在增长，可是它无疑正在衰落，并且很快要遭到和荷兰同样的命运。但是，我认为英国工业的衰落和整个资本主义生产的紊乱是相一致的。虽然德国几乎无疑将是发生最后决战的基地，但是，看来结局将终究取决于英国。

因此非常可喜的是，恰巧现在这里的运动也真正开始了，而要阻止它，我认为已不可能。现在参加运动的工人阶层，比只是由工人阶级贵族组成的旧工联人数要多得多，劲头和觉悟也高得多。现在令人感到一种完全不同的气氛。老头们仍然相信"和谐一致"，而青年们却在嘲笑一切说劳资双方利益一致的人。老头们排斥任何社会主义者，而青年们除了公认的社会主义者外，坚决不要任何其他的领导人。在这方面我有一个最好的消息来源，就是完全投身于这个运动的杜西。

评论：恩格斯对施米特在柏林新闻界取得的进展表示祝贺，指出新闻工作的利弊，相信施米特有能力识别什么是应时作品，什么是科学著作。恩格斯建议施米特到伦敦来研究经济问题。恩格斯认为，实行自由贸易的英国是一个研究资本主义生产普遍发展规律和发展阶段的典型基地，英国工业的衰落和整个资本主义生产的紊乱是相一致的；表现在次要形式中和被保护关税制歪曲的形式中的德国经济现象只是特殊情况，不利于研究。此外，恩格斯欣喜地向施米特描绘了英国工人运动的新进展，认为这种广泛的工人运动没有力量可以阻挡。

12月18日 致信格尔桑·特利尔，指出：无产阶级不通过暴力革命就不可能夺取自己的政治统治，即通往新社会的唯一大门，在这一点上，我们的意见是一致的。要使无产阶级在决定关头强大到足以取得胜利，无产阶级必须（马克思和我从1847年以来就坚持这种立场）组成一个不同于其他所有政党并与它们对立的特殊政党，一个自觉的阶级政党。

可是，这并不是说，这一政党不能暂时利用其他政党来达到自己的目的。同样也不是说，它不能暂时支持其他政党去实现或是直接有利于无产阶级的、或是朝着经济发展或政治自由方向前进一步的措施。在德国谁真正为废除长子继承权和其他封建残余而斗争，为废除官僚制度和保护关税制度而斗争，为废除反社会党人法和对集会结社权的限制而斗争，那我就会支持谁。如果我们德国的进步党或者你们丹麦的农民党是真正激进的资产阶级政党，而不仅仅是一些一受到俾斯麦或埃斯特卢普的威胁就溜之大吉的可怜空谈家，那末，我决不会无条件地反对同他们一起采取任何暂时的共同行动，来达到特定的目的。当我们的代表投票赞成（他们不得不经常这样做）由另一方提出的建议时，这也就是一种共同行动。可是，我只是在下列情况下才赞成这样做：直接对我们的好处或对国家的朝着经济革命和政治革命的方向进行的历史发展的好处是无可争辩的、值得争取的，而所有这一切又必须以党的无产阶级性质不致因此发生问题为前提。对我来说，这是绝对的界限。您在1847年的《共产党宣言》中就可以看到对这种政策的阐明，我们在1848年，在国际中，到处都遵循了这种政策。

评论：这封信是一篇草稿。信中针对丹麦社会民主党内改良派和革命派的斗争，恩格斯重新阐述了马克思主义关于无产阶级革命的策略问题。恩格斯指出，无产阶级必须建立一个不同于其他所有政党并与它们对立的特殊政党，一个自觉的阶级政党，通过暴力革命，建立政治统治，这是通往新社会的唯一大门。但是，这并不意味着不能暂时利用其他政党来达到自己的目的，也不意味着不能暂时支持其他政党去实现或是直接有利于无产阶级的、或是朝着经济发展或政治自由方向前进一步的措施，而这一切的前提必须是党的无产阶级性质不变。恩格斯指出，这种策略需要洞察力和坚强意志，特利尔的错误在于把纯属策略的问题提高到原则问题。

1890年

2月8日 致信弗里德里希·阿道夫·左尔格，指出：近八年来各种各样的宣传已经打下了很深的基础，以致工人们虽不是社会主义者，但只希望社会主义者当自己的领袖。现在他们不知不觉地走上了从理论上说是正确的道路，他们被吸引到这条道路上来了。运动是如此强有力，我认为它能消除不可避免的错误及其后果，消除各工联之间和领导人之间的摩擦，而不会遭到重大的损失。

要想有群众运动，就需要从工联等做起，而失败会促使他们前进。一旦超越资产阶级世界观范围而迈出了第一步，运动就会象美国的一切事情那样迅速向前推进；自然的、蓬勃高涨的运动浪潮，会把那些行动总是很缓慢的什列斯维希—霍尔施坦的盎格鲁撒克逊人触动一下，然后，这个民族的外来分子由于更加活跃而会赢得威望。我认为，理论上糊涂得令人可笑而又十分高傲的、信仰拉萨尔主义的、特殊的德国党的崩溃，那是真正的幸运。只有清除了这些分裂分子以后，你们的工作成果才会重新显示出来。反社会党人法不是德国的不幸,而是美国的不幸,它把最后剩下的一些小市民——手工业者赶到美国去了。在美国,常常使我感到惊奇的是,在那里遇到很多这样的人,这种人在德国早已绝迹,而在大洋彼岸却兴旺起来了。

评论:恩格斯分析了德国、英国和美国工人运动状况,指出工人运动单靠宣传不可能开展,应当用事实让人们信服,然后运动就会迅速发展,而发展最快的会是那些无产阶级已经组织起来并且受过理论教育的地区。恩格斯指出,在英国,工人不知不觉地被吸引到这条从理论上说是正确的道路上来了。

3月7日 致信保尔·拉法格,指出:堂堂威廉首先是个皇帝。要赶走俾斯麦这样的人物并不象你们所想的那么简单。让这些争吵继续发展下去吧。威廉不会贸然和那个使他祖父变成伟大人物的人绝交,俾斯麦也不会贸然和威廉绝交,因为他长期以来一直把威廉奉若弗里德里希二世的平方。但是,他们只有一个共同点:一有机会就向社会主义者开火。

2月20日是德国革命开始的日子,因此,我们有责任使革命不致夭折。现在,只有四分之一或五分之一的士兵站在我们一边,而到战时,就可能有三分之一。我们正在深入农村:什列斯维希—霍尔施坦的选举,特别是梅克伦堡的选举,和普鲁士东部省份的选举一样证明了这一点。三、四年以后,我们将争取到农民和短工,也就是现存秩序最坚固的支柱。到那时,普鲁士也就完蛋了。所以,我们目前应该宣布进行合法斗争,而不要去理睬别人对我们的种种挑衅。因为没有一场流血,而且是非常严重的流血,就救不了俾斯麦或是威廉。资产阶级政党将在害怕社会主义者的共同基础上联合起来。但这些已不是原来的党了。坚冰已经打破,浮冰即将开始流动。

评论:恩格斯分析了俾斯麦与德国皇帝的矛盾,指出他们唯一的共同点就是一有机会就反对社会主义。恩格斯指出,德国社会民主党在选举中的胜利是德国革命的开始,德国社会民主党应该采取合法斗争方式,广泛深入农村和军队进行动员,获取支持。恩格斯认为,出于对社会主义者的恐惧,资产阶级政党会联合起来,但已不复从前那样巩固。

3月9日 致信威廉·李卜克内西,指出:祝贺你获得了四万二千张选票,使你成了德国占第一位的当选人。在长时间为胜利所陶醉之后,我们在这里正在逐渐地清醒过来,但是并没有醉后头痛的现象。我原希望得到一百二十万票,还被大家认为是过分乐观。但是,现在看来,我还是过于谦虚了。我们的伙伴们表现得极好,不过这只是开始,他们还面临着更艰巨的战斗。我们在什列斯维希—霍尔施坦、梅克伦堡和波美拉尼亚的胜利,保证我们现时在东部农业工人中取得巨大的成就。现在当我们掌握了一些城市以及我们胜利的消息传到了最偏僻的地主庄园时,我们在乡村所能燃起的火焰就不是十二年前那种短暂的闪光了。我们能够在三年内把农业工人争取过来,那时我们将拥有普鲁士军队的模范团。能够阻止这一情况发生的只有一种手段，那就是猛烈炮击和不可避免的残酷恐怖。

我们应当阻止这种情况发生。我们不应当在胜利的道路上受人迷惑，给我们自己的事业带来危害，我们不应当妨碍我们的敌人为我们工作。因此，我同意你的意见：在当前，我们应当尽可能以和平的和合法的方式进行活动，避免可以引起冲突的任何借口。

评论：恩格斯满怀喜悦地祝贺了李卜克内西在选举中的胜利，展望了社会主义运动逐渐深入，影响广大的前景。恩格斯指出，旧秩序只有依靠暴力才能维持，为避免暴力镇压，恩格斯赞同李卜克内西关于德国社会民主党应当采取和平合法斗争方式的观点，但批评他反对任何形式的和任何情况下的暴力的观点。

3月30日 致信帕斯夸勒·马尔提涅蒂，指出：附上您让我写的给拉布里奥拉的信。至于他提到的空地问题，的确，可以向现今意大利政府提出来的最大限度的要求，也就是把殖民地的土地分给小农用自己的力量进行耕种，而不把它交给垄断者，不管是单独的或合股的垄断者。小农经济对于各国资产阶级政府现在建立的殖民地是最天然的和最好的农业经济，关于这点见马克思《资本论》第一卷最后一章《现代殖民学说》。因此，我们社会主义者可以真心诚意地支持在已经建立的殖民地推行小农经济。但是否会实行这个措施，这已是另外一个问题了。现在所有政府完全被金融家和交易所收买而从属于他们，以致金融投机者能够为了自己开发而把殖民地攫为己有，厄立特里亚也可能出现这种情况。但是可以和这种现象作斗争，也可以采用向政府提出要求的形式，要它保证给予侨居当地的意大利农民优惠的条件，正如他们在布宜诺斯艾利斯寻求并且大都已经得到的那些条件。

评论：当时，安东尼奥·拉布里奥拉提出一项殖民地空地利用方案，部分内容发表在1890年3月15日《信使报》，题为《耕者有其田》。信中恩格斯就此方案阐述了马克思对小农经济的观点。恩格斯指出，把殖民地土地分给小农耕种必须同金融投机者作斗争才能实现，并提到这一方案与国家贷款、合作移民村等问题的关系。信末提及正要整理《资本论》第三卷，没有时间校阅《雇佣劳动与资本》译稿。

4月3日 致信维拉·伊万诺夫娜·查苏利奇，指出：我完全同意您的意见，必须同各地的民粹派作斗争，不管是德国的、法国的、英国的还是俄国的。而这并不改变我的看法，我认为，我必须说的那些东西如果让某个俄国人去说就更好。不过我承认，例如瓜分波兰的问题，从俄国的观点来看，较之从已经变为西方观点的波兰观点来看，是完全不同的。但是，我终究也应当尊重波兰人。如果波兰人要求得到被俄国人通常认为是永远得到了的并且按民族成分来说也被认为是俄国的那些领土，这个问题就不是我所能解决的了。我所能说的一切就是，照我看来，有关的居民应当自己决定自己的命运——完全象亚尔萨斯人应当自己在德国和法国之间进行选择一样。遗憾的是，我在提到俄国的外交及其对欧洲的影响时，不能不谈到被俄国当代人看作内部事务的那些东西；而不便之处就在于，谈这个问题的竟不是一个俄国人,而是一个外国人。但这是不可避免的。

评论:恩格斯认为社会主义者必须同各国的民粹派作斗争,但某些问题更适合俄国人来阐述。关于瓜分波兰问题,恩格斯主张民族自决。恩格斯指出,当他提到俄国的外交及其对欧洲的影响时,不能不谈到被俄国当代人看作内部事务的那些问题。

4月9日 致信斐迪南·多梅拉·纽文胡斯,指出:知道你们那里情况也非常好,我很高兴。这里,去年夏天运动高潮过后,又有些沉寂,在英国不可避免的私人的、地方的和其他的摩擦又多得令人讨厌。但是,象英国人这样讲实际的、因而也是脚踏实地前进的民族,最终一定会从自己的错误中学到聪明智慧,在这里通过其他途径是什么也达不到的;此外,现在运动已经深入到极广泛的工人阶层,因此所有这些无谓的争吵只能导致暂时的延缓,不可能造成什么更大后果。

《资本论》第三卷是我良心上一个沉重的负担;有些篇章的情况是,不作仔细校订和局部的调动,就不能发表,而您知道,对于这样的巨著,我只能经过深思熟虑才能这样做。只要我弄好了第五篇,后两篇要花的力气就会少一些;前四篇已经看完并准备付印。如果我能够有一年时间完全脱离当前的国际运动,不看报,不写信,任何事情都不过问,那就能很容易地结束这一工作。

评论:恩格斯首先就纽文胡斯的儿子在英国的机械工场当学徒一事作了答复,指出自从欧洲大陆特别是德国的机器制造业开始同英国竞争以来,英国就不接受外国人当学徒。当奉行自由贸易的英国在机器制造业领域面临有力竞争时,也开始采取某种方式的保护主义!恩格斯谈到英国社会主义运动已深入极广泛的工人阶层,指出虽然现在英国存在种种内部摩擦,但最终阻止不了这一进程。恩格斯还提及《资本论》第三卷的整理的进展情况,指出了现实困难。

5月9日 致信奥古斯特·倍倍尔,指出:工人们、资产者、老朽的工联首领们、许多政治的或社会的派别和小宗派的首领们、以及那些想利用运动从中渔利的沽名钓誉者、钻营家和文学家,现在都确实地知道:真正的群众性的社会主义运动已在5月4日开始了。现在群众终于行动起来了,而经过一些斗争和不大的摇摆之后,他们也定会消除个人沽名钓誉、钻营家的渔利欲望以及各个派别相互角逐的种种现象,正象以前在德国消除所有这些东西一样,并且也定会给这些东西逐一指明适当的位置。而由于群众运动总是大大地提高国际主义精神,你们不久将可看到,你们已有了一个什么样的新的同盟者。英国人的全部行动、宣传和组织方式,比起法国人,要同我们接近得多。一旦这里的各种事情都走上轨道,一旦消除了那些初期不可避免的内部摩擦,你们就可以很好地和这些人共同前进。如果马克思能够活到这种觉醒的日子,那该有多好,他恰恰在英国这里曾经如此敏锐地注视过这种觉醒的最细致的征兆!

评论:恩格斯满怀喜悦地描述了英国工人5月4日在海德公园大规模集会游行

的情景和意义。恩格斯认为，这次集会是一个辉煌的胜利，是真正的群众性的社会主义运动的开始，定会消除个人沽名钓誉、钻营家的渔利欲望以及各个派别角逐的种种现象，这场运动使四十年以来第一次再度响起了英国无产阶级的声音。恩格斯还指出，要保持运动的这种局面，集会的组织者中央委员会必须继续发挥核心作用。

6月10日 致信尼古拉·弗兰策维奇·丹尼尔逊，指出：我很感激您经常告诉我有关你们伟大国家经济状况的很有意思的消息。在政治安定的平静表面现象下，这个国家也和所有其他欧洲国家一样正在完成重大的经济转变，而观察这些转变的进程是非常有意义的。这种经济转变的后果，迟早也会在生活的其他各方面表现出来。

您提到的不正确地使用经济学名词的现象，是各国书刊中非常普遍的弊病。在这儿英国，地租这一名词，既指英国资本主义租地农场主付给大地主的货币地租，同样也指爱尔兰贫穷的佃农付出的货币地租，其实后者缴纳的是贡赋，主要是从他本人劳动所得的生活资料中克扣下来的，只有很小一部分是真正的地租。如在印度，英国人把莱特（农民）原来交给国家的土地税变成了"地租"，因此，至少在孟加拉，事实上把柴明达尔（为前印度国君服务的收税官）也变成了大地主。他们由于从王室得到名义上的封地俸禄而占有土地，完全和英国所发生的情况一样。在英国，王室是全部土地的名义上的所有者，而土地的真正占有者大贵族，则由于法律上的虚构而仅仅是领取王室俸禄的封地所有者。北爱尔兰在十七世纪初沦为由英国直接统治时，也发生同样的情况。英国法学家约翰·戴维斯爵士在那里见到了土地公有的农村公社，公社的土地在向自己的克兰首领缴纳一定贡税的克兰成员中间定期进行重分。他立即把这种贡税叫作"地租"。这样，苏格兰的勒尔德（克兰的首领）在1745年的暴动之后，就利用了这种法学上的混乱（把克兰成员交给他们的贡税和他们掌握的土地的"地租"混淆起来），以便把克兰的全部土地，即克兰的公有财产，变成自己的财产，即勒尔德的私有财产。因为，法学家们宣称，如果他们不是大地主，他们怎么能收这些土地的地租呢？这样一来，贡税和地租的混淆，在苏格兰山地就成了少数克兰首领没收全部土地的根据。之后不久，这些首领就把以前的克兰成员从他们的土地上赶走，改成放羊，正象《资本论》第二十四章第二节中所描述的那样。

评论：恩格斯认为俄国和其他欧洲国家正在完成的重大经济转变迟早会在生活的其他各方面表现出来。恩格斯指出了在各国书刊中普遍存在不正确地使用经济学名词的弊端，阐述了地租在英国、爱尔兰、印度和苏格兰各地的不同含义和反映出的不同土地占有情况，指出贡税和地租的混淆，成为苏格兰山地少数克兰首领没收全部土地的根据，以前的克兰成员就此失去了他们的土地。

8月5日 致信康拉德·施米特，指出：我在维也纳的《德语》杂志上看到了摩里茨·维尔特这只凶兆之鸟所写的关于保尔·巴尔特所著一书的评论，这个批评使我也对该书本身产生了不良的印象。我想看看这本书，但是我应当说，如果摩里茨这家伙正确地引用了巴尔特的一段话，在这段话中，巴尔特说他在马克思的一切著作中所能找到的哲学等等依赖于物质生活条件的唯一的例子，就是笛卡儿宣称动物是机器，那末我就只好为这个人竟能写出这样的东西感到遗憾了。既然这个人还没有发现，虽然物质生活条件是原始的起因，但是这并不排斥思想领域也反过来对这些物质条件起作用，然而是第二性的作用，那末，他就决不能了解他所谈论的那个问题了。但是，我已经说过，这全是第二手的东西，而摩里茨这家伙是一个危险的朋友。唯物史观现在也有许多朋友，而这些朋友是把它当作不研究历史的借口的。正象马克思关于七十年代末的法国"马克思主义者"所曾经说过的："我只知道我自己不是马克思主义者。"

在《人民论坛》上也发生了关于未来社会中的产品分配问题的辩论：是按照劳动量分配呢，还是按照其他方式分配。人们对于这个问题，是一反某些关于公平原则的唯心主义空话而处理得非常"唯物主义"的。但奇怪的是谁也没有想到，分配方式本质上毕竟要取决于可分配的产品的数量，而这个数量当然随着生产和社会组织的进步而改变，从而分配方式也应当改变。但是，在所有参加辩论的人看来，"社会主义社会"并不是不断改变、不断进步的东西，而是稳定的、一成不变的东西，所以它应当也有个一成不变的分配方式。但是，合理的辩论只能是：（1）设法发现将来由以开始的分配方式，（2）尽力找出进一步的发展将循以进行的总方向。可是，在整个辩论中，我没有发现一句话是关于这方面的。

无论如何，对德国的许多青年作家来说，"唯物主义的"这个词只是一个套语，他们把这个套语当作标签贴到各种事物上去，再不作进一步的研究，就是说，他们一把这个标签贴上去，就以为问题已经解决了。但是我们的历史观首先是进行研究工作的指南，并不是按照黑格尔学派的方式构造体系的方法。必须重新研究全部历史，必须详细研究各种社会形态存在的条件，然后设法从这些条件中找出相应的政治、私法、美学、哲学、宗教等等的观点。

但是所有这一切都是会好转的。我们在德国现在已经强大到足以经得起许多变故的程度。反社会党人法给予我们一种极大的好处，就是它使我们摆脱了那些染有社会主义色彩的德国"大学生"的纠缠。现在我们已经强大得足以消化掉这些重又趾高气扬的德国"大学生"。您自己确实已经做出了一些事情，您一定会注意到，在依附于党的青年文学家中间，是很少有人下一番功夫去钻研经济学、经济学史、商业史、工业史、农业史和社会形态发展史的。

评论：恩格斯谈到摩里茨对保尔·巴尔特文章的评论《现代德国对黑格尔的侮辱和迫害》，阐述了唯物史观的基本观点。1890年6月14日至7月12日，《柏林人民论坛》在总标题《每个人的全部劳动产品归自己》下面连续刊载了关于未来社会产品分配问题的论战。信中恩格斯批评了论战双方把社会主义社会看作是一成不变的观点,指出分配方式本质上取决于可分配的产品的数量,而这一数量又随着生产和社会组织的进步而改变,认为合理的辩论只能是努力探索将来由以开始的分配方式和进一步的发展将循以进行的总方向。恩格斯批评了德国许多青年作家将唯物主义标签化的倾向及其浮躁学风,提出运用唯物史观研究历史的方法。恩格斯在信中还赞扬了1878年以来饱经考验的德国工人。

8月10日 致信威廉·李卜克内西,指出:无论如何,我希望在代表大会召开前见到你。你们的草案有很多缺点;其中最大的缺点就是执行委员会自己给自己规定工资,虽然也得到党团的同意。依我看,你们根本不该以此给人提供无穷责难的借口。我今天收到了《萨克森工人报》,文学家先生们在该报批评了这个草案。这种批评很多纯粹是幼稚,但是,个别的弱点被他们本能地嗅出来了。譬如每个选区可以至多派三名代表。这样一来,随便哪一个人,巴耳曼也好,赫希柏格也好,只要敢花这笔钱,就能从那些我们勉强得一千票的选区,各提出三名代表。当然,钱的问题通常会对代表团的组成起间接调整的作用。但是,使代表人数同他们所代表的党员人数之间的比例完全取决于这个问题,我认为是愚蠢的。

三年来,你们得到了大发展,增加了上百万人。在实施反社会党人法的条件下,这些新人没有可能充分阅读书报和听到鼓动,所以没有达到老党员的水平。他们之中很多人只有善良的愿望和美好的意图,可是大家知道,这往往会把人引入地狱。要注意,不要为未来的困难撒下种子。不要造成不必要的牺牲者,要表明你们那里充满着批评的自由,如果非开除不可,那只有举出昭然若揭、证据确凿的卑鄙行为和叛变行为的事实,才能开除。

评论:恩格斯指出了1890年8月公布的德国社会民主党章程草案的缺点:执行委员会自己给自己规定工资,代表人数与所代表党员的比例完全取决于金钱;地方上三人小组有权开除党员而党的代表大会无此权力;在党团力量强大的情况下,仍规定党团控制执行委员会。恩格斯建议由有决定权的独立委员会对执行委员会进行监督。信中还谈到新党员很容易受到蛊惑,要注意这一危险,强调党内批评自由的必要和对开除党员的慎重。

8月21日 致信奥托·伯尼克,指出:所谓"社会主义社会"不是一种一成不变的东西,而应当和任何其他社会制度一样,把它看成是经常变化和改革的社会。它同现存制度的具有决定意义的差别当然在于,在实行全部生产资料公有制(先是单个国家实行)的基础上组织生产。即便明天就实行这种变革(指逐步地实行),我根本不认为有任何困难。我国工人能够做到这一点,这已经由他们的许多个生产和消费协作社所证明,在那些没有遭到警察的蓄意破坏的地方,这种协作社同资产阶级的股份公司相比,管理得一样好,而且廉洁得多。我国工人在反对反社会党人法的胜利斗争中出色地证明了自己政治上的成熟,在这种情况下,您还谈论德国群众的无知,我是难以理解的。我觉得,我国所谓有教养的人那种好为人师的狂妄自大倒是更严重得多的障碍。当然,我们还缺乏技术员、农艺师、工程师、化学家、建筑师等等,但是在万不得已时我们也能象资本家所做的那样收买这些人来为自己服务,如果再对几个叛徒——他们中间一定会有叛徒的——给以应有的惩罚以儆效尤,那末他们就会懂得,就是为自己的利害着想,也不能再盗窃我们的东西了。但是除了这些专家(我把教员也包括在内)以外,我们没有其他"有教养的人"也是完全过得去的,而且,比方说,目前文学家和大学生大量涌进党内,如果不把这些先生控制在一定范围内,还会带来种种的危害。总之,一旦我们掌握了政权,只要在群众中有足够的拥护者,大工业以及大庄园这种形式的大农业是可以很快地实现公有化的。其余的也将或快或慢地随之实现。而有了大生产,我们就能左右一切。

评论:1890年8月16日奥托·伯尼克致信恩格斯询问在社会各阶级的教育、觉悟水平等方面存在差别的情况下,社会主义改造的适宜性与可能性。恩格斯复信指出,社会主义社会不是一成不变的,而应当和任何其他社会制度一样,是经常变化和改革的社会。此外,恩格斯认为德国工人阶级已具备足够的觉悟和能力,一旦掌握政权,只要群众足够拥护,就可以迅速实现大工业和大庄园形式的大农业的公有化,进而或快或慢地完成其他方面的社会主义改造。恩格斯认为社会主义改造需要技术员、农艺师、工程师、化学家、建筑师、教员等专家,但小农和那些好为人师、狂妄自大的所谓有教养的人将是改造的最大障碍。

9月18日 致信卡尔·考茨基,指出:在利物浦给了强有力的打击。历史的讽刺就是这样,要让高贵的布伦坦诺在讲坛上亲眼看到:他如此坚持、如此激昂地提出的所谓英国工联是对付社会主义的最好屏障的论点遭到了破产。现在斗争极为激烈。在法律上规定八小时工作日——这成了关键的转折点;随着这一要求的被接受,建立在资本主义关系基础上的旧的保守的工人运动的王国就垮台了。

比利时人利用代表大会的机会邀请英国人去比利时参加国际代表大会。这是非常狡猾的手段;刚刚受到国际行动鼓舞的利物浦新工联的代表,兴奋地接受了这个邀请。到目前为止比利时人还能够亲自出面邀请人家到比利时只参加可能派的代表大会,所以这是他们束缚我们手脚的一种手段。由于我们在巴黎作出的关于下届代表大会的地点和召开办法的决定很荒谬,英国人这一次严重地束缚了自己。这些决定必然使我们在别人行动时无所作为。

评论:1890年9月1—6日召开了英国工联利物浦代表大会,在一定程度上受到英国社会主义者影响的新工联的大批代表第一次参加了代表大会。代表大会不顾旧工联领袖的反对,通过了要求法律上规定八小时工作日的决议,同时认为工联参加国际工人团体的活动是适宜的;会议还通过了关于派遣代表出席在布鲁塞尔召开的国际工人代表大会的决定。恩格斯指出,英国工联利物浦代表大会推翻了布伦坦诺关于英国工联是对付社会主义的最好屏障的观点;会议通过的要求法律上规定八小时工作日的决议结束了以资本主义关系为基础的旧的保守的工人运动,公有化得到了承认。恩格斯提醒要慎重应对比利时社会主义者邀请英国利物浦工联参加可能派代表大会的阴谋手段,该阴谋束缚了英国和法国的马克思派。

9月19日 致信致保尔·拉法格,指出:代表大会有绝对自由,这对我们来说很重要,因为可能派和比利时人如果能够在议程、规章等等方面讨价还价,我们就可能受愚弄;我们的代表在谈判中总是比他们幼稚;而这可能导致无休止的争论,搞得大家都晕头转向,这样我们也就无法让可能派承担责任。有人会对我们说,代表大会将浪费宝贵的时间;我们要回答说,首先必须使代表大会成为统一的代表大会;这比代表大会可能通过的一切决议都重要得多。其次,我们要说,我们没有权利责成未来的代表大会做什么,代表大会一经召开就可以抛开预先加在它身上的一切限制,如此等等。归根到底,如果形势很顺利,可以在这个问题上对比利时人作某些让步。

评论:恩格斯指出,应尽一切可能参加布鲁塞尔国际社会主义者代表大会,并提出参加条件:应由1889年两个代表大会的委托人来召开;大会应绝对独立自主;事先规定各组织代表名额和选派办法;应设立国际委员会准备规章和议程草案,提交代表大会最后决定。恩格斯还特别强调了代表大会享有绝对自主权的重要性。

9月21—22日 致信约瑟夫·布洛赫,指出:根据唯物史观,历史过程中的决定性因素归根到底是现实生活的生产和再生产。无论马克思或我都从来没有肯定过比这更多的东西。如果有人在这里加以歪曲,说经济因素是唯一决定性的因素,那末他就是把这个命题变成毫无内容的、抽象的、荒诞无稽的空话。经济状况是基础,但是对历史斗争的进程发生影响并且在许多情况下主要是决定着这一斗争的形式的,还有上层建筑的各种因素:阶级斗争的各种政治形式和这个斗争的成果——由胜利了的阶级在获胜以后建立的宪法等等,各种法权形式以及所有这些实际斗争在参加者头脑中的反映,政治的、法律的和哲学的理论,宗教的观点以及它们向教义体系的进一步发展。这里表现出这一切因素间的交互作用,而在这种交互作用中归根到底是经济运动作为必然的东西通过无穷无尽的偶然事件(即这样一些事物,它们的内部联系是如此疏远或者是如此难于确定,以致我们可以忘掉这种联系,认为这种联系并不存在)向前发展。否则把理论应用于任何历史时期,就会比解一个最简单的一次方程式更容易了。

我们自己创造着我们的历史,但是第一,我们是在十分确定的前提和条件下进行创造的。其中经济的前提和条件归根到底是决定性的。但是政治等等的前提和条件,甚至那些存在于人们头脑中的传统,也起着一定的作用,虽然不是决定性的作用。但是第二,历史是这样创造的:最终的结果总是从许多单个的意志的相互冲突中产生出来的,而其中每一个意志,又是由于许多特殊的生活条件,才成为它所成为的那样。这样就有无数互相交错的力量,有无数个力的平行四边形,而由此就产生出一个总的结果,即历史事变,这个结果又可以看作一个作为整体的、不自觉地和不自主地起着作用的力量的产物。因为任何一个人的愿望都会受到任何另一个人的妨碍，而最后出现的结果就是谁都没有希望过的事物。所以以往的历史总是象一种自然过程一样地进行，而且实质上也是服从于同一运动规律的。但是，各个人的意志——其中的每一个都希望得到他的体质和外部的、终归是经济的情况（或是他个人的，或是一般社会性的）使他向往的东西——虽然都达不到自己的愿望，而是融合为一个总的平均数，一个总的合力，然而从这一事实中决不应作出结论说，这些意志等于零。相反地，每个意志都对合力有所贡献，因而是包括在这个合力里面的。

　　青年们有时过分看重经济方面，这有一部分是马克思和我应当负责的。我们在反驳我们的论敌时，常常不得不强调被他们否认的主要原则，并且不是始终都有时间、地点和机会来给其他参预交互作用的因素以应有的重视。但是，只要问题一关系到描述某个历史时期，即关系到实际的应用，那情况就不同了，这里就不容许有任何错误了。可惜人们往往以为，只要掌握了主要原理，而且还并不总是掌握得正确，那就算已经充分地理解了新理论并且立刻就能够应用它了。在这方面，我是可以责备许多最新的"马克思主义者"的；这的确也引起过惊人的混乱。

　　评论：这封信是恩格斯晚年关于历史唯物主义的通信之一。这封信回答约·布洛赫1890年9月3日信中向恩格斯提出的两个问题：1. 为什么甚至在血缘家庭绝迹之后，在希腊人那里兄弟姐妹之间的婚姻并没有成为非法的；2. 根据唯物史观，经济关系是唯一的决定性因素，还是只在一定程度上是其他所有关系的坚实基础，而其他关系本身也还是能发生作用的。关于第一个问题，恩格斯分析了普那路亚家庭和母权制，指出普那路亚家庭是逐步形成的，按照当时的风俗习惯，它排除同母子女的婚姻，但承认同父子女的婚姻；在普那路亚时期和希腊的一夫一妻制时期之间，发生了母权制向父权制的飞跃。关于第二个问题，恩格斯阐述了唯物史观的基本思想：历史过程中的决定性因素归根到底是现实生活的生产和再生产，但上层建筑的各种因素如宪法、各种法权形式以及政治的、法律的、哲学的理论等也影响着历史斗争的进程并在许多情况下决定着斗争的形式；历史是许多单个意志相互冲突的结果，是合力运动的结果。信末恩格斯介绍了马克思、恩格斯有关历史唯物主义的著作，《路易-波拿巴的雾月十八日》《资本论》《欧根·杜林先生在科学中实行的变革》和《路德维希·费尔巴哈和德国古典哲学的终结》，指出了青年们掌握理论原理以及应用原理方面存在的问题。

　　10月27日　致信康拉德·施米特，指出：法也是如此：产生了职业法律家的新分工一旦成为必要，立刻就又开辟了一个新的独立部门，这个部门虽然一般地是完全依赖于生产和贸易的，但是它仍然具有反过来影响这两个部门的特殊能力。在现代国家中，法不仅必须适应于总的经济状况，不仅必须是它的表现，而且还必须是不因内在矛盾而自己推翻自己的内部和谐一致的表现。而为了达到这一点，经济关系的忠实反映便日益受到破坏。法典愈是很少把一个阶级的统治鲜明地、不加缓和地、不加歪曲地表现出来,这种现象就愈是常见:这或许已经违反了"法观念"。

经济关系反映为法原则,也同样必然使这种关系倒置过来。这种反映的发生过程,是活动者所意识不到的;法学家以为他是凭着先验的原理来活动,然而这只不过是经济的反映而已。这样一来,一切都倒置过来了。而这种颠倒——它在被认清以前是构成我们称之为思想观点的东西的——又对经济基础发生反作用,并且能在某种限度内改变它,我以为这是不言而喻的。以家庭的同一发展阶段为前提的继承权的基础就是经济的。尽管如此,也很难证明:例如在英国立遗嘱的绝对自由,在法国对这种自由的严格限制,在一切细节上都只是出于经济的原因。但是二者都反过来对经济起着很大的作用,因为二者都对财产的分配有影响。

至于那些更高地悬浮于空中的思想领域,即宗教、哲学等等,那末它们都有它们的被历史时期所发现和接受的史前内容,即目前我们不免要称之为谬论的内容。这些关于自然界、关于人本身的本质,关于灵魂、魔力等等的形形色色的虚假观念,大都只有否定性的经济基础;史前时期的低级经济发展有关于自然界的虚假观念作为自己的补充,但是有时也作为条件,甚至作为原因。虽然经济上的需要曾经是,而且愈来愈是对自然界的认识进展的主要动力,但是,要给这一切原始谬论寻找经济上的原因,那就的确太迂腐了。科学史就是把这种谬论逐渐消除或是更换为新的、但终归是比较不荒诞的谬论的历史。从事于这件事情的人们又属于分工的特殊部门,而且他们自以为他们是在处理一个独立的领域。只要他们形成社会分工之内的独立集团,他们的产物,包括他们的错误在内,就要反过来影响全部社会发展,甚至影响经济发展。但是,尽管如此,他们本身又处于经济发展的起支配作用的影响之下。例如在哲学上,拿资产阶级时期来说这种情形是最容易证明的。霍布斯是第一个近代唯物主义者(十八世纪意义上的),但是当君主专制在整个欧洲处于全盛时代,并在英国开始和人民进行斗争的时候,他是专制制度的拥护者。洛克在宗教上就象在政治上一样,是1688年的阶级妥协的产儿。英国自然神论者和他们的更彻底的继承者法国唯物主义者,都是真正的资产阶级哲学家,法国人甚至是资产阶级革命的哲学家。在从康德到黑格尔的德国哲学中,德国庸人的面孔有时从肯定方面表现出来,有时又从否定方面表现出来。但是,每一个时代的哲学作为分工的一个特定的领域,都具有由它的先驱者传给它而它便由以出发的特定的思想资料作为前提。因此,经济上落后的国家在哲学上仍然能够演奏第一提琴:十八世纪的法国对英国(而英国哲学是法国人引为依据的)来说是如此,后来的德国对英法两国来说也是如此。但是,不论在法国或是在德国,哲学和那个时代的文学的普遍繁荣一样,都是经济高涨的结果。经济发展对这些领域的最终的支配作用,在我看来是无疑的,但是这种支配作用是发生在各该领域本身所限定的那些条件的范围内:例如在哲学中,它是发生在这样一种作用所限定的条件的范围内,这种作用就是各种经济影响(这些经济影响多半又只是在它的政治等等的外衣下起作用)对先驱者所提供的现有哲学资料发生的作用。经济在这里并不重新创造出任何东西，但是它决定着现有思想资料的改变和进一步发展的方式，而且这一作用多半也是间接发生的，而对哲学发生最大的直接影响的，则是政治的、法律的和道德的反映。

所有这些先生们所缺少的东西就是辩证法。他们总是只在这里看到原因，在那里看到结果。

评论：这是马克思、恩格斯关于历史唯物主义基本理论的重要信件之一。恩格斯指出，生产具有最终决定性作用，但产生于生产的其他社会现象具有相对独立性和自身的运动规律。恩格斯分析说明了生产和商品贸易的关系以及两者和金融贸易的关系，指出产品贸易一旦离开生产、金融贸易与生产和产品贸易分离而独立起来，它们便会循其固有规律运行，有自己的阶段并反过来作用于生产运动。恩格斯阐述了经济运动和政治权力两种不平等力量的交互作用，从社会分工角度分析了经济对国家产生的决定意义。政治运动一经产生便逐渐发展其相对独立性，有自己的运行规律，反过来影响生产的条件和进程。恩格斯指出，经济运动具有终极的决定性作用，但它也必定要经受它自己所造成的并具有相对独立性的政治运动的反作用，即国家权力的以及和它同时产生的反对派的运动的反作用。恩格斯分析了法、哲学等社会现象和经济之间的关系，以此论证经济运动最终决定社会意识，社会意识又具有相对独立的运行规律和反作用的原理。恩格斯指出，无疑，经济发展对这些领域具有最终支配作用，但这种支配作用是发生在各该领域本身所限定的那些条件的范围内，并不重新创造任何东西，但决定着现有思想资料的改变和进一步发展的方式，而且这一作用多半也是间接发生的。恩格斯还指出巴尔特等人观点错误的根本原因在于缺少辩证法。

12月18日 致信威廉·李卜克内西，指出：我不明白，为什么要重新发表这些混乱的、用黑格尔语言写的、现在无法看懂的通信。你是想把凡有马克思名字的一切统统加以发表呢，还是在开始出版你同保尔·恩斯特所设想的用小册子或分册形式出版的《全集》？我在这里对此已提出过抗议，而且今后还将提出抗议。我乐于同意把马克思的一些个别的、现在不加任何附注和解释就可以看懂的作品以小册子的形式出版，而且只同意这些作品不加任何附注和解释简单地重新发表。如果你准备把你在这里向我叙述过的那个计划付诸实现，那我将立即表示反对。前言我是不会去写的。对于这些通信我充其量只能写这样一点：马克思曾经不止一次地对我说，通信是卢格编的，塞进了许多胡说八道的东西。

评论：李卜克内西想再版1844年在《德法年鉴》上发表的马克思同卢格1843年的通信，恩格斯表示反对，只同意再版马克思个别的、不必加任何附注和解释的作品。恩格斯指出，马克思曾经不止一次地告诉他，这些通信是卢格编的，塞进了许多胡说八道的东西。恩格斯一直竭力捍卫马克思的名誉。

第 38 卷

书 信

1891 年

1月3日 致信弗里德里希·阿道夫·左尔格，指出：近三个月来，欧洲最重大的事件莫过于谢利韦尔斯托夫被帕德列夫斯基刺杀和帕德列夫斯基的逃亡——后一件事是符合政府愿望的。这证明巴黎是俄国密探在国外的大本营，其密探活动和法兰西共和国为沙皇的可耻效劳是同俄国结盟的首要条件；再加上帕德列夫斯基的果敢行动又大大激起了法国人的传统情感；这一切使事态发展到无以复加的地步。法俄联盟还未足月和分娩就夭折了（路易莎·考茨基是个助产士，由此联想起这一比喻），这决不是因为法俄联盟今天似乎已不合资产阶级共和派的心意，而是因为彼得堡已经看出，这个联盟到关键时刻是靠不住的，因而也就一文不值。这对普遍和平极其有利。

评论：恩格斯同意左尔格酌情使用他的书信，同时要求左尔格告知美国的情况。恩格斯讨论了当时欧洲的形势，认为由于在巴黎的沙皇秘密警察头目、俄国将军谢利韦尔斯托夫被波兰社会主义者帕德列夫斯基刺杀和帕德列夫斯基逃亡一事恶化了法俄联盟关系，法俄联盟还未足月和分娩就夭折了。

1月15日 致信卡尔·考茨基，指出：今天我就给倍倍尔写信。以前我没有同他谈过这件事，因为我不愿意使他在李卜克内西面前感到为难。那样，倍倍尔就有责任把这件事告诉李卜克内西，而李卜克内西——从他在哈雷所做的关于党纲的讲话来看，他已经从手稿中作了一些摘录——会采取一切办法阻挠手稿的发表。

评论：恩格斯告诉考茨基，为了使《哥达纲领批判》能顺利发表，他已按德国社会党人的要求作了删改，并在他自己写的《卡·马克思〈哥达纲领批判〉序言》的语言上作了让步。他将写信告诉倍倍尔《哥达纲领批判》即将发表的消息，以前不告诉他这一消息，是为了防止李卜克内西得到这一消息后阻挠《哥达纲领批判》的发表。他要求考茨基让拉法格写一篇文章，谈谈在巴黎刺杀了俄国秘密警察头目谢利韦尔斯托夫的波兰社会主义者帕德列夫斯基是怎样使法俄联盟破裂的。

1月29日 致信海尔曼·施留特尔，指出：同龚帕斯的争吵，我也是不理解的。据我所知，他的联合会是工联的，而且仅仅是工联的联合组织。因此，这些人有正式权力拒绝任何非工联的工人联合会的代表，或者拒绝那些接受这类工人联合会参加的联合组织的代表。从宣传的角度来看，使自己处于被拒绝的境地是否合适，——关于这一点，当然，我不打算在此地发表评论。但是，必然会遭到拒绝，这是毫无疑问的，而我至少不能对龚帕斯提出任何指责。而且，当我想到今年要在布鲁塞尔举行国际代表大会时，我觉得最好还是同龚帕斯保持良好关系，——不管怎样，支持他的工人要比支持社会主义工人党的多，——以保证美国能有尽量广泛的代表参加，其中包括他的支持者。须知，他们在布鲁塞尔将会看到很多东西，使他们摆脱他们所固有的狭隘的工联主义观点；况且，如果您不以工联为补充自己队伍的来源，又打算从什么地方去找来源呢？

评论：恩格斯主要谈到了美国社会主义工人党和美国劳工联合会之间的冲突。他认为劳工联合会拒绝社会主义工人党在联合会内有自己的正式代表是无可指责的，社会主义工人党把自己同劳工联合会对立起来是错误的，社会主义工人党应该同劳工联合会保持良好的关系，以便在布鲁塞尔举行国际代表大会时，保证美国能有尽量广泛的代表参加。此外恩格斯希望施留特尔再帮他找一些美国现代白银开采方面的资料。

1月31日 致信保尔·拉法格，指出：什么动摇和软弱，你们说来倒很容易。你们那里是共和国，资产阶级共和派为了击败保皇派，不得不给你们一些政治权利，而这些是我们在德国根本享受不到的。此外，你们至今还处于分裂状态，加上布鲁斯派又被政府牵着鼻子走，因此你们并不构成太大的威胁。相反，孔斯旦还希望你们出来"示示威"，稍微吓唬一下激进派。在德国，我们的人却是一支真正的力量，拥有一百五十万到二百万选民，是唯一有纪律的、日益壮大的党。如果政府希望社会党人举行示威游行，那就是说想挑动他们进行骚乱，然后予以镇压，在十年内把社会党人消灭掉。德国社会党人最好的示威，是他们自身的存在和稳步地、持续地、不可阻挡地向前发展。我们还远远不能经受住一场公开的斗争；我们对整个欧洲和美洲的义务，不是使自己遭受失败，而是时机一到，在首次大战役中获得胜利。我要使其他一切都服从这个考虑。

评论：恩格斯主要和拉法格讨论了1891年5月1日的世界工人大游行问题。他向拉法格指明，在巴黎报刊上出现的德国社会民主党执行委员会向其他国家的社会主义党发出呼吁，建议把庆祝五一节的活动推迟到1891年5月3日星期天举行的消息纯属捏造。国会党团仅仅是作出了在德国最好是在5月3日星期天游行的决定。恩格斯认为德国党的决定是正确的。恩格斯赞扬了拉法格和反布鲁斯派合作的协议，并肯定了盖德在《前进报》上对李卜克内西的批评。恩格斯分析比较了法德两国当时的国内社会主义运动的形势，指出当时德国的社会主义力量还不足够强大，公开示威游行的斗争方式不可取。

2月3日 致信卡尔·考茨基，指出：此文在正式机关报上转载，会使我们敌人的进攻锋芒减弱，也使我们能够这样讲：请看，我们是怎样自己批评自己的，我们是唯一能够这样做的政党；你们也这样试试看吧！这也正是这些人一开始就应该采取的正确立场。除了李卜克内西，大多数人都会感谢我发表这篇东西。它使未来的纲领免除任何不彻底性和空洞的言词，并且提出了他们中间大多数人未必敢于主动提出的无可争辩的论据。人们没有责备他们在反社会党人法实施期间没有修改这个不好的纲领，因为他们当时不能这样做。而现在，他们自己放弃了这个纲领。至于十五年前实行合并时，他们很不高明，竟然受了哈赛尔曼等人的蒙骗，这一点，老实说，他们现在满可以坦率地承认。总之，纲领的三个组成部分：（1）道地的拉萨尔主义，（2）人民党式的庸俗民主主义，（3）谬论，——并没有因为它们作为党的正式纲领保留了十五年之久而变得好些。如果今天还不能公开指出这一点，那要等到什么时候呢？

评论：恩格斯将关于《哥达纲领批判》发表的一些问题向考茨基作了一些解释，着重说明了马克思的这篇文章发表的意义，它可以使未来的纲领免除任何不彻底性和空洞的言词。

2月10日 致信保尔·拉法格，指出：马克思的文章使党的执行委员会大为恼火，而在党内却获得了热烈赞同。有人曾企图把这一期《新时代》全部停售，但已来不及了，于是就装出满不在乎的样子，鼓起勇气在正式机关报上转载了这篇文章。他们冷静下来以后，将会感谢我的，因为我使得他们无法让哥达纲领的炮制者李卜克内西再炮制一个同样糟糕的纲领。目前，我直接从他们那里得不到任何消息，这些人对我有些抵制。

评论：恩格斯劝说拉法格放弃坚持德国工人应和法国工人一道于5月1日庆祝五一节的要求。恩格斯赞扬了法国《社会主义者报》取得的成就，并再次说明了发表马克思的《哥达纲领批判》的价值。恩格斯认为拉法格写的有关法俄联盟的文章写得很好，向拉法格说明了社会民主联盟北安普顿地方分部提名艾威林为候选人及由此产生的一些问题。

2月11日 致信卡尔·考茨基，指出：柏林人还在继续对我进行抵制，我一封信也没有收到，他们显然还没有作出任何决定。然而，《汉堡回声报》发表了一篇社论。如果考虑到这些人还受到拉萨尔主义的强烈影响，甚至还相信既得权利体系，那末，这篇社论写得还是很不错的。我从这篇文章和《法兰克福报》还得出这样一个结论：敌对报刊的攻击即使还没有精疲力竭，也已经达到了顶点。只要顶住这种冲击，——据我看，直到现在这种冲击是很软弱的——人们就能很快从最初的惊恐中镇静下来。但是，阿德勒的驻柏林记者（阿·布劳恩？）却因为我发表这份手稿竟向我表示感谢。再有两三起这样的反应，反抗就会瓦解。

要使人们不要再总是过分客气地对待党内的官吏——自己的仆人，不要再总是把他们当做完美无缺的官僚，百依百顺地服从他们，而不进行批评。

评论：恩格斯首先分析了《哥达纲领批判》的发表在德国引起的反应，德国社会民主党的领导成员还在对他本人进行抵制。同时恩格斯通过对敌对报刊的分析得出结论，认为虽然在柏林的社会民主党领袖们仍在进行抵抗，但抵抗已经达到顶点，只要坚持下去，抵抗就会瓦解。恩格斯认为李卜克内西有意对倍倍尔隐瞒了《哥达纲领批判》手稿的存在。鉴于某些领导人的专横态度，恩格斯谈到了对待党的领袖问题，在党内的每个成员都必须接受监督。恩格斯尖锐地指出，党的组织必须对每一个成员进行监督，任何人都不能例外，不能享有任何特权。另外，恩格斯向考茨基谈了拉法格的文章和艾威林在北安普顿代替布莱德洛为候选人的事。

2月23日 致信卡尔·考茨基，指出：拉萨尔属于历史已有二十六年了。如果他在非常法时期没有受到历史的批判，那末现在终于到了必须进行这种批判并弄清拉萨尔同马克思相比究竟应占什么地位的时候了。要知道，掩饰拉萨尔的真实面目并把他捧上天的那种神话，绝不能成为党的信念的象征。无论把拉萨尔对运动的功绩评价得多么高，他在运动中的历史作用仍然具有两重性。同社会主义者拉萨尔形影不离的是蛊惑家拉萨尔。透过鼓动者和组织者的拉萨尔，到处显露出一个办理过哈茨费尔特诉讼案的律师面孔：在手法上还是那样无耻，还是那样极力把一些面目不清和卖身求荣的人拉在自己周围，并把他们当做单纯的工具加以使用，然后一脚踢开。1862年前，他实际上还是一个具有强烈的波拿巴主义倾向的、典型普鲁士式的庸俗民主主义者（我刚才看了他写给马克思的那些信），由于纯粹个人的原因，他突然改变了方针并开始了他的鼓动工作。过了还不到两年，他就开始要求工人站到王权方面来反对资产阶级，并且同性格和他相近的俾斯麦勾结在一起，如果他不是侥幸恰在那时被打死，那就一定会在实际上背叛运动。在拉萨尔的鼓动小册子中，从马克思那里搬来的正确的东西和他自己的并且通常是错误的议论混在一起，二者几乎不可能区分开来。由于马克思的评价而感到自己受到挫伤的那一部分工人，只是从拉萨尔两年的鼓动工作来了解拉萨尔，而且还是通过玫瑰色眼镜来看他的鼓动的。但是在这种偏见面前，历史的批判是不能永远保持毕恭毕敬的姿态的。我的责任就是最终一劳永逸地揭示出马克思和拉萨尔之间的真正关系。这已经做了，我暂时可以因此而感到满足。况且我现在正忙于别的事情。而已经发表的马克思对拉萨尔的无情判断，自然会产生应有的影响并赋予别人以勇气。但是，假若情况迫使我非讲话不可，我就没有选择的余地：我只有一劳永逸地肃清有关拉萨尔的神话了。

评论：恩格斯给考茨基的信的主要内容仍然是围绕《哥达纲领批判》进行。恩格斯认为党内的自我批评能够使党更加坚强有力；恩格斯指出《哥达纲领批判》的发表不会给敌人提供批评党的武器，而只会因它的深刻的自我批评的态度给党增加威信，并表明由他自己来负责文章发表的责任。此外恩格斯还揭露了拉萨尔的实质，表示愿意结束争论；对于批判揭露拉萨尔，恩格斯认为自己责无旁贷。

3月4日 致信弗里德里希·阿道夫·左尔格，指出：法国人因为德国人和英国人将不在5月1日星期五，而在5月3日星期日庆祝五一节大为恼怒。但是，不这样做是不行的。去年汉堡庆祝五一节给党带来了罢工（或者更确切地说，带来了同盟歇业），汉堡人损失了十万马克。而现在，实业更不景气，资产阶级正极力寻找停工的借口。这里对码头工人步步进逼，他们甚至不敢说个不字，否则，他们的整个工联就要被摧毁——不过，这在某种程度上也是他们自做蠢事的结果。而煤气工人只有高度谨慎，才能避免也会使他们的工会遭到破坏的罢工。煤气工厂成为市营企业，首先使市侩们力图从这些企业榨取尽可能多一些的利润，从而降低市政税。那种认为煤气工人正因为是工人，市政局就应付给他们优厚工资的观点，还没有给自己打开一条道路。但如果煤气工人和码头工人遭到失败，在英国，近两年来成立的所有新工联都将被破坏。那时，战场上将只剩下一些富足的因而也是胆怯的旧的保守的工联。

评论：恩格斯主要向左尔格介绍了欧洲各国社会民主党的情况，并再次分析了反对在5月1日举行庆祝活动的原因。恩格斯表示由发表《哥达纲领批判》在欧洲引起的风波尚未平息；向左尔格说明他将再版《法兰西内战》《雇佣劳动与资本》和《社会主义从空想到科学的发展》；英国的海德门仍在猖狂地反对他而他不屑于理会；法国的社会主义者因为英国和德国的社会主义者不在5月1日的星期五而在5月3日星期日庆祝五一节而大为恼怒。另外，恩格斯还随信给帕德列夫斯基寄去一些钱。

3月6日 致信保尔·拉法格，指出：我读完之后，也确实觉得考茨基不能用德文发表这篇文章，其理由如下：首先，德国的经济学家从来也没有指责过马克思提出的理论同斯密、李嘉图的理论毫无关联；恰恰相反，他们却指责斯密和李嘉图派生了马克思，似乎马克思只是从这些先辈关于价值、利润和地租的理论中，总之，从先辈关于劳动产品分配的理论中引伸出结论。因此，他们就成了轻视古典学家的庸俗经济学家。您提到的布伦坦诺也会说您完全没有打中目标。其次，您对这两位经济学家的论述和您引用的他们的话，以及除此以外的一切，都是马克思和我在德国论述和引用过的。

评论：恩格斯告诉拉法格，德国维多利亚皇后私访法国必然会引起外交冲突；在英国的社会民主联盟同法国的布鲁斯派一样，已经在五一节游行问题上作出了让步；劝拉法格要和布鲁斯派保持良好的关系，谅解德国人不在5月1日举行庆祝活动的安排；转告拉法格他的文章《马克思的价值和剩余价值理论同资产阶级经济学家》不能在德国发表一事。

3月21日 致信海尔曼·施留特尔，指出：《人民新闻报》既已停刊，你们就阅读《每日纪事报》好了。诚然，这是自由党人合并派的报纸，同托利党必然有紧密的联系，但是它反映国内工人运动的情况比其他报纸要好些，而且所有的报道全部刊登。争取八小时工作日运动开展得很好（见爱德发表在《前进报》上的信和发表在《新时代》上的信里的报道）。工联理事会做了让步，这次的示威游行规模将很大，而且步调一致。对英国人来说，为争取在法律上规定八小时工作日进行宣传，是通向社会主义运动的途径。一旦他们为所有的人，包括男人在内，取得八小时工作日法案的通过（而他们已接近做到这一点），他们在任何情况下都不会停步不前；这将意味着同旧的资产阶级自由贸易观点决裂。

评论：恩格斯对海尔曼·施留特尔给他邮的几本关于白银资源和矿藏的书表示感谢，要求得到1890年调查摘要（第十一次）；恩格斯告诉施留特尔最好能在《人民报》上刊登马克思的《保护关税派、自由贸易派和工人阶级》的演说，并给他邮寄几份。另外恩格斯还向施留特尔介绍了《哥达纲领批判》发表以后党的"领导集团"的态度以及罗舍夫妇、尤利乌斯、爱德的生活情况。对于争取八小时工作日运动，恩格斯给予了高度评价。

3月24日 致信麦克斯·奥本海姆，指出：如果工人联合会能够代表所有工人直接和企业主进行关于工资合同的谈判，这无疑是前进了一步。为了把有产阶级赶下台，我们首先需要使工人群众的意识来一个转变，而这种转变尽管比较缓慢，但现在无疑正在进行；为了完成这种转变，需要生产方法更迅速的变革，机器用得更多，更多的工人被排挤，更多的农民和小资产阶级破产，以及现代大工业的必然后果更加明显和更为普遍。这种经济变革进行得愈迅速、愈彻底，一些措施也就愈快地成为必不可免，这些措施从表面看来只是为了缓和突然发展到深重的和难以忍受的程度的灾难，但事实上将导致现有生产方式自身基础的破坏；而工人群众将通过普选权迫使人们倾听他们的意见。到那时，首先需要的将是哪些措施，这要看当时当地的条件而定，——关于这一点，事前是无法概括地讲什么的。但是我认为，真正导致解放的措施，只有在经济变革促使广大工人群众意识到自身的地位，从而为他们取得政治统治开辟了道路的时候，才有可能。其他阶级只能干些修修补补或掩人耳目的事情。这种使工人思想明朗化的过程现在正日益迅速地向前发展，再过五至十年，形形色色的国会将完全是另一个样子。

评论：恩格斯阐述了彻底改善工人生活待遇和工人自身解放的问题。恩格斯对工人联合会的作用作了评价，认为代表工人利益的工会组织的力量的增强可以有效地延缓劳动报酬份额的下降；讨论了剩余工人问题，认为资本主义国有经济并没有改变资本主义生产资料私有制的本质，只是资本主义私有制的一种特殊的变相的形式。恩格斯高度重视无产阶级革命运动中的宣传教育工作，将其视为一种影响和动员群众进而产生实践力量的不可缺少的手段，指出了提高工人群众的阶级意识的重要性；他还指出，要对工人进行理论教育，培养工人阶级对自身历史使命的科学认识的重要性。此外,恩格斯告诉奥本海姆他将重新开始《资本论》第三卷的整理工作,希望当年完成。

3月30日 致信劳拉·拉法格,指出:五一节示威游行对社会民主联盟和海德门将是一个沉重的打击。他们聪明过度,企图挑唆工联理事会反对争取在法律上规定八小时工作日同盟,结果自己却弄得两头落空。他们完全忘记了,今年工联理事会中的多数和去年迥然不同了。他们又要求给自己两个讲台,但这是不可能的,因为不论在工联理事会,还是在争取在法律上规定八小时工作日委员会,都没有他们的代表(他们曾派去三个代表参加争取在法律上规定八小时工作日委员会,但不久便因不到会被除了名)。此外,爱德华现在对海德门的造谣攻击转而采取攻势,他要把这一问题提交社会民主联盟东头分部。看来,海德门已有些胆怯了。

评论:恩格斯表示他不满意想翻译他的《家庭、私有制和国家的起源》一书的腊韦的译文,因此要拉法格仔细考虑是否承担该项校阅工作;向拉法格通报了肖利迈、赛姆·穆尔、彭普斯和派文希以及安妮近来的生活情况;告诉拉法格在争取法律上规定八小时工作日问题上社会民主联盟和海德门已受到沉重打击;要求他写信说明布鲁斯派是否加入了巴黎的五一节委员会。

4月8日 致信弗里德里希·阿道夫·左尔格,指出:一个行动纲领,如果不同人们的实际需要相结合,即使它在理论上是基本正确的,那也毫无用处。这里的活动家尽管都是些英国人,然而他们脱离英国的实际运动,几乎就象社会主义工人党在美国的情况一样。这里的运动,是在新工联中,主要是在煤气工人工会中进行的,是采取为在法律上规定八小时工作日进行鼓动(争取八小时工作日法案)的形式进行的。在这两方面,都是艾威林夫妇领导。参加这两方面鼓动工作的,不少人同时又是社会民主联盟的成员,正是这些人,没有受到海德门的个人影响,并把社会民主联盟完全放在次要地位。

评论:恩格斯先向左尔格提出了治疗风湿病和痛风的食物疗法,接着提到了党员一律平等的问题。恩格斯主要向左尔格介绍了欧洲各国的工人党情况。恩格斯告诉左尔格,辛格尔和倍倍尔已经与他和解,李卜克内西仍在抵抗;在德国党内倍倍尔的作用越来越大了,但李卜克内西仍有很大的影响;在英国,海德门已使自己陷入困境,艾威林的影响正在增大;在法国,由于可能派的分裂,马克思派取得了有利地位;由于比利时人的总罢工,巴黎矿工代表大会险遭失败。信的最后还介绍了肖莱马和赛姆的情况。

4月30日 致信卡尔·考茨基,指出:在矿工罢工问题上,《前进报》的立场有了某些改变。李卜克内西没有处理这种事情的能力。他的调色板上只有黑白两种颜色,没有浓淡的变化,这有什么办法呢?我们在柏林的人对待一切只从自己的观点出发。所以他们有时忘记,不能要求矿工象党内老战士一样,具有在反社会党人法实施期间所牢固确立的那种纪律;也有时忘记,促使每一批新的工人到我们这方面来的，是那些不明智的、注定要失败的、但在当时条件下是不可避免的自发的罢工。我将写信给倍倍尔说明这一点。不能只承认运动中令人愉快的方面，有时也得容忍暂时的、使人苦恼的事实。不过，在一个大党内不能继续存在严格的宗派纪律，这也是件好事。

评论：恩格斯认为李卜克内西不会从柏林去莱比锡；分析了考茨基和拉法格的关系；告诉考茨基他决定重新投入到整理《资本论》第三卷的工作中。恩格斯指出李卜克内西的问题，认为李卜克内西没有处理矿工罢工问题的能力，只看到罢工运动中的缺点，没有看到其主流是好的，僵化地理解问题，发表了错误的意见。此外，恩格斯还讨论了美国的民军制度。

5月1—2日 致信奥古斯特·倍倍尔，指出：至于谈到对拉萨尔的攻击，我已经说过，对我来说这也是极为重要的。由于接受了拉萨尔经济学的全部基本用语和要求，爱森纳赫派事实上已成了拉萨尔派，至少从他们的纲领来看是如此。在反社会党人法实施的十三年内，在党内反对对拉萨尔的迷信当然没有任何可能。但是，这种状况必须结束，而我已经着手进行。我再也不容许靠损害马克思来维持和重新宣扬拉萨尔的虚假声誉。

你们——党——需要社会主义科学，而这种科学没有发展的自由是不能存在的。这样，对种种不愉快的事，只好采取容忍态度，而且最好泰然处之，不要急躁。在德国党和德国社会主义科学之间哪怕是有一点不协调，都是莫大的不幸和耻辱，更不用说分离了。你们不要忘记：一个大党的纪律无论如何不可能象一个小宗派那样严厉，而且使拉萨尔派和爱森纳赫派合在一起（在李卜克内西看来，这却是他那个了不起的纲领促成的！）并使他们如此紧密联合起来的反社会党人法，如今已不复存在了。

评论：恩格斯指出李卜克内西和德国社会民主党的其他一些执行委员会委员在发表马克思的著作《哥达纲领批判》这个问题上的错误立场，同时指出倍倍尔本人也很不了解发表这一著作的重要性。信的第一部分阐述的是有关发表马克思的《哥达纲领批判》的问题，认为发表《哥达纲领批判》是合理的。第二部分讨论的是欧洲形势。恩格斯认为，随着毛奇的死去，德国已失去了战胜的可能性。恩格斯认为鲁尔的矿工罢工是不合时宜的。恩格斯还将法国庆祝五一节的情况向倍倍尔作了介绍。最后告诉倍倍尔他将准备《家庭、私有制和国家的起源》新版并整理《资本论》第三卷。此外，恩格斯还尖锐地指出了党内民主和自由的重要性。

5月4日 致信劳拉·拉法格，指出：对盎格鲁撒克逊民族及其独特的发展方式来说，非常突出的是，在这里和美国，凡是或多或少懂得一些正确的理论——这是就其条文而言——的人，都只能成为一个宗派，因为他们不能理解活的行动理论，即同工人阶级在其每个可能的发展阶段一道工作的理论，而只把理论当作一堆应当熟记和背诵的教条，象魔术师的咒语或天主教的祷词一样。因此，真正的运动是在这个宗派之外进行的，而且离它越来越远。联盟的坎宁镇分部不顾海德门的反对，支持爱德华和杜西，同我们的人一道前进，而且这是他们最强大的一个分部。码头工人罢工以来，社会民主联盟一度从社会主义运动的普遍高涨中得到了好处，但是现在这已成为过去了。他们难以支付滨河路新址的费用，于是又走下坡路了。由于他们的朋友以及同盟者——可能派正力图尽快相互吞并，所以连它那可观的对外联系也无从夸耀了。

评论：恩格斯告知劳拉·拉法格伦敦五一庆祝活动成功的情况，社会民主联盟在工人中的影响出现了下降。恩格斯批评了教条主义的作风，分析了法国党马克思派游行失败的原因，并向她介绍了德国的一些庆祝情况。

6月10日 致信弗里德里希·阿道夫·左尔格，指出：在柏林，人们终于明白了，李卜克内西只会说空话。在当时的情况下，他们只得让他担任《前进报》的编辑，并把他选为执行委员会的名誉委员。我早就看出，危机会接踵而来，这是必然的。现在，连他们自己也发现，他担任编辑以后，把该报引入了绝境，因为：第一，他自己什么也不做；第二，对能够做一些事情的人又横加阻难。真是胡闹，他竟让他的女婿盖泽尔——就是在圣加伦被从道义上驱逐出党的那个盖泽尔——给该报炮制华而不实、枯燥无味和软弱无力的社论；除他以外，谁也不会写出这样的东西来。

这里运动的进展情况很好。煤气工人和杂工工会日益占首要地位，这要特别归功于杜西。运动正在以英国的方式——持续地、一步一步地、然而是坚定地进行着。有一种可笑的现象，就是在这里，也象在美国一样，有些自命为正统的马克思主义者的人，把我们运动的思想变成必须背熟的僵死教条，——这些人不论在我们这里，还是在你们那里都是一个纯粹的宗派，这很值得注意。但尤其值得注意的是，这种人在你们那里是外国人，即德国人，而在这里却是本地英国人，是海德门之流。

评论：恩格斯告诉左尔格，自己正忙于《家庭、私有制和国家的起源》一书的新版，以后将着手整理《资本论》第三卷。信中指出，李卜克内西肯定要落到退休的结局，李卜克内西的落伍是因为其他人前进了而李卜克内西还在原地踏步。由于杜西的努力，英国工人运动进展情况很好。信中要求左尔格劝说逃亡美国的波兰社会主义者斯·帕德列夫斯基不要再向欧洲要钱。

6月13日 致信卡尔·考茨基，指出：倍倍尔会设法不把李卜克内西那些庸俗民主主义和庸俗社会主义的陈词滥调写进纲领。他们在柏林先讨论这个问题，这很好。他们的草案总会比旧的好些，而且还可以进一步讨论。我们的朋友们，在十三年以后又得同李卜克内西再次会面，一起共事，他们都大失所望，真是有趣极了。在反社会党人法实施期间，他一直呆在勃斯多尔夫，除通信外，无所事事。如今，十三年过去了，他们认为他完全变了样。恰恰相反，他还是依然故我，但他们自己前进了，于是发觉彼此之间出现一道鸿沟。这就难免不发生争吵。他们现在认为，由李卜克内西担任编辑，是断送报纸。李卜克内西领导过《人民国家报》等报刊，情况也并不妙。不过，当时有人协助他使报纸保持应有的水平。现在，由于这些人忙于其他事务，他们的报纸就变成纯李卜克内西式的了，更确切地说，变成李卜克内西及其一家的报纸了！

评论：恩格斯谈了《家庭、私有制和国家的起源》一书的重写、翻译情况，对马克思作品出版的稿酬的分配问题作了说明。作为资产阶级御用学者的原始社会史学家们妄图在摩尔根的氏族制度学说上打开缺口，进而反对马克思主义革命学说，恩格斯看穿了他们的伎俩，并进行了严厉的斥责。恩格斯认为李卜克内西在德国党内处于孤立地位的原因不是他变了样，而是经过了13年别人前进了，他还是依然如故。恩格斯还赞扬了拉法格写的圣经解说，介绍了伦敦公共马车工人罢工胜利的情况。

6月29日 致信卡尔·考茨基，指出：我刚刚怀着幸福和满意的心情坐下来研究群婚制，党的纲领又落到了我的头上，而这也是我应当做的事。我本来想使绪论部分更严谨一些，但由于时间不够，未能做到；况且，我觉得更重要的是对政治要求一节中部分可以避免、部分不可避免的缺点进行分析，这样，我就有理由痛击《前进报》那种和和平平的机会主义，痛击关于旧的污秽的东西活泼、温顺、愉快而自由地"长入""社会主义社会"的论调。

评论：恩格斯告诉考茨基他起草党的纲领的设想，打算痛击《前进报》那种和和平平的机会主义，痛击关于旧的污秽的东西活泼、温顺、愉快而自由地"长入""社会主义社会"的论调。一直以来都有人把晚年马克思、恩格斯说成是民主社会主义者、"和平长入社会主义"的首倡者，此处证明了把恩格斯说成是"和平长入社会主义"的首倡者，是强加于他的不实之词。恩格斯还反对将马克思的著作零散地出版，打算出版全集，并拒绝了盖茨和李卜克内西的出版要求；他打算全力投入整理《资本论》第三卷的工作。另外，恩格斯要求对福尔马尔的社会民主党人在祖国受到进攻时将和官方合作的讲话进行反驳。

7月1日 致信康拉德·施米特，指出：您关于信贷和金融市场的著作，最好到第三卷出版后再脱稿；在这本书里，您可以看到关于这一问题的许多新的东西和更多尚待解决的东西；可见，随着新问题的解决，又会出现新的问题。暑期休养后，第三卷很快即可完成。您的第二个写作计划——向共产主义社会的过渡阶段——还需要认真考虑。

巴尔特对马克思的批评，真是荒唐可笑。他首先臆造一种历史发展的唯物主义理论，说什么这应当是马克思的理论，继而发现，在马克思的著作中根本不是这么回事。但他并未由此得出结论：他，巴尔特，把某些不正确的东西强加给了马克思，相反的，却得出结论说，马克思自相矛盾，不会运用自己的理论！"咳，这些人哪怕是能读懂也好啊！"——遇到这类批评时，马克思是这样感叹的。

评论：恩格斯要求施米特撰写的关于金融和市场的著作最好等到《资本论》第

三卷出版后再脱稿,因为会有很多新问题出现;还要求施米特关于向共产主义社会的过渡阶段的书多放几年,因为情况在不断地变化。恩格斯批判了巴尔特的《黑格尔和包括马克思及哈特曼在内的黑格尔派的历史哲学》一书中的庸俗的东西和轻率的结论,斥责巴尔特对马克思的批评荒唐可笑。最后恩格斯还向施米特介绍了自己的生活近况。

8月9—11日 致信弗里德里希·阿道夫·左尔格,指出:一星期前,彼得堡来信说:"我们正处于饥荒的前夜"。这件事昨天从俄国禁止谷物出口得到了证实。第一,这可以使我们有一年的和平局面;由于国内闹饥荒,沙皇尽管要挥舞武器,但不会冒险发动战争。但是,如果格莱斯顿明年在这里上台(这是可能的),人们就会促使英、法两国同意在战争期间也封闭达达尼尔海峡,不让各国舰队通过,就是说,力图使苏丹无法取得援助来对付俄国人。由此可见,这就是东方问题最近的情况。第二,俄国禁止谷物出口意味着把饥荒转嫁给消费黑麦的德国。德国黑麦极端不足,只能靠俄国解决。这就意味着德国谷物税政策的彻底破产,并带来一系列难以预料的政治震荡。例如,占有大地产的贵族不先使资产阶级的工业品税也发生动摇,就不会放弃自己的保护关税。主张保护关税的各派正失去信用,整个形势在起变化。而我们的党正在大大发展,——这次歉收将使我们前进五年,况且它将阻碍战争的发动,而战争带来的牺牲要大几百倍。我认为,欧洲政局将首先取决于以上两点。

评论:恩格斯对左尔格给他提供有关《劳动骑士报》的材料表示感谢;他告诉左尔格,在布鲁塞尔大会上可能派和海德门大势已去;他分析了码头工人工会濒于绝境的原因。恩格斯重点分析了欧洲大陆的形势,认为俄国闹饥荒产生了两个后果,一是推迟了战争的爆发,二是造成德国谷物税政策破产,并带来一系列难以预料的政治震荡。

8月17日 致信劳拉·拉法格,指出:我们的一位俄国朋友大约三星期前来信说:"我们正处于饥荒的前夜",这个预言确实很快就应验了。只要某些人不丧失理智,今年和明年的大部分时间里,和平局面是有保证的。这就是俄国饥荒带来的主要结果。德国也要发生歉收。那时,现行的并且由于饥荒不断提高的价格将导致俾斯麦财政政策和保护关税政策的破产。旧制度在德国也将从根本上发生动摇,谁也不能预言这会发展到何等地步。但无论如何,这又将使我们的队伍得到很大发展,并有助于我们去争取我们正在取得惊人成绩的农村地区。在东普鲁士同俄国接壤的地方,有两个纯农村地区举行了补选。两年以前,我们在这两个地区共得到四百至五百张选票,今年则得到三千张!如果我们能把东普鲁士六个省的农村地区争取过来(那里是大地产和大庄园占优势),德国军队就将是我们的了。

评论:恩格斯首先讨论了欧洲的形势,认为尽管俄国急于吞并君士坦丁堡,但由于饥荒,和平局面是有保证的,俄国国内也可能因此发生骚动,德国也要发生农业歉收，这将使旧制度在德国从根本上发生动摇，从而有助于无产阶级队伍的壮大和发展，并有助于争取农村地区。恩格斯还告诉劳拉，在布鲁塞尔代表大会上，可能派和海德门已经失败，可能出现的问题是恢复旧"国际"，他不希望出现这样的想法。

9月2日 致信保尔·拉法格，指出：我对代表大会仍然非常满意。暴露了布鲁斯－海德门反对派的彻底瓦解。开除了无政府主义者。旧的国际以此结束，新的国际则以此开始。这简直是海牙通过的决议在过了十九年之后又得到了认可。为英国工联敞开了大门。这一步骤证明：对局势的了解是何等的正确。而使工联受到阶级斗争和消灭雇佣劳动约束的那些提法表明，我们这方面并没有让步。可见，我们有充分理由表示满意。纽文胡斯事件表明，欧洲工人已经把高调盛行的时期完全抛在后面了，他们已经认识到自己所担负的责任：他们是一个组成为战斗的政党、考虑事实的政党的阶级。而事实说明，形势越来越革命了。

评论：恩格斯向狱中的拉法格介绍了布鲁塞尔代表大会的成果：暴露了布鲁斯－海德门反对派的彻底瓦解；开除了无政府主义；为英国工联敞开了大门，欧洲工人已经觉悟，此时无产阶级形成。恩格斯还介绍了俄国饥荒发生后的欧洲形势，认为德国也会发生饥荒，从而判断战争的爆发将推迟，沙皇政府将经受危机，德国将出现一系列的政治变动，进而表示，如果事态按照他预测的发展，德国一系列政治变动最后的成果将由社会民主党获得，在1898年前后党就能取得政权。最后恩格斯还提到了要把一棵常青藤树栽到马克思的墓上，并用轻松的口吻谈了拉法格的狱中生活。

9月14日 致信弗里德里希·阿道夫·左尔格，指出：代表大会对我们来说是一次辉煌的胜利——布鲁斯派根本没有出席，海德门的支持者也不得不把自己的反对派立场掩盖起来。最好的是，同海牙代表大会一样，把无政府主义者赶出了门外。旧国际以此结束，而远为广泛的、宣告自己为马克思主义的新国际恰恰以此为开端。工联新堡代表大会也是一次胜利。以纺织工人为首的旧工联以及工人中的所有反动分子曾竭尽全力想废除1890年关于八小时工作日的决议。他们失败了，只得到暂时的、极其微小的让步。这是有决定意义的。尽管还有不少的混乱，但历史在不可阻挡地前进，而资产阶级报纸惊恐哀鸣，战战兢兢地承认资产阶级工人政党遭到了彻底失败。特别是苏格兰的自由党人，帝国里这些最聪明、最典型的资产者，异口同声地发出了一片喧嚣，说什么工人受到了巨大挫折，工人的行动荒唐透顶。

评论：恩格斯向左尔格提到了施留特尔夫妇夫妻间的冲突，以及吉勒斯造谣中伤艾威林的无赖行径。恩格斯再次对布鲁塞尔代表大会给予了肯定，并把9月初在新堡举行的英国工联代表大会的情况通知左尔格，他认为代表大会的决议是"新工联"的重大胜利，因为工联的改良主义领导者想取消上次代表大会关于八小时工作日的决议的企图在代表大会上遭到了失败。

10月13日 致信奥古斯特·倍倍尔,指出:至于明春能否爆发战争,俄国的三种势力起着重要作用。第一是外交界。关于外交界,我仍然认为它力图不付出战争费用、不冒战争风险而获得成功,正因为这样,它为了有可能最大限度地利用俄国那极有利于防御的地位,正在为战争准备着一切。每次都是如此;在这种情况下,就有可能提出侮辱性的要求,并坚持到最后一刻,然后,既不把事情弄到大动干戈的程度,又利用对方惧怕战争的心理(因为战争对对方来说,意味着更大的冒险)来捞取最大的好处。除了外交界,其次是军队。俄国的军队尽管遭到多次军事失利,但仍然异常自信能赢得胜利,并极能吹嘘,——比任何国家的军队都会吹嘘。这支军队急于求战。第三是年轻的资产阶级,它象四十年代的美国资产阶级一样,把扩大市场看作自己的天职,看作俄国解放斯拉夫人和希腊人并统治东大陆的历史使命。这三个因素都应加以考虑。我认为显而易见的是,假如你轻信了要求拨款的我国军人的话,似乎他们肯定预计明春将发生战争,那你就会毫无必要地把自己置于受攻击的地位。俄国外交界的特点是,越是不打算进行战争,就越是起劲地准备战争,同样,总参谋部人员的职责也正是在帝国国会中说服你们相信,战争无疑会在1892年4月爆发。

评论:恩格斯认为,是否爆发战争,俄国的三种势力起着重要作用:一是外交界,它极力用战争讹诈,而并非真正以战争来取得成功;二是军队,急于求战;三是年轻的资产阶级,急于战争。其中外交界占主导地位,加上灾荒,因此俄国进行战争的可能性不大。恩格斯还谈到了对拨款问题应该采取的立场,并指出,在战争威胁加剧的时刻要准备支持战争,并利用战争掌握政权。此外,恩格斯还分析了奥地利军队的状况。

10月14日 致信卡尔·考茨基,指出:法国的资产阶级共和派在1871—1878年间彻底战胜了君主政体和僧侣统治,给法国带来了过去在非革命时期闻所未闻的出版、结社和集会的自由,实行了初级义务教育,使教育普及化,并使之达到如此的高度,值得我们德国人向他们学习,——难道他们是作为反动的一帮这样做的吗?英国两个官方政党的活动家大大地扩大了选举权,使选民人数增加了四倍,使各选区一律平等,实行了初级义务教育,改进了教学制度;就是在目前,这些人仍在议会的历次会议上,不但投票赞成资产阶级改革,而且投票赞成对工人的新的让步,——他们是在缓慢地、萎靡不振地前进,但是任何人也不能随意责骂他们是"反动的一帮"。总之,我们没有权利把逐渐成为现实的倾向说成既成的事实,况且,例如在英国,这种倾向永远不会彻底变成事实。当这里发生变革时,资产阶级仍然愿意实行种种微小的改革。但是,只有到那时,对制度进行某些微小的改革,才失去任何意义,因为制度本身已在彻底消灭。

评论:恩格斯坚决反对《前进报》刊登的考茨基的草案中使用"反动的一帮"的措辞。恩格斯以大部分篇幅证明在考茨基的纲领草案中出现的词汇"反动的一帮"是鼓动性的、极端片面的、完全错误的，是把逐渐成为现实的倾向说成既成的事实，会把人引入迷途。恩格斯祝愿1891年10月14日德国党代表大会开会之日成为普鲁士化的德国由内部失败的开端。

10月24日 致信弗里德里希·阿道夫·左尔格，指出：你们的运动又出现了低潮，这我是很相信的。你们那里的一切都是伴随着巨大的高潮或巨大的低潮而发生的。但是，每一次高潮都巩固着新的成就，这样，运动最终还是前进了。同样，"劳动骑士"运动和1886—1888年罢工运动的强大浪潮，尽管遭到种种挫折，但总的说来，还是把我们推向前进了。现在，群众的积极性比过去高多了。下次，成绩会更为显著。然而，美国本地工人的生活水平甚至比英国工人都要高得多，单是这一点，就足以使他们在一定时期内仍然处于后卫的地位。况且，还有来自移民方面的竞争以及其他情况。一旦时机成熟，你们那里的事业就会得到异常迅猛的发展，但在此以前，可能还要经历不少时间。任何地方都不会出现奇迹。而且糟糕的是，那些傲慢的德国人想一身兼任教师和指挥者，这就使得本地美国人甚至打消了向他们学习最好的东西的念头。

评论：恩格斯指出美国工人运动存在大起大落的状况，并分析了美国工人运动发展落后的原因。恩格斯告知左尔格德国党的爱尔福特代表大会召开的情况，肯定了考茨基的纲领草案，认为马克思的批判发挥了充分的作用，拉萨尔主义最后的残余也已肃清。恩格斯还谈到拉法格在利尔被提名为议会候选人一事。关于欧洲的战争危险问题，恩格斯认为战争的危险依然在增长，如果俄国开战，德国社会党人将支持战争。另外，恩格斯还告知左尔格，他的《社会主义的发展》由艾威林翻译的英文版将在英国出版。

10月24—26日 致信奥古斯特·倍倍尔，指出：据报道，你说我似乎曾经预言资产阶级社会将于1898年崩溃。这是一个误会。我只是说：到1898年，我们可能取得政权。如果这种情况没有发生，旧的资产阶级社会还可以继续存在一段时间，直到外来的冲击使这座腐朽的大厦倒塌为止。这样一个腐朽陈旧的建筑物，当它实际上已经过期之后，如果风平气稳，也还可以支撑数十年。因此，我当然要避免事先作这类预言。恰恰相反，我们可能取得政权，这只是根据数学定律，按照或然率理论做出的计算。

我仍然希望和平局面将维持下去。根据我们事业的进展情况，我们根本无须孤注一掷，——而战争却会迫使我们这样去作。再过十年，那时我们的准备程度就会完全不同。因此，我希望并祝愿，我们那象自然过程一样不可抗拒和从容不迫地进行着的壮观的、坚定的发展，沿着它自然形成的轨道继续前进。

评论：恩格斯对爱尔福特代表大会的成功表示高兴，并对会议的新纲领给予了较高的评价。他认为李卜克内西在党内已经老朽不堪，应找出一种适当的办法让他退休。恩格斯对德国工会对拉法格竞选的资助表示赞赏，并介绍了拉法格在竞选中的有利形势。恩格斯分析了由于俄国饥荒加重而导致爆发战争的可能性，认为有必要向法国革命党人讲清楚德国社会党人对战争的态度，并介绍了给法国人的信的构思。恩格斯否认了自己曾说过1898年资产阶级社会将崩溃的话，只是说过到1898年我们有可能夺得政权。

11月9日 致信劳拉·拉法格，指出：胜利了！尽管《每日新闻》把胜利的消息塞在一个偏僻的角落里，塞在通常用来填补版面的简讯中间，但还是告诉了我们：保尔击败了德帕斯（此人现在最好把自己姓氏中的字母 a——那么多双关语就是由此而来的——改成 e），超过约一千四百张选票。可见，我们昨天两次干杯（波尔图酒和克拉列特酒）还是起了作用。总之，成绩是不小的。但是，取得胜利的方式，也许比胜利本身更为重要，它使一次普通的补选变成了其影响无法估量的、重大的政治事件。孔斯坦的愚蠢行为不仅使保尔当选——他的当选将大大推动社会主义在整个法国的传播，——而且使当年在卡德街为支持内阁，反对布朗热主义而建立的联盟遭到削弱。

评论：恩格斯密切注视与众议院议员的补充选举相联系的法国政治事件，在这次补充选举中拉法格被提名为众议院的候选人。恩格斯对于拉法格最终当选表示满意，认为这是工人党的重大胜利，这证明党的团结社会主义力量的策略是正确的。

12月1日 致信奥古斯特·倍倍尔，指出：你在来信中谈到那些现在要求入党的新型的"同志"的情况，这在当前形势下是很有意思的，也是很说明问题的。人们发现，我们正成为国家中的一个"因素"——如果用爬虫的语言来说；而由于犹太人比其他资产者聪明，他们首先发现了这一点（特别是在反犹太主义的压力下），并首先向我们靠拢。这只能使我们感到高兴，但是，正因为这些人比其他人机灵，而且，可以说，世世代代的压迫决定并养成了他们的善于钻营，所以对他们要更加小心。

评论：恩格斯指出指控拉法格在波尔多说的话纯属捏造，分析了当时欧洲大国的关系和德国党内的情况，指出要警惕在当时形势下要求入党的新型的"同志"的情况。

1892 年

1月6日 致信弗里德里希·阿道夫·左尔格，指出：在美国，我觉得还没有第三党存在的余地。在这块广阔的土地上，甚至同一个阶级内部各个集团之间在利益上的差别也是如此之大，以致两个大党中的任何一个党的内部，人们都因地区的不同而代表着完全不同的集团和利益，而且几乎有产阶级的每个阶层在两党内都有自己的代表。然而在目前，整个大工业还是共和党的核心，南方的大土地占有制则是民主党的核心。这种看来是偶然的杂乱的混合,恰恰为美国那大肆猖獗的营私舞弊和盘剥国家的行为准备了肥沃土壤。只有当土地(公田)全部落到投机者手里,因而使垦殖遇到越来越大的阻难或者成为诈骗行为时,——只有到那时,在平稳发展的情况下,我觉得成立第三党的时机才会到来。土地是投机倒把的基础,美国的投机狂和投机的可能性本身,是把美国本地工人控制在资产阶级的影响下的主要手段。只有当再也不能指望从投机活动中得到任何东西的一代美国本地工人出现时,只有到那时,我们在美国才会有牢固的立足点。可是,难道能够指望美国会有平稳的发展吗!美国在经济上正在发生象法国在政治上出现的那种飞跃,当然也有同样的暂时曲折。

评论:恩格斯对比了美国运动和欧洲运动发展的特点,预测对俄战争有望推迟三到四年,重点分析了美国的现状,认为在美国没有出现第三党的可能性,小农场主和小资产者由于自身的特点,建立有力政党的可能性不大;另外,恩格斯还介绍了一些西欧社会党人的状况,并告知目前正着手进行的几项工作。

2月4日 致信康拉德·施米特,指出:某些对党的事务的发展表示不满的大学生先生们又开始学习了,这当然很好。他们学习得越多,对那些担任负责工作并勤勤恳恳履行自己职责的人们就越会采取宽容态度;随着时间的推移,他们将会看到,为了达到伟大的目标和团结,为此所必需的千百万大军应当时刻牢记主要的东西,不因那些无谓的吹毛求疵而迷失方向。他们还应当发现,他们在工人面前所极力炫耀的"学识",还是差得很远的,而工人们本能地、"直接地"(用黑格尔的话来说)掌握了的东西,他们这些大学生要费很大力气才能获得。"青年派"在爱尔福特陷入十分可悲的境地,而他们的报纸,根据我读到的几号来看,只不过是这里那种无政府主义自治调子的蹩脚的重复而已。

评论:恩格斯先和施米特提到了沃尔弗以及他的劣作《马克思的平均利润率的谜》,并运用数学公式对他的论点进行了批判。恩格斯还认为受过学院式教育的大学生们应该向工人学习的地方,比工人应该向他们学习的地方要多得多。恩格斯还鼓励施米特在阅读黑格尔著作时要有坚忍不拔的精神。

2月19日 致信维克多·阿德勒,指出:你们那里会有自己的日报,不过这份报纸基本上要自己办。从你们国家实行的出版法来看,从周报转为日报我觉得是很重要的一步。要做到这一步,就要牢牢站稳脚跟,因为这一步骤将使你们在更大的程度上受政府控制,政府将极力通过种种罚款和缴纳各种费用的办法使你们在财政上破产。这里又暴露出你们的政府在小事情上一贯老奸巨猾;普鲁士人在这方面却极端愚蠢,只会硬干。你们的国家活动家只是在要做什么大事情时才表现愚蠢。你们的日报在应付各种罚款的情况下能否维持哪怕六个月的时间,我看都是个问题。假如它不得不停刊,那将是个重大失败。

评论:恩格斯先介绍了《社会主义的发展》手稿的译文出版遇到的一些麻烦,

并向病情好转的阿德勒夫人表示祝贺,赞扬了阿德勒对奥地利运动的重要作用;恩格斯谈到了创办日报的问题,指出了奥地利政府会用各种罚款来维持所谓的"言论自由"。此外,恩格斯还对各国社会党人的工作和欧洲形势阐述了自己的看法。

2月19日 致信奥古斯特·倍倍尔,指出:德国的形势确实日益紧张。看来,事态已经很严重了,连民族自由党人都不止一次地表露出反对的情绪,而李希特尔也可以幻想成立一个德国的"伟大的自由党"了。资本主义社会形式上还没有控制国家,它不得不让世袭的君主官僚容克地主阶级实际上进行统治,而满足于总的说来还是自己的利益最终起决定作用,——德国现在这样的社会正动摇于两种倾向之间。一方面,所有官方的和有产的社会阶层结成联盟反对无产阶级,这个倾向最终将导致"反动的一帮"的形成,在平静发展的情况下,它终将占上风。另一方面,还有这样一种倾向,这就是把由于怯懦而尚未解决的旧冲突一再提上日程,这种冲突是还保持着专制残余的君主制、土地贵族、自以为超越一切政党之上的官僚同与所有这一切相对立的、其物质利益每日每时都受到这些没落因素损害的工业资产阶级之间的冲突。这两种倾向中的哪一种在某个时候占上风,取决于个人的、地方的以及诸如此类的偶然情况。目前在德国,似乎是后一倾向正在取胜,不过象施杜姆这样的工业巨头和工业公司的股东当然多半都站在腐朽的反动势力一边。但是,这已经不知是第多少次的1848年旧冲突的重演,只有当政府和土地贵族陶醉于自己过去的成就,干出极大的蠢事时,才会变得十分严重。我并不认为这是不可能的,因为上层人士中已经达到可笑程度的个人欲望得到了支持,这就是容克地主日益确信,工业无法长期负担原料和食品的关税。这个冲突将发展到多么严重的地步,正如我上面所说,将取决于某些人的偶然行动。

评论:恩格斯主要分析了德国日益紧张的政治形势,指出德国社会正动摇于两种倾向之间,一种倾向是所有官方的和有产的社会阶层结成联盟反对无产阶级,一种倾向是旧专制体制同工业资产阶级之间的冲突,认为正在酝酿着以扑灭社会民主党人兴起为借口的急剧的向右转倾向,提出了德国社会党人应付这种形势可能发展的五个方案。此外,恩格斯赞扬了倍倍尔2月12日星期五发表的批驳施杜姆的演说,并表示为欢迎倍倍尔的到来做好了安排。

3月5日 致信卡尔·考茨基,指出:柏林的欲望变化无常而又多种多样,以致任何一个欲望都不会得到真正的满足,——现在自由资产者突然也成了吓唬人的东西。说什么社会主义的根源在自由主义,因而要是采取激进的行动,就必须消灭自由主义,这样一来,社会主义就自行衰亡了。对这种十分狡猾的手法,我们暂且可以看看,并悄悄地发笑。当自由派的庸人被弄得发狂(与他的意愿相反,看来他的确要被弄得狂怒起来)时,对我们也就不再放空枪了。更不用说这种柏林的思潮可能会使某些德国统治者高兴。他们同这种思潮相对立,就可能轻而易举地赢得声誉,并为分立主义和保留权利捞取资本。当柏林街头开始出现骚动时,我有些担心,怕这些骚动变成某些人如此盼望的开枪射击。但当骚动者只不过是攻击年轻的威廉，而威廉自己也放心了时，一切就都正常了。一旦《科伦日报》同彼乌斯一起去坐了牢，那才妙呢。

评论：恩格斯要求考茨基将纲领草案的前言要尽量写得简单明了直达实质问题，并分析了德国的政局，认为考茨基是安全的。

3月8日 致信奥古斯特·倍倍尔，指出：失业工人的问题来年可能还要严重。保护关税制所造成的后果同自由贸易完全一样：一些国家市场上商品滞销；而且几乎普遍如此，只是这里不如你们那里那么严重罢了。就是在1867年以来发生过两三次不大的潜在危机的英国，现在看来终于又在酝酿着一场严重的危机。如果今冬在巴黎、柏林、维也纳、罗马、马德里以更大的规模再次发生同样的动荡，而伦敦和纽约也有此反应的话，情况可能会变得更加严重。但在这种情况下，好在至少巴黎和伦敦地方参议会的人最清楚不过地懂得，他们依赖于工人选民，所以他们不会极力反对那些现在已经可以实行的要求，如在公共工程就业，缩短工作日，按照工会要求规定工资水准等等，因为他们认为这是使群众免受那些坏得多的社会主义——真社会主义——的邪说异端影响的唯一的和最好的手段。我们可以看看，根据阶级的和有资格限制的选举权选出来的柏林和维也纳的地方参议会，那时是否也将出于不得已而跟他们走。

评论：恩格斯分析了德、俄、英三国的国内形势及其相互间的关系，指出了德国社会民主党应采取的策略，对工人运动和阶级斗争的策略表现出了灵活性。恩格斯阐述了真假社会主义和社会主义不同阶段要求的问题，指出工厂主通过过剩的生产来摊薄成本，工人福利的改善是工厂主出于对抗真社会主义的需要。

3月14日 致信劳拉·拉法格，指出：争取八小时工作日委员会（爱德华、杜西及其朋友）本想首先行动，但是工联理事会，这个旧工联的反动残余，却赶到他们前面去了。现在，工联理事会和社会民主联盟暂时是朋友，共同反对其他一切人。目前，它们之间没有竞争，双方都希望使一切"局外人"保持缄默。所以，当争取八小时工作日委员会建议同去年一样和工联理事会采取联合行动时，就遭到了坚决拒绝。这样，争取八小时工作日委员会就在理事会还没有来得及考虑这个问题之前占用了公园，并再次建议工联理事会共同行动，又遭到傲慢的拒绝。后来，这两个组织都向首都激进联盟（激进俱乐部联盟）建议联合行动。首都激进联盟决定做中间人，但在任何情况下都和争取八小时工作日委员会共同采取行动，因为这个运动是这个委员会发动起来的。这样一来，工联理事会和社会民主联盟就象往常一样过高估计了自己的力量，使自己进退维谷：他们要么让步，要么单独组织示威游行，承担分裂的责任。不管别人采取什么行动，我们的示威游行无论如何是肯定会成功的。

评论：恩格斯告诉拉法格他一直都被琐事缠身，要在五六月份下决心专心整理

《资本论》第三卷。恩格斯介绍了英国工人运动的情况,认为争取八小时工作日委员会组织的示威游行肯定会成功,工联理事会和社会民主联盟的阴谋不会得逞;信中,恩格斯对拉法格和布朗热结成联盟提出自己的看法。

3月15日 致信尼古拉·弗兰策维奇·丹尼尔逊,指出:你们国家目前的确正处于一个十分重要的时期,这个时期的全部意义是怎样估计也不会过分的。您的来信使我感到,您认为这一次歉收不是偶然的,而是必然的,是1861年以来俄国走上的经济发展道路的一个必然结果。据我在远方所能作出的判断,我也是这样看的。目前你们国家的情况,我看在一定程度上可以说同路易十四统治时期法国的情况相似。在法国,也是通过柯尔培尔的保护关税制为工场手工业创造了必要的条件;二三十年以后人们才清楚,在当时的条件下,本国的工场手工业只有靠牺牲农民的利益才能建立起来。农民的自然经济被破坏,为货币经济所排挤。国内市场建立了起来,同时,至少在一定时间内又几乎完全被破坏,其原因在于这个过程的本身和经济必然性赖以实现的从未有过的力量的作用,还在于对钱和人的需求增加,这是采取征兵办法建立常备军的结果,正如现今因实行普鲁士普遍义务兵役制引起对钱和人的需求增加一样。当最后有一两年歉收的时候,全国就呈现出布阿吉尔贝尔和沃邦元帅所描述的普遍困苦景况。1680年,小农业还是一种常见的生产方式,而大地产只是个别的,尽管不断增加,但总还是个别的。今天,大规模使用机器耕种土地已成了一种常规,而且日益成了唯一可行的农业生产方式。所以,看来农民在今天是注定要灭亡的。

评论:恩格斯对未能及时给丹尼尔逊回信表示歉意。恩格斯分析了导致俄国恶劣现状的原因和这种现状必然导致革命的结果。恩格斯同意丹尼尔逊关于俄国的农业歉收是1861年以来俄国走上的经济发展道路的一个必然结果的观点,歉收的原因纯粹是社会性的。恩格斯认为,一旦完全克服了灾荒所带来的后果,俄国将完全变成另外一个国家,归根到底必将有利于人类的进步事业。

3月30日 致信海尔曼·施留特尔,指出:美国本地工人的特殊地位是你们美国的一大障碍。1848年以前,固定的、本地的工人阶级还只能说是一种稀罕现象;当时,这个阶级为数不多的人最初在东部城市里还有可能指望变成农民或者是资产者。现在,这样一个阶级已经发展起来了,并且大部分人加入了工联。但它仍旧处于贵族式的地位,并且只要有可能,就把不需要掌握专门技术的低工资工作给移民去做,这些移民只有很少一部分人加入了贵族式的工联。但这些移民分属于许多个民族,他们之间语言不通,大部分人连美国话也不懂。而你们国家的资产阶级比奥地利政府又更善于挑拨一个民族去反对另一个民族——挑拨犹太人、意大利人、捷克人等等去反对德国人和爱尔兰人,挑拨每个民族的人去反对所有其他民族的人。因此我认为,纽约工人生活水平的差距之大是其他地方闻所未闻的。此外,在纯资本主义基础上发展起来的、毫无安宁闲逸的封建背景的社会,对在生存斗争中濒于死亡的人完全无动于衷。说什么这些可憎的"荷兰人"、爱尔兰人、意大利人、犹太人和匈牙利人本来已经够多了,已经超过了我们的需要,而在后面还有中国约翰,他的生存能力远远超过其他所有的人,什么东西都能用来充饥。在这样的国家里,往往在出现涨潮之后出现退潮,这是必然的。不过涨潮越来越猛,而退潮所起的作用则越来越小,所以整个说来,事情还是在前进。有一点我认为是无疑的:毫无资本主义以前的糟粕的纯资产阶级的基础,以及与此相适应的、甚至在把税率提高到荒谬程度的现行保护关税制中也表现出来的巨大发展力量,有朝一日必定会导致震惊全世界的转折。一旦美国人开始做了,他们就会以巨大的力量和飞快的速度做下去,使我们欧洲人相形之下显得十分幼小。

评论:恩格斯向施留特尔介绍了拉法格的活动,指出美国本地工人的特殊地位是美国的一大障碍,分析了美国工人运动时起时落的原因,认为美国工人运动相比于欧洲有巨大的发展力量。

4月20日 致信卡尔·考茨基,指出:五一节的事,我们这里总算都解决了,或者确切些说,恰恰相反。工联理事会和社会民主联盟这一次竭力要独揽一切,特别是要把争取八小时工作日同盟完全排挤出去。社会民主联盟现在正同工联理事会中最反动的分子希普顿等人携手合作,而且在五一节示威游行问题上完全听命于工联理事会。人们估计,工联理事会要掀起一个反对东头独立派分子的运动,社会民主联盟则企图从中渔利。这些要遭到排挤的分子自然就集结在艾威林夫妇的周围。对在工联理事会中占多数的那些人来说,八小时工作日不过意味着,工作八小时要付通常工资,而任何加班,工资要增加半倍或一倍。因此,这些人所要求的八小时工作日与我们毫无共同之处。这样,今年五一节以后,一场冲突必将真正爆发,斗争就会重新开始。这个问题在这里终将提到日程上来。因此,你不要听《前进报》等关于英国五一节的议论。在我们看来,整个这件事是一个地地道道的骗局,这是一种滑稽可笑的八小时工作制,早应予以揭穿。这样,现在被社会民主联盟和费边社分子利用的含糊不清的情况就会结束。

评论:恩格斯要考茨基在《新时代》上发表自己的《社会主义的发展》英文版导言。他向考茨基介绍了伦敦各派工人在争取八小时工作日问题上的争论。恩格斯指出工联理事会和社会民主联盟想要独揽一切,排挤争取八小时工作日同盟,工联理事会在伦敦工人组织代表会议上夺得了示威游行的领导权。争取八小时工作日同盟取得了两名代表参加执行委员会、使用公园里的两个讲台等胜利,首都激进联盟的两个讲台也供其支配。信中揭穿了工联理事会所要求的八小时工作日的滑稽可笑。

5月19日 致信保尔·拉法格,指出:你们将可以看到,没有任何东西能比一大串整理得一目了然的反映选举胜利的数字更有力地使群众感到震惊。这对于使工人们懂得普选权赋予他们的行动以多大的力量,具有特别重大的意义。

法国也开始在形成拉萨尔所说的"紧密的反动的一帮"——所有政党组成的反

社会党人联盟。这种联盟在我们德国已经存在多年了,而在大工业中心,这种反社会党人的一帮在第一轮选举中就会组织起来,阻碍我们当选。德国的整个正史,除了那一帮簇拥着年轻的威廉并任意摆布他的混杂的权奸的活动之外,无非就是:一方面是社会党人的活动,他们的活动促使各资产阶级政党联合成为一个大的敌对的党,而另一方面,则是这些政党之间的利害冲突,这种冲突促使他们彼此分离。帝国国会的法律只不过是这两种对立的倾向相互冲突的产物和结果而已,而后一种倾向即瓦解的倾向日益减弱。法国也开始出现这样的冲突。这是进步的吉兆,证明你们不是作为搞偶然行动的骚扰力量,而是作为正规的有组织的政治力量而引起恐惧的。

评论:恩格斯对选举情况十分关心,对工人阶级及其政党在选举中的胜利感到欣喜,要拉法格对当年的选举做精确的统计。恩格斯并未将无产阶级的议会道路排斥在斗争方式之外,而是因时因地取舍。但是,恩格斯同时引用德国的例子告诫法国工人党,德国社会党人的活动促使德国各资产阶级政党联合成为一个大的敌对的党,提醒他要注意法国的其他党派和德国一样联合反对社会党人,并告诉他卡尔·肖莱马病重的消息。指出反社会党人联盟与社会党人的冲突正说明了社会党人作为正规的有组织的政治力量的进步性。

6月18日 致信尼古拉·弗兰策维奇·丹尼尔逊,指出:我特别要强调这样一个事实:去年的歉收(用官方语言来说)完全不是孤立的和偶然的现象,而是克里木战争结束以后俄国整个发展的必然后果;这是从公社农业和宗法式家庭工业过渡到现代工业的结果;在我看来,这一改革必将危及农业公社的存在,并把资本主义制度扩展到农业方面去。从您的来信可以断定,对于这些事实本身,您是同意我的看法的;至于我们是否喜欢这些事实,那就是另一回事了;但不管我们喜欢与否,这些事实照样要继续存在下去。而我们越是能够摆脱个人的好恶,就越能更好地判断这些事实本身及其后果。一切政府,甚至最专制的政府,归根到底都只不过是本国状况所产生的经济必然性的执行者。它们可以通过各种方式——好的、坏的或不好不坏的——来执行;它们可以加速或延缓经济发展及其政治和法律的结果,可是最终它们还是要遵循这种发展。

评论:恩格斯分析了俄国的经济情况,认为1891年的灾荒是1861年改革和地力衰退的必然结果;在此期间,俄国的大工业得到了长足发展;俄国采取保护关税政策,是为了消除英国工业品的竞争。恩格斯指出,每一种破坏都是进步,并且通过对局部历史中有限者的"恶",借助于历史自身的无限关联,最终都将达到总体能分享的进步。恩格斯总结了经济生产对一个国家政治兴衰所起的举足轻重的作用。国家作为整个社会的代表,它必须负有双重职能,首先是经济职能,即政治要为经济服务。一切政府,甚至最专制的政府,归根到底都只不过是本国状况所产生的经济必然性的执行者。恩格斯认为理论研究不能受个人好恶所左右。

7月14日 致信爱德华·伯恩施坦,指出:选举的特点是:(1)在英国,地方自治问题没有任何令人鼓舞的情况。(2)由于给予工人选举权,大批小资产阶级分子倒向保守党阵营,至少在较大的城市里是这样。小资产者开始害怕工人,至少是不愿意同工人混在一起。保守主义是有威风的,所以他们投票反对格莱斯顿。(3)自由党的支柱是中等城市和农村地区(郡)的中小资产阶级,在这些地方,半封建地主和高教会派的僧侣的压迫还是起决定作用的力量。在大城市里,甚至非国教徒(自由党过去的支柱)也开始动摇,例如在北明翰就是这样。(4)在两个资产阶级政党几乎势均力敌的情况下(今天在三百三十万张已投票中,整个反对派只比政府大约多七万六千票),工人就成了决定因素。只是在选举凯尔·哈第、白恩士、威尔逊等工人候选人时才表现出热情。我在选举前就说过:这是仅仅两个官方政党之间进行较量的最后一次选举;但是,这次选举将会使自由党人懂得,下次选举等待着他们的是什么。实际情况也正是这样。下次选举时,工人政党将以完全不同的姿态出现。这次选举应该使她对自己的力量产生信心。(5)新议会维持不了多久。格莱斯顿不依靠爱尔兰人和工人议员就不能成为多数,因此,议会很快又会被解散。这样更好。

评论:恩格斯告诉伯恩施坦,巴克斯已不担任《正义报》的编辑,原因是和海德门发生了冲突。恩格斯重点分析了英国这次选举的五个特点,特别强调了工人在选举中的胜利和未来的有利地位。

7月23日 致信奥古斯特·倍倍尔,指出:福尔马尔的言论再一次证明,此人已经失去了同党的一切联系。显然,不是今年就是明年,势必要同他决裂;看来他企图把国家社会主义的梦想强加于党。对这种人,在他们自己还没有彻底暴露以前,采用纯防御的策略是最好的策略;在他们彻底暴露以后,发射速决的、毁灭性的炮火,展开决定性的白刃战。正是在这里,比其他任何地方都更需要把炮弹和后备力量储备到最后需要的时候。

评论:恩格斯告诉倍倍尔自己的旅游计划和英国的选举在伦敦的无产阶级和贫民区激起了革命的热情,他向倍倍尔指明了福尔马尔的本性,指出了同巴枯宁分子、蒲鲁东分子、德国教授以及诸如此类的家伙们斗争的原则。

8月12日 致信卡尔·考茨基,指出:社会民主联盟是地地道道的宗派。它把马克思主义变成了僵死的教条,而且,由于它摒弃一切非正统马克思主义(它本身对马克思主义的认识又错误百出)的工人运动,就是说,它执行的是与《共产党宣言》推荐的完全相反的政策,所以,它就只能成为一个宗派,而绝不能成为别的东西。

费边社分子现在成了真正的障碍:他们在跟着"伟大的自由党"跑,理由是要使这个党接受他们的候选人。在可以推行可能派市政改革纲领的郡进行郡参议会选举时,这种做法在某些时候是有效的,但是,即使在这些地方,这种善良的欺骗也只是在资产者没有弄清是怎么回事以前才能得逞。在议会选举中就做不到这一点,那时,自由党给费边社分子和其他所谓的工人候选人的只是一些不能取胜的选区。即使要自由党接受工人候选人,那也要象白恩士和凯尔·哈第那样做,就是说,把刀子对准他们的咽喉,而不能象费边社分子那样,用虚伪的借口在他们背后钻空子。好在建立独立工党的呼声现在已经十分坚决和普遍,费边社分子的阿谀与金钱这种消磨人们意志的诱饵也将遭到抵制。

评论:恩格斯批判了曲解马克思主义的教条主义、宗派主义现象。恩格斯告诉考茨基自己生病的消息和英国工人团体社会民主联盟失败,费边社成了自由党的附庸;伯吉斯想建立独立工党及苏黎世国际代表大会筹委会准备邀请英国工联代表大会参加筹备工作的情况。恩格斯还揭露和批判了费边社试图依靠选举达到掌握政权的妄想。

8月14日 致信奥古斯特·倍倍尔,指出:由于行情不好和工厂主要削减工资百分之十,郎卡郡的纺织工人突然从醉心于十小时工作日的迷梦中苏醒了过来,并且确信八小时工作日的优越性。连那些领袖似乎也转变了立场。这是八小时工作日在英国的胜利。来自那些实行法定的十小时工作日的工厂工人的阻力,曾经是资产阶级最爱谈论的话题。九月代表大会将会结束这个状况。

评论:恩格斯告诉倍倍尔自己的病情,因此9月初可能不去柏林;告知倍倍尔宰德尔企图阻止英国工联代表大会对苏黎世代表大会筹备工作的阴谋失败了,苏黎世代表大会筹委会邀请英国工联代表大会的代表参加筹备工作;英国北方纺织工人态度转变,开始支持八小时工作日。此外,恩格斯还指出了倍倍尔在《前进报》上可以提的五个问题。

8月20日 致信奥古斯特·倍倍尔,指出:郎卡郡纺织工人赞成八小时工作日(每周四十八小时)的决议,简直是一个接着一个。今天,曼彻斯特在举行代表会议。昨天普雷斯顿有三千六百票赞成,六百票反对。而郎卡郡在这个问题上对英国来说是个关键,因为去年那里还是一致反对的。

评论:恩格斯指出伯恩施坦对费边社分子的评价过高,提出要抵制他对费边社分子的迷恋。他要求倍倍尔不要再指责伯恩施坦,并向他介绍了阿德勒的情况;他要求倍倍尔他们作出决定,给奥地利党提供经常的资助。恩格斯指出郎卡郡纺织工人态度的转变对英国很关键,多地赞成八小时工作日的决议取得了胜利。

8月23日 致信弗里德里希·阿道夫·左尔格,指出:根据五月的市镇选举和七月的省选举情况,你可能已经发现,法国人日益走上德国人开辟的道路,并在学习如何使用普选权,而不是谩骂它。因而,事情进行得很顺利。马赛代表大会将为"马克思派"创造一个和从前完全不同的地位。此外,英国这里也取得了出色的成绩。选举起了作用。你可能已经发现,《工人时报》的调子自7月初以来发生了多大的变化,伯吉斯先生(奥托利克斯)已经如何在试图建立由他本人领导的自己的

"独立工党",与社会民主联盟妄图领导的党并存。你可能已从路易莎·考茨基在维也纳《工人报》上发表的短文和杜西在《新时代》上发表的短文中了解到了一切必要的材料。总之,这里事情进行得也很出色,明年,跟着德国前进的将不只是奥地利和法国,而且还有英国,这对你们那里原籍英国的美国人可能终于会发生相应的影响,尤其是,如果你们的民军再开上几枪,从这些人身上打掉一些共和气焰和大国傲气的话。在德国,事情进行得很好。你注意一下《前进报》的党内通讯;你会看到,即使在东部的农村居民当中,我们也在取得巨大的进展,在那里这是最必需的。

评论:恩格斯告诉左尔格自己得病的消息,并告知盖得和拉法格同几个资本家签订了一个出版大型日报的合同,他们自己将担任此报的政治编辑的消息。恩格斯主要向左尔格介绍了法国、英国和德国党的工作顺利进展的情况。

8月30日 致信维克多·阿德勒,指出:许多人为了图省事,为了不费脑筋,想永久地采用一种只适宜于某一个时期的策略。其实,我们的策略不是凭空臆造的,而是根据经常变化的条件制定的;在目前我们所处的环境下,我们往往不得不采用敌人强加于我们的策略。

你信中谈到奥匈工业迅速发展的情况,我看了非常高兴。这是我们运动取得进展的唯一牢固的基础。同时,这也是保护关税制度的唯一好处,至少对大部分大陆国家和美国是这样。大工业、大资本家和庞大的无产阶级群众正在人为地制造出来,资本集中正在加速进行,中等阶层正在被消灭。其实,保护关税制度在德国是多余的,因为它正是德国在世界市场上的地位得到巩固的时候实施的,它阻碍了这一过程的发展;可是,它也弥补了德国工业中的许多缺陷,不然,这些缺陷还会长期存在下去;如果德国为了取得在世界市场上的地位而被迫放弃保护关税制度,她的竞争能力就会和以前完全不同。在德国,如同在美国一样,保护关税制度目前只是一种障碍,因为它使这些国家在世界市场上不能占有她们应得的地位。因此,它在美国必将很快废止,德国也将照样行动。但是,你们发展本国工业,也帮了英国的忙;她在世界市场上的霸权地位丧失得越快,这里的工人掌握政权也就越快。大陆和美国的(以及印度的)竞争终于在郎卡郡引起了危机,其第一个后果就是工人突然成为八小时工作日的拥护者。

评论:恩格斯肯定了阿德勒的策略。针对某些人固守一种模式的做法,恩格斯批评指出,对无产阶级革命事业来说,没有任何一劳永逸的现成方案。关于党员队伍建设问题,恩格斯从发展党员的两大对象性团体来说明在党员吸收与培养方面应注意的潜在弊端,提醒注意他们的"市侩性"。恩格斯还指出,由于奥地利工业的发展,不仅会使奥地利工人队伍壮大,而且还会促进英国的工人运动;另外恩格斯要求阿德勒争取捷克人的支持。

9月4日 致信卡尔·考茨基,指出:在我们的策略中,对当代已经达到现代发展水平的各国来说，有一点是确定不移的：引导工人建立一个同一切资产阶级政党对立的、自己的、独立的政党。而费边社分子（不是其中的某一个人，而是作为一个整体的费边社）作了些什么呢？他们所宣扬和实行的是要工人依附自由党，结果不出所料：自由党分给他们四个不能取胜的选区，费边社分子的候选人也就遭到了惨败。怪癖的文学家肖伯纳——作为文学家，他是很有才能和敏锐的，但作为经济学家和政治家，却微不足道，尽管他很正直，也不追逐名利——在给倍倍尔的信中写道：如果他们不推行这种强求自由党接受他们的候选人的政策，那他们除了失败和耻辱（好象失败不是常常比胜利光荣似的）就什么也得不到——而他们现在推行了这个政策，二者也都得到了。这就是全部问题的实质。当工人第一次独立行动时，费边社就劝说他们继续做自由党的尾巴。这一点应当公开地告诉大陆上的社会主义者，掩饰就意味着共谋。

社会民主联盟和费边社的地方成员比中央领导成员要好。但是，只要领导的立场还决定着整个组织的立场，这就无济于事。你认为费边社还未定型。相反地，这些人太定型了。这是一个由形形色色的资产阶级"社会主义者"——从钻营之徒到感情上的社会主义者和慈善家——拼凑的集团，他们只是由于害怕工人要取得统治而联合起来，他们尽一切力量通过保障自己的、即"有教养的人"的领导权的办法来防止这种危险，如果说，在这种情况下，他们让几个工人进入他们的领导机构，也只是为了使这些工人象工人阿尔伯在1848年那样，在那里永远扮演软弱少数派的角色，那末，谁也不应当被这种做法所迷惑。费边社的手段和卖身求荣的议员们的花招是完全一样的：金钱，倾轧，名位。纯粹是英国式的：每个政党（只有工人的情况不同！）采取不同的方式给自己的代理人以金钱或者用职位来酬劳他们，这被看作是理所当然的。这些人已经深深地陷入了自由党的倾轧活动，在自由党那里任职，例如悉尼·维伯这个典型的英国政治家就是这样。这些人的所作所为，正是要提醒工人们加以避免的。虽然如此，我并不要求你把这些人当做敌人看待。不过，据我看，你，其他人也一样，不应当袒护他们。现在应该给腐化分子时间，让他们烂透，使他们几乎自行垮台。拥有几百万人的党，其纪律同只有几百人的小宗派是完全不同的。

评论：恩格斯请考茨基转告爱德他返回伦敦的时间，说明了自己的身体状况。恩格斯指出无产阶级建立自己的政党的重要性，无产阶级在反对有产阶级联合力量的斗争中，只有把自身组织成为与有产阶级建立的一切旧政党不同的、相对立的政党，才能作为一个阶级来行动。恩格斯揭露了费边社的性质，提醒考茨基认清费边社的手段和花招，信中还强调了党的组织纪律。

9月11日 致信劳拉·拉法格，指出：工联代表大会在经过讨论以后拒绝了出席苏黎世代表大会的邀请，并决定"立即"召开一个它自己的讨论八小时工作日问题的代表大会——而且也是一个国际性的大会！这就要求我们有所行动，如果可能的话，整个大陆一致行动。英国工人受议会妥协精神的感染如此之深，以致他们不后退四分之三或八分之七步就不能前进一步。于是，人们对争取八小时工作日突然热情迸发（如你所知，正是那些三年前认为八小时工作日是不可能的人现在喊得最响），这样就几乎使这一战斗口号在目前带上了反动色彩。它成了一种万应灵药，成了唯一应该考虑的东西。争取八小时工作日的广大拥护者，对于在如此短的时期内就得到这样一个可观的意想不到的多数，是如此兴高采烈，他们为了讨好那些新转变过来的"旧"工联主义者，现在竟不惜牺牲一切更高的东西。对这种屠杀社会主义婴儿的做法之所以更易使人容忍，是因为"新"成员是一盘散沙，没有总的组织，大家互不相识，而且至今尚未产生出能孚众望的人。

评论：恩格斯告诉拉法格发生了一件关系到大陆上所有社会主义政党的大事：工联代表大会决定单独行动召开一个讨论八小时工作日问题的代表大会。信中分析了出现这一事件的原因，并对应对策略提出了三点意见，指出德国和法国要一致行动，从而带动其他国家跟进。

9月12日 致信康拉德·施米特，指出：单独刊印关于利润率的那一篇，而不等其余各篇，当然不行。您知道，马克思的东西都是互相密切联系着的，任何东西都不能从中单独抽出来。杰文斯和门格尔的拥护者们在这里的费边社里简直是放肆到了极点，他们以极其轻蔑的神情傲慢地看待马克思，认为马克思早已过时。多年以来，党真是以极大的耐心忍受了他们的咒骂，而且在爱尔福特又给了他们充分的机会，让他们为他们无中生有的诽谤拿出一些证据出来。

我知道，在青年派中，您有许多大学时期的同学和青少年时代的朋友，但这需要摆脱。当然，政治上决裂了，私人友好往来还是可以保持的。我们大家都有过这样的经历，而我甚至对待我的笃信上帝的极端反动的家庭也是如此。而且，您总还可以对您的老朋友施加一些好的影响，促使他们走上科学研究的道路，而不再自吹自擂。只要这些先生们继续学习，其中一些比较干练的人是会醒悟过来的。我只是担心盛行于这些先生中间的那种流行性自大狂会阻碍他们醒悟过来的。

评论：恩格斯告诉施米特很期待他关于利润率的新著作，向施米特推荐了两本关于货币和信贷问题的著作，评价了罗杰斯的《历史的经济解说》一书。恩格斯强调了马克思主义的整体性，对于这个整体的任何肢解和折衷都是对其整体性的损害，因此不同意单独刊印马克思关于利润率的那一篇内容。恩格斯清楚认识到边际主义经济理论把矛头直接指向马克思主义，揭露了杰文斯和门格尔的拥护者们对马克思的咒骂和诽谤。恩格斯还指导施米特如何对待政治上对立的同学和朋友。

9月22日 致信尼古拉·弗兰策维奇·丹尼尔逊，指出：资本主义生产作为一个终将消逝的经济阶段，充满着各种内在矛盾，这些矛盾随着资本主义生产的发展而发展，并日趋明显。这个趋势——在建立自己的市场的同时又破坏这个市场——正是这类矛盾之一。另一个矛盾是资本主义生产所造成的无出路状态，这种状态在俄国这样一个没有国外市场的国家，比那些在开放的世界市场上多少有些竞争能力的国家要出现得快一些。在后边这些国家中，这种无出路的状态，似乎可以通过贸易上的剧烈变化和用暴力开辟新市场来寻求出路。但是，即使在这样的情况下，也可以明显地看出，这些国家陷入了困境。就拿英国来说。最后一个新的市场是中国，这一市场的开辟可以使英国的贸易暂时恢复繁荣。因此，英国资本极力要修建中国的铁路。但是，中国的铁路意味着中国小农经济和家庭工业的整个基础的破坏；由于那里甚至没有中国的大工业来予以平衡，亿万居民将陷于无法生存的境地。其后果将出现世界上从未有过的大规模移民，可憎的中国人将充斥美洲、亚洲和欧洲，并将在劳动市场上以中国的生活水准即世界上最低的生活水准，同美洲、澳洲和欧洲的工人展开竞争；如果那时欧洲的整个生产体系还没有改变，那就一定要改变。资本主义生产准备着自身的灭亡，您可以相信，俄国也将会是这样。

评论：恩格斯向俄国民粹主义经济学家丹尼尔逊表明"资本主义生产准备着自身的灭亡"的观点。资本主义生产准备着自身的灭亡，是资本主义占有方式的自我否定，是资本本性的自然规律。恩格斯认为俄国在克里木战争后急需发展本国的大工业，那么俄国就只能拥有一种形式的大工业，即资本主义的大工业。但是同时恩格斯指出资本主义在俄国的发展并不是一帆风顺的，它将面临穷途末路的窘境。恩格斯详细地论述说明了造成资本主义发展在俄国走投无路的原因。

9月26日 致信奥古斯特·倍倍尔，指出：我完全同意你的意见，应当坚持每年召开一次党代表大会。即使为了遵守党章，你们执行委员会也必须这样做；否则，你们就会为那些喜欢叫喊的人提供极好的口实。而且，让全党哪怕一年有一次发表自己意见的机会，一般说来也是重要的。这样做任何时候都是必要的，而现在则更加必要——既为了对付"独立派"，又为了对付福尔马尔。

评论：恩格斯首先表达了对库格曼的看法，还提到了阿伦特、迈耶尔和皮佩尔等人。恩格斯十分重视代表大会的作用，强调了德国社会民主党坚持一年一次的党代表大会制度的必要性。由于倍倍尔未经恩格斯允许把恩格斯提供的关于海德门的消息发表出去，恩格斯声明以后未经允许不可将他在私人通信中提供的情况直接发表。恩格斯还就考茨基寄来的倍倍尔的文章的校样提出了两点修改意见，并赞扬了倍倍尔的文章。

10月7日 致信奥古斯特·倍倍尔，指出：他竟断言，暴力在任何情况下都是革命的，从来都不是反动的；这头蠢驴不懂得，如果没有必须加以反对的反动的暴力，也就谈不上什么革命的暴力；要知道，对那些根本无须推翻的东西是不能进行革命的。

这一切都是自命不凡的大学生、著作家和过去是工人而现在一心想当著作家的人们那种软弱无力的嫉恨的产物，他们嫉恨我们党在稳步地胜利前进，而丝毫不需要这些小人的帮助。即使犯了某种错误，党已坚强到足以用自己的力量来纠正这些错误。国会党团的多数人在航运津贴问题上表现出来的无容置辩的、俯首听命的庸俗作风，党就是用自己的力量纠正的；党的执行委员会那种由来已久的、反社会党人法废除以后还流行了一段时间的独断专行的习气（这种习气也正是重复了柏林组织执行委员会原有成员的同样倾向），党也是用自己的力量纠正的，如此等等。我们党现在已如此强大，在无须担心变质的情况下，不仅可以溶解数量可观的市侩，而且可以溶解"有教养的人"，甚至溶解独立派的先生们，如果他们自己不滚出去的话。

评论：恩格斯希望倍倍尔提供拉法格在议院会议上的演说要用的一些材料。恩格斯谈到了暴力革命的问题，批判了汉·弥勒在《德国社会民主党内的阶级斗争》一书中有关暴力的错误观点，认为革命的暴力不能单独存在，之所以要使用暴力，是因为存在着反动的暴力。几乎所有资产阶级国家的无产阶级的发展都受到资产阶级的暴力压制，因而是无产阶级或共产主义者的敌人用尽一切力量引起革命。恩格斯指出党在稳步地胜利前进，已经强大到可以用自己的力量来纠正错误了。

10月14日 致信劳拉·拉法格，指出：不管怎样，法国的事情在进展着（在各个方面，日报除外！），卡尔莫不仅证明我们的思想在工人阶级中间得到了传播，而且也证明资产者和政府是知道这种情况的。那里的人（而且是南方人，加上又是爱吹嘘的加斯科尼人！）持独立自主的立场，以及各个社会主义市镇参议会的行动稳重而果断，丝毫没有可能派的软弱或妥协，这些都说明进步是很大的。法国人越是领先，我越是感到满意。为了使大陆上的运动取得胜利，就应当使这个运动既不是纯法国的，也不是纯德国的，而是法德的运动。如果说德国人把如何利用选举权和建立强有力的组织教给法国人，那么法国人就应当把整整一个世纪以来已经成为他们传统的革命精神传给德国人。一个民族妄想领导其他所有民族的时代已经一去不复返了。

评论：恩格斯认为，国际主义原则的具体化和深刻化是坚持民族独立与平等的原则。国际合作只有在平等之间才有可能。无产阶级的国际合作是改变现有国际政治面貌的基本途径。无论是哪个国家的人，都不能单独赢得消灭资本主义的光荣，无产阶级的解放只能是国际的事业。另外，恩格斯给拉法格的演说提供了一批材料，并对他参加议院辩论提出了一些指导。

10月中 致信沙尔·博尼埃，指出：如果说法国社会主义者之所以事先不特别声明，一旦发生这样的防御战时，他们准备帮助打退威廉皇帝的进攻，那仅仅是因为这是人所共知和公认的，而且已经商量好了的，没有必要再说了。在德国，没有一个社会党人会怀疑法国社会主义者在这样的情况下会毫不犹豫地为保卫民族独立而去尽自己的职责；谁也不会因此责备他们，相反，只会赞扬他们。我的文章的观点正是这样。假如我不从这样一个论点出发，即一旦发生外来的侵犯时，法国社会主义者必将拿起武器保卫他们的家园，那么我的通篇文章就毫无意义了。我要求的只是：一旦俄国发动进攻时，这一原则也适用于德国社会党人，即使这个进攻得到官方法国的支持。对倍倍尔的演说也要这样去看。在法国，根据这点来责难我们的人，显然是那一类人，他们主张高卢的丘必特可做的，德国的公牛不可做。我认为，法国社会主义者要做的事情就是使这些人明白过来，而这件事并不是太困难的。

　　评论：恩格斯主要同博尼埃谈了法俄联盟的问题，对俄国国内局势的发展作了三种可能性的预测。恩格斯批判了普罗托本人及其诽谤性的小册子，认为普罗托厚颜无耻，其写作手法可鄙，其背后有人指使，并推断是俄国大使馆向他提供的情报。

　　11月19日　致信奥古斯特·倍倍尔，指出：如果你们的报刊"国家化"走得太远，会产生很大缺点。你们在党内当然必须拥有一个不直接从属于执行委员会甚至党代表大会的刊物，也就是说这种刊物在纲领和既定策略的范围内可以自由地反对党所采取的某些步骤，并在不违反党的道德的范围内自由批评纲领和策略。你们作为党的执行委员会，应该提倡甚至创办这样的刊物，这样，你们在道义上对这种刊物所起的影响，就会比对一半是违反你们意志创办的刊物要大。党正在超越迄今存在的严峻纪律的框框；在拥有二三百万党员和不断流入"有教养的"分子的情况下，要求有比至今给予的更多的行动自由，虽然过去给予的行动自由不仅足够了，而且由于规定了一定的界限而得到了好处。你们自己同时也使党对这种已经变化了的形势适应得越快越好。首先需要的是一个形式上独立的党的刊物。而这种刊物肯定是要出现的，不过，如果你们能使它一开始就在你们的道义影响之下问世，而不是在违背你们的意志和反对你们的情况下出现，那就更好。

　　评论：恩格斯同倍倍尔谈了党报和党的关系，他认为党的报刊不要全部从形式到实质都直接属于党，党应允许形式上独立的党的报刊存在。在党报上开展党内批评是必要的。信中，恩格斯谈到对德国庆祝五一节的安排。1891年在布鲁塞尔召开的国际社会主义工人代表大会上，德国代表投票赞成主张5月1日凡是可行的地方都停止工作以庆祝五一节的决议。但是，后来德国社会民主党柏林代表大会通过一项决议，决定不停工晚上庆祝1893年五一节。倍倍尔在德国社会民主党柏林代表大会上的发言中，就5月1日在德国不停工庆祝1893年五一节这一建议进行了申辩并阐明了理由，认为每个国家都应有权决定是否停工纪念五一节。恩格斯指出，在庆祝五一节的问题上德国社会民主党在布鲁塞尔犯了错误。恩格斯认为倍倍尔的意见是对的，德国工人应该根据具体情况来庆祝这个节日。但他就此提出了国际工人政党间的交往信用问题。为了不再给德国党在国际交往中造成声誉上的损失，恩格斯要求倍倍尔等人在下一次的苏黎世国际工人代表大会上为自己辩护，说明根据各国的具体情况安排五一节纪念活动的正当性。此外恩格斯还赞扬了倍倍尔起草的决议。

　　12月3日　致信奥古斯特·倍倍尔，指出：既然党的出版人愈来愈想掌握党的全部出版物，包括学术刊物，那就必须使他们不要总是期望大量发行，而不管它是否适合。真正的经济学著作首先应当是详尽研究的作品，因此不能期望大量出售。

真正的历史著作、独立研究的成果也不宜一版再版。简言之，我认为必须分为两类：一类是大量发行的，另一类是较慢销售的，象通常售书那样，份数较为有限，售价也相应提高。

巴拿马事件胜过了迄今为止的一切营私舞弊，无论是路易-菲力浦时期的，还是波拿巴第三时期的。筹办费用，包括用于新闻界和议会的花费在内，达八千三百万法郎。资产阶级共和国因此会遭灭顶之灾，因为激进派和机会主义派都同样深陷泥潭。当然，人们力图从各方面把事件压下来，但是欲盖弥彰。既然揭发业已开始，有些人又深受牵连，他们为了保全自己，就要供出同谋者，并证明自己不过是随波逐流而已。委员会现已获得使人如此声名狼藉的供词，要把事情停顿下来，已是不可能的了。个别人也可能幸而逃脱，但是大批已被点名；此外，损坏名誉的人愈少，资产阶级共和国沾上的污垢就愈多。自然，还可能发生许多意外的事，不过这已是结局的开始。幸而所有的保皇党派都已彻底破产，而第二个布朗热也不那么容易找到。

评论：恩格斯和倍倍尔讨论了五一节的庆祝问题，对柏林决议表示赞同；对《新时代》改为周刊后的情况发表了意见，谈到了要分类区别对待党的全部出版物的经营方式；信中还分析了巴拿马丑闻的发展态势。

12月31日 致信弗里德里希·阿道夫·左尔格，指出：在这样一个从未经历过封建主义、一开始就在资产阶级基础上发展起来的年轻的国家里，资产阶级的偏见在工人阶级中也那样根深蒂固，这是令人奇怪的，虽然这也是十分自然的。美国工人正因为反抗了还披着封建外衣的宗主国，便以为传统的资产阶级经济天然就是，而且任何时候都是先进的、优越的、无与伦比的。

阶级斗争在英国这里也是在大工业的发展时期比较剧烈，而恰好是在英国工业无可争辩地在世界上占统治地位的时候沉寂下去的。在德国也是随着1850年开始的大工业的发展出现了社会主义运动的高涨，美国的情况大概也不会有什么两样。日益发展的工业使一切传统的关系革命化，而这种革命化又促使头脑革命化。

此外，美国人早就向欧洲世界证明，资产阶级共和国就是资本主义生意人的共和国；在那里，政治同其他一切一样，只不过是一种买卖；法国人通过巴拿马丑闻也终于在本国范围内开始领悟这个道理，那里当权的资产阶级政治家早就懂得了这一点，并且不声不响地在付诸行动。

评论：恩格斯告诉左尔格，美国工人阶级意识淡薄，认同美国资产阶级的价值观，具有浓厚的资产阶级思想意识，这是美国与欧洲相区别的特征。恩格斯总结了英国的革命经验，阶级斗争在大工业的发展时期比较剧烈，而在向大工业的过渡大体完成以后却平稳下来，无产阶级革命可能先在资产阶级影响薄弱的工业比较不发达的国家发生。信中还揭露了资本主义所谓民主国家的实质就是金钱政治。

第39卷

书　信

1893年

1月18日 致信弗里德里希·阿道夫·左尔格,指出:在布莱得弗德,召开了独立工党的代表会议,你从《工人时报》上可以得知。无论是社会民主联盟还是费边派,由于它们的宗派主义的态度,都没有能够吸收外省大量涌来的社会主义力量。所以,成立第三个党是很好的。由于大多数党员确实很好,由于党的重心是在外省,而不是在派别林立的中心——伦敦,它的纲领的主要之点和我们一致,所以艾威林加入该党并在它的执行委员会中担任委员,他做得对。在这里如果能把伦敦那些风头人物的卑微的个人野心和耍手腕的行为加以抑制,而策略上也不出太大的偏差的话,独立工党也许能从社会民主联盟手里,在外省从费边派手里把群众吸引过来,从而促成统一。

在伦敦这里,费边派是一伙野心家,不过他们有相当清醒的头脑,懂得社会变革必不可免,但是他们又不肯把这个艰巨的事业交给粗鲁的无产阶级单独去做,所以他们惯于自己出来领导无产阶级。害怕革命,这就是他们的基本原则。他们多半是"有教养的人"。他们的社会主义是地方公有社会主义:生产资料不应当归国家所有,而应当归公社所有,至少是在开头应该这样做。他们把自己的社会主义描述为资产阶级自由主义的一种极端的但又是不可避免的结果,因此就产生了他们的策略:不是把自由党人当作敌人来坚决地进行斗争,而是推动他们作出社会主义的结论,也就是哄骗他们,"用社会主义渗透自由主义",不是拿社会主义候选人去同自由党人相对抗,而是要把他们塞给自由党人,强加给自由党人,也就是用欺骗手段使他们当选。他们这样做不是使自己受欺骗和受愚弄,就是欺骗社会主义,这当然是他们所不了解的。费边派除了出版各种各样的恶劣作品外,还尽力出版了一些好的宣传品,这是英国人在这方面所出版的最好的东西。但是当他们一回到他们的特殊策略——抹杀阶级斗争时,那就糟糕了。他们所以疯狂地仇视马克思和我们大家,就是因为我们主张阶级斗争。

　　评论：信中讲述了和瑞士社会主义者路·艾里提埃的斗争。德国社会民主党的报纸《柏林人民论坛》从1892年8月份起，发表了瑞士社会主义者路·艾里提埃的一组题为《汝拉联合会和米哈伊尔·巴枯宁》的文章。这组文章以巴枯宁派的材料为根据，凭空捏造在瑞士的国际工人协会的历史，为巴枯宁派，尤其是为无政府主义的汝拉联合会的分裂主义破坏活动辩护。这组文章对总委员会，对马克思和他的战友们，尤其是对贝克尔有许多诽谤性的杜撰，对此，恩格斯进行了驳斥。恩格斯把声明寄给柏林的倍倍尔，让他转交给《柏林人民论坛》编辑部。信中还介绍了英国工运现状，恩格斯认为独立工党正在壮大，社会民主联盟虽然是最老的社会主义组织，但影响力日衰，费边社在追随自由党，由于它们的宗派主义态度，没有吸收外省大量涌来的社会主义力量，因此，独立工党是可能有所成就的。

　　1月24日　致信奥古斯特·倍倍尔，指出：艾威林讲的情况，加深了我原先已经产生的疑虑，即凯尔·哈第暗怀着一种愿望，他想用帕涅尔治理爱尔兰人那样的独裁方法治理新党；而且他更倾向于同情保守党，而不同情与它对立的自由党。他公开说，在最近的选举中，应当重复帕涅尔用来迫使格莱斯顿作出让步的那种实验，并说，在不能推出工人候选人的地方，应当投保守党人的票，以便向自由党人显示自己的实力。固然在某些情况下我自己也曾经要求英国人采取这种政策，但是如果把这类作法预先宣布为在任何情况下都应当遵循的策略，而不是作为一种可能采取的策略步骤，那就充满着秦平的味道了。特别是与此同时，凯尔·哈第把扩大选举权以及其他改革——只有这些才能使工人选举权成为现实——轻蔑地说成是一些次要的、纯政治性的问题，认为这些问题同八小时工作日、劳动保护等等社会要求相比应当退居次要地位，就更是这样了。而他在这里并没有说明，既然他拒绝通过工人代表来强制施行这些要求，那末他如果不依靠资产阶级的恩赐，也不利用工人在选举中举足轻重的投票对资产阶级间接施加压力，他打算怎样实现这些要求。

　　评论：恩格斯表达了对凯尔·哈第的担忧，凯尔·哈第是独立工党的领袖。在罢工斗争活跃和争取实行英国工人阶级的独立自主政策以便同资产阶级政党相对抗的运动加强的情况下，1893年1月，在布莱得弗德会议上成立了独立工党。一些新、旧工联的成员和受到费边社影响的知识分子和小资产阶级分子参加了独立工党。恩格斯曾祝贺独立工党的成立，希望它能避免宗派主义错误而成为真正群众性的工人政党。但是独立工党的领导一开始就采取资产阶级改良主义的立场，把主要的注意力放在议会斗争的形式上并且同自由党进行勾结。

　　2月9日　致信奥古斯特·倍倍尔，指出：资产阶级的先生们原来打算在无聊的会议中拿这种辩论作为消遣，同时想乘机使我们上当，但是结果这种辩论却变成了我们的一次十分巨大的胜利。他们自己也感到了这一点；这可以从下面的情况看出：在李卜克内西演说之后，他们已感到够受了，施特克尔亲口证明了这点！这些先生们终于觉察到：如果议会连续用五天的时间讨论我们所主张的社会改革，而且这个议会是德意志帝国国会，那末这就是标志着工人政党的新胜利的里程碑。后一情况在全世界面前，在朋友和敌人的面前，证实了德国党所赢得的胜利地位。如果照这样下去，我们很快就可以不必辛辛苦苦而单靠我们的对手的愚蠢生活下去。以前就很明显，这次辩论的重担要落在你的肩上。就我对弗罗梅的演说所能下的判断来说，他的演说的确给李希特尔、巴赫姆和希策的胜利叫喊提供了某种借口。有关托马斯·阿奎那和亚里士多德的话，本应仔细核对。如果希策说的对，那就是弗罗梅不善于引证，而如果希策说的不对，弗罗梅应当发表一项个人声明为自己申辩。此外，一切都进行得很成功，李卜克内西在结束时发表的演说也不错，尽管内容并不重要，但在论战上是好的和"锋利的"。总之，这是一次凯旋。

评论：恩格斯认为李卜克内西和倍倍尔在议会辩论中取得了成功。在1893年1月底帝国国会讨论1893—1894年的国家预算时，资产阶级议员们指责社会民主党人说，他们只是想挑起人民的不满却不能说明他们所谓的未来的社会主义国家究竟是怎么回事。对此，倍倍尔于2月3日在一篇演说中阐述了社会主义的原则。结果，这个问题一连几天成为帝国国会的中心议题，社会民主党的议员们成功地利用了这个机会来宣传自己的思想。2月7日，极右派代表阿·施特克尔宣布，在李卜克内西演说之后，他决定放弃发言，并提议停止辩论这个问题。讨论至此结束。信中还分析了俄、德、英、法、意等国的关系，认为下一次战争只要一爆发，就可能将所有大国都卷进去。恩格斯在信中还揭露凯尔·哈第成为托利党手中的傀儡。

2月24日 致信尼古拉·弗兰策维奇·丹尼尔逊，指出：如果在西方，我们在自己的经济发展方面走得更快些，如果我们在大约十年或二十年以前就能推翻资本主义制度，那末，俄国也许还来得及切断它自己向资本主义演变的趋势。不幸的是，我们的进展太慢，那些会使资本主义体制达到临界点的经济后果，目前在我们周围的各个国家只是刚刚开始发展；当英国在迅速丧失它在工业上的垄断地位的时候，法国和德国正在接近英国的工业水平，而美国却大有可能不单在工业品方面，而且在农产品方面把它们统统赶出世界市场。美国实行自由贸易政策，即使是相对的自由贸易，无疑会彻底摧毁英国的工业垄断地位，同时破坏德国和法国的工业品输出；然后危机——这就是世纪末还剩下的一切——就会到来。而在这同时你们那里的公社却在消失，我们只希望我们这里向更好的制度的转变能够尽快地发生，以挽救——至少是在你们国家一些较边远的地区——那些在这种新情况下负有使命实现一个伟大前途的制度。但事实终究是事实，我们不应当忘记，这种机会正在逐年减少。

其余的我都同意您的意见：俄国是资本主义大工业发展最后波及的国家，同时又是农民人口最多的国家，这种情况必然会使这种经济变革引起的动荡比任何其他地方强烈得多。由一个新的资产阶级土地占有者阶级代替大约五十万地主和大约八千万农民的过程，只能通过可怕的痛苦和动荡来实现。但历史可以说是所有女神中最残酷的一个，她不仅在战争中，而且在"和平的"经济发展时期中，都是在堆积如山的尸体上驰驱她的凯旋车。而不幸的是，我们人类却如此愚蠢，如果不是在几乎无法忍受的痛苦逼迫之下，怎么也不能鼓起勇气去实现真正的进步。

评论：恩格斯在信中讲述了自己在整理《资本论》第三卷的一些情况，第五篇（银行和信用）从内容本身或就手稿的状况来说，都是最困难的，克服了这些困难后，才有时间回复。恩格斯阐述了关于俄国公社是否需要经受资本主义制度的苦难的看法，通过对俄国状况和国际社会主义运动、资本主义发展的分析，他认为俄国公社避免向资本主义转变的机会正在逐年减少。

2月25日 致信保尔·拉法格，指出：你们着手准备选举是完全正确的。在选举中，最重要的事情是断然确定：我们党是法国社会主义的代表，所有其他多多少少属于社会主义的党派——布鲁斯派、阿列曼派、纯正的和不纯正的布朗基派，所以能够在我们一旁起过某种作用，那仅仅是由于无产阶级运动比较幼稚的阶段所具有的那种暂时的分裂状态造成的，而现在幼稚病的阶段已经结束，法国无产阶级已经充分意识到自己的历史使命。

英国现在是唯一的一个资产阶级还多少有点头脑的国家。在这里，独立工党的成立及其在郎卡郡和约克郡的选举中所起的作用，给了政府一鞭子，使它活动起来，做出一些对自由党政府说来是前所未闻的事情。随后还有一大堆有利于工人的立法和经济措施。总之，自由党人认识到，虽然工人阶级日后自然会把他们赶出门外，但在目前，他们只有加强工人阶级的政治力量，才能保住自己的政权。另一方面，托利党人此刻显得十分愚蠢。但一旦地方自治法案成为法律，他们就会看到，他们没有别的选择，只有参与赢得政权的斗争，而要达到这个目的，唯一的办法是通过政治上或经济上的让步，把工人的选票争取到自己这方面来；这就是说，自由党人和保守党人都不得不加强工人阶级的力量，使他们自身被消除的时刻加速到来。在这里的工人中，形势正在前进。工人们开始越来越清楚地认识到自己的力量，并认识到只有一个途径来使用自己的力量，这就是建立独立的政党。同时，国际主义的感情也日益普及。总之，形势到处都在向前发展。

评论：恩格斯肯定了拉法格及法国工人党的成绩，在1892年5月1日和8日举行的市镇选举中，法国工人党获得了十万张以上的选票，在市镇参议会中得到二十七席，认为法国党要全力争取选举的胜利。同时告诫拉法格，在选举中要坚持社会主义的立场，坚持党的独立；信中还评价了英国工人政党的成绩，由于新选举法，工人的地位正在继续上升，工人也在觉醒，认识到自己的力量。

3月18日 致信弗里德里希·阿道夫·左尔格，指出：这里一切都很好。群众无疑都动了起来。详细情况你读一下《人民报》上艾威林写的报道就知道了，虽然报道写得有些罗嗦。最好的证明就是，老的宗派越来越站不住脚，被迫改变策略。

社会民主联盟实际上已经把海德门先生撤了职；有时候还让他在《正义报》上就国际政治问题发发牢骚，放放怨气，但是他的好景已经过去——连他自己的追随者都把他看透了。他向我挑衅整整十年之久，一有机会，人身攻击、政治攻击就都来了，可是我从来不屑于回答，因为我深信这种人总会自取灭亡的，结果证明我对了。

费边社的情况也是这样。也和社会民主联盟一样，他们外省的下级组织已超过他们。郎卡郡和约克郡又象在宪章运动中一样，在这次运动中又走在前头了。象悉尼·维伯、肖伯纳等想用社会主义"渗透"自由派的人们，现在只好容忍他们本社的工人成员用自己的思想"渗透"他们了。不管他们怎样硬撑，怎样挣扎，都无济于事。他们要么继续处于孤立地位——做无兵之将，要么就得跟工人一齐走。前一种可能性更大，而且也较合意。

独立工党由于诞生最晚，它的顽固偏见较少，它的队伍中有着优秀分子——具有决定意义的力量是北部的工人，所以总的看来，它最真实地反映着目前运动的状况。当然，在领导者中间有各种各样可笑的人物，甚至连其中最好的也大都染有议会里那套耍手腕的恶劣习气，和你们美国那里完全一样；可是他们背后有群众，而群众不是把他们教得懂事，就是把他们抛弃。错误还会多得很，但是主要的危险已被克服，我现在预料将有迅速的发展，而这也会影响到美国。

在德国，局势到了危机关头。从最近有关军事委员会会议的报告看来，妥协是不大可能了。因为支持我们的人数大大增加了。据倍倍尔估计，可得五十至六十个席位，因为选区的划分对我们不利，而且是所有其他力量都联合在一起对付我们，所以，在复选中我们也不能把为数固不算小的少数变成多数。我倒宁愿运动平静地进行到1895年，那时候我们将能取得完全不同的结果。但是，不管情况如何，所有这一切，从李希特尔到小威廉，都将有助于我们向前迈进。

评论：恩格斯首先分析了美国的银本位制破产的必然性。美国复本位制的拥护者和单一金本位制的拥护者之间进行了斗争。1890年7月14日的所谓《谢尔曼法》规定，每月由政府收购四百五十万盎司的白银，以便人为地维持白银同黄金的16∶1的比价。尽管有这条法律，但白银的市价却继续直线下跌，1893年跌到26.5∶1。1893年夏季，在危机已经开始的情况下，美国总统克利夫兰召开国会非常会议，提出要废除1890年收购白银的法律。同年11月1日，经过长时间的辩论以后，《谢尔曼法》被废除了。信中还分析了英国工人政党的情况，老的宗派越来越站不住脚，社会民主联盟、费边社影响下降，独立工党成长壮大。信中还肯定了德国工人党在选举中的成绩。

6月27日 致信保尔·拉法格，指出：关于爱国主义者一词的使用，关于你们自称为唯一"真正的"爱国主义者，这些我不想谈了。这个词的涵义片面——或者说词义含糊，依情况而定——所以我从来不敢把这一称号加于自己。我对非德国人讲话时是一个德国人，正象我对德国人讲话时又纯粹是一个国际主义者一样。我认为，要是你们只称自己是法国人，倒会取得更大的效果；因为这反映了事实，其中也包含了由此而得出的逻辑结论。但是我们先不管它，这是个风格问题。

你们以法国革命的过去自豪，并认为它的革命的过去将保证它的社会主义的未来，这也是完全正确的。但是我觉得，你们在这样做的时候，似乎太接近布朗基主义了，也就是说，太接近于这样一种理论：法国注定应该在无产阶级革命中起它在1789—1798年资产阶级革命中所起的那种作用（不仅是首倡者的作用，而且是领导者的作用）。这是同今天的经济和政治的实际情况相矛盾的。法国工业的发展落后于英国，目前也落后于德国，德国从1860年以来进步迅速。法国的工人运动今天已不能同德国的工人运动相比。但是，无论是法国人、德国人或英国人，都不能单独赢得消灭资本主义的光荣。如果法国——可能如此——发出信号，那末，斗争的结局将决定于受社会主义影响最深、理论最深入群众的德国；虽然如此，不管是法国还是德国，都还不能保证最终的胜利，只要英国还留在资产阶级手中。无产阶级的解放只能是国际的事业。如果你们想把它变成只是法国人的事业，那你们就会使它成为做不到的事了。法国单独领导过资产阶级革命，——虽然由于其他各国的糊涂与怯懦，这是不可避免的，——你们知道这导致了什么后果？导致了拿破仑的出现，导致了东侵西夺，导致了神圣同盟的入侵。希望法国在将来也一定要起这样的作用，那就是歪曲国际无产阶级运动；就是象布朗基派那样，使法国成为取笑的对象，因为在你们国界以外，人们对这种奢望是嘲笑的。

评论：1893年春，法国各个保皇派集团在无政府主义者的支持下，对社会主义者掀起了一个诽谤运动，他们把社会主义者所遵循的国际主义原则称为反爱国主义。盖得和拉法格就此事于6月17日和18日在法国北部一些城市里组织了群众大会，会上宣读了《告法国劳动者书》。声明以法国工人党全国理事会的名义发表于1893年6月17日《社会主义者报》第144号。恩格斯赞同法国工人党对诽谤的抗议。同时，恩格斯分析了法国工人党、德国工人党的现实状况，对爱国主义的口号的狭隘性进行了分析，提出无产阶级的解放只能是国际的事业。

7月14日 致信弗兰茨·梅林，指出：您加在我身上的功绩大于应该属于我的，即使把我经过一定时间也许会独立发现的一切都计算在内也是如此，但是这一切都已经由眼光更锐利、眼界更开阔的马克思早得多地发现了。如果一个人有幸能和马克思这样的人一起工作四十年之久，那末他在后者在世时通常是得不到本来似乎应当得到的承认的。后来，伟大的人物逝世了，他的不大出色的战友就很容易被给以过高的评价——而这种情况看来现在就正好落在我的身上。历史最终会把一切都纳入正轨，但到那时我已经幸福地长眠于地下，什么也不知道了。此外，被忽略的还有一点，这一点在马克思和我的著作中通常也强调得不够，在这方面我们两人都有同样的过错。这就是说，我们都把重点首先放在从作为基础的经济事实中探索出政治观念、法权观念和其他思想观念以及由这些观念所制约的行动，而当时是应当这样做的。但是我们这样做的时候为了内容而忽略了形式方面，即这些观念是由什么样的方式和方法产生的。这就给了敌人以称心的理由来进行曲解和歪曲。

评论：恩格斯肯定了梅林的《莱辛传奇》论述很出色，同时表示马克思的贡献更大，而不是自己。恩格斯还着重阐述了他和马克思的著作中被忽略、被歪曲的观点，指出这是由于把原因和结果刻板地、非辩证地看作永恒对立的两极，完全忽略了相互作用。

9月30日 致信劳拉·拉法格，指出：奥地利和德国的运动，超出了我最大胆的希望。我们的法国朋友们应当加劲工作，如果他们不想落在后面的话。我们的人在那里是一支力量，这一点他们自己和他们的对手都意识到了。在维也纳我出席了大约有六千人的大会，在柏林参加了专门为我举办的同志宴会。有四千人出席，而且都是党的优秀代表——有男有女；真的，见到他们，听到他们讲话，是件很愉快的事。当你离开英国和它的分散孤独的工人阶级，当你多年来从法国、意大利和美国听到的只是一些无谓的争吵和谩骂，而今来到讲德语的人们中间，看到目标一致、组织极好、热情洋溢以及由必胜信心产生的无穷尽的幽默时，你不能不深深感动并说：工人运动的重心就在这里。如果我们的法国朋友们不想想办法，他们可能要无望地落在奥地利人后面了。他们是种族的混合体——克尔特（诺里克人）血统的德国人与大量的斯拉夫成分混合，因此欧洲三个主要种族的血统在他们身上结合在一起了。他们的性格很象法国人，它比血统较纯的德国人活跃敏感，并由于易冲动更具有首创精神。当巴黎还在瞻前顾后的时候，维也纳可能发出未来革命的信号。我非常喜欢他们，而维也纳的妇女使我想起四十年前的法国女工。当然，维也纳人和法国人完全一样，过于相信成就，而我认为，他们的头脑比那些迷恋于布朗热的巴黎人清楚得多。

评论：恩格斯从瑞士回去时，在造访维也纳以后来到柏林，1893年9月16日至28日他都在柏林。他在这里受到了友好的接待。在此期间警察当局也密切注视着恩格斯的行踪。恩格斯的演说是在柏林为欢迎他而在1893年9月22日举行的大会上作的，参加大会的有四千人。26日，恩格斯出席了同志宴会，李卜克内西在宴会上祝酒，肯定了恩格斯在德国工人运动中的杰出作用。恩格斯在信中还高度赞赏了奥地利和德国的工人运动。

10月7日 致信弗里德里希·阿道夫·左尔格，指出：法国先生们应当在11月份表明，他们能够干什么。十二个马克思派和四个布朗基派，五个阿列曼派和两个布鲁斯派再加上几个独立的社会主义者和大约二十四个米勒兰派的激进社会主义者，在议院里是一个相当大的班底了，他们应该引起显著的震动，如果他们大家能够采取一致行动的话。但是，会不会这样呢？这十二个马克思派大部分是完全不了解的人物；拉法格不在，不错，还有盖得，他是一位较好的演说家，但更是一个相当轻信的乐观主义者。我急切地等待着进一步的情况。我们的马克思派早在选举之前就同米勒兰一伙达成了某种协定；现在，由于在米勒兰的《小法兰西共和国报》的撰稿关系，好象布朗基派，如瓦扬也参加了这一协定。正是现在布朗基派十分坚决地反对同俄国结盟。然而我还没有直接得到当前各党派所采取的立场的情况，也许是因为它们自己还不清楚自己的立场。

评论：恩格斯介绍了在欧洲大陆的旅行情况和所受到的热烈欢迎，介绍了德国和奥地利工业发展迅速，农业大有改进，城市面貌也大大改善美化。信中还介绍了德、奥、法三国工人运动情况，德国工人运动进展很快，但是党的报刊与党的地位不相适应。各国群众的力量大都胜过领导人。奥地利的工人运动也比较活跃，法国各党派的立场也非常值得关注。

10月11日 致信维克多·阿德勒，指出：现在欧洲的情况——我指的是各国的内部情况——日益接近于1845年的情况。无产阶级日益在更大的程度上占居当时属于资产阶级的地位。那时先由瑞士和意大利开始：瑞士是民主派各州同天主教各州之间发生的内部纠纷，后为宗得崩德战争解决；在意大利是庇护九世的自由主义尝试，在托斯卡纳、各小公国、皮蒙特、那不勒斯、西西里进行的自由主义的民族主义改革；宗得崩德战争和巴勒摩的炮轰，大家知道，成为1848年巴黎二月革命的直接序幕。今天，当危机再有五六年就可以成熟的时候，显然，瑞士的角色将转到比利时，意大利的角色将转到奥地利，法国的角色将转到德国。争取普选权的斗争开始于比利时，奥地利正在取得巨大的规模。根本谈不上事情会以某种半途而废的选举改革而告终；一旦石头滚下，震动将传到各个方面，一个国家将给另一国家以反作用。现在不单有取得巨大成就的可能性，也还具备取得这些成就的条件和或然性。

评论：恩格斯肯定了阿德勒的贡献，包括争取普选权的工作，分析了奥地利的政治形势，工人运动取得了很大的发展。欧洲处于革命的前夕，比利时、奥地利、德国都出现了好的形势。恩格斯指出，在一个国家所获得的成功，反过来会对所有其他国家产生强有力的影响。信中还对斗争的策略提出了指导。

10月13日 致信保尔·拉法格，指出：现在这件事再不能由编辑部单独解决了，执行委员会应该表示自己的意见。而且我相信您在那里会得到支持，如果需要支持的话。当然，我会尽一切可能来保证德国党和你们法国党之间的紧密联盟不致中断。根据《社会主义者报》的说法，我估计我们有十二名议员。老实说，其中一大半我连姓名都叫不出来，所以我怀疑他们是否可靠。但是，根据您的信判断，对其中整整一半人是否站在我们方面您还不清楚。这很遗憾。如果有十二个受盖得领导的可靠的人，我们就能很快迫使布朗基派、阿列曼派等等跟我们走。但是如果我们仅有六个可靠的人，那末我们同这些先生们就不相上下了，这样一来旧的分散状态还会存在，即使统一能够确立，那也是以牺牲原则问题为代价达到的。

评论：信中告知拉法格，李卜克内西已经明显地倒向布朗基派一边了，但是拉法格应该依然保持过去一向对德国党所采取的立场——德国党在法国的主要同盟者的立场，要设法保证德国党和法国党之间的紧密联盟不致中断。信中还分析了法国议会选举，对于拉法格未能当选表示惋惜，肯定了他为党作出的自我牺牲。

10月17日 致信尼古拉·弗兰策维奇·丹尼尔逊，指出：在俄国，从原始的农业共产主义中发展出更高的社会形态，也象任何其他地方一样是不可能的，除非这种更高的形态已经存在于其他某个国家并且起着样板的作用。这种更高的形态——凡在历史上它可能存在的地方——是资本主义生产形式及其所造成的社会二元对抗的必然结果，它不可能从农业公社直接发展出来，只能是仿效某处已存在的样板。假如西欧在1860—1870年间已经成熟到能实行这种变革，假如这种变革当时已经在英法等国实行，那末俄国人当然应该表明，当时还没有怎么触动的他们的公社能够做出什么。但是西方当时却处于停滞状态，不打算实行这种变革，而资本主义倒是越来越迅速地发展起来。因而，俄国就只能二者择一：或者把公社发展成这样一种生产形式，这种生产形式和公社相隔许多中间历史阶段，而且实现这种生产形式的条件当时甚至在西方也还没有成熟——这显然是一项不可能完成的任务，或者向资本主义发展。试问，除了这后一条路，它还有什么办法呢？至于说到公社，那末只有在其成员间的财产差别很小的条件下，它才可能存在。这种差别一旦变大，它的某些成员一旦成为其他较富有的成员的债务奴隶，它就不能再存在下去了。雅典的富农和富豪在梭伦那个时代以前无情地破坏了雅典的氏族，现在你们国家的富农和富豪也在同样无情地破坏着公社。恐怕这一制度注定要灭亡。但是，另一方面，资本主义正在展示出新的前景和新的希望。请看它在西方已经做的和正在做的事情吧。象你们的民族那样伟大的民族，是经得起任何危机的。没有哪一次巨大的历史灾难不是以历史的进步为补偿的。只有活动方式在改变。让命运实现吧！

评论：恩格斯围绕如何认识俄国资本主义的命运表达了自己的看法，他认为，在俄国，资本主义发展造成的变动一定比美国强烈得多，尖锐得多，受的痛苦更大，但是，面对资本主义越来越迅速的发展现实，显示出俄国只能走上资本主义发展道路，历史的进步总是以巨大的历史灾难为代价的。

11月3日 致信卡尔·考茨基，指出：再谈谈总罢工。你不应该忘记，谁也没有象比利时领袖们对成功的结局那样高兴。他们十分害怕要他们真正实现他们的威胁；他们自己很清楚他们能够做到的是多少。而且这是在一个工业占主要地位的国家里，其军队极不稳定，纪律松弛，类似民兵。如果说在那里还可以指望借助于这个斗争工具取得某些成就，那末在奥地利又能指望什么呢？在这里，农民占大多数，工业分散而且比较薄弱，大城市很少而且彼此相距很远，各民族被挑拨互相残害，而社会主义者还不到全体居民（自然是成年男性居民）的百分之十！在这里，我们无论如何也要避免任何可能使本来就急不可待地渴望建立功绩的工人阶级采取孤注一掷行动的步骤，何况这是在政府希望这样并且有可能用挑拨的办法做到这一步的时候。

评论：信中恩格斯告诉考茨基和豪威耳打交道的办法，分析了奥地利的形势，认为工人运动在高涨，奥地利国内开展了争取选举改革的广泛运动。1893年7月9日，社会民主党人在维也纳和全国其他城市组织了大规模的工人示威和群众集会，要求普选权。在群众的压力下，首相爱·塔菲于1893年10月10日向帝国议会提出了奥地利的选举改革草案。恩格斯同时提醒要尽力避免总罢工，现实是农民占大多数，工业分散而且比较薄弱，大城市很少而且彼此相距很远，各民族被挑拨互相残害，而社会主义者在全体居民中的比例很低，因此，工人阶级不能孤注一掷行动。

1894 年

2月23日 致信弗里德里希·阿道夫·左尔格，指出：我们在法国议会中独特的社会主义党团仍然有些猜不透。无论是人数和方向，到现在为止都很不清楚。盖得要提出一大堆法案，当然一个也不会通过。饶勒斯轰动一时的最初成就，未必会重现，因为无政府主义者先生们用他们的炸弹喧嚣声很快就为内阁和"秩序"造成了巩固的多数。这里的官方政治家中间完全是一片涣散，无论是自由党人还是保守党人，都是这样。自由党人要想站得住脚，只有向工人作出新的政治让步和社会让步，但他们缺乏这种勇气。因此，他们不是提议实行议员津贴、政府担负选举开支并实行复选制，而是提出反对上院的竞选口号以达到自己的目的。换句话说，他们不是加强工人反对资产者和贵族的力量，而是只想加强资产者反对贵族的力量，工人是再不会上这个当了。无论如何，夏天这里要举行普选，如果自由党人不能鼓足全部勇气，对工人作出真正的让步，那末他们将被击败而四分五裂。目前只有一个格莱斯顿把他们联合起来，而前者随时都可能完蛋。那时将有一个倾向于对工人友好的资产阶级民主政党，剩下的自由党人将转向张伯伦。所有这些都只不过是在内部仍旧涣散而且半自觉的工人阶级的压力之下发生的。当工人阶级逐渐觉悟起来时，一切将完全是另一个样子。

评论：恩格斯谈到了一些社会党人的活动情况，批评了法国无政府主义者的鲁莽。1893年无政府主义者在巴黎积极活动；从2月开始，他们制造了大量的爆炸事件。1893年12月9日法国众议院正在开会的时候，无政府主义者奥·瓦扬向会场投掷了一枚炸弹。但是，这反而使资产阶级政府加强了统治。恩格斯认为，自由党人、保守党人处于涣散状态，工人阶级的觉悟将会改变现实的混乱。意大利劳动社会党坚决地和无政府主义者划清了界线，虽然犯了一些改良主义性质的错误，还是积极地领导了意大利工人阶级的群众运动。奥地利社会主义者提出了一些妥协的改革方案。

3月6日 致信保尔·拉法格,指出:所有这一切都是因为我们跟我们不得不服从的前激进派实行了联合。首先,为什么饶勒斯要向激进派选民许下他明知不能履行的诺言?这是激进派而决不是社会主义者的习气,如果我们不纵容这种习气,我们会做得很好。其次,这个饶勒斯先生,这个空论家教授、但又是不学无术的人,极其肤浅,滥用他的饶舌才能想使自己出人头地并将自己描绘成社会主义的发言人,虽然他自己并不了解什么是社会主义。否则,他就不敢把国家社会主义提到首位。国家社会主义是无产阶级社会主义的一种幼稚病,十二年以前,在非常法制度下曾流行于德国,当时它是政府许可甚至鼓励的唯一形式。虽然如此,党内只有很少人一度上了圈套;维登代表大会以后,这种情况完全消失了。

对无产阶级来说,共和国和君主国不同的地方仅仅在于:共和国是无产阶级将来进行统治的现成的政治形式。你们比我们优越的地方就是,你们已经有了它;而我们则需要花费二十四小时去建立它。但是,象其他任何政体一样,共和国取决于它的内容;当它还是资产阶级统治的形式时,它就和任何君主国一样地敌视我们。因此,把它看成本质上是社会主义的形式,或者当它还为资产阶级所掌握时,就把社会主义的使命委托给它,都是毫无根据的幻想。我们可以迫使它作某些让步,但是永远不能把我们自己的工作委托它去完成;即使我们能够通过一个强大得一天之内就能使自己变为多数派的少数派去监督它,也不能那样做。

评论:信中分析了饶勒斯关于粮食税的演说,指出社会主义者与激进派的不同;恩格斯认为,对无产阶级来说,资产阶级共和国和君主国在本质上是一样的,并不是社会主义的形式。

5月21日 致信格奥尔基·瓦连廷诺维奇·普列汉诺夫,指出:你们会看到,工联将进入议会;不是阶级为自己要求代表权,而是一个工业部门。不管怎么说,这还是前进了一步。开始,我们要努力使工人摆脱完全从属于两大资产阶级政党的状态,让纺织工人象矿工那样,进入这里的议会。只要议会里有十个工业部门的代表,阶级觉悟自然会迸发出来。莫德利斯在这篇宣言中要求实行复本位制,以保持英国棉纺织品在印度市场上的统治地位,真是滑稽透顶!这些英国工人具有幻想的民族优越感,他们的思想和观点根本上是资产阶级的,他们"讲求实际的"眼界狭隘,他们的领袖又严重地沾染了议会贪污受贿的恶习;这样的人的确会使人失望。然而事情还是在前进。只是"讲求实际的"英国人将落在最后,但是,当他们赶上来时,他们将是举足轻重的。

评论:信中对英国的政治状况进行了简要介绍,讲到英国工人的争取权利的斗争已经发展到争取进入议会,这是前进了一步,接下来要努力使工人摆脱完全从属于两大资产阶级政党的状态,从而提高工人的阶级觉悟。信中还批评了莫德利斯实行复本位制的要求,指出当时工人阶级及其领袖的局限。

6月2日 致信保尔·拉法格,指出:您所描述的社会主义在法国风行的情况,实在使我发笑。但它可以变成严肃的事情。如果你们有一支坚强有力的队伍，象德国的二百万选民那样，那末肯定能把新来的杂乱人群控制起来。但是对一个分裂成马克思派、布朗基派、阿列曼派、布鲁斯派以及其他派别（还不算米勒兰之类的前激进派，他们控制着议会中其他一切派别）的政党来说，就很难说这种风行会把你们带到何处了。您把它比之为布朗热主义，后者欢闹了好几个月，最后落得个污秽和可耻的下场。在这一类的运动中几乎可以肯定，象饶勒斯之流爱说漂亮话的人将居统治地位，他们已经取得代表议会里你们所有的人讲话的专利权。今天议会听他们的，我们的人则被迫保持沉默，明天整个国家都要听他们的了。也还有可能，所有这一切的结局并不太坏，甚至是好的，但是目前你们还要经历一些稀奇的事情。我为我们大家感到高兴的是，德国有一个牢固的战斗集体，它的行动将决定斗争。你们那里表现出的社会主义狂，可能导致剧烈的冲突，你们在这种冲突中将取得最初的胜利。国家和首都的革命传统，1870年后在更广泛的人民基础上改组过的你们军队的性质，——这一切都造成这种可能性。但是要保证胜利，要摧毁资本主义社会的基础，你们需要一个比你们现在所指挥的更加强大、人数更多、更加可靠和觉悟更高的社会主义政党的积极支持。那时，我们在很多年前所预见和预言的情景将会实现：法国人发出信号，开火，德国人解决战斗。

评论：信中讲到付出了许多努力的《资本论》第三卷手稿的最后部分已经在印刷了，《反杜林论》第三版也在印刷。恩格斯认为，法国社会主义虽然现在很活跃，但是由于他们自身的分裂，这必定不会长久，反而会导致剧烈的冲突。社会主义要取得胜利，需要一个更加强大、人数更多、更加可靠和觉悟更高的社会主义政党的积极支持。

7月17日 致信维克多·阿德勒，指出：在出名的代表中有一位最明理的、而且我认为也是最正直的人物，他就是米勒兰。但我担心某些资产阶级的法律偏见在他脑子里的地位要比他自己意识到的牢固。在政治方面，他是整个集团中最能干的人。饶勒斯是位教授，是个陶醉于自己的演说的空论家，议会对他比对盖得和瓦扬更加注意，因为他同多数派的先生们更相近。我认为，他的确想成为一个真正的社会主义者，可是你该知道，这些新手急于建立功勋的心愿同他们不了解事物的程度成正比，后一个缺点在饶勒斯身上十分严重。因此也才可能发生这样的事情：饶勒斯在巴黎作为社会主义的提案提出的，正是卡尼茨伯爵在柏林为容克地主的利益所提出的——为了提高谷物价格实行国家对粮食进口的垄断。由于议会中的老社会主义者在经济问题上也很无知（拉法格在利尔落选后，议会里再没有人懂得一点经济问题了），所以盖得也不得不至少是部分地维护这个旨在反对"投机"的"社会主义的"提案。通过把粮食贸易转到巴拿马骗子所组成的政府和执政党手中来消灭"投机"，这真是美妙的社会主义思想！我还通过博尼埃和拉法格向这些先生们公开表达了我对这一重大错误的看法。

我还向他们说：同新社会主义者合并——不是简单的联合——也许是不可避免的。但是你们不要忽略：这里有资产阶级分子，你们可能在原则问题上同他们发生冲突，因而分裂会成为不可避免的。应当有这种准备，必要时就可以很快地转向简单的联合，不致于临时措手不及，作蠢事。如果联合党团里有人提出你们不能同意的提案而多数人又反对你们时，你们应首先为自己保留以下权利：不在议会中发言维护这种提案；即使为了团结你们不得不投票赞成这些提案时，也要在自己的报刊上论述自己的不同意见。我们看看，这些忠告是不是有益。

评论：信中分析了欧洲工人运动的状况，肯定了奥地利工人党在政治运动中的进步并提出一些建议。奥地利的工人运动具有一定的广度和力量，并将对德国、法国和意大利以必要的推动。信中着重分析了法国党和激进派在议会中联合的情况，评价了社会主义者的合并，米勒兰和饶勒斯的立场，并对法国可能的发展趋势作出了分析，预料到可能在原则问题上发生冲突。信中认为英国依然墨守成规，但是经济和政治发展将推动工人群众的觉醒。

7月28日 致信卡尔·考茨基，指出：在整个美国，除了左尔格和施留特尔以外，就再也找不到一个头脑清楚的通讯员了，因为那里的德国人对工人群众顽固地采取这里的社会民主联盟所坚持的宗派主义立场。他们看不见美国人的运动中那种推动运动前进并且最终会使（即便通过错误和迂回的道路）它达到他们自己从欧洲得来的结论的因素。他们只把这个运动看成是错误的道路，高傲地蔑视那些愚昧无知的美国人，夸耀自己的正统的优越性，不是去吸引美国人而是把他们推开，所以这些德国人本身仍然是一个虚弱的小宗派。正因为如此，他们的著作家陷入纯粹的妄想之中，歪曲地和狭隘地解释一切关系。

评论：恩格斯告诉考茨基不要忙于发表《论早期基督教的历史》，并就考茨基对该书中关于宗教的一些问题进行了回答，指出基督教从它最初自犹太传入北叙利亚和小亚细亚，进而传入希腊、埃及和意大利之后，就开始在城市里发展起来并且找到最初一批信徒。恩格斯在回答"千年王国是属于此岸世界还是属于彼岸世界？"时表示，他把死后称作彼岸。恩格斯认为美国的工人运动正在发展，而那里的大多数德国人采取了宗派主义态度。

7月28日 致信劳拉·拉法格，指出：对法国的形势，保尔完全没有最可爱的博尼埃所表现的那种热情；博尼埃把所有这些辩论，无论是辩论的结果还是辩论的整个过程，都看做是法国社会主义者的确定无疑的胜利，看来，他对事件的看法有些乐观。我仍然认为，主要的成绩是确定无疑地证实了：无论在法国还是在德国，我们的党都是唯一真正的和严肃的反对党；法国激进派这种假反对党并不比德国的李希特尔们及其同伙这种反对党更严肃认真，这一点也是清楚的。因此，照保尔的说法，所有社会主义成分的真正联合必然加强；而目前已开始的迫害将加速这一过程。如果说在饶勒斯、米勒兰及其同伙和他们的集团的庇护下的这种联合将意味着以党的名义进行的公开行动的水平降低，理论水平和政治水平降低，那末，保尔也很明白，这只是以前热衷于空洞的革命词句的结果，而且是完全不可避免的结果。

评论：信中谈到法国工人运动的形势，表达了对饶勒斯的看法及判断，认为拉法格对法国社会主义胜利的判断有些乐观了，社会主义者还难以实现真正的联合。

8月14日 致信爱德华·伯恩施坦，指出：社会民主联盟对独立工党的候选人即使宣称自己是社会主义者时所采取的决定，表现了不可思议的愚蠢。还是老一套：或者你们是社会主义者，那你们就应该属于社会民主联盟，或者你们不想在社会民主联盟中，那你们就不是社会主义者。但是，大陆上的工人们把这两项决议对比之后就会打消同社会民主联盟所策划的代表大会打交道的任何念头，——看来，这些人完全没有想到这一点。不过，所有这一切并不使我焦急不安——离代表大会开会还有很多时间，还会发生许多质量和数量都难以估计的事情。

评论：伯恩施坦在1894年8月12日给恩格斯的信中谈到他对1894年7月在曼彻斯特举行的国际纺织工人代表大会的意见，他认为召开这次代表大会是企图把工会代表大会同国际社会主义者代表大会分开。同时他还提到阿伦特在1894年8月2日《前进报》上的那篇报道纺织工人代表大会的文章。他还寄给恩格斯一份《纺织工人报》，其中有对这次代表大会的评价。他要求恩格斯把这方面的意见以及对社会民主联盟年会决定在1896年国际工人代表大会以前召开"清一色社会主义的"代表大会的看法告诉他。这封信是恩格斯对伯恩施坦的问题的答复。恩格斯认为社会民主联盟应该统一立场，制定好策略。

8月16日 致信菲力浦·屠拉梯，指出：大陆各国已联合起来的社会主义者要自己决定，他们是否同意应邀参加代表大会，并在会上通过那些预先规定他们在总代表大会上的行动准则的决议。这只能引起参加大代表大会的不完全是社会主义组织的代表们的愤慨，而且是正当的愤慨。经验告诉我们，这些组织仅仅由于参加我们的代表大会这一件事实，已被吸引到（它们是不自觉地）社会主义怀抱里——英国工联就是一个最好的例证，难道我们竟愚蠢到自己去堵塞这条道路吗？您可能想象不到，由于召开这次代表大会在这里搞了些什么阴谋。传说工联代表大会议会委员会想左右我们的代表大会，并把它变成象这里1888年的代表大会那样一个纯工联的代表大会，康·拉查理可以给你们讲讲这方面的情况。无疑地，大陆上对这种企图会报以大笑的。但是，社会民主联盟看来是把所有这些谣传当真，并想借此左右代表大会，使它成为独特的。鉴于联盟的决议是正式的并已公布，可以在报刊上谈论，但不宜过分重视。它显然是一种试探手段，只有在开始付诸实现，分送邀请通知等等的时候才有意义。

评论：信中主要分析了英国社会民主联盟刚刚举行的代表会议通过的决议，分析了各方面的立场和反映，提出对于社会主义者说来，应该摆脱非社会主义的工联成分。

8月22日 致信保尔·拉法格，指出：1896年的代表大会使组成这里被称为有组织的工人的那些派系、派别、集团等等再不能平静了。工联代表大会议会委员会很想操纵这个代表大会。已经有人动议把如下的问题列入工联诺里奇代表大会（9月）的议事日程：只有那些参加工联代表大会的英国代表，即在他们所代表的行业里工作着或工作过的真正的工人，才能出席1896年的代表大会。而且据说，他们丝毫无意把这套办法也推行到大陆的代表身上，——因为这会引起震撼伦敦全城的大笑。至于社会民主联盟，它认为，由它控制代表大会、并借助代表大会控制英国运动的时机已经到来，看来它要以这些谣传为借口采取它自己的小小的对策。直到目前这仅仅是一种试探手段。但是只要社会民主联盟发出邀请通知之类的东西，事情就明朗化，大陆上的党就必须表态。

评论：信中对社会民主联盟的言论和做法提出了批评，揭露他们想得到英国社会主义运动领导权的企图。

11月10日 致信弗里德里希·阿道夫·左尔格，指出：这里的运动至今仍然同美国的运动相似，其差别只是多少走在你们前面一点。群众本能地感到，工人必须建立自己的政党来同两个官方的政党相对抗；这种本能日益增强，而且在11月1日的市政选举中表现得比任何时候都更为明显。但是由于各种陈旧的传统观念以及缺乏能把这种本能变成全国性的自觉行动的人，运动长期停滞在思想不明确和各地分散行动的早期阶段上。在中国进行的战争给古老的中国以致命的打击。闭关自守已经不可能了；即使是为了军事防御的目的，也必须敷设铁路，使用蒸汽机和电力以及创办大工业。这样一来，旧有的小农经济的经济制度，以及可以容纳比较稠密的人口的整个陈旧的社会制度也都在逐渐瓦解。千百万人将不得不离乡背井，移居国外；他们也将找到去欧洲的道路，大批地涌入欧洲。而中国人的竞争一旦成为群众性的，那末这种竞争无论在你们那里或在我们这里都会迅速地极端尖锐化，这样一来，资本主义征服中国的同时也就会对欧洲和美洲资本主义的崩溃起推动作用。

评论：信中介绍了英国各派工人团体和工人领袖的情况，以及大陆工人运动的状况。工人群众已经认识到工人必须建立自己的政党来同两个官方的政党相对抗；但是工人运动依然处于思想不明确和各地分散行动的早期阶段上。盎格鲁撒克逊宗派主义在工人运动中也很盛行。信中认为中日战争将使资本主义征服中国，并会给世界带来巨大影响，中国的资本主义化将推动欧洲和美洲的资本主义加速崩溃。

11月14日 致信劳拉·拉法格和爱琳娜·马克思-艾威林，指出：我应该向你们说一说我的遗嘱。第一，你们会发现，我大胆地把我的全部书籍，包括摩尔逝世后从你们那里得来的书籍，都赠给了德国党。全部这些书籍构成现代社会主义的历史和理论以及与之有关的一切科学的独一无二的、同时也是非常完备的文库。如果再让它分散开，那是很可惜的。把它保存在一个地方，而且交给那些想利用它的人支配，——这就是倍倍尔和德国社会党其他领导人早已向我表达过的愿望；他们的确是我所认为的最符合这一目的的人,所以我就同意了。我希望在这种情况下你们谅解我的行动,并且也能够表示赞同。第二,我不止一次地同赛米尔·穆尔商讨在我的遗嘱里不管用什么方式能给我们亲爱的燕妮的孩子们以照顾。遗憾的是,这为英国的法律所不许。只有在几乎是不可能的条件下才可能做到这一点,即花大量的费用,而这样一来也就把用于此目的的钱都耗费光了。所以,我不得不放弃这个办法。既然不能这样做,所以我把我的财产(扣除继承事宜所需的费用等等)留给你们每人八分之三。其中八分之二是给你们自己的,其余八分之一你们每人要给燕妮的孩子们保留,你们和孩子们的监护人保尔·拉法格认为如何使用最好就怎么使用。这样你们就不对英国的法律负任何责任,可以按照你们对孩子应有的道义感和爱去做。我应以摩尔著作的部分收入的形式付给孩子们的那笔钱,已记入我的总账本,并将由我的遗嘱执行人付给按照英国法律将是孩子们的法定代表人。

评论:恩格斯讲述了自己对遗嘱的规划,将自己的书籍都赠给了德国社会民主党,并对如何照顾好燕妮的孩子们进行了财产分配和安排。

11月22日 致信保尔·拉法格,指出:虽然我不曾同意南特代表大会决议中所说的,我想我是同意决议想要说的。我曾尽可能采取友好态度。但是这个决议在德国被滥用以后,再保持沉默就不好了。的确,你们让机会主义牵着走得太远了。在南特,你们为了一时的成就准备牺牲党的未来。及时止步还是时候;如果我的文章对此有所帮助,我将十分高兴。在德国,福尔马尔提议把你们对法国小农允诺的利益给予拥有十至三十公顷土地的巴伐利亚大农,倍倍尔已经应战,问题将得到认真讨论,在未解决以前,是不会从议事日程上消失的。您大概已在《前进报》上看到倍倍尔在柏林第二选区的演说。他以充分的根据诉说党正在资产阶级化。这是一切极端党派刚刚成为"可能的"政党时的不幸。但是,如果我们的党不背叛自己,我们就不能在这方面逾越特定的界限,而我认为,在法国(同德国一样),我们已到达这个界限。好在及时止步还是时候。

评论:信中批评了拉法格及法国工人党在机会主义的影响下作出的一系列让步和妥协。法国工人党第十二次代表大会于1894年9月14—16日在南特举行,这次代表大会是在国内农民运动高涨、反动势力进攻和法国社会主义运动内部意见分歧尖锐化的情况下举行的。代表大会指出了法国劳动者反对旨在迫害社会主义者的1893—1894年的所谓"惩恶法"的斗争正在加强,并同由于自己的恐怖行动而给这些法令的通过造成借口的无政府主义者划清了界限。代表大会最重要的决定是通过了党的土地纲领的绪论部分,并在其中列入了一系列具体要求;列入其中的论点有一些是同马克思主义在农民问题上的立场相违背的。恩格斯在《法德农民问题》中对南特土地纲领进行了批判,批判了福尔马尔的机会主义观点,批判了在1892年9月马赛代表大会上通过的并在1894年9月南特代表大会上作了补充的法国社会主义者的土地纲领中背离马克思主义理论的地方。

11月24日 致信威廉·李卜克内西，指出：分裂的危险并不是来自倍倍尔方面，他不过是直言不讳而已。这种危险来自巴伐利亚人方面，他们竟采取了党内前所未有的行动方式，因而使《法兰克福报》那些把福尔马尔和巴伐利亚人看作自己人的庸俗民主主义者欢欣若狂；这家报纸兴高采烈，而且变得更加无耻了。你说福尔马尔不是叛徒。就算是这样吧。我也认为他自己不会把自己看作叛徒。但是你把一个要求无产阶级政党使拥有十至三十公顷土地的上巴伐利亚大农和中农的目前状况（这种状况的基础是剥削雇农和短工）永远不变的人叫做什么呢？无产阶级政党是专门为了使雇佣奴隶制永久不变而建立的吗？！这种人可以是一个反犹太主义者，资产阶级民主主义者，巴伐利亚分立主义者，随便叫什么都可以，但是难道可以叫做社会民主党人吗？！其实，在日益壮大的工人政党内，小资产阶级分子的增多是不可避免的，这就象"学士"、落选的大学生等的增多一样，并没有什么了不起。他们在几年前还是危险人物。现在我们能够溶化他们。但是必须促进这个过程。为此就需要加盐酸；如果盐酸不够（象法兰克福所表明的那样），那末现在应该感谢倍倍尔，他正是为了使我们能够很好地溶化这些非无产阶级分子而加了盐酸。恢复党内真正和谐的途径就在这里，而不在于否认和隐瞒党内一切真正有争论的问题。

评论：信中对李卜克内西进行了批评，针对李卜克内西对倍倍尔在柏林第二选区会议上的发言形式进行的批评，恩格斯信中进行了解释。1894年11月14日，倍倍尔在柏林第二选区党的会议上，批评了福尔马尔以及其他巴伐利亚社会民主党人在德国社会民主党法兰克福代表大会上所采取的机会主义立场；他还批评代表大会通过的关于土地问题的决议是模棱两可的。恩格斯肯定了倍倍尔批评的内容是正确的。

12月4日 致信弗里德里希·阿道夫·左尔格，指出：在所有这些人当中，无疑地，倍倍尔头脑最清楚并最有远见。我经常和他通信已约有十五年了，并且我们的意见几乎总是一致的。李卜克内西的思想却很落后。他身上仍时常冒出德国南部联邦主义和分立主义的民主主义者的旧习气，最糟糕的是他不能容忍以下这种情形：早已超过他的倍倍尔虽然愿意容忍他在自己的身边，但已不再愿意服从他的领导了。此外，他把中央机关报《前进报》办得很糟（很大程度上是由于他过分看重自己的领袖地位，他想领导一切，但实际上什么也没有领导起来，因此，他妨碍了一切工作），以致本来能够成为柏林首屈一指的报纸，结果只是给党五万马克的收入，但没有给党带来任何政治影响。

评论：信中评价了李卜克内西和倍倍尔，指出了李卜克内西的缺点，思想中有落后因素又注重自己的领袖地位，认为他把中央机关报《前进报》办得很糟；肯定了倍倍尔，认为自己和倍倍尔的意见几乎总是一致的。

1895 年

1月1日 致信海尔曼·施留特尔，指出，群众中的社会主义本能越来越强烈，可是每逢这种本能的意愿转变为明确的要求和思想时，马上就开始了分散：有的人投向社会民主联盟，有的人加入独立工党，还有人留在工联里，等等等等。简言之，这只是一些宗派，而没有党。领导人物中间几乎没有一个人是可以信赖的，准备担任高级领导工作的人选很多，但他们丝毫不具备担任这一职务的卓越才能，而两大资产阶级政党手里早已准备好钱包，看看谁能收买。同时这里的所谓"民主"受到的间接限制极大。定期刊物要花费很多钱，议员候选人的提名和议员的生涯也是如此，别的不说，它所需要的通讯就是大量的。审查编制得很坏的选民名单也要花许多钱；到现在为止，除了两个官方政党以外，谁也担负不起这笔开支。因此，不支持这两大政党之一的人，就可能不被列入名单。在所有这些事情上，这里的公众大大落后于大陆，他们现在已开始觉察到这点。此外，这里没有复选，只要有相对多数，或你们美国人所说的过半数就行了。因此所有一切都只是为两个党设置的，第三个党在力量赶不上它们之前，最多能给其中之一以优势。

评论：信中介绍了英国工人的现状，工人群众的觉悟程度提高了，但是社会主义组织很分散，有社会民主联盟、独立工党、工联等。恩格斯认为这都是宗派组织，不是党的组织。他们现在无法效仿柏林的啤酒抵制那样的事情。1894年5月3日，柏林和市郊各啤酒酿造厂的工人们宣布断绝啤酒供应，这是由于利克斯多尔夫啤酒厂大约三百名木桶工参加1894年五一节游行被解雇而引起的。工人们要求：规定5月1日为休假日，承认现有的工会组织，建立仲裁法庭，召回被解雇的工人并赔偿其损失。但是啤酒厂的老板却开始大批解雇工人。断绝啤酒供应的规模越来越大，企业主被迫于1894年9月同工人进行谈判，结果，工人的要求基本上被接受，如召回被解雇的工人，承认工会组织。资本家也同意建立由企业主代表和工人代表组成的仲裁法庭。这场啤酒抵制于1894年12月26日结束。恩格斯满怀期待工人运动的继续发展。

1月3日 致信保尔·施土姆普弗，指出：党内的分歧并不怎么使我不安；经常不断发生这类事情而且人们都公开发表意见，比暮气沉沉要好得多。党不断加强的、不可控制的向广度扩展，会造成这样的情况，即新党员比从前入党的人难于消化。大城市的工人，即最有见识和最有觉悟的工人，已经同我们站在一起。现在加入的不是小城市或农业地区的工人，就是大学生、店员等等；或者是与破产斗争的小资产者和农村手工业者，这些人还占有小块土地或承租小块土地，而且现在还有真正的小农。由于我们的党事实上是唯一真正先进的党，而且是唯一可以取得某些成就的强大的党，因此容易受诱惑，想用社会主义的宣传鼓动对那些身负重债并日渐反叛的中农和大农发生点影响，特别是在农村人口中这些人占大多数的地区。在这种情况下可能有人越出对我们的党来说根本不许可的界限，那时就要引起某种意见分歧；但是我们党的机体十分健康，所有这些都丝毫无损于它。

评论：信中指出德国社会民主党内经常发生分歧的原因，因为新加入的主要是小城市或农业地区的工人、大学生、店员、小资产者、农村手工业者，还有真正的小农。但是党的肌体是健康的。

1月22日 致信保尔·拉法格，指出：你们推翻了部长，随后是整个内阁，共和国总统受到波及，也被卷入总垮台之中。结束了三届内阁和一任总统，这做得不算太坏了。你们正在快步前进；党的进步本身首先将使党内传统的内讧缓和下来，而后再消除它。三十个激进派的加入给你们带来了好处。没有他们，集团就不会结合起来。没有米勒兰你们就不可能从政治形势中取得现在已取得的那种好处。而饶勒斯，看来确实充满了善良愿望，如果他的进展稍慢一些，那可能对他、对我们都大有好处。至于说到经济问题，他确实需要作进一步的研究。他在《小共和国报》上的文章中提出的立即改革的方案，已不象他的粮食垄断方案那样荒唐了，但是这些改革方案要求资产阶级做出与资本主义工业发展不相容的牺牲，因此资产阶级认为这和立即剥夺是一样的。同时他还提出由国家出钱改善属于私人所有的土地的肥力，而且是在永久保存小农并为那些对方案规定的"义务"等等抱嘲弄态度的大土地所有者创造机会从事新的巴拿马的条件下。看来这是完全脱离了自己生活和这些改革借以实现的环境。在未把议会和财政界的坏蛋统统赶走从而使空气清新之前，这时提出由整个社会负担改善私有土地肥力的建议，其结果必将是大规模的盗窃。等将来我们摆脱开这帮先生们，我们就有足够的力量做得更好。

评论：信中赞扬了法国工人党和社会主义议员的斗争成果，从1893年11月起，在法国有三届内阁垮台：杜毕伊内阁，卡季米尔－佩里埃内阁，杜毕伊内阁，后来，卡季米尔－佩里埃在1895年1月15日辞去总统职务。1月17日选出了法兰西共和国的新总统费里克斯·福尔。恩格斯指出法国的反对社会主义的一切资产阶级政党结成的联盟可能已经形成。但是资产阶级政党之间也存在着两种对立力量，这是对社会主义力量有利的条件。信中还批评了饶勒斯，他的改革方案要求资产阶级作出与资本主义工业发展不相容的牺牲，是不现实的。

3月8日 致信理查·费舍，指出：如果你们宣扬绝对放弃暴力行为，是决捞不到一点好处的。没有人会相信这一点，也没有一个国家的任何一个政党会走得这么远，竟然放弃拿起武器对抗不法行为这一权利。我还必须考虑到，阅读我的著作的还有外国人——法国人、英国人、瑞士人、奥地利人、意大利人等，我绝不能在他们面前这样糟蹋自己的名誉。你们想去掉"现在"一词，也就是把暂时的变成永久的，把相对的变成具有绝对意义的策略。我不会这样做，也不能这样做，以免使自己永世蒙受耻辱。因此我拒绝写什么相反的东西，我说："正是现在遵守法律对社会民主党的变革十分有利"。

评论：恩格斯于 1895 年 2 月 14 日和 3 月 6 日之间写作马克思《1848 年至 1850 年的法兰西阶级斗争》的导言，在发表这个导言时，德国社会民主党执行委员会坚决要求恩格斯把这部著作中在执行委员会看来是过分革命的调子冲淡，并使它具有更为谨慎的形式；当时费舍提出的借口是由于帝国国会讨论防止政变法草案，国内又形成了紧张局势。为了工人运动的团结，恩格斯不得不考虑执行委员会的意见而同意在校样中删去一些地方和改变一些提法，其中涉及关于革命、暴力革命、守法。恩格斯同时表达了自己的原则和立场，反对宣扬绝对放弃暴力行为，反对不惜任何代价的守法。

3 月 11 日 致信威纳尔·桑巴特，指出，从马克思的观点看，整个历史进程——指重大事件——到现在为止都是不知不觉地完成的，也就是说，这些事件及其所引起的后果都是不以人的意志为转移的。历史事件的参与者要么直接希求的不是已成之事，要么这已成之事又引起完全不同的未预见到的后果。用之于经济方面就是：每个资本家都追求更大的利润。资产阶级政治经济学发现：每一单个资本家对更大的利润的追求，产生一般的、相同的利润率，接近于每人相同的利润额。但是不论资本家或是资产阶级经济学家，都弄不清楚：这种追求的实际目的是全部剩余价值按同等的比例分配给全部总资本。那末平均的过程事实上是怎样完成的呢？这是个特别有趣的问题，马克思本人对此谈得不多。但是，马克思的整个世界观不是教义，而是方法。它提供的不是现成的教条，而是进一步研究的出发点和供这种研究使用的方法。可见这里还有一些工作要做，马克思自己在这部初稿中没有做完。对这个过程做出真正历史的解释，当然要求认真的研究课题，而为此花费的全部心血将换来丰硕的成果；这样的解释也将是对《资本论》的宝贵补充。

最后，我还应该感谢您对我的看重，认为我可以根据第三卷写出什么比它现有形式更好的东西。但是我不同意这种看法，我认为一字不差地用马克思本人的提法整理出马克思的原文，就是尽了我的职责，虽然这可能要逼着读者更努力地去进行独立思考。

评论：信中评价了桑巴特对《资本论》的理解，恩格斯虽然不能完全同意他对马克思观点的陈述，但认为桑巴特基本上是正确的。信中提出，马克思的整个世界观不是教义，而是方法。它提供的不是现成的教条，而是进一步研究的出发点和供这种研究使用的方法。1895 年 5 月，恩格斯写了《〈资本论〉第三卷增补》：《价值规律和利润率》和《交易所》，得到桑巴特的高度评价，但恩格斯谦虚地认为，这只是补充，整理出马克思的原文，才是尽了自己的职责，这就要逼着读者更努力地去进行独立思考。

3 月 25 日 致信卡尔·考茨基，指出：我所掌握的材料，多年来我一直准备用来写马克思传，而且就从这个最重要的部分开始。多种情况促使我做这件事。第一，在关键时期即1870—1872年，我自己是运动的直接参加者，因此我可以根据自己的亲身经历对材料加以补充。第二，这毕竟是马克思从事社会活动的最重要时期，同时也最难凭报刊材料正确地加以阐明。第三，那些必须粉碎的诽谤绝大部分都属于这个时期。第四，我已经七十四岁了，必须尽快地做。第五，对马克思社会活动的另一个时期（1842—1862）以后还可以得到正确的阐明，极而言之，甚至不是由我而是由别的什么人来解释也可以，因为包括《福格特先生》在内的公开论战，已经把很多问题说清楚了，马克思当时就已坚决地驳斥了那些庸俗的民主主义者的诽谤，所以现在不必再逐一加以批驳了。

评论：信中谈到了德国工人运动中对自己写的马克思《1848年至1850年的法兰西阶级斗争》的导言的分歧，分析了民军制度在德法两国实行的不现实性；信中对如何从各国收集国际的历史资料提出了指导，还谈到自己为写作马克思传的考虑、目的和所做的准备工作。

3月28日 致信劳拉·拉法格，指出：你不满意法国社会主义者神话式的联合和实际的争吵，可是在这一点上和英国人相比，他们却是小巫见大巫了。这些人——我指的是英国社会主义者——从社会民主联盟和独立工党在虚假的和睦掩盖下互相争斗时起就特别有趣。这种和睦仅只存在于它们对约翰·白恩士的共同仇视，并使社会民主联盟能够邀请凯尔·哈第在它纪念巴黎公社的大会上讲话。在这次大会上凯尔·哈第含沙射影地攻击了社会民主联盟，后者在《正义报》上做了答复。社会民主联盟声称，独立工党没有权利存在，唯一真正的正统是社会民主联盟；而独立工党回答说，社会民主联盟应该自动并入独立工党。它们最近的功绩是在郡参议会选举中取得的，两个组织提出了候选人，而且只反对"进步派"。就这样，"社会主义者"宁愿支持一个拒绝给伦敦以自治并拼命致力于使郡参议会处于无能为力状态的党。可是要知道，郡参议会是政府机器里能够在最近以最轻易的办法夺取过来的一个部分，如果工人阶级团结起来，明天就可以把它拿到手。如果伦敦有个社会主义的、自治的参议会，议会会变成什么样！

评论：信中谈到英国社会主义组织之间的分歧。按照1888年地方自治改革，凡享有议会选举权的人，以及年满三十岁的妇女，都可以参加郡参议会的选举。郡参议会每三年选举一次。选举郡参议会是指选举产生的伦敦郡参议会，主管税收、地方预算等。1889年和1892年的伦敦郡参议会选举时，一群进步派，其中有资产阶级自由派、费边派和社会主义者战胜了同自由党人合并派和保守党人联合的温和派。在1895年3月2日的选举中，由于社会主义者拒绝同进步派联合投票，温和派才得以取胜，在参议会中获得了许多新的席位。恩格斯指出，只有工人阶级团结起来才能取得胜利。

第41卷

著 作

1839 年

1839 年秋 《德国民间故事书》指出：一般说来，如果我们可以正当地要求民间故事书内容应富有诗意、饶有谐趣和道德的纯洁，要求德国民间故事书具有健康的、真实的德意志精神，即具有一切时代所共有的特点，那么，我们也还有权要求民间故事书适应自己的时代，否则它就不成其为民间的了。如果我们着重考察一下目前的状况，考察一下造成当代一切现象的争取自由的斗争，即日益发展的立宪主义，对贵族压迫的反抗，智慧同虔诚主义的斗争，乐观精神同阴郁的禁欲主义残余的斗争，那么，我就看不出我们为什么不该要求民间故事书在这方面帮助没有文化教养的人，向他们指出——自然不能采取直接推论的方式——这些动向的真实性和合理性，而决不是去纵容伪善，鼓励人们对贵族卑躬屈膝，姑息虔诚主义。但是，不言而喻，民间故事书对那些在今天看来毫无意义或者甚至是错误的旧时代的习俗是不相容的。

评论：载于 1839 年 11 月《德意志电讯》杂志第 186、188、189、190 和 191 期。恩格斯提出并论述了"民间故事书的使命"或者说德国民间故事的价值问题。从文艺作品的审美功能、心灵抚慰功能、道德培育功能三个方面，论述了民间故事书的三个使命或社会职责：使劳动者在辛苦的劳作之余得到娱乐和休息；带给劳动者一种美好的向往，使他们超越日常生活的艰难和凡俗；教化大众，使没有受过多少教育的下层大众受到思想道德和政治的教育和鼓舞。恩格斯认为文学要用来教育人民群众，反对文学纵容伪善、对贵族卑躬屈膝、姑息虔诚主义。

1839 年 11 月—1840 年 1 月 《时代的倒退征兆》指出：我宁愿把历史比作信手画成的螺线，它的弯曲绝不是很精确的。历史从看不见的一点徐徐开始自己的行程，缓慢盘旋移动；但是，它的圈子越转越大，飞行越来越迅速、越来越灵活，最后，简直象耀眼的彗星一样，从一个星球飞向另一个星球，不时擦过它的旧路程，又不时穿过旧路程。而且，每转一圈就更加接近于无限。谁能预见到终点呢？就在历史仿佛转回到它的旧路程的那些地方，自以为是的鼠目寸光的人站出来洋洋得意地喊道，你们看到吗，他就曾经有过这样的思想！于是，我们又听到：普天下没有什么新东西！我们那些难以理解的裹足不前的英雄好汉们，我们那些开倒车的达官显贵们欢天喜地，企图把整整三百年当作进入禁区的大胆旅行、当作热病的臆语从世界历史的年表中一笔勾销，——他们看不到，历史只是沿着最短的路程奔向新的灿烂的思想星座，这一星座不久就会以其太阳般的威力使他们呆滞的眼睛昏花迷乱。

评论：载于1840年2月《德意志电讯》杂志第26、27和28期。恩格斯在谈到历史的发展问题时，吸取了黑格尔历史哲学的积极因素又超越了黑格尔提出的历史螺旋式发展的历史观，认为，人的全部认识是沿着一条错综复杂的曲线发展的，人类历史不是停滞不前的，而是不断向前发展的，它是没有终点，没有止境的，这是历史发展的总趋势。但是，历史又往往会发生暂时的曲折和后退，这种暂时的后退，只不过是向新的、更高阶段发展的起点，历史总是以螺旋形式由低级向高级发展。

1840 年

1—4月 《为德国〈贵族报〉作的追思弥撒》指出：世界历史的存在，并不象黑格尔极端错误地认为的那样，是为了实现自由的概念，而仅仅是为了证实三个等级的存在是必不可免的：贵族应该打仗，市民应该思考，农民应该种田。不过这不应该成为等级差别；等级之间应该互相支持，互相更新，但不是通过门第不相称的婚姻，而是通过晋升等级来进行。

评论：载于1840年4月《德意志电讯》杂志第59和60期。恩格斯接受了黑格尔关于世界历史是自由概念的实现这一思想，同时表明他不同意黑格尔的等级观点。恩格斯嘲笑《贵族报》提出的"贵族应该打仗，市民应该思考，农民应该种田"的反动等级制思想，坚决抨击维护等级制和贵族特权的德国封建君主立宪制度。

3—5月 《现代文学生活》（Ⅱ现代的论战）指出：青年文学有一种武器，这种武器使它不可战胜，并将一切青年天才集合于它的旗帜下。我指的是现代风格。现代风格生动具体，措辞锋利，色调丰富，因而为每个青年作家自由发展各自的才能——不管是小溪还是大河——开辟了天地，而不使他们自己的特色，只要他们具有这种特色，掺杂太多的别人的东西，诸如海涅的尖酸，或谷兹科夫的讥讽。"青年德意志"，或者青年文学——这是"从上面"降下灾难后，它为了不致排斥有类似倾向的信徒而给自己起的一个比较通俗的名字，——违背自己的意愿，几乎蜕变为一个小集团。各方面都发现有必要拒绝对立的倾向，掩饰弱点，大力强调共同的看法。这种反常的、迫不得已的虚伪作法是不可能持久的。

评论：载于 1840 年《知识界午夜报》第 51—54 号和第 83—87 号。恩格斯对"青年德意志"运动进行了批判。他指出"青年德意志"的作家思想上不统一，彼此之间进行无原则的争论。

1841 年

11 月下半月　《谢林论黑格尔》指出：谢林作为黑格尔的继承者，只能指望得到一点尊敬，却难以要求我心平气和、无动于衷，因为我是在保卫死者，要知道，具有某种程度的热情对于一个战斗者倒是相称的，一个无动于衷地拔剑出鞘的人，很少是满腔热忱地对待他为之奋战的事业的。我应当说，谢林在这里的讲演，特别是他对黑格尔的攻击，已经使人不再怀疑以前不愿相信的事。我们的任务是注意他的思路，保卫大师的茔墓不受侮辱。我们不怕斗争。我们最大的愿望莫过于在一定时间内处于受迫害的教会的地位。这里有思想的分野。凡是真的东西，都经得住火的考验；一切假的东西，我们甘愿与它们一刀两断。对手们应当承认：人数空前的青年，汇集在我们的旗帜之下；那些支配着我们的思想，目前比以往任何时候都得到更广泛的发展；从来没有象现在这样有这么多勇敢、坚定、才华横溢的人站在我们一边。因此，让我们勇敢地投入战斗，去反对新的敌人吧；我们当中终将有人出来证明，热情之剑也象天才之剑一样锋利。

评论：载于 1841 年 12 月《德意志电讯》杂志第 207 和 208 期。1841 年，哲学家谢林应弗里德里希-威廉四世的邀请来到柏林大学讲学，这是普鲁士政府在政治和思想上反对黑格尔主义和青年黑格尔派的表现。谢林于 1841 年 11 月 15 日起在柏林大学发表攻击黑格尔哲学、鼓吹他的天启哲学的讲演，正在柏林义务服兵役的恩格斯以旁听生的资格听课后立即写出此文。这是他为批驳谢林的反动的宗教神秘主义哲学而写的一组文章的第一篇。恩格斯在文章中把柏林大学视为在政治和宗教方面争夺对德国舆论的统治地位的战场，对谢林歪曲哲学历史，将 19 世纪哲学的全部发展，即把黑格尔、费尔巴哈和《德国年鉴》全都说成是依附于他的卑鄙言行表示了极大的愤慨。恩格斯表示要替伟大的死者应战，不能容忍谢林在死者的墓碑上刻写侮辱性的话。在恩格斯看来，黑格尔虽在 10 年前已离开人世，但却比任何时刻都更有生气地活在他的学生中间，而谢林虽自认为精力充沛，其实 30 年来精神上早已死亡。恩格斯在客观地介绍谢林主义的基本特点之后，一方面驳斥谢林对黑格尔所作的死刑判决的卑劣，另一方面指出谢林背叛理性主义的启示哲学不值一驳。文章最后向谢林提出挑战，显示出恩格斯不怕斗争的战斗热情。这篇文章以其犀利的笔锋和战斗精神在当时产生了相当大的影响，反映了青年黑格尔派的心声。

1841 年年底—1842 年年初　《谢林和启示（批判反动派扼杀自由哲学的最新企

图)》指出：黑格尔是一个为我们开辟了意识的新纪元的人，因为他结束了旧纪元。值得注意的是，正是现在他受到两方面的攻击：一方面来自他的先驱谢林，另一方面来自他的最年轻的继承人费尔巴哈。如果费尔巴哈非难黑格尔仍然深陷于旧事物之中，那么，他会注意到，对旧事物的意识就已经是新事物了，旧事物之所以进入历史范畴，是因为它已经被充分意识到了。由此可见，在黑格尔那里确实是：旧事物是新事物，新事物是旧事物；因此，费尔巴哈对基督教的批判，是对黑格尔创立的关于宗教的思辨学说的必要补充。这种学说在施特劳斯那里达到了顶峰，教义通过本身的历史客观地在哲学思想中获得解答。同时，费尔巴哈把宗教上的定义归结为主观的人的关系，但是这不仅没有扬弃施特劳斯的结论，而是恰恰验证了这些结论，他们两人都得出同一结论：神学的秘密是人本学。

在我们成为自由人以前，把我们所珍爱的一切、我们所喜爱的一切、我们视为神圣而崇高的一切都奉献给这凤凰自焚的柴堆吧！让我们不要过份看重爱情、利益、财富，高高兴兴地把它们奉献给观念吧，——它会给我们以百倍的报答！我们将血战一场，我们将无所畏惧地直视敌人冷酷的眼睛并且战斗到生命的最后一息！难道你们没有看见我们的旗帜在群山之巅飘扬吗？难道你们没有看见我们的同志的刀剑在闪闪发光，没有看见他们战盔的翎毛在悠悠颤动！他们的队伍从四面八方开来，在号角声中，他们唱着战歌从谷地，从群山向我们涌来。伟大的决胜的日子，各族人民战斗的日子来临了，胜利必将属于我们！

评论：1842年以单行本形式在莱比锡出版。这篇文章从青年黑格尔派的观点出发，捍卫黑格尔的理性主义和辩证法，深刻地剖析了谢林哲学，批判了它的非理性主义、蒙昧主义，指出其思维方式的非逻辑性以及谢林启示哲学的阶级实质。文章中，恩格斯根据自己听课的笔记与印象转述谢林的演讲内容占据较大篇幅，此外则是恩格斯对谢林演讲内容和文本结构的理解、分析以及批判。恩格斯关注的重点是涉及黑格尔与基督教的否定哲学和实证哲学这两部分的演讲内容。恩格斯深入到谢林哲学的论证逻辑中对谢林的观点进行批判和颠覆。讽刺了谢林修正黑格尔辩证法的企图，并指出谢林对辩证法的讽刺是极大的谬见。恩格斯指出青年黑格尔派的功绩就在于保存黑格尔的精神自由发展的原则，把基督教看成是精神自由发展的最大障碍，而谢林则企图抬高信仰，以便为基督教和基督教国家辩护。恩格斯在自然观方面开始转向唯物主义。恩格斯还揭示了黑格尔宗教哲学和法哲学中的辩证法原则与具体政治结论之间的矛盾。恩格斯在这本著作中还热烈地赞扬了费尔巴哈，认为自我意识的发展只有通过人和自然的结合才能完成。这种观念反映出费尔巴哈对青年恩格斯的影响。在文章的最后，恩格斯以华美的文笔对自我意识进行了充满激情的赞颂，得出了唯物主义自我意识哲学的结论。

1842 年

1842 年初 《谢林——基督哲学家，或世俗智慧变为上帝智慧》（为不懂哲学用语的虔诚的基督徒而作）指出：谁敢期望，一个哲学家，而且还是新渎神派的创始人，会在1842年发生如此可喜的转变，会这样兴致勃勃地宣讲基督教的基本教义呢？基督是马利亚没有借助男人的力量所生，这一点总是首先引起人们的怀疑，从来都遭到半基督教徒的否定，但仍然是基督教徒信仰的基石，而谢林也把它作为自己的坚定信念说出来，则是当代十分可喜的预兆之一，因而，这位敢作敢为的蒙受天恩的君子有权接受每一个信徒的感谢。但是，这里有谁不知道在这神妙的光辉的天命中有主的干预呢？有谁看不出主在这里向自己的教会示意，表明他没有抛弃教会而是日夜想着它呢？

评论：1842年以单行本形式在柏林出版。本文是恩格斯为批判谢林的宗教神秘主义哲学而写的文章之一，是一篇讨伐谢林启示哲学的战斗檄文。恩格斯在文章中摹拟基督教徒的口吻，批判谢林把科学和宗教信仰调和起来，讽刺谢林为封建当局和基督教所作的拙劣的辩护，进一步揭示了谢林"同一哲学"的神秘面纱，讥笑谢林为"基督哲学家"，使自己的哲学变成了神学的奴仆，揭露谢林抽去哲学的理性基础，把"世俗智慧"变为"上帝智慧"，用神高于存在和思维这样一个形而上学非理性主义的宗教命题，代替黑格尔的思维高于存在这样一个辩证唯心主义命题。文章批判谢林的神学史观和神智学，指出谢林哲学是一种倒退和堕落的哲学，其本质是烦琐哲学和神秘主义。恩格斯还揭露了谢林维护自己的哲学体系以适应普鲁士专制制度需要的本质。恩格斯站在黑格尔哲学的客观唯心主义的立场上来进行宗教批判，文章鲜明地反映出恩格斯崇尚理性和自由的激进无神论思想和反对封建专制的革命民主主义立场。

3 月 《北德意志自由主义和南德意志自由主义》指出：北德意志自由主义无可争辩地更加成熟、更具有全面性，具有更为巩固的历史基础和民族基础，而这是南部的自由思想从未达到过的。在这方面北部远远超过了南部。南德意志自由主义直接产生于实践，一直忠于实践，并且在理论上与实践相结合。但是众所周知，作为南德意志自由主义理论基础的实践是非常广泛的，有法国、德国、英国、西班牙等国的实践。这个时期，在北德意志一切都平静得多，看上去不怎么活跃。当时只有一个人在熊熊烈火中发出自己生命力的全部热量，他的作用超过全体南德意志人的总和，——我指的是白尔尼。他以刚毅的性格战胜了南德意志人的不彻底性，在他身上这种片面性通过内心斗争已经完全自行克服了。他的理论是从实践中奋斗出来的并作为实践的一朵奇葩而盛开怒放。他就这样坚定地采取了北德意志自由主义的立场，成为北德意志自由主义的先驱和先知。这一切正是南德意志自由主义者所一直不可企及的。正因为如此，北德意志自由主义的主张是民族意愿的必然产物，因而它本身就具有民族性，它希望看到德国在国内外都同样受到尊重，而不陷入可笑的进退两难的地步：应当先做自由主义者然后做德国人呢，还是先做德国人然后做自由主义者。因此它同样也意识到自己决不受任何一派的片面性的影响，它摆脱了这些派别往往由于本身内部的矛盾而产生的吹毛求疵和诡辩。因此它能够对形形色色反动势力开展如此坚决、如此生动、如此有效的斗争，这是南德意志自由主义永远无法做到的，因而最终胜利必定属于北德意志自由主义。

评论：载于1842年4月12日《莱茵报》第102号。这是恩格斯为《莱茵报》撰写文章的开始。恩格斯在文章中阐述了南、北德意志自由主义的思想根源和特点。他认为南德意志自由主义直接产生于实践。而这作为理论基础的实践又非常广泛，有法国、德国、英国等国的实践。因此，它的理论即其真正内容就显得抽象和不彻底。恩格斯认为，北德意志自由主义更成熟，更具全面性，更具巩固的历史基础和民族基础，因此必将取得胜利。恩格斯还高度评价了白尔尼的自由主义思想，认为他是北德意志自由主义的先驱和先知。

5月2日和24日之间 《一个旁听生的日记》指出：普鲁士的基础不在过去几个世纪的废墟上，而在万古长青的精神中，这种精神在科学中获得意识，在国家中为自己创造自身的自由。如果我们放弃了精神和它的自由，那么我们就放弃了自己本身，就是出卖了自己最神圣的财富，就是扼杀了我们自己的生命力，我们也就不再有资格置身于欧洲国家的行列。那时历史将对我们判处可怕的死刑："你被称在天平里显出你的亏欠。"

评论：载于1842年5月10日和24日的《莱茵报》第130和144号。这篇文章是恩格斯旁听柏林大学的课程后发表的评论文章。恩格斯赞扬了柏林大学活跃的学术风气，并对哲学家马尔海奈凯和经济学家冯·亨宁作了评论。恩格斯还认为人应具备一种能在科学中获得意识，在国家中为自己创造自身自由的精神。文章表现了恩格斯的自由思想。

5月6日 《莱茵省的节日》指出：大家都准备庆祝圣灵降临节，然而起源于纪念圣灵普降的节日，不可能比沉浸在神圣的欢乐和生活享受的气氛中更有意义，因为构成生活享受的最内在核心的正是艺术享受。音乐在这里不是主要的。那什么是主要的呢？音乐庆祝活动才是主要的。圆心没有圆周就不成其为圆，同样，没有愉快友好的生活，音乐也就不成其为音乐了，因为愉快友好的生活构成音乐这一中心的圆周。

评论：载于1842年5月14日《莱茵报》第134号。恩格斯以极为优美的笔触，描绘了莱茵音乐节的盛况，赞叹莱茵音乐节是个美妙的节日，并认为构成生活享受的最内在核心的正是艺术享受。文章体现了恩格斯极高的艺术造诣和音乐欣赏能力。

4月底—5月初　《时文评注》指出：一个名副其实的幽默作家，会更多地强调积极广博的世界观的背景，一切嘲笑和一切否定最终都十分令人满意地溶化在这种世界观里。在这方面，瓦勒斯罗德以出版上述小册子为己任；他必须尽快地证明自己提出的愿望是正确的，证明他能够专心致志，而且既能把自己的观点加工成为一个完整的东西，也能象在这里那样把它们弄得支离破碎。这一点之所以尤其必要是因为他可以用自己同白尔尼的渊源关系，用自己的观点和风格表明他和"青年德意志"往昔的作者们是近亲；但是，几乎所有属于这一派的作者都辜负了他们肩负的希望，而且陷入不能自拔的境地——毫无成效地追求内部统一的后果。无力建立一个完整的东西，这是一个使他们碰得粉身碎骨的暗礁，因为他们本身就不是完整的人。但是在瓦勒斯罗德那里，某些地方也可以看出比较高明、比较完善的观点，这就有权向他提出要求——既要使自己的某些判断彼此保持平衡，又要使这些判断同当代的哲学水平保持平衡。

评论：载于1842年5月25日《莱茵报》第145号，副标题是《路德维希·瓦勒斯罗德在科尼斯堡举行的四次公开讲演》。恩格斯在文章中评价了瓦勒斯罗德的讲演才能，同时也指出了在他的演讲中存在的一些互不相关的分散的、缺乏完整性的东西。恩格斯认为青年德意志派也有同样的缺陷。恩格斯在文章中还分析了德国的书报检查制度。从这篇文章可以看出，恩格斯已经意识到了青年德意志派的不足，并在思想上开始同它分裂。

5月7日和11日之间　《同莱奥论战》指出：有资格和林斯艾斯平起平坐的莱奥根据这些原则建立自己的新的医学实践。如莱奥所说的，"父辈的罪孽殃及儿子，直至第三代和第四代！"莱奥得出的结论同样也适用于犯人：不仅他们本人应当受到惩罚，而且全体人民和他们一起都应当受到惩罚；在我们这个衰落的时代所施用的惩罚是不够有力的。据说，应当更多地采用拷打和杀头，要不然犯人会多得连习艺所都容纳不下。完全正确！如果一个人犯了杀人罪，就应当灭绝他的全家，而他的家乡的每一个居民都要作为这个杀人案的同谋至少挨二十五棍；如果兄弟中一个人有通奸行为，那么他所有的兄弟都应当和他一起被处以宫刑。加重惩罚只会带来好处。正如我们在上面所谈到的那样，切除头颅再也不算惩罚，而只是为拯救躯体才采取的治疗手段，从此以后，这种死刑应当从刑法典中删除，代之以车裂、砍去四肢、插在尖桩上、火烧、用烧红的钳子折磨，等等。这样，莱奥用无疑会很快得到广泛传播的基督教医学和法学来对抗陷于多神论的医学和法学。众所周知，他就是根据这些原则把基督教归入历史，例如，他认为黑格尔门徒是法国革命者的后代，因而宣布黑格尔门徒要为在巴黎、里昂和南特的流血负责，甚至要为拿破仑的行为负责。

评论：载于1842年6月10日《莱茵报》第161号。莱奥是德国历史学家和政论家，极端反动的政治和宗教观点的维护者。他极端仇视青年德意志派，屡次写文章进行攻击。在这篇文章中恩格斯对莱奥进行了反击。恩格斯讽刺了莱奥荒谬的哲学学说,讽刺了"如果祖父患疟疾,那么全家都应当吞服奎宁!如果国王患肺炎,那么每个省都应当派出代表去放血"的论调。从这篇文章可以看出,当时的恩格斯比较坚定地捍卫着黑格尔的哲学。

6月21日 《参加巴登议会的辩论》指出:我们的政治意识越发展,普鲁士的社会舆论表达得越自由和越响亮,我们和德意志其他民族统一的感情就越强烈,我们观察他们的国家生活中的社会现象的兴趣就越浓厚。这雄辩地证明,在普鲁士和立宪制的德国之间的社会舆论中长期存在的壁垒崩溃了,民族分裂已不复存在了,这种分裂一方面是由于很多普鲁士人的高傲自满引起的,另一方面是由于南德意志自由主义者不信任我们政府造成的。如果说,就象在北德意志的其他地方一样,去年也在柏林为韦尔凯尔举行了招待会,这就说明北德意志和南德意志的进步代表已经言归于好,那么,只是到现在,随着在普鲁士建立了比较自由的书报检查制度,我们祖国南北这两大部分才在一致追求自由的愿望下越来越明显地融合起来。

评论:载于1842年6月25日《莱茵报》第126号。恩格斯谈到了巴登议会的会议进行情况,并认为,由于普鲁士建立了比较自由的书报检查制度,促进了自由交流。这篇文章体现了恩格斯对自由思想的赞赏和肯定。

6月22日 《〈施本纳报〉的自由思想》指出:有趣的是看一看该报怎样穿着仔细刷干净的节日礼服,把自由思想的公民桂冠往自己头上一戴,自吹自擂,洋洋自得地出现在自己的读者和普鲁士境外出版的报纸面前。《施本纳报》宣称,如果不是该报,更确切地说,如果不是这位以星花署名的作者护卫了上面提到的问题,一句话,如果不是这位作者,直到今天也不会有一家普鲁士报达到当代自由思想的水平。也就是说,书报检查令一公布,那位以星花署名的作者似乎就试了试采取反对派的手法能走多远。他轻轻地敲了敲门,啊,瞧!门开了。这是很自然的,因为这些平和、恭顺、善意、谦卑和顺从的文章,即使在过去,最终也是能通过的。他至少应当相信自己的书报检查官能够把家畜和猛兽区别开。但是,上帝保佑!这种孤陋寡闻的庸俗习气之缺乏创见已经到了如此地步,竟把头脑中最陈腐的念头看作是新颖的、天才的和某种独一无二的思想。

评论:载于1842年6月26日《莱茵报》第177号。《施本纳报》又名《柏林政治和学术问题新闻》。1842年6月16日和17日《施本纳报》第137号和138号刊登了文章《略论祖国题材。ⅩⅥ。回顾》,该报自称"达到当代自由思想的水平"。恩格斯就此发表了《〈施本纳报〉的自由思想》一文,以辛辣的笔触揭露了《施本纳报》的虚伪性。

6月25日 《〈刑法报〉停刊》指出:这里的《刑法报》自7月1日起"暂停出版"。这就是说,它那些反对陪审法庭的激烈言论并没有象预期的那样得到公众的赞同。《刑法报》是司法界合乎"中庸之道"的报纸。它要求公开,要求让公众知道，但是务必不要陪审员。幸而在我们这里人们越来越看清这种不彻底的态度，而且赞同陪审法庭的人日益增多。《刑法报》提出一个原则：任何一个有行政权的部门都不应当直接交给人民，因而审判官的职权也不能交给人民。当然，如果司法权不是某种与行政权完全不同的东西，这本来也不坏。在那些确实实现了各种权力分立的国家中，司法权与行政权彼此是完全独立的。在法国、英国和美国就是这样的，这两种权力的混合势必导致无法解决的混乱；这种混合的必然结果就是让人一身兼任警察局长、侦查员和审判官。但是司法权是国民的直接所有物，国民通过自己的陪审员来实现这一权力，这一点不仅从原则本身，而且从历史上来看都是早已证明了的。

评论：载于1842年6月30日《莱茵报》第181号。《刑法报》于1841—1842年在柏林出版，是德国温和派的报纸。恩格斯在得知该报即将暂停出版后写了这篇文章。他分析了司法制度的特点，批判了《刑法报》所提出的荒谬原则。这篇文章反映了恩格斯对法律有深刻的了解，也体现了他坚决维护人民利益的立场。

6月 《普鲁士出版法批判》指出：我也是个很正直的人，愿意坦率地声明：我的意图就是要以本文引起人们对普鲁士刑法第一五一条的不满和愤怒，而且我始终坚信，我对这一节的谴责，并不象这一节所说的那样，是"蛮横、无礼地"，而是象书报检查令所说的那样，"有礼貌地和善意地"。书报检查令毕竟承认了这种引起不满的权利是合法的，而且，值得普鲁士人民引以自豪的是，从那时起为了唤起人们的不满和愤怒，凡能做到的都做了。我们将继续采取上述那种适当的、善意的和有礼貌的方式去激发对我们国家机构中一切非自由主义的残余的极大不满和愤慨。

评论：载于1842年7月14日《莱茵报》第195号副刊。恩格斯在文章中批判的是1794年制定颁发的《普鲁士邦法全书》。它包括刑法、教会法、国家法和行政法，反映了封建普鲁士在司法领域内的落后性。恩格斯批判了该法典对出版业的制裁措施，文章反映了恩格斯坚决主张改革落后的司法制度，维护言论出版自由的进步思想。

9月上半月 《集权和自由》指出：只要存在着国家，每个国家就会有自己的中央，每个公民只是因为有集权才履行自己的公民职责。在这种情况下，即在这种集权的条件下，公共管理完全可以放手不管，一切和单个公民或团体有关的事情也可以放手不管，甚至必须这样做。因为，既然集权是集中在一个中心，既然这里的一切都是汇集在一个点上，那么，集权的活动必然应当是有普遍意义的，它的管辖范围和职权就应当包括一切被认为是有普遍意义的事情，而涉及这个或那个人的事情则不在内。由此就产生了国家的中央政权有权颁布法律，统率管理机关，任命国家官吏，等等；同时也就产生了这样一条原则：司法权决不应当同中央发生关系，而应当属于人民，属于陪审法庭，而且，如上所述，公共事务不能纳入中央政权的管辖范围，等等。

集权是国家的一条原则,但也正因为集权,才不可避免地使国家超越自己的范围,使国家把自己这个特殊的东西规定为普遍物、至高无上者,并希图取得只有历史才具有的权限和地位。国家并不象人们所认为的那样,是什么绝对自由的实现,——如果是这样,前面提到的国家这个概念的辩证法就不会起作用了——而仅仅是客观自由的实现。要实现与绝对自由相等的真正的主观自由,需要的是其他的实现形式,而不是国家。

评论:载于1842年9月18日《莱茵报》第261号附刊。恩格斯通过对法国基佐政府时期执政状况的剖析,谴责了该政府对人民主权的原则、自由出版的原则、有陪审员参加的独立的司法权的原则、议会政体的原则的破坏,指出了法国自由主义的软弱无力,批判了绝对自由思想的局限性及其危害性。他认为原因不在于自由主义的原则本身,而在于法国国家制度的缺陷:一是由于法国宪法措辞含糊、模棱两可,对自由的原则从未作过严格规定;二是由于集权。恩格斯揭露了资产阶级国家制度的内在矛盾,历史而辩证地分析了官僚集权同专制国家的关系及集权与自由的关系,认为国家的范围一方面是个人,另一方面是世界历史,集权会使双方都遭到损害,集权所具有的矛盾是无可争辩的。国家并不是绝对自由的实现,而仅仅是客观自由的实现,要真正地实现绝对自由,就必须废除国家。在国家问题上,恩格斯虽然还没有完全抛弃抽象自由的观点,但已经深刻地揭示出任何国家在本质上都是排斥自由的,国家作为实现自由的形式是具体的、历史的,国家是特殊的而非普遍的存在物,这些已远远地超出了黑格尔主义的观点。

1844 年

1月13日 《〈泰晤士报〉论德国共产主义》指出:《泰晤士报》通讯员一开始就把法国共产党描绘成一个很弱小的政党。他对这个党是不是1839年巴黎起义的组织者表示怀疑,认为那次起义很可能是由"强大的"共和党领导的。但是,我们这位消息灵通的、向英国公众写报道的人,难道您认为一个拥有近五十万成年男子的政党是个很弱小的政党?难道您不知道,"强大的"法国共和党九年来一直处于全面涣散和日趋没落的状态?难道您不知道,这个"强大的"政党的机关报《国民报》的发行量比任何其他巴黎报纸都要少?难道要我这个外国人来提醒您去回忆为爱尔兰合并取消派基金进行募捐的情况?这次募捐是《国民报》于去年夏天在共和党人中间筹集的,尽管共和党人似乎十分同情爱尔兰合并取消派,但募集的捐款还不到一百英镑。难道您不知道,共和党的群众,即工人们,早已离开了自己富裕的党内同伙,他们不单是加入共产党,不,而是在卡贝开始起来捍卫共产主义之前很久就创建了共产党?难道您不知道,法国共和党人的"强大"完全在于共产党人对他们的支持,因为共产党人想在开始实现共产主义之前争取建立共和国?所有这些,看来您并不知道,但是,要对大陆社会主义有个正确看法,您就应该知道这些事。

评论:载于1844年1月20日《新道德世界》第30号。1843年12月29日,英国最大的一家保守派报纸《泰晤士报》刊登了一篇题为《德国的共产主义者》的匿名文章,否认法国共产党是1839年巴黎起义的领导者,攻击德国工人运动初期的著名活动家、空想平均共产主义理论家魏特林,诬蔑共产党学说。1844年1月6日,英国欧文社会主义周报《新道德世界》第28期转载了这篇文章。恩格斯在此文中以大量不可辩驳的事实对《泰晤士报》的谬论进行了批驳,体现了他坚定的共产主义思想和对敌人的毫不留情。

书 信

1838 年

9月17—18日 致信弗里德里希·格雷培和威廉·格雷培,指出:我对于自己的诗和创作诗的能力,日益感到绝望,特别是在读了歌德的《向青年诗人进一言》等两篇文章之后更是如此,文章把我这样的人真是刻画得维妙维肖。每当我读到一首好诗的时候,我内心总是感到苦恼:你就不能写出这样的作品!我研究的新课题是雅科布·伯麦,这是一个沉郁而又深邃的人。到目前为止,我只弄到了他的三篇作品;在开始阶段这倒也够了。我目前通讯关系非常广泛。我要是不这样做,我怎么能把必须呆在商行而又不许看书这段没完没了的时间打发掉呢?

评论:恩格斯告诉弗里德里希·格雷培和威廉·格雷培他正在为自己的诗歌创作遇到了瓶颈而感到苦恼。恩格斯正在大量阅读文学书籍,也请友人代购一些书籍,信中还提到了在阅读雅科布·伯麦的作品时对宗教、哲学问题的思考。恩格斯靠给朋友们写信来打发在商行工作的枯燥乏味。

1839 年

1月20日 致信弗里德里希·格雷培,指出:柏林的"青年德意志"是很不错的一伙人!他们想把我们的时代改造成为一个具有"各种精神状态和各种微妙的相互关系"的时代。我现在正在读杜勒的四卷本长篇小说《皇帝和教皇》。杜勒徒有虚名;他的抒情诗《维特尔斯巴赫》糟透了,其中许多诗歌就是许尔施泰特那本书里的。他想模仿民歌,但俗不可耐。他的《洛约拉》是用拙劣的文风把历史小说中一切好的和坏的东西重新拼凑起来的令人讨厌的大杂烩。他的《格拉贝的一生》极不真实、极其片面。

评论：恩格斯在信中先送上了他作的一首诗，告诉弗里德里希·格雷培非常盼望朋友们的回信，接着对"青年德意志"进行了一些评价，通过对当时德国诗坛一些人物的辛辣点评，展望了德国文学的前途。信中还对杜勒的作品进行了评论。

4月8—9日　致信弗里德里希·格雷培，指出：我应当成为青年德意志派，或者不如说，我已经是一个诚心诚意的青年德意志派了。所有这些本世纪的观念使我夜不能寐，当我站在邮政局旁，望着普鲁士国徽时，我浑身都充满了自由的精神；每当我拿起一份杂志阅读时，我都感受到自由的进步。这些观念正在渗入我的诗篇，并且嘲弄那些头戴僧帽、身穿银鼠皮裘的蒙昧主义者。但是对于他们那些关于悲伤厌世，关于有世界历史意义的东西，关于犹太人的苦难等等空泛词句，我是避犹不及，因为它们现在已经陈腐不堪了。

我从来就不是虔诚主义者，我一度是个神秘主义者，但我现在是一个诚实的、对人宽宏大量的超自然主义者；我不知道我这个超自然主义者能当多久，但我希望继续当下去，尽管有时候或多或少也倾向于唯理论。所有这一切都会得到解决。

评论：恩格斯在信中挪揄了枯燥乏味的当代文学，对当时德国文坛的一些人物作了评论。对"青年德意志"，恩格斯也进行了一些评价。恩格斯认为，反对和攻击反而使"青年德意志"的目标更明显地形成了，这就是在他们心目中意识到的"时代观念"。

4月23日左右至5月1日　致信弗里德里希·格雷培，指出：我目前正忙于研究哲学和批判的神学。一个人如果满了十八岁并且知悉施特劳斯、唯理论者以及《教会报》，那就应当要么不加思索地什么都读，要么开始对自己的乌培河谷时期的信仰产生怀疑。因此，我直到现在仍和从前一样，是一个好的超自然主义者，不过我抛弃了正统思想。所以，我现在以及将来都不能相信一个诚心尽力做好事的唯理论者要永远堕入地狱。这同圣经本身也是矛盾的。

评论：恩格斯告诉弗里德里希·格雷培他正忙于研究哲学和批判的神学，开始对宗教里面的一些教义和"正统观念"进行怀疑和反思，认为旧的正统思想的依据无非是成规旧套，因此，恩格斯当时认为自己是一个好的超自然主义者，不过抛弃了"正统思想"。

6月15日　致信弗里德里希·格雷培，指出：只有能够经受理性检验的学说，才可以算作神的学说。是谁赋予我们盲目地信仰圣经的权利呢？不过是在我们以前就这样做的那些人的威望而已。是的，同圣经相比，可兰经是一部比较有机的作品，因为它要求人们相信它的完整的、有连续性的内容。但是，圣经是由许多作者写的许多片断组成的，而作者中很多人甚至自己也对神性无所要求。难道仅仅因为父母对我们讲过，我们就必须违背自己的理性而相信它吗？我现在的处境同谷兹科夫一样；要是有人对实证的基督教采取傲慢态度，我就起来捍卫这个学说，因为它出自人的本性的最强烈的要求，出自想通过上帝的恩惠来赎罪的渴望。但是如果问题涉及维护理性的自由时，我将抗议任何强制。——我希望我能见到世界的宗教意识发生一场激进的变革。要是我自己把一切都弄清楚就好了！这一定能办到，只要我有足够的时间平静地、不受干扰地进一步探讨。

人生来是自由的，他就是自由的！

评论：恩格斯谈到了路德派同改革派之间有关"圣灵启示"的争论。神学中的唯理论是个假定的和矛盾百出的概念，它反映出不同时期的某些神学集团都妄图证明借助理性来认识"神的启示真理"的可能性。18世纪至19世纪，唯理论倾向在基督教神学中有很大的影响。对于具有怀疑和反思精神的年轻人，恩格斯也试图运用这一方法思考宗教神学问题，并以反思的精神对宗教"正统观念"发出连串疑问，寻找宗教"正统观念"中的矛盾之处。恩格斯呼唤一场宗教变革，而这可以说是哲学或思想革命的先声。

7月12—27日 致信弗里德里希·格雷培，指出：我要尽力同虔诚主义，同相信字面意义作斗争。这些东西有什么用呢？凡被科学推翻了的东西，——现在整个教会史都包括在科学的发展中，——在生活中也不应当继续存在。我决不是要你驳倒我，我要向整个正统神学挑战，让它来驳倒我吧。已有整整一千八百年历史的基督教科学如果拿不出任何论据来驳斥唯理论，而只是对唯理论的进攻略加反击，如果它害怕纯科学舞台上的斗争而认为最好是给对手身上涂满污泥，那么，这个问题还有什么可谈的呢？正统的基督教学说是有能力进行纯科学的讨论吗？我说：否。它除了做点思想分类工作、做点解释、辩论辩论，还能做什么呢？

评论："虔诚主义"是17世纪德国路德教派中形成的一个神秘主义派别。这个派别提出宗教感情高于宗教教义，并反对唯理论思维和启蒙时代的哲学。19世纪虔诚主义的特点是极端神秘主义和虚伪。恩格斯在给格雷培的信中开始怀疑上帝的存在。恩格斯对宗教的思考中带有了思辨哲学的味道。他认为，既然上帝的理性当然高于我们，然而它也并不是另一种理性，否则它就不成其为理性。因而，圣经的教义也应当用理性去领会。如果精神自由就在于没有任何怀疑的可能，那反而是最大的精神奴役。此时的恩格斯并没有完全摆脱宗教的影响。

7月30日 致信威廉·格雷培，指出：我不是唯理论者，而是自由主义者。对立观点之间正在划清界限，它们彼此是针锋相对的。四个自由主义者（同时也是唯理论者）、一个曾经转向我们、但是由于害怕破坏他从家庭继承下来的那些原则而立即跑回贵族阵营去的贵族、一个正如我们所希望的颇有前途的贵族，以及几个笨蛋，——这就是正在进行辩论的那伙人。我是以一个通晓古代、中世纪和现代生活的行家、以一个鲁莽人等等身份参加战斗的。

评论：和"唯理论"相比，恩格斯更强调自己是"自然主义"或"自由主义"

者，这种自我定位使恩格斯能够逐步摆脱宗教神学的影响而走向唯物主义。

10月29日 致信弗里德里希·格雷培，指出：罪恶也不可能在地球上完全终止，因为罪恶是由尘世生活的各种条件引起的，否则，上帝应当把人造成另外一种样子。但是由于上帝把人造成这样，他就绝不可能要求人类绝对无罪，而只能同罪恶作斗争。如果说，这些前提成立，那么，道德的完善只能同一切其他精神力量的完善，同宇宙灵魂的合为一体同时达成，瞧，我又回到莱奥疯狂攻击的黑格尔学说上来了。话又说回来，这最后一个形而上学的命题正是我自己也不知如何对待才好的一种结论。——其次，根据这些前提，亚当的故事只能是神话，因为亚当要么应当同上帝平等，如果他被创造得这样无罪；要么应当犯罪，如果当创造他的时候，赋予他的只是人的特征。——我的罪恶论就是这样，确实还不成熟，也不完整。在这种情况下，赎罪于我有什么用处呢？

评论：恩格斯对"赎罪说"和"原罪说"进行了评论。恩格斯通过矛盾的演绎法得出结论：为了受难和死，上帝不得不成为人，这和马克思和唯物主义者认为的"不是神造人，而是人造神"的认识论是相合的。恩格斯还对一本政治书籍《普鲁士和普鲁士制度》进行了评论。

11月13—20日 致信威廉·格雷培，指出：如果你认为我应该回到基督教的怀抱，那你同样也错了。我感到好笑的是，第一，你已经不再把我看作是基督教徒；第二，你认为，仿佛一个为了观念而摆脱掉正统思想中幻想的东西的人还甘愿再穿上这件约束疯人的拘束衣。类似的情况只有在真正的唯理论者身上才有可能发生，因为他相信，他对奇迹所作的自然解释以及他的肤浅的道德说教是不能令人满意的，但是神话论和思辨思维不可能再从它们的朝霞辉映的雪峰降临正统思想的雾霭迷茫的山谷。——我正处于要成为黑格尔主义者的时刻。我能否成为黑格尔主义者，当然还不知道，但施特劳斯帮助我了解黑格尔的思想，因而这对我来说是完全可信的。何况他的（黑格尔的）历史哲学本来就写出了我的心里话。现在我正酝酿着一个宏伟的题材，同这个题材相比，我以前所写的一切东西不过是儿戏。

评论：恩格斯表明他不会回到基督教的怀抱了，他已经越行越远。恩格斯还向格雷培激情地描述了自己的伟大的写作计划。

1839年12月9日—1840年2月5日 致信弗里德里希·格雷培，指出：我现在走上了通向黑格尔主义的阳关大道。没有哪个时期比1816年到1830年这个时期更充满王室罪行了；几乎每一个在当时掌握统治权的国君都应处以死刑。笃信宗教的查理十世，阴险的西班牙斐迪南七世，奥地利的弗兰茨——一架机器，只会签署死刑判决书并且到处看到的都是烧炭党人；唐·米格尔是一个比法国革命的全体英雄还要伟大的流氓，可是当他血洗优秀的葡萄牙人时，普鲁士、俄国和奥地利都高兴地承认了他；还有俄国的杀父犯亚历山大以及不愧为他的弟弟的尼古拉，要谈他们的骇人听闻的罪行，简直是多费口舌。啊，我可以给你讲一大堆关于国君爱自己臣民这一主题的滑稽故事。只有国君被人民打了耳光而脑袋嗡嗡响时，只有他的宫殿的窗户被革命的鹅卵石砸得粉碎时，我才能期待国君做些好事。

　　评论：恩格斯告诉格雷培他正在努力从事文学写作，并调侃了书报检查制度。恩格斯告诉格雷培他已经转向了黑格尔主义，被黑格尔的《历史哲学》中的宏伟思想完全吸引，并对于基督教会对黑格尔的攻击进行了反击。信中，恩格斯开始针砭时弊，对1816年到1830年这一时期各国王室的罪行进行了揭露。

第 42 卷

1844 年

1月底到2月初 《报刊和德国暴君》指出：我们的读者意识到共和主义和共产主义的原理正在德国迅速传播开来，这种进展近来在戴王冠的强盗们以及他们的伟大联邦的顾问们中间引起了少有的惊慌。因此，他们就采取进一步的镇压措施来制止这些"危险的学说"的发展，特别是制止它们在普鲁士的发展。看来，1834年曾经在维也纳举行过一次秘密的全权代表会议，当时通过了一个议定书，不过只在最近才予以公布；议定书对报刊实行极严格的限制，并强行宣称，君主们的"神权"凌驾于一切立法团体和任何其他民间团体之上。

评论：载于1844年2月3日《北极星报》第325号的"德国"栏。写这篇通讯时，恩格斯在英国参加英国工人运动，并出席宪章派组织的大会。《北极星报》是宪章派报纸，1843年恩格斯同《北极星报》建立了联系。联系起因于1843年11月11日和25日该报转载了以恩格斯署名发表于《新道德世界》周刊的《大陆上社会改革运动的进展》一文，并高度评价了该文。恩格斯以这篇通讯开始为该报撰稿，撰稿持续到1848年，期间略有中断。这篇通讯揭露了普鲁士以及德意志联邦意图通过报刊审查对德国民主运动和自由派运动进行镇压，暴露了他们对共产主义真理的恐慌心理，揭露了他们的反动本质。

4月底 《给〈北极星报〉编辑部的信》指出：我想向您提供为《星报》撰写的有关在大陆上从事运动的党所取得的进展的报道、德国报纸的摘录以及我同巴黎和德国的消息灵通人士的通信的摘录。我高兴地看到，您的报纸登载的关于法国公众舆论情况的报道，比所有其他的英国报纸都多而且更好；我愿使您在报道德国方面同样如此。德国的政治状况正日益变得重要起来。那里很快就要发生一场革命，这场革命的结局只能是建立起一个联邦共和国。同时，我将不仅限于德国，而且还将向您报道有关瑞士、奥地利、意大利、俄国等等国家的一切可能使您的读者感兴趣的情况。您完全可以按照您认为合适的任何方式来使用我所提供的材料。

评论：载于1844年5月4日《北极星报》第338号。这封信是不完整的，现在保存下来的只是片断，即1844年5月4日该报发表的题为《国内和国外的运动》的编辑部文章中援引的一段话。编辑部在这篇文章中没有提及恩格斯的名字，只称执笔者是这个问题的行家。恩格斯提供的材料，由编辑部标明所报道的国家的名称刊登在"大陆上的运动"专栏内，并注明为"本报通讯员来稿"。从信件中可以看出，恩格斯十分关注欧洲大陆上的运动，表示愿意向该报提供欧洲大陆上运动的材料，并授权编辑部自行处理他提供的材料。在这封信件中，恩格斯明确表示德国的政治状况正日益变得重要，并且预言很快就要发生一场革命，而革命的结局只能是建立起一个联邦共和国。

4月底 《普鲁士局势》指出：这还只是可以表明政府意图的压制措施中的几条措施而已，而它们对于公众舆论的发展却产生了奇效。它们把人民从政治上的昏睡状态中唤醒，使人民如此激愤，以致连这位"基督教国王"最老和最忠实的拥护者都开始为现行制度的稳固性担忧了。不满情绪到处都在增长，而且在莱茵省，在东普鲁士、波森、柏林和所有的大城市中，已经几乎成了普遍现象。人民决心首先要争得出版自由和宪法。但是，整个德国积累了那么多一触即发的问题，而且各种看法又是那样千差万别，所以无法预言这场运动一旦真搞起来将会发展到什么地步。不过，它必将朝着民主的方向发展，这一点是显而易见的。

评论：载于1844年5月4日《北极星报》第338号的"普鲁士"栏。简讯描述了1844年2—3月柏林大学生反对强化反动秩序，人民决心首先要争得出版自由和立宪的活动。根据德国报刊特别是恩格斯关注的《科伦日报》1844年2月15日第46号的报道，首先在柏林发动的大学生运动已经扩大到德国其他几个大学城（波恩、哈勒、海得尔堡、耶拿）。恩格斯指出，虽然无法预言这场运动会发展到什么地步，但它必将朝着民主的方向发展。恩格斯充分肯定了这场运动的积极意义。

5月上半月 《德国消息》指出：由于出版了一本攻击奥地利政府的书而近来受到控告的弗里德里希·施泰因曼先生，已被判处要塞监禁八个月。

俄国目前正非常积极地对德国各邦的宫廷展开外交活动，目的在于谋求实行一些措施来制止德国报刊那样猛烈地抨击沙皇的政策。眼下在德国相当普遍地存在着的反俄情绪，前些时候以来就在所有的报纸上和大量的小册子里发泄出来，因而使专制君主焦急不安。但幸运的是，他将无法制止它们的出版。

本月3日，慕尼黑由于啤酒价格上涨发生了骚乱。这次骚乱是严重的，而且要不是动用一点军队进行血腥镇压就平息不了。

评论：载于1844年5月18日《北极星报》第340号的"德国"栏。简讯综述了自由派议员韦尔凯尔恳请政府采取一些措施来消除人民的不满情绪，弗里德里希·施泰因曼因出版了一本攻击奥地利政府的书被普鲁士政府控告而不是被奥地利政府控告的荒诞事，以及德国人民相当普遍的反俄情绪，描述了慕尼黑由于啤酒价格上涨发生的严重骚乱，揭露了普鲁士的反动专制，歌颂了人民群众的伟大力量。

5月上半月 《一个叛徒的命运》指出：积极参加过1830年革命，后来却背弃了自己的党的亚当·古罗夫斯基伯爵被允许回国了，又因为发表了几本书而弄得声名狼藉，臭不可闻。沙皇政府是地球上所能找到的最好的政府。他当然指望得到尼古拉的奖赏，可是这位专制君主谨慎之至，对一个叛徒是不信任的。他利用了他，又抛弃了他；他给了他一个下级官职，古罗夫斯基眼见自己没有晋升的希望就辞去了这个职务。古罗夫斯基由于自己的同胞鄙视他，欧洲一切党派嘲笑他，沙皇又抛弃了他，所以正打算到美国去，大概是希望他的名声不会随着他一道漂洋过海吧。

评论：载于1844年5月18日《北极星报》第340号的"波兰"栏。简讯描述了一个背弃自己党的叛徒亚当·古罗夫斯基伯爵的命运：欧洲一切党派嘲笑他，沙皇利用他后又抛弃了他，揭露了俄国专制政府对波兰统治的残酷无情。

5月中 《啤酒骚乱》指出：巴伐利亚啤酒在德国酿制的所有这种饮料中最负盛名，自然，巴伐利亚人非常爱喝这种啤酒，而且消费量相当大。政府对啤酒规定了从价征收约一百先令的新税，由此引起了一场长达四天多的乱子。工人们为了对他们最喜爱的饮料的涨价进行报复，大批地集结起来，上街游行，袭击酒馆，砸窗户，毁家具，双手所及无不破坏。调来了军队，可是一个警卫骑兵团对要他们"上马"的口令，竟拒不听命。然而从这一切看来，诗人国王在这次乱子中一直处于一种极其被动的地位。最后，骚乱群众用暴力达到目的。国王下了一道命令，把一夸脱啤酒的价格从十个克劳泽铜币（$3\frac{1}{4}$便士）减到九个克劳泽铜币（3便士），这才恢复了平静。人民一旦了解到他们能够把政府吓得放弃它的征税办法，他们将很快懂得，在更重大的问题上恐吓政府也会是同样容易的。

评论：载于1844年5月25日《北极星报》第341号的"巴伐利亚"栏。简讯报道了巴伐利亚因啤酒加税涨价而导致的严重骚乱的经过，揭露了政府的专制反动。

5月中 《普鲁士的牧师专制》指出：这个国家里受到现政府的特别保护和恩宠的专制的牧师，表现得一天比一天目中无人。例如最近在柏林发生了这样的事：牧师们一个接一个地拒绝在星期六主持婚礼；拒绝的理由是，夫妇双方在星期日早上起床时决不可能具有适于参加主日礼拜的心绪，如果他们是在前一天结婚的话！根本不管在星期日要不要正正经经地做礼拜，相反地把它当作一个星期中最快乐的一天来度过的柏林人，对当权者要在他们中间实行"英国星期日"，自然大肆抱怨，他们不知道有比这更可怕的东西了。的确，英国星期日对大陆所有国家的情感和习惯来说是最不相容的。

评论：载于1844年5月25日《北极星报》第341号的"普鲁士"栏。简讯报道了受到政府特别保护和恩宠的牧师对社会生活的粗暴干预，揭露了普鲁士统治的荒谬和专制。

5月中 《圣彼得堡新闻》指出：圣彼得堡发生了相当大的内阁变动。财政大臣康克林先生被贬黜,据报道,被贬黜的还有警务大臣,即著名的本肯多夫伯爵。尼古拉显然在为保存一个正在迅速崩溃的制度而斗争。尽管尼古拉的大批雇佣文人那样卖力,反俄情绪在德国和大陆上其他国家正日益高涨。政府的财政状况是一个大难题;宫廷的豪华排场,一支不计其数的警察和暗探队伍,向全欧洲派遣外交人员、密探、记者和在那里搞阴谋、行贿赂所需的费用,陆军和海军以及对切尔克斯人的无休止的战争,这就把通过收税和借债所能聚敛的一切全都消耗殆尽了。康克林先生的限制性贸易政策使这个帝国的一些地方的对外贸易几乎成为不可能,也没有能够在国内建立起一个民族工业体系。在贵族中间,可以清楚地看出有三部分人,即宫廷官员、旧式乡绅和军官。他们总是相互倾轧,他们的目的当然不是别的,而是要把皇帝本人完全控制在自己手里,皇帝和一切暴君一样毕竟只是他的宠臣们的工具。

评论:载于1844年5月25日《北极星报》第341号的"俄国"栏。简讯报道了沙皇俄国最高行政机构大臣委员会的人事变动,揭露了俄国日益严重的财政危机和政治危机,揭露了俄国专制政府的腐败和反动。

6月上半月 《法国消息》指出:在里昂附近的里夫—德—纪埃,由于工资和其他不满,发生了一次严重的矿工罢工。这次事件整个说来与英国的罢工具有相同的形式:打着旗子游行,举行群众集会,严厉警告工贼,等等。罢工持续了大约六个星期,尽管看来没有发生严重的骚乱,有几个人却以参与密谋的罪名被拘留了。

摩洛哥皇帝已经宣布了对法国和法国人的"神圣战争",现在正动员他的统治区内和邻近他的统治区的各族人民和部落为捍卫唯一的信仰,灭绝"异教徒"而武装起来。阿卜杜尔-卡迪尔这位非洲的华莱士,是这一次以推翻和驱逐法国征服者为目的的民族运动的领袖。

评论:载于1844年6月15日《北极星报》第344号的"法国"栏。简讯描述了法国里昂附近的里夫—德—纪埃发生的严重的矿工罢工,共和党显示自己力量的示威游行,以及阿尔及利亚人民在阿卜杜尔-卡迪尔领导下进行的反对法国征服者的民族解放斗争。

6月上半月 《瓦勒内战》指出:瓦勒的民主党暂时被打败了。这将需要联邦政府进行干涉;亲自率领保守军队前来的僧侣们能从他们的胜利中获得什么好处,以后自有分晓;但是不管怎样,要重建任何类似旧制度的东西,或者把下瓦勒及其生气勃勃的居民置于臣属地位,这即使在目前也是不可能的。再过几年,不,再过几个月,民主党就会重新取得优势。

评论:载于1844年6月15日《北极星报》第344号的"瑞士"栏。文章描述了1843年联合起来成为主张瑞士分离的同盟——分离派同盟的落后的天主教同主张在瑞士实行进步的资产阶级改革的自由激进派力量之间斗争的初期阶段的基本情况。恩格斯后来撰写的1847年瑞士的内战一文与本文有密切的联系。

6月中 《普鲁士新闻。——西里西亚骚乱》指出：人民取得了一次伟大的胜利；他们通过自己的坚定而持久的反抗迫使国王放弃了他的得意措施——新的离婚法草案。这个胜利将向人民表明，他们是强大的，他们如果团结起来，就可以废弃他们所不喜欢的任何措施；而且，它还表明，他们甚至只要显示一下自己的力量，就会使政府害怕，而去做他们愿意它做的任何事情。在西里西亚的工业地区发生了极其严重的骚乱，这个地区的几乎完全靠生产麻布为生和困苦不堪的工人，由于经受不住英国机器生产品的竞争，一个时期以来已经陷于与英国手工织工同样的境地。显而易见，对工人阶级来说，工厂制度、机器技术进步等等带来的后果，在大陆上和在英国是完全一样的：对大多数人是受压迫和劳累，对极少数人是财富和享乐；在西里西亚的山岗上，也和在郎卡郡和约克郡等人烟稠密的城市中完全一样，人们的命运没有保障，到处都存在着不满和骚乱。

评论：载于1844年6月29日《北极星报》第346号的"普鲁士"栏。文章考察了离婚法草案的拟定过程，指出了胜利向人民表明，人民是强大的，如果他们团结起来，就可以废弃不合理的措施；同时简述了西里西亚纺织工人的起义过程。恩格斯指出了工厂制度、机器技术进步等带来的后果。一切表明，在资本主义私有制下，技术进步改变不了工人阶级的命运。

6月下半月 《西里西亚骚乱的详情》指出：由于低工资、采用机器和企业主贪得无厌而造成的这些穷苦织工的难以置信的痛苦，是这些骚乱的原因。而企业主很乐意预付给他们少量的钱，这些钱工人是永远也还不清的，但是满可以使主人对工人拥有绝对的主权，使工人成为企业主的奴隶。除此以外，还有英国产品的竞争，由于英国工厂的机器优良、工资很低，英国产品更有竞争力，并且也促使西里西亚织工的工资降低。简言之，正是工厂制度和它所带来的一切后果压迫了西里西亚的织工，正象它过去和现在压迫着英国的工厂工人和手工织工一样，正是工厂制度和它所带来的一切后果在这个国家比任何其他事情都更多地引起了不满和骚乱。

评论：载于1844年6月29日《北极星报》第346号的"普鲁士"栏。1844年6月，德国西里西亚的纺织工人举行起义，这一事件立即引起了当时旅居英国的恩格斯的密切关注。文章详细描述了西里西亚骚乱发展的过程，并初步探讨了发生骚乱的原因，指出骚乱是由于低工资、采用机器和企业主贪得无厌而造成的穷苦织工的难以置信的痛苦而引起的。恩格斯指出，是资本主义私有制之下的工厂制度和它带来的后果引起了西里西亚纺织工人的起义，而工人阶级的先进性也在这次起义中得到了彰显。

9月20日 《大陆社会主义》指出：我们在巴黎的俄国人中间工作取得了很大成绩。有三四个正在巴黎的贵族和农奴主成了激进共产主义者和无神论者。我们在巴黎有一家每周出版两次的德文的共产主义报纸《前进报》。在比利时，正在进行积极的共产主义鼓动工作，并且有一家报纸《社会辩论报》已经在布鲁塞尔出版了。在巴黎，大约有六家共产主义报纸。社会主义的，社会化的等词在法国十分流行；而路易－菲力浦这个头号资产者靠金钱和庇护来支持《和平民主日报》。法国社会主义者的表面的宗教信仰大半是虚假的；人民是完全不信教的，下一次革命的第一批牺牲者将是教士。科伦人有了长足的进步。在北德意志，几乎每一座城市我们都有几个反对私有制和主张无神论的激进党人。柏林的埃德加尔·鲍威尔由于他最近写的一本书刚被判处三年徒刑。

评论：载于1844年10月5日《新道德世界》第15号，署名为盎格鲁－德意志人。1844年8月底9月初恩格斯曾在巴黎短暂逗留。在此期间，他同马克思会面，这次会面为他们的友谊和创造性合作奠定了基础。本文简述了欧洲大陆上高涨的社会主义运动，革命者组织团体，创办共产主义报纸，聚会讨论共产主义主张。文中也反映了恩格斯当时积极宣传共产主义的活动情况。可以看出，恩格斯十分重视欧洲大陆的社会主义运动，认为它值得受到社会上相当多人的注意。

10月中　《现代兴起的今日尚存的共产主义移民区记述》指出：当工人彼此联合起来，团结一致并追求一个目的时，同富人相比，他们就无比强大。此外，如果他们抱有象财产公有这样一个合理的和为所有人谋福利的目的，那么，不言而喻，富人中比较好的和比较有理智的人就会宣布自己赞同工人，并且会支持工人。在德国各地已经有很多富裕而又有教养的人公开表示赞同财产公有，并捍卫人民对有产阶级所把持的世上财富的权利。

评论：载于《1845年德国公民手册》年鉴达姆斯塔德1845年版。文章是为回击共产主义的反对者关于共产主义实际上不能实现的观点而写的。从恩格斯给马克思的一封信中可以看到，恩格斯在1844年10月初就着手写一本这样的小册子，以便通俗地叙述"共产主义在英国和美国的当前实践"。文章利用有关美国共产主义移民区的报道材料，主要是以英国旅行家，欧文主义者约翰·芬奇的一组信，共29封，进行了驳斥，指出以集体所有制为基础的社会制度比以私有制为基础的社会制度更为优越。但是，恩格斯并不因此就同意空想社会主义者所谓通过共产主义移民区可以逐渐过渡到共产主义的观点。恩格斯认为，这样的移民区只是证明在集体所有制基础上可以更为合理地组织经济生活，而不是改造社会的手段。恩格斯指出，德国工人有责任严肃地考虑组成要求财产公有的党的核心组织，并强调了工人联合的重要性，指出当工人彼此联合起来，团结一致并追求一个目的时，同富人相比，他们就无比强大。

1845年

下半年（大约夏末）　《对英国工人阶级状况的补充评述。——英国的一次罢工》指出：我那本书的读者还会记得，我主要是描述了资产阶级和无产阶级之间的相互关系以及这两个阶级之间的斗争的必然性，而对我来说特别重要的是要证明无产阶级的这一斗争是完全合法的，是要用英国资产阶级的丑恶行径来戳穿他们的花言巧语。我写的这本书，从第一页到最后一页，就是对英国资产阶级的起诉书。现在我再提供一些令人信服的证据。

评论：载于1846年1月和2月的《威斯特伐里亚汽船》杂志。文章写于《英国工人阶级状况》问世之后。从标题、标号"I"的小标题以及正文来看，恩格斯本想写一组文章，用具体、真实的材料来补充《英国工人阶级状况》一书，但是计划要写的这组文章的其他部分没有继续写下去。这篇文章的主要材料来源是1844年10月至1845年1月载于《北极星报》的关于建筑工人罢工的报道。恩格斯在文章中详细地阐述了罢工的过程，说明了他撰写《英国工人阶级状况》一书的目的是描述资产阶级和无产阶级之间的相互关系以及这两个阶级之间的斗争的必然性，更重要的是要证明无产阶级斗争的完全合法性，是要用英国资产阶级的丑恶行径戳穿他们的花言巧语。正如恩格斯自己声称的那样，这本书是对英国资产阶级的起诉书。

9月14—18日 《维多利亚女王的访问——王室之间的不和。——维克同德国资产阶级的争执。——对巴黎木工的判决》指出：看看这些王公之间的不和以及资产阶级同王公们的不和，真是十分可笑；他们一直看不到就在他们周围的最底层掀起了运动，而等到他们看到自己的危险，已经为时太晚了。您一直没有在《星报》公布巴黎法庭对举行罢工的木工——被指控非法集会——的判决。木工领导人万桑被判处三年，其他两个人被判处一年，还有另外几个人大概被判处六个月（徒刑）。然而，木工们还是不上工，至少在那些老板不让步的地方是这样。有三分之二的老板答应了工人的要求，由于上述判决，锯木工人以及同建筑业有联系的其他行业也举行了罢工。这次事件带来了很大的好处。

评论：载于1845年9月20日《北极星报》第410号。简讯报道了维多利亚女王对普鲁士的访问以及巴黎法庭对木工罢工的判决，反映了贵族之间的矛盾，资产阶级同贵族之间的矛盾，无产阶级与资产阶级的矛盾。文中洋溢着恩格斯对统治阶级的嘲笑和对罢工工人的同情和支持。

9月20—26日 《在瑞士的青年德意志》指出："青年德意志"从1831年就存在了，当时，由于德国发生多次起义，大批青年、大学生、工人等等被迫离开自己的国家。经过一个时期的大量活动，这个组织到1837年瓦解了，那时整个欧洲的资产阶级政府已经把政治鼓动的风气镇压下去。可是没有多久，在"青年德意志"的老家勒芒湖畔开始出现了共产主义俱乐部，并且同这个纯粹政治性的组织展开了热烈的辩论。这次辩论在两派之间造成经常性的争吵与明显的不和；然而，辩论的主要结果是"青年德意志"不得不扩大自己的活动范围，并且不仅要更好地阐明他们的政治原则是激进的、共和主义的和民主的原则，而且还要探讨社会问题。这时德国的中等阶级在消磨时间，他们跟着隆格搞"德国天主教徒"运动和"新教改革"运动，玩弄"光明之友"的把戏，从而把在宗教问题上实行某些十分琐细的、几乎看不见的、于事无补的（仅仅是资产阶级的）改革当作自己的主要任务，而我国工人却在阅读和领悟最伟大的德国哲学家如费尔巴哈等人的著作，并且接受了他们研究的成果，尽管这些成果是激进的。德国的人民不信教了。怎么能在短短一年内，不仅在瑞士，而且在法国、英国以至我们德国，使那么多人改变了宗教信仰呢？请看前一个星期我曾经就资产阶级运动和工人阶级运动所讲的那些话。我认为所揭露的这些事实充分证实了我的论述。

评论：载于1845年9月27日《北极星报》第411号。通讯评论了1845年9月11日瑞士君主立宪主义报纸《纽沙特尔立宪主义者》第109号发表的一篇文章，该文为警察迫害居住在瑞士的德国流亡者提供了口实。通讯报道了德国流亡者的秘密革命协会"青年德意志"的产生、发展，肯定了他们开始日益关注社会问题的倾向。

10月中　《对共产主义的迫害和驱逐》指出：本月11日黑森大公国当局在达姆斯塔德，即在出版社的所在地没收了皮特曼编辑的共产主义杂志《莱茵年鉴》第一期。不过只查获了55本，本期其余的份数已经售完。出版人列斯凯先生同时接到通知说，该杂志已置于警方监督之下，每一期出版前必须呈报警方，获得发行的特许证。这同一个普鲁士政府已经通过萨克森当局将几个知名作家驱逐出莱比锡，其中有我在上一封信里提到的"青年德意志"在瑞士进行密谋活动的一位领导人威·马尔先生。对他的案件也同去年对魏特林的案件一样，当局不敢将这批人逮捕法办，尽管他们有充分的法律上的借口；他们只满足于将这些人驱逐出境。

评论：载于1845年10月25日《北极星报》第415号。简讯报道了德国和瑞士对共产主义者的迫害和驱逐，表达了恩格斯的愤慨，反映了他对国际共产主义运动的理解和支持。

下半年　《傅立叶论商业的片断》指出：傅立叶毫不容情地揭穿上流社会的虚伪，揭穿他们的理论和实践的矛盾以及他们整个生活方式的无聊；他嘲笑他们的哲学，嘲笑他们为使日趋完善的完善化能力臻于完善和为追求最高真理而作的努力。傅立叶嘲笑他们的"纯洁的道德"，嘲笑他们的划一的社会制度；他把他们的实践，把遭到他的精辟批判的和气的商业，把他们的并非享乐的放纵的享乐，把被他们当作婚姻关系的组成部分的通奸以及普遍的混乱同这种社会制度作了对比。这就是在德国还完全没有谈论过的现存社会的各个方面。

评论：载于《1846年德国公民手册》年鉴1846年曼海姆版。这是恩格斯根据他和马克思早在1845年年初拟定在德国出版《外国杰出的社会主义文丛》的计划，对傅立叶的《论商业》手稿所作的摘译。恩格斯于1845年夏天在布鲁塞尔开始翻译傅立叶手稿，前言和结束语大半写于该年秋天，是对当时出版的某些"真正的社会主义"的著作的答复。恩格斯选译了傅立叶未完成的文稿《论三种外在的统一》的前七章的若干片断，他高度评价了傅立叶的这一著作，认为它对资产阶级的社会关系作了非常尖锐、机智、幽默的批判，讽刺性地分析了破产的三个等级、九个种和三十六个类，揭露了资产阶级在从事商业活动方面的贪婪、诡诈、伪善、卑鄙等本性。恩格斯在该著作中第一次尖锐地批判了德国小资产阶级社会主义流派的"真正的社会主义"观点，指出这些观点是法国空想社会主义同黑格尔和费尔巴哈的思想的大杂烩，是对法国空想社会主义者观点的庸俗化，是"劣等的德国理论"，这种理论严重脱离革命斗争实际，对政治经济学和现实的社会一无所知。恩格斯的这一著作反映出他和马克思准备同"真正的社会主义"公开划清界限并批判它的代表人物的考虑此时已经成熟。

1845 年秋　《费尔巴哈》指出：哲学竟到了这种地步：它提出人们之间必须交往这样一个平凡的事实——一个不予以承认就决不会产生曾经存在过的第二代人的事实，在性的区别中就已经存在的事实——作为自己的全部经历终结时的最伟大的成果。而且还采用了"自我和你的统一"这样一种神秘的形式。如果费尔巴哈指的主要不是性行为、种的延续的行为、自我和你的共同性，这句话是根本不能成立的。既然费尔巴哈的共同性成了实际的，它也就局限于性行为以及对哲学思想和问题的谅解、"真正的辩证法"、对话、"精神的人和肉体的人的产生"。这个"产生出来的"人除了又在"精神上"和"肉体上""产生人"以外，以后再做什么，——关于这一点，只字未提。费尔巴哈知道的也仅仅是两个人之间的交往。

评论：首次发表于《马克思恩格斯全集》1932 年国际版第 1 部分第 5 卷。恩格斯的这些札记手稿为写作《德意志意识形态》第 1 卷第 1 章作了准备。札记中引用了费尔巴哈的著作 1843 年苏黎世和温特图尔版《未来哲学原理》。在札记中，恩格斯把费尔巴哈的全部哲学归结为自然哲学、人类学和道德。恩格斯批判地指出，费尔巴哈消极地崇拜自然，把爱捧上了天的颂歌，把人作为道德存在物，在此基础上归结出交往为两个人（男人和女人）之间的关系；费尔巴哈分析了天主教和新教的区别，天主教关心什么是上帝自身，具有思辨的和直观的倾向，而新教把上帝留给上帝自身，把思辨和直观留给哲学。恩格斯认为他同费尔巴哈哲学的区别在于费尔巴哈仅仅把上帝现实化和人化，把神学转变为人类学和溶解为人类学，而未能进一步提出并完成新时代的哲学任务。恩格斯指出，费尔巴哈"存在是本质的肯定"的观点是对现存事物的绝妙的赞扬，对于无产阶级具有消极作用。

11 月 20 日　《对布·鲍威尔反批评的回答》指出：鲍威尔的回答本身就直接提供了一个关于"批判家过去如何工作而且现在还如何工作"的新的令人信服的样板。就是说，"勤劳的"批判家认为，不以恩格斯和马克思的著作，而以《威斯特伐里亚汽船》所载的对这本书的平庸而混乱的评论作为他感叹和引证的对象才更符合他的目的——这是他抱着批判的谨慎态度不让他的读者知道的一种把戏。鲍威尔在抄写《汽船》杂志时，只是用默默地然而意味深长的耸肩来中断抄写的"艰巨的工作"。一当批判的批判没有什么好说了，它就耸耸肩。它求救于两片肩胛骨，尽管它憎恨感性，它只知道把感性想象成一种"棍子"，一种对它的神学的贫乏进行惩罚的工具。布鲁诺·鲍威尔乞灵于玩得最拙劣的把戏和最可怜的魔术，却最终证实了恩格斯和马克思在《神圣家族》中给他作的死刑判决。

评论：载于1846年《社会明镜》杂志第2卷第7期。这篇短评是《神圣家族》的作者针对鲍威尔在《维干德季刊》1845年第3卷发表的《评路德维希·费尔巴哈》一文中对《神圣家族》的批评所作的回答。短评揭露了鲍威尔对《神圣家族》的歪曲，详细地说明了《神圣家族》中关于批判的批判对犹太人问题和对政治解放的态度、对法国革命的态度、对社会主义和共产主义的态度、对黑格尔的态度、对费尔巴哈的态度等问题的具体页码，进一步证实了马克思和恩格斯在《神圣家族》中给鲍威尔所作的死刑判决的正确性。这篇短评再次表明马克思、恩格斯同青年黑格尔派之间在理论上和政治上的分歧已日益严重而难以调和。短评中的部分观点在马克思、恩格斯稍后的著作《德意志意识形态》第1卷第2章中被再次引用。

1845年11月到1846年初　《〈德意志意识形态〉第一卷手稿片断》指出：在象德国这样一个只有很可怜的历史发展的国家里，这些思想发展，这些被捧上了天的、毫无作用的废物弥补了历史发展的不足，它们已经根深蒂固，必须同它们进行斗争。但这是具有地方性意义的斗争。同他们的"本质"完全不符合，——那么，根据上述论点，这是不可避免的不幸，应当平心静气地忍受这种不幸。可是这千百万无产者或共产主义者所想的完全不一样，而且这一点他们将在适当时候，在实践中，即通过革命使自己的"存在"同自己的"本质"协调一致的时候予以证明。因此，在这样的场合费尔巴哈从来不谈人类世界，而是每次都求救于外部自然界，而且是那个尚未置于人的统治之下的自然界。但是每当有了一项新的发明，每当工业前进一步，就有一块新的地盘从这个领域划出去，而能用来说明费尔巴哈这类论点的事例借以产生的基地，也就越来越小了。

评论：首次载于1962年《社会历史国际评论》杂志第7卷第1部分。马克思和恩格斯的这一手稿为撰写《德意志意识形态》作了准备。在手稿中，马克思、恩格斯认为自我意识哲学并不能使人的解放前进一步；只有在现实的世界中并使用现实的手段才能实现真正的解放，没有蒸汽机和珍妮走锭精纺机就不可能消灭奴隶制，没有改良的农业就不可能消灭农奴制。马克思和恩格斯批判了费尔巴哈及其麦克斯·施蒂纳哲学的现实价值仅在于安于这种环境，或者忍住自己的不满，或者以幻想的方式去反抗这种环境；详细分析了麦克斯·施蒂纳的政治观点，指出他并不反对现存的土地所有制、税收制、到处阻碍交易的关税制，等等。马克思和恩格斯揭示了这些观点对于革命的消极作用。

1847 年

6月2—9日 《共产主义信条草案》指出：共产主义者的目的是什么？把社会组织成这样：使社会的每一个成员都能完全自由地发展和发挥他的全部才能和力量，并且不会因此而危及这个社会的基本条件。你们打算怎样实现这一目的呢？废除私有财产，代之以财产公有。你们的财产公有建立在什么样的基础上呢？第一、建立在因发展工业、农业、贸易和殖民而产生的大量的生产力和生活资料的基础之上，建立在因使用机器、化学方法和其他辅助手段而使生产力和生活资料无限增长的可能性的基础之上。第二、建立在这样的基础上：在每一个人的意识或感觉中都存在着这样的原理，它们是颠扑不破的原则，是整个历史发展的结果，是无须加以论证的。你们打算用什么方法为实现你们的财产公有作好准备呢？启发并团结无产阶级。这么说，你们并不认为任何时候都可能实现财产公有？是的，我们并不这样认为。只有在机器和其他发明有可能向全体社会成员展示出获得全面教育和幸福生活的前景时，共产主义才出现。共产主义是关于奴隶、农奴或手工业者不可能实现而只有无产者才可能实现的那种解放的学说，因此它必然属于十九世纪，而以往任何时候是不可能有的。如果你们打算用启发并团结无产阶级的方法来为公有制作准备，你们是否因此就拒绝革命呢？我们确信，任何密谋都不但无益，甚至有害。我们也知道，革命不是随心所欲地制造的，革命在任何地方和任何时候都是完全不以单个的政党和整个阶级的意志和领导为转移的各种情况的必然结果。但我们也看到，世界上几乎所有国家的无产阶级的发展都受到有产阶级的暴力压制，因而是共产主义者的敌人用暴力引起革命。如果被压迫的无产阶级因此最终被推向革命，那么，我们将用实际行动来捍卫无产阶级的事业，正象现在用语言来捍卫它一样。你们打算一下子就用财产公有来代替今天的社会制度吗？我们不想这样做。群众的发展是不能命令的。它受到群众生活条件的发展的制约，因而是逐步前进的。

评论：首次发表于《共产主义者同盟建盟文献（1847年6月至9月）》1969年汉堡版。《共产主义信条草案》是恩格斯为共产主义者同盟撰写的第一个纲领草案，根据1847年6月2—9日在伦敦召开的共产主义者同盟第一次代表大会的决议起草。草案采取当时流行的教义问答形式，共有22个问答。草案指出了共产主义的目的、实现这一目的的途径、财产公有建立的基础、实现财产公有的方式、实行财产公有的第一个基本条件、无产阶级的产生以及无产者与奴隶、农奴和手工业者的区别，等等。草案强调指出，任何密谋不但无益，甚至有害，革命不能随心所欲制造，革命在任何地方和任何时候都是不以单个政党和整个阶级的意志和领导为转移的各种情况的必然结果；但各国无产阶级都受到有产阶级的暴力压制，如果无产阶级因此最终被推向革命，那么，他们将用实际行动捍卫自己的事业。草案还阐述了共产主义制度下的民族和家庭问题、共产主义者对宗教的态度。草案涉及一系列科学共产主义的基本原则，但有些表述还带有空想共产主义的痕迹。1847年10月恩格斯在这个草案的基础上拟定了一个更加完善的共产主义者同盟纲领草案《共产主义原理》。

12月上半月 《改革派的利尔宴会——赖德律-洛兰先生的演说》指出：在这旧的信念已经破灭、新的启示尚未倾注到你身上的时期，请你每夜在简陋的住处虔诚地反复吟诵这不朽的信条——自由、平等、博爱！是的，一切都要自由；信仰自由，思想自由，交往自由；因为人不和他人交往就不可能成为有道德的人，而为了更好地压制人，腐败的制度就力图孤立人。他们知道，一捆柴是折不断的。同样，一切都要平等，民法面前平等，政治上平等，教育上平等，以便除了在道德上或者情操上谁也超不过谁！博爱是产生高尚的和为人称颂的风尚的取之不尽的源泉；团结的源泉，力量的源泉。到那时劳动再也不是权利，它将是义务。但愿除了劳动所得的和给予劳动的以外再也没有什么别的收入了。的确，这是拯救的办法。呵，伟大的不朽的象征，你快来临了！人民，让我们把你的恭顺的讲解员获得的掌声回敬给你，掌声同时也给你带来安慰和希望！

评论：载于1847年12月18日《北极星报》第530号。这篇通讯是极端民主派议员赖德律-洛兰在法国选举改革派1847年11月7日利尔宴会上发表的演说的译文，译自1847年11月10日《改革报》的报道，略有删节。在演说中，赖德律-洛兰赞扬了工人们的单纯质朴、强壮有力、和蔼可亲，充满青春活力，揭示了资本主义社会中工人们悲惨的生存状况，揭露了资产阶级对工人的剥削，提出要拯救工人不可侵犯的权利、未被承认的神圣利益，办法就是虔诚地反复吟诵不朽的信条——自由、平等、博爱。恩格斯批判了他的拯救办法。

12月上半月 《法国的改革运动。——第戎宴会》指出：我们完全不想抹煞法国革命所进行的英勇斗争的意义，也不想抹掉全世界对共和国伟大活动家的深厚谢意，但是我们认为，上述引文以世界主义的观点来比较法国和英国的地位，那是完全错误的。英国发明了蒸汽机；英国修筑了铁路；而这两件东西，我们认为，却抵得上一大堆思想。可是英国发明这些东西是为了自己还是为了全世界呢？法国人自吹他们到处传播文明，尤其是在阿尔及尔。那么，在美洲、亚洲、非洲和澳洲传播文明的不是英国，又是谁呢？法国曾经为解放一个共和国而出了一点力，可是为这个共和国奠定基础的是谁呢？是英国，就是这个英国！如果说，法国支援过美利坚共和国摆脱英国暴政的解放斗争，那么早在二百年前，英国就已从西班牙的奴役下解放过荷兰共和国。如果说，法国在上世纪末给全世界做出了光荣的榜样，那么我们也不能避而不谈这一事实：英国还比它早一百五十年就已做出了这个榜样，而那时法国还根本没有准备学习这个榜样呢。至于讲到思想，那么十八世纪法国哲学家伏尔泰、卢梭、狄德罗、达兰贝尔和其他人大力阐明的那些思想，不是首先产生在英国又是产生在哪儿呢？

　　评论：载于1847年12月18日《北极星报》第530号。文章是恩格斯在1847年12月30日《德意志—布鲁塞尔报》所载他的通讯《路易·勃朗在第戎宴会上的演说》基础上扩充而成的文稿。文章记述了1847年11月21日法国的改革派举行的一次宴会，简要介绍了路易·勃朗、弗洛孔等人的演说。恩格斯集中批判了路易·勃朗所宣扬的法国是独一无二的文化传播者这一民族主义的论点。恩格斯充分肯定了科学技术对历史的推动作用，指出英国发明的蒸汽机、修筑的铁路抵得上一大堆思想。

1848 年

　　1月9日　《宪章运动。（"民主派兄弟协会"告大不列颠和爱尔兰工人书)》指出：告工人书在对目前工人阶级遭受苦难的情景作了如此简练而又如此明确的描绘之后，号召两岛工人补充自己党组织的队伍。大不列颠和爱尔兰的工人们！你们为什么要拿起武器呢？你们为什么要为维护你们参加不了的机构而战斗呢？为什么要为维护那些不是保护而是压制你们的法律而战斗呢？为什么要为维护财产——你们只能把它看成是从你们这里夺走的劳动果实的积累——而战斗呢？你们首先要取得为你们的社会解放所必需的政治权力。在没有获得这种权力时，你们要公开声明：没有投票权，就不拿武器！给我们选举权，否则我们不打仗！大不列颠和爱尔兰的工人们！阴谋家力图用不同国家的人都是天生的仇敌这种可耻的和伪造的借口，挑拨一国人民去反对另一国人民，你们要给以反击！在写着人人皆兄弟的民主旗帜周围团结起来！

　　评论：载于1848年1月10日《改革报》。这篇文章是恩格斯1847—1848年为法国民主派《改革报》撰写的，用以宣传共产主义思想和团结欧洲各国无产阶级和民主派力量。此时，恩格斯打算在法国广泛传播宪章运动以及宪章派刊物特别是《北极星报》的材料。在这篇文章中，恩格斯选译了伦敦国际性民主团体"民主派兄弟协会"在1848年1月3日协会会议上通过并发表在1848年1月8日《北极星报》第533号的《告工人书》。《告工人书》对当时工人阶级遭受苦难的情景作了简练而明确的描绘；号召大不列颠和爱尔兰两岛工人补充自己党组织的队伍，要取得为工人的社会解放所必需的政治权力，在写着"人人皆兄弟"的民主旗帜周围团结起来。恩格斯宣传的宪章运动的经验，促使法国共和派和小资产阶级社会主义的报纸在一定程度上克服了民族闭关主义，并对该报纸的读者——法国工人阶级的代表和具有激进倾向的中间阶层——产生了革命化的影响。

1月10—13日左右 《惊人的揭露。——阿卜杜尔·卡迪尔。——基佐的外交政策》指出：我们认为，这位阿拉伯领袖的被俘，总的说来是很值得庆幸的。贝都英人的斗争是无望之举，虽然象毕若那样的野蛮军人所采用的打仗方式应当受到严厉的谴责，但是征服阿尔及利亚，对于文明的进展却是有意义的和值得庆幸的事。柏柏尔国家的海盗行径——英国政府从来不予干涉，只要他们不骚扰英国的船只——，只有靠征服其中的一个国家才能被制止。而征服阿尔及利亚就已经迫使突尼斯和的黎波里这两个海湾，甚至迫使摩洛哥的国王踏上了文明的道路。他们只好放弃海盗行径，为人民另谋生路，并且不靠欧洲小国的进贡而用其他手段来充实他们的国库。如果我们会因沙漠中的贝都英人的自由被摧毁而感到遗憾，那么不应当忘记正是这些贝都英人是强盗民族，他们的主要生存手段不是相互袭击，就是袭击定居的村民，他们见到什么就拿什么，杀掉所有的反抗者，并把剩下的俘虏当作奴隶卖掉。远远望去，所有这些自由柏柏尔人的民族好象很骄傲、高贵和荣耀，但是走近一看，你就会发现他们和比较文明的民族一样，被贪欲所支配，而且只会采取更粗暴和更残酷的手段。拥有文明、工业、秩序并且至少是相对开明的现代资产者，同封建主或者同尚处于野蛮社会状态的掳掠成性的强盗比起来，毕竟略胜一筹。

评论：载于1848年1月22日《北极星报》第535号。简讯报道了伯蒂如何获得巴黎附近的科尔贝收税官职务的事情，揭露了法国卖官鬻爵的丑闻，暴露了法国政府的腐败；报道了阿尔及利亚人的领袖阿卜杜尔·卡迪尔被俘的情况；报道了基佐与专制、反动的奥地利外交结盟的事实，抨击了法国政府的堕落，同时热情颂扬了法国人民的高尚、慷慨、勇敢。需要指出的是，恩格斯在评价阿卜杜尔·卡迪尔被俘一事时，不同于他在早期的文章中所持的看法。恩格斯在谴责资产阶级的法国采用野蛮的方法占领阿尔及利亚的同时，又从中看到资本主义的关系取代比较落后的封建宗法关系是不可避免的，反抗是注定要失败的。恩格斯认为，拥有文明、工业、秩序并且至少是相对开明的现代资产者，同封建主或者尚处于野蛮社会状态的掳掠成性的强盗比起来，毕竟略胜一筹。后来，恩格斯更深入地研究了对殖民地的掠夺的历史和被压迫群众对殖民统治的反抗的历史，指出被压迫民族反对资本主义殖民制度的斗争具有解放的和进步的性质，这一斗争客观上促进了工人阶级完成推翻资本主义制度的任务。

1月16—18日 《宪章运动（支持全民请愿书群众大会）》指出：我们的议会比任何时候都更是资产阶级的，从而比任何时候都更是敌视我们，组织反抗的时候到来了。而且人民是知道这一点的。我们也增加我们的军队；宪章运动的老近卫军又踏上光荣的战场。我们也征集自己的民军——几百万赫罗泰。我们也加强我们的"国防"：心中的大无畏精神，自己队伍中的纪律，行动中的一致！如果你们必须战斗，那就为自己而战斗。当贵族、牧师或资产者要求你们去打仗，你们就回答他们：没有投票权就不拿武器！某些骗子和蠢人在侈谈国防；对于宪章派来说，国防的唯一意思就是：土地归全体人民，给每个人住房，给每个人投票权，给每个人枪！

评论：载于1848年1月19日《改革报》。通讯记述了宪章派为通过全民请愿书而召开的群众大会情况。恩格斯摘译了朱利安·哈尼和厄内斯特·琼斯的讲演（讲演原文发表在1848年1月15日《北极星报》第534号），号召人民以心中的大无畏精神、自己队伍中的纪律、行动中的一致，为通过递交议会的请愿书而奋斗。讲演提出，人民首先要有选举权，呼吁人民必须争得自由，才会富裕，要求将土地归全体人民、给每人住房、投票权。恩格斯对宪章运动的宣传报道，在一定程度上对法国工人阶级的代表和具有激进倾向的中间阶层产生了革命化的影响。

第 43 卷

1848 年

6月2日左右 《德国军队在松德维特的失败》指出：什列斯维希。这样一来，德国军队又一次被打败了，德意志—普鲁士的政策又一次遭到彻底破产！隆重许诺要建立一个统一而强大的德国，结局就是如此！——德国军队把本来可以利用的初捷时刻白白地浪费在无益的谈判之中，敌人之所以不得不参加谈判，仅仅是为了赢得准备重新抵抗的时间。而当俄国宣称，德军如果不撤离日德兰，就要进行干涉的时候，他们仍未看出休战协定整个建议的基础是什么，他们缺乏勇气接受这场迫在眉睫的战斗，这场期待已久的、不可避免的与俄国人的战斗！不，强权政治已经束手无策，它胆怯地让步了，"英勇"的卫士们在退却时被"小小的"丹麦人战败了！这不是由于明目张胆的叛国行为，就是极端无能的表现，以致整个事务无论如何必须交给别人来掌管。法兰克福国民议会是否终于认为应当做它早就有责任做的事，也就是说，它自己来接管对外政策呢？或者，在这里，它是否也会因"希望当局能执行自己的职责"而转到议事日程上去呢？

评论：载于1848年6月3日《新莱茵报》第3号。本文谈的是德国与丹麦争夺什列斯维希和霍尔施坦的战争中的一件事。根据1815年维也纳会议的决议，尽管霍尔施坦和南什列斯维希的大部分居民是德国人，但什列斯维希和霍尔施坦两公国被并入丹麦君主国。在1848年三月革命影响下，两公国的德国居民的民族运动加强了，并开始具有激进民主主义的性质，成为争取统一德国的斗争的一部分，爆发了德国与丹麦争夺两公国的战争。当地居民反对丹麦统治的武装行动，得到了来自国内各地的志愿兵的支援。普鲁士、汉诺威以及德意志联邦的其他各邦也把自己的军队派往两公国。然而，普鲁士政府由于害怕人民骚动和革命的深化，在什列斯维希问题上立场是动摇的。法兰克福国民议会中自由派的多数，暗中也想牺牲民族统一而与丹麦统治集团达成协议。英国、瑞典和沙皇俄国偏袒丹麦，并要求从两公国撤出联邦军队，使事情复杂化了。恩格斯在文中描述了德国军队在松德维特的失败，并指出德国军队失败的主要原因在于普鲁士政府的动摇妥协立场。恩格斯认为沙皇俄国可能进行了干预，指的是1848年5月8日涅谢尔罗迭总理大臣交给柏林内阁的照会。照会中提出这一要求，并以俄国将同普鲁士断交来威胁。所有这些情况对德意志联邦军队和志愿兵反丹麦的军事行动的进程产生了不利的影响。

6月3日 《合并问题》指出：在整个北意大利现在正酝酿着阴谋，一方要把那些较小的国家合并于撒丁，另一方要阻止这种合并。这些阴谋诡计同在德国为争夺霸权而策划的那些阴谋极为相似。查理-阿尔伯特谋求"在最广泛的基础上"，从尼斯到的里雅斯特，建立一个意大利的普鲁士。这件事完全不符合民族利益；双方都是为了追求地方利益，为了满足各个地区的虚荣心，这种虚荣心只有建立起一个统一的不可分割的意大利才能消除。在这之前，起决定作用的只能是适应当务之急，而这无论如何是有助于合并的，因为合并至少在某种程度上可以使力量集中起来，以进行反对奥地利的斗争。

评论：载于1848年6月4日《新莱茵报》。恩格斯评述了当时意大利半岛上要求合并和反对合并的两种企图，指出当时合并的要求并不是出于民族利益，而只是为追求地方利益；但这种合并又可以使意大利力量集中起来，以进行反对奥地利的斗争。

6月25日 《赖辛施佩格》指出：我们不幸成了出色的预言家。在本报第19号上我们所预言的事情已经发生。特利尔的赖辛施佩格先生果真当上了这里地方法院的院长。这是在当前困难时期的一个安慰。让基佐-康普豪森垮台吧！让杜沙特尔-汉泽曼脚下的土地动摇吧！看来基佐-杜沙特尔的腐败制度要在我们这里重新扎根。如果事实依旧，那与人又有什么关系呢？此外，我们把今晨特别附刊上发表的来自贝恩卡斯特尔的请愿书推荐给赖辛施佩格先生一读。

评论：载于1848年6月26日《新莱茵报》第26号。1848年5月，德国贝恩卡斯特尔区的普鲁士国民议会议员赖辛施佩格，拒绝支持关于议会承认3月18日革命参加者功绩的建议，受到该区选民的抗议。当时莱茵省许多议员的立场与赖辛施佩格一样。因此，该区选民向赖辛施佩格提出呼吁，坚决抗议他所采取的态度。

7月23日左右 《休战"谈判"》指出：休战协定仍然还没有签订，但谈判也没有断然中止。来自弗兰格尔大本营的消息和来自哥本哈根的消息一样，总是互相矛盾。有一点是肯定的，弗兰格尔一开始就拒绝签字，雷茨先生遭此拒绝后回到哥本哈根，接着，从7月15日起，由海路向日德兰运送新部队。《交易所报》说，英国公使和瑞典公使以及雷茨先生在得知签订一项停火三天的新协议以后都离开哥本哈根前往科尔丁。他们将与从柏林派往那里的诺伊曼将军一起设法排除弗兰格尔的阻力。

所有这些消息我们都是通过哥本哈根得知的，而柏林和弗兰格尔大本营所披露的除了空洞无物的传言，没有其他内容。我们现行关于公开报道的宪法大权，在这方面同旧时的神秘做法没有任何区别。我们只能从离我们最遥远的国家的报纸上获悉与我们休戚相关的事情。

　　评论：载于1848年7月24日《新莱茵报》第54号。关于1848年7月德意志联邦和丹麦休战谈判的过程，恩格斯在《〈祖国报〉论和丹麦的休战》和《和丹麦的休战》这两篇文章中作了详细说明。后来，恩格斯认为，休战条约对于德国是"史无前例的最屈辱的条约"。这个条约指的是，丹麦与普鲁士（代表德意志联邦）在为占有什列斯维希和霍尔施坦两公国而进行的战争过程中，在英国、俄国和瑞士的压力下，最终，1848年8月26日于马尔摩签订的为期七个月的休战协定。协定条款中特别规定，普鲁士和丹麦的军队撤出两公国，在各该公国的领土上只驻扎由当地人组成的部队，这就是说，把什列斯维希和霍尔施坦的军队分离开来。1848年3月24日组成的联合公国的临时政府被解散，代之以由缔约各方建立的新政府。3月17日以后颁布的所有法律和决定均被废除，这实质上把两公国实现的革命民主主义改革化为乌有。普鲁士统治集团出于反革命的王朝考虑并力求避免与俄国及英国发生纠葛，签订了协定，从而牺牲了整个德国的利益。而法兰克福国民议会的多数人竟于9月16日批准了休战协定。

　　7月27日　《和丹麦休战谈判的破裂》指出：我们刚收到哥本哈根来信，据称，休战谈判确已破裂。7月21日，瑞典公使和英国公使关于签署休战协定的明确命令带给了弗兰格尔将军，虽然休战协定已经由普鲁士和丹麦双方批准，但弗兰格尔仍然坚决拒绝签署，而且提出新的条件，这些条件被丹麦方面断然拒绝。据说，他甚至不肯接见外国外交官。丹麦人特别反对弗兰格尔为帝国摄政王保留最后批准权这个条件。因此，如果德国这次能够免于签订史无前例的最屈辱的条约，那我们只应当感谢弗兰格尔将军的顽强态度。

　　评论：载于1848年7月28日《新莱茵报》第58号。文中描述了7月时德意志联邦和丹麦休战谈判的过程中的一次破裂。虽然休战协定已经由普鲁士和丹麦双方批准，但弗兰格尔坚决拒绝签署休战协定而且提出新的条件，这些条件被丹麦方面断然拒绝。

　　8月1日　《米兰公告》指出：正是因为综合了这些情况，我们对意大利人的胜利才不怀疑了。况且，奥地利人以前就发表过诸如库尔塔唐胜利的报道，事后证明原来是奥地利人在那里吃了败仗。宣扬那次所谓的胜利的也正是"奥格斯堡女人"。比较双方的报道后表明，意大利人的确取得过胜利，然而这一胜利又被新到的奥地利军队夺去了。如果说有什么因素使我们产生了错觉的话，那就是查理－阿尔伯特这个野心勃勃但又极端无能的人物，关于此人我们已经屡有评述。尽管这个"意大利之剑"品性相当恶劣，但在他的将领当中总还可能至少有那么一个人，在这种异常有利的形势下具有使意大利军队取得这次胜利的军事才能。事实表明并非如此。查理－阿尔伯特的命运也就此注定了。不要说那个幻想中的全意大利王位，就连他目前的王位也很快就会倒下来。他要是胜利了，倒是可以指望在一段时间里满足一下他的野心；现在既然被打败了，自然很快就会被意大利人自己当作一个无用的工具抛到一边。意大利在经受许多流血牺牲之后必定会取得胜利，并将表明，它要取得自己的自由和民族独立，并不需要撒丁国王这个无能的人物。

评论：载于1848年8月2日《新莱茵报》第63号。文中分析了两个胜利公报的可信性，批评了《总汇报》，揭露了真相。综合各方面的情况，恩格斯认为，意大利人胜利的消息是可信的。

8月4日 《哥特沙克医生》指出：莱茵省只要还存在"西班牙宗教裁判式的审判"，那里的公开审判就纯粹是一个空想。谁想懂得逮捕哥特沙克的意义，就应该读一读《盖尔温努斯报》。这家报纸说，国家检察官的大力干涉重新恢复了信任。另一方面，即将举行的庆典转移了轻浮的科伦人对一切政治问题的注意力。正是这些科伦人接受了政府给予的哥特沙克案件和大教堂庆典，不知感恩图报——《盖尔温努斯报》叫道——反而当普鲁士政府刚一露出口风要实行强制公债，就立即把政府的所有这些善行忘得一干二净！逮捕哥特沙克和安内克，审判报刊案件等做法恢复了信任。在城市里，信任是公共信用的基础。因此，把钱，把很多钱借给普鲁士政府吧，它还会关起更多的人，审判更多的报刊案件，制造更多的信任。政府抓人多，审判报刊案件多，干反革命勾当多。而按照公平交易的原则——请好好注意——市民就要给钱多，而且越给越多！我们奉劝财政困难的普鲁士政府赶快乞灵于路易十四、路易十五时代行之有效的办法。让它出售密札吧！密札！用密札来恢复信任和充实普鲁士国库吧！

评论：载于1848年8月5日《新莱茵报》第66号。《新莱茵报》编辑部捍卫三月革命的成果，不断揭露奥尔斯瓦特—汉泽曼内阁（"办事内阁"）的反革命活动。1848年6月25日，这个内阁执掌政权的标志是对民主力量加强了镇压，对民主主义活动家实行迫害，对报刊机构进行审讯，本文是《新莱茵报》进行的一场揭露活动。密札是法国君主专制时期由国王签发的逮捕令。根据这种逮捕令，任何人都可以不经审讯和侦查被关进监狱。

8月10日 《同丹麦的休战和汉泽曼》指出：谨请读者注意本报丹麦栏的那篇文章。丹麦报纸向我们透露了有关"办事内阁"在休战问题上所作所为的最新材料。汉泽曼的隐蔽的罪行不管以什么方式终将暴露在光天化日之下。

评论：载于1848年8月11日《新莱茵报》第72号。"本报丹麦栏的那篇文章"指同本短评以及注明日期为"哥本哈根，8月5日"的短评一起刊登在同一号《新莱茵报》的"丹麦"专栏里的《休战的历史。——封锁》一文，该文利用丹麦《祖国报》的材料写成，文章中阐述了德意志联邦和丹麦休战谈判的历史。

8月16日 《查理-阿尔伯特的叛卖》指出：都灵、热那亚等地的报纸都在大声埋怨：意大利的自由和独立事业正是被那个和那些直到最后一刻还一再赌咒发誓不是为意大利争得胜利就是为它而死的家伙们出卖了。从前只有极少数人说查理-

阿尔伯特是卖国贼，现在群众和那些还没有彻底卖身给这个背信弃义的撒丁国王的各家报纸每天都在大声地重复这句话。看透这一点对将来自有好处，然而这一次却是为时过晚了。1848年查理－阿尔伯特又重演了1821年的阴险狡诈背信弃义的故技，他当时就曾无耻地出卖自己搞阴谋的同伙并为使他们遭受绞刑、苦役和流放之害而出力。

评论：载于1848年8月17日《新莱茵报》第77—78号。文章批判了查理－阿尔伯特。皮蒙特1821年革命前夕，查理－阿尔伯特为了达到自己王朝的目的，而结交了自由派人物，并鼓励密谋者举事。然而在革命开始后，他把密谋者的计划出卖给了陆军大臣。因国王维克多－艾曼努尔退位而成为摄政王之后，他于3月21日从起义中心都灵逃往诺瓦拉，并积极参加镇压起义。文中提到两次战役戈伊托战役和蒙察姆巴诺战役。1848年5月30日的戈伊托战役是库尔塔唐战役的延续。这次战役的结果，使皮蒙特人得以将奥地利军队赶回原来的阵地。1848年7月24日库斯托查战役前夕进行的蒙察姆巴诺战役中，奥地利军队在拉德茨基指挥下将皮蒙特人赶过明乔河，控制了渡河点，从而取得了在该河两岸机动的自由。恩格斯指出，在这两次战役中，皮蒙特当局表现出缺乏果断行动的能力，也不善于扩大在个别地点取得的战果。以查理－阿尔伯特为首的皮蒙特军队基本力量没有进行任何活动，以便把拉德茨基的军队从维琴察引开。

8月18日 《驱逐沙佩尔的企图》指出："我要求实现全德居住权和在整个德意志祖国的完全迁徙自由。"弗里德里希－威廉四世陛下在他3月18日的诏书中这样说。然而，谋事在国王，成事在盖格尔先生。代行科伦警察局长职务的盖格尔先生借口卡尔·沙佩尔先生是拿骚人，而且是在异国的德国人，坚持要把他驱逐出境。由我们的伟大政治建筑师们接连三天发表庄严演说而建成的"德国统一大教堂"，它的第一块基石就是从莱茵河畔的科伦驱逐一个拿骚人。

评论：载于1848年8月19日《新莱茵报》第80号。报道了科伦工人联合会主席沙佩尔被借口是拿骚人，而且是在异国的德国人，而要被驱逐出境。沙佩尔提出了申诉及理由。恩格斯讽刺了弗里德里希－威廉四世陛下标榜的自由的虚伪。

8月22日 《盖格尔和沙佩尔》指出：根据警察局长盖格尔（科布伦茨人）的要求，沙佩尔先生被命令离开科伦，因为他不是普鲁士臣民，而是拿骚公民。由于沙佩尔先生是工人联合会的一位活跃的会员，所以工人联合会有责任把这件事看作自己的事，并对无理驱逐沙佩尔先生提出抗议。代表团的第一个成员要求盖格尔先生至少应当否定这一措施，盖格尔先生拒绝了，他向代表团保证，在内务部长作出答复之前，他可以让沙佩尔先生安然地待在科伦。盖格尔先生还拒绝说明他的那份报告是本着什么精神写的。难道盖格尔先生作出了和加格恩先生不同的决定？难道拿骚人就不是有权在三十四个德意志邦中的任何一个邦定居的德国公民？

评论：载于1848年8月24日《新莱茵报》第84号。本文揭露了德国政府对工人运动及其领袖的刁难和迫害。1848年4月13日由安·哥特沙克创立了科伦工人联合会。联合会有许多分会,到5月初参加的会员将近五千人,主要是工人和手工业者。联合会的大多数起领导作用的活动家是共产主义者同盟的盟员。工人联合会在初期实行的是宗派主义策略,但后来在马克思、恩格斯和他们的拥护者的影响下成为一个为科学共产主义作革命宣传的中心。1848年10月马克思当选为联合会主席,1849年2月沙佩尔当选为主席。反革命的进攻和警察迫害的加剧,妨碍了联合会的进一步活动。在《新莱茵报》停刊和联合会大部分领导人离开科伦后,联合会逐渐变成一般的工人教育团体。

9月8日 《附在〈左翼的财政方案〉一文后面的编者按》指出:我们确实难于理解,左翼议员们怎么竟向他们想要推翻的内阁提出筹集必要资金的财政方案。要知道,拒绝提供资金恰恰是推翻一个内阁的主要手段,而对汉泽曼先生说来,也许是推翻他的唯一手段。这项财政计划中或许还包括一点改革吧——不,它的目的是使政府避免发行被人痛恨的强制公债。但是,对反对派来说,还有什么比内阁自招痛恨更称心的呢?——编辑部。

评论:载于1848年9月9日《新莱茵报》第98号。这篇加在括号里的编者按附在《新莱茵报》发表的《左翼的财政方案》一文后面,该文详细说明了普鲁士国民议会左翼议员集团对整顿国家财政状况的建议。建议的主要内容是:发行一种特殊的纸币"普鲁士息票",纸币的年利拟定为3⅓%,分二十年偿清。计划的制定者指出,此项计划优于发行强制公债或向个别银行家举借大笔贷款。当反革命在普鲁士发动攻势期间,《新莱茵报》主张不给政府物质援助,"拒绝纳税",从而对政府施加影响,它所支持的这一策略在编者按中第一次出现。接着,马克思和恩格斯又在《新莱茵报》上发表了一系列文件和文章发展了这一策略。

9月9日 《他的继任者》指出:人们就认为有希望成立瓦尔德克—洛贝尔图斯内阁了。我们对此并不相信。国王很难屈从这些先生们提出的要求,特别是他的科伦之行以来更是如此。可见,除了同议会公开决裂、同革命公开决裂,选择拉多维茨和芬克以外,别无他法。——而接着会发生什么,就不必说了。

评论:载于1848年9月10日《新莱茵报》第99号。1848年8月13—15日,弗里德里希-威廉四世到科伦参加圣彼得教堂奠基六百周年纪念活动。恩格斯揭露了统治集团的分歧。

9月11日 《逮捕》指出:我们在此向检察机关的有关先生们提出如下质询:昨日晚八时,科伦的萨尔盖特先生和小勃鲁姆先生在维塞林遭到受牧师怂恿的市长冯·盖尔先生的逮捕。他们在卡塞尔创立了一个工人联合会,本来准备在维塞林也创立一个工人联合会,可是他们甚至还没有对公众讲一句话,还没有开始举行会议。此事是否属实?这次逮捕是确有其事的,其唯一的理由就是:牧师告发这两位先生蓄谋(!)煽动工人。此事是否属实?若以上情况属实,则检察机关是否曾出面干预这种粗暴的违法行为，或是由于期望成立拉多维茨内阁，从而立即废除结社自由权而向冯·盖尔先生投感谢票？

评论：载于1848年9月12日《新莱茵报》第100号。报道对科伦的萨尔盖特先生和小勃鲁姆先生被捕表达了强烈的愤慨和质疑。他们创立了工人联合会，但还没有开始活动。

9月14日　《军令。——候选人。——对普鲁士暧昧态度的半官方评论》指出：丹麦人可能相当信赖从什列斯维希北部征招来的部队，这可以从如下的事实中看出来：恰恰是这些部队被调到什列斯维希边界前沿或被调往阿尔森。哥本哈根的自由党已经为临近的选举提出了该党的候选人名单。资产阶级的代表人物、《祖国报》的编辑以及其他一些"建立在民主基础上的君主立宪政体〈丹麦人抄袭德国人是如此彻底〉的人民活动家"聚集在一起，草拟了名单。

普鲁士政府是倒霉的。即使在丹麦问题上，它居然又使普鲁士博得了对双方都采取近于叛卖行为的暧昧态度的名声。谁都知道，这种暧昧态度一向是普鲁士政策的特点；请想一想"大"选侯突然转向瑞典而出卖波兰的事，想一想巴塞尔和约，想一想1805年，再想一想新近内阁采取暧昧态度诱使波兰上了圈套。现在，在丹麦问题上，普鲁士政府损害了德国人民的利益，而从丹麦那里它甚至连一句感谢的话都没有得到。

评论：载于1848年9月15日《新莱茵报》第103号。文中批评了普鲁士政策中的暧昧行为。

9月21日　《〈祖国报〉论休战协定》指出：大家知道，所谓的法兰克福国民议会在普鲁士保证说丹麦政府已正式通知准备同意修改条款的情况下，批准了休战协定。不过，谁都清楚，在表决先决问题时都搞了些什么阴谋。而围绕主要问题玩弄的阴谋已在议会之外进行。听听9月16日的《祖国报》都讲了些什么吧。这家报纸在分析了实际上已签订的休战协定同初稿相比有哪些不利之处以后，接着谈到了对丹麦的好处。它认为，如果战争再度爆发，英国和俄国将会干预；靠对丹麦战争勉强维持着的德国的统一，将立即崩溃；日德兰的居民可以作为后备军来进行训练，部队在数量上可增加一倍。

评论：载于1848年9月22日《新莱茵报》第109号。报道了丹麦内阁半官方报纸对休战协定的态度。

9月23日　《科伦安全委员会的任务和地方当局》指出：本报前已报道安全委员会已经把它给自己提出的任务通知地方当局，这些任务是：1.协助维持治安；2.保卫革命成果。冯·维特根施坦先生把他得到的这一消息原原本本地转告国家检察官黑克尔，并正式要求他检查在安全委员会的任务中是否有应予惩处的东西！可怜的黑克尔先生，他份内的公务已经忙不过来了，现在还得代替行政官员作出判断！！！

评论：载于1848年9月26日《新莱茵报》第112号附刊。文中表达了对普鲁士当局的愤怒和谴责。安全委员会是根据《新莱茵报》编辑部科伦工人联合会和民主协会的倡议在1848年9月13日科伦民众大会上成立的。委员会由三十个委员组成，当选为委员的有报纸的编辑马克思、恩格斯、沃尔弗、德朗克、毕尔格尔斯和工人联合会领导人沙佩尔、莫尔等人。在普鲁士发生内阁危机，并出现反革命政变威胁以及由于在马尔摩与丹麦签订休战协定引起群众行动的情况下，安全委员会成为反对普鲁士当局侵犯革命成果的人民群众运动的领导中心，普鲁士当局这时已经开始公开迫害民主主义和无产阶级人士。

9月24日 《国家检察官黑克尔和他的助手们》指出：国家检察官黑克尔先生是科伦市里最不得安宁的人。几天来他一直不辞辛苦，亲自讯问证人，企图找出在沃林根民众大会上有过何种冒犯刑法圣灵的罪孽。到目前为止，据说讯问所获甚微，因为：1. 没有发生任何违法行为，2. 证人们已很难记清，每个人都说了些什么，特别是前言后语又怎样。关于第二点，我们想最好还是请黑克尔先生去问问那伙当时在草地上绕来绕去的便衣警察和作着速记记录的密探吧。当然，如果这些国家栋梁当中的多数人提供不出任何证据，我们也不会感到惊奇。他们当中有一个人中午时分就已喝得酩酊大醉，他流着眼泪，从一张酒桌摇晃到另一张酒桌，感激不尽地享用别人敬给他的酒，"秘密地"告诉人家说，虽然他在这里算是密探，但在其他方面他可是个好人。

评论：载于1848年9月26日《新莱茵报》第112号附刊。文中讽刺了普鲁士国家检察官黑克尔，也表达了普通便衣警察对民众的同情。1848年9月17日，在科伦城郊的沃林根附近举行的民众大会是由科伦各民主派组织召集的，参加者除该市居民外，还有附近城乡的代表团，总计约八千人。这次大会对于动员群众进行反对反革命的斗争，起了重要作用。大会赞同科伦成立安全委员会，通过了支持各民主团体抗议普鲁士—丹麦休战协定的呼吁书，表示赞成在德国建立"社会民主的红色共和国"。

9月25日 《科伦的反革命》指出：反革命进军在今天早晨开始了。进军的英雄们在有些地方得胜，在有些地方败退——这种命运即令是再高明的统帅也在所难免。他们本来打算，抓走几十个科伦民主派作为清晨的战利品，让当地的抱怨派在进早餐时听到这个消息而感到快意。可是，一部分战利品又从这些先生们那里被夺走了。另一方面，贝克尔和沙佩尔今天凌晨被投入监狱。据说，除毕尔格尔斯外，还有本报的几位编辑也已列入政治犯名单，而且已试图逮捕他们。如果这些先生们进一步实行他们的计划，不用很久本报的编辑发行就只能成为奇迹了。但是我们有信心在这里宣布，一切针对我们的诡计都达不到其主要目的，我们的读者会象往常一样如期收到报纸。问题仅仅是，谁将首先失去幽默感，是国家检察部门的先生们还是《新莱茵报》的编辑？

评论：载于1848年9月26日《新莱茵报》第112号。1848年9月，以冯·普富尔将军为首组成了普鲁士新内阁，上任后对激进的民主派进行了大肆逮捕。本文对科伦的反革命搜捕和人民的反抗作了报道，并对《新莱茵报》的继续发行表示了充分的信心。

9月28日 《逮捕莫尔的尝试》指出：科伦上午十一时。今晨，第二十九团的一队士兵被派往"伊姆克兰茨"旅馆逮捕莫尔。但士兵被驱退，莫尔在工人们的帮助下已安全隐藏起来。

评论：载于1848年9月27日《新莱茵报》第113号。莫尔为德国著名工人活动家，1848年7—10月为科伦工人联合会主席。1848年9月，普鲁士普富尔内阁上台，大肆搜捕民主派，本文报道了普鲁士士兵搜捕莫尔，但莫尔在工人们的帮助下安全隐藏起来了。

10月11日左右 《来自"模范国家"的最新消息》指出：比利时报刊自己向我们揭示了，比利时政府是如何在力求使这些幻觉继续保持下去。用不着再多补充了。为了报答《独立报》照抄《科伦日报》上的德国消息，《科伦日报》就采用《独立报》关于比利时和法国的观点。但是，谁都知道，《独立报》是罗日埃先生的机关报；而就是这位罗日埃先生为比利时购买赞美词，就是他把1830年的比利时爱国者和年已八旬的梅利奈将军判处死刑，并把政治流亡者装进囚车押解出境。

评论：载于1848年10月12日《新莱茵报》第114号附刊。本文记述了恩格斯和德朗克在比利时被当局驱逐的情况。恩格斯和《新莱茵报》另外一名编辑德朗克被迫离开科伦，到达比利时。

11月4日 《我们的资产阶级和尼克尔博士》指出：克罗地亚人和温德人在维也纳得胜的消息使我们科伦的资产阶级欣喜若狂，摆出了香槟酒，并通过尼克尔博士先生在市议会11月3日下午会议上提出下列原则性的建议："市议会没有责任给工人安排工作。这样做完全是出于关照，因此城市所雇工人的日工资就规定得低于私营业主所雇工人的日工资。"尼克尔博士又补充了一条理由说，我们必须用这种差别来防止工人大量流入城市工作。伯克尔先生经过一番努力使这个问题得以改期讨论。尼克尔博士宣布了本市的资产阶级的信条。为此工人们理应对尼克尔感恩戴德。愉快地欢迎科伦戒严的我们的金融界人士还会一如既往把炮轰维也纳和恢复克罗地亚的自由作为胜利来欢呼，就象他们欢呼六月胜利者精心策划的暴行一样。

评论：载于1848年11月5日《新莱茵报》第135号。1848年10—11月，奥地利反动军队镇压了维也纳起义，科伦的资产阶级纷纷为此欢呼。这篇短评将这次暴行与法国统治者镇压1848年6月巴黎工人起义的暴行相比照，对资产阶级进行了讽刺与挖苦。

11月12日 《瑞士两院会议》指出：在迄今召开的瑞士两院会议上，还没有讨论任何一个比较重要的问题。上周主要做了以下几件事：组织了两院、讨论了公布会议记录的问题（众所周知，此事尚无结果），撤销了那些以对新宪法的态度为条件所选出的议员。在昨天的会议上，为联邦当局拟定了誓词，并规定了联邦委员会委员的薪俸（主席为六千瑞士法郎、委员各五千法郎、秘书长四千法郎并提供免费住宅）。联邦首都的投票和联邦委员会的任命不能再拖延了。此外，首府州昨天还向两院报告了对德森采取的措施。德森就首府州的行动向新的联邦当局提出申诉。但是，不能指望新的联邦当局会改变或完全取消它的前任所作出的决定。

评论：载于1848年11月19日《新莱茵报》第147号增刊。1848年9月12日，瑞士共和国宪法通过，成立了国民院和联邦院两院，巩固了进步力量对宗得崩德取得的胜利成果。宗得崩德是瑞士经济落后的七个天主教州在1843年缔结的单独联盟，目的是要反抗在瑞士实现进步的资产阶级改革，维护教会和耶稣会教徒的特权。1847年7月瑞士代表会议决定解散宗得崩德。宗得崩德在11月初对其他各州采取了军事行动。11月23日宗得崩德的军队被联邦政府的军队击溃。本文主要报道了11月召开的两院会议所做的一些工作，恩格斯指出，不能指望新的联邦当局会改变或完全取消它的前任所作出的决定。

11月20日　《来自瑞士的各种消息》指出：我刚从联邦军事部门的官员处获悉，据称德意志中央政权已向瑞士宣战。信使于昨晚到达，首府州51立即在十一时召开了会议。现已采取措施，进行了认真的备战。又称，有五万名帝国军队士兵集结在瑞士边境，准备开战。这些消息都是照传不误。尽管来源可靠，但我本人并不相信。我想，即使帝国内阁也不致作出这种荒谬事情来。

评论：载于1848年11月24日《新莱茵报》第151号附刊。1848年10月，德意志中央政权向瑞士政府发出照会，要求制止德国共和派流亡者活动，并把他们从毗邻德国的各州驱逐出去，受到瑞士政府的拒绝。这个照会还包含着对瑞士政府的威胁，因边境事件而起的冲突不断发生。因此，传言德意志中央政权已向瑞士宣战。但恩格斯认为，帝国内阁不致作出这种荒谬的事情来。1848年6月28日法兰克福国民议会通过决议，建立由帝国摄政王（奥地利大公约翰被选担任此职）和帝国内阁组成的临时中央政权。中央政权（帝国政府）没有自己的预算和军队，因而没有任何实力。

11月21日　《国民院的选举结果》指出：国民院前天的选举结果如下：大会议前议员费舍（保守派）以1793票当选。魏茵加特1315票，马蒂斯1266票，布勒施（保守派）1256票。由于这三个人当中没有一个人得到绝对多数票，所以魏茵加特和马蒂斯这两个激进派将参加第二次选举。魏茵加特可能当选。激进派之所以至少将有一名候选人当选，是由于目前正在夫赖堡执勤的伯尔尼市民兵营参加了选举，他们将一致投票赞成激进派候选人。

评论：发表于1848年11月25日《新莱茵报》第152号。1848年11月19日，瑞士国民院举行选举，这篇文章对选举结果作了报道。

11月21日 《选举。——济多》指出：在伯尔尼市，也象瑞士多数地区一样，人民真正的革命力量存在于瑞士工人和德国工人之中，可是由于他们在城市没有固定住所，因此，即使他们是本州公民，也很难获得选举权。这一情况以及每当局势较为平静显贵的影响就立即重新加强起来，说明了保守派为什么在每次自由派或激进派的革命之后数年内必然会在选举中取得胜利。

评论：载于1848年11月26日《新莱茵报》第153号附刊。恩格斯报道了联邦议会关于夫赖堡州的选举问题。1848年，瑞士共和国宪法通过夫赖堡州为反对教权将承认新宪法作为参加选举的条件，国民院宣布该州的选举无效，但后来，联邦议会经讨论宣布国民院关于夫赖堡州选举无效的决议被撤销。恩格斯根据普鲁士公使济多在伯尔尼的出现，对普鲁士和瑞士边境的情况作了一些推测。恩格斯认为，关于帝国同瑞士发生纠纷的报道也不完全是空穴来风，但还谈不上宣战。

11月22日 《国民院的辩论》指出：多数派的提案：（1）本着人道主义精神把所有意大利流亡者从德森州驱逐到瑞士内地，此事由联邦政府负责处理。以六十二票对三十一票通过。（2）今后禁止德森州允许意大利流亡者逗留，直到作出新规定为止。以五十票对四十六票通过。多数派提出的少数派（皮奥达先生）也表示同意的其他各点刚刚被通过。会议结束了，邮局也同时关门了。明天对这场有趣的辩论再作较为详细的介绍。

评论：发表于1848年11月26日《新莱茵报》第153号增刊。1848年，瑞士首府州伯尔尼要求与意大利交界的德森州将所有意大利流亡者驱逐到瑞士内地，这一要求遭到拒绝。首府州伯尔尼针对与意大利交界的德森州采取的一些措施，支持反奥地利人起义的意大利流亡者在德森州避难。在意大利北部的奥军指挥官拉德茨基的压力下，伯尔尼向德森派去了两个全权代表埃舍尔、蒙钦格尔和一队士兵。这两个全权代表要求把所有意大利流亡者驱逐到国家内地。德森州政府拒绝执行这一要求，只同意驱逐直接参加起义的人。《新莱茵报》有几个月的时间登载了关于这场冲突的情况。本文报道了瑞士国民院对这一问题的辩论，恩格斯称之为一场"有趣的辩论"。

11月23日 《拉沃的辞职。——对瑞士边境的侵犯》指出：德国军队对祖尔根边境的侵犯则引起极大的愤慨，德军指挥官的满不在乎的道歉引起更大的愤慨。事情是怎样的呢？三十五名士兵手持武器进入瑞士领土，闯进一座村庄，包围了一所事先确定的房屋，说是这里藏着一个预先确定要抓的流亡者魏斯哈尔先生，并且摆出一副要搜查的样子。尽管多次向他们指出，这是在瑞士国土上，但这些人仍然一意孤行，并以使用武力相威胁。最后还是靠农民的棍棒和石块才把他们赶走。虽然这些情况非常有说服力地证明，这次进攻肯定是有预谋的，但这位指挥官却硬说，军队不知道是在瑞士国土上！那如何来解释下面这个怪现象呢？即一支这样大的，通常至少要由一个尉官来指挥的分队，却仅仅由一名军士来指挥，为什么会发生这种情况，特别是发生在尉官麇集的德国？问题是：如果他们让一个多少应当懂一点地理的军官出面，那他们就太丢丑了，除此之外难道还能作别的解释吗？实际上，瑞士政府对这样随便地侮辱之后作出这种满不在乎的道歉是不满意的。苏黎世当局已经开始调查这件事。可以设想，事情的结局肯定不是瑞士要向巴拉塔利亚帝国赔罪，而是巴拉塔利亚帝国要向瑞士赔罪。

评论：载于1848年11月28日《新莱茵报》第154号附刊。文章记述了1848年11月德国军队对瑞士祖尔根边境的侵犯，这个事件导致德国驻瑞士外交公使拉沃辞职。恩格斯认为这次进攻是有预谋的。

11月25日 《联邦委员会和联邦院的会议》指出：在国民院昨天的会议上，关于联邦首都的问题不但没有得到进一步解决，反而离问题的解决更远了。与多数人的意见相反，会议决定，联邦首都不是由两院联席会议通过无记名投票来确定，而是由两院分别通过的一项法律来确定。正如我过去的推测，果真这样做，就会发生一场冲突；国民院将选择伯尔尼，联邦院将选择苏黎世。两院的议员自己也这样认为。如果联邦院不重新撤销这项决议，那就难以预料，冲突怎样才能解决。此外，当选的联邦首都有义务为立法的联邦议会以及中央政府提供必要的场所和家具，并为造币厂提供厂址。然后，大多数议员将会投票赞成向联邦委员会提供无限制的贷款。同时，联邦院也将批准这项贷款，从而使贷款具有法律效力。今天首先召开了联邦院会议，然后是两院联席会议，最后召开了国民院会议。在联席会议上德律埃和弗兰西尼宣誓就任联邦委员会委员。

评论：载于1848年11月29日《新莱茵报》第155号。本文是瑞士国民院关于联邦首都的确立问题的讨论情况的短讯。11月24日，国民院会议决定，联邦首都不是由两院联席会议通过无记名投票来确定，而是由两院分别通过的一项法律来确定。恩格斯认为，如果这样做，就会发生一场冲突；国民院将选择伯尔尼，联邦院将选择苏黎世。如果联邦院不重新撤销这项决议，将会发生冲突。本文是关于讨论情况的一篇短讯。

11月26日 《两院的联席会议。——联邦委员会》指出：在这以前，联邦院召开了一次会议，讨论了前天由国民院通过的一项关于联邦首都的法案。这个已经被国民院弄得很复杂的问题，在这里就更加复杂了。日内瓦的法济提议，联邦首都在一年内暂时仍设在伯尔尼，在这期间制定出一项较为详细的法律，其中应当规定这个州在保卫联邦政权方面应尽的义务。这个问题处理得太轻率。事先应当给瑞士人民一个机会，让他们表明自己的意愿。联邦院议长瓦得州的布里亚特也同意这个意见。其他议员提出下列修正案：联邦首都应当在联席会议上投票确定；其次，联邦首都所在地应当象过去的首府州那样，实行轮换，但不得少于六年，至少也要等到联邦大学建立，云云。这一辩论由于到了召开联席会议的时间而不得不中断，今天将继续进行辩论。吕蒂曼（苏黎世）建议把法案连同修正案一起退回委员会。——在联席会议召开之后，国民院继续开会，讨论联邦委员会提出的从1849年1月1日起由联邦接管瑞士全部邮政部门的法案，这些邮政部门，在邮政制度没有彻底调整以前，暂时仍归各州管理，但联邦当局有绝对权力改变邮政路线等等，等等。法案由德律埃和其他人稍加修改，立即被通过。国民院今天将讨论激进派埃米尔·弗雷（巴塞尔兰）博士提出的瑞士联邦执政官员责任法律，如果时间允许还要讨论奥克辛本提出的关于建立联邦大学的法案。

评论：载于1848年11月30日《新莱茵报》第156号。这是对11月25日瑞士两院联席会议、国民院会议的报道，主要内容包括继续讨论关于瑞士联邦首都的确立问题，国民院讨论联邦委员会提出的从1849年1月1日起由联邦接管瑞士全部邮政部门的法案，讨论激进派埃米尔·弗雷（巴塞尔兰）博士提出的瑞士联邦执政官员责任法律，如果时间允许还要讨论奥克辛本提出的关于建立联邦大学的法案等问题。

11月26日 《国民院的会议。——联邦院。——教皇的抗议。——帝国的谷物禁运。——瓦勒州大会议》指出：瓦勒的大会议作出决定，宗得崩德战争税不象其他地方那样向极为富有的寺院征收，而向市镇征收。瓦勒需要交一百六十万瑞士法郎。这样一来，这笔税款不是由整个暴乱的肇事者僧侣交纳，而是由该州的贫苦居民交纳。同时，可敬的神甫们却把自己的财产越来越多地运往皮蒙特，正象大伯纳德山口的僧侣们已经做过的那样。这些僧侣在小学课本和动人的故事中以他们的狗和对冻毙的过路人的所谓善行而出名，但实际上他们极其富有，并过着舒适的生活，他们把自己的全部财产，牲畜、金钱和用具都带到阿奥斯塔去，他们自己也住在那里，并尽情地享受皮蒙特的葡萄酒。

评论：载于1848年12月1日《新莱茵报》第157号附刊。这是一篇新闻报道，报道了瑞士联邦委员会审议埃米尔·弗雷关于责任法的提案和奥克辛本关于联邦大学的提案及关于大学问题的分歧，国务院提出的关于联邦首都法草案的通过，纽沙特尔州的辞职风波、教皇对剥夺了马利耶主教的主教职权的抗议。1848年10月24日在夫赖堡发生了以推翻该州民主政府为目的的叛乱。这场由马利耶主教为首的天主教会所组织的叛乱很快就被平息下去。马利耶主教被捕。10月30日，加入教区的各州，夫赖堡、伯尔尼、窝州、纽沙特尔和日内瓦的政府代表在夫赖堡举行会议。会上决定释放马利耶主教，但禁止他在上述五州居留和进行活动。恩格斯还揭露了瓦勒州大会议的征税方案，宗得崩德战争税向市镇征收，瓦勒需要交一百六十万瑞士法郎。这笔税款不是由整个暴乱的肇事者僧侣交纳，而是由该州的贫苦居民交纳，而神甫们忙于转运自己的财产。恩格斯揭露了神甫僧侣们的伪善面目。

11月27日 《国民院会议》指出：在国民院今天的会议上，再次讨论了发表辩论公报的问题，但由于出席人数太少，这个问题立即被推迟到明天再讨论。

评论：载于1848年12月1日《新莱茵报》第157号附刊。这是一篇关于11月瑞士国民院会议进程的一篇短讯,文中指出因为出席人数太少,关于发表辩论公报问题的讨论只能推迟到第二天。

11月28日 《伯尔尼被宣布为瑞士联邦首都。——弗兰西尼》指出:联邦院在它昨天的会议上原封不动地通过了国民院关于德森问题的决议,这样一来,这项决议就有了法律效力。在冗长的辩论中,昨天才到会的联邦委员会委员弗兰西尼作了支持德森的极为鲜明的发言。日内瓦的卡尔特雷也作了强有力的发言,捍卫意大利的流亡者,并抗议在这次会议上把他们称作"罪犯",而这些流亡者由于他们的努力和斗争博得了全体瑞士人的同情。德森人正是通过向流亡者表示的这种强烈同情,才证明他们是真正的瑞士人。尽管有这一条以及另外几条坚决的抗议,特别是针对剥夺德森提供避难权的第二条提出抗议,但是,如上所述,国民院的整个决议仍以可观的多数被通过。虽然德语区有几个议员在联邦院表示支持德森人,但在这里起决定性作用的仍然是德语区各州的议员。

评论:载于1848年12月2日《新莱茵报》第158号。报道的主要内容是1848年11月28日,瑞士国民院投票决定伯尔尼为联邦首都,以及联邦院对于德森地区意大利流亡者驱往内地一事的决议。恩格斯赞扬了德森地区对意大利流亡者的支持,认为这些流亡者由于他们的努力和斗争博得了全体瑞士人的同情。德森人正是通过向流亡者表示的这种强烈同情,才证明他们是真正的瑞士人。

11月29日 《来自瑞士的各种新闻》指出:在联邦院昨天的会议上讨论了已由国民院通过的关于从1849年1月1日起把邮政管理权集中在联邦当局手中的法案,并原封不动地加以通过。关于联邦首都的决议被列入议事日程。但由于国民院同时也在讨论这项决议,已对这个问题采取了主动,会议推迟到四时举行。四时,联邦院进行了表决。伯尔尼最终成了瑞士联邦政府的首都。

评论:载于1848年12月3日《新莱茵报》第159号增刊。这篇报道的主要内容是关于伯尔尼最终成了瑞士联邦政府的首都,还介绍了联邦委员会对其成员的分工情况。

11月30日 《贝格和鲁维尼的决斗》指出:在贝格先生和鲁维尼先生昨天的决斗中,贝格先生的手臂和腰部受了重伤。选用的武器是军官用的马刀。昨天当贝格先生离开时,只好让人把他抬上马车。

评论:载于1848年12月5日《新莱茵报》第160号。报道了瑞士国民院议员贝格上校和鲁维尼上校的决斗,决斗的原因是贝格在国民院的会议上的发言。贝格在发言中对于维护在德森的意大利流亡者的鲁维尼进行了一系列侮辱性的攻击。

12月1日 《德国边境封锁。——帝国。——军事会议》指出:谢天谢地!看来,终于收到了联邦委员会封锁德国边境的正式消息;现在我们也会知道我们该怎么办了。联邦军事会议形式上被解散了,但立即作为军事委员会重新组织起来,奥克辛本先生以联邦军事部门首脑的身份担任了主席,《伯尔尼报》用尖锐的词句指责重设或保存旧联邦政府的最无用、最费钱的机构。说军事会议除委任了几名贵族军官和经过长时间阵痛终于产生的联邦操典之外,从未作出任何成绩,而这部操典所费之巨,足以为全军置备绑腿和鞋子。除此之外,它所做的事就只是每天为每个人领取十六法郎,同时由于遇到困难和拘泥于小事,它早就放弃了作出任何成绩的努力。

评论:载于1848年12月5日《新莱茵报》第160号。恩格斯评论了11月底普鲁士封锁了德国边境,嘲笑了普鲁士帝国的行为,并对瑞士联邦军事会议重新组织军事委员会的情况作了报道。

12月2日 《联邦委员会和外国使节们。——德森的联邦委员会。——邮政机构的集中。——德意志帝国军队一名指挥官的道歉》指出:联邦委员会发出关于联邦各新政府机构成立和1815年条约同时失效的通告,对此得到各国公使的保证说,他们可以预先许诺,本国政府将对各新政府机构和新宪法予以承认。唯有英国公使皮尔先生对承认问题只字不提,只是十分冷淡地声称,通告已经转达他的政府。因为俄国此间没有代表,当然尚未得到该国的任何声明。——联邦委员会委派巴塞尔的施太林上校和瓦得的布里亚特上校为德森的联邦代表。激进的布里亚特的态度可望不同于埃舍尔先生和蒙钦格尔先生。此外,所有能持枪战斗的意大利流亡者已经从德森被遣送到瑞士的内地。——其次,联邦委员会已立即开始实施邮政集中法;巴塞尔的拉罗什-施特林先生被任命为瑞士邮政总局临时局长。并且建立了两个委员会,一个是为了估价各州或私人领取的物资;另一个是为了起草瑞士邮政机构组织法。——我们提到过的德意志帝国军队的指挥官在给联邦委员会的信中的确道了歉;他表示愿意满足所提的要求,并且说已经惩处了有关人员。

评论:载于1848年12月6日《新莱茵报》第161号。这是一篇对瑞士情况的新闻报道,介绍了各国公使对联邦委员会关于联邦各新政府机构成立和1815年条约同时失效的通告的态度,还有其他情况,包括所有能持枪战斗的意大利流亡者已经从德森被遣送到瑞士的内地,联邦委员会已立即开始实施邮政集中法,以及德意志帝国军队的指挥官给联邦委员会关于德国军队对祖尔根边境的侵犯的道歉信。

12月5日 《瑞士对奥地利军队在维也纳英雄行为的证明》指出:当奥格斯堡《总汇报》和其他被收买的报纸把某个文迪施格雷茨和耶拉契奇当作秩序恢复者捧上天,为勇敢的奥地利军队戴上桂冠,并不厌其烦地大谈民主主义恐怖统治的残暴时,瑞士报刊突然为描述维也纳最近发生的事件的过程提供了新的材料来源。这里说的是那些冒着生命危险并蒙受着屈辱历尽艰辛才脱出"秩序"捍卫者之手的瑞士人,他们回到了自己的祖国,并把他们在"恐怖的日子"和"捍卫秩序的战争"中的经历公之于众。当然这些作者不是狂怒的"无产者",而是大资本家,是在维也纳拥有大型工厂的那些人,是无容置疑的思想保守的资产者——大家知道,一个瑞士保守派是一个双料的德国"抱怨派"。他们的报道不是刊登在激进派的诽谤性报刊上，而是刊登在最保守的广告小报上。

我们重申：写这些报道的不是激进派，不是无产者和不满分子，而是大资本家和真正的、纯粹的瑞士贵族。难道奥格斯堡《总汇报》不想委托它的那些 τρ、MW、#△以及其他驻维也纳的通讯员们调查一下，这些情况是否属实？我们讲述了他们的姓名、地址和全部细节。这正是奥格斯堡《总汇报》最希望的。但是这家报纸未必会这样做。

评论：载于1848年12月6日《新莱茵报》第161号。1848年10—11月，奥地利反动军队对维也纳起义进行了镇压。恩格斯在本文中通过转引维也纳归来的瑞士人的见闻，揭露了奥地利军队的残暴行为，赞扬了武装起来的无产者的信心和勇气。文中也揭露了奥格斯堡《总汇报》和其他被收买的报纸对奥地利军队暴行的美化与掩盖。

12月5日 《对德国流亡者的措施》指出：联邦委员会现在对德国流亡者也采取了措施，一方面是为了打消帝国当局采取敌对行为的借口，另一方面是为了显示它对德森并无偏颇并且把在德森问题的辩论中取得胜利的严格中立政策推行于北部各州。对于措施本身是没有什么可反驳的。没有人会责怪瑞士，说它不想为几个渴望冒险而且在自己的放逐地感到百无聊赖的志愿兵而自寻烦恼。但是为什么以前对德国说那样大胆的话，那样肯定地保证他们的义务已经履行，而现在则又间接承认这一义务并未履行，现在才想要证实一下各州对首府州的条例遵守到什么程度呢？无法否认的一点是，联邦委员会的这个决议，这个对德森的公正法令，就是对首府州最近的正式法令的全盘否定，并且照会已获得全体的同意，现在开始否定这个照会，这也不会引起多少喜悦。除了整个士瓦本都在抗议以外，关于封锁帝国边界一事又听不到任何消息了。士瓦本是否会进行干涉，只有仁慈的上帝知道。总之，联邦委员会暂时决定不派军队去对付帝国的师。

评论：载于1848年12月10日《新莱茵报》第165号。文章报道了1848年12月瑞士联邦委员会对在瑞士的德国流亡者的政策。1848年10月23日，瑞士联邦政府在伯尔尼收到帝国政府第二个照会，照会要求对于德国共和派在司徒卢威部队入侵巴登时得以利用瑞士国土的情况严加追究。瑞士联邦政府断然拒绝，但是，12月，联邦委员会给有关的各边境州的通令重复了首府州宣布的原则，并且再次坚持拘留参加过司徒卢威起义部队的流亡者，恩格斯对瑞士联邦委员会不履行承诺很不满。

12月9日 《厄修拉女修道团修道院。——为霰弹国王征兵。——"市民公社"。——统一关税率委员会》指出：伯尔尼州的最后一个修道院，即汝拉山脉普伦特鲁特的厄修拉女修道团修道院的末日即将来临。州委员会决定向大会议建议，在执行联邦代表会议关于从瑞士清除所有属于耶稣会的教团（也包括厄修拉女修道团）的决议时，取消修道院。

当地保守的显贵遭到了严重的失败。因为这里在原来的公社内部竟还存在着一个所谓的市民公社。尽管有过历次革命，这个以显贵为核心的市民公社仍然能够将原来属于修道院的财产和原来归自己主管的国家和城市的其他地产作为公社集体财产保留了下来，而没有随着主权的转移而转交给国家或城市。在显贵们至今还赖以肥己的那笔极其可观的财产中，只有一小部分应该转交给城市，但是，"市民公社"坚决拒绝交出。由于伯尔尼被指定为联邦首都并因此而必需付出巨大的城市开支，现在市民公社终于不得不把它应交出的那部分交给城市公社，即交给所谓的居民公社，此外，它还有义务承担联邦首都的"相当大的"一部分开支。显贵们声称锡安陷入了危险，他们是有道理的，因为联邦首都极其严重地威胁着他们的钱包。

评论：载于1848年12月14日《新莱茵报》第168号。报道了瑞士伯尔尼州委员会建议从瑞士清除所有属于耶稣会的教团，包括厄修拉女修道团，取消修道院。瑞士重新提出批准征募新兵，由于伯尔尼被指定为联邦首都，必需付出巨大的城市开支，伯尔尼市民公社的财产不得不移交，这使当地保守的显贵遭到了严重的失败，联邦委员会成立新的委员会为取消各州的关税和实行瑞士统一的关税率做准备。

12月24日《对德国流亡者采取的措施。——军队从德森撤回。——贵族公社》指出：几天前，在伯尔尼举行了一次非常有趣的市民大会。居民公社在一起聚会，以便解决他们是否承担联邦首都费用的问题。在最近一次市民公社大会上遭到失败的显贵们预料，在市民公社和居民公社的成员之间确会出现财产纠纷，他们想在这里进行报复。居民公社的财产实际上转交给了城市，从而使城市摆脱了显贵阶层的控制，使显贵们丧失了许多优厚的职位，失去了他们在市议会中具有的优势影响的主要支柱，至于直接的重大经济损失那就更不用说了。因此，他们施展各种阴谋以求把首都重新迁出伯尔尼！

评论：载于1848年12月28日《新莱茵报》第180号附刊。报道和评价了瑞士联邦委员会的一些政策、措施，包括瑞士人对意大利流亡者的态度，德森州军队的解散。文中报道了市民公社贵族承担首都费用的意见，首都定在伯尔尼，使居民公社的财产实际上转交给了城市，使显贵们遭受了重大经济损失，丧失了许多优厚的职位，失去了在市议会中的优势影响。因此，他们施展各种阴谋以求把首都重新迁出伯尔尼。最终经过投票，决定无条件接受联邦议会提出的义务。

12月28日《瑞士和意大利的事件》指出：现在，到那不勒斯和罗马去的年轻的农民儿子不得不留在家里，他们既不能在本州，也不能在本来已苦于"人口过剩"的瑞士其他各州找到工作。他们将组成一个新的农民无产阶级，并且仅仅由于自己的存在就会使这些游牧民族所有旧的建立在千年传统之上的财产、收益和权力关系陷入极大的混乱。这些不毛山地用什么办法去养活从四面八方强行运送来的这些贫民？现在这样的一个贫民阶级的核心已经存在了，并且以极不愉快地方式威胁着传统的家长制。这样一来，即使（不能这样指望）欧洲革命在今后几年仍然保持对瑞士中立的那种尊重，那么联邦新宪法关于废除雇佣兵条约的这一条款也将会为革命准备酵素，它最终将会把欧洲反动野蛮状态的最古老、最顽固的据点连根拔掉。无论是君主国，还是反动的共和国都因患金钱结核病，"虚弱的财政困难忧郁症"而灭亡。

评论：载于1849年1月3日《新莱茵报》第185号附刊。1848年，瑞士和其他几个州与那不勒斯国王斐迪南二世的反革命政府签订了关于提供雇佣军的条约，瑞士军队将被用于镇压意大利革命。在国内引起了极大的不满，最后导致这种条约的废除。雇佣兵条约是指瑞士各州和欧洲各国订立的关于提供一定数量雇佣兵的条约。实际上这种条约在15世纪就已经开始缔结，一直延续到19世纪中叶。在西欧许多国家中，以这种方式招募的瑞士雇佣兵曾被用来作为君主反革命势力的工具。恩格斯对瑞士的雇佣军制度作了评论，认为雇佣军条件是现有野蛮状况的最好保证，联邦新宪法关于废除雇佣兵的条约将使瑞士的贫民面临极大的生活压力和就业困难，若政府不能妥善解决，无论是君主国，还是反动的共和国都会因患金钱结核病，虚弱的财政困难忧郁症而灭亡。

1849年

1月8日 《弥勒先生。——拉德茨基对德森的攻击。——联邦委员会。——洛鲍威尔》指出：联邦委员会正在忙着起草将提交联邦议会下一次会议的法律草案。在这些草案中包括关税法、邮政组织法和关于军事组织的提案等等。必须承认：深受赞许的法兰克福议会由于它极端无力和无力至极，向人们显示的仅仅是自己的困难，而瑞士联邦当局却在悄悄地一步一步实行资产阶级集中。

哪一个民族在目前这样的革命时期不是除了争取取消各州的关税、州的邮政制度和很久以来就成为沉重负担的各州的其他一些设施别无他求呢！哪一个民族在新历史时期分娩的阵痛中不是把完成历史上已衰败的联邦共和国的修订版，把实现资产阶级集中的开端当作它的最高目标呢！这样的开端由于宗得崩德战争已成为必需的。这些发生在伟大的欧洲运动中的琐事是多么微不足道！

评论：载于1849年1月13日《新莱茵报》第194号。文章主要内容是关于赴那不勒斯的瑞士雇佣军受阻、联邦委员会的集中法案以及反动报刊撰稿人洛鲍威尔的"变节行为"等事件的报道和评述。恩格斯指出，瑞士联邦当局在悄悄地一步一步实行资产阶级集中，在未来几年瑞士完成宪法允许的集中后，那时宪法本身将成为国家进一步发展的阻碍，建立一个统一的、不可分割的共和国将是必然的。

1月8日 《最后的志愿兵》指出：这里的最高法院第二审级由于俾尔的约·菲·贝克尔先生和亨·哈特默尔先生建立军人联合会"自助者"而分别判处二人驱

逐出州一年和半年。其他被告宣布无罪。从而结束了到处谈论的志愿兵第三次进军的著名事件。现在中央政权又可以把它的全部宝贵时间用在德国皇帝问题和德国舰队问题上了。愿上帝使它的艰苦努力造福于"统一的祖国"。

评论：载于1849年1月14日《新莱茵报》第195号。本文简要报道了对贝克尔的判决情况。1848年秋，军人联合会"自助者"在瑞士俾尔成立，由民主运动和工人运动的著名活动家贝克尔创立。联合会的中央委员会设在俾尔（伯尔尼州）；归附它的是瑞士各城市中主要由手工业者组成的各个联合会。瑞士当局对此进行了司法追究。军人联合会遵循民主主义的方针，为自己提出的任务是联合瑞士所有的德国人志愿队，以期在德国建立共和国。它的组织是在法国和意大利的秘密团体的影响下建立的，因而带有密谋的性质。瑞士当局在包括帝国政府在内的法国反动势力的压力下对贝克尔以及军人联合会的其他组织者进行了司法追究。结果，贝克尔被判决从伯尔尼州驱逐出境一年。

1月9日 《预算》指出：州的预算目前在州委员会中已经讨论到可以提交即将召开的大会议的程度。州的预算同欧洲其他预算一样，在大约五百万法郎的总额中，有四万三千法郎的赤字。这五百万法郎中大约有八十万为国有财产的收入，一百八十万法郎为间接税，其余部分为关税。可见，每个居民约摊派到四个瑞士法郎的直接税，约三个半法郎的间接税。如果财政局长施坦普弗利提出的全面紧缩方案得到通过，那么就不会出现赤字，而是有一笔八万法郎的余款了。但是，这不符合州委员会大多数自由派的愿望，他们安然地听任贵族们不停地指责"混乱的财政状况"，以使自由派的施坦普弗利承担这种指责的责任。其实州的财政早已被臭名昭著的诺伊豪斯政府完全搞乱并挥霍净尽了，如果说财政现在又重新恢复正常，那么，我们只有感谢施坦普弗利先生。

评论：载于1849年1月14日《新莱茵报》第195号。文中评论了伯尔尼州的预算，揭露了臭名昭著的诺伊豪斯政府搞乱了州的财政状况并挥霍净尽，揭露了州委员会中的自由派以及贵族们不停地指责"混乱的财政状况"的真面目。

1月9日 《牧师造反》指出：现在我们这里发生了一起牧师造反事件。在蒙上帝恩典的正直庇护过着美好生活的可敬的牧师社团——每一个牧师都是他自己那个教区的艾希霍恩——，受到了共和国的沉重打击。这就是：将来牧师先生应该由教区选举产生，而且有一定的任期。试想这是多么可怕呵！上帝的话不再由上帝定下来的权力赐给人们，而是被人租用，用现金租用一定时间，象租用一头驴子或雇用短工一样！一切都不是取决于上承天命的王国政府的意志，而取决于世俗的自由竞争，牧师沦为普遍的雇佣工人，愚民则变为世俗的"雇主"，工人做事不如他们的意他们就可以解雇。这个尊贵的社团怒不可遏了。它马上发表宣言，对这种渎圣行为发出了极为可怜的哀鸣。当然它只不过引起了普遍的哄笑。为了同牧师们的欲望相抗衡，有爱国协会也就够了。这种爱国协会现在到处都在成立。这种人民自己建立的民主组织将是一种挫败所有"贝都英人"和牧师的阴谋的最好工具。

评论：载于1849年1月14日《新莱茵报》第195号。1849年，瑞士规定牧师将由教区选举产生，并有一定任期。纽沙特尔牧师社团对此提出了声明，表示不满。恩格斯讽刺了瑞士国民院保皇派和牧师。

1月12日 《保护关税的宣传。——那不勒斯军队的征兵》指出：保护关税的宣传在瑞士越来越活跃，而维护以前的自由贸易制的运动也因此活跃了起来。双方的论据都同样辩驳不倒，目前还很难看出，瑞士将怎样从这种左右为难的窘境中解脱出来。保护关税派指出，外国竞争对本国工业的压力正逐年增大，而日益增长的失业人口的就业希望却在同样程度上逐年减少。自由贸易派提出反驳，认为在人民中占多数的农业人口所必需的工业品正在涨价，同时还认为，要保护象瑞士这样漫长而又便于走私的边界，对于一个二百万人口的国家来说，没有一笔极其庞大的开支是办不到的。两派的道理都很对：一个说，没有保护关税瑞士的工业部门就会一个接一个地崩溃；另一个说联邦的财政会因保护关税而崩溃。《伯尔尼宪法之友》为了使两派结合起来，提出了一项中庸关税率的建议，这一来两派都难幸免了。联邦委员会在3月份将为这个无法解决的问题大费周折。

评论：载于1849年1月17日《新莱茵报》第197号。通讯报道了1848年瑞士保护关税派和自由贸易派的争论，以及那不勒斯的征兵军官为了招募为那不勒斯国王斐迪南二世服役的新兵，甚至到没有签订雇佣兵条约的州，但是日内瓦政府禁止那不勒斯征募雇佣军，那不勒斯人的雇佣军迅速撤出了日内瓦地区。

1月13日 《弥勒。——夫赖堡州当局。——奥克辛本》指出：发生了一件令人惊奇的事：主张中立的奥克辛本先生的喉舌《宪法之友》表示忏悔，承认德森人在他们同拉德茨基和东瑞士部队的冲突中毕竟还不是那样没有道理。它喃喃地向它的天父说：我有罪，并且企图用依利翁城里的人有罪，城外的人也有罪这样一句话来掩盖这个事件。德森的州委员会是奥克辛本的那种恶意地诉诸瑞士民族狭窄性的所谓"对外政策"的追随者中反对中立最坚决的人。但是德森人通过伯尔尼部队的报告在伯尔尼已赢得了声望，而奥克辛本先生也必须在伯尔尼保住声望，于是最终，——这就是实质——不久前联邦委员会没有任何理由要德森州对同拉德茨基继续发生的冲突负责。但是，每当奥克辛本在联邦委员会里真的干了什么卑鄙勾当的时候，《宪法之友》就不得不出来谈一通高尚慷慨的道理。这里就是这样操纵愚昧的农民的。噢，民主啊！

评论：载于1849年1月17日《新莱茵报》第197号。文章报道了1848年年初瑞士雇佣军赴那不勒斯的取道问题，瑞士夫赖堡政府违反联邦新宪法由警方把施维茨州的一名公民驱逐出境，以及联邦委员会委员奥克辛本的两面性，讽刺了《宪法之友》伪善的民主。

1月25日 《恩格斯上校的回答》指出：我们得到了恩格斯上校先生就我们前

天的质问所作的下列回答：我对《新莱茵报》第 203 号广告栏的回答是否定的。根据我的信念，只有你们这些公民们才允许自己违法地说，这些房子被士兵们破坏得还远远不够。

评论：载于 1849 年 1 月 26 日《新莱茵报》第 205 号附刊。这篇简讯是《新莱茵报》编辑部为反对帝国军队的士兵于 1849 年 1 月在科伦的暴行所发表的意见的续篇。1849 年 1 月 23 日，《新莱茵报》曾在《我的军队在科伦》一文中报道了第三十四团士兵以破坏和平居民的房屋为消遣的"英雄行为"，并对科伦第二警备司令恩格斯上校提出质询。这里转载了恩格斯上校对质询的回答，他不承认有这样的言论。

2 月 2 日　《匈牙利的斗争》指出：匈牙利的战事正在接近尾声。"大山分娩，生出个耗子。"《科伦日报》几天以前是这么说的。这家报纸轻信了韦尔登的话，以为德布勒森的议会已自行解散，并且把军队也解散了，而科苏特则准备率领残部逃往大瓦尔代恩。这次，分娩的大山不是别人，正是《科伦日报》自己。

虽然《科伦日报》稚气十足地说科苏特昨天被虏，但他仍然是自由的，并拥有一支举足轻重的军队。对他说来，目前的问题已经不再是能否坚持几个月；他只需维持三四个星期就行了。因为最多三四个星期，巴黎政局就会有变化：或者是复辟派在那里得胜一时，这样匈牙利也许就要陷落，从而反革命猖獗起来——或者是革命取得胜利，那么奥地利的先生们将要仓卒向莱茵河或意大利进军，以便在那里被"红裤子"赶回匈牙利。最后让我们确定一下帝国军队的最辉煌的战果，这就是：韦尔登先生的公报终于物色到一个发誓虔诚信仰它的人——这就是《科伦日报》。

评论：载于 1849 年 2 月 3 日《新莱茵报》第 212 号。恩格斯从本文开始报道匈牙利反对奥地利帝国的革命战争的进程。本文分析了第 17 号军事公报报道的帝国军队两次新的军事行动，揭示了其中对战争的虚假报道，夸大帝国军队的胜利。文中还讽刺和揭露了《科伦日报》。

2 月 3 日　《巴纳特消息》指出：匈牙利起义者的力量决没有被消灭，相反，它目前还相当强大，因为来自全国各地的志愿兵不断加入马扎尔人的队伍。马扎尔人方面还有四个强大的军，即在上匈牙利由戈尔盖指挥的一个军，在蒂萨河畔由科苏特指挥的一个军，在巴纳特对抗塞尔维亚人的一个军以及在特兰西瓦尼亚由贝姆指挥的一个军，这四个军总还能持续战斗几个月，因为它们能小心地避开任何重大打击。战斗已持续了整整六个星期，而马扎尔人的兵员却有增无已。如果他们能如愿以偿将战事拖到上意大利爆发战争的时候，那么，他们的事业决不致失败。甚至在同奥地利接壤的艾登堡州，居民中仍对科苏特怀有强烈的同情。

评论：载于 1849 年 2 月 4 日《新莱茵报》第 213 号附刊 2。1848—1849 年，匈牙利反对奥地利君主国的民族革命战争爆发，恩格斯对此作了连续的报道和评论。恩格斯站在支持匈牙利革命战争的立场。本文为其中的一篇，对匈牙利军队在巴纳特后退后的形势作了介绍和判断。恩格斯认为，匈牙利起义者的力量并没有被消灭，马扎尔人的队伍不断扩大，农民们同情科苏特，如果匈牙利抵抗力量能将战事拖到意大利爆发战争的时候，那么，他们的事业决不致失败。

2月5日 《第十九号军事公报及其评注》指出：第19号军事公报发表了。纵然我们相信这个文件，帝国军队最近取得的战果也是不值一提的。从公报得出的主要结论是，帝国军队目前正驻在蒂萨河畔彼此相距很远的两个地点。两个军之间没有联系。科苏特现在也许会决心给予决定性的打击：或者以其全部力量分别向两个军进攻，或者从他们之间突破，进军佩斯，从后方袭击奥地利人。

当事态还处在这种情况的时候，当帝国军队尽管兵力居于优势但极其踌躇谨慎地向前推进，让他们的纵队分别行动而没有想到集中的时候，当马扎尔人在蒂萨河彼岸作好战斗准备的时候，军法报纸报道说：科苏特在加里西亚的斯特雷地区被俘。而德国各报也纷纷照登。

评论：载于1849年2月6日《新莱茵报》第214号。本报道对奥军第19号军事公报进行了分析与评论。恩格斯表达了对帝国军事公报信息的不信任，并逐条分析了公报中关于斯拉窝尼亚边境地区、索尔诺克附近和蒂萨河上游地区的战事情况的不准确，以事实分析，揭露了帝国军队虚假的战果。

2月10日 《战争。——政府同南方斯拉夫人之间的龃龉》指出：以支持文迪施格雷茨和反对马扎尔人出名的《科伦日报》，今天把反动的、反马扎尔人的《布勒斯劳报》关于马扎尔人的胜利报道说成是"非常可笑的夸张"。我们转载了这些报道，作深入的探讨当然还要等待进一步的消息。有一点是可以肯定的，帝国军队在蒂萨河畔遇到了意外的阻碍，否则他们早已过河了；根据"可靠的"奥地利方面的报道，施利克向德布勒森进军已有十多次了，但一次也没有渡过蒂萨河！大家还记得，一些时候以来，我们曾提请大家注意所谓的奥地利斯拉夫人民主派，注意这些空想家同奥里缪茨政府必然发生的冲突。我们把耶拉契奇称为这一派的第一代表，把斯特拉蒂米洛维奇称为第二代表。以阿格拉姆的《南方斯拉夫人报》为机关报的这一派在克罗地亚本地也很得势。

评论：载于1849年2月11日《新莱茵报》第219号。对战争中帝国军队的进展的报道进行了分析，指出奥地利方面报道的欺骗性，没有真实反映战争的实际情况。文中还指出奥地利帝国政府与奥地利斯拉夫人民主派之间的冲突，提请注意双方必然会发生的冲突。

2月10日 《匈牙利的战争》指出：终于又收到了来自特兰西瓦尼亚的奥地利官方报道。它证实贝姆的部队已迅速挺进，直抵海尔曼施塔特城下，对该城构成严重威胁；并报道了1月21日在海尔曼施塔特和梅迪亚什之间发生的战斗，据称马扎尔军队失利。报道说他们一直被追击到施托尔岑堡，其中一部分已经上了通往托尔达（托伦堡，在克劳森堡方向）的大路。五门加农炮和四辆弹药车已落入普赫纳统率下的奥军之手云云。马扎尔军队的抵抗，被描绘得十分顽强。关于这次"胜利"

是否确实如此"辉煌",有待进一步的消息证实。奥地利方面宣布,他们自己的损失为死六七十人,伤九十八人。奥地利方面的报道可靠程度究竟如何,《维也纳日报》这次发表的特兰西瓦尼亚文件可以说明。

评论:载于1849年2月11日《新莱茵报》第219号增刊。文中根据《维也纳日报》《布勒斯劳报》《波西米亚立宪报》《南方斯拉夫人报》《消息报》《进步报》等报纸的消息,指出奥地利官方、奥地利军队在吹嘘自己的胜利,讽刺了《科伦日报》。

2月12日 《战地新闻》指出:从战报看,关于马扎尔人胜利的报道部分地得到了证实。很清楚,施利克在蒂萨河畔陶尔曹尔和托考伊附近打了败仗,否则他不会撤到离战场五德里远的博尔多格克瓦劳尔姚去。对战斗的描写也完全是闪烁其词的。可以肯定的是,施利克经过一次激烈的战斗之后,撤离了蒂萨河。关于传说他后来又把匈牙利人赶过蒂萨河一事,纯系军法谣言。

从特兰西瓦尼亚传来的消息,完全不同于根据普赫纳最近关于胜利的报道所估计的。贝姆在海尔曼施塔特战役后,在1月26日再次威逼该城,而不是向托伦堡逃跑。普赫纳尽管得到增援,但仍被迫把他的全部军队撤回并集中到海尔曼施塔特城下。

评论:载于1849年2月13日《新莱茵报》第220号。文中评论了奥地利政府的表现,对战争形势作出了推断,认为关于马扎尔人胜利的报道基本上是可以证实的。

2月17日 《第二十二号公报》指出:从蒂萨河到特兰西瓦尼亚起码还有四十德里以上。还没有一个奥地利人渡过蒂萨河。如果说施利克在海尔纳德河畔,文迪施格雷茨在索尔诺克附近,他们谁都不能向前推进一步,那么,用帝国皇家自吹自擂的话来说就是:战场被推回到特兰西瓦尼亚。"文迪施格雷茨公爵殿下军队的进展"究竟是些什么?把过去发表的公报搬来再夸耀一番,对可能发生但结果实际上却根本没有发生的事大肆宣扬。这份公报的情况正好和施万贝克同普鲁士国民议会的情况一样:为了"被克服了的过去"和"遥远的、可能是不可达到的未来",他们已经"丧失了现在"!

评论:载于1849年2月18日《新莱茵报》第225号附刊。恩格斯对奥地利军队第22号公报进行了评论。恩格斯讽刺这是"胜利公报",是一份滑稽可笑的公报。文章对公报中的"文迪施格雷茨公爵殿下军队的进展"逐条进行了分析和评述,揭发了帝国皇家的自吹自擂。

2月18日 《匈牙利的克罗地亚人和斯洛伐克人》指出:正当奥地利报纸近几天来编造奥廷格尔战胜了邓宾斯基——在德布勒森附近!!——这个故事的时候,匈牙利斯拉夫各省的上空,乌云愈积愈浓,威胁着整个帝国皇家君主国。很久以来——甚至从强攻占领维也纳以来——我们一直在提醒人们注意奥地利政府和斯拉夫人之间的分裂是不可避免的。这一分裂现在已经表面化了。

大家还知道，文迪施格雷茨在佩斯成立了一个新的匈牙利政府委员会，它要得到旧匈牙利政府所有一切权力，从而把建立南方斯拉夫人王国的企图化为泡影，这使克罗地亚人极为恐惧。克罗地亚人曾梦想自己脱离匈牙利而独立，突然从佩斯给克罗地亚地方政府发来了一道命令，要求他们服从，命令用的还是马扎尔文，没有附克罗地亚文译文！！《斯拉夫人南方报》立即把它用原文发表，并且抑制不住自己的愤怒。克罗地亚人怒不可遏；他们恰恰受到了象在科苏特统治下一样的待遇！这就是他们为拯救联合君主国忠心效劳而得到的报酬！

很明显，作为贵族的文迪施格雷茨深深懂得，只有保持马扎尔贵族的统治，才能达到他在匈牙利保持贵族统治的目的。因此，他保护和偏爱马扎尔的豪绅显贵。至于克罗地亚人和斯洛伐克人是否因而会受苦，这对他来说是无所谓的：只要平定了匈牙利并在那里建立起贵族统治，他就可以对付那些四分五裂的、没有奥地利人领导便无能为力的斯拉夫人。——布拉格是前车之鉴！

评论：载于1849年2月19日《新莱茵报》第226号。1849年，在奥地利统治下的匈牙利，奥地利政府与塞尔维亚、克罗地亚、斯洛伐克等民族的矛盾日益明显，恩格斯分析了其中不同的立场，克罗地亚、斯拉窝尼亚、塞尔维亚的伏伊伏丁那和国内其他地区的大地主贵族集团——马扎尔化派，他们主张由匈牙利同化这些领土上的居民。这一派人的自私目的同匈牙利革命毫无共同之处，它在一定程度上是匈牙利政府民族主义错误的原因之一，并且强化了该政府民族政策中的弱点。

2月18日 《帝国皇家军队的军事艺术》指出：文迪施格雷茨特别倒霉。要不是他老是碰上一些根本意料不到的变故，可能就成为本世纪最伟大的元帅之一了。施万贝克已经证明，匈牙利人哪怕只进行一次抵抗，他也早已作出了无与伦比的英雄业绩。但是，伟大的文迪施格雷茨所遭到的最大不幸，只是到现在才由奥格斯堡《总汇报》的一篇帝国皇家的半官方通讯泄露出来。文迪施格雷茨指望马扎尔人会采用一种"合理的作战方式"。假如他们采用了这种合理的作战方式，文迪施格雷茨就早已把他们打败而取得了辉煌胜利。但是他们"到处都部署了巨大的优势兵力，恰恰没有部署在"所有该部署的"地方"。结果，由于这种极其荒诞的情况，伟大的文迪施格雷茨的所有部署统统落空。

正是由于马扎尔人一次又一次地失误，以及由于连上帝自己对之也无可奈何的愚蠢，所以甚至连文迪施格雷茨学问深奥的战术配合也被马扎尔人战略上的无知完全打破了！文迪施格雷茨元帅不就是这样吗？！他之所以不能打败自己的敌人，仅仅因为同他相比，他们是太愚蠢了！

评论：载于1849年2月19日《新莱茵报》第226号。文中用讽刺幽默的方式对奥地利军队的所谓"军事艺术"进行了嘲讽，指出文迪施格雷茨是愚蠢的。

2月21日 《文迪施格雷茨。——犹太人和南方斯拉夫人》指出：大家都知道，犹太人到处都是受骗的骗子，在奥地利就更是这样。他们利用了革命，如今文迪施格雷茨为此而惩罚他们。此外，任何知道犹太人在奥地利是怎样一股力量的人都可以判断，文迪施格雷茨由于下列布告树立了什么样的敌人。文迪施格雷茨想从他们那里榨取钱财的企图，象《拿破仑法典》所说的那样，已经"开始实现"。犹太人为了自己的解放还得付出无数的代价。在普鲁士这叫做"赎还封建义务"。

评论：载于1849年2月22日《新莱茵报》第228号。19世纪40年代，奥地利帝国中犹太居民争取废除所谓"宽容税"的斗争加强了，在斯拉夫人地区民族矛盾也很尖锐。本文是对这一情况的评论。1749年一条特别敕令责成居住在匈牙利王国的所有犹太人缴纳所谓"宽容税"。在19世纪40年代，该项税款的数目大大增加，争取废除这种侮辱性税款的斗争加强了。奥地利帝国政府对犹太人采取民族歧视政策，但是，庞大的犹太商业和金融资产阶级依然是巨大的经济力量。这股经济力量奥地利帝国宫廷也不得不重视。许多犹太人银行家经常向政府提供巨额贷款或充当政府向其他国家贷款的中间人。犹太资产阶级和手工业者所有各阶层的代表关心尽快地消除妨碍匈牙利资本主义发展的封建农奴制残余。犹太居民对匈牙利革命十分支持，许多犹太人参加了匈牙利国民自卫军。以科苏特为首的地方保卫委员会广泛利用流动的犹太小商贩收集敌人情报，同帝国军队占领区的自己的拥护者联系，散发自己的号召书和传单。

1846年6月宽容税被废除，条件是欠缴的全部税款于五年内缴清，这笔欠税累计达一百二十万佛罗伦。尽管赎金沉重，犹太人区的代表仍然把废除"宽容税"看作是解放在这个国家的犹太居民的一定步骤。在他们看来，缴纳这笔赎金是犹太人区权利的某种保证，并且是该区对官方当局忠诚态度得到承认的某种保证。

2月23日《第二十三号公报。——战地新闻》指出：《布勒斯劳报》刊登了一篇来自匈牙利边境的通讯，这篇通讯总的说来是为奥地利人说话的，但它也不得不承认，奥地利在关于特兰西瓦尼亚和蒂萨河彼岸战斗的军事公报中所提供的情况是极不全面的，因为它总是只强调帝国皇家军队的胜利，却只字不提他们取得这些胜利所走过的充满荆棘的道路，因为所有直接来自战场的消息都一致认为，马扎尔人几个星期来进行了拼死的自卫，并使帝国皇家军队遭受了重大损失。维也纳的《劳埃德氏报》也报道，佩斯正大力加强武装：从昨天（14日）开始，向蒂萨河增援的军队源源出发。近日在那里将进行决战。这支向蒂萨河推进的新部队至少有一万一千人。《奥地利通讯员》提到塞尔维亚人在森塔战胜了一支力量远远超过他们的马扎尔人。可惜，一向是无所不知的公报对此却一无所知。有一点是肯定的：目前"匈牙利的战争"还没有"结束"。

评论：载于1849年2月24日《新莱茵报》第230号。文中对奥地利军队第22号公报进行了评论，指出奥地利在关于特兰西瓦尼亚和蒂萨河彼岸战斗的军事公报中提供的情况是极不全面的，因为它总是只强调帝国皇家军队的胜利，却只字不提他们经历的曲折和困难,事实是来自战场的消息显示出,马扎尔人进行了拼死的自卫,帝国皇家军队遭受了重大损失。帝国在匈牙利的战争还远远未取得他们所期待的胜利。

2月24日 《关于马扎尔人的详情。——蒂萨河畔的胜利。——奥地利人的暴行。——战争的概况》指出:在多瑙河右岸以及喀尔巴阡山,战斗大多只局限于小接触。从施梯里亚边境到多瑙河畔的整片土地上,都组成了游动部队,这就使努根特将军指挥的奥地利军队一刻也不得安宁。这类游动部队的领导人,有许多是匈牙利知名人士。科莫恩方面不时组织出击,使这些游动部队得到掩护。战争离结束为期尚远。奥地利要征服这个士气日益高涨的、而且现在又部分地由法国和波兰军官率领并指挥得比初期更好的敌人,还要有更多的部队。

评论:载于1849年2月25日《新莱茵报》第231号。文章对蒂萨河畔匈牙利军队的撤退及奥地利军队的暴行进行了报道,指出奥地利取得胜利还为期尚远。

2月24日 《再谈马扎尔人》指出:阿格拉姆的总督议事会向所有机关发出官方禁令,禁止执行"马扎尔无耻之徒"发出的命令,并指示他们把此类非法文件送交总督议事会,以便用作破坏其威信的证据。布告同时宣称,在三合王国内不仅不容许存在任何马扎尔人的管理机关,而且也决不容许他们影响公务。与此同时,在波希米亚拒绝应征的人越来越多。今天我们获悉:波希米亚的普拉欣区大多数乡镇拒绝征兵,因为有人告诉他们,征兵的命令不是由帝国议会而是由内阁发出的。令人担心的是,这一带农民动乱不久可能蔓延全国。简而言之,虽然尽了努力,旧奥地利的瓦解是日益逼近了,只要从意大利或法国来一次革命的冲击,它就会瓦解。

评论:载于1849年2月25日《新莱茵报》第231号附刊2。文章指出,在克罗地亚,民族主义的南方斯拉夫人同帝国皇家当局的冲突日趋激烈,恩格斯认为,旧奥地利的瓦解是日益逼近了,只要从意大利或法国来一次革命的冲击,它就会瓦解。

2月26日 《俄国人在特兰西瓦尼亚》指出:1848年革命的最后一批坚定不移的战士——马扎尔人,可能会象巴黎的六月英雄或维也纳的十月战士一样倒下去,会在目前从各方面重新包围他们的优势力量的镇压下倒下去。这场对付他们的战争结束得是快是慢,将取决于俄国人参战规模的大小。如果我们西欧人在这种时刻仍然无动于衷,如果我们只用消极的对抗和无可奈何的叹息来对待俄国人向我们马扎尔兄弟所发动的那种厚颜无耻、背信弃义的进攻,那么马扎尔人就会失败,而下一次将会轮到我们!这就是我们所看到的!这是当着全欧洲面干出来的,而全欧洲却连一个手指头都不敢动。法兰西共和国当局暗自高兴,并且希望同俄国接壤,以便能够更顺利地铲除无政府主义者。我们不希望资产阶级再次抬起头来并把我们出卖掉,不希望那些善于算计的反革命分子把脚踩在我们的脖子上,那我们为什么在法国革命和德国革命以后要表现得如此宽厚、高尚、大度和仁慈!等着吧!"革命这个洪水猛兽"尚未铲除——看一看意大利吧——，雇佣军的暴力并不是历史最终的决定性力量！等着吧！这一天将会到来，马上就会到来，一次新的革命将要在欧洲做血的巡礼，这次革命不会对关于共和国的空话顶礼膜拜，不会为了可怜的"三月成就"讨价还价，这次革命不报过去九个月所遭受的一切背叛和耻辱之仇就决不收剑入鞘。到那时，我们就要追究所有允许和支持对我们马扎尔战友进行这种可耻叛卖的人。到那时，尽管有俄国人，我们仍将拯救匈牙利和波兰！

评论：载于1849年2月27日《新莱茵报》第232号。1849年2月，匈牙利反对奥地利的民族革命战争中，驻特兰西瓦尼亚的奥军在匈牙利革命军进攻下后撤，并向俄国军队求援，俄国军队遂进驻了特兰西瓦尼亚。恩格斯在文中谴责了雇佣军暴力，指出俄国军队入侵特兰西瓦尼亚是最无耻的背信弃义行为，是最卑鄙的违反国际法的行为。恩格斯谴责了奥地利政府的无能，与俄国的卑鄙勾当。但是，恩格斯同时指出，雇佣军的暴力并不是历史最终的决定性力量，革命将最终拯救匈牙利和波兰！

2月27日 《俄国人入侵。——塞尔维亚人。——奥地利人的前途。——战地新闻》指出：没有得到任何新的战地新闻。相反，各方面来的消息都证实了我们昨天关于帝国军队到处处境不佳的说法，只有靠俄国人援助才得到解脱的特兰西瓦尼亚除外。沙皇通过俄国人入侵特兰西瓦尼亚向实现泛斯拉夫主义跨出了新的一步；他宣布了俄国人同奥地利斯拉夫人的联盟，从而把自己变成了奥地利斯拉夫人实际上的统治者。其他的人原来就已隶属于他：波兰人是他的奴仆，土耳其斯拉夫人是他的藩属；现在，他又以奥地利斯拉夫人保护者的身分出现了。只要再走一步，奥地利就会象土耳其一样，完全落入他的控制。"联合君主国"为了使自己遭受革命毁灭的日期推迟几个月，就付出了这样的代价！

评论：载于1849年2月28日《新莱茵报》第233号。文章揭示了1849年2月奥地利借助俄国力量镇压匈牙利革命所付出的代价。文章还揭示了塞尔维亚民族运动中自由主义派的失败。

3月1日 《特兰西瓦尼亚和匈牙利战地新闻》指出：战场仍然没有传来最新消息。我们得悉的几乎只是一些人们早已知道的事件的细节。如果我们总结一下所有这些战役，就不得不同意引自《莱比锡报》的下列判断："军事专家断言，匈牙利战役中出现了重大错误，文迪施格雷茨公爵的表现完全不能说是一位杰出的统帅。"这当然是一个我们很久以来几乎每天都向读者作出的结论。最后，我们得到特兰西瓦尼亚当地报纸有关俄国人进军的消息。这一事件发生之前，在喀琅施塔得就宣布了戒严。

评论：载于1849年3月2日《新莱茵报》第235号。文章介绍了匈牙利军队在蒂萨河上游两岸的胜利。恩格斯根据来自《波希米亚立宪报》《布勒斯劳报》《莱比锡报》《卫星报》、马扎尔通讯、奥地利通讯员以及特兰西瓦尼亚当地报纸的讯息进行了介绍和评论，揭露了塞尔维亚军的杀人放火、奸淫掳掠的罪行。

3月2日 《欧洲大战不可避免》指出：从匈牙列传来完全出乎意料的有利消息。无论根据帝国的报道，还是根据马扎尔人的报道，马扎尔人驻扎在距佩斯三驿站远的豪特万。这一胜利推进是戈尔盖同匈牙利主力军协同作战的第一个战果。奥地利人正十万火急地把他们的全部军队派往豪特万。几天之内，这里将有一场决战。这场战争将会发生，一定会到来。它将把欧洲分成两个武装阵营，不是按照所属的民族，以及种族的共同感情，而是按照文明的程度：一方面是革命，另一方面是一切腐朽阶层和利益的联盟；一方面是文明，另一方面是野蛮。胜利可能经受曲折，但却是勿容置疑的。

评论：载于1849年3月2日《新莱茵报》第235号号外。1849年3月，普鲁士与丹麦的休战协定解除，重新进入战争状态。普鲁士统治集团在与丹麦签订的为期七个月的马尔摩休战协定即将期满的时候，拒绝延长休战协定，力图靠参加这场在德国很受支持的战争来提高普鲁士王国的威信和实现自己的侵略计划。1849年3月又重新开始了军事行动，双方互有胜负。1849年3月12日，意大利皮蒙特统治集团也宣布同奥地利开战。恩格斯认为，这些战争足以引起一场欧洲大战，这场战争将是革命与一切腐朽阶层和利益的联盟之间、文明与野蛮的战争。

3月2日 《战地新闻》指出：什么都不能比官方报道的沉默更清楚地透露帝国军队的处境。诚然我们今晚没有收到来自维也纳的信件和报纸，但是通常和《维也纳日报》同时刊登维也纳消息的一些柏林晚报，也没有报道什么消息。平时谈起来滔滔不绝的维也纳司令部，对蒂萨河、毛罗什河和特兰西瓦尼亚的各战役却讳莫如深。这些消息证明，我们对交战各方的情况的估计是多么正确。在佩斯附近对帝国军队取得决定性胜利，意大利爆发了战争，奥地利尽管有俄国人进行各方面干涉，仍将走向崩溃！

评论：载于1849年3月3日《新莱茵报》第236号。恩格斯指出官方报道的沉默反而显露出帝国军队的处境。平时谈起来滔滔不绝的维也纳司令部，对蒂萨河、毛罗什河和特兰西瓦尼亚的各战役却讳莫如深。恩格斯揭露说，帝国皇家军队以大肆吹嘘取得胜利来掩盖可耻的失败。恩格斯预言，尽管有俄国人进行的干涉，奥地利帝国的崩溃是不可避免的。

3月3日 《匈牙利战争》指出：奥地利政府终于意识到，就匈牙利战争目前情况来看，除非对南方斯拉夫人的各种要求作出让步，否则它就要遭到彻底失败。此外，它还看到，一旦这些善战的和为自由感到自豪的匈牙利人被征服了，控制他们的最好的方法莫过于依靠那些脱离了匈牙利的斯拉夫小国，这些小国将从各方面压制马扎尔分子。因此，它通过文迪施格雷茨实现了对匈牙利的"改组"。克罗地亚、斯拉窝尼亚、塞尔维亚伏伊伏丁那和特兰西瓦尼亚脱离了匈牙利，组成三个独立的省，它们同加里西亚和达尔马戚亚一起紧紧地联系在"德国世袭领地"上。从阿格拉姆派到佩斯的匈牙利皇家财政局去的总督议事会，从文迪施格雷茨那里得到命令，要皇家财政局交出迄今一直由它管理的克罗地亚金库。在欧芬的匈牙利中央当局接到指示，要它今后不再把克罗地亚、斯拉窝尼亚，伏伊伏丁那和特兰西瓦尼亚视为自己管辖的范围。看来，他们暂时想用来应付斯洛伐克人的办法，是命令帝国皇家专员用斯洛伐克文书写来往的信件。然而，尽管帝国皇家政府尽了一切努力，却丝毫也没有煽起斯洛伐克人的民族狂热。在匈牙利的所有斯拉夫民族中，只有他们坚决同情马扎尔人。

评论：载于1849年3月4日《新莱茵报》第237号。文章对3月初匈牙利的战况进行了综合分析。马扎尔人的备战使帝国皇家政府认识到匈牙利战争不能迅速和顺利地结束。

3月4日　《匈牙利战地新闻》指出：今天，直接来自战场的消息仍然很少。从佩斯获悉，马扎尔人在他们通过突然挺进而使奥地利人大吃一惊之后，又朝蒂萨河撤退了。据《劳埃德氏报》报道，帝国军队似乎已经占领了从瓦岑到康森茨和从豪特万到索尔诺克一线。文迪施格雷茨确实已离开佩斯往珍珠市地区去了。

评论：载于1849年3月4日《新莱茵报》第237号增刊。报道了特兰西瓦尼亚东西部战事。在直接来自战场的消息很少的条件下，恩格斯指出奥地利人面临马扎尔人的坚决反抗。

3月5日　《马扎尔人的胜利》指出：我们的做法与《科伦日报》不同。一开始，我们就坚定地站在马扎尔人一边。但是，我们决不允许自己的倾向性影响我们对马扎尔人报道的判断。我们既没有把这些报道说成是夸大，也没有把它们看成福音，而是把它同其他消息相比较，批判地确定了它的可靠性。我们马上就发现，这些报道就主要内容来说常常是正确的，而每次都是不出几天，就得到奥地利公报直接或间接的证实。

昨天到达的来自特兰西瓦尼亚的关于贝姆的消息，报道到12日为止。这一天，普赫纳企图在海尔曼施塔特城下集合他那疯狂逃窜的部队，这些部队从德瓦被赶到萨斯瓦罗什，从萨斯瓦罗什被赶到米尔巴赫又从米尔巴赫被赶到海尔曼施塔特。众所周知，在海尔曼施塔特当地，他只找到四千名俄国人可以作为他的援军，但这些俄国人同他的残部一起显然不足以顶住贝姆的军队。因此，关于贝姆——奥格斯堡《总汇报》说他"可惜是一位出色的战士"——在海尔曼施塔特附近给了被公认为庸碌无能的普赫纳以最后的决定性打击的消息，以及攻下该城本身的消息，是完全可信的。

评论：载于1849年3月6日《新莱茵报》第238号。报道了匈牙利军队的战绩，贝姆重新成为整个特兰西瓦尼亚的主宰。恩格斯表达了对马扎尔人的支持和信心，揭露了《科伦日报》的立场和掩盖战况真相。

3月6日　《战地新闻》指出：还没有收到来自特兰西瓦尼亚的关于15日贝姆

和普赫纳之间的战斗的消息。但是，到14日为止的最后一批消息报道，都使人预感到第二天马扎尔人会取得胜利。当前在斯拉夫奥地利到处都在酝酿着的这场泛斯拉夫主义的暴动一旦爆发，"联合君主国"就会经历一些重大事件！

评论：载于1849年3月7日《新莱茵报》第239号。1849年2月26—27日，奥地利军队和匈牙利军队在卡波尔瑙附近进行了一场为时两天的战斗。虽然没有一方取得决定性胜利，但匈牙利军队总司令邓宾斯基将军命令匈牙利军队撤过蒂萨河。帝国军队似乎在卡波尔瑙附近取胜的消息加速了1849年3月4日奥里缪茨公告的颁发，在公告中，奥皇弗兰茨-约瑟夫一世取消了匈牙利的独立。恩格斯认为，奥地利帝国面临着泛斯拉夫主义暴动的危机。

3月7日 《〈科伦日报〉关于战况的报道》指出：《科伦日报》的先生们就是这样一些人，他们胆怯到不敢卷入任何一场论战，因为论战必定会彻底暴露他们的空虚、无知和思想贫乏。这些文化界的流氓无产者企图把他们由于受到各种打击而产生的怒气，发泄到同占绝对优势的敌人作斗争的小小的马扎尔人民身上。至于这五百万英勇的人民，他们的军官又全是叛徒，要抵抗整个奥地利和俄国的力量，抵抗各个狂热的民族，他们经历了一场无与伦比的斗争，与这场斗争相比，法国革命战争只不过是儿戏，——这一切同《科伦日报》又有什么关系呢。最初，它骂马扎尔人是"懦夫"、"吹牛大王"等等，但当这些懦夫最终使整个强大的奥地利溃退时候，当他们迫使奥地利象一个六等小国那样卑躬屈膝地向俄国人求援，以对付这几百万马扎尔人的时候，当二万俄国人把他们的砝码放在天平上有利于奥地利的一边的时候，这一家可敬的小报再也抑制不住它的欢呼！即使现在，每当收到那怕是一点点有利于帝国豢养的杀人凶手的消息时，《科伦日报》各个专栏里就充满着欢乐的气氛。他们欢呼占绝对优势一方的胜利，幸灾乐祸地看着一个具有英雄气概的小国同欧洲两个最强大的国家进行殊死斗争！

1831年，当时还存在书报检查制度，没有一家德国报纸敢于向这些不断缩小华沙包围圈的俄国人欢呼。那时候，大家都同情波兰，即使不抱同情至少也是保持沉默。而今天，我们有了出版自由，《科伦日报》可以毫无阻碍地以最粗暴的方式向马扎尔人标榜其全部的卑鄙愚蠢。

评论：载于1849年3月8日《新莱茵报》第240号。在匈牙利反对奥地利的革命战争爆发后，《科伦日报》站在奥地利反动军队一边，并制造种种关于匈牙利军队的极其荒唐可笑的流言蜚语。恩格斯在这篇文章中对《科伦日报》的报道与评论作了分析与驳斥。

3月7日 《奥军司令部第二十六号公报》指出：公报的整个语气，以及帝国军队自己承认的只向前推进了一德里这一事实都可以证明这一点。除了精神方面的影响，匈牙利人推进到距佩斯六德里的结果就是：戈尔盖已同主力军会合，海尔纳德河、蒂萨河和喀尔巴阡山之间的各州已肃清了奥地利人。马扎尔人得以将他们的右翼调往喀尔巴阡山，并同加里西亚革命者建立直接联系；他们把施利克逐出他的作战基地（加里西亚），从而迫使奥地利人改变他们整个作战计划。显然掌握16日来自特兰西瓦尼亚的消息的《科伦日报》可能会告诉我们，为什么公报对16日以前在海尔曼施塔特城下发生的事情毫无所知。

评论：载于1849年3月8日《新莱茵报》第240号。文章对奥地利军队第26号公报进行评论，通过分析指出奥地利帝国军队在编造辉煌的胜利。

3月8日　《战地新闻》指出：文迪施格雷茨越是力图把卡波尔瑙附近发生的战斗说成具有大会战的性质，越是大肆吹嘘刺刀冲锋、骑兵袭击、炮轰等等，他自己发表的被俘和死亡数字给他的打击就越大。文迪施格雷茨谈到马扎尔人"数量上的优势"，那更是滑稽可笑的夸张。假使小小的马扎尔民族能够同帝国军队即使仅仅处于"数量上的"均势，匈牙利战争也早就结束了；何况是数量上的优势！五百万人对三千一百万人的优势！！文迪施格雷茨的胜利降低为一次无目的和无结果的袭击。贝姆在特兰西瓦尼亚的作战行动既巧妙又富有战果。巴纳特的塞尔维亚人仍被阻于毛罗什河附近，束手无策，努根特仍不能渡过多瑙河进入巴纳特。德拉瓦河和多瑙河之间的地区正酝酿着反对帝国军队的起义——这就是根据最新消息对交战双方的形势所作的简略叙述。

评论：载于1849年3月9日《新莱茵报》第241号。恩格斯通过对第26号军事公报内容的分析指出公报毫无价值。文中肯定了贝姆在特兰西瓦尼亚的作战行动既巧妙又富有战果，揭示了奥地利帝国的懊恼，并指出反抗力量正酝酿着反对帝国军队的起义。

3月9日　《第二十七号公报。——战况报道》指出：正如所预料的那样，马扎尔人又退到了蒂萨河对岸。我们已经说过一百遍：如果他们没有取胜的充分把握就在蒂萨河右岸进行一次决战，那从他们方面说就是不负责任的轻举妄动。象奥格斯堡《总汇报》上述报道所指出那样，奥地利人的优势仍然十分强大。奥地利人可以集中他们的主力，而马扎尔人必须把一支强大的后备军，也就是他们新组成的部队的相当大的一部分留在德布勒森附近，留在蒂萨河对岸。他们向奥地利人表明，奥地利人要对付的既不是"懦夫"也不是纠集在一起的"乌合之众"，而且他们做得很对，一达到自己的目的，就撤过蒂萨河。2日，全军从这里"向蒂萨河挺进"。大家知道，这是帝国军队第三次"向蒂萨河挺进"了。看来他们这次得到的成果仍会同以前一样，即停留在蒂萨河畔，并只能向对岸的无法达到的德布勒森荒原投以渴望的目光。

评论：载于1849年3月10日《新莱茵报》第242号。文章对奥地利军队第27号公报进行了评论，指出虽然奥地利人仍然十分强大，马扎尔人又退到了蒂萨河对岸，但是，恩格斯讽刺帝国军队第三次"向蒂萨河挺进"了；揭穿了公报中叙述的在科莫恩城下的几次战斗。恩格斯还揭露了《科伦日报》报道的不真实，对奥地利军队失败的掩盖。

3月10日 《战地新闻》指出：如果说文迪施格雷茨的报告显得"混乱"和"含糊"，那只是因为他故意把这些报告写得混乱和含糊，其目的或者是为了掩盖失败，或者是为了把马扎尔人自愿授与的微小"战果"说成是辉煌的胜利。但是《科伦日报》并不象看起来那样愚蠢。它认为文迪施格雷茨的报告是自相矛盾的，或者是含糊和混乱的。那么它究竟由此得出什么结论呢？结论不是说文迪施格雷茨是一个蹩脚的统帅，而是说他是一个蹩脚的写作者！

《科伦日报》是否接受奥地利的津贴，我们不知道。但我们知道奥格斯堡的报纸是接受奥地利的津贴的。而奥格斯堡的报纸比《科伦日报》要老实一千倍。

评论：载于1849年3月11日《新莱茵报》第243号附刊。恩格斯批评了《科伦日报》对奥地利最近的军事行动失败的掩盖，揭露《科伦日报》有可能接受奥地利的津贴。

3月13日 《奥格斯堡〈总汇报〉上的奥地利通讯》指出：我们今天刊登摘自奥格斯堡《总汇报》的几段话。这篇文章可以使我们对某些德国报纸的黑黄色的夸夸其谈有所了解。"当驻匈牙利的帝国军队在开往佩斯的路上遇到小小的抵抗之后，传来了关于历时两天的卡波尔瑙战役的消息。这次战役经过顽强的战斗、但又不了了之，实在出乎意料之外。这是与叛军的第一次重大交战。在这里，他们第一次把正规部队投入战斗。在佩尔采尔这样一位有才干的领袖指挥下，这支部队被公认的英勇素质通过骠骑兵的狂热情绪进一步提高了。这次战斗表明，如果马扎尔人得到更多的训练，更有纪律性，他们会以几世纪以来这个种族所著称的骁勇和视死如归的精神进行战斗。这次战斗除了证明这种精神而外，并没有使形势发生任何转折。"

评论：载于1849年3月14日《新莱茵报》第245号。本文摘录了奥格斯堡《总汇报》《劳埃德氏报》上的文章，展示了奥格斯堡《总汇报》支持奥地利的立场，对战争实际状况的掩盖。

3月14日 《战地新闻》指出：无论如何，所有官方报纸全都一言不发，决不是帝国皇家武装的一种吉兆。从《特兰西瓦尼亚信使报》摘录的下列新闻，也是很有趣的。它提供了驻特兰西瓦尼亚帝国军队"可笑的夸张"的榜样，而且它现在正在周游所有德国报纸。当帝国军队匆忙撤回佩斯和洛雄茨的时候，对战况的报道显然"具有官方性质"的《特兰西瓦尼亚信使报》却说他们取得了如下的辉煌胜利。但是，从非官方报道中可以看出：帝国军队在索尔诺克吃了败仗。帝国军队的正面和左翼的情况大概也是不很妙的。奥地利人吃了一次败仗，是肯定的，吃了第二次败仗，是可能的。——匈牙利的末日到了！

评论：载于1849年3月14日《新莱茵报》第245号附刊2。恩格斯报道了匈牙利人在西南部、西北部的奋起反抗，奥地利人吃了败仗的战况。当帝国军队匆忙撤回佩斯和洛雄茨的时候，对战况的报道显然"具有官方性质"的《特兰西瓦尼亚信使报》却说他们取得了一系列辉煌胜利。恩格斯从非官方报道中揭示出真相,指出匈牙利人的胜利快要到来了!

3月14日 《战地新闻》指出:帝国军队在攻克埃塞格时认为,那里的城防部队会立即为帝国军队服役。在前帝国正规部队的四个连中并没有一个人应征,全体洪韦德中只有十六人应征。

下列新闻来自钦定独立的克罗地亚。《阿格拉姆报》写道:"我们从可靠来源获悉,贸易部认真打算,不久着手治理萨瓦河,沿河而上直至锡萨克,然后铺设一条从西赛克到阿格拉姆的铁路,再从那里延伸到卡尔施塔特和石桥。"一切整顿就绪。帝国皇家政府在那里疏浚河道使之通航,铺设铁路,把商业和工业引进这个国家。政府将会看到,它还能对它的克罗地亚人依赖多久。一旦克罗地亚人把红斗篷换成大礼服,对军法皇帝的热情就会自动终止。

评论:载于1849年3月15日《新莱茵报》第246号。恩格斯根据来自一些报刊的消息指出,帝国武装的处境不利。

3月10日 《模范共和国》指出:激进党人可能要在他们统治的地方,用漠不关心的态度把工人从自己那里推开,以保住自己。瑞士的无产阶级大部分还是所谓的流氓无产者,他们把自己出卖给任何能向他们许以金山的人。僧侣和贵族当然不会使饥饿的人民想起农民曾经不得不向牧师和地主缴纳什一税的年代;他们只过问,"现政府在为你们做些什么?"而政府的忠实拥护者们却什么也答不上来。如果瑞士无产阶级足够强大,而且受过足够的教育,能成为一个独立的政党,反对现存的激进主义,无疑会是有道理的;但是,在目前情况下,同激进党政治家的任何对抗,都是对保守派的让步。

评论:载于1849年3月15日《新莱茵报》第246号。"模范共和国"指19世纪40年代末的瑞士,当时的瑞士由于不存在国王统治和贵族特权而被认为是资产阶级共和主义的理想。当时在资产阶级保守派和激进派政府的对立中,双方都企图利用无产阶级的社会运动来实现自己的目的。在文章中,恩格斯分析了在瑞士这个"模范共和国"中,工人运动和斗争的发展。在3月5日,申比尔和伯尔尼州举行了一次"共产主义者大会",恩格斯指出由于无产者对自己的地位和解放的方法的不了解,导致保守派成功地利用了这一社会运动。恩格斯还对无产阶级在当时情况下应当采取的解决任务的措施提出了建议。

3月15日 《战地新闻》指出:从这篇通讯可以看出,奥地利人在索尔诺克战役中确实被彻底打败了,并且被迫向佩斯撤退。据说,凯奇凯梅特又被马扎尔人占领,奥地利边防军马队上校阿尔伯特·耶拉契奇、少校霍尔施坦亲王、甚至帝国皇家将军奥廷格尔都已阵亡。马扎尔通讯断言,施土尔魏森堡(在多瑙河右岸,即向维也纳的一边)已被马扎尔人占领,而由于马扎尔人最近取得的进展,洛布科维茨公爵已前往德布勒森,以便向马扎尔人提出调停的建议。明日再详细报道。

评论：载于1849年3月15日《新莱茵报》第246号附刊2。恩格斯通过《布勒斯劳报》的马扎尔通讯，报道了奥地利人在索尔诺克战役中确实被彻底打败了，并且被迫向佩斯撤退。

3月15日 《战地新闻》指出：匈牙利人并没有就此而停顿下来。根据这份马扎尔通讯，他们挺进到采格莱德。5日，他们在那里的一次浴血战斗中，打败了帝国军队。他们又重新占领了位于蒂萨河和多瑙河之间的十分重要的城市凯奇凯梅特。由于遭到这些失败，耶拉契奇显然重蹈文迪施格雷茨公爵的复辙，也撤离了佩斯。据说，佩斯周围修建的堡垒已经被帝国军队自己重新拆毁，可见，他们不打算守卫佩斯本身，只是用欧芬的加农炮来控制它。欧芬的要塞储备了大量的食品，但是，这里的大口径火炮也运走了，由此看来，并不想长期防守。

评论：载于1849年3月16日《新莱茵报》第247号。恩格斯通过报刊的讯息判断，在蒂萨河这一边可能发生了帝国军队吃了败仗这类的事情，帝国军队在索尔诺克也吃了败仗。而奥地利报纸却在全世界吹嘘，已经撤过了蒂萨河。事实是匈牙利人经过浴血奋战打败了帝国军队。

3月16日 《战地新闻》指出：奥地利人保持缄默，其最惊人之处，就是对任何方面都没有什么报道。以前，总有某个小角落，可以报道帝国军队一次小小的胜利。但是，现在连这些也没有了。看来马扎尔人突然在各方面表现出一种完全出人意料的实力，给二十五万人的帝国军队的前进设置了完全意想不到的障碍。总之，官方报道的沉默，越来越令人不安，而非官方报道的内容对奥地利人越来越具有威胁性。

评论：载于1849年3月16日《新莱茵报》第247号特别附刊。恩格斯从奥地利人的缄默中读出：马扎尔人突然在各方面表现出一种完全出人意料的实力，给二十五万人的帝国军队的前进设置了完全意想不到的障碍。

3月17日 《战地新闻》指出：从多瑙韦切到托尔诺整个地区（直线距离九到十德里）的多瑙河两岸完全掌握在马扎尔人手中，航行受到严重威胁。真的！现在我们终于知道，这个从卢卡维纳、泰奥多罗维奇和其他将军的部队中抽调兵力，在报纸大吹大擂之下由格累泽尔中将建立起来的赫赫有名的师，本应去征服特兰西瓦尼亚和大瓦尔代恩，它竟然没有守住自己在毛罗什河畔的阵地，而撤回到了泰梅什堡！马扎尔人的报道当然早就把这一点告诉了我们，但是没有人相信他们！

评论：载于1849年3月18日《新莱茵报》第249号。恩格斯对匈牙利战场的情况进行了报道，包括佩斯附近的军事行动、帝国的处境、帝国军队的后方，以及斯洛伐克人对马扎尔人的忠诚。恩格斯还揭露了在克拉科夫俄国和奥地利的暗中勾结。

3月17日 《战地新闻》指出：事情越来越清楚，在过去的两周中，帝国军队连连败北。帝国皇家军队的将军至少有一半是地道的蠢货，而同样愚蠢的文迪施格雷茨现在却褫夺了他们的指挥权。蔡斯贝格已完全销声匿迹；曾在索尔诺克出丑的卡尔格和代姆，正受到审询；马扎尔通讯说，对奥地利在迈泽克韦什德战败应负主要责任的符尔布纳，似乎同样也受到审询，据各方面报道，他"已经失宠"，而"无论如何必须退休"。

评论：载于1849年3月18日《新莱茵报》第249号增刊。恩格斯对奥格斯堡《总汇报》《波希米亚立宪报》上关于匈牙利战争的情况进行了评析，对匈牙利人的胜利予以期待。

3月17日 《战地新闻》指出：今晚仍没有收到维也纳的报纸。我们承认，我们无法解释这种日益严重的无止境的紊乱。我们收到来自佩斯的关于布勒斯劳的3月11日前的消息。一点也没有关于战场的官方报道；而马扎尔和奥地利的非官方报道，在主要方面却是完全一致的。事情越来越清楚，在过去的两周中，帝国军队连连败北。

评论：载于1849年3月18日《新莱茵报》第249号增刊。恩格斯通过一些报刊的消息指出，帝国军队连连败北。

3月19日 《匈牙利的战事报道》指出："将会保证安全"！帝国皇家的公报从来不报道已真正实现的行动，而是经常报道有待于实现的行动，这种做法用得越来越多了。如果韦尔登不放弃这种手法，甚至连《科伦日报》也不可能长期地为他的公报辩护了。

下列事实足以说明问题：农民已经起义，这是现实，而奥地利人将平定他们，这是将来的事。这就是公报所报道的一切。官方文件的这种沉默幸亏不妨碍我们收到关于蒂萨河的其他消息。一份通讯声称，马扎尔人又从索尔诺克撤出。奥地利公报的沉默，证明这是谎言。相反，帝国军队在那里的处境却是很糟糕的。这些措施加上文迪施格雷茨"公爵先生"顽固的沉默，比任何其他事情更能证明，帝国皇家军队的优势兵力在蒂萨河畔的处境有多么美妙，将会多快地"结束匈牙利战争"。这是我们的邻居，《科伦日报》的先生们的好机会！

评论：载于1849年3月20日《新莱茵报》第250号。本文是对《维也纳日报》上一篇战况报道的评论。这个第28号公报，报道了帝国军队的进展，恩格斯逐条揭露了这些进展的虚假，指出帝国军队的处境是很糟糕的，事实已经足以说明问题：农民已经起义，至于奥地利人能否平定他们，这是将来的事。帝国要想结束匈牙利战争并没有那么容易。

3月20日 《战地新闻》指出：说施利克在埃尔劳附近，耶拉契奇在采格莱德，这是难以否认的，因为一周前，他们就已经占领了这些在后方很远的阵地。但是，说雅布沃诺夫斯基在密什科尔茨，还有格茨在托考伊，这显然是谎话。昨天的公报应该已经知道这件事。

评论：载于1849年3月21日《新莱茵报》第251号。恩格斯通过来自维也纳的报道，分析了关于帝国军队的情况信息的真实度。恩格斯认为，不能相信官方的公报。

3月21日 《战地新闻》指出：泰梅什堡的巴纳特毫无动静。蒙受奥地利背信弃义行为欺骗的塞尔维亚人日益醒悟。他们在任何地方都没有出击。可是，对驻在那里的帝国军队来说，离了塞尔维亚人就什么也不能进行。在托尔诺和巴兰尼亚两州的起义，威胁日益严重。所有可以调动的部队都被派到那里。值得注意的是，在巴兰尼亚州这个起义中心的大部分居民是斯拉夫人，即塞尔维亚人和斯拉窝尼亚人。

评论：载于1849年3月22日《新莱茵报》第252号。恩格斯对帝国军队的战况作出了分析，指出帝国军队面临如何处理与斯拉夫人的关系的现实问题，包括与塞尔维亚人的关系，以及在巴兰尼亚州的起义中的大部分居民是斯拉夫人即塞尔维亚人和斯拉窝尼亚人。

3月22日 《战地新闻》指出：今天没有从战地传来什么要闻。正如马扎尔通讯所断言，耶拉契奇在亚斯贝雷尼被马扎尔人打败之后，已回到佩斯。据说已有一千名伤兵运到欧芬。施利克也还在欧芬。关于塞尔维亚人在泰莉莎奥佩尔附近打了胜仗并攻克该城的消息，现在变成了塞尔维亚人战败的消息，而且承认，马扎尔人除了塞格丁，还占领了泰莉莎奥佩尔。在锡尔米亚就象在所有南方斯拉夫人之中一样，笼罩着严重的不安。

评论：载于1849年3月23日《新莱茵报》第253号附刊。恩格斯根据马扎尔人的通讯，指出了帝国军队面临的困境，马扎尔人占领了塞格丁，还占领了泰莉莎奥佩尔。

3月23日 《战地新闻》指出：根据3月6日从莫尔达维亚边境的一些来信看，不仅驻特兰西瓦尼亚的俄国军队得到了八千人的增援，而且还有一个俄国军部署在布柯维纳边境，待命开进布柯维纳。贝姆把重要的援军调到自己这里，并对海尔曼施塔特构成第三次威胁。马尔科夫斯基的军（由乌尔班指挥）不得不撤退到布柯维纳边境，再次把比斯特里察城让给匈牙利人。

评论：载于1849年3月24日《新莱茵报》第254号。报道了帝国军队在莫尔达维亚边境的战况，帝国军队面临强大压力，驻特兰西瓦尼亚的俄国军队得到了增援，帝国军队进行了调度，匈牙利人重新占领了比斯特里察城。

3月26日 《战地新闻。——塞尔维亚的混乱局面》指出：帝国政府还看到，塞尔维亚人可不是好惹的。最近在哈茨费尔德驱散了区委员会的枪骑兵中也有许多人来到凯恰，并收缴了塞尔维亚人的武器。然后，他们骑马到塞尔维亚的茨尔尼亚去，打算解散区法院，但塞尔维亚人声称，他们不会服从军令，并且准备为了保卫自己的权利流尽最后一滴血。假如枪骑兵稍微采取一点暴力行动的话，那就一定发生流血事件了。在科姆洛什和马斯多夫，枪骑兵也想解散委员会，然而那里的罗马尼亚人和德国人立刻向总主教告发了这件事。可见，卢卡维纳打算解散整个地区的区法院和民族机构。幸亏他没有走得太远。假如枪骑兵继续骚扰塞尔维亚村庄，那他们就不会有一个人脑袋不搬家了。总主教听到被缴械的消息，勃然大怒。现在我们听说，卢卡维纳已作了让步，把枪骑兵（施瓦尔岑堡的）置于泰奥多罗维奇的指挥之下。塞尔维亚的混乱是否就此结束，还将拭目以待。无论如何，文迪施格雷茨和耶拉契奇已被政府逼入窘境，并且被它抛弃了。这使我们特别为耶拉契奇这个幻想家感到高兴。

评论：载于1849年3月27日《新莱茵报》第256号。这是一篇短评，根据来自不同渠道的消息，恩格斯首先分析了匈牙利民族革命战争的战况，指出匈牙利人暂时还不可能拿下佩斯，但是，马扎尔人在伊扎克和奥尔帕尔战胜了耶拉契奇，这一胜利的消息在佩斯交易所产生了巨大影响，使马扎尔纸币上涨了百分之二十。文中还评论了当时奥地利帝国与塞尔维亚民族运动的对立关系，帝国政府看到塞尔维亚人可不是好惹的。塞尔维亚人声称，他们不会服从军令，并且准备为了保卫自己的权利流尽最后一滴血。

3月28日 《战场》指出：这份所谓来自佩斯的通讯，只不过是一份惯用的维也纳军法滥言，其中没有一句真话。《科伦日报》可能是了解这点的；首先，没有一份公报是在取得某种哪怕是最微小胜利的情况下发表的。其次，该报可以读到转载在《德意志总汇报》上的和原载在《波希米亚立宪报》上的20日来自佩斯的一则真实的通讯，这份通讯对《东德意志邮报》的"可靠消息"只字未提。可尊敬的科伦女人竟然指责不要求有批评权的《布勒斯劳报》缺少对马扎尔通讯的批评！我们从巴纳特获悉，除了塞尔维亚的混乱，又加上一种新的混乱。罗马尼亚人被煽动起来反对塞尔维亚人。我们不知道，这是为了支持还是为了反对帝国军队。可能在后面还隐藏着帝国的阴谋。

评论：载于1849年3月29日《新莱茵报》第258号附刊。文章揭露了《东德意志邮报》《科伦日报》发表的不实通讯、不实讯息，指出非官方的报道日益相互矛盾。帝国面临多方面的混乱形势，塞尔维亚存在混乱，罗马尼亚人被煽动起来反对塞尔维亚人，塞尔维亚人的不满情绪越来越高。

3月28日 《意大利。战地新闻》指出：赫山诺夫斯基的作战计划同我们昨天的估计完全相符。正当拉马尔摩拉发动各公国起义，当皮蒙特人的极左翼直达波河，或渡过波河时，法沃罗拉师已取道瓦雷泽向伦巴第山区挺进。和该师在一起的有一个伦巴第起义委员会。起义异常迅速地蔓延开来。20日，皮蒙特边境的起义者同来自韦尔特林和上科马斯科的起义者在科摩湖会师。只要奥地利人一离开某个地方，那里就组织起义。他们全都向米兰进军；个别奥地利部队似乎已受到起义者的袭击并被歼灭。据说，21日，在整个伦巴第爆发了总起义。据《祖国报》说，在米兰已经爆发起义，不过大家都知道，《祖国报》是善于撒谎的。无论如何，在米兰已进行了准备，这证明奥军司令官害怕起义，怕起义从国内得到援军。

评论：载于1849年3月29日《新莱茵报》第258号附刊。1848—1849年，奥地利为镇压意大利革命运动和民族运动，派出军队，与意大利开战。本文对1849年3月的战况作了报道，指出，米兰已经严阵以待，战争形势复杂。

3月29日 《战地新闻》指出：帝国军队到处吃败仗。为了扼杀马扎尔人的革命，他们所缺少的只不过是——五六万俄国人！但是，除了斯拉夫人的运动和意大利战争，能使匈牙利革命发生另一个转折，并把它变成一场欧洲战争的就是土耳其问题。土耳其是欧洲最敏感的地方；土耳其的行动会引起英国和法国同俄国的冲突。看来土耳其无论如何会反对俄国人对罗马尼亚各省的侵犯和俄国人在斯拉夫人多瑙河各省所施展的阴谋诡计。一些时候以来，法国报纸也报道说，土耳其政府准备认真地对抗俄国。如果这一消息得到证实，那么这就是引起欧洲战争的一个新的、几乎难以避免的导火线。这场战争将比人们所想象的来得更早，接踵而来的将是欧洲革命。

评论：载于1849年3月30日《新莱茵报》第259号。文中讽刺了《科伦日报》对战况的分析，分析了特兰西瓦尼亚的战况，指出贝姆作为统帅出色地进行了战斗，也组织了特兰西瓦尼亚的起义，帝国军队狼狈迎战，到处吃败仗，难以扼杀马扎尔人的革命。文中还对土耳其问题进行了分析，指出如果土耳其政府在准备认真地对抗俄国的消息属实，这将是引起欧洲战争的一个新的、几乎难以避免的导火线，而战争将引起欧洲革命。

3月29日 《意大利。战地新闻》指出：据《立宪主义者报》的一篇通讯来看，拉莫里诺的叛变已勿庸置疑。由于拉莫里诺的叛变，奥地利人就能够把他们的主力军集结在波河和提契诺河之间的洛美利纳，并揳入皮蒙特军驻地。把杜兰多和驻在波河以南的整个军同主力军割开。于是，拉德茨基于21日率领两个纵队向北朝通往韦尔切利的大道维吉瓦诺和摩尔塔拉进军。其中一个纵队在维吉瓦诺郊区被皮蒙特人阻拦。在斯福尔切斯卡和甘博洛他们同帝国军队的优势兵力奋战了四个小时，毫不退缩。四时左右，萨沃纳旅终于到来，把奥地利人击退，并使他们遭受损失。据说，有一千五百人成了皮蒙特人手中的俘虏。

评论：载于1849年3月30日《新莱茵报》第259号附刊。文中报道了意大利战争的情况，包括拉莫里诺的叛变、拉德茨基击退奥地利人、摩尔塔拉落入敌手等，战争讯息多，情况复杂。

3月29日 《来自匈牙利的最新消息》指出：奥格斯堡《总汇报》3月21日来自佩斯的消息说："看来真的是，卡绍和匈牙利北部的其他一些地区又被匈牙利人占领，至少昨天送往卡绍的邮件没有到达珍珠市，又退回这里。"

评论：载于1849年3月30日《新莱茵报》第259号附刊。本文报道了来自奥格斯堡《总汇报》的消息，卡绍和匈牙利北部的其他一些地区又被匈牙利人占领了。

3月30日 《战地新闻。——俄军增兵》指出：由于贝姆打了胜仗，又有两万名俄国人开入特兰西瓦尼亚。来自特兰西瓦尼亚的最新消息证实了马扎尔人的胜利。在海尔曼施塔特贝姆下令击毁总司令部的建筑物和萨克森伯爵的住宅，此后他用霰弹袭击并驱散了国民自卫军，接着他下令对城市劫掠两个小时。然后他就撤离该城前往谢斯堡，在那里他造成了更大的破坏。卡绍再次被马扎尔游动部队占领，而在谢姆尼茨又出现了洪韦德。

评论：载于1849年3月31日《新莱茵报》第260号。报道了匈牙利军队在特兰西瓦尼亚胜利的消息，以及俄军又增兵特兰西瓦尼亚的情况。

3月31日 《战地新闻》指出：舒尔齐希中将由于在匈牙利指挥作战无能而被召回，并调往施梯里亚任司令官。这是对备受赞誉的帝国皇家奥地利将领们进行惩罚的第一个例子。其他人也将会轮到。同一位通讯员关于科莫恩作了下列详细报道。从其中可以看出，要攻下该要塞是不可想象的。在打开缺口之前要"用强攻夺取"一个要塞，特别是象科莫恩这样难以攻克的要塞，那简直是发疯。然而，这位通讯员却预言要进行这种强攻。可见，奥地利军官是怎样把十足的胡言乱语强加给报纸的。我们进一步获悉，传说早就被帝国军队攻占的督军防线，仍在匈牙利人手中，现在才开动破坏炮队对它进行轰击。因此根本谈不上攻克这座前沿堡垒。

评论：载于1849年4月1日《新莱茵报》第261号。文章根据其他报刊的讯息报道了战争的情况，指出从混乱的报道可以看出奥地利军队并没有把真实的战况告知公众。

4月1日 《战地新闻》指出：《波希米亚立宪报》对匈牙利战争作了如下的叙述，从中可以看出，马扎尔人是以多么非凡的英雄气概作战的。马扎尔军队并不是一支正规的、有组织的和受过训练的军队。他们甚至没有足够的枪枝去武装新来的国民军。因此，在马扎尔人每条战线后面，都有成群没有武装和未经训练的人等待在那里，以便拿起阵亡者的火枪，并填补匈牙利队伍被奥地利火炮打开的缺口。就是这些临时集在一起的士兵抵挡住了帝国皇家军队以及同他们联合的俄国人！奥地利大臣们几乎已承认，只有靠俄国人才能使匈牙利人屈服。我们将拭目以待，看他们是否有足够的勇气，再让俄国人进来。

评论：载于1849年4月1日《新莱茵报》第261号增刊。报道了奥地利军队司令官的更换，奥地利军队面临严峻的抵抗形势，赞扬了马扎尔人非凡的英雄气概，这些临时组织在一起的士兵抵挡住了帝国皇家军队以及同他们联合的俄国人。

4月2日 《战地新闻》指出：最新消息完全证实了我们昨天关于马扎尔人一直推进到诺格拉德地区的报道。马扎尔人再次取得的巨大的战略优势，就是解放了直到山城和雅布龙卡河的上匈牙利的绝大部分，掩护了他们在喀尔巴阡山脉的右翼，建立了同斯洛伐克东北部的志愿军的联系，并打开了一条解救科莫恩的通道。当前的形势却是，马扎尔人有从两翼迂回帝国军队的危险。在这里，帝国军队除了从加里西亚调来能够固守蒂萨河上游的强大援军，根本没有其他办法。而这种兵力只能由俄国人来提供，或者是由他们占领加里西亚使那里的帝国皇家军队腾出手来，或是他们亲自参加向匈牙利的进军。

奥格斯堡《总汇报》发表了《匈牙利战争三个月》这篇文章，作者越具有黑黄色的观点，所供认的问题就越重要。

评论：载于1849年4月3日《新莱茵报》第262号。报道了马扎尔人再次取得的巨大的战略优势，解放了直到山城和雅布龙卡河的上匈牙利的绝大部分，掩护了他们在喀尔巴阡山脉的右翼，建立了同斯洛伐克东北部的志愿军的联系，并打开了一条解救科莫恩的通道。帝国军队的战线拉长的危险，使帝国只能求助于俄国人。

4月3日 《战地新闻》指出：我们今天收到的来自各方面的消息都说，匈牙利人已取道珍珠市，推进到距佩斯五小时路程的瓦岑地区。现在已没有人敢于对此表示怀疑；《科伦日报》、奥格斯堡《总汇报》和《波希米亚立宪报》对此是完全一致的。塞尔维亚人越来越认真了。他们已不单单要求口头上的独立。总之，如果没有俄国人来，人们可能比高呼"匈牙利完蛋了！"更早得多地高呼："奥地利人完蛋了！"。现在连毗邻的政论家终于也看到了这一点。

评论：载于1849年4月4日《新莱茵报》第263号。报道了战争的进展，指出帝国皇家的报刊期待科莫恩和彼得瓦尔登不久就会投降依然只是期待，由于1849年4月2日匈牙利革命军在豪特万的胜利，匈牙利人开始了使奥地利君主国濒临覆灭的胜利进攻。如果没有俄国人的支持，匈牙利人的顽强抵抗将会导致奥地利人的完蛋。

4月4日 《南方斯拉夫人和奥地利君主国》指出：泰奥多罗维奇已从卡尼扎回到基金达（位于蒂萨河与毛罗什河之间），所以他不可能与耶拉契奇会合。对塞格丁和泰莉莎奥佩尔的封锁因此就彻底解除了。这一撤退显然是在塞尔维亚人中间存在沮丧情绪的结果。使塞尔维亚人的劫掠狂冷下来的原因，是奥地利政策的摇摆性，它今天向塞尔维亚人许下诺言，明天又向匈牙利许下诺言。它认为富有的、在奥地利胜利之后易于重新获得政权和势力的匈牙利贵族是可靠的盟友，这些盟友比起在南方斯拉夫，特别是塞尔维亚各省的错综复杂的阶级关系、利益和形势中所找到的要好得多。

评论：载于1849年4月5日《新莱茵报》第264号附刊。文章揭露了奥地利政策的摇摆性，倾向于匈牙利贵族的立场，指出匈牙利人的彻底屈服是有条件的。

4月5日 《匈牙利的战争》指出：马扎尔人虽然训练不够，武器很差，但各方面都考虑得十分周密，能出色地利用地形，极其准确地判断形势，非常大胆和迅速地执行任务，他们就是这样来迎击那些反应迟钝、没有头脑但却训练有素的奥地利军队的密集队形。在这里，天才的优势同数量、装备和军事训练上的优势进行着搏斗。如果注视一下马扎尔部队无畏而迅速的行军，甚至很难理解，一支几乎未经训练、武器低劣又装备短缺的军队怎么能作这样的机动，并且完成得这样圆满。对此我们只要回忆一下戈尔盖那次出色的行军：他从佩斯穿过斯洛伐克的山城，沿着喀尔巴阡山经齐普斯抵蒂萨河，然后又折回到距佩斯六德里的地方；也可以回忆一下，贝姆数次穿越特兰西瓦尼亚的迅如闪电的胜利进军。

评论：载于1849年4月6日《新莱茵报》第265号。文章对奥地利和匈牙利军队的将军们的作战才能作了评论，指出奥地利人之所以能在匈牙利打胜仗，靠的并不是统帅，而是他们的兵士受过比较长时间和比较正规的军事训练；文中指出，奥地利人战略思想无比贫乏，而马扎尔军队的首脑们却有着丰富的战略天才。文章报道和分析了4月初双方军队的最新部署，肯定了马扎尔人的部署。

4月6日 《战地新闻》指出：耶拉契奇在向蒂萨河进攻三四次之后，第五次回到了佩斯；就象以前人们认为无法在索尔诺克渡过蒂萨河，并向塞格丁进军一样，现在人们认为，塞格丁是无法攻占的。这样一而再，再而三的撤退，就是这位"骑士式的总督耶拉契奇"的"桂冠"！"可怜的耶拉契奇！可怜的《科伦日报》！"耶拉契奇总督越来越把自己扮成一个丑角和唐·吉诃德。

评论：载于1849年4月7日《新莱茵报》第266号。报道指出，刊登在德布勒森官方《通报》上的来自特兰西瓦尼亚的两份贝姆亲自签署的马扎尔公报，得知马扎尔军队取得的这些新的进展，激励了佩斯的革命者。1848年3月15日在佩斯举行了人民起义，开始了匈牙利摧毁封建农奴制度和争取民族独立的革命，当日，在佩斯，以维也纳为榜样成立了由各民主主义团体和俱乐部的代表组成的革命政权机构"安全委员会"。不久，在匈牙利其他城市也开始成立类似的委员会。3月23日，受匈牙利总督拉·鲍蒂扬尼伯爵委托成立了第一届匈牙利内阁，建立内阁的决议由议会通过。匈牙利局势一触即发，整个上匈牙利又重新落入马扎尔人手中，而帝国军队只保住了西部和南部的边境，以及佩斯附近的多瑙河和德拉瓦河之间的土地。

4月7日 《战地新闻》指出：今天我们得到令人高兴的消息。我们昨天报道的贝姆的公报，每一个字都得到了证实。占领喀琅施塔得，对贝姆来说有着不可估量的重大意义。普赫纳军队的武器、弹药和粮食仓库都在这里。所有这些物资全都落入他的手中，象贝姆这样一位非常干练又富有活力的起义军将军能够很容易地招募到兵士，他正可以很好地利用这些武器。随着喀琅施塔得的占领，贝姆就完成了对特兰西瓦尼亚的征服。他答应，一旦这一行动取得成功，他就率领一个军开赴匈牙利。即使那些尽力要报失败之仇的俄国人不让他到达蒂萨河，但行动迅速的贝姆仍有可能开进巴纳特州，恰恰是在那里他的到来能够起决定作用。

评论：载于1849年4月8日《新莱茵报》第267号。报道了贝姆对俄国军队取得的胜利，随着喀琅施塔得的占领，贝姆完成了对特兰西瓦尼亚的征服。恩格斯以官方《维也纳日报》的报道证明这一消息的真实性。

4月8日 《战地新闻。——匈牙利》指出：《布勒斯劳报》的马扎尔通讯今天报道说，贝姆于3月20日兵不血刃就占领了喀琅施塔得。尽管最近所报道的马扎尔通讯的最主要的内容不断得到证实，我们对这一消息完全持保留态度。在德布勒森仍继续印制纸币，因为马扎尔人通过走私新近又获得了大量钞票纸。施利克和耶拉契奇又在（这是第十次）佩斯举行军事会议。据奥地利的报道，雅布沃诺夫斯基已向洛雄茨挺进。阿格拉姆关于让步的布告在迷雾中消失了。至今无人出来为之辩解，而人们普遍认为，这是个骗局。

评论：载于1849年4月8日《新莱茵报》第267号增刊。文中对《布勒斯劳报》的马扎尔通讯的报道、《波希米亚立宪报》、石印通讯关于匈牙利战争的一些消息的真实性进行了分析。

4月9日左右 《奥地利人的悲叹》指出：《维也纳日报》正式报道了关于科莫恩的毫无意义的下列事实：继4月3日发表的关于科莫恩军事行动和事件的消息之后，现根据最新消息继续报道如下：从4月2日开始，紧缩了包围圈。1日夜间，余下的重炮都被运入第八炮兵连。破晓时，这个配置极其适当的炮兵连开始用二十四磅火炮把炽热的炮弹射向旧要塞。敌人只是从督军防线，旧要塞和桥头堡略加回击。

现在连《波希米亚立宪报》也不得不承认，驻蒂萨河的军队因热病流行，而显著地减员了。同一家报纸"德拉瓦3月30日"的报道说，在巴纳特，事态同样开始发生了使奥地利极不愉快的转折。

评论：载于1849年4月9日《新莱茵报》第268号。本文对奥地利军队对科莫恩要塞的围攻以及奥地利军队的艰难处境作了报道。奥地利帝国皇家军法通讯员的报道也充分显示了奥地利举步维艰。

4月9—10日 《战地新闻》指出：帝国军队竭尽全力，以改善其驻蒂萨河部队的处境。已从科莫恩（在那里据说已有五千名奥地利人死于疾病和战场）有一个军调往佩斯，他们放弃了对科莫恩包围圈的紧缩。从维也纳开来了三个营，从奥里缪茨开来了两个胸甲骑兵连，一个团和一个步兵营。此外，在莫拉维亚和加里西亚也进行了大量的战备活动。准备让一万名俄国人到列姆堡来，以使哈默尔施太因最后能够带着全部奥地利守备部队开往匈牙利。拉德茨基军最优秀的军官：中将赫斯男爵、贝奈德克将军、迈尔霍费尔将军都被召往匈牙利；尽管如此，奥地利人取胜的希望仍然非常渺茫，以致他们设想"直到5月才在匈牙利开始采取认真的军事行动"！

评论：载于1849年4月11日《新莱茵报》第269号。报道了贝姆对奥地利人的胜利，贝姆威胁着瓦拉几亚和布加勒斯特，奥地利人的处境日益窘迫，南方的局势对帝国军队也不妙，取胜的希望非常渺茫。

4月11日 《战地新闻》指出：曾短时间落入帝国军队手中的包姚，又被马扎尔人重新夺回。总之，看来他们在巴纳特有很大的进展。任凭奥地利人散布多少军法谣言，例如说塞格丁已被占领，而且处于火海之中，但他们自己的报纸也不得不辟谣，并承认，马扎尔人在巴奇考有重大进展。

评论：载于1849年4月12日《新莱茵报》第270号。报道了战争的近况，指出任凭奥地利人散布多少谣言，实际战况是曾短时间落入帝国军队手中的包姚，又被马扎尔人重新夺回。马扎尔人在巴纳特有很大的进展。

4月12日 《战地新闻。——德国舰队》指出：通过首次航行就已表明，"不列颠女王号"不适于在海中航行。从此以后，这艘被淘汰的利物浦船，就停放在安特卫普的船坞里，直到不久前，它终于被标明为"旧木材"而以十三万法郎重新被卖了出去。这就是德国的舰队！德国人永远不会成为一个海上强国，这应当归咎于他们的地理位置。但是，尽管有丹麦人，尽管有俄国人，他们本来能够拥有一支至少可以用来保护他们的海岸和称霸于波罗的海的海军。然而，只要黑红黄色以及黑和白色的帝国破烂货继续保持下去，就连这一点也是办不到的。只有当红旗在桅杆上飘扬时，才可能有一支德国的舰队。

评论：载于1849年4月13日《新莱茵报》第271号。1848年，丹麦与普鲁士之间为争夺什列斯维希和霍尔施坦两公国而发生战争，同丹麦争夺什列斯维希和霍尔施坦两公国的战争是以德意志联邦各邦的名义进行的。因此，什列斯维希—霍尔施坦的陆、海军被看作是根据法兰克福国民议会制定的帝国宪法而建立的全德意志帝国陆、海军的核心。双方于1848年8月签订休战协定。1849年3月，双方又进入战争状态。本文报道了1849年4月的战况，为了对抗丹麦舰队，德国建立了舰队，在同丹麦进行的争夺什列斯维希—霍尔施坦的战争开始以后，德意志联邦各邦开始了争取建立帝国舰队的运动，因为没有舰队是德国武装力量的一个弱点。法兰克福国民议会成立了专门的海军委员会，拨款六百万塔勒建立舰队。各地都成立了民间的协会和委员会为建立舰队募款。

4月12日 《战地新闻。——文迪施格雷茨评钦定宪法》指出：在南方仍进行战斗的地方，即在巴奇考，马扎尔人取得了决定性的优势。塞尔维亚人在森塔的所谓胜利，已消失在军法烟雾之中。此外，我们现在听说，马扎尔人以不可抗拒的力量，从泰莉莎奥佩尔和塞格丁向南推进，把塞尔维亚人往前驱赶。他们占领了松博尔和韦尔巴斯，征服了整个巴奇考州等等，并威胁着彼得瓦尔登被包围的地区。事实上，韦尔巴斯距离彼得瓦尔登只有几德里。不久之后，我们将听到这一地区的重要消息。这次出人意料的急行军是费特尔-达米扬尼奇的军，在留下一个监视旅对付北撤的耶拉契奇之后完成的。这次行军之所以极为重要，不仅仅是为了要给彼得瓦尔登解围，尤其是为了塞尔维亚人。大家知道，塞尔维亚人同帝国军队的关系已经非常紧张，而且多次以同马扎尔人进行谈判相威胁。正是由于马扎尔人的实力在伏伊伏丁那如此突然地出人意料地壮大起来，否则，谈判就不可能迅速结束。

评价：载于1849年4月13日《新莱茵报》第271号。本文对匈牙利战事中各战场的基本状况和进程进行了分析，指出帝国军队又在谈论对匈牙利人取得的胜利。在南方的巴奇考，马扎尔人取得了决定性的优势。由于马扎尔人的实力在伏伊伏丁那出人意料地壮大起来，推进了谈判进程和结果。恩格斯还揭露了奥地利的一些军法谣言。本报道引载了奥地利元帅文迪施格雷茨就匈牙利情况对帝国宪法的一篇说明。

4月12日 《关于起义者被歼灭的谣言》指出：正如符尔布纳所说的，这就是"军事行动的开始，它将以叛军被歼灭而告终"。因此，我们完全可望不久就会听到关于一场更重大的战斗消息。此外，甚至连《科伦日报》也不再相信符尔布纳先生关于"叛军被歼灭"的说法。

看来佩斯军事会议的先生们感到受了侮辱，因为有人想从意大利把所谓更能干的军官调来以弥补他们的无能。他们要在诺瓦拉的胜利者到来之前，不惜任何代价"把叛军歼灭掉"。等着瞧吧！

评论：载于1849年4月13日《新莱茵报》第271号。文章对奥地利官方报纸《东德意志邮报》谎报的"起义者被歼灭"的消息作了驳斥，揭露了《东德意志邮报》对马扎尔人的敌对立场。

4月12日 《马扎尔人的胜利》指出：科伦4月12日。我们今天发行了增刊，这并不是为了向读者报道昨天在法兰克福举行的根本无关紧要的辩论，而是为了向读者报道一条更为重要得多的消息，即马扎尔人取得了对帝国军队的重大胜利，全线被击溃的帝国军队已撤退到佩斯城下。

评论：载于1849年4月13日《新莱茵报》第271号增刊。文章报道了在佩斯，匈牙利军队取得了重大胜利，帝国军队被全线击溃并撤退到佩斯城下。

4月13日 《马扎尔人的胜利》指出：《科伦日报》的报道以感激的心情看待四万名俄国人和五万名奥地利人，他们最近被召募到匈牙利去，专门帮助《科伦日报》脱出由于在匈牙利的有力的军事行动而使自己陷入的错综复杂的境况。根据《布勒斯劳报》的报道，邓宾斯基指挥的马扎尔部队把耶拉契奇的军部分地同主力军切断，而施利克的军的一部分似乎也遭到了同样的命运。明晚我们将得知，这些消息在多大程度上是可信的。但有一点是肯定的：自从开战以来，帝国军队还没有遭受过象贝姆在特兰西瓦尼亚和邓宾斯基在格德勒所给予他们的那样的两次挫败。祝他们顺利！

评论：载于1849年4月13日《新莱茵报》第271号增刊。文中讽刺了《科伦日报》的立场和对匈牙利战争的不真实的报道，帝国军队第34号公报证明了帝国遭受的挫败。

4月13日 《奥地利人的失败》指出：所有非官方报道都说，帝国军队的失败比这些公报所承认的要严重得多。在佩斯，匈牙利纸币的价值上涨了；在布勒斯劳，奥地利纸币价格下跌了，这是由于来自普勒斯堡的私人信件谈到了马扎尔人在格德勒的决定性的胜利。《科伦日报》威胁说，十二天之内将有三万人从意大利调驻匈牙利的领土!! 对此，我们明天再谈。此外，该报还威胁说，有四万名俄国人正向特兰西瓦尼亚进军，最后还说，有十八个营在哈默尔施太因指挥下经过齐普斯入侵。俄国人还未到达那里，而哈默尔施太因迄今只是发布了在加里西亚和匈牙利边境的杜克拉附近集合一个军的命令。等他做完这件事，马扎尔人早已走得很远了。

评论：载于1849年4月14日《新莱茵报》第272号。本文依据奥地利军队第33号和第34号公报的讯息对两军对峙形势作出了评判，揭示出奥地利人的一次败仗，在第34号公报中已变成是一次胜利。

4月14日 《战地新闻》指出：据最新的直接得到的消息说，施利克仍在列姆堡劝说市民向他呈递一份邀请俄国人进来的请愿书。同时他命令把一个军集合在距列姆堡二十五德里的杜克拉。等这个军在该地集中，并装备好弹药、粮食、运输工具等等，至少要过去三四个星期，谁知道，那时马扎尔人会在什么地方！至于说到打算在十二天之内（！）就到达匈牙利领土的由海瑙指挥的无人不知的三万人，那他们就更不能形成危险。海瑙不得已而放弃对威尼斯的围攻，而进入伦巴第。我们知道，3月31日和4月1日布里西亚人给他找了多少麻烦。我们知道，在拉德茨基接替他之前，他不能离开自己的阵地——而拉德茨基却一直做不到这一点。而到最后有人接替他的时候，他还得走一百五十至一百七十德里的路程，才能到达佩斯。确实，有一段路可以乘火车，但是要运送三万人和相应的炮兵、骑兵、辎重等等，铁路并不能使行军速度加快多少。因此，这"十二天"很容易变成六个星期，到那时，马扎尔人就有时间给文迪施格雷茨的军队一些非常严重的教训。谁知道——也许马扎尔人会在半路上迎接海瑙先生！

评论：载于1849年4月15日《新莱茵报》第273号。根据来自各方面的报道，恩格斯认为，马扎尔军队有着出乎意料的兵力和闻所未闻的勇敢，因此帝国军队最终会被击溃并被赶过多瑙河。

4月15日 《战地新闻》指出：获悉一些关于马扎尔军队的详情。克拉普卡并没有象一些报纸所说的那样已经被俘，而是在马扎尔人的正面阵地上继续指挥作战。匈牙利军队的左翼，由一位叫达米扬尼奇的巴纳特塞尔维亚人指挥，他曾经指挥一个军在巴兰尼亚州同努根特和达伦作战，然后在巴奇考和塞格丁附近作战。如果有个别军法报纸说，他现在已把自己出卖给马扎尔人（!!），那么，这就是一个既愚蠢又可怜的谎言。早先的奥地利公报证明情况正好相反。据说，8日进行了决战。我们知道，战斗已进行，而且打得十分激烈；但是，关于战斗的结果，我们只听到上述的一些传言。在巴纳特已证实，马扎尔人占领了整个巴奇考州，并为彼得瓦尔登解了围。努根特父子，在这件事情上终于又丢了脸。

评论：载于1849年4月15日《新莱茵报》第273号增刊。报道了帝国军队和马扎尔人的战况，指出随着文迪施格雷茨的失败，帝国军队暂时从匈牙利被肃清，在马扎尔人的进攻被击退的情况下,奥地利人也没有能够推进到比蒂萨河畔更远的地方,恩格斯质疑了《布勒斯劳报》的报道、维也纳交易所的信息的真实性。

4月16日左右 《战地新闻》指出:既没有公报,也没有电讯,或任何其他官方消息,这一点目前足以证明,帝国军队的处境并不妙。马扎尔人在巴奇考不可阻挡地向前推进。已经证实,佩尔采尔和鲍蒂扬尼已开进诺伊扎茨。诺伊扎茨同彼得瓦尔登正好相对,位于多瑙河彼岸(左岸),而且象彼得瓦尔登本身一样,已为马扎尔人所占领。塞尔维亚人去年如此顽强保卫的圣托马斯的堡垒,被马扎尔人以强攻夺取;松博尔和贝塞斯(巴沙)同样也在他们手中。他们正威胁着蒂萨河左岸;总主教拉亚契奇不得不离开贝奇凯雷克,取道潘切沃前往泽姆林;克尼查宁突然又在战场上重新出现,为的是援救处于困境的奥地利人。

评论:载于1849年4月17日《新莱茵报》第274号。报道了战争的状况,奥地利军队处于困境,马扎尔人在巴奇考不可阻挡地向前推进。贝姆在加强征兵进行战争准备。

4月17日左右 《战地新闻。——布柯维纳的农民战争》指出:马扎尔人突然中止了在佩斯城下的战斗,留下了他们的前哨部队,向瓦岑进军。瓦岑位于佩斯以北多瑙河畔,正好在多瑙河自西而来折向南方的那个角落上。作为通往科莫恩大道锁钥的瓦岑,已被马扎尔人占领。耶拉契奇在多瑙河右岸圣安德烈附近!在维也纳,13日中午开始知道了这些消息,造成了"一种沮丧的印象"。韦尔登似已于14日动身前往驻匈牙利的军队。

评论:载于1849年4月18日《新莱茵报》第275号。文中评析了一些矛盾百出的消息,对匈牙利军队离开佩斯占领瓦岑进行了报道。1849年4月6日,奥地利军队在伊沙塞格被击溃以后,匈牙利军队司令部通过了新的作战计划。按照计划,匈牙利第七军和第二军完成向佩斯方向的诱敌机动,同时第一军和第三军的部队攻打瓦岑,然后与第七军的部队一起包围科莫恩。1849年4月10日,达姆耶尼奇的第三军经过激烈的巷战后,夺取了瓦岑。文中还对布柯维纳农民与贵族的斗争进行了报道。《布柯维纳》是奥地利附属罗马尼亚的一家报纸,1849年用德文在加里西亚的切尔诺维茨出版。在匈牙利革命期间,该报报道了战争对当地的破坏情况,但是该报持反动立场,歪曲报道布柯维纳的农民革命运动,以及匈牙利革命军的活动。恩格斯在本文对该报的报道加以引用,但是,恩格斯鼓励农民们斗争。科贝利察是农民领袖,他和其他领袖一起号召为匈牙利军队筹备粮食和饲料,并在他们进入布柯维纳时同他们联合在一起。但是,布柯维纳的农民风潮受到了帝国军队的镇压。

4月18日 《埃尔凯曼》指出:科伦4月18日。昨天柏林第二议院对曼托伊费尔先生提出的压制结社权的法案是否应该整个加以否决的问题进行了表决。否决法案的提案以一百三十七票对一百四十一票被否决。因此,左派仅以四票之差仍居少数。这四票属于中间派左翼,他们是沃林根的埃尔凯曼牧师先生和科伦及米尔海姆农业地区的议员。我们试问复选人和初选人，他们选举这位当时具有极端自由思想的牧师先生，难道是为了要他帮助取消他们所剩无几的公民权吗？

评论：载于1849年4月19日《新莱茵报》第276号。1849年4月，普鲁士柏林第二议院通过了曼托费伊尔法案。这个法案实际上是要取消出版自由和集会结社的权利，本文就是对此事的报道，反映了《新莱茵报》编辑部参加组织反对曼托伊费尔法案的斗争。

4月18日 《战地新闻》指出：在巴纳特和巴奇考，帝国军队的处境看来是每况愈下。《南方斯拉夫人报》哀叹圣托马斯的陷落。这个城市被塞尔维亚人作为他们去年英雄业绩的纪念而命名为塞尔博勃朗（保卫塞尔维亚）。巴奇考完全被帝国军队放弃了。努根特在多瑙河彼岸进行防守，如果能守住锡尔米亚，他就够高兴了。塞尔维亚人的情绪越来越"令人不安"，他们过去仇恨马扎尔人，现在仇恨的已经是德国人了。战局的逆转被直接归咎于奥地利军官有预谋地、有计划地抛弃了塞尔维亚人。现在又寄希望于克尼查宁率领塞尔维亚辅助部队前来，据另一些消息说，指挥他们的是著名的武契奇。此外，奥地利政府终于召回了卢卡维纳将军，让他退休，从而对塞尔维亚人开始了一系列的让步。

特兰西瓦尼亚那里音讯全无。昨天，《科伦日报》又说俄国人和普赫纳已经开进去了。历史就是这样创造出来的。

评论：载于1849年4月19日《新莱茵报》第276号。报道了战争近况，在巴纳特和巴奇考，帝国军队的处境看来是每况愈下。奥地利政府对塞尔维亚人开始了一系列的让步。恩格斯还讽刺了《科伦日报》对战争的偏袒报道。

4月19日 《斯洛伐克人。——所谓邓宾斯基公报》指出：《波希米亚立宪报》昨天收到一篇《来自斯洛伐克》的长文。文章最后哀声叹气地说，在燃起斯洛伐克人的泛斯拉夫主义分裂欲望以反对匈牙利人方面，奥地利政府没有发挥什么促进作用。字里行间都可以看出他们悲叹，毫无办法激起斯洛伐克人对马扎尔人的泛斯拉夫主义的仇恨；斯洛伐克农民首先投向能保证他们从封建重负下最终解放出来的一派，马扎尔贵族自然倾向马扎尔人，而城市的德国市民阶级也同样偏袒马扎尔人。奥里缪茨宫廷就"斯洛伐克可信任的人"一事大肆张扬，在这里甚至也遭到唾弃。

评论：载于1849年4月20日《新莱茵报》第277号。本文评论了奥地利政府利用民族矛盾反对匈牙利革命的企图的失败，奥地利政府试图燃起斯洛伐克人的泛斯拉夫主义分裂欲望以反对匈牙利人，但没有成功。文中还对科伦流传的一份所谓"邓宾斯基将军给科苏特的第27号战报"进行了真伪鉴别，恩格斯认为，不管这份传单是真是假，都无关紧要，因为它完全没有报道什么新的东西。

4月19日 《战地新闻》指出：马扎尔人并不满足于巴奇考。他们渡过了蒂萨河，占领了基金达和新蒂特沙恩一带的各地区。在这种最困难的时期，帝国军队别无出路，只有采取断然办法。没有俄国人，就无法对付马扎尔人。因此，就直接寻求俄国人的援助。可望有三万名俄国人取道克拉科夫进入匈牙利。但愿俄国人到达任何地方都已为时太晚,并且发现战争大局已定,他们最多只能看一看,英勇的马扎尔人和可能很快就会重上战场的维也纳人如何为"无尚荣光,无数胜利,悠悠古国奥地利"准备一个非常可耻的下场。

评论:载于1849年4月20日《新莱茵报》第277号增刊。针对各种流传的传言、信息,报道科莫恩被解围了,帝国军队虽然仍占领上匈牙利的那一小块地方,但他们的统治也受到了限制。马扎尔人并不满足于巴奇考。他们渡过了蒂萨河,占领了基金达和新蒂特沙恩一带的各地区。帝国军队别无出路,只能求助俄国人的援助,恩格斯希望英勇的马扎尔人取得胜利。

4月20日 《邮件尚未送到》指出:据我们所知,本期维也纳和布勒斯劳的报纸根本没有由昨晚到达的柏林火车运到。因此,如果《科伦日报》宣称,它仍然收到了这些维也纳报纸,那么这正好就是"马扎尔人的夸张"。

评论:载于1849年4月21日《新莱茵报》第278号。文中说这期《新莱茵报》上没有关于匈牙利情况的报道,因为昨晚到达的柏林火车没有运来报纸,同时讽刺《科伦日报》一贯做假报道。

4月20日 《新克罗地亚—斯拉窝尼亚—达尔马戚亚强盗国》指出:当帝国皇家联合君主国在匈牙利本土被战无不胜的马扎尔武器从根本上摇撼的同时,几个南方斯拉夫国家的民族分裂运动不断给奥地利政府制造新的困难。现在,克罗地亚人正设想创造一个克罗地亚—斯拉窝尼亚—达尔马戚亚的三合王国,它应作为在南方谋求泛斯拉夫主义的重点。这个潘都尔兵、奥地利边防军马队和海杜克兵的三合国,这个红斗篷的王国,由克罗地亚—斯拉窝尼亚议会委员会——我们用奥地利的克罗地亚德意志语来说,——立即"着手大力进行",而且有了印好的由该委员会起草的有关法律草案。这份文件很值得注意。其中没有丝毫对马扎尔人的仇恨,没有谈到对付马扎尔人侵犯的任何预防措施,然而却谈到对德国人的仇恨,对付德国人侵犯的防护措施和泛斯拉夫主义的反德国人同盟。这就是我们神圣罗马帝国的立宪—爱国主义的抱怨派因热中于克罗地亚人而得到的报酬。关于塞尔维亚伏伊伏丁那笼罩着对德国人的同样仇恨和猜疑,我们以前曾作过报道。

评论:载于1849年4月21日《新莱茵报》第278号。文中恩格斯站在支持1848—1849匈牙利革命战争的立场上,揭示出三合王国的合并是要建立一个反对德国人和马扎尔人的泛斯拉夫主义的"强盗"国家。1848年6月,在克罗地亚沙布尔上提出有关恢复达尔马戚亚与克罗地亚和斯拉窝尼亚合并的思想以及三合王国与伏伊伏丁那和斯洛文尼亚结成紧密联盟的思想。这种思想反映出这些地方的民族资产阶级想在奥地利君主国内争得自治权以及实行一部温和的宪法的愿望。奥地利皇帝为了在各南方斯拉夫国家内保持自己的势力,在1849年3月4日的钦定宪法中宣布把克罗地亚、斯拉窝尼亚连同滨海省和里耶卡从匈牙利分割出来,并允许开始谈判有关达尔马戚亚与这些地区合并的问题。这些策略上的让步没有使克罗地亚和斯拉窝尼亚的民族集团满意,因为他们认为钦定宪法有使克罗地亚得到内部独立的危险。在匈牙利和意大利革命被镇压之后,帝国政府开始公开进攻在各南方斯拉夫国家仍保留下来的少数几个1848年三月革命的占领区。

4月21日左右 《战地新闻》指出:大家记得,《东德意志邮报》几天前就曾经报道,瓦岑已被重新攻克。很可能,瓦岑被攻占过两次,帝国军队在完全被赶出该城之前曾一度再次占领该城。这家安抚人心的官方报纸在最危急的关头把这条暂时重新占领的消息以诡诈的保留手法发表出来,这种做法同公报迄今为止所采取的做法如出一辙。

评论:载于1849年4月22日《新莱茵报》第279号附刊。文中分析指出,《维也纳日报》《东德意志邮报》等报刊关于匈牙利战况的消息纯属谎言,各种假新闻充斥,帝国皇家的财政情况也很不妙。1849年4月10日,奥地利军队司令部宣布,按强制性行价发行各种面额的、以匈牙利国民收入为保证的银行票券。这一措施首先企图把进行战争的巨额费用转嫁于匈牙利人民,其次是要与科苏特政府发行的纸币相对抗,这些纸币也是以全国财富作保证的。匈牙利人民公正地把奥地利银行票券评价为公开的抢劫。他们拒绝接受这些票券,甚至以惩罚相威胁也无济于事。

4月21日左右 《战地新闻》指出:巴纳特笼罩在极度恐怖之中。正当佩尔采尔从彼得瓦尔登出发,到处散布恐怖情绪并威胁着斯拉窝尼亚的时候,正当多瑙河航道从佩斯到莫哈奇一段继续被切断的时候,最近听说贝姆以强大的兵力向泰梅什堡推进。据说他已经要求泰梅什堡和阿拉德在一周之内投降。特兰西瓦尼亚仍全部控制在贝姆手中。俄国人已彻底被赶出他们在罗特图尔姆山口的最后阵地。特兰西瓦尼亚的罗马尼亚人中的马扎尔派替贝姆大力鼓动,并支持他在国内征募新兵。组织军队的工作进展神速。贝姆在海尔曼施塔特也缴获了二十一门加农炮、六千只弹药袋、五千枝步枪和一百万发子弹。他答应实行大赦,同时以没收财产来威胁所有不肯回来的人,这样,就把大部分跑到布加勒斯特去的特兰西瓦尼亚逃亡者召了回来!

评论:载于1849年4月22日《新莱茵报》第279号增刊。报道通过间接的途径分析了多瑙河上游的战地情况。贝姆控制着特兰西瓦尼亚,组织军队的工作进展神速。俄国人已彻底被赶出他们在罗特图尔姆山口的最后阵地。帝国在乞求俄国人的援助。

4月23日左右 《战地新闻》指出:有许多相互矛盾的,而且其中有一部分显然是帝国军队炮制出来的谣言,在我们看来,其中只有两件事是肯定无疑的:第一,马扎尔人已渡过了格兰河,而且是在多瑙河左岸格兰对面的帕尔卡尼附近渡河的,他们在那里打败了西姆尼奇率领的联合部队;第二,他们第二次从佩斯离去了,而谁也讲不出他们的去向。

马扎尔人很警觉，不会把宝贵的时间浪费在谈判上，从而使战败的并已削弱的奥地利人能从容不迫地调集他们的援军，依靠五六万俄国人再次把他们的敌人赶过蒂萨河去！特兰西瓦尼亚一直还在马扎尔人手中。在贝姆的领导下，它已变成一个无法从莫尔达维亚—瓦拉几亚—布柯维纳边境进行袭击的巨大要塞。马扎尔人从这里可以袭击布柯维纳。据说普赫纳和俄国人都已到达巴纳特边境的奥尔绍瓦附近；可望有一万名俄国人到那里去。斯特拉蒂米洛维奇又重新露面了，并在柴基营中搜罗志愿兵以对抗匈牙利人。

评论：载于1849年4月22日《新莱茵报》第280号。恩格斯对许多相互矛盾的讯息进行了辨析，帝国军队夸大自己的胜利，实际情况是，特兰西瓦尼亚一直还在马扎尔人手中。在贝姆的领导下，它已变成一个无法从莫尔达维亚—瓦拉几亚—布柯维纳边境进行袭击的巨大要塞。同时，马扎尔人很警觉，保持对奥地利人的警惕。

4月24日 《战地新闻》指出：关于瓦岑和格兰附近的战场，没有得到进一步的确切消息。瓦岑目前在谁的手中，仍然不清楚。不过很可能还由马扎尔人占领。关于格兰附近的战斗，军法通讯现在又散布谣言说，马扎尔人在那里被打败，有二千人被俘虏。其中当然没有一个字是真的。帝国军队能成功地守住格兰，就不错了。关于所谓科苏特逃亡的故事当然又成了彻头彻尾的神话。正当奥地利军官说到谈判的时候，马扎尔人发动了进攻，科苏特则签发了五万新兵的征召令。到处在召集国民军，而且据说有几千名用干草叉和大镰刀武装起来的国民军，跟在正规军的后面开了过来。这些人现在好象已有三十五个骠骑兵团。从巴纳特获悉，13日佩尔采尔在柴基营地区的蒂克尔和维洛沃附近被斯特拉蒂米洛维奇击退；据说泰奥多罗维奇也派了两个营到那里去。——《布柯维纳》报对本省的状况描绘了一幅令人心碎的图景。在那里，穷困已达极点，在某些村落里，有些人几星期以来就是用铡碎的麦秆或磨碎的橡籽同玉米面掺在一起充饥。

评论：载于1849年4月25日《新莱茵报》第281号。报道了匈牙利人对在佩斯的帝国军队的进攻。根据对军法通讯的信息的判断，恩格斯认为帝国军队能成功守住格兰就不错了。文中还报道了《布柯维纳》报对本省的穷困状况的描述。

4月25日 《匈牙利的斗争》指出：昨天报道的关于一个强大的军已从佩斯开往格兰的消息得到了证实，这是最重要的。显然，这是放弃佩斯的第一步。十分清楚，问题就在于，帝国军队从佩斯撤退，从而沿多瑙河—格兰河右岸，在科莫恩至格兰和圣安德烈一带作新的部署，以对付马扎尔人向科莫恩逼攻的局面。不过，这次非常"迅速"地完成的撤退行动是对帝国军队在格兰河畔帕尔卡尼的所谓胜利的最好说明。根据这些机动似乎可以推断，韦尔登想以他残暴的作战方法，不惜任何代价地尽快挑起一场决战。他这样迫不及待可能会使他倒霉。

奥格斯堡《总汇报》"消息最灵通"的驻维也纳通讯员△，是一个黑黄色的官吏,《科伦日报》奉之若权威人士,其实他却是一个无耻的吹牛家,对地理一窍不通,又恬不知耻地瞎说马扎尔人有两个军极其紧急地向卡绍挺进,以迎击福格尔中将。从这些谎言可以看出,帝国军队为了保持其部队最低限度的士气,什么手段都用出来了。

评论:载于1849年4月26日《新莱茵报》第282号。对奥地利军队撤离佩斯的情况作了报道与推断。恩格斯驳斥了为帝国撤退辩护的理由。

4月26日 《战地新闻》指出:现在,所有各报都一致承认,帝国军队的主力从佩斯开拔确实是撤退的开始。看来,甚至他们已确信不能守住欧芬,并且也想放弃该城。甚至《劳埃德氏报》也已承认。关于帝国军队部署情况则毫无确切消息。维也纳各报和石印通讯还在说,"施利克和耶拉契奇离开瓦岑出击,在叛军后方作战",竟可以不用先"进入"瓦岑,就能"离开"瓦岑!尽管黑黄色报纸大造军法谎言,但瓦岑是在马扎尔人手中,而且将保留在马扎尔人手中。目前比以往任何时候都更多地在谈论俄国人的援助。

评论:载于1849年4月27日《新莱茵报》第283号附刊。本文分析了来自各方的消息,所有各报都一致承认,帝国军队的主力从佩斯开拔确实是撤退的开始。加利西亚即将爆发的波兰农民起义对马扎尔人是一种新的支持。帝国期盼俄国人的援助。

4月26日 《匈牙利人的胜利》指出:马扎尔革命军正向各地胜利进军。一个人口不到五百万的小民族,以其勇敢和热忱挫败了整整三千六百万奥地利人的全部力量,挫败了韦尔登称之为"使半个欧洲为之惊讶"的常胜军。帝国军队五十年前在热马普和费略留斯得到的教训,现在又在匈牙利重新得到了,这就是:同革命作战并不轻松。

评论:载于1849年4月27日《新莱茵报》第283号特别附刊。报道了关于匈牙利战地情况,杂乱无章的新闻再一次证实了奥地利军队在佩斯城的撤退,被奥军包围的科莫恩要塞已解围。恩格斯赞扬了马扎尔革命军向各地胜利进军,赞扬了他们的勇敢和热忱。

4月27日 《战地新闻》指出:在撤离佩斯和欧芬时,到处呈现一片混乱。"好心人"在叹息;革命军队占领这两座城市在精神上所造成的印象是极其深刻的。农民和犹太人到处都被文迪施格雷茨-施塔迪昂的暴政赶入马扎尔人的怀抱。斯洛伐克的农民感激科苏特把他们从封建义务中解放出来,但文迪施格雷茨又想把旧的劳役重新加在他们身上,他们倾心于马扎尔人,并到处用通风报信,放火为号等等办法来支持他们。在泽姆林的塞尔维亚国民委员会向三个强国驻贝尔格莱德的领事请求保护。英国领事予以拒绝,因为该委员会并非合法的正式机构。迈尔霍费尔匆忙奔赴贝尔格莱德。"可敬的"奥地利是这样深深地堕落了!

评论:载于1849年4月28日《新莱茵报》第284号。报道了匈牙利人的胜利,奥地利军队只能撤回奥地利领土，马扎尔人受到了农民和犹太人的支持。

4月27日 《匈牙利人的成就。——维也纳的动荡》指出：现在已经证明，匈牙利人不仅渡过了格兰河和诺伊特拉河，甚至也渡过了瓦赫河，而沃尔格穆特被赶回到距普勒斯堡五德里的蒂尔瑙。在匈牙利，大概只有四个州还在帝国军队手中。各方面都承认，在匈牙利领土上，已没有他们可以据守的阵地了。维也纳到处是极度的动荡。大街上人潮滚滚，就象去年革命那几天一样。军人过去何等猖狂，如今又变得小心翼翼了。维也纳等待着匈牙利人渡过莱塔河，以进行他们的第五次革命，这次将不仅是奥地利的革命，而且同时也是欧洲的革命。科苏特万岁！马扎尔人万岁！

评论：载于1849年4月28日《新莱茵报》第284号特别附刊。报道了匈牙利革命军所取得的胜利。恩格斯还希望，在匈牙利军队继续推进的情况下，在维也纳会发生一次新的革命，并把这次可能发生的革命称为"第五次革命"，当时他显然想到了1848年奥地利首都的四次革命：作为奥地利革命开端的1848年3月13日的人民起义；5月15日和26日的工人、手工业者和大学生的武装起义，结果迫使奥地利政府对民主运动再次作出让步；8月23日工人的骚动，引起了工人同国民自卫军中资产阶级队伍之间的冲突；10月6—31日的人民起义，这是奥地利和德国革命的一个高峰。

4月28日 《马扎尔人的成就》指出：现在的问题是一些完全不同的危机而不是内阁危机！从南方传来了一些重要的消息：费特尔率领一个马扎尔纵队向施土尔魏森堡和普拉滕湖推进。佩尔采尔在更靠南一些的地方也渡过了多瑙河，并再次占领了通向芬夫基尔兴的大道上的武科瓦尔。锡尔米亚的卡尔洛维茨遭到马扎尔人的攻击和炮击。至于贝姆已进入瓦拉几亚，并把俄国人赶到距边境三德里半的勒姆尼克—瓦蒂察，我们是从各个来源听到的。总而言之：马扎尔人到处都胜利前进。如果没有奇迹出现，奥地利"联合君主国"这个欧洲反革命的中心，在两星期内就要毁灭。在"联合君主国"的废墟上欧洲革命则将兴起。

评论：载于1849年4月29日《新莱茵报》第285号。本文对奥地利军队第35号军事公报作了全文摘录，再一次证实了匈牙利军队的胜利；同时报道了市民对奥地利政府货币政策的抵制。恩格斯预言，奥地利"联合君主国"这个欧洲反革命的中心，在两星期内就要毁灭。在"联合君主国"的废墟上欧洲革命则将兴起。

4月28日 《战地新闻》指出：帝国军队瓦解了。克罗地亚人公开起义，强迫他们的总督耶拉契奇同他们一起乘轮船从佩斯沿多瑙河南下，目的可能是保护他们的家乡。耶拉契奇不得不屈从，因此整个第一军正向南方开拔。在佩斯，王国专员哈瓦斯在一份布告中警告居民，不得对正在撤离的皇家帝国军队行凶，否则会招致该城的毁灭，他还告诫居民，不要给撤退工作制造困难。——军医院交由该城市政当局保护。欧芬堡垒上的加农炮已不见了。帝国军队处境实在不妙，否则何必发布这样一份布告。匈牙利纸币保持原价；奥地利纸币猛跌。《佩斯日报》聘请了一位马扎尔人任编辑；《观察家报》已停止出版。帝国军队从佩斯撤退据说是在四十八小时停火期间进行的，佩斯城下的马扎尔人同意这项停火。

评论：载于1849年4月29日《新莱茵报》第285号增刊。报道了战争的近况。出于军事上的考虑，克罗地亚军队从佩斯调往南方，贝姆和佩尔采尔在巴纳特和巴奇考地区的胜利，使塞尔维亚人面临着失败的威胁。这迫使韦尔登把耶拉契奇的第一军调往那里。恩格斯根据报刊的讯息，揭示出帝国军队处境不妙。

4月30日 《战地新闻》指出：没有新的胜利消息。相反，我们听说，奥地利人在极度混乱中全线退却。柏林《国民报》登载了下列所谓匈牙利愿意媾和的条件：（1）承认匈牙利王国的原有国界，也就是说将克罗地亚，斯拉窝尼亚和边屯区等地包括在内。（2）根据去年特兰西瓦尼亚和匈牙利两国议会决定和批准的条件，与特兰西瓦尼亚实现联合。（3）对全奥地利普遍实行大赦；立即释放所有十月的被捕者，抚恤被害者的家属。（4）将仍在意大利和帝国其他领土服役的各匈牙利团遣返匈牙利。（5）承认1848年匈牙利宪法。（6）匈牙利继续由议会授与临时行政权的政府管理，直至王位继承问题依法确定以及所选出的国王在布达—佩斯加冕并宣誓效忠宪法时为止。（7）加里西亚同奥地利的国家联盟的关系应与匈牙利现在和将来同它的关系相同，并称之为加里西亚波兰王国；据此，加里西亚将仅与奥地利结成君合国，而拥有自己的军队和自己的财政。（8）匈牙利承担奥地利国债的多少由匈牙利议会以简单多数决定。

评论：载于1849年5月1日《新莱茵报》第286号增刊。报道指出奥地利人在极度混乱中全线退却，维也纳一片动荡。工人们在欢呼。佩斯已被匈牙利人占领，据说俄国人从北面和南面开入特兰西瓦尼亚，柏林《国民报》登载了匈牙利提出的条件。

5月1日 《战地新闻》指出：说是俄国人的干涉，已经迫在眉睫。有一家报纸甚至断言他们已驻在伦登堡附近，靠近奥地利—莫拉维亚—匈牙利边境，这显然纯属捏造。据说他们象在特兰西瓦尼亚一样，将充当各城市的后备部队和城防部队，这样就能使所有的奥地利军队腾出手来，集中对付匈牙利人。据说有一万五千名俄国人作为城防部队正开赴维也纳。"为了同奥地利政府达成谅解"，一名普鲁士参谋军官也到达了奥里缪茨。波希米亚人不久将从"我的英勇军队"的进军一事获悉，他们的"谅解"意味着什么！

评论：载于1849年5月2日《新莱茵报》第287号特别附刊。报道指出，从柏林和维也纳发来的报道证实帝国军队在继续撤退。恩格斯分析了科莫恩附近的战斗，指出这不是帝国军队的一次胜利，反而是匈牙利人已在科莫恩附近渡过了多瑙河，并控制了从格兰至普勒斯堡的大道。奥地利军队期待着俄国人的救援，以便腾出手来集中对付匈牙利人。

5月2日 《战地新闻》指出：耶拉契奇的情况如何，现在是一无所知。有消息说，他已经在距斯拉窝尼亚边境不远的莫哈奇附近（这是不可能的，因为佩斯与莫哈奇之间的距离太大了）。另一些黑黄色的传言断定，他又把自己的阵地移回佩斯附近拉科什费尔德!! 后一则当然是比前一则更加离奇。还没有从南方收到直接证实马扎尔人占领泽姆林的消息。其余来自该地区的消息互相矛盾；关于俄国人入侵的消息也是如此。只有一点是肯定的，即驻在克拉科夫边境的俄国部队已经集结，并准备向奥地利进军。

评论：载于1849年5月3日《新莱茵报》第288号特别附刊。报道介绍了匈牙利人的胜利，一方面迅速向维也纳推进，另一方面占领直到雅布龙卡河和莫拉维亚边境的整个上匈牙利。科苏特在紧追不舍。战争将在奥地利领土上进行。而根据互相矛盾的消息可以判断，驻在克拉科夫边境的俄国部队已经集结，并准备向奥地利进军。

5月3日 《战地新闻》指出：帝国军队从匈牙利逃跑得愈是慌乱不堪，马扎尔人的追击愈是冷酷无情，关于战地情况的报道也就愈加混乱和自相矛盾。只有一件事的说法是一致的：帝国军队每天都在遭受新的失败。科苏特发表了一份宣言，宣布匈牙利及其领地脱离奥地利而独立，并宣布这些地方与哈布斯堡—洛林王朝脱离关系，因为该王朝对匈牙利发动了一场极其不幸的战争。与此同时，维也纳的老百姓欢欣鼓舞，而政府则惊慌失措。30日，交易所里的气氛是难以描写的沮丧。来自郊区的小商贩谈到那里人心越来越不稳定。下午，在街上可以看到一些著名的街垒人物。

俄国人来了。俄国将军冯·贝尔格已取道克拉科夫前来维也纳。5月1日和2日，预计有一万二千至一万五千名各兵种俄军到达克拉科夫，其中有四个骑兵连和二个炮兵连。据说信奉正教的沙皇将亲临附近某地，并准备督战。

评论：载于1849年5月4日《新莱茵报》第289号附刊。报道指出，虽然关于战地情况的报道十分混乱和自相矛盾，但可以看出，帝国军队每天都在遭受新的失败，帝国军队从匈牙利慌乱不堪地逃跑，阿奇战役是帝国军队的失败，在匈牙利古堡地区，奥地利人又打了败仗，耶拉契奇也被彻底打垮。奥地利军队的主力已被逐出匈牙利。1849年4月14日在德布勒森召开的议会会议上，根据科苏特的倡议通过了《匈牙利独立宣言》。哈布斯堡王朝被推翻，科苏特当选为国家元首。虽然出于对外的考虑，在官方文件中没有使用"匈牙利共和国"的名称，但实际上在匈牙利已建立了共和制。1849年5月6日《新莱茵报》第291号登载了匈牙利议会1849年4月14日的会议记录，以及《匈牙利独立宣言》的全文。

5月3日 《来自德国南部的消息》指出：今天，我们从德国南部各地收到的几封信，全都带来了喜人的消息，说人民到处都焦急地等待着这样一个时刻：最后以真正的革命——当然不是三月革命——来反对"奉天承运"的君主们和他们所嘉许的同谋者的无耻反革命行径，为人民权利长期以来天天遭受暴力和蹂躏而复仇。人民到处都编成连队，选出他们的领导人，筹措武器、弹药等等。而特别令人欣慰的是，在那里的大部分军人中充满着一种精神，使士兵不象恶狗和野兽那样被嗾使去迫害自己的弟兄，去摧残自己的骨肉。人民正义的怒火无疑即将燃成漫天大火。但愿这次风暴席卷整个德国，将那一伙奉天承运的军法、强盗骑士和人民叛逆者等匪帮永远地、彻底地从德国土地上扫除净尽。

评论：载于1849年5月4日《新莱茵报》第289号附刊。本文报道了德国南部的人民期待革命的情绪。1849年，奥地利处于君主制度统治之下，各地人民的民族革命要求和民主革命要求非常强烈。人民在盼望真正的革命的到来。

5月4日 《来自匈牙利的消息》指出：4月29日，星期日，在维泽尔堡附近进行了一次重大的战役，奥地利人伤亡达六千人，这说明他们这仗打得一败涂地，因此才出现那种运送伤兵的情景。总督的军据说已经被彻底击溃了。匈牙利起义军以一万五千之众携三十门火炮开进西北方向的图罗茨州，目前占领了该州的首府圣马丁和莫索奇。据说，他们准备渡过瓦赫河，占领基苏察河谷，封锁出入西里西亚和加里西亚的通道。在圣马丁城有许多人志愿参加了斯洛伐克国民军，据说该城非常害怕起义者会对他们采取报复行动。看来斯洛伐克也深受马扎尔人的影响。

评论：载于1849年5月6日《新莱茵报》第291号。文中根据来自维也纳的报道，指出军队在匈牙利边境撤退的消息引起了普遍的骚动，奥地利方面在匈牙利的情况非常不好，遭受了巨大损失和失败，文中报道了匈牙利起义军的胜利进军，奥地利的败退和低落的士气的情况。

5月5日 《匈牙利的局势》指出：除了在我们的维也纳通讯中所登载的报道，没有任何关于战场情况的肯定消息。因此，我们今天只能登载一些匈牙利—莫拉维亚边境对马扎尔人明显感到惊恐的情况。我们从欧芬获悉，帝国军队留在这里的守备部队有四个步兵营，二至三个骑兵连以及八十三门保养得很好的火炮。该要塞有六个星期的储备粮。

评论：载于1849年5月6日《新莱茵报》第291号附刊。文中根据《波希米亚立宪报》的通讯，报道了匈牙利—莫拉维亚边境对马扎尔人明显感到惊恐的情况，以及对战况的推测。

5月5日 《战地新闻》指出：关于马扎尔人扩充军队的传闻已经变得神乎其神。据说有二十五万马扎尔人武装起来。在戈尔盖以四万五千人的兵力与沃尔格穆特作战的同时，有十八个营进攻耶拉契奇，此外，最强大的邓宾斯基的军，在卡波尔瑙战役之后，没有参加战斗。现在，盖昂和克拉普卡在拉布附近指挥作战。匈牙利议会于5月10日在佩斯召开。据说有八千名俄国军队已开进克拉科夫。

评论：载于1849年5月6日《新莱茵报》第291号增刊。报道了匈牙利人不断向前推进，在南方帝国军队的不妙处境，以及在马扎尔人胜利的形势下，神乎其神的消息，匈牙利议会即将于佩斯召开。据说有八千名俄国军队已开进克拉科夫。

5月7日 《科苏特的布告》指出：现摘引《新奥得报》刊登的科苏特4月7日于格德勒发出的布告如下：" 我国英勇的军队赶走了敌人，这些敌人的出卖祖国的专员在诺格拉德和绍莫吉重新开始给人民套上了已被法律废除而我们永远不再允许加在你们身上的劳役桎梏。这支英勇的军队赶走了敌人，这些敌人在上个月颁布了一道帝国命令，规定在已废除耕作税的地方，臣民应自己出钱缴付已被废除的劳役的一半代价和什一税，而匈牙利的法律已经免除你们这些款项。我们最坚决地捍卫这些维护你们自由的法律。几个月之前我就向你们预言，匈牙利的自由、自主和独立之花将从奥地利皇帝的暴政下开放出来。谢天谢地，现在事情正是这样！再过几天，匈牙利就将获得自由，再也没有一个凶暴的敌人能染指我们祖国的领土了。我的兄弟们！这就是我向你们报告的喜讯！自由的匈牙利祖国万岁！"

评论：载于1849年5月8日《新莱茵报》第292号。本文转载了《新奥得报》刊登的科苏特4月7日于格德勒发出的布告，布告以昂扬的精神充分展现了匈牙利人民争取自由的愿望和对胜利的信心。

5月7日 《战地新闻》指出：现在，斯洛伐克已完全落入匈牙利人手中，居民敞开双臂热烈欢迎他们。匈牙利人在这里找到一大批武器，因为文迪施格雷茨解除了农民的武装，把这些枪枝堆放在州的首府。关于俄国人突然停止进军一事，请读者参阅本报布勒斯劳通讯。尽管还一直在编造说俄国大部队向特兰西瓦尼亚进军，但所有这些消息在目前都是不足为信的。

评论：载于1849年5月8日《新莱茵报》第292号。报道了战况，匈牙利人取得的许多胜利。斯洛伐克已完全落入匈牙利人手中，当地居民敞开双臂热烈欢迎他们。俄国大部队已经停止向特兰西瓦尼亚进军，贝姆在南方以相当可观的兵力侵入巴纳特，占领了毛罗什河和多瑙河之间的一些山口，攻克卢戈什，甚至夺取了泰梅什堡。

5月8日 《革命正在临近》指出：在普鲁士，运动终于日益难以控制，日益具有革命精神。布勒斯劳群情激动已达极点；小小的骚动，军队集中在兵营、巡逻、街头的人群——这一切都是当地要发生重大事件的预兆。整个西里西亚也同样激动不安，在紧张地等待着匈牙利和维也纳的消息。在军刀专政的压力下，柏林保持宁静。在莱茵地区和威斯特伐里亚，霍亨索伦暴政的各种计划由于后备军的反抗而被打得粉碎，他们不愿意再被利用来搞新的政变。整个贝尔格区、哈根区、鲁尔河畔米尔海姆、克雷弗尔德，简言之，正好就是最富有黑和白色的地区，突然一下子转向了公开的起义。

我们向莱茵省居民介绍关于霍亨索伦傲气的最近的一些典型事例。看来王朝想用最侮辱性的方法拒绝作出哪怕最微小的让步，以此用武力把人民推向革命。但是冯·霍亨索伦先生，如果事情真的闹到发生革命的地步，那谁也不知道，这一次人民会不会仅限于要求："脱帽"。

评论：载于1849年5月9日《新莱茵报》第293号特别附刊。这篇通讯是恩格斯对德国人民运动情况的报道。1849年5月，奥地利帝国内各地区的人民革命斗争高涨。由于萨克森国王拒绝承认帝国宪法，1849年5月3—9日在德累斯顿爆发了起义。起义者中工人起了最积极的作用，他们掌握了该城的一大部分，并且组成临时政府。起义受到萨克森军队和派去帮助他们的普鲁士军队的镇压。巴伐利亚普法尔茨人民掀起要求巴伐利亚政府承认帝国宪法的运动。在普鲁士，运动也难以控制，日益具有革命精神。布勒斯劳群情激动已达极点，整个西里西亚也同样激动不安，在紧张地等待着匈牙利和维也纳的消息。但是，普鲁士霍亨索伦王朝拒绝让步的立场，恩格斯认为这将会导致用武力把人民推向革命。

5月9日 《爱北斐特的局势》指出：人们又重新聚集起来，向市政厅前进，然而，市民自卫团在那里已列好队，准备保卫市政厅。许多武装的无产者和外地来的后备军也参加了这一行列。市民自卫团同样很活跃，然而他们不准备去打后备军，而只是出来控制平民。如果军队开来打后备军，那就糟了！军队人数一定要非常多，否则是无能为力的。（今天早晨，天刚亮炮兵就从科伦这里开往爱北斐特，以便用霰弹去射击勇敢的贝尔格工人，他们不愿意充当叛逆的权奸们的工具去反对一切法律。我们希望，炮兵会履行他们的职责。）

评论：载于1849年5月10日《新莱茵报》第294号。这个报道引用自由派《杜塞尔多夫日报》的报道，介绍了爱北斐特起义初期的情况。5月8日，爱北斐特起义爆发，这是莱茵省各城市，包括杜塞尔多夫、伊塞尔洛恩、佐林根等，武装斗争保卫帝国宪法的信号。起义的直接原因是，普鲁士政府企图动用军队镇压莱茵地区的革命运动，摧毁民主组织和报刊，并解散了它自己动员的后备军。后备军拒绝执行命令，支持并要求实行帝国宪法。参加起义的以工人和小资产阶级为主。恩格斯亲自参加了这次起义。在报道的后面，恩格斯加上了希望科伦军队参加人民运动的号召。

5月9日 《战地新闻》指出：马扎尔人——这一点是肯定的——想把莫拉维亚和下奥地利变成战场，也就是说，要拿下维也纳。甚至维也纳石印通讯也承认，整个下奥地利热切地盼望着匈牙利人的来临。在布柯维纳，农民鼓动者科贝利察越来越使政府惶惶不安。据《消息报》和《塞尔维亚报》报道，佩尔采尔在南方已渡过蒂萨河，夺取了基金达地区，到处击退塞尔维亚人，并威胁着韦尔谢茨，那里所有的人都逃往潘切沃。据说有一个军一直推进到泰梅什堡（没有证实贝姆已攻克该城）。据说贝姆在奥尔绍瓦，准备迎击从瓦拉几亚逼近的奥军和俄军。塞尔维亚人对泰奥多罗维奇将军指挥战斗的能力已完全丧失信心。南方斯拉夫报纸一致承认，巴纳特无法坚守，过几个星期它将重新被马扎尔人占领。

评论：载于1849年5月10日《新莱茵报》第294号特别附刊。报道了战况，帝国军队再次战败，骑兵损失惨重，马扎尔人不断传来胜利的消息。在布柯维纳，农民鼓动者科贝利察越来越使政府惶惶不安。

5月10日 《爱北斐特和杜塞尔多夫的起义》指出：科伦5月11日。我们从爱北斐特获悉，部署在集市广场的兵痞向人民发动了两次进攻，他们在伤亡了不少人以后被击退。在发出这些消息时，军队已撤出该城，同时有无数的增援部队从邻近各地开来支援爱北斐特人民。

9日晚，当爱北斐特已发生战斗的消息传到杜塞尔多夫时，人们在杜塞尔多夫火车站以真正的英雄气概迎击了从科伦派往爱北斐特的一支增援部队。不久所有的街上都发生了激烈的街垒战。警钟彻夜响个不停。军队打出霰弹，人民以枪弹还击。将近早晨，兵痞获胜，据说在这一天，街头巷尾张贴了布告，宣布戒严和实行军法。军队后来还枪杀了手无寸铁的男人、妇女和儿童，从而使他们的胜利更充满了血腥味。

评论：载于1849年5月11日《新莱茵报》第295号特别附刊。这篇通讯报道了在爱北斐特和杜塞尔多夫这两个城市中展开了街垒战，反动军队对人民革命进行血腥镇压。

5月16日 《诚实的施万贝克》指出：《科伦日报》编委，诚实的施万贝克发表了一则关于他在爱北斐特遭遇的声明，其中除别的内容外还断言，"《新莱茵报》的一位编辑"充当告密者来反对他。被提到的那位《新莱茵报》编辑关于此事仅报告以下情况：当他在爱北斐特担任公职时，安全委员会的一位委员请他辨明据说来自科伦并被押在市政厅拘留所的两位先生的身分。其中之一不是别人，正是诚实的施万贝克。他当着这位先生的面表示，他将负责在次日早晨把这位先生送出该城，实际上也照这样办了。此外，他向那位任安全委员会委员的朋友叙述了施万贝克先生同警局督察员布伦达木尔先生关系中的一件事。此事已由卡·克拉麦尔先生在《莱茵守卫者》上公之于众了。全部"告密"的情况就是这些。

评论：载于1849年5月17日《新莱茵报》第300号增刊。文中针对1849年5月爱北斐特人民起义期间，施万贝克曾指责恩格斯为告密者这一事件，恩格斯说明了当时的情况，并予以回击。施万贝克为德国资产阶级新闻记者，曾为《科伦日报》编委。

遗 稿

1849 年

3月17日 《论奥地利的军事专政》指出：1848年是对革命的追思、幻想和其他空论完全失望的一年。在1848年，半个欧洲的起义人民对于空论、各种色彩的装饰品、号召和游行队伍感到志得意满；1848年革命结束了，跟踪而来的，是到处都转变成了反革命军事专政。然而，1848年革命的后果至少是，它不仅到处使往日的空论在人民心目中声誉扫地，而且把烈火带入古老的欧洲，这是世界上全体卡芬雅克们和文迪施格雷茨们所没有能力去对付的。1849年是对军事专政万能的希望破灭的一年。军事专政的这类破产的第一个实例，就是"家长制的"奥地利帝国。奥地利要保持自己的生存只有靠最粗暴的、达到极点的军刀统治，这个奥地利现在也会由于军刀统治而灭亡。不过，到处流传着即将钦定一部宪法的说法。帝国国会惶惶不安。斯拉夫俱乐部对大臣们来说变得一天比一天更危险。正在磋商3月15日通过全部宪法草案，从而防止钦定。于是宫廷权奸们别无他法，只能采取冒险的一步：赶在帝国国会之前，即全权过期之前，不顾斯拉夫人而解散帝国国会并强行实施宪法。

评论：这是恩格斯的一篇遗稿，第一次发表于《马克思恩格斯全集》俄文第2版第43卷。文中对1848年欧洲革命结束后的反革命军事专政作了论述，也指出1849年是资产阶级军事专政破产的一年，特别指出了奥地利帝国军事专政的破产。同时，文章也指出，1848年革命也把革命的烈火带入了古老的欧洲。马扎尔人的革命力量在增长，俄国的干涉只会使欧洲陷入战争。

4月3日　《关于普鲁士后备军的动员》指出：在莱茵征召后备军到底为了什么目的，这是完全清楚的。在所有对霍亨索伦王朝和对奉天承运的普鲁士王国的忠诚受到怀疑的省份里，他们就要把能拿枪作战的年轻人变得不致为害，把他们放在队伍里受普鲁士军官指挥并且在一个军的范围内和常备军混编在一起。然后依靠军法法庭和普鲁士王国其他惩罚措施，制服这些被怀疑的后备军士兵，把他们集合起来同其他可靠的部队一起，派往别的省份，以便必要时在那里用他们来镇压近来流行的抗命精神。

按照法律，后备军只能用来对付外部敌人。为了使政府能在这个法律本身找出违反这个法律的借口，就专门制造出一场同丹麦的战争。既然已经把后备军派往什列斯维希—霍尔施坦，当然也有办法把他们派得更远，派到东普鲁士或西里西亚去。在那里，我们莱茵的年轻人将去执行光荣的职务，就象西里西亚后备军去年4月和5月在波兹南的行为一样。这样挑动一些人去反对另一些人，是奥地利帝国皇家政府政策的一大特色……

评论：这是恩格斯的一篇遗稿，第一次用俄文发表于1970年《苏共历史问题》第12期。这是恩格斯原定为《新莱茵报》写的，但没有写完，也没有见报。1849年4月，普鲁士政府在几个地区征召后备军，派往与丹麦发生争执的什列斯维希—霍尔施坦地区。恩格斯在文中揭露了普鲁士征召后备军的真正目的，是普鲁士统治集团准备武装镇压普鲁士以及德国其他地方的革命民主运动。

7月26日 《辟谣声明》指出：我们，本声明的签署者，在普法尔茨—巴登战役期间曾参加维利希志愿部队，现获悉对该部队有以下责难：（1）维利希部队在黑林山置贝克尔部队于不顾；（2）该部队不承认贝克尔为上级长官；（3）该部队进入瑞士境内时，贝克尔部队尚在其后八德里处。我们决无参与巴登军队各领导人之间纠纷之意。我们只是要求，关于我们的部队和我们的领导人不要散布假消息。

评论：第一次发表于1967年《德国工人运动史文集》第2期。本声明是恩格斯以巴登－普法尔茨起义的部分参加者的名义写的，巴登－普法尔茨起义参加者曾在维利希志愿部队中作战，并在1849年7月战局结束阶段掩护其他起义部队撤退，后来在1849年7月12日最后离开德国领土。本声明是针对小资产阶级起义领袖对这些起义参加者的攻击而写的。他们说志愿部队的战士和军官在逗留瑞士期间受到小资产阶级流亡者——普法尔茨和巴登的起义首领的攻击。这就使恩格斯不得不写这篇辟谣声明，为这部分起义参加者作辩护。

第 44 卷

1849 年

1849 年 12 月 20 日—1850 年 7 月 23 日　《法国来信》第一封信指出：对于这项措施——恢复对穷人的最必需物品的沉重赋税，一种几乎不触及富人的赋税，人民未必会服服贴贴地遵照执行。在法国农业地区，社会民主派的影响已得到惊人的广泛传播，而这项措施将使剩下的几百万在十二个月前还投票拥护路易-拿破仑这个徒务虚名的偶像的人转到社会民主派这方面来。社会民主派一旦把农村争取到自己这方面来，不出几个月，甚至不出几个星期，红旗将会在土伊勒里宫和爱丽舍宫的上空迎风飘扬。只有在那时，才能一举结束国家债务，实行直接的累进税制，并采取其他同样坚决的措施，从而彻底粉碎陈腐的专制的财政制度。

第二封信指出：革命精神在整个法国极其高涨。那个因自身的社会地位而在文明社会中最大限度地被排除在公共事务之外的阶级，那个被以前的君主制立法剥夺了全部政治权利的阶级，那个从来不看报、可是却在法国人中占绝大多数的阶级，终于迅速觉悟过来。这个阶级就是小农。

第三封信指出：革命来得这么快，任何人都一定看到它已迫近。在社会的所有领域，无不在谈论革命行将到来，所有外国报纸，甚至敌视民主的，也都宣布革命已不可避免。而且，几乎可以十分肯定地预言：如果没有出人意外的事件改变社会事态的发展，在联合起来的秩序党和绝大多数人民之间发生严重的对抗，看来，不会晚于今年春末。而这一对抗的结局是毫无疑问的。

第四封信指出：胜利了！胜利了！人民喊出了自己的心声，而且喊得是这么响亮，资产阶级统治和资产阶级阴谋的人工堆砌的大厦已经从根基上动摇了。起义是要爆发的，而且，与广大的国民自卫军联合起来的人民，定将很快地抛开这个不光彩的阶级政府，这家政府虽说除了进行卑鄙无耻的压迫以外别无他能，可是却敢厚颜无耻地以"社会救星"自诩！！！

第五封信指出：社会主义的病原体已广泛侵入军队，一有机会这支军队就要公开叛乱。事实毕竟是事实，巴黎的工人比过去任何时候都更渴望结束目前的状态。

他们过去从来都没有象这次这样公开地、趁竞选集会还没有被禁止时,在竞选集会上发表意见。而政府加紧攻击普选权,将给人民提供进行战斗的机会,无产阶级在这场斗争中无疑将获得胜利。

第六封信指出:法国的形势是高度革命的形势。秩序党不能停留在原有的阵地上。为要守住阵地,他们必须每天前进一步。如果这一法案通过了而没有激起革命,他们将对宪法和共和国发动新的、更加疯狂和更加公开的进攻。秩序党要的是叛乱,而得到的将是革命,并且很快就会得到。因为必须记住,这是几星期的问题,也可能是几天的问题,而不是几年的问题。

第七封信指出:人民一旦开始独立思考,摆脱了旧的社会主义学派的传统,很快就会找到那样一些社会主义的和革命的准则,它们比各种体系的创立者和夸夸其谈的领袖们为人民臆造出来的一切,是更加明确地反映了人民的需要和利益。人民会因此而成熟起来,到那时,他们会重新利用前领袖所具有的一切才智和勇敢,而不做这些领袖中任何人的尾巴。巴黎群众的这种情绪,也就是人民对废除普选权漠不关心的原因所在。决定性的战斗要拖到国内两股竞争势力的一方或双方,总统或国民议会试图推翻共和国的那天才开始。

第八封信指出:任何重大情况都要到试图推翻共和国之后才会发生,不管进行这种试图的是谁,是总统还是保皇集团之一。这无疑会把人民从漠不关心的状态中唤醒;而这一事件必定会在今天到1852年5月之间发生,但确切的日期是无法预料的。

评论:载于1850年1—8月《民主评论》杂志。《法国来信》是一组文章共8篇,是恩格斯为英国宪章派杂志《民主评论》撰写的。这些信件以事实证明法德两国革命精神在发展。第一封信报道了法国国民议会正在讨论的酒税问题,揭示了酒税实质上属于法国的君主制传统,揭露出全国各个阶级分担的酒税是极不均衡的,对穷人是难以忍受的负担,对富人来说赋税微乎其微。恩格斯预言,人民不会服服帖帖,特别是农村的民众会转而支持社会民主派,最终将结束国家债务,实行累进税制,彻底粉碎陈腐的专制的财政制度。第二封信揭露了路易-拿破仑的面目,揭示了七月王朝的阶级性质,分析了法国各政治派别出于不同的经济利益,在二月革命中和革命后采取的不同政治立场。文中指出了小农阶级觉悟的力量,农民们认识到必须同城市工人结成联盟。现实使无产阶级不再满足于小资产阶级和共和主义者夸夸其谈的各种社会主义体系,不再信任曾经欺骗过他们的各种派别的领袖人物,而要求在思想上和政治上摆脱旧社会主义学派的传统。恩格斯相信他们很快就会找到更确切地反映人民利益的社会主义。第三封信中,恩格斯认为有利的革命时机很快就要在法国到来,路易-拿破仑的统治受到正统派、奥尔良派以及人民的反对。社会民主派将利用普选权取得辉煌的胜利,但是,这一胜利必然会受到路易-拿破仑政府的阻挠,从而导致革命的爆发。第四封信报道了人民代表在选举中取得了胜利，但是秩序党必然不甘于失败，重新联合起来向人民进攻，冲突是不可避免的。事态的发展证明革命和战争正在迅速临近，结果是：与广大的国民自卫军联合起来的人民，定将很快抛开这个不光彩的阶级政府。在第五封信中，恩格斯指出，由于政府和领导巴黎运动的人们的怯懦，使选举之后本已不可避免的革命推迟爆发。恩格斯分析了小店主和小手工业者的阶级立场和革命的不彻底性，但是，他坚信，社会主义的影响力越来越大，无产阶级必将获得胜利。在第六封信中，恩格斯认为法国处于高度革命的形势，秩序党对选举权、人民、宪法和共和国的进攻，将很快引起革命。在第七封信中，恩格斯指出，普选权的废除没有引起工人们的革命，是因为法国的社会主义体系已经不能满足工人们的要求，工人们在思考和寻求新的理论指导，他们决不会愿意被拉回到复辟时期。在第八封信中，恩格斯写道，议会恢复自己的镇压活动，通过了出版法加强专制统治。这既打击了社会主义和共和主义报刊，也严重打击了反革命报刊，导致秩序党在议会内外的分裂。可以预见，推翻共和国是必然要发生的。

1849年12月18日—1850年2月18日　《德国来信》第一封信指出：德国的共和党人直至今天分为联邦主义者和联合主义者两派；前者的主要力量在南方。每一次力图把德国改造成联邦国家所引起的混乱都明显地证明了，任何这样的计划都是注定要失败的，都是不切实际的和愚蠢的，因为德国的文明已经很发达，除了统一的、不可分割的、民主的和社会的德意志共和国这种形式，它不能接受任何其他形式的统治。

第二封信指出：目前，革命精神正在德国各地迅速复活。几天前，曾经在1849年5月为了阻止向起义的爱北斐特运送军队而毁坏铁路的缪尔海姆工人在科伦被宣布无罪。在南德意志，财经困难和越来越高的赋税使每一位资产者都认识到，目前这种状况不可能持久。在巴登，正是这些背叛上次起义，欢呼普鲁士人到来的资产者被这些普鲁士人和在这些普鲁士人保护下使他们破产和绝望的政府所折磨和激怒。各地的工人和农民都在警惕地等待着起义的信号，这次起义一定要使无产者的政治统治和社会进步得到保证，否则决不会平息下去。这场革命已经临近了。

第三封信指出：神圣同盟的最终目的是征服和瓜分法国。为一下子结束这个伟大的革命中心而构想的计划如下：法国被征服后，将划分成三个王国——西南部的王国叫阿克维塔尼亚（首府波尔多），将交给波尔多公爵亨利；东部的王国叫勃艮第（首府里昂），将交给茹安维尔亲王，而北部的王国即法兰西本土（首府巴黎），将送给路易-拿破仑，以奖励他为神圣同盟立下的卓越功勋。这样，法国被弄成几世纪前的四分五裂的状况，将变得毫无力量。这个美好的计划无疑是普鲁士国王的"历史"头脑中产生出来的，你们对它能说些什么呢？

但是，请相信，神圣同盟在筹划时没有予以考虑的人民，很快就会制止所有这一切阴谋诡计，只要神圣同盟一开始实现自己的计划，人民立刻就会予以制止。因为无论是在法国还是在德国,人民都保持着警惕,而且值得庆幸的是,一旦要进行全面的、决定性的和公开的斗争,人民有足够的力量压倒自己的一切敌人。那时民主的敌人们将恐惧地看到,1848年和1849年的运动与那场将把欧洲的旧制度烧光,并照耀着胜利的各国人民走向自由、幸福和光荣的未来的遍地大火相比,简直算不了什么。

评论:载于1850年1—3月《民主评论》杂志。《德国来信》这一组文章共有3篇,是恩格斯为英国宪章派杂志《民主评论》撰写的。第一封信中,恩格斯指出,德国在政府、权利、要求和德国联邦法律方面存在着史无前例的混乱,存在五个政治集团,其中,真正的政府是奥地利和普鲁士的政府,它们用军事专制统治德国。但是,德国文明已很发达,德国只能采取"统一的、不可分割的、民主的和社会的德意志共和国"的形式才能克服这种统治的混乱。第二封信中,恩格斯指出,奥地利和普鲁士达成临时协议,取得在德国的政权。但是,奥地利军事专制主义严重;在普鲁士,国王不断修改宪法加强封建专制;它们都期待进攻法国。同时,恩格斯也揭示出,德国各地革命精神也在迅速复活,一部分资产阶级被这样的政府所折磨和激怒,各地工人和农民也在等待起义的信号。第三封信报道了普鲁士国王宣誓忠于所谓的宪法,讲到神圣同盟各国在作战前准备,打算在欧洲发动战争来窒息革命,奥地利、普鲁士和俄国的专制政府企图为此目的在国外借债,它们要进攻瑞士,它们最终的目的是征服和瓜分法国。恩格斯指出,一旦要进行全面的、决定性的和公开的斗争,人民有足够的力量压倒自己的一切敌人。各国人民将走向自由、幸福和光荣的未来。

1850 年

2月中旬 《启事》指出:《新莱茵报》第一期的出版由于不取决于编辑部的情况而脱期了。因此,第二期的出版不迟于第一期出版后两星期,其中将包括以下几篇文章:卡尔·马克思:1848—1849年。二、1849年6月13日。三、六月十三日对大陆的影响。四、英国的现状。弗里德里希·恩格斯:德国维护帝国宪法的运动。三、普法尔茨。四、为祖国捐躯。第三期,其中还包括下面几篇文章:卡·马克思:什么是资产阶级的财产?二、地产——在伦敦德意志工人协会所作的讲演。威·沃尔弗:德国议会的最后几天。普鲁士的财政状况,等等。将采取措施使杂志今后每月1—10日出版。

评论:与马克思合写。载于《新莱茵报。政治经济评论》1850年3月第1期。马克思和恩格斯解释由于不取决于编辑部的情况,《新莱茵报。政治经济评论》第1期出版脱期,这篇《启事》简略说明第2期和以后的出版情况,介绍了第2、3期的篇目。

1850年春　《革命的两年。1848年和1849年》指出：革命向前进展并为自己开拓道路不是由于它获得了直接的悲喜剧式的胜利，而是相反，主要由于产生了一个团结而坚强的反革命，产生了一个敌人，而造反的政党只有在和这个敌人的斗争中才能发展成真正革命的政党。这是马克思在文章中发挥的主题。马克思揭示二月革命的起因，他对这些起因的解释比以前任何论述这一问题的作家都远为深刻。

这位德国历史学家证明，在路易－菲力浦时代，政权并不是集中在整个资产阶级手里，而只是集中在这一阶级的一小部分人手里，这部分人在法国称为金融贵族，在英国则叫做银行巨头、交易所巨头、铁路巨头如此等等或者叫做金融资本家，以区别于工业资本家。

神圣同盟的胜利已经使欧洲的形势发生了很大的变化，根据这些变化可以预料，法国发生的任何一次新的无产阶级革命都必然会引起世界战争。新的法国革命将被迫立刻越出国家范围去夺取欧洲的舞台，因为只有这个舞台才能允许十九世纪的社会革命自由地发展。总之，只有六月失败才造成了所有那些使法国能够担起欧洲革命首倡作用的条件。只有浸过了六月起义者的鲜血之后，三色旗才变成了欧洲革命的旗帜——红旗！

评论：载于1850年4—6月《民主评论》杂志。1850年《新莱茵报。政治经济评论》发表了马克思的著作《法兰西阶级斗争》，本文是为这一著作的第一章写的简介，讲述了1849年德国五月起义失败后《新莱茵报》的出版情况和编辑人员的情况。1849年德国五月起义失败后，共产主义者同盟在各国的革命活动处于低潮。为使各支部和盟员明确同盟对1848年革命失败后形势的正确估计，了解同盟面临的任务，马克思和恩格斯及其他同盟领导人恢复了《新莱茵报》的出版，并出版重要著作《法兰西阶级斗争》。在本文中，恩格斯大量摘引了《法兰西阶级斗争》，在对马克思这一著作进行全面评价的基础上，还补充了新的事实，以及恩格斯自己对法国情况的看法。马克思在文章中分析了1848年法国二月革命的起因，报道和评述了从二月革命到六月起义法国发生的事件。马克思认为，革命虽然失败了，但是，在这些失败中陷于灭亡的不是革命，而只是一些非革命成分，革命政党只有在与反革命的斗争中发展成真正革命的政党才能推动革命向前进展。

7月21日　《德国来信。什列斯维希—霍尔施坦的战争》指出：如果过去对哪一方是捍卫革命利益，哪一方是维护反动利益有疑问的话，那么，现在这些疑问都不存在了。俄国派遣自己的舰队去同丹麦加强友谊，并且共同封锁什列斯维希—霍尔施坦的海岸。所有"世上的强者"都起来反对这个不到八十五万人的小小德国部落；这个不大的然而勇敢的民族所得到的援助，只是各国革命者的同情。他们无疑会失败；他们也许能抵抗一段时间，甚至推翻普鲁士所强加的资产阶级叛卖政府，他们也许能打败丹麦人和俄国人，但是他们最终还是要失败的，除非肯定要进入霍尔施坦的普鲁士军队拒绝行动。如果这些完全不是不可能的事情真的发生了，你们会看到德国将完全变样。那时那里可能爆发全面的起义，而且是1848年完全不能与之比拟的那种起义，因为神圣同盟的行动已经给了德国人民足够的教训；如果在1848年甚至连联邦共和国也是不可能的话，那么现在唯一可以接受的就是统一的、不可分割的、民主的德意志共和国，——而且不到六个月就要成为社会的共和国。

评论：载于1850年8月《民主评论》杂志，原文是英文。1848年3月至1850年6月，在1848年法国二月革命和德国三月革命的影响下，什列斯维希公国和霍尔施坦公国进行着反抗丹麦的民族解放战争。由于德国君主弗里德里希－威廉四世的叛卖，允许俄国在什列斯维希驻扎军队，允许普鲁士去霍尔施坦镇压，所有"世上的强者"都起来反对，两个公国起义失败。

12月底 《关于社会民主主义德国流亡者救济委员会的钱款的声明草稿》指出：1. 由于政治情况所造成的流亡（沙佩尔和维利希两位先生出自财政考虑乐意接纳流亡者代表），由于接纳不缴纳任何会费的人作为有表决权的名誉会员，协会的性质完全改变了。把钱付给协会只会使这些钱被用来直接对抗最初的宗旨。2. 我们作为协会的受托人收纳钱款。受托人的地位英国法律已有规定。受托人可以酌情使用钱款，只要他在按一般手续预先通知之后能支出钱款的话。3. 至于临时支用钱款，那么现在出于特殊考虑而坚决主张支款的沙佩尔和维利希两位公民十分清楚地知道，在协会背后背着大多数会员很久以来就有一个秘密委员会，它拥有支配协会基金的无限权力。沙佩尔先生尤其知道这一点，因为他曾多次为个人目的通过这个委员会从协会那里领取钱款。4. 尽管如此，我们还是给协会提供了钱款，然而，由于协会在它似乎同意我们的建议之后，突然把我们告到法院——没有结果——，我们才将钱款转交给一位伦敦公民，只要协会对于用款要符合最初宗旨没有提出充分的保证，钱款就将一直保存在他的手里。5. 至于发表书面声明表示拒绝，那么这种声明在法律上不会有任何意义。甚至书面声明不会使署名者对法人负有任何法律责任。书面声明只能有一个目的——用它作为反诉。

评论：本声明由马克思和恩格斯起草。1850年9月共产主义者同盟分裂，维利希—沙佩尔集团的代表控告马克思和恩格斯盗用社会民主主义德国救济委员会的钱款。为此，马克思和恩格斯起草声明，并准备以另外两位同盟盟员的名义发表。声明就钱款不交给马克思和恩格斯业已退出的伦敦德意志工人教育协会等有关问题作了说明，揭露了沙佩尔和维利希对钱款的秘密支配。

1851年

8月和10月 《对蒲鲁东的〈十九世纪革命的总观念〉一书的批判分析》指

出：蒲鲁东称之为"经济力量"的东西，直截了当地说，是这样一些对他有利的资产阶级生产和交换方式的形式：在他看来它们暂时或者只有好的方面，或者虽然有坏的方面但同时却有一个明显的好的方面。甚至交换和生产的最一般的形式——这些形式一经发现，就被后来的每一代人以适当改变了的形式到处加以运用，这些形式是属于象水力利用、地圆说、地球分为经纬度等等那样的社会成就——蒲鲁东也只是按照它们的资产阶级面貌去理解。例如，正象我们在上面所看到的，交换在他那里立刻溶化在贸易中。如果说集体力量至少看起来是某种永恒的东西，那么它因而仅仅是一种把社会存在本身变为经济力量的尝试。没有社会，正如没有集体力量一样，就没有人与人之间的任何关系，没有任何交换。交换、分工、竞争、信贷是集体力量的表现。要发生任何关系，至少需要有两个人，凡是两个人共同从事某种一个人不能胜任的事情的地方，就有集体力量。但是，可笑的是，人们一开始把社会成员借以进行交换和生产的一切形式作为力量向我们叙述，而后来在结尾时又企图把社会、社会生产和社会交换的存在作为特殊的经济力量强加给我们。其实，蒲鲁东所津津乐道的集体力量的原始的、不发达的形式（在建造方尖碑、金字塔等时的大规模的劳动）几乎早已被机器、马匹、分工等等所排挤，并完全被另外的形式所代替。如果说贸易、竞争、分工等等是经济力量，那就没有任何理由不认为例如工厂制度、银行制度、纸币、地产析分、大地产、雇佣劳动、资本和利息也是经济力量。对这里列举的每一种力量，都不难作出象蒲鲁东对前者所作的那种称颂。而关键也就在这里。

评论：这部手稿是恩格斯反对蒲鲁东主义的重要著作之一。蒲鲁东主义认为，共产主义和资本主义都有弊病，都不合乎理性，以个人占有为基础的互助制社会是最好的社会模式；主张建立以无息贷款为基础的"人民银行"作为改造资本主义制度、实现互助制社会的根本途径；宣扬阶级调和与和平改良，反对暴力革命和无产阶级专政；鼓吹个人绝对自由，反对任何国家和政府，反对一切权威。蒲鲁东主义的核心，是幻想通过和平改良的办法，建立小手工业生产制，实现小资产阶级的社会主义。蒲鲁东从政府理论方面对政府进行批判，还从政府的构成形式上进行分析，他声称没有任何一种政治重组形式可以让人真正满意，在《十九世纪革命的总观念》一书中，蒲鲁东探讨了大部分政府构成形式，断言政府理论具有荒谬性。恩格斯揭露蒲鲁东这种对待国家和法的非历史的、非科学的态度，驳斥他否定一切国家和法律，反对一切权威，主张废除政府一切职能的无政府主义思想。

1854 年

4 月 3 日和 12 日之间 《俄国军队。致〈每日新闻〉编辑》指出：和平时期的部署完全考虑到了战争，以致无论从什么地方开始向边境运动，都不需要把一个师、一个旅或一个团从一个军调配给另一个军。这是一种巨大的军事优势，是俄国人习惯地、几乎总是处于临战状态的结果。其他一些比较爱好和平的国家到临战时发现，它们的军事机器的车轮和杠杆已经生锈，整个机器已经运转不灵。军、师、旅的编制不管多么完善，都必须从根本上加以改造，以便尽快把军队调往受到威胁的边境地区。重新任命司令、将军和参谋人员，把一些团从一个旅调到另一个旅，从一个军调到另一个军，以致在集中兵力实行进攻时出现了一大群形形色色的军官，他们在不同程度上互不相识、也不认识自己的长官和部队，他们中的大多数人大概都会强烈感到虚荣心受到刺激。但是只好指望这个新的"刚造好的"机器会协调一致地进行工作。这无疑是一个缺点，尽管这个缺点的影响在西方这样的军队里比在俄国军队里要小得多。只有经常处于战备状态的军队才能避免这种不利的处境，但是尽管如此，西方国家工业发展的较高水平，即使从纯粹的军事观点来看，也可以弥补这种不利处境，因为这种不利处境在这种和任何其他情况下都可能是这些国家的文明发展的要求所造成的。

评论：1853—1856年，由于在近东的经济和政治的利益发生冲突，俄国同英国、法国、土耳其和撒丁的联盟发生战争，即克里木战争。战争爆发后，恩格斯作为军事观察家为伦敦自由派报纸《每日新闻》撰稿。本文为恩格斯为该报撰写的一组文章的第一篇，有关俄国陆军和海军力量的评论。文章介绍了有关俄国陆军的资料并说明海军和筑城工事系统的资料来源，并对俄国军队进行分析，包括：俄军由主要的作战部队，它的预备队、特种部队和地方性部队哥萨克组成；主要的作战部队配置在俄国的欧洲边境上，它由十一个军组成；俄军和平时期的部署完全考虑到了战争，处于临战状态。由于克里木战争爆发，恩格斯表示愿意作为军事观察家为伦敦自由派报纸《每日新闻》撰稿，并于3月30日将论文《喀琅施塔得要塞》寄给编辑部，1854年4月3日以后，应编辑部请求，又寄去《俄国军队》一文。这篇文章排版后，恩格斯大约在1854年4月12日收到校样，并附有该报编辑林肯的信件，林肯在信中询问了恩格斯同意为该报撰稿的条件。恩格斯对给《每日新闻》撰稿寄予很大的希望，他期望经常给《每日新闻》写稿可以使他摆脱商务活动并迁居伦敦。但是，从恩格斯1854年4月20日给马克思的信中可以看出，当林肯得知恩格斯的政治观点以后，就取消了原先的协议。

4月3—4日 《欧洲战争》指出：为什么俄国专制君主想在这样的条件下同自己的西方敌手秘密达成协议，原因十分清楚。他想在土耳其尽可能实现最彻底的革命，而且想使这种革命完全服从于他自己的利益。在现存政权被这样削弱之后，沙皇同这个国家的正教教会的关系以及同斯拉夫人的关系就可以保证他握有这个国家的真正最高权力。于是他将吃到牡蛎肉，而西方政府将不得不满足于牡蛎壳。这样的结局是可能的，虽然现在看来它似乎是不现实的。但是，我们认为，还有相当多隐蔽的因素，现在它们急速地闯入了事件的进程，将给这次伟大战争的发展以强有力的影响。在这些因素中就包含着这样的问题，即如此长时间寂静不动的欧洲革命将有多大的作用，本半球的大政治家们正在竭力回避这个问题，然而尽管他们不满意，它却会很快引起人们的注意。

评论：与马克思合写。载于1854年4月17日《纽约每日论坛报》第4055号，并作为社论载于1854年4月22日《纽约每周论坛报》第658号。这是恩格斯1854年1月至1856年1月撰写的关于克里木战争的3篇同名文章，阐述了一系列重要战略战术原则。

4月24日 《土耳其战争》指出：俄军要想摇旗呐喊、军乐齐鸣地径直向君士坦丁堡进军，并不是那么简单的事情。但是，如果土耳其人仍然没有援军，俄军终究会到达那里。这一点，除了时髦的军事作家，从来没有人否认过，因为他们不是根据事实，而是根据什么"权利反对暴力"必胜、"正义的事业"不会有任何错误的信念来作出判断。

评论：载于1854年5月16日《纽约每日论坛报》第4080号，并作为社论载于1854年5月20日《纽约每周论坛报》第662号。

5月4日 《关于欧洲战斗的消息》指出：西方强国从剑桥公爵在皇帝婚礼上受到的殷勤接待中得到鼓舞，看到奥地利有希望转到他们一边来而感到自慰。然而，从普鲁士却没有收到类似的令人快慰的消息。德国总的说来还是站在原先的立场上，而同盟国对于吸引德国参加有利于自己的任何事业不抱希望。毫无疑问，奥地利将会占领塞尔维亚和已经爆发反对苏丹的真正起义的门的内哥罗，然而正如我们早已说过的，这种占领仅仅是走向瓜分土耳其的又一步骤，实际上更加有利于俄国，而不利于它的敌人。

评论：作为社论载于1854年5月20日《纽约每日论坛报》第4084号。本文是关于克里木战争状况的几条消息，报道了联军舰队对敖德萨的炮击；恩格斯表达了对土耳其军挫败俄军的消息的怀疑，认为关于俄军损失的数字被夸大了；土耳其境内的希腊人暴动受挫，但是，土耳其军队将面临艰难的游击战；联军部队开往瓦尔那，但并不会发动进攻战；俄军小炮艇队的攻击牵制了联军对俄国波罗的海沿海要塞的进攻，但法国军舰到达后将可能攻陷喀琅施塔得；德国保持原先的立场，不会支持同盟国，而奥地利可能转而支持同盟国。

11月13—16日之间 《巴拉克拉瓦》指出：在激烈的战斗以后，起先是第一个多面堡，随后是第二个、第三个和第四个多面堡被迅速占领。俄军从他们占领的部分领土撤退。企图把火炮运出多面堡。命令轻骑兵在卡瑟克特的支持下前进。俄军又重新展开战斗队形，沿正面和在两翼配置炮兵连。卡迪根的疯狂进攻被击退。非洲猎骑兵从左翼进行进攻，解救了在右翼遭到俄国枪骑兵攻击的英军。重骑兵没有转入进攻，而在右翼进行佯攻，并在炮火支援下使俄军占领的一个多面堡失去了作用。炮击声终于寂静下来。英军撤到第二道筑垒线，放弃了第一道筑垒线，虽然在某个时候被破坏的多面堡又重新被卡瑟克特指挥的土军占领。

评论：作为社论载于1854年11月30日《纽约每日论坛报》第4249号。巴拉克拉瓦是克里木战争中的一次战役。1854年10月25日，俄国军队与英国、法国、土耳其联军在巴拉克拉瓦进行了一场会战。本文是恩格斯关于会战情况的草稿。为便于比较，恩格斯把英、俄消息分成两档，详细介绍了战争的进展和两方军队的分布、配置，双方动用的兵力和英国轻骑兵的英勇善战。

1857 年

1月1日和10日之间　《山地战的今昔》（第二篇文章）指出：现代山地战的历史不容争辩地证明了：现代军队的机动能力给军队提供了极大的可能性，使其能在象瑞士那样的山国里克服或绕过阻碍他们前进的一切天然障碍。现在我们假定，在普鲁士国王和瑞士之间真的爆发了战争。瑞士人为了保卫本国的安全，除了依靠备受赞扬的"山地要塞"之外，当然不能不考虑其他防御手段。这些山地障碍是完全可以克服的，然而，在这种条件下集中大部队往往需要被迫在敌人眼皮底下进行十分复杂的机动，而这是任何一个将军所最不愿意做的，除非他对自己和他的部队非常相信。而这种品质在老普鲁士将军中已不那么常见了。可以肯定，在1815年之后，他们恐怕就没有参加过任何军事行动。

评论：本文是根据马克思的要求于1857年1月初为《纽约每日论坛报》撰写的。马克思于1月10日写信通知恩格斯收到了这篇文章。当时发生的纽沙特尔冲突和报纸对普鲁士军队入侵瑞士的计划的讨论，是恩格斯写这篇文章的原因。文章分两部分。在第一部分中，恩格斯分析了山地战的一般的战略战术问题，其中以拿破仑在瑞士的战争为实例的说明，发表在1857年1月27日《纽约每日论坛报》上，第二部分则分析了普鲁士军队越过莱茵河入侵瑞士的可能的方案，以及瑞士联邦如何组织防御的问题。这篇文章根据《纽约每日论坛报》编辑部的决定，没有发表，是由于1857年1月16日瑞士政府释放了被捕的保皇派，对普鲁士作出了让步，冲突已经解决了。

1858 年

7月16日和20日之间　《把军队运往印度》指出：随着英印战争的爆发，围绕着两个有趣的问题发生了争论：一个是关于蒸汽船或帆船何者较为优越的问题，另一个是关于利用陆路运输军队的问题。因为不列颠政府认为有利的是帆船而不是蒸汽船，赞成绕过好望角航运，不赞成陆路运输。

还有比蒸汽船是否优于帆船的问题更加重要的争论，这就是有些人主张绕好望角航行，另一些人则主张取道陆路；帕麦斯顿勋爵声称后者绝对不合适。由陆路把军队从英国运到印度所需要的时间是三十三至四十六天。从马尔他岛到印度需要十六至十八天或二十天。把这些期限同用蒸汽船走完长距离海路所需的八十三天相比，同用帆船需要的一百二十天相比，差距是惊人的。况且，在路程较长的情况下，大不列颠在一年的三、四个月里有一万五千至二万名士兵实际上丧失了战斗力，并且如果改变命令是无法赶上他们的。而在路程较短的情况下，如果欧洲发生意外事件，返航的命令只是在两周左右的短时间内，在从苏伊士到印度的航行途中，赶不上他们。帕麦斯顿只是在印度战争开始了四个月之后才采取陆路运送，并只运送了为数不多的部队，无论在印度还是在欧洲他都忽视了人们的普遍期望。这些就是被如此轻率地忽视的有利条件。适当地利用这些有利条件，可以防止印度战争扩大到可怕的程度。促使帕麦斯顿勋爵宁愿用帆船而不用蒸汽船，宁愿取道长达一万四千多海里的交通线而不愿走还不到四千英里路程的原因，是现代历史的秘密。

评论：载于1858年8月13日《纽约每日论坛报》第5401号，原文是英文。由于1857—1858年印度人民反对不列颠统治的民族解放起义，马克思在《纽约每日论坛报》上发表了一系列文章，分析这次起义的原因、性质和动力，揭露英国的殖民政策。马克思的这些文章已收入《马克思恩格斯全集》第12卷。本文是恩格斯根据马克思的要求写成的，并于7月27日寄往纽约。在谈到英国组织军事力量镇压起义的问题时，恩格斯尖锐地批判了保守主义的和墨守成规的帕麦斯顿政府的陆军部。1857—1858年印度爆发反不列颠统治的民族解放起义。恩格斯就从英国运兵去印度写了这篇文章。文章用数据的比较说明蒸汽船运兵比帆船快，用事例说明陆路运兵比海上运兵好，从而指出帕麦斯顿在运兵问题上的错误。

1859 年

7月19日左右 《意大利战争。1859年》指出：1月1日，波拿巴的新年讲话。2月26日，考莱的使命旨在进行安抚和使两国从教皇国撤军。3月，奥地利武装和加强驻意大利的军队。4月23日，奥地利致都灵的最后通牒：立即解除武装，否则开始军事行动。卡富尔向法、普、俄同意英国建议召开的会议呼吁。4月24日，边境步哨。4月25日，法国军队在热那亚登陆。4月26日，奥军开始军事行动后渡过提契诺河。4月27日，因革命爆发，莱奥波德二世大公从托斯卡纳逃亡。临时政府。5月11日，由皮蒙特委员会所取代。维也纳消息：法国同俄国订立攻守同盟。

4月29日，奥地利在洛美利纳构筑工事。5月1日，帕尔马女公爵被迫逃亡。返回若干日，但后来永远离开了公国。5月10日，波拿巴赴意大利。5月20日，蒙特贝洛会战。5月31日，帕勒斯特罗会战。6月4日，马振塔会战。6月7日，梅累尼亚诺会战。6月24日，索尔费里诺。7月5日，罗素勋爵致函劝阻兼并萨瓦。7月7日，维拉弗兰卡停战协定。7月11日，维拉弗兰卡初步和约。

评论：原文是德文。这个记事年表大约是1859年7月19日恩格斯因马克思请他给《人民报》写一篇关于拿破仑第三向意大利《进军的军事总结》的文章而草拟的。文章记载了1859年1—7月拿破仑发动的意大利战争期间的重大事件。恩格斯在写《意大利战争。回顾》一文时利用了这份年表。事件大概是恩格斯凭记忆记的，因为在日期上有点不确切，编者在刊印时没有修改。

1860 年

9月8—14日 《关于在牛顿检阅的德国报道》指出：在达姆施塔特出版的被认为是德国第一流的军事报纸《军事总汇报》9月8日刊登了一位通讯员写的关于在牛顿检阅的报道和关于猎兵运动的一般消息。下面发表的是这篇文章的译文。无疑，这篇文章的发表会引起郎卡郡和柴郡志愿兵，特别是参加过这次检阅的人的兴趣。正象预料中的那样，这篇报道绝不是用不列颠报刊往往认为是它对运动的贡献的那种过于称赞的语调写的；但是这篇文章的性质足以保证它是内行人写的，而文章赞许的语调证明，作者根本不想作无意义的吹毛求疵。至于文章中所提的建议，我们让我们的读者能够去发表他们自己的看法。

评论：载于1860年9月14日《郎卡郡和柴郡志愿兵杂志》第2期。本文是1860年9月8日在《军事总汇报》上的《英国志愿兵猎兵的检阅》一文的按语，客观简评了该文。

1863 年

9月底 《关于美国炮兵的札记》指出：美国内战在具有民族创造精神和国内民用工程已达高度技术发展水平的情况下，会导致军事技术的巨大进步，构成一个时代，这是预料中的事。《军事总汇报》再次评论的"蒙尼陀号"和"梅里马克号"之间的战斗证实了这种预见。这里不容有长时间的苦思冥想，这里需要的是行动，而且是立即行动。任何拖延对我们都可能导致一场失败的战争。望执政官注意，勿使国家遭受任何损害。

评论：文章的第一部分发表于《弗里德里希——埃贝尔特捐款创办的研究院文集》第85卷和《1870年5月25—29日乌培河谷国际科学会议的报告、讨论和文件》1971年汉诺威版第69—71页。1862年下半年，丹麦同德国可能因为什列斯维希和霍尔施坦两公国的问题爆发战争，恩格斯写了这两篇介绍美国炮兵的文章。文章第一部分根据美国海战的新资料提出，铸造美国口径火炮和制造炮塔舰，远程作战的木质船仍无法取代。第二部分就美国吉尔莫尔将军进攻几个堡垒得出的经验提出了德国在设防时应注意的问题。文章引用《军事总汇报》对美国南北战争中，联邦海军所发明的圆柱体军舰"阿特兰塔号"的实战报道，并加以分析，以说明南北战争中美国军事技术的巨大进步。

1864 年

5月13日 马克思和恩格斯在《讣告》指出：威廉·沃尔弗，今年5月9日于曼彻斯特因患脑溢血逝世，享年近五十五岁。威廉·沃尔弗生于西里西亚施魏德尼茨附近的塔尔瑙，1848年和1849年是科伦《新莱茵报》编辑之一，法兰克福和斯图加特德国国民议会议员，从1853年起在曼彻斯特任私人教师。

评论：载于1864年5月23日《总汇报》第144号附刊。是马克思和恩格斯为沃尔弗写的讣告。

1871 年

7月1日 《〈每日电讯〉的前通讯员罗伯特·里德》指出：《电讯》经常发表被彻底修改过的里德写的报道。报纸拒绝发表一封十分重要的来信。茹尔德留在燃烧着的财政部大厦抢救书籍和金钱，直到最后一分钟。可是他却被控告是纵火犯！一个住在对面的英国人看到，两枚炮弹打穿房顶爆炸了，马上冒起了烟，然后就出现火焰，渐渐吞没了整个大厦。

评论：第一次用俄文发表于《第一国际和巴黎公社。文件和材料》1972年莫斯科版。本文是恩格斯的记录。7月1日，马克思和恩格斯同英国民主派新闻记者罗伯特·里德谈话，本文是谈话笔录。他们谈到《晨报》通讯员鲍尔斯、《每日新闻》通讯员阿道夫·斯密斯，还谈到《每日电讯》经常彻底改动里德的报道。

9月 《1869—1871年总委员会记录摘要1869（巴塞尔代表大会以后）》指出：1869年9月28日。荣克说收到克吕泽烈将军从纽约的来信。信是写给代表大会的，但是到得太晚。关于巴塞尔代表大会报告的印刷问题。宣读了纽约裱糊工人的信。

他们要求总委员会施加影响，制止工人的输入，因为输入工人会使目前正在罢工的工人遭到失败。1869年10月5日。宣读瓦尔兰从巴黎写来的信。他报告说，代表们已经开过会，他们决定要尽力促进各自的团体加入协会。奥哲尔在以前的一次会议上曾提名累瑟姆和拉姆博德为候选人。

评论：第一次用俄文发表于《第一国际海牙代表大会。1872年9月2—7月记录和文件》1970年莫斯科版。本文由马克思和恩格斯起草于1871年9月。保存在马克思遗稿中的1869—1871年总委员会记录本中，是由马克思、部分由恩格斯在国际伦敦代表会议筹备期间记在两大张纸上的。摘要一直记到1871年9月5日。

9月11日 《恩格斯记录本中的1871年9月11日常务委员会会议上的发言》指出：马克思提议，龙格附议：为避免任何误解，要求总委员会在代表会议开幕时宣布，代表会议只不过是根据特殊情况的需要而举行的各国代表的会议，其任务是同总委员会一起商讨和决定一些组织措施。

评论：第一次用俄文发表于《第一国际伦敦代表会议》1936年莫斯科版。本文由恩格斯记录，记录了会议召开地点、时间、主持人、会议中各人的提议及结果。

10月17日 《关于国际在意大利和西班牙的成就》指出：巴黎公社一成立，就把共和派分成两个阵营。资产阶级部分站到了凡尔赛分子一边，而一些比较年轻的人和具有共和色彩的工人则支持公社。这后一部分人自然是倾向于国际，并且很快会加入它的行列，从而使它因加入了许多宝贵的新成员而得到巩固。同这部分人有联系的共和派报纸，开始宣传土地国有化和其他社会主义原则。这些报纸包括：里昂的《协会报》，马德里的《共有者报》，马拉加的《正义报》以及埃尔费罗尔的《劳动报》等等。在10月15日马德里举行的规模盛大的共和派群众大会上，关于同国际联合行动的建议得到了热情的支持。

评论：载于1871年10月21日《东邮报》第160号。本文是恩格斯在1871年10月17日总委员会会议上的发言摘要。恩格斯在发言中介绍了第一国际支部在意大利各地的兴起以及报刊的出版，还通报了协会在西班牙的迅速发展。

11月7日 《关于意大利的状况。恩格斯本人做的1871年11月7日总委员会会议上的发言摘要》指出：来自意大利的消息具有特殊的重要性；接到了意大利的一些城市、其中包括都灵、米兰、腊万纳和吉尔真提的来信。这些信件完全证实协会在意大利取得了长足的进展。

工人阶级，至少是在城市中，正在迅速地抛弃马志尼。马志尼对国际的攻击在群众中没有起任何影响。但是马志尼的攻击却起了一个很好的作用：促使加里波第不仅明确表示完全支持我们的协会，而且就在这个问题上同马志尼公开决裂。加里波第在许多信中都明白地表示出他对国际的同情，但总是避免公开谈论马志尼，而最近这封信就不这样了，因而在意大利产生了巨大的影响，他将促使新的拥护者站到我们的旗帜之下。

评论：载于1871年11月11日《东邮报》第163号。本文是恩格斯1871年11月7日的发言摘要。恩格斯在发言中通报了第一国际在意大利的长足进展，并用同马志尼公开决裂的加里波第信件说明工人阶级抛弃了攻击第一国际的马志尼，完全支持国际。

11月14日　《罗马工人代表大会。——倍倍尔在国会中的演说。恩格斯本人做的1871年11月14日总委员会会议上的发言摘要》指出：今年夏天，组织得很好的马志尼派的地方首领们在意大利的许多大城市第一次而且是非常出乎意料地碰到这样的事实：他们正在失去他们迄今所给予工人阶级的绝对影响。意大利工人的健全的本能帮助他们懂得，公社时期遭到欧洲所有统治阶级大肆诅咒的巴黎工人，实际上是整个无产阶级事业的捍卫者，马志尼号召自己的拥护者参加整个资产阶级对巴黎人民的共同诅咒，这样他自己就破坏了他原先对意大利工人的无可争辩的影响的基础。于是意大利城市的工人就开始懂得，他们的阶级利益超出了马志尼派共和国的范围；这些利益对于文明世界的全体工人来说，是一样的，现在有了一个维护这些共同利益的巨大组织——国际。

当倍倍尔说他并不把德意志帝国宪法排除在这种一般谴责之外时，众议院根据主席的建议打断了他的发言。这就是德国议会中的大贵族、官僚、资本家和法学家所阐述的讨论自由。他们中间唯一的一位工人对所有其他人来说是非常严厉的敌手，因此他们必须用暴力堵住他的嘴。

评论：载于1871年11月19日《东邮报》第164号。1871年11月1—6日，受马志尼影响的意大利工人团体召开代表大会。本文前部分是对这次会议的报道和评论，后部分是倍倍尔1871年10月和11月在德国帝国国会中的发言摘要和简评。《东邮报》是意大利的一家日报，1871年7月15日起在罗马出版，代表资产阶级左翼共和派。该报在政治上接近第一国际，是当时罗马的激进报刊之一，曾发表文章尖锐地谴责1871年罗马工人代表大会对马志尼的无条件信任，谴责该大会对加里波第和工人权利的背叛。恩格斯在《罗马工人代表大会。——倍倍尔在国会中的演说》一文中，曾对该报的观点予以介绍。

12月5日　《丹麦国际会员在土地问题上的立场。恩格斯本人做的1871年12月5日总委员会会议上的发言摘要》指出：丹麦只有两个正式的政党，一个是代表资本家阶级的"学理主义者"的党，另一个是自称为"农民之友"的党，他们代表着包括土地贵族和大农民私有者在内的土地占有者。他们还自称代表农业工人，可是不用说却从来没有为他们办过一件事。因为丹麦贵族比较软弱，所以大租佃者构成了"农民之友"党的大多数。小农场主和农业工人迄今一直处在他们的领导下，尽管这些人中间也有少数代表选入议会，但他们的行动受大租佃者的影响，他们被大租佃者纯粹当作工具来使用。

国际的目的是要使小农和农业工人不再依附于靠他们的劳动而发财致富的人，

国际正在努力把他们组织成为一个不同于所谓的"农民之友"、而和城镇工人紧密团结的独立的政党。这个新的农业工人的党将以巴塞尔代表大会关于土地国有化的决议作为自己行动的基础。

评论：载于1871年12月9日《东邮报》第167号。本文是恩格斯在1871年12月5日第一国际总委员会会议上的发言摘要。恩格斯在发言中指出，丹麦农业工人力量薄弱，第一国际正努力把小农和农业工人与城镇工人一起组成独立政党。宣传土地国有化是运动的最终目的，这将有利于农业工人政治地位的提高。

1872 年

7月5日 《小委员会关于米·亚·巴枯宁和同盟的决议》指出：1. 对巴枯宁的来信不予答复。2. 公民恩格斯将写信给瓦伦西亚的联合会委员会，要求它报告它与同盟的相互关系，因为这个委员会的成员至少有三人属于上述团体。3. 小委员会将要求总委员会在最近一次代表大会上建议开除巴枯宁和同盟分子。

评论：第一次用俄文发表于《第一国际总委员会会议记录。1871—1872》1965年莫斯科版。本决议由恩格斯在1872年7月5日第一国际小委员会会议上提出。1872年1—3月，马克思和恩格斯写成第一国际内部通告《所谓国际内部的分裂》，揭露巴枯宁所领导的社会主义民主同盟在第一国际内部进行的分裂活动。1872年6月巴枯宁在《汝拉联合会简报》上发表对内部通告的答复。本决议决定不答复巴枯宁，并建议把巴枯宁和社会主义民主同盟分子开除出第一国际，还要求瓦伦西亚联合会委员会报告它与社会主义民主同盟的关系。

8月 《关于里米尼代表会议》指出：巴枯宁分子终于把自己置于国际之外。在里米尼召开了据说是国际的、而实际上是意大利巴枯宁分子的代表会议。二十一个有代表的支部中只有一个即那不勒斯支部是真正属于国际的。其余二十个支部为了不使自己的"自主权"受到威胁，有意不做那些按组织条例能保证它们被接纳进国际的事情；它们没有向总委员会提出接纳入会的请求，也没有送来会费。

评论：载于1872年8月21日《人民国家报》第67号。1872年8月意大利巴枯宁分子在里米尼召开代表大会，而二十一个派了代表的支部只有1个属于第一国际。本文指出这次代表大会不是第一国际的代表大会，而是与第一国际分裂的大会。这二十一个"国际"支部于8月6日在里米尼一致通过这样的决议："代表会议在全世界工人面前庄严声明：国际工人协会意大利联合会拒绝同伦敦总委员会保持任何团结，但大声宣布自己在经济问题上同所有工人团结一致，并建议所有不同意总委员会的权威主义原则的支部于1872年9月2日不要派代表去海牙，而是去瑞士的纽沙特尔，以便当天在纽沙特尔召开反权威主义的全体代表大会。"

9月 《关于国际海牙代表大会》指出：巴枯宁和吉约姆被开除出国际，开除这两个人是国际对同盟和巴枯宁先生的整个宗派的公开宣战。同无产阶级社会主义的其他任何派别一样，巴枯宁的宗派是在大家共同遵守的条件（恪守一致以及遵循章程和代表大会各项决议）下被允许加入国际的。但这个生来就是虚荣心多于才能的资产者学理主义分子所领导的宗派，不是这样，而是企图把自己狭隘的宗派主义纲领强加给整个协会，破坏了章程和历次代表大会的各项决议，后来又把它们宣布为真正的革命者不必遵守的权威主义谰言。总委员会几年来几乎是不可理解地忍受了这一小撮寻衅之徒的阴谋和诽谤，可是这种耐心只招来非难它的专制行为。

评论：本文由恩格斯写于1872年国际海牙代表大会结束之后，载于1872年9月28日和10月9日《人民国家报》第78号和第81号。文章报道了参加第一国际海牙代表大会的代表按国籍和民族的组成情况，会议以审查代表资格证的形式研究并解决了国际一年来的所有实际问题。会议中代表分成多数派和少数派。会议通过补充组织条例对总委员会的地位作了更明确的表述和规定，大会投票表决伦敦代表会议的决议列入章程，而澄清了关于工人阶级政治活动的纲领性问题。会议选举新的总委员会并同意总委员会迁往纽约以减轻布朗基主义和英国工人领袖对国际的影响。会议决定建立国际工会联合会。因为巴枯宁及其领导的国际社会主义民主同盟企图把他们狭隘的宗派主义纲领强加给第一国际，违背了章程和历次代表大会的各项决议，这次大会在激烈辩论后把巴枯宁及社会主义同盟主要代理人吉约姆开除出国际。

1873 年

3—5月 《〈国际先驱报〉上关于国际工人运动的简讯》指出：西班牙。不会相信它入国际的巴塞罗纳及其郊区的工厂工人提出的缩短工作日至十小时的要求，看来得到了满足，因为工厂开工了，而可尊敬的报刊保持意味深长的沉默。迄今为止工作日长达十二、三小时。应当指出，胜利之取得主要是由于巴塞罗纳工厂区加尔西亚工人的努力，他们在去年11月就一致支持海牙代表大会的决议。德国。德国印刷工人进行的斗争越来越激烈。他们有一个工会，全德国这一行业七千工人中有四千工人参加了这个工会。另一方面，印刷业主也联合成一个协会，协会的章程责成它的会员在发生重大罢工事件时要根据委员会的有关决议立即解雇所有加入工会的工人。

评论：载于1873年3月22日和29日、4月12日和26日、5月3日和24日《国际先驱报》第51、52、54、56、57、60号。简讯报道了西班牙、德国、瑞士、美国、奥地利、比利时、瑞士、匈牙利、罗马尼亚等地的工人罢工要求缩短工作日、增加工资的工人运动情况及其结果。

5月22日左右 《关于大陆情况的报道》指出：来自大陆的报告说，在某些地区开了头的分裂运动造成了通常的结果——无政府状态。个别人羡慕他们的同行因分裂而赚得的廉价声誉，决定自己也来使用这一手段，并且不费力气就找到了脱离分裂者的现成借口。过去一个时候曾企图改善处境，建议误入歧途的支部在汝拉联合会的怀抱中寻找避难所（这无疑会使巴枯宁和吉约姆感到满意，把他们抬高到真正专制者的地位，会使英国的这种不健康宣传的发起人，大概是约翰·黑尔斯的民族自尊心得到满足），在"法规"没有遭到含糊而廉价的言词所进行的毁灭性联合攻击的国家里，这种企图对居民来说并不是那么容易接受的。由此而产生的后果是容易预料的：分裂派人数迅速减少，变成孤立的集团，这些集团除了它们全体所固有的需要彼此吵架以及同工人阶级的敌人和睦相处这一特性，毫无共同之处。——这种情况可能不会使某个莫里不愉快，但能对此情况完全认清的却只有梯也尔和俾斯麦。

评论：载于1873年5月24日《国际先驱报》第60号。本文简要报道了1873年5月欧洲大陆工人组织中分裂派的情况并预测了结果。

第 45 卷

1867 年

7月6日至18日之间 《瑞典和丹麦旅游札记》指出：哥德堡本身是一座处于古瑞典风格包围之中的现代城市；市内一切都是石头建造的，而周围一切都是木头建造的。英语还通行，但德语占优势。到处都能看到贸易上和文化上对德国的依赖。火车站、公共建筑、私人住宅、别墅，全是德国式的，但为了适应当地气候，样式稍有不同。只有公园是英国式的，也是那样清洁，还有英国新哥特式的教堂。在所有的商店里都可以放心地讲德语，甚至在旅馆里也请求讲英语的人尽可能讲德语。哥本哈根到处都是美丽的树木。港湾入口很美。老式的战船——这一切给人留下美好的印象。一切都带有剥削一百五十万农民的农民首都的明显印记。

评论：第一次发表，原文是德文。这是恩格斯1867年7月游历瑞典和丹麦这两个国家时写的。1867年6月26日在给马克思的信中谈到他打算去旅游。保存下来的在旅馆账单、轮船票和其他旅行文件上做的记载，使我们得以准确地知道他旅行的路线和在各地停留的时间。恩格斯偕夫人莉迪娅·白恩士7月9日在哥德堡停留，7月12日在斯德哥尔摩，14日在马尔默，18日在哥本哈根，20日已经在德国的弗伦兹堡了。1867年8月初恩格斯返回曼彻斯特。在这份手稿中，恩格斯以锐利的眼光，观察了沿途经过的各地自然地理、风光、社会各阶层人物。因此，该札记无论作为恩格斯对斯堪的那维亚诸国社会生活的观察抑或作为他的传记资料，都颇具价值。这个《札记》是唯一保存下来的1867年6月26日至8月10日期间恩格斯的文献（这段时间恩格斯的书信至今没有发现）。保存下来的这篇《札记》是写在三张单页纸上的；在其中一张较大的纸上还附有卡尔斯堡要塞平面图，这张平面图为恩格斯亲手所画，并有文字说明，在《马克思恩格斯全集》第45卷作为插图刊于第7页。

11月 《高德文·斯密斯〈爱尔兰历史和爱尔兰性格〉一书札记》指出：这是一位英国资产阶级教授在打着客观的幌子行辩护之实。似乎爱尔兰是由于地理原因而注定屈服于英国的，而征服爱尔兰费时如此之长且未能征服全部，这也被说成是由于海峡太宽和英格兰与爱尔兰之间隔有威尔士。

克兰或部落起初对古克尔特人来说（以及对其他民族来说）是共同的社会形式，在威尔士也是这样。在地势平坦的爱尔兰很快就出现了规模越来越大的不同克兰的混合，各克兰内部的联系削弱了，相反地，较强的克兰对较弱的克兰的统治加强了，铺平了通向君主制的道路。国王的主要特权大约是征收贡赋，而不是经常行使司法权。无论如何有一点是清楚的，即由于英国的征服，爱尔兰人直到1600年还没有越出公有制范畴！

所有这一切也都适用于俄国和波兰、匈牙利和奥地利，以及1815年至1859年的奥地利和意大利，总之适用于一切奴役关系。好得很，只能以英国过去干下的卑鄙行为作为继续干今日之卑鄙行为的借口了。

评论：《高德文·斯密斯〈爱尔兰历史和爱尔兰性格〉一书札记》和《有关爱尔兰没收土地历史的材料》是1869年7月至1870年5月，恩格斯为撰写一部爱尔兰史准备的材料中的一部分。恩格斯记载和收集了15大本笔记本的资料，这些笔记本有编号，有单页的摘录、文献目录、札记和剪报，虽然这部爱尔兰史只写完第1章和第2章的一部分，但是，这些材料展示了恩格斯对爱尔兰历史进行的调查研究的规模，并使我们能够得到他对爱尔兰历史最重要方面的理解。

《斯密斯书的札记》在上述摘抄笔记本的第4本。斯密斯的书引起恩格斯的注意主要因为它反映了英国资产阶级在爱尔兰问题上的沙文主义立场。斯密斯是英国自由资产阶级历史学家，在斯密斯看来，爱尔兰本身的自然条件决定它适宜于畜牧业，应该成为一个向英国提供畜产品的牧场。他企图从理论上为英国在爱尔兰的殖民统治辩护。他把英国对爱尔兰的殖民统治说成是必要的，把爱尔兰的民族解放斗争说成是毫无历史根源的事件，把爱尔兰人民通过斗争取得的让步说成是出自英国政府的"善意"和"宽容精神"。恩格斯在笔记里对斯密斯进行了尖锐批评，恩格斯认为他是企图用地理因素作论据，为在爱尔兰把农民从土地上赶走并从小农租佃制转向大畜牧经济以利于大地主和英国资产阶级的做法辩护。这篇札记中收集了大量的资料，揭露英国统治阶级在爱尔兰实行殖民统治所使用的种种残暴、阴险和伪善的手法。笔记还指出，取消爱尔兰的独立对英国人民说来也是不幸的，因为爱尔兰起义的被镇压和英爱议会的合并不仅巩固了英国资产阶级和大地主对爱尔兰的统治，而且也巩固了他们对英国人民的统治。

笔记对研究爱尔兰历史和与此有关的问题有重要意义。当时爱尔兰民族解放运动再次高涨。政治独立和土地问题是这一运动的两个重要方面。恩格斯非常强调爱尔兰问题对英国工人阶级和整个工人运动的重大意义。这篇札记收集的有关爱尔兰志愿兵运动、"爱尔兰人联合会"运动、1798年起义、1801年英爱合并等重大历史事件的材料详细而系统。札记不但为我们提供了爱尔兰在这一时期的大量具体史料，而且对研究一般民族解放运动也有重要价值。

1870 年

3月 《有关爱尔兰没收土地历史的材料》指出：十六世纪。亨利八世时期，1536年。都柏林议会规定了关于承认国王为教会首脑的宣誓，并把收受所有圣职首年收益之权转授给国王。但是实行起来情况就完全不同了。现在接连不断发生的起义也是为了反对宣誓。在爱尔兰如同在英国一样，拒绝宣誓承认国王为教会首脑被认为是叛国行为。十六世纪。在爱德华六世时期，利什的奥莫尔家族和奥法利的奥康瑙尔家族同佩耳的某些领主发生冲突，这是爱尔兰常有的事。但是政府把这件事说成是暴乱。可以看出后来在伊丽莎白和詹姆斯时期实行的没收土地的整个计划。在爱尔兰人同佩耳的英裔爱尔兰人的纠葛当中不承认爱尔兰人有任何权利，只要他们一开始反抗，就被宣布为叛乱。从此以后，经常采取这种手段。十六世纪。伊丽莎白时期的英国政策：让爱尔兰内部的不和和纠纷持续不断。十七世纪。从詹姆斯当政开始时起，就一再试图实施天主教徒惩治法。伊丽莎白在位第二年的法令第一条规定，一次不去新教教堂做礼拜即罚款十二便士。1605年詹姆斯又加上了监禁——仅仅凭国王公告，也就是说用的是不合法的手段。但是无济于事。在1605这一年，所有的天主教神父被限令四十天之内离开爱尔兰，否则处以死刑。亨利八世在位第二十八年的法令（第五、六和十三条）取消了教皇的司法权，因此所有的爱尔兰人都要服从新教教会法院的审判。

评论：第一次用俄文发表于《马克思恩格斯文库》1948年版第 X 卷。原文是英文和德文。这是恩格斯为他没有写完的爱尔兰史收集的准备材料第十个笔记本的内容，标题是恩格斯自己加的。这篇摘录详细地描述了16—17世纪英格兰和爱尔兰的关系历史、爱尔兰当地居民受到剥夺的历史。这里的材料主要来源是：约·墨菲《爱尔兰的工业、政治和社会》1870年伦敦版。恩格斯在第九个笔记本中已经做过这本书的摘要，并用其他作者李兰德、卡特、普兰德加斯特、奥康瑙尔等人的资料对墨菲书中提供的资料或加以补充，或加以矫正。英国专制时期和资产阶级革命时期在爱尔兰发生的这一过程，使爱尔兰最终变为资产阶级—贵族英国统治下的殖民地。英国对爱尔兰统治的物质基础就是英国大地主和资产阶级在爱尔兰占有的大量土地。笔记充满了对被压迫的爱尔兰人民的深切同情和对英国殖民主义的强烈憎恶，并揭露了英国统治阶级实行殖民统治时的残暴、阴险、狡猾与伪善。恩格斯揭示出，英国的法律只有对英国政府有利时才适用于爱尔兰人。恩格斯批判了一些英国历史学家为17世纪资产阶级革命时期以及以后各个时期英国人在爱尔兰的残酷行为进行辩护，揭露了英国在爱尔兰的殖民主义罪行。

1873 年

1月 《蒲鲁东〈战争与和平〉一书的摘录》指出：满篇光是慷慨陈词和简单论断，而不是论证和阐发思想。那么，财富分配方面的不平等从何而来呢？它决不可能来自经济历史发展的规律；而是象包括战争在内的一切其余的事物一样，来自心理学原理、来自原则。由此可见，"经济分配规律"是永恒的规律。破坏，永恒正义的破坏！也不可能是别的，因为蒲鲁东总是把人本身作为出发点。谁来支付这一切，这一切是怎样成为可能的，一个字也没有谈到。光指出愿望就足够了。

评论：第一次用俄文发表于《马克思恩格斯文库》1948年版第X卷。这是恩格斯对蒲鲁东1869年巴黎版的《战争与和平》第2卷第4篇第2章的摘录和评语，是恩格斯在写《论住宅问题》一组文章时做的。恩格斯在《论住宅问题》中批判了米尔伯格在《人民国家报》上发表的文章。米尔伯格是德国小资产阶级政论家。他曾经在《人民国家报》上发表文章，引用蒲鲁东的许多著作来论证自己的观点，其中包括蒲鲁东《战争与和平》。这就促使恩格斯去研究蒲鲁东的这本书。

2月 《西班牙的共和制》指出：资产阶级共和国已经在某种程度上失去了历史的生命力；同时又强调，它在一定意义上对无产阶级比对资产阶级更为有利，因为它是"使阶级斗争摆脱其最后桎梏并为阶级斗争准备战场的国家形式"要推翻资产阶级的统治，一个必不可少的条件就是工人阶级在思想上的成熟，而当时西班牙的工人阶级还没有达到这一步。为了防止过早的行动，恩格斯坚持劝导那里的工人阶级利用共和制度把自己的队伍组织和巩固起来。他认为，资产阶级共和国将会给西班牙无产阶级革命打下坚实的基础。

评论：载于1873年3月1日《人民国家报》第18号、3月7日《解放报》和3月23日《社会思想报》。恩格斯指出，资产阶级共和国已经在某种程度上失去了历史的生命力；同时认为，它在一定意义上对无产阶级比对资产阶级更为有利，因为现代共和制为进行世界历史中最后一场伟大的阶级斗争而打扫干净的舞台，它是那种使阶级斗争摆脱其最后桎梏并为阶级斗争准备战场的国家形式。他认为，工人阶级在思想上成熟起来，是推翻资产阶级统治的一个必不可少的条件，而当时西班牙无产阶级革命的条件还发展得比较差。为了防止重复过去革命的流血闹剧，恩格斯认为，资产阶级共和制会在西班牙给无产阶级革命打好基础，希望西班牙工人利用共和制来更紧密地团结在一起并组织起来，以迎接即将到来的由他们占主导地位的革命。这篇文章反映出恩格斯坚决反对当时在工人运动中还有不小影响的蒲鲁东主义和无政府主义，具有重要的理论意义。

7月5日和15日之间 《关于厄·勒南〈反基督者〉一书书评的短评》指出：

所谓勒南的发现，例如关于所谓约翰启示录出现时间的确定——准确到月份——或者关于解开神秘数字666＝尼禄皇帝这个谜和用另种说法616＝尼禄皇帝证明这个答案等等，我在柏林1841—1842年冬季学期在斐迪南·贝纳里教授关于启示录的讲座中已经听到过了。所不同的仅仅在于，实际解开过这个神秘数字的贝纳里是十分诚实的，承认他的成就在很大程度上要归功于自己的前辈；而勒南先生在这本书里，象在其他场合一样，把来自德国科学长期发展的成果毫不客气地据为己有。

评论：载于1873年7月18日《科伦日报》第197号第1版，原文是德文。厄·勒南《反基督者》一书1873年于巴黎出版，该书是他的八卷本《基督教起源史》的第4卷。《科伦日报》第181号发表了对勒南的新著《反基督者》的书评，恩格斯写给《科伦日报》这封信，指出勒南《反基督者》一书中有关早期基督教历史问题的所谓"发现"，是把来自德国科学长期发展的成果毫不客气地据为己有。恩格斯在《论早期基督教的历史》一文中，曾较详细地阐述了在短评中涉及的问题。

1873年年底—1874年年初 《关于德国的札记（1789—1873）》指出：现在的所谓德意志帝国。《尼贝龙根之歌》里的故事发生在德国两条最大河流即莱茵河和多瑙河两岸。如果克里姆希耳德的故乡、齐格弗里特建立功勋的地方伏尔姆斯成了法国的，我们就会觉得反常。但是多瑙河地区处在帝国范围之外，瓦尔特·吕迪格尔·冯·贝赫拉伦可以说又成为阿梯拉（马札尔人的埃策耳）的藩臣，这难道不反常吗？而福格尔魏德的瓦尔特是怎样描述德国的呢？"从易北河到莱茵河，再往后推到匈牙利人的国土"——古德意志的奥地利被留在德意志的边界之外，而那时还不属于德意志的易北河以东地区现在却是它的中心和基础！这个帝国竟称自己为德意志帝国！

评论：第一次用俄文发表于《马克思恩格斯文库》1948年第Ⅹ卷。本文是这个题目的第二个手稿。第一个手稿写的是前一时期，已全文载入《马克思恩格斯全集》第18卷。第二个手稿，该卷只刊载了有关德国新教历史的那个片断；第二个手稿曾比较完整地，但不是全文载入《马克思恩格斯文库》第Ⅹ卷1948年莫斯科版。恩格斯写《札记》是因为他打算为《人民国家报》撰写一组关于德国史的文章，后来他还想写一部以此为题的专著，但这个想法未能实现。

1877年

6月5日 《英国农民要求参加国内政治斗争》指出：社会经济问题对资产阶级来说是非常困难而又敏感的问题；在英国，贵族在这方面总是勇敢得多，因为贵族与资产阶级不同，它的社会地位并不迫使它处处得为自己的发财致富动脑筋。这一点，劳动者是十分清楚的，因此，当他们想要取得让步的时候，他们对贵族比对资产者抱有更大的希望，他们不久前向贝肯斯菲尔德勋爵递交请愿书就说明了这一点。只要今后情况还是这样，只要劳动者还有可能在资产者和贵族之间钻空子来为自己取得一定的利益，在英国肯定不会发生象其他国家那样猛烈的社会主义性质的社会震动——在那些国家里统治阶级在劳动者面前完全是一个坚实的、与之为敌到底的反动集团。而到了劳动者阶级不能再从土地贵族和工业资产阶级的利益的竞争中得到任何好处（因为这种竞争不再存在了）的那一天，在英国也会开始真正的革命时期。迄今为止，贵族是利用慈善性质的让步来驯服劳动大众的；而现在资产阶级出动了，它迎头抓住劳动者的政治要求并把这种要求置于自己的影响之下，以便赋予这种要求以资产阶级所需要的方向。我们正处于普选权时期的门口；资产阶级急忙在这方面做政治让步，以保护自己的经济利益，并把贵族排挤掉。无论如何，整个这部由社会三种成分——无产者、资产者和贵族——之间存在着的生命联系所组成的机器，正在促使无产者不再把自己看作儿童，不再沉溺于富于感情的幻想，而是开始懂得——正如一位演讲者在埃克塞特会堂精辟阐述的那样——他们同资产阶级和贵族的关系只能是纯粹的利害关系。

正象你们看到的，英国的社会运动是缓慢的、演进的，而不是革命的运动，但却是前进的运动。

评论：载于1877年6月8日意大利报纸《人民报》。英国农民指的是英国农业工人。1877年5月底、6月初，英国全国农业工人联合会在埃克塞特会堂举行代表大会，该组织的领导人约瑟夫·阿奇在会上公开宣布自己是和平的拥护者，表示坚决反对战争。会议还讨论了扩大选举权问题。恩格斯为英国农业工人开始参加政治斗争而高兴，认为在英国，虽然农业工人还没有正式参加本国的政治生活，但是，他们的这种庄严的反战宣言，对左右国家政治的那些阶级也不能不产生一定的影响。恩格斯同时指出，这种要求遇到了敌视，包括僧侣在内的维护英国整个政治经济制度基础的人，以及资产阶级议会反对派的敌视，资产阶级伺机抓住农民运动的领导权，抓住劳动者的政治要求并把这种要求置于自己的影响之下。恩格斯曾于1871—1872年给意大利报纸《人民报》撰稿，当时《人民报》是国际支部的机关报，它支持第一国际总委员会同巴枯宁派的斗争。1877年，由于该报恢复定期出版，应该报编辑恩·比尼亚米的邀请，恩格斯重新给该报撰稿。

6月14日 《英国农业工人联合会和农村的集体主义运动》指出：阿奇是从工资问题开始他的鼓动工作的。农民每星期工资不到十六里拉。阿奇在他的忠实的朋友们的积极帮助下使联合会经过了三、四年发展到五万多会员，而且组织过有三万人参加的罢工。罢工胜利地结束，在东部各郡每周工资增加了二里拉五十生地西母。同时，还采取措施鼓励农民迁往美国、澳大利亚，或者在英国从一个郡迁到另一个郡。通过这种迁徙的办法，使劳动力减少的地方的工资得到提高。这种斗争一直顺利地开展到 1874 年。但是在这之后，情况发生了变化。曾有人试图提出土地收归国有的问题，例如著名的经济学家斯图亚特·穆勒早就提出过。还有人提出了普选权和人民教育的问题。但是，请你们注意一个极为重要的情况：争取集体所有制运动则几乎完全是那些脱离了公民阿奇的人进行的。阿奇愿意提出的总是那些不触及神圣的土地个人所有制的问题，而当他看到集体主义运动在发展时，他甚至开始倾向于宣传农民和他们的剥削者之间实行某种和解；总之，他在革命的集体主义思想面前感到自己是保守者；他把他的整个运动仅限于对上层贵族的抨击。为了在议会选举时不至于使租佃农场主成为誓不两立的敌人，他认为必须多少讨好一下租佃农场主。因此，如果我们看到阿奇进入下议院，那是不足为奇的；在这一方面已经在进行一定的宣传工作，阿奇是想要拿到议员证书的。但是，所有这一切并不会妨碍集体主义运动向前发展；所以不久前举行的农业工人联合会会议也多少讨论了这一方面的问题。会议承认有必要在农业中进行大规模的改良工作，并表示希望将所有适于耕种的土地按立法程序在付给所有者赎金的条件下转交给代表机关；当然，这种剥夺的办法应当做得符合于劳动人民、即那些唯一能够保证未来农业发展的人的利益。

评论：载于 1877 年 6 月 18 日《人民报》。1877 年，恩格斯在《人民报》上发表了三篇关于英国的农业工人运动的文章。他在肯定了英国农业工人联合会创建六年来的发展情况和取得的成就的同时，指出该组织领导人阿奇在对待争取集体所有制运动中的保守倾向，阿奇提出的是不触及土地个人所有制的问题，当他看到集体主义运动在发展时，开始倾向于宣传农民和他们的剥削者之间实行某种和解；恩格斯要求意大利的社会主义者对英国的农业工人联合会及其领导人阿奇，以及开展的运动有个明确的认识。本文为 1877 年《人民报》恢复定期出版后，恩格斯应该报编辑恩·比尼亚米之邀为该报撰写的一封信函。内容是补充他 6 月 5 日写的《英国农民要求参加国内政治斗争》这篇文章。恩格斯 1877 年涉及欧洲各国工人运动问题的文章和草稿反映出马克思和恩格斯作为国际工人运动领袖的活动。他们在这一时期主要致力于用先进的理论武装在欧洲各国以及美国正在形成中的无产阶级政党，加强它们的思想锻炼，帮助它们总结无产阶级解放斗争过去各个阶段的经验和教训。

11 月 8 日 《英国女工状况》指出：我们现在所谈到的这些消灭卖淫现象的努力全都是徒劳的，主要错误在于不想抓祸害的根源；而这种祸害主要是产生道德问题的经济问题，只要人们还靠行政的措施、警察的镇压、某个法律条文的修改或是感情用事的声明来铲除这个祸害，它就还会继续存在，因为它的根源照旧继续存在。应该善于干预，而且要大胆地干预现在在所有制和劳动方面普遍存在的经济混乱，对它们进行整顿，把它们加以改造，使任何人都不丧失生产工具，使有保证的生产劳动最终成为人们早就在寻求的正义和道德的基础。

评论：载于1877年11月11日《人民报》。本文是恩格斯应《人民报》编辑恩·比尼亚米之邀所撰写的一组稿件之一。恩格斯指出，英国女工的悲惨处境是不合理的社会制度造成的。英国女工的微薄工资仅供勉强糊口，当她们因没有工作而被抛到街头的时候，只有卖淫、乞讨或者进比监狱还不如的习艺所。所有消灭卖淫现象的努力全都是徒劳的，因为这种祸害主要是产生道德问题的经济问题。

1883 年

3月初 《"不许通奸"》指出：我们的民族自由党人布劳恩、卡普之流表现得多么愚蠢啊！他们声嘶力竭地揭露十八世纪德国小君主的荒淫及其在夫妇关系上的不忠。相反，他们却拼命地把霍亨索伦家族的美德捧到天上。然而，他们忘记了主要的一点，那就是有确凿的证据说明至少这个家族有一位代表，而且是最伟大的代表，坚贞不渝地履行了"不许通奸"的诫条！

评论：本文是恩格斯为德国社会民主党中央机关报《社会民主党人报》撰写的。该报曾经发表一系列揭露德国统治阶级的伪善伪德的文章。1881年1月30日，报纸开始连载这类题材的一组文章，总标题为《十诫》。恩格斯在2月2日给《社会民主党人报》编辑伯恩施坦的信中认为这组文章中的第一篇《不许偷盗》是报纸最成功的文章之一。伯恩施坦在回信中报告说这组文章将继续连载，同时写道：他不愿触及第六诫，就是《不许通奸》，因为"在他看来，关于'不道德的'生活的一切辱骂总是俗不可耐的"。他在这封信中还请求恩格斯寄一些可供报纸在威廉一世诞辰（3月22日）临近之际抨击霍亨索伦王朝使用的材料。3月12日，恩格斯把自己的文章连同给编辑部的补充说明寄给了伯恩施坦，他在附信中写道："这是一个棘手的问题。而您应该知道谈这一问题是否弊多利少。不管怎样，我是想给您指出一个既谈这条诫律而又不致陷入庸俗道德说教的办法。"文章引用了许多史料和文学素材，对德国霍亨索伦王朝的腐朽生活进行了尖锐的抨击。恩格斯的文章当时没有在报上登出。

2月27日 《关于〈平等报〉停刊的声明》指出：很遗憾，《平等报》存在了没有多久又被迫停刊了。关于此事，我们获悉：《平等报》编辑委员会同印刷厂主签订了为期两年的合同。合同规定印刷厂主负担费用，而利润同编辑部平分。只要能出售6000份，就足以补偿费用。第1号一下子就销售3800份。但是在出版第3号时，印刷厂主就说，他不愿意再为传播他不同意的思想出钱，他将只付排字和纸张的费用，其他一切费用应由编辑部支付。拿出合同也无济于事。要么同意，要么停刊。后来他终于改变了办法，把广告的收入和在巴黎以外销售报纸的收入让给编辑部。过了四天，印刷厂主又说：这些条件也要废除，编辑部必须自己负担出版报纸的费用。因为编辑部办报所缺的正是钱,所以报纸注定要垮台。编辑部将对此人破坏合同的行为提出诉讼,但报纸却是办不下去了。全部秘密在于:有人让此人印刷大型奥尔良派报纸,同时明确要他首先赶走那些犯下企图没收奥尔良王朝财产之罪行的可恶的社会主义者。

  评论:载于1883年3月8日《社会民主党人报》第11号。文章是恩格斯对法国工人党的日报《平等报》被停刊写给《社会民主党人报》编辑部的。由于印刷厂主破坏了合同,《平等报》遂被迫停刊。恩格斯揭露了被停刊的"全部秘密"。他在1883年2月27日致《社会民主党人报》编辑伯恩施坦的信中写道:"《平等报》又垮台了;我请您在《社会民主党人报》上就此事公布如下事实。"《平等报》编辑委员会同印刷厂主有着为期两年的合同。但是,由于"有人让此人印刷大型奥尔良派报纸,同时明确要他首先赶走那些犯下企图没收奥尔良王朝财产之罪行的可恶的社会主义者"。《平等报》从1877年创办起,曾多次停刊和复刊。本文所涉及的是该报第五辑(1883年2月15—26日)停刊的情况。

1886 年

  8月 《宪章运动纪事》指出:1838年9月17日,宪章派在韦斯明斯特新宫殿场举行群众大会。9月20日,群众大会和武装集会被宣布为非法。反谷物法同盟在曼彻斯特举行群众大会。1839年1月,在北明翰举行群众大会:通过宪章派决议。——在里子发生了挫折。1月21、22日,反谷物法同盟在曼彻斯特和爱丁堡举行群众大会。2月5日,国王的演词中威胁要通过立法手段迫害宪章派。3月16日,在"王冠和锚"酒馆里举行宪章派代表大会。奥康瑙尔和哈尼宣布暴力原则。4月1日,爱丁堡举行支持内阁大臣的集会。宪章派取得了胜利,把市长赶下了主席座位并通过了自己的决议。4月29日,兰第德诺发生宪章派骚动。——宪章派一度控制了该城。(前不久在纽波特,约翰·弗罗斯特被免除治安法官的职务。)5月8日,亨·文森特在纽波特以煽动骚乱的罪名被捕。(内阁危机——临时妥协。)5月13日,宪章派代表大会的余下的成员(小资产者离开之后)转到北明翰。5万人迎接他们并陪同他们走过全城。在第一次会议上,立即起草宣言:要求从银行取出所有自己的钱,只同宪章派做生意,举办"神圣月"并武装起来。——菲·奥康瑙尔要求把关于组织宪章派内阁的请愿书在50万持枪群众护送下"和平地"递交给女王。

  评论:第一次用俄文发表于《马克思恩格斯文库》1948年版第X卷,原文是德文和英文。德国社会主义者海·施留特尔希望恩格斯帮助编写宪章运动史。恩格斯总结工人运动的经验,根据亲身经历和宪章派报纸的资料、个人的笔记、回忆录等一手材料整理的一份年表,提供了有关英国宪章运动的基本史料。这个年表对宪章运动这个第一次群众性工人运动的经验进行了总结,说明了宪章派左翼在运动发展中的作用,揭示了英国宪章派的宣传活动和爱尔兰人民的民族解放运动之间的相互影响和互为条件的关系,为工人政党提供了资料和经验。这个年表实际上是宪章运动史著作的详细提纲,是施留特尔于次年出版的《英国宪章运动》一书的基础。

第 50 卷

著 作

1840 年

8月10日 《新的通商条约。——军税》指出：在市议会长时间的辩论之后，通过了关于同盟军队中不来梅兵额的经费的明确决定。议会坚决反对常备军的普遍义务兵役制，理由是，在这种不大的邦里，普遍义务制只能采用负担过重从而最终是不合理的形式。当时可以听到不来梅人的有代表性的话："我们同意献出自己的金钱，但不献出自己的鲜血。"可是，征收军税同样碰到困难，而且只是现在才经过略加修改后通过了拟订得相当出色的草案。根据这项草案，军税是个人税，向十六岁至二十六岁的所有男青年征收，同时根据财产状况分等征收。

评论：载于1840年8月20日《总汇报》第233号。这一篇和以下几篇通讯《螺旋桨轮船及其在德国和美国之间的航运中的使用》《继续运送马匹过境。——手工业者的小团体精神》《建立同纽约的轮船交通》《最近的水灾》是恩格斯为奥格斯堡《总汇报》撰写的。恩格斯从1840年8月到1841年2月为该报撰稿。马尔巴赫国立席勒博物馆收藏的格奥尔格·冯·科塔的档案材料里发现的文献证实这几篇未署名发表于报纸上的通讯为恩格斯所写。恩格斯首先评述了不来梅市长同关税同盟各邦签订的通商条约，通过分析指出，不来梅代表没有同意同盟各邦特别是西里西亚和萨克森生产的麻织品自由进出口是正确的决定。恩格斯还分析了市议会通过的关于同盟军队中不来梅兵额的经费的决定。为了克服原有法律规定的公民只有在市民自卫军中而没有在常备军中服兵役的规定的弊端，市议会通过了略加修改的草案，根据财产状况向16—26岁的所有男性青年分等征收军税。

9月22日 《螺旋桨轮船及其在德国和美国之间的航运中的使用》指出：螺旋桨轮船运输比帆船运输优越，一位名叫卡尔·科伊特根的不来梅人使自由市的第一个造船家约翰·朗格注意到新的构造，他现在打算部分地靠自力装备用于不来梅与纽约之间的交通的大型螺旋桨轮船。但愿我们的富有的人和船主关心这一重要事业，而不要从利己主义的或目光短浅的个人利益的考虑出发来支持这一事业。他们如果放弃这一机会,那时英国或美国就会经营这一事业,德国不仅会失去好处,而且还会被认为是因图小利而不能谋大业的国家。

评论:载于1840年10月7、8日《总汇报》第281和282号附刊。恩格斯在文中报道了准备开辟的德国与美国之间的螺旋桨轮船的航线,详细介绍了这种新型船的优越性。英国、比利时和法国开始重视开辟欧洲与西大陆之间的轮船交通,而德国没有采取任何措施来利用这种交通的优点。恩格斯认为,德国富有的人和船主应该关心这一重要事业,而不要从利己主义的或目光短浅的个人利益的考虑出发,把不来梅与美国之间的轮船交通让给英国或美国。

10月30日 《继续运送马匹过境。——手工业者的小团体精神》指出:许多报纸上发表的关于这里存在较大的手工业者协会的报道,在公众看来,已不那么重要了。一定的关系把同一个行业的帮工联合起来,早已不是什么秘密了。在客栈里共同生活的条件下以及在流浪期间,这些人当中产生某种小团体精神,因此,在同自己的师傅有争执,特别是发生冲突时,他们能相互依靠,这是十分自然的。但是,把他们的行为看作是有组织的联合会、蛊惑者的阴谋、秘密法庭,那就太夸张了;任何一个人,如果象北德意志一家报纸的通讯员那样认为这是一个征兆,预示着与巴黎ouvriers的阴谋类似的阴谋,那么他只要一开始就弄清楚ouvriers这个词的含义以及德国手工业者阶层的组织与法国手工业者阶层的组织之间的差别,他的言行就会明智些。

评论:载于1840年11月7日《总汇报》第312号。本文是恩格斯为奥格斯堡《总汇报》撰写的通讯之一。文中肯定了当时的手工业者协会以及小团体精神,肯定了他们的作用,批驳了把手工业小团体视为"有组织的联合会,蛊惑者的阴谋,秘密法庭"的看法。"蛊惑者"是1819年8月德意志各邦大臣的卡尔斯巴德联席会议的决议中对反政府运动的参加者的称呼,广泛参加反政府运动的是知识分子、大学生,特别是各体操协会。他们反对德意志各邦的反动制度,提出统一德国的要求。

11月5日 《建立同纽约的轮船交通》指出:我很高兴有机会向你们报道,关于建立不来梅同纽约之间排水量为1000吨级轮船的定期航线的最后决定,现在已经通过。全部股票一天半就销售一空。任何人也没有想到这样快就成功了,有许多人还因此耽误了自己投资。只是现在这一事业才引起全城的关注,在此之前没有打动过任何人,也没有打动过那些曾根本反对这种企业的大船主,竞争的威胁并没有使他们不安。

评论:载于1840年11月13日《总汇报》第318号。恩格斯报道了不来梅同纽约之间1000吨级轮船的航线即将开通。这项业务全部股票一天半就销售一空。任何人也没有想到这样快就成功了。恩格斯赞扬了卡尔·科伊特根先生为创办这项非常重要的事业所表现出的大公无私的热忱。他花费许多时间和精力,在英国收集了关于螺旋桨轮船机件的材料,到达不来梅后就为实现自己的计划而不惜任何牺牲,而与其他股东相比他没有得到任何好处。

1841 年

2月1日 《最近的水灾》指出：不久前这里发生 1827 年以来未有的水灾。威悉河水突然猛涨，把我们地区的河坝接连冲垮六处，淹没了整个右岸和左岸。为了救济贫穷的和由于河坝冲垮而受灾的灾区居民，成立了一个协会，该会在一周内就募集了一万多塔勒和大量食品、衣物等。

评论：载于 1841 年 2 月 9 日《总汇报》第 40 号。恩格斯报道了不来梅自 1827 年以来未有过的大水灾的破坏及成立的救济协会的募集情况。

4月中旬 《声明》指出：在这里愿向自以为是自由思想和独立的顶峰的不来梅唯理论说清楚：支配这些通讯的不是别的精神，而正是黑格尔和施特劳斯的精神，这种勇敢和独立的精神是帕尼埃尔博士的所谓自由精神不能相比的。我对不来梅唯理论者直言不讳地说过，如果他们希望捍卫真正的自由而不是以前的动摇不定，那么我和任何独立者都会站在他们一边；还说过，现在谈的已经不是托路克和韦格沙伊德尔，而是精神的他律或自律，难道我讲得还不够坦率吗？但是，明智的唯理论大概已陷入自己固执的守旧习性之中，而且陷得如此之深，以致不得不违反意愿而经常地暴露出自己的弱点。但是，不管唯理论怎样固执，他们必将从现代的舞台上消失，让位给更有生命力的历史形式。因此，更详细地去批驳唯理论将是无用的。历史已经给它作了判决。

评论：第一次发表于《卡尔·马克思故居丛书》第 15 册 1975 年特利尔版。恩格斯指出，唯理论者把他看成虔诚主义者，而虔诚主义者则把他看成唯理论者，他再一次声明他的信念既不是唯理论，也不是虔诚主义，支配他的不来梅通讯的精神是黑格尔和施特劳斯的精神，是勇敢和独立的精神。恩格斯认为，唯理论必将从历史舞台上消失，让位给更有生命力的历史形式。从这篇声明可以看出，恩格斯当时思想还未成熟。

1849 年

3月9日 《关于官方的辟谣》指出：恩格斯上校先生送来戈夫勋爵关于瓦尔德马尔亲王的报告，要我们在报上发表，报告是经恩格斯上校请求而从普鲁士驻英国大使馆得到的。我们认为，每个军队的指挥官在官方的报告中，都会吹捧外国的亲王。因此，在我们看来，戈夫勋爵的报告什么也证明不了。我们记得，当远征印度时，我们曾经看到过伦敦当地的内容相反的报道。从自己方面来说，我们和此地警备司令部一样，给伦敦写了信。只要我们一收到回信，就发表恩格斯先生给我们送来的材料。我们从来不拒绝接收史实性质的辟谣。然而，我们却极其坚决地拒绝官方的辟谣。但是，我们最后不能不提出一个问题。如果奥尔良公爵，或者说，茹安维尔在东印度站在英国一方作战，那么法国能说什么呢？英国经营德国和普鲁士的工业。英国工业的支柱是东印度。因此，瓦尔德马尔亲王顶多不过是站在德国工业的死敌一方同德国工业作战。如果恩格斯先生愿意把他的辟谣作为他私人的辟谣发表，那么我们随时都准备照办。

评论：载于1849年3月10日《新莱茵报》第242号，原文是德文。起源于1849年2月23日《新莱茵报》第229号从政府机关报《普鲁士国家通报》转载的关于普鲁士亲王瓦尔德马尔逝世的报道。《新莱茵报》编辑部在转载表彰亲王在1845—1846年对印度锡克教徒战争的各次战役中所表现的"坚决和勇敢"的悼念文章时，加了一段批评性的按语："记得当时英国报纸报道说，'长眠地下的亲王'在索布拉昂战役中是按照下述原则行动的：距离越远，射击越无危险。〔'如果不能说死者的好话，就最好什么也不说'〕。"报纸的这一按语引起了科伦警备司令恩格斯上校的不满。1849年3月8日他给报纸编辑部发了一封信并附去一份他从普鲁士驻伦敦大使馆得到的不列颠驻印度军队司令吹捧亲王的报告，要求把这份报告作为官方的辟谣发表。恩格斯就这项所谓"官方的辟谣"写了这篇通讯。恩格斯提出，《新莱茵报》既不承认警备司令部有权，也不承认某个其他政权机关有权向它送发"官方的辟谣"。但恩格斯上校若愿以私人辟谣发表，才可以照办。

3月10日 《朱利安·哈尼反对菲格斯·奥康瑙尔》指出：一星期前菲格斯·奥康瑙尔在《北极星报》上极其荒谬地攻击共和派。就在宪章派的这家主要机关报的今天这一号上，朱利安·哈尼在回答奥康瑙尔时指出，他对共和派的种种议论和攻击是不妥的和毫无根据的。奥康瑙尔只是提出他本人的资产阶级幻想，而朱利安·哈尼却表达了宪章派压倒多数的观点。因此，我们从哈尼的回信中摘录最重要的几段话发表在下面，这几段话能说明奥康瑙尔对共和派攻击的实质。哈尼就是这样写的。奥康瑙尔对共和派的攻击和上面引用的哈尼的答复，意味着奥康瑙尔这个宪章派的资产者和小店主同宪章运动的其他社会民主的领袖及宪章派内部为数众多的拥护他们的人之间的公开破裂。这种分裂对民主派事业来说是求之不得的。

评论：载于1849年3月16日《新莱茵报》第247号。这篇文章为我们了解《新莱茵报》对国际工人运动，特别是对英国工人运动的态度，提供了新的材料。为说明菲格斯·奥康瑙尔对共和派攻击的实质，恩格斯摘录了朱利安·哈尼回信中的一些重要话语。恩格斯认为，奥康瑙尔在《北极星报》对共和派的攻击极为荒谬，只是提出了他本人的资产阶级幻想。宪章运动中的左派领袖哈尼同小资产阶级民主派代表人物奥康瑙尔的公开破裂，对民主派事业来说是求之不得的。恩格斯指出，哈尼的观点代表了宪章派的大多数人，即工人群众。

1871 年

9 月 20 日左右 《伦敦代表会议通过的总委员会建议》指出：为了避免一切误解，应严格遵守巴塞尔代表大会的决定。按照这项决定，设有国际经常性组织的各国的中央委员会，将称作各该国的联合会委员会或委员会，而各地方的支部或委员会将称作各该地方的支部或委员会。代表会议委托总委员会公布新版的章程。除英文文本外还出版标准的法文和德文的译本。所有其他文字的译本在印行之前须经总委员会批准。

评论：第一次发表于《马克思恩格斯全集》国际版（1978 年柏林第 2 版）第 1 部分第 22 卷。这一文件由恩格斯起草，是马克思在 1871 年伦敦代表会议的准备过程中提出的关于组织和策略问题的决议的原文，文中列出了伦敦代表会议总委员会的六项建议。决议在 1871 年 9 月 12 日总委员会的会议上被作为总委员会的建议批准，并在 1871 年 9 月 18 日和 19 日的代表会议上一致通过。这个文本和《国际协会代表会议的决议》的正式版本不完全一致；在 1871 年 10 月 16 日总委员会的会议上进一步讨论了这个文本，由马克思作了最后的校订。

1872 年

9 月底至 10 月 《为寄送〈资本论〉法文版第 1 卷第 1 分册而拟的报刊、组织和个人的名单》指出：《泰晤士报》、《每日新闻》、《旗帜报》和《旗帜晚报》、《暇》、《派尔—麦尔》、《旁观者》、《观察家》、《曼彻斯特卫报》、《奥格斯堡总汇》、《法兰克福报》、《科伦》、《十字报》、《新自由报》、《人民意志报》、《人民国家报》、《人民之友报》、《独立报》、《布鲁塞尔报》、《新鹿特丹报》、《日内瓦报》、《哨兵报》、《社会正义》、《激进瑞士报》、哥本哈根，《社会主义者报》、《人民报》、《首都报》、《德意志总汇报》、《星期六评论》。梅萨、弗朗萨、格尔哈特、库格曼、狄慈根、穆尔和肖莱马、德朗克、维尔布罗尔、耶格尔、施佩耶尔、贝克尔、符卢勃列夫斯基、经布鲁塞尔寄给俄国人、雅科比、曼彻斯特外国人支部、诺定昂、法国人支部、不列颠联合会委员会，比斯利、拉·塞西利亚、维沙尔、波克罕、雷尼亚尔、拉法格、波特耳、法伊埃。奥斯渥特、符卢勃列夫斯基、左尔格、卡尔、德雷尔、施佩耶尔、波尔特、伊曼特、吴亭、弗兰克尔、勒费夫尔－龙西埃、维沙尔。

评论：第一次发表于《马克思恩格斯全集》俄文第 2 版第 50 卷。这份名单是恩格斯在马克思的参与下拟定的,整个名单分三个部分,第一部分列了29家报刊名;第二部分列了25处的人名和组织;第三部分主要是英国境外人名、报刊和地名等。按照这份名单把《资本论》法文版第1卷第1分册分别寄送给报纸编辑部、组织和个人,主要是寄给工人运动和社会主义运动的活动家。根据马克思与出版者莫·拉沙特尔于1872年2月签订的合同,规定《资本论》以分册形式出版。篇幅为8印张的第1分册(大开本)于1872年9月底出版,马克思和恩格斯很快就拟定了这份名单。从保存下来的1872年10月上半月第三者来信中可以看出,名单上列出的许多收件者已经收到《资本论》法文版第1分册。

1881 年

12月5日 《在燕妮·马克思墓前的讲话草稿》指出:1843年,在马克思以旧《莱茵报》编辑身份第一次登上社会舞台以及该报被普鲁士政府查封以后,他们就结婚了。从此以后,燕妮不仅关心她丈夫的成就、事业和斗争,而且以高度的自觉和炽烈的热情积极投身其中。我们正是在这里肃立在她的墓前,这就是一个最好的证明,证实她怀着唯物主义和无神论的信念度过自己的一生,而且怀着这个信念与世长辞。她没有惧怕死亡。她知道总会有这样一天,她的肉体和精神都要回到生育她的大自然的怀抱。我们现在陪送她到她最后安息的地方去,我们大家要纪念她,努力做象她这样的人。

评论:用法文发表于1881年12月11日《平等报》第1号,这个讲话是恩格斯用英语讲的。《马克思恩格斯全集》中文版第19卷所载的讲话,是《平等报》上刊登的法文文稿的译文。这篇讲话草稿是第一次按英文手稿的全文译出的。恩格斯回顾了燕妮跟随马克思艰难而辉煌的革命生涯,赞颂了她的智慧、才干和为革命运动的自我牺牲精神,表达了对她的深切哀悼。海格特公墓位于大伦敦的北部,该公墓是一些无神论唯物主义者于19世纪上半叶为埋葬拒绝任何宗教仪式的自由思想者而修建的。这个公墓里葬有马克思及其家庭的几名成员,还有英国的科学文化界的著名活动家,如斯宾塞、法拉第等人。

1883 年

4月下半月 《致〈今日〉杂志编辑部》指出:我把您的文章同《资本论》的原文做了核对。我确认,第XXIII(23)章《简单再生产》的译文很不完善,译者部分地由于不甚理解《资本论》的主要思想,部分地由于不够熟悉法语语法,而出了非常严重的错误。我认为，从一部完整的有逻辑联系的科学著作的中间部分抽出某章，而不加任何前言就把它献给读者，是完全不对的。

至于说到出版我父亲的著作的各个整章译文，那就产生了版权问题。请不要忘记，我要对其他也分享这个版权的人负责，而且为了我父亲的声誉对如何把他的著作译成英文负责。在这个问题上我保留自己的全部权利。

评论：这是第一次发表的手稿，发表于《马克思恩格斯全集》俄文第2版第50卷。这是恩格斯以爱琳娜·马克思－艾威林的名义起草的致《今日》杂志编辑部的复信稿，提出1883年4月14日该杂志第1期发表了《资本论》法文版第23章（相当于德文原著第21章）的不完善的英译文。这一章的译文发表时未加任何前言，用了一个标题：《Ⅰ.——The Serfdom of Work》（《第一章：劳动的奴隶制》），而且译文有严重的错误。信稿中提到：马克思的继承人对其遗著的译文享有版权，而且为了马克思的声誉对这些译文的质量负责。信中表示，可以有条件地允许《今日》再发表《资本论》，这在很大程度上取决于译文本身的性质。

1884 年

12月31日 《致〈社会主义者报〉编辑部》指出：从伦敦报道：渴望已久的马克思《资本论》第2卷，现在已准备付印；更加可喜而且出乎我们意料的是，我们还将幸运地得到第3卷和第4卷。

评论：这是一封信的片断。载于1885年1月24日《社会主义者报》第452号的专栏"最近的社会政治消息"，信可能是寄给约·狄慈根的，他当时是该报的编辑之一。恩格斯在信中表示不能作出撰稿的许诺，只有在有空闲时间，又发现新材料或发生什么事的时候会立即予以帮助。

1887 年

3月16日 《致〈纽约人民报〉编辑部》指出：我声明：我寄给执行委员会的每周账单，包括我的一切费用，就是说，既包括党的费用，也包括我个人的费用。我事先而且是以最明确的方式向执行委员会解释过，——最初是同执行委员会的财务委员R.迈耶尔谈的，后来是在许多信中谈的，——一切纯属个人的费用都算在我的账上，从执行委员会保证给我的366美元（每天以3美元计算）的账上扣除，而且我完全听从执行委员会决定哪几项费用由党负担，哪几项费用算在我的账上。我决不期望，更不要求任何个人性质的费用由"贫穷工人的腰包"来支付，我从来没有以这种来源抵补个人性质的费用。为了更详细地报道这一问题,请您看看2月26日我给各支部的通告信;现将此信附上,在事情发生后,我对公布此信不会再有异议。

评论:载于《纽约人民报》第76号。这封1887年3月30日发表的、署名为爱德华·艾威林的致《纽约人民报》编辑部的信是恩格斯写的,收藏在马克思列宁主义研究院的照相复制的笔迹,证实了这点。该信是就爱德华·艾威林与北美社会主义工人党执行委员会之间发生的冲突而写的,执行委员会公开向艾威林提出无根据的指控,说他的支出超出了执行委员会拨给他以及威·李卜克内西和爱琳娜·马克思-艾威林于1886年作赴美宣传旅行之用的那笔钱。当时的资产阶级报刊纷纷为这种指控叫好,并利用它进行反社会主义的宣传。本卷发表的这封信与其他恩格斯就这个问题写给美国工人运动活动家们的许多信都反映了对这一问题的说明。

12月29日左右 《关于亨利希·奥伯温德》指出:奥伯温德——在卖身给自由党人(由《新维也纳日报》的舍普斯付的钱)之后——要求必须支持自由党人,特别是在关于直接选举议员(已经不是通过省议会,而是通过选区)的问题上。肖伊表示反对,他在维也纳居于少数,于是分裂出去并在维也纳新城创办《平等报》;他抨击奥伯温德,——后者任《人民意志报》周报的编辑并把为创办新日报募集到的一万弗罗伦全花在周报上,——直到奥伯温德以诽谤罪控告他为止,但维也纳新城的陪审法庭宣布肖伊无罪,因为他证明自己是对的。此后,奥伯温德在维也纳失去一切影响,自由党人同他断绝来往,于是,他起初到汉堡,在那里同勃廖艾尔派一起活动。后来到巴黎去了。

评论:第一次发表于《马克思恩格斯全集》俄文第2版第50卷。可能是恩格斯对1887年12月25日拉法格给他的信的回信稿,拉法格的信是询问第一国际前活动家亨利希·奥伯温德的情况的,因为奥伯温德被揭发为普鲁士警察局的暗探。恩格斯以批判的方式、讽刺的话语评述了奥伯温德在工人运动中所扮演的角色。奥伯温德号召德国工人支持俾斯麦的政策。

1888年

9月下半月 《美国和加拿大旅行札记》指出:资本主义生产是掠夺性的经营。阿德朗达克山脉那里在乱伐林木。而其他地方又没有建筑用的木材。美国人——这不是民族,而是内战时期由于共同行动的需要而联合起来的五六种不同的人和这样一种感情,即在他们当中蕴藏着二十世纪伟大民族的天赋。纯粹资本主义方式。

评论:第一次发表于《马克思恩格斯全集》俄文第2版第50卷。这篇札记是恩格斯于1888年9月下半月在从美国旅行归来所乘的"纽约号"轮船上写的。1888年8月17日至9月19日,恩格斯在美国同爱琳娜·马克思-艾威林、爱德华·艾威林以及自己的朋友卡尔·肖莱马在一起。从这篇札记的内容和提要形式来判断,恩格斯在计划写一篇专门叙述他这次旅行的文章,想在这篇文章中较详细地评述美国这个年轻的资本主义国家所特有的、社会的明显差异和矛盾。但是,从文章看,还仅仅是一些片段。

1890 年

12 月 11 日 《致伦敦德意志工人共产主义教育协会理事会理事》指出:为你们上月28日给我的贺信中的良好祝愿,谨向你们表示衷心的感谢,尽管稍晚了一些。我同你们一样深为遗憾,我的朋友马克思未能活到看见无产阶级社会主义运动目前的不可战胜的发展,他为这一运动准备基地所作的促进工作比任何别人都多。

评论:第一次发表于《马克思恩格斯全集》俄文第2版第50卷。这封信中,恩格斯对伦敦德意志工人共产主义教育协会理事会在11月28日他生日给他的贺信表示感谢,并表达了对已故的朋友马克思的怀念之情。伦敦德意志工人共产主义教育协会,是由正义者同盟的卡·沙佩尔、约·莫尔以及其他活动家于1840年成立的。1847年和1849—1850年,马克思和恩格斯积极地参加协会的活动。1850年9月17日,马克思和恩格斯以及他们的许多拥护者退出协会,是因为维利希—沙佩尔宗派冒险主义集团的拥护者的影响在协会里占了上风,这引起共产主义者同盟内部分裂。从19世纪50年代末起,马克思和恩格斯重新参加协会的工作。第一国际成立后,协会(弗·列斯纳是协会的领导人之一)成为国际工人协会的一个支部。1918年协会被英国政府封闭。许多俄国政治流亡者访问过该协会。

1891 年

12 月 1 日 《致伦敦德意志工人共产主义教育协会委员会》指出:我衷心感谢你们为我七十一岁生日给我的贺信。

评论:第一次发表于(西)柏林《德国工人运动史国际科学通讯》杂志1970年第10期。恩格斯对伦敦德意志工人共产主义教育协会委员会寄给祝贺他71岁生日的贺信表示感谢。

1892 年

10月底 《传记的补充材料》指出：补充了这样一些内容：（1）国际工人协会总委员会的意大利、西班牙和葡萄牙书记。（2）《状况》的新版。1892年版。（3）《路·费尔巴哈》。1888年斯图加特版。

评论：第一次发表于《马克思恩格斯全集》俄文第2版第50卷。本文这个补充材料是1892年10月恩格斯应《布罗克豪斯百科全书》编辑部的弗·阿·布罗克豪斯的来信而写的，布罗克豪斯在信中以编辑部的名义请恩格斯审阅正文，做适当的修改和补充。恩格斯按要求，给《布罗克豪斯百科全书》第14版第6卷发表的传记正文提供了三个补充材料。

11月30日 《致伦敦德意志工人共产主义教育协会理事会理事》指出：为同志们的友好回忆，请接受我衷心的谢意。愿协会将来到我的年龄时，能象我现在这样自我感觉良好。

评论：第一次发表于（西）柏林《德国工人运动史国际科学通讯》杂志1970年第10期。恩格斯感谢伦敦德意志工人共产主义教育协会理事会在他72岁寿辰时寄来贺信。

12月9日 《致维也纳工人教育协会》指出：我衷心祝贺协会成立二十五周年纪念日。你们曾进行过相当久的斗争，以致你们能够以应有的方式庆祝这个光辉的节日。奥地利境外有不少人能够珍视你们在这一斗争中所表现出的坚毅精神。我们大家认为你们的过去就是你们的未来的保证。衷心感谢你们的友好邀请，很遗憾，我不能应邀参加。

评论：第一次发表于1978年5月《道路和目标》杂志第5期。恩格斯在这封贺信中答谢1892年11月协会理事会邀请他参加维也纳工人教育协会成立二十五周年庆祝会，并向该协会表示祝贺与赞赏，也很遗憾地表示不能参加。恩格斯这封信的德文原件是在维也纳国家档案馆里发现的。

1893 年

8月 《致捷克社会民主党人》指出：很遗憾，年龄也不允许我研究捷克文了。你们民族的历史上有许多社会的和民主的传统，这对你们的运动十分重要。你们当中那些力求获得自决权的人是正确的；他们的意图是很自然的，对此我们应该赞同。可惜，他们对如此自然的社会运动却表现得目光短浅。我们坚信我们会取得结束一切民族压迫的胜利。请转达我对我们的兄弟们的问候！

评论：第一次用捷克文发表于1893年8月19日《人民之声》报第15号。恩格斯对捷克社会民主党人表示，捷克民族历史上的许多社会的和民主的传统，对他们的运动很重要，并对结束一切民族压迫表达了坚定的希望。

10月24日　《致德国社会民主党科伦代表大会》指出：谨向党代表大会致以衷心的谢意并最真诚地祝愿大会成功！

评论：载于小册子《德国社会民主党代表大会议事录，1893年10月22日至28日于莱茵河畔的科伦举行》1893年柏林版。这是恩格斯给德国社会民主党科伦代表大会主席团的电报，答谢1893年10月22日代表大会开幕时，由倍倍尔建议发给恩格斯并由他宣读的致敬信。在1893年10月22—28日召开的科伦代表大会，听取了党的执行委员会的报告和社会民主党帝国国会党团的报告，讨论了工会运动和社会民主党对它的支持问题以及庆祝1894年五一节的问题，还讨论了倍倍尔的报告《反犹太主义和社会民主党》。

1894年

9—10月初　《创办〈工人报〉日报的借款条件》指出：条件规定如下：（1）5000佛罗伦的借款用《工人报》编辑部的名义或用报纸将来登记时所采取的任何其他名称办理手续；由编辑部的正式全权代表签发收据。该款转到维克多·阿德勒博士的名下。（2）一切有关借款事宜，谈判、支付利息以及偿还债务，均通过贷款人的代表路易莎·弗赖贝格尔-考茨基夫人和《工人报》的代表维·阿德勒博士办理。（3）借款期限定为两年，自1895年1月1日起；借款不得提前索还。1897年1月1日以后，借款可随时索还，并应于索还之日起一年内还清。（4）《工人报》方面可以根据协议提前还债。（5）借款每年附加额为4%。（6）自1895年1月1日起，以分期交款形式划拨；根据同《工人报》的协议，最后一次交款不得迟于1895年6月30日。

评论：第一次发表于《马克思恩格斯全集》俄文第2版第50卷。字据是恩格斯于1894年9—10月初写的。当时奥地利社会民主党人打算把自己的中央机关报《工人报》周刊改为日报，恩格斯给予了支持，帮助筹款，并提出了办报筹款的6项条件。1894年12月14日，恩格斯给维克多·阿德勒写信说，在伦敦成立了一个由党外人士组成的银团，他们打算向《工人报》提供一笔钱，约五千佛罗伦，条件是赋予阿德勒以领导角色。恩格斯还嘱咐把他在斯图加特狄茨出版社出版的著作的稿费，寄给阿德勒以供奥地利社会民主党使用。恩格斯帮助编辑部招请其他国家的著名工人运动活动家为该报撰稿，他本人也在该报发表了许多文章。1895年1月1

日《工人报》日报出创刊号时，他特地给奥地利工人写了贺信。

书 信

1842 年

4月19日 致信阿尔诺德·卢格，指出：在您逗留柏林期间，我有幸在瓦尔缪列尔酒馆同您结识，记得在谈到谢林时提起我一本已经付印的关于他的小册子。我不揣冒昧随信寄上一本刚刚出版的小书，请您加以传播，有便请在《年鉴》上发表对它的评论。勿须赘言，这种评论是写给大致具有大学文化水平的读者看的。近期我可能会冒昧地给您寄去一篇为《年鉴》写的文章。当然，这篇文章不直接涉及某一本已经发表的著作，而是运用费尔巴哈所开创的观点来阐述中世纪的基督教诗，特别是它的中心点但丁。为《年鉴》的成就谨致最良好的祝愿。

评论：第一次发表于《马克思恩格斯年鉴》1980年柏林版第3期。这封在魏玛国立德国古典文学档案馆发现的信是恩格斯同德国政论家阿尔诺德·卢格的通信和个人联系的开端。他们的第一次会晤在1842年3月底，在恩格斯从1841年10月1日到1842年9月30日逗留柏林期间（服兵役期间）。这封信使我们弄清楚了1842年6月15日恩格斯致卢格的第二封信中提到的关于恩格斯写的有关意大利诗人但丁的文章的不为人详知的事实。这篇文章没有保留下来。

1872 年

9月19日 致信马耳特曼·巴里，指出：大概在今年4月，一小撮据说代表某些谁也不知道的团体的人以夸张的名称成立了国际工人协会及其所属团体的世界联邦主义委员会。他们自命代表的那些团体没有一个加入过国际。这些人当中没有一个人是国际会员，相反，有两个人是从国际开除出去的。正是因此，他们才竭力要谋得取代当时正在活动的总委员会的权利并把国际的领导权夺到自己手里。总委员会的通告使他们成为全欧耻笑的对象，所以他们暂时销声匿迹了。现在这些人又在世界联邦主义代表大会的名义下出现了。我们在这里又发现了那个朗德克，就是他在对巴黎国际的最后一次审判会（1870年6月）上向警察局长郑重保证不再从事政治和国际的事务，接着被开除出了伦敦法国流亡者协会。那个韦济尼埃——关于路易－拿破仑的下流丛书的作者，就是他被1868年布鲁塞尔代表大会所委派的委员会开除出国际，1872年被开除出伦敦流亡者协会。那个施奈德尔，就是他在德国报刊上被揭露为破坏工人会议的挑衅者和骗子。那个泽伦斯基，他们的左右手，以及阿道夫·斯密斯等人。除此之外，我们还看到几个新的爱出风头的人，例如，波兰人米莱斯基，他在代表会议期间仅仅为他自己把一切讲话翻译成波兰文，因为绝大部分时间他是出席会议的唯一的波兰人；还有乌代，对于他在公社期间的冒失，许多人还记忆犹新。请您再补充几个东头的穷困的德国工人，这样您就有了这个世界代表大会的全体人员的名单，共计25个骗子和蠢货。

评论：第一次用英文发表在《弗里德里希·恩格斯。1820—1870。报告。讨论会。文件》1971年汉诺威版。这封信是英国工人运动活动家约翰·白恩士亲笔抄录的可靠的手抄件。这个手抄件保存在英国博物馆白恩士的卷宗中。恩格斯说明了这是按照马克思的意思寄给马耳特曼·巴里有关为对抗国际海牙代表大会而在伦敦科学厅集会者的若干材料，所附的材料揭露了那些集会者的个人品行和活动。

1879 年

12月14日 致信托马斯·奥耳索普，指出：《派尔—麦尔新闻》的人其实在某种程度上猜测会出危险，一个地地道道的庸人，他大概也不能分辨什么是假象和实情。无疑，俄国的破产正在成熟，随时都可能发生。俄国专制制度的崩溃对德国和奥地利会有极大的影响，这也是无疑的。然而，那里是否会马上爆发，而且是否大体上会成功，——这我就不得而知了。

不管怎样，俄国一爆发必定会加速中欧和西欧的运动。维也纳政府和柏林政府失去反动势力——专制的俄国政府——的稳固支柱以后，也就会丧失任何勇气。而俄国成功的革命运动对中欧群众在精神上的影响必定是很大的。

无论如何，我们在这里所设想的当前的俄国危机，是1848年以来最重大的危机，来年春天总会爆发，我希望您恢复体力，能享受到暴风雨时代的乐趣，这个时代，看来就在前面等待着您。

评论：第1次用德文发表在1970年4月19日《新德意志报》第107号上。托马斯·奥耳索普在他的来信中就所附的《派尔—麦尔新闻》中的几篇文章向恩格斯征询意见。恩格斯进行了回复，他以乐观的态度分析了俄国与欧洲革命形势的发展，认为俄国当前的危机，是1848年以来最大的危机。恩格斯一贯认为沙皇俄国是欧洲反动势力的堡垒，他十分注意俄国国内的形势，认为俄国专制制度的破产正在成熟，随时都可能崩溃，而沙俄的覆没将使欧洲各反动政府失去支柱，对德国和奥地利会有极大的影响，给人民革命的胜利造成极有利的条件。俄国革命一爆发，势必会加速中欧和西欧的运动。恩格斯还提到，在德国，尽管有反社会党人法的影响，社会民主党人的影响仍在扩大。

1892 年

5月3日 致信尼古拉·彼得逊,指出:在监狱里也可以从别人那里得到一点消息,并且不能不对您被判处和被监禁一事表示深切的同情。目前,丹麦的情况同其他国家的情况差不多:人们审判社会主义者,判处他们一年甚至几年徒刑,有时甚至还判处强制劳动,而却把其他人释放或只判一个月的监禁。这证明,我们越来越使人害怕了,而反动派的牺牲品也并没有因此而轻松些。

我还非常感谢您寄来《工人报》,因为我很少有机会看到《社会民主党人报》,所以您的报纸对我来说是丹麦情况的唯一消息来源,因此对我来说更加珍贵。我多么希望您能够亲眼看见60万人前天在海德公园集会的情景。大规模的五一检阅一年比一年壮观,这证明,我们有足够的力量开始决战的时刻已经为期不远了。

再见。我希望你们那里的条件不会差于你们德国同志们在这种情况下通常所能得到的条件,使你能够忍受得住。这些条件不见得比英美的监狱坏,但也未必比巴黎的圣佩拉热好。无论如何,我们大家总是希望您能出狱并积极参加来年五一节的准备工作。代表考茨基夫人并以我个人的名义向您致以衷心的问候。

评论: 第一次发表在1892年《工人报》第28号。恩格斯向在监狱中的尼古拉·彼得逊表示深切的同情,并告诉他,社会主义者越来越使人害怕了。恩格斯在信中对彼得逊寄来的丹麦《工人报》表示感谢,这样可以得到关于丹麦的信息。他还向彼得逊通报了伦敦五一节集会盛况,并乐观地预言:我们有足够的力量开始决战的时刻已经为期不远了。

1893 年

5月27日 致信亨·德·劳埃德,指出:在英国这里,现代资本主义经过一百五十年的突飞猛进的发展已经在许多方面丧失了当初的蛮劲,现在它正以缓慢的速度继续发展。甚至法国和德国在某种程度上也是这样。只有在一些年轻的工业国家,如美国和俄国,资本任其不可遏止的贪婪本性支配。但可慰的是,正是这种不可遏止的势头驱使这些年轻国家无限的资源得到了开发,从而使更完善的生产制度能够取代旧生产制度的日子已经为期不远。

我非常倾向于认为,至少在美国,只要美国本地工人阶级取代了暂时还多半由移民组成的工人阶级,资本主义的丧钟就要敲响了。

评论: 第一次发表在亨利·德马雷斯特·劳埃德著《凯洛·劳埃德所著传记》

1912年纽约和伦敦版第一卷。恩格斯在信中对劳埃德寄来的一本书表示感谢,并对资本主义的发展发表了看法。恩格斯已经看出,在英国,甚至在法国和德国这样一些国家里,资本主义的发展速度开始减慢,而美国、俄国这样一些年轻的资本主义国家正以不可遏止的速度向前发展。可以看出,恩格斯已经敏锐地觉察到了资本主义国家经济政治发展的不平衡。

12月21日 致信阿德尔海德·德沃夏克,指出:今天我向您致谢并借此机会祝愿您节日快乐。我希望在我们逗留维也纳期间您的讲演活动被迫中断对您会有好处,也希望您重新象我们大家所希望的那样英勇善战并投入战斗。如果一切迹象不是假象的话,您在奥地利还面临一个急风暴雨的时期和长期的斗争;但愿那里的工人证明,他们不仅有必要的勇气,而且还具有取得胜利所绝对必需的耐心、沉着、理智和纪律性!

评论:第一次发表在《弗里德里希·恩格斯。1820—1970。报告。讨论会。文件》1971年汉诺威版。此信原稿是恩格斯一封信的副本。恩格斯感谢阿德尔海德对他73岁生日的祝贺,并鼓励阿德尔海德继续投入战争,因为种种迹象已经显示出在奥地利将面临一个急风暴雨的时期和长期的斗争;工人要保持勇气、耐心、沉着、理智和纪律性,实现革命的胜利。

1895年

7月4日 致信爱琳娜·马克思-艾威林,指出:格拉斯哥的想法可能是个圈套,——也可能是另有打算,因为人们未必会认真地去作这样的牺牲。至于你的译作,我的确心疼感。一个可怜的女孩子怎么居然掌握了理解这本书的必要知识!

评论:第一次用英文发表在《弗里德里希·恩格斯。1820—1970。报告。讨论会。文件》1971年汉诺威版。这是恩格斯寄给爱琳娜·马克思-艾威林的明信片,恩格斯说格拉斯哥的想法可能是个圈套,并赞赏爱琳娜把普列汉诺夫的《无政府主义和社会主义》一文由法文译成英文。

重要论述年编

1839 年

我现在走上了通向黑格尔主义的阳关大道。没有哪个时期比 1816 年到 1830 年这个时期更充满王室罪行了；几乎每一个在当时掌握统治权的国君都应处以死刑。笃信宗教的查理十世，阴险的西班牙斐迪南七世，奥地利的弗兰茨——一架机器，只会签署死刑判决书并且做梦都会捉到烧炭党人；唐·米格尔是一个比法国革命时期所有风云人物加在一起还要伟大的流氓，可是当他血腥屠杀善良的葡萄牙人时，普鲁士、俄国和奥地利都欣然大加赞许；还有俄国的弑父者亚历山大以及不愧为他的弟弟的尼古拉，关于他们的骇人听闻的罪行，已无须多费口舌。——啊，我可以给你讲一大堆关于国君如何爱自己臣民的有趣故事。只有国君被人民打了耳光而脑袋嗡嗡响时，只有他的宫殿的窗户被革命的石块砸得粉碎时，我才能期待国君做些好事。

1840 年

世界历史的存在，并不像黑格尔极端错误地认为的那样，是为了实现自由的概念，而仅仅是为了证实三个等级的存在是必不可免的：贵族应该打仗，市民应该思考，农民应该种田。不过这不应该成为等级差别；等级之间应该互相支持，互相补充新鲜血液，但不是通过门第不相称的婚姻，而是通过晋升等级来进行。

1841 年

这里有思想的分野。凡是真的东西，都经得住火的考验；一切假的东西，我们甘愿与它们一刀两断。对手们应当承认：人数空前的青年，汇集在我们的旗帜之下；那些支配着我们的思想，目前比以往任何时候都得到更广泛的发展；从来没有象现在这样有这么多勇敢、坚定、才华横溢的人站在我们一边。因此，让我们勇敢地投入战斗，去反对新的敌人吧；我们当中终将有人出来证明，热情之剑也象天才之剑一样锋利。

1842 年

既然英国正处在我们上面所描写的那种情况，那就会发生工人在短时期内普遍失业的现象，那时，对饿死的恐惧一定会大于对法律的恐惧。这个革命在英国是不可避免的，但是正像英国发生的一切事件一样，这个革命的开始和进行将是为了利益，而不是为了原则，只有利益能够发展成为原则，就是说，革命将不是政治革命，而是社会革命。

1843 年

劳动是生产的主要因素，是"财富的泉源"，是人的自由活动，但在经济学家看来它是无足轻重的。正如资本和劳动分离开来一样，现在劳动也跟着分裂了，劳动的产物以工资的形式和劳动对立起来了，它和劳动分离开来，并且通常也是由竞争来决定，因为，如我们所知道的，我们没有一个固定的尺度来确定劳动在生产中所占的比重。只要我们消灭了私有制，这种反常的分裂状态就会消失；劳动就会成为它自己的报酬，而以前转让出去的工资的真正意义，即劳动对于确定物品的生产费用的意义也就会清清楚楚地显示出来。

1844 年

历史活动是群众的事业，随着历史活动的深入，必将是群众队伍的扩大。在批判的历史中，一切事情自然都完全不是这样报道的，批判的历史认为，在历史活动中重要的不是行动着的群众，不是经验的活动，也不是这一活动的经验的利益，而仅仅是寓于"这些东西里面"的"观念"。

要想站起来，仅仅在思想中站起来，而现实的、感性的、用任何观念都不能解脱的那种枷锁依然套在现实的、感性的头上，那是不行的。可是绝对的批判从黑格尔的"现象学"中至少学会了一种技艺，这就是把现实的、客观的、在我身外存在着的链条变成只是观念的、只是主观的、只是在我身内存在着的链条，因而也就把一切外部的感性的斗争都变成了纯粹观念的斗争。

1845 年

无产阶级所接受的社会主义思想和共产主义思想越多，革命中的流血、报复和残酷性就越少。在原则上，共产主义是超越资产阶级和无产阶级之间的敌对的；共产主义只承认这种敌对在目前的历史意义，而不承认它在将来还有存在的必要；共产主义正是要消除这种敌对。所以，只要这种敌对还存在，共产主义就认为，无产阶级对他们的压迫者的愤怒是必然的，是正在开始的工人运动的最重要的杠杆；但是共产主义比这种愤怒更进了一步，因为它不仅仅是工人的事业，而且是全人类的事业。

1846 年

历史不外是各个世代的依次交替。每一代都利用以前各代遗留下来的材料、资金和生产力；由于这个缘故，每一代一方面在完全改变了的环境下继续从事所继承的活动，另一方面又通过完全改变了的活动来变更旧的环境。各个相互影响的活动范围在这个发展进程中越是扩大，各民族的原始封闭状态由于日益完善的生产方式、交往以及因交往而自然形成的不同民族之间的分工消灭得越是彻底，历史也就越是成为世界历史。由此可见，历史向世界历史的转变，不是"自我意识"、世界精神或者某个形而上学幽灵的某种纯粹的抽象行动，而是完全物质的、可以通过经验证明的行动，每一个过着实际生活的、需要吃、喝、穿的个人都可以证明这种行动。

1847 年

共产主义不是学说，而是运动。它不是从原则出发，而是从事实出发。被共产主义者做为自己前提的不是某种哲学，而是过去历史的整个过程，特别是这个过程目前在文明各国的实际结果。共产主义的产生是由于大工业以及和大工业相伴而生的一些现象：世界市场的形成和随之而来的无法控制的竞争；具有日趋严重的破坏性和普遍性的商业危机，这种危机现在已经完全成了世界市场的危机；无产阶级的形成和资本的积聚以及由此产生的无产阶级和资产阶级之间的阶级斗争。在共产主义作为理论的时候，那么它就是无产阶级立场在这个斗争中的理论表现，是无产阶级解放的条件的理论概括。

1848 年

共产党人不是同其他工人政党相对立的特殊政党。他们没有任何同整个无产阶级的利益不同的利益。共产党人的最近目的是和其他一切无产阶级政党的最近目的一样的：使无产阶级形成为阶级，推翻资产阶级的统治，由无产阶级夺取政权。代替那存在着阶级和阶级对立的资产阶级旧社会的，将是这样一个联合体，在那里，每个人的自由发展是一切人的自由发展的条件。共产党人不屑于隐瞒自己的观点和意图。他们公开宣布：他们的目的只有用暴力推翻全部现存的社会制度才能达到。让统治阶级在共产主义革命面前发抖吧。无产者在这个革命中失去的只是锁链。他们获得的将是整个世界。全世界无产者，联合起来！

1849 年

工人阶级已经充分了解，现在，当资产阶级实行了他们的主要措施，当他们只需用果断的真正的资产阶级内阁来代替目前软弱的妥协的内阁就能成为贵国公认的统治阶级时，资本和劳动即资产者和无产者之间的伟大斗争就要进入决定性的阶段。今后战场将由于土地贵族退出斗争而廓清。而斗争也只能在资产阶级和工人阶级这两个阶级之间来进行了。敌对双方各有自己的由本身的利益和地位所决定的战斗口号。

1850 年

世界上最古老最巩固的帝国 8 年来在英国资产者的大批印花布的影响之下已经处于社会变革的前夕，而这次变革必将给这个国家的文明带来极其重要的结果。如果我们欧洲的反动分子不久的将来会逃奔亚洲，最后到达万里长城，到达最反动最保守的堡垒的大门，那末他们说不定就会看见这样的字样：中华共和国 ｜自由，平等，博爱｜。

1851 年

工人阶级都代表整个民族的真正的和被正确理解的利益，因为它尽量加速革命的进程，而这个革命对于文明欧洲的任何一个旧社会都已成为历史的必然，没有这个革命，文明欧洲的任何一个旧社会都休想较安稳较正常地继续发展自己的力量。

1852 年

现在，工业资产阶级已经在实际上统治着英国，为了使它的最高统治权在政治上也得到承认，它正在朝这个方向飞速前进。无产阶级为争取自身利益而对工业资产阶级进行的独立斗争只有在后者的政治统治权确立之后才能开始，但是无论如何它也会从这次选举改革中得到一些利益。这个利益到底会有多大，完全取决于选举改革的辩论和最后通过是在商业危机爆发之前进行，还是一直拖延到商业危机的到来；因为无产阶级暂且只能在伟大的决定性时刻才作为一支积极力量走上前台，正如古代悲剧中的命运之神一样。

1853 年

我感到，由于其他政党都一筹莫展和萎靡不振，我们的党有一天不得不出来执政，而终究要去实行那些并不直接符合我们的利益，而是符合一般革命的利益、特别是小资产阶级利益的东西；在这种情况下，由于受到无产阶级大众的推动，由于受到我们自己所发表的、或多或少已被曲解的、而且在党派斗争中多少带着激昂情绪提出来的声明和计划的约束，我们将不得不进行共产主义的实验，并实行跳跃。

1854 年

工人阶级都代表整个民族的真正的和被正确理解的利益，因为它尽量加速革命的进程，而这个革命对于文明欧洲的任何一个旧社会都已成为历史的必然，没有这个革命，文明欧洲的任何一个旧社会都休想较安稳较正常地继续发展自己的力量。

1855 年
我觉得，工人是完全对的，但同时，他们的头脑里显然还有一些旧工联主义的传统观念，似乎只能采用这样或那样的机器，只能采取某种流传下来的老办法才能工作。但是这些荒唐的东西他们很快就会抛弃的。周围地区已经开始支持他们了。

1856 年
革命不会很快再找到象现在这样美好的有利形势。一切"社会主义的"花招都要尽了，强制的工人就业试行了六年，已经以失败告终，要做新的试验和说新的空话，已毫无可能。但是另一方面，困难也是非常明显和毫无掩盖的；必须硬碰硬地干，我倒要看一看下一届法国临时政府将怎样应付。幸运的是，这一次只要以不顾一切的勇气去干就会做出点事情，因为再也不必害怕象 1848 年那样快的退潮了。

1857 年
那就是旧中国的死亡时刻正在迅速临近。中国的南方人在反对外国人的斗争中所表现的那种狂热本身，似乎表明他们已觉悟到旧中国遇到极大的危险；过不了多少年，我们就会亲眼看到世界上最古老的帝国的垂死挣扎，看到整个亚洲新纪元的曙光。

1858 年
随着资产阶级财富的增加，它的社会实力增大了，它的利益也相应地扩大了；资产阶级又开始感到了加在它身上的政治桎梏。目前在欧洲展开的这个运动，正是这种感觉的自然结果和表现。由于十年来工业的发展没有受到任何破坏，每个资产者重新恢复起来的统治工人的信心，加强了资产阶级的这种感觉。1858 年的情况在很多方面同 1846 年相似，1846 年欧洲大部分国家在政治上也开始活跃了起来，也出现了许多拥护改革的执政者，而在两年之后，他们束手无策地被自己为之开辟道路的革命洪流冲击到一边。

1859 年
人们的意识取决于人们的存在而不是相反，这个原理看来很简单，但是仔细考察一下也会立即发现，这个原理的最初结论就给一切唯心主义，甚至给最隐蔽的唯心主义当头一棒。

1860 年

俄国农村居民中的统治阶级和被统治阶级之间爆发的斗争，正在动摇俄国对外政策的整个体系。这个体系只有当俄国内部在政治上还没有发展以前，才可能存在。但是这个时代已经过去了。由政府与贵族以各种方式推动的工业和农业的发展，已经达到了不能再承受现存的社会关系的程度。这种社会关系的废除一方面是必要的，而另一方面，不经过暴力变革又是不可能的。随着从彼得大帝到尼古拉一世的俄国的毁灭，这个俄国的对外政策也将遭到毁灭。

1861 年

拉萨尔还是那个伊西多尔·普鲁士蓝。在这种小事上证明内阁的不彻底性，就以为给了它以毁灭性的打击，那算是什么政治家。他对议会制以及在这种制度下的所谓法和正义，也有美妙的见解。这个人是不可救药的。在他那宏伟的两卷书中，有什么不会谈到啊。

1862 年

无论从什么角度来看，美国内战都是战争史上无与伦比的一个壮观。争夺的土地幅员广大；作战线的正面极长；敌对的军队数量庞大，而创建这些军队时却没有什么旧有的组织基础可以凭借；军队的费用浩大；再加上指挥这些军队的方法以及进行战争的一般战术战略原则，——这一切对于欧洲的观察家来说都完全是新的东西。

1863 年

在北方佬的国家里情况不大好。的确就象世界史上常有的讽刺，同庸人相比，民主党现在成了主战派，而破了产的蹩脚诗人查·麦凯又大丢其脸。我从纽约的一些私交那里听说，北部继续以前所未闻的规模进行武装。但是，另一方面，士气消沉的征候日益增加，缺乏获胜的能力也日益显著。要有这样一个政党，它的胜利和上台也就是意味着要把战争进行到最后胜利，并且为此不惜采取一切手段，而它在哪里呢？人民被侮辱了，这就是不幸；幸而媾和目前在实际上没有可能，否则，仅仅为了万能的美元和能够再活下去，他们早已缔结和约了。

1864 年

我们的朋友俾斯麦也是一个明星。真可以说：不是随便什么人都可以成为苏路克的。起初他模仿波拿巴对报刊提出警告，而现在却把勇敢的军士威廉派往什列斯维希，以便迫使人民投票赞成和普鲁士合并。显然，这头蠢驴以为，萨瓦和尼斯多不胜数，俯拾皆是。不过，《日报》完全正确地指出，在占领杜佩尔以后，普鲁士的反动报刊是那样欢欣鼓舞，而且这些家伙又是那样趾高气扬，以致人们可以确有把握地预见到，这帮人很快就要彻底垮台。

1865 年

巴黎的无产阶级还像过去一样毫不妥协地反对两种形式的波拿巴主义，即土伊勒里宫式的和罗亚尔宫式的；他们从来没有想到为了贪图小便宜而出卖自己的历史荣誉，我们把这个榜样介绍给德国工人。

1866 年

凡是工人阶级独立参加政治运动的地方，他们的对外政策一开始就表述为几个字——恢复波兰。整个宪章运动时期是如此。就是现在，情况也是如此。欧洲工人一致宣称恢复波兰是自己政治纲领的重要组成部分，是他们的对外政策的最全面的表达。中间阶级也曾"同情过"，而且现在也还"同情"波兰人，但是，这种同情并没有妨碍他们在1831年、1846年和1863年对陷于危难的波兰人袖手旁观，甚至也没有妨碍他们纵容像帕麦斯顿勋爵这种波兰最凶恶的敌人一面在口头上维护波兰，一面干实际上给俄国帮忙的勾当。但是工人阶级就不同了。他们要干涉，而不是不干涉；只要俄国干涉波兰的事务，他们就主张同俄国打仗，而且每次波兰人起来反对自己的压迫者的时候，他们都证明了这一点。不久以前，国际工人协会更充分地表达了它所代表的阶级的这种普遍的天然的感情，它在自己的旗帜上写道："抵抗俄国对欧洲的侵犯——恢复波兰！"

1867 年

从蒙马特尔公墓的事件中已经可以看出巴黎的情况。骚乱随时都可能发生。如果事情发展到终局，那末现在革命所处的形势到处都会和1848年完全不同。在德国，自从去年以来已经再也不可能存在当时那种分散状态了，尽管还很难指望在柏林立即发动武装起义，但是只要一有推动，也就会在那里引起冲突，而冲突的结果必然是现存制度的垮台。俾斯麦先生很快就不再是局势的主宰了。英国这一次很快就会被卷进来，而最重要的是社会问题在全欧洲将被立即提上议事日程。

1868 年

自从世界上有资本家和工人以来，没有一本书像我们面前这本书那样，对于工人具有如此重要的意义。资本和劳动的关系，是我们全部现代社会体系所围绕旋转的轴心，这种关系在这里第一次得到了科学的说明。

马克思这本书，把预备好了的一切材料，提供给他们。这就是在科学上严格地证明了的现代资本主义社会制度的一些主要规律，而官方的经济学家甚至不敢去试图驳倒它们。正像马克思尖锐地着重指出资本主义生产的各个坏的方面一样，同时他也明白地证明这一社会形式是使社会生产力发展到很高水平所必需的：在这个水平上，社会全体成员的平等的、合乎人的尊严的发展，才有可能。要达到这一点，以前的一切社会形式都太薄弱了。资本主义的生产才第一次创造出为达到这一点所必需的财富和生产力，但是它同时又创造出一个社会阶级，那就是被压迫的工人大众。他们越来越被迫起来要求利用这种财富和生产力来为全社会服务，以代替现在为一个垄断者阶级服务的状况。

1869 年

多年以来，马克思无疑是受诽谤最多的一位德国著作家，而谁都不会否认，马克思勇敢地进行了斗争，他的所有打击都能准确地命中目标。但是，他如此"耗费精力"去进行的论战，对他来说，本质上毕竟只是一种被迫采取的自卫行动。而实际上，他所始终感到兴趣的，归根到底还是他二十五年中以无比的严肃认真的态度进行研究和探讨的科学。这种极其严肃认真的态度，使他在自己对自己的结论在形式和内容上尚未满意之前，在自己尚未确信已经没有一本书他未曾读过，没有一个反对意见未被他考虑过，每一个问题他都完全解释清楚之前，决不以系统的形式发表自己的结论。

1870 年

好多年以前，当愚蠢的民主派坏蛋们埋怨反动势力，埋怨人民对他们冷漠的时候，我们，摩尔和我，在这一反动时期就预见到了近十八年的巨大的工业发展，并且指出这一发展的结果将是劳动和资本的矛盾尖锐化以及更加激烈的阶级斗争，那时我们也是对的。相形之下，当你看到这些愚蠢的民主派现在被愚弄到什么程度，看到他们在世界上任何一个国家连立足之地都找不到的时候，是会笑破肚皮的。德国的进步党，法国的共和派，英国的激进派，他们都同样陷入了窘境。他们明明知道，社会运动有朝一日将彻底制服他们，却又不得不对这个运动做一些言不由衷的赞扬，再没有比这种赞扬更滑稽可笑的了。

1871 年

要使工人摆脱旧政党的这种支配，最好的办法就是在每一个国家里建立一个无产阶级的政党，这个政党要有它自己的政策，这种政策显然与其他政党的政策不同，因为它必须表现出工人阶级解放的条件。这种政策的细节可以根据每一个国家的特殊情况而有所不同；但是，因为劳动和资本之间的基本关系到处都一样，有产阶级对被剥削阶级的政治统治这一事实到处都存在，所以无产阶级政策的原则和目的是一样的，至少在一切西方国家中是这样。有产阶级，即土地贵族和资产者，使劳动人民处于被奴役的地位，这不仅靠他们的财富的力量，不仅靠资本对劳动的剥削，而且还靠国家的力量，靠军队、官僚和法庭。如果放弃在政治领域中同我们的敌人作斗争，那就是放弃了一种最有力的行动手段，特别是组织和宣传的手段。

1872 年

同那些耽于幻想和相互争斗的宗派组织相反，国际是在反对资本家和土地占有者、反对他们的组织成为国家的阶级统治的共同斗争中联合起来的全世界无产阶级的真正的、战斗的组织。因此，在国际的章程中直截了当地提到追求共同目标、承认同一纲领的工人团体，这个纲领仅限于指出无产阶级运动的基本路线，而从理论上阐明这些路线，则要在实际斗争需要的推动下，在容纳一切色彩的社会主义信念的各个支部内，在它们的机关刊物和代表大会上，通过交换意见加以实现。

1873 年

如果说现代共和制是资产阶级统治的最完善的形式，那么它同时又是那种使阶级斗争摆脱其最后桎梏并为阶级斗争准备战场的国家形式。现代共和国正是这样一个战场。这是第二个进步。一方面，资产阶级感到，只要君主制的基础，连同存在于没有文化的人民大众——特别是在农村——对传统君权迷信般的崇敬中的全部保守力量，一从它的脚下滑掉，它就完了，不论迷信的对象是普鲁士的神授王权，还是法国的神话式的农民皇帝拿破仑。另一方面，无产阶级感到，君主制的挽歌同时就是对资产阶级决战的信号。现代共和制不是别的，正是为进行世界历史中最后一场伟大的阶级斗争而打扫干净的舞台，这就是共和制的重大意义之所在。

1874 年

10 年来，国际支配了欧洲历史的一个方面，即蕴藏着未来的一个方面，它能够自豪地回顾自己的工作。可是，它的旧形式已经过时了。要创立一个像旧国际那样的新国际，即世界各国各无产阶级政党的联盟，需要有对工人运动的普遍镇压，即像 1849—1864 年那样的情形。可是现在的无产阶级世界太大、太广了，要达到这一点已不可能了。我相信，下一个国际——在马克思的著作产生了多年的影响以后——将是纯粹共产主义的国际，而且将直截了当地树立起我们的原则。

1875 年

我们的党在理论方面，即在对纲领有决定意义的方面，绝对没有什么要向拉萨尔派学习的，而拉萨尔派倒是应当向我们的党学习。一般说来，一个政党的正式纲领没有它的实际行动那样重要。但是，一个新的纲领毕竟总是一面公开树立起来的旗帜，而外界就根据它来判断这个党。因此，新的纲领无论如何不应当像这个草案那样比爱森纳赫纲领倒退一步。我们总还得想一想，其他国家的工人对这个纲领将会说些什么；整个德国社会主义无产阶级向拉萨尔主义的这种投降将会造成什么印象。

1876 年

波兰在欧洲革命的历史上起着非常特殊的作用。西方任何一次革命，凡是不能把波兰吸引到自己方面以及保证它获得独立和自由的，都注定要失败。就拿1848年革命来说吧。这次革命席卷的地区，比以前任何一次革命都广阔得多。它把奥地利、匈牙利、普鲁士都卷入了革命的漩涡。但是它在俄国军队所占领的波兰的边界停住了。

从历次革命来看，它是欧洲大厦的拱顶石，因为革命势力或反动势力谁能在波兰站稳脚跟，谁就能够统治整个欧洲。正是这一个特点使波兰对一切革命者说来都是重要的，使我们现在也要高呼：波兰万岁！

1877 年

历史的领导权已经转到无产阶级手中，而无产阶级由于自己的整个社会地位，只有完全消灭一切阶级统治、一切奴役和一切剥削，才能解放自己；社会生产力已经发展到资产阶级不能控制的程度，只等待联合起来的无产阶级去掌握它，以便建立这样一种制度，使社会的每一成员不仅有可能参加社会财富的生产，而且有可能参加社会财富的分配和管理，并通过有计划地经营全部生产，使社会生产力及其成果不断增长，足以保证每个人的一切合理的需要在越来越大的程度上得到满足。

1878 年

在欧洲各地，不论我们朝哪里看去，工人阶级运动都在前进，不但顺利而且迅速，更重要的是，处处的精神都是同样的。完全的协调一致恢复了，各国工人之间通过这种或那种方式进行的经常的和定期的联系也随之而恢复。1864年创建国际工人协会的人们，在那先反对外部敌人、后又反对内部敌人的斗争年代里，一直高举着国际的旗帜，直到它与其说由于内部纷争不如说出于政治必要性而实行解体和表面上退却时为止。现在这些人可以骄傲地高呼："国际已经完成自己的任务；它已完全达到自己的伟大目的——全世界无产阶级在反对其压迫者的斗争中联合起来了。"

1879 年

将近40年来，我们一贯强调阶级斗争，认为它是历史的直接动力，特别是一贯强调资产阶级和无产阶级之间的阶级斗争，认为它是现代社会变革的巨大杠杆；所以我们决不能和那些想把这个阶级斗争从运动中勾销的人们一道走。在创立国际时，我们明确地制定了一个战斗口号：工人阶级的解放应当是工人阶级自己的事情。所以，我们不能和那些公开说什么工人太没有教养，不能自己解放自己，因而必须由仁爱的大小资产者从上面来解放的人们一道走。

1880 年

现代社会主义，就其内容来说，首先是对现代社会中普遍存在的有财产者和无财产者之间、资本家和雇佣工人之间的阶级对立以及生产中普遍存在的无政府状态这两个方面进行考察的结果。社会主义现在已经不再被看做某个天才头脑的偶然发现，而被看做两个历史地产生的阶级即无产阶级和资产阶级之间斗争的必然产物。它的任务不再是构想出一个尽可能完善的社会制度，而是研究必然产生这两个阶级及其相互斗争的那种历史的经济的过程；并在由此造成的经济状况中找出解决冲突的手段。完成这一解放世界的事业，是现代无产阶级的历史使命。深入考察这一事业的历史条件以及这一事业的性质本身，从而使负有使命完成这一事业的今天受压迫的阶级认识到自己的行动的条件和性质，这就是无产阶级运动的理论表现即科学社会主义的任务。

1881 年

当前的社会基本上分为两大对抗的阶级，一方是拥有全部生产资料的资本家，另一方是除了自己的劳动力以外一无所有的工人。后一个阶级的劳动产品必须在两个阶级中间分配，而正是为了这种分配经常进行斗争。每个阶级都想尽量多分到一些。但是，两大社会阶级之间的斗争，必然会成为政治斗争。中等阶级即资本家阶级同土地贵族之间的长期斗争就是这样，工人阶级同上述那些资本家之间的斗争也是这样。凡是阶级反对阶级的斗争，其斗争的直接目的都是政治权力；统治阶级保卫自己的政治上的统治地位，也就是说要保住它在立法机关中的牢靠的多数；被统治阶级首先争取一部分政治权力、然后争取全部政治权力，以便能按照他们自己的利益和需要去改变现行法律。

1882 年

《共产党宣言》的任务，是宣告现代资产阶级所有制必然灭亡。但是在俄国，我们看见，除了迅速盛行起来的资本主义狂热和刚开始发展的资产阶级土地所有制外，大半土地仍归农民公共占有。那么试问：俄国公社，这一固然已经大遭破坏的原始土地公共占有形式，是能够直接过渡到高级的共产主义的公共占有形式呢？或者相反，它还必须先经历西方的历史发展所经历的那个瓦解过程呢？

对于这个问题，目前唯一可能的答复是：假如俄国革命将成为西方无产阶级革命的信号而双方互相补充的话，那么现今的俄国土地公有制便能成为共产主义发展的起点。

1883 年
正像达尔文发现有机界的发展规律一样，马克思发现了人类历史的发展规律，即历来为繁芜丛杂的意识形态所掩盖着的一个简单事实：人们首先必须吃、喝、住、穿，然后才能从事政治、科学、艺术、宗教等等；所以，直接的物质的生活资料的生产，从而一个民族或一个时代的一定的经济发展阶段，便构成基础，人们的国家设施、法的观点、艺术以至宗教观念，就是从这个基础上发展起来的，因而，也必须由这个基础来解释，而不是像过去那样做得相反。不仅如此。马克思还发现了现代资本主义生产方式和它所产生的资产阶级社会的特殊的运动规律。由于剩余价值的发现，这里就豁然开朗了，而先前无论资产阶级经济学家或者社会主义批评家所做的一切研究都只是在黑暗中摸索。

一生中能有这样两个发现，该是很够了。即使只能作出一个这样的发现，也已经是幸福的了。但是马克思在他所研究的每一个领域，甚至在数学领域，都有独到的发现，这样的领域是很多的，而且其中任何一个领域他都不是浅尝辄止。

1884 年
国家并不是从来就有的。曾经有过不需要国家，而且根本不知国家和国家权力为何物的社会。在经济发展到一定阶段而必然使社会分裂为阶级时，国家就由于这种分裂而成为必要了。随着阶级的消失，国家也不可避免地要消失。在生产者自由平等的联合体的基础上按新方式来组织生产的社会，将把全部国家机器放到它应该去的地方，即放到古物陈列馆去，同纺车和青铜斧陈列在一起。

1885 年
正是马克思最先发现了重大的历史运动规律。根据这个规律，一切历史上的斗争，无论是在政治、宗教、哲学的领域中进行的，还是在其他意识形态领域中进行的，实际上只是或多或少明显地表现了各社会阶级的斗争，而这些阶级的存在以及它们之间的冲突，又为它们的经济状况的发展程度、它们的生产的性质和方式以及由生产所决定的交换的性质和方式所制约。这个规律对于历史，同能量转化定律对于自然科学具有同样的意义。这个规律在这里也是马克思用以理解法兰西第二共和国历史的钥匙。在这部著作中，他用这段历史检验了他的这个规律；即使已经过了33年，我们还是必须承认，这个检验获得了辉煌的成果。

1886 年

哲学家依照他们如何回答这个问题而分成了两大阵营。凡是断定精神对自然界说来是本原的,从而归根到底承认某种创世说的人(而创世说在哲学家那里,例如在黑格尔那里,往往比在基督教那里还要繁杂和荒唐得多),组成唯心主义阵营。凡是认为自然界是本原的,则属于唯物主义的各种学派。除此之外,唯心主义和唯物主义这两个用语本来没有任何别的意思,它们在这里也不是在别的意义上使用的。

1887 年

一个新的党必须有一个明确的积极的纲领,这个纲领在细节上可以因环境的改变和党本身的发展而改动,但是在每一个时期都必须为全党所赞同。只要这种纲领还没有制定出来或者还处于萌芽状态,新的党也将处于萌芽状态;它可以作为地方性的党存在,但还不能作为全国性的党存在;它将是一个潜在的党,而不是一个实在的党。这个纲领,不管它最初具有什么形式,都必须朝着预先可以确定的方向发展。

1888 年

虽然《宣言》是我们两人共同的作品,但我认为自己有责任指出,构成《宣言》核心的基本思想是属于马克思的。这个思想就是:每一历史时代主要的经济生产方式和交换方式以及必然由此产生的社会结构,是该时代政治的和精神的历史所赖以确立的基础,并且只有从这一基础出发,这一历史才能得到说明;因此人类的全部历史(从土地公有的原始氏族社会解体以来)都是阶级斗争的历史,即剥削阶级和被剥削阶级之间、统治阶级和被压迫阶级之间斗争的历史;这个阶级斗争的历史包括有一系列发展阶段,现在已经达到这样一个阶段,即被剥削被压迫的阶级(无产阶级),如果不同时使整个社会一劳永逸地摆脱一切剥削、压迫以及阶级差别和阶级斗争,就不能使自己从进行剥削和统治的那个阶级(资产阶级)的奴役下解放出来。

1889 年

无产阶级不通过暴力革命就不可能夺取自己的政治统治,即通往新社会的唯一大门,在这一点上,我们的意见是一致的。无产阶级要在决定关头强大到足以取得胜利,就必须(马克思和我从 1847 年以来就坚持这种立场)组成一个不同于其他所有政党并与它们对立的特殊政党,一个自觉的阶级政党。这并不是说,这一政党不能暂时利用其他政党来达到自己的目的。同样也不是说,它不能暂时支持其他政党去实施或是直接有利于无产阶级的、或是朝着经济发展或政治自由方向前进一步的措施。

可是，我只是在下列情况下才赞成这样做：对我们的直接的好处或对国家朝着经济革命和政治革命的方向前进的历史发展的好处是无可争辩的、值得争取的。而所有这一切又必须以党的无产阶级性质不致因此发生问题为前提。对我来说，这是绝对的界限。您在1847年的《共产党宣言》中就可以看到对这种政策的阐述，我们在1848年，在国际中，到处都遵循了这种政策。

1890年

"全世界无产者，联合起来！"当42年前我们在巴黎革命即无产阶级带着自己的要求参加的第一次革命的前夜向世界上发出这个号召时，响应者还是寥寥无几。可是，1864年9月28日，大多数西欧国家中的无产者已经联合成为流芳百世的国际工人协会了。固然，国际本身只存在了九年，但它所创立的全世界无产者永久的联合依然存在，并且比任何时候更加强固，而今天这个日子就是最好的证明。因为今天我写这个序言的时候，欧美无产阶级正在检阅自己第一次动员起来的战斗力量，他们动员起来，组成一支大军，在一个旗帜下，为了一个最近的目的，即早已由国际1866年日内瓦代表大会宣布、后来又由1889年巴黎工人代表大会再度宣布的在法律上确立八小时正常工作日。今天的情景将会使全世界的资本家和地主看到：全世界的无产者现在真正联合起来了。如果马克思今天还能同我站在一起亲眼看见这种情景，那该多好啊！

1891年

国家无非是一个阶级镇压另一个阶级的机器，而且在这一点上民主共和国并不亚于君主国。国家再好也不过是在争取阶级统治的斗争中获胜的无产阶级所继承下来的一个祸害；胜利了的无产阶级也将同公社一样，不得不立即尽量除去这个祸害的最坏方面，直到在新的自由的社会条件下成长起来的一代有能力把这国家废物全部抛掉。近来，社会民主党的庸人又是一听到无产阶级专政这个词就吓出一身冷汗。好吧，先生们，你们想知道无产阶级专政是什么样子吗？请看巴黎公社。这就是无产阶级专政。

1892年

在我们的策略中，对当代已经达到现代发展水平的各国来说，有一点是确定不移的：引导工人建立一个同一切资产阶级政党对立的、自己的、独立的政党。现在应该给腐化分子时间，让他们烂透，使他们几乎自行垮台。拥有几百万人的党，其纪律同只有几百人的小宗派是完全不同的。

1893 年

最近 45 年来，资产阶级制度在各国引起了大工业的飞速发展，同时造成了人数众多的、紧密团结的、强大的无产阶级；这样它就产生了——正如《宣言》所说——它自身的掘墓人。不恢复每个民族的独立和统一，那就既不可能有无产阶级的国际联合，也不可能有各民族为达到共同目的而必须实行的和睦的与自觉的合作。试想想看，在 1848 年以前的政治条件下，哪能有意大利工人、匈牙利工人、德意志工人、波兰工人、俄罗斯工人的共同国际行动！可见，1848 年的战斗并不是白白进行的。从这个革命时期起直到今日的这 45 年，也不是白白过去的。这个革命时期的果实已开始成熟，而我的唯一愿望是这个意大利文译本的出版能成为良好的预兆，成为意大利无产阶级胜利的预兆，如同《宣言》原文的出版成了国际革命的预兆一样。

1894 年

当西欧各国人民的无产阶级取得胜利和生产资料转归公有之后，那些刚刚进入资本主义生产而仍然保全了氏族制度或氏族制度残余的国家，可以利用公有制的残余和与之相适应的人民风尚作为强大的手段，来大大缩短自己向社会主义社会发展的过程，并避免我们在西欧开辟道路时所不得不经历的大部分苦难和斗争。但这方面的必不可少的条件是：目前还是资本主义的西方作出榜样和积极支持。这不仅适用于俄国，而且适用于处在资本主义以前的阶段的一切国家。但比较起来，这在俄国将最容易做到，因为这个国家的一部分本地居民已经吸取了资本主义发展的精神成果，因而在革命时期这个国家可以几乎与西方同时完成社会的改造。

1895 年

我们现在就已经能指望拥有 225 万选民。如果这样继续下去，我们在本世纪末就能夺得社会中间阶层的大部分，小资产阶级和小农，发展成为国内的起决定作用的力量，其他一切势力不管愿意与否，都得向它低头。我们的主要任务就是不停地促使这种力量增长到超出现行统治制度的控制能力，不让这支日益增强的突击队在前哨战中被消灭掉，而是要把它好好地保存到决战的那一天。只有一种手段才能把德国社会主义战斗力量的不断增长过程暂时遏止住，甚至使它在一个时期内倒退：那就是使它同军队发生大规模冲突，像 1871 年在巴黎那样流血。从长远来看，这也会被克服的。要把一个成员以百万计的党派从地面上消灭是不可能的，即使动用欧洲和美洲所有的弹仓枪都做不到。但是这种冲突会阻碍正常的发展进程，我们临到紧急关头也许就会没有突击队，决定性的战斗就会推迟、拖延并且会造成更大的牺牲。

恩格斯生平事业年表

1820 年
11 月 28 日　弗里德里希·恩格斯出生于德国莱茵省的巴门市。

1829 年
恩格斯进入巴门市立学校上学。

1834 年
10 月　恩格斯进入埃尔伯费尔德文科中学学习。

1837 年
9 月　恩格斯辍学，到他父亲的商行做练习生，校长汉契克博士向他颁发了肄业证书。

1838 年
1838 年 7 月中—1841 年 3 月下半月　恩格斯在不来梅一家大型贸易公司见习。他利用业余时间研究文学，关注"青年德意志"。

1839 年
3 月　恩格斯在《德意志电讯》上发表了他的第一篇政论文章《伍珀河谷来信》。

1839 年秋　恩格斯读到青年黑格尔派的政治哲学杂志《德国科学和艺术年鉴》，开始了对黑格尔哲学及黑格尔派的研究。

1840 年
1840 年 8 月—1841 年 2 月　恩格斯为奥格斯堡《总汇报》撰写了一组通讯。包括《与关税同盟签订的通商条约。不来梅在同盟军队中的兵额》《螺旋桨轮船及其在德国和美国之间的航运中的应用》等。

1841 年
1841 年 9 月底—1842 年 10 月 8 日　恩格斯在柏林开始了一年制志愿兵的服役生活。服役期间，利用业余时间在柏林大学旁听哲学课并参加青年黑格尔派的活动。撰写《谢林论黑格尔》《谢林和启示》《谢林——基督的哲学家，或世俗智慧变为上帝智慧》等一系列著作对谢林作了尖锐的批判。

1842 年
3 月底　恩格斯为《莱茵报》撰写了第一篇文章《北德意志自由主义和南德意志自由主义》。作为通讯发表在

1842 年 4 月 12 日《莱茵报》第 102 号。

3 月底 恩格斯在柏林与主编《德国科学和艺术年鉴》的阿·卢格结识，并常有书信往来。

6 月 15 日左右 恩格斯写作《评亚历山大·荣克的〈德国现代文学讲义〉》，这是恩格斯在青年黑格尔派的政治哲学杂志《德国科学和艺术年鉴》上发表的唯一一篇文章。

11 月下半月 恩格斯动身前往英国，到曼彻斯特欧门—恩格斯公司实习经商。赴英途中，恩格斯访问了科隆的《莱茵报》编辑部，在那里和马克思初次见面。

12 月 19 日、20 日和 22 日 恩格斯撰写《各个政党的立场》《英国工人阶级状况》和《谷物法》三篇文章，并发表在《莱茵报》上。

1843 年

恩格斯结识爱尔兰女工玛丽·白恩士，后来，两人结为夫妇。

约 5—6 月 恩格斯在伦敦和正义者同盟建立了联系。

1843 年 9 月底或 10 月初—1844 年 3 月中 恩格斯撰写《国民经济学批判大纲》《英国状况。评托马斯·卡莱尔的〈过去和现在〉》《英国状况。十八世纪》《英国状况。英国宪法》等文章。

10 月 23 日—11 月初 恩格斯开始为英国欧文派社会主义者的刊物《新道德世界》撰稿。

1844 年

2 月底 马克思和阿·卢格主编的《德法年鉴》第 1—2 期合刊在巴黎出版。恩格斯的《政治经济学批判大纲》和《英国状况。评托马斯·卡莱尔的〈过去和现在〉》在《德法年鉴》上发表。

恩格斯的《国民经济学批判大纲》发表后，马克思和恩格斯开始通信。

8 月底—9 月初 马克思和恩格斯在巴黎会见。这次会见开启了他们一生的伟大合作。他们着手合写他们的第一部著作《神圣家族》。在此期间，马克思和恩格斯一起参加了法国社会主义者和共产主义者的集会。

1844 年 9 月—1845 年 3 月 恩格斯在巴门撰写《英国工人阶级状况》。在莱茵省积极参加民主主义运动的宣传和组织工作。

1845 年

2 月 马克思和恩格斯合著的《神圣家族》一书在美因河畔法兰克福出版。

4 月 恩格斯迁往布鲁塞尔，与马克思共同从事革命活动。

5 月底 恩格斯的《英国工人阶级状况》一书在莱比锡出版。

7—8 月 马克思和恩格斯到伦敦和曼彻斯特进行了为期六周的考察旅行。

1845 年秋—1847 年 4 月或 5 月 马克思和恩格斯共同撰写《德意志意识形态》。

1846 年

年初 马克思和恩格斯在布鲁塞尔创立共产主义通讯委员会。

1847 年

6 月初 恩格斯出席在伦敦召开的共产主义者同盟第一次代表大会。恩格斯为同盟起草了纲领草案《共产主义信条草案》，同盟提出了"全世界无产者，联合起来！"的口号。

9 月 12 日 恩格斯的评论《诗歌和散文中的德国社会主义》的开头一部分刊登在《德意志—布鲁塞尔报》上。从此马克思和恩格斯经常为该报撰稿。在他们的影响下，该报成了宣传共产主义和民主主义的刊物。

11 月 29 日—12 月 8 日 马克思和恩格斯出席共产主义者同盟第二次代表大会。恩格斯为同盟起草纲领草案《共产主义原理》。

1847 年 12 月 9 日—1848 年 1 月底 马克思和恩格斯撰写《共产党宣言》。

1848 年

1 月 29 日 恩格斯由于在巴黎工人中间进行革命活动，被法国当局驱逐出境，迁居布鲁塞尔。

2 月 24 日左右 《共产党宣言》在伦敦出版。

3 月 11 日 共产主义者同盟中央委员会在巴黎成立。马克思当选为中央委员会主席。在布鲁塞尔的恩格斯被缺席选入中央委员会。

3 月 21 日前后 恩格斯来到巴黎，参加共产主义者同盟中央委员会的工作。

3 月下半月—4 月初 马克思、恩格斯和数百名德国工人（大多数是共产主义者同盟盟员）回国参加已经爆发的德国革命。

6 月 1 日 《新莱茵报》创刊号在科隆出版。报上刊登了《〈新莱茵报〉编辑部的声明》和恩格斯的《法兰克福议会》《波普王朝的新的英勇事迹》。

6 月 25 日—7 月 1 日 恩格斯和马克思撰写有关巴黎六月起义的一系列文章，发表在《新莱茵报》上。

7 月 6 日 马克思因《新莱茵报》7 月 5 日发表了揭露司法当局的《逮捕》一文受到法院传讯。此后，普鲁士司法当局经常以各种借口传讯马克思、恩格斯以及《新莱茵报》其他人员。

9 月 26 日 科隆戒严。警备司令部命令《新莱茵报》和其他一些民主派报纸停止出版。

9 月 26 日以后—10 月初 恩格斯面临被捕的危险，不得不离开科隆。普鲁士当局对恩格斯等人发出通缉令。恩格斯在布鲁塞尔遭到警察当局逮捕，并被送进监狱，后来又被押解到法国边界。恩格斯从那里前往巴黎。

1849 年

5 月 10 日 埃尔伯费尔德爆发起义，恩格斯奔赴佐林根，又从佐林根同革命工人队伍一起前往埃尔伯费尔德。

5 月 19 日 《新莱茵报》被迫停刊，用红色油墨印出终刊号第 301 号。

6 月 6 日 普鲁士政府下令通缉恩格斯。

6 月 13 日 恩格斯作为奥·维利希的副官参加巴登和普法尔茨起义军的多次战斗。

7 月 12 日 起义失败后，恩格斯随同最后一批起义军越过边界退入瑞士境内。

1850 年

3—11 月 马克思和恩格斯创办的《新莱茵报。政治经济评论》出版了六期（其中第 5—6 期是合刊）。该刊发表了恩格斯《德国维护帝国宪法的运动》《德国农民战争》等著作。

3 月和 6 月 马克思和恩格斯共同起草了两篇《共产主义者同盟中央委员会告同盟书》。

11 月中 恩格斯迁居曼彻斯特，重新在欧门—恩格斯公司工作。从此，马克思和恩格斯一直保持通信联系。

11 月底 恩格斯在曼彻斯特开始系统地研究军事问题。

1851 年

7 月底—8 月 8 日 《纽约每日论坛报》编辑查理·德纳约请马克思为该报撰稿，马克思邀请恩格斯一起为该报撰稿，此后，在长达十年的时间里，他们发表了大量的评论和文章。

1852 年

1 月 恩格斯研究军事学术史，特别注意 1848—1849 年革命时期的战争，他计划写作一部战争史。

10—11 月 恩格斯密切关注科隆共产党人案件的审讯过程，并揭露普鲁士警察当局，为共产党人提供帮助。

1853 年

4 月 恩格斯关注俄国革命运动的前途，继续学习俄语，并研究南方斯拉夫语。

9 月 28—29 日 恩格斯为《纽约每日论坛报》撰写了一系列分析克里木战争的军事评论。

1854 年

1—12 月 恩格斯继续研究军事理论，并在《纽约每日论坛报》上发表军事评论。

1855 年

恩格斯关注克里木军事行动的进程，为《纽约每日论坛报》撰文，分析欧洲战争前景。

1856 年

5 月 恩格斯和玛丽·白恩士到爱尔兰旅行，了解爱尔兰人民的生活和受英国殖民压迫的情况。

1857 年

5 月 20 日前后 恩格斯撰写《波斯和中国》。

6 月 30 日 恩格斯撰写了一系列论述印度 1857—1859 年民族解放起义的文章。

1857 年 7 月—1860 年 11 月 马克思和恩格斯受邀为《美国新百科全书》撰写军事方面的条目，许多条目是两人合作的成果。

1858 年

8 月 3—15 日 恩格斯为马克思的《政治经济学批判。第一分册》撰写

1859 年

4 月 5 日 恩格斯的《波河与莱茵河》在柏林匿名出版。

1860 年

1—2 月 恩格斯继续密切关注美国和俄国日益迫近的革命危机。

1861 年

3 月 16 日左右 《志愿兵读物》单行本出版，该书包括 1860 年和 1861 年初《志愿兵杂志》上刊登的恩格斯的五篇军事论文。

1862 年

1862 年 10 月上半月—1864 年 9 月 马克思和恩格斯同从流亡中回到德国的威廉·李卜克内西保持经常通信，关注德国工人运动状况；马克思和恩格斯经常指导李卜克内西。

1863 年

1 月 6 日 恩格斯的夫人玛丽·白恩士在曼彻斯特逝世。后来，恩格斯与玛丽·白恩士的妹妹莉迪亚（莉希）·白恩士结为夫妇。

1864 年

9 月 28 日 英国、法国、德国、意大利、波兰等国家工人代表在伦敦召开盛大的国际性会议，再次讨论了声援波兰人民和国际工人联合斗争的问题。大会决定成立国际性的工人组织，并选出临时中央委员会。第一国际成立。

11 月 4 日 恩格斯从马克思的信中，得到了详细的国际工人协会成立、马克思起草成立宣言和临时章程的经过。

1865 年

1 月 27 日—2 月 11 日 恩格斯撰写《普鲁士军事问题和德国工人政党》。

1866 年

1 月底—2 月中 恩格斯建议马克思将第一卷先送去付印。马克思按照恩格斯的意见，决定首先发表《资本论》第一卷。

1867 年

6 月 16 日 恩格斯写信给马克思，告知读完《资本论》第一卷第一批校样后的意见，并提出在第一卷附录中叙述价值形式问题的想法。

8 月 26—27 日 恩格斯应马克思的要求，研究有关固定资本的补偿和折旧基金的使用问题。他收集了曼彻斯特一些工厂的实际资料并把自己对这一问题所作的两个计算表寄给马克思。

1867 年 10 月—1868 年 6 月 恩格斯为了宣传《资本论》的理论观点，打破资产阶级报刊和学术界对《资本论》第一卷的出版保持的沉默，在《未来报》《莱茵报》《埃尔伯费尔德日报》《杜塞尔多夫日报》《观察家报》《维尔腾堡工商业报》《新巴登报》《民主周报》等报刊上发表了一系列书评。

1868 年

9月19日—10月12日　恩格斯和马克思在通信中讨论德国工人运动发展的一些问题。

1869 年

7月1日　恩格斯结束在曼彻斯特欧门—恩格斯公司的工作。

10—12月　恩格斯撰写《爱尔兰史》。

1870 年

1870年7月27日左右—1871年2月中　恩格斯为《派尔—麦尔新闻》撰写了59篇关于普法战争的文章。

9月20日　恩格斯和夫人迁居伦敦，此后，恩格斯一直住在伦敦。

10月4日　恩格斯当选为国际工人协会总委员会委员。

10月15日左右　恩格斯的《德国农民战争》一书连同他为该书第二版写的序言，由《人民国家报》出版社出版单行本。

1871 年

3月19日—5月　马克思和恩格斯组织各国工人举行群众集会声援巴黎公社，致信国际工人协会各支部，呼吁对公社给予支持。

6—12月　马克思和恩格斯组织对巴黎公社流亡者的救济和援助。

9月17—23日　马克思和恩格斯领导国际工人协会伦敦代表会议的工作。

1872 年

1月3日左右　恩格斯写作《桑维耳耶代表大会和国际》一文，文章发表在1月10日《人民国家报》上。

1月中—3月初　马克思和恩格斯撰写国际工人协会总委员会内部通告《所谓国际内部的分裂》。

1872年5月下半月—1873年1月　恩格斯撰写《论住宅问题》一组文章，这组文章从1872年6月至1873年2月发表在《人民国家报》上。

6月24日　马克思和恩格斯为《共产党宣言》1872年德文版撰写序言。

9月2—7日　马克思和恩格斯领导国际工人协会海牙代表大会的工作。这次大会挫败了巴枯宁分子分裂国际的阴谋。

10月　恩格斯写作《论权威》。

1873 年

5月30日　恩格斯写信给马克思，讲述他写作《自然辩证法》一书的构思，后来，恩格斯写作了大量论文、札记和片段，但这部著作最终没有完成。

1874 年

约1874年5月中—1875年4月中　恩格斯撰写以《流亡者文献》为题的、由五篇文章组成的一组文章。

7月1日　恩格斯在《德国农民战争》第三版准备付印时，对1870年为该书第二版所写的序言作了重要补充和说明。

1875 年

3 月 18—28 日 恩格斯在写给倍倍尔的信中，批判社会民主工党（爱森纳赫派）同全德工人联合会（拉萨尔派）为准备合并而起草的纲领草案。

1875 年底—1876 年上半年 恩格斯撰写《自然辩证法》中的《导言》和《劳动在从猿到人的转变中的作用》。

1876 年

1876 年 9 月—1878 年 4 月 恩格斯撰写《欧根·杜林先生在科学中实行的变革》（即《反杜林论》）。

1877 年

6 月中旬 恩格斯应威·白拉克的请求为《人民历书》撰写马克思传略《卡尔·马克思》，传略于 1878 年发表。

1878 年

7 月 8 日左右 恩格斯的《欧根·杜林先生在科学中实行的变革》（即《反杜林论》）的第一个单行本在莱比锡出版。

8 月或 9 月初 恩格斯继续整理《自然辩证法》的材料，他拟定了这一著作的总的计划草案。

9 月 12 日 恩格斯的第二任妻子莉希·白恩士在伦敦逝世。

1879 年

9 月 17—18 日 马克思和恩格斯共同起草给倍倍尔、李卜克内西、白拉克等人的通告信，批评在反社会党人法实施以后德国社会主义工人党内出现的机会主义倾向。

1880 年

1 月—3 月上半月 恩格斯应拉法格的请求，把《反杜林论》一书中的三章（《引论》的第一章以及第三编的第一章和第二章）改写成为一篇独立的通俗的著作。这一著作由拉法格译成法文，以《空想社会主义和科学社会主义》为题首先发表在 3 月 20 日、4 月 20 日和 5 月 5 日《社会主义评论》杂志上，同年又用同一标题出版了法文单行本；1883 年出版了德文单行本（书上的出版时间为 1882 年），标题为《社会主义从空想到科学的发展》。

1881 年

1881—1882 年 恩格斯研究德国史，收集资料并写作《论日耳曼人的古代历史》和《法兰克时代》两部研究性著作，这些成果也反映在恩格斯于 1882 年底写的《马尔克》一文中。

12 月 2 日 马克思的夫人燕妮·马克思在伦敦逝世。

12 月 5 日 恩格斯在葬礼上发表讲话并撰文悼念燕妮·马克思，悼文发表在 12 月 8 日《社会民主党人报》上。

1882 年

1 月 21 日 马克思和恩格斯为格·瓦·普列汉诺夫翻译的《共产党宣言》俄译本撰写序言。该序言的俄译文于 1882 年 2 月 5 日发表在《民意》杂志上。

4 月 10 日 恩格斯审阅《共产党宣

言》俄文第二版序言校样后，把它寄给彼·拉甫罗夫。有马克思和恩格斯写的序言的《共产党宣言》单行本于5月底在日内瓦作为《俄国社会革命丛书》出版。

4月下半月　恩格斯撰写《布鲁诺·鲍威尔和早期基督教》一文，科学地阐明了基督教的起源和实质。该文发表在5月4日和11日德国社会主义工人党机关报《社会民主党人报》上。

1883年

3月14日　卡尔·马克思在伦敦逝世。

3月17日　马克思的葬仪在伦敦海格特公墓举行。恩格斯发表讲话。

6月28日　恩格斯为《共产党宣言》1883年德文版撰写序言。

12月　恩格斯完成了马克思的《资本论》第一卷修订工作，出版了该书德文第三版。

1884年

1884年6月—1885年2月　恩格斯正式进行《资本论》第二卷的编辑工作。

10月3日左右　恩格斯的《家庭、私有制和国家的起源》在苏黎世出版。

10月23日　恩格斯写完马克思的《哲学的贫困》一书德文第一版的序言。这篇序言以《马克思和洛贝尔图斯》为题发表在1885年1月《新时代》杂志上，还载于1885年1月在斯图加特出版的《哲学的贫困》一书中。

1885年

2月底　恩格斯开始整理《资本论》第三卷手稿。这一工作进行了近十年时间。

5月1日　恩格斯为《共产党宣言》德文第四版写序言，序言刊登在5月于伦敦出版的《共产党宣言》单行本中。

6月25日　恩格斯给《资本论》第一卷德文第四版写序言。

7月　恩格斯编辑的马克思《资本论》第二卷在汉堡出版。

1886年

年初　恩格斯撰写《路德维希·费尔巴哈和德国古典哲学的终结》。

1887年

1月初　经恩格斯审定的《资本论》第一卷英文版出版。

1月26日　恩格斯写完《英国工人阶级状况》一书美国版序言。这篇序言后经恩格斯译成德文以《美国工人运动》为题发表。

1887年3月—1888年1月　恩格斯审定《共产党宣言》英译本，为这个版本作注和撰写序言。

1888年

5月上半月　恩格斯的《路德维希·费尔巴哈和德国古典哲学的终结》一书单行本出版。

1889年

1—7月　恩格斯参加定于7月14

日在巴黎召开的国际社会主义工人代表大会的筹备工作。这次代表大会标志第二国际的成立。

1889 年 12 月—1890 年 2 月 恩格斯撰写《俄国沙皇政府的对外政策》。

1890 年

5 月 1 日 恩格斯为《共产党宣言》1890 年德文版撰写序言。

8 月 5 日 恩格斯致信康拉德·施米特，阐述关于历史唯物主义的认识。

9 月 21—22 日 恩格斯致信致约·布洛赫，阐述关于历史唯物主义的认识。

10 月 27 日 恩格斯致信康拉德·施米特，阐述关于历史唯物主义的认识。

10 月底 11 月初 经恩格斯审定的《资本论》第一卷德文第四版出版。

11 月 28 日 恩格斯 70 岁生日。各国社会主义政党和工人组织及活动家向恩格斯表示祝贺。

1890 年 12 月—1891 年 1 月 6 日 恩格斯整理马克思于 1875 年写的《哥达纲领批判》手稿并撰写了序言。这一著作连同恩格斯的序言一起于 1891 年 1 月底第一次公开发表在《新时代》杂志上。

1890 年 12 月—1891 年 2 月 恩格斯撰写《不伦坦诺 CONTRA 马克思》，这部著作以小册子的形式于 1891 年 4 月出版。

1891 年

3 月 14 日 恩格斯撰写马克思的著作《法兰西内战》德文第三版的导言，纪念巴黎公社二十周年。

4 月 30 日 恩格斯为马克思《雇佣劳动与资本》新版单行本撰写导言。

5 月 12 日 恩格斯为《社会主义从空想到科学的发展》一书德文第四版撰写序言。

6 月 16 日 恩格斯写完《家庭、私有制和国家的起源》第四版序言。

6 月 19—27 日之间 恩格斯写作《1891 年社会民主党纲领草案批判》。

1892 年

1 月 11 日 恩格斯为《英国工人阶级状况》英文版写序言，序言刊印在 3 月底伦敦出版的该书英文版上。

4 月 20 日 恩格斯写完《〈社会主义从空想到科学的发展〉英文版导言》，该书英文版于 1892 年在伦敦出版。

7 月 21 日 恩格斯写完《英国工人阶级状况》德文第二版序言，德文第二版于 8 月出版。

1893 年

2 月 1 日 恩格斯写作《共产党宣言》意大利文版序言，该版于 1893 年在米兰出版。

7 月 14 日 恩格斯致信弗兰茨·梅林，阐述关于历史唯物主义的认识。

7 月 15 日 恩格斯为《资本论》第二卷德文第二版撰写序言。

8 月 12 日 恩格斯参加在苏黎世举行的第三次国际社会主义工人代表大会的最后一次会议，并致闭幕词。

1894 年

1 月上半月 恩格斯为国际问题论

文集写序，论文集重印了1871—1875年他在《人民国家报》上发表的一系列文章。恩格斯专门为这本论文集中的《论俄国的社会问题》一文写了跋，论文集于1月底在柏林出版。

1月25日 恩格斯致信瓦·博尔吉乌斯，阐述关于历史唯物主义的认识。

6月19日—7月16日之间 恩格斯撰写《论原始基督教的历史》。

10月4日 恩格斯写完《资本论》第三卷序言。

11月15—22日之间 恩格斯写作《法德农民问题》一文。文章于11月底刊登在《新时代》杂志上。

12月初 恩格斯编辑的《资本论》第三卷在汉堡出版。

1895年

2月14日—3月6日之间 恩格斯为马克思的著作《1848年至1850年的法兰西阶级斗争》单行本撰写导言。

4月初—6月初 恩格斯写《资本论》第三册增补，共两篇文章《价值规律和利润率》和《交易所》。这两篇文章在恩格斯生前没有发表。

5月 恩格斯开始出现食道癌症状。

8月5日 弗里德里希·恩格斯在伦敦逝世。

8月10日 恩格斯的遗体在伦敦附近的沃金火葬场火化。追悼会在伦敦威斯敏斯特的滑铁卢车站大厅举行，恩格斯的亲友以及欧洲大多数国家的社会主义政党和工人政党、团体的代表参加了追悼大会。穆尔、拉法格、李卜克内西、倍倍尔、艾威林、安塞尔及其他国际社会主义运动活动家在追悼会上讲话。

9月27日 恩格斯的骨灰罐被投入伊斯特本海岸附近的海中。

后　　记

　　2020年是恩格斯诞辰200周年，编撰出版《恩格斯思想年编》是一项具有重要意义和重要价值的工作。《恩格斯思想年编》由中国社会科学院马克思主义研究院组织编撰。中国社会科学院党组成员、当代中国研究所所长、马克思主义研究院院长姜辉，中国社会科学院马克思主义研究院党委书记辛向阳负责全书的统筹安排。

　　习近平总书记高度肯定恩格斯的历史地位和贡献，重视恩格斯的思想。《恩格斯思想年编》是贯彻落实习近平总书记提出的"读原著学原文悟原理"的一项重要学术成果，展现了中国社会科学院马克思主义研究院推进新时代马克思主义中国化时代化大众化的切实努力。

　　《恩格斯思想年编》是国内首部关于恩格斯文献的工具书。本书将为广大读者全面、系统地学习和理解恩格斯的文献和思想提供帮助。本书由中国社会科学院马克思主义研究院研究人员完成，具体写作分工为：苑秀丽：第1、12、35、39、43、44、45、50卷；任洁：第2卷；张端：第3、5卷；刘海霞、邢文增：第4卷；陈建波：第6、7、8卷；王晓红：第9、10、11卷；刘志昌：第13卷；梁孝：第14、17卷；覃诗雅：第15、22卷；杨静：第16、21卷；梁海峰：第18、36卷；潘西华：第19、20卷；崔云：第23、24、25、37、42卷；彭五堂、苑秀丽：第27、28、29卷；杨朴伟：第30、31卷；朱亦一、苑秀丽：第32、33、34卷；朱燕：第38、41卷。

中国社会科学院马克思主义研究院
二〇二〇年九月